JN064930

東京六大学野球人国記

激動の明治、大正、昭和を乗り越え1世紀

丸山清光

鳥影社

天皇杯

連盟使用球

6 校の団旗・校旗

早稲田・胸マーク

安部磯雄記念野球場（東京都西東京市）

安部寮全景

KEIO

慶応・胸マーク

下田グラウンド（横浜市港北区）

◀下田グラウンド

慶應義塾體育會野球部

第一合宿所

明治・胸マーク

◀スタンド壁面の球場ネーム

内海・島岡ボールパーク（東京都府中市）

島岡寮

法政・胸マーク

川崎総合グラウンド内大野球場（川崎市中原区）

合宿所▶

立教・胸マーク

新座グラウンド（埼玉県新座市）

智徳寮▶

東大・胸マーク

登録有形文化財プレート▶

東大球場（東京都文京区）

一誠寮の額▶

◀一誠寮

竣工当時の頃の神宮球場、1926 年
（写真提供：朝日新聞社）

GHQに接収後に内野に芝生が張られた神宮球場、1946年、後に照明等が設置されバックスクリーンに「HOME OF GHQ ATHLETICS」の文字（写真提供：毎日新聞社）

外野席が芝生の時代の神宮球場、1962 年
（写真提供：朝日新聞社）

スコアボード裏からの神宮球場

明治神宮野球場
大正15年(1926)竣功
MEIJI JINGU BASEBALL STADIUM

神宮球場正面入り口奥にある竣工プレート

現在の神宮球場

神宮球場のアーチ型回廊

※口絵Ⅰ～Ⅷでクレジットのない写真は筆者撮影

明治の劈頭、ベースボールが日本に伝わった
やがて野球となり全国に拡散し、対校試合が始まった
明治維新から五十七年目の大正十四年
東京の六つの大学がリーグを立ち上げ、翌年、時代は昭和へ
第一次大戦終了後、ドイツ、イタリアでは新党、
中国で建国、ソ連邦ができ、アメリカが世界を窺（うかが）う
日本も次の野望へ火がついていた
そして、大学野球への熱狂が続いた
悲惨な大戦を経て日本は驚異的な復興を果たし
東京六大学野球も同じく戦禍を乗り越え
大正、昭和、平成、令和と連なった
激動の明治、大正、昭和の歴史と共に
東京六大学野球、神宮球場も歴史を刻んだ一世紀
それ以前の黎明期も忘れてなるまい
光陰は矢より迅かなり
百歳の佗生（たしょう）をも度取（どしゅ）すべきなり（修証義）
次の百年に想いを巡らし、連々（つらつら）と書き綴る

令和六年　皐月

丸山龍光

プロローグ

今春もお馴染みの神宮球場で、4月13日の慶東戦で幕が開いた。190シーズン目のリーグ戦は昨秋のリーグ戦、明治神宮野球大会を制した慶応に他の5校がどう挑むか、東大の連続シーズン最下位に終止符が打たれるか注目された。また、明治が1980（昭和55）年以来のグレーのユニフォームを着用した。今年で東京六大学野球（以下六大学野球）が開始されて、数えで100年の年輪を刻み百寿・紀寿を迎える。来年春のリーグ戦で満100歳となり、その秋からは2世紀目のシーズンがスタートする。6校でリーグ戦が開始された1925（大正14）年の春に、それまでの5校に加えて帝大（現東大）がテスト参加（38頁）をしているので、今秋で満100年を迎えるといっていい。

4年前の新型コロナウイルス感染拡大によるリーグ戦の縮小、観客の入場制限が昨日のように蘇る。1943（昭和18）年から戦争による3年間の中断以来、感染症でリーグ戦の開催が危ぶまれるとは誰が予想しただろうか。全世界が感染症によって恐怖に陥り、日常の生活が制限された中でも六大学野球が100年へ向かって歴史を刻んだことは意義深かった。日本にベースボール（野球）が伝えられた草創期を経て、連盟設立までの黎明期、六大学野球開始から大戦による中断までの激動期、戦後復興から昭和中期までの絶頂期、昭和中期から平成までの成長期、平成から令和へ至る新時代・安定期とともに六大学野球は生き延びた。それぞれの時代の選手はもとより、学生、連盟の運営メンバー、応援団、OB会、そしてファンに支えられ、六大学野球は日本の野球界では先陣を張った特色のある野球スタイルといっていい。観客の動員数が以前と比べ少なくなったとはいえ、六大学野球の最大の特色は、依然として現役学生に支えられていることだろう。運営に当たるその時々の学生、連盟の役員の１００年に及ぶ絶え間ない取り組みが六大学野球を支えてきた。しかし、その間の国内外の時勢の移り変わりは、六大学野球にも目まぐるしい変化を突きつけてきた。

　幕藩体制から動乱の期を経て明治政府が樹立されたのが１８６８（慶応４）年、元号が「慶応」から「明治」に移った。１８７１（明治４）年の廃藩置県の下、徳川幕府が統治した３００ほどの藩を廃止し、３府72県体制（第一次府県統合）がスタートし、翌年に最初の学制が布告された。近代化が芽吹く頃、時を同じくして日本にベースボールがもたらされ、学生が先陣を切ってその野球に反応し、江戸時代にはなかった球技が日本人を虜にして日本中に伝播された。日本に野球が伝わってから六大学野球が６校で始まるまで約半世紀の時を経た。一高（旧制第一高等中学校の後継校、現在の東京大の一部）をはじめ慶応、早稲田、立教、明治、法政の順に創部が相次いだ。一高が創部されたのが１８８６（明治19）年、法政の創部が１９１５（大正４）年。１９１９（大正８）年には東京帝国大（現東大）が正式に創部。一高の創部から六大学野球の元ができるまで33年を費やし、その６年後に六大学野球が産声を上げた。東京、そして六大学で野球を目指す若者が全国から続々と集まった。この頃の野球への選手の熱量は異様に高く、今とは別の高揚感で漲っていた。

　六大学野球が生まれた大正から昭和への移行期は、日本にも世界にも戦争を辞さない危うい情勢が刻々と迫り、先の大戦へと連なっていく。そして無残な敗戦を経て、その後の日本は世界に類を見ない目覚ましい復興と発展を遂げた。六大学野球も時を同じくして激動期から絶頂期へ向かい、世の中の安定とともに昭和後期、平成、令和へと転じた。六大学野球１００年は「昭和百年」と符合する。その歴史は平成、令和へつないだ明治、大正、昭和の激動のヒストリーといっていい。

　昭和の成長期には47都道府県から３００名に迫る野球学生が６校の野球部に入部した年もあった。筆者が明治に在籍していた４年次の１９７５（昭和50）年は、六大学野球50年目の節目の年だった。光陰は矢より迅かなり。

とに縁を感じる。その当時に現役でお世話になった者として、この１００年がどう移ろってきたか、確かめたく妄想が膨らみ本著に取り掛かるに至った。春秋のリーグ戦の成績や記録を知るにはすでに多くの書物、雑誌、記録集がある。本著では6校が毎年織りなしている春秋のリーグ戦を通して、六大学野球に関わってきた「ひと」にスポットを当て記そうとしたが、六大学野球の奥の深さを知ることとなった。そして、これからの日本の野球についても記してみようと考えた。

神宮球場ではリーグ戦の試合前に「試合に先立ちまして両校のスターティング・メンバーをお知らせします。先攻は三塁側、○○大学、1番センター○○君、○○高校、2番……」と選手の苗字と出身高校名をアナウンスしてくれる。筆者の現役の頃はさらに、先発バッテリーをそれより前にアナウンス嬢が予告してくれた。「明治大学の先発バッテリーをお知らせします。ピッチャー丸山君、上田高校。キャッチャー……」、このアナウンスを聞く度に、なんとも言えない心地よさと緊張感が入り混じり、マウンドへ向かったことが思い出される。この出身校のアナウンスを聞くだけでも神宮に来た甲斐があるという、選手の出身校名に郷愁を抱くファンも多かった。

本著の執筆に取り掛かったのはコロナ禍の中、原則無観客で行われた「東京オリンピック２０２０」が終わり、感染が収まらない中で東京パラリンピックが開かれようとしていた２０２１年8月だった。執筆にあたり六大学野球が始まる前の年代の各シーズンの出場メンバーの作成から手をつけた。各校の監督は半年間の練習を経てシーズンを戦う25名のユニフォームメンバーを決める。１００名を越す選手の中から25名を決めるには様々な想いが交錯するであろう。さらにリーグ戦初戦に臨むスタメン（先発メンバー／スターティング・メンバー／スターティング・ラインナップ）を決める。シーズン初戦のスタメンは監督が選んだそのシーズンを戦うベストメンバーだ。監督の思いが込められている。

そのスタメンの作成では、メンバーの氏名、出身校を照合することに思いの外に時間を費やした。基になる資料の誤植、資料で異なる氏名や出身校の表記、同一チーム内にある同じ苗字の存在、旧姓の混在、同名の旧制中学や高校（郡山高・城南高等）等が想像以上に存在し、確定が難しい事例が多数発生した。複数の資料を照合し、そのつど可能な限りの追跡取材をした。主に昭和中期以前の名簿、資料の中には最後まで確定が不可能なものがあり、残念ながら空白となってしまった。シーズン初戦のスタメンのほかにもリーグ戦で活躍した選手は数多い。紙幅の都合で100年間のすべての試合の出場選手を記せなかった。お許しを願いたい。

スタメン、記録に加えて全国から六大学野球に集い関わった人にスポットを当て記そうと考え、タイトルは『東京六大学野球人国記』とした。100年の歴史を振り返りながら、次世紀の六大学野球に想いを抱いて一読いただければ幸いだ。来たる2025（令和7）年の春のシーズンで六大学野球は満100年を迎えることは先述した。歳月の流れは社会環境を大きく変え、学生野球、プロ野球のスタイルにも変化を突きつけてきた。次の100年の時勢はさらに早まるだろう。加えて六大学野球の舞台、神宮球場がある神宮外苑の衣替えも反対が渦巻く中で始まった。次の100年、東京六大学野球はどう変わっていくのだろうか。これまでの100年もの間、構成チームと運営スタイルが変わらない六大学野球は、日本のスポーツ界では珍しいスポーツ団体といえる。変わったことは帝大が東大になったことぐらいだろうか。6校の切磋琢磨は変わりなく続き、神宮球場に赴く六大学野球ファンのワクワク感をさらに掻き立てて欲しい。そして、プロ野球にも高校野球にもない、野球ファンの心を摑む学生スポーツイベントとして一皮剝けることを期待したい。しかし、100年の歴史を刻む六大学野球にも課題は多かろう。

本文中の記述と資料の6校の順序は、3校リーグから6校に至るリーグ加盟順によって「早慶明法立東（帝）」とした。早慶の順番は早慶対校戦が早稲田の挑戦状が慶応に持ちかけられたことで始まったので早慶の順とした。また、「東大」の表記は1947（昭和22）年の学校教育法（新制大学発足）の施行までは原則的に「帝大」とした。その他は「凡例」を参考にされたい。

なお、本著の執筆にあたり、末尾に記載した多くの文献を参考とさせていただいた。文献に載っている記述、談話を採用させていただいたことをあらかじめお断りしておく。そして、本稿ではすべての方々の敬称を省略させていただくことをお許しいただきたい。

丸山龍光（清光）

2024年5月

東京六大学野球人国記　激動の明治、大正、昭和を乗り越え1世紀◉目次

第2章　六大学野球開幕から大戦へ〜激動期〜

1925（大正14）年〜1945（昭和20）年　79

第3章　敗戦から高度成長期へ〜絶頂期〜

１９４６(昭和21)年〜１９６４(昭和39)年 …… 193

第4章　高度成長期から昭和末期へ〜成長期〜

１９６５(昭和40)年〜１９８８(昭和63)年 …… 285

第5章　平成から令和へ〜新時代・安定期〜

◉凡例

本文中の氏名下の都道府県名は、選手・OBは出身校の所在地、それ以外は原則的に出生地を元に表記、都道府県名が校名にある場合は、都道府県名を省略

〈各章末のリーグ戦先発メンバー表関連の資料について〉

▽メンバー表

・上段は春季リーグ初戦の先発メンバー、下段は秋季リーグ戦初戦の先発メンバー（除く・春季メンバー）

・先発メンバー表は左から「打順」「守備位置」「氏名」「出身高校・旧制中学（所在の都道府県）」の順

左記は守備位置の呼称の移り変わりと略称

投・1・投者→投手・ピッチャー・P

捕・2・攫者(かくしゃ)→取手(とって)→捕手・キャッチャー・C

一・3・第1ベースマン→第1塁将→一塁手・ファースト・1B

二・4・第2ベースマン→第2塁将→二塁手・セカンド・2B

三・5・第3ベースマン→第3塁将→三塁手・サード・3B

遊・6・短遮(たんしょ)→短遮手→遊撃手・ショート・ストップ・SS(注1)

左・7・場左→左野手→左翼手・レフト・LF

中・8・場中→中野手→中堅手・センター・CF

右・9・場右→右野手→右翼手・ライト・RF

・出身校は1949（昭和24）年の新制高校以降は「高」を省略、氏名の改名等のある場合は原則的に選手時代の姓名を表記

・出身校は名簿に同じ校名が複数ある場合、6校で校名表示が異なる場合は、可能な限り追跡し修正

・氏名、出身校名は元資料に誤植があった場合は可能な限り追跡し修正
・主将、マネージャー、監督が不在の場合、「―」で表記
・照合が最終的に不可能な場合は空欄で表記
・試合の日付右側の括弧内は球場名、括弧がない場合は神宮球場
・**ゴシック**はプロ野球に進んだ選手（＊は中退）、網掛けは学徒動員他による戦没選手、斜字は満州・朝鮮でプレーした選手

▽**勝敗表・ベストナインほか**

・1947年までの「勝点・得点」欄の表記は、6校の野球部史で表記が異なるため、「勝点」（1925年～1932年）、「得点」（1933年～1947年）に表記を統一
・勝敗表の優勝校の左側の数字は優勝校の優勝回数を、勝敗表下段の記録の**ゴシック**は東京六大学野球連盟最高記録
・ベストナイン（3回以上）、首位打者（2回）、防御率1位（2回以上）の選手名の丸数字は受賞回数
・【選手権】は全日本大学野球選手権大会、【神宮】は明治神宮野球大会の略。括弧内の表記は六大学代表が優勝した場合は決勝戦の対戦校、その他は大会の優勝校

▽**動き**

・「六大学野球と神宮球場の動き」で野球殿堂入り氏名はプロ野球選手を除く（戦前の六大学野球活動関係者は掲載）
・「野球界の動き・★高校」で「選抜」表記のないものは原則的に「選手権大会（夏の甲子園）」に関わる事項

（注1）遊撃手

野球で二塁手と三塁手の中間に位置する野手。アメリカのShortstop（ショート・ストップ）を日本では遊撃手、またはショートという。アメリカでの野球進化の過程では、投手の両隣にいる2名の野手が打者に近いことから

Shortstop（ＳＳ）と呼ばれていた。その後、二塁手が塁上でＳＳは投手と二塁手の中間を守っていたが、二塁手が一塁手寄りに移動したため、現在の位置を守るようになった。日本では当初は「短遮者」と訳されたが、遊軍のように動き回ることから遊撃手といわれるようになった。

第1章　野球部創設から5校リーグまで～黎明期～

1878（明治11）年～1924（大正13）年

◉ベースボールから「野球」へ

ここに「野球子傳」と題した漢文の一節がある。

野球子者、距今数十年前、生干北亜米利加、輓近渡来干我邦矣、為人渾然無圭角、常蒙鵄夷而頗有奇骨、時或出野外而飛跳、則勇者呼快叫壮、懦夫瞠若干後也、吾與子結交、有年干茲、交情之密、如水魚然、余晝倦抛書、彼輒挺身来倶遊干野外、以使余忘倦、余夜労臥床、彼輒侍干枕辺、以慰余心、常呈余以誠心、嘗與余倶遊干北越之野、而與敵挑戦、又屢出而競技干長野松本之原、勝敗有時、常同喜憂、或相興祝勝利、或互抱歎敗戦、意気相投生死不渝矣、方今青年之士、志気不振、朝叩肩称親友、暮反目為仇敵者、滔々天下皆是也、於此乎、子憤慨不能措、偏交天下熱血男子、経営惨憺、遂至忘寝食、是以名聲嘖々、聞干天下、熱血男子莫不虚左而歓迎焉、然子毫無矜色曰、吾為知己者盡心力焉耳、常交干貴紳、得勇壮男子之称、其雄飛干千里之野也、或高飛冲蒼天、或低落躍白沙、赤幘白帽、互相馳駆、縦横突撃、棍棒震処、雷光一閃、神球飛揚、恰若飛龍起雲躍干空中、猛虎作風嘯干山月、使観者不知手之舞之、足之踏之、壮絶快絶、天下何者復若吾子、嗚呼自非渾然無圭角者焉、能如此、宜矣其名聲之宛転無窮也

四年生　櫻井彌一郎

作者は末尾に「四年生　櫻井彌一郎」とある。書き下した左記の訓読が追記されている。

野球子は、今を距ること数十年前、北アメリカに生まれ、晩近我が国に渡来せり。人となり渾然として圭角なく、常に鴟夷を蒙いて頗る奇骨あり。時として或は野外に出でて飛跳すれば、即ち勇者快を呼び壮を叫び懦夫後に瞠若する也。吾、子と交わりを結ぶこと茲に年有り。交情の密なること水魚の然るが如し。余昼倦みて書を抛てば彼輒ち身を挺して来たり倶に野外に遊び、以て余をして倦むを忘れしむ。余夜労じて床に臥すれば彼輒ち枕辺に侍し、以て余の心を慰む。常に余に呈すに誠心を以てす。嘗て余と倶に北越の野に遊び、而うして敵と戦いを挑む。又、屢出でて長野松本の原に技を競う。勝敗時に有り。常に喜憂を同じうす。或は相與に勝利を祝し、或は互に抱きて敗戦を歎く。意気相投じて生死渝らず。方今青年の士、志気振わず。朝に肩を叩きて親友と称し、暮に反目して仇敵と為すは、滔々として天下皆是なり。此に於ける乎、子憤慨措く能わず。偏に天下の熱血男子と交わり、経営惨憺、遂に寝食を忘るに至る。是を以て名声嘖々、天下に聞こゆ。熱血の男子、虚左して歓迎せざる莫し。然るに子毫も矜色無くして曰く、「吾、己れを知る者の為に心力を尽くすのみ」常に貴紳と交わり、勇壮男子の称を得。其れ千里の野を雄飛するや、或は高飛して蒼天に冲し、或は低落して白沙（砂）に踊る。赤幘白帽、互に相馳駆し、縦横に突撃す。棍棒震う処、雷光一閃、神球飛揚して恰も飛竜雲を起こして空中に踊るが若く、猛虎風を作して山月に嘯くが若し。観る者をして手のこれを舞い、足のこれを踏むを知らざらし

野球子傳

野球子者、距今數十年前、生于北亞米利加、輓近渡來于我邦矣、爲人渾然無圭角、常蒙鴟夷而頗有奇骨、時或出野外而飛跳、則勇者呼快叫壯、懦夫瞠若于後也、吾與子結交、有年于茲、交情之密、如水魚然、余晝倦拋書、彼輒挺身來倶遊于野外、以使余忘倦、余夜勞臥床、彼輒侍于枕邊、以慰余心、常呈余以誠心、嘗與余倶遊于北越之野、而與敵挑戰、又屢出而競技于長野松本之原、勝敗有時、常同喜憂、或相與祝勝利、或互抱歎敗戰、意氣相投生死不渝矣、方今靑年之士、志氣不振、朝叩肩稱親友、暮反目爲仇敵者、滔々天下皆是也、於此乎、子憤慨不能措、偏交天下熱血男子、經營慘憺、遂至忘寢食、是以名聲嘖々、聞于天下、熱血男子莫不虛左而歡迎焉、然子毫無矜色曰、吾爲知已者盡心力焉耳、常交于貴紳、得勇壯男子之稱、其雄飛于千里之野也、或高飛冲蒼天、或低落躍白沙、赤幘白帽、互相馳驅、縱横突激、棍棒震處、電光一閃、神球飛揚、恰若飛龍起雲躍于空中、猛虎作風嘯于山月、使觀者不知手之舞之、足之踏之、壯絶快絶、天下何物復若吾子、嗚呼自非渾然無圭角者焉、能如此、宜矣其名聲之宛轉無窮也、

四年生　櫻井彌一郎

桜井弥一郎作の漢文「野球子傳」
（『上田中学上田高校野球部々史　其の一』より）

む。壮絶壮快、天下に何か復た吾が子の若きものあらんや。嗚呼自ら渾然として圭角無き者に非ざること能く此くの如し。宜なるかな其の名声の宛転窮み無きや。（編集者訓読）

（注）輓近＝近ごろ、渾然＝別々のものが一つにとけあうこと、圭角なく＝角がたち融和しないさま、鴟夷＝馬の皮で造った袋、奇骨＝人と異なる性格、懦夫＝気の弱い男、瞠若＝驚いて目を見張る、倦む＝いやになる、拋つ＝投げ捨てる、渝＝かわる、滔々＝一般的な世の風潮のこと、経営惨憺＝事を成し遂げるのに心を砕くこと、嘖々＝盛んにほめるさま、虚左＝上座を空け敬意を示す、毫＝ほんの少しも、矜色＝おごる、沖＝高く上げること、赤幘白帽＝赤い頭巾と白の帽子、棍棒＝バット、宛転＝よどみなく滑らかなさま、窮み無き＝果てが無い

「櫻井彌一郎」は、後述する記念すべき早慶対校戦初戦で初の勝利投手になった慶応のエース桜井弥一郎だ。桜井が慶応に入部する前年の１９０１（明治34）年に旧制上田中（現上田高・長野）４年次に記したものだ。『上田中学上田高校野球部々史　其の一』（上田高校野球部後援会編・昭和55年）に収録されている。書き下し文は当時の漢文の教師が記したものと思われる。中国の古典「十八史略」の臥薪嘗胆の中にある「盛以鴟夷、投之江（盛るに鴟夷を以ってし、之を江に投ず）」、「宋名臣言行録」の「韜晦無露圭角（韜晦して圭角を露すなかれ）」、「三国志」の「水魚之交（水魚の交わり）」を引用していると憶い、現在の上田高の国語科に要約を依頼した。以下、要約文。

「野球と私は水魚の交わりを結んでいる。彼は友として私に寄り添い、共に戦い、喜びも悲しみも共有した。彼は多くの熱血男子と交わって寝食を忘れるほど彼らに心と力を尽くし、野球の名は天下に広まった。雄々しく壮快な野球の試合は見る者を魅了する。世に二つとない素晴らしい野球の名声がどこまでも続くのも納得のいくことだ」（宮原永津子・上田高校国語科教諭）

野球のボールを中国の古典から「鴟夷」とし、「常に皮を覆い独自のしっかりした心を持っている」とユーモ

アを交えて喩え、「棍棒」（バット）を振ると雷光が閃き、「神球」（ボール）が雲を起こし、「猛虎」（走者）が風を生むとするなど野球を見事に擬人化している。15歳の青年が記したものとは思えない。当時の中学生の漢文の素養の深さに唸ってしまう。桜井は慶応5年次の主将の年に、慶応の『若き血』の前の応援歌『天は晴れたり』（524頁）を作詞していることを知り得心した。桜井が明治の末に信州で亜米利加から伝わった野球の技を競い、その野球を愛する心情がよく表れている。その桜井の野球への想いは信州・上田から三田（当時の東京市芝区、現在の東京・港区）の慶応へ連なっていった。

野球の起源、ベースボールから「野球」に至った経緯は、多くの書物、資料に記されている。数多くの資料から寄せ集めて「野球」になるまでを年表にしてみた。筆者は幼少の頃、当時の書物で野球の起源はクリケットだと知り信じていたが、クリケットを野球の起源とする文献は見あたらなかった。

12世紀

フランスでラ・シュールというスポーツがあった

2チームで手、足、道具を用い、杭の間にボールを通した得点で争う

遡って石器時代に石を投げて狩猟したのが始まりという大胆な資料もある

18世紀

ラ・シュールがイギリスにわたりストールボール、ラウンダーズが誕生

ラウンダーズは革に包まれた「ボール」を打ち、4つの杭を廻り得点を競う

1800（寛政12）年

イギリス生まれのクリケットがアメリカに伝わり、少年達がクリケットのボールを使い後年の野球の様なゲームを始めた

1830（天保元）年

ボストンで現在の野球ルールの基になったタウンボールが楽しまれる

スポーツというよりルールも一定ではなく人々の「楽しみ・スポート(Sport)」[注1]だった

1835(天保6)~1840(天保11)年
ラウンダーズを起源としたタウンボールが進化
4つの杭が平らな石になり、やがて砂を入れた袋が「ベース」(後のキャンバス)と呼ばれた

1839(天保10)年
ニューヨーク州クーパーズタウンで「ベースボール」なるものが始まった
Base Ball の記述は18世紀の中頃から後半にイギリスとアメリカに存在

1845(弘化2)年
ニューヨークのニッカボッカークラブ所属のアレクサンダー・カートライト(ニューヨーク州)が野球規則を体系化した(1957年に統一)、ルールの中に「3つのベースに砂を入れたカンバス(キャンバス)地の袋を置く」とあった

1859(安政6)年
アメリカで大学の対校試合が始まり、アマースト大学とウィリアムズ大学の試合が最初でアマースト大学が勝利

1872(明治5)年
米国人ホーレス・ウィルソン(メイン州)が英語教師で着任した第一大学区第一番中学(後の東京開成学校)で生徒にベースボールを伝授、ホーレス・ウィルソンはその後、日本野球殿堂(新世紀表彰)入り
*明治6年に開拓使仮学校(東京・現北海道大)で英語教師アルバート・ベイツ(ワシントンDC)が教え、教え子が札幌農学校へ持ち帰った説もある

1878(明治11)年

日本初の野球チーム「新橋アスレチック倶楽部」が創設され、社会人チームで創設者は平岡凞、1888（明治21）年に解散

1882（明治15）年

新橋アスレチック倶楽部が駒場農学校（東大農学部の前身）と初の試合

1886（明治19）年

工部大学校（後に帝大に合併）と波羅大学（現明治学院大学）が初の大学対校戦

1894（明治27）年

第一高等中学校野球部の中馬庚（野球殿堂入り）がベースボールを「野球」と訳す

正岡子規（松山中－共立学校－東大予備門－東京帝大・愛媛）が名づけ親（野球（ノボール））という説もあった、子規の幼名が「升（のぼる）」

（「野球殿堂博物館」「野球年鑑」『六大学野球全集』『女學生たちのプレーボール』他参考）

ベースボールがアメリカで始まってから、日本で「野球」となるまでに約半世紀を必要とした。イギリスで発祥したラウンダーズ、クリケットがアメリカに渡らなかったら、現在のベースボール、野球はどうなっていただろう。野球の原型のラウンダーズでは「次の杭へ走れ」が、次第に「次のベースへ走れ」と叫ぶようになったという。まさに現在の野球そのものだ。また、ニューヨーク州マンハッタンでボランティア消防団を創設したアレクサンダー・カートライトが消防団員の団結力を高め、運動不足を解消するためにベースボールを活用し、野球規則を体系化させた。ベースボールの発展にとって画期的なことだった。また、カートライトがベース間を42ペイス（歩）に定め、その後90フィート（約27・43メートル）に統一され現在に続いている。1フィート（約30・48センチ）長く、あるいは短かったら、「ベースボール」はどうなっていただろう。運命の「90フィート」だっ

中馬庚のレリーフ
（公益財団法人野球殿堂博物館所蔵）

平岡凞のレリーフ
（公益財団法人野球殿堂博物館所蔵）

た。その後、アメリカ初の野球の試合（アマースト大とウィリアムズ大・ともにマサチューセッツ州）が行われたのが１８５９（安政６）年とあり、約半世紀後に日本で早慶対校戦第１戦が行われた。

日本にベースボールが伝わってできた最初のチームが社会人で構成された新橋アスレチック倶楽部だった。創設者は鉄道省の技師の平岡凞（ひろし）（不詳・東京）。日本で初めて鉄道が開業（新橋～横浜間）したのが１８７２（明治５）年。平岡はその前年に船便でサンフランシスコに渡り、ボストンに向かったその手段は鉄道だった。その鉄道に魅せられてアメリカの機関車工場で働きながら鉄道の専門知識を5年後に持ち帰った。平岡は同時にベースボールを習得し、スポルディング社（注2）からベースボール用具を調達し日本に持ち帰り、ルールブックも本場から取り寄せるなど、多くの野球資産をアメリカから移入した。アメリカで仕入れたカーブ（当時は「魔球」と呼ばれた）を日本で初めて投げた選手と言われる。

平岡は帰国後、工部省鉄道局の技師となり新橋鉄道局に勤務。その構内にあった「保健場」でベースボールを始め、構内にアメリカナイズした天然芝を張った日本初の野球専用グラウンドを造った。そして、日本で初のベースボールチームが誕生した。これがその後の国鉄管理局チーム、国鉄スワローズ、JR野球部、東京ヤクルトスワローズへつながっていると思うと明治150年の大系と捉えられる。また、平岡の渡った先がアメリカでなく蒸気機関車発祥の地のイギリスであったら、日本の野球の発展は変わっていたかもしれない。後述する満州野球での記念すべき第1戦の球審は平岡の弟の平岡寅之助（不詳・東京）だった。寅之助は第1回全国中等学校優勝野球大会（現全国高等学校野球選手権大会・以下中等学校大会及び高校選手権大会）で副審判長を務めている。平岡兄弟が野球と満州でつながった。現在、社会人野球の全日本クラブ野球選手大会の優勝チームに「平岡杯」が授与されている。

中馬庚著『野球』の表紙
（1901年発行の増補第七版）

そして、第一高等中学校（一高の前身）野球部時代に二塁手として活躍した中馬庚（ちゅうまかのえ）（旧一高－東京帝大・鹿児島）が、「塁球」と訳す案もあったベースボールを1894（明治27）年に野球部史の巻頭で、「てにす部を庭球とし我部を野球とせば大に義に適せり」と記し、初めて「野球」という言葉が生まれ、翌年に『一高野球部史（校友會雑誌号外　野球部史附規則）』（第一高等学校球友會編）として発行した。1897年には野球解説書の単行本『野球』を刊行し

我部ノ專門語ニ至リテハ今日ニ當リテ速カニ適宜ノ譯語ヲ定メスンハ底球部又ハ第一圍第二圍等ノ奇語生シテ慣例遂ニ定語トナランコヲ恐レシカ故ニ未タ我部ノ評決ヲ經スト雖モ余ハろんてにす部ヲ庭球トシ我部ヲ野球トセハ大ニ義ニ適セリト信シテ表題ハ野球部史ト題シ又左野右野手捌き(Motions in Throwing A Base)球扱ひ (Fielding) 等ノ語ヲ用ヒタリト雖モ其他適宜ノ語ニ想到セサル者ハ仍原語ヲ用タリ

明治二十七年十月二十八日

中馬庚識ス

一高野球部史に初の「野球」の記述、1894年
（公益財団法人野球殿堂博物館所蔵）

た。「Ball in the Field・野外の球技」、「野球」が誕生して130年後の今、室内のドーム球場、人工芝の上でなせる野球を中馬は何と命名するのだろうか。

　アメリカの「ベースボール」が日本に伝わり「野球」となるのに半世紀、その半世紀後には絶頂期を迎えていた学生野球が太平洋戦争で中断、その半世紀後には天然芝の球場に人工芝が敷き詰められ、屋根のあるドーム球場で野球をしている。さらに半世紀後の2050年頃には野球はどう変わっているのだろう。人類の住む地球の温暖化問題がさらに話題の的となり、街には脱ガソリン車が走り、東京一極集中から地方分散化が進み、真夏の暑さ対策や金属バット対策で高校野球も様変わりし、人々の野球に対する意識も大きく変わっているに違いない。陽気のいい春と秋にリーグ戦が設定され、神宮球場で6校が鎬を削る六大学野球の姿は変わっているのだろうか。

　アメリカで発祥した「ベースボール」と日本に根付いた「野球」は両国で異なる経緯で発展した。ベースボールを「楽しむ＝Sport」が元になっているアメリカとは異なった環境で日本の野球は広まった。後述する精神主義、精神鍛錬が軸を成す野球が、一高野球部の全盛によってアメリカ野球との違いが顕著に表れてくる。やがて大学野球への熱狂が始まり、中等学校野球（現高校野球）、社会人野球、職業野球（プロ野球）へ野球の熱が続いた。不幸な大戦に至るまで応援の過熱による騒動が幾度かあったものの、そこには常に日本的な「おおらかさ」が感じられ、ギスギスした今の世情からみて、懐の深い余裕が溢れている。インターネットから発せられる情報が世の中を席巻し、パソコンやスマホの画面で用が足せる時代に、この「おおらかさ」をどう取り戻すかは現代に生きる者にとって大きな課題だ。飽食の現代からすると、物の乏しさが当たり前の世情が、当時の人々の「おおらかさ」を生んでいるように思わざるを得ない。インターネットで情報が溢れ、物があり過ぎる豊かさは人の心を退化させるのか、とふと思う。

◉幕藩体制から廃藩置県へ

ベースボールが日本へ伝わった頃、戦国時代から数えて300年近く続いた幕藩体制が明治政府の廃藩置県制によって姿を変えた。徳川幕府が「日の本」に散りばめ支配した300弱の藩が廃止され統合された。1871（明治4）年の3府302県（他に開拓使）に始まり、数回にわたる府県統合が行われた。廃藩置県実施時は沖縄と北海道は対象外で、沖縄県になったのが1879（明治12）年、開拓使を廃止して札幌県、函館県、根室県を統合した北海道庁ができたのが1886（明治19）年だ。廃藩置県直後の府県統合によって別掲の地図の通り、3府（東京、大阪、京都）72県制となり、人々は自分の出身地を語るのに、「○○の国の出」から「○○県出身」と変わった。筆者の故郷では「信濃の国」は「長野県」と「筑摩県」となり、この頃、松本市は「筑摩県」。松本市出身の人が田舎を長野県と尋ねられて、「違います。信州の松本です」と答えたのはこれが起因しているといわれる。県境の区割りは変更を繰り返し、現在の47都道府県制の元になる府県制（1道3府43県）が実施されたのが大日本帝国憲法公布前年の1888（明治21）年。今年はそれから数えて136年目にあたる。

日本では、国内で「出身地はどこ?」と聞かれれば、必ず47都道府県で答えるのが一般的だ。アメリカでは「Where are you from in USA?」と聞かれたらどう答えるのだろう。アメリカ合衆国の国土面積は日本の26倍もある。州（States）はハワイ、アラスカを含めて50で構成され、日本も北海道が4地区（札幌県・函館県・根室県・北方領土）とすれば、ちょうど50だ。アメリカで○○州出身、日本で○○県出身が26倍の規模の違いがあると捉えると、この違いが「ベースボール」と「野球」に向き合う違いにつながっているような気がしてならない。本著では野球関係の登場人物には出身高校（旧制中学）とその所在県を記した。都道府県の特定に手間取る旧制中学もあったが、年代が遡るほど選手の出身地と所在県名が一致するといっていい。年代が現代に近づくにつれて、野球留学等で出生地と都道府県名が一致しないケースが増えてくる。モービルの発達、私学を中心とした選

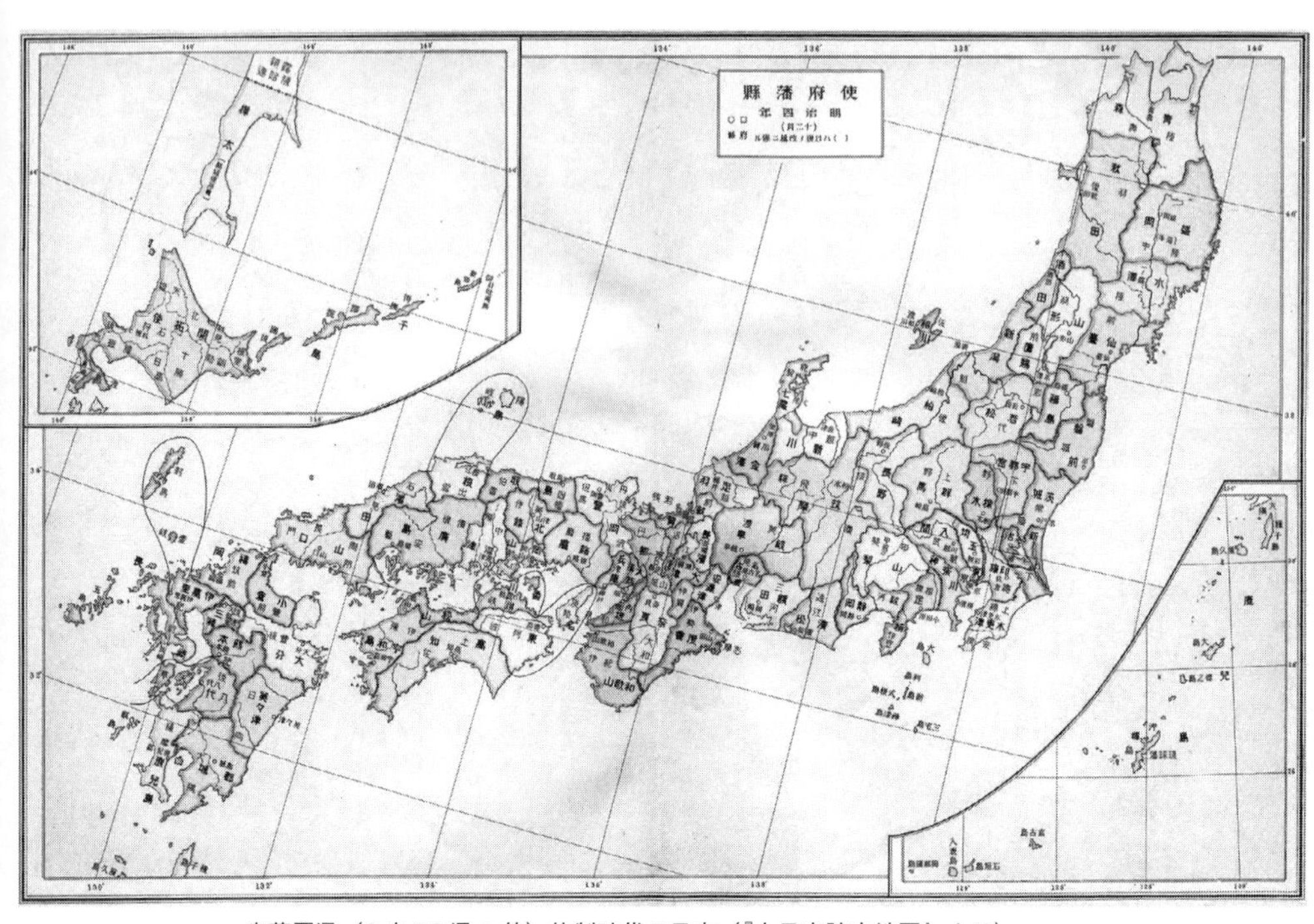

廃藩置県（3 府 72 県 1 使）体制時代の日本（『大日本読史地図』より）

手のスカウト活動、高校球児の甲子園出場への強い憧れが生んだ、いわゆる野球留学も起因している。これも六大学野球が変わってきた要因の一つだ。後で触れる。

先の新型コロナウイルス対策では現行の都道府県制度の限界を感じた。県境を越えて蔓延するウイルス対策に都道府県が、猫の目のように変わる独自の対策で応じたがうまく機能しなかった。47人の知事からこの制度の限界を唱える知事が一人もいなかったことは時代の変化に対応できない政治の限界を感じた。都道府県を跨（また）がる往来を自粛することを唱えてもウイルスは言うことを聞かない。「県境をまたがる往来を自粛して欲しい」という知事の通り一遍のお願いがテレビ画面に映し出された光景が昨日のことのように蘇る。「平成の大合併」による中途半端な自治体の合併に終わらず、明治劈頭に行われた都道府県統合のような大改革を行い、日本に道州制が機能していたら広域で統一されたコロナ対策となっていたであろう。現在の「10増10減」に象徴される国会議員の既得権（生存権）を守るような選挙制度変更を「改革」と称して繰り返しているうちは、「国家100年の大計」は今の国政からは生まれない。

日本が関わった明治時代の戦争というと日清、日露の大戦が思い起こされる。しかし、明治維新時の鳥羽伏見の戦いに端を発した戊辰戦争は、1868（慶応4・明治元）年1月から1年半後の1869（明治2）年6月の箱館戦争で終結した。日本史上最大の内戦だった。慶応から明治への改元が1868（慶応4・明治元）年10月。戊辰戦争は江戸時代の最初で最後の戦いともいえるが、1867（慶応3）年の大政奉還、王政復古の後の戦いであり、江戸時代の265年間は全く戦争がなかったわけだ。しかし、その後日本は日清、日露、第一次、第二次の世界大戦に深く関わり、1945（昭和20）年8月を無残な敗戦で迎え、六大学野球にも大きな影響を及ぼすことになる。さらにその70年後の2015（平成27）年に安倍晋三（成蹊 - 成蹊大・東京）政権下で、安保法制案が可決され、集団的自衛権を巡り国論を二分することになる。

新生明治政府は、日本に野球が伝わった1872（明治5）年には、廃藩置県に続き日本初の教育法令の学制を公布し、満6歳以上の男女が通える小学校をつくった。寺子屋が小学校となり、その後学制改革を繰り返し、こちらも六大学野球に影響を与えることになる。ともにベースボールが日本に伝搬された頃の出来事だった。

◉学校制度の変遷

1871（明治4）年に文部省が設置され、翌年に発せられた学制では、最初の義務教育は尋常小学校の4年間で、1907（明治40）年に尋常小学校が6年間の義務教育制になるまで幾たびの学制改革を行ない左記の制度となった。尋常小学校への就学率がほぼ100%になったのがこの年だった。尋常小学校から上位の学校へ進む道は8コース以上あったという。この時点で、日本にあった大学は東京帝国大（現東京大）、京都帝国大（現京都大）、東北帝国大（現東北大）の3校。その後、海外も含めて9帝大体制となる。

【小学校令改正・1908（明治41）年】
尋常小学校（6年）↓中学校（5年）↓高等学校（大学予科・3年）↓帝国大学
尋常小学校（6年）↓中学校（5年）↓専門学校（その後の大学）・高等師範学校
尋常小学校（6年）↓高等女学校↓女子高等師範学校
尋常小学校（6年）↓高等小学校（3年）↓師範学校（4年）
尋常小学校（6年）↓高等小学校（2年）↓実業学校（甲種・3年）
尋常小学校（6年）↓実業学校（乙種）・実業補修学校・徒弟学校
＊高等小学校（2年）を卒業して中学校へ進む道もあった

尋常小学校を出た学生（男子）には、就職、中学校（5年制）、高等小学校（2年制・3年制）、実業学校（3年制）の4つの進路選択があり、中学校に進むのは試験を突破した経済的に恵まれた約2割の男子だけだった。さらに専門学校（後の大学）、高等師範学校に進むことができた。帝国大学を目指すには、高等学校に入学し、卒業すると帝国大学のいずれかに進学することができた。帝国大学への入学には受験競争はなく、高等学校の受験突破が最大のヤマ場だった。当時の高等学校は帝国大学の教養課程（予備学校）の役割を果たし、相変わらず男子のみの学校制度だった。この受験制度が後述する最強の一高野球部を生む一因となった。

戦前、女子は原則的には大学に入れず、高等学校、中学校にも入学できなかった。女子は高等小学校と実業学校へは進学ができたが、男子が中学校へ進学するのに対し女子のエリートに門戸を開いたのが高等女学校（高女）だった。しかし、高等学校以上の進学へは女子高等師範学校以外の道は用意されていなかった。女子は「良妻賢母」となることが前提の時代だ。初めて女子が大学に入学したのが1913(大正2)年。女子の受験を認めた東北帝国大に文部省が「前例なきことにて頗(すこぶ)る重大なる事件」とクレームを付けた。明治時代の学校制度は完璧な「男尊女卑」の学校制度だった。2023(令和5)年の男女格差を測るジェンダーギャップ指数(世界経済フォーラム)で日本はG7の中で最下位、世界でも125位に位置していることは、明治時代の社会制度に起因していると思えてならない。後に触れる女子野球の発展もこれが阻害要因となったという文献がある(423頁)。

学校改革が進むにつれて教員の確保が必要になり、教員の養成機関として各県に設置された師範学校は高等学校に進学できない、また経済的にも恵まれない優秀な学生にとって貴重な教育機関だった。さらに、格上の師範学校として高等師範学校(男子)と女子高等師範学校が設置された。

その後、1919(大正8)年に中学校令一部改正、第二次高等学校令、大学令が施行され別掲の図となった。早稲田、慶応、明治、法政他の専門学校が大学令で正式に「大学」の仲間入りをした。この制度の下で、尋常小学校から上の学校に進む道は多岐にわたる。

【中学校令・高等学校令・大学令・1919(大正8)年】

尋常小学校(6年)→高等学校(7年)→帝国大学(3年)

尋常小学校(6年)→中学校(4年)→高等学校(3年)→帝国大学(3年)

尋常小学校(6年)→中学校(5年)→大学予科(2年)→大学専門部(3年)

尋常小学校(6年)→高等女学校(4年)→女子高等師範学校(5年)

尋常小学校(6年)→中学校(5年)→専門学校(3年)

尋常小学校(6年)→高等小学校(3年)→師範学校(4年)

尋常小学校(6年)→高等小学校(2年)→実業学校・甲種(3年)

尋常小学校(6年)→実業学校・乙種(3年)・徒弟学校

この頃、大学野球へ進むには、尋常小学校卒業後、12歳で旧制中学から野球を始め、16歳または17歳で大学の予科へ入学し、19歳で大学の本科(専門部)へ進み、21歳で卒業するのが最短コース。実業学校(甲種)を卒業後に大学予科へ進むコース、高等小学校から中学校へ入り直して大学予科に進むコースもあった。尋常小学校卒業後に高等小学校(高小・2年)へ進み、15歳で旧制中学に入学した場合は、大学予科入学が20歳、卒業が25歳になる。帝大を除く5校の選手はこれらのコースがほとんどだった。当時の中等学校野球(現在の高校野球)は、12歳から15歳で「中学球児」になり、16歳または19歳まで野球ができたので、今でいえば19歳の「高校球児」がいたわけだ。当時の甲子園大会には浪人後進級し、21歳の成人した旧制中学生の「高校球児」がいたという。戦時中の1942(昭和17)年に文部省の主催で行われた「幻の甲子園大会」(注3)(全国中等学校錬成野球大会)では参加資格を19歳以下にしたという記述がある。戦争の足音が近づいていた1939(昭和14)年の『明治大学野球部史第一巻』(駿台倶楽部編・以下『明治野球部史』)にある明治の選手名簿には43名の登録があり、うち11名の予科1年生の平均年令は20歳となってい

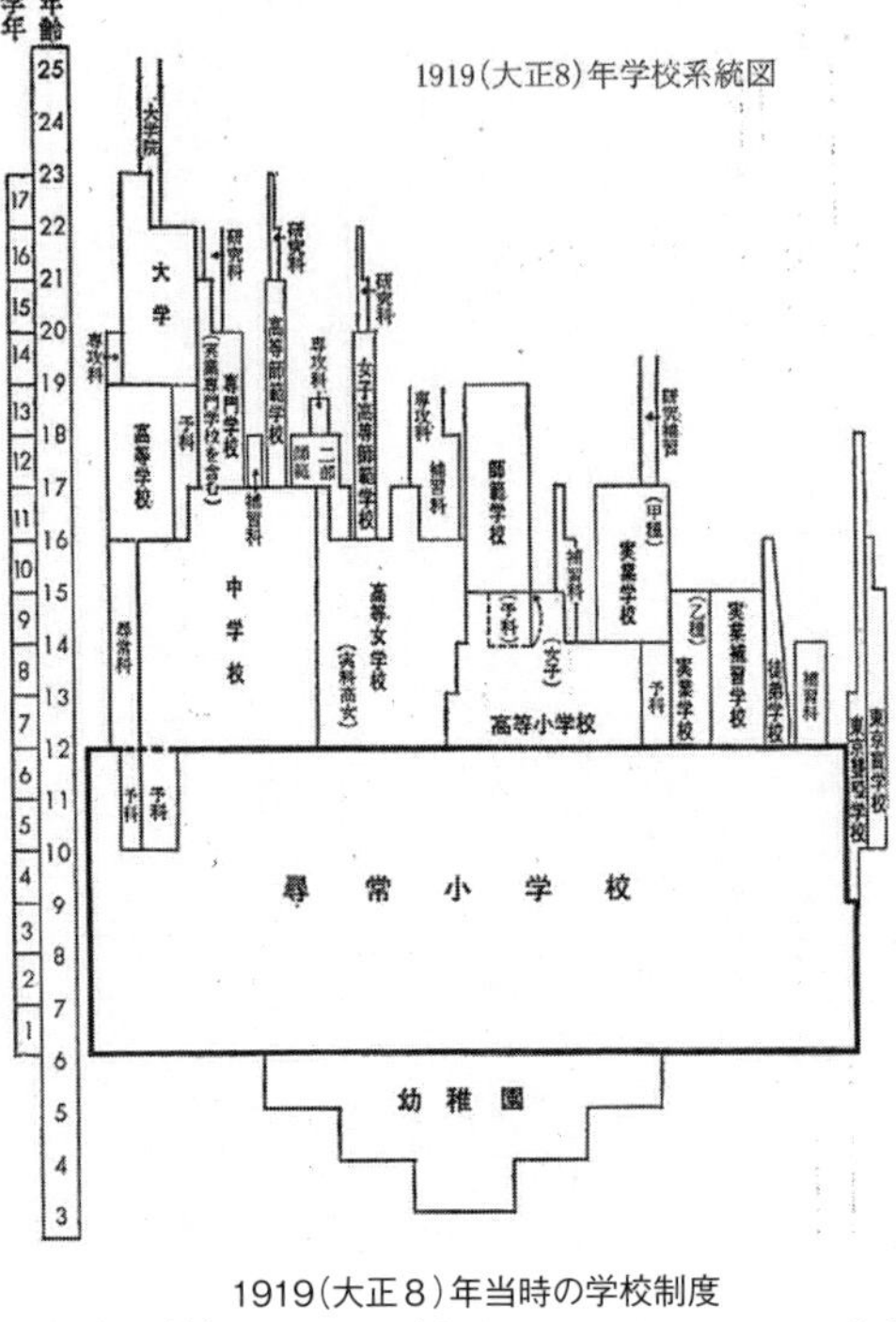

1919(大正8)年当時の学校制度
(文部科学省ホームページより　https://www.mext.go.jp/)

る。実業学校や高等小学校経由で旧制中学校へ進んだ選手が予科へ浪人して入学した選手が多かったと推測できる。また、専門部の選手では23歳から25歳の選手が7名いた。当時は尺貫法の時代で、初の4連覇で活躍した児玉利一（大分商）は身長5尺9寸5分（180センチ）、加藤三郎（岐阜商）は体重21貫（78・7kg）と表記され、『明治野球部史』にはすべての選手の身長（尺・寸・分）と体重（貫・匁）が記載されている。

帝国大学へ進むには高等学校（3年制・7年制）の受験を突破しなければならないことは先述した。高等学校は全国を5区に分けた各区に一高から五高、続いて六高から八高が順に配置され、いわゆる「ナンバースクール」が生まれた。第一高等学校（一高）は第1学区にあったので「第一」が付いた。その後、弘前高はじめ19の「ネームスクール」と、府立、武蔵、甲南、成蹊、成城などの7年制の高等学校が設置され、帝国大学に進学できた。学習院（高等科）は帝国大学に進むことができた特別な教育機関だった。野球部の創設も相次ぎ、当時の帝大はすべての選手が高等学校出身で占められている。

そして、戦中の1941（昭和16）年の国民学校令で左記の制度になり、中学校が5年制から4年制へと変わった。太平洋戦争に突入している最中に尋常小学校が国民学校に変わったこと

昭和十四年度

⑪…昭和十四年メンバー

位置	氏名	年齢	出身校	学年	身長	体重
投手	児玉利一	21	大分商	商科二年	5・9・5	19・0
〃	清水秀雄	22	米子中	商科一年	5・8	21・0
〃	小野典二	22	東北中	商科一年	5・3	17・0
〃	藤本八竜	22	下関商	予科二年	5・6	17・0
〃	福田直義	21	松江中	予科二年	5・7	21・0
〃	三宅宅三	19	玉島商	予科二年	6・0	20・0
〃	林義一	20	徳島商	予科二年	5・7・5	17・0
〃	野村清	21	岐阜商	予科一年	5・5	16・0
捕手	上林繁次郎	23	日大三中	政経二年	5・6・5	17・5
〃	塚越源市	23	桐生中	商科一年	5・3	16・0
〃	御子柴長雄	22	諏訪蚕	商科一年	5・8	18・0
〃	松井勲	22	中京商	予科二年	5・5	16・5
〃	加藤三郎	21	岐阜商	予科一年	5・8	21・0
一塁	内山貢吉	22	新潟商	商科一年	5・5	16・0
〃	小西正一	20	浪華商	予科一年	5・8	19・0
〃	大森繁	19	大分商	予科一年	5・8・5	18・0
〃	福山光夫	23	高輪中	商科一年	5・9	19・0
二塁	亀田重雄	24	高輪中	法科二年	5・5	18・0
〃	亀井巌	25	松山商	政経一年	5・2	16・0
〃	河西俊雄	20	明石中	予科二年	5・4	16・0
〃	佐藤敬	20	岩手福岡中	予科二年	5・6・5	16・0
〃	安井亀和	20	海南中	予科一年	5・5	15・0
三塁	阿瀬森次郎	20	海南中	予科二年	5・5・5	18・5
〃	手塚明治	19	松本商	予科一年	5・8	17・0
〃	宮崎仁郎	20	長野商	予科一年	5・6	14・5
遊撃	大木謙佑	22	下関商	商科二年	5・5・5	16・3
〃	宮本利学	20	徳島商	予科二年	5・4	16・0
〃	前田貞行	19	広陵中	予科一年	5・6	17・0
〃	斉藤嘉道	21	目白商	予科二年	5・6	17・5
外野（主将）	飛田喜久司	24	関東中	商科三年	5・6	18・0
〃	伊藤庄七	22	中京商	商科二年	5・7・5	20・0
〃	加藤春雄	23	岐阜商	商科三年	5・8	21・5
〃	矢野純一	21	下関商	商科二年	5・5	17・0
〃	宮脇正信	22	広陵中	予科二年	5・8	18・0
〃	橋本実義	22	広陵中	予科二年	5・5	15・0
〃	三好繁夫	19	台北商	予科二年	5・5	16・2
〃	国分恒雄	19	岩手福岡中	予科二年	5・6	16・3
〃	江原徳治	19	浦和中	専門二年	5・7	16・0
〃	富田和三	21	中京商	予科一年	5・5・5	17・0
〃	岩本信一	21	広陵中	予科一年	5・8	17・0
〃	原田徳光	21	中京商	予科一年	5・5	17・0
〃	根本正	22	佐原中	専門三年	4・5	15・0
マネージャー	宮坂達雄	21	京華商	商科一年		

春のリーグ戦開会式で宣誓する飛田主将

1939（昭和14）年の明治の選手名簿
（『明治大学野球部史第一巻』より）

は、教育勅語の教えを徹底し、「国民」を皇国への忠心を築く「学校」にしたわけだ。正式には「国民の基礎教育を施す学校」とある。また、1935（昭和10）年に文部省と陸軍省の協力体制下で始まった教育上は教育機関だった青年学校は、戦時下の総動員体制に組み込まれていった。戦争とは国民を巧みに欺く政治だ。戦況が悪化する中で、当時の政府（軍部）の焦りが生んだ学校制度改革だった。日本は施行後の4年後に敗戦を迎えた。戦争がなければ国民学校や軍事教練のあった青年学校の存在はなかった。

【国民学校令・1941（昭和16）年】
国民学校（6年）→中学校（4年）→高等学校（4年）・大学予科（2年）→大学（3年・4年）
国民学校（6年）→中学校（4年）→高等師範学校（4年）
国民学校（6年）→中学校（4年）→専門学校（3年・4年）
国民学校（6年）→高等女学校（4年）→女子高等師範学校（4年）・師範学校（3年）
国民学校（6年）・同高等科（2年）→師範学校・青年師範学校（予科含め5年）
国民学校（6年）→青年学校（男子・7年）
国民学校（6年）→同普通科（2年）・本科（3年）＊女子
国民学校（6年）→同高等科（高等小学校・2年）→本科（男子3年・女子2年）
国民学校（6年）→実業学校（4年）
＊高等科（高等小学校・2年）を卒業して中学校へ進む道もあった

敗戦後の1947（昭和22）年に連合国軍総司令部（以下GHQ）の占領統治下で、「修身授業」「教育勅語」に象徴される軍事国家の温床だったものが排除され、学校教育法の改正が行われ、左記のとおり現在の学校制度の元ができあがった。まず、国民学校が6年の新制小学校、4年制の旧制中学校が3年の新制中学校となり、翌年に2年制の大学の予科と旧制高等学校がなくなり3年制の新制高等学校がスタートした。この年に入部した選手から名簿の出身校が「中」から「高」に変わっている。4年制（1942年までは5年制）の「水戸中」が3年制の「水戸一高」に変わった。さらに翌年の新制大学制により18歳で大学へ入学する流れができあがった。明治以来の複雑な学校制度は「6－3－3－4」制のシンプルなスタイルとなった。

小学校（6年）→中学校（3年）→高等学校（3年・定時制4年）→大学・短大（4年・2年）

新制高校制が始まった1948（昭和23）年から3年間は、野球部も旧制の「中学生」と新制の「高校生」が同居していた。本著のスタメンから旧制中学名（東大の旧制高校は除く）がすべて消えるのは、筆者が生まれた1953（昭和28）年のメンバー表となり、翌年からすべての出場選手から「旧制」が消えた（273頁）。1872（明治5）年以来の学制改革は、今日の体制になるまでに8回の大きな改正を繰り返し、複雑な戦前の学校制度は戦後、GHQによって瞬く間に単純化された。

◉一高時代から早慶へ

初期の早慶対校戦を学生野球の起源とすることは多くの書物に見られる。しかし、早慶が全盛時代を迎える前には一高（旧制第一高等学校・現在の東京大学の一部）や、早慶に先駆けて東京英和学校（現青山学院大）、東京一致英和学校（波羅大学・現明治学院大）、工部大学校（後に帝大に合併）、学習院（現学習院大）などが野球部（チーム）を興している。日本に野球が伝えられたのは1872（明治5）年。明治政府が作った専門学校の一角を占めた第一大学区第一番中学（後の東京開成学校予科）[注4]で、アメリカ人が生徒に教えたとされる。今から１５２年前のことだ。それ以降、東京開成学校は精進を重ね、１８８６（明治19）年の学制改革で第一高等中学校となる。その年に東京一致英和学校と工部大学校の間で初の対校戦が行われた。その後、第一高等学校に改称され、さらに鍛錬が進み、最強の野球部となり「無敵一高」なるフレーズも生まれた。一高の創部は学校創立と同じく、六大学野球１００年を迎える今年で創部から１３８年となる。東大野球部の創部は、一高や東京開成学校を創部とする文献があるが、『東京大学野球部１００年史』（東京大学野球部一誠会１００年史編纂委員会編・以下『東大野球部史』）では１９１９（大正８）年を創部としているので、今年で創部１０５年となる。東大野球部の歴史は一高時代の32年間を加算していない。

一方で国立大学の西の雄、京都大野球部の創部は１８９４（明治27）年の三高（旧制第三高等学校・現京都大）の創部の4年後にカウントされ、今年で創部１２６年となる。一高野球部の創部から12年遅れて三高野球部が発足している。この違いは明治政府が幾度となく発令した学校制度に由来していた。一高対三高の対校戦は43年間で一高の18勝19敗1分。後述する双青戦につながる（204頁）。これも歴史だ。

日本で最初の大学は１８７７（明治10）年に設置された旧東京大学。明治政府が国力強化のためにつくった専門学校の東京開成学校と東京医学校が合併し設立された。それから9年間は旧東京大学が続いた。１８８６（明治19）年の帝国大学令により、全国に帝国大学がつくられていく。これらは帝大と呼ばれ、東京（１８８６年）、京都（１８９７年）、東北（１９０７年）、九州（１９１１年）、北海道（１９１８年）、大阪（１９３１年）、名古屋（１９３９年）、そして京城（朝鮮・１９２４年）、台北（台湾・１９２８年）にも帝国大学が設置された。旧東京大学は工部大学校を吸収合併して帝国大学と名称が変わり、11年後に京都帝国大（現京都大）が設置されると同時に東京帝国大と名称が変わった。旧東京大学が創設されて京都帝国大が設置されるまでの20年間は日本の大学は旧東京大学（後に帝国大学）のみだった。筆者の大学受験時代にあった国立1期校[注5]を構成した9帝大体

創部10年目の一高野球部、後列中央が中馬庚、明治30年（『六大学野球全集』より）

制が完成するのは東京帝大設置の53年後だった。ソウルに設置された京城帝大の存在を韓国側は認めていないが、同帝大は今のソウル大学校の起源となっている。最後の名古屋帝大の設置から8年後の１９４７（昭和22）年の国立総合大学令によって「帝国大学」の名称が消え、2年後の国立学校設置法によって新制大学に組み入れられた。旧東京大学から現行の東大になるまで72年の月日が流れた。

１８８６（明治19）年の帝国大学令で帝国大学と同時に予備教育部門の高等中学校が全国に7地区に設置され、１８９４（明治27）年に高等学校（旧制）に変わった。東京大学の予備部門が独立した一高（中）野球部は１８８６（明治19）年に学校創立と同時に第一中学校の複数のベースボール会が合併されて創部された。東京帝大野球部の創部は１９１９（大正８）年。三高の創部は１８９４（明治27年）、京都帝大の創部は１８９８（明治31）年。帝国大学令で一高、三高が帝国大学に組み入れられる前は、一高には野球部が存在していた。ベースボールが最初に伝わった東京開成学校の野球は、旧東京大学（帝国大学）へ引き継がれたが、第一中学校、その後継の第一高等学校ができると野球は一高が主体となり、野球では帝国大学は一高に後塵を拝することとなる。しかし、ボートは一高でなく帝国大学に引き継がれた。東京帝大野球部の創部までの42年間は、旧東京大学、帝国大学の「野球空白」の時代と言っていい。正式な野球部もグラウンドもなかった。一高の全盛は、当時の中学界に火を付け、郁文館中、正則中、獨逸（ドイツ）協会中（獨協中）、早稲田中、慶応普通部などが野球部を強化し、当時の大学野球に数多くの選手が進んだ。

旧東京大学は京都帝大創設の1886（明治19）年まで、日本では最初で唯一の大学だったことは先述した。日本を背負う優秀な人材、エリートを育成するために明治政府が設立した「国家機関」ともいえ、それ以降の大学とは大学の性質が異なった。これは旧東京大学（後に帝国大学）に野球部が根付かなかった要因だと想像する。ここから輩出された人材が官僚を中心に新生日本を形づくり、第一次世界大戦を経て、日中戦争から太平洋戦争に突入して行った。その戦争の最終章で無謀な作戦を主導し敗戦を迎えた鈴木貫太郎（攻玉社－海軍兵学校－同大学校・大阪）内閣を構成した大臣16名のうち9名が東京帝大卒の官僚、実業家だった。その4年前の東條英機（城北尋常中－陸軍幼年学校－陸軍士官学校－陸軍大学校・東京）内閣時代は閣僚25名のうち17名が東京帝大出身だった。敗戦直後に神宮球場が戦勝国アメリカに接収され、7年間もGHQが神宮球場の返還を躊躇した理由の一つに、軍国主義、官僚主義の温床となった東京帝大を含む団体（東京六大学野球連盟、終戦当時は東京大学野球連盟）に使用させるのは不適切だとした文献もある。

しかし、現在の東大の前身である東京開成学校、旧制一高がこれほど日本の野球の草創期に大きな貢献を果たしたのに、東京帝大は1925（大正14）年秋の東京六大学野球開始直前の春の5大学リーグ戦で「テスト」をされて6校目の加盟を秋のシーズンに果たした。テストの結果は1勝3敗。早稲田には大敗（1対9）したが、立教には勝利（3対1）し、慶明には善戦（2対4・3対6）した。帝大の加盟は必然と取るか、テストを皮肉と取るか、今となっては喜びといっていい。東京帝大となった1897（明治30）年前後に野球部を創設し、早慶をはじめ強豪チームと鎬（しのぎ）を削っていたら、東大野球部はどんな野球部になっていただろう。

一高の次に台頭したのが、早慶野球部であるのは言を俟（ま）たない。ともに最強の一高を破るために切磋琢磨していたのが、1900年代の初頭だ。一高の創部に遅れること14年の慶応の創部に始まり、慶応に遅れること9年の早稲田（発足時は東京専門学校）の創部に続く。連勝、連勝に沸く一高に対して「打倒一高」を掲げ一高に挑み、慶応が初めて一高を破ったのが１８９３（明治26）年だった。10年後の１９０３（明治36）年の早慶対校戦初戦につながり、翌年には早慶は揃って一高を破り、「一高時代」の終焉へと向かっていった。その後、一高が早慶に連勝したのは、後にプロ野球コミッショナーを長年務めた左腕投手の内村祐之（ゆうし）（旧一高－東京帝大・東京）が活躍した１９１８（大正７）年だけだった（71頁）。それから立教、明治、法政と創部が続き、３校リーグ、４校リーグ、５校リーグを経て、現在の６校リーグへの流れとなっていく。六大学野球が始まって半世紀後に筆者が明治で経験した「打倒早慶」は、当時の早慶の「打倒一高」につながっていると思うと奥深い。

一高、早慶とともに当時の野球界をリードした明治学院、学習院、青山学院の野球部の存在も記憶しておかなければならない（65頁）。明治学院は、１８８５（明治18）年の創部で、前身の一つの東京一致英和学校（波羅大学）時代に築地にベースボール部が創設された。一高野球部創部の前年だ。初代主将は、戦後の吉田茂（日本中－高等商業－正則中－旧学習院高等科－東京帝大・東京）首相の側近を務めたことで有名な白洲次郎（神戸一中－ケンブリッジ大・兵庫）の父の白洲文平（ふみひら）（築地大学校－ハーバード大－ボン大・兵庫）で、そのキャッチングは「白洲のスマートキャッチ」ともてはやされたという。その後、白金台町（東京・芝区、現在の港区白金台）に移転し白金倶楽部として成長し、当時では無敵を誇ったという。野球チームとして初めてユニフォームを作ったのが明治学院だった。

また、学習院の野球部は、１８８９（明治22）年に旧制の学習院高等学科の野球部として創部したが、それ以前に同好会が作られ野球の試合をしていたという記録もある。また、青山学院大の前身である東京英和学校の創部は、明治学院や学習院より早く１８８３（明治16）年。一高、明治学院、学習院、慶応、青山学院などで対校試合をしていたというから、現在とは趣の異なる学生野球界だった。現在、明治学院大は首都大学野球リーグ２部、学習院大、青山学院大は東都大学野球のそれぞれ３部と１部に所属している。

◉事件・その1　一高事件と早慶対校戦中止事件

六大学野球が始まる前に起きた大事件の中には、早慶対校戦の10試合目の決勝戦が中止になった事件があるが、これについては後述する。その事件から遡ること13年、１８９０（明治23）年に一高と白金倶楽部の試合中に起きたインブリー事件があった。この事件は六大学野球が始まる35年前に起きた。大学野球の応援の過熱による事件の先駆けなので紹介しておく。早慶対校戦が始まるまでは、日本の野球界は一高の天下で慶応、白金倶楽部、青山学院、学習院などが対校試合を行っていたことは先述した。本郷（東京・文京区）の一高グラウンドで行われた一高と白金倶楽部の試合で、一高が6回時点で0対6とリードされ、明治学院の宣教師のインブリーが試合開始時間に遅れ、グラウンドの垣根を越えて一高グラウンドに入ろうとしたところ、激怒した一高応援団の学生の投石（殴打、ナイフでという文献もある）でインブリーに大怪我を負わせた事件だ。試合は中止になり、内外の報道で外交問題に発展する様相もあったという。

原因は様々な書物に記されているが、主として一高のエリート機関としての精神主義があったという記述が多い。グラウンドは道場であり、垣根は神聖な道場と周りの俗世との境目であり、それを乗り越えた外国人を容赦しなかったということだ。当時の一高にはエリート意識を通り越した超常的な行動があり、野球の試合にも表れていた。試合の勝ち負けに対しては異様な執着心を持って相手を倒していったという。その証左に事件が起きた6ヵ月後に仇討ちといえる再試合で、白金倶楽部を26対2で退けた。先述した東大野球部の歴史に一高時代が含まれていないことは、一高の異様な精神主義が一因かと想像すらしてしまう。一高の精神野球は学生野球の父と言われた早稲田の飛田穂洲（とびたすいしゅう）（忠順（ただより）・穂洲は筆名／水戸中・茨城）（注6）が芯から信奉していた。一高の修行ともいえる過酷な猛練習に魅せられ、精神野球といえば飛田といわれるようになり、それを受け継ぐ後継指導者も多く存在した。そしてそこから飛田が表し、今でも野球人の常套句の「一球入魂」（当時は「いっきゅうじっこん」）が生まれた、その源は一高にあった。飛田を信奉していた同じく精神野球、人間力野球の明治の島岡吉郎（不詳・長野）の「なんとかせい！」をふと思い出した。一高野球の精神鍛錬、勝利主義が、その後の日本の野球の心の基礎を形作っていったことは否めない。

しかし、社会学者の中村哲也（京都府立大・大阪）は「明治後期における『一高野球』像の再検討」（一橋大学スポーツ研究）の中で、

「（当時の一高野球部を取り上げた多くの文献では）きわめて画一的な一高野球像が提示されている。すなわち、『優勝劣敗の勝利至上主義』、技術以上に精神の鍛錬が重視される『精神主義』、野球を一高精神の発露の場、校風の振起を担うものとする『集団主義』を『一高野球』の特徴とし、日本野球の原型ないし起源と位置付けるものである。（中略）しかし、一高野球部員をスポーツをする存在としてのみとらえるのではなく、一高の学生として、明治後期のトップエリートの予備軍としてとらえ、その側面から彼らの意識や行動を見ると、勝利至上主義とはいえない側面が見えてくる。（中略）一高の野球部員たちは、トップエリートとしての自覚を基盤に、学校のプライドや国家の威信をかけて、野球の試合や練習に真剣に取り組んだ。（中略）日本において勝利至上主義と言える傾向が生まれるのは、野球の大衆化に伴うスポーツの市場の形成、それを背景とした野球と進学・就職の結合が生まれ

飛田忠順生誕の地にある
穂洲筆の「一球入魂」の石碑、
水戸市大場町1369（筆者撮影）

早慶対校戦第３戦の集合写真、後方は押し寄せた観衆、中央が野球部長の安部磯雄、1904 年 10 月 31 日、早稲田・戸塚球場（『六大学野球全集』より）

る大正時代中期以降といえよう」と通説の「一高野球部」像を批判的に考査し解析している。

中村の資料によると、一高の通算成績は、1890（明治23）年から1902（明治35）年の13年間で、75戦64勝11敗で、勝率は0・853に及ぶ。「精神主義」「優勝劣敗の勝利至上主義」の象徴と言われた一高野球は、学業を優先し、勝負に勝つことだけが野球ではないことを実践した上での戦績であり、中村の説く一高像があらためて「最強一高」を考える契機となった。

そして、1906（明治39）年秋の早慶対校戦3回戦中止事件が、その後の大学野球の命運を創っていく。1903（明治36）年11月に第1戦が行われた早慶対校戦は、3年を経過し早稲田の4勝3敗。4年目の10試合目の対校戦が1勝1敗後の決勝戦となった（65頁）。現在の勝ち点制の源流だ。1回戦は早大グラウンドで慶応が勝利し、2回戦は慶応三田グラウンドで早稲田がリベンジし、ともに応援団が過熱し危険な状況となった。双方の応援の動員数の不一致がヒートアップの原因だった。慶応側が早稲田の大隈重信（弘道館－致遠館・佐賀）総長に3回戦の中止を申し入れ、早稲田野球部長の安部磯雄

（向陽義塾－同志社英学校－ハートフォード神学校）[注7]も困惑し、双方の応援団の加熱がエスカレートして危険な状態となり、結局中止に追い込まれた。両校管轄の警察署（早稲田署と三田署）にも警戒の必要性が及び、警察署どうしでも早慶戦の様相を呈した。現在の野球の応援からは信じられない光景だ。中止が決まった夜に、慶応側の学生が「未来永劫、早稲田とはあらゆるスポーツで対戦しない」という決議をした。この決議が後々尾を引いて、初期の早慶対校戦は早稲田の5勝4敗で中断し、早慶試合のない19年という長い月日が流れた。

　この事件がなく決勝戦が行われていたら、現在の六大学野球は違う姿になっていたことは容易に想像できる。統制が取れた応援が当時行われていたら、早慶対校戦は続いていただろう。人々が学生野球に熱狂する中で、今とは異なった形の大学野球リーグがもっと早くできていたかもしれない。それが中等学校野球（現高校野球）やプロ野球に影響が及んで、日本における野球の発展の行方が変わっていたに違いない。少なくとも1世紀前の六大学野球開始以前に、野球界に大きな動きがあったことだろう。早慶が断絶した19年間に明治や法政が早慶を取り込んでリーグを作ろうとして今日がある。早慶の断絶がなく早慶が中心で別の大学野球組織が出来上がった方が良かったのか、明法が早慶を取り込もうとし立教と帝大が加わった今日の方が良かったのか、想像に任せるしかない。6校での六大学野球が成立しなかったら、野球が起源となり命名され、その後一般的になった「東京六大学」の呼称は別のものになっていた。

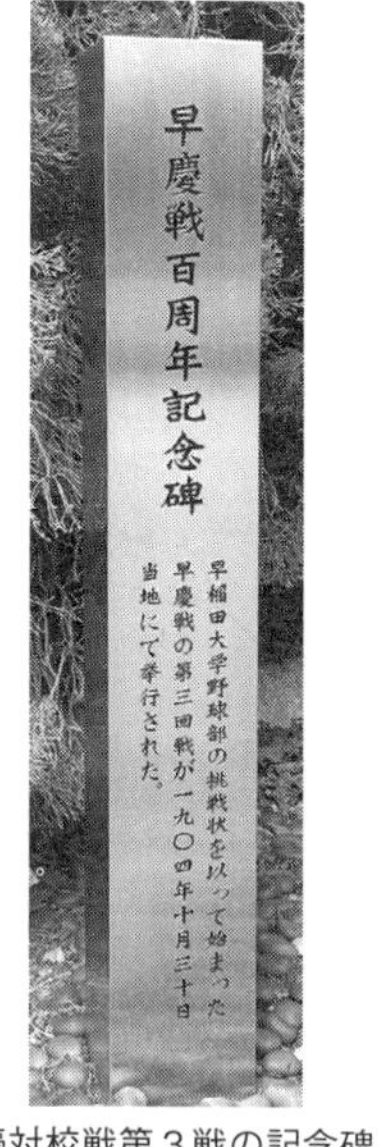

早慶対校戦第３戦の記念碑、
早稲田大学中央図書館前、
新宿区西早稲田１丁目
（筆者撮影）

　しかし、この早慶の断絶がもたらした二つの効用があった。野球部の海外遠征（112頁）とアメリカの大学チームの招聘だ（122頁）。早慶対校戦が中断した翌年の1907（明治40）年から、早稲田、慶応は、一高、三高（65頁）、横浜商業、アメリカ海軍チーム、東京倶楽部や稲門倶楽部・三田倶楽部のＯＢチームなどと精力的に試合を重ねている。中でもアメリカ、ハワイの大学チームの招聘は、日本の大学チームの野球への意識改革、技術向上を図ることに貢献した。そして、海外遠征につながり、アメリカの野球技術の習得、野球への旺盛な取り組みが続いた。しかし、早慶はともに同じ他チームとは戦いながら、早慶では対戦しないという双方の意地の張り合いが続いた。

◉事件・その2　野球害毒論

明治時代末期に野球が熱狂的な盛り上がりを見せ、早慶・明の対校戦が始まった1911（明治44）年に、新聞社が「事件」ともいえるキャンペーンを展開した。東京朝日新聞（現朝日新聞）が野球界に投げかけた野球ネガティブキャンペーン、いわゆる「野球害毒論」だ。マスコミの連載記事だったが、当時の野球界にとっては「事件」といえた。「野球と其害毒」と題して、8月29日から22回のロングランの連載記事で、当時のすさまじい人気の野球に対し、否定的な意見を唱える著名人の主張を連載したものだった。いくつか原文（旧字は変更）のまま紹介する。

新渡戸稲造（第一高等学校校長／東京英語学校－札幌農学校－東京帝大・岩手）8月29日付

（見出し）▽野球は賎技なり剛勇の気無し▽日本選手は運動の作法に暗し▽本場の米国既に弊害を嘆ず▽父兄の野球を厭える実例（一）

（本文）野球という遊戯は悪く言えば巾着切の遊戯。相手を常にペテンに賭けよう、計略に陥れよう、塁を盗もうなどと眼を四方八方に配り神経を鋭くしてやる遊びである。

川田正澂（府立第一中学校長／高知中－明治義塾・高知）8月30日付

（見出し）▽野球選手希望者は入学拒絶▽野球のため品格堕落の実例▽野球の弊害四ケ條（二）
（本文）野球の弊害は第一学生の大切な時間を浪費せしめる、第二には疲労の結果勉強を怠る。第三は慰労会などの名目の下に牛肉屋、西洋料理店等へ上って堕落の方へ近づいていく、第四は体育としても野球は不完全なもので、主に右手で球を投げ、右手に力を入れて打つが故に右手のみ発達する、故に野球選手の右手右肩は片輪になって居る。

松見文平（順天中学校校長／順天求合舎・東京）9月6日付
（見出し）▽根本的に野球を排す（九）
（本文）掌へ強い球を受けるが為めに、其震動が脳に伝わって柔かい学生の脳を刺激して脳の作用を遅鈍ならしめ（中略）野球をやった極端な者になると徴兵に合格せぬ、何となれば右手右肩が片輪の発達をなして居り、指は曲りまたは根本許り太くて先は細くなり五指をピタリと触れ合すことは出来ぬ。

金子魁一（東京大学医科整形外科医局長／東京帝大・宮城）9月11日付
（見出し）▽体より頭が悪くなる（十四）
（本文）連日の疲労は堆積し、一校の名誉の為に是非勝たなければならぬと云う重い責任の感が日夜選手の脳を圧迫し甚だしく頭に影響するは看易い理である。

磯部検三（日本医学学校幹事／済生学舎・山口）9月12日付
（見出し）▽百弊あって一利なし（十五）
（本文）彼様に迄して野球をやらなければ教育が出来ぬと云うなれば早稲田慶応は打潰して政府に請願し適当なる教育機関を起こして貰うがいい。（中略）早稲田慶応の野球万能論の如きは恰も妓夫や楼主が廃娼論に反対するが如きのもので一顧の価値がない。

乃木希典（学習院院長／明倫館・東京）9月15日付

野球と其害毒（四）
▽野球は多く堕落の機会を作る
▽父兄は子弟の野球禁止を望む
静岡中学校長　中村安太郎氏談

中等教育の立場から野球の利害可否を論ずるは一概に断案を下し難く勿論現行的野球は絶対に反対なるも野球にも亦得点を存するを以て只今熟考に所見も謂り難し寧ろ諸君と共に大に研究して見たしと思へり　近頃東京朝日紙上に連載せられたる野球界の諸問題は専ら首肯する點多きを以て参考の為めに保存し置けり、自分は未だ斯話すべき材料認まり在らざるも中学校長としての立場からいへば野球の弊害左の如し

▲第一は時間を浪費す

マッチにしても二時間練習にも二時間を要す若し時間に制限を設けず生徒の意の儘に放任すれば放課後日暮迄僅かに球技を認め得る迄も競技に耽るを常とす、之に伴ふ弊害は遂には夜遊びの習慣を作りて青年子弟の品行を害ふに至る例鮮しとせず

野球と其害毒（四）「野球は多く堕落の機会を作る」「父兄は子弟の野球禁止を望む」
静岡中学校長中村安太郎氏談（1911年9月1日付朝日新聞）

（見出し）▽必要ならざる運動（十八）
（本文）　対校仕合の如きは勝負に熱中したり又餘り長い時間を夫に費やす様の事があり其他弊害も伴うと見たので禁止して終った、要するに此学校では野球を必要な運動と認めて居ない。

紙幅の都合で連載のすべては紹介できない。掲載された知識人はこの他にも大勢いる。福原専門学校事務局長、静岡中学校長、攻玉社講師、早稲田大学講師、東京高等師範教授、山梨県都留中学校長、日本体育会長、曹洞宗第一中学校長、水戸中学事務取扱、早稲田中学幹事、スタンフォード大学総長、九州帝国大学医学博士、鹿児島高等農林学校長、文部大臣秘書官らが並ぶ。当時の日本社会をリードしていた人物が発する言説かと疑ってしまう内容も多い。連載最後の22回目（9月19日付）は「全国中学の調査▽大多数は野球を弊害なりと認む」と題して、今でいうアンケートを全国の中学校長に送り、１４４通の回答を得たとしている。そのうち「野球部の設置なきもの」「創立浅くして利益の程度を知るに能はざるもの」を除いた98校のうち、野球が「害ありて利無し」「弊害利より更に大なり」の回答が73件で、害毒論の正当性を実証した形としている。連載内容の不評を受けて22回で打ち切ったという文献もある。

また、早稲田ＯＢの河野安通志（横浜商－明治学院・神奈川）の談話

（9月5日付）は、早稲田に入って野球をやったことを「後悔している・その罪を懺悔する（八）」という内容で、掲載後は野球部長の安部磯雄も巻き込み、東京朝日に「野球に対する余の意見」（9月10日付）として前掲の記事との相違を反論として投稿した。朝日はその反論を否定する記事（9月26日付）を載せるという後味の悪いものとなった。河野は安部磯雄を師と仰ぎ、早慶対校戦第1戦に先発し、早稲田の1回目のアメリカ遠征では24試合に登板、アメリカの野球を日本に広める役割を果たしたひとりだ。１９２０（大正9）年には日本初の職業野球（プロ野球）チームとなった日本運動協会（注8）（関東大震災で解散し宝塚運動協会へ）の設立に、慶応に挑戦状を送った橋戸信（青山学院中・東京）と押川清（郁文館中・東京）の早稲田の仲間と関わった。日本初のプロ野球団は早慶対校戦初戦の早稲田のメンバーから生まれた（65頁・73頁）。大日本東京野球倶楽部（現読売巨人軍）が誕生する13年前のことだった。職業野球が世間から蔑視される野球観があった中で、学生野球のあり方を正常化するために、世間が認める職業野球の成立を訴え行動した功績は大きいとされる。その後に結成された天勝野球団も関東大震災によって解散し、河野らの職業野球団構想は大震災によって絶たれた。大震災がなければ現在のプロ野球は別の構図になっていたかもしれない。その後、東京日日新聞社（現毎日新聞社）に入社した橋戸は都市対抗野球大会（１９２７年）を創設し、同大会の橋戸賞（注9）で名を残している。

話は逸れたが、行き過ぎた応援による暴動、野球の商業主義化、後述する過度な海外遠征、支度金などの拝金行動による選手の品位低下など、当時の過熱した野球環境の中で批判される素地は十分にあったようだ。連載が始まった数年ほど前まで野球界では無敵を誇っていた一高の校長が連載のトップで「野球は賎技なり、巾着切の遊戯なり」と断じているのも驚きだ。「巾着切」とは掏摸のことのようだ。思わず吹き出してしまう表現も多々ある。台頭著しい早慶への悪意も感じられ、野球をよく知らない人が、人気絶頂の野球を野次っている構図にもとれる。そして外部から誘導された発言ではないかとも疑ってしまう表現も多い。西洋のアメリカからやってきた野球がここまで熱狂した「遊戯」になったことに、封建的な思想を持つリーダーを使って釘を刺すことが目的だったのだろうか。そこに文部省の圧力でもあったら問題のキャンペーン記事だった。野球の本場、アメリカのスタンフォード大初代総長の生物学者、デビット・ジョルダン（コーネル大・ニューヨーク州）は、連載の14回目で、

「問題は至極簡単である。弊害があらば其れを除けという迄である、余輩は至極ベースボールの奨励者である、米国に初めて野球が出来たのが千八百六十五年だった、余輩は其第一チームに加わって左翼手と為った（中略）餘り一事に熱中し過るから勢い勝敗をのみ眼中に置いて運動戯の精神を没却するようになる」

と言わしめ、冷静にアメリカの野球とは対峙する日本人の異常な状況に一石を投じた。連載の中では最もまともな談話だった。後で触れる日本野球の象徴となる「優勝劣敗」主義を案じているかのようだ。

東京朝日の連載の反響は大きく、ライバルの東京日日新聞（現毎日新聞）、読売新聞は紙面でアンチ害毒論の論陣を張り、読売新聞は朝日の連載終了2日前の9月17日に「野球演説会」を青年会館（東京・神田）で開いた。害毒論を掲載した東京朝日はその模様を、「定刻前より都下の熱球児は陸続として押し寄せ場内は忽ちにして満員となり（中略）盛況を呈したり」と書き出し、

「（慶応義塾ドイツ語講師の）向軍治（獨逸学協会学校・山口）代わって現る、氏は『文明的遊戯』と題して野球を論ずる前口を極めて日本人の西洋人に比して劣れるを述べ、就中身体の弱小なるが其最たるものなりとし真向より前弁士太田大佐の精神論を駁して、身体が弱小で何が出来るかと叫び、而して問題となれる野球は従来日本に於いて行われたる運動競技の中最も文明的のものなりと断じて拍手の裡に降壇せり」

と報じている。前弁士太田大佐とは、向の演説の前に弁士として立ったシーメンス事件で海軍高官の汚職を指摘し山本権兵衛（海軍兵学寮・鹿児島）内閣を弾劾した海軍大佐太田三次郎（海軍兵学校・愛知）だ。続けて、

「太田三次郎氏は（中略）『体育の不必要』を絶叫す、（中略）日清、日露の両役に於いて日本人は彼が如き身体の偉大なる支那人、魯西亜人に打ち勝てり、健全なる精神の鍛錬を度外視して徒らに身体の強大を望みて、能く支

那人、魯西亜人の如くなるもの何かせんと断ず」

としている。東京朝日の小見出しには「奇論と反駁」とあり、主催した読売は演説会の構成にそれなりの工夫を持たせている。その他に、弁護士で明治の講師、明治中学の校長を経て明治の総長となり、後に応援団長出身で明治の監督になった島岡吉郎を擁護した鵜澤總明（旧一高－東京帝大・千葉）の演説は、

「官学と私学の将来を対比して私立学校のために野球技は多くの便宜と利益を與う、官立学校の学生が規則づくめの生活をなしつつ夢想をもなし得ざる雄大の気象を野球に依りて私学生は養い得べしと説き、選手の外国行きの如きは大に可なり野球は世界的運動なり」

と報じた。官学出身の鵜澤は私学のトップの立場で双方の存在意義を説いた。

また、明治の野球部長の内海弘蔵（獨逸学協会学校－旧一高－東京帝大・神奈川）が演壇に立ち、

「朝日新聞紙上に列記せられたる中学校長等の野球談中運動と体育とを同一視せるは大なる欠点なりとなし、野球を単に身体の強健を計る体育に関して云うは偏見なり（中略）此際是非とも早慶試合を復旧せしめざるべからず」（東京朝日新聞）

と、内海の持論であった早慶対校戦の復活も唱えた。

そして、早稲田野球部の父、安部磯雄が、

「朝日新聞が載せたる中学校長等は野球について皆門外漢なりと貶し同じ談話者たる新渡戸（稲造）校長も乃木（希典）大将も亦野球の門外漢なりと云い盛に野球の最良の戸外運動たるを説き」（東京朝日新聞）

と記している。

こうして害毒論掲載後は人々の野球熱が衰えるどころか、ますます野球への熱狂が高まり、東京朝日新聞のアンチ野球の害毒論キャンペーンは不発に終わった。連載が終わって約3ヵ月後の12月23日に、早稲田が発した「早大野球部の改革▽野球の弊風矯正策」と題した記事が東京朝日新聞に掲載された。その内容は、

「野球問題の沸騰と同時に早稲田大学に於いては野球に伴う各種の弊害多く之が為め運動としての野球の真価値を没するの点多きを見又近来地方中学選手（筆者注・現高校生）等の非学生的行為に流るる者あるを見此弊風を一掃せんが為め種々協議中なりしが先般其一着として早慶仕合の復活を計りしも慶應側の拒絶の為め遂に今後全く分離の行動を取る事に決せり是と同時に（中略）先ず技術に重きを於ける従来の選手制度は全然是を廃止し学業品行共に学生として耻かしからざる者のみ試合の際選手たるを得るの資格と定めたり（中略）又一方選手服装の華美に流るる傾向あるより（中略・ユニフォームへの）装飾を禁止する事とし（中略）時勢の趨向を察して率先して此弊風排除に着手せるは運動界の為慶賀すべし」

とし、早慶対校戦の復活不能の無念さも述べ、野球部改革を宣言した。「害毒」の論を張った東京朝日にとっては嬉しき早稲田の宣言だったと想像する。朝日の「害毒論」の不発を早稲田が救ったともいえる。

連載へ談話を寄せた著名人より、なぜ東京朝日は世間から批判を浴びることが予想された内容の掲載を断行したのかに興味が湧く。大阪で発祥した朝日新聞は東京朝日新聞の題字で東京へ進出した。その後同じ大阪で伸長著しい大阪毎日新聞が東京へ進出した時期と害毒論掲載時期が重なっている。もともと今の全国紙は発行当時「小新聞」と呼ばれ、新聞小説や世俗を扱う内容で部数を伸ばしてきた。部数を獲得するための害毒論キャンペーンとも取れなくはない。野球演説会後に、「女々しい野球連（原文ママ）▽朝日新聞非買の決議」（東京朝日新聞9月25日付）の記事があり、東京朝日への反発で新聞部数が減ったことが窺える。著名人が寄せた談話を読み返すと、野球に対する弾劾論は世俗的な内容とも映り、読者受けしたのかもしれない。キャンペーン記事掲載の4年後の1915（大正4）年に大阪朝日新聞が、東京では「害毒」とした野球で、中等学校野球大会（現高校野球選手権大会）を立ち上げた。開会式が行われた8月18日の大阪朝日の社説には、「攻防の備え整然として、一糸乱れず、腕力脚力の全運動に加うるに、作戦計画に知能を絞り、間一髪の機知を要すると共に、最も慎重なる警戒を要し、而も加うるに協力的努力を養わしむるは、吾人ベースボール競技をもってその最たるものと為す」

とあり、野球を絶賛している。東の東京朝日の「害毒」を受けて、西の大阪朝日が「整然と」「一糸乱れず」「負けたら終わり」のトーナメント制の野球大会を興したことは、東京朝日の害毒論掲載が中等学校野球大会を創起するためのキャンペーンだったとしたら出来過ぎか。東京朝日の害毒キャンペーン記事は、大阪朝日には掲載されていない。大阪でも掲載されていたら、中等学校野球大会創設への批判が出たかどうかは知るよしもない。

その中等学校野球大会も開催回数は100回を超え、選抜高等学校野球大会（以下選抜野球大会）も100回に迫っている。ともに1世紀の歩みの中で、六大学野球を上回る野球ファンを集めていることは慶賀に堪えない。高校野球も次の100年に向かって歩みを始めている。野球人口の減少、選手にとって過酷ともいえる気候現象、学校間格差などで運営方法に多くの課題が時代の移り変わりとともに浮かび上がり、試行錯誤を繰り返しながら様々な改善に取り組んでいる。現在は明治、大正、昭和前半のような時代の大きなうねりはないが、逆に安定した現代の方が改革は難しい面もある。野球が成熟した今、六大学野球とともにプロ野球にはない野球の純粋さ、面白さを創っていくのは、大人ではなく選手たち自身かもしれない。選手がアスリートとして真に自立するためには、高校野球も選手の独自性、構想力が求められる時代となった。後述する。

◉3校リーグから5校リーグへ

早慶の断絶が続いている中で、1910（明治43）年に明治が創部。早慶他との対校試合や招待試合を行い本格的な活動が始まり、1912（明治45）年秋から明治の提唱で早慶両校との定期的な対校試合が始まった（67頁）。1911（明治44）年には、早稲田が慶応に絶縁状を突き付けたことで断絶状態に拍車が掛かり、早慶対校戦はさらに遠のいた。『明治野球部史』には、1911（明治44）年秋から1914（大正3）年の4年間の「早明戦」「慶明戦」の詳細が記されている。明治は慶応と早稲田と合計で32試合の対戦で2勝29敗（1分）と勝率（0・065）は1割にも満たず、早慶にはまったく歯が立たなかった。現在の早明戦、慶明戦の基ができあがった。明治の野球部の産みの親の初代野球部長の内海弘蔵は当時の野球専門雑誌「野球界」(注10)に、「はじめのころは早慶とやっても大きなスコアで負ける。『そんなに負けてばかりいるなら野球チームなんかやめてしまえ』という意見も出て、それをいちいち説得するのに骨が折れたものだ」と創部当時の苦悩を語っている。3校で戦ったこの4年間の対校戦が六大学野球誕生の源となったといっていい。

1914（大正3）年秋に、明治は早慶戦の復活を提唱し、3校で会合を持ったが折り合いがつかず、やむなく早慶試合のない早慶・明の3校リーグの開催となった（68頁）。これ以降、11年間の変則リーグが続くことになる。当時の明治の外野手の山村一郎（荏原中・東京）は、『明治野球部史』に、

「『なんとか早慶を戦わせることが出来ないものだろうか』という話が出た。（中略）早大の安部（磯雄）先生に会ったら『早大としてはやりたい。しかしこちらからいい出すのは……』と言う。今度慶応に話すと（中略）『われわれは早大と同じグラウンドに立たないことを福沢（諭吉）先生の墓前に誓ったからムリだ』といって腰をあげそうにない。（中略）早慶明三校の関係者が駿河台の明大に集った。（中略）『早慶は同一の球場に立たず』の（慶応の）誓いに引っ掛かる、といい出す。（中略）そこで妥協案を出した。『早慶戦はあきらめ、早明、慶明戦だけの変則スケジュールで三大学リーグはスタートさせよう』」

と、早慶との調整役の裏話を寄稿している。さらに、妥協案には「明大が早慶両校に勝った時は早慶戦はやろう」という提案もあったと記されている。この当時から何とかして早慶を戦わせようとした明治の努力が窺われる。この山村の決断は大きかった。山村は3校リーグ設立へ向けた早慶との折衝、明治にとって初めての海外遠征（マニラ）、その後のアメリカ遠征では早慶に遅れまいと折衝の窓口として奔走し、まさに当時の山村の働きは「猪突猛進」の権化だったという。当時の明治にも早慶にとっても山村は欠かせない存在だった。筆者は早慶を結びつけた山村を崇拝している話を監督時代の島岡吉郎から何度か聞かされた。当時、山村は自身の努力が現

在の6校で行うリーグ戦につながろうとは知るよしもなかった。

この頃、山村の他に明治には満鉄(注11)の野球部から野球解説者を経て太平洋野球連盟（パシフィック・リーグ）の会長を長年務めた中澤不二雄（荏原中・東京）がいた。早稲田には早稲田の監督の後、読売新聞社で時の社長の正力松太郎（高岡中－旧四高－東京帝大・富山）にプロ野球球団の創設を進言し、大日本東京野球倶楽部（現読売巨人軍）の初代総監督を務めた市岡忠男（京都一商）、六大学野球初の首位打者で、八十川ボーク事件（86頁）の試合で球審を務め、大日本東京野球倶楽部の総監督、監督になった浅沼誉夫（立教中・東京）、全国中等学校野球連盟（現日本高等学校野球連盟・以下日本高野連）の設立に尽力し、現在の高校野球の基礎を作り「佐伯天皇」と呼ばれ、14年間にわたり連盟会長として高校野球界に君臨した佐伯達夫（市岡中・大阪）らがいた。慶応にはアンダースローでは当時最も成功したといわれた菅瀬一馬（神戸商・兵庫）、大日本東京野球倶楽部の初代監督の三宅大輔（慶応普通部・東京）、慶応のハワイ遠征の際に鷲沢与四二（上田中・長野）にスカウトされたハワイ生まれの日系二世で、慶応の2代目の監督として「腰本戦法」と謳われた腰本寿（慶応普通部・東京）らがいた。その後の野球界に影響を与えた面々が連なっていた。

また、この3大学リーグでは学生競技で初めて入場料を徴収したことも特筆すべきことだった。資料には、入場料は「一等、金五十銭　二等、金三十銭　三等、金十銭」とあり、その運用使途は、外国遠征費用、運動場（グラウンド）整備に充てることを明記し、「但し選手の慰労会等の費用には一切使用せざること」とあり、現在の六大学野球運営の基礎となっている。3大学リーグは3年間で4シーズン（1シーズンは明治の解散により開催不能）、合計21試合の早明戦、慶明戦を消化した。この頃はまだ早慶の実力が上回り、明治の勝率は3割強に止まった。しかし、早慶戦のないリーグ戦は、明治の試合数が早慶の2倍あり、「変則」リーグを裏付けている。これも六大学野球を生む礎だと思っていた人は当時では皆無だったであろう。日本の野球史上で、この3校によるリーグ結成と入場料徴収制は画期的な出来事だった。

5大学リーグ時代の早明戦、1924年10月25日、早稲田・戸塚球場

1917(大正6)年に、早稲田の飛田忠順らのコーチを受けて力をつけていた法政が加わり、4校リーグが発足した(70頁)。4校リーグでは法政は9シーズンで12勝45敗(1分)、勝率は0・211、早慶の壁は厚かった。この年に帝大(東大)は同好会を編成し京都帝大と対校試合を行っている。その2年後に一高から早慶を打ち破る原動力となった内村祐之が帝大に入部し、内村を中心にチーム力が強化され正式な創部へ動き始めた(71頁)。

4校リーグが野球ファンの心を捉え大学野球の人気が高まっている頃、法政と同じく飛田忠順の教えを受け、さらに慶応の主将の森秀雄(横浜商・神奈川)のコーチを受けた立教が1921(大正10)年にリーグに加わった(74頁)。立教のリーグ参加には飛田の強い推薦があったという。また、『立教大学野球部史』(立教大学野球部史編纂委員会編・以下『立教野球部史』)には、その頃に「日本大学、中央大学、学習院大学、東京農業大学の間で、本学を加えて新しいリーグを作ろうという動きがあった。事実、本学にもその申し入れがあったという。しかし、本学では既に四大学リーグに加盟を申し入れてあったこともあり、この話は実現しなかった」とある。時間差で立教の新リーグへの参加が消え、そして今日があるのは運命のなせる業だった。

立教が加わった5校リーグでも明治と法政が早慶対校戦の復活を唱えたが実現しなかった。中断した元凶になった応援に端を発した慶応の絶縁状、その後の早稲田の絶縁状が長年に亘り尾を引き、頑(かたく)なに互いの対戦を拒んだ。両校の意地の張り合いともいえるが、応援問題、絶縁状がここまでの事態を引き起こしたことは現在の野球からは想像もつかない。勃興期、黎明期には互いに相容れない「意地」の存在が必要なのかもしれない。

早慶対校戦のない3校リーグから5校リーグ時代、野球ファンの興味の的は早明戦と慶明戦だった。明治は「早慶に行っても早慶戦には出場できないから、明治にくれば早慶両校と試合ができる」として選手を勧誘した逸話も残っている。また、早慶の対戦がない中でも優勝校を決めていたことは、「優勝劣敗」を好む国民性が反映されているといっていいのか、断絶が続いていた早慶が後発の明治、法政、立教に「胸を貸す」姿勢の表れだったのかどうか、記している文献は見当たらなかった。早慶明の3校リーグが始まり、法政が続き、立教が加盟したころ、6校でリーグをつくる構想を誰が予測しただろうか。その度に明治や法政が早慶試合の復活を提案したが、11年間にわたり3度のリーグ編成を重ね、22シーズン（1シーズンは開催不能）で259試合（早慶明の対校戦を含むと291試合）も早慶の対戦がない状態が続いた。この11年間の間に明法立のいずれが痺れを切らしてリーグを脱退するような事態があったら現在の6校での姿はなかった。3校の辛抱強さは六大学野球来歴の過程で次の時代を創る貴重な忍耐だったといっていい。奇跡的な11年間（早慶明の対校戦時代を含むと14年間）だ。その間に早慶は対校戦を一度も行わなかった。これも奇跡だ。5校リーグでは早慶明の対戦成績は拮抗し、「早慶明鼎立（ていりつ）時代」と言われた（77頁）。

一方、帝大は1919（大正8）年に創部した後、1925（大正14）年春の5校との対戦まで6年間で他の5校とは5試合（早稲田と慶応と各2試合、立教と1試合）しか試合をしていない。明治、法政とは対戦記録がない。一高は帝大の創部以来6年間、早稲田と慶応とは毎年定期的に対戦している。帝大戦より一高戦の方が多いのは、一高対早慶で鎬を削った時代を反映している。一高は早慶以外とは対戦がない。また、帝大と一高の試合は創部の前年に練習試合の記録がある程度で、帝大は一高の内村に抑えられている。帝大は野球では先輩格の京都帝大との対戦が多かった。各校野球部の勃興期以来の関係が窺える。

5校リーグ発足から4年が経ち、6校による連盟の結成につながっていった。

◉黎明期（明治36年〜大正13年）の選手たち

六大学野球が始まる前の早慶時代、3校リーグから5校リーグ時代にも多くの選手が活躍し、六大学野球の基礎を築いた。早慶対校戦が19年間中断したことにより早慶戦に出場できなかった早慶の選手は多い。また、六大学野球設立、野球界に尽力した選手、マネージャー、OBが多く、当時の六大学野球出身者が野球界に貢献したことを改めて実感する。大正時代末期に活躍し、六大学野球開幕後にも出場した選手は第2章に掲載した。また、後述する戦争によって亡くなった選手（網掛けで表記）、日本が中国北東部に進出した満州地区の実業団野球チームでプレーした選手（傍線で表記）の存在も確認できた。

▽投手

【早稲田】**河野安通志**（横浜商）早慶対校戦時代の主戦／**谷口五郎**（釜山商）大正時代の逆モーションの左腕

【慶応】**桜井弥一郎**（上田中）早慶対校戦初の勝利投手で三田倶楽部会長／**小野三千麿**（神奈川師範）2試合連続ノーヒットノーランと三田倶楽部で米メジャーリーグ相手に初勝利し都市対抗野球の「小野賞」／**新田恭一**（慶応普通部）大正期のエースで遊撃手以外をこなした万能選手

【明治】**藤田元**（京都二中）5大学リーグ時代のエース／**渡辺大陸**（神戸二中）大正時代の剛腕投手

【法政】**植田良忠**（青山学院中）法政初のエース／**由家応道**（日本中）法政初の勝利投手

【立教】**竹中二郎**（大垣中）4校リーグ加盟時のエース

【帝大】**内村祐之**（旧一高）帝大創部当時の名投手・精神科医で第3代プロ野球コミッショナーと「ドジャースの戦法」の翻訳者

▽野手

【早稲田】**橋戸信**（内・青山学院中）**獅子内謹一郎**（外・盛岡中）**押川清**（内・郁文館中）**山脇正治**（捕・早稲田中）**小川重吉**（外・早稲田中）早慶対校戦時代の主力、橋戸は主将で慶応へ挑戦状・都市対抗野球実現へ奔走し「橋戸賞」／**伊勢田剛**（外・札幌中）6校で最初の北海道出身の選手で台湾の野球振興に貢献／**飛田忠順**（穂洲／内・水戸中）早稲田の初代監督で学生野球の発展に尽力し「一球入魂」は飛田が発した／**八幡恭介**（外・神奈川一中）飛田とともに法政をコーチ／**佐伯達夫**（内・市岡中）日本高野連会長として高校野球の発展に貢献／**加藤吉兵衛**（内・横浜商）大正時代を代表する遊撃手／**田中勝雄**（外・市岡中）3シーズンで打率5割をマーク／**市岡忠男**（捕・京都一商）プロ野球の勃興期に貢献／**久慈次郎**（捕・盛岡中）社会人野球の発展に貢献し都市対抗野球の「久慈賞」

【慶応】**渡辺万治郎**（捕・栃木中）慶応草創期に創部に尽力／**宮原清**（内・上田中）**佐々木勝麿**（内・慶応普通部）**福田子之助**（捕・慶応普通部）**阿部喜十郎**（外・長野中）**神吉英三**（内・慶応普通部）**高浜徳一**（内・慶応普通部）早慶対校戦時代の主力、宮原は初戦の主将で社会人野球草創期に貢献し初代協会会長／**三宅大輔**（内・慶応普通部）**腰本寿**（内・慶応普通部）**森秀雄**（捕・横浜商）三宅と腰本は初期の慶応を代表した監督、森は5校リーグ加盟前の立教をコーチ／**桐原真二**（内・北野中）早慶戦復活に尽力した主将

【明治】**中津川源吉**（捕・浜松中）**斉土直矢**（捕・成城中）創部当時の主将、斉土は早稲田から転部／**山村一郎**（外・荏原中）3校リーグ設立に尽力・台湾の野球振興に貢献／**中澤不二雄**（内・荏原中）初代パ・リーグ会長でプロ野球発展に貢献／**安藤忍**（内・麻布中）**小西得郎**（外・日本中）**岡田源三郎**（内・早稲田実）**大門勝**（外・郡山中）駒沢グラウンド時代の主力、岡田は監督で明治の基礎をつくり初優勝

【法政】**岩崎高**（外・正則中）**井上弥三郎**（内・成城中）**武満国雄**（外・青山学院中）連盟加盟当時の主力、岩崎と井上は初期の主将、武満は早慶戦復活に尽力し法政の初代監督／**疋田捨三**（内・高輪中）大正時代の主力

【立教】**二神武**（外・明倫中）**太田清一郎**（捕・明倫中）5校リーグ加盟時の主力

【帝大】

（注1）スポート（Sport）

スポーツ（Sports）の語源はラテン語の「Deportare」（デポルターレ）。古フランス語ではdesport、英語ではsport。「楽しみ」「気晴らし」「休養」「遊び」と訳される（参考・JSPO Plus他）。広辞苑では「遊戯・競争・肉体的鍛錬の要素を含む身体運動の総称」。鍛錬、競争を基に発展してきた日本の野球はスポートの本来のあり方から対極にある。これからの高校野球、大学野球を考える上でスポーツの原点に返るキーワード。

（注2）スポルディング社

SPALDING社。1876年にアメリカのマサチューセッツ州スプリングフィールドで設立された野球用具の老舗メーカー。最初のMLB（メジャーリーグ）の公認球メーカー（100年間）として知られる。創始者はメジャーリーグの投手で活躍したアルバート・グッドウィル・スポルディング（イリノイ州）。バスケットボールの開発社としても有名。その他の野球用具老舗メーカーとしては、最古の野球用具メーカーのローリングス社（Rawlings・ミズーリ州セントルイス）、ルイビルスラッガーを買収したウィルソン社（Wilson・イリノイ州シカゴ）などがある。

（注3）幻の甲子園大会

全国中等学校優勝野球大会（現在の全国高等学校野球選手権大会）は1941年に文部省（当時）の通達があり、翌年から戦後の1946年に再開するまで4年間中断した。1942年8月、大会を主催する朝日新聞社は大会の継承を申し入れたが文部省に却下され大会開催を返上した。野球を敵性スポーツとして見放した文部省は「国民精神の高揚」のための「全国中等学校錬成野球大会」を主催した。大会史に記録されていないため「幻の甲子園大会」と呼ばれる。スコアボードには「勝って兜の緒を締めよ　戦ひ抜かう大東亜戦」のスローガンが掲げられ、ユニフォームのローマ字は漢字に、サイレンは進軍ラッパに変えられた。打者が球をよけることは、「突撃精神に反する」と許されず、負傷以外の選手交代は禁止する等の軍事色の強い決まりで行われた。

文部省が主催した唯一の中等学校（高校）野球大会。試合前の挨拶は敬礼に始まり、スタンドには「戦ひ抜かう大東亜戦」の横断幕が掲げられ、場内放送で召集令状が届いた観客の名前が読み上げられると拍手が起きた。「戦士」と呼ばれた選手たちの、つかの間の平和だった。（2021年8月13日付朝日新聞夕刊「幻の甲子園」より）

（注4）東京開成学校

現在は開成といえば東大合格者の上位を占める私立の中高一貫校の開成高校（東京・荒川区）で、1871（明治4）年に東京・淡路町に共立学校として設立され、当時から一高への合格者上位校として君臨していた。本著での開成は旧幕府直轄の開成所が起源で、明治政府の学校強化策の一環で設立された専門学校の東京開成学校を指す。野球が初めて伝えられたことで有名。その後、1877（明治10）年に同じ専門学校の東京医学校と合併して日本で初の官立の東京大学となる。

（注5）国立1期校

国立大学の入試で受験生が首都圏、有名校へ集中することを防ぐために設けられ、試験日を1期（3月上旬）と2期（3月下旬）に分けて設けた受験制度。1949年から1978年まで続き、1977年時点では1期校が34校、2期校が48校あった。大学の序列を示す制度ではなかったが、旧帝国大学が1期校に集中したことにより、第1志望が1期校、第2志望の2期校が滑り止めという構図が出来上がった。

（注6）飛田穂洲

1886（明治19）年、水戸市生まれ。本名は忠順。水戸中（現水戸一高）から早稲田に進み、二塁手で活躍。5代目主将となり、野球部の内紛で退学し、一時明治へ転学したがその後復学した。在学のまま報知新聞の記者となり、読売の新聞記者を経て、早稲田の初代監督となり早稲田の基礎をつくった。六大学野球では開幕1シーズンで退任し、朝日新聞へ入社した。その後は「穂洲」の筆名で大学野球、高校野球の評論で名を馳せた。戦争へ突入の際に野球の存続に心を寄せ、学徒壮行の「最後の早慶戦」の実現に奔走し、戦後すぐ早稲田、六大学野球復活に向けて尽力し、大学野球を守り抜いたことから「学生野球の父」といわれる。1960年に野球殿堂入り。

（注7）安部磯雄

1865（元治2）年、福岡市生まれ。早稲田大学野球部の初代部長。同志社英学校（現同志社大学）を卒業後、ハートフォード神学校（アメリカ）とベルリン大学へ留学。東京専門学校（現早稲田大学）の講師を経て野球部長に就任。同野球部の創設、早慶戦復活への奔走、野球界で初めてのアメリカ遠征を主導しアメリカから野球資産を日本に導入する等、日本の野球発展に限りない貢献をしたことから、「学生野球の父」「日本野球の父」と呼ばれる。飛田忠順とともに「最後の早慶戦」の開催に奔走した安部の4代後の野球部長の外岡茂十郎（豆陽中・静岡）は、「早稲田大学野球部50年史」に「（安部）先生に育て上げられた野球部精神が、早稲田大学の校風と渾然融合している。（中略）校風を失えば、大学も『学問の切売』の場所に転落する如く、野球部精神を忘れては、学生野球はもはや成り立ち得な

安部磯雄のレリーフ
（公益財団法人野球殿堂博物館所蔵）

飛田穂洲（忠順）のレリーフ
（公益財団法人野球殿堂博物館所蔵）

い」と安部の功績を讃えている。学長問題の紛争後に早稲田を離れ、政治的には日本の社会主義運動の先駆者で、衆議院議員（当選5回）、東京市会議員を務め、日本社会党の顧問にもなった。早稲田の野球部のグラウンドと合宿所は、現在でも「安部磯雄記念球場」「安部寮」としてその名を刻んでいる。1959年に野球殿堂入り。

（注8）日本初の職業野球（プロ野球）チーム

　1934（昭和9）年に設立された大日本東京野球倶楽部（東京巨人軍を経て現在の読売巨人軍）を日本で初のプロ野球チームとする文献があるが、1920（大正9）年に早慶初戦に名を連ねた早稲田OBの河野安通志、押川清、橋戸信らが設立した日本運動協会が初のプロ野球チームという文献が主力だ。河野は芝浦（東京）に専用球場を造ったが、1923（大正12）年9月1日に起きた関東大震災によって解散を余儀なくされ、プロ野球設立構想を描いていた阪急電鉄の実質的な創始者の小林一三（いちぞう）（成器舎－慶応義塾正科・山梨）の後押しで宝塚運動協会となり、1929（昭和4）年に解散した。興行団「天勝（てんかつ）一座」が1921（大正10）年に設立した天勝野球団が2番目のプロ野球チームであるとされる。同じく関東大震災で2年後に解散している。その後設立された大日本東京野球倶楽部が中心となり設立したプロリーグが今日のプロ野球に引き継がれている。

（注9）橋戸賞

　毎年8月に行われる社会人野球の都市対抗野球大会で授与される賞の一つ。橋戸賞は同大会を創設した橋戸信に因んだ最優秀選手賞。その他に、大会中に事故で死亡した久慈次郎（盛岡中・岩手）を悼んで準優勝チームの優秀選手に久慈賞、同大会の発展に寄与した小野三千麿（神奈川師範）に因んで選手、監督、チームに小野賞、優秀新人賞の若獅子賞が授与される。その他に優勝チームに黒獅子旗、準優勝チームに白獅子旗、3位チームに黄獅子旗が授与される。橋戸、久慈は早稲田、小野は慶応出身。

（注10）野球界

　1908（明治41）年に慶応OBの鷲沢与四二（上田中・長野）らが創刊した野球専門誌。当初は「月刊ベースボール」の題号で発行。大相撲の記事も掲載し、「相撲と野球」「相撲界」「国民体育」の題名を経て、1959（昭和34）年に廃刊。後にベースボール・マガジン社を興した池田恒雄（小千谷中－早稲田・新潟）は同誌の編集長を務めていた。

（注11）満鉄

南満州鉄道株式会社の略称。日露戦争後のポーツマス条約（1905年）で、当時のロシア帝国から日本（大日本帝国）に割譲された長春から旅順間の鉄道を運営した半官半民の国策会社。本社所在地は現在の遼寧省大連市。満州事変（1931年）後の満州国設立後は、満州国内の鉄道全線を運営し、傘下に80余りの関連企業を置き、鉄道、炭鉱、農業、製鉄、ホテルなどの事業を行う一大コンツェルンを形成した。野球も満州へ進出し、満鉄本社の満鉄倶楽部（満倶）と周辺企業が作った大連実業団を中心に社会人チームが林立し、満州国で日本が興した企業の厚生対策の一環をなした。「実満戦」が満州野球の花形だった。1945年の敗戦と同時に、連合国側に接収され、その幕を閉じた（123頁）。

◉先発メンバー・勝敗表〈Ⅰ　黎明期〉

早慶対校戦初戦までの系譜

□野球界・世の中の動き（★は六大学野球・野球界、☆は世相）

1845（弘化2）年	★アメリカで**アレキサンダー・カートライトが野球規則**を作る（翌年に最初のベースボールの試合）
1849（嘉永2）年	★アメリカでニッカボッカー・クラブが初めてユニフォームを着用
1857（安政4）年	★アメリカで最初の野球協会設立（21点先取制から9イニング制へ）
1858（安政5）年	☆蘭学塾（慶応の起源）開校
1859（安政6）年	★**アメリカで初の大学対抗試合**（アマースト大とウィリアムズ大）
1867（慶応3）年	☆徳川慶喜が明治天皇に**大政奉還**、**王政復古**の大号令
1868（慶応4）年	☆慶応義塾に改称/**元号が明治に**改元/東京開成学校と東京医学校を再興
1869（明治2）年	★アメリカで最初のプロチーム、シンシナティ・レッドストッキングス誕生
1871（明治4）年	★**アメリカで最初のプロ野球協会**が設立（5年間存続） ☆**廃藩置県**実施/**文部省を設置**（湯島聖堂内・昌平学校の廃止）/岩倉使節団派遣（米欧12ヵ国）/ドイツ帝国成立/パリ・コミューン事件/シカゴ大火（米）
1872（明治5）年	★第一大学区一番中学（後の東京開成学校）教師**ホーレス・ウィルソンがベースボールを初めて日本に伝える** ☆**学制公布**（29頁）/新橋・横浜間に日本初の鉄道が開通/琉球王国が琉球藩に
1873（明治6）年	☆徴兵令公布/第一国立銀行設立/アメリカで恐慌/ドイツ・オーストリア・ロシアで三帝同盟
1874（明治7）年	☆**立教学校（立教の前身）創立**/屯田兵制度創設/読売新聞が創刊
1875（明治8）年	☆度量衡取締条例布告（尺貫法を統一）/メートル条約/ドイツで社会主義労働者党結成/ヘルツェゴビナ蜂起
1876（明治9）年	★アメリカで**ナショナル・リーグが結成**
1877（明治10）年	☆**東京大学創立**（東京開成学校と東京医学校が合併・36頁）/イギリスがインド帝国つくる
1878（明治11）年	★アメリカから帰国した平岡凞が日本で初めての野球チーム**「新橋アスレチック倶楽部」を創部**（24頁） ☆ベルリン会議でロシアのバルカン進出を阻止/ドイツで社会主義者鎮圧法
1879（明治12）年	☆琉球を併合し沖縄県設置/コレラ大流行（死者7万人超）/教育令公布/（学制廃止）/朝日新聞（大阪）が創刊
1880（明治13）年	★**徳川ヘラクレス倶楽部創設**（日本で2番目の野球チーム、三田ベースボール倶楽部の源流） ☆**東京法学社（法政の前身）創立**/日本で国会期成同盟結成/集会条例公布/君が代曲譜制定
1881（明治14）年	☆**明治法律学校（明治の前身）創立**/自由党結成/ハワイ王国カラカウアが初の国家元首として訪朝
1882（明治15）年	★新橋アスレチック倶楽部が駒場農学校（東大農学部の前身）と日本初の対抗試合、日本初の野球場 ☆**東京専門学校（早稲田の前身）創立**/立憲改進党結成/日本銀行開業/ドイツ・オーストリア・イタリアの三国同盟
1883（明治16）年	★東京英和学校（現青山学院大）、工部大学校（後に帝大に合併）が創部
1884（明治17）年	★米国人教師のストーマーが慶応義塾で初めて野球指導を行う ☆秩父事件/自由党解党/華族令制定（公・侯・伯・子・男の爵位）/清仏戦争
1885（明治18）年	★東京一致英和学校（波羅大学・現明治学院大）が創部/東京府立一中（現日比谷高）で野球の試合が行われ、野球が全国へ広まる ☆ハワイ王国へ官約移民開始/国内鉄道路線開業が相次ぐ/日本銀行券発行（拾圓券）/伊藤博文内閣発足
1886（明治19）年	★第一高等中学校が予備部門と分離され、**旧制一高が創部**（イギリス人教師によりベーすぼーる会創設）/工部大学校と波羅大学が対校戦/工部大学校が東京大学に合併 ☆中学校令公布、帝国大学令公布、**東京大学が帝国大学に**/北海道庁が設置される/イギリスがビルマを占領
1887（明治20）年	☆横浜で初の近代水道の給水/博愛社が日本赤十字社に/米で初の女性市長/米がハワイ王国より真珠湾獲得
1888（明治21）年	★**慶応の前身の三田ベースボール倶楽部が発足** ☆市制町村制公布、翌年施行し31市誕生/枢密院設置/海軍大学校開校/東京朝日新聞、大阪毎日新聞創刊
1889（明治22）年	★学習院（現学習院大）、政法学校（現同志社大）が創部 ☆**大日本帝国憲法発布**/東海道本線全線開通/東京市（15区）誕生/第二インターナショナル結成（パリ）
1890（明治23）年	★東京農林学校（旧駒場農学校）が帝国大農学部に吸収、野球チームも引き継ぐ/**インブリー事件**（40頁） ☆**慶応義塾に大学部設置**/第1回衆議院議員総選挙実施/立憲自由党結成/ビスマルク首相が退任、親政へ（独）
1891（明治24）年	☆度量衡法公布/教育勅語の奉読開始/上野・青森間鉄道開通/初の衆議院解散/バスケットボールが始まる（米）
1892（明治25）年	★**慶応が創部（稲荷山グラウンド・248頁）**、体育会（剣道、柔道、弓術、端艇水泳、兵式操練）へ加入 ☆鉄道敷設法公布/クーベルタン男爵がオリンピックの復興を提唱/コカ・コーラ社設立
1893（明治26）年	★**慶応が一高に初挑戦し勝利** ☆戦時大本営条例公布、海軍軍令部設置/君が代が制定/米で金融恐慌が起こる
1894（明治27）年	★一高野球部の中馬庚選手が初めて**ベースボールに「野球」なる訳語**を使用（25頁）/三高野球部が創部 ☆高等学校令公布、専門学科4年・予科3年制/日英通商航海条約締結/甲午農民戦争/日清戦争
1895（明治28）年	★一高野球部史の編集 ☆下関（日清講和）条約で**遼東半島、台湾、澎湖列島を日本へ割譲**/三国干渉で遼東半島を返還
1896（明治29）年	★日本最初の国際試合で一高が横浜外人クラブを破り、野球人気が広まる ☆第1回近代オリンピック競技（アテネ）/清国が日本へ初の官費留学生を派遣/明治三陸地震（死者2万人）
1897（明治30）年	☆京都帝国大設置により**帝国大は東京帝国大に改称**（36頁）/貨幣法が公布（金本位制が確立）/朝鮮が韓国に改称
1898（明治31）年	★京都帝大が創部（36頁） ☆第1次大隈内閣（日本初の政党内閣）/ロシアが清から関東州を租借/イギリスが清から九龍半島を租借
1899（明治32）年	★関西学院高等商業部（現関西学院大）が創部 ☆中学校・実業学校・高等女学校令公布/オランダのハーグで万国平和会議/第2次ボーア戦争
1900（明治33）年	☆社会主義協会発足/福沢諭吉が「修身要領」発表/治安警察法公布/立憲政友会結成/義和団事件
1901（明治34）年	★**東京専門学校（早稲田の前身）が創部** ★アメリカでアメリカン・リーグが結成 ☆官営八幡製鉄所創業開始/清国が北京議定書（外国軍隊の駐留承認）調印/第1回ノーベル賞
1902（明治35）年	★**早稲田が戸塚球場を開設**（新宿区・東京） ★学制改革で高等中学校が高等学校、専門学校（後に大学）が整備され、中学（旧制）、実業学校から高等学校（旧制）、専門学校へ選手が進む流れが加速 ☆早稲田大学に改称/日英同盟に調印/ロシアと清が満州還付条約に調印/キューバがアメリカから独立

早慶対校戦時代(1903年～1906年)　早慶対校戦が始まる 9試合で中断に 早稲田が米へ初の遠征 日露戦争

※斜字は満州実業団野球経験者

早稲田			1903.11.21(三田)
1	捕	泉谷 祐勝	神戸一中(兵庫)
2	右	猪瀬 順	宇都宮中(栃木)
3	遊	橋戸 信	青山学院中(東京)
4	三	小原 益遠	盛岡中(岩手)
5	中	獅子内 謹一郎	盛岡中(岩手)
6	投	河野 安通志	横浜商(神奈川)
7	左	鈴木 豊	水戸中(茨城)
8	二	押川 清	郁文館中(東京)
9	一	森本 繁雄	郁文館中(東京)
主将		橋戸 信	青山学院中(東京)
マネージャー		弓館 芳夫	盛岡中(岩手)
監督		－	－
			1904.6.4(三田)
2	捕	山脇 正治	早稲田中(東京)
7	右	陶山 素一	神戸一中(兵庫)
			1904.10.31(戸塚)
		－	
			1905.3.27(三田)
5	中	*細川 絢彦*	明治学院中(東京)
			1905.10.28(戸塚)
9	三	立原 秀輔	早稲田中(東京)
			1905.11.8(三田)
8	左	田部 信秀	丸亀中(香川)
9	右	平野 良太郎	
			1905.11.12(戸塚)
		－	
			1906.10.28(戸塚)
6	右	小川 重吉	早稲田中(東京)
7	左	西尾 守一	北野中(大阪)
主将		押川 清	郁文館中(東京)
			1906.11.3(戸塚)
		－	
※中止			1906.11.11(戸塚)

慶応			1903.11.21(三田)
1	一	時任 彦一	正則中(東京)
2	捕	青木 泰一	大垣中(岐阜)
3	遊	林田 峰次	慶応普通部(東京)
4	二	宮原 清	上田中(長野)
5	中	吉川 清	慶応普通部(東京)
6	三	柳 弥五郎	慶応普通部(東京)
7	投	桜井 弥一郎	上田中(長野)
8	左	高浜 徳一	慶応普通部(東京)
9	右	宮本 熊三郎	慶応普通部(東京)
主将		宮原 清	上田中(長野)
マネージャー		－	－
監督		－	－
			1904.6.4(三田)
9	中	湧川 泉二郎	慶応普通部(東京)
			1904.10.31(戸塚)
		－	
			1905.3.27(三田)
7	三	稲葉 三郎	麻布中(東京)
主将		時任 彦一	正則中(東京)
			1905.10.28(戸塚)
9	右	西川 半次郎	慶応普通部(東京)
			1905.11.8(三田)
3	中	神吉 英三	慶応普通部(東京)
			1905.11.12(戸塚)
7	捕	福田 子之助	慶応普通部(東京)
			1906.10.28(戸塚)
4	中	阿部 喜十郎	長野中(長野)
8	遊	佐々木 勝磨	慶応普通部(東京)
主将		桜井 弥一郎	上田中(長野)
			1906.11.3(戸塚)
		－	
※中止			1906.11.11(戸塚)

明治37年、38年頃の学習院チーム、中列左から2番目は日本人初のオリンピック選手となった三島弥彦(写真提供:三島家)

一高対三高定期戦第1戦

一高			1906.4.6 対三高(一高校庭)
1	二	中野 武二	附属中(東京)
2	遊	杉浦 忠雄	松山中(愛媛)
3	捕	石川 通	正則中(東京)
4	右	加福 均三	開成中(東京)
5	投	小西 善次郎	宇都宮中(栃木)
6	三	池内 本	上田中(長野)
7	一	嶺田 丘造	愛知二中(愛知)
8	左	戸田 保忠	豊橋中(愛知)
9	中	梶井 定吉	広島一中(広島)

※早稲田の5勝4敗で19年間の中断

□野球界・世の中の動き

1903(明治36)年	★六大学野球／**慶応の綱町球場**開設/早稲田の果たし状で**早慶対校戦が始まる**(11.21・慶応綱町グラウンド・247頁)/早稲田・慶応が応援団(隊)スタート ☆野球界／神戸高等商業学校(現神戸大)が創部/アメリカでナ・リーグとア・リーグとの**ワールドシリーズが始まる** ☆世相／**専門学校令公布**/明治大学・法政大学に校名変更/ロシアが東清鉄道を全線開通させる/日露交渉開始/ライト兄弟が初の動力飛行
1904(明治37)年	★六大学野球／**早稲田が初めて一高に勝利**し、続いて**慶応も一高に勝利**し、学生王座が一高から早慶へ/慶応が初代の塾歌を制定(525頁) ☆世相／**日露戦争**が始まる(～1905年)/ロシアがバルチック艦隊の太平洋派遣/日本が旅順203高地を占領
1905(明治38)年	★六大学野球／**早稲田が第1回のアメリカ遠征**(7勝19敗)(113頁)/秋から早慶対校戦が3回戦定期戦に/早稲田が応援団結成、野球部がアメリカから持ち帰った「カレッジ・エール」が始まる ☆世相／日本が樺太占領/**ポーツマス条約**(日露講和条約)署名/日比谷焼打事件/韓国統監府設置/孫文らが「中国同盟会」を結成
1906(明治39)年	★六大学野球／1906年11月11日に開催予定の**早慶対校決勝戦が中止**に。応援団の無節制から不測の事態を予測、慶応側から試合中止の申し込みで中止が決定。3年間で9試合(早稲田の5勝4敗)、以来19年間の中断となる(42頁) ☆野球界／**一高三高定期戦始まる**/大阪高等工業学校(現大阪大工学部)が創部 ☆世相／日本社会党結成/伊藤博文が韓国統監府統監に/イギリスが満州の門戸開放を要求/日本鉄道国有化/**南満州鉄道(満鉄)設立**

左・早慶対校戦第1戦の出場メンバー、1903年(『六大学野球全集』より)

右・創部当時の明治学院野球部(明治学院歴史資料館所蔵)

早慶断絶時代（1907年～1910年）　早慶断絶時代が始まる　立教・明治が創部　海外遠征・米チーム招聘盛んに

□野球界・世の中の動き

1907（明治40）年	★六大学野球／**慶応が初めて外国チーム（ハワイ・セントルイス大）を招待し有料試合**／早稲田が校歌制定（400頁） ☆世相／**義務教育が6年制に**／立教大学に校名変更／日仏協約（清の独立・領土保全約束）／韓国の対日運動激化／英仏露の三国協商／統治下の台湾で抗日事件／第一次日露協約で互いの権益（南満州と北満州）確認
1908（明治41）年	★六大学野球／**慶応が初のハワイ遠征**／**早稲田がワシントン大学（シアトル市）を招聘**（明治も含めて以後3回招聘） ☆野球界／第1回日米野球で3A中心のチーム来日、大隈重信が始球式、早、慶、東京倶楽部など17試合） ☆世相／赤旗事件（荒畑寒村ら14人検挙）/オスマン帝国の統一
1909（明治42）年	★六大学野球／**立教が創部**（東京・築地の学校内）、早稲田が稲門倶楽部創設／慶応がウィスコンシン大を招聘 ☆野球界／羽田球場建設（現在の東京国際空港の敷地）／日本運動倶楽部設立 ☆世相／度量衡法改正公布/満州及び間島に関する日清協約/伊藤博文が満州で暗殺される
1910（明治43）年	★六大学野球／**明治が創部**（柏木グラウンド）、慶応の指導を仰ぐ／早稲田が初のハワイ遠征／早稲田が創部30周年で明治と招待試合／**早稲田がシカゴ大を招聘**し定期戦を開始（以後5回招聘） ☆野球界／慶応の直木松太郎が米の野球規則を訳した「現行野球規則」を出版／東京高等農学校（現東京農大）が創部 ☆世相／種痘法施行/韓国併合条約締結（朝鮮総督府設置）/幸徳事件（大逆事件の始まり）

※斜字は満州実業団野球経験者

早稲田		対一高 1907.5.26（一高）	
1	捕	山脇 正治	早稲田中（東京）
2	中	小川 重吉	早稲田中（東京）
3	三	*獅子内 謹一郎*	盛岡中（岩手）
4	二	押川 清	郁文館中（東京）
5	投	河野 安通志	横浜商（神奈川）
6	右	長屋 正志	岐阜中（岐阜）
7	左	西尾 守一	北野中（大阪）
8	一	森本 繁雄	郁文館中（東京）
9	遊	田部 信秀	丸亀中（香川）
主将		押川 清	郁文館中（東京）
マネージャー		弓館 芳夫	盛岡中（岩手）
監督		－	－
		対一高 1908.5.9（戸塚）	
3	左	伊勢田 剛	札幌中（北海道）
5	二	飛田 忠順	水戸中（茨城）
6	投	大井 斎	水戸中（茨城）
8	右	松田 捨吉	明治学院中（東京）
主将		山脇 正治	早稲田中（東京）
		対東京倶楽部 1909.4.18（羽田）	
7	右	野々村 納	盛岡中（岩手）
主将		飛田 忠順	水戸中（茨城）
マネージャー		西尾 守一	北野中（大阪）
		対一高 1910.5.15（戸塚）	
1	二	原 慧徳	郁文館中（東京）
9	投	大村 隆行	明倫中（東京）
		対米艦オルバニー 1911.11.1（戸塚）	
1	中	三神 吾朗	甲府中（山梨）
2	三	浅沼 誉夫	立教中（東京）
3	二	高木 正次	長野中（長野）
4	捕	山口 健治郎	麻布中（東京）
5	投	松田 捨吉	明治学院中（東京）
主将		大井 斎	水戸中（茨城）

慶応		対一高 1907.5.18（三田）	
1	三	神吉 英三	慶応普通部（東京）
2	遊	佐々木 勝磨	慶応普通部（東京）
3	中	阿部 喜十郎	長野中（長野）
4	二	桜井 弥一郎	上田中（長野）
5	捕	福田 子之助	慶応普通部（東京）
6	左	吉川 清	慶応普通部（東京）
7	投	小山 万吾	慶応普通部（東京）
8	右	村上 伝二	
9	一	高浜 徳一	慶応普通部（東京）
主将		桜井 弥一郎	上田中（長野）
マネージャー		－	－
監督		－	－
		対横浜商 1908.6.10（横浜）	
7	捕	横手	
8	中	亀山 万平	
主将		高浜 徳一	慶応普通部（東京）
マネージャー		斎藤 衡平	
		対東京倶楽部 1909.4.25（三田）	
7	右	町野 久衛	
8	一	沢原 亮吉	慶応普通部（東京）
9	中	大橋 正介	慶応普通部（東京）
		対一高 1910.5.21（三田）	
6	左	肥後 英治	
7	二	後藤 昌次	慶応普通部（東京）
8	一	三宅 大輔	慶応普通部（東京）
9	右	奈良崎 健蔵	
主将		神吉 英三	慶応普通部（東京）
マネージャー		直木 松太郎	慶応普通部（東京）
		対三高 1911.1.21（三高）	
6	三	日下 輝	慶応普通部（東京）
9	投	石川 真良	秋田中（秋田）

早慶対校戦中止決定後に早稲田の選手と押し寄せた学生が記念撮影、1906年11月11日、戸塚球場（『六大学野球全集』より）

明治		対青山学院 1911.4.29（柏木）	
1	一	黒田 太郎	静岡中（静岡）
2	右	児玉 成雄	郁文館中（東京）
3	投	山下 重二	鹿児島中（鹿児島）
4	捕	斉土 直矢	成城中（東京）
5	二	小川 源七	愛知一中（愛知）
6	中	高瀬 信郎	成城中（東京）
7	三	伊藤 梅次郎	荏原中（東京）
8	左	佐々木	
9	中	多湖	
主将		斉土 直矢	成城中（東京）
マネージャー		小林 為松	成城中（東京）
監督		佐竹 官二	大垣中（岐阜）

慶応の第1回目のハワイ遠征、1908年（『六大学野球全集』より）

早稲田の第1回目のハワイ遠征、1910年（『六大学野球全集』より）

早慶・明 対校戦時代（1911年秋～1914年春）

明治が通算2勝29敗1分（勝率0.065）で早慶に歯が立たず

□野球界・世の中の動き

1911（明治44）年	★六大学野球／**早稲田が早慶対抗戦復活を慶応に3度申し込み、慶応の拒否で慶応に絶縁状**／早稲田が2回目のアメリカ遠征、慶応が第1回目のアメリカ遠征（116頁）／慶応が三田倶楽部発足／東京六大学野球の源となる**早慶・明の対校定期戦**が始まる（明治が早稲田と21試合、慶応と11試合・51頁） ☆野球界／**東京朝日新聞が「野球と其害毒」の連載を開始**（44頁）／野球専門雑誌**「野球界」**（61頁）の発行 ☆世相／大日本体育協会（日本体育協会を経て現日本スポーツ協会）が創立／日米通商航海条約調印／清で辛亥革命（清朝滅亡）／日英同盟強化でアメリカを除外／特別高等警察（特高）を設置
1912（明治45）年	★六大学野球／早稲田が部員増で選手の2部制をとる ☆世相／第三次日露協約／明治天皇崩御、**大正へ改元**／孫文が中華民国建国／袁世凱が孫文に代わり臨時大総統に／日本がストックホルムオリンピックに初参加
1913（大正2）年	★六大学野球／明治が初のマニラ遠征（第1回極東選手権大会で全勝優勝）／早稲田がワシントン大を招聘 ☆野球界／龍谷大が創部 ☆世相／東北帝大に女子学生／立憲同志会（後の憲政会）結党／中国国民党が分裂／袁世凱が南京占領し大総統に

※斜字は満州他実業団野球経験者

早稲田

対明治 1911.10.8（戸塚）			
1	遊	浅沼 誉夫	立教中（東京）
2	三	橋本 勇二	早稲田中（東京）
3	左	小川 重吉	早稲田中（東京）
4	中	伊勢田 剛	札幌中（北海道）
5	右	小山 蕃	郁文館中（東京）
6	捕	島田 厚之助	都立二中（東京）
7	二	*高木 正次*	長野中（長野）
8	一	*井上 芳雄*	都立四中（東京）
9	投	*荻野 喜代志*	富岡中（群馬）
主将		大井 斎	水戸中（茨城）
マネージャー		－	－
監督		－	－
対明治 1912.5.18（戸塚）			
1	遊	三神 吾朗	甲府中（山梨）
3	左	八幡 恭助	神奈川一中（神奈川）
4	右	増田 稲三郎	神奈川一中（神奈川）
5	三	山本 正雄	早稲田中（東京）
6	捕	福長 光蔵	早稲田中（東京）
7	一	小岩井 貞夫	神奈川一中（神奈川）
8	中	横山 方吉	村上中（新潟）
主将		増田 稲三郎	神奈川一中（神奈川）
対明治 1913.4.19（戸塚）			
5	遊	大村 隆行	明倫中（愛知）
7	中	趙 士倫	成城中（東京）
8	三	森 堅吾	修猷館中（福岡）
9	投	加藤 吉兵衛	横浜商（神奈川）
主将		大村 隆行	明倫中（愛知）
対明治 1914.5.2（戸塚）			
8	三	佐伯 達夫	市岡中（大阪）
	投	*小林 諦亮*	太田中（群馬）
	投	*大町 正隆*	立教中（東京）

慶応

対明治 1911.10.28（柏木）			
1	左	奈良崎 健蔵	
2	中	縣山 憲一	
3	二	後藤 昌次	慶応普通部（東京）
4	遊	高浜 茂	神戸商（兵庫）
5	三	日下 輝	慶応普通部（東京）
6	右	菅瀬 一馬	神戸商（兵庫）
7	捕	冨樫 與一	
8	一	尾崎 正文	
9	投	石川 真良	秋田中（秋田）
主将		神吉 英三	慶応普通部（東京）
主将		佐々木 勝麿	慶応普通部（東京）
監督		－	－
対明治 1912.5.7（三田）			
1	二	佐々木 勝麿	慶応普通部（東京）
2	捕	三宅 大輔	慶応普通部（東京）
8	遊	森 茂樹	慶応普通部（東京）
主将		森 茂樹	慶応普通部（東京）
対明治 1913.4.25（三田）			
1	二	阿部 舜吉	慶応普通部（東京）
主将		菅瀬 一馬	神戸商（兵庫）

明治

対早稲田 1911.10.8（戸塚）			
1	一	黒田 太郎	静岡中（静岡）
2	二	小川 源七	愛知一中（愛知）
3	捕	斉土 直矢	成城中（東京）
4	投	山下 重二	鹿児島中（鹿児島）
5	中	保田 忠彦	成城中（東京）
6	遊	山村 一郎	荏原中（東京）
7	右	伊藤 梅次郎	荏原中（東京）
8	三	秋山 清	神奈川一中（神奈川）
9	左	児玉 成雄	郁文館中（東京）
主将		斉土 直矢	成城中（東京）
マネージャー		小林 万蔵	成城中（東京）
監督		佐竹 官二	大垣中（岐阜）
対慶応 1912.5.7（三田）			
3	三	藤枝 雅脩	京都二中（京都）
4	一	高瀬 信郎	成城中（東京）
6	遊	中澤 不二雄	荏原中（東京）
8	中	広瀬 清一	横浜商（神奈川）
9	投	青柳 秀雄	成城中（東京）
対早稲田 1913.4.19（戸塚）			
2	中	猪内 源七	愛知一中（愛知）
3	三	池田 明篤	金川中（岡山）
9	投	海老塚 進一	荏原中（東京）
対早稲田 1914.5.2（戸塚）			
5	左	中島 謙	竜ヶ崎中（茨城）
7	右	寒川 良雄	日高中（和歌山）
9	投	中村 俊二	盛岡中（岩手）
主将		高瀬 信郎	成城中（東京）

極東選手権大会（マニラ）で優勝した明治チーム 1913年（『明治大学野球部創部100年史』より）

早慶・明対校戦勝敗表

1911（明治44）年

チーム	試合	勝	敗	分	勝率
早大	2	2	0	0	1.000
慶大	1	1	0	0	1.000
明大	3	0	3	0	0.000

1912（明治45）年

チーム	試合	勝	敗	分	勝率
早大	10	9	1	0	0.900
慶大	5	4	0	1	1.000
明大	15	1	13	1	0.071

1913（大正2）年

チーム	試合	勝	敗	分	勝率
早大	6	6	0	0	1.000
慶大	5	5	0	0	1.000
明大	11	0	11	0	0.000

1914（大正3）年

チーム	試合	勝	敗	分	勝率
早大	3	2	1	0	0.667
慶大	0	0	0	0	－
明大	3	1	2	0	0.333

【3校対校戦通算成績】

チーム	試合	勝	敗	分	勝率
早大	21	19	2	0	0.905
慶大	11	10	0	1	1.000
明大	32	2	29	1	0.065

1912年当時の慶応チーム
（『慶應義塾野球部百年史』より）

3大学リーグ時代（1914年秋～1916秋） 4シーズンで21試合（早慶・明戦）、明治は6勝13敗2分（勝率0.316）

1914（大正3）年 明治の提唱で3大学（早慶明）リーグが幕開け サラエボ事件 第一次世界大戦が始まる

早稲田		対明治 11.14（柏木）
1	遊 加藤 吉兵衛	横浜商（神奈川）
2	左 横山 方吉	村上中（新潟）
3	中 趙 士倫	成城中（東京）
4	二 浅沼 誉夫	立教中（東京）
5	捕 市岡 忠男	京都一商（京都）
6	右 飯田 五郎作	高輪中（東京）
7	一 花井 昌三	愛知一中（愛知）
8	三 佐伯 達夫	市岡中（大阪）
9	投 川島 民蔵	遠野中（岩手）
主将	浅沼 誉夫	立教中（東京）
マネージャー	中野 五郎	学習院中（東京）
監督	―	―

慶応		対明治 11.2（三田）
1	遊 高浜 茂	神戸商（兵庫）
2	中 鍛治 仁吉	慶応普通部（東京）
3	三 日下 輝	慶応普通部（東京）
4	投 菅瀬 一馬	神戸商（兵庫）
5	二 阿部 舜吾	慶応普通部（東京）
6	左 沼田 久男	慶応普通部（東京）
7	右 石川 真良	秋田中（秋田）
8	一 佐々 美政	
9	捕 平井 卯之助	
主将	菅瀬 一馬	神戸商（兵庫）
マネージャー	黒沢 巳之作	
監督	―	―

明治		対慶応 11.2（三田）
1	三 池田 明篤	金川中（岡山）
2	遊 中澤 不二雄	荏原中（東京）
3	一 高瀬 信郎	成城中（東京）
4	左 中島 謙	竜ヶ崎中（茨城）
5	投 中村 俊二	盛岡中（岩手）
6	二 藤枝 雅脩	京都二中（京都）
7	捕 海老塚 進一	荏原中（東京）
8	右 寒川 良雄	日高中（和歌山）
9	中 山村 一郎	荏原中（東京）
主将	高瀬 信郎	成城中（東京）
マネージャー	小林 万蔵	成城中（東京）
監督	佐竹 官二	大垣中（岐阜）

明治が第1回アメリカ遠征でシカゴ大学と対戦、1914年8月11日
（『明治大学野球部創部100年史より』）

□六大学野球の動き

明治が1回目のアメリカ遠征（117頁）/慶応が2回目のアメリカ遠征/秋から**明治の提唱で3大学（早慶明）リーグ始まる**（51頁）/早稲田が慶応への絶縁状を取り消し、明治が早慶対校戦復活を提起

□野球界の動き

★大学／関西大、上智大が創部

□国内外の動き

★国内／東京市を中心に発疹チフス蔓延/日本がドイツに宣戦布告

★世界／シーメンス事件/サラエボ事件/**第一次世界大戦**が始まる、米は中立を宣言/パナマ運河開通

1915（大正4）年 法政が創部 秋は明治の休部で開催不能 高校野球全国大会開始 日本が対華21カ条を要求

※斜字は満州実業団野球経験者

早稲田		対明治 4.25（戸塚）
1	右 飯田 五郎作	高輪中（東京）
2	左 横山 方吉	村上中（新潟）
3	中 趙 士倫	成城中（東京）
4	二 浅沼 誉夫	立教中（東京）
5	捕 市岡 忠男	京都一商（京都）
6	一 花井 昌三	愛知一中（愛知）
7	三 臼井 達	長野中（長野）
8	遊 笠島 友次郎	早稲田実（東京）
9	投 川島 民蔵	遠野中（岩手）
主将	浅沼 誉夫	立教中（東京）
マネージャー	―	―
監督	―	―

慶応		対明治 5.1（三田）
1	中 鍛治 仁吉	慶応普通部（東京）
2	三 腰本 寿	慶応普通部（東京）
3	二 阿部 舜吾	慶応普通部（東京）
4	左 高浜 茂	神戸商（兵庫）
5	右 沼田 久男	慶応普通部（東京）
6	一 平井 卯之助	
7	遊 山口 昇	慶応普通部（東京）
8	捕 佐々 美政	
9	投 松江 喜三郎	
主将	高浜 茂	神戸商（兵庫）
マネージャー	―	―
監督	―	―

明治		対早稲田 4.25（戸塚）
1	遊 *中澤 不二雄*	荏原中（東京）
2	一 高瀬 信郎	成城中（東京）
3	三 池田 明篤	金川中（岡山）
4	投 中村 俊二	盛岡中（岩手）
5	二 藤枝 雅脩	京都二中（京都）
6	捕 海老塚 進一	荏原中（東京）
7	左 寒川 良雄	日高中（和歌山）
8	中 山村 一郎	荏原中（東京）
9	右 大原 末吉	京都二中（京都）
主将	高瀬 信郎	成城中（東京）
マネージャー	―	―
監督	佐竹 官二	大垣中（岐阜）

シカゴ大の来日で早稲田チームと、戸塚球場、1915年（『六大学野球全集』より）

□六大学野球の動き

法政が創部、早稲田の八幡恭助・飛田忠順がコーチ/明治がハワイ遠征（6勝11敗・7月）/秋は明治が休部でリーグ戦が開催不能/ 慶明戦で放棄試合

□野球界の動き

★高校／**全国中等学校優勝野球大会**（現在の夏の高校野球）が大阪・豊中グラウンドで始まる、京都二中が優勝、秋田中が準優勝

□国内外の動き

★国内／日本が**対華21カ条要求**/輸出超過で**大戦景気**

★世界／アインシュタイン（独）が一般相対性理論を発表/袁世凱が中華帝国の皇帝宣言

1916(大正5)年　明治が駒沢球場へ移転　コレラが大流行　中華帝国崩壊　第一次世界大戦の戦線広がる

※斜字は満州実業団野球経験者

早稲田		対明治 3.18(戸塚)
1 中	*趙 士倫*	成城中(東京)
2 左	横山 方吉	村上中(新潟)
3 二	浅沼 誉夫	立教中(東京)
4 三	佐伯 達夫	市岡中(大阪)
5 捕	市岡 忠男	京都一商(京都)
6 一	花井 昌三	愛知一中(愛知)
7 右	臼井 達	長野中(長野)
8 遊	笠島 友次郎	早稲田実(東京)
9 投	川島 民蔵	遠野中(岩手)
主将	加藤 吉兵衛	横浜商(神奈川)
マネージャー	—	—
監督	—	—
		対明治 10.14(戸塚)
1 遊	加藤 吉兵衛	横浜商(神奈川)
2 一	矢部 和夫	和歌山中(和歌山)
3 中	飯田 五郎作	高輪中(東京)
6 右	中島 駒次郎	市岡中(大阪)
7 左	高久 清一	台北中(台湾)
8 二	池田 豊	早稲田中(東京)
9 投	岸 一郎	早稲田中(東京)

慶応		対明治 5.6(戸塚)
1 中	鍛治 仁吉	慶応普通部(東京)
2 左	沼田 久男	慶応普通部(東京)
3 二	三宅 大輔	慶応普通部(東京)
4 遊	森 茂樹	慶応普通部(東京)
5 三	腰本 寿	慶応普通部(東京)
6 一	松田 恒政	関西学院中(大阪)
7 右	高野 久男	
8 捕	平井 卯之助	
9 捕	森 秀雄	横浜商(神奈川)
主将	三宅 大輔	慶応普通部(東京)
マネージャー	—	—
監督	—	—
		対明治 10.1(駒沢)
8 投	山口 昇	慶応普通部(東京)
9 右	明石 敏雄	

明治		対早稲田 3.18(戸塚)
1 一	大原 末吉	京都二中(京都)
2 中	中村 俊二	盛岡中(岩手)
3 遊	安藤 忍	麻布中(東京)
4 捕	海老塚 進一	荏原中(東京)
5 投	大沢 逸郎	大成中(東京)
6 二	西尾 俊次	浜松中(静岡)
7 左	浅野 良清	日本中(東京)
8 三	根本 武行	秋田中(秋田)
9 右	大門 勝	郡山中(奈良)
主将	中村 俊二	盛岡中(岩手)
マネージャー	—	—
監督	佐竹 官二	大垣中(岐阜)
		対慶応 10.1(駒沢)
1 中	中島 謙	竜ヶ崎中(茨城)
6 三	池永 辰也	京都二中(京都)
8 投	藤田 元	京都二中(京都)

3大学リーグシーズン別勝敗表

1914(大正3)年秋季

チーム	試合	勝	敗	分	勝率
早大	2	2	0	0	1.000
慶大	4	2	1	1	0.667
明大	6	1	4	1	0.200

1915(大正4)年春季

チーム	試合	勝	敗	分	勝率
早大	3	2	1	0	0.667
慶大	3	1	2	0	0.333
明大	6	3	3	0	0.500

※明治は没収試合(慶明戦)で1勝

1915(大正4)年秋季

チーム	試合	勝	敗	分	勝率
早大	0	0	0	0	0.000
慶大	0	0	0	0	0.000
明大	0	0	0	0	0.000

※秋は明治が休部で開催不能

1916(大正5)年春季

チーム	試合	勝	敗	分	勝率
早大	2	1	1	0	0.500
慶大	2	2	0	0	1.000
明大	4	1	3	0	0.250

1916(大正5)年秋季

チーム	試合	勝	敗	分	勝率
早大	3	1	1	1	0.500
慶大	2	2	0	0	1.000
明大	5	1	3	1	0.250

【3大学リーグ通算成績】

チーム	試合	勝	敗	分	勝率
早大	10	6	3	1	0.667
慶大	11	7	3	1	0.700
明大	21	6	13	2	0.316

□六大学野球の動き

明治が駒沢球場へ移転/早稲田が3回目の渡米/森(慶)が明治戦で八代賢次郎(秋田中・明)から初の柵越え本塁打を放つ(5.6・戸塚)/法政が慶応、明治と対校戦

□野球界の動き

★高校／**全国中等学校優勝野球大会で敗者復活制を導入**、1回戦で敗れた中学明善と鳥取中が抽選で復活(1917年まで)、慶応普通部が全国制覇(380頁)

★大学／大阪高等商業学校(現大阪市大)が創部

★社会人／会社組織が続々と野球チーム(社会人野球)を持つ

□国内外の動き

★国内／コレラが大流行

★世界／袁世凱が帝政を取り消し中華帝国崩壊/**第一次世界大戦の戦線広がる**

慶応普通部が第2回全国中等学校優勝野球大会で全国制覇、監督は上記メンバー表の腰本寿、主将・エースは山口昇(慶応義塾普通部蔵)

1917年当時の慶応の選手
(『慶応義塾野球部百年史』より)

4大学リーグ時代(1917年春～1921年春)　9シーズンで100試合、法政は12勝45敗1分(勝率0.211)

1917(大正6)年　法政が加わり4大学リーグへ　帝大に野球部　米がドイツへ宣戦布告　ロシア革命・ソビエト政権

※斜字は満州実業団野球経験者

早稲田		対明治 4.14(戸塚)	
1	遊	*加藤 吉兵衛*	横浜商(神奈川)
2	中	飯田 五郎作	高輪中(東京)
3	三	佐伯 達夫	市岡中(大阪)
4	右	中島 駒次郎	市岡中(大阪)
5	捕	市岡 忠男	京都一商(京都)
6	左	高松 静雄	愛知一中(愛知)
7	一	矢部 和夫	和歌山中(和歌山)
8	二	池田 豊	早稲田中(東京)
9	投	*岸 一郎*	早稲田中(東京)
主将		加藤 吉兵衛	横浜商(神奈川)
マネージャー		花井 昌三	愛知一中(愛知)
監督		—	—
		対法政 10.14(神田橋)	
6	三	井上 敏慧	東筑中(福岡)
8	二	坂野 秀夫	神戸一中(兵庫)
主将		市岡 忠男	京都一商(京都)

※春は極東選手権予選

慶応		対法政 4.11(三田)	
1	中	鍛治 仁吉	慶応普通部(東京)
2	一	松田 恒政	関西学院中(大阪)
3	二	三宅 大輔	慶応普通部(東京)
4	遊	森 茂樹	慶応普通部(東京)
5	投	森 秀雄	横浜商(神奈川)
6	捕	平井 卯之助	
7	左	山口 昇	慶応普通部(東京)
8	右	鈴木 関太郎	順天中(東京)
9	三	腰本 寿	慶応普通部(東京)
主将		三宅 大輔	慶応普通部(東京)
マネージャー		—	—
監督		—	—
		対明治 10.13(三田)	
7	遊	竹中 弘次	関西学院中(大阪)
8	右	出口 修二	慶応普通部(東京)

明治		対早稲田 4.14(戸塚)	
1	中	*中島 謙*	竜ヶ崎中(茨城)
2	二	池永 辰也	京都二中(京都)
3	遊	安藤 忍	麻布中(東京)
4	右	*大沢 逸郎*	大成中(東京)
5	捕	海老塚 進一	荏原中(東京)
6	投	藤田 元	京都二中(京都)
7	左	*大門 勝*	郡山中(奈良)
8	三	内田 勝	成城中(東京)
9	一	大岩 直温	松本中(長野)
主将		海老塚 進一	荏原中(東京)
マネージャー		—	—
監督		—	—
		対慶応 10.13(三田)	
1	左	小西 得郎	日本中(東京)
2	捕	河原 政武	桃山中(京都)
主将		大沢 逸郎	大成中(東京)

※春は極東選手権予選

法政		対慶応 4.11(三田)	
1	右	武満 国雄	青山学院中(東京)
2	左	岩崎 高	正則中(東京)
3	二	井上 弥三郎	成城中(東京)
4	一	笠原 新次郎	正則中(東京)
5	捕	由家 応道	日本中(東京)
6	投	植田 良忠	青山学院中(東京)
7	遊	朝井 敬六	早稲田中(東京)
8	三	林田 邦康	日本中(東京)
9	中	大室 三郎	成城中(東京)
主将		—	—
マネージャー		—	—
監督		—	—
		対早稲田 10.14(神田橋)	
6	左	岩田 春男	成城中(東京)
9	捕	本吉 清雄	日本中(東京)

1917(大正6)年春季勝敗表

チーム	試合	勝	敗	分	勝率
早大	0	0	0	0	—
慶大	4	4	0	0	1.000
明大	2	0	2	0	0.000
法大	2	0	2	0	0.000

※極東大会予選参加のため4試合

1917(大正6)年秋季勝敗表

チーム	試合	勝	敗	分	勝率
早大	7	5	2	0	0.714
慶大	7	6	1	0	0.857
明大	9	3	5	1	0.375
法大	9	1	7	1	0.125

東京帝大(同好会時代)初の京都帝大との試合

帝大		対京都帝大 12.28(京都一中)
1	二	井上
2	遊	永田
3	一	横地
4	捕	入江
5	中	森
6	三	松本
7	左	阪野
8	右	増田
9	投	今井

満支遠征前の京都二中と対戦前の明治チーム、京都、1917年(『明治大学野球部史第一巻』より)

関西遠征で神戸商業との試合前の慶応チーム、1918年(『慶應義塾野球部百年史』より)

□六大学野球の動き

秋から**法政が加わり4大学リーグへ**(9シーズンで100試合・51頁)/法政が神田橋グラウンド開設(仮)/早稲田が単独で台湾遠征(12月)/帝大に野球部(同好会)創設/帝大が京都帝大と模範試合(京都一中グラウンド)/一高が早慶を破る/嘉納治五郎が早慶の仲介を試みるが失敗

□野球界の動き

★高校／全国中等学校優勝野球大会の会場が鳴尾球場に変更、敗者復活抽選で競り上がった愛知一中が優勝(敗者復活制は2年で廃止)

★大学／**関西学生野球連盟(初代)**を8校で設立/大阪歯科専門学校(現大阪歯科大)が創部

□国内外の動き

★国内／日本海軍の欧州派遣を決定/日本がロシアの臨時政府承認

★世界／米がドイツと国交断絶/米がドイツへに宣戦布告/中華民国で孫文が広東軍政府樹立/**ロシア革命・ソビエト政権樹立で日露同盟が崩壊**

1918(大正7)年 立教が池袋へ移転 米騒動で夏の高校野球が中止 第一次世界大戦が終了 スペイン風邪流行

※斜字は満州実業団野球経験者

早稲田			対法政 4.6(戸塚)
1	右	中島 駒次郎	市岡中(大阪)
2	二	坂野 秀夫	神戸一中(兵庫)
3	捕	市岡 忠男	京都一商(京都)
4	左	高松 静雄	愛知一中(愛知)
5	遊	井上 敏慧	東筑中(福岡)
6	中	澤 東洋男	東京中(東京)
7	三	池田 豊	早稲田中(東京)
8	一	中村 正雄	神奈川一中(神奈川)
9	投	橋本 隆造	長岡中(新潟)
主将		市岡 忠男	京都一商(京都)
マネージャー		二神	
監督		—	—
			対法政 9.28(戸塚)
1	一	矢部 和夫	和歌山中(和歌山)
5	中	田中 勝雄	市岡中(大阪)
7	二	富永 徳義	市岡中(大阪)

慶応			対法政 4.20(神田橋)
1	一	松田 恒政	関西学院中(大阪)
2	左	高浜 益雄	伊丹中(大阪)
3	投	森 秀雄	横浜商(神奈川)
4	中	沼田 久男	慶応普通部(東京)
5	捕	平井 卯之助	
6	右	新田 恭一	慶応普通部(東京)
7	遊	竹中 弘次	関西学院中(大阪)
8	二	高須 一雄	同志社中(京都)
9	三	天野 吉朗	慶応普通部(東京)
主将		平井 卯之助	
主将		沼田 久男	慶応普通部(東京)
監督		—	—
			対法政 10.26(三田)
5	捕	永岡 一	和歌山中(和歌山)
6	投	小野 三千麿	神奈川師範(神奈川)
8	中	山岡 鎌太郎	慶応商工(東京)
主将		松田 恒政	関西学院中(大阪)

明治			対早稲田 4.14(戸塚)
1	中	鍛治 仁吉	慶応普通部(東京)
2	左	小西 得郎	日本中(東京)
3	遊	安藤 忍	麻布中(東京)
4	捕	河原 政武	桃山中(京都)
5	投	藤田 元	京都二中(京都)
6	一	井上 隆介	日本中(東京)
7	右	大岩 直温	松本中(長野)
8	二	西尾 俊二	浜松中(静岡)
9	三	池永 辰也	京都二中(京都)
主将		小西 得郎	日本中(東京)
マネージャー		—	—
監督		—	—
			対早稲田 10.3(戸塚)

法政			対早稲田 4.6(戸塚)
1	右	武満 国雄	青山学院中(東京)
2	遊	朝井 敬六	早稲田中(東京)
3	二	井上 弥三郎	成城中(東京)
4	左	岩田 春男	成城中(東京)
5	投	由家 応道	日本中(東京)
6	三	笠原 新次郎	正則中(東京)
7	中	大室 三郎	成城中(東京)
8	三	宮永 実	成城中(東京)
9	捕	本吉 清雄	日本中(東京)
主将		—	—
マネージャー		—	—
監督		—	—
			対早稲田 9.28(戸塚)
6	中	岩崎 高	正則中(東京)
8	右	山本 松男	竜ヶ崎中(茨城)
9	投	植田 良忠	青山学院中(東京)

1918(大正7)年春季勝敗表

チーム	試合	勝	敗	分	勝率
早大	6	3	3	0	0.500
慶大	5	4	1	0	0.800
明大	8	5	3	0	0.625
法大	9	3	6	0	0.333

1918(大正7)年秋季勝敗表

チーム	試合	勝	敗	分	勝率
早大	6	4	2	0	0.667
慶大	4	4	0	0	1.000
明大	8	2	6	0	0.250
法大	8	3	5	0	0.375

□六大学野球の動き

東京帝大(現東大)が創部/立教が池袋へ移転/小野三千麿(慶)が2試合連続ノーヒットノーラン(秋)

□野球界の動き

★高校/米騒動の影響で全国中等学校優勝野球大会が中止/少年用の**軟式ボール**が開発される

★大学/**一高が15年ぶりに早慶を破り、早慶・三高・学習院を制して国内制覇**

□国内外の動き

★国内/米騒動/**大学令公布**(施行は翌年)

★世界/ドイツが休戦協定に調印/第一次世界大戦が終了/アメリカがシベリア出兵/国の独立相次ぐ/**スペイン風邪流行**

一高が15年ぶりの国内制覇(1918年)

①対三高　10-0(4月6日)
②対早稲田　7-0(5月4日)※10年ぶり敗戦
③対学習院　4-2(5月11日)
④対慶応　4-0(5月18日)

一高			対早稲田 5.4(戸塚)
1	右	笠原	
2	中	高柳 鐵太郎	
3	投	内村 祐之	獨逸学協会学校中等部
4	捕	中松 潤之助	
5	遊	岡崎 孝平	
6	一	島村 鉄也	
7	左	木内 信胤	東京高等師範付中
8	二	河野 文彦	
9	三	木内 良胤	
主将		—	—
マネージャー		—	—
監督		—	—
			対慶応 5.18(綱町)
			対三高 4.6(三高校庭)
1	右	荘司 俊郎	

早稲田			対一高 5.4(戸塚)
1	右	中島 駒次郎	市岡中(大阪)
2	一	矢部 和夫	和歌山中(和歌山)
3	捕	市岡 忠男	京都一商(京都)
4	遊	井上 敏慧	東筑中(福岡)
5	二	坂野 秀夫	神戸一中(兵庫)
6	左	高松 静雄	愛知一中(愛知)
7	中	澤 東洋男	東京中(東京)
8	三	池田 豊	早稲田中(東京)
9	投	橋本 隆造	長岡中(新潟)
主将		市岡 忠男	京都一商(京都)
マネージャー		二神	
監督		—	—

慶応			対一高 5.18(綱町)
1	一	松田 恒政	関西学院中(大阪)
2	遊	高須 一雄	同志社中(京都)
3	中	沼田 久男	慶応普通部(東京)
4	投	森 秀雄	横浜商(神奈川)
5	捕	平井 卯之助	
6	左	高浜 益雄	伊丹中(大阪)
7	右	新田 恭一	慶応普通部(東京)
8	二	竹中 弘次	関西学院中(大阪)
9	三	天野 吉朗	慶応普通部(東京)
主将		平井 卯之助	
マネージャー		沼田 久男	慶応普通部(東京)
監督		—	—

帝大創部のキーマン、身長165センチの左腕、内村祐之(旧一高)が帝大へ入学、1919年

1919(大正8)年　4大学リーグが3回戦制に　帝大野球部が正式に創部　立教が池袋へ移転　ベルサイユ条約調印

※斜字は満州実業団野球経験者

早稲田		対法政 4.13(戸塚)	
1	二	富永 徳義	市岡中(大阪)
2	左	高松 静雄	愛知一中(愛知)
3	右	中島 駒次郎	市岡中(大阪)
4	捕	市岡 忠男	京都一商(京都)
5	中	田中 勝雄	市岡中(大阪)
6	遊	井上 敏慧	東筑中(福岡)
7	三	久保田 禎	盛岡中(岩手)
8	一	矢部 和夫	和歌山中(和歌山)
9	投	澤 東洋男	東京中(東京)
主将		市岡 忠男	京都一商(京都)
マネージャー		中村 正雄	神奈川一中(神奈川)
監督		—	—
		対法政 9.24(戸塚)	
5	捕	久慈 次郎	盛岡中(岩手)
6	二	石井 順一	早稲田実(東京)
8	右	大下 常吉	八戸中(青森)
9	投	渡辺 信敏	嘉穂中(福岡)
マネージャー		岩田 嘉一郎	京都一商(京都)

慶応		対明治 4.19(三田)	
1	遊	高須 一雄	同志社中(京都)
2	左	高浜 益雄	伊丹中(大阪)
3	一	永岡 一	和歌山中(和歌山)
4	捕	森 秀雄	横浜商(神奈川)
5	右	新田 恭一	慶応普通部(東京)
6	投	小野 三千麿	神奈川師範(神奈川)
7	三	鈴木 関太郎	順天中(東京)
8	中	山岡 鎌太郎	慶応商工(東京)
9	二	竹中 弘次	関西学院中(大阪)
主将		森 秀雄	横浜商(神奈川)
マネージャー		明石 敏雄	
監督		—	—
		対明治 10.5(三田)	
1	遊	桐原 真二	北野中(大阪)
7	中	菅井 栄治	

明治		対早稲田 4.15(戸塚)	
1	中	鍛治 仁吉	慶応普通部(東京)
2	左	池永 辰也	京都二中(京都)
3	遊	*安藤 忍*	麻布中(東京)
4	捕	河原 政武	桃山中(京都)
5	一	大岩 直温	松本中(長野)
6	右	児島 一士	関西中(岡山)
7	投	藤田 元	京都二中(京都)
8	三	内田 勝	成城中(東京)
9	二	木下 明	成城中(東京)
主将		安藤 忍	麻布中(東京)
マネージャー		—	—
監督		—	—
		対法政 9.27(戸塚)	
2	三	岡田 源三郎	早稲田実(東京)
8	投	吉田 勘造	桃山中(京都)
9	右	楯谷 竜一	明治学院中(東京)

法政		対早稲田 4.13(戸塚)	
1	右	武満 国雄	青山学院中(東京)
2	遊	朝井 敬六	早稲田中(東京)
3	二	井上 弥三郎	成城中(東京)
4	左	岩田 春男	成城中(東京)
5	投	由家 応道	日本中(東京)
6	中	*岩崎 高*	正則中(東京)
7	一	本吉 清雄	日本中(東京)
8	三	*宮永 実*	成城中(東京)
9	捕	阿部 来太郎	仙台中(宮城)
主将		井上 弥三郎	成城中(東京)
マネージャー		町田 勇	成城中(東京)
監督		—	—
		対早稲田 9.24(戸塚)	
9	二	沼田 平五郎	荏原中(東京)
主将		岩崎 高	正則中(東京)

1919(大正8)年春季勝敗表

チーム	試合	勝	敗	分	勝率
早大	4	4	0	0	1.000
慶大	4	4	0	0	1.000
明大	7	1	6	0	0.143
法大	7	2	5	0	0.286

1919(大正8)年秋季勝敗表

チーム	試合	勝	敗	分	勝率
早大	5	4	1	0	0.800
慶大	4	4	0	0	1.000
明大	8	3	5	0	0.375
法大	7	1	6	0	0.143

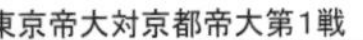
東京帝大対京都帝大第1戦

帝大		対京都帝大 12.24(旧三高)	
1	遊	能瀬	
2	中	高柳 鐵太郎	旧一高(東京)
3	捕	入江	
4	左	川俣	
5	投	内村 祐之	旧一高(東京)
6	右	笠原	
7	一	横地	
8	二	岩田	
9	三	河野 文彦	旧一高(東京)
主将		—	—
マネージャー		—	—
監督		—	—

5大学リーグ加盟前の立教チーム、この年から「RIKKIO」のマークが使われた、1919年
(『六大学野球全集』より)

□六大学野球の動き

立教が池袋に専用球場、RIKKIOのユニフォーム/立教が飛田忠順(早稲田専任コーチ)をコーチで招聘/法政が中野グラウンド開設/4大学リーグが3回戦制に/一高の**内村祐之**が帝大へ入学/**帝大野球部が正式に創部**(37頁)

□野球界の動き

★大リーグ／ワールドシリーズでホワイトソックスが八百長買収事件(ブラックソックス事件)

□国内外の動き

★国内／**関東軍の設置**/日本統治下の朝鮮で三・一運動

★世界／パリ講和会議/孫文らが中国国民党結成/パリ郊外でベルサイユ条約調印/ワイマール憲法(独)制定/ドイツ労働党結成

1920(大正9)年　早慶戦復活を前提に三田・稲門戦を実施　社会人野球大会が始まる　世界恐慌始まる

※斜字は満州実業団野球経験者

早稲田			対法政 4.10(戸塚)
1	遊	久保田 禎	盛岡中(岩手)
2	一	高松 静雄	愛知一中(愛知)
3	中	田中 勝雄	市岡中(大阪)
4	投	中島 駒次郎	市岡中(大阪)
5	捕	久慈 次郎	盛岡中(岩手)
6	右	松本 終吉	市岡中(大阪)
7	左	堀田 正	立命館中(京都)
8	二	梅川 吉三郎	函館中(北海道)
9	三	富永 徳義	市岡中(大阪)
主将		市岡 忠男	京都一商(京都)
マネージャー		―	―
監督		飛田 忠順	水戸中(茨城)
			対明治 9.26(駒沢)
4	右	大下 常吉	八戸中(青森)
7	中	有田 富士夫	小倉中(福岡)
8	三	加藤 高茂	愛知一中(愛知)
主将		高松 静雄	愛知一中(愛知)

慶応			対明治 4.11(三田)
1	右	高須 一雄	同志社中(京都)
2	二	竹中 弘次	関西学院中(大阪)
3	投	新田 恭一	慶応普通部(東京)
4	捕	森 秀雄	横浜商(神奈川)
5	三	鈴木 関太郎	順天中(東京)
6	一	*永岡 一*	和歌山中(和歌山)
7	左	高浜 益雄	伊丹中(大阪)
8	中	山岡 鎌太郎	慶応商工(東京)
9	遊	桐原 真二	北野中(大阪)
主将		森 秀雄	横浜商(神奈川)
マネージャー		―	―
監督		―	―
			対法政 9.25(三田)
8	捕	対馬 好文	

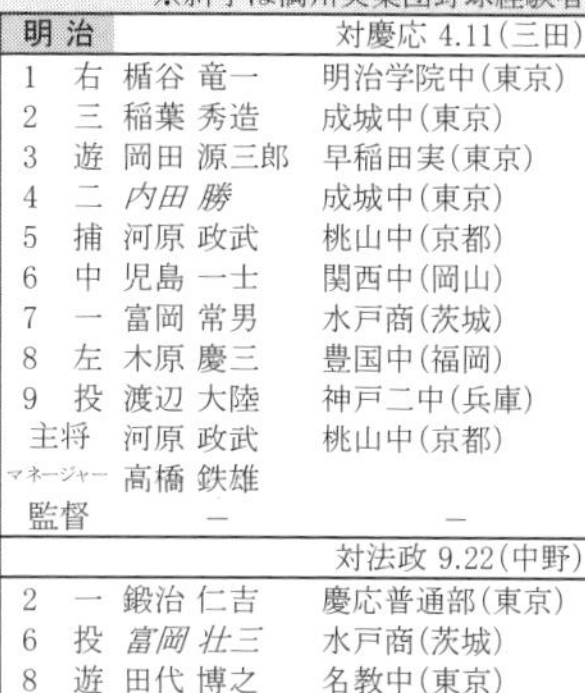

明治			対慶応 4.11(三田)
1	右	楯谷 竜一	明治学院中(東京)
2	三	稲葉 秀造	成城中(東京)
3	遊	岡田 源三郎	早稲田実(東京)
4	二	*内田 勝*	成城中(東京)
5	捕	河原 政武	桃山中(京都)
6	中	児島 一士	関西中(岡山)
7	一	富岡 常男	水戸商(茨城)
8	左	木原 慶三	豊国中(福岡)
9	投	渡辺 大陸	神戸二中(兵庫)
主将		河原 政武	桃山中(京都)
マネージャー		高橋 鉄雄	
監督		―	―
			対法政 9.22(中野)
2	一	鍛治 仁吉	慶応普通部(東京)
6	投	*富岡 壮三*	水戸商(茨城)
8	遊	田代 博之	名教中(東京)
主将		*内田 勝*	成城中(東京)

法政			対早稲田 4.10(戸塚)
1	二	*沼田 平五郎*	荏原中(東京)
2	三	小野田 市蔵	早稲田実(東京)
3	遊	朝井 敬六	早稲田中(東京)
4	中	岩田 春男	成城中(東京)
5	一	山本 松男	竜ヶ崎中(茨城)
6	投	砂沢 文雄	仙台一中(宮城)
7	捕	阿部 来太郎	仙台中(宮城)
8	右	酒井 栄一	麻布中(東京)
9	左	伊藤 兼行	荏原中(東京)
主将		―	―
マネージャー		―	―
監督		―	―
			対明治 9.22(中野)
1	遊	稲垣 重穂	神中(神奈川)
2	一	疋田 捨三	高輪中(東京)
6	捕	山本 軍	
7	右	板垣	

1920(大正9)年春季勝敗表

チーム	試合	勝	敗	分	勝率
早大	4	4	0	0	1.000
慶大	4	4	0	0	1.000
明大	6	1	5	0	0.167
法大	6	1	5	0	0.167

1920(大正9)年秋季勝敗表

チーム	試合	勝	敗	分	勝率
早大	5	4	1	0	0.800
慶大	5	3	2	0	0.600
明大	8	5	3	0	0.625
法大	6	0	6	0	0.000

1921(大正10)年春季勝敗表

チーム	試合	勝	敗	分	勝率
早大	0	0	0	0	―
慶大	5	4	1	0	0.800
明大	5	2	3	0	0.400
法大	4	1	3	0	0.250

※早稲田が米国遠征で出場辞退

【4大学リーグ通算成績】

チーム	試合	勝	敗	分	勝率
早大	37	28	9	0	0.757
慶大	43	38	5	0	0.884
明大	62	21	40	1	0.344
法大	58	12	45	1	0.211

□六大学野球の動き

早慶戦復活を前提に三田・稲門戦が復活/米国職業野球ナショナルチーム来日(早稲田他と対戦)/立教が慶応・森秀雄主将をコーチに招聘/明治が校歌を制定(398頁)

□野球界の動き

★大学/国学院大、拓殖大が創部

★社会人/**全国実業団野球大会(社会人野球)開始**

★プロ/合資会社**日本運動協会(芝浦協会)**が誕生し、プロ野球が始まる(47頁)/天勝野球団が設立

★大リーグ/大リーグで唯一の死球での死亡事故が起こる

□国内外の動き

★国内//メーデー始まる/**早稲田・慶応・明治・法政他が大学令で認可**

/第1回四大校駅伝競走(箱根駅伝)が開催される/初の国勢調査実施

★世界/戦後恐慌/ドイツのナチス発足/ポーランド・ソビエト戦争が起こる/国際連盟が創設/米で女性参政権が発効

日本初のプロ野球チームの「日本運動協会」(芝浦協会)1920年

5大学リーグ時代(1921年秋～1925年春)　8シーズンで138試合、立教は15勝42敗1分(勝率0.263)

1921(大正10)年　立教が加入し5大学リーグ　鮮・満代表が甲子園へ　日米英仏の4カ国条約調印(日英同盟破棄)

※網掛けは太平洋戦争ほか戦没者、斜字は満州実業団野球経験者

早稲田		秋の初戦	対法政 10.27(戸塚)
1	遊	久保田 禎	盛岡中(岩手)
2	右	大下 常吉	八戸中(青森)
3	中	田中 勝雄	市岡中(大阪)
4	捕	久慈 次郎	盛岡中(岩手)
5	二	富永 徳義	市岡中(大阪)
6	三	石井 順一	早稲田実(東京)
7	左	堀田 正	立命館中(京都)
8	一	高松 静男	愛知一中(愛知)
9	投	谷口 五郎	釜山商(朝鮮)
主将		久保田 禎	盛岡中(岩手)
主将		高松 静男	愛知一中(愛知)
監督		飛田 忠順	水戸中(茨城)
		秋の第2週	対明治 11.8(駒沢)
3	左	松本 終吉	市岡中(大阪)

※早稲田は春渡米

慶応			対明治 4.28(三田)
1	遊	桐原 真二	北野中(大阪)
2	左	高浜 益雄	伊丹中(大阪)
3	二	高須 一雄	同志社中(京都)
4	投	新田 恭一	慶応普通部(東京)
5	中	山岡 鎌太郎	慶応商工(東京)
6	右	松村 甚之助	
7	捕	浜野 督	
8	一	長谷川 潤	
9	三	高木 正一	慶応普通部(東京)
主将		高須 一雄	同志社中(京都)
マネージャー		直木 松太郎	慶応普通部(東京)
監督		―	―
			対法政 10.14(三田)
9	三	青木 修平	丸亀中(香川)

明治			対法政 4.24(芝浦)
1	捕	**岡田 源三郎**	早稲田実(東京)
2	二	田代 博之	名教中(東京)
3	中	楯谷 竜一	明治学院中(東京)
4	投	渡辺 大陸	神戸二中(兵庫)
5	左	*北川 一士*	関西中(岡山)
6	右	木原 慶三	豊国中(福岡)
7	一	梅田 三次郎	明星商(大阪)
8	遊	橋本 亀矩夫	伊丹中(大阪)
9	三	稲葉 秀造	成城中(東京)
主将		岡田 源三郎	早稲田実(東京)
マネージャー		鈴木 敬寿	開成中(東京)
監督		―	―
			対法政 10.7(中野)
1	遊	谷沢 梅雄	明星商(大阪)
6	投	片瀬 忠雄	長野師範(長野)
7	一	田中 実	土佐中(高知)
9	左	大門 憲文	東洋商(東京)

法政			対明治 4.24(芝浦)
1	二	阿部 来太郎	仙台中(宮城)
2	遊	稲垣 重穂	神中(神奈川)
3	一	疋田 捨三	高輪中(東京)
4	投	砂沢 文雄	仙台一中(宮城)
5	中	*酒井 栄一*	麻布中(東京)
6	三	沼崎 一夫	竜ヶ崎中(茨城)
7	捕	*山本 松男*	竜ヶ崎中(茨城)
8	右	橋本	
9	左	*伊藤 兼行*	荏原中(東京)
主将		砂沢 文雄	仙台一中(宮城)
マネージャー		―	―
監督		―	―
			対明治 10.7(中野)
9	遊	飯野	
主将		*岩田 春男*	成城中(東京)

立教			対明治 10.11(駒沢)
1	中	二神 武	明倫中(愛知)
2	左	川島 秀一	
3	一	小林 權六	
4	捕	太田 清一郎	明倫中(愛知)
5	投	竹中 二郎	大垣中(岐阜)
6	三	永田 庚二	北海中(北海道)
7	右	水谷 喜久男	北海中(北海道)
8	二	山田 義隆	広陵中(広島)
9	遊	福島 五十九	高輪中(東京)
主将		福島 五十九	高輪中(東京)
マネージャー		山下 衛	立教中(東京)
監督		―	―
			対法政 10.19(中野)

※立教は秋から参加、下段は秋季2戦目

□六大学野球の動き

早稲田が4回目の渡米/秋から**立教が加わり5大学リーグへ**(8シーズンで138試合・51頁)

□野球界の動き

★高校/**選手権大会に朝鮮**(**釜山商**)、**満州**(**大連商**)**代表の参加**始まる(124頁)

□国内外の動き

★国内/原敬暗殺事件/第1回天皇杯全日本サッカー選手権大会

★世界/中国共産党結成/ファシスト党(イタリア)結成/ワシントン会議で日米英仏の4カ国条約調印(日英同盟の破棄)

1921(大正10)年秋季勝敗表

チーム	試合	勝	敗	分	勝率
早大	5	4	0	1	1.000
慶大	5	2	2	1	0.500
明大	9	5	3	1	0.625
法大	7	1	5	1	0.167
立大	2	0	2	0	0.000

1921年当時の慶応の選手、左から山岡、高須(主将)、浜野、桐原(後の主将)
(『慶應義塾野球部百年史』より)

5大学リーグ時代のスタンドの応援風景、1920年秋の慶明戦、駒沢球場
(『明治大学野球部史第一巻』より)

1922(大正11)年　早慶ラグビー始まる　ワシントン海軍軍縮条約に調印　日本共産党結成　オスマン帝国解体

※斜字は満州実業団野球経験者

早稲田　対明治 4.15(戸塚)

打順	守備	氏名	出身校
1	遊	久保田 禎	盛岡中(岩手)
2	三	松本 終吉	市岡中(大阪)
3	一	有田 富士夫	小倉中(福岡)
4	中	田中 勝雄	市岡中(大阪)
5	右	堀田 正	立命館中(京都)
6	捕	永野 重次郎	盛岡中(岩手)
7	左	加藤 高茂	愛知一中(愛知)
8	二	梅川 吉三郎	函館中(北海道)
9	投	*谷口 五郎*	釜山商(朝鮮)
主将		久保田 禎	盛岡中(岩手)
マネージャー		—	—
監督		飛田 忠順	水戸中(茨城)
			対法政 9.28(戸塚)
1	右	大下 常吉	八戸中(青森)

慶応　対立教 4.16(三田)

打順	守備	氏名	出身校
1	左	長谷川 潤	
2	一	大川 竹三	慶応普通部(東京)
3	遊	桐原 真二	北野中(大阪)
4	中	山岡 鎌太郎	慶応商工(東京)
5	投	新田 恭一	慶応普通部(東京)
6	捕	浜野 督	
7	三	高木 正一	慶応普通部(東京)
8	二	土肥 次郎	青山学院中(東京)
9	右	物集 謙太郎	神戸一中(兵庫)
主将		高須 一雄	同志社中(京都)
マネージャー		—	—
監督		—	—
			対明治 9.30(三田)
2	左	*出口 修二*	慶応普通部(東京)
7	三	橋本 清	岡山一中(岡山)

明治　対早稲田 4.15(戸塚)

打順	守備	氏名	出身校
1	三	稲葉 秀造	成城中(東京)
2	中	楯谷 竜一	明治学院中(東京)
3	一	*木原 慶三*	豊国中(福岡)
4	投	渡辺 大陸	神戸二中(兵庫)
5	左	大門 憲文	東洋商(東京)
6	捕	梅田 三次郎	明星商(大阪)
7	右	二出川 延明	第一神港商(兵庫)
8	遊	横沢 三郎	荏原中(東京)
9	二	田代 博之	名教中(東京)
主将		稲葉 秀造	成城中(東京)
マネージャー		井上 秀一	高千穂中(東京)
監督		—	—
			対慶応 9.30(三田)
2	遊	谷沢 梅雄	明星商(大阪)
7	二	林 好雄	松本商(長野)

法政　対明治 4.20(駒沢)

打順	守備	氏名	出身校
1	一	疋田 捨三	高輪中(東京)
2	二	花本	
3	投	砂沢 文雄	仙台一中(宮城)
4	三	沼崎 一夫	竜ヶ崎中(茨城)
5	左	小坂 安吉	大川中(香川)
6	右	小方	
7	捕	荒井	
8	中	酒井 栄一	麻布中(東京)
9	遊	稲垣 重穂	神中(神奈川)
主将		—	—
マネージャー		—	—
監督		—	—
			対早稲田 9.28(戸塚)
1	左	糸賀	
3	捕	駒井 為夫	京城中(朝鮮)
8	右	原田	

立教　対慶応 4.16(三田)

打順	守備	氏名	出身校
1	中	二神 武	明倫中(愛知)
2	三	永田 庚二	北海中(北海道)
3	右	水谷 喜久男	北海中(北海道)
4	捕	太田 清一郎	明倫中(愛知)
5	投	竹中 二郎	大垣中(岐阜)
6	二	山田 義隆	広陵中(広島)
7	左	川島 秀一	
8	一	曽我 祐文	成城中(東京)
9	遊	福島 五十九	高輪中(東京)
主将		太田 清一郎	明倫中(愛知)
マネージャー		小沢 稜助	立教中(東京)
監督		—	—
			対法政 10.1(中野)
1	左	荒井 和男	早稲田中(東京)
9	遊	橋本 哲夫	成城中(東京)

帝大　定期戦 対京大 10.14(一高)

打順	守備	氏名	出身校
1	遊	筧 元貞	旧六高(岡山)
2	一	宇津木	
3	左	兼重 寛九郎	旧一高(東京)
4	投	内村 祐之	旧一高(東京)
5	二	伊藤	
6	捕	古海	
7	右	小泉	
8	三	徳川	
9	中	島田 叡	旧三高(京都)

1922(大正11)年春季勝敗表

チーム	試合	勝	敗	分	勝率
早大	5	2	2	1	0.500
慶大	7	5	2	0	0.714
明大	11	7	4	0	0.636
法大	9	4	4	1	0.500
立大	6	0	6	0	0.000

1922(大正11)年秋季勝敗表

チーム	試合	勝	敗	分	勝率
早大	6	6	0	0	1.000
慶大	6	4	1	1	0.800
明大	7	4	3	0	0.571
法大	9	1	7	1	0.125
立大	8	2	6	0	0.250

立教の東長崎グラウンドの球場開き、1924年4月、東京・豊島区(『六大学野球全集』より)

□六大学野球の動き

立教が初の海外遠征(満州・朝鮮、7月)/法政が応援団設立

□野球界の動き

★高校/全国中等学校優勝野球大会で和歌山中が初の連覇

★大学/大阪外国語学校(現大阪外語大)が創部

□国内外の動き

★国内/全国水平社結成、日本初の人権宣言/日本共産党結成/第1回ラグビー早慶戦

★世界/ワシントン海軍軍縮条約/オスマン帝国解体(トルコ革命)/ソビエト社会主義共和国連邦成立

1923(大正12)年　関東大震災(9月1日)の2ヵ月後にリーグ戦開幕 早明ラグビー始まる 台湾代表が甲子園へ

※網掛けは太平洋戦争ほか戦没者、斜字は満州他実業団野球経験者

早稲田			対法政 4.22(中野)
1	二	山崎 武彦	鳥取一中(鳥取)
2	三	松本 終吉	市岡中(大阪)
3	一	有田 富士夫	小倉中(福岡)
4	中	大下 常吉	八戸中(青森)
5	捕	永野 重次郎	盛岡中(岩手)
6	右	戸田 廉吉	和歌山中(和歌山)
7	遊	*井上 正夫*	小倉中(福岡)
8	投	竹内 愛一	京都一商(京都)
9	左	河合 君次	岐阜中(岐阜)
主将		松本 終吉	市岡中(大阪)
マネージャー		太田 恩道	
監督		飛田 忠順	水戸中(茨城)
			対明治 11.4(駒沢)
4	三	井口 新次郎	和歌山中(和歌山)
6	遊	根本 行都	竜ヶ崎中(茨城)
マネージャー		田辺 四郎	神奈川一中(神奈川)

慶応			対明治 4.26(駒沢)
1	一	大川 竹三	慶応普通部(東京)
2	二	土肥 次郎	青山学院中(東京)
3	遊	桐原 真二	北野中(大阪)
4	投	山岡 鎌太郎	慶応商工(東京)
5	左	新田 恭一	慶応普通部(東京)
6	捕	浜崎 真二	神戸商(兵庫)
7	三	高木 正一	慶応普通部(東京)
8	中	永井 武雄	第一神港商(兵庫)
9	右	青木 修平	丸亀中(香川)
主将		新田 恭一	慶応普通部(東京)
マネージャー		川添 萠	膳所中(滋賀)
監督		―	―
			対立教 11.3(三田)
6	捕	橋本 清	岡山一中(岡山)
8	中	原田 安次郎	京都一商(京都)

明治			対法政 4.14(駒沢)
1	捕	梅田 三次郎	明星商(大阪)
2	三	稲葉 秀造	成城中(東京)
3	一	谷沢 梅雄	明星商(大阪)
4	投	*渡辺 大陸*	神戸二中(兵庫)
5	遊	林 好雄	松本商(長野)
6	二	横沢 三郎	荏原中(東京)
7	左	大門 憲文	東洋商(東京)
8	中	*湯浅 禎夫*	米子中(鳥取)
9	右	二出川 延明	第一神港商(兵庫)
主将		稲葉 秀造	成城中(東京)
マネージャー		上田 経武	成城中(東京)
監督		―	―
			対法政 11.3(中野)
7	中	熊谷 玄	松本中(長野)
8	投	村井 一郎	一関中(岩手)
監督		岡田 源三郎	早稲田実(東京)

法政			対明治 4.14(駒沢)
1	一	疋田 捨三	高輪中(東京)
2	二	小野田 市蔵	早稲田実(東京)
3	右	駒井 為夫	京城中(朝鮮)
4	遊	沼崎 一夫	竜ヶ崎中(茨城)
5	左	小坂 安吉	大川中(香川)
6	投	俣野 勇	長野中(長野)
7	三	北山	
8	捕	村田 静男	関東学院中(神奈川)
9	中	宮越	
主将		―	―
マネージャー		―	―
監督		―	―
			対立教 11.1(中野)
1	二	坂井 森之助	土浦中(茨城)
7	右	藤田 信男	伊丹中(大阪)
9	左	萩原 兼顕	芝中(東京)
		横沢 次男	

立教			対早稲田 4.24(戸塚)
1	左	荒井 和男	早稲田中(東京)
2	中	*二神 武*	明倫中(愛知)
3	捕	太田 清一郎	明倫中(愛知)
4	右	水谷 喜久男	北海中(北海道)
5	投	竹中 二郎	大垣中(岐阜)
6	一	曽我 祐文	成城中(東京)
7	遊	橋本 哲夫	成城中(東京)
8	二	山田 義隆	広陵中(広島)
9	三	永田 庚二	北海中(北海道)
主将		太田 清一郎	明倫中(愛知)
マネージャー		川島 秀一	
監督		―	―
			対法政 11.1(中野)
3	右	水谷 喜久男	北海中(北海道)
7	遊	南條 尚夫	前橋中(群馬)

帝大			対校戦 対慶応 6.24(尾久)
1	中	島田 叡	旧三高(京都)
2	三	高根 正二	旧一高(東京)
3	遊	筧 元貞	旧六高(岡山)
4	二	岡崎 孝平	旧一高(東京)
5	左	山本 久繁	旧一高(東京)
6	捕	高木 進	旧一高(東京)
7	右	舟田 剣二郎	
8	一	武内 徹太郎	旧一高(東京)
9	投	島村	

1923(大正12)年春季勝敗表

チーム	試合	勝	敗	分	勝率
早大	8	6	2	0	0.750
慶大	5	3	2	0	0.600
明大	8	6	2	0	0.750
法大	6	1	5	0	0.167
立大	9	2	7	0	0.222

1923(大正12)年秋季勝敗表

チーム	試合	勝	敗	分	勝率
早大	6	3	3	0	0.500
慶大	8	5	3	0	0.625
明大	9	8	1	0	0.889
法大	8	1	6	1	0.143
立大	9	2	6	1	0.250

5大学リーグで初優勝した明治チーム、1923年秋、駒沢グラウンド
(『明治大学野球部創部100年史』より)

□六大学野球の動き

帝大が尾久球場(東京・荒川区)を拝借し本拠に/**関東大震災**で東京は焼け野原、秋の開幕が11月1日に延期/明治が初優勝

□野球界の動き

★高校／**選手権大会に台湾代表**(**台北一中**)**の参加**始まる(124頁)

★大学／官立三校野球連盟(後の近畿学生野球リーグの元)創設/日本大、東京商科大(現一橋大)が創部

□国内外の動き

★国内／関東大震災発生/朝鮮人虐殺事件/亀戸、甘粕、虎ノ門事件/**日英同盟が失効**/**第1回ラグビー早明戦**

★世界／ナチスがミュンヘン一揆/ウォルト・ディズニー・カンパニー創立

1924(大正13)年 慶応が早慶戦復活を回避 中等学校野球大会始まる ソ連邦承認相次ぐ 伊でファシスト党勝利

※網掛けは太平洋戦争ほか戦没者、斜字は満州実業団野球経験者

早稲田			対立教 4.15(戸塚)
1	二	山崎 武彦	鳥取一中(鳥取)
2	遊	根本 行都	竜ヶ崎中(茨城)
3	一	有田 富士夫	小倉中(福岡)
4	三	井口 新次郎	和歌山中(和歌山)
5	中	氷室 武夫	姫路中(兵庫)
6	左	望月 虎男	松本商(長野)
7	右	河合 君次	岐阜中(岐阜)
8	投	竹内 愛一	京都一商(京都)
9	捕	宮崎 吉裕	豊国中(福岡)
主将		有田 富士夫	小倉中(福岡)
マネージャー		高田 増三	魚津中(富山)
監督		飛田 忠順	水戸中(茨城)
			対立教 9.28(戸塚)
2	左	瀬木 嘉一郎	横浜商(神奈川)
7	投	大橋 松雄	附属中(東京)
		横道 一郎	釜山商(朝鮮)

慶応			対法政 4.23(三田)
1	一	大川 竹三	慶応普通部(東京)
2	三	土肥 次郎	青山学院中(東京)
3	遊	桐原 真二	北野中(大阪)
4	右	永井 武雄	第一神港商(兵庫)
5	中	山岡 鎌太郎	慶応商工(東京)
6	左	青木 修平	丸亀中(香川)
7	二	高木 正一	慶応普通部(東京)
8	捕	岡田 貴一	甲陽中(兵庫)
9	投	浜崎 真二	神戸商(兵庫)
主将		桐原 真二	北野中(大阪)
マネージャー		野坂 三郎	米子中(鳥取)
監督		−	−
			対明治 9.25(田園調布)
5	捕	橋本 清	岡山一中(岡山)
8	三	三村 忠親	松本中(長野)

明治		秋の初戦	対慶応 9.25(田園調布)
1	右	二出川 延明	第一神港商(兵庫)
2	捕	梅田 三次郎	明星商(大阪)
3	中	熊谷 玄	松本中(長野)
4	一	谷沢 梅雄	明星商(大阪)
5	左	*大門 憲文*	東洋商(東京)
6	遊	林 好雄	松本商(長野)
7	投	湯浅 禎夫	米子中(鳥取)
8	三	能沢 信吉	金沢一中(石川)
9	二	横沢 三郎	荏原中(東京)
主将		稲葉 秀造	成城中(東京)
マネージャー		山根 輝彦	高輪中(東京)
監督		伊藤 梅次郎	
		秋の第2週	対法政 9.27(駒沢)
8	投	安田 義信	立命館中(京都)
9	捕	天知 俊一	下野中(栃木)
主将		大内 憲文	東洋商(東京)

※明治は春渡米

法政			対立教 4.19(中野)
1	二	坂井 森之助	土浦中(茨城)
2	中	藤田 信男	伊丹中(大阪)
3	三	沼崎 一夫	竜ヶ崎中(茨城)
4	左	曽木 武臣	豊国中(福岡)
5	右	宮腰	
6	投	萩原 兼顕	芝中(東京)
7	遊	中山	
8	捕	村田 静男	関東学院中(神奈川)
9	一	松本 徳勝	飯山中(長野)
主将		*疋田 捨三*	高輪中(東京)
マネージャー		−	−
監督		武満 国雄	青山学院中(東京)
			対立教 9.24(池袋)
5	遊	俣野 勇	長野中(長野)
6	右	児玉 貞利	立命館中(京都)
9	中	原田	

立教			対早稲田 4.15(戸塚)
1	中	斎藤 達雄	函館中(北海道)
2	一	原 友次	姫路中(兵庫)
3	右	水谷 喜久男	北海中(北海道)
4	捕	太田 清一郎	明倫中(愛知)
5	投	*竹中 二郎*	大垣中(岐阜)
6	二	山田 義隆	広陵中(広島)
7	遊	橋本 哲夫	成城中(東京)
8	三	*南條 尚夫*	前橋中(群馬)
9	左	荒井 和男	早稲田中(東京)
主将		太田 清一郎	明倫中(愛知)
マネージャー		川島 秀一	
監督		−	−
			対法政 9.24(池袋)
4	右	永田 庚二	北海中(北海道)
7	投	野田 健吉	郡山中(奈良)
8	遊	大仲 庚三	同志社中(京都)

帝大		対校戦	対早稲田 11.9(戸塚)
1	中	島田 叡	旧三高(京都)
2	三	高根 正二	旧一高(東京)
3	中	清水 健太郎	旧一高(東京)
4	二	岡崎 孝平	旧一高(東京)
5	捕	高木 進	旧一高(東京)
6	左	山本 久繁	旧一高(東京)
7	投	内田 豊	旧一高(東京)
8	一	改野 五郎	旧水戸高(茨城)
9	遊	伊知地	

1924(大正13)年春季勝敗表

チーム	試合	勝	敗	分	勝率
早大	5	4	1	0	0.800
慶大	5	4	1	0	0.800
明大	0	0	0	0	−
法大	6	0	6	0	0.000
立大	8	4	4	0	0.500

※明治が米国遠征で出場辞退

1924(大正13)年秋季勝敗表

チーム	試合	勝	敗	分	勝率
早大	6	6	0	0	1.000
慶大	8	5	1	2	0.833
明大	10	5	3	2	0.625
法大	8	0	8	0	0.000
立大	8	2	6	0	0.250

1925(大正14)年春季勝敗表

チーム	試合	勝	敗	分	勝率
早大	5	3	1	1	0.750
慶大	6	4	2	0	0.667
明大	8	6	1	1	0.857
法大	7	0	7	0	0.000
立大	8	3	5	0	0.375
帝大	4	1	3	0	0.250

※帝大はテスト参加

【5大学リーグ通算成績】

チーム	試合	勝	敗	分	勝率
早大	46	34	9	3	0.791
慶大	50	32	14	4	0.696
明大	62	41	17	4	0.707
法大	60	8	48	4	0.143
立大	58	15	42	1	0.263

□六大学野球の動き

慶応が連盟の早慶戦の復活への回答を2度(春秋)回避(80頁)/明治が2回目の渡米/早稲田が帝大と初試合

□野球界の動き

★高校/**全国選抜中等学校野球大会**(現在の春の甲子園大会)が山本球場で始まる/5万人収容の**甲子園球場の完成**(77頁)

★大学/**明治神宮競技大会野球競技**(大学・優勝:稲門倶楽部、準優勝:帝大倶楽部、中学・優勝:早稲田実、準優勝:松本商・戸塚球場)/東洋大、和歌山商業学校(現和歌山大)が創部/全国高等専門学校野球大会

□国内外の動き

★国内/第二次護憲運動/メートル法を採用/**明治神宮外苑競技場が竣工**

★世界/各国がソビエト連邦を承認/イタリア総選挙でファシスト党が勝利/孫文が神戸で大アジア主義講演

阪神電車甲子園大運動場(現阪神甲子園球場)が1924年に開場、写真は朝日新聞機上から撮影した第14回中等学校野球大会開会式が行われた甲子園球場

第2章　六大学野球開幕から大戦へ～激動期～

1925（大正14）年～1945（昭和20）年

◉六大学野球の幕開け

5大学リーグが始まった4年後の1925(大正14)年春に東京六大学野球連盟が設立された。帝大が春のリーグ戦でテスト参加(1勝3敗)を経て秋に正式に加盟し、6校でのリーグ戦がスタートした。六大学野球の幕開けであった。3校リーグから6校リーグの成立までの加盟校については現在の東都を中心に複数の大学の自薦、他薦があったようだ。定説としての文献があるがここでは触れない。

3校リーグの設立、法政、立教、帝大の加盟、連盟の発足には複数のキーマンがいた。まずは内海弘蔵(旧一高-東京帝大・神奈川)。内海は東京帝大国文学科卒業で早稲田の講師を経て明治の教授になり、1910(明治43)年の明治の野球部の創部と同時に野球部長に就いている。早慶明の3校での対校戦、3校リーグ設立時から一貫して早慶の対戦の実施を唱えている。早慶を結びつける役が帝大出身の現役の明治の教授だったことは、六大学野球創起を考えると偶然とも必然とも思える。内海は法政、立教が加わった4校、5校リーグでも早慶戦の復活を訴え続けた。内海の母校、帝大の加入で6校が同じスタートラインに立ち、めでたく六大学野球が発進するものと思われた。

しかし、慶応が3度にわたりスタートを渋り、さらにリーグ戦開始の延期を求めた。内海をはじめ法政の監督、武満国雄(青山学院中・東京)らは駿河台(東京・神田)の明治大学の会議室で行われた早慶を除く4校協議で、「両校(早慶)が手を組まなければリーグを解散するしかない。いつまでも変態リーグを続けるわけには行かない」と、決議し早慶に通告している。「変態リーグ」とは品のない言い回しだが、3校リーグ設立時から11年間も

早慶戦の復活を訴えて、早慶戦抜きの変則リーグ戦を続けてきたわけだから然るべき表現ともいえる。それでも慶応は、

「リーグ戦での早慶戦はやらない。早慶戦はリーグとは別に単独で行いたい」

と申し出た。19年前の早稲田への絶縁状がまだ尾を引いていた。最後は内海の判断で慶応の申し出を受け入れ、早慶戦を含む6校リーグに漕ぎ着けた。翌年からは内海らが主張してきた正規の「6大学」リーグ戦となり現在に至っている。慶応が6校でのリーグ戦を拒否し続けていたら、現在の「六大学」「早慶戦」は異なる方向へ向かっていた。内海らの慶応への脅しともいえる通告と妥協から六大学野球がスタートした。

早慶出身でも、明治出身でもない、しかも野球の経験のない帝大の出身者が11年間も早慶戦復活を唱え続けた。六大学野球設立時にテストをされ加盟が認められた帝大の出身者が窮地を救ったということは六大学野球成立時の因縁というしかない。しかも、野球経験のない内海がその後の六大学野球の盛況を予見して早慶戦の復活を訴え続けたとしたら奥が深すぎる。また、明治や法政が途中で早慶戦の復活を諦めて他の手段に出ていたら、今の六大学リーグ、現在の早慶戦はなかった。全く別の大学リーグが展開されて、その後の日本の野球も毛色の違った発展になったに違いない。大学野球の生みの親は複数いるが、六大学でのリーグ戦の実現には内海の右に出る貢献者はいないだろう。内海は明治の野球部長を20年間務め、1973（昭和48）年に野球殿堂入りした。府中市にある明治のグラウンドは「内海・島岡ボールパーク」と命名され、内海の胸像は明治の元監督の島岡吉郎（不詳・長野）と並んでグラウンドの丘の上にあり、神宮球場に向かって笑みを湛えている。何とも言えない笑顔だ。

内海弘蔵の胸像、
内海・島岡ボールパーク、
府中市・東京（筆者撮影）

もう一人、早稲田ＯＢの飛田忠順（水戸中・茨城）がいた（59頁）。早稲田のコーチでありながら、法政、立教、中央大のコーチに出向き、当時の野球部のレベル向上に貢献した。六大学野球をスタートさせようとする会合で、慶応が難色を示していたが、内海とともに六大学リーグの成立と早慶戦の復活を強く主張し、帝大のリーグ加盟を推進したのが飛田だった。早稲田の当事者でありながら他校の技術指導も行い、大戦末期の学徒出陣の際には、学徒出陣早慶戦の実現に奔走した。そして、敗戦後も早稲田のみならず六大学野球復活には最も寄与した。まさに「六大学野球の父」、「学生野球の父」といわれる由縁だ。しかし、飛田は早慶戦復活には奔走したが、早慶対校戦が19年間も中断したことで、皮肉にも早慶戦に出場できなかった（66頁）。

飛田穂洲
（『スポーツ人国記』より）

さらに、もう一人。早慶戦復活を拒み続けていた慶応の主将の桐原真二（北野中・大阪／77頁）だ。桐原は北野中（現北野高）から慶応に進み、遊撃手として活躍し、１９２４（大正13）年に主将となった。慶応側がリーグ戦スタートを拒み続ける中で慶応当事者として六大学で統一すべきことを早稲田の飛田とともに貫いた現役の主将だった。桐原がリーグ開始、早慶戦復活の意義を主張し、慶応ＯＢや大学当局に対し説得を続けた。もし、桐原がＯＢや大学当局のリーグ戦開始反対に賛同していたら慶応の六大学野球参加は異なる方向へ向かった可能性はあった。当時の明早慶の立場の異なる当事者の連携プレーが六大学野球を産んだといっていい。『慶応義塾野球部百年史』（慶應義塾野球部史編集委員会編・以下『慶応野球部史』）の中で、桐原と同期のマネージャーの野坂三郎（米子中・鳥取）は、

「大正十三年の早春の寒い夜、桐原君と私は明治（大学）で開かれたリーグ戦会議に出席した。（中略）慶応は復活する気持があるのかどうかと聞かれた。（中略）勿論復活を熱望していたのだが、（中略）約束をすることは、私

達の一存で出来ることではなかった。（中略）私達は身分不相応の重荷を負わされて気が重かった。夜更けの駿河台を黙々として下った。（中略）塾長林毅陸（きろく）（慶応義塾－慶応・佐賀）先生を訪ねて、（中略）数日後、当時評議員会の会長だった池田成彬（しげあき）（慶応義塾－慶応・山形）さんを訪ねた。（中略・池田は）結局は復活反対であった。（中略）時には飛田さんのお宅を訪ねて、早稲田側の側面援助を求めたりした。早慶戦は私達が卒業した年に復活した。（中略）復活の道をならした桐原君の努力は決して忘れてはならぬと思うのである」

と、1945（昭和20）年6月にフィリピンのルソン島で戦死した桐原の早慶戦復活への努力を讃えている（158頁）。

早慶戦復活から59年後、桐原はその功績を認められ野球殿堂入りを果たした。

そして、帝大の野球部長の長与又郎（ながよまたお）（旧一高・東京）、監督の芦田公平（同）、主将の山本繁久（同）、マネージャーの石田久市（同）の旧制一高出身の当事者4名が6校目の加盟を強く働きかけたことは言を俟（ま）たない。

帝大の加盟を推した早稲田の飛田は、1959年（昭和34）年度の「野球年鑑」（東京六大学野球連盟編）の秋季リーグ戦総評で東大について、

「大正十四年時の帝大がリーグ加盟を申し込んだ時の裏話をすると、早、慶、明、法ともその（帝大）野球部の永続性を危ぶみ、帝大には東（武雄／旧一高・東京）、清水（健太郎／旧一高・東京）という一流バッテリーがあるから、これらが在学中はどうやら互角にはやれるだろうが、卒業してしまったら、ガタガタになってしまい、チーム編成が出来なくなり、野球部は三、四年にして滅亡、解散ということになりはしないか。それでは困るからこの点をよく念を押し断じてそういうことはさせぬという堅い約束をさせ、しかる後加盟を許そうということになり、代表者を呼んでこの点を伝え、言質を取って加

慶応・桐原真二のレリーフ
（公益財団法人野球殿堂博物館所蔵）

六大学野球２シーズン目に初優勝した慶応の選手、1926年春（『六大学野球全集』より）

盟を受け入れた。以来三十余年間、弱い、強いにかかわらず、東大は約束を厳守して六大学リーグの一角に存在して戦い抜いて来た」

と評し、帝大加盟の経緯を寄稿している。

１９２５（大正14）年当時の明治大学野球部の「リーグ戦議事録」に、

「東京帝国大学野球部ノリーグ加盟申込ノ件ハ左記ノ如ク可決ス　一、今年度春期シーズンニ限リ一回戦ノコト　一、グラウンドハ相手方ノグラウンドヲ使用スルコト……」

とあり、各校の野球部史には帝大戦は春のリーグ戦の戦績（明治は番外試合）として記載されているので、その年の春から加盟したといえる。今秋で満１００年を迎えるともする所以だ。

連盟誕生は紆余曲折を経た難産だった。しかし、難産に立ち会った内海、飛田他の当事者にとって、３校リーグ結成以来の辛抱の11年間に比べれば、さほどの期間ではなかったかもしれない。１９２５年秋の明立戦（9月20日・駒沢）が、六大学野球開幕の歴史的第１戦（注1）（170頁・412頁）となった。翌日には帝法戦（9月21日・中野）が行われ、約１ヶ月遅れて早慶戦（10月19日・戸塚）が19年ぶりに行われ（412頁）、６校の出場が揃い新たな歴史が始まった。六大学野球の開幕のシーズンに在籍していた選手を各校の野球部史、当時の新聞等を参考にして可能な限り巻末にまとめてみた（517頁）。選手の出身地域は全体では現在より九州・沖縄、北海道、東北が少なく、関東、近畿、中国・四国に集中し、それ以外では長野、秋田が目立つ。野球王国の愛知が少ないのは意外だ。愛知以東は全県に出身者がいて、六大学野球発足当時は「東高西低」だった。出身者がいない県は、三重、富山、福井、滋賀、島根、徳島、高知、長崎、宮崎、鹿児島、沖縄の11県。また、先輩、後輩のつながりで入部に至ったと思われるケースも数多く見受けられる。そこには多くの人間模様が詰まっている。

この頃のスタメンを見ると、卒業後に海を渡り満州地区の実業団チームへ加入する選手がいる一方で、16年後に始まる太平洋戦争によって亡くなった選手も出始めている。太平洋戦争開戦への足音がすでに忍び寄っていた。白球を追う選手のおおらかさとともに、別の激動のうねりが始まっていた。六大学野球が始まった1925（大正14）年の7月に20世紀で最も危険な悪魔の書ともいわれた、後にドイツのナチスを率いることになるアドルフ・ヒトラー（シュタイアー実科学校中退・オーストリア）の『わが闘争』の第1巻が出版され（『世界史の中の昭和史・半藤一利』より）、翌年には大正天皇が崩御し元号が変わり、後に大元帥陛下を兼ねた昭和天皇が即位した。一方で、20年続いた日英同盟が破棄され、アメリカがワシントン条約により日本への締め付け政策を始めたのもこの時期に重なる。六大学野球はひたひたと迫りくる昭和の激動期に呼応するように始まり、その渦に突入して行った。後述する。

話は逸れるが、六大学野球が3校リーグから4校、5校リーグを経て、帝大が加わり「6」大学野球が始まったことは先述した。中央大や青山学院大等が加盟する動きもあったようだが、7大学、8大学リーグにはならなかった。日本の大学野球連盟には、6校で加盟校を構成しているリーグは、東京六大学を除いて北から仙台、南東北、関西、関西学生、広島、九州、福岡の7つのリーグがあり、南東北と関西学生以外は「六大学野球」を名乗っている。南東北は現在が偶々（たまたま）6校加盟で、関西学生に「六大学」（別称でKansai Big6）が付いていないのは、関西の大学野球連盟の成り立ちに長年の紆余曲折があったことが起因していると思われる（261頁）。7校以上が加盟しているリーグ（北海道学生の9校が最小）の1部リーグは1連盟を除いてすべて「6大学」で行われ、日本の大学リーグは「6大学」がベースにあるといえる。

一方、日本のプロ野球は1936（昭和11）年に7チームで日本職業野球連盟を結成し、13年後に2リーグ分裂を経て、それ以来はセ・リーグ、パ・リーグとも「6」チームの構成が今日も続いている（109頁）。10球団、16球団構想が出ても「6」は維持され続けた。6チーム体制以前は球団構成などで揉めた歴史があり、6チーム体制以降は運営が安定している。リーグ戦は8チームでも10チームでもいいのではと思うが、なぜか日本の野球は「6」が好きなようだ。野球の本場、アメリカでは、大学野球のカンファレンス（リーグ）に「Six」がつくリーグはなく、10校以上、奇数の加盟校のリーグがザラだ。メジャーリーグは、ナ・リーグ、ア・リーグが各15チームで、ともに3地区に分かれて5チームの構成であり、すべて奇数で日本とは趣が異なる。

「六」には「六個一組の概念」があり、六曜、六方、六法、六経、六根、六腑、六義、六朝などがあり、「六」は据（す）わりがいいようだ。日本の野球の「6チームシステム」は、東京六大学野球が起源となり、不思議な「六」といっていい。

◉事件・その3　八十川ボーク事件

六大学野球の歴史の中には「大事件」といわれるものがいくつかある。六大学野球以前に一高と白金倶楽部との対校戦で起きたインブリー事件と新聞社が展開した「野球害毒論」が世間に投じた反響は先述した。初期に起こった事件は過熱した応援（団）が原因だったことは特徴的だ。六大学野球の歴史は応援（団）の歴史とシンクロしている。頻繁に書物に登場するのが1931（昭和6）年の「八十川ボーク事件」と1933（昭和8）年の「リンゴ事件」だ。六大学野球の二大事件とよくいわれる。

二大事件の一つ、八十川ボーク事件は、六大学野球が始まって6年目の春の明慶2回戦（5月18日）で起きた

（176頁）。明治は前週に早稲田に連勝し勢いがつき、慶応に先勝後の優勝を占う一戦は試合前から両校の応援団のボルテージは上がっていたという。試合前からその素地ができ上がり、6対4で明治がリードし6回を迎え、7回に1点を失った後の8回表に事件は起きた。発端は明治の投手、八十川胖（広陵中・広島）の三塁への牽制と見せかけ一塁へ投じた牽制球だった。筆者の世代では当たり前だったクイックターンの牽制球だ。慶応の監督、腰本寿（慶応普通部・東京）が「ボーク、ボーク」と抗議すると球審の早稲田ＯＢの浅沼誉夫（立教中・東京）がボークと宣告し、明治の監督、岡田源三郎（早稲田実・東京）が激怒して40分間揉め続けたが、判定通りのボークとなった。ボークで同点となった試合は最後に慶応が劇的なサヨナラ勝ちで勝利すると、さらに熱くなった両校の応援団がグラウンドに雪崩こみ小競り合いになり、明治の一部の学生が慶応の選手、審判に暴行を働き、警官の動員までに発展した。当時の時事新報は「千駄ヶ谷警察署からの要請で警官は３００名が動員され神宮球場を固めた」と報じている。まさに大事件だ。１球の牽制球がもたらした事件だったが、六大学野球が始まってまだ年数が浅い時代であり、事件を処理する対応の仕方に各校の野球部、審判部の思惑が表れている。各校の野球部史での扱われ方も濃淡が出ている。この時の一塁ランナーは後で記す「リンゴ事件」の当事者の水原茂（高

ボーク問題に憤慨
明大應援團の暴行
投石したり亂暴狼藉
リーグ戰にまた不祥事惹起

千餘の慶大應援團
二時間も罐詰
腰本監督を拉し去る

十一名負傷
寫眞班員を追って
自動車運轉手に暴行

兩問題は今夜決定
リーグの緊急理事會

慶大に脱退論起る

騒ぎを生んだボーク問題

八十川ボーク事件の記事（1931年5月19日付毎日新聞）

松商・香川・178頁）だった。因縁は続く。

ポイントは八十川が三塁へ偽投した後、軸足（右足）をプレートから外して一塁へ投げたらボークではない、（注2）という点だ。八十川が軸足の右足を外したことはその後の協議で審判団も認めている。八十川のこの牽制球はこの試合の前から審判の間で話題になっていてボークではないと決定していた。ややこしいのはこのシーズン前に、問題の試合の球審を務めた浅沼が、軸足を外してもボークになると主張したことを結果的に早慶だけにしか伝えていなかった。『明治野球部史』には、この事件が11ページにわたって克明に記されている。審判（団）は岡田にはボークになることを口頭で神宮球場のバックネット前で伝えたというが、岡田は聞いていないと水掛け論になった。帝大、立教の当事者は聞いていない旨を言っていて、審判側の「申し伝え」の有無が根本的な問題となった。これは正式な「ルール改正」ではなく、審判側の「申し合わせ」事項だったから紛糾に輪をかけた。応援団が騒ぐ前の段階で、グラウンド上で試合を仕切る審判団が「6校の責任者によって決められた申し合わせ」を決定事項として6校に文書で通達していたら、世間を揺るがす大事件には至らなかった。後に八十川が軸足を外していたことと、審判団の通達が徹底していなかったことが判明したので、ここで解決していたはずだ。しかし、警察まで動員された明治の学生の暴行は取り返しがつかない。このボーク事件は、試合当日では解決ならず翌日以降まで持ち越された。事件が起こった翌日の19日以降については『明治野球部史』に記されている見出しの要約のみを記す。

・明けて19日、慶大は報告会、明大は学生大会（筆者注記・6000人の学生・OBが明治の駿河台校舎に集まった）、連盟では審判会、理事会が相次いで開かれ、明大は岩本部長、岡田監督の辞意を表明したほか応援団幹部辞職を発表、慶大は明大がリーグを退かねば脱退を決意するなど事態は深刻化してきた。

・明大にとって不利な形勢のまま2日目が終わり、リーグとしての態度は理事会で打ち出されたので、明大がどう処理するか、注目される中で19日未明から20日にかけて慌ただしい動きになった。

・明大のリーグ戦出場辞退で事態は解決の兆しが見えはじめてきた。

・明大の出場辞退、21日の理事会で問題は全て解決したかに見えたが、浅沼審判の説明がクルクル変わり、審判内部も不統一を暴露したため事態は再び騒然としてきた。

・23日は中断していたリーグ戦が再開、午後5時から神宮球場で早慶1回戦が行われたが、明大の出場辞退で人気が薄れ、せっかくの土曜日なのに観衆わずか6000人というさみしさだった。一方、ボーク問題は、大阪から帰京した問題の新田審判（慶応）が「明大にルール改正を通告せよと言われたことはない」と言明したことから問題は逆転の兆しを見せはじめた。

・24日も新田発言から改正ルールの通告の有無について議論が集中した。また池田審判の辞任と問題は大きく発展しそうだ。

・25日は審判団会議が開かれ、夜を徹した議論になり、審判団の内部不統一に問題は発展してきた感じさえする。

・いぜん審判部の不統一が表面化しているおりから、（中略）審判部8人の審判のうち7名が辞表を出し、浅沼氏は残務整理のため一時踏み止まる役になったが、ここに審判部はまったく分裂、一時解消の止むなきに至った。27日は新田審判が三宅審判（慶応）の声明に対する反駁を発表するなど、泥沼の様相を呈したまま浅沼審判も辞表を提出したので、ついに六大学の専属審判制度は壊滅した。

・全審判の辞表提出から重大局面を迎えた六大学野球は、31日理事会を開いて審判の辞表を受理するとともに専属審判員制の廃止、学生審判の復活を決め、さしもの大事件も14日ぶりに解決をみた。

ボーク問題が審判員制度の不徹底の問題に発展した。もともと六大学野球は学生による審判員制で行われ、1929年（昭和4）年に始まった専属審判員制は、このボーク事件を機に3年も持たずに廃止となった。この時

復活した学生審判員、
右から帝大の高橋、小宮、広岡、
1931年6月1日の早立決勝戦
（『六大学野球全集』より）

8名の専属審判員、八十川ボーク事件後に解散、
左上から三宅大輔（慶応）、横沢三郎（明治）、新田恭一（慶応）、池田豊（早稲田）、藤田省三（法政）、天知俊一（明治）、銭村辰巳（明治）、浅沼誉夫（早稲田）、
1931年（『六大学野球全集』より

の審判部は、早稲田OBの浅沼誉夫、池田豊（早稲田中・東京）、慶応OBの三宅大輔（慶応普通部・東京）、新田恭一（同）、明治OBの横沢三郎（荏原中・東京）、天知俊一（下野中・栃木）、2年目に法政OBの藤田省三（甲南中・兵庫）、明治の銭村辰巳（広陵中・広島）が加わり8名となり、顧問に慶応OBの鷺沢与四二（上田中・長野）がいた。錚々たるメンバーだ。審判員の8名は全員、後にプロ野球の監督になり、鷺沢は衆議院議員となった。池田はプロ野球初の審判部長、横沢はパ・リーグの審判部長を務め、天知は戦中の1942（昭和17）年の記録には載らない「幻の甲子園大会」（58頁）の決勝の球審をし、1958（昭和9）年から9大会連続で選抜野球大会の球審を務めている。3名にとってこのボーク事件は貴重な経験として審判生活の糧となったであろう。また、連盟が結成されて5年も経っていたのに、なぜか審判部のメンバーに立教、帝大OBがいない。審判団は6校の審判で構成するのが尋常だが、立教、帝大がいなかったことは専属審判員制が3年も経ずに瓦解した当然の帰結といってもいい。

『明治野球部史』の見出しにあるように、事件の翌日に各校の代表が集まり協議が始まった。慶応の監督の腰本寿は明治のリーグ脱退を求め、明治の監督の岡田源三郎は審判の申し合わせの不徹底を主張し平行線となった。帝大代表として唯一参加していた主将の広岡知男（市岡中－旧五高・大阪）は、腰本に第三者として公平な意見を求められた。その時の様子を後年に『東京大学野球部史』（一誠会編）に次のように寄稿している。

「（腰本に対して広岡が）明大野球部は責任を取って善処せざるをえない。しかし、その理由は応援団の乱暴に対する責任だ、審判の判定に抗議したのが怪しからぬというが、この判定には疑義が多く、この時点で明大野球部の態度を非難する意見には同意し難い、と発言すると、河野安通志（横浜商・神奈川）早大総監督より、『審判の判定に従わなければ試合はできない。もし、その点が確認されないようなら、早稲田もリーグを出て、早慶戦だけやる』という意見が出され、僕は、審判の判定にはルールとジャッジがある。ジャッジには絶対に審判の意見に従わなければならぬが、ルールについては審判もこれに拘束されるのであって、ルールの適用の誤りに抗議することは不法ではない。今度のボーク問題は、ルールに準ずべきものではないか、と反論した」

現役の学生が最も正当な意見を放った。しかし、協議の結果は多数決で審判の正当性を認め、自発的な明治の出場辞退を促す決定になった。その後に審判の通達が早慶法にはしてあり、明立東にはしていなかったことが判明し、広岡の主張が立証された。それが審判員の総辞職につながり、それ以降は学生審判が復活した。明治が出場を辞退した後の早立戦（6月1日）では、学生審判として帝大の選手の高橋一（京城中－法政－旧五高・朝鮮）、広岡知男、小宮一夫（早稲田実－旧山形高・東京）の3名が審判員を務め、その後の早慶戦も3名が審判員を担当した。明治の出場辞退が決定した直後は明治の学生大会で学内は騒然となったが、帝大が明治に理解を示したことには大いに感謝したという。ボーク事件で学生大会が開かれたことに当時の学生の迫力を感じる。

ボーク事件の当事者の八十川胖は『明治野球部史』で、

「あのモーション（牽制球）は田部（武雄／広陵中・広島）さんの専売特許だった。（中略）ちょうど一、三塁と奮したようなかっこうで『ボーク、ボーク』と連呼しながらベンチから飛び出してきた。そうすると球審の浅沼さんがひょっと声のした（腰本の）方を見るとつられるように『ボーク』といった。（中略）『田部さんが同じモーションをしてもボークにとられないのに、なぜぼくのがボークになるんだ』（中略）浅沼さんの答がしどろもどろになり（中略）『考えさせてくれ』と浅沼さんがいうものだから一応その場はジャッジに服することにした。（中略）問題はボークが、どうかということより、暴行問題の責任にいつの間にかすりかえられた感じで、（中略）リーグ戦の出場を辞退するハメになった。（中略）秋のリーグ戦後、ゲーリッグやグローブがやってきた日米野球の仙台の試合で登板した時（中略）『アメリカではボークにとるかどうかやってみろ』とみんないうので（同じ牽制を）やったら、（中略・メジャーリーグの審判は）なにもいわなかった（中略）やっぱり私は正しかったのだ、と自分で自分にいいきかせて満足したものだ。（中略）事件からしばらくたったある日（中略）日比谷を歩いていると（中略）浅沼さんにバッタリ合ったんだ。（原文ママ・中略）『八十川君、あの時は気の毒なことをしたな』とあやまられてビックリした。（中略）いろいろと圧力がかかって浅沼さんは『ボークだ』といいつづけていたのだなと思った」

と寄稿している。

審判部の構成を見ると早慶明に偏った傾向が見られる。慶応が強行に明治のリーグ脱退を迫っていたので、明治がリーグを脱退していたら、19年にわたった早慶断絶のように冬の時代に突入し、六大学野球が違った展開になっていただろう。明治ＯＢの天知俊一が『明治野球部史』で、

「（最後の理事会で）審判部の不統一から球界に迷惑をかけた元凶ともいうべき審判部にはおとがめはなく、明大野球部がその罪を一人でかぶってしまったのである。（中略）ボークの通告をうけないのは明大と法大だけで、早慶をはじめ立大、帝大が通告を受けた（筆者注・読売新聞の報道では立大、帝大も通告は受けていない）ことになったのだから（中略）あきれかえってものがいえなかった」

と回想している。3大学リーグから六大学野球成立まで我慢を重ねて早慶の参加を待った帝大出身の明治の野球部長だった内海弘蔵はこの事件の2年前に部長を辞任していた。同じく早慶戦の復活、帝大の六大学野球への加入を後押しした早稲田の飛田穂洲は、朝日新聞の記者として神宮球場ではグラウンドの外にいた。内海や飛田のような自分の大学のエゴを出さず公平に物事を判断する人物がいたら、このボーク事件は違った形で解決に向かっただろう。しかし、ボークのルール上の正当性、審判部の不手際をチームの責任者として主張した一方、事態の混乱を招いた責任をとって監督を辞任し、春のリーグ出場辞退を決定した岡田源三郎の潔い判断は、明治と六大学野球の両方を救ったと考えていい。今の政治家も見習って欲しいものだ。

驚くことに、リーグ戦を途中辞退した明治は、リーグ戦終了後に1軍がハワイ遠征、2軍が上海遠征を行なっている。八十川もハワイへ帯同した。『明治野球部史』にはハワイ遠征の見送りに駿河台の校庭に学生が５０００人も集まり、東京駅まで校歌が続いたとある。神宮で応援が叶わない学生が堰を切ったように大学に集まり鬱憤を晴らした。何事にも旺盛な時代だった。三塁への偽投のルール改正が行われたのは八十川ボーク事件から83年後（２０１４年）のことだった。

明大野球部瓦解に瀕す
呼元選手ら九名が退部
学校側と先輩団対立
学生スポーツに一大波紋

「明大野球部瓦解に瀕す」
（1952年1月11日付毎日新聞）

その後、八十川は１９４６（昭和21）年から2年間監督を務め、2回目の監督の時に島岡吉郎に後を譲った。譲ったというより、監督人事をめぐる大学、駿台倶楽部（明治のOB会）のお家騒動で辞めさせられた格好だった。「明大野球部瓦解に瀕す」「明大野球部お家騒動」という大見出しで新聞もボーク事件と同様に大きく報じ、世間でも重大関心事となった。この時は島岡が応援団長出身ということなのか、応援団の騒ぎはなかった。何とか明治のお家騒動が収まり、島岡は素人監督を通り越して、37年間も監督、総監督を務めた。

八十川ボーク事件の44年後の１９７５（昭和50）年秋の明東2回戦で、走者一塁の時に島岡の教え子の名取和彦（甲府商・山梨）が投じた一塁牽制で紛糾した。東大走者の富田裕（湘南・神奈川）が帰塁の際に一塁手の伊藤裕啓（日大一・東京）が一塁ベースを足で隠したということで、オブストラクション（走塁妨害）を宣告された。監督として23年目の島岡は、その瞬間に血相を変えて巨体を揺さぶりながら、三塁側ベンチから飛び出た。島岡は一塁塁審の早稲田ＯＢの西大立目（にしおおたちめ）永（ひさし）（早大学院・東京）のセーフのゼスチャーの後にオブストラクションはおかしいという理由で、食い下がり判定が覆らないまま抗議を続け、最後は選手全員をベンチに引き上げさせた。六大学野球でも他の野球でもあまりお目にかかれないことが起こった。44年前のボーク事件と同じく40分近く試合が中断した。ボークとオブストラクションの宣告の違いはあったが、同じ牽制球が発端だった。大事件に違いない。しかし、違ったのは応援団が騒がなかったことと審判団の曖昧さがなかったことだ。当時の野球規則の詳細はわからないが、現在の公認野球規則には「没収試合」の規定があり、「一時停止された試合を再開するために、球審がプレイを宣告してから、1分以内に競技を再開しなかった場合は、相手チームに勝ちが与えられる」となっている。島岡は最後には岡田源三郎と同じく引き下がったが、猪突猛進で知られた島岡がオブストラクションのコールで熱くなっていた中で、一塁塁審の最初のセーフのゼスチャーを見逃さなかったことは素人監督ではなかった、と共にグラウンドにいた筆者は後々思った。

ボークを巡って試合が八十川ボーク事件を超え1時間以上中断した試合があった。１９５３（昭和28）年春の法立3回戦で、法政の投手の渡辺雅人（松山東・愛媛）が立教の三塁走者の大沢昌芳（啓二／神奈川商工）が企てたホームスチールに対したキャッチャーへの送球で、大沢は三本間に挟まれて三塁前でタッチアウトになった。立教ベンチは直ちにボークと抗議し大沢の生還を譲らず試合は中断した。結局審判員の宣告通りアウトとなった。

このボークでも応援団の騒動は起きなかった。

因みに没収試合は、六大学野球１００年の歴史では一度もない。六大学野球の誇れることの一つだ。六大学野球が始まる10年前の１９１５（大正４）年の３大学リーグ時代に一度起こった。慶明戦で明治の攻撃中に三塁コーチが選手に触れたことに端を発し、慶応の三宅大輔が抗議したが、早稲田学生審判の花井昌三（愛知一中）は、規則を適用するに及ばずとして抗議を受け入れず、慶応が退場し没収試合の宣告となった。早慶が断絶していた時代で、ここでも双方の意地の張り合いがあったのかと想像してしまう。これを機に過去に起きた没収試合を調べると、その回数がプロ・アマを問わず思いのほか多いことに驚かされた。

◉事件・その4　リンゴ事件

二つ目の大事件の「リンゴ事件」はボーク事件の2年後、１９３３（昭和8）年秋の早慶3回戦（10月22日）で起きた。この時は審判員の判定が抗議によって1試合に2回も覆る（くつがえ）という判定が引き金だった。１回目は慶応の攻撃の時に、早稲田の投手、悳（いさお）宗弘（関西学院中・大阪）が投じたボールがストライクから抗議によってデッドボールに覆った。抗議したのは先のボーク事件で抗議した監督の腰本寿だった。試合の終盤に今度は慶応が二盗を企て、塁審のセーフの判定を早稲田の抗議でアウトに覆った。三塁コーチだった慶応の水原茂が猛烈に塁審に詰め寄り、スタンドの応援席が興奮状態になった。最終回に水原が三塁の守備位置につくと三塁側の早稲田の応援席からリンゴが放り込まれ、水原がリンゴを三塁側スタンド方面へ投げ返した。試合は慶応が逆転サヨナラ勝ちし、さらに早稲田の応援団席に火を付ける結果となった。試合が終わると同時に、早稲田の学生がグラウンドに降り、慶応の応援席に詰め寄り大乱闘事件となり、早稲田の応援団員が慶応の応援団長がエールの交換で使う指揮棒を奪った。警察官が出動する事態にまで発展し、グラウンドに乱入した人数は８０００人というか

スポーツ精神に汚點

應援團亂闘を演じ
早慶戰中止の危機
互ひに責任なすり合ひ
解決の見込立たず

投げた林檎の波紋
球場から銀座へ擴大
遂に流血沙汰
警視廳の新撰組出動

早大を除名せよ
慶應の態度強硬
宮様の御前で何たる醜態

「非は慶應側に
水原君糾彈」
早大も亦譲らず

銀座デモの早大生

リンゴ事件当日の記事
（1933年10月23日付毎日新聞）

ら大乱闘と言われても仕方がない。リンゴはゴミと一緒に投げられたという記述があるので、食べかけか、芯のみのリンゴだったのであろう。水原が投げ返したといっても、スタンドではなく三塁側のファウルグラウンドのはずだ、何も揉めることのない動作であると思うのだが、当時の応援団、応援席の勝負に対する執着心、そして対戦校に対する異常な敵愾心がそうさせたのであろう。また、早稲田がすんなり勝利していれば乱闘事件には発展しなかったかもしれない。現在の平穏な神宮球場に慣れてしまっている中で、当時の異様な応援を体感したい気持ちに駆られる。

『慶応野球部史』の中で、リンゴを投げ返した当事者の水原は、

「守備につくと、紙切れや果物の食いさしらしいものや、何かの切れっ端が盛んに私の周囲に飛んで来た。（中略）丹念に拾って捨てていた。その中、何か大きい果物の噛いかけが足元に転んで来た。私はそれを拾って、守備している姿勢のまま手を逆に壁（フェンス）の方へ投げ棄てたのだ。これが果して林檎か梨であったかよく判らなかった。（中略）その林檎が早大スタンドに入ったのかどうか知らぬが、恰も私が故意に投込んだということにされたのである。（中略）数名の早大生が『スタンドに林檎を投げた水原、謝罪しろ』と叫びながらスタンドに突入したのが切っかけとなって、遂に収拾すべからざる不祥事を惹起するにいたったのである。（中略）当時の審判

早慶6連戦の3試合目の騒動でホームベース付近に集まった両校選手と慶応・前田祐吉監督
（『慶應義塾野球部百年史』より）

が（中略）何等の処置も講じなかったのは怠慢であった。（中略）私が林檎を投げ返したということだけを誇張して謝罪呼ばわりは、（中略）本末転倒も甚だしい」

と記している。今の神宮球場はフェンス（壁）の上にネットが張られて背丈の倍以上の高さがあるので、水原が投げたとされるリンゴは守備位置からしてスタンドにはなかなか入らない。当時はネットがないので入った可能性はある。しかし水原の言う「守備している姿勢のまま」投げることはバックトスで投げたわけだからスタンドに入るのは難しい。当時の神宮球場のサイズは、三塁ベースからフェンスまで最短で20メートルもあった。バックトスは遊撃手、二塁手がよくやるが、三塁手、投手の水原がバックトスをしたのは水原らしい粋を感じてしまう。水原の粋な動作も早稲田の応援学生に火を付けたと想像してしまう。それにしても、食いかけのリンゴの切れ端でこれだけの騒動が起こったことは、リンゴでなくても騒動になった可能性は十分にある。勝敗への執念が選手以上に応援団、観衆の方が強かった証といえる。また、観衆がグラウンドに雪崩こむことも、現在はネットが張ってあるので入ることもできない。1ヵ月後に早稲田の野球部長が辞任して大事件は決着をみた。2年前のボーク事件が2週間で解決しているので解決期間からしても大事件だった。

また、この試合は水原がリンゴを投げた早稲田の応援席が三塁側とあるが、現在の早慶戦を見慣れるとすぐに違和感を持つ。リンゴ事件の後に早慶戦は一塁側が早稲田、三塁側が慶応と固定され、現在も続いている。固定された理由は、この騒動がきっかけとの書物もあるが正確な理由はわからない。水原が一塁手だったら、また早稲田の応援席が一塁側だったら、この事件は起こらなかったし、ベンチの固定も必要なく、2年後に始まった早慶戦の最終週での開催もされなかった可能性もある。歴史の綾といえよう。

この秋のシーズンにはリンゴ事件の前にもう二つの事件があった。一つは慶立2回戦（10月7日）で起きた「審判忌避事件」。発端は慶応の攻撃中に起きたランナーの二塁踏み忘れ、タッチアップの早い離塁、ファウル・セーフの誤判定に走者の進塁が阻まれた、この三つのプレーに対する慶応の応援団の審判団への不満が高まり、試合終了後も応援学生がスタンドに陣取り不穏な状態となった。監督の腰本が応援団を説得したが、学生は小雨の中で立ち去らず、応援団幹部と審判との協議で落着した（『慶応野球部史』より）。

二つ目は、早立3回戦（10月1日）で初のサスペンデッドゲーム[注3]が適用された事件である。『立教野球部史』は「宵越しの一戦」と記している。早稲田の9回裏2死満塁の攻撃中に日没で球筋が見極められないということで、翌日に同じ条件で再開となった。翌日の再開では3球目の投手ゴロであっけなくけりがつき立教の勝利が決まった。この制度は投手が休養でき有利になるという理由でこの年限りで廃止された。このように、1933年は事件の当たり年だった。

また、1956（昭和31）年春の法慶2回戦では慶応の攻撃に中田昌宏（鳴尾・兵庫）の大飛球が目測悪く二塁打となり、一塁走者の榊原敏一（中京商・愛知）が一気にホームを落とし入れ、球審のコールはアウトだったが、捕手の古川啓三（倉敷工・岡山）のミットから球がこぼれていたかどうかで1時間16分にわたり紛糾し、結局落球となりセーフに判定が変わり、ファンがグラウンドに雪崩込むという騒動があった。

リンゴ事件の27年後の1960（昭和35）年秋の伝説の早慶6連戦の3試合目で、リンゴ事件の再来かというシーンがあった。『慶応野球部史』に「早稲田の攻撃で三塁ランナーの徳武定之（早稲田実・東京）の本塁突入での激突が捕手の大橋勲（土佐・高知）の落球を誘い徳武が生還した。この判定を巡り両軍の選手がホームベース付近に詰め寄り、さらに三塁側の慶応の応援団に火が付き、徳武が三塁の守備に付くと、ミカンや空き缶が徳武に向かって投げ込まれ、ゲームが中断した。あわや大惨事かと思われた。監督の前田祐吉（高知城東中）が三塁コーチャーズボックスに立ち、熱狂した慶応の応援団を制し難を逃れた」と記されている。「早慶戦」「三塁側」「三塁手」「ミカン」……、27年前の再現を前田の機転が防いだ。リンゴ事件の再来となっていたら、早慶6連戦はなかったかもしれない。

◉早慶戦を開幕戦に？

最終週（第8週）に開催されている早慶戦は、六大学野球開始以来10年間（17シーズン）は別表の通り別の週に行われたシーズンが多い。最終週に固定された理由は、はっきりしない。『慶応野球部史』に「今シーズン（1932年／筆者注・固定されたのは3年後）より早慶戦はリーグの最後に行うこととなった」とあるだけで、他校の野球部史ほかには理事会の決定も含めて早慶戦の開催に関する記載は見当たらない。戦前は平日にカードが組まれた時代が続き、2シーズン制が復活し2試合総当たり制・土日開催になった1935（昭和10）年春から最終週での開催が始まった。最終週が早慶戦、第7週に明法立東が出場する現在のスタイルは、改装された神宮球場が常時使われるようになった1951（昭和26）年秋から続いている。リーグ戦のカード編成は、連盟の規約に「スケジュールは理事会の決定に基づきこれを作成する」とあるだけだ。前シーズンの優勝チームと6位のチームが開幕戦で対戦し、優勝チームと2位チームが最終週で対戦するのが原則のようだ。1935（昭和10）年の春以降は、早慶戦を最終週とすることを慣習としてカードが組まれている。

100年の歴史で早慶が優勝と最下位を分けたシーズンが一度ある。1947（昭和22）年秋に慶応が優勝、

最終週・最終日の対戦カード日程(戦前)

※網掛けが早慶戦以外の最終週カード

シーズン		最終週(最終日)		リーグ戦開催日	試合形式・注記
1925(大14)年	秋	帝大ー早稲田		平日・土日	早慶戦はリーグ戦外
1926(大15)年	春	早稲田ー慶応	帝大ー法政	平日・土日	勝ち点制(球場別)
	秋	早稲田ー慶応	帝大ー法政	平日・土日	〃 (球場別)
1927(昭2)年	春	明治ー帝大	慶応ー立教	平日・土日	〃(早稲田渡米)
	秋	早稲田ー慶応		平日・土日	〃 (球場別)
1928(昭3)年	春	帝大ー法政	早稲田ー明治	平日・土日	〃(慶応渡米)
	秋	慶応ー明治		平日・土日	〃
1929(昭4)年	春	早稲田ー慶応		平日・土日	〃
	秋	法政ー立教		平日・土日	〃
1930(昭5)年	春	早稲田ー慶応		平日・土日	〃
	秋	法政ー帝大		平日・土日	〃
1931(昭6)年	春	早稲田ー明治		平日・土日	〃
	秋	法政ー慶応		平日・土日	〃
1932(昭7)年	春	早稲田ー明治		平日・土日	〃(早稲田脱退で不戦)
	秋	立教ー慶応		平日・土日	〃
1933(昭8)年	春	法政ー慶応		平日・土日	年1シーズン制の春
	秋	法政ー慶応		平日・土日	年1シーズン制の秋
1934(昭9)年	春	立教ー明治		平日・土日	年1シーズン制の春
	秋	早稲田ー慶応		平日・土日	年1シーズン制の秋
1935(昭10)年	春	早稲田ー慶応		土日	2試合総当たり制
	秋	早稲田ー慶応		土日	2試合総当たり制
1936(昭11)年	春	立教ー慶応	帝大ー法政	平日・土日	〃(早稲田渡米)
	秋	早稲田ー慶応		土日	〃
1937(昭12)年	春	早稲田ー慶応		土日	〃
	秋	早稲田ー慶応		土日	〃
1938(昭13)年	春	早稲田ー慶応		土日	〃
	秋	早稲田ー慶応		土日	〃
1939(昭14)年	春	早稲田ー慶応		土日	〃
	秋	早稲田ー慶応		土日・平日	〃(一部1日3試合制)
1940(昭15年)	春	早稲田ー慶応		土日・平日	〃
	秋	早稲田ー慶応		土日	1試合総当たり制
1941(昭16)年	春	明治ー慶応		土日	2試合総当たり制
	秋	早ー立、慶ー東、法ー明		土日	1試合総当たり制
1942(昭17)年	春	早稲田ー慶応		土日	2試合総当たり制
	秋	早稲田ー慶応		土日	1試合総当たり制

※リーグ戦前に発表された日程表より

9週制の変遷

シーズン		単独カード(早慶戦以外)		単独カード開催週(前季優勝校)
1954(昭29)年	秋	明治ー慶応	明治ー早稲田	第3週と第6週(明治)
1955(昭30)年	春	法政ー早稲田	法政ー慶応	〃(法政)
1955(昭30)年	秋	明治ー早稲田	明治ー慶応	〃(明治)
1956(昭31)年	秋	立教ー早稲田	立教ー明治	第3週と第8週(立教)
1957(昭32)年	春	立教ー早稲田	立教ー慶応	〃(立教)
	秋	立教ー法政	立教ー慶応	〃(立教)
1958(昭33)年	秋	立教ー早稲田	立教ー慶応	〃(立教)
1959(昭34)年	秋	立教ー法政	立教ー早稲田	〃(立教)
1993(平5)年	秋	明治ー法政	明治ー早稲田	〃(明治)
2021(令3)年	秋	早稲田ー東大		第3週(※1)
2022(令4)年	秋	東大ー法政	立教ー明治	第7週と第8週(※2)

(※1)法政がコロナウイルス感染で第4週から出場の特別措置の9週制

(※2)東京ヤクルトスワローズの日本シリーズ併用日のため

早稲田が最下位となった(267頁)。『慶応野球部史』に、当番校(注4)の明治が、「前シーズン優勝校と最下位校とは、つぎのシーズン劈頭(へきとう)に試合するという連盟の内規があるにかかわらず、早慶戦を依然最後に組合せたのは理事会の専横であり、学生の与論(原文ママ)を無視したものである」として声明書を出し、早慶を除く応援団長の共同声明に発展し、マネージャーと応援団長の会合で決着した、とある。リーグ戦の日程編成をめぐり応援団も絡む勇ましい時代だった。このシーズンの開幕戦は早慶戦ではなく、早法戦(最下位と2位)で幕を開け、2試合目に慶立戦も行われ、第1週に早慶が出場し調整した痕(あと)が見られる。

早慶戦が最終週に行われるようになってから、9週で行われたシーズンが別表の通り11回ある。1954(昭和29)年から7年連続で8回行われており、最近では1993(平成5)年秋と2022(令和4)年秋にある。第3週と第6週が単独カード、第3週と第8週が単独カードの2パターンがあり、明治、法政、立教が優勝した翌シーズンに行われている。優勝校が翌シーズンの単独カード編成を申し入れ、日程編成会議で決められたものと思う。注目すべきは、立教の4連覇が始まる前年(春秋とも立教は2位)の1956(昭和31)年秋から4年連続5シーズンで、立教絡みの単独カードが各シーズン2カードで編成された。立教の最強時代の自信の表れとも取れる。慶応、早稲田が早慶戦の前週に登場したケースだ。1993(平成5)年秋は、明法戦(第3週)、早明戦(第8週)が単独カードで行われた。優勝校の法政、立教、明治がリーグ戦を盛り上げる意図で、単独カードの編成を申し入れ、9週制としたものと思われる。当時は2回の単独カードにより、3万人前後の観衆による収入面で大きなメリットがあったはずだ。

筆者は卒業してから六大学野球ファンの方から、早慶と他の4校には日程で有利、不利(注5)があることを聞かされた。現役時代には意識もしなかった。リンゴ事件等の原因になった応援団の異常な過熱、5万人の大観衆、秋の早慶戦の名物だった応援席上段に掲げられた両校の巨大マスコットの「フクちゃん(早稲田)」「ミッキーマウ

現在の早慶戦両校の応援席上段のマスコット、左・早稲田（一塁側）、右・慶応（三塁側）、2023年10月29日（筆者撮影）

ス（慶応）」も見られない時代となった。「昭和は遠くなりにけり」だ。100年を経て優勝回数、対戦成績は早慶明法が拮抗し、早慶戦の観衆も3万人を割る時代となった。第8週は前シーズンの優勝校と2位校が原則通りに対戦し、上位4校が対戦する週を固定すれば前シーズンの順位で自動的に対戦カードが決まる。優勝校が9週制を申請して協議する必要もなくなる。優勝に加えて2位を確保するために「対校戦」意識がさらに増す。2位の確保を目指す母校の応援にも学生、OBが駆け付ける。最終週に対戦する2校の応援団はアイデアを駆使し、他校に負けない学生の動員を目指すだろう。100年を機に諸条件を6校均等にした新たな六大学野球を模索することがあっていい。新たな伝統を創ることは次の100年に課せられた六大学野球の使命といえる。

中には「早慶が優勝、2位でない場合は、早慶戦を翌シーズンの第1週の開幕日に設定すれば、開幕から一気にシーズンが盛り上がる」と語る六大学野球関係者もいる。多様性の時代、発想の転換だ。早慶としたら優勝と2位を確保し、翌シーズンの最終週で対戦することが理想だ。しかし、伝統の早慶戦は最終週（大相撲の千秋楽）でなくともシーズン折り返しの中盤の週で十分に盛り上がる。早慶がともに3位以下の場合、9週制でリーグ戦5週目（大相撲の中日）に単独で早慶戦を行い、そこにイベント性を加味し、伝統の早慶戦にさらに魅力を加える。例えば早慶戦の開催日に、翌年に6校野球部へ入部を夢みる関東（東京）地区の高校3年生を選抜し紅白戦を行い、神宮球場を一足早く体験させることにより入部を促す。早稲田実業と慶応高の「ダブル早慶戦」も観衆を呼ぶ。また、前年活躍し社会人野球等に進んだ6校選手による紅白戦を実施する。早慶戦に加えてもう1試合を観ることができるので観客は増える。母校を応援する学生、六大学野球を愛する多くのファンが神宮に戻ってくることが六大学野球の第2世紀最大の課題だ。２０３２年から使用予定の装いを一新した新神宮球場（237頁）と新たな魅力（企画）が加わった六大学野球が共存していたら楽しい。そして、神宮球場のスタンドに観客が戻り、新たな6校の社交場となれば面白い。伝統が大事か、次代への改革が必要か、１００年の重さはいろいろと考えさせてくれる。

◉「リーグ戦」と「対校戦」

六大学野球の日程編成について記したが、六大学野球は１９０３（明治36）年の早慶対校初戦が起源となったとよくいわれるが、その後の22年間の紆余曲折が六大学野球を開花させたことは前に述べた。そして１００年が経過しようとしている。六大学野球開始から２０２３（令和５）年秋のシーズンまで、別表の通り通算１８９シーズンで６６８６試合が行われた。「リーグ戦」という冠の付いた「対校戦」を繰り返してきたといっていい。大学、野球部、応援団、そして六大学野球ファンが対校戦の歴史を織り成してきた。選手制度を強化し優勝を争うだけなら、何度か動きがあった他校や他リーグと合同した新たなリーグで覇者を争った方がよかった。しかし、その時々の6校の関係者の賢明な選択が、そうはさせなかった。

１９５４（昭和29）年度の「野球年鑑」の春季リーグ総評の中で、東大ＯＢの毎日新聞記者で「野球規則の鬼」と称された鈴木美嶺（みれい）（旧八高・熊本）が、

東京六大学野球リーグ戦通算勝敗表（2023年秋季リーグまで）

参考・東京六大学野球連盟 HP

		早稲田	明治	慶応	法政	立教	東大	合計	勝率
早稲田	勝利		235	241	231	278	354	1339	0.625
	敗戦		208	200	212	150	34	804	
	引分		22	11	31	13	20	97	
明治	勝利	208		226	231	284	353	1302	0.600
	敗戦	235		217	210	163	42	867	
	引分	22		31	30	24	10	117	
慶応	勝利	200	217		222	279	353	1271	0.590
	敗戦	241	226		213	163	41	884	
	引分	11	31		29	30	4	105	
法政	勝利	212	210	213		253	346	1234	0.575
	敗戦	231	231	222		174	54	912	
	引分	31	30	29		27	15	132	
立教	勝利	150	163	163	174		322	972	0.452
	敗戦	278	284	279	253		86	1180	
	引分	13	24	30	27		14	108	
東大	勝利	34	42	41	54	86		257	0.129
	敗戦	354	353	353	346	322		1728	
	引分	20	10	4	15	14		63	
通算試合数		2240	2286	2260	2278	2260	2048	6686	
通算本塁打数		804	669	868	822	602	201	3966	

優勝回数と優勝率（2023年秋季リーグまで）

	早稲田	明治	慶応	法政	立教	東大	合計	優勝率
リーグ戦	46	43	40	46	13	0	188	
リーグ戦優勝率	0.24	0.23	0.21	0.24	0.07	0.00	1.00	
全日本大学選手権	5	6	4	8	4	0	27	0.380
明治神宮大会	1	7	5	3	0	0	16	0.308

※全日本大学野球選手権大会、明治神宮大会は東京六大学代表校の優勝率

「戦後やみ難い郷愁にかられてどのスポーツよりも早く野球は復活し、そして今日では戦前にもみられないほどに、その人気は上昇してきているということである。そういう人気満点の状態にこたえるにしては（人気にこたえるというのが悪い表現であるならば、リーグ戦に愛情を感じて集まってくる人々にこたえるのだといいかえてもよい。）（中略）互いの長所、短所を知りつくして、これに対する工夫準備を身につけての攻防がくり返されるのであればどの試合も熱気を帯び、技量の上をいく美技、好打も生まれ、いきおい内容豊かな好試合が連続する」

と、対校戦の奥義を述べている。勝ち点方式の六大学野球は、

勝率が上位でも勝ち点で劣って優勝できなかったシーズンが7回ある。慶応、明治、法政が各2回、立教が1回、勝ち点で涙した。対校戦を象徴するルールだ。その源流は早慶対校戦が中止となった１９０６（明治39）年に遡る。

また、１９８８（昭和63）年度の「野球年鑑」の中で、当時の早稲田の野球部長の正田健一郎（不詳）は、「東京六大学野球戦は勝ち抜きゲームではない。対校戦として、一つ一つ独立した試合の総合なのである。それ故に、東京六大学野球の各チームは常に対校戦として、相手チームに敬意と親愛をもたねばならない。敬意と親愛を欠くならば、東京六大学野球は形のみで、その実を失うであろう」

と述べている。筆者も現役時代は優勝を最大の目標としてリーグ戦を戦ってきた。2位でも5位でも結果は同じと考えることもあった。これらを目にして改めて入れ替え戦のない六大学野球の対校戦意識の大切さを認識した。初期の早慶対校戦をはじめ六大学野球が産声を上げる前の3校リーグから5校リーグのことが蘇った。優勝以前に、各チームが総力を上げて対戦校を「打倒」する姿は大学の名誉をかけた対校戦としての戦いだった。これに度々物議を醸した母校愛を前面に掲げた白熱（過熱）した応援の要素が対校戦の様相を一層濃くしたといっていい。神宮球場のどの席で観ていても、対校戦の雰囲気を味わうことができる。まして、3万、4万の大観衆の中では、盛り上がる応援合戦も加え、対校戦の良さがグラウンドの選手も観衆も鳥肌が立つ場面を作り出す。何とも言えない緊張感の伴う心地よさだ。これはインターネット中継では体感できない。

しかし、最近は学生も含めて観客数が減っているのは寂しい（455頁）。大観衆の復活へは多くの要素が絡んでいる。勝ち抜き方式の甲子園大会には大観衆が押し寄せる（今年の選抜大会は観客数の減少がみられた）。現在の六大学野球のスタメンの選手の約6割が大観衆の中で甲子園を経験している（374頁）。同じ選手が出場していても甲子園と神宮では観衆動員のギャップは大きい。負けたら終わりの甲子園大会は負けても勝っても、息を切らして必死にプレーする姿が観衆の胸を打つ。甲子園大会には首位打者、防御率第1位、ベストナイン、近年のＭＶＰもない。深紅、紫紺の優勝旗と準優勝盾だけだ。六大学野球も当初は天皇杯（摂政杯）と首位打者賞しかなかった。対校戦方式の六大学野球が観衆の胸を打つには、チーム（大学）の威信をかけ、チームが一丸となって勝ち点を取りに行く高校野球とは違った「必死さ」を選手にもベンチにも見せてもらうしかない。相手への「リスペクト」を発しながら過度のガッツポーズは対校戦を重視する六大学野球では目に余る時がある。内に秘めた闘志をスタンドから感じ取るファンは多い。高校野球とは一味違う醍醐味を見せてくれる六大学野球に期待したい。原点に立ち返って天皇杯だけを争う方がリーグ戦の熱量が増えるかもしれない。

昨秋のリーグ戦は４位が確定していた法政が第７週の法明２回戦で明治の４連覇の夢を砕き、慶応が３連覇の明治を制して優勝した。その後の明治神宮大会も制して、「打倒明治」の流れが一気に「打倒慶応」に移った。対校戦の醍醐味だ。そして、その第７週の法明３回戦（10月23日）の試合終了後に胸を打たれるシーンがあった。４年生にとっては最後の試合だった。エールの交換が明治から始まり、法政の選手全員が一塁側に整列し、三塁側の明治のエールを讃え、自校のエールを受けた後に応援席に向かって深々と一礼した。筆者は今まで見たことのないシーンだった。対校戦のエッセンスを見た思いだった。最も嬉しかったのは明治の応援団だったと思う。思わずネット裏で主将の今泉颯太（中京大中京・愛知）をはじめ法政選手に一礼した。新たな伝統にして欲しい。

◉事件・その５　野球統制令と連盟脱退事件

ボーク事件とリンゴ事件に挟まれた１９３２（昭和７）年春に、早稲田の連盟脱退事件があった。これは応援団とは無縁だった。事件の年の３月に文部省は「野球ノ統制並施行ニ関スル件」という訓令、いわゆる「野球統制令」を発した。野球の人気がすさまじい沸騰をみせていた中で、野球の商業化、選手の品行の低下など野球に対する世の中の批判が強くあったことに対し、野球を敵視した文部省が主導して実力行使に出た。統制は六大学野球に加えて中等学校野球（現在の高校野球）、小学校の野球にも及んだが、六大学野球への弾圧が狙いだった。

統制の内容は、小学校、中学校、大学、入場料、報奨金、応援の6項目に及び、各連盟が運営規則で決めれば済むことでも細部にわたって文部省による禁止、制限事項が盛られた。

文部省の統制委員会には、早稲田OBの東京大学野球連盟（早稲田脱退後に設立）会長の安部磯雄（向陽義塾

野球統制案發令
地方大會やゝ緩和

徹底を期す
山川課長談

體育運動主事
會議第一日

野球統制令の記事（1932年3月24日付朝日新聞）

ー同志社英学校・福岡）、東京日日新聞記者の橋戸信（青山学院中・東京）、朝日新聞記者の飛田穂洲、慶応OBの平沼亮三（慶応義塾・東京）、桜井弥一郎（上田中・長野）、宮原清（上田中・長野）、帝大野球部長の長与又郎、同野球部監督の芦田公平、帝大OBの中野武二（旧一高・東京）らの六大学野球創設前の勃興期に関わった早慶帝のメンバーが委員となり、文部省に従わされた格好となった。なぜか明法立のOBがいない。文部省は翌年、翌々年のリーグ戦を春秋で1シーズンとして「統制」した。試合数が減ったことは連盟、選手にとっては大きな痛手だった。リーグ戦の制約の他にも、選手に対する学費や生活費の支給禁止、外国チームや職業野球チームとの試合の禁止、海外遠征への制約等が課せられた。これらも文部省の野球界に対する外圧だったが、六大学野球にとって大事件だった。小学生、中学生にまで試合開催日の制限、遠征での宿泊制限が行われた。先述した野球界、教育界が騒然となった東京朝日新聞が連載した「野球害毒論」（1911年8月）が指摘した一部の内容が野球界に続いたことが底流にあったことは否めない。委員となった「学生野球の父」飛田穂洲は統制令、文部省に対し批判の立場に傾いていったという（161頁）。しかし、この野球統制令が当時の職業野

全日本チームの沢村栄治（上）とヴィクトル・スタルヒン、1935年、バンクーバーアスレチックパーク（City of Vancouver Archives, AM1535-: CVA 99-4753, Thomson, Stuart, photographer）

球団設立の呼び水になっていく。

時を同じくして読売新聞が構想していた職業野球団の設立企画が進行していた。その中心は当時の新聞界では稀代の企画構想者であった内務官僚上がりの読売新聞社社長の正力松太郎（高岡中－旧四高－東京帝大・富山）だった。正力は故あって若くして39歳で読売の社長となり、赤字の読売を黒字化するのに画策したのがプロ野球球団の設立だった。その球団に選手を動員する術（すべ）がアメリカのチームを日本に招聘し、そこに有望な選手を集め職業野球に誘導することだった。そこに正力の誘いで集（つど）ったのが、早稲田出身の市岡忠男（京都一商）であり、アメリカに留学し英語が堪能で、後にセ・リーグの会長となった野球とは無縁だった鈴木惣太郎（前橋中－コロンビア大・群馬）だった。さらに市岡に誘われた慶応の三宅大輔が加わり、正力の下でそれぞれの思惑が交錯する中で、後のプロ野球の盟主となる大日本東京野球倶楽部（現読売巨人軍）が形づくられていった（179頁）。その過程で野球統制令が大学野球と職業野球との試合を禁じた。結果としてこの統制令によって多くの野球人の人生が左右された。

一方で、世間では蔑視されていた職業野球に新たな息吹が吹き込まれる契機にもなった。その中に読売ジャイアンツの初代エースとなる沢村栄治（京都商）、プロ野球初の３００勝投手となるヴィクトル・スタルヒン（旭川中・北海道）らがいた。最初に沢村を見染め慶応進学を勧めたのが慶応の腰本寿であり、スタルヒンを早稲田入学内定までにしたのが、市岡の後輩で当時の社会人チームでスタルヒンと同じ北海道にいた函館太洋（オーシャン）倶楽部の早稲田ＯＢの久慈次郎（盛岡中・岩手）だった。久慈は都市対抗野球の久慈賞で名を刻んでいる。野球統制令がなかったら、慶応の沢村栄治、早稲田のヴィクトル・スタルヒンが誕生していた可能性は少なからずあった。

しかし、二人とも旧制中学を中退し読売入りした。沢村は読売の勧誘（引き抜き）で京都商業を中退し巨人入りする。入団、陸軍応召、帰還、入団、陸軍復帰、帰還、入団、応召と2回の応召と3度の巨人入りという戦争に左右された10年間だった。最期は2度目の応召後、屋久島沖で輸送船にて戦死を遂げた。スタルヒンも旭川中を中途退学し読売に入団し、晩年に不慮の死を遂げた。二人とも中等学校野球（現高校野球）では同じ時代に京都と北海道で活躍していたので、読売の横やりがなければ早慶戦でKEIOとWASEDAのユニフォームを纏（まと）った「沢村VSスタルヒン」の息詰まる投手戦を熱狂の渦の神宮球場で観られたかもしれない。それを想像するだけでもワクワクする。当時の六大学野球ファンにとって読売は罪なことをしてくれたわけだ。

大日本東京野球倶楽部（現読売巨人軍・読売新聞）の創設に続き、大阪野球倶楽部（現阪神タイガース・阪神電鉄）、大東京軍（現横浜DeNAベイスターズ・国民新聞）、東京セネタース（現北海道日本ハムファイターズ・旧社の西武鉄道）、名古屋金鯱軍（名古屋新聞）、名古屋軍（現中日ドラゴンズ・新愛知新聞）、阪急野球倶楽部（現オリックスバファローズ・阪急電鉄）の職業野球団が相次いで創設された。7チームはすべて新聞社、鉄道会社を母体として設立された。そして強引な大学選手の引き抜きが始まり、1936（昭和11）年には立教の景浦将（まさる）（大阪タイガース／松山商・愛媛）、明治の野口明（東京セネタース／中京商・愛知）の主力選手が学業半ばでプロ野球に引き抜かれ社会問題となった。野球統制令の余波の事件と

明大野球部問題の真相、プロと絶縁
（1952年1月12日付報知新聞）

早大野球部、突如
聯盟より脱退す
早慶戦其他も不能
早大緊急體育總會
満場一致で可決
直ちに出場を中止す
聲明書
早稲田大學野球部
脱退の決議文
リーグ當局の
態度に失望
淨化の主張遂に通らず

早稲田の連盟脱退の記事
（1932年5月11日付朝日新聞夕刊）

入場料問題から
帝大を除外の議
東京大學野球聯盟を解消し
新リーグを組織か

帝大除外の密議の記事
（1935年3月25日付朝日新聞）

もいえる。戦後、１９５０（昭和25）年のプロ野球2リーグ分裂を機に、プロ野球球団同士の強引な選手の引き抜きに加え、多くの選手がプロからの勧誘でプロ入りすることが続いた。学業を預かる大学側も憂慮する状況が生まれ、明治では１９５２（昭和27）年に監督就任を巡る騒動の中で、大学側が野球部ＯＢではない島岡吉郎を推したことはこの問題とも絡んでいた。プロとの関係を断ち切ることも島岡監督誕生の一因だった。島岡監督誕生を伝える当時の報知新聞（１９５２年1月12日付）に「プロと絶縁」という見出しがあった。野球部と学内に混乱はあったが、島岡の「たとえテールエンドになっても野球部を正しいレールに乗せる」（報知新聞）という強い意志が、「明大野球部の再生はこの騒ぎをよそにどうやら軌道に乗りつつある」（報知新聞）とあり、学生野球を軌道修正することへ一石を投じた。

話は職業野球に逸れたが、早稲田が連盟の下した連盟組織の運営に関した決定事項に反対し、春のリーグ戦第1週の帝大戦終了後に突然、「純粋なる学生スポーツを守るために興行化した連盟を脱退する」という声明を発した。六大学野球にとって一大事であった。連盟理事会が決定した「新人選手の1年間出場禁止制度の廃止」と「黒服整理員（入場を取り切る黒服を着た整理員）設置」の二つの決定事項への反対が直接の理由だったが、広い意味でのリーグ改革をすることが脱退の真相だったようだ。その後、理事会は「指定席の縮小」「入場券、入場料の改定」「学生席の学生側での管理」の改定案を出したが、早稲田は納得せず脱退を決め連盟も承認した。その後、早稲田を除く5校で新たに「東京大学野球連盟」を結成し、そのシーズンは立教が渡米したので、六大学野球100年の歴史で唯一の4校でのリーグ戦となった。

その後の理事会でさらに改革案を決定した。その内容は「部長、監督の他に主将、マネージャーを置く」「連盟に事務局は書記のみとし事務制を廃止する」「当番校を設ける」「審判員は無制限にする」「場内整理は学生が当たり、黒服整理員は廃止する」となり、早稲田は東京運動記者倶楽部の仲介で秋からリーグ復帰した。早稲田の脱退行為自体は賛否が分かれるが、脱退によって連盟の運営が刷新の方向に進んだのは明らかだ。連盟ができてから7年目のことであり、連盟運営の刷新を提案した早稲田の脱退を機に6校がまとまった。早稲田の改革、学生の自立の姿勢が貫かれた。早稲田が連盟を脱退したままだったら、翌年に起こる早慶戦での「リンゴ事件」はなかった。また、5校で結成した連盟の「東京六大学野球連盟」復活については各校の戦前の野球部史には見当たらない。『早稲田野球部史』の1941（昭和16）年の項に「東京大学野球連盟」の記載があるのみだ。1943（昭和18）年の戦時下に文部省から連盟解散を余儀なくされるまで「東京大学野球連盟・六大学リーグ戦」体制が11年間も続いたことになる。早稲田が連盟を脱退した際に「東京五大学野球」と命名しなかったことは当時の当事者にバランス感覚があったといっていい。前年に東都大学野球連盟の前身の「5大学野球連盟」が設立されていたので「東京五大学野球」とはできなかったのかもしれない。

ボーク事件で明治がリーグ戦辞退を申し入れ、翌年には文部省から野球統制令が発令され、リーグ運営を巡って早稲田が異議を唱えリーグを脱退した。さらに2シーズン制、入場料問題を巡って帝大は官立大学という立場もあり他の5校とは立場を異にした。1935（昭和10）年3月25日付の朝日新聞には、5校で設立した東京大学野球連盟を解消し、帝大を除外して5校で新たな野球連盟を組織する相談を某所で秘密会議を開いた、とあったが、立ち消えとなった。

明治の島岡が監督時代から始め、現在も11月23日の勤労感謝の日に行なっている東明での「鶏もつ（取り持つ）会（現在は肉団子の会）」は、それぞれが連盟脱退の危機の時にお互いが「取り持った」ということから始まったと筆者は現役時代に島岡から何度か聞かされた。何をどのように取り持ったかは聞けずじまいだった。ボーク問題を記していて、その一端がボーク事件の明治を擁護したとも取れる東大の主将の広岡発言、入場料問題に端を発した帝大除外密議から、この時の背景から島岡の言った「取り持つ」があったのかと想像を巡らしてしまう。

このように六大学野球が始まって10年の間に大きな事件が集中した。一方で、応援（団）の過熱が主な原因と記したが、改めて当時の六大学野球への人々の熱狂に思いを馳せてしまう。一方で、世相は満州事変、五・一五事件から二・二六事件、日中戦争へと戦時色に染まる方向に向かっていた。まだ娯楽が多様化していない中で、大学野球、とりわけ六大学野球は人々が心の拠り所を見出した昭和という激動の時代の中の象徴の一つだった。

◉海外遠征とアメリカ大学チームの招聘

六大学野球が始まる前から早慶明を中心に海外遠征が盛んに行われた。アメリカから伝わった野球を日本で本格的に展開するには「本場から盗め」の精神でアメリカ本土、ハワイに渡りアメリカチームの胸を借りた。一方で、日本の統治下にあったアジア、特に中国の北東部の満州地区や朝鮮、台湾へも足を延ばした。１００年の歴史の中で、リーグ戦の出場を辞退して海外遠征を挙行したシーズンが帝大を除いて6回（早稲田2回、慶明立法が各1回）ある。国際親善というよりアメリカの野球に直に肌で触れることを目的としたのだろう。航空機はじめモービルが未発達の時代に歴史が浅い大学野球チームが競争するように海外遠征を挙行したことは、日本野球の発展に大きな貢献をしたといっていい。一方で、当時は一高野球部の全盛時代、打倒一高対策でアメリカに渡った一面もあったと当時のOBが語っている。戦前までの海外遠征の動きを各校の野球部史から別表にまとめてみた。

日本の野球チームで最初に海外に渡ったのは早稲田。三田綱町の慶応グラウンドで早慶対校戦第1戦が行われた2年後の1905（明治38）年4月に、部長の安部磯雄、主将の橋戸信以下選手13名が渡米した。1946（昭和21）年から7年分をまとめて復刊した「野球年鑑」の中で、飛田穂洲は、

「国民挙げて（ロシアとの）戦争のことで一ぱいになっている時、野球競技の為めに米国に渡るなどは、もっての外だ（中略）。無論総長の大隈重信伯も当然これを許可せぬであろうということであった。／ところが、その大隈伯は安部先生から渡米許可を願い出ると、言下に『それはよかろう、いって来なさい』といわれた上、戦争を受け持つ人は別にある、学生には学生の領分があるのだから、世間がどのようなことをいおうと、それにこだわる必要がない、亜米利加に渡って彼等のいいところを学び、見聞を広めてくることも、国家の為めである。大いにやって来るがいい、ときっぱりいい放った。／この一言で学内の反対論は一ぺんに吹き飛んでしまうし、（中略）政府からも軍部からも、何等の非難の声もなく、実に愉快な舟出であった」

安部磯雄（『六大学野球全集』より）

と、当時の早稲田の学内の様子を記している。教育者の果敢な決断、そして英断だった。『六大学野球全集』（庄野義信編著・改造社）では、このアメリカ遠征を「本邦野球界の空前の壮挙」と讃えている。野球部の提案を大学が後押しし、早稲田のアメリカ野球への強い思いが文部省を動かした。しかし、日露戦争からその先の太平洋戦争に至る国威発揚を旗に「負けられない日本」を創るために大学も野球も世情に呼応する時代に入って行った。

早稲田は六大学野球が始まるまでに4回のアメリカ遠征を行い、早稲田

を追うように、慶応が1908（明治41）年にハワイ、3年後にアメリカ、明治が1914（大正3）年にアメリカにそれぞれ渡っている。法政と立教は六大学野球が始まり昭和に入ってから、ハワイ、アメリカへ渡った。早稲田が先鞭をつけ他校が追随した。当時の早稲田の果たした役割は極めて大きい。早稲田が最初にアメリカに渡ってから太平洋戦争が勃発するまでに、アメリカ（ハワイ経由含む）に早稲田が6回、慶応、明治が各3回、法政、立教が各1回の遠征を行い、ハワイ単独では早稲田が3回、明治が4回、慶応が2回、法政が1回、それぞれハワイの地を踏んでいる。

各校のアメリカ遠征では、遠征期間が長期にわたっていることに驚く。航空便のない時代に船舶でアメリカ西海岸へ直行、あるいはハワイを経由して、往路に10日以上もかけてアメリカ本土に渡っている。遠征期間のうち1ヵ月前後が船上の長旅だった。現在ではアメリカの西海岸まで10時間もあれば着いてしまう。早稲田の最初のアメリカ遠征は、総遠征日数70日間のうち往復で33日間が船上で、アメリカに滞在した37日間で西海岸を中心にアメリカの大学やアメリカ軍チームと26試合を行っている。

その早稲田の遠征では、アメリカチームとの対戦に加え、その後の日本野球にとって資産となる多くのものを持ち帰った。野球技術では、「投手のワインドアップ」「バントの効用（スクイズ・セーフティ）」「投手の二塁牽制時の野手との連携」「ヒットエンドラン」「ウォーミングアップ」「ランナーコーチ」「チェンジオブペース」「シングルハンドキャッチ」と並べればきりがない。今では当たり前の野球用語だが、当時では新鮮なものばかりだった。早稲田がこの技術、戦法を対校試合で駆使した結果、他校はそれに倣（なら）い野球の技術が飛躍的に向上していった。道具では「スコアブック」「グラブ」「スパイク」ほかを持ち込んだが、これらは、当時の日本の野球にとっては新鮮な野球グッズだった。野球部長の安部磯雄も自らアメリカへ帯同し、部長が先頭を張ってアメリカから持ち帰った技術、道具の情報を他校へ惜しげもなく公開したという。安部は遠征に同行した早慶対校戦初戦の主将だった橋戸信に遠征の成果を『最近野球術』（博文館・1905年）にまとめさせた。「進取の精神」を

6校の海外遠征（戦前～終戦直後）

参考：東京6大学野球各校野球部史ほか

	1905（明38）年	1906（明39）年	1907（明40）年	1908（明41）年	1909（明42）年	1910（明43）年	1911（明44）年
チーム/遠征先 期間/試合数	**早/アメリカ** 70日/26			**慶/ハワイ** 65日/14		**早/ハワイ** 約60日/26	**早/アメリカ** 142日/53 **慶/アメリカ・ハワイ** 107日/56
六大学野球の動き		**早慶対校戦中止**			立教が創部	明治が創部	
国内外の動き 野球界の動き	**日清戦争** 1894-95 **日露戦争** 1904-05	朝鮮半島の保護権 南樺太・南満鉄の利権 旅順・大連の租借権	韓国が日本の管理下に		満鉄野球部設立	日韓併合	

1912（明45）年	1913（大2）年	1914（大3）年	1915（大4）年	1916（大5）年	1917（大6）年	1918（大7）年	1919（大8）年
早/マニラ 不明/5	**明/マニラ** 36日/7	**慶/アメリカ・ハワイ** 82日/31 **明/アメリカ** 111日/56	**明/ハワイ** 30日/12 **早/マニラ** 不明/6	**早/アメリカ・ハワイ** 11日/28	**早/満州・朝鮮** 不明/8	**早/台湾・マニラ** 不明/12 **明/満州・支那・朝鮮** 58日/24 **法/満州・支那** 28日/不明	**慶/満州・朝鮮** 57日/19 **法/台湾** 約30日/不明
		3校リーグ開始	法政が創部		4校リーグ開始		帝大が創部
辛亥革命 清朝滅没 中華民国建国		**第一次世界大戦**	**第一次世界大戦** 対華21カ条 中等学校野球大会開始	**第一次世界大戦**	**第1次世界大戦** ソビエト政権	**第一次世界大戦**	関東軍設置 五・四運動 ベルサイユ条約

1920（大9）年	1921（大10）年	1922（大11）年	1923（大12）年	1924（大13）年	1925（大14）年	1926（大15）年	1927（昭2）年
明/満州 32日/10 **法/朝鮮** 41日/不明	**早/アメリカ・ハワイ** 114日/38	**法/台湾** 19日/不明 **立/満州・朝鮮** 36日/17 **明/マニラ・上海** 約30日/6	**立/台湾** 約14日/10 **帝/満州・朝鮮** 不明/4 **慶/満州・朝鮮** 16日/15	**明/アメリカ・ハワイ** 112日/37 **慶/上海他** 50日余り/12 **早/満州・支那** 不明/17 **明/満州・朝鮮** 不明/不明	**明/ハワイ** 約30日/13 **立/満州・朝鮮** 不明/12	**明/満州・朝鮮** 約30日/11	**早/アメリカ・ハワイ** 91日/27 **法/満州・支那** 不明/5 **慶/満州・朝鮮** 不明/6
	5校リーグ開始			選抜野球大会開始	**六大学野球開始**		早稲田リーグ戦辞退
国民政府軍 国際連盟設立 社会人野球開始	中ソ紛争 釜山商が甲子園へ 大連商が甲子園へ	ワシントン条約 日英同盟破棄	関東大震災 台北一中が甲子園へ			蒋介石、北伐開始	

1928（昭3）年	1929（昭4）年	1930（昭5）年	1931（昭6）年	1932（昭7）年	1933（昭8）年	1934（昭9）年	1935（昭10）年
慶/アメリカ・ハワイ 128日/40 **帝/満州・朝鮮** 不明/8	**明/アメリカ・欧州他** 136日/37 **法/ハワイ** 不明/不明 **明2・早/満州・朝鮮** 45日・35日/24・13 **K/台湾** 13日/9	**早/台湾** 14日/8 **法/満州・支那** 不明/6 **慶/満州・支那** 約40日/16	**法/アメリカ** 約90日/25 **明/ハワイ** 41日/16 **帝/満州・朝鮮** 20日前後/8 **明2軍/上海・満州・支那** 18日/14	**立/アメリカ・ハワイ** 87日/20 **早/ハワイ** 28日/11 **明/台湾** 23日/12 **法/台湾** 16日/11	**立/台湾** 不明/9 **明/上海** 不明/不明 **早/上海・鮮満・樺太** 20日・不・28日/7・21・18 **法/満州** 不明/不明	**明/ハワイ** 49日/12 **早/満州・朝鮮** 23日/11 **立/満州・朝鮮** 28日/12 **早/満州・朝鮮** 24日/11	**早/台湾** 27日/10 **法/上海** 不明/不明 **明/樺太**（北海道） 21日/3
慶応リーグ戦辞退	明治リーグ戦辞退		法政リーグ戦辞退	立教リーグ戦辞退			
張作霖事件6.4 パリ不戦条約	世界大恐慌10.24	ロンドン軍縮会議	万宝山事件 柳条湖事件9.18 （満州事変）	五・一五事件 満州国建国 （満州事変）	独ナチ党政権獲得 国際連盟脱退 新聞法改正	ワシントン条約破棄 満州帝国帝政化 国民政府と停戦協定	伊エチオピア侵攻

1936（昭11）年	1937（昭12）年	1938（昭13）年	1939（昭14）年	1940（昭15）年	1941（昭16）年	1942（昭17）年	1943（昭18）年
早/アメリカ 75日/22 **早留守軍/満州** 不明/14 **明/満州・朝鮮** 約30日/不明	**慶/満州** 不明/12 **明/台湾** 約14日/9 **立/満州** 不明/不明 **明新人/上海** 不明/不明	**早/ハワイ** 35日/8 **法/満州** 不明/不明 **明/満州・朝鮮** 約40日/26 **慶/南洋** 39日/不明	早/満州・朝鮮 文部省が中止命令 明/満州・朝鮮 文部省が中止命令	**慶/ハワイ** 不明/12 明/ハワイ 計画中止	明/ハワイ 計画中止		
早稲田リーグ戦辞退		明治が初の4連覇	リーグ戦規制始まる		土日の試合禁止に	繰り上げ卒業	**リーグ解散**
二・二六事件 東京市に戒厳令 西安事件 抗日民族統一戦線	盧溝橋事件7.7 日中戦争～45 上海占領 南京城陥落	国家総動員法 徐州・広東・武漢占領 独オーストリア併合	**第二次世界大戦** ノモンハン事件 独ポーランド侵攻	**第二次世界大戦** 独がパリ占領 日独伊三国同盟 満州リーグ開始	**太平洋戦争** 真珠湾攻撃12.7 独ソ開戦6.22 満州リーグ中止	**太平洋戦争** 日本の戦況悪化 日本本土へ空襲開始 高校野球が中止	**太平洋戦争** 学徒出陣10.21 伊が連合国に降伏 すべての野球を廃止

1944（昭19）年	1945（昭20）年	1946（昭21）年	1949（昭24）年	1950（昭25）年	1951（昭26）年	1953（昭28）年	1954（昭29）年
				選抜軍/ハワイ 57日/20		**W/台湾** 25日/10（航空機） ＊戦後初の海外遠征	**W/台湾** 13日/11（航空機）
			中華人民共和国建国 国民政府は台湾へ	朝鮮戦争開始	サンフランシスコ講和条約 神宮球場返還（27年）	朝鮮戦争休戦	自衛隊発足
リーグ解散	**リーグ解散**	**リーグ戦復活**	1955（昭30）年	1957（昭32）年	1958（昭33）年	1959（昭34）年	1961（昭36）年
太平洋戦争 徴兵19歳に10.1 日本本土へ空襲	**太平洋戦争** 日本敗戦8.15 朝鮮が南北に分割	国際連合発足 極東軍事裁判開廷	**M/台湾** 21日/13（航空機）	**W/台湾** 18日/11（航空機）	**W/ブラジル** 約90日/15（航空機） ＊初のブラジル遠征	**M/ハワイ** 31日/9（航空機） ＊戦後初のハワイ遠征	**K/ハワイ** 34日/13（航空機）
独が連合国に降伏	ソ連は日朝に侵攻	甲子園大会復活	55年体制始まる	東京の人口世界一に	立教が4連覇	新日米安保条約	初の有人宇宙飛行

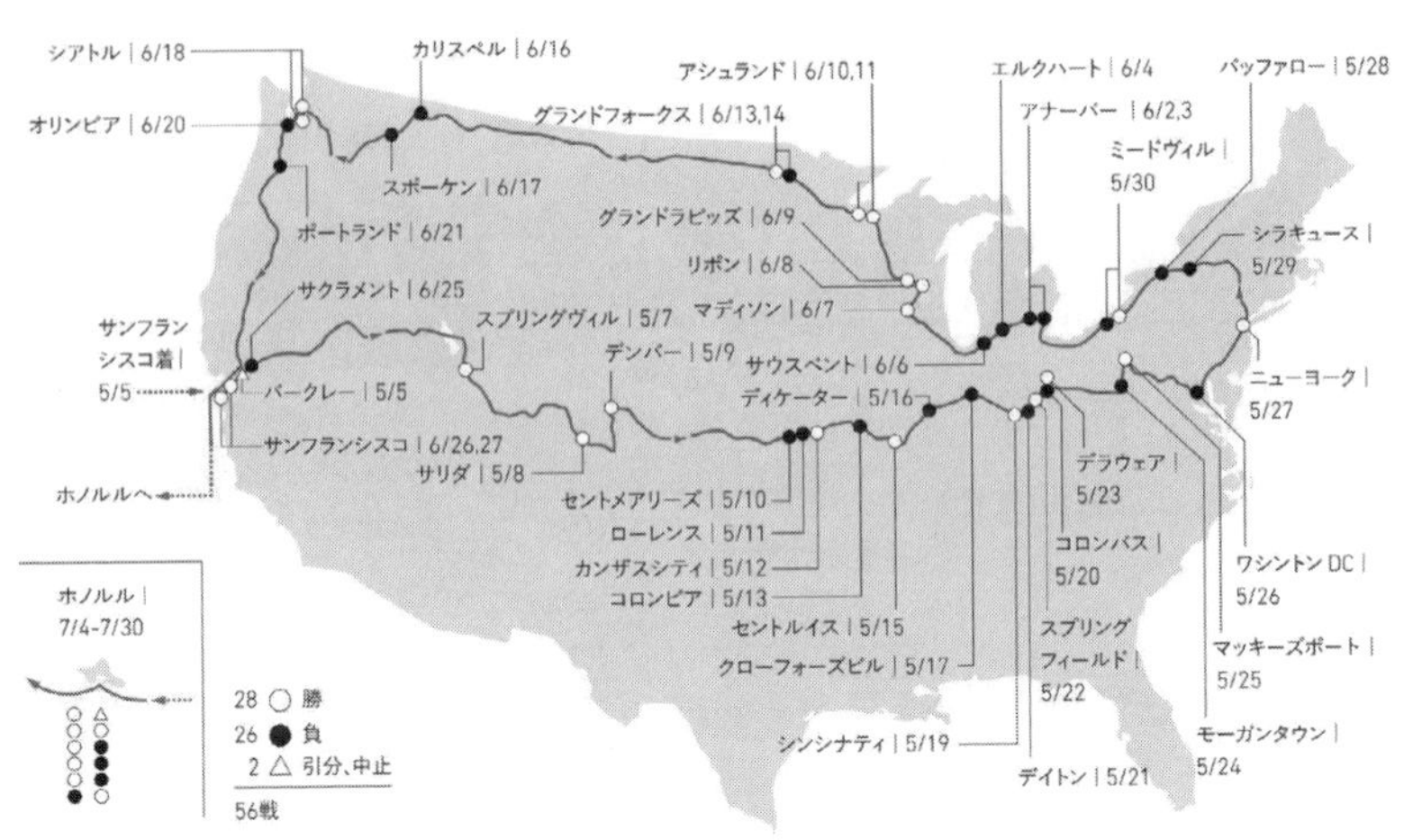

慶応の第１回アメリカ遠征行程地図（画像提供：慶應義塾福澤研究センター）

初期の野球でも貫いている。一高の類まれな精神野球で日本の野球が活気づき、早稲田がアメリカから持ち帰った野球資産が日本の野球を次のステップに進めた。さらに、アメリカの応援スタイルの「カレッジ・エール」を持ち帰り、その年に早稲田の応援団（後に応援部）が設立され、応援が一段と華やかになった。その功績は極めて大きかった。しかし、早稲田がアメリカから持ち帰れなかったものがあった。冒頭に記したアメリカ野球の根底にある娯楽性の象徴「Sport・楽しむ」だった。当時の精神野球の「無敵一高」を打ち破ることは「楽しむ」こととは無縁だったかもしれない。日露戦争の最中の渡米であり、戦局がロシアに傾いていたら状況は変わったに違いない。早稲田が帰国した6月の1ヵ月前に日本海戦でロシアのバルチック艦隊を全滅させていた。その日本海戦勝利が早稲田を救った。

慶応の1回目のアメリカ遠征は1911（明治44）年4月19日に監督役の村尾次郎（慶応普通部・東京）、桜井弥一郎と主将の神吉英三（慶応普通部・東京）以下選手13名で横浜港を出発。5月5日サンフランシスコ港に着いた後は、大陸横断鉄道でアメリカ本土を50日間かけて東西往復し、44試合をこなした。『慶應野球と近代日本』（都倉武之・横山寛編）にその行程が掲載されている。地図を見るだけで壮大さが浮かび上がり、同じルートを巡りたくなる思いに駆られる。サンフランシスコから内陸を東進しワシントン、ニューヨークで折り返し、カナダ国境沿いを西進し、シアトルを経由してサンフランシスコに戻っている。日程の半分はホテルに泊まらず、移動の夜汽車に車中泊した強行日程だったとある。アメリカの野球資産の多くを日本に持ち帰った先述した鉄道技師の平岡凞がアメリカで鉄道の技術を学びながら野球に取り憑かれてから約40年後のことだった。一行はさらにハワイに立ち寄り12試合を行い、8月12日に帰国した。116日間、56試合の大遠征だった。

早稲田の遠征の9年後、3校リーグが始まる前の1914（大正3）年夏に、明治がアメリカに監督の佐竹官二（大垣中－慶応・岐阜）、主将の高瀬信郎（成城中・東京）以下選手11名で渡っている（68頁）。『明治野球部史』によると、6月17日に横浜港を出港してから16日後にビクトリア（カナダ）経由でシアトルに到着している。船上でキャッチボール、バッティング練習をし、ボールを2ダースも海に落として失ったというエピソードが記されている。アメリカ本土に渡って翌日から試合を始め、7月に21試合、8月に21試合、9月に14試合、83日間で大学、選抜チーム等と56試合を消化している。なんとも精力的な日程だ。西海岸のシアトルから内陸まで鉄道に揺られて試合を消化し、勝敗は別にしてその行程だけ辿っても隔世の感がある。そして、一行が遠征を展開していた7月28日にヨーロッパで第一次世界大戦が勃発し、選手は8月1日の現地の新聞で開戦を知った。この25年後に2回目の世界大戦によって海外遠征が国（文部省）から中止させられるとは誰が思ったであろう。一行はシアトルのワシントン大に勝利した翌日、9月22日にシアトル港を旅立った。明治の選手はデッキから「在留同胞諸君万歳」、桟橋からは「ララ明治」の応援歌のエールの交換で出港した、と遠征日誌にある。18日後に横浜港に着き115日間の野球の旅が終わった。この87年後にイチロー（鈴木一朗／愛工大名電・愛知）がシアトルに渡り、セーフコ・フィールドで躍動を始めた。

さらに圧巻なのが、1929（昭和4）年の明治の、アメリカから欧州を経由して中国に立ち寄る「世界一周」の豪華な遠征だ。前年には中国（中華民国）の奉天近郊で日本の関東軍が起こした張作霖爆殺事件があった。

毎年、6校のいずれかが遠征を行っていた満州地区の緊張が高まった。明治の世界一周のメンバーは監督の岡田源三郎、大槻部長、マネージャーの松本瀧蔵（広陵中・広島）、主将の銭村辰巳以下選手16名の編成で36戦の遠征だった。この年は明治の留守軍も満州遠征で24試合を行っている。世界一周メンバーは3月15日に横浜港を出発し、ホノルルを経由してロサンゼルス、フレズノ、シカゴ、ニューヨークに鉄路で進み、ニューヨークから船でロンドンに着いた。その後はマルセイユ、パリ、ベルリン、ローマ、ベニス、ナポリ、スイスと欧州を周り、カイロを経由しスエズ運河を通り、紅海、インド洋を経てコロンボ、シンガポールから香港、上海で試合を行い、7月29日に神戸港に着いた。太平洋、大西洋、地中海、紅海、インド洋、南シナ海、太平洋を制覇した136日間の世界一周の遠征だった。ロンドンではプロサッカーの名門のチェルシーのホームグラウンドで2試合した後、香港、上海で試合をするまでは、ヨーロッパ各地、エジプト、コロンボ、シンガポールは観光が主体という羨ましい限りの遠征だ。岡田の企画力なのか、六大学野球100年の歴史では最大級の海外遠征だろう（174頁）。

各校の遠征の記録を辿っていて、驚いた遠征があった。1933（昭和8）年の早稲田の夏季遠征（6月から8月）は、1軍が上海、2軍が満州・朝鮮・中国、3軍が樺太・北海道、新人が東北へと4班に及ぶ大遠征を行っている。また、慶応が1938（昭和13）年に部長以下23名で南洋遠征を行い、日本軍が戦線を広げたミクロネシア諸島のテニヤン、ロタ、ヤップ、パラオを回り紅白戦を行っている。さらに、慶応は真珠湾攻撃の1年5ヵ月前の1940（昭和15）年の7月にハワイ遠征を16名で行っている。日系チームの他にアメリカ海軍と対戦もあった。前年に文部省の弾圧で早稲田と明治の満州・朝鮮遠征が中止に追いやられている中で、慶応のハワイ遠征はなぜ敢行できたのか知りたいところだ。『慶応野球部史』には、ハワイ全島の歓迎はものすごく、新聞は「慶應の敵前上陸と電撃作戦への期待」の見出しで、「慶應との白熱的ゲームの展開を期待している」とある。日米親善を掲げたハワイ遠征だったが、六大学野球で戦前最後の海外遠征となり、翌年の日米開戦、3年後のリーグ戦中止に向かっていった。

1905（明治38）年の早稲田のアメリカ遠征から1940（昭和15）年の慶応のハワイ遠征まで戦前の36年間に、確認できただけでも6校で78回の海外遠征を行なっている。内訳はアメリカ（ハワイ含む）24回、満州ほか中国地区・朝鮮36回、台湾（マニラ含む）15回、南洋1回、樺太2回。なぜ、これだけ多くの海外遠征ができたのか。当時の六大学野球の観客動員は毎試合、ほぼ満員の状態。入場料の安い学生の応援が多くを占めたが、確実な入場料収入が見込まれた。当時の入場料は内野1円、外野50銭、学生30銭で、1928（昭和3）年の明治の野球部収支が『明治野球部史』に記されている。春秋の入場料収入が「五万五千円」とあり、そのうち約6割の「三万二千円」余りが「遠征費」となっている。昭和初期と令和初期の貨幣価値は物価指数から弾くと約6300倍となり、換算すると入場料収入は3300万円、遠征費は2000万円強となる。それに同部史によると、当時は各校への配当金を抑えて積立金として神宮球場に積み立て、これが遠征費用に当てられ、3回目の明治のアメリカ遠征には「五万円」（現在の約3000万円）の積立金が支給された。この頃は毎年、早稲田、慶応、明治のいずれかが渡米している。1931（昭和6）年には観客収容能力が追いつかない神宮球場は、収容人員2万9000人を、一気に2倍の5万8000人（『栄光の神宮球場』（明治神宮外苑編）の球場仕様記載には「収容人員公称五万五千人」とある）の規模に改装された。

六大学野球の収入分配制度では、かつては1日の入場収入のうち20％が連盟に入り、残りの80％を出場したチームに均等に割り当てた。4校出場の場合は、5分の1が1校の収入となった。当時は現在とは比較にならない観客動員による潤沢な入場料収入が、各校の海外遠征を後押しした。他の競技団体、文部省当局からすれば当時の六大学野球の入場料収入は垂涎（すいえん）の的だっただろう。しかし、先述した文部省の野球統制令に

昭和初期のリーグ戦の入場券、
1929年秋の帝早戦のチケット
（『六大学野球全集』より）

より試合数が激減したことは、各校の収入減につながったものと思われる。政府（文部省）の六大学野球に対する嫌がらせとも思える。いつの時代も時の政府の規制には疑問符が付くものが多い。現在は、年間の総収入と総支出の差額の剰余金を各大学に均等に寄付をする方式に進化している。日本の大学スポーツで常に同じ会場（球場・グラウンド）を使用し、収益を大学に寄付しているのは六大学野球だけだ。

６校が行なった最後のアメリカ遠征は先述した慶応の１９４０（昭和15）年のハワイ遠征だった。前年に予定されていた早稲田と明治の満州・支那遠征は、文部省から中止の命令が下され、国から遠征を拒否された。日中戦争が長期化した中で、前年に国家総力戦を唱える国家総動員法が公布、制定された。その3年後に本場の野球を学ぼうと各校が競争するように出掛けたアメリカのハワイ真珠湾に日本軍が奇襲攻撃を仕掛けようとは選手は知るよしもなかった。

アメリカ、ハワイ遠征と並行して、１９１７（大正６）年に早稲田が初めて行った満州・朝鮮遠征が６校に広まり、戦時色の強まった１９３８（昭和13）年まで続いた。アメリカ遠征は大学を中心にアメリカ人と戦ったが、中国・満州地区では日本系企業チームと日本人を相手に試合をしたことが異なる点であった。しかも日本人の選手の中には卒業後に満州に渡った六大学野球各校出身の選手も多かった。１９２３（大正12）年の満州へ渡った慶応は、遠征で転戦の途中で大連に到着した時に関東大震災が起き、現地では「東京京浜全滅」というデマが飛び、一行は野球どころではなくすぐに船便で東京へ戻った一幕もあった。

アメリカ、満州・朝鮮のほかにも台湾、フィリピンのアジア地区へ各校が単独で海外遠征を行っている。朝鮮へは陸続きの満州と同時に行われる遠征が多く、台湾へは戦前は6校で11回の遠征を行い、戦後8年目に早稲田、その翌々年に明治が遠征を復活させている。初めて航空機（ノースウエスト航空）で台湾に渡ったのも早稲田だった。

６校の創部以来の海外遠征を各校野球部史ほかで辿ってみると、その旺盛な行動力に驚く。現在の海外遠征と

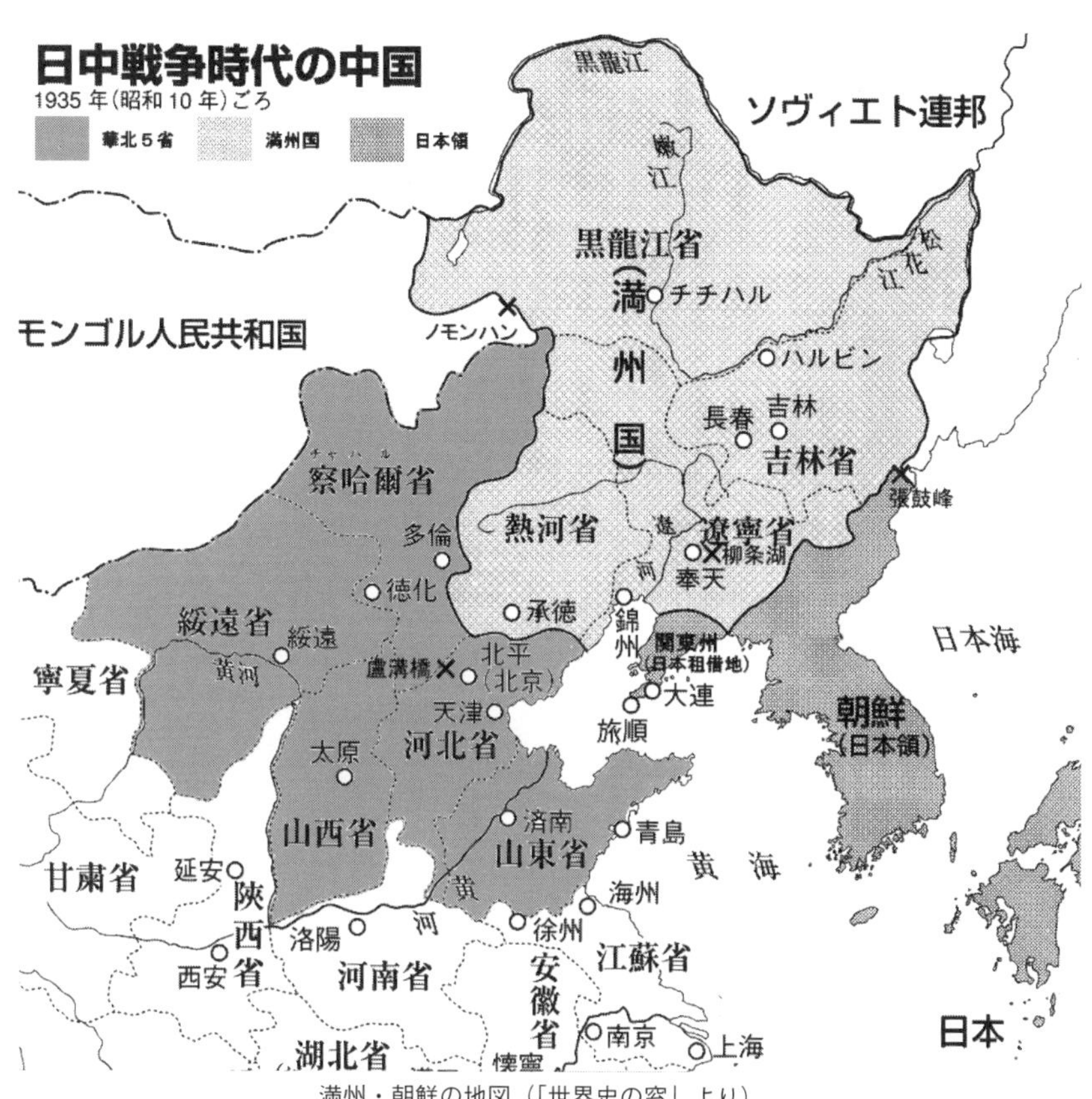

満州・朝鮮の地図(「世界史の窓」より)

はスケールが違う。飛行機はじめモービルの発達した現在とは単純に比較できないが、遠征規模の大きさに驚く。100日間を超える遠征も数多く、記録をみるだけでもアメリカの野球を学ぼうとする気概と貪欲さが溢れている。それには入場料収入の裏付けがあった。帝国大学の事情が絡むのか、帝大はアメリカ・ハワイ遠征をしていない。帝大が他の5校並に海外遠征をしていたら、当時のリーグ戦の6校の順位は多少変わっていたかもしれない。

そして、当時の一般学生がなしえない海外旅行を本場アメリカの野球を体得する目的で各校がアメリカ、ハワイ、満州・朝鮮への長期の遠征を毎年のように挙行した。世間から見ると華美に映った面が多分にあった。それが先述した「野球害毒論」、さらに文部省が発した「野球統制令」へとつながる一因となったのだろう。戦前から敗戦までの満州、台湾、朝鮮の野球は日本の統治下という社会環境で行われた特殊な野球だった。次項で記す。

大正、昭和初期の海外遠征について記していると、戦争の最中、戦火が迫る中で遠征を挙行したことに驚く。最初の早稲田のアメリカ遠征は日露戦争の真っ只中に挙行され、先述した明治のアメリカ遠征では選手は遠征の最中に第一次大戦の勃発を知った。『立教野球部史』には、

「僕たちは夏満州に遠征しての帰り大連へ着いて（満州）事変を聞いたから尚更（戦争が）身近のような気がします。大連は（中略）戦時管制になったんです。街の中をタンク（戦車）が走ったりして物凄かったんです」

と、満州事変に遭遇した選手の談話が記されている。戦争を知らない世代には、時勢と隔絶したおおらかな時代とも映る。世情が緊迫している中でも野球部の方針を大学が理解し、それを決断して後押ししたことは、当時の大学に骨っぽさを感じる。

現在では2週間もあればアメリカで10試合前後の試合をこなして帰ってくることは十分可能だ。当時の100日もかけてアメリカに出かけた6校の気概とともに、改めてモービルの発達に驚く。同時に当時の日本の置かれた世情がどうだったたか、その中で選手は何を思いアメリカに渡ったか、想像してみるだけでもいい。

早稲田は先鞭を付けた海外遠征に加えて、アメリカの大学チームの招聘も行った。慶応のハワイのセントルイス大（1907年）、早稲田のワシントン大（ワシントン州・1908年）に始まり、明治が1913（大正2）年にワシントン大を招聘した。その後早稲田は同大学を2回招いている。早稲田はその後、1910（明治43）年にシカゴ大を招き、1930（昭和5）年まで5回にわたり同大学を招聘している（68頁）。シカゴ大学招聘は、早稲田の野球に近代化をもたらしたばかりでなく、日本の野球に多大な貢献を果たした。そのシカゴ大のカレッジカラーのエンジ（えび茶）が早稲田のスクールカラーになったことは、野球がもたらした歴史を物語っている。両校のユニフォームも似通っている。その他には、ウィスコンシン大（慶応）、インディアナ大、スタ

ンフォード大、南カリフォルニア大、エール大（早稲田）などアメリカの強豪チームを、戦争の色が濃くなる1935（昭和10）年まで積極的に招聘し続けた。

6校が挙（こぞ）って行ったアメリカ、台湾、朝鮮への遠征は、すべて早稲田が先んじていることは特筆すべきだ。これは早稲田野球部を産み、初代野球部長を務めた安部磯雄の存在抜きに考えられない。外国チームとの試合に加えて、安部の大学野球を通した国際交流促進の姿勢、大学の理解が生んだものと捉える。そして、戦後も6校の海外遠征は続いた。野球の本場のアメリカへの遠征とともに、隣国との交流を大学生が野球で行うことは学生にとっても国の将来にとっても有意義なことだ。平成に入ってからの各校の海外遠征は、アメリカとともに韓国（6回・来日7回）、台湾（10回・来日6回）へ遠征を行ない、地道な活動を連盟とも連携し続けている。物資も渡航手段も乏しい時代に、国際交流も視野に入れ海外遠征を挙行した早稲田の安部精神は貴重だ。隣国の韓国や中国との円滑な外交ができない政治が続く今、野球後進国の中国も含めてアジア各国との交流の絆をさらに深めることは、六大学野球にとって大きな意味がある。

◉戦争と台湾・朝鮮・満州の野球

日本が関わった日清、日露、第一次、第二次世界大戦は、海を隔てた隣の台湾、朝鮮半島、満州地区の野球にも大きな影響を与えた。その中で六大学野球出身の選手が中国満州地区の実業団チームに大きな関わりを持ったことにも前項で触れた。

1895（明治28）年の日清戦争後の台湾統治、1904（明治37）年の日露戦争を経て、翌年の日露講和条約で中国・関東州の租借権を得て、1910（明治43）年に韓国を併合した。第一次大戦中の1915（大正4）年に中国に対する対華21カ条の要求が紛糾し、国際連盟脱退、日英同盟破棄と連なり、満州国建設、満州事

台湾・朝鮮・満州地区代表の全国大会（甲子園・都市対抗）出場歴

大会	選手権大会（夏の高校野球）			都市対抗野球大会（社会人野球）			
開催年	朝鮮	台湾	満州	朝鮮	台湾	満州	
1921年（大正10）	釜山商		大連商				
1922年（大正11）	京城中		南満工				
1923年（大正12）	徽文高普△	台北一中	大連商				
1924年（大正13）	京城中	台北商	〃				
1925年（大正14）	釜山中	台北工	〃				
1926年（大正15）	京城中	台北商	☆〃				
1927年（昭和2）	〃	〃	〃	竜山鉄道局		★満州倶（大連）	
1928年（昭和3）	〃	台北工	〃	京城殖産銀行		★大連実業（大連）	
1929年（昭和4）	平壌中	台北一中	青島中	全京城		★満州倶（大連）	
1930年（昭和5）	大邱商〇	〃	大連商	平壌鉄道倶楽部	台北交通団	〃	
1931年（昭和6）	京城商	☆嘉義農林〇	〃	竜山鉄道局	〃	〃	
1932年（昭和7）	平壌中〇	台北工	〃	全京城	〃	☆〃	
1933年（昭和8）	善隣商〇	嘉義農林〇	〃	☆〃	〃	〃	
1934年（昭和9）	京城商	台北商	〃	〃	全台北	〃	
1935年（昭和10）	新義州商〇	嘉義農林〇	青島中	〃	台南州団	〃	満州倶（奉天）
1936年（昭和11）	仁川商	〃	〃	〃	〃	☆〃	新京電電
1937年（昭和12）	龍山中	嘉義中〇	〃		〃	新京満州団	
1938年（昭和13）	仁川商〇	台北一中	天津商	☆全京城	〃	満州倶（大連）	昭和製鋼
1939年（昭和14）	〃	嘉義中〇	〃	〃	全台北団		
1940年（昭和15）	平壌一中	台北一中	奉天商	★全京城	高雄市団	☆大連実業団	満州倶（撫順）
1941年（昭和16）	予選のみ	嘉義中〇	天津商	予選まで行い本大会は中止			
1942年（昭和17）	戦争により中止			★全京城	台南州団	大連実業団	満州倶（奉天）
1943年（昭和18）	戦争により中止						
1944年（昭和19）	戦争により中止						
1945年（昭和20）	戦争により中止						
1946年（昭和21）	前年の日本の敗戦により3地区大会が消滅						

大会	選抜大会（春の高校野球）		
1930年（昭和5）		台北一中	
1933年（昭和8）		〃	
1935年（昭和10）		嘉義農林〇	

（注）「満州倶」は「満州倶楽部」
（注）網掛けはベスト4以上（★は優勝・☆は準優勝）
（注）〇は混合チーム、無印は日本人チーム、△は朝鮮人チーム

変、日中戦争に突入し、太平洋戦争へ戦火が広まった。そして、1945（昭和20）年の悲惨な敗戦を迎える。日本国にとって激動の半世紀といえる。六大学野球にとってもこの3地域との関わりは深く、最期は呆気ない結末となった。

この間にこの地域の併合や傀儡国家設立とともに、地域ごとに「日本社会」化が進み、学校、企業に日本人が持ち込んだ野球社会が生まれていった。しかし、この3地域に踏み込んだ「日本社会」が押し入られた地域の人々からどう思われていたか、筆者は小中高の社会科の授業では習った記憶はない。別表の通り中等学校野球大会や都市対抗野球大会へも3地域の代表チームを参加させた。

台湾は1895（明治28）年の日清戦争後の講和条約（下関条約）で日本に割譲され、敗戦後に中華民国に復帰するまで日本の一部だった。半世紀もの長い間、日本の統治下にあったことに改めて驚く。日本の台湾統治と同じくして台湾に野球が持ち込まれ、中等学校チーム、クラブチームができた。台湾野球は台湾人（中国人）によって広がりながら組織

敗れて悔なき台灣の健兒

【總評】飛田穗洲

涙ぐましい……三民族の協調

甲子園印象記　菊池寛

嘉義農林の準優勝を讃える菊池寛の観戦記と飛田穂洲の総評
（1931年6月22日付朝日新聞）

化されていった。後で記す満州の野球と異なる点だ。

1918（大正7）年に早稲田が初めて野球部長の安部磯雄の指揮の下で台湾遠征を行った。主に野球技術の習得を目指したアメリカへの遠征とは異なり、台湾との友好を深めることが安部の目的だった。早稲田に続いて戦前の各校の台湾遠征は11回を数えた。実業団チームも台湾に遠征し、台湾の野球は発展していった。1923（大正12）年から中等学校の代表校が中等学校野球大会へ出場した。特に嘉義（かぎ）農林（嘉農）は台湾人、日本人、現地民の混成チームで台湾予選を勝ち抜き、1931（昭和6）年夏の甲子園大会では決勝まで進み、惜しくも中京商（愛知）に敗れ優勝を逃している。翌日の朝日新聞には飛田穂洲の総評と並んで、作家でこの年に『文藝春秋』を創刊した菊池寛（高松中－東京高師－明治－早稲田－旧一高－京都帝大・香川）が「涙ぐましい……三民族の協調」として、

「嘉義農林が（2回戦で）神奈川商工と戦った時から嘉義びいきになった。内地人、本島人、高砂族という変った人種が同じ目的のため協同し努力しておるという事が何となく涙ぐましい感じを起させる」

と観戦記を寄せている。優勝を遂げていたら、今の日本

第十六回 都市對抗野球大會

全京城、輝く連覇

大阪軍、敢闘して散る

12−6

大同・果敢

第16回都市対抗野球大会で
全京城が２年連続優勝
（1942年８月８日付毎日新聞）

国土以外にある唯一の優勝校としてさらにその名を残した。惜しい一戦だった。そして、嘉農の甲子園出場は二人の呉選手を生んだ。ひとりは早稲田に進み立教の長嶋茂雄（佐倉一・千葉）が8号を達成するまで7本の本塁打記録を保持し、首位打者を獲得した呉明捷（ごめいしょう）（181頁）。もう一人は3回の甲子園出場後に読売ジャイアンツに入団した台湾人出身初のプロ野球選手の呉昌征（ごしょうせい）だ。彼はＭＶＰにも輝いた。台湾は１９３０（昭和５）年から都市対抗野球大会へも毎年代表を東京へ送り込み、台湾野球は活況を呈していった。

　しかし、発展を遂げていた台湾野球は、日本の敗戦と同時に、新たな当事者の中華民国が入ってくると急速に萎んだ。そして１９４９（昭和24）年に中国共産党による中華人民共和国ができると、中華民国政府（中国国民党）は日本時代に根付いた野球を中国語の「棒球（バンチウ）」と変えた。『台湾野球の文化史』（アンドルー・Ｄ・モリス著・論創社）に、現在でも台湾語を使う人たちの間には「野球（イヤキウ）」と台湾語読みした呼称が残っているとある。台湾は協会名を中華民国棒球協会（チャイニーズ・タイペイ野球協会）と変え、再び「国技」として台湾式棒球の発展に努めた。台湾人の独創性は中国本土とは異なる、という台湾人の心意気が野球でも窺える。バルセロナオリンピックで銀メダルに輝いたことも、台湾人の野球への熱情は大戦後も失われなかったことを証明した。

　台湾は日本が50年間統治した以前は、台湾民主国（１年）、清朝の統治（２１２年）、漢民族の一派の鄭（てい）政権（21年）の統治の歴史があり、その前には38年間のオランダの統治時代があった。現在の体制になる前は３２０

年を超す被統治時代があったことになる。同じ島国で植民地時代の経験がない日本人には想像すらできない。敗戦後に日本がGHQに占領、統治された6年8ヶ月間など台湾の被統治期間とは比べるに値しない。オランダ、清国、日本を受け入れ続けた中で、民族のアイデンティティーを保ち続けたことは敬服に値する。田中角栄（中央工学校・新潟）内閣時代に日中国交正常化を果たし、「中国は一つ」を日本が中華人民共和国に表明した歴史は残っている。その台湾が中国の台湾統一をめぐりアメリカとせめぎ合いの渦中にあることは不幸なことだ。

朝鮮半島の野球は大韓帝国の時代にアメリカ人からもたらされ、次第に社会に根付いていった。日本の韓国併合後は日本の韓国への教育行政が進み、日本仕込みの野球化が進んだ。一方で、1910（明治43）年に日本が大韓帝国を併合し「朝鮮」となった後、早稲田は1912（明治45）年朝鮮では最強の皇城ＹＭＣＡ[注6]を東京に招聘し、親善試合を重ね、明治ほかとの親善試合も取り持った。朝鮮人の野球チーム初の日本遠征だった。クリスチャンでもあった早稲田の野球部長の安部磯雄のスポーツによって国際交流を図る考えが根底にあり、朝鮮野球の発展に寄与した。ここでも早稲田が先鞭をつけた。日本人で構成された社会人チームとの試合に野球ファンが押し寄せ、1917（大正6）年の早稲田が初めて満州・朝鮮遠征を行い、六大学各校の遠征が続いた。そして、中等学校野球大会の地方予選と位置付けた朝鮮大会を実施した。日本人学校だけでなく朝鮮人学校まで参加を呼びかけたので朝鮮への融和対策の一環と捉えられ、朝鮮総督府との意見の食い違いがあり頓挫した。その後、1921（大正10）年から中等学校の選手権大会への出場が始まり、最初の2年は日本人の学校が全国大会代表となった。3年目には朝鮮人学校の徽文（きぶん）高等普通学校（高普）が代表となり、満州地区代表の大連商業と甲子園で対戦している。

第1章の野球害毒論の項で紹介した早稲田の河野安通志らが設立した日本初のプロ野球球団の日本運動協会（のちに宝塚運動協会）が選手をスカウトした際に優秀な朝鮮人選手を数多く採用したことは特筆される。そして、都市対抗野球大会が朝鮮人の野球心に火をつけ、社会人野球チームが生まれ、代表チームを東京へ送った。

先に記した満州での野球では多くの六大学野球卒業生が満州に渡り活躍したが、朝鮮に渡ってプレーした選手は少数だった。京城地区の社会人チームからピックアップした全京城が後半は朝鮮代表の常連となり、都市対抗野球大会で2度の「全国」制覇を成し遂げている。六大学野球から朝鮮の社会人チームに加わったのは、早稲田の荻野喜代志（富岡中・群馬）、明治の渡辺大陸（神戸二中・兵庫）、野村武史（岐阜商）らがいる。渡辺は全京城に続き台湾の台北交通団に移り、2地区の代表として外地から都市対抗野球大会へ出場を果たしている。

朝鮮の野球は日本と深く関わりながら、高校（中等学校）野球、社会人野球ともに盛んとなったが、6校の野球部史を見ても満州・朝鮮遠征で朝鮮人の大学チームとの対戦は見当たらない。満州事変を境に戦時色が強まり、帝国日本の皇民化政策が朝鮮にも及び、朝鮮人の野球熱は一気に冷め、学校スポーツの廃止、中等学校野球大会と都市対抗野球大会の予選廃止へとつながり、終戦とともに日本が絡んだ朝鮮半島の野球は終焉を迎えた。

さらに、中国の野球文化は「中国野球の現状と発展に関する研究」（陳博偉・早稲田大学大学院スポーツ科学研究科修士論文・2019年）によると、日本の安政・文久時代の1860年代に野球がもたらされたという。1895（明治28）年に北京、上海に野球チームができ、1905（明治38）年には上海セントジョーンズ学院と上海青年会との試合が行われている。早慶対校戦第1戦が行われた翌々年だ。日本の野球の歩みと時期は変わらない。

日本が戦時色に染まりアジアへの侵攻が進み、中国北東部の満州地区の「日本化」の象徴が満鉄（南満州鉄道株式会社）だった（62頁）。同地区の日本による野球文化は満鉄の歴史といっていい。満州地区の野球については、「満州スポーツ史話」（京都大学文学部研究紀要・高嶋航著）と『紀元二六〇〇年の満州リーグ』（坂本邦夫著・岩波書店）に詳しく記されている。

この満鉄の野球部創設が満鉄本支社、周辺企業へ広まり、1920年頃には満州地区に100を超えるチームがあったとの記述もある。まともなチームは50前後だったようだ。日本が国策として満州に進出し、旧ロシアが創設し日本が権益を得た南満州鉄道（満鉄）がつくったチームが先駆けで、一高野球部出身の平野正朝（水戸中－旧一高・茨城）が中心になりチームづくりをした。一高野球部の精神野球の信奉者だった水戸中の先輩、早稲田の飛田穂洲に「多くの先輩に先んじて野球武士道を鼓吹した人」と言わしめた人物だ。１９０８（明治41）年に満州で初めての試合を企画し、翌年には大連野球団が設立され、開幕試合の審判は、日本で初めての野球チーム「新橋アスレチック倶楽部」を創設した平岡凞（24頁）の弟の平岡寅之助が務めたことは先述した。

１９１６（大正５）年には、第1回関東州野球大会が満鉄主催で行われ、大連実業、南満工業、旅順工科学堂、満鉄本社の4チームが参加した。年を追うごとにチーム編成が進み、大連実業、大連満鉄倶楽部（大連満倶）、全撫順、安東満倶、奉天満倶などが主力のチームとなった。これらのチームに六大学を卒業した多くの選手が所属し、満州の地で白球を追った。すべてのメンバーの掌握は困難だが、「満州スポーツ史話」『紀元二六〇〇年の満州リーグ』他からメンバーを拾ってみた。六大学野球を卒業して満州に渡った選手や満州地区のチームを経て六大学野球に進んだ選手は、古くは早慶対校戦第1戦に出場していた早稲田の獅子内（ししうち）謹一郎（盛岡中・岩手）をはじめ、最後は１９３１（昭和６）年に明治でプレーした伊藤庄七（中京商・愛知）まで、確認できただけで79名（朝鮮へ渡った3名含む）の選手が中国大陸でプレーしている。メンバーは6校に及び錚々たる面々が満州で活躍した。内訳は、早稲田21名、慶応6名、明治27名、法政17名、立教7名、帝大1名（章末のメンバー表の斜字の選手）。

六大学野球から満州に渡り、その後プロ野球に進んだ選手も数多い。監督やフロントで活躍した選手が目立つ。早稲田から満州倶楽部（満倶）に進んだ氷室（芥田）武夫（姫路中・兵庫）は、満倶で都市対抗野球大会の優勝を2回経験し、時事新報、朝日新聞の記者となり、プロ野球解説者を経て近鉄パールスの監督になっている。同じく早稲田の岸一郎（早稲田中・東京）も大阪タイガース（現阪神タイガース）の監督だ。慶応の水原茂は奉天実業団を経て、読売ジャイアンツ、東映フライヤーズ、中日ドラゴンズの監督を経た。他に山下実（第一神港

本社主催 都市對抗野球大會終る

大阪の肉薄及ばず 大連遂に優勝す

３―０ 白熱の決勝戰

……燦として輝やく大優勝旗

界希觀の好取組

大スタンドを埋め盡す

觀衆に息もつかせぬばかりだ

第1回都市対抗野球大会で満州倶楽部が優勝
（1927年8月10日付毎日新聞）

商・神戸）、水谷則一（愛知商）もいる。中澤不二雄（荏原中・東京）は明治からプロ野球団を宣言した天勝野球団を経由して満倶の選手、監督を経て、日本ではプロ野球の解説者として活躍した後にパシフィックリーグの会長としてプロ野球の発展に貢献した。大阪タイガースの監督になった松木謙治郎（敦賀商・福井）もいた。法政の萩原兼顕（芝中・東京）、明治の中川金三（栃木中）はプロ野球の公式記録員としてプロ野球を支えた。

また、逆に満州のチームで活躍した後に六大学に進学し神宮球場で活躍した選手には、明治の湯浅禎夫（米子中・鳥取）、田部武雄らがいる。湯浅は米子中（鳥取）を卒業し満州に渡り大連実業で投げ、１９２２（大正11）年に明治に入学した。明治では１９２５（大正14）年に幕を開けた六大学野球の初のシーズンで2度のノーヒットノーランの離れ業を演じ、さらにそのシーズンに１０９の三振を奪った。この二つの記録は１００年経っても破られていない。湯浅は神宮で達成したノーヒットノーランの4年前にも満州での実満戦でノーヒットノーランを記録し、明大入学後も遠征で満州を訪れ、成長したピッチングを満州の観衆の前で披露し、満州の野球ファンを驚かせたという。卒業後、再び満州に渡り大連商をコーチとして選手権大会に導き、毎日新聞の記者を経て、その毎日新聞が設立した毎日オリオンズの監督兼投手としてプロの世界に入った。

同じ明治出身の田部武雄は広陵中を中退し満州に渡り、大連実業で活躍し、広陵中に復帰してから１９２８（昭和3）年に明治に入学している。21歳で甲子園に出場し、22歳で明治に入学している。明治では捕手以外のポジションはすべてこなしユーティリティプレイヤーとして名を馳せた。その後社会人野球の藤倉電線で都市対抗野球大会に出場し、読売ジャイアンツの前身である大日本東京野球倶楽部の設立に誘われ、設立当時に田部が付けた背番号3は、中島治康（松本商－早稲田・長野）、千葉茂（松山商・愛媛）、長島茂雄を経て今は永久欠番となっている。その後プロ野球の開幕は迎えられず、再び満州に渡り古巣の大連実業で都市対抗野球大会の出場を果たしたが、戦況悪化の中で召集され沖縄で無念の戦死を遂げた。16歳で満州に渡り、復帰した広陵中で甲子園出場を果たしたのが21歳、明治には22歳で入学し、28歳でプロ入り、30歳で再び満州に渡り沖縄にて39歳で没した。こんな波乱に富んだ野球人生があるのか。日本が満州進出、戦争を仕掛けなければ有り得ない人生だ。

１９１７（大正６）年の早稲田の満州・朝鮮遠征を皮切りに、１９３９（昭和14）年に早稲田、明治の満州・朝鮮遠征が文部省の命令で中止になる22年間で、６校で32回の満州・朝鮮に絡む遠征が確認できた。六大学野球出身者の在籍が多い満鉄倶楽部、大連実業を中心に、日本の「外地」で「日本人対日本人」の試合を展開した。満州遠征は六大学野球チームの遠征が圧倒的に多いが、大学では関西学院大、同志社大、九州帝国大、国学院大がある程度だ。満州の新聞社の招待で行った遠征が多かった。南カリフォルニア大、スタンフォード大も各１回、大連実業、満鉄倶楽部と対戦している。この間に始まった都市対抗野球大会は、六大学野球が始まって２年目の第１回大会（１９２７年）から３年間は満州地区代表が３連覇（満州倶楽部・大連実業団・満州倶楽部の順）し、優勝旗（黒獅子旗）はいきなり３年連続で海を渡っている。その満州地区野球の絶頂期に六大学野球出身の多くの選手が満州代表として古巣の神宮球場（第11回大会までは神宮球場を使用）で活躍した。

満州国での野球の振興は、国策で創設した傀儡国家において日本人社会を円満に運営するために国策企業が利用したともいえる。選手、スタッフは日本人で占められ、中国人がほとんど絡んでいないことが特徴的で、台湾、朝鮮と日本製野球の発展過程が異なっている点だ。満州地区の租借地の権利を得てから、移民政策ともいえる日本企業、日本人が満州にわたり、「日本人社会」をつくった。欧米からの批判をかわすために見せかけの独立国「満州国」を設立したことに対する反日感情、反日運動があった状況では、中国人を含めて野球をする環境にはなかった。日本人が異国の地に野球を持ち込み、選手を送り発展させたが、中国人と野球で交わることのなかった極めて特殊な「野球社会」だった。中国で野球が日本や台湾と同じく盛んにならなかったことは残念だ。日本人によって中国の野球がもっと盛んになっていたら、韓国、台湾と同様に中国も野球の強豪チームに育ち、大学チームとの交流、ワールド・ベースボール・クラシック（以下ＷＢＣ）で日本、アメリカと中国との接戦を観られたら、どんなによかっただろう。時の愛知工業大学長が主導した「ピンポン外交」によって日中の友好が深まった時代があり、同大は現在も卓球で中国とつながり、日本と中国が卓球で鎬を削る姿につながっている。国の体制が違っても野球でもっと深い交流ができたはずだ。アメリカ遠征、ハワイ遠征、台湾遠征では、現地の日本人、日系人のチーム、台湾企業と試合、そして交流を深めている。この点が満州での野球との大きな違いだった。しかし、１９３７（昭和12）年の日中戦争、第二次世界大戦開戦でアメリカ、ハワイへの遠征ばかりでなく、満州地区への遠征も一気に吹き飛んでしまった。そして敗戦によって日本企業、日本人は中国大陸からすべて引き揚げる結末となり、約四半世紀の栄華は瞬く間に崩れ去った。国も野球も激動の中国東北部だった。

陳博偉は前出の修士論文の中で、

「中国内部の混乱や外国資本主義の干渉により、国民がスポーツをする余裕はなかった。結果、文化大革命により、資本主義の娯楽を象徴する野球は落日を迎えた」

と中国野球を結論付け、論文の中では満州地区での日本野球についてはまったく触れていない。日本による満州地区の野球は、中国野球の歴史を語る上では、野球の歴史から除外されている。中国人の野球ではなく日本人の野球の歴史ということだろう。日本の国土の25倍、人口は10倍以上の中国にとって、内戦はあったものの満州地区での日本野球の栄華は中国の東北部の一出来事に過ぎなかった。

アンドルー・Ｄ・モリス（カリフォルニア州）は『台湾野球の文化史』の中で、「（野球が台湾に）日本の手で移入された以上、日本野球に深く刻み込まれた帝国主義と植民地主義の二重性をまず確認しておく必要がある」と記している。敗戦によってその二重性が崩れると、台湾、朝鮮、中国（満州地区）での日本版野球が瞬く間に消滅したことは当然の帰結だった。早稲田の安部磯雄がいたら、現在の国際状況を見て中国をはじめアジアの国々とどんな野球交流をしたであろうか。

さらに、中等学校野球大会の地区代表についても思うことがあった。沖縄代表が選手権大会に初めて出場したのが１９５８（昭和33）年の首里高だった。沖縄の野球は戦前の１９２２（大正11）年から九州大会、南九州大会などの地区大会への出場から始まった。首里高は全県出場の記念大会で沖縄県を制し出場を果たし、沖縄勢は１９７５（昭和50）年から単独県での出場となった。本土復帰から3年後、六大学野球創設50周年の年だった。朝鮮代表（釜山商）と満州代表（大連商）は１９２１（大正10）年から、台湾代表（台北一中）は翌々年から甲子園に出場している。沖縄が単独県代表になる54年も前から「外地の単独県」からの甲子園出場が始まった。第一次世界大戦後の日英同盟破棄と時期が重なり、台湾、朝鮮、満州地区からの甲子園出場は、帝国日本への同化政策の一環かと思ってしまう。沖縄は27年間のアメリカによる占領期間があったが、高校野球の地区代表についても「外地」扱いが長かった。戦後30年後の単独県代表だった。外地３地区の甲子園代表決定と比べると、アメリカの施政下にあったとはいえ、戦後の早い時期に沖縄の単独県での出場の決断があってしかるべきだったと思う。その沖縄勢の甲子園での開会式の行進、戦いぶりを観て、戦後79年を経ても清々しさを覚えるのは筆者だけではないだろう。戦後の早い時期に単独県で甲子園代表となっていれば、沖縄勢の全国制覇はもっと早まったであろう。しかし、現在の沖縄勢の野球は強豪校と肩を並べるレベルであり、栽（さい）弘義（糸満－中京大・沖縄）、我喜屋（がきや）優（まさる）（興南・沖縄）はじめ沖縄の高校野球指導者の努力には頭が下がる。

かつて参加を求めた甲子園大会、都市対抗野球大会に韓国、台湾、中国の代表チームを招聘し、トーナメントに参加させ野球で友好を深める日本の度量があってもいい。１世紀の歴史を誇る甲子園大会に隣国との国際親善の新たな風を起こすこともあっていい。大正時代に始まった高校野球がかつて統治した国（地域）の代表校の校歌を甲子園で聴くことも互いに平和を願う象徴になる。甲子園で野球のエリート選手を集めた強豪校が覇者を競うより、日本の将来にとって高校生がもっと大事なことで野球を考えることがあってもいい。格差のある環境で行われる「負けたら終わりの優勝劣敗」から、野球で隣国との絆を強くすることの方が、次の日本を背負う高校生への大きな教育的メッセージになる。最近の甲子園大会で野球環境が圧倒的に勝る強豪校が優勝し、マウンド上で指を突き上げるシーンを観ても、かつての感激、胸騒ぎがないと思うのは筆者だけであろうか。昨年のWBCで躍動した大谷翔平（花巻東・岩手）が優勝後のインタビューで、

「優勝できたことは日本だけでなく、韓国も台湾も中国も、もっともっと野球を大好きになってもらえるように、その一歩としてよかった。そうなることを願っている」

と、アメリカから28歳の野球青年による東アジアの国への発信があった。

◉戦争と各校野球部

二・二六事件が起き東京市[注7]（現在の東京都区部）に戒厳令が敷かれた翌年の1937（昭和12）年に盧溝橋事件が勃発した。その年の秋のリーグ戦入場式（開会式）には異例の加盟6校の全選手が参加した。「野球年鑑」に「非常事態下の荘嚴な入場式」として、

「盧溝橋に勃發した暴戻（ぼうれい）（筆者注・横暴の意味）支那の抗日戦は日毎に擴大して、局地拾収を念とした日本の素志も蹂躙（じゅうりん）され、極東の風運は愈益（ますます）荒れ立った。秋のリーグ戰は、此の非常時局のさなか九月四日を以て、燃ゆる銃後の國民意氣の中に開催さるることとなった。／（中略）加盟チームの全選手は、（中略）明治神宮に参拝し、皇軍の武運長久を祈願して球場に引き返し、（中略）入場式を挙行した。（中略）満員のスタンドは白一色の夏景色に照り映（は）ゆる中に、海軍々樂隊の奏ずる行進曲のリズムも勇ましく、（中略）各チームは、色も凊らかな新調ユニフォ

ームに威儀を直して、歩武颯爽と行進を始め、（中略）嚠喨だる國歌は、折からに一層荘厳の氣に充ちて、満場起立、咳一つなき嚴蕭緊張の中に、（中略）國旗を掲揚し、（中略）當番校帝大より緑川（大二郎／旧静岡高）主將進んで全選手を代表して『時局に對處する覺悟』の宣誓文を朗讀し、（中略）總員退場して式を閉ぢた」

と、戦時下の世情が反映された開会式の様子が記されている。緑川主将の宣誓は、

「今ヤ時局重大ノ秋　吾等学生選手タル者亦　深ク決意スルトコロ無クンバアルベカラズ（中略）質実ニシテ剛健ナル学生野球ノ精華ヲ発揚スルト共ニ　茲ニ銃後青年ノ意気軒昂タルモノアルト示サントス／右宣誓ス」

と戦時色を帯びたものだった。

戦局が刻一刻と深刻さを増し、国家総動員法が発令され、１９３９（昭和14）年にヨーロッパで第二次世界大戦が始まった。１９３５（昭和10）年から続いていた2試合総当たり制は、文部省の圧力で１９４０（昭和15）年から秋季は1試合総当たり制に縮小された。翌年に真珠湾攻撃、太平洋戦争が始まり、１９４１（昭和16）年には、明治の監督の谷沢梅雄（明星商・大阪）、杉浦清（中京商・愛知）に召集令状が春と秋に相次ぎ舞い込み、監督がユニフォームから軍服に着替える事態となった。１９４３（昭和18）年から六大学野球は１００年の歴史で唯一の中断に追い込まれ、本著のメンバー表は3年間にわたり１００年間で唯一の空白になっている（188頁）。

１９４３（昭和18）年4月に文部省から連盟の解散命令が下され、6校の野球部はやむなく活動中止に追い込まれた。前年から野球に対する圧力は強まり、春は何とかリーグ形式が組まれたが、秋は1回戦総当たりの対校戦形式に縮小された。春季リーグ戦は明治が制し、秋は早稲田が優勝した。このリーグ戦が最後のシーズンとなり、アメリカから渡ったベースボール、そして日本人が育て人々が熱狂した野球は、国の弾圧で「敵性スポーツ」と化した。

戦況悪化が著しくなると、学徒出陣による大学、専門学校生への召集が行われ、１９４２（昭和17）年の学年から9月の繰り上げ卒業が行われ、野球どころか勉学も剝奪された。この年と翌年の各校の名簿を見ると、春と

秋ではメンバーが大きく入れ替わっている。9月の繰り上げ卒業によってメンバー編成の変更を余儀なくされ、主将もマネージャーも相次いで変わっている(187頁)。繰り上げ卒業とは聞こえはいいが、兵隊不足を現役学生で補わなければならない状況がそうさせた。2022(令和4)年2月にウクライナへ侵攻したロシアが、戦況悪化とともに若者を戦争に動員し、高校生に軍事教練を課したことは、時代が逆戻りした現実を突きつけられた。

さらに、日本国籍になった台湾人、朝鮮人の学生も出征対象となった。中には中華民国(台湾)の総統を務め、親日家で通した李登輝(旧台北高・日本統治時代は岩里政男名)もいた。李は京都帝国大農学部の学生の時に学徒動員され出征し、大阪師団に配属され千葉陸軍高射学校で終戦を迎えた。当時日本に留学していた李のような学生も多かった。そして、六大学野球各校の選手にもその手はのびた。戦地へ赴いた学生は全国で2万人、戦没者は5000人とする資料もあるが確定された資料はない。特に戦没者数については学生が所属した大学の集計が頼りだったという。リーグ戦中断の前から敗戦色が濃くなる中で、全国から東京に集まった選手の心はどう揺れ動いたのか。各校の野球部史をはじめ書物を捲ると、当時の選手の戦争への思いが綴られている。

1939(昭和14)年春のリーグ戦が終わると、9月に繰り上げ卒業が行われて、6校の多くの同僚がメンバーから外れた。その秋に主将になった明治の原田徳光(中京商・愛知)は、『明治野球部史』の中で、

「(同期の)怪物は加藤三郎(岐阜商)。(中略)もし生きていれば当然プロ野球に入っただろうし、そうすれば川上(哲治/熊本工)や大下(弘/高雄商・台湾－明治)に負けない活躍をしただろう。(中略)そのパワーはケタはずれだった。体が大きいのに器用で、手が人一倍大きかった。(中略)逸話はたくさんあるが、(中略)忘れられないのは海軍の検査を一緒に受けに行ったことだ。身体検査の時だった。彼は私の前だったが、『あまりにもいい体をしている。落すのはもったいないな』と係官が話しをしているのが、聞こえてきた。三郎は耳が悪かった。航空関係で耳が悪いのは致命傷のはずだが、あまりにもいい体をしているので、軍でもミスミス見逃すのは惜しかったのだろう。合格してから三郎は航空兵を志願。特攻のため南国の海に散ったが、もしあの時不合格になっ

たら……。戦後の野球史に一ページを画したことだろう。私は悪いことに係官の話しを聞いてしまっただけに、くり上げ合格がなんといってもにくい」

と、同僚の戦死を悔やんだ。

東京六大学野球連盟の事務局長を長年にわたり務めた早稲田の長船騏郎（きろう）（天理中・奈良）は連盟結成80周年記念座談会で、

「（早稲田に）入学した（昭和）16年には米が配給になり、一日一人二合三勺（しゃく）（330g）（原文ママ）でしたが、早大ではマネージャーだった相田暢一（ちょういち）（小樽中・北海道）さんが苦心されて、外米など食事は合宿で食べることが出来ました」

と話し、軍隊召集については、

「はじめは北海道旭川の第七部隊へ。その後函館から青森に渡り軍用列車。機密保持のため列車の窓々のシャッターは全部おろされました。どこをどう走っているのか判りませんでしたが、だいぶ時間がたったとき隊長が『おい長船、シャッターを上げ窓から外を見てみろ』と言われて不思議な思いで見てみると列車は高田馬場を通過中でした。〝ジーン〟と来ました。（中略）これも六大学（野球）のおかげです。／（中略・旧満州で）盲腸になりチャムスの軍の病院に入院しました。軍医が『東大の由谷敬吉（鳥取中－旧一高・158頁）が入院して別病棟におるぞ』と教えてくれました」

と当時の思い出を語っている。六大学野球の同僚が異国の戦地の病院で病床を同じくするという、平和な現在では想像できないことが戦時に起こっていた。

相田暢一のレリーフ
（公益財団法人野球殿堂博物館所蔵）

戦争でリーグ戦が中断していた1943（昭和18）年10月16日

に学徒出陣壮行早慶戦が早稲田の戸塚球場で行われた（189頁）。慶応の主将の阪井盛一（滝川中・兵庫）、マネージャーの片桐潤三（藤岡中・群馬）が早慶戦の開催の請願に野球部長宅へ日参し、最後は塾長の小泉信三（慶応普通部－慶応・東京）が承諾した。一方、早稲田は大学当局が難色を示していたが、飛田穂洲、マネージャーの相田暢一が実現へ奔走し、こちらも難航の末に総長の田中穂積（松本中－早稲田・長野）の判断を仰ぎ実現の運びとなった。この試合の模様を慶応の阪井は『慶応野球部史』の中で、

「間もなく銃を取る身の学徒出陣を飾る試合に、神宮球場の使用が（文部省から）許されず、止むなく戸塚球場で試合することとなった。（中略）塾生多数の応援と、小泉（信三）先生自ら学生席中央に陣取られ、共に応援下さったことは忘れることができない。（中略）突然何処からともなく湧き上がる〝海行かば〟の厳粛な歌声は、やがて球場を圧し、今は敵も味方もなく征く者すべて戦友である。球場を去るにも唯お互いに明日の敢闘を誓うばかりであった。（中略）かくて戦時中の野球部は、この試合を以って一時完全に中断し、選手夫々日頃鍛えた心身をもって営門に馳せ参じたのであった」

と、当時を回想している。阪井は終戦を満州で迎えた後にソ連に2年間抑留され、復員後の１９４９（昭和24）年から母校、慶応の監督を7年間にわたり務めた。

また、再開されたリーグ戦に出場し、その後は毎日新聞記者として六大学野球を長年にわたり取材した慶応の松尾俊治（灘中・兵庫）は『慶応野球部史』に、

「最後の早慶戦――ほんとにあのときはそう思っていた。（中略）試合は塾が大敗した。そして両軍の選手はほとんど戦場へ飛んで行ったのである。（中略）私もすぐあとを追うように航空隊を志願して飛んでいった……。／すなわち野球部員が一人もいない合宿所となってしまったのである。だから学校当局は勤労奉仕隊の寮とし、また日吉の校舎が海軍の軍司令部になって（中略）寄宿舎にいた学生がドッとこの合宿所に転入してきたのである。／（中略）日吉の合宿の庭にも爆弾は落ちたが、幸いにも合宿は残った。（中略・復員後）合宿にも別当薫（甲陽中・

兵庫）、大島信雄（岐阜商）など一人、二人と舞いもどり、（中略）この人数では練習できないので、学校の掲示板に前代未聞の〝部員募集〟のハリ紙をはり出した。この募集で後年強打者の名をうたわれた高橋久雄（名教中・東京）、徳丸幸助（慶応商工・東京）などが入部してきたのである」

と寄稿している。

2008年（平成20）年8月に公開された映画『ラストゲーム・最後の早慶戦』でメガフォンを握った映画監督の神山征二郎（岐阜北ー日本大）は、早慶戦に出場していた早稲田の近藤清（岐阜商／筆者注・劇中の配役名は近藤清志）と森武雄（同）、慶応の大島信雄（同）、そして先述した明治の加藤三郎（同）と同郷だ。近藤は「最後の早慶戦」から1年6ヵ月後に沖縄特攻で無念の死を遂げた。24歳だった。神山は、

「終戦間近い沖縄戦で陸軍特攻志願兵として戦没した早大の近藤清選手は私と同郷岐阜市で生まれ育った。私は彼を主人公にしたシナリオを書き上げた。野球を愛し、恋人に心を残して散った者の青春の物語である。入念に取材を重ねて、納得の出来栄えだったが、『群像劇に……』というプロデューサーの意向に沿って別なシナリオで拵えたのが『ラストゲーム・最後の早慶戦』である。日清（明治27年）、日露（明治37年）の戦役に勝利し、戦争という魔性の熱にうかされていた時代に生まれ、育ったのだから彼らは迷わずに従軍し、その多くが戦没した。近藤選手もそのひとりだった。日の目を見なかったシナリオ台本（準備稿）は心残りのまま私の書棚で眠っている」

と、映画製作の舞台裏と近藤への思いを語った（189頁）。

神山の書き下ろした「眠っている」台本には、近藤が特攻で出撃するシーンが描かれている。

未明、／T『一九四五年四月二八日』／T『鹿児島県海軍第二国分基地』／九九式艦上爆撃機の列が出撃を待っている。／搭乗する近藤清志（清）少尉。／胸を張ってりりしい。／エンジンが回転を上げる。／発進し、離陸。／

一路、南、沖縄島に向かってゆく。／近藤、まっすぐに前方を見すえていたが、胸のポケットから一葉の写真をとり出す。／あの夜撮ったせつ子（劇中の配役名）の肖像である。／「ありがとう。さようなら」／写真は再びポケットへ。／澄んだ眼差しである。／「遺書、（中略）。岐阜商業の先輩加藤三郎（明治）少尉はじめ諸先輩に続ける日が参りました。（中略）永い間、（中略）本当に感謝しています。（中略）では、清志（清）、元気で征きます」／近藤、操縦桿を引き下げ、急降下していく——。

『早稲田大学野球部百年史』（上巻・飛田忠順編／下巻・早稲田大学・稲門倶楽部編／以下『早稲田野球部史』）には、リーグ戦中止以来、飛田穂洲が弁天町（東京・新宿区）の自宅から部員の心を慰めるべく連日練習指導に訪れたことに対し学生野球の真髄と讃え、秋に繰上げ卒業で学窓を断たれる選手の将来への飛田の思いに対し、「心中察するに余りあり」と綴られている。そして「戦況利あらず、日々苛烈の度を加えるに及び、部員の出陣並に報国隊による動員等、合宿に残るものは皆無となった。（飛田が指導した）立教大学野球部との合同練習も不可能となった」と記されている。

神山の台本の中でリーグ解散が決まった後の飛田の台詞がある。

早大野球部合宿所、全員が集結して飛田を注目している。／（中略）「『道』という言葉ほど深く、美しいものはない。野球もまた野球の道である。野球道だ。我々は東京六大学野球リーグ戦を失った。（中略）リーグ戦はいつの日か復活の日を迎えるかもしれない。いや、たとえ復活の日がなかったとしても、肉体を精神を鍛えよう。野球は道だと私は思う。（中略）練習をして苦しもう。（中略）ユニフォームを着なさい。球場へ行こう！（涙ぐんでいる）」／外岡（茂十郎）部長も、近藤も、相田（暢一）も、感銘している。

朝日新聞

我が猛撃に敵機逃亡

軍防空部隊の士氣旺盛

内相 参内奏上

各地區の警報を解除

名古屋、神戸の被害も輕微

沈着冷靜機敏な處理

各地の情況

防空必勝の信念

内相、決意と覺悟を要望

スマトラ諸島を

要衝資源次々

誓つて尊き國土を護れ

備へあれば恐るゝに足らず

早大リード

大學リーグ戦けふ開幕

など、時局下のリーグ戦風景だ

春の東京大學野球リーグ戦開幕ー二十五日午前十一時半から明治神宮外苑球場で先づ入場式が行はれ、國民儀禮ののち前年の優勝校早大小川主將から聯盟旗並その他を返還、聯盟理事長小野法政大學教授の挨拶、小川早大主將の宣誓があつて開式、午後零時五十五分早東第一回戦は早大先攻で幕が切つて落された

スタンドは内外野とも六分の入り、ネット裏のボールには警戒警報時の信号旗を用意して置く

東大 000

早大 1411

開会式とリーグ戦が
空襲警報で中止、延期になった記事と
戦時状況を伝える１面記事
（ともに1942年4月19日付朝日新聞）

立教の西本幸雄（和歌山中）は『立教野球部史』の中で、１９４２（昭和17）年春のリーグ戦の開会式（4月18日）の模様を綴っている。

「開会式が神宮球場で挙行される直後、空襲警報の警笛（サイレン）が高々と無気味に東京の空一杯に鳴り渡った。（中略）どうも様子が平素とは異なる。そのうち開会式中止の報が伝えられ、（中略）重い足を引きずって外苑を歩いていた。突如、今迄見たこともない大きな黒いカタマリが音もなく、スーッと超低空で通り過ぎた。（中略）高射砲の炸裂音と砲煙である。これは大変なことになったと急いで信濃町駅から中央線に乗った。（中略）不思議なことだが、そんな時点で電車が走っていたのだ。（中略）新宿駅へ着いた。（中略・乗り換えの）電車は来ない。（中略）空を見上げた。通称『赤トンボ』と呼ばれる練習飛行機がユラユラ一機上空を飛んでいた。あれは避難であったのか哨戒の為であったのか。日本の国の頼りなさを痛感して、今も印象に深い。黒いカタマリと見たのは初めて見るB29（筆者注・ドーリットル空襲に使用されたB25）の迷彩をほどこした姿だったのだ。濃い線の重々しい頑丈な鉄の固りと赤い練習機の対比は忘れることの出来な

早大リード

大學リーグ戰けふ開幕

など、時局下のリーグ戰風景だ

望の東京大學野球リーグ戰開幕—二十五日午前十一時半から明治神宮外苑球場で先づ入場式が行はれ、國民儀禮ののち前年の優勝校早大小川主将から優勝盃その他を返還、聯盟理事長小野法政大學教授の挨拶、小川早大主将の宣誓があつて閉式、午後零時五十五分早東第一回戰は東大先攻で幕が切つて落された

スタンドは内外野とも六分の入り、ネット脇のポールには警戒警報時の信號旗を用意して置く

東大 0000

早大 1411

延期された開会式と
リーグ戦の開幕を伝える記事
(1942年4月26日付朝日新聞)

い対象であった」

この日は真珠湾攻撃から4ヵ月後にアメリカ軍による初めての日本本土空襲が行われ、初めて民間人(87名)が犠牲になった象徴的な日だった。陸軍は「敵機9機を撃墜」と偽りの発表をして新聞社、ラジオ局を煽った。当時の朝日新聞(4月19日付)を辿ると、紙面にはベタで「リーグ戦は十九日に延期され」とだけあり、延期の理由の記述はない。1面には「我が猛撃に敵機逃亡　軍防空部隊の士氣旺盛　各地區の警報を解除」とあり、空襲で開会式が中止になったとは記せなかったことが窺(うかが)える。19日に行われる予定だった開会式と開幕戦は1週間後に行われ、紙面には「ネット脇のポールには警戒警報時の信号旗を用意しておくなど、戦時下のリーグ戦風景だ」とあった。アメリカ軍の日本本土への空襲が始まり、神宮球場で空襲警報が鳴り響いても春秋のリーグ戦は行われた。当時の新聞の見出しを眺めながら、この世情の中でリーグ戦が開催されたことに改めて驚きを隠せない。戦前最後の主将で監督役の西本はリーグが解散になると明治に練習試合を申し込み、中等学校時代の紀和大会で敗れた主将の嶋清一(海草中・和歌山)と対戦している(189頁)。西本はその後に出征し、戦後は中国から引き揚げて、社会人野球を経て毎日オリオンズに入団し、大毎オリオンズ、阪急ブレーブス、近鉄バファローズの監督を務めた。野球から離れた時の白髪の温厚な笑顔が懐かしい。

『東大野球部史』に「六大学リーグ解散」「リーグ戦のない野球部」「バットを捨てて銃を手に——野球のない野球部員」と題した一文がある。リーグ戦が中止された1年目、1943(昭和18)年のことだ。紹介する。

「文部省通達から(中略)リーグ解散が正式に決定した後のことであったか、(中略)ある日東大野球部員は小石

川の東大植物園に集合した。主将の豊川（恭三／旧六高・岡山）は（中略）『リーグ戦がなくなっても野球を続ける意志のある者は残って欲しい。（中略）無意味だと思う者は、部をやめてもかまわない』と重苦しそうに言った。（中略）残った部員はそれまでと変わらぬ一誠寮での生活を続け（中略）練習を行った。（中略）元住吉まで出かけて法大と対戦し、試合後法大の合宿でジャガイモをふるまわれた。また東長崎の立大球場で立大と対戦した（4月29日）後にもジャガイモをご馳走になった。（中略・帝大の）検見川農場のトウモロコシ刈りに勤労動員の名で駆り出された者もあった。／文科系学徒に徴兵延期中止の命令が下ったのは、秋の新学期が始まってから間もなくのことであった。そして、10月21日には、強い雨の降りしきる神宮競技場に於いて、文部省と学校報国会(注8)の共催により、東條英機首相臨席の下、出陣学徒壮行会が挙行された。東大では、運動会所属運動部員全員がこの壮行会に動員されたが、野球部員の中には参加しない者もあった。／もはや、リーグ戦はなくても野球は続けよう、という気持も吹きとんでしまい、出征の日を待つ部員たちが集まる一誠寮はあわただしい空気に包まれていった。12月1日が陸軍の入隊日であり、海軍はその10日ほど後であった」

野球部の合宿所が戦争に駆り出される選手の待機所になっていた。入隊を控える選手たち、選手の家族は何を思って毎日過ごしていたのか、想像するのも辛い。

慶応関連の資料に、戦時当時の日吉の野球部グラウンド管理人が入隊する選手に署名してもらったボールがあると記されている。武運長久を祈るために神棚に供えられていたのでボールは黒ずんでいたという。ボールには清水勤之助（太田中・群馬）、田村忠（和歌山中）、大日向正明（彦根中・滋賀）、直木元造（慶応普通部・東京）、片桐潤三、村上昌司郎（中野中・東京）、矢野鴻次（下関商・山口）、臼倉晃一郎（慶応商工・東京）、山本英雄（台北一中・台湾）の9名のサインがあった。学徒出陣によって山本はフィリピン・レイテ沖海戦、田村は陸軍の特攻で沖縄嘉手納沖、清水は中国大陸でそれぞれ無念の戦死を遂げた（158頁）。復員後に再開されたリーグ戦では矢野が初戦、村上が2戦目の先発メンバーに名を連ねている（266頁）。戦争が選手に課した無情の仕業だ。

六大学野球で活躍してプロ野球、社会人野球に進んだ後に召集された選手は数多い。法政出身の鶴岡一人（広島商）もその一人だ。法政時代は三塁手で、華麗な守備は六大学野球ファンを魅了したという。鶴岡は1939（昭和14）年に卒業し、翌年に南海軍（旧南海ホークス）に入団するとすぐに召集令状が舞い込み、陸軍に5年間従軍した。終戦は鹿児島の神風特攻隊の出陣の地、知覧で迎えた。復員後は選手というより南海ホークス一筋の監督業で名を馳せ、「グラウンドにはゼニが落ちている」などの名セリフで記憶に残っている人は多かろう。

鶴岡は『法政大学野球部百年史』（法政大学野球部・法友野球倶楽部編・以下『法政野球部史』）の中で、「法友野球倶楽部（法政野球部OB会）では『大学卒業と同時にプロ入りするのは鶴岡が初めて、あえてプロに踏み切るなら野球部OBを除名処分にする』とまでいわれた。（中略）世相は『卒業後、軍隊にとられ、いつ死ぬかわからぬ時代、思う存分プロで野球をやったらどうだ』。この助言で迷う心にふんぎりをつけた。（中略）野球部側と最終的に円満に話し合いがついたが、卒業記念の腕時計はもらえなかった。（中略）遂に大学卒でストレートにプロ入りしたのは、私が第一号となり、1939年のシーズン開幕を南海三塁手として迎えた」

と当時の大学野球とプロ野球の関わりを述べている。

この他にも戦争に関わった選手、OBのコメント、記述はそれだけで1冊の書物ができるほどある。大学で野球がしたい一心で全国から集まった選手が、野球をやりたくても野球ができない、この思いは筆者をはじめ戦後生まれの恵まれた環境で野球をしたものとは次元が違う。当時の選手の思いは書物等で共有できても、実感できるものではない。しかし、当時の文献、資料に触れることによって、少しでも戦禍の中での選手の胸中を探ることは決して無駄ではない。当時の過酷な状況を推し測り、恵まれすぎるほどの環境で野球ができることのありがたさを共有することは大事だ。当時の選手の表情は野球ができる喜びに溢れ、筆者の余計な想像とは無縁だ（186頁）。戦時下での各校の選手の笑顔を写真で見る度に勇気が湧く。戦争は要らない。

◉リーグ解散と戦争の代償

六大学野球のリーグ戦が唯一、解散に追いやられ中止になった時代の世情について記してみる。本著の執筆を始めたのは東京オリンピック・パラリンピックが開催されているころだった。このオリンピックは日本にとって3回目の招致だったことは知らない人も多い。最初の招致はヘルシンキ（フィンランド）と招致を争い、1940（昭和15）年秋の開催が決まった。六大学野球が始まって15年目の年だ。並行して冬季オリンピックを札幌に招致することも成功し、アジア初、加えて夏冬のダブル開催の運びだった。しかし、日中戦争の勃発、軍備増強の必要性の観点から軍部の反対があり、やむなく開催を返上するに至った。招致と準備には90万円（現在の貨幣価値で約20億円）を要した。この昭和15年は「日本書紀」で神武天皇（神日本磐余彦尊（かむやまといわれびこのみこと））が即位（紀元前660年とされる）してから2600年目の「皇紀2600年」にあたり、その記念事業としたのがオリンピックの招致だった。

しかし、1938（昭和13）年にオリンピック開催返上が決まり、同年に政府は国家総動員法を公布し、国家のすべてを政府が統制できる戦時体制となった。秋には「国民精神作興体育大会」を東京と関西で開催し、関西大会では甲子園球場で初めて早慶戦（11月20日）が執り行われた。その2年後のオリンピックが開催されたはずの1940年には「紀元二千六百年奉祝大会」の名の下に「東亜競技大会」がオリンピックに成り代わって行われた。参加者は日本人選手の他に、日本の統治下にあった満州国、中華民国（台湾）をはじめフィリピン、ハワイ、在留外国人も参加させたオリンピックに似せた「国際大会」だった。六大学野球連盟は開催当局から要請された満州国との対戦を断っている。1933（昭和8）年と翌年のリーグ戦の1シーズン制、それ以降続いた2試合制、1試合制を主導、統制した文部省に対する連盟の抵抗とも取れる。この年は東亜競技会の他に「興亜厚生大会」「第10回明治神宮国民体育大会」が「紀元二千六百年奉祝大会」の一環として開催された。野球やその他の競技とともに「国防競技」として「手榴弾投擲」も行われ、「体力向上」を標榜した極めて戦時色の強いものだった。オリンピック開催返上をはじめ、日本はこの戦争によって様々な代償を負った。これを現代と照らし合わせれば、ロシア、ウクライナの戦争を報道するテレビからでも互いが被る代償の膨大さが容易に想像できる。

戦時色が濃くなるにつれて、市民社会への統制も強まっていった。六大学野球も1932（昭和7）年に文部省が発した野球統制令により、翌年から1シーズン制に縮小された。その後、10年間はリーグ戦を縮小体制で維持できた。しかし、リーグ解散命令により各校の野球部も解散となり、1943（昭和18）年から3年間は六大学野球の歴史で唯一の空白期間となった。その3年間は戦争一色となり、戦時下の日本の国家としての実相が露わになっていく。

当時の首相、東條英機（陸軍士官学校－陸軍大学校・東京）は、六大学野球が中断した1年目の1943（昭和18）年10月1日の閣議で、大学生の徴兵猶予の停止を決定し、徴兵猶予下にあった大学生を「繰り上げ卒業」によって「兵力」の増強に充てた。当時の東條内閣の文部大臣の橋田邦彦（旧一高－東京帝大・鳥取）は、繰り上げ卒業には異議を唱えたが、東條に受け入れられず、大臣の職も剝奪された。東條は首相、陸相に加えて文部大臣も兼務し、独裁性を強くした。橋田は終戦後の9月に戦争犯罪で出頭を求められた際に服毒自殺している。

敗色が深まる戦況の中で出陣学徒壮行会が、同年10月21日、東京・明治神宮外苑競技場で、秋雨の降る中で77校、2万5000人の大学生を動員して行われた。東條英機が発した訓示、「諸君が悠久の大義に生きる唯一の道……」と学徒代表の「挺身以て頑敵を撃滅せん、生等もとより生還を期せず……」の誓いの答辞は、戦後79年を経ても、8月になると戦争特集のテレビ番組等で放映され、戦争の一端を刻み込まれる。

東條の訓示を抜粋する。

「一億同胞が悉く戦闘配置につき、従来の行掛りを捨て、身を呈して各々その全力を尽くし、以て国難を克服すべき総力決戦の時期が正に到来したのである。御国の若人たる諸君が勇躍学窓より、征途に就き、祖先の遺風を昂揚し仇なす敵を撃滅して皇運を扶翼し奉る日は来たのである。／（中略）素より、敵米英においても、諸君と同じく幾多の若い学徒が戦場に立っているのである。（中略）ここの一切を大君の御為に捧げ奉るは皇国に生を享けたる諸君の進むべきただひとつの途である。諸君が悠久の大義に生きる唯一の道なのである。／（中略）而して我々諸君の先輩も、亦諸君と共に一切を捧げて皇国興隆の礎石たらんことを深く心に期してゐるものである」

東條の後を受けた答辞の後半部分を抜粋する。

「生等今や、見敵必殺の銃剣をひっ提げ、積年忍苦の精進研鑽を挙げて、悉くこの栄光ある重任に捧げ、挺身以て頑敵を撃滅せん。生等もとより生還を期せず。在学学徒諸兄、また遠からずして生等に続き出陣の上は、屍を乗り越え乗り越え、遭往敢闘、以て大東亜戦争を完遂し、上宸襟（筆者注・天皇の心中）を安んじ奉り、皇国を富岳の寿きに置かざるべからず。斯くの如きは皇国学徒の本願とするところ、生等の断じて行する信条なり。／生等謹んで宣戦の大詔を奉戴し、益々必勝の信念に透徹し、愈々不撓不屈の闘魂を磨礪し、強靱なる体軀を堅持して、決戦場裡に挺身し、誓って皇恩の万一に報い奉り、必ず各位の御期待に背かざらんとす。決意の一端を開陳し、以て答辞となす」

訓示も答辞も当時の学生を戦場に駆り立て、決戦の決意を高揚する内容に仕立てているが、逆に日本が戦争を2度と起こしてはいけないことを教えてくれる。壮行会の後、競技場から宮城（皇居）まで行進し、宮城前で東條の音頭で「天皇陛下、万才、万才、万才」を叫び、儀式は終わる。この中にどれだけの6校の選手がいたのだろう。この高揚した割れんばかりの万才の叫びは、いつ聴いても言い知れない感情に陥り、死を覚悟し死と対峙した学生とその家族の心情を推し測ってしまう。

答辞の役は当時東京帝大2年生の江橋慎四郎（湘南中－旧二高・神奈川）だった。答辞から79年後の2021（令和3）年8月15日付の読売新聞に故人である江橋の記事が掲載された。妻の一枝は翌月に結婚を控え、競技場のスタンドから江橋を見つめ「晴れがましいという気持ちはなかった。行った先で死ぬかもしれないという悲壮感がありました」と取材に対し振り返っている。戦後、江橋は東大の教員としてスポーツに携わり、体育大学としては国立大初の鹿屋体育大学（鹿児島市鹿屋市）の創設にも関わり、生き残った自分は何も言えないと長く口を閉ざしていたが、体育会（運動会）の総務の時に学徒代表に選ばれたのは「優秀だったわけではなく、持ち回りだったからだと思う」と説明していた、と記されている。江橋が任に就いた鹿屋は、日本海軍航空隊の基地が置かれ、神風特攻隊の出撃基地となり、戦後も海上自衛隊の鹿屋航空基地が置かれ、現在でも国防の一大拠点都市となっている。これも何かの縁と思わざるを得ない。

その11年前に朝日新聞記者の大久保真紀（県立西宮－国際基督教大・福岡）の取材に対して江橋は、「（答辞の文章は国文学の先生に添削されたが）若者の心意気として国難に立ち向かうという思いだった。当時の学生の気持ちを代弁したと思っている。（中略）あの時は国があれほど傾いているとは思っていなかった。情報が操作されていた。（中略）同じ過ちは絶対に繰り返してほしくない」

と答えている。記事は「（江橋は）日本が中国やアジア、沖縄の人たちに迷惑をかけたことは忘れてはならないと思っている」（2010年10月21日付）と結んでいる。

さらに、2022年8月9日にNHKで放映されたNHKスペシャル「そして、学徒は戦場へ」で公開されたインタビューの中で、取材を受けた当時の江橋は、

「あの巻紙（答辞）は私が書いたんじゃないんだよ。（大学側に求められた文章を）先生なりに添削したんだよ。（中略）あんな名誉なことはないもん。今考えると、それは間違いだったたってことは、はっきりしたけど、その当時はそんなことは分からないいんだよ」

と、答辞の文章を書き換えられたことを告白し、当時の揺れ動く心の内を話している。

出陣学徒の壮行会は、神宮外苑と同じ日に台北（台湾）でも行われた。その後は京城（朝鮮）、新京、ハルビン、奉天、大連（満州国）、大阪、仙台、神戸、名古屋、京都、上海（中国）、札幌と1ヵ月余りも続いた。神宮

外苑での出陣学徒走行会から1年9ヵ月後に敗戦を迎えた。わずか2年も経ないうちに多くの学徒の尊い命が、敗戦濃厚の中で突き進んだ戦争に奪われた。

戦況が急激に悪化し、1944（昭和19）年6月に政府は学童疎開（国民学校3年生から6年生）を決め、同年8月には学徒勤労令と女子挺身勤労令が敷かれた。「文部科学省学制百年史」には、敗戦直前の学徒の勤労動員（旧制中学校以上）の総数が340万人を超えたとある。敗戦までに兵役についた学徒の総数は、文献によって10万人、13万人と様々で推定の域を出ず、死者の数も確定されていない。

ポツダム宣言の中に「……全ての戦争犯罪者は厳しく裁かれるものとする」（和訳）という文言があり、恐れをなした軍部と文部省が資料を焼却処分にし、実数を把握しているのに拘らず公表しなかったという文献もあり、それにより戦没者数はいまだに確定できない。安保法制を強化した最近の日本政府が内閣資料を黒塗りまでして、まともに公表しない姿勢と同根だ。旧日本軍、戦時内閣の歪んだ隠蔽体質をいまだに現在の政治も企業も引きずっている。国家を率いる者の持つ変わらない気質といっていい。戦況悪化を理由に徴兵免除下にあった学生まで戦場に駆り立てた内閣と軍部にとって、徴兵した数字を確定しない方が都合が良かったのだろう。動員された当時の学生にとって戦争は終わっていない。また、本著執筆中にテレビで報じられたロシアのウクライナ侵攻での偽装された様々な発表は、80年前の我が国と同じことの繰り返しである。いつの時代でも戦争は戦争当事者を嘘つき、偽善者に変えてしまう。忌まわしいことだ。

先の大戦（日中戦争・太平洋戦争）では日本は加害者であり、最後は無残な被害者となった。結果的に空費となった膨大な国費の投入があり、日本が負った代償は計り知れない。満州事変（1931年9月）から日中戦争（1937年7月）を経て、太平洋戦争（1941年12月）に突入し、敗戦（1945年8月）を迎えた。日中戦争から敗戦までの8年間で費やされた軍事費は『太平洋戦争の収支決算報告』（青山誠著・彩図社）によると、当時の金額で7559億円で、現在の貨幣価値に換算すると約150兆円、その後に起きたインフレを考慮すると数年後には１００倍を超えたという試算もある。そのほかに軍事費に計上していない軍人恩給、軍用インフラ整備費、中国・東南アジア諸国で日本軍が発行した軍票、果ては日本が侵略したフィリピンやベトナムほかに支払った賠償金、補償費を入れると天文学的な金額となる。戦争は悲惨だ。

　金銭、物的な損失に加えて多くの尊い命がこの戦争で失われた。終戦直後の9月4日に開かれた臨時帝国会議（現在の国会）では、首相の東久邇宮稔彦（ひがしくにのみやなるひこ）（陸軍士官学校－陸軍大学校・東京）が、「陸海軍の戦死者46万人、民間人の死亡者24万人、合計70万人の戦争被害」という「公式報告」をしている（『太平洋戦争の収支決算報告』）。これが戦争を主導した戦争当事者の終戦直後の認識だった。戦争終結18年後の１９６３（昭和38）年に厚生省は、戦争による日本人の死者数を発表した。18年間も死者数が確定できなかったことは、戦争末期の日本政府、軍部の混乱と隠蔽体質を象徴している。それによると、軍人が２３０万人、民間人は海外で30万人、国内で50万人、合計で３１０万人以上という調査結果だった。これも確定数には程遠かった。『日本軍兵士――アジア・太平洋戦争の現実』（吉田裕著・中公新書）によれば、３１０万人の9割が１９４４（昭和19）年以降の戦況が敗戦濃厚に傾いてからの死亡者だった。敗戦の1年、2年前に決断をしていたら２００万人以上の人は命を落とさないですんだことになる。六大学野球の選手中途で学徒出陣で散った選手はその後も野球を続け、違った人生を歩んでいただろう。日本の戦後も六大学野球も変わっていた。物の豊かさは敗戦から19年後の東京オリンピックで象徴された高度経済成長で隆盛を誇ったが、失われた人の命は戻ってこない。存命であれば妻子もいて、戦争により開催権を返上し復活した東京オリンピック（１９６４年）も観ることができたはずの多くの若者が命を奪われた。

　真珠湾攻撃で太平洋戦争が始まってから3年目に六大学野球は解散に追い込まれた。その頃はどんな戦争一色の世情だったのか。時系列で追ってみる。括弧内は当時の標語、流行語と新聞の見出し。

【1941(昭和16)年】真珠湾攻撃、マレー開戦で勝利
「万歳万歳の雄叫び」「勝った、勝った」「ぜいたくは敵だ！」「生きて虜囚の辱めを受けず」(『戦陣訓』)
【1942(昭和17)年】マニラ占領、シンガポール攻略、ミッドウェー海戦で大敗、東京空襲
「無敵の日本陸海軍」「大東亜だけに限らない」「目標はハワイ占領」「欲しがりません勝つまでは」「月月火水木金金」「進め一億火の玉だ」
【1943(昭和18)年】ガダルカナル島敗北、アッツ島玉砕、学徒出陣始まる
「撃ちてし止まむ」「瓦全(がぜん)より玉砕」「学徒は兵隊たれ」「転進」
【1944(昭和19)年】インパール作戦惨敗、サイパン島陥落、神風特攻隊初出撃、連合艦隊壊滅
「鬼畜米英」「一億国民総武装」「学童疎開」「女子挺身隊」「特攻」
【1945(昭和20)年】硫黄島玉砕、東京大空襲、沖縄壊滅、広島・長崎に原爆投下、玉音放送
「一億一心」「空に神風、地に肉弾」「最後の一兵まで」「本土決戦」「皇土死守」「待つあるを恃(たの)むべし」「一億戦友の先駆たれ」「体当たり精神に徹す」「軍官民一体の善戦敢闘」(沖縄の玉砕)
「戦争完遂に邁進、帝国政府問題とせず」(ポツダム宣言翌日の新聞報道)「政府は黙殺」(同)
「笑止！　米英蔣（注・蔣は蔣介石、中華民国）共同宣言、自惚れを撃墜せん、聖戦を飽くまで完遂」(同)

日本が有頂天になれたのは、真珠湾攻撃からミッドウェー海戦に敗れるまでの1年間ほどだった。当時の新聞の見出しが虚しい。軍部の過信と自惚、そして新聞の過剰な書き立てと歪曲させた報道により事実を知らない国民の感情を増幅させたことは不幸なことだった。また、兵站(へいたん)の輸送能力と戦闘機の航続距離を無視し南太平洋に展開した軍部の作戦が無謀だったことは多くの書物に記されている。日本の敗戦が決した1945（昭和20）年の1年前、サイパン島の戦いで同島が陥落した。この時点で敗戦は濃厚となり、内閣（軍部）の中で講和を模索

する動きもあったが、結局決断できず東條英機内閣から小磯國昭（山形中－陸軍士官学校－陸軍大学校・山形）内閣、鈴木貫太郎（攻玉社－海軍兵学校－海軍大学校・大阪）内閣と矢継ぎ早に引き継がれ、神風特攻隊に象徴された無謀な戦闘を継続させた。その中に多くの六大学野球の現役・OB選手も含まれていた。敗戦が決した4ヵ月前の4月に成立した鈴木内閣は、迫るソ連の参戦に対し和平交渉を進言した昭和天皇の声を生かせず、さらに無謀な本土決戦を選択した。そして、東京大空襲（3月10日）から149日目の8月6日には広島への原爆投下。さらに長崎に原爆が落とされた9日には、ヤルタ会談を盾にしたソ連の満州侵攻を許し、無条件降伏してポツダム宣言を受諾する選択肢しか残されない状況に陥った。その日に行われた御前会議ではポツダム宣言を受諾する主張に対し、条件次第では本土決戦をすべきだという反対論まであり、ソ連の北海道への侵攻が迫る10日未明にようやくポツダム宣言受諾を決めた。しかし、この決定後も宣言文書の解釈をめぐって内閣、軍部との意見の対立で紛糾し、ソ連の樺太、千島列島への侵攻を許した。しかも、宣言受諾は日本軍の兵士、国民には伏せられ、14日に終戦詔書を天皇が裁可し、15日の正午の玉音放送までの5日間の「空白の戦後」が生まれた。この5日間には空襲も戦闘もあり、「戦後」に命を戦争で落とした人もいた。ソ連の満州地区への侵攻はポツダム宣言受諾、終戦詔書が発布された後も続き、降伏文書を交わした9月2日以降も満州、南樺太、千島諸島への侵攻があり、それらが支配されたことを確認した9月5日でようやく「終戦」となった。敗戦記念日が8月15日、終戦記念日が9月2日、または5日といえる。

遡れば戦争回避、早期終戦の可能性もあった。1940（昭和15）年に総理大臣の近衛文麿（旧一高－東京帝大－京都帝大・東京）はアメリカに対し開戦前に講和を企てたが、これは日独伊の三国同盟を受け入れた欧州帰りの外務大臣の松岡洋右（ようすけ）（オレゴン大－明治法律学校・現明治大・山口）によって一蹴され、開戦へ舵を切ってしまった。ターニングポイントとなったミッドウェー海戦での大敗（1942年6月）から、ガダルカナル島からの撤退（1943年2月）、戦局が完全に傾いたアッツ島の玉砕（同年5月）あたりで、内閣と軍部に講和を決断する器量があったら結末はまったく異なった。敗戦1年前のサイパン島陥落（1944年7月）、東京大空襲（1945年3月10日）あたりで敗戦の確定を意識し戦争終結を決断していたら、米軍の沖縄上陸（同年3月26日）、原爆投下、千島列島へのソ連の侵攻もなかった。

さらに遡って、太平洋戦争突入前1939（昭和14）年のノモンハン事件でのソ連との攻防では、ソ連軍の戦車、砲撃、航空機による近代火力戦を見せつけられ、日本は銃剣と肉弾戦で惨憺たる結果に終わった。この時点で、この先日本は戦争を仕掛ける器ではないことを自覚していたら、被る代償どころか、日本の昭和史はまったく違うものになっていた。

太平洋戦争開戦の1941（昭和16）年に兵士（陸軍）の行動規範として「生きて虜囚の辱めを受けず、死して罪過の汚名を残すこと勿れ」の有名な文言がある『戦陣訓』が公布された。海軍は無視していたと言われるが、これは陸軍大臣であった東條英機の訓示であり、無謀な突撃や玉砕、自決を推奨し、降伏をさせない一因にもなった。沖縄戦ではこの教えを民間人にも強要し県民戦死者の増大を招いた。戦後も大正、昭和初期生まれの企業幹部が社員研修などに『戦陣訓』を使用した例は戦後を清算できない一例だった。

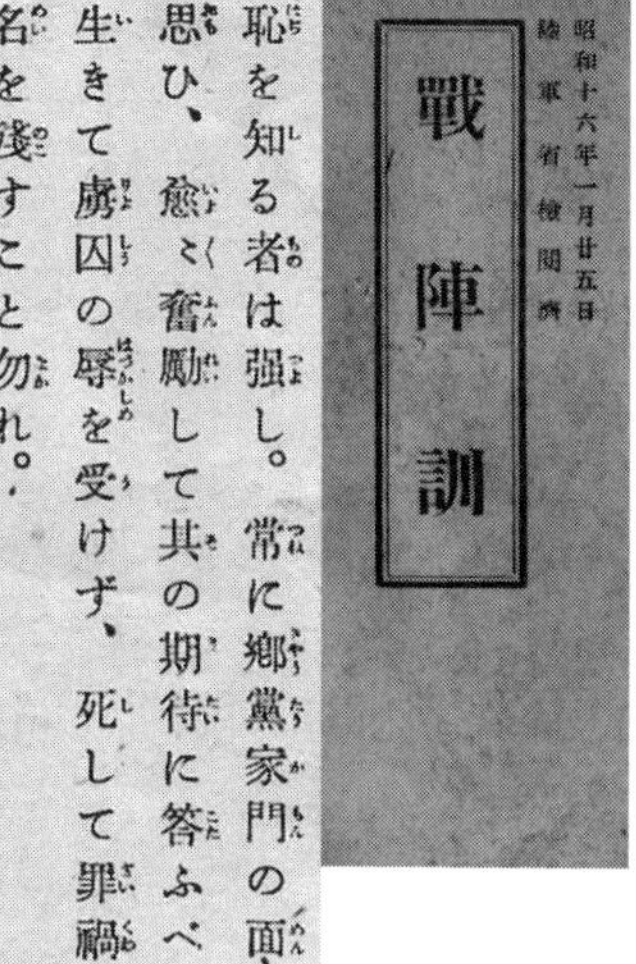

昭和十六年一月廿五日　陸軍省檢閲濟

戰陣訓

恥を知る者は強し。常に郷黨家門の面目を思ひ、愈〻奮勵して其の期待に答ふべし。生きて虜囚の辱を受けず、死して罪禍の汚名を殘すこと勿れ。

「戰陣訓」
（昭和十六年一月二廿五日　陸軍省検閲濟）

日増しに敗戦が決定的な状況に進んでいるにも拘らず、軍部・政府の理に合わない無謀な軍事作戦、和平の決断の遅れで多くの軍人や民間人が落とさなくても済んだ命を奪われた。そこには国民の存在はなく、蛮勇な軍部と腰の引けた内閣の情けない姿があるのみだった。『昭和史　1926―1945』（半藤一利著・平凡社）の中で著者は、当時の政府と軍部の姿を、「根拠なき自己過信」、「驕慢な無知」、そして「底知れぬ無責任」と表現している。戦争なき今の政府・自民党にも通じるものがある。

そして、人類への初めての核兵器使用もリーグ戦中断の中で起きた。1939（昭和14）年にヨーロッパで第二次世界大戦が勃発し、その2年後に日本が真珠湾攻撃を仕掛けた。それから3年8ヵ月後に、野球発祥地のアメリカによる人類史上初めての2発の原子爆弾投下で日本は止めを刺された。核実験の歴史は1945（昭和20）年に遡り、半世紀余りで2300回以上の核実験が地球で行われた。原爆は唯一の大統領選4選を果たしたフランクリン・ルーズベルト（ハーバード大・ニューヨーク州）が主導した「マンハッタン計画」によって開発、製造された。ルーズベルトの後任大統領、ハリー・トルーマン（ウィリアムクリスマン高・ミズーリ州）の命令で広島と長崎（当初の計画では小倉）に投下された原子爆弾は、アメリカの核「実験」として一覧表に記載されている資料もあり、言葉がない。同年の7月に核実験が開始され、1ヵ月も経たない8月6日に広島に投下されたわけだから「実験」ではなく、まさに「実践」だった。アメリカに仕掛けた真珠湾奇襲攻撃が、最後は真珠湾攻撃でアメリカに与えた犠牲者の90倍に及ぶ犠牲者を広島市と長崎市で被る結果となった。長崎へ原爆を投下してから1年も経たない1946（昭和21）年7月1日に、アメリカはビキニ環礁で原爆実験を行っている。住人は近くの無人島へ移住させられたという。1回目のニューメキシコから広島、長崎への「実践」に続き4回目の核実験であり、ビキニでは23回の核爆発が繰り返された。アメリカの核実験は終戦後も続き、核を「実験」に使われた広島、長崎の被爆者は79年後の現在も終戦はない。そして、ベトナム戦争、湾岸戦争、イラク戦争、そして現在のウクライナ支援戦争と続き、アメリカにも「終戦」はない。

日本がいまだに核兵器禁止条約に参加を表明できない現実は、唯一の戦争被爆国の態度として寂しい。原爆投下からすでに79年が経ち、それを風化させないためには核兵器禁止条約に参加し日本の主張を堂々とすることが、被爆者、その家族にとって心の支えとなるであろう。広島選出の首相、岸田文雄（開成－早稲田・東京）に期待したが、就任以来一度も言及はない。同盟国アメリカとの安全保障上の核の壁が参加を拒む政府の状況は、戦争被爆国の国民の代表としてあまりにも心もとない。アメリカ大統領が初めて広島を訪れたのは、終戦後71年を経た2016（平成28）年、トルーマンから数えて12代目のバラク・オバマ（オクシデンタル大ーコロンビア大ーハーバード大・ハワイ州）だった。原爆投下の謝罪をアメリカに求めないことを確認した上での訪日だった。被爆地広島の人びとの心の広さを感じずにはいられない。昨年、岸田の首相就任2年目にG7首脳が広島に集った。昭和、平成、令和と時は流れ、戦後78年目のことだった。

核兵器廃絶問題を解決しない限り戦争被爆国としての戦後に終わりはない。アメリカが「リメンバー、パールハーバー」と叫ぶ以上に、「マンハッタン計画」、「リトルボーイ」と「ファットマン」、そして「ルーズベルト」「トルーマン」の名は永遠に心に刻まなければならない。G7では第二次世界大戦の敗戦国の日本、ドイツ、イタリアとカナダは核兵器開発とは無縁だ。戦勝国のG7構成国のアメリカ、イギリス、フランスに加え、ロシア（旧ソ連）、中国、インドが鎬を削って核実験に手を染めてきた歴史だ。そこへイスラエル、イラン、北朝鮮の核保有も加わる危うい時勢だ。戦後79年を経た今でも、唯一の戦争被爆国の日本が世界の核武装化の壁になる最も近い立ち位置にいる。最近ではロシアの大統領のウラジミール・プーチン（レニングラード大・サンクトペテルブルグ）がウクライナ侵攻の過程で核の使用を戦況が悪化する度に口にした。日本では政府は野党の国会での質問に対し、アメリカとの核共有（シェア）はしないと答弁したが、自民党内の議論は容認するという、相変わらずの立ち位置だ。その後の自民党内の議論も聞かない。

国際連合の安全保障理事会の常任理事国がいまだにたった5カ国で固定され、その5カ国が核実験、核保有国の上位を占め、しかも常任理事国のロシアが侵略戦争を仕掛け、核の使用まで口にする体制では、国連には何も期待できない。5カ国の常任理事国体制は、核なき世界平和を真に進める上で最も危険な「既得権」といえる。アメリカの「対日世論調査」ではアメリカ人の有識者の73％もが日本が常任理事国であるべきだという調査結果がある。ドイツ、イタリア、そして核開発では常識国のカナダを加えた体制で適正なリードができる体制にならない限り核の拡散は続く。日本を最大の同盟国として持ち上げるアメリカが、唯一の戦争被爆国で、国連分担金拠出歴代2位（現在は第3位）を維持してきた日本を常任理事国に本気で推さないのは不思議だ。3年前にコロナの感染が減少傾向にあった時に、沖縄の米軍基地からのオミクロン株の感染流出ではからずも日米の地位協定のいい加減さが露呈した。これさえも解消することができない日米関係がいまだに続いている。戦後はまだまだ未清算だ。独立国として未完成といっていい。

また、日本企業の満州からの撤退の一方、「五族協和」「王道楽土」を唱え満州に開拓団として渡った日本人の3人に1人は死亡した。終戦直後、日本政府は「（満州に）定着の方針」を出し、いまだに尾を引いている中国残留孤児（現在は残留邦人）問題の過酷な戦後の惨禍を招くことになる。中国の残留日本人に対して行われていた引き揚げ作業も、戦後はA級戦犯被疑者となり1957（昭和32）年に首相に就任した岸信介（山口中－旧一高－東京帝大）のアメリカ寄りの政策で引き揚げが途絶え、満州に渡った日本人を置き去りにする結果となった。ここでも国民より対米を重視して戦争の負の部分を引きずった。その岸の対米寄りの姿勢がいまだに続いている。

岸の20代後の安倍政権は2015（平成27）年に、アメリカなどへの武力攻撃に対し自衛隊が実力をもって阻止する軍事支援を可能とする安全保障関連法案（安保法制）を可決させた。憲法改正への布石だ。その憲法改正も政府を構成する自民党と公明党では曖昧なスタンスが続いている。野党時代はあれほど不戦を説いていた公明党は、今や自民党の集票マシンとしての補完勢力となり、政党としての魅力、価値が薄れてしまった。沖縄県人が望む人権を無視した地位協定の撤廃さえ戦後79年を経てもアメリカに主張できないばかりか、野党の要求する国会開会さえも拒否し続け、有権者を無視した両党、政府には憲法改正を語る資格はない。

戦中の国家体制は、満州事変（1931年9月）時の若槻禮次郎（第2次／教員伝習中－司法省法学校－帝国大・島根）から戦後の日本国憲法の公布（1946年11月）の吉田茂（第1次／学習院高等科－東京帝大・東京）までの16年間足らずで総理大臣は17名（近衛文麿は2度）も変わっている。在任期間は平均で11ヵ月だ。日中戦争開戦（１９３７年7月）から敗戦（１９４５年8月）までの日本の行く末を左右した8年間で8名の総理大臣が入れ替わった。戦争の結末段階での意思決定において日本にとって不幸な取り返しのつかない8年間だった。その間、軍部と内閣、陸軍と海軍の衝突、軋轢を繰り返し、猫の目のように大臣が変わった。そして天皇陛下と大元帥陛下を兼ねた昭和天皇がいた。欧米では戦争が始まると国家のトップは変えない不文律があるという。国家最大の有事にこのような体制が続いた。

翻って戦後の総理大臣も戦中と同じように就任、退陣を繰り返し猫の目のように変わった。狭い器（政党）の中の政争に終始し、国家観の醸成どころではなかった。中国との国交正常化を断行した田中角栄（中央工学校・新潟）から現在の岸田文雄（開成－早稲田・東京）まで、52年間で26名（安倍晋三は2度）の総理大臣が入れ替わり、平均在任期間はわずか2年だ。先進国といわれる国家の中で日本は異例といえる短さだ。戦後最長といわれた安倍政権だったが、弱体化した野党を相手に国政選挙を巧妙に乗り切り、国会では国民と野党を軽視した政権延命重視の政治手法が続いた。国のトップが1年、2年で変わってしまう体制が１００年近くも続いている。戦後79年間は幸いにも戦争はなかったが、国の将来を考えたら有事ともいえる。

戦争といえども政治の成せる技だ。開戦から敗戦までの日本の内閣（軍部）の無謀な選択、情報隠蔽が３１０万人ともいわれる命を奪った結末を敗戦と総括できずに終戦としたことが、79年を経た現在も我が国の政治の世界に影を落としている。負けたこと、過ちを素直に認めない姿勢は本来の日本の武士道の持つ潔さからはほど遠く、戦時下の軍部、今の政治も同根といえる。次に大きな過ちを犯す前に、政治家はもちろん、大人も子供もこの戦争を誘導した当時の軍部、内閣の歪んだ国家観、それに対抗できなかった報道機関をはじめ国家の実態を具（つぶさ）に知り、戦争は2度と起こさない、戦争を起こす動きには国として抑制を促す国家観を築くことだ。

六大学野球をはじめ、あらゆるスポーツが戦争によって足踏みを余儀なくされた。通常の競技人生を奪われた

＊印はプロ野球経験者、括弧右は戦没地、比はフィリピン　参考:「野球年鑑」「各校球部史」『六大学野球物語』ほか

関西		
小野 欣助	早	八尾中(大阪) 台湾上空飛行機事故
壷井 重次	早	〃 (〃) 沖縄島方面特攻
京井 秋行	早	浪華商(〃) 湖南省・中国
納家 米吉＊	法	〃 (〃) 中支・中国
福居 治男	法	〃 (〃) バシー海峡・比
桐原 真二	慶	北野中(〃) ルソン島中部・比
樋池 真澄	慶	関西学院中(〃) 北支
栗井 俊夫	立	天王寺商(〃) 沖縄特攻
東 武雄	帝	天王寺中-旧一高(〃) フィリピン
田所 武	明	城東商(〃) 不詳
桜内 一	早	扇町商(〃) 中支・中国
佐伯 喜三郎	早	姫路中(兵庫) 北支大名県・中国
黒田 忠司	立	〃 (〃) 不詳
楠本 保	慶	明石中(〃) 湖北省南昌・中国
中田 武雄	慶	〃 (〃) ブーゲンビル島沖
松下 繁二＊	法	〃 (〃) 不詳
永井 武雄＊	慶	第一神港商(〃) 郭里州・中国
後藤 正＊	慶	〃 (〃) 満州・中国 ＊立命大卒
倉 信雄＊	法	〃 (〃) 沖縄
高島 忠	法	〃 (〃) 不詳
久里 正	慶	甲陽中(〃) 不明
渡辺 敏夫＊	法	〃 (〃) 不明
島田 叡	帝	神戸二中-旧三高(〃) 沖縄地上戦
矢吹 省三	早	福知山中(京都) 朝鮮総督府
由利 繁	早	平安中(〃) 原爆・広島市
永谷 利幸	早	〃 (〃) 中支・中国
高木 正雄	慶	〃 (〃) ビルマ・インパール作戦
雁瀬 治貞＊	立	〃 (〃) 戦病死
戸田 廉吉	早	和歌山中(和歌山) ビルマ・シッタン川
吉田 享	早	〃 (〃) 不詳
田村 忠	慶	〃 (〃) 沖縄嘉手納沖特攻
阿瀬 泰次郎	明	海南中(〃) ミンダナオ島・比
内山 孝	法	〃 (〃) 陸軍病院・大阪
嶋 清一	明	海草中(〃) ベトナム沖船上
竹尻 太次	明	〃 (〃) 不詳
田中 雅治＊	明	〃 (〃) バシー海峡・比

中国・四国		
梶上 初一	慶	広島商(広島) 魯南・中国
小川 年安＊	慶	広陵中(〃) 中国
戒能 朶一＊	明	〃 (〃) 不明
田部 武雄＊	明	〃 (〃) 沖縄摩文仁海岸
中尾 新＊	明	〃 (〃) 山西省広霊県・中国
大浜 静	法	〃 (〃) 不詳
柚木 俊治	立	呉港中(〃) 不詳
丸尾 至	帝	旧六高(岡山) 吉林省・中国、戦病死
菊谷 正一	立	徳山中(山口) 不詳
松井 信	明	下関商(〃) スマトラ島・インドネシア
加藤 忠仁	早	鳥取一中(鳥取) ビルマ・トングー県
由谷 敬吉	帝	鳥取中-旧一高(〃) 満州興山・中国
黒正 宏	慶	米子中(〃) 戦病死
山田 豊	慶	松江中(島根) 不詳
三宅 喬二郎	立	〃 (〃) 不詳
水原 義明	早	高松中(香川) 南京郊外・中国、戦病死
三好 善次	早	〃 (〃) 大宮島(グアム島)
林 節	早	〃 (〃) 北支新郷・中国
梶原 英夫	帝	高松中-旧一高(〃) 陸軍病院・大阪
桑島 甫＊	慶	高松商(〃) ビルマ・インパール作戦
堀 定一＊	慶	〃 (〃) 病死
香川 力	早	坂出商(〃) 不詳
三宅 寿一	法	三豊中(〃) 不詳
田坂 猛	法	今治中(愛媛) 不詳
有請 末雄	法	宇和島中(〃) 不詳
萩原 寛男	早	松山商(〃) 不詳
寺内 一隆	立	〃 (〃) ラバウル・旧ニューギニア
景浦 将＊	立	〃 (〃) ルソン島カラングラン・比
宮本 利学	明	徳島商(徳島) 南方

九州・沖縄		
指方 一政	早	長崎商(長崎) 不詳
鶴崎 俊篤	早	佐賀中(佐賀) 馬山傷痍軍人病院・朝鮮
酒井 治彦	早	〃 (〃) 南方戦線海上輸送船
長井 信也	法	唐津中(〃) 不詳
西郷 準	立	鹿児島二中(鹿児島) ルソン島・比
中倉 俊郎	帝	旧七高(〃) 不詳

海外		
山本 英雄	慶	台北一中(台湾) レイテ沖海戦・比
宇山 貞男	法	嘉義農林(〃) 不明
中村 忠一	明	台南一中(〃) 不明
浅原 昌治	帝	京城中-旧一高(朝鮮) 病死・京城

多くの若者が全国にいたことを思うとやりきれない。しかし、当時の六大学野球関連の写真で見る選手の笑顔には、戦争を超越するおおらかさが漂い、苦難の中で野球ができる喜び、野球ができなくとも球友と語れる安堵感が溢れている。とても戦禍の中とは思えない。人間の持つ強さと飽食の現代とは違う人間の素直な喜びを感じる（190頁）。

東京・文京区にある東京ドーム21番ゲート右に野球殿堂博物館がある。そこにアマチュア野球関係者で戦火に散った選手の名が刻まれた「戦没野球人モニュメント」がある。戦後60年の2005（平成17）年に東京ドーム西側に建立されたプロ野球関係者の「鎮魂の碑」に加えてつくられた。碑には167名の名前が刻まれている。六大学野球関係者は7割近い113名、内訳は早稲田33名、慶応17名、明治10名、

太平洋戦争ほかでの六大学野球関係戦没者（現役・OB）

北海道		
坪谷 幸一	法	北海中（北海道） 沖縄特攻

東 北		
藤松 清和	早	東奥義塾（青森） 南方戦線
小河 英一	帝	旧弘前高（〃） 不明
渡辺 正守	立	秋田中（秋田） 陸軍病院・秋田
南 与四郎	法	秋田商（〃） 戦病死
吉江 一行	早	磐城中（福島） 戦病死・佐世保

関 東		
高橋 外喜雄	早	早稲田実（東京） ビルマ野戦病院
本橋 精一	早	〃 （〃） 満州陸軍病院・中国
疋田 捨三	法	高輪中（〃） 中共軍に捕われる
本田 耕一	法	日大三中（〃） 九州東南海方面特攻
荒井 和男	立	早稲田中（〃） 湖西省茶陵県・中国
山脇 正元	帝	暁星中–旧静岡高（〃） 広西省・中国
太田 勝啓	帝	旧一高（〃） マニラ陸軍病院・比
福家 正二	早	神奈川商工（神奈川） 不詳
石井 利一	法	本牧中（〃） 不詳
西川 博夫	早	浦和中（埼玉） 北支石門陸軍病院・中国
岸田 勝太郎	立	川越中（〃） 不詳
永田 音次郎	法	浦和商（〃） 水戸陸軍通信学校
淵本 仁行	立	千葉中（千葉） 不詳
佐藤 誠治	早	宇都宮中（栃木） 龍山陸軍病院・朝鮮
丸山 久四郎	法	宇都宮商（〃） 戦病死
阿部 利明	立	栃木中（〃） パラオ島・現パラオ
阿部 哲哉	立	〃 （〃） 不詳
清水 勤之助	慶	太田中（群馬） 戦病死・中国
古島 誠治	立	高崎商（〃） 戦病死
飯塚 勝一	慶	下妻中（茨城） 屋久島西方海上
松本 登	帝	旧水戸高（〃） 不詳

中部・北陸		
高松 静男	早	愛知一中（愛知） ルソン島・比
水野 辰彌	早	〃 （〃） 中支・中国
木村 幸吉	早	〃 （〃） フィリピン
藤田 俊雄	帝	愛知一中–旧八高（〃） 南方海上
鶴田 勝次	早	岡崎中（〃） 上海（敵前上陸）・中国
岡田 福吉＊	早	東邦商（〃） 北支・中国、帰国後病死
河瀬 幸介	慶	〃 （〃） 支那・中国
池田 一夫	法	〃 （〃） 不詳
長坂 信一	法	〃 （〃） 大宮島（グアム島）
服部 一郎	法	〃 （〃） 不詳
近藤 鉄己	慶	愛知商（〃） ルソン島高射砲陣地・比
村上 重夫＊	明	中京商（〃） レイテ島・比
高橋 進	立	一宮中（〃） 中支・中国、戦病死
河合 信雄	帝	一宮中–旧八高（〃） 不詳
野村 正守	帝	旧八高（〃） マラッカ海
中野 重之	立	豊橋中（〃） サイパン島・現米自治領
日比野 寿一	法	津島中（〃） 不詳
松井 栄造	早	岐阜商（岐阜） 湖北省・中国
近藤 清	早	〃 （〃） 沖縄特攻
長良 治雄	慶	〃 （〃） 沖縄周辺海上
加藤 三郎	明	〃 （〃） 沖縄特攻
鈴木 吉朗	法	静岡中（静岡） 広西省全州県・中国
根津 辰治	慶	島田商（〃） パラオ沖
矢島 粂安＊	早	松本商（長野） ボルネオ島・インドネシア
高野 百介＊	立	〃 （〃） 南方沖海上
北原 昇＊	立	〃 （〃） 病死・宇都宮聯隊
小林 一人	立	〃 （〃） ボルネオ島・インドネシア
飯島 建男	慶	諏訪蚕糸（〃） ビルマ
御子柴 良雄	明	〃 （〃） 不詳
中村 三郎＊	明	〃 （〃） ノモンハン・中国
北沢 藤平	明	長野商（〃） 不詳
倉石 新造	法	〃 （〃） 大宮島（グアム島）
松本 友二	早	長岡中（新潟） マライ・比
小林 正三郎	早	柏崎中（〃） ルソン島・比
前田 喜代士＊	慶	武生中（福井） 中国

【各校内訳】
早大　36名
慶大　24名
明大　16名
法大　26名
立大　21名
帝大　14名
合計　137名

法政22名、立教17名、帝大14名。「野球年鑑」、『六大学野球部物語』（恒文社）と各校野球部史ほかを参考にして、学徒出陣で出征した六大学野球の現役選手とプロ野球経験者を含めたOBの戦没者名簿を作成すると、別表の通り137名が記された。この選手の中にはこれまでに記した選手もいるが、多くの詳細を記し切れない。戦争により野球を続けられなかった無念さは語り切れない。本著の先発メンバー表では、1921（大正10）年の早稲田の高松静男（愛知一中・74頁）から1944（昭和19）の早稲田の吉江一行（磐城中・福島・190頁）まで24年間の歳月が流れる。戦没地については、3割近くが「不明」「不詳」となっている。戦争がもたらした重さを痛感する。

学徒出陣で戦禍に散った画学生の遺作を展示してある無言館（長野県上田

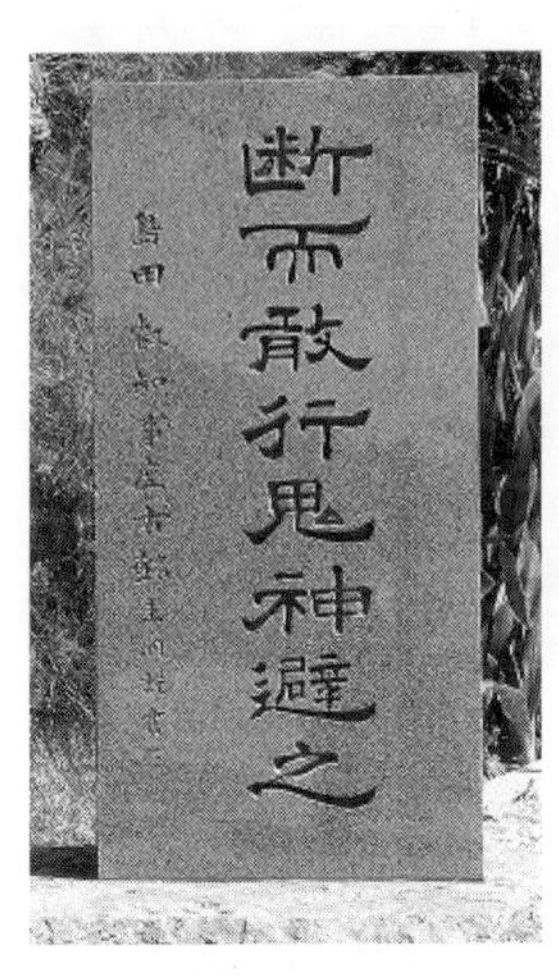

帝大・島田叡の座右の銘の石碑、
平和記念公園、糸満市摩文仁 444

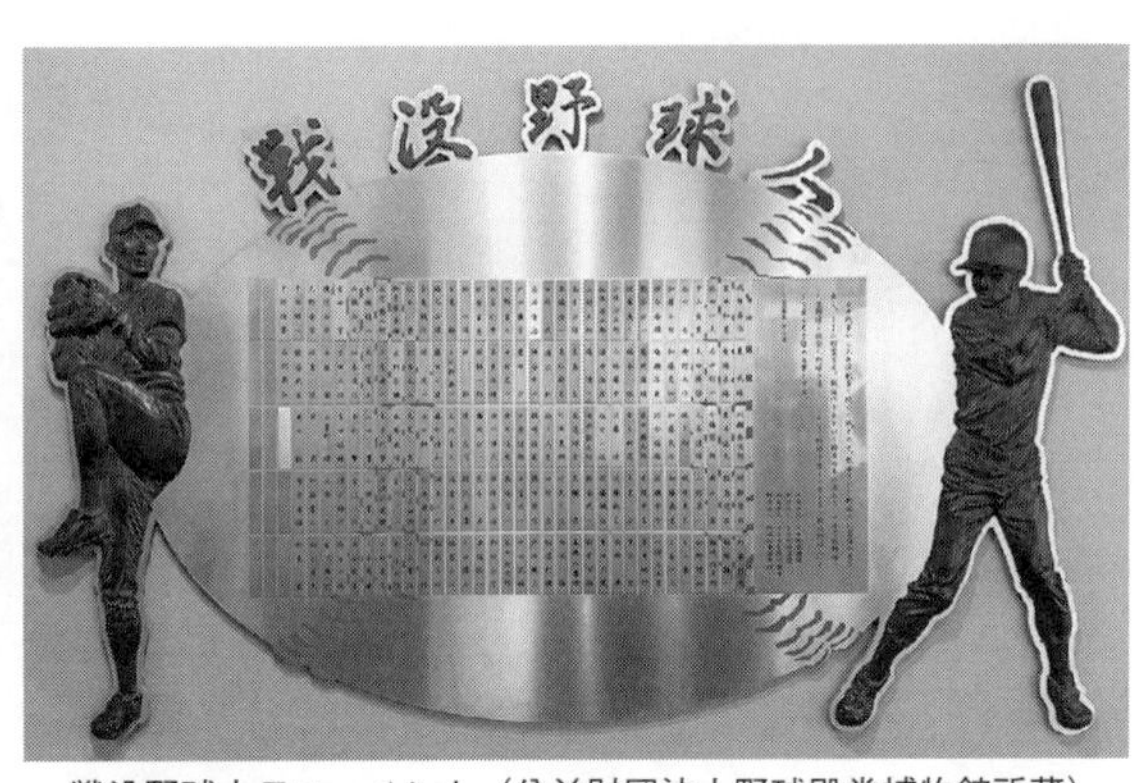

戦没野球人モニュメント（公益財団法人野球殿堂博物館所蔵）

市・（516頁）に画学生に交じって遺作を展示されている帝大の選手がいる。戦前最後のシーズン、1942（昭和17）年秋の早稲田戦に「9番・遊撃手」で先発出場し、リーグ戦が中止になった年に戦前最後の主将となった丸尾至（旧六高・岡山）だ（188頁）。丸尾は太平洋戦争による戦没者の一人で、東京帝大文学部美術史学科の学生で、遺作「釣り人のいる風景」が無言館に展示されている。丸尾は無念にも出征先の中国吉林省で病死した。25歳だった。

また、帝大の島田叡（あきら）（旧三高・京都）は選手として活躍（77頁）し、卒業後内務省勤務を経て、戦局が敗戦に傾いていた1945（昭和20）年1月に官選で沖縄県知事に任ぜられた。沖縄地上戦で沖縄県住民を道連れにすることは愚策と説き、沖縄県民とともに最後まで戦い、地上戦が終了した頃、摩文仁（まぶに）（糸満市）で自ら命を絶ったという。島田は唯一の軍籍のない六大学野球出身の戦没者だ。毎年2月に読売巨人軍が2次キャンプを行う奥武山（おうのやま）公園内に「島田叡氏顕彰碑」があり、糸満市の平和記念公園（摩文仁の丘）には、島田の座右の銘の「断而敢行鬼神避之（「史記」李斯（りし）列伝／断じて敢行すれば、鬼神（きしん）もこれを避（さ）く）」の碑がある。島田は今でも「島守」として沖縄県民から慕われている。

戦争で命を落とすとは、戦後生まれの筆者には想像もできない。野球を目指して六大学へ集った選手が図らずも戦争に巻き込まれ命を奪われたことに、本人は勿論、球友、幼馴染、そして両親はじめ親族の無念さは計り知れない。六大学野球１００年の歴史でこの空白の3年間は、永遠に銘記しなければならない。

「野球年鑑」は六大学野球が復活した１９４６（昭和21）年から7年分をまとめて１９５２（昭和27）年に復刊された。復刊を主導した飛田穂洲が「弾圧から復活まで」と題し、6ページにわたって熱く論じている。抜粋し文字修正をして引用する。

「スポーツの世界なら負けた同志と勝った同士が互いに手を握り合い、笑い合って別れることも出来る。しかし戦争はそうはいかない、これは人間の命のとりあいであるばかりでなく、物心両面の破壊を意味する。（中略）いざ戦争ということになると、どんな手段方法による殺りやくでも全く天下御免である。原子爆弾を抛りなげて一時に何千何万という非戦闘員を屠り去っても、戦争裁判にはかからないし、（中略）戦争に道徳はない。（中略）あたまのいい政治家があれば、負けいくさを無理押しするようなこともなく、成算のない戦を仕掛けない。（中略）亜米利加の経済力物力というものを、予め算定することが出来ないような（中略）大東亜戦争を主催した一部の兵法者のいずれものあたまの悪さ、（中略）よくもこう屑ばかりそろったものだと感心させられる位だ。（中略）素質の悪さというよりも苦労が足らない連中が自分の力を過信した悪い結果だというほかはあるまい、うぬぼれ野球選手が大事な試合に醜敗したのと同じようなものであったろう。（中略）大東亜戦争中、軍部や文部省が野球や庭球に弾圧を加えた偏頗狭量は実に言語道断といわなければなるまい。（中略）弾圧のきざしは昭和十六年ごろからであった。（中略）リーグに一本勝負の強要がなされた。（中略）当番校理事長が文部省を訪ねたり、あらゆる手段を尽くしたが、（中略・文部省は）野球は亜米利加の国技であるから、（中略）すべからく国外に追放しなければならぬと主張した。（中略）当代の人格者当時の慶応義塾々長小泉信三氏を煩して文部省体育審議会席上、文部当局の反省を求めて貰った（中略）昭和十八年春中等学校には野球禁止の命令が降り、六大学リーグには解散が命じられた。（中略）大敗北に終った大東亜戦下にあっては戦争に何んのかかわりのない野球を目のかたきにしてとうとうこれを弾圧した。当時の野球選手が戦争を忌避し、従軍を拒んだというなら、これはいかにも当然といってよい。だがすべての野球児は殆ど模範的といってよい程、勇躍して出征し、その野球より得た精神とカンのよさを遺憾なく発揮して武勲を樹てた、そして多くの名選手が戦場の華と散っている。（中略）一億一心という名文句を並べて置きながら一部の野球人に無用な刺戟を与え、（中略）同じく舶来競技であっても手心を加えるという偏頗な処置を公然と行った悪役人どもの心事は悲憤慷慨のほか何ものでもなかった。こうした小人ばらの集りで、大戦争に勝てるわけがない。国を亡ぼしたものは実に是等物の道理を辨まえぬ小人物のかたまりにあったことはいま更いうまでもあるまい。（中略）私はここで正直に権力に負けたことを白状する。私達はほんとうに微力であった、しかし（野球への）信仰をまで奪われることはなかった。私達の野球魂はこうした大迫害の中に生きのびた。（中略）飽までも学生の分を越えない野球をしっかり握りしめて、とわの栄えを学生野球の上にあらしめたい」

リーグ戦の中断を余儀なくされ、将来のある選手を戦地に赴かせた戦争に対し、戦争を主導した者を飛田は痛烈に批判し、学生野球存続への思いを綴っている。戦後79年を経た今、ロシアは無謀な戦争により当時の日本と同じことを繰り返している。実に虚しい。

◉戦前の激動期（大正14年〜昭和20年）の選手たち

戦前17年間（33シーズン）の優勝回数は、慶応と明治が9回、早稲田が8回、法政5回、立教2回で推移し、史上初の明治の4連覇があった。六大学野球開始から戦争で中断するまでの戦前の激動期の選手をピックアップした。5大学リーグ時代から活躍した選手も数多い。戦火が迫る中で個性溢れる選手が綺羅星のごとく躍動していた。学徒出陣が発せられ、野球を途中で断念せざるを得なかった多くの選手、戦争に駆り出された選手の胸中は計り知れない。その中で戦争によって命を奪われた選手（網掛けで表記）には言葉もない。また、日本が中国東北部に進出し建設した満州国や日本が統治した時代の朝鮮の実業団野球チームでプレーした選手（傍線で表記）も数多くいた。

優勝回数（33シーズン）慶応・明治9回　早稲田8回　法政5回　立教2回　帝大0回

▽投手

【早稲田】**竹内愛一**（京都一商）**藤本定義**（松山商）25年秋の開幕当時の主戦、竹内は25年秋の復活早慶戦1回戦に先発し完封、藤本は同2回戦で勝ち点をもたらす好投／**小川正太郎**（和歌山中）29年・30年に宮武三郎との対決で早慶戦を沸かせた長身の快速左腕／**若原正蔵**（八幡中）35年秋優勝の主戦で通算38勝／**石黒久三**（長岡中）39年の春秋優勝決定戦のエース

【慶応】**浜崎真二**（神戸商）25年秋に復活早慶戦に先発したサウスポー／**宮武三郎**（高松商）初の徹夜組が出た早慶戦で早稲田の小川正太郎と一騎打ち・通算38勝と打者でも通算72打点／**水原茂**（高松商）宮武三郎と2本柱で三塁手も兼ねリンゴ事件の当事者／**高木正雄**（平安中）39年秋11試合中10試合に登板し7年ぶりの優勝の立役者で春秋優勝決定戦で活躍

【明治】**湯浅禎夫**（米子中）25年秋の六大学野球初の勝ち投手で2度のノーヒットノーランとシーズン最多109奪三振／**中村峰雄**（徳山中）絶妙の制球力で初優勝と連覇に貢献し通算31勝／**八十川胖**（広陵中）ボーク事件の当事者／**鬼塚格三郎**（中津中）ノーヒットノーラン／**清水秀雄**（米子中）**児玉利一**（大分商）初の4連覇の継投コンビ／**藤本八竜**（英雄／下関商）スライダーの元祖で明治最多の通算34勝／**林義一**（徳島商）「優勝預かり」のシーズンで藤本と2本柱／**嶋清一**（海草中）藤本の影に隠れた戦時下の不運の快速左腕

【法政】**円城寺満**（大連商）28年春秋に各9試合に登板した軟投派／**鈴木茂**（本牧中）**若林忠志**（同）30年秋優勝の両輪、若

林はハワイ生まれの通算登板回数が歴代トップで通算43勝（歴代4位）／**伊藤正雄**（平安中）35年春優勝の主戦／**柚木進**（呉港中）**佐藤平七**（育英商）法政戦前最後の優勝の2本柱

【立教】**片田宣道**（立教中）ノーヒットで敗戦とシーズン83奪三振／**縄岡修三**（広陵中）当時のアンダースローの草分け／**辻猛**（嘉穂中）変則モーションで菊谷正一と2本柱で優勝／**菊谷正一**（徳山中）投打の主軸で立教初の首位打者／**西郷準**（鹿児島二中）剛球と登板回数で鳴らし1試合最多13与四死球／**好村三郎**（灘中）主将、投手、クリーンアップ、監督役の4役

【帝大】**東武雄**（旧一高）帝大で初勝利投手で史上初の本塁打と東大唯一のノーヒットノーラン達成／**高橋一**（旧五高）法政と帝大でエース／**梶原英夫**（旧一高）投打に貢献し6シーズン連続最下位脱出の原動力／**木越安一**（旧学習院高）軟投で早稲田から初勝利／**由谷敬吉**（旧一高）10戦10完投で最下位脱出／**佐藤剛彦**（旧二高）4位に食い込む原動力の左腕

▽野手

【早稲田】**河合君次**（外・岐阜中）**氷室武夫**（外・姫路中）25年秋優勝の主軸、河合は初の逆転本塁打の外野の名手、氷室は史上初の首位打者／**伊丹安廣**（捕・佐賀中）氷室に続き首位打者／**水原義明**（外・高松中）史上初の2度の首位打者／**森茂雄**（内・松山商）巧守好打の内野手で30年秋は監督を兼務／**伊達正男**（捕・市岡中）1年生春に首位打者で投手に転向し31年秋早慶戦で3連投／**佐藤茂美**（外・松本商）早慶戦の逆転ランニング・ホームラン／**三原修**（脩／内・高松中）早慶戦で水原茂を相手に逆転ホーム・スチール／**小島利男**（内・愛知商）2度の首位打者と史上初の三冠王／**呉明捷**（内・嘉義農林）通算7本塁打タイ記録のパワーヒッター／**松井栄造**（内・岐阜商）**南村不可止**（侑広／内・市岡中）**辻井弘**（内・平安中）39年春優勝の主力、松井はサウスポーで外野手に転向、南村は2年連続首位打者、辻井は首位打者

【慶応】**加藤喜作**（内・広陵中）25年秋復活早慶第1戦の先頭打者で水原茂と名三遊間／**山下実**（内・第一神港商）**岡田貴一**（捕・向陽中）**浜井武雄**（内・広島商）加藤喜作と宮武三郎とともに初の10戦全勝と20試合連続勝利時の主力、山下は

「ベーブ山下」の名を冠した慶応2人目の首位打者、岡田は10戦10勝優勝の時の主将、浜井は慶応初の首位打者／**小川年安**（捕・広陵中）岡田貴一とともに宮武三郎や水原茂とバッテリー／**岡泰蔵**（内・和歌山中）好守の二塁手で早慶戦での二盗がリンゴ事件の発端／**牧野直隆**（内・慶応商工）慶応初期の名内野手／**別当薫**（外・甲陽中）戦前の最高打率０・５００の首位打者で兼投手／**飯島滋弥**（内・千葉中）**宮崎要**（内・佐賀商）**宇野光雄**（内・和歌山中）**大館盈六**（内・愛知商）**桜井寅二**（捕・中京商）１００万ドルの内野陣と言われた鉄壁の内野陣、桜井は主将・捕手・リードオフマン

【明治】**二出川延明**（外・第一神港商）**横沢三郎**（内・荏原中）**谷沢梅雄**（内・明星商）**天知俊一**（捕・下野中）５校リーグ時代からの主力、二出川は後の「俺がルールブックだ」、横沢と谷沢は当時の名内塁手、天知は湯浅禎夫とバッテリー／**永澤武雄**（内・郡山中）**長谷川信義**（外・京都二中）**銭村辰巳**（外・広陵中）**井野川利春**（捕・関西中）**田部武雄**（内・広陵中）**松木謙治郎**（内・敦賀商）初優勝と史上初の連覇の原動力、銭村は明治初期のリードオフマン、井野川は中村峰雄とバッテリー、田部は好守好走塁の希代のユーティリティプレーヤー、松木はロイド眼鏡の強打者／**吉相金次郎**（内・浪華商）走りまくった当時の韋駄天／**松井久**（外・平壌中）**岩本義行**（外・広陵中）当時の明治の好対照の強打者、松井は悪球打ちの強打者、岩本は神主打法で明治初の首位打者と初の１シーズン３本塁打／**恒川道順**（内・中京商）**村上重夫**（外・同）**松井勲**（捕・同）**杉浦清**（内・同）**吉田正男**（外・同）**伊藤庄七**（外・同）史上初の４連覇に貢献した中京商出身メンバー／**加藤春雄**（外・岐阜商）**加藤三郎**（内・同）兄弟で活躍した岐阜商出身メンバー／**宮本利学**（内・徳島商）**阿瀬泰次郎**（内・海南中）戦前最後の優勝の主力

【法政】**森岡雅善**（内・三豊中）法政初の首位打者／**成田理助**（捕・長野中）**苅田久徳**（内・本牧中）**倉信雄**（捕・第一神港商）**西垣徳雄**（内・同）**島秀之助**（外・同）**久保春吉**（内・同）**武田一義**（外・平安中）初期２回の優勝のメンバー、苅田は天才肌二塁手の先駆け、倉は若林忠志とバッテリー、武田は法政初期のリードオフマン／**藤田宗一**（内・甲陽中）若林忠志とバッテリー／**戸倉勝城**（外・豊浦中）首位打者／**鶴岡一人**（内・広島商）華麗なフットワークとスロ

ーイングの当時の最強三塁手で1試合最多6安打／**田川豊**（外・呉港中）**森下重好**（外・甲陽中）戦前最後の優勝の主力、田川は打率5割の首位打者、森下は投手から転向し外野手

【立教】**齋藤達雄**（外・函館中）26年春の打率0・520の幻の首位打者（規定試合1不足・315頁）／**別井正二**（捕・栃木中）**菊谷正一**とバッテリー／**関口慶一郎**（内・栃木中）**国友正一**（外・静岡中）**中島栄**（外・千葉中）**山城健三**（内・広陵中）**百瀬和夫**（捕・松本商）31年秋初優勝の主力、関口は主将で優勝に導く、百瀬は強肩で田部武雄の盗塁阻止／**景浦将**（外・松山商）プロに引き抜かれた逸材／**西本幸雄**（内・和歌山中）戦前最後のシーズンで主将兼監督役／**永利勇吉**（外・嘉穂中）打率5割で戦前最後の首位打者

【帝大】**清水健太郎**（捕・旧一高）東武雄とバッテリーの名捕手／**三島東作**（外・旧福岡高）東大初の首位打者／**広岡知男**（捕・旧五高）東大2人目の首位打者／**片桐勝司**（捕・旧水戸高）6シーズン連続最下位脱出時の捕手／**野村正守**（内・旧八高）1シーズン2本の本塁打と首位打者

（注1）**歴史的第1戦**

記念すべき六大学野球開幕の第1戦は1925（大正14）年9月20日に駒沢球場で行われた明立戦。リーグ戦前に発表された朝日新聞紙上の日程表には、「9月17日（木）法明（中野）、18日（金）慶立（田園）、20日（日）明立（駒沢）」とある。3日目の開催予定の明立戦が、前の試合が雨天順延となり開幕戦となった。日程表が掲載された記事の中に「従来の変則的五大学リーグ戦もいよいよ今秋から20年中断されていた早慶戦の復活や東京帝大が新たに加盟したので年来の懸案であった完備した大学リーグが実現される訳で、（中略）尚会議では其際（そのさい）郊外電車会社の沿線にグラウンドを有（も）つ加盟校といえども、その電車会社が試合の際特に選手の乗車に付いては特別な便宜を図らなかった時にはそのグラウンドで試合を行わないことを申し合わせた」とあり、六大学野球が特別に扱われたと推測される記述

がある。

（注2）牽制球の偽投

投手の牽制球で二塁と三塁への牽制球は偽投が認められていたが、2014年のルール改正（公認野球規則6・02）により、三塁への偽投はボークとなった。これにより走者一、三塁での三塁への偽投後の一塁への牽制はできなくなった。ただしプレートを外せば投手ではなく野手の扱いとなるので、各塁への偽投は認められる。改正の理由は試合の遅延防止ほか。

（注3）サスペンデッドゲーム

野球、ゴルフ、テニスなどで天候、照明設備の故障、日没などにより、競技の続行が不可能とされた場合に、審判や主催者の判断で競技を中止し、後日改めて中断した時点の状況から競技を再開するルール。プロ野球では過去に8例あり、現在はルールが撤廃された。甲子園大会では雨天でのグラウンド不良状態での試合続行の是非が問われ、2022年の選抜大会から「継続試合」としてルール化された。

（注4）当番校

東京六大学野球連盟の運営制度。6校が年度ごとに輪番制で当番校となり、当番校が運営の幹事長となってリーグ戦の運営に当たる。法政、東大、立教、早稲田、慶応、明治のイロハ順。100年目の2024（令和6）年は早稲田、満100年、101年目は慶応が当番校。1932（昭和7）年に起きた早稲田の連盟脱退事件が契機となった連盟改革事項の一つが当番校制の設置だった。応援団の当番校は、東京六大学応援団連盟設立の際のくじ引きによって、東大、早稲田、立教、法政、慶応、明治の順で現在も引き継がれている。

（注5）日程で有利、不利

六大学野球の日程は原則的に8週間で全カード（15カード）を編成する。連盟規約の「試合運行に関する委員会」の「試合に関する細則」には、最終週に早慶戦を行う規定はない。日程編成会議で早慶戦が最終週に組まれる慣例となっている。早慶は8週目、他の4校は7週目で全カードを消化する。全カードが終了するまでに空き週（試合のない週）があり、週末に行われる短期決戦型の六大学野球では空き週でのチーム修正は重要な要素となる。空き週は早慶が3週あり、他の4校は2週で、第1週に対戦カードのない場合は6週で全カードを消化する。早慶には日程消化に余裕が生まれ、毎シーズン最終週に行われるので、他の4校の戦いぶりを見ながら戦うことができる。六大学野球が対校戦の要素だけなら有利・不利は無縁だ。リーグ戦スタイルで優勝を競う競技として捉えると、不公平な慣例と解釈できる。神宮球場の隣で行われている関東大学ラグビー対抗戦グループは、最後に行われる早明戦は12月の第1日曜日、早慶戦が11月23日（勤労感謝の日）に毎年慣例で行われている。試合の日程は日程会議で決定されるが、この二つの試合は長らく慣例で固定されてきた。グループ結成当時は新興チームだった帝京大が優勝を重ねる時代に入ってから、この慣習を改めることが提案されたがそのまま継続されてきた。多様なスポーツ界で野球の早慶戦とラグビーの早明戦の開催日程は特別な慣例となっている。

（注6）皇城ＹＭＣＡ

韓国のソウルＹＭＣＡの前身の皇城基督教青年会。１９０３（明治36）年設立。韓国併合後の日本の同化圧力に対抗するために、１９１９（大正８）年の独立宣言を経て、１９２７（昭和２）年に独立した。野球、柔道、サッカーなどのスポーツチームを設置した。（参考・在日本大韓民国民団ホームページ）

（注7）東京市

１８８９（明治22）年の市制・町村制の施行により、東京府に東京市（15区）が設置され、１９３２（昭和７）年に35区となり5郡82町村が編入され、１９３６（昭和11）年に現在の区部の範囲が確定した。戦時中の１９４３（昭和18）年に東京都制が敷かれ、戦後の１９４７（昭和22）年に35区が23区に再編され、現在に至っている。

（注8）学校報国会

太平洋戦時下において国民の奉仕活動を基にした多数の教化団体（大日本青年団、大日本婦人会など）を一つにした大日本教化報国会の中の学校版。学校報国団ともいう。１９３７（昭和12）年の「国民精神総動員実施要綱」に続き、翌年の「国家総動員法」で戦時体制が確立し、１９４１（昭和16）年の発令の「学校報国隊組織に関する訓令」に基づき学校報国団の体制が確立した。本部は文部省にあり末端の学校は校長が報国隊長となり、教職員、学生まで隊長、隊付などの役職名が付けられた。明らかに軍国的な労務形態であり、当時の軍はこの形態によって学徒動員を有効に活かし得ると図った。（参考・「戦時下の学校報告団設置に関する考察」山本哲生）

◉先発メンバー・勝敗表・個人タイトル〈Ⅱ　激動期〉

1925(大正14)年　六大学野球開幕へ(早優勝)　普通選挙法が成立　ムッソリーニ(伊)が独裁宣言　独ナチ党が再建

※斜字は満州実業団野球経験者

早稲田		対慶応 10.19(戸塚)	
1	二	山崎 武彦	鳥取一中(鳥取)
2	遊	根本 行都	竜ヶ崎中(茨城)
3	一	水原 義雄	高松中(香川)
4	三	井口 新次郎	和歌山中(和歌山)
5	右	河合 君次	岐阜中(岐阜)
6	中	氷室 武夫	姫路中(兵庫)
7	捕	安田 俊信	小倉中(福岡)
8	投	*竹内 愛一*	京都一商(京都)
9	左	瀬木 嘉一郎	横浜商(神奈川)
主将		宮崎 吉裕	豊国中(福岡)
マネージャー		鈴木 茂宗	水戸中(茨城)
監督		飛田 忠順	水戸中(茨城)
下段は春の初戦　対立教 4.19(戸塚)			
1	左	安藝 祝	麻布中(東京)
7	捕	宮崎 吉裕	豊国中(福岡)
9	遊	井上 正夫	小倉中(福岡)
	投	*児玉 政雄*	旅順中(満州)

慶応		対早稲田 10.19(戸塚)	
1	遊	加藤 喜作	広陵中(広島)
2	一	大川 竹三	慶応普通部(東京)
3	左	青木 修平	丸亀中(香川)
4	右	永井 武雄	第一神港商(兵庫)
5	中	橋本 清	岡山一中(岡山)
6	捕	岡田 貴一	甲陽中(兵庫)
7	三	三谷 八郎	第一神港商(兵庫)
8	二	本郷 基幸	慶応普通部(東京)
9	投	浜崎 真二	神戸商(兵庫)
主将		山岡 鎌太郎	慶応普通部(東京)
マネージャー		山下 重夫	米子中(鳥取)
監督		三宅 大輔	慶応普通部(東京)
下段は春の初戦　対法政 4.28(中野)			
1	右	原田 安次郎	京都一商(京都)
4	二	高木 正一	慶応普通部(東京)
5	中	田島 五郎	慶應普通部(東京)
6	左	西川 東平	丸亀中(香川)
7	投	長浜 俊三	京都二中(京都)

明治		対立教 9.20(駒沢)	
1	右	**二出川 延明**	第一神港商(兵庫)
2	二	**横沢 三郎**	荏原中(東京)
3	一	梅田 三次郎	明星商(大阪)
4	三	谷沢 梅雄	明星商(大阪)
5	投	**湯浅 禎夫**	米子中(鳥取)
6	遊	林 好雄	松本商(長野)
7	中	熊谷 玄	松本中(長野)
8	左	中川 金三	下野中(栃木)
9	捕	天知 俊一	下野中(栃木)
主将		谷沢 梅雄	明星商(大阪)
マネージャー		菊池 博	小樽中(北海道)
監督		岡田 源三郎	早稲田実(東京)
下段は春の初戦　対法政 4.21(駒沢)			
7	三	能沢 信吉	金沢一中(石川)
8	投	鶴田 源吉	明星商(大阪)
		高橋 誠	青島中(中国)

法政		対帝大 9.21(中野)	
1	三	加藤 豊司	広島中(広島)
2	二	坂井 森之助	土浦中(茨城)
3	右	俣野 勇	長野中(長野)
4	左	曽木 武臣	豊国中(福岡)
5	一	沼崎 一夫	竜ヶ崎中(茨城)
6	中	*萩原 兼顕*	芝中(東京)
7	遊	秋田 収蔵	呉中(広島)
8	捕	藤田 省三	甲南中(兵庫)
9	投	高橋 一	京城中(朝鮮)
主将		沼崎 一夫	竜ヶ崎中(茨城)
マネージャー		―	―
監督		稲垣 重穂	神中(神奈川)
下段は春の初戦　対明治 4.21(駒沢)			
2	右	藤田 信男	伊丹中(大阪)
7	捕	村田 静男	関東学院中(神奈川)
9	二	和田 謙吉	甲陽中(兵庫)

立教		対明治 9.20(駒沢)	
1	左	荒井 和男	早稲田中(東京)
2	三	永田 庚二	北海中(北海道)
3	一	野田 健吉	郡山中(奈良)
4	右	水谷 喜久男	北海中(北海道)
5	投	片田 宣道	立教中(東京)
6	二	山田 義隆	広陵中(広島)
7	遊	大仲 幸三	同志社中(京都)
8	捕	早速 益夫	成城中(東京)
9	中	市村 要	秋田中(秋田)
主将		永田 庚二	北海中(北海道)
マネージャー		川島 秀一	
監督		―	―
下段は春の初戦　対早稲田 4.19(戸塚)			
2	中	齋藤 達雄	函館中(北海道)
3	一	原 友次	姫路中(兵庫)
8	投	築地 俊龍	秋田中(秋田)

帝大		対法政 9.21(中野)	
1	中	河野 達一	旧一高(東京)
2	遊	内田 豊	旧一高(東京)
3	右	小原 辰三	旧二高(宮城)
4	捕	清水 健太郎	旧一高(東京)
5	投	東 武雄	旧一高(東京)
6	一	改野 五郎	旧水戸高(茨城)
7	左	野田 政之	旧五高(熊本)
8	二	山本 久繁	旧一高(東京)
9	三	神永 三四郎	旧松本高(長野)
主将		山本 久繁	旧一高(東京)
マネージャー		石田 久市	旧一高(東京)
監督		芦田 公平	旧一高(東京)
下段は春のテスト戦　対明治 5.1(駒沢)			
6	三	高木 進	旧一高(東京)
8	左	大洞 恒夫	旧四高(石川)

・春季は5大学リーグ最後の対戦
・帝大はテスト参加(勝敗表は77頁)

復活した早慶戦で第1打者の慶応・加藤喜作、捕手は早稲田・安田俊信、球審は明治・湯浅禎夫(『慶應義塾野球部百年史』より)

復活した早慶戦に観衆の山、1925年秋(『六大学野球全集』より)

【秋季】勝敗表　早稲田が完全優勝

順位	チーム	試合	勝	敗	分	勝点	勝率
1	**早大**	11	10	1	0	5	0.909
②	明大	14	9	3	2	4	0.750
③	慶大	12	6	5	1	3	0.545
④	帝大	14	5	7	2	2	0.417
⑤	立大	12	4	8	0	1	0.333
⑥	法大	11	0	10	1	0	0.000

・早稲田がリーグ戦初代覇者
・東(帝)が帝法1回戦で第1号本塁打
・**湯浅(明)がシーズン最多奪三振**(109三振)
・**湯浅(明)がノーヒットノーランを2回**(308頁)(対立教・帝大)
・片田(立)がシーズン83奪三振
・**明治がシーズン最多盗塁(57)**

首位打者	氷室 武夫	早	姫路中

□六大学野球の動き

立教が東長崎グラウンドへ移転/慶応が早慶戦復活の回答を回避/春は東大がテスト参加(1勝3敗・38頁)/早稲田の戸塚球場が2万5000人収容のスタンドに改修/早慶が和解し**東京六大学野球連盟発足**/秋の立明戦で東京六大学野球が開幕(9.20・413頁)/立教が無監督制でスタート(合議制)/**19年ぶりの早慶戦復活**(10.19・413頁)/早稲田がシカゴ大に勝利/立教が校歌制定(402頁)

□野球界の動き

★高校/夏の代表校が21校に/高松商が本州以外の初めての優勝校/大阪放送局(JOBK)が試合経過をラジオ放送で開始/選抜大会の会場が甲子園球場に移行
★大学/専修大、立命館大が創部/東京新大学野球連盟(旧連盟)が発足/明治神宮競技大会野球競技で稲門倶楽部が優勝、準優勝は法友倶楽部

□国内外の動き

★国内/日ソ基本条約締結/NHKラジオ放送開始/**治安維持法・普通選挙法**制定/鶴見騒擾事件/朴烈を皇室暗殺計画で起訴
★世界/イタリアのムッソリーニが独裁宣言/**ドイツ労働者党(ナチ党)再建**/上海で5.30事件、日米伊英の陸戦隊が上陸

1926(大正15)年　神宮球場が落成　慶応が初優勝　摂政杯下賜　昭和に改元　蒋介石が反共クーデター　北伐開始

※網掛けは太平洋戦争ほか戦没者、斜字は満州実業団野球経験者

早稲田　対法政 4.21(中野)

1	左	瀬木 嘉一郎	横浜商(神奈川)
2	一	*水原 義雄*	高松中(香川)
3	中	氷室 武夫	姫路中(兵庫)
4	三	井口 新次郎	和歌山中(和歌山)
5	捕	伊丹 安廣	佐賀中(佐賀)
6	右	河合 君次	岐阜中(岐阜)
7	投	水上 義信	早稲田実(東京)
8	二	西村 満寿雄	鳥取一中(鳥取)
9	遊	森 茂雄	松山商(愛媛)
主将		宮崎 吉裕	豊国中(福岡)
マネージャー		水野 栄次郎	松本商(長野)
監督		市岡 忠男	京都一商(京都)
		対法政 10.9(戸塚)	
8	遊	富永 時夫	長崎商(長崎)
9	投	藤本 定義	松山商(愛媛)
	外	*緑川 郁三*	唐津中(佐賀)

慶応　対立教 4.17(調布)

1	一	大川 竹三	慶応普通部(東京)
2	中	梶上 初一	広島商(広島)
3	左	青木 修平	丸亀中(香川)
4	右	野村 栄一	高松商(香川)
5	投	永井 武雄	第一神港商(兵庫)
6	捕	岡田 貴一	甲陽中(兵庫)
7	二	本郷 基幸	慶応普通部(東京)
8	三	村川 克己	高松商(香川)
9	遊	加藤 喜作	広陵中(広島)
主将		青木 修平	丸亀中(香川)
マネージャー		物集 謙太郎	神戸一中(兵庫)
監督		腰本 寿	慶応普通部(東京)
		対法政 9.29(新田)	
1	中	浜崎 真二	神戸商(兵庫)
3	一	三谷 八郎	第一神港商(兵庫)
7	左	楠見 幸信	岡山一中(岡山)

明治　対帝大 4.17(駒沢)

1	右	銭村 辰巳	広陵中(広島)
2	捕	天知 俊一	下野中(栃木)
3	中	熊谷 玄	松本中(長野)
4	遊	林 好雄	松本商(長野)
5	左	*中川 金三*	下野中(栃木)
6	投	中村 峰雄	徳山中(山口)
7	三	高橋 誠	青島中(支那)
8	二	永澤 武雄	郡山中(奈良)
9	左	安井 重松	桃山中(京都)
主将		林 好雄	松本商(長野)
マネージャー		菊池 博	小樽中(北海道)
監督		岡田 源三郎	早稲田実(東京)
		対帝大 9.25(駒沢)	
2	一	手塚 寿恵雄	松本商(長野)

法政　対早稲田 4.21(中野)

1	二	坂井 森之助	土浦中(茨城)
2	左	岡田 保	伊丹中(大阪)
3	一	*俣野 勇*	長野中(長野)
4	中	曽木 武臣	豊国中(福岡)
5	三	*加藤 豊司*	広島中(広島)
6	遊	秋田 収蔵	呉中(広島)
7	捕	村田 静男	関東学院中(神奈川)
8	投	鈴木 茂	本牧中(神奈川)
9	右	藤田 信男	伊丹中(大阪)
主将		―	―
マネージャー		松本 勝徳	飯山中(長野)
監督		稲垣 重穂	神中(神奈川)
		対立教 9.25(長崎)	
5	一	森岡 雅善	三豊中(香川)
8	捕	藤田 省三	甲南中(兵庫)
マネージャー		林 辰男	明治学院中(東京)

立教　対慶応 4.17(調布)

1	中	荒井 和男	早稲田中(東京)
2	右	市村 要	秋田中(秋田)
3	左	野田 健吉	郡山中(奈良)
4	遊	大仲 幸三	同志社中(京都)
5	一	原 友次	姫路中(兵庫)
6	二	南條 尚夫	前橋中(群馬)
7	投	片田 宜道	立教中(東京)
8	三	鈴木 政次郎	姫路中(兵庫)
9	捕	正田 彦三	広陵中 広島
主将		原 友次	姫路中(兵庫)
マネージャー		南 幸司	
監督		―	―
		対法政 9.25(長崎)	
2	中	齋藤 達雄	函館中(北海道)
6	捕	早速 益夫	成城中(東京)
7	遊	森 一	札幌二中(北海道)

帝大　対明治 4.17(駒沢)

1	遊	土井 賢一	旧三高(京都)
2	投	内田 豊	旧一高(東京)
3	左	大洞 恒夫	旧四高(石川)
4	一	改野 五郎	旧水戸高(茨城)
5	捕	清水 健太郎	旧一高(東京)
6	中	小原 辰三	旧二高(宮城)
7	三	高木 進	旧一高(東京)
8	右	野田 政之	旧五高(熊本)
9	二	伊知地	
主将		清水 健太郎	旧一高(東京)
マネージャー		石田 久市	旧一高(東京)
監督		芦田 公平	旧一高(東京)
		対明治 9.25(駒沢)	
1	中	松浦 政次郎	旧一高(東京)
4	投	東 武雄	旧一高(東京)
7	右	野本 進	旧松山高(愛媛)
8	三	岡本 港	旧六高(岡山)

【春季】勝敗表　慶応が勝率で優勝(初)

順位	チーム	試合	勝	敗	分	勝点	勝率
1	**慶大**	11	8	3	0	4	0.727
②	早大	13	8	4	0	4	0.667
③	立大	12	8	5	0	3	0.615
④	明大	14	8	6	0	3	0.571
⑤	法大	12	4	8	0	1	0.333
⑥	帝大	10	0	10	0	0	0.000

・安田義信(立命館中・明)がノーヒットノーラン(対法政)
・瀬木(早)が1シーズン15盗塁
・河合(早)が逆転サヨナラ本塁打

首位打者　伊丹 安廣　早　佐賀中

【秋季】勝敗表　早稲田が完全優勝

順位	チーム	試合	勝	敗	分	勝点	勝率
2	**早大**	14	10	2	2	5	0.833
②	慶大	12	9	2	1	4	0.818
③	法大	15	7	6	2	3	0.538
④	明大	12	5	7	0	2	0.417
⑤	立大	12	3	9	0	1	0.250
⑥	帝大	13	2	10	1	0	0.167

・明法戦(10.24)が神宮球場初の公式戦
・片田(立)がノーヒットで敗戦(対法政)

首位打者　森岡 雅善　法　三豊中

ベストメンバー　※飛田穂洲・久保田高行選

投手	永井 武雄	慶	第一神港商
	鈴木 茂	法	本牧中
捕手	岡田 貴一	慶	甲陽中
	伊丹 安廣	早	佐賀中
一塁手	森岡 雅善	法	三豊中
二塁手	坂井 森之助	法	土浦中
三塁手	井口 新次郎	早	和歌山中
遊撃手	林 好雄	明	松本商
外野手	齋藤 達雄	立	函館中
	熊谷 玄	明	松本商
	中川 金三	明	下野中
	瀬木 嘉一郎	早	横浜商
	梶上 初一	慶	広島商

□六大学野球と神宮球場の動き

神宮球場が落成(10月・232頁)、落成記念選抜チーム紅白試合(11月)/慶応が新田球場開設/帝大が駒場に移転/早稲田が5回目の渡米/秋の明法1回戦が神宮球場初の公式戦/**摂政(東宮)杯が下賜**される(11月・264頁)/アメリカ大使杯が授与される(11月)

□野球界の動き

★高校／大会歌を制定/応援の態度が乱れ応援が禁止となる

★大学／明治神宮競技大会野球競技で明治が優勝、準優勝は慶応

□国内外の動き

★国内／日本放送協会設立/全国水平社幹部が一斉検挙される/**大正天皇崩御、昭和へ**/トヨタ自動車母体の豊田自動織機製作所設立

★世界／アメリカで初のロケット発射成功/蒋介石が反共クーデター、北伐を開始/ロッキード航空機会社設立

1927(昭和2)年　明治が初優勝　NHKがラジオ中継開始　都市対抗野球始まる　昭和金融恐慌始まる　南京事件

※網掛けは太平洋戦争ほか戦没者、斜字は満州実業団野球経験者

早稲田		秋の初戦　対東大 9.24(戸塚)	
1	中	水原 義明	高松中(香川)
2	左	今井 雄四郎	米沢中(山形)
3	捕	伊丹 安廣	佐賀中(佐賀)
4	三	井口 新次郎	和歌山中(和歌山)
5	右	中津川 忠	大田原中(栃木)
6	一	西村 成敏	松本商(長野)
7	投	高橋 外喜雄	早稲田実(東京)
8	二	西村 満寿雄	鳥取一中(鳥取)
9	遊	冨永 時夫	長崎商(長崎)
主将		*氷室 武夫*	姫路中(兵庫)
マネージャー		山本 實	佐伯中(大分)
監督		市岡 忠男	京都一商(京都)
		秋の第2週　対立教 10.1(戸塚)	
2	二	森 茂雄	松山商(愛媛)
8	投	*源川 栄二*	新潟中(新潟)
主将		井口 新次郎	和歌山中(和歌山)

※早稲田は春渡米

慶応		対帝大 4.29(新田)	
1	中	梶上 初一	広島商(広島)
2	三	村川 克己	高松商(香川)
3	右	*浜崎 真二*	神戸商(兵庫)
4	一	山下 実	第一神港商(兵庫)
5	二	町田 重信	第一神港商(兵庫)
6	左	野村 栄一	高松商(香川)
7	捕	**伊藤 勝三**	秋田中(秋田)
8	投	宮武 三郎	高松商(香川)
9	遊	加藤 喜作	広陵中(広島)
主将		原田 安次郎	京都一商(京都)
マネージャー		土肥 次郎	青山学院中(東京)
監督		腰本 寿	慶應普通部(東京)
		対立教 9.21	
6	捕	岡田 貴一	甲陽中(兵庫)
7	一	福島 鐐	静岡中(静岡)
8	二	三谷 八郎	第一神港商(兵庫)

明治		対立教 4.23	
1	右	銭村 辰巳	広陵中(広島)
2	二	永澤 武雄	郡山中(奈良)
3	中	熊谷 玄	松本中(長野)
4	三	高橋 誠	青島中(支那)
5	遊	林 好雄	松本商(長野)
6	投	中村 峰雄	徳山中(山口)
7	捕	手塚 寿恵雄	松本商(長野)
8	一	鷲尾 二郎	同志社中(京都)
9	左	桝 嘉一	同志社中(京都)
主将		林 好雄	松本商(長野)
マネージャー		石光 真守	東京中(東京)
監督		岡田 源三郎	早稲田実(東京)
		対法政 9.24	
5	左	桜井 修	大連商(満州)
6	一	松木 謙治郎	敦賀商(福井)
8	投	中津川 昇二	福岡中(岩手)
9	中	長谷川 信義	京都二中(京都)

法政		対帝大 4.23(中野)	
1	遊	秋田 収蔵	呉中(広島)
2	左	長澤 安治	長野商(長野)
3	右	*岡田 保*	伊丹中(大阪)
4	投	曽木 武臣	豊国中(福岡)
5	一	鈴木 茂	本牧中(神奈川)
6	捕	岩田 武雄	広島商(広島)
7	三	藤田 信男	伊丹中(大阪)
8	二	石井 利一	本牧中(神奈川)
9	中	大滝 信隆	長野商(長野)
主将		俣野 勇	長野中(長野)
マネージャー		山崎 正大	
監督		藤田 信男(代理)	伊丹中(大阪)
		対明治 9.24	
8	三	和田 謙吉	甲陽中(兵庫)

立教		対明治 4.23	
1	右	渡辺 正守	秋田中(秋田)
2	左	森田 多三郎	郡山中(奈良)
3	捕	野田 健吉	郡山中(奈良)
4	投	片田 宜道	立教中(東京)
5	中	市村 要	秋田中(秋田)
6	三	鈴木 政次郎	姫路中(兵庫)
7	一	早速 益夫	成城中(東京)
8	二	高瀬 直利	北海中(北海道)
9	遊	大内 又三郎	目白中(東京)
主将		市村 要	秋田中(秋田)
マネージャー		広瀬 勝義	目白中(東京)
監督		―	―
		対慶応 9.21	
7	一	正田 彦三	広陵中(広島)
8	遊	森 一	札幌二中(北海道)

帝大		対法政 4.23(中野)	
1	二	内田 豊	旧一高(東京)
2	中	松浦 政次郎	旧一高(東京)
3	投	東 武雄	旧一高(東京)
4	一	改野 五郎	旧水戸高(茨城)
5	右	野本 進	旧松山高(愛媛)
6	三	斉藤 弘義	旧一高(東京)
7	捕	名出 昇三	旧三高(京都)
8	左	十文字 信雄	旧山形高(山形)
9	遊	黒川 義雄	旧三高(京都)
主将		東 武雄	旧一高(東京)
マネージャー		―	―
監督		芦田 公平	旧一高(東京)
		対早稲田 9.24(戸塚)	
1	遊	土井 賢一	旧三高(京都)
4	捕	清水 健太郎	旧一高(東京)
8	二	鈴田 正武	旧五高(熊本)
9	右	相良 武雄	旧五高(熊本)

【春季】勝敗表　勝ち点で慶応が優勝

順位	チーム	試合	勝	敗	分	勝点	勝率
2	**慶大**	11	8	3	0	4	0.727
②	明大	10	7	2	1	3	0.778
③	法大	12	4	6	2	1	0.400
④	帝大	9	3	6	0	1	0.333
⑤	立大	10	2	7	1	1	0.222
⑥	早大	(渡米)					

・勝率は明治が上回る
・東(帝)がノーヒットノーラン(対立教)
・宮武(慶)が神宮球場第1号本塁打を放つ

首位打者　浜井 武雄　慶　広島商

和泉の合宿所でくつろぐ選手、当時は着物姿が多かった、下方は火鉢(『明治大学野球部史第一巻』より)

【秋季】勝敗表　明治が勝率で優勝(初)

順位	チーム	試合	勝	敗	分	勝点	勝率
1	**明大**	15	9	2	4	4	0.818
②	慶大	13	9	3	1	4	0.750
③	早大	11	6	4	1	3	0.600
④	帝大	13	4	7	2	2	0.364
⑤	法大	18	4	9	5	1	0.308
⑥	立大	14	2	9	3	1	0.182

・明治が初優勝
・法政がシーズン最多失策(45失策)

首位打者　水原 義明　早　高松中

【秋季】ベストメンバー　※時事新報所蔵

守備	氏名	大学	出身校
投手	浜崎 真二	慶	神戸商
	中村 峰雄	明	徳山中
	東 武雄	帝	旧一高
	源川 栄二	早	新潟中
捕手	福島 鐐	慶	静岡中
	伊丹 安廣	早	佐賀中
一塁手	山下 実	慶	第一神港商
二塁手	永沢 武雄	明	郡山中
三塁手	井口 新次郎	早	和歌山中
遊撃手	林 好雄	明	松本商
外野手	銭村 辰巳	明	広陵中
	水原 義明	早	高松中
	桝 嘉一	明	同志社中

□六大学野球と神宮球場の動き

早稲田が単独渡米で春季リーグ欠場/慶応が極東大会(上海)で優勝/秋季早明2回戦でNHK(当時はJOAK)がラジオ中継開始/明治が初優勝(秋)

□野球界の動き

★高校／夏の甲子園大会で初のラジオ(JOAK)実況中継(札幌一中対青森師範)/地方大会も応援禁止/選抜優勝校がアメリカ遠征

★大学／**関西六校野球連盟(初代)が結成**(261頁)/明治神宮競技大会野球競技で早稲田が優勝、準優勝は法政

★社会人／全国実業団野球大会を改称し**都市対抗野球大会始まる**(神宮球場)、第1回から第3回までは大連(満州)のチームが優勝(124頁)

□国内外の動き

★国内／日本水平社結成/昭和金融恐慌発生/南京事件/立憲民政党結成/日本初の地下鉄開業(上野-浅草)

★世界／蒋介石の上海クーデター、南京に国民政府を樹立/ソ連共産党がトロツキーらを除名

1928(昭和3)年　専属審判員制度開始　3位決定戦終了　全国に特高警察　張作霖爆殺事件　パリ不戦条約調印

※網掛けは太平洋戦争ほか戦没者、斜字は満州実業団野球経験者

早稲田　対立教 4.21(戸塚)

1	中	水原 義明	高松中(香川)
2	一	西村 満寿雄	鳥取一中(鳥取)
3	二	森 茂雄	松山商(愛媛)
4	三	井口 新次郎	和歌山中(和歌山)
5	捕	伊達 正男	市岡中(大阪)
6	右	矢島 粂安	松本商(長野)
7	左	中津川 忠	大田原中(栃木)
8	投	水上 義信	早稲田実(東京)
9	遊	冨永 時夫	長崎商(長崎)
主将		井口 新次郎	和歌山中(和歌山)
マネージャー		矢田 英五郎	弘前中(青森)
監督		市岡 忠男	京都一商(京都)
対立教 9.27			
5	捕	伊丹 安廣	佐賀中(佐賀)
6	二	佐伯 喜三郎	姫路中(兵庫)
7	左	今井 雄四郎	米沢中(山形)
8	投	多勢 正一郎	神奈川一中(神奈川)

慶応　秋の初戦　対法政 9.22(新田)

1	左	楠見 幸信	岡山一中(岡山)
2	中	堀 定一	高松商(香川)
3	二	三谷 八郎	第一神港商(兵庫)
4	投	宮武 三郎	高松商(香川)
5	右	町田 重信	第一神港商(兵庫)
6	三	浜井 武雄	広島商(広島)
7	捕	岡田 貴一	甲陽中(兵庫)
8	一	柳 純一	和歌山中(和歌山)
9	遊	本郷 基幸	慶応普通部(東京)
主将		岡田 貴一	甲陽中(兵庫)
マネージャー		土肥 次郎	青山学院中(東京)
監督		腰本 寿	慶応普通部(東京)
対立教 9.29			
4	一	山下 実	第一神港商(兵庫)
6	左	井川 喜代一	高松商(香川)
8	三	村川 克己	高松商(香川)
9	遊	加藤 喜作	広陵中(広島)

※慶応が春渡米

明治　対法政 4.21

1	右	長谷川 信義	京都二中(京都)
2	遊	*田部 武雄*	広陵中(広島)
3	左	桜井 修	大連商(満州)
4	中	桝 嘉一	同志社中(京都)
5	三	角田 隆良	広陵中(広島)
6	投	中村 峰雄	徳山中(山口)
7	捕	井野川 利春	関西中(岡山)
8	一	鷲尾 二郎	同志社中(京都)
9	二	*永澤 武雄*	郡山中(奈良)
主将		永澤 武雄	郡山中(奈良)
マネージャー		石光 真守	東京中(東京)
監督		岡田 源三郎	早稲田実(東京)
対帝大 9.22			
1	右	銭村 辰巳	広陵中(広島)
7	一	松木 謙治郎	敦賀商(福井)
8	捕	手塚 寿恵雄	松本商(長野)

法政　対明治 4.21

1	中	吉冨 民夫	佐賀中(佐賀)
2	遊	秋田 収蔵	呉中(広島)
3	三	岩田 武雄	広島商(広島)
4	右	藤井 繁	倉吉中(鳥取)
5	一	森岡 雅善	三豊中(香川)
6	二	大滝 信隆	長野商(長野)
7	捕	藤田 信男	伊丹中(大阪)
8	投	*円成寺 満*	大連商(満州)
9	左	長澤 安治	長野商(長野)
主将		藤田 信男	伊丹中(大阪)
マネージャー		―	―
監督		藤田 信男(代理)	伊丹中(大阪)
対慶応 9.22(新田)			
1	中	島 秀之助	第一神港商(兵庫)

立教　対早稲田 4.21(戸塚)

1	一	国友 正一	静岡中(静岡)
2	中	宗近 形吉	徳山中(山口)
3	左	縄岡 修三	広陵中(広島)
4	捕	野田 健吉	郡山中(奈良)
5	投	片田 宣道	立教中(東京)
6	三	鈴木 政次郎	姫路中(兵庫)
7	右	中島 栄	千葉中(千葉)
8	二	服部 伝	佐野中(栃木)
9	遊	大内 又三郎	目白中(東京)
主将		野田 健吉	郡山中(奈良)
マネージャー		柱田 順一	
監督		―	―
対早稲田 9.27			
2	遊	関口 慶一郎	栃木中(栃木)
5	左	三浦 次郎	秋田中(秋田)
7	右	渡辺 正守	秋田中(秋田)
8	投	辻 猛	嘉穂中(福岡)
9	二	高瀬 直利	北海中(北海道)

帝大　対立教 4.28(戸塚)

1	遊	土井 賢一	旧三高(京都)
2	二	内田 豊	旧一高(東京)
3	左	松浦 政次郎	旧一高(東京)
4	一	*鈴田 正武*	旧五高(熊本)
5	中	野本 進	旧松山高(愛媛)
6	捕	塩沢 信濃	旧水戸高(茨城)
7	右	田村 専之助	旧水戸高(茨城)
8	投	服部 彰雄	旧一高(東京)
9	三	渡辺 耐三	旧一高(東京)
主将		土井 賢一	旧三高(京都)
マネージャー		三浦 元	旧一高(東京)
監督		芦田 公平	旧一高(東京)
対明治 9.22			
5	捕	小林 悟一	旧松山高(愛媛)
6	投	東 武雄	旧一高(東京)
7	一	山田 金吾	旧松本高(長野)
8	右	三島 東作	旧福岡高(福岡)

【春季】勝敗表　明治が8戦全勝

順位	チーム	試合	勝	敗	分	勝点	勝率
2	**明大**	8	8	0	0	4	1.000
②	早大	8	6	2	0	3	0.750
③	立大	9	4	4	1	2	0.500
④	帝大	8	2	6	0	1	0.250
⑤	法大	9	0	8	1	0	0.000
⑥	慶大	(渡米)					

明治が8戦全勝(初)　・早明戦が最終試合
・伊達(早)が1年生春に首位打者
・早稲田が先発全員安打全員得点(対東大)
・早稲田が1イニング最多安打(10本・対法政)
・早稲田が1イニング最多得点(13点・対帝大)

首位打者　伊達 正男　早　市岡中

【秋季】勝敗表　慶応が10戦全勝

順位	チーム	試合	勝	敗	分	勝点	勝率
3	**慶大**	10	10	0	0	5	1.000
②	明大	11	7	4	0	3	0.636
③	早大	12	6	6	0	3	0.500
③	立大	12	6	6	0	3	0.500
⑤	帝大	11	3	8	0	1	0.273
⑥	法大	12	2	10	0	0	0.167

・慶応が10戦全勝優勝(史上初)
・最後の3位決定戦　・法政が16連敗を記録
・帝大初の首位打者(三島東作.344)
・中村(明)がノーヒットノーラン(対法政)、通算31勝(14敗)　・明治が15連勝

首位打者　三島 東作　帝　旧福岡高

【春季】ベストメンバー　※東京日日新聞所蔵

投　手	中村 峰雄	明	徳山中
捕　手	井野川 利春	明	関西中
一塁手	西村 満寿雄	早	鳥取一中
二塁手	森 茂雄	早	松山商
三塁手	井口 新次郎	早	和歌山中
遊撃手	田部 武雄	明	広陵中
外野手	桜井 修	明	大連商
	水原 義明	早	高松中
	銭村 辰巳	明	広陵中

明治の人文字、1930年秋の慶明戦
(『明治大学野球部史第一巻』より)

□六大学野球と神宮球場の動き

慶応が単独渡米で春季リーグ欠場/春・明治が8戦全勝優勝/同率の3位決定戦制が終了(秋)/**チェコスロバキア杯が授与**/**専属審判員制度**が始まる(秋・90頁)/クイグレー(メジャーリーグ)が球審(3試合・404頁)

□野球界の動き

★高校/出場選手は補欠を含め14人以内に制限
★大学/京都大学専門学校野球連盟から旧制大学が独立し京都五大学野球連盟を設立/関西六大学野球連盟(初代)が関西学生野球連盟(2代目)に改称(261頁)/全国高等専門学校野球大会会場が甲子園に
★大リーグ/大リーガー(タイ・カップら)が来日し甲子園球場と神宮球場で試合参加

□国内外の動き

★国内/3.15事件/張作霖爆殺事件/全国に特別高等警察(特高)を設置/ラジオ体操が始まる
★世界/パリ不戦条約/蒋介石が国民政府主席に/北京が北平と改称/スターリンによる第一次5カ年計画(ソ連)

1929(昭和4)年　明治が世界一周遠征　入場式始まる　初の天覧試合　共産党員を一斉検挙　世界恐慌始まる

※網掛けは太平洋戦争ほか戦没者、斜字は満州実業団野球経験者

早稲田　対法政 4.21

1	右	杉田屋 守	柳井中(山口)
2	一	西村 満寿雄	鳥取一中(鳥取)
3	中	矢島 粂安	松本商(長野)
4	捕	伊丹 安廣	佐賀中(佐賀)
5	左	佐藤 茂美	松本商(長野)
6	二	水上 義信	早稲田実(東京)
7	三	黒木 正己	相馬中(福島)
8	投	山田 良三	根室商(北海道)
9	遊	冨永 時夫	長崎商(長崎)
主将		伊丹 安廣	佐賀中(佐賀)
マネージャー		矢田 英五郎	弘前中(青森)
監督		市岡 忠男	京都一商(京都)

対法政 9.14

1	右	*水原 義明*	高松中(香川)
4	二	森 茂雄	松山商(愛媛)
5	捕	伊達 正男	市岡中(大阪)
7	中	弘世 正方	甲陽中(兵庫)
8	投	清水 光長	柳井中(山口)

慶応　対帝大 4.21

1	中	梶上 初一	広島商(広島)
2	二	本郷 基幸	慶応普通部(東京)
3	左	町田 重信	第一神港商(兵庫)
4	右	井川 喜代一	高松商(香川)
5	一	宮武 三郎	高松商(香川)
6	三	三谷 八郎	第一神港商(兵庫)
7	投	水原 茂	高松商(香川)
8	捕	岡田 貴一	甲陽中(兵庫)
9	遊	**加藤 喜作**	広陵中(広島)
主将		岡田 貴一	甲陽中(兵庫)
マネージャー		―	―
監督		腰本 寿	慶應普通部(東京)

対帝大 9.14

1	中	楠見 幸信	岡山一中(岡山)
4	一	山下 実	第一神港商(兵庫)
6	右	堀 定一	高松商(香川)

明治　秋の初戦　対立教 9.18

1	右	銭村 辰巳	広陵中(広島)
2	遊	田部 武雄	広陵中(広島)
3	一	松木 謙治郎	敦賀商(福井)
4	中	桝 嘉一	同志社中(京都)
5	捕	手塚 寿恵雄	松本商(長野)
6	三	角田 隆良	広陵中(広島)
7	左	桜井 修	大連商(満州)
8	投	赤木 格	松江中(島根)
9	二	岩瀬 弥次郎	早稲田実(東京)
主将		銭村 辰巳	広陵中(広島)
マネージャー		松本 瀧蔵	広陵中(広島)
監督		岡田 源三郎	早稲田実(東京)

秋の第2週　対帝大 9.23

2	中	米沢 潔	松本商(長野)
3	一	鷲尾 二郎	同志社中(京都)
7	二	玉井 良一	松山商(愛媛)
8	投	戸来 誠	福岡中(岩手)

※明治が春渡米

法政　対早稲田 4.21

1	中	島 秀之助	第一神港商(兵庫)
2	右	大浜 静	広陵中(広島)
3	二	大滝 信隆	長野商(長野)
4	一	久保 春吉	第一神港商(兵庫)
5	捕	藤田 省三	甲南中(兵庫)
6	投	若林 忠志	本牧中(神奈川)
7	三	西本 幸男	神戸三中(兵庫)
8	遊	苅田 久徳	本牧中(神奈川)
9	左	長澤 安治	長野商(長野)
主将		森岡 雅善	三豊中(香川)
マネージャー		堀場 平八郎	立命館中(京都)
監督		朝井 敬六	早稲田中(東京)

対早稲田 9.14

2	三	阪根 松太郎	北海中(北海道)
4	右	藤井 繁	倉吉中(鳥取)
7	捕	成田 理助	長野中(長野)
8	投	鈴木 茂	本牧中(神奈川)
監督		藤田 信男	伊丹中(大阪)

立教　対法政 4.24

1	一	国友 正一	静岡中(静岡)
2	遊	関口 慶一郎	栃木中(栃木)
3	右	中島 栄	千葉中(千葉)
4	左	三浦 次郎	秋田中(秋田)
5	中	山城 健三	広陵中(広島)
6	捕	正田 彦三	広陵中(広島)
7	三	鈴木 政次郎	姫路中(兵庫)
8	投	辻 猛	嘉穂中(福岡)
9	二	大内 又三郎	目白中(東京)
主将		鈴木 政次郎	姫路中(兵庫)
マネージャー		安田 善一郎	―
監督		野田 健吉	郡山中(奈良)

対明治 9.18

6	投	縄岡 修三	広陵中(広島)
7	捕	小笠原 竹次郎	北海中(北海道)
9	中	岸田 勝太郎	川越中(埼玉)

帝大　対慶応 4.21

1	遊	福沢 英男	旧八高(愛知)
2	三	坂田 義男	旧佐賀高(佐賀)
3	中	野本 進	旧松山高(愛媛)
4	右	三島 東作	旧福岡高(福岡)
5	左	田村 專之助	旧水戸高(茨城)
6	二	広岡 知男	旧五高(熊本)
7	一	山田 金吾	旧松本高(長野)
8	投	古館 理三	旧福岡高(福岡)
9	捕	塩沢 信濃	旧水戸高(茨城)
主将		野本 進	旧松山高(愛媛)
マネージャー		黒川 義雄	旧三高(京都)
監督		芦田 公平	旧一高(東京)

対慶応 9.14

5	遊	細井 善助	旧二高(宮城)
6	捕	小林 悟一	旧松山高(愛媛)
7	一	服部 彰雄	旧一高(東京)

【春季】勝敗表　慶応が完全優勝(5校)

順位	チーム	試合	勝	敗	分	勝点	勝率
4	**慶大**	9	8	1	0	4	0.889
②	早大	9	7	2	0	3	0.778
③	立大	8	4	4	0	2	0.500
④	法大	8	2	6	0	1	0.250
⑤	帝大	8	0	8	0	0	0.000
⑥	明大	(渡米)					

- **水原(慶)がシーズン最多三塁打(5本)**
- **慶応が1試合最多得点(29点)**7回コールド
- **慶応が最多連勝(20試合**・昭和2年秋から)
- 慶応が1試合16四死球、シーズン打率0.342
- **慶東1回戦で最多得点(44)**7回コールド
- **遠藤陽吉(帝)が1試合最多四死球(15)**

首位打者　水原 義明②　早　高松中

【秋季】勝敗表　早稲田が完全優勝

順位	チーム	試合	勝	敗	分	勝点	勝率
3	**早大**	11	10	1	0	5	0.909
②	慶大	11	9	2	0	4	0.818
③	立大	12	5	6	1	2	0.455
④	明大	14	5	8	1	2	0.385
⑤	法大	12	4	8	0	2	0.333
⑥	帝大	12	2	10	0	0	0.167

- 鬼塚格三郎(中津中・明)がノーヒットノーラン(対法政)

首位打者　山下 実　慶　第一神港商

明治の世界一周遠征で立ち寄ったロンドンでの試合のポスター、グラウンドはサッカーの名門チェルシーのホームグラウンド(『明治大学野球部創部100年史』より)

□六大学野球と神宮球場の動き

明治が世界一周遠征で春季リーグを欠場/立教の智徳寮が完成/**1日に2試合(4チーム)制**開始/立教が監督を設置(野田健吉)/6校全選手による入場式開始(4.21)/初の天覧試合(早慶戦・11.1)

□野球界の動き

★高校/甲子園球場にアルプススタンド設置/開会式の選手宣誓開始(読み上げ式)
★大学/後の関西六大学リーグの母体になる三大学対抗戦(関大、同大、京大)が始まる/明治神宮競技大会野球競技で慶応が優勝、準優勝は早稲田
★大リーグ/**背番号を採用**し各地に広まる

□国内外の動き

★国内/共産党員一斉検挙/不戦条約
★世界/ニューヨークで株価大暴落(ブラックサーズデー)/世界恐慌始まる/光州(朝鮮)学生事件

1930(昭和5)年　法政が初優勝(秋)　立教の監督制度が2年で終わる　昭和恐慌　米英日で軍縮制限条約締結

※網掛けは太平洋戦争ほか戦没者、斜字は満州実業団野球経験者

早稲田			対帝大 4.13
1	中	矢島 粂安	松本商(長野)
2	二	三原 修	高松中(香川)
3	三	**森 茂雄**	松山商(愛媛)
4	左	佐藤 茂美	松本商(長野)
5	捕	伊達 正男	市岡中(大阪)
6	投	小川 正太郎	和歌山中(和歌山)
7	遊	冨永 時夫	長崎商(長崎)
8	一	西村 満寿雄	鳥取一中(鳥取)
9	右	杉田屋 守	柳井中(山口)
主将		森 茂雄	松山商(愛媛)
マネージャー		矢田 英五郎	弘前中(青森)
監督		市岡 忠男	京都一商(京都)
			対法政 9.25
1	三	佐伯 喜三郎	姫路中(兵庫)
5	捕	三浦 一幸	愛知一中(愛知)
6	投	多勢 正一郎	神奈川一中(神奈川)

慶応			対明治 4.13
1	中	楠見 幸信	岡山一中(岡山)
2	二	本郷 基幸	慶応普通部(東京)
3	左	井川 喜代一	高松商(香川)
4	右	***山下 実***	第一神港商(兵庫)
5	投	**宮武 三郎**	高松商(香川)
6	三	水原 茂	高松商(香川)
7	一	碣石 俊夫	高松商(香川)
8	捕	岡田 貴一	甲陽中(兵庫)
9	遊	牧野 直隆	慶応商工(東京)
主将		岡田 貴一	甲陽中(兵庫)
マネージャー		—	—
監督		腰本 寿	慶応普通部(東京)
			対立教 9.20
2	左	堀 定一	高松商(香川)
3	二	三谷 八郎	第一神港商(兵庫)
6	右	高橋 喜朗	高松中(香川)
8	三	川瀬 進	甲陽中(兵庫)
9	遊	村尾 英太郎	八尾中(大阪)

明治			対慶応 4.13
1	遊	田部 武雄	広陵中(広島)
2	右	米沢 潔	松本商(長野)
3	一	鷲尾 二郎	同志社中(京都)
4	中	桝 嘉一	同志社中(京都)
5	捕	井野川 利春	関西中(岡山)
6	三	角田 隆良	広陵中(広島)
7	中	松井 久	平壌中(朝鮮)
8	投	鬼塚 格三郎	中津中(大分)
9	二	吉相 金次郎	浪華商(大阪)
主将		中津川 昇二	盛岡中(岩手)
マネージャー		奥 新一	大連商(満州)
監督		岡田 源三郎	早稲田実(東京)
			対帝大 9.20
3	一	松木 謙治郎	敦賀商(福井)
8	投	八十川 胖	広陵中(広島)

法政			対立教 4.16
1	中	武田 一義	平安中(京都)
2	遊	苅田 久徳	本牧中(神奈川)
3	左	島 秀之助	第一神港商(兵庫)
4	右	*吉田 要*	伊丹中(大阪)
5	一	久保 春吉	第一神港商(兵庫)
6	三	西垣 徳雄	第一神港商(兵庫)
7	投	若林 忠志	本牧中(神奈川)
8	捕	倉 信雄	第一神港商(兵庫)
9	二	大滝 信隆	長野商(長野)
主将		藤田 省三	甲南中(兵庫)
マネージャー		—	—
監督		藤田 信男	伊丹中(大阪)
			対早稲田 9.25
3	一	矢野 信男	北豫中(愛媛)
4	右	藤井 繁	倉吉中(鳥取)
9	投	鈴木 幸蔵	新潟商(新潟)

立教			対法政 4.16
1	中	国友 正一	静岡中(静岡)
2	右	中島 栄	千葉中(千葉)
3	一	山城 健三	広陵中(広島)
4	左	三浦 次郎	秋田中(秋田)
5	捕	小笠原 竹次郎	北海中(北海道)
6	三	畑中 立徳	嘉穂中(福岡)
7	二	大内 又三郎	目白中(東京)
8	投	辻 猛	嘉穂中(福岡)
9	遊	関口 慶一郎	栃木中(栃木)
主将		山本 貞夫	米沢中(山形)
マネージャー		鈴木 平蔵	荏原中(東京)
監督		*野田 健吉*	郡山中(奈良)
			対慶応 9.20
5	右	菊谷 正一	徳山中(山口)
6	捕	百瀬 和夫	松本商(長野)
7	二	服部 伝	佐野中(栃木)
9	三	内田 粛雄	広陵中(広島)

帝大			対早稲田 4.13
1	二	福沢 英男	旧八高(愛知)
2	三	坂田 義男	旧佐賀高(佐賀)
3	左	広岡 知男	旧五高(熊本)
4	遊	細井 善助	旧二高(宮城)
5	一	浅原 昌治	旧一高(東京)
6	中	野本 進	旧松山高(愛媛)
7	右	田村 専之助	旧水戸高(茨城)
8	投	高橋 一	旧五高(熊本)
9	捕	小林 悟一	旧松山高(愛媛)
主将		小林 悟一	旧松山高(愛媛)
マネージャー		若松 逸	旧五高(熊本)
監督		—	—
			対明治 9.20
2	一	片桐 勝司	旧水戸高(茨城)
3	中	田中 二夫	旧福岡高(福岡)
7	左	竹内 泰次	旧三高(京都)
8	投	古館 理三	旧福岡高(福岡)
9	二	小宮 一夫	旧山形高(山形)

□六大学野球と神宮球場の動き

早稲田が単独で台湾遠征(1月)/立教の監督制度が2年で終わり、その後19年間監督不在(220頁)/帝大が無監督制/早慶戦入場券抽選に応募20万通慶応が極東大会で優勝/法政が校歌を制定し初優勝(秋・402頁)

□野球界の動き

★高校／全国で参加校500校を超える/選抜で選手宣誓が始まる/広島商が2校目の夏連覇/第一神港商(兵庫)が初の春連覇
★大学／中央大が創部

□国内外の動き

★国内／世界恐慌を受け昭和恐慌が発生/金本位制に復帰/ロンドン海軍軍縮会議に参加/濱口首相遭難事件
★世界／ロンドン軍縮会議、米英日で軍縮制限条約/インドでマハトマ・ガンジーが宗主国の英に抗議運動/第1回FIFAワールド杯

【春季】勝敗表　慶応が完全優勝

順位	チーム	試合	勝	敗	分	勝点	勝率
5	**慶大**	13	10	2	1	5	0.833
②	明大	12	9	3	0	4	0.750
③	早大	11	6	5	0	3	0.545
④	法大	10	4	6	0	2	0.400
⑤	帝大	12	3	9	0	1	0.250
⑥	立大	14	3	10	1	0	0.231

・東大が1イニング最多安打(10本・対立教)

首位打者	宮武 三郎	慶	高松商

【秋季】勝敗表　法政が勝率で優勝(初)

順位	チーム	試合	勝	敗	分	勝点	勝率
1	**法大**	12	9	3	0	4	0.750
②	慶大	11	8	3	0	4	0.727
②	早大	11	8	3	0	4	0.727
④	帝大	11	4	7	0	2	0.364
⑤	明大	11	3	8	0	1	0.273
⑥	立大	12	2	10	0	0	0.167

・法慶早が勝ち点4
・宮武(慶)が通算数38勝(6敗・歴代6位)
・宮武(慶)が通算73打点

首位打者	佐藤 茂美	早	松本商

初優勝した法政チーム、1930年秋(『六大学野球全集』より)

※『六大学野球全集所蔵』

【秋季】ベストメンバー

ポジション	選手	大学	出身校
投　手	宮武 三郎	慶	高松商
	若林 忠志	法	本牧中
	多勢 正一郎	慶	神奈川一中
捕　手	伊達 正男	早	市岡中
捕　手	倉 信雄	法	第一神港商
一塁手	山下 実	慶	第一神港商
二塁手	三原 修	早	高松中
三塁手	水原 茂	慶	高松商
遊撃手	苅田 久徳	法	本牧中
外野手	島 秀之助	法	第一神港商
	佐藤 茂美	早	松本商
外野手	楠見 幸信	慶	岡山一中
	桝 嘉一	明	同志社中
	堀 定一	慶	高松商

1931(昭和6)年　八十川ボーク事件で明治が途中出場辞退　立教が初優勝　五大学野球連盟設立　満州事変勃発

※網掛けは太平洋戦争ほか戦没者、斜字は満州実業団野球経験者

早稲田　対明治 5.10

1	三	佐伯 喜三郎	姫路中(兵庫)
2	中	弘世 正方	甲陽中(兵庫)
3	二	三原 修	高松中(香川)
4	一	伊達 正男	市岡中(大阪)
5	右	杉田屋 守	柳井中(山口)
6	捕	三浦 一幸	愛知一中(愛知)
7	投	小川 正太郎	和歌山中(和歌山)
8	左	伊東 力夫	長崎商(長崎)
9	遊	冨永 時夫	長崎商(長崎)
主将		黒木 正己	相馬中(福島)
マネージャー		小野寺 省蔵	早稲田中(東京)
監督		木下 常吉	八戸中(青森)

対立教 9.15

3	捕	宮脇 環	鳥取一中(鳥取)
4	左	佐藤 茂美	松本商(長野)
8	一	村井 竹之助	関西学院中(大阪)

慶応　対立教 5.10

1	右	堀 定一	高松商(香川)
2	中	楠見 幸信	岡山一中(岡山)
3	左	井川 喜代一	高松商(香川)
4	捕	小川 年安	広陵中(広島)
5	二	土井 寿蔵	和歌山中(和歌山)
6	一	磯石 俊夫	高松商(香川)
7	投	*水原 茂* ＊	高松商(香川)
8	三	川瀬 進	甲陽中(兵庫)
9	遊	牧野 直隆	慶応商工(東京)
主将		梶上 初一	広島商(広島)
マネージャー		—	—
監督		腰本 寿	慶応普通部(東京)

対帝大 9.12

明治　対早稲田 5.10

1	二	吉相 金次郎	浪華商(大阪)
2	中	**田部 武雄**	広陵中(広島)
3	一	***松木 謙治郎***	敦賀商(福井)
4	右	**桝 嘉一**	同志社中(京都)
5	捕	**井野川 利春**	関西中(岡山)
6	左	松井 久	平壌中(朝鮮)
7	三	角田 隆良	広陵中(広島)
8	投	鬼塚 格三郎	中津中(大分)
9	遊	真野 春美	東山中(京都)
主将		角田 隆良	広陵中(広島)
マネージャー		原田 雄造	松江中(島根)
監督		岡田 源三郎	早稲田実(東京)

対法政 9.12

法政　秋の初戦　対明治 9.12

1	左	島 秀之助	第一神港商(兵庫)
2	中	武田 一義	平安中(京都)
3	二	久保 春吉	第一神港商(兵庫)
4	右	藤井 繁	倉吉中(鳥取)
5	三	西垣 徳雄	第一神港商(兵庫)
6	遊	苅田 久徳	本牧中(神奈川)
7	一	矢野 信男	北豫中(愛媛)
8	捕	倉 信雄	第一神港商(兵庫)
9	投	若林 忠志	本牧中(神奈川)
主将		—	—
マネージャー		—	—
監督		藤田 信男	伊丹中(大阪)

秋の第2週　対帝大 9.23

2	左	長澤 安治	長野商(長野)
4	右	成田 理助	長野中(長野)
8	捕	松井 孝敏	滝川中(兵庫)
9	投	田村 博	下関商(山口)

※法政は春渡米

立教　対慶応 5.10

1	中	中島 栄	千葉中(千葉)
2	右	加島 秋男	柳井中(山口)
3	一	山城 健三	広陵中(広島)
4	左	三浦 次郎	秋田中(秋田)
5	捕	百瀬 和夫	松本商(長野)
6	投	菊谷 正一	徳山中(山口)
7	二	畑中 立徳	嘉穂中(福岡)
8	三	*内田 粛雄*	広陵中(広島)
9	遊	関口 慶一郎	栃木中(栃木)
主将		関口 慶一郎	栃木中(栃木)
マネージャー		藤田 寛治	小浜中(福井)
監督		—	—

対早稲田 9.15

2	中	国友 正一	静岡中(静岡)
7	投	辻 猛	嘉穂中(福岡)

帝大　対立教 5.17

1	三	福沢 英男	旧八高(愛知)
2	二	小宮 一夫	旧山形高(山形)
3	遊	細井 善助	旧二高(宮城)
4	捕	広岡 知男	旧五高(熊本)
5	中	浅原 昌治	旧一高(東京)
6	右	竹内 泰次	旧三高(京都)
7	投	高橋 一	旧五高(熊本)
8	左	内山 信一	旧静岡高(静岡)
9	一	片桐 勝司	旧水戸高(茨城)
主将		広岡 知男	旧五高(熊本)
マネージャー		—	—
監督		—	—

対慶応 9.12

6	一	中村 敬一	旧四高(石川)
7	中	横尾 厳	旧五高(熊本)
8	投	笠間 馨	旧山口高(山口)

【春季】勝敗表　慶応が勝率で優勝(4校)

順位	チーム	試合	勝	敗	分	勝点	勝率
6	**慶大**	9	7	2	0	3	0.778
②	早大	10	6	4	0	3	0.600
③	立大	7	3	4	0	1	0.429
④	帝大	6	0	6	0	0	0.000
⑤	明大	4	2	2	0	1	0.500
⑥	法大	(渡米)					

・明治は途中出場辞退(5位に表記)
・4校でのリーグ戦

首位打者	弘世 正方	早	甲陽中
防御率1位	上野 精三	慶	静岡中

【秋季】勝敗表　立教が勝率で優勝(初)

順位	チーム	試合	勝	敗	分	勝点	勝率
1	**立大**	11	8	3	0	4	0.727
②	早大	13	9	4	0	4	0.692
③	明大	13	8	5	0	4	0.615
④	慶大	12	5	7	0	2	0.417
⑤	帝大	13	4	9	0	1	0.308
⑥	法大	14	4	10	0	0	0.286

・立教が初優勝　・立早明が勝ち点4
・帝大が早稲田から初勝利

首位打者	広岡 知男	帝	旧五高

八十川事件でボーク直後にホームベース付近に集まる審判団と選手、中央の背広姿は慶応・腰本寿監督、左から2人目は球審の早稲田・浅沼誉夫、1931年5月18日(『六大学野球全集』より)

□六大学野球と神宮球場の動き

全試合を神宮球場で開催/春の開幕が5月10日に/法政が渡米で春季リーグを欠場/春季慶明2回戦で**八十川ボーク事件**(5.18・86頁)で**専属審判員制度が廃止**/明治が春季リーグを途中で出場辞退/早稲田が応援部を公認/早稲田が「紺碧の空」を使用(400頁)/立教が初優勝(秋)/拡張工事で**神宮球場の収容規模58,000人**(明治神宮公称は55,000人)に、竣工翌日に7万人の観衆

□野球界の動き

★高校／甲子園のアルプススタンドにも大屋根/広島商が史上初の夏春連覇/**嘉義農林(台湾)が準優勝**(125頁)
★大学／**五大学野球連盟**設立(東都大学野球連盟の前身・中央大、日本大、専修大、国学院大、東京農大)/秋に関西六大学野球連盟(2代目)が創設(261頁)/明治神宮競技大会野球競技で早稲田が優勝、準優勝は立教
★社会人／都市対抗で東京倶楽部(東京)が2連覇
★大リーグ／大リーグ選抜チームが来日

□国内外の動き

★国内／**柳条湖事件**/羽田飛行場(後の東京国際空港)開港/衆議院で婦人公民権を可決(貴族院で否決)
★世界／**満州事変勃発**(〜1933年)/中国の京杭大運河、長江、淮河で氾濫洪水発生

1932(昭和7)年　早稲田が連盟脱退(春)　当番制が始まる(秋)　野球統制令施行　桜田門事件　満州国建国宣言

※網掛けは太平洋戦争ほか戦没者、斜字は満州実業団野球経験者

早稲田			対帝大 4.23
1	右	**杉田屋 守**	柳井中(山口)
2	左	岡見 吉博	高松中(香川)
3	遊	三原 修	高松中(香川)
4	一	伊達 正男	市岡中(大阪)
5	捕	宮脇 環	鳥取一中(鳥取)
6	中	夫馬 勇	愛知一中(愛知)
7	三	小林 政綱	早稲田実(東京)
8	投	福田 宗一	松江商(島根)
9	二	佐伯 喜三郎	姫路中(兵庫)
主将		佐伯 喜三郎	姫路中(兵庫)
マネージャー		小野寺 省蔵	早稲田中(東京)
監督		木下 常吉	八戸中(青森)
(当番校)			対立教 9.24
8	捕	三浦 一幸	愛知一中(愛知)
9	投	佐々木 鉄朗	室蘭中(北海道)

慶応			対法政 4.23
1	中	堀 定一	高松商(香川)
2	二	川瀬 進	甲陽中(兵庫)
3	左	井川 喜代一	高松商(香川)
4	捕	小川 年安	広陵中(広島)
5	一	中村 好男	諏訪蚕糸(長野)
6	右	水谷 則一	愛知商(愛知)
7	遊	勝川 正義	愛知商(愛知)
8	投	上野 精三	静岡中(静岡)
9	三	牧野 直隆	慶応商工(東京)
主将		牧野 直隆	慶応商工(東京)
マネージャー		—	—
監督		腰本 寿	慶応普通部(東京)
			対明治 9.27
6	三	碣石 俊夫	高松商(香川)
7	二	土井 寿蔵	和歌山中(和歌山)

明治			対法政 4.30
1	二	布谷 武三	甲陽中(兵庫)
2	遊	**真野 春美**	東山中(京都)
3	捕	*二木 茂益*	長野商(長野)
4	左	松井 久	平壌中(朝鮮)
5	中	**中根 之**	第一神港商(兵庫)
6	右	中尾 長	広陵中(広島)
7	三	浜野 春夫	海草中(和歌山)
8	一	*鈴木 銀之助*	岩手中(岩手)
9	投	八十川 胖	広陵中(広島)
主将		赤木 格	松江中(島根)
マネージャー		原田 雄造	松江中(島根)
監督		岡田 源三郎	早稲田実(東京)
			対慶応 9.27
5	中	河野 岩三郎	坂出商(香川)
6	一	中村 三郎	諏訪蚕糸(長野)
7	三	矢野 清良	松山商(愛媛)
8	投	戸来 誠	福岡中(岩手)
9	右	尾茂田 叶	松山商(愛媛)
	捕	**中村 輝夫**	松山商(愛媛)

法政			対慶応 4.23
1	左	**島 秀之助**	第一神港商(兵庫)
2	中	武田 一義	平安中(京都)
3	三	久保 春吉	第一神港商(兵庫)
4	右	成田 理助	長野中(長野)
5	二	西垣 徳雄	第一神港商(兵庫)
6	遊	**苅田 久徳**	本牧中(神奈川)
7	投	若林 忠志	本牧中(神奈川)
8	捕	倉 信雄	第一神港商(兵庫)
9	一	矢野 信男	北豫中(愛媛)
主将		長澤 安治	長野商(長野)
マネージャー		—	—
監督		藤田 信男	伊丹中(大阪)
			対帝大 10.1
1	二	稲田 照夫	平安中(京都)
6	一	原口 四郎	中津中(大分)
7	右	田子 一郎	長野商(長野)
9	中	武田 一義	平安中(京都)

立教			秋の初戦　対早稲田 9.24
1	中	加島 秋男	柳井中(山口)
2	右	*国友 正一*	静岡中(静岡)
3	三	杉田 栄	広島商(広島)
4	一	山城 健三	広陵中(広島)
5	投	菊谷 正一	徳山中(山口)
6	左	宇田村 俊一	多々良中(山口)
7	捕	別井 正二	栃木中(栃木)
8	二	畑中 立徳	嘉穂中(福岡)
9	遊	山本 得世	大垣中(岐阜)
主将		小笠原 竹次郎	北海中(北海道)
マネージャー		藤田 寛治	小浜中(福井)
監督		—	—
			秋の第2週　対明治 10.11
1	中	寺内 一隆	松山商(愛媛)
3	左	山崎 幸治	長野中(長野)
5	投	高野 百介	松本商(長野)

※立教が春渡米

帝大			対早稲田 4.23
1	二	中村 敬一	旧四高(石川)
2	中	梶原 英夫	旧一高(東京)
3	三	大塚 万寿男	旧八高(愛知)
4	捕	片桐 勝司	旧水戸高(茨城)
5	一	遠藤 正義	旧山形高(山形)
6	右	竹内 泰次	旧三高(京都)
7	遊	池田 芳蔵	旧三高(京都)
8	投	笠間 馨	旧山口高(山口)
9	左	横田 七郎	旧佐賀高(佐賀)
主将		高橋 一	旧五高(熊本)
マネージャー		池田 利雄	旧一高(東京)
監督		—	—
			対法政 10.1
2	二	屋舗 義一	旧四高(石川)
7	中	田中 三郎	旧広島高(広島)
8	右	菊池 孝	旧二高(宮城)
9	左	戸田 康英	旧学習院高(東京)

【春季】勝敗表　慶応が勝ち点3で優勝(4校)

順位	チーム	試合	勝	敗	分	勝点	勝率
7	**慶大**	8	6	2	0	3	0.750
②	法大	8	5	3	0	2	0.625
③	帝大	6	2	4	0	1	0.333
④	明大	8	2	6	0	0	0.250
⑤	早大	3	2	1	0	—	0.666
⑥	立大	(渡米)					

・早稲田がリーグ脱退(帝大戦2勝1敗後)
・4校でのリーグ戦

首位打者　勝川 正義　慶　愛知商

【秋季】勝敗表　法政が勝率で優勝

順位	チーム	試合	勝	敗	分	勝点	勝率
2	**法大**	12	9	3	0	4	0.750
②	慶大	12	8	3	1	4	0.727
③	早大	12	8	4	0	4	0.667
④	明大	14	6	7	1	2	0.462
⑤	帝大	11	2	9	0	1	0.182
⑥	立大	13	3	10	0	0	0.231

・法慶早が勝点4
・菊谷(立)が投手で首位打者

首位打者　菊谷 正一　立　徳山中

□六大学野球と神宮球場の動き

文部省が**野球統制令を発効**(106頁)/立教が単独渡米で春季リーグを欠場/連盟運営改定事項に反対し**早稲田が連盟脱退**(106頁)/東京六大学野球連盟を東京大学野球連盟に改称(戦後に戻す)/秋に早稲田が復帰/早稲田が東伏見球場を2軍の練習場に

□野球界の動き

★高校／地方大会は第一次(都府県別)と第二次(地区別)の各大会制となる/選抜大会優勝校のアメリカ遠征廃止
★社会人／都市対抗野球大会の準優勝チームに白獅子旗を授与
★その他／文部省が「野球ノ統制並施行ニ関スル件」(野球統制令)を施行

□国内外の動き

★国内／桜田門事件/第一次上海事変/血盟団事件/5.15事件(犬養毅暗殺)/**満州国建設**/日満議定書締結/東京市35区の設置
★世界／満州国建国宣言/ドイツ総選挙で**ナチス党が圧勝**

1933(昭和8)年　1シーズン・勝率制に　早慶戦でリンゴ事件　日本が国際連盟を脱退　ドイツのヒトラー内閣成立

※1シーズン制につき下段は2戦目　※網掛けは太平洋戦争ほか戦没者、斜字は満州実業団野球経験者

早稲田			対明治 4.23
1	遊	**三原 修***	高松中(香川)
2	中	竹谷 勝義	鳥取中(鳥取)
3	一	**中島 治康**	松本商(長野)
4	左	佐藤 茂美	松本商(長野)
5	三	小林 政綱	早稲田実(東京)
6	二	小島 利男	愛知商(愛知)
7	右	夫馬 勇	愛知一中(愛知)
8	捕	三浦 一幸	愛知一中(愛知)
9	投	若原 正蔵	八幡商(福岡)
主将		松本 賀雄	今治中(愛媛)
マネージャー		小野寺 省蔵	早稲田中(東京)
監督		木下 常吉	八戸中(青森)
			対明治 9.16
1	左	岡見 吉博	高松中(香川)
5	捕	鵜飼 正雄	愛知商(愛知)
6	右	長野 善行	愛知商(愛知)
8	遊	西田 辰雄	海星中(長崎)
9	投	大下 健一	八戸中(青森)

慶応(当番校)			対帝大 4.24
1	中	**堀 定一**	高松商(香川)
2	右	水谷 則一	愛知商(愛知)
3	左	山下 好一	和歌山中(和歌山)
4	一	中村 好男	諏訪蚕糸(長野)
5	三	碣石 俊夫	高松商(香川)
6	投	岸本 正治	第一神港商(兵庫)
7	二	土井 寿蔵	和歌山中(和歌山)
8	遊	勝川 正義	愛知商(愛知)
9	捕	河津 博明	米子中(鳥取)
主将		牧野 直隆	慶応商工(東京)
マネージャー		—	—
監督		腰本 寿	慶応普通部(東京)
			対帝大 9.9
5	捕	**小川 年安**	広陵中(広島)
9	投	三宅 憲太郎	北野中(大阪)
	内	**後藤 正***	第一神港商(兵庫)

明治			対帝大 4.17
1	二	布谷 武三	甲陽中(兵庫)
2	遊	矢野 清良	松山商(愛媛)
3	一	迫畑 正己	下関商(山口)
4	左	松井 久	平壌中(朝鮮)
5	三	鈴木 健之	福岡中(岩手)
6	捕	二木 茂益	長野商(長野)
7	右	岩本 義行	広陵中(広島)
8	中	河野 岩三郎	坂出商(香川)
9	投	八十川 胖	広陵中(広島)
主将		三浦 芳郎	広陵中(広島)
マネージャー		三浦 清	日本中(東京)
監督		岡田 源三郎	早稲田実(東京)
			対早稲田 9.16
6	三	三浦 芳郎	広陵中(広島)
8	投	折井 正明	豊浦中(山口)
9	遊	水沢 清	長野商(長野)
	内	**小阪 三郎***	宇治山田商(京都)

法政			対立教 4.13
1	中	武田 一義	平安中(京都)
2	二	稲田 照夫	平安中(京都)
3	一	原口 四郎	中津中(大分)
4	右	成田 理助	長野中(長野)
5	三	矢野 信男	北豫中(愛媛)
6	左	熊城 正	甲陽中(兵庫)
7	投	若林 忠志	本牧中(神奈川)
8	捕	*倉 信雄*	第一神港商(兵庫)
9	遊	中村 信一	北豫中(愛媛)
主将		松井 孝敏	滝川中(兵庫)
マネージャー		岡屋 与作	浪華商(大阪)
監督		藤田 信男	伊丹中(大阪)
			対立教 9.9
1	遊	藤田 宗一	甲陽中(兵庫)
8	左	田子 一郎	長野商(長野)

立教			対法政 4.13
1	左	山崎 幸治	長野中(長野)
2	中	**寺内 一隆**	松山商(愛媛)
3	投	菊谷 正一	徳山中(山口)
4	一	山城 健三	広陵中(広島)
5	捕	別井 正二	栃木中(栃木)
6	二	浦田 健二	台北一中(台湾)
7	右	宇田村 俊一	多々良中(山口)
8	遊	内田 芳種	都立一中(東京)
9	三	杉田 栄	広島商(広島)
主将		山城 健三	広陵中(広島)
マネージャー		永田 収治	姫路中(兵庫)
監督		—	—
			対法政 9.9
7	右	景浦 将	松山商(愛媛)

帝大			対明治 4.17
1	二	屋鋪 義一	旧四高(石川)
2	右	冨永 七郎	旧佐賀高(佐賀)
3	遊	池田 芳蔵	旧三高(京都)
4	左	戸田 康英	旧学習院高(東京)
5	一	遠藤 正義	旧山形高(山形)
6	三	中村 敬一	旧四高(石川)
7	投	藤田 俊雄	旧八高(愛知)
8	捕	坪井 忠郎	旧学習院高(東京)
9	中	菊池 孝	旧二高(宮城)
主将		中村 敬一	旧四高(石川)
マネージャー		島田 昇	旧五高(熊本)
監督		—	—
			対慶応 9.9
2	二	中嶋 竹郎	旧水戸高(茨城)
5	投	梶原 英夫	旧一高(東京)
7	捕	黒岩 菊郎	旧松本高(長野)

慶応・水原茂
(『六大学野球全集』より)

【通期】勝敗表　立教が通算勝率で優勝

順位	チーム	試合	勝	敗	分	得点	勝率
2	**立大**	15	11	3	1	11.5	0.786
②	明大	15	9	6	0	9	0.600
③	早大	15	8	7	0	8	0.533
④	慶大	15	7	7	1	7.5	0.500
⑤	法大	15	7	8	0	7	0.467
⑥	帝大	15	2	13	0	2	0.133

・1シーズン(春1試合、秋2試合)制を採用

首位打者	岩本 義行	明	広陵中

□六大学野球と神宮球場の動き

1シーズン制・3回戦制(1回戦は4月～6月、2・3回戦は9月～10月に開催、勝率で順位決定)/**審判忌避事件**(10.7・98頁)/戸塚球場で日本初のナイター(早稲田2軍対新人)/**早慶戦でリンゴ事件**(10.22・95頁)/早稲田が単独で台湾遠征(12月)

□野球界の動き

★高校/夏の準決勝の中京商対明石中が延長25回/中京商業が夏の甲子園大会3連覇を達成/審判員が4人制に/選抜の前年度優勝校の無条件出場制度が廃止

★大学/明治神宮競技大会野球競技で明治が優勝、準優勝は慶応

★大リーグ/オールスターゲームが始まる

□国内外の動き

★国内/**国際連盟を脱退**/満州事変終結/滝川事件で検挙者

★世界/**ヒトラー内閣成立**/蒋介石が共産党掃討戦/ニューディール政策始まる(～1937年・米)/**ナチスのユダヤ人迫害**始まる(独)

リンゴ事件で慶応側に押し寄せる早稲田の応援団、1933年10月22日(『六大学野球物語』より)

1934(昭和9)年　大日本東京野球倶楽部の創設　溥儀が満州国皇帝に　米にワシントン条約破棄を通告

※1シーズン制につき下段は2戦目　※網掛けは太平洋戦争ほか戦没者、斜字は満州実業団野球経験者

早稲田			対慶応 4.27
1	三	高須 清	松山商(愛媛)
2	中	竹谷 勝義	鳥取中(鳥取)
3	二	小島 利男	愛知商(愛知)
4	捕	鵜飼 正雄	愛知商(愛知)
5	左	長野 善行	愛知商(愛知)
6	右	夫馬 勇	愛知一中(愛知)
7	遊	佐武 太市	田辺中(和歌山)
8	投	若原 正蔵	八幡商(福岡)
9	一	*岡見 吉博*	高松中(香川)
主将		小林 政鋼	早稲田実(東京)
マネージャー		牟田 正孝	佐賀中(佐賀)
監督		久保田 禎	盛岡中(岩手)
			対法政 9.23
6	捕	藤堂	
8	投	阿部 嘉次	旭川中(北海道)
9	一	小林 政鋼	早稲田実(東京)

慶応			対早稲田 4.27
1	中	平桝 敏男	広陵中(広島)
2	右	*水谷 則一*	愛知商(愛知)
3	二	岡 泰蔵	和歌山中(和歌山)
4	一	中村 好男	諏訪蚕糸(長野)
5	左	**山下 好一**	和歌山中(和歌山)
6	三	碣石 俊夫	高松商(香川)
7	遊	勝川 正義	愛知商(愛知)
8	捕	桜井 寅二	中京商(愛知)
9	投	三宅 憲太郎	北野中(大阪)
主将		水谷 則一	愛知商(愛知)
マネージャー		田中 和夫	岡山一中(岡山)
監督		腰本 寿	慶応普通部(東京)
			対立教 9.22
1	左	本田 親喜	平安中(京都)
9	投	飯塚 勝一	下妻中(茨城)

明治	(当番校)		対法政 4.23
1	二	布谷 武三	甲陽中(兵庫)
2	中	村上 重夫	中京商(愛知)
3	一	**小林 利蔵**	敦賀商(福井)
4	右	岩本 義行	広陵中(広島)
5	捕	*迫畑 正己*	下関商(山口)
6	三	浜野 春夫	海草中(和歌山)
7	左	**中尾 新**	広陵中(広島)
8	投	折井 正明	豊浦中(山口)
9	遊	水沢 清	長野商(長野)
主将		中尾 新	広陵中(広島)
マネージャー		近藤 正明	平壌中(朝鮮)
監督		岡田 源三郎	早稲田実(東京)
			対法政 9.8
3	一	**中村 三郎**	諏訪蚕糸(長野)
5	遊	杉浦 清	中京商(愛知)
7	捕	桜井 義継	明石中(兵庫)
8	投	吉田 正男	中京商(愛知)

法政			対明治 4.23
1	中	武田 一義	平安中(京都)
2	遊	中村 信一	北豫中(愛媛)
3	右	広瀬 義明	坂出商(香川)
4	一	原口 四郎	中津中(大分)
5	三	三森 秀夫	松山商(愛媛)
6	左	熊城 正	甲陽中(兵庫)
7	捕	藤田 宗一	甲陽中(兵庫)
8	二	笹尾 綾太郎	徳島中(徳島)
9	投	若林 忠志	本牧中(神奈川)
主将		成田 理助	長野中(長野)
マネージャー		駒井 重夫	大阪東商(大阪)
監督		藤田 信男	伊丹中(大阪)
			対明治 9.8
3	三	*矢野 信男*	北豫中(愛媛)
5	左	戸倉 勝城	豊浦中(山口)
7	二	鶴岡 一人	広島商(広島)

立教			対帝大 4.22
1	中	山崎 幸治	長野中(長野)
2	遊	内田 芳種	都立一中(東京)
3	右	景浦 将	松山商(愛媛)
4	一	高野 百介	松本商(長野)
5	左	志摩 正司	広陵中(広島)
6	投	鹽田 義雄	舞鶴中(大分)
7	捕	別井 正二	栃木中(栃木)
8	二	浦田 健二	台北一中(台湾)
9	三	杉田 栄	広島商(広島)
主将		畑中 立徳	嘉穂中(福岡)
マネージャー		鈴木 一夫	千葉中(千葉)
監督		—	—
			対帝大 9.8
5	左	宇田村 俊一	多々良中(山口)
7	捕	成田 喜世治	青森商(青森)

帝大			対立教 4.22
1	二	屋舗 義一	旧四高(石川)
2	遊	池田 芳蔵	旧三高(京都)
3	中	梶原 英夫	旧一高(東京)
4	一	遠藤 正義	旧山形高(山形)
5	捕	古南 謙一	旧姫路高(兵庫)
6	三	池田 伍六	旧五高(熊本)
7	左	戸田 康英	旧学習院高(東京)
8	投	篠原 文吉	旧二高(宮城)
9	右	菊池 孝	旧二高(宮城)
主将		池田 芳蔵	旧三高(京都)
マネージャー		島田 昇	旧五高(熊本)
監督		—	—
			対立教 9.8
6	捕	浜野 秀雄	旧一高(東京)
7	中	高橋 正二	旧甲南高(兵庫)

【通期】勝敗表　法政が通算勝率で優勝

順位	チーム	試合	勝	敗	分	得点	勝率
3	**法大**	15	11	3	1	11.5	0.786
②	明大	15	10	5	0	10	0.667
②	早大	15	10	5	0	10	0.667
④	立大	15	5	9	1	5.5	0.357
⑤	慶大	15	5	10	0	5	0.333
⑥	帝大	15	3	12	0	3	0.200

・1シーズン(春1試合、秋2試合)制を採用
・若林(法)が通算43勝(28敗・歴代4位)

首位打者	小島 利男	早	愛知商

大日本東京野球倶楽部発足、水原茂(慶)、沢村栄治、ヴィクトル・スタルヒン、三宅大輔(慶)、倉信雄(法)、市岡忠男(早)、田部武雄(明)、苅田久徳(法)、矢島粂安(早)らが参加、バンクーバー・アスレチックパーク、1935年(City of Vancouver Archives 所蔵)

□六大学野球と神宮球場の動き

1シーズン制・3回戦制の2年目/早稲田の専門部に野球部設立

□野球界の動き

★高校／甲子園球場前に20回記念野球塔を建立

★プロ／**大日本東京野球倶楽部**(東京巨人軍、現読売巨人軍)が創立、沢村栄治・スタルヒン・水原茂らが入団(108頁)

★大リーグ／ベーブ・ルースらのアメリカ大リーグ選抜チーム来日

□国内外の動き

★国内／帝人事件/**満州国**で**帝政**実施(皇帝溥儀)/東京—マニラ間に無線電話開通/米に**ワシントン海軍軍縮条約破棄**を通告

★世界／ドイツの総統ヒトラー体制(〜1945年)/ソ連が国際連盟に加盟/ソ連・**スターリンの大粛清**始まる

1935(昭和10)年　早慶戦の最終週開催始まる　日本の国号を「大日本帝国」に　中国共産党が抗日民族統一戦線

※網掛けは太平洋戦争ほか戦没者、斜字は満州実業団野球経験者

早稲田			対法政 4.27
1	三	高須 清	松山商(愛媛)
2	中	竹谷 勝義	鳥取中(鳥取)
3	二	**小島 利男**	愛知商(愛知)
4	左	長野 善行	愛知商(愛知)
5	右	*永沢 光*	宇都宮中(栃木)
6	一	太田 弘	松山商(愛媛)
7	捕	鵜飼 正雄	愛知商(愛知)
8	投	若原 正蔵	八幡商(福岡)
9	遊	白川 勝堯	丸亀中(香川)
主将		福田 宗一	松江商(島根)
マネージャー		星野 正	本巣中(岐阜)
監督		—	—
			対帝大 9.16
5	一	呉 明捷	嘉義農林(台湾)
8	投	**遠藤 忠二郎＊**	浜松一中(静岡)

慶応			対明治 4.20
1	遊	勝川 正義	愛知商(愛知)
2	捕	桜井 寅二	中京商(愛知)
3	三	碣石 俊夫	高松商(香川)
4	一	中村 好男	諏訪蚕糸(長野)
5	左	本田 親喜	平安中(京都)
6	二	岡 泰蔵	和歌山中(和歌山)
7	投	土井 寿蔵	和歌山中(和歌山)
8	中	**平桝 敏男**	広陵中(広島)
9	右	国方 久男	高松商(香川)
主将		土井 寿蔵	和歌山中(和歌山)
マネージャー		田中 和夫	岡山一中(岡山)
監督		—	—
			対法政 9.14
2	左	中山 佐一	佐賀商(佐賀)
3	一	灰山 元治	広島商(広島)
9	二	山田 豊	松江中(島根)

明治			対慶応 4.20
1	二	布谷 武三	甲陽中(兵庫)
2	中	廻口 伸三	和歌山商(和歌山)
3	右	岩本 義行	広陵中(広島)
4	遊	杉浦 清	中京商(愛知)
5	捕	**室井 豊**	明星商(大阪)
6	一	坂田 完爾	広陵中(広島)
7	左	尾茂田 叶	松山商(愛媛)
8	投	吉田 正男	中京商(愛知)
9	三	水沢 清	長野商(長野)
主将		布谷 武三	甲陽中(兵庫)
マネージャー		近藤 正明	平壌中(韓国)
監督		岡田 源三郎	早稲田実(東京)
			対立教 9.7
1	二	恒川 道順	中京商(愛知)
2	中	村上 重夫	中京商(愛知)
7	三	二瓶 敏	大邱商(朝鮮)
8	捕	桜井 義継	明石中(兵庫)
9	投	田所 武	城東商(大阪)

法政(当番校)			対帝大 4.20
1	中	戸倉 勝城	豊浦中(山口)
2	捕	藤田 宗一	甲陽中(兵庫)
3	三	鶴岡 一人	広島商(広島)
4	一	原口 四郎	中津中(大分)
5	右	秋山 光夫	丸亀中(香川)
6	左	熊城 正	甲陽中(兵庫)
7	二	笹尾 綾太郎	徳島中(徳島)
8	投	鵜沢 七郎	神奈川三中(神奈川)
9	遊	**中村 信一**	北豫中(愛媛)
主将		**若林 忠志**	本牧中(神奈川)
マネージャー		徳永 喜男	第一神港商(兵庫)
監督		藤田 信男	伊丹中(大阪)
			対帝大 9.7
8	二	稲田 照夫	平安中(京都)
	投	**伊藤 次郎**	平安中(京都)

立教			対帝大 4.27
1	中	古岩井 理一郎	台北一中(台湾)
2	二	浦田 健二	台北一中(台湾)
3	三	黒田 忠司	姫路中(兵庫)
4	右	**景浦 将**	松山商(愛媛)
5	左	志摩 正司	広陵中(広島)
6	投	鹽田 義雄	舞鶴中(大分)
7	一	別井 正二	栃木中(栃木)
8	捕	成田 喜世治	青森商(青森)
9	遊	北原 昇	松本商(長野)
主将		浦田 健二	台北一中(台湾)
マネージャー		高橋 国清	
監督		—	—
			対明治 9.7
1	中	**坪内 道典＊**	天王寺商(大阪)
2	三	杉田 栄	広島商(広島)
9	遊	高田 常夫	豊浦中(山口)
	内	**綿貫 惣司＊**	川越中(埼玉)

帝大			対法政 4.20
1	左	斎藤 正平	旧二高(宮城)
2	遊	池田 芳蔵	旧三高(京都)
3	中	津田 収	旧五高(熊本)
4	三	小野 善夫	旧五高(熊本)
5	一	高橋 正二	旧甲南高(兵庫)
6	二	山科 元	旧一高(東京)
7	投	篠原 文吉	旧二高(宮城)
8	捕	浜野 秀雄	旧一高(東京)
9	右	山脇 正元	旧静岡高(静岡)
主将		篠原 文吉	旧二高(宮城)
マネージャー		吉川 三郎	旧松江高(島根)
監督		—	—
			対法政 9.7
6	投	久保田 泰二	旧弘前高(青森)
9	捕	緑川 大二郎	旧静岡高(静岡)
主将		高橋 正二	旧甲南高(兵庫)

【春季】勝敗表　法政が優勝決定戦で優勝

順位	チーム	試合	勝	敗	分	得点	勝率
4	**法大**	10	9	1	0	9	0.900
②	早大	10	9	1	0	9	0.900
③	明大	10	6	4	0	6	0.600
④	立大	10	4	6	0	4	0.400
⑤	慶大	10	1	9	0	1	0.100
⑤	帝大	10	1	9	0	1	0.100

・2回戦総当たり制を採用
・早慶戦を最終戦開催始まる　・慶応が8連敗
・鶴岡(法)が1試合最多安打(6本・対帝大)
・原口(法)が満塁サヨナラ本塁打(初)

首位打者　高須 清　早　松山商

【秋季】勝敗表　早稲田が得点(勝率)で優勝

順位	チーム	試合	勝	敗	分	得点	勝率
4	**早大**	10	7	2	1	7.5	0.778
②	立大	10	6	3	1	6.5	0.667
③	明大	10	6	4	0	6	0.600
④	慶大	10	5	3	2	6	0.625
⑤	法大	10	1	6	3	2.5	0.143
⑥	帝大	10	1	8	1	1.5	0.111

・2回戦総当たり制を採用

首位打者　小島 利男②　早　愛知商

□六大学野球と神宮球場の動き

2シーズン制復活、2試合総当たり制(引き分け再試合なし、引き分けは0.5勝で換算し勝率で順位決定/春から**早慶戦の最終週開催**が始まる(99頁)/無監督の早慶戦/入場料を減額(1円・50銭・30銭・学生10銭)/秋にサスペンデッドゲーム(98頁)

□野球界の動き

★高校／夏の甲子園の入場式に中学生(現高校生)のブラスバンド
★大学／五大学野球連盟で東京商科大(現一橋大)が加盟し、**東都大学野球連盟へ改称**(260頁)、東京農大が脱退/全国高等専門学校野球大会が高等学校と専門学校に分離/明治神宮競技大会野球競技で明治が優勝、準優勝は立命館大
★社会人／都市対抗野球大会で第9回大会までで東京倶楽部(東京市)が4度の優勝
★プロ／大阪野球倶楽部(現阪神タイガース)が設立

□国内外の動き

★国内／美濃部達吉の**天皇機関説**事件/相沢事件/満州国溥儀が来日、靖国神社(510頁)参拝/日本の国号を「大日本帝国」に
★世界／エチオピア戦争(～1936年)/中国共産党が**抗日民族統一戦線**を提唱/**ナチス・ドイツが国際連盟脱退**

1936(昭和11)年　プロから六大学選手の引き抜きが相次ぐ　2.26事件　東京市に戒厳令　日独防共協定締結へ

※網掛けは太平洋戦争ほか戦没者

早稲田			対帝大 4.15
1	左	三好 善次	高松中(香川)
2	二	佐武 太市	田辺中(和歌山)
3	三	高須 清	松山商(愛媛)
4	中	長野 善行	愛知商(愛知)
5	右	永田 三朗	八尾中(大阪)
6	捕	鵜飼 正雄	愛知商(愛知)
7	一	呉 明捷	嘉義農林(台湾)
8	遊	村瀬 保夫	岐阜商(岐阜)
9	投	近藤 金光	享栄商(愛知)
主将		木下 健一	八戸中(青森)
マネージャー		星野 正	本巣中(岐阜)
監督		―	―
			対帝大 9.12
1	二	白川 勝堯	丸亀中(香川)
8	中	浅井 礼三	成田中(千葉)
9	投	若原 正蔵	八幡商(福岡)
	内	**山本 博愛＊**	成城中(東京)

慶応			対明治 4.11
1	中	国方 久男	高松商(香川)
2	遊	勝川 正義	愛知商(愛知)
3	右	中田 武雄	明石中(兵庫)
4	一	岡 泰蔵	和歌山中(和歌山)
5	投	楠本 保	明石中(兵庫)
6	二	灰山 元治	広島商(広島)
7	三	本田 親喜	平安中(京都)
8	捕	桜井 寅二	中京商(愛知)
9	左	中山 佐一	佐賀商(佐賀)
主将		勝川 正義	愛知商(愛知)
マネージャー		村林 正	
監督		森田 勇	東山中(京都)
			対明治 9.20
5	右	筧 金芳	岐阜商(岐阜)
9	三	宮崎 要	佐賀商(佐賀)
	内	**横沢 七郎**	慶応商工(東京)
	外	**前田 喜代士＊**	武生中(福井)

明治			対慶応 4.11
1	二	恒川 道順	中京商(愛知)
2	中	村上 重夫	中京商(愛知)
3	右	**岩本 義行**	広陵中(広島)
4	三	二瓶 敏	大邱商(中国)
5	捕	桜井 義継	明石中(兵庫)
6	左	**尾茂田 叶**	松山商(愛媛)
7	遊	杉浦 清	中京商(愛知)
8	一	坂田 完爾	広陵中(広島)
9	投	吉田 正男	中京商(愛知)
主将		小林 良助	長野中(長野)
マネージャー		平尾 宗秋	松江商(島根)
監督		谷沢 梅雄	明星商(大阪)
			対慶応 9.20
8	中	小林 良助	長野中(長野)
9	投	清水 秀雄	米子中(鳥取)
	投	**繁里 栄＊**	佐伯中(大分)

法政			対立教 4.11
1	中	**戸倉 勝城**	豊浦中(山口)
2	捕	藤田 宗一	甲陽中(兵庫)
3	三	鶴岡 一人	広島商(広島)
4	一	森谷 良平	静岡商(静岡)
5	左	高島 忠	第一神港商(兵庫)
6	二	大谷 信明	和歌山中(和歌山)
7	右	広瀬 義明	坂出商(香川)
8	投	森近	
9	遊	柄沢 清三郎	長野商(長野)
主将		原口 四郎	中津中(大分)
マネージャー		―	―
監督		藤田 信男	伊丹中(大阪)
			対立教 9.12
7	左	勝村 正一	坂出商(香川)
9	投	鵜沢 七郎	神奈川三中(神奈川)

立教			対法政 4.11
1	中	**寺内 一隆**	松山商(愛媛)
2	二	杉田 栄	広島商(広島)
3	三	黒田 忠司	姫路中(兵庫)
4	左	志摩 正司	広陵中(広島)
5	一	高野 百介	松本商(長野)
6	右	田部 輝男	広陵中(広島)
7	捕	成田 喜世治	青森商(青森)
8	投	有村 家斉	鹿児島二中(鹿児島)
9	遊	高田 常夫	豊浦中(山口)
主将		杉田 栄	広島商(広島)
マネージャー		高橋 国清	
監督		―	―
			対法政 9.12
5	捕	別井 正二	栃木中(栃木)
7	投	西郷 準	鹿児島二中(鹿児島)
8	二	北原 昇	松本商(長野)

帝大	(当番校)		対早稲田 4.15
1	中	斎藤 正平	旧二高(宮城)
2	三	大村 文夫	旧一高(東京)
3	左	津田 収	旧五高(熊本)
4	遊	小野 善夫	旧五高(熊本)
5	一	野村 正守	旧八高(愛知)
6	捕	緑川 大二郎	旧静岡高(静岡)
7	右	山脇 正元	旧静岡高(静岡)
8	投	久保田 泰二	旧弘前高(青森)
9	二	池田 伍六	旧五高(熊本)
主将		池田 伍六	旧五高(熊本)
マネージャー		吉川 三郎	旧松江高(島根)
監督		―	―
			対早稲田 9.12
9	右	福井 正夫	旧松山高(愛媛)

【春季】勝敗表　明治が得点(勝率)で優勝

順位	チーム	試合	勝	敗	分	得点	勝率
3	**明大**	8	7	1	0	7	0.875
②	立大	8	4	2	2	5	0.667
③	法大	8	4	4	0	4	0.500
④	慶大	8	2	5	1	2.5	0.286
⑤	帝大	8	1	6	1	1.5	0.143
⑥	早大	(渡米)					

・春秋各2回戦総当たり制を採用
・森谷(法)が満塁サヨナラ本塁打(2人目)
・早稲田が渡米でリーグ戦出場辞退

首位打者　藤田 宗一　法　甲陽中

【秋季】勝敗表　早稲田が得点(勝率)で優勝

順位	チーム	試合	勝	敗	分	得点	勝率
5	**早大**	10	7	2	1	7.5	0.778
②	明大	10	6	4	0	6	0.600
③	法大	10	5	3	2	6	0.625
④	立大	10	4	5	1	4.5	0.444
⑤	慶大	10	2	5	3	3.5	0.286
⑥	帝大	10	2	7	1	2.5	0.222

・慶立2回戦のみ戸塚球場で開催
・岩本(明)が1試合で13塁打
(本2三1二1・対帝大)
・呉(早)が通算本塁打タイ記録(7本)

首位打者　呉 明捷　早　嘉義農林

□六大学野球と神宮球場の動き

早稲田が6回目の渡米/**職業野球から六大学選手の引き抜き**が相次ぐ(景浦将、野口明など・109頁)

□野球界の動き

★高校／甲子園の外野スタンドを改修し完全なスリバチ型に

★社会人／都市対抗野球大会の最優秀選手賞を都市対抗野球生みの親・橋戸信(青山学院中-早稲田)の功績を讃え橋戸賞とした

★プロ／東京巨人、大阪タイガース、名古屋、東京セネタース、阪急、大東京、名古屋金鯱の7球団で**日本職業野球連盟**を設立(109頁)/鳴海球場(名古屋)でプロ野球初の対抗試合を巨人軍・金鯱軍で行う/西宮球場、後楽園球場の完成/沢村栄治が初のノーヒットノーラン

□国内外の動き

★国内／日本が**ロンドン海軍軍縮会議から脱退**/2.26事件/**東京市に戒厳令**/日独防共協定締結/後の731部隊が編成される/阿部定事件

★世界／中国で成都事件、北海事件、西安事件/日独防共協定締結/**ワシントン海軍軍縮条約失効**

1937(昭和12)年　明治が史上初の春秋連覇　盧溝橋事件勃発　日中戦争始まる　南京陥落

※網掛けは太平洋戦争ほか戦没者、斜字は満州実業団野球経験者

早稲田　対帝大 4.17

1	遊	高須 清	松山商(愛媛)
2	左	三好 善次	高松中(香川)
3	右	永田 三朗	八尾中(大阪)
4	一	呉 明捷	嘉義農林(台湾)
5	捕	**片岡 博国**	東邦商(愛知)
6	中	浅井 礼三	成田中(千葉)
7	三	南村 不可止	市岡中(大阪)
8	二	白川 勝堯	丸亀中(香川)
9	投	若原 正蔵	八幡商(福岡)
主将		若原 正蔵	八幡商(福岡)
マネージャー		増島 良平	川越中(埼玉)
監督		田中 勝雄	市岡中(大阪)

対立教 9.4

1	遊	村瀬 保夫	岐阜商(岐阜)
5	捕	小楠 勝仁	浜松一中(静岡)
		今木 二郎	市岡中(大阪)

慶応　対明治 4.17

1	中	河瀬 幸介	東邦商(愛知)
2	遊	**宮崎 要**	佐賀商(佐賀)
3	一	灰山 元治	広島商(広島)
4	二	岡 泰蔵	和歌山中(和歌山)
5	右	楠本 保	明石中(兵庫)
6	左	本田 親喜	平安中(京都)
7	捕	松森 一郎	神戸三中(兵庫)
8	三	平野 直太	松江中(島根)
9	投	中田 武雄	明石中(兵庫)
主将		岡 泰蔵	和歌山中(和歌山)
マネージャー		高浜 賢吉	
監督		森田 勇	東山中(京都)

対法政 9.12

2	捕	桜井 寅二	中京商(愛知)
7	三	宇野 光雄	和歌山中(和歌山)
8	投	成田 敬二	米子中(鳥取)

明治　対慶応 4.17

1	二	*恒川 道順*	中京商(愛知)
2	中	**村上 重夫**	中京商(愛知)
3	三	二瓶 敏	大邱商(朝鮮)
4	捕	*桜井 義継*	明石中(兵庫)
5	右	飛田 喜久司	関東中(千葉)
6	一	坂田 完爾	広陵中(広島)
7	左	北沢 藤平	長野商(長野)
8	投	長谷川 治	海南中(和歌山)
9	遊	水沢 清	長野商(長野)
主将		桜井 義継	明石中(兵庫)
マネージャー		松井 信	下関商(山口)
監督		谷沢 梅雄	明星商(大阪)

対帝大 9.4

3	中	伊藤 庄七	中京商(愛知)
9	投	吉田 正男	中京商(愛知)

法政　対立教 4.24

1	左	勝村 正一	坂出商(香川)
2	遊	柄沢 清三郎	長野商(長野)
3	三	鶴岡 一人	広島商(広島)
4	一	森谷 良平	静岡商(静岡)
5	捕	鈴木 忠三	長野商(長野)
6	右	広瀬 義明	坂出商(香川)
7	二	大谷 信明	和歌山中(和歌山)
8	中	吉田 泰章	呉港中(広島)
9	投	赤根谷 飛雄太郎	秋田市商(秋田)
主将		**藤田 宗一**	甲陽中(兵庫)
マネージャー		久森 忠男	広島商(広島)
監督		藤田 信男	伊丹中(大阪)

対慶応 9.12

2	二	滝野 通則	享栄商(愛知)
6	捕	竹内 博	松山中(愛媛)
7	左	松下 繁二	明石中(兵庫)
8	投	森近	
	投	**劉 瀬章**	本牧中(神奈川)
	内	**内海 五十雄**	平安中(京都)
	内	**安藤 之制＊**	享栄商(愛知)

立教(当番校)　対法政 4.24

1	二	北原 昇	松本商(長野)
2	遊	高田 常夫	豊浦中(山口)
3	一	黒田 忠司	姫路中(兵庫)
4	左	志摩 正司	広陵中(広島)
5	右	田部 輝男	広陵中(広島)
6	投	西郷 準	鹿児島二中(鹿児島)
7	捕	成田 喜世治	青森商(青森)
8	三	柚木 俊治	呉港中(広島)
9	中	山縣 雄次	
主将		黒田 忠司	姫路中(兵庫)
マネージャー		渡辺 理一	
監督		—	—

対早稲田 9.4

5	中	高野 百介	松本商(長野)
6	三	清原 初男	台南一中(台湾)
8	投	小山 常吉	時習館中(愛知)

帝大　対早稲田 4.17

1	中	津田 収	旧五高(熊本)
2	三	大村 文夫	旧一高(東京)
3	遊	小野 善夫	旧五高(熊本)
4	一	野村 正守	旧八高(愛知)
5	右	平田 幸之助	旧水戸高(茨城)
6	左	福井 正夫	旧松山高(愛媛)
7	捕	緑川 大二郎	旧静岡高(静岡)
8	投	久保田 泰二	旧弘前高(青森)
9	二	都築 俊三郎	旧松山高(愛媛)
主将		緑川 大二郎	旧静岡高(静岡)
マネージャー		磯部 正次	旧五高(熊本)
監督		—	—

対明治 9.4

2	遊	河合 信雄	旧八高(愛知)
5	左	古川 慎	旧学習院高(東京)
6	捕	五島 昇	旧学習院高(東京)

□六大学野球と神宮球場の動き

開・閉会式に6校全選手の参加、明治神宮参拝、**試合前の両チームの本塁での挨拶**を規定/**国民精神作興大会**で甲子園で初の早慶戦(145頁)/**明治が初の春秋連覇**

【春季】勝敗表　明治が得点(勝率)で優勝

順位	チーム	試合	勝	敗	分	得点	勝率
4	**明大**	10	9	1	0	9	0.900
②	早大	10	6	4	0	6	0.600
③	慶大	10	5	4	1	5.5	0.556
④	法大	10	4	4	2	5	0.500
⑤	立大	10	4	5	1	4.5	0.444
⑥	帝大	10	0	10	0	0	0.000

・2回戦総当たり制を採用
・恒川(明)が1シーズン17四死球・7盗塁

首位打者	野村 正守	帝	旧八高
防御率1位	小山 常吉	立	時習館中

【秋季】勝敗表　明治が得点(勝率)で優勝

順位	チーム	試合	勝	敗	分	得点	勝率
5	**明大**	10	8	1	1	8.5	0.889
②	早大	10	5	4	1	5.5	0.556
②	立大	10	5	4	1	5.5	0.556
②	法大	10	5	4	1	5.5	0.556
⑤	慶大	10	4	6	0	4	0.400
⑥	帝大	10	1	9	0	1	0.100

・2回戦総当たり制を採用
・**明治が春秋連覇**(史上初)
・若原(早)が通算38勝(19敗・歴代7位)

首位打者	辻井 弘	早	平安中
防御率1位	清水 秀雄	明	米子中

史上初の4連覇を達成した明治の谷沢梅雄監督
(『明治大学野球部史第一巻』より)

□野球界の動き

★大学／明治神宮競技大会野球競技で日本大が優勝、準優勝は早稲田
★プロ／後楽園野球倶楽部(イーグルス)が発足/西宮球場、後楽園球場が完成

□国内外の動き

★国内／**盧溝橋事件**/中国へ侵攻/**日中戦争始まる**/日本軍が上海占領/日本、大本営設置/日本軍が南京城を陥落
★世界／ソ連・スターリンの粛清続く/盧溝橋事件(中国)/中ソ不可侵条約/国際連盟が日本による中国都市爆撃非難の決議を採択

1938(昭和13)年　明治が初の4連覇達成　国家総動員法制定　東京五輪を返上　ドイツでウランの核分裂実験成功

※網掛けは太平洋戦争ほか戦没者、斜字は満州実業団野球経験者

早稲田(当番校)　対立教 4.16

1	遊	村瀬 保夫	岐阜商(岐阜)
2	左	三好 善次	高松中(香川)
3	右	永田 三朗	八尾中(大阪)
4	三	**高須 清**	松山商(愛媛)
5	一	呉 明捷	嘉義農林(台湾)
6	中	浅井 礼三	成田中(千葉)
7	捕	小楠 勝仁	浜松一中(静岡)
8	投	近藤 金光	享栄商(愛知)
9	二	白川 勝堯	丸亀中(香川)
主将		高須 清	松山商(愛媛)
マネージャー		増島 良平	川越中(埼玉)
監督		田中 勝雄	市岡中(大阪)
			対立教 9.10
5	三	南村 不可止	市岡中(大阪)
8	投	石黒 久三	長岡中(新潟)
	外	**岩垣 二郎＊**	鳥取一中(鳥取)

慶応　対明治 4.24

1	二	宮崎 要	佐賀商(佐賀)
2	捕	桜井 寅二	中京商(愛知)
3	三	宇野 光雄	和歌山中(和歌山)
4	右	楠本 保	明石中(兵庫)
5	左	水野 良一	愛知商(愛知)
6	一	**灰山 元治**	広島商(広島)
7	遊	大館 盈六	愛知商(愛知)
8	投	中田 武雄	明石中(兵庫)
9	中	河瀬 幸介	東邦商(愛知)
主将		灰山 元治	広島商(広島)
マネージャー		杉本 康男	慶応普通部(東京)
監督		森田 勇	東山中(京都)
			対法政 9.17
2	二	長良 治雄	岐阜商(岐阜)
4	左	**本田 親喜**	平安中(京都)
6	一	飯島 滋弥	千葉中(千葉)
7	右	筧 金芳	岐阜商(岐阜)
8	投	高木 正雄	平安中(京都)
主将		桜井 寅二	中京商(愛知)

明治　対帝大 4.16

1	二	亀田 重雄	高輪中(東京)
2	右	伊藤 庄七	中京商(愛知)
3	左	北沢 藤平	長野商(長野)
4	中	*加藤 春雄*	岐阜商(岐阜)
5	一	坂田 完爾	広陵中(広島)
6	遊	**杉浦 清**	中京商(愛知)
7	三	亀井 正巳	海南中(和歌山)
8	捕	御子柴 良雄	諏訪蚕糸(長野)
9	投	**長谷川 治**	海南中(和歌山)
主将		吉田 正男	中京商(愛知)
マネージャー		松井 信	下関商(山口)
監督		谷沢 梅雄	明星商(大阪)
			対帝大 9.10
1	中	吉田 正男	中京商(愛知)
2	右	飛田 喜久司	関東中(千葉)
8	捕	松井 勲	中京商(愛知)
9	投	清水 秀雄	米子中(鳥取)
	内	**戒能 朶一＊**	広陵中(広島)
	内	**天野 竹一＊**	掛川中(静岡)

法政　対立教 4.24

1	二	滝野 通則	享栄商(愛知)
2	捕	竹内 博	松山中(愛媛)
3	一	村上 一治	東邦商(愛知)
4	三	鶴岡 一人	広島商(広島)
5	右	長坂 信一	東邦商(愛知)
6	遊	柄沢 清三郎	長野商(長野)
7	左	松下 繁二	明石中(兵庫)
8	投	赤根谷 飛雄太郎	秋田市商(秋田)
9	中	勝村 正一	坂出商(香川)
主将		**森谷 良平**	静岡商(静岡)
マネージャー		―	―
監督		藤田 信男	伊丹中(大阪)
			対慶応 9.17
4	右	吉田 泰章	呉港中(広島)
	投	**野口 二郎＊**	中京商(愛知)

立教　対早稲田 4.16

1	二	北原 昇	松本商(長野)
2	遊	柚木 俊治	呉港中(広島)
3	中	小林 一人	松本商(長野)
4	右	田部 輝男	広陵中(広島)
5	三	清原 初男	台南一中(台湾)
6	一	***有村 家斉***	鹿児島二中(鹿児島)
7	捕	町田 徹夫	栃木中(栃木)
8	投	小山 常吉	時習館中(愛知)
9	左	福村 晃	台北一中(台湾)
主将		足立 正夫	九州学院中(熊本)
マネージャー		田宮 富士雄	若松中(福岡)
監督		―	―
			対早稲田 9.10
5	投	西郷 準	鹿児島二中(鹿児島)
	内	**菅 利雄**	松山商(愛媛)
	外	**高久保 豊三＊**	松山商(愛媛)

帝大　対明治 4.16

1	左	日比野 安	旧八高(愛知)
2	右	太田 勝啓	旧一高(東京)
3	三	野村 正守	旧八高(愛知)
4	一	田巻 昌雄	旧二高(宮城)
5	中	古川 慎(兄)	旧学習院高(東京)
6	投	河合 信雄	旧八高(愛知)
7	捕	今中 加奈夫	旧広島高(広島)
8	二	古川 鉱(弟)	
9	遊	都築 俊三郎	旧松山高(愛媛)
主将		今中 加奈夫	旧広島高(広島)
マネージャー		神田 順治	旧八高(愛知)
監督		―	―
			対明治 9.10
2	中	山本 和三郎	旧四高(石川)
3	一	田島 穣	旧八高(愛知)
6	投	由谷 敬吉	旧一高(東京)
8	遊	光武 栄治	旧佐賀高(佐賀)
9	左	志茂山 正蔵	旧弘前高(青森)

【春季】勝敗表　明治が優勝決定戦で優勝

順位	チーム	試合	勝	敗	分	得点	勝率
6	**明大**	10	7	3	0	7	0.700
②	早大	10	7	3	0	7	0.700
③	法大	10	5	4	1	5.5	0.556
④	慶大	10	5	5	0	5	0.500
⑤	立大	10	4	5	1	4.5	0.444
⑥	帝大	10	1	9	0	1	0.100

・2回戦総当たり制を採用
・慶東1回戦で最多失策(17失策・東大16)
・高須(早)が通算65打点

首位打者	南村 不可止	早	市岡中
防御率1位	近藤 金光	早	享栄商

【秋季】勝敗表　明治が得点(勝率)で優勝

順位	チーム	試合	勝	敗	分	得点	勝率
7	**明大**	10	7	1	2	8	0.875
②	慶大	10	6	3	1	6.5	0.667
③	早大	10	6	4	0	6	0.600
④	法大	10	3	3	4	5	0.500
⑤	立大	10	2	7	1	2.5	0.222
⑥	帝大	10	1	7	2	2	0.125

・2回戦総当たり制を採用
・明治が連続春秋連覇(2回目)**4連覇**(史上初)
・清水(明)が15奪三振の新記録(対帝大)
・西郷(立)が1試合最多与四死球(13四死球)

首位打者	鶴岡 一人	法	広島商
防御率1位	高木 正雄	慶	平安中

□六大学野球と神宮球場の動き

明治が史上初の4連覇達成(286頁)

□野球界の動き

★高校／甲子園大会の選手宣誓が戦時色が濃くなる、「愛国行進曲」の合唱/中京商が2校目の夏春連覇

★プロ／南海軍(現福岡ソフトバンクホークス)が発足

□国内外の動き

★国内／張鼓峰事件/**国家総動員法**・臨時通貨法/日本軍、徐州・広東・武漢占領/津山事件/**東京オリンピック開催権返上**を閣議で決定(145頁)

★世界／ナチス・ドイツがオーストリアを併合/ミュンヘン会談/ドイツでユダヤ人迫害開始

摂政杯を受け取る明治・吉田正男主将(『明治大学野球部創部100年史』より)

1939(昭和14)年　春秋ともに優勝決定戦　文部省が平日の試合を禁止に　零戦が誕生　第二次世界大戦が始まる

※網掛けは太平洋戦争ほか戦没者、斜字は満州他実業団野球経験者

早稲田			対法政 4.24
1	左	三好 善次	高松中(香川)
2	一	松井 栄造	岐阜商(岐阜)
3	遊	村瀬 保夫	岐阜商(岐阜)
4	三	南村 不可止	市岡中(大阪)
5	右	木村 幸吉	愛知一中(愛知)
6	中	浅井 礼三	成田中(千葉)
7	捕	辻井 弘	平安中(京都)
8	投	石黒 久三	長岡中(新潟)
9	二	柿島 利彦	沼津商(静岡)
主将		村瀬 保夫	岐阜商(岐阜)
マネージャー		藤田 弘	水戸中(茨城)
監督		田中 勝雄	市岡中(大阪)
			対法政 9.2
7	捕	小野 欣助	八尾中(大阪)
8	投	近藤 金光	享栄商(愛知)
	内	**岡田 福吉**	東邦商(愛知)

慶応	(当番校)		対立教 4.15
1	左	根津 辰治	島田商(静岡)
2	二	宮崎 要	佐賀商(佐賀)
3	三	宇野 光雄	和歌山中(和歌山)
4	右	楠本 保	明石中(兵庫)
5	一	**飯島 滋弥**	千葉中(千葉)
6	遊	大館 盈六	愛知商(愛知)
7	捕	井上 親一郎	米子中(鳥取)
8	投	高木 正雄	平安中(京都)
9	中	**水野 良一**	愛知商(愛知)
主将		楠本 保	明石中(兵庫)
マネージャー		正力 亨	慶応普通部(東京)
監督		森田 勇	東山中(京都)
			対帝大 9.2
	捕	近藤 鉄己	愛知商(愛知)

明治			対帝大 4.15
1	中	飛田 喜久司	関東中(千葉)
2	右	伊藤 庄七	中京商(愛知)
3	左	加藤 春雄	岐阜商(岐阜)
4	一	*児玉 利一*	大分商(大分)
5	三	阿瀬 泰次郎	海南中(和歌山)
6	捕	松井 勲	中京商(愛知)
7	二	亀田 重雄	高輪中(東京)
8	投	藤本 八竜	下関商(山口)
9	遊	大木 謙佑	下関商(山口)
主将		飛田 喜久司	関東中(千葉)
マネージャー		宮坂 達雄	京華商(東京)
監督		谷沢 梅雄	明星商(大阪)
			対立教 9.2
1	二	安井 亀和	海南中(和歌山)
3	一	加藤 三郎	岐阜商(岐阜)
6	投	**清水 秀雄**	米子中(鳥取)
8	中	原田 徳光	中京商(愛知)
	投	***野村 武史***	岐阜商(岐阜)

法政			対早稲田 4.24
1	遊	柄沢 清三郎	長野商(長野)
2	中	田川 豊	呉港中(広島)
3	一	村上 一治	東邦商(愛知)
4	捕	鈴木 忠三	長野商(長野)
5	右	吉田 泰章	呉港中(広島)
6	三	武田 武	秋田中(秋田)
7	左	松下 繁二	明石中(兵庫)
8	投	**赤根谷 飛雄太郎**	秋田市商(秋田)
9	二	滝野 通則	享栄商(愛知)
主将		**鶴岡 一人**	広島商(広島)
マネージャー		―	―
監督		藤田 信男	伊丹中(大阪)
			対早稲田 9.2
6	三	田代 清二	育英商(兵庫)
8	投	森下 重好	甲陽中(兵庫)
	投	**三富 恒雄＊**	栃木町立商(栃木)

立教			対慶応 4.15
1	遊	柚木 俊治	呉港中(広島)
2	左	福村 晃	台北一中(台湾)
3	二	*北原 昇*	松本商(長野)
4	中	小林 一人	松本商(長野)
5	三	**清原 初男**	台南一中(台湾)
6	一	桜井 太郎	愛知商(愛知)
7	投	石田 栄雄	青森商(青森)
8	右	山縣 雄次	
9	捕	町田 徹夫	栃木中(栃木)
主将		清原 初男	高雄中(台湾)
マネージャー		青木 信一	
監督		―	―
			対明治 9.2
2	左	網島 新八	高崎商(群馬)
4	右	田部 輝男	広陵中(広島)
	投	**伊藤 経盛＊**	享栄商(愛知)

帝大			対明治 4.15
1	三	河合 信雄	旧八高(愛知)
2	遊	光武 栄治	旧佐賀高(佐賀)
3	左	太田 勝啓	旧一高(東京)
4	中	山本 和三郎	旧四高(石川)
5	一	田島 穣	旧八高(愛知)
6	左	日比野 安	旧八高(愛知)
7	投	由谷 敬吉	旧一高(東京)
8	捕	北野 三之助	旧四高(石川)
9	二	後藤 俊次郎	
主将		太田 勝啓	旧一高(東京)
マネージャー		田中 義人	旧学習院高(東京)
監督		小宮 一夫	旧山形高(山形)
			対慶応 9.2
5	二	飛田 忠英	旧水戸高(茨城)

【春季】勝敗表　早稲田が優勝決定戦で優勝

順位	チーム	試合	勝	敗	分	得点	勝率
6	**早大**	10	6	2	2	7	0.750
②	慶大	10	7	3	0	7	0.700
③	立大	10	5	3	2	6	0.625
④	明大	10	4	3	3	5.5	0.571
⑤	帝大	10	3	4	3	4.5	0.429
⑥	法大	10	0	10	0	0	0.000

・2回戦総当たり制を採用
・法政が10戦全敗の最下位
・由谷(帝)が全試合10戦完投し3勝

首位打者	南村 不可止②	早	市岡中
防御率1位	白木 義一郎	慶	慶応商工

【秋季】勝敗表　慶応が優勝決定戦で優勝

順位	チーム	試合	勝	敗	分	得点	勝率
8	**慶大**	10	7	2	1	7.5	0.778
②	早大	10	7	2	1	7.5	0.778
③	明大	10	5	4	1	5.5	0.556
④	法大	10	4	5	1	4.5	0.444
⑤	立大	10	3	6	1	3.5	0.333
⑥	帝大	10	0	7	3	1.5	0.000

・2回戦総当たり制を採用

首位打者	小野 欣助	早	八尾中
防御率1位	藤本 八竜	明	下関商

□六大学野球と神宮球場の動き

文部省の省令で**平日の試合が禁止に**、1日3試合に短縮/法政が木月(川崎市)にグラウンドを移転/帝大が監督制復活(小宮一夫)/春秋ともに早慶で優勝決定戦

□野球界の動き

★高校／海草中の嶋清一(明治)投手が5試合を完封し優勝、準決勝と決勝は連続ノーヒットノーランを達成
★大学／明治神宮競技大会野球競技で早稲田が優勝、準優勝は慶応
★社会人／都市対抗野球大会で藤倉電線(東京都)が2連覇
★プロ／日本職業野球連盟が日本野球連盟に改称
★大リーグ／ニューヨーク州のクーパーズタウンに野球殿堂を開設

□国内外の動き

★国内／米穀配給統制法実施/**第二次世界大戦開戦**(～1945年)/ノモンハン事件/国民徴用令/価格等統制令/白米禁止令/明治神宮国民体育大会
★世界／チリで大地震(死者2万8000人)/独ソ不可侵条約/ドイツのポーランド侵攻/各国がドイツに宣戦布告

1940(昭和15)年 初のリーグ戦優勝預かり「ぜいたくは敵だ」の大号令 日独伊の三国軍事同盟 独の欧州侵攻

※網掛けは太平洋戦争ほか戦没者、斜字は満州実業団野球経験者

早稲田			対立教 4.9
1	中	浅井 礼三	成田中(千葉)
2	二	本橋 精一	早稲田実(東京)
3	左	松井 栄造	岐阜商(岐阜)
4	捕	小野 欣助	八尾中(大阪)
5	三	**南村 不可止**	市岡中(大阪)
6	一	指方 一政	長崎商(長崎)
7	右	鍛治川 浩義	姫路中(兵庫)
8	投	石黒 久三	長岡中(新潟)
9	遊	中嶋 一誠	嘉義中(台湾)
主将		中村 雄次郎	市岡中(大阪)
マネージャー		林 節	高松中(香川)
監督		伊丹 安廣	佐賀中(佐賀)
			対立教 9.15
2	右	麦倉 文二	市岡中(大阪)
5	一	辻井 弘	平安中(京都)
6	三	小川 太	豊橋商(静岡)
7	二	柿島 利彦	沼津商(静岡)

慶応			対帝大 4.9
1	二	宮崎 要	佐賀商(佐賀)
2	中	中田 武雄	明石中(兵庫)
3	遊	大館 盈六	愛知商(愛知)
4	右	楠本 保	明石中(兵庫)
5	三	宇野 光雄	和歌山中(和歌山)
6	捕	井上 親一郎	米子中(鳥取)
7	左	筧 金芳	岐阜商(岐阜)
8	一	岩本 強	平安中(京都)
9	投	**白木 義一郎**	慶応商工(東京)
主将		楠本 保	明石中(兵庫)
マネージャー		正力 亨	慶応普通部(東京)
監督		森田 勇	東山中(京都)
			対帝大 9.14
9	左	根津 辰治	島田商(静岡)
	内	**桑島 甫**	高松商(香川)

明治	(当番校)		対法政 4.13
1	右	*伊藤 庄七*	中京商(愛知)
2	二	安井 亀和	海南中(和歌山)
3	遊	宮本 利学	徳島商(徳島)
4	左	**加藤 春雄**	岐阜商(岐阜)
5	三	阿瀬 泰次郎	海南中(和歌山)
6	一	加藤 三郎	岐阜商(岐阜)
7	捕	松井 勲	中京商(愛知)
8	投	藤本 八竜	下関商(山口)
9	中	矢野 純一	下関商(山口)
主将		亀田 重雄	高輪中(東京)
マネージャー		宮坂 達雄	京華商(東京)
監督		谷沢 梅雄	明星商(大阪)
			対法政 9.15
6	中	原田 徳光	中京商(愛知)
7	投	**林 義一**	徳島商(徳島)
	捕	***上林 繁次郎***	日大三中(東京)
	外	***矢野 純一***	下関商(山口)

法政			対明治 4.13
1	中	田川 豊	呉港中(広島)
2	遊	武田 武	秋田中(秋田)
3	左	**松下 繁二**	明石中(兵庫)
4	一	**村上 一治**	東邦商(愛知)
5	三	山縣	
6	捕	福居 治男	浪華商(大阪)
7	二	滝野 通則	享栄商(愛知)
8	右	伊藤 茂	享栄商(愛知)
9	投	森下 重好	甲陽中(兵庫)
主将		柄沢 清三郎	長野商(長野)
		—	—
監督		藤田 信男	伊丹中(大阪)
			対明治 9.15
2	右	山谷 喜志夫	秋田中(秋田)
7	二	烏丸 満男	浪華商(大阪)
8	三	大橋 祐次	北海中(北海道)
9	遊	池田 一夫	東邦商(愛知)

立教			対早稲田 4.9
1	三	山下 勝	姫路中(兵庫)
2	左	福村 晃	台北一中(台湾)
3	投	西郷 準	鹿児島二中(鹿児島)
4	中	**田部 輝男**	広陵中(広島)
5	捕	町田 徹夫	栃木中(栃木)
6	一	中野 重之	豊橋中(愛知)
7	二	辻 勉	愛知商(愛知)
8	右	永利 勇吉	嘉穂中(福岡)
9	遊	柚木 俊治	呉港中(広島)
主将		西郷 準	鹿児島二中(鹿児島)
マネージャー		三宅 喬二郎	松江中(島根)
監督		—	—
			対早稲田 9.15
1	右	綱島 新八	高崎商(群馬)
6	一	西本 幸雄	和歌山中(和歌山)
9	三	島方 金則	松本商(長野)

帝大			対慶応 4.9
1	二	飛田 忠英	旧水戸高(茨城)
2	中	山本 和三郎	旧四高(石川)
3	三	後藤 俊次郎	
4	遊	光武 栄治	旧佐賀高(佐賀)
5	右	中倉 俊郎	旧七高(鹿児島)
6	投	喜多 勉	旧佐賀高(佐賀)
7	捕	北野 三之助	旧四高(石川)
8	一	川端 利一	旧三高(京都)
9	左	田中 実	旧一高(東京)
主将		山本 和三郎	旧四高(石川)
マネージャー		—	—
監督		小宮 一夫	旧山形高(山形)
			対慶応 9.14
5	右	松本 登	旧水戸高(茨城)
8	投	岡本 和七郎	旧六高(岡山)
主将		飛田 忠英	旧水戸高(茨城)

【春季】勝敗表 優勝預かり(慶明立が同率)

順位	チーム	試合	勝	敗	分	得点	勝率
①	慶大	10	7	3	0	7	0.700
①	明大	10	7	3	0	7	0.700
①	立大	10	7	3	0	7	0.700
④	早大	10	6	4	0	6	0.600
⑤	法大	10	2	8	0	2	0.200
⑥	帝大	10	1	9	0	1	0.100

・2回戦総当たり制を採用

・慶応が1試合最多6併殺奪う(対明治)

首位打者 浅井 礼三 早 成田中

【秋季】勝敗表 明治が得点(勝率)で優勝

順位	チーム	試合	勝	敗	分	得点	勝率
8	**明大**	5	4	1	0	4	0.800
②	慶大	5	3	2	0	3	0.600
②	早大	5	3	2	0	3	0.600
④	法大	5	2	3	0	2	0.400
④	帝大	5	2	3	0	2	0.400
⑥	立大	5	1	4	0	1	0.200

・1回戦総当たり制を採用(文部省の圧力)

首位打者 根津 辰治 慶 島田商

□六大学野球と神宮球場の動き

文部省の圧力で春2試合総当たり制、秋1試合総当たり制に(135頁)/春は慶明立が同率で**唯一の優勝預かり**に/秋は1回戦制に/早稲田の東伏見球場廃止に/紀元2600年奉祝東京市民大会で早慶新人戦(神宮球場)

□野球界の動き

★高校/甲子園大会が戦時下の影響を受け全日本中学体育競技総力大会の一部門として開催される/海草中が4校目の連覇

★大学/東都大学野球連盟に東京慈恵医科大、上智大、東京工業大、東洋大、東京文理大(現筑波大)が加盟、連盟が1部(6校)、2部(5校)で入れ替え戦を開始/明治神宮競技大会野球競技で早稲田が優勝、準優勝は慶応

★社会人/都市対抗で中山製鋼の市田夏生(関西学院商-関西学院大)がノーヒットノーラン

□国内外の動き

★国内/神話に基づく**紀元2600年祝典**、多数の恩赦、**東亜競技大会**開催(145頁)/新体制運動/「贅沢は敵だ」の号令/**日独伊三国軍事同盟**成立/日華基本条約/大政翼賛会発足

★世界/アメリカが戦時体制に移行/**ドイツが欧州各国へ侵攻**/イタリアが対英仏宣戦布告/ソ連が東欧各国に侵攻

1941(昭和16)年　文部省が土曜日の試合を中止に　真珠湾攻撃で太平洋戦争開戦　日本が重慶を空襲　独ソ戦

※網掛けは太平洋戦争ほか戦没者

早稲田			対法政 4.20
1	左	松井 栄造	岐阜商(岐阜)
2	中	西浦 文三	享栄商(愛知)
3	一	辻井 弘	平安中(京都)
4	捕	小野 欣助	八尾中(大阪)
5	右	笠原 和夫	市岡中(大阪)
6	三	小川 太	豊橋商(静岡)
7	遊	京井 秋行	浪華商(大阪)
8	投	石黒 久三	長岡中(新潟)
9	二	本橋 精一	早稲田実(東京)
主将		石黒 久三	長岡中(新潟)
マネージャー		林 節	高松中(香川)
監督		伊丹 安廣	佐賀中(佐賀)
			対帝大 9.28
4	一	香川 正	坂出商(香川)
7	中	中嶋 一誠	嘉義中(台湾)
8	投	由利 繁	平安中(京都)

慶応			対帝大 4.12
1	中	根津 辰治	島田商(静岡)
2	二	長良 治雄	岐阜商(岐阜)
3	遊	大館 盈六	愛知商(愛知)
4	三	宇野 光雄	和歌山中(和歌山)
5	捕	**井上 親一郎**	米子中(鳥取)
6	右	別当 薫	甲陽中(兵庫)
7	一	岩本 強	平安中(京都)
8	投	高塚 誠治	岡崎中(愛知)
9	左	筧 金芳	岐阜商(岐阜)
主将		高木 正雄	平安中(京都)
マネージャー		正力 亨	慶応普通部(東京)
監督		森田 勇	東山中(京都)
			対早稲田 9.23
2	左	中田 武雄	明石中(兵庫)
7	一	長尾 芳夫	東邦商(愛知)

明治			対立教 4.12
1	二	安井 亀和	海南中(和歌山)
2	中	河西 俊雄	明石中(兵庫)
3	遊	宮本 利学	徳島商(徳島)
4	一	加藤 三郎	岐阜商(岐阜)
5	三	阿瀬 泰次郎	海南中(和歌山)
6	右	原田 徳光	中京商(愛知)
7	捕	松井 勲	中京商(愛知)
8	左	御子柴 良雄	諏訪蚕糸(長野)
9	投	藤本 英雄	下関商(山口)
主将		亀井 巌	松山商(愛媛)
マネージャー		宮坂 達雄	京華商(東京)
監督		谷沢 梅雄	明星商(大阪)
			対立教 9.21
監督		杉浦 清	中京商(愛知)

法政	(当番校)		対早稲田 4.20
1	中	田川 豊	呉港中(広島)
2	二	烏丸 満男	浪華商(大阪)
3	三	山縣	
4	左	森下 重好	甲陽中(兵庫)
5	一	長坂 信一	東邦商(愛知)
6	捕	福居 治男	浪華商(大阪)
7	右	粳田 保	静岡商(静岡)
8	遊	池田 一夫	東邦商(愛知)
9	投	柚木 進	呉港中(広島)
主将		村上 一治	東邦商(愛知)
マネージャー		森永 安彦	唐津中(佐賀)
監督		藤田 省三	甲南中(兵庫)
			対帝大 9.21
6	投	**佐藤 平七**	育英商(兵庫)
主将		武田 武	秋田中(秋田)
	投	**古谷 法夫＊**	宇都宮実業(栃木)

立教			対明治 4.12
1	二	前川 四郎	徳山中(山口)
2	一	西本 幸雄	和歌山中(和歌山)
3	三	山下 勝	姫路中(兵庫)
4	中	**綱島 新八**	高崎商(群馬)
5	遊	島方 金則	松本商(長野)
6	投	好村 三郎	灘中(兵庫)
7	捕	**伊藤 治夫**	享栄商(愛知)
8	右	永利 勇吉	嘉穂中(福岡)
9	左	佐藤 正男	下妻中(茨城)
主将		綱島 新八	高崎商(群馬)
マネージャー		大野 仁平	安積中(福島)
監督		—	—
			対明治 9.21
2	二	辻 勉	愛知商(愛知)
8	右	三浦 義明	台北一中(台湾)
9	捕	門脇 正衛	立教中(東京)

帝大			対慶応 4.12
1	左	田中 実	旧一高(東京)
2	一	川端 利一	旧三高(京都)
3	二	飛田 忠英	旧水戸高(茨城)
4	三	後藤 俊次郎	
5	投	喜多 勉	旧佐賀高(佐賀)
6	遊	松本 康吉	旧五高(熊本)
7	捕	堀口 知明	旧弘前高(青森)
8	右	平山 幹雄	旧東京高(東京)
9	中	樋口	
主将		飛田 忠英	旧水戸高(茨城)
マネージャー		—	—
監督		小宮 一夫	旧山形高(山形)
			対法政 9.21
7	投	岡本 和七郎	旧六高(岡山)
8	右	中島 正一郎	旧水戸高(茨城)
9	三	豊川 恭三	旧六高(岡山)

【春季】勝敗表　法政が得点(勝率)で優勝

順位	チーム	試合	勝	敗	分	得点	勝率
5	**法大**	10	7	2	1	7.5	0.778
②	明大	10	7	3	0	7	0.700
②	早大	10	7	3	0	7	0.700
④	慶大	10	5	3	2	6	0.625
⑤	立大	10	2	7	1	2.5	0.222
⑥	帝大	10	0	10	0	0	0.000

・2回戦総当たり制を採用
・高塚(慶)がノーヒットノーラン(対帝大)

首位打者　大館 盈六　慶　愛知商

【秋季】勝敗表　早稲田が得点(勝率)で優勝

順位	チーム	試合	勝	敗	分	得点	勝率
7	**早大**	5	4	1	0	4	0.800
②	慶大	5	3	1	1	3.5	0.750
③	明大	5	3	2	0	3	0.600
③	立大	5	3	2	0	3	0.600
⑤	法大	5	1	3	1	1.5	0.250
⑥	帝大	5	0	5	0	0	0.000

・1回戦総当たり制を採用
・田川(法)が初の打率5割の首位打者

首位打者　田川 豊　法　呉港中

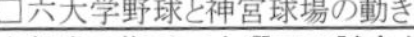

□六大学野球と神宮球場の動き

文部省の指示で**土曜日の試合が禁止**、1日3試合の変更日程/慶応グラウンドが日吉(横浜市)へ移転/慶応が塾歌(2代目)制定

□野球界の動き

★高校／戦局が深刻化し文部省通達で地方大会が半ばで中止となる

★大学／明治神宮競技大会野球競技で早稲田が優勝、準優勝は慶応

□国内外の動き

★国内／国民学校令(34頁)/ゾルゲ事件/重慶を空襲/日ソ中立条約締結/南部仏印進駐/**真珠湾攻撃**開始(12.8)/**太平洋戦争**(大東亜戦争)始まる

★世界／ドイツがソ連に侵攻/アメリカが国家非常事態宣言/大西洋憲章/中華民国(蒋介石政権)が日独伊に宣戦布告

戦時下の慶応の選手、合宿所の庭で、1941年、(『慶應義塾野球部百年史』より)

戦時下の明治の選手、和泉の合宿所、左から2人目が加藤春雄(『明治大学野球部創部100年史』より)

1942(昭和17)年　空襲警報で春の開幕が延期に　幻の甲子園大会　米軍の本土空襲　ミッドウェー海戦で大敗

※網掛けは太平洋戦争ほか戦没者

早稲田

対帝大 4.25			
1	中	西浦 文三	享栄商(愛知)
2	一	**辻井 弘**	平安中(京都)
3	遊	京井 秋行	浪華商(大阪)
4	左	**香川 正**	坂出商(香川)
5	右	笠原 和夫	市岡中(大阪)
6	捕	近藤 清	岐阜商(岐阜)
7	二	中島 信俊	佐賀商(佐賀)
8	投	岡本 忠之	扇町商(大阪)
9	三	小川 太	豊橋商(静岡)
主将		小川 太	豊橋商(静岡)
マネージャー		林 節	高松中(香川)
監督		−	−

対法政 10.4			
1	二	森 武雄	岐阜商(岐阜)
2	中	由利 繁	平安中(京都)
5	投	吉村 英次郎	岐阜中(岐阜)
6	左	吉江 一行	磐城中(福島)
7	右	高野 勘次	京阪商(大阪)
8	遊	**桶川 隆**	日新商(大阪)
9	三	町谷 茂	小樽中(北海道)
主将		由利 繁	平安中(京都)
マネージャー		相田 暢一	小樽中(北海道)

慶応

対法政 4.25			
1	三	**宇野 光雄**	和歌山中(和歌山)
2	二	長良 治雄	岐阜商(岐阜)
3	遊	大館 盈六	愛知商(愛知)
4	右	別当 薫	甲陽中(兵庫)
5	捕	阪井 盛一	滝川中(兵庫)
6	一	長尾 芳夫	東邦商(愛知)
7	中	矢野 鴻次	下関商(山口)
8	左	大島 信雄	岐阜商(岐阜)
9	投	山村 吉隆	神戸一中(兵庫)
主将		宇野 光雄	和歌山中(和歌山)
マネージャー		中井 卓三	関西学院中(大阪)
監督		森田 勇	東山中(京都)

対帝大 10.4			
5	遊	河内 卓司	広島一中(広島)
6	三	清水 勤之介	太田中(群馬)
8	中	田村 忠	和歌山中(和歌山)
9	二	山県 将泰	広島商(広島)
主将		山村 吉隆	神戸一中(兵庫)
	投	**成田 敬二**	米子中(鳥取)

明治

対立教 5.2			
1	二	**安井 亀和**	海南中(和歌山)
2	中	**河西 俊雄**	明石中(兵庫)
3	右	原田 徳光	中京商(愛知)
4	一	加藤 三郎	岐阜商(岐阜)
5	三	阿瀬 泰次郎	海南中(和歌山)
6	遊	宮本 利学	徳島商(徳島)
7	捕	松井 勲	中京商(愛知)
8	投	**藤本 八竜**	下関商(山口)
9	左	古角 俊郎	海草中(和歌山)
主将		松井 勲	中京商(愛知)
マネージャー		国分 恒男	福岡中(岩手)
監督		太田 稔	広島商(広島)

対帝大 10.3			
3	右	西松 定一	岐阜商(岐阜)
6	三	手塚 明治	松本商(長野)
7	投	嶋 清一	海草中(和歌山)
8	捕	田中 雅治	海草中(和歌山)
9	遊	竹尻 太次	海草中(和歌山)
	投	**三宅 宅三**	玉島中(岡山)

法政

対慶応 4.25			
1	中	**田川 豊**	呉港中(広島)
2	遊	山本 静雄	
3	二	服部 一郎	東邦商(愛知)
4	左	**森下 重好**	甲陽中(兵庫)
5	投	柚木 進	呉港中(広島)
6	三	山縣	
7	一	江藤 正	八幡中(福岡)
8	右	亀山 馨	嘉義中(台湾)
9	捕	福居 治男	浪華商(大阪)
主将		福居 治男	浪華商(大阪)
マネージャー		岩室 泰介	広島商(広島)
監督		藤田 省三	甲南中(兵庫)

対早稲田 10.4			
1	中	酒見 英夫	嘉義中(台湾)
6	左	杉本 弘	浪華商(大阪)
7	一	本田 耕一	日大三中(東京)
8	捕	後藤 次男	熊本工(熊本)
9	三	大橋 祐次	北海中(北海道)

立教

対明治 5.2			
1	三	山下 勝	姫路中(兵庫)
2	左	山西 正夫	甲陽中(兵庫)
3	一	西本 幸雄	和歌山中(和歌山)
4	投	好村 三郎	灘中(兵庫)
5	遊	**島方 金則**	松本商(長野)
6	中	佐藤 正男	下妻中(茨城)
7	右	三浦 義明	台北一中(台湾)
8	捕	永利 勇吉	嘉穂中(福岡)
9	二	前川 四郎	徳山中(山口)
主将		好村 三郎	灘中(兵庫)
マネージャー		大野 仁平	安積中(福島)
監督		−	−

対明治 10.4			
1	二	辻 勉	愛知商(愛知)
2	遊	奥田 元	嘉義農林(台湾)
6	左	山西 正夫	甲陽中(兵庫)
7	三	木村 保久	一宮中(愛知)
8	投	砂押 邦信	水戸商(茨城)
9	右	高橋 進	一宮中(愛知)
主将		西本 幸雄	和歌山中(和歌山)
マネージャー		中島 正明	関西学院中(大阪)

帝大(当番校)

対早稲田 4.25			
1	遊	豊川 恭三	旧六高(岡山)
2	三	森岡 良夫	旧静岡高(静岡)
3	投	岡本 和七郎	旧六高(岡山)
4	二	松本 康吉	旧五高(熊本)
5	右	井海	
6	左	佐藤 敬治	旧弘前高(青森)
7	捕	永松 欣一	旧成蹊高(東京)
8	一	池田 信彦	旧広島高(広島)
9	中	宇都宮 春綱	旧七高(鹿児島)
主将		岡本 和七郎	旧六高(岡山)
マネージャー		−	−
監督		小宮 一夫	旧山形高(山形)

対明治 10.3			
2	左	山崎 喜暉	旧静岡高(静岡)
7	投	稲田 俊夫	旧五高(熊本)
8	捕	樋田 幸男	旧広島高(広島)
9	遊	丸尾 至	旧六高(岡山)
主将		豊川 恭三	旧六高(岡山)

【春季】勝敗表　明治が得点(勝率)で優勝

順位	チーム	試合	勝	敗	分	得点	勝率
9	**明大**	10	9	1	0	9	0.900
②	慶大	10	7	3	0	7	0.700
③	早大	10	6	4	0	6	0.600
④	法大	10	5	5	0	5	0.500
⑤	立大	10	2	8	0	2	0.200
⑥	帝大	10	1	9	0	1	0.100

・2回戦総当たり制を採用
・開会式の最中に米軍機(B25)飛来
・藤本(明)がノーヒットノーラン(対立教)
・別当(慶)が打率5割で首位打者(40打数)

首位打者　別当 薫　慶　甲陽中

【秋季】勝敗表　早稲田が得点(勝率)で優勝

順位	チーム	試合	勝	敗	分	得点	勝率
8	**早大**	5	3	1	1	3	0.750
②	明大	5	3	2	0	3	0.600
②	立大	5	3	2	0	3	0.600
④	法大	5	2	2	1	2.5	0.500
⑤	慶大	5	2	3	0	2	0.400
⑥	帝大	5	1	4	0	1	0.200

・1回戦総当たり制、1日3試合制を採用
・藤本(明)が通算34勝(9敗・歴代10位)

首位打者　永利 勇吉　立　嘉穂中

□六大学野球と神宮球場の動き

空襲警報発令で入場式が中止(141頁)、春季開幕が1週間延期/10月25日の早立戦が戦前最後の試合となる/9月の**繰り上げ卒業**始まる/マネージャーを「幹事」と表記

□野球界の動き

★高校/第二次世界大戦のため中断(1年目)甲子園球場の屋根は金属拠出で取り外す/明治神宮国民錬成大会開催/文部省の意向で開催された中等学校野球大会(**幻の甲子園大会**)は通算記録に含まれず(58頁)
★大学/明治神宮競技大会野球競技で立教が優勝、準優勝は専修大
★社会人/**都市対抗で全京城(朝鮮)連覇**

□国内外の動き

★国内/マニラを占領(1月)シンガポール陥落(2月)/**日本本土に初空襲**(4月)/コレヒドール島の米軍が降伏(東南アジア全域を制覇)/ミッドウェー海戦(6月)/ガダルカナル島の戦い(8月)/大東亜省設置(11月)/ニューギニアで日本兵800人玉砕、**ガダルカナル島撤退決定**(12月)(151頁)
★世界/**ホロコースト**(ユダヤ人1万3000人検挙)/**シカゴ大でウラン核分裂連鎖反応成功**/独軍がスターリングラードでソ連軍に包囲される

1943（昭和18）年　文部省が連盟に解散命令　ガダルカナル島敗北、アッツ島玉砕　学徒出陣始まる　イタリア降伏

※網掛けは太平洋戦争ほか戦没者

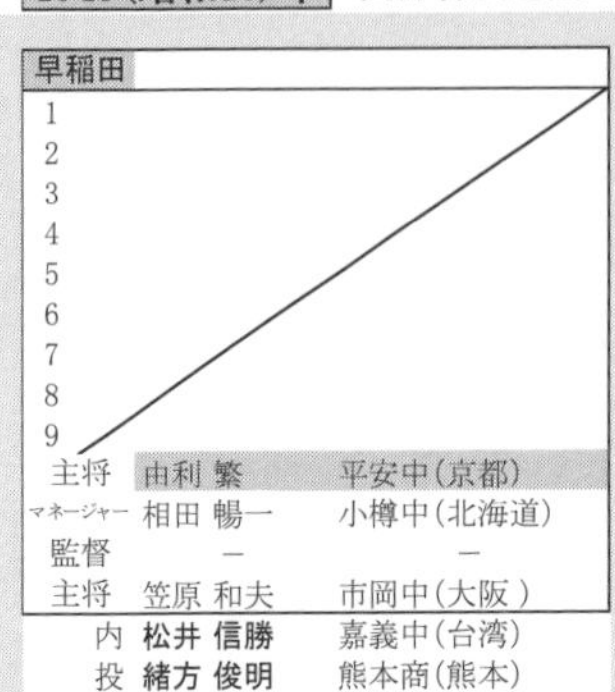

早稲田		
1		
2		
3		
4		
5		
6		
7		
8		
9		
主将	由利 繁	平安中（京都）
マネージャー	相田 暢一	小樽中（北海道）
監督	—	—
主将	笠原 和夫	市岡中（大阪）
内	**松井 信勝**	嘉義中（台湾）
投	**緒方 俊明**	熊本商（熊本）
投	**吉江 英四郎**	仙台一中（宮城）
捕	**金光 彬夫**	帝京商（東京）

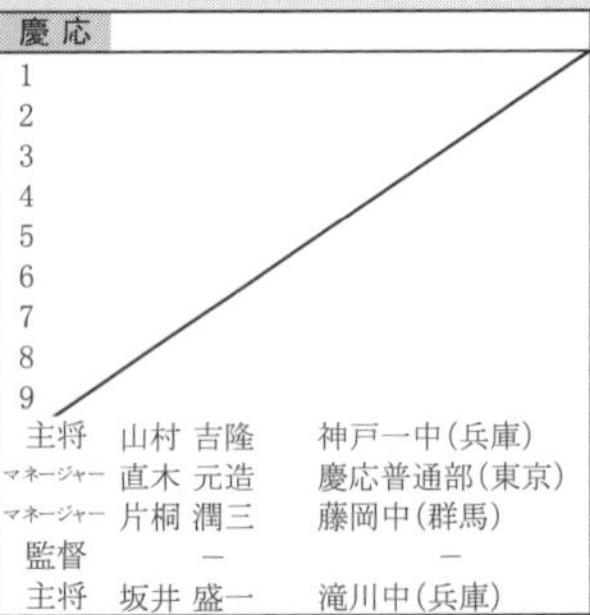

慶応		
1		
2		
3		
4		
5		
6		
7		
8		
9		
主将	山村 吉隆	神戸一中（兵庫）
マネージャー	直木 元造	慶応普通部（東京）
マネージャー	片桐 潤三	藤岡中（群馬）
監督	—	—
主将	坂井 盛一	滝川中（兵庫）

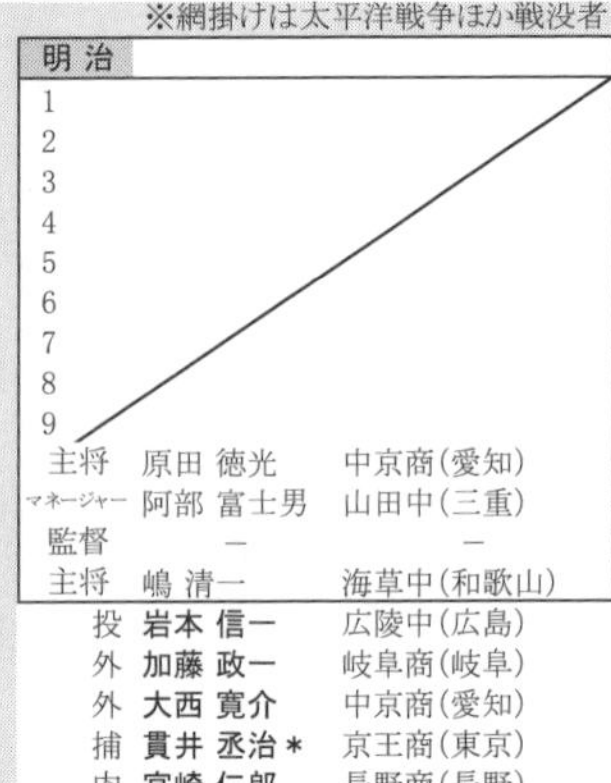

明治		
1		
2		
3		
4		
5		
6		
7		
8		
9		
主将	原田 徳光	中京商（愛知）
マネージャー	阿部 富士男	山田中（三重）
監督	—	—
主将	嶋 清一	海草中（和歌山）
投	**岩本 信一**	広陵中（広島）
外	**加藤 政一**	岐阜商（岐阜）
外	**大西 寛介**	中京商（愛知）
捕	**貫井 丞治＊**	京王商（東京）
内	**宮崎 仁郎**	長野商（長野）

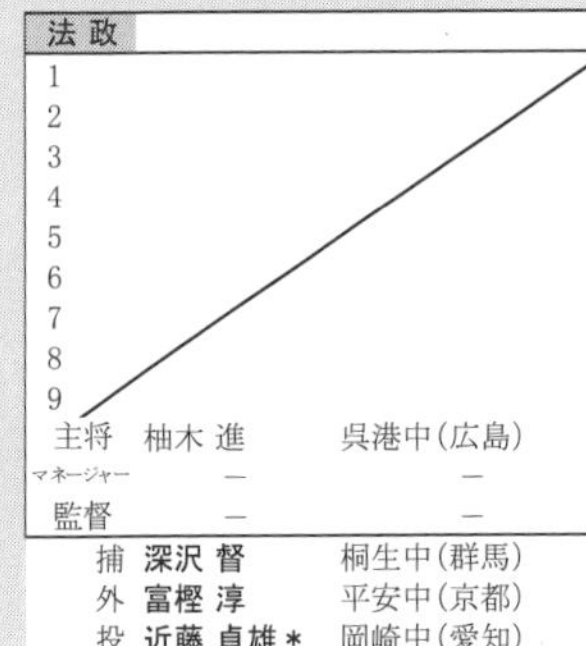

法政		
1		
2		
3		
4		
5		
6		
7		
8		
9		
主将	柚木 進	呉港中（広島）
マネージャー	—	—
監督	—	—
捕	**深沢 督**	桐生中（群馬）
外	**富樫 淳**	平安中（京都）
投	**近藤 貞雄＊**	岡崎中（愛知）

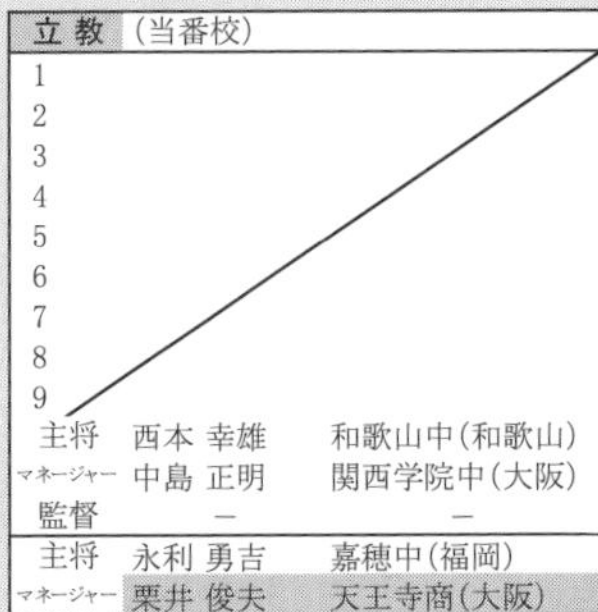

立教（当番校）		
1		
2		
3		
4		
5		
6		
7		
8		
9		
主将	西本 幸雄	和歌山中（和歌山）
マネージャー	中島 正明	関西学院中（大阪）
監督	—	—
主将	永利 勇吉	嘉穂中（福岡）
マネージャー	栗井 俊夫	天王寺商（大阪）

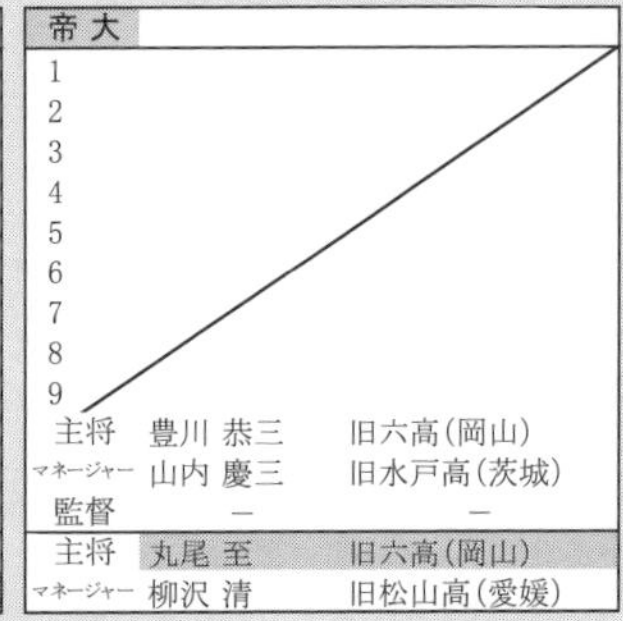

帝大		
1		
2		
3		
4		
5		
6		
7		
8		
9		
主将	豊川 恭三	旧六高（岡山）
マネージャー	山内 慶三	旧水戸高（茨城）
監督	—	—
主将	丸尾 至	旧六高（岡山）
マネージャー	柳沢 清	旧松山高（愛媛）

金属拠出で銀傘屋根が取り外された甲子園球場。写真は戦後復活した選抜野球大会（「甲子園球場

□六大学野球と神宮球場の動き

文部省がリーグ解散を要求／**東京大学野球連盟が解散**／摂政杯を宮内省に返還／**戦争で中断（1年目）**／9月に繰り上げ卒業続く／**出陣学徒壮行早慶戦**を開催・戸塚球場（10.16・137頁）

□野球界の動き

★高校／第二次世界大戦のため活動が中断（2年目）
★プロ／西鉄軍（東京セネタースと名古屋金鯱軍が合併したチーム）と大和軍が解散／日本野球連盟の「戦士の実施要項」通達
★その他／戦争の激化で学生野球は中止（1年目）／文部省が「**戦時学徒体育訓練要項**」によって**野球を廃止に**

□国内外の動き

★国内／**ガダルカナル島から撤退**（2月）／**アッツ島玉砕**（5月）／勤労挺身隊（25歳未満女子）動員開始／**学徒出陣壮行会**（10月）／学徒出陣第一陣（12月・146頁）
★世界／**イタリアが降伏**しファシスト党が解体（9月）／日本軍の玉砕続く／**カイロ会談**（米英中）／テヘラン会談（米英ソ）／世界恐慌終結宣言

戦争で中断中に行われた対校試合

※網掛けは太平洋戦争ほか戦没者

【出陣学徒壮行早慶戦】

早稲田			対慶応 1943.10.16(戸塚)
1	二	森 武雄	岐阜商(岐阜)
2	捕	**伴 勇資**	福岡工(福岡)
3	左	近藤 清	岐阜商(岐阜)
4	一	**笠原 和夫**	市岡中(大阪)
5	中	吉江 一行	磐城中(福島)
6	投	岡本 忠之	扇町商(大阪)
7	三	鶴田 鉦二郎	岡崎中(愛知)
8	右	**伊藤 利夫**	岐阜中(岐阜)
9	遊	永谷 利幸	平安中(京都)
主将		笠原 和夫	市岡中(大阪)
マネージャー		相田 暢一	小樽中(北海道)
監督		—	—

【出陣学徒壮行早慶戦】

慶応			対早稲田 1943.10.16(戸塚)
1	左	矢野 鴻次	下関商(山口)
2	二	山県 将泰	広島商(広島)
3	捕	阪井 盛一	滝川中(兵庫)
4	中	別当 薫	甲陽中(兵庫)
5	右	大島 信雄	岐阜商(岐阜)
6	一	長尾 芳夫	東邦商(愛知)
7	投	久保木 清	広島商(広島)
8	遊	**河内 卓司**	広島一中(広島)
9	三	増山 桂一郎	敦賀商(福井)
主将		阪井 盛一	滝川中(兵庫)
マネージャー		直木 元造	慶応普通部(東京)
監督		—	—
7	投	**高松 利夫**	東京市商(東京)
	打	加藤 進	愛知一中(愛知)
			対法政 1943.5(日吉)
6	中	田村 忠	和歌山中(和歌山)
8	投	山村 吉隆	神戸一中(兵庫)

【戦前最後の練習試合】

明治			対立教 1943.5.23(和泉)
1	二	宮崎 仁郎	長野商(長野)
2	遊	**生田 正明**	徳島商(徳島)
3	三	**手塚 明治**	松本商(長野)
4	捕	加藤 三郎	岐阜商(岐阜)
5	右	西松 定一	岐阜商(岐阜)
6	中	**原田 徳光**	中京商(愛知)
7	一	小西 正一	浪華商(大阪)
8	投	嶋 清一	海草中(和歌山)
9	左	古角 俊郎	海草中(和歌山)
主将		原田 徳光	中京商(愛知)
マネージャー		阿部 富士男	山田中(三重)
監督		—	—
1	打	**国枝 利通**	岐阜商(岐阜)
2	遊	竹尻 太次	海南中(和歌山)
4	打	中村 茂	桐生中(群馬)
4	捕	高橋 秀次郎	明星商(大阪)
7	一	**大下 弘**	高雄商(台湾)
9	左	飛田 喜久司	関東中(東京)

【戦前最後の練習試合】

法政			対立教 1943.5.30(東長崎)
1	二	服部 一郎	東邦商(愛知)
2	遊	**山本 静雄**	明石中(兵庫)
3	左	杉本 弘	浪華商(大阪)
4	投	**柚木 進**	呉港中(広島)
5	中	小前 博文	甲陽中(兵庫)
6	三	大橋 祐次	北海中(北海道)
7	一	本田 耕一	日大三中(東京)
8	捕	伊東 孝	海南中(和歌山)
9	右	亀山 馨	嘉義中(台湾)
主将		柚木 進	呉港中(広島)
マネージャー		—	—
監督		—	—
5	打	小林 一男	日大三中(東京)
5	中	長田	
6	三	内山 孝	海南中(和歌山)
7	打	**常見 茂**	桐生中(群馬)
7	一	亀井 利春	海南中(和歌山)
9	打	**江藤 正**	八幡中(福岡)

立教			対帝大 1943.4.28(東長崎)
1	二	辻 勉	愛知商(愛知)
2	中	山下 勝	姫路中(兵庫)
3	三	**雁瀬 治貞**	平安中(京都)
4	捕	**永利 勇吉**	嘉穂中(福岡)
5	一	**西本 幸雄**	和歌山中(和歌山)
6	左	高橋 進	一宮中(愛知)
7	投	砂押 邦信	水戸商(茨城)
8	右	小川 俊男	成田中(千葉)
9	遊	**奥田 元**	嘉義農林(台湾)
主将		西本 幸雄	和歌山中(和歌山)
マネージャー		中島 正明	関西学院中(大阪)
監督		—	—
3	三	木村 保久	一宮中(愛知)
8	右	江田 清	鹿沼農〔栃木〕
			対明治 1943.5.23(和泉)
6	左	山西 正夫	甲陽中(兵庫)
8	投	古島 誠治	高崎商(群馬)
	走	鈴木 克政	仙台二中(宮城)
9	投	藤本 哲男	別府商(大分)」

【戦前最後の練習試合】

			対法政 1943.5.30(東長崎)
4	捕	岸本 睦次	浪華商(大阪)
9	右	中林 正道	立教中(東京)

帝大			対立教 1943.4.29(東長崎)
1	中	宇都宮 春綱	旧七高(鹿児島)
2	左	越山 敬一	旧成蹊高(東京)
3	三	豊川 恭三	旧六高(岡山)
4	投	山崎 諭	旧山形高(山形)
5	捕	梅原 隆二	旧六高(岡山)
6	右	岡村 初博	旧八高(愛知)
7	一	池田 信彦	旧広島高(広島)
8	遊	丸尾 至	旧六高(岡山)
9	二	鈴木 誠一	旧松本高(長野)
主将		豊川 恭三	旧六高(岡山)
マネージャー		山本 慶三	旧水戸高(茨城)
監督		—	—
5	打	小川	
5	投	稲田 俊夫	旧五高(熊本)
7	一	石塚 亘	旧新潟高(新潟)
			対千葉工大 1943.3.4(東大)
			対東京工大 1943.4.25(東大)
			対法政 1943.4(木月)
			対早稲田 1943.5.23(戸塚)

学徒出陣壮行早慶戦で整列する慶応チーム
(『慶應義塾野球部百年史』より)

映画『ラストゲーム・最後の早慶戦』の準備稿の台本(提供:神山征二郎氏)

1944(昭和19)年　学童疎開始まる 神風特攻隊出撃開始 連合艦隊ほぼ全滅 ノルマンディー上陸作戦 パリ解放

※網掛けは太平洋戦争ほか戦没者

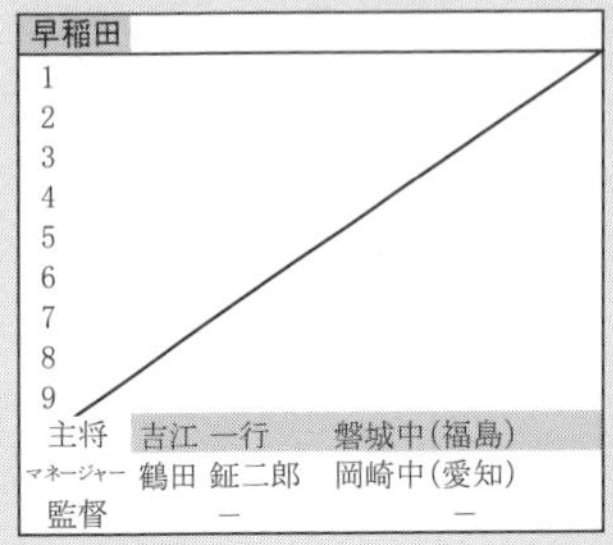

早稲田		
1		
2		
3		
4		
5		
6		
7		
8		
9		
主将	吉江 一行	磐城中(福島)
マネージャー	鶴田 鉦二郎	岡崎中(愛知)
監督	―	―

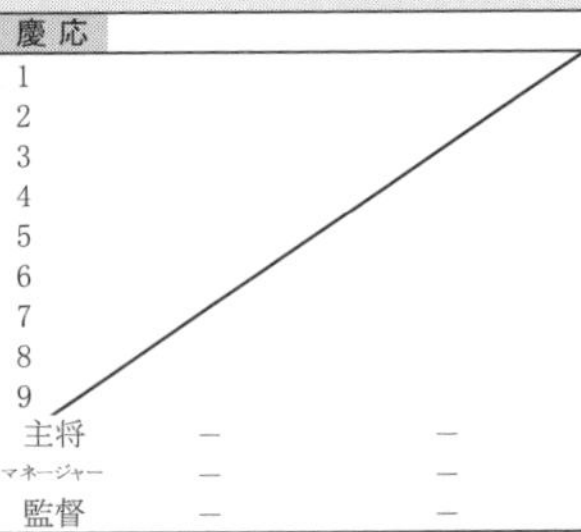

慶応		
1		
2		
3		
4		
5		
6		
7		
8		
9		
主将	―	―
マネージャー	―	―
監督	―	―

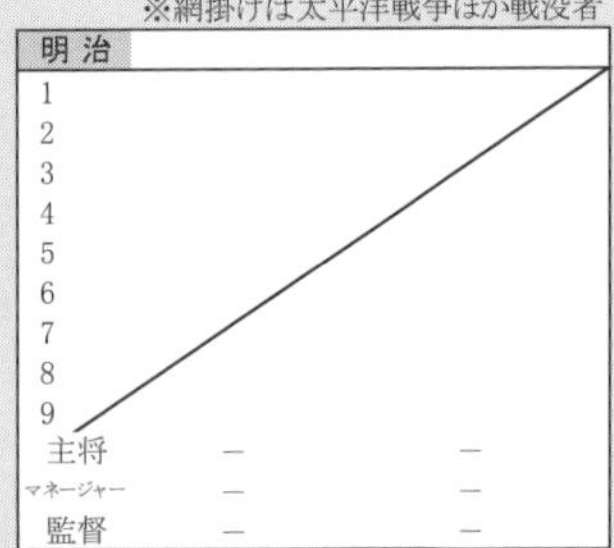

明治		
1		
2		
3		
4		
5		
6		
7		
8		
9		
主将	―	―
マネージャー	―	―
監督	―	―

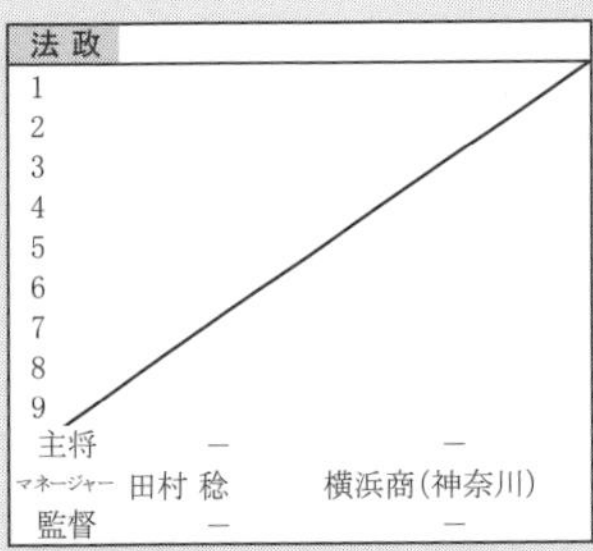

法政		
1		
2		
3		
4		
5		
6		
7		
8		
9		
主将	―	―
マネージャー	田村 稔	横浜商(神奈川)
監督	―	―

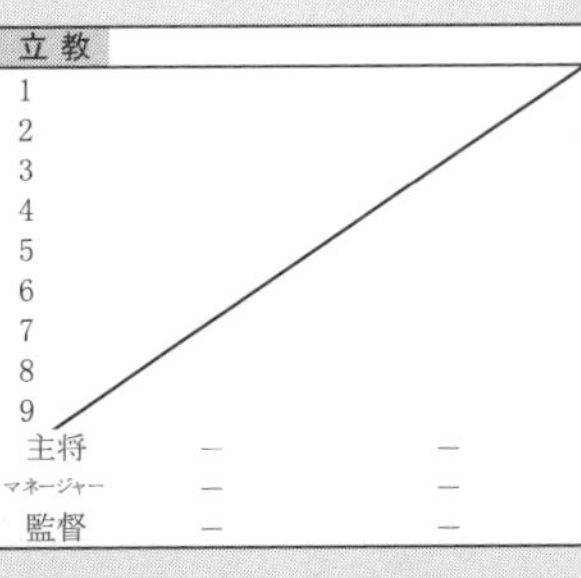

立教		
1		
2		
3		
4		
5		
6		
7		
8		
9		
主将	―	―
マネージャー	―	―
監督	―	―

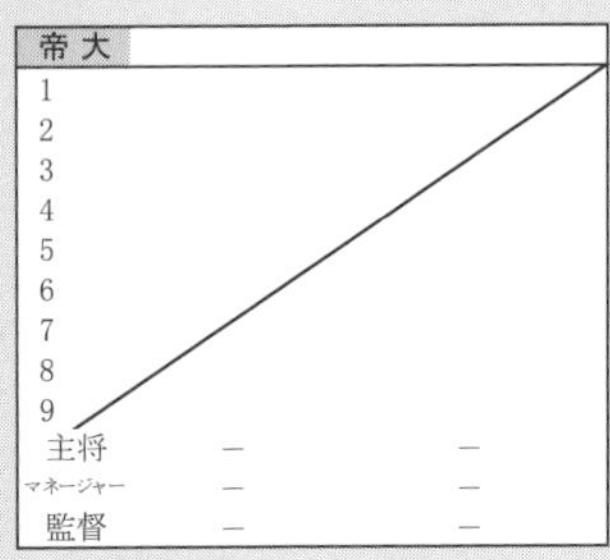

帝大		
1		
2		
3		
4		
5		
6		
7		
8		
9		
主将	―	―
マネージャー	―	―
監督	―	―

戦時下の明治の選手、和泉グラウンドにて、1943年(『明治大学野球部創部100年史』より)

□六大学野球と神宮球場の動き

戦争で中断(2年目)/早稲田・立教が練習試合(戸塚球場)

□野球界の動き

★高校／第二次世界大戦のため活動中断(3年目)

★プロ／日本野球連盟が日本野球報国会に改称/プロ球団が6球団に(在籍者74名)/プロ野球も一時休止となる(11月)

□国内外の動き

★国内／東京・名古屋で初の疎開命令/インパール作戦(3月)/大陸打通作戦(4月)/米軍のB29が成都から北九州を爆撃(6月)/**サイパン島、グアム島の日本軍全滅**(7月、8月)/**東條内閣総辞職**(7月)/**米軍が沖縄空襲**(10月)・151頁/昭和東南海地震(12月)

★世界／イギリスがベルリン空襲、米軍がマーシャル諸島侵攻/ドイツがクリミア半島から撤退/パリ解放

1945(昭和20)年　ヤルタ会談　硫黄島で敗退　沖縄壊滅　米が広島・長崎に原爆投下　終戦の詔書　神宮球場接収

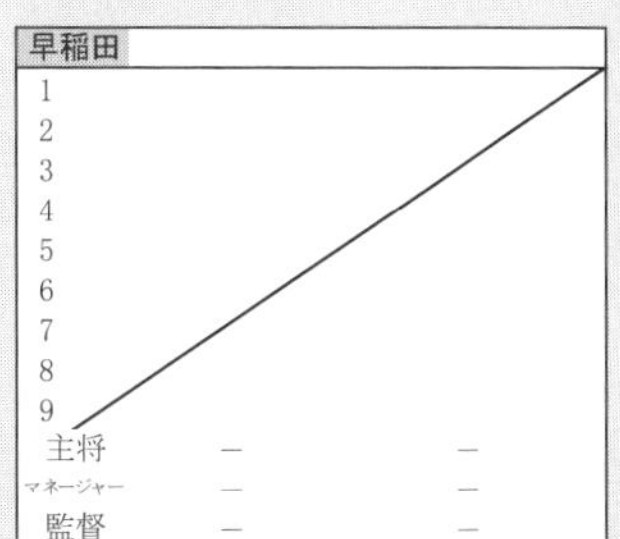

早稲田		
1		
2		
3		
4		
5		
6		
7		
8		
9		
主将	―	―
マネージャー	―	―
監督	―	―

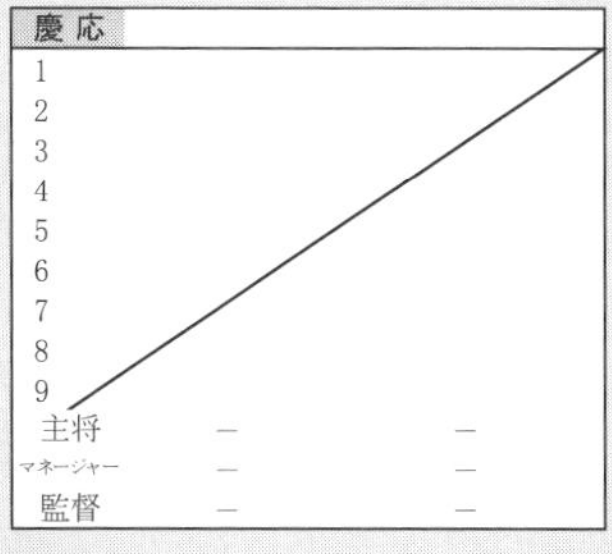

慶応		
1		
2		
3		
4		
5		
6		
7		
8		
9		
主将	―	―
マネージャー	―	―
監督	―	―

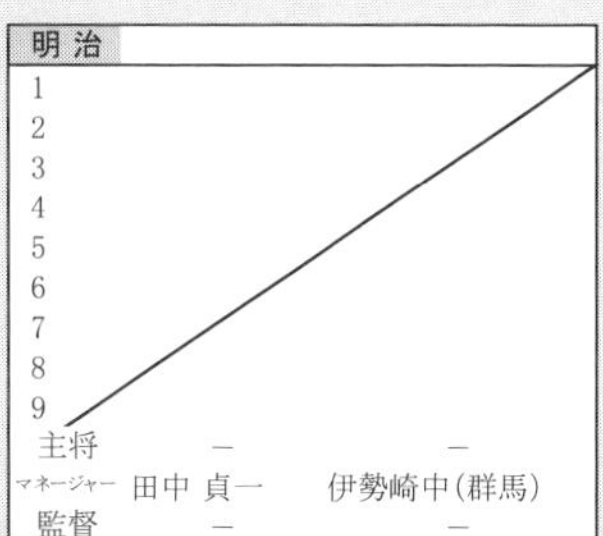

明治		
1		
2		
3		
4		
5		
6		
7		
8		
9		
主将	―	―
マネージャー	田中 貞一	伊勢崎中(群馬)
監督	―	―

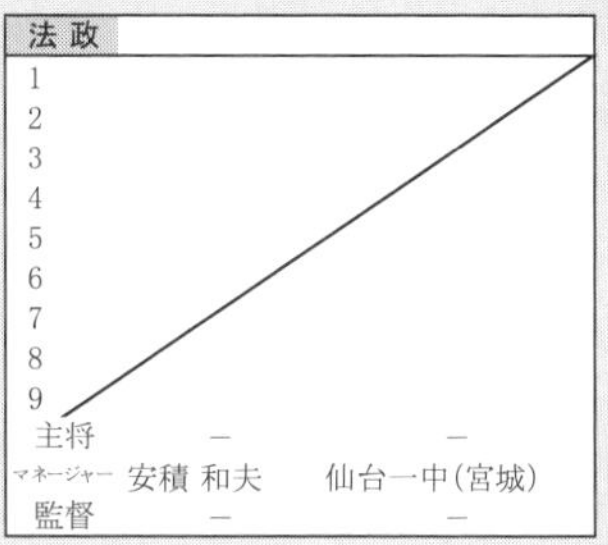

法政		
1		
2		
3		
4		
5		
6		
7		
8		
9		
主将	―	―
マネージャー	安積 和夫	仙台一中(宮城)
監督	―	―

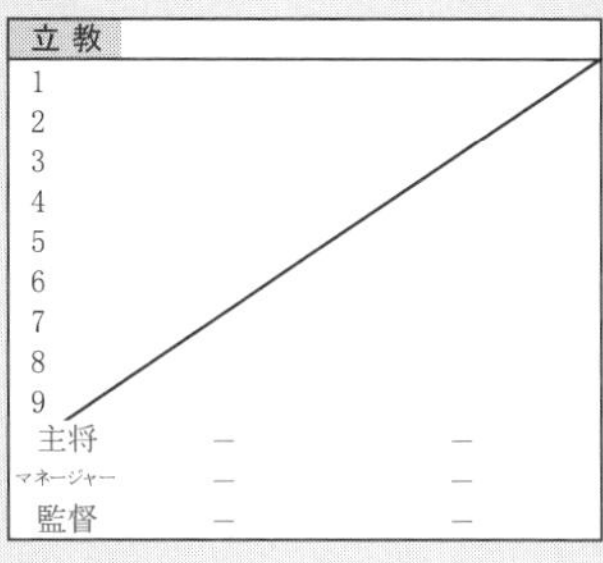

立教		
1		
2		
3		
4		
5		
6		
7		
8		
9		
主将	―	―
マネージャー	―	―
監督	―	―

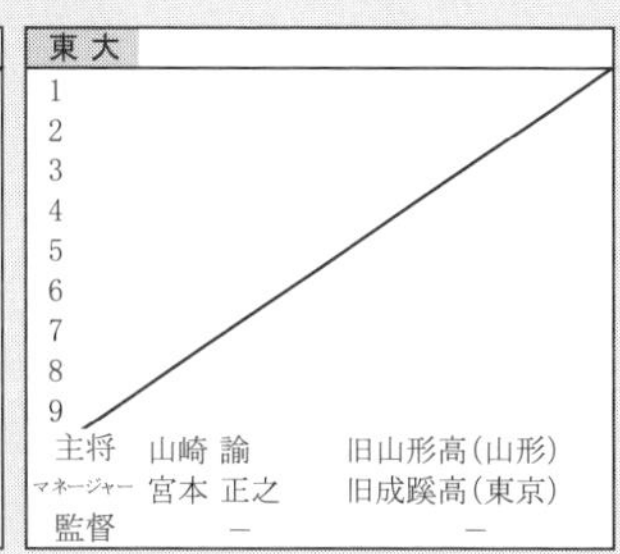

東大		
1		
2		
3		
4		
5		
6		
7		
8		
9		
主将	山崎 諭	旧山形高(山形)
マネージャー	宮本 正之	旧成蹊高(東京)
監督	―	―

GHQに接収された頃の神宮球場、「明治神宮外苑野球場」の看板が「STATESIDE PARK」と掛け替えられた正面玄関(『明治大学野球部史第二巻』より)

□六大学野球と神宮球場の動き

戦争で中断(3年目)/**神宮球場が空襲により火災、占領軍に接収**される(9.18・232頁)/リーグ戦復活に向け主将会議/六大学OB紅白戦を開催(10.28・神宮球場)/野球復興の先鞭となる**全早慶戦に4万5000人**の大観衆(11.18 神宮球場・195頁)

□野球界の動き

★高校/第二次世界大戦のため中断(4年目)/**甲子園球場がGHQに接収**される
★プロ/正月大会が関西で開催/日本野球連盟の復活宣言/東西対抗戦開催(11.23・神宮球場)

□国内外の動き

★国内/硫黄島の戦い(2月)/**東京大空襲**(3.10)/米軍が慶良間諸島に上陸・沖縄戦開始(3月)/**米軍が沖縄本島に上陸**(4月)/同盟国ドイツが降伏(5月)/連合国がポツダム宣言発表(7月)/**広島市へ原子爆弾**投下(8.6)/ソ連対日参戦(8.8)/**長崎市へ原子爆弾投下**(8.9)/ポツダム宣言受諾の決定**(8.10)**/**ポツダム宣言受諾**(8.14)/**降伏決定・玉音放送**(8.15)/**朝鮮、南樺太、千島・北方4島の被支配を確認**(9.5・152頁)
★世界/ヤルタ会談/**ドイツが無条件降伏**/ポツダム会談/**国際連合成立**/ベトナム民主共和国が仏に独立宣言

第3章　敗戦から高度成長期へ～絶頂期～

1946（昭和21）年～1964（昭和39）年

敗戦から復興へ
大学日本一はGHQの置き土産
本場、アメリカの大学野球
日米の野球文化の違い
監督は100年で114名
神宮球場も100歳
6校のグラウンドの移り変わり
戦後の絶頂期（昭和21年～昭和39年）の選手たち
先発メンバー・勝敗表・個人タイトル〈Ⅲ　絶頂期〉

◉敗戦から復興へ

戦前に文部省の指示で解散を余儀なくされた六大学野球の復興への動きは早かった。敗戦が決まった8月直後から、戦地で終戦を知った部員は復員を果たし、6校の野球部はリーグ戦再開に向かって動き出した。当時の選手やOBの野球への純粋な思いが六大学野球の再開に火をつけた。大戦で3年間中断したリーグ戦は敗戦の翌年の3月には正式に再開を決定し、戦後のリーグ戦開幕に漕ぎ着けている。

『明治大学野球部創部100年史』(駿台倶楽部編) によれば、敗戦の年の9月中旬には、和泉(東京・杉並区) のグラウンドではチーム再開に向けて野球部員のセレクションが行われていた。集まった選手はユニフォームどころではなく、軍服、軍靴の軍人スタイルが多く、9月30日には練習が開始されたと記されている。他校でも同じような光景があったようだ。旧陸軍の高射砲が装備され、兵士の自給自足のためにイモ畑化した荒れ果てたグラウンドを集まった選手の手で整備し、食糧不足の中で食料の調達、困難極まる野球用具の調達などをOBも手伝うなど、飽食の現代からは想像を絶する6校のエネルギーがあった。帝大では本郷(東京・文京区) の構内に「メシより野球の好きな人へ!……」という選手募集の掲示をすると2日間で22名の選手の応募があり、11月にはグラウンドの地ならしが始まった、と同校野球部史にある。

戦時中は東京都の物資(配給用の薪炭や建築用資材) の貯蔵庫として使われていた神宮球場も戦火に見舞われた。『栄光の神宮球場』には、「(五月) 二十五日の(B－29による) 空襲によって投下された数百個の焼い弾にはひとたまりもなく物資に引火し隣の女子学習院(筆者注・現在の秩父宮ラグビー場あたり) の校舎も同時に火災を起こし、球場は火の海と化した」とある。そして9月にはGHQに接収された。その後、GHQの協力もあり、その神宮球場で10月28日に全早慶戦が行なわれ、4万5000人の大観衆が押し寄せた。玉音放送から2ヵ月後のことだ。その後12月9日には、三田倶楽部対法友倶楽部、稲門倶楽部対駿台倶楽部（251頁）のOB戦が行われ同じく大観衆を集めた。戦争から解き放たれた野球ファンのエネルギーが神宮の杜に歓声となって現れた。

フィリピンの戦線から帰還した立教の好村三郎（灘中・兵庫）は、『六大学野球部物語』の中で、

「敗戦後昭和二十一年春になると、野球部員は一人、二人復員して来たものの、野球部再建には人材不足であった。筆者（筆者注・好村のこと）もこの1月中旬比島戦線から復員した。智徳寮も東長崎球場も健在であった。OB、現役はこの姿をなにより喜んだ。どうにか十数人はそろった。なんとしてもリーグ戦をやろうという空気が六大学の中にあった」

と、終戦直後の野球部の状況を記している。立教の野球部再建には川崎信一（小樽中・北海道）と吉田喜代太郎（安田学園中・東京）のキーマンがいた。二人は野球部の再興へ向けて、グラウンドづくり、選手の確保、食糧の調達に奔走し、戦後初の主将、マネージャーで開幕に漕ぎ着けた。

終戦の8月15日から約9ヵ月後の翌5月19日に帝明戦（上井草球場）でリーグ戦が復活した。東京大空襲による荒廃、無残な敗戦から1年足らずでリーグ戦開催に漕ぎ着けたことは、その74年後に世界を襲ったコロナ禍の中でリーグ戦の開催を成し得たことにつながっている気がした。復活した最初のシーズンは1回戦制で行われ、100年の歴史で東大（帝大）がこれまでで唯一の2位となった。帝大は開幕戦の明治戦（上井草球場）に完勝し、4勝ゼロ敗で最終戦（後楽園球場）の慶応に王手を掛けたが惜しくも0対1で敗れた。東大が100年で初めて優勝に近づいたシーズンだった。しかし、東大はこれ以降、長い低迷を続けている（331頁）。最終戦の早慶戦（6月15日）は、野球ファンが待ちに待った「早慶復活試合」だった（170頁）。翌日の朝日新聞は、「徹夜組が三百人　外野の観衆グラウンドに雪崩落つ」と題して、

戦後復活したリーグ戦での早慶戦、満員の後楽園球場、1946年6月15日（写真提供：共同通信社）

「四年振りの早慶戦が十六日（15日）水道橋後楽園球場ではじまつた。あさ八時の開場に徹夜組が三百ほど、十時すぎには外野の柵、スコアボールド（原文ママ）の上まで人の山、岡の風情である。（中略）早大は十三、十四両日特に飛田穂洲老から野球學の講義をうけ、慶大ベンチは先輩連がズラリ、（中略）試合はじめのとき、外野にあふれた観衆がグラウンドに雪崩落ち、内外野入口の数箇所が破れて大群衆が場内に大はんらん、（中略）怪我人まで出て遂にアナウンスが『外野の皆さんグラウンドから出なければ試合を始めません』と悲鳴をあげる。リーグ當局は『何しろ三千枚近くの偽入場券が賣りさばかれたらしい』といふ。偽入場券の相場は十円也であつたさうな」

と、復活した早慶戦の模様を報じている。混乱はあったものの、敗戦1年足らずで人々が六大学野球を味わえた喜びとおおらかな雰囲気を紙面から窺える。

一方で、大学リーグの一本化の動きがあった。1946（昭和21）年3月29日付の朝日新聞に、

「六大学と東都五大学の二つのリーグに分かれていた学生野球が再発足にあたって、これを一つにしようと東都五大学側から提案され、（中略）六大学側（早大、東大、立大）もこの提案に賛意を表し、（中略）マネージャー会議にこの問題を提案することとなった」

とある。一時は早稲田、帝大、立教が傾いたが、結局、独自の伝統を尊重すべしという意見が強く、東都側に拒否を申し入れるという一幕があった。その裏には、『東大野球部史』によれば、六大学野球が再開された19

46（昭和21）年にGHQが戦時中の軍事教練、武道と軍国主義排除を含む学生スポーツの民主化を進める方針の中に、六大学野球の特権的なあり方を抑制すべきとの考えがあったとある。その方針によって東都リーグが六大学との一本化を模索した。六大学と東都のベストチームが「Aリーグ」、それ以外が「Bリーグ」という具体的な提案もあった。1948（昭和23）年のことだ。この方針が決定されていたら六大学野球の歴史は23年で幕を閉じていたことになる。連盟理事会は六大学野球の存続をかけて議論を重ね、GHQから譲歩を引き出した。学徒壮行の早慶戦実現に奔走した早稲田大教授の外岡茂十郎（豆陽中－早稲田・静岡）、法政の元監督の藤田信男（伊丹中・兵庫）、東大OBの神田順治（旧八高・愛知）らの尽力とGHQとの折衝の中で助言をしたアメリカ在住経験が長かった明治のマネージャーOBの松本瀧藏（広陵中・広島）の存在も大きかったとある。

松本は幼少でアメリカに渡り野球に取り憑かれ、マサチューセッツ工科大では敵国となる日本への技術情報の流出を恐れられ退学を余儀なくされた。米国籍も取れず22歳で故郷の広陵中（広島）に入学しマネージャーで甲子園出場を果たした。この経験が明治でも生き、先述した明治の岡田源三郎（早稲田実・東京）率いる「世界一周遠征」に英語力を駆使しマネージャーとして帯同した。その後は明治の英語教師も務め、1940（昭和15）年の幻の東京オリンピックの招致にも役員として参画し、戦後初の衆議院選挙で代議士当選を果たし、GHQとの折衝に当たった。その立場と英語力が六大学野球の存続を問うGHQとの交渉でも大いに活かされた。高校野球一本化を唱えるGHQに対して選抜大会消滅を救い、アメリカンフットボールを日本に導入した中心人物だった。今日、甲子園大会を年2回体験できるのは松本のお陰といえる。明治の島岡吉郎（不詳・長野）が監督時代に「松

学生野球リーグ合流か

六大學と東都五大學の二つのリー

大学リーグ一本化の記事（1946年3月29日付朝日新聞）

本の瀧さんが六大学野球を救った。六大学野球にとっての恩人だ」とよく自分のことのように自慢していたのはこのことだった。「Aリーグ」「Bリーグ」になっていたら六大学野球の6校は「Aリーグ」に何校残り、早慶戦のないシーズンもあったのかと思いは交錯する。「人気の六大学」「実力の東都」というフレーズも生まれなかった。当時GHQと折衝を行い、野球発祥国のアメリカを譲歩させた先達には感謝しかない。早稲田のマネージャーで学徒壮行早慶戦の実現に奔走し、戦後の六大学野球復活に尽力し早稲田の監督も務めた相田暢一（小樽中・北海道）とともに、松本は野球殿堂入りを果たした。マネージャー出身で野球殿堂入りを推挙されたのはこの二人だけだ。

しかし、この一連の動きは、全国大学野球連盟（東京六大学、東都大学野球、関西六大学の3連盟）、全国新制大学連盟、大阪三大学野球リーグなどの地域大学野球連盟の結成を促し、1952（昭和27）年の全国大学野球連盟（同年に全日本大学野球連盟に改称）につながり、全日本大学野球選手権大会を誕生させ、今日に至っている。

◉大学日本一はGHQの置き土産

GHQが推進した日本の学生野球の民主化政策が大学野球界の再編成を促し、1952（昭和27）年の大学野球日本一を決める全日本大学野球選手権大会（以下大学選手権大会）の開催につながった。それまでは、1946（昭和21）年の学制改革と時を同じくして日本学生野球協会が設立され、同協会結成記念野球大会（1946年）、全国大学野球王座決定戦（1947年）、全国新制大学野球選手権大会（1949年）が行われ、全日本大学野球連盟発足と同時に大学選手権大会に統一された（204頁）。

大学選手権大会は春のリーグ戦終了後、各地区の代表校で争われる。第1回大会は8校の代表によって行われた。８校の内訳は東京六大学野球、東都大学野球（注1）、関西六大学野球（注2）の３連盟が単独枠で、加えて北海道・東北、関東、東海、近畿・中国・四国、九州の５地区の５代表校、北から秋田大、慶応、専修大、横浜市立大、愛知大、近畿大、関西学院大、福岡商科大（現福岡大）の８校で争われ、国公立大学の２校が代表となっている。このときは慶応が優勝し六大学野球の面目を保った。戦後の復興が進み食糧事情が安定し、日本の経済成長が始まっていた敗戦から７年後のことだった。これまで72回（71回大会は感染症流行で中止）の開催数を重ね、現在は発足当時の３倍強の27校が参加して、毎年６月に全国一が争われている。

別表のとおり、優勝回数は東京六大学代表が27回、東都代表が26回を占め、六大学と東都が圧倒的な強さを誇り、関西地区代表が７回と続く。六大学野球代表はこれまで法政が８回、明治が６回、早稲田が５回、慶応と立教が各４回の日本一の座についている。東都では駒沢大の６回が光る。発足当時と大会の運営方式が変わった点もあり、１９９２（平成４）年から指名打者（ＤＨ）制が採用され、２００５（平成17）年から東京ドームが併用されるなど、時代の流れを反映している。後述する明治神宮野球大会（以下神宮大会）と異なる点だ。

同大会の中でテーブル（注3）を見るだけでも壮絶な試合がある。１９７０（昭和45）年の法政と関西連合代表の関西大との準決勝だ。現在ではまずお目にかかれない延長20回で決着した試合だ。スコアは３対２で関西大がサヨナラホームランで勝利した。関西大のエース山口高志（市神港・兵庫）は20回を投げ抜き、法政は横山晴久（小倉工・福岡）と池田信夫（平安・京都）の継投だった。試合時間は４時間54分。打席

24日 神宮第1（準決勝）

	1	2	3	4	5	6	7	8	9	10	11	12	13	14	15	16	17	18	19	20	計
法　大（東京六大学）	0	0	0	1	1	0	0	0	0	0	0	0	0	0	0	0	0	0	0	0	2
関　大（関西連合）	0	0	0	0	2	0	0	0	0	0	0	0	0	0	0	0	0	0	0	1X	3X

（延長　二十回）

〔法　大〕	打	安	点	三	四	失
（二）野　口	6	1	0	1	3	0
（一）安　田	2	0	0	1	0	0
（一）山本	4	1	0	1	0	0
（代打）河野	0	0	0	0	1	0
（一）深田	1	0	0	0	0	0
（中）長崎	8	1	0	5	1	0
（左）依田	6	1	1	0	3	0
（右）鈴木	1	0	1	1	1	0
（打右）渡辺	5	0	0	1	0	0
（打右）伊達	1	0	0	1	0	0
（捕）中村	9	1	0	0	0	0
（三）高岡	3	0	0	0	0	0
（打三）藤村	6	1	0	0	0	0
（遊）森貞	7	1	0	0	1	0
（投）横山	3	1	0	0	0	0
（代打）磯部	1	0	0	1	0	0
（投）池田	2	0	0	1	2	0
計……	65	8	2	13	12	0

〔関　大〕	打	安	点	三	四	失
（中）木　島	7	2	0	0	1	0
（一）太　田	8	1	0	2	0	0
（右）大　成	3	0	0	0	0	0
（右）本　勝	2	0	0	0	1	0
（代打）泉	1	1	0	0	0	0
（代走）佐藤	0	0	0	0	0	0
（右）山崎	0	0	0	0	0	0
（代打）長沢	1	0	0	0	0	0
（三）杉　政	7	2	1	1	1	2
（左）白　滝	7	1	0	1	0	0
（遊）山口円	6	0	0	1	1	0
（二）藤　田	7	1	0	0	0	0
（捕）岡　谷	6	1	1	0	1	0
（投）山口高	7	0	0	0	0	0
計……	62	9	2	5	5	2

▽本塁打　杉政（池田）
▽三塁打　杉政
▽二塁打　太田

投手	成績	回数	打者	安打	三振	四死	失点	自責
横山		7	27	7	4	2	2	2
池田	●	12⅓	40	2	11	3	1	1
山口高	○	20	80	8	13	12	2	2

▽犠打　法3、関0
▽盗塁　両軍1
▽暴投　横山
▽捕逸　岡谷
▽併殺　法2、関0
▽残塁　法18、関6
▽試合開始　午前11時58分
▽試合時間　4時間53分
▽審判　山川（主）、奥村、布施、郷司

1970年の選手権大会
準決勝のテーブル
（東京六大学野球連盟「野球年鑑」より）

力投する関西大・山口高志（左）と慶応・萩野友康（右）、ともに「K」のマークが躍った
（左『関西大学野球部史』、右『慶應義塾野球部百年史』より）

に9回も入った選手も数多くいた。法政の3番打者のリーグ戦で初の2季連続首位打者に輝いた長崎慶一（啓二／北陽・大阪）は山口から5三振を喫している。山口は当時の大学野球界を代表する屈指の剛腕投手で、この試合は20回で13奪三振、与四死球は12という内容だった。この大会は降雨で日程が順延され、準決勝と決勝が同日に行われた。準決勝で20回を投げた山口は、続けて行われた決勝では登板できず関西大は中京大に敗れた。決勝戦を翌日に延期する措置は取られず後味の悪い決勝戦だった。山口は2年後の同大会で慶応の萩野友康（土佐・高知）と決勝で投げ合い、1対0で慶応を下し雪辱を果たした。この二人の闘志溢れる旺盛な投げ合いは今でも筆者の目に焼き付いている。二人の投球の躍動感が回を追うごとに観ている者の体にシンクロして迫ってくる感じだった。その3年前にテレビで体感した夏の甲子園大会決勝戦（再試合）以来の高揚感があった。

関西大での山口は、通算で46勝、21連勝、完封勝利19、連続完封勝利16、1シーズン100奪三振、連続無失点68回と怪物のような記録だ。仮に六大学野球の怪物、江川卓（作新学院・栃木）が1回目のドラフトの指名を受

連盟別優勝・準優勝回数

連盟	大学選手権 優勝	大学選手権 準優勝	神宮大会 優勝	神宮大会 準優勝	優勝＋準優勝
東京六大学	**27**	**9**	**16**	**16**	**68**
東都大学	26	23	16	11	76
関西学生	6	14	5	2	27
首都大学	4	5	6	7	22
仙台六大学	3	5	0	5	13
愛知大学	1	1	2	4	8
関甲新学生	1	1	0	1	3
東海地区	1	0	0	0	1
中国地区大学	0	0	3	1	4
福岡六大学	0	1	2	0	3
九州地区	1	0	0	0	1
阪神大学	1	0	0	0	1
千葉県大学	0	3	1	0	4
神奈川大学	0	2	1	1	4
関西六大学	0	2	0	1	3
東京新大学	0	2	0	1	3
北東北大学	0	1	0	0	1
京滋大学	0	1	0	0	1
北陸大学	0	1	0	0	1
広島六大学	0	0	0	1	1
札幌学生	0	0	0	1	1
合計	71	71	52	52	246

※2023年まで

東京六大学野球内訳

大会／校名	選手権大会 優勝	選手権大会 準優勝	神宮大会 優勝	神宮大会 準優勝	優勝＋準優勝
法政	8	1	3	5	17
明治	6	1	7	2	16
早稲田	5	4	1	5	15
慶応	4	3	5	2	14
立教	4	0	0	2	6
東大	0	0	0	0	0

※2023年まで

け、１９７４（昭和49）年に阪急ブレーブスに入団していたら、松下電器（現パナソニック）を経て翌年に同球団に入団した山口の1年先輩になり、阪急の剛球２枚看板が全国の野球ファンを引き寄せ、しばらくは最強の阪急軍団が続いたことだろう。

大学選手権大会が始まった18年後に、もう一つの大学王座を決める神宮大会が始まった。大会の舞台である神宮球場の所有者である明治神宮の鎮座50年を記念して明治神宮が主催者となった大会だ。秋のリーグ戦終了後に選手権大会より少ない代表校（11校）で、秋の高校野球日本一（10校）も併せて争われる。第1回大会は首都大学野球連盟(注1)の東海大が制した。それ以前は別表のとおり、明治神宮競技大会の野球の部で１９２４（大正13）年から１９４２（昭和17）年まで13回のトーナメントを行った。

神宮球場の主ともいえる六大学野球代表が第5回まで優勝を果たせず、第6回大会でようやく東都の駒沢大を下して優勝した。その大会で明治を率いた島岡吉郎はリーグ戦の時とは違う秘めた闘志で試合に臨み、決勝戦で優勝を決めた後に安堵した様子で、六大学代表の責任を果たせた思いなのか、優勝旗を横に夕闇迫る神宮球場の三塁側ベンチ前で天に向かい手を合わせたことを思い出す。六大学代表校は昨秋の慶応の優勝で通算16回目の優

大会		全日本大学野球選手権大会			明治神宮野球大会			
開催年	回数	優勝校・優勝回数		準優勝校	回数	優勝校・優勝回数		準優勝校
1989年（平元）	38	近畿大	2	専修大	20	近畿大	初	【立 教】
1990年（平2）	39	亜細亜大	2	東北福祉大	21	同志社大	2	【立 教】
1991年（平3）	40	東北福祉大	初	関西大	22	愛知学院大	初	流通経済大
1992年（平4）	41	駒沢大	5	立命館大	23	【慶 応】	2	東海大
1993年（平5）	42	青山学院大	初	関東学院大	24	駒沢大	3	【早稲田】
1994年（平6）	43	駒沢大	6	近畿大	25	東亜大	初	青山学院大
1995年（平7）	44	【法 政】	7	東北福祉大	26	【明 治】	3	青山学院大
1996年（平8）	45	青山学院大	2	九州共立大	27	【明 治】	4	東北福祉大
1997年（平9）	46	近畿大	3	亜細亜大	28	近畿大	2	【法 政】
1998年（平10）	47	近畿大	4	東海大	29	亜細亜大	初	東北福祉大
1999年（平11）	48	青山学院大	3	【早稲田】	30	九州共立大	初	東海大
2000年（平12）	49	亜細亜大	3	東北福祉大	31	【慶 応】	3	東海大
2001年（平13）	50	東海大	3	日本大	32	駒沢大	4	城西大
2002年（平14）	51	亜細亜大	4	【早稲田】	33	亜細亜大	2	東北福祉大
2003年（平15）	52	日本文理大	初	亜細亜大	34	東亜大	2	神奈川大
2004年（平16）	53	東北福祉大	2	日本大	35	東亜大	3	【慶 応】
2005年（平17）	54	青山学院大	4	近畿大	36	九州産業大	初	東北福祉大
2006年（平18）	55	大阪体育大	初	青山学院大	37	亜細亜大	3	【早稲田】
2007年（平19）	56	【早稲田】	3	東海大	38	東洋大	初	【早稲田】
2008年（平20）	57	東洋大	2	東海大	39	東洋大	2	東北福祉大
2009年（平21）	58	【法 政】	8	富士大	40	立正大	初	上武大
2010年（平22）	59	東洋大	3	東海大	41	【早稲田】	初	東海大
2011年（平23）	60	東洋大	4	【慶 応】	42	【明 治】	5	愛知学院大
2012年（平24）	61	【早稲田】	4	亜細亜大	43	桐蔭横浜大	初	【法 政】
2013年（平25）	62	上武大	初	亜細亜大	44	亜細亜大	4	【明 治】
2014年（平26）	63	東海大	4	神奈川大	45	駒沢大	5	【明 治】
2015年（平27）	64	【早稲田】	5	流通経済大	46	亜細亜大	5	【早稲田】
2016年（平28）	65	中京学院大	初	中央学院大	47	【明 治】	6	桜美林大
2017年（平29）	66	【立 教】	4	国際武道大	48	日本体育大	2	星槎道都大
2018年（平30）	67	東北福祉大	3	国際武道大	49	立正大	2	環太平洋大
2019年（令元）	68	【明 治】	6	佛教大	50	【慶 応】	4	関西大
2020年（令2）	69	感染症対策のため中止			51	感染症対策のため中止		
2021年（令3）	70	【慶 応】	4	福井工業大	52	中央学院大	初	【慶 応】
2022年（令4）	71	亜細亜大	5	上武大	53	【明 治】	7	国学院大
2023年（令5）	72	青山学院大	5	【明 治】	54	【慶 応】	5	青山学院大

※網掛けはグランドスラム（4冠）

勝を果たし、東都の16回と並んだ。

大学日本一の2連覇は選手権大会では明治が2回、立教、法政が各1回、神宮大会では明治と法政が各1回記録している。また、春秋の地区リーグ優勝と大学野球選手権と明治神宮野球大会の4つの優勝を果たす、いわゆるグランドスラム（4冠）達成は過去5回あり、1972（昭和47）年の関西大が最初のグランドスラム王者で、前出の山口高志は4冠を決めた神宮大会で決勝戦まで、慶応（1対0・ノーヒットノーラン）、早稲田（2対0）、法政（1対0）を相手に3連続完封の球史に残る快投を見せた。この大会には早慶明法の4校が出場していた。明治は久留米大戦で日没による特別ルールで第2球場から点灯した神宮

全日本大学野球選手権大会・明治神宮野球大会優勝校及び準優勝校

大会	全日本大学野球選手権大会				明治神宮野球大会			
開催年	回数	優勝校・優勝回数		準優勝校	回数	優勝校・優勝回数		準優勝校
1952年(昭27)	1	**【慶 応】**	初	関西学院大				
1953年(昭28)	2	**【立 教】**	初	中央大				
1954年(昭29)	3	**【明 治】**	初	立命館大				
1955年(昭30)	4	**【明 治】**	2	日本大				
1956年(昭31)	5	関西大	初	日本大				
1957年(昭32)	6	**【立 教】**	2	専修大				
1958年(昭33)	7	**【立 教】**	3	中央大				
1959年(昭34)	8	**【早稲田】**	初	関西学院大				
1960年(昭35)	9	**【法 政】**	初	同志社大				
1961年(昭36)	10	日本大	初	関西大				
1962年(昭37)	11	**【法 政】**	2	駒沢大				
1963年(昭38)	12	**【慶 応】**	2	駒沢大				
1964年(昭39)	13	駒沢大	初	**【早稲田】**				
1965年(昭40)	14	専修大	初	立命館大				
1966年(昭41)	15	日本大	2	近畿大				
1967年(昭42)	16	中央大	初	**【慶 応】**				
1968年(昭43)	17	**【法 政】**	3	駒沢大				
1969年(昭44)	18	東海大	初	日本大				
1970年(昭45)	19	中京大	初	関西大	1	東海大	初	中京大
1971年(昭46)	20	亜細亜大	初	**【法 政】**	2	日本大	初	亜細亜大
1972年(昭47)	21	関西大	2	**【慶 応】**	3	関西大	初	**【法 政】**
1973年(昭48)	22	中央大	2	愛知学院大	4	駒沢大	初	同志社大
1974年(昭49)	23	**【早稲田】**	2	駒沢大	5	中央大	初	**【法 政】**
1975年(昭50)	24	駒沢大	2	大阪商業大	6	**【明 治】**	初	駒沢大
1976年(昭51)	25	東海大	2	大阪商業大	7	**【法 政】**	初	**【早稲田】**
1977年(昭52)	26	駒沢大	3	東海大	8	**【法 政】**	2	東海大
1978年(昭53)	27	**【明 治】**	3	専修大	9	同志社大	初	東洋大
1979年(昭54)	28	中央大	3	**【早稲田】**	10	**【明 治】**	2	名城大
1980年(昭55)	29	**【明 治】**	4	駒沢大	11	日本体育大	初	亜細亜大
1981年(昭56)	30	**【明 治】**	5	近畿大	12	**【法 政】**	3	専修大
1982年(昭57)	31	**【法 政】**	4	東洋大	13	東海大	2	大阪商業大
1983年(昭58)	32	駒沢大	4	近畿大	14	東海大	3	駒沢大
1984年(昭59)	33	**【法 政】**	5	亜細亜大	15	駒沢大	2	近大工学部
1985年(昭60)	34	**【法 政】**	6	東洋大	16	**【慶 応】**	初	愛知工業大
1986年(昭61)	35	東洋大	初	流通経済大	17	愛知工業大	初	駒沢大
1987年(昭62)	36	**【慶 応】**	3	東北福祉大	18	筑波大	初	**【法 政】**
1988年(昭63)	37	近畿大	初	東北福祉大	19	昭和天皇後不令の為中止		

球場に移動後に敗れた。その後近畿大が2回、亜細亜大、東洋大がそれぞれ1回達成している。特に近畿大の2回目（1997年）は、4冠に加えてアマチュア王座決定戦も制し「アマ5冠」は圧巻の記録だ。最近では2021（令和3）年の東京六大学初のグランドスラム達成に王手をかけた慶応が中央学院大（千葉県大学野球連盟）に敗れ4冠を逃したのと、昨秋に6回目の4冠を目指した青山学院大を慶応が制したのが記憶に新しい。4冠は大学野球で最高の栄誉でありその達成は難しい。神宮大会が始まった1970（昭和45）年以前は学生野球協会結成記念大会が毎年春に行われていた。1958（昭和33）年、1963（昭和38）年は大学選手権を制し

過去に行われた全国大会

明治神宮競技大会野球競技（11月）

	回数	優勝	準優勝	（球場）
1924年（大13）	1	稲門倶楽部	帝大倶楽部	（神宮）
1925年（大14）	2	稲門倶楽部	法友倶楽部	（神宮）
1926年（大15）	3	**明治**	**慶応**	（神宮）
1927年（昭2）	4	**早稲田**	**法政**	（神宮）
1929年（昭4）	5	**慶応**	**早稲田**	（神宮）
1931年（昭6）	6	**早稲田**	**立教**	（神宮）
1933年（昭8）	7	**明治**	**慶応**	（神宮）
1935年（昭10）	8	**明治**	立命館大	（神宮）
1937年（昭12）	9	日本大	**早稲田**	（神宮）
1939年（昭14）	10	**早稲田**	**慶応**	（神宮）
1940年（昭15）	11	**早稲田**	**慶応**	（神宮）
1941年（昭16）	12	**早稲田**	**慶応**	（神宮）
1942年（昭17）	13	**立教**	専修大	（神宮）

全国大学野球王座決定戦（11月）

	回数	優勝	準優勝	
1947年（昭22）	1	**慶応**・関学・専修同率		（甲子園）
1948年（昭23）	2	**法政**	立命館大	（神宮）
1949年（昭24）	3	**慶応**・中大・関大同率		（西宮）
1950年（昭25）	4	**早稲田**	同志社大	（神宮）
1951年（昭26）	5	**慶応**・専大・関大同率		（西宮）

全国新制大学野球選手権大会（8月）

	回数	優勝	準優勝	
1949年（昭24）	1	松山商科大	横浜市立大	（藤井寺）
1950年（昭25）	2	近畿大	横浜市立大	（藤井寺）
1951年（昭26）	3	横浜市立大	松山商科大	（藤井寺）

日本学生野球協会結成記念大会（3月～4月）

	回数	優勝	準優勝	
1957年（昭32）	11	**慶応**	日本大	（神宮）
1958年（昭33）	12	**立教**	専修大	（神宮）
1959年（昭34）	13	関西学院大	近畿大	（神宮）
1960年（昭35）	14	日本大	関西学院大	（神宮）
1961年（昭36）	15	近畿大	立命館大	（神宮）
1962年（昭37）	16	芝浦工業大	神奈川大	（神宮）
1963年（昭38）	17	**慶応**	横浜市立大	（神宮）

※出場は前年秋季優勝校、1956年以前は対抗戦

全日本アマチュア野球王座決定戦（11月）

	回数	優勝	準優勝	
1991年（平3）	1	日本石油	東北福祉大	（神宮）
1992年（平4）	2	東芝	駒沢大	（神宮）
1993年（平5）	3	住友金属	青山学院大	（神宮）
1994年（平6）	4	駒沢大	日本通運	（神宮）
1995年（平7）	5	三菱自動車川崎	**法政**	（神宮）
1996年（平8）	6	青山学院大	住友金属	（横浜）
1997年（平9）	7	近畿大	三菱重工神戸	（日生）

た立教、慶応が同大会を制しているので、グランドスラム達成といえる。また、準グランドスラム（選手権大会と神宮大会が優勝と準優勝）は早稲田が2回、慶応が1回達成している。

東都の駒沢大監督時代にリーグ戦優勝22回、大学日本一に9度（選手権大会5回、神宮大会4回）にわたり同校を導いた太田誠（浜松西・静岡）は大学選手権、神宮大会に数多く挑んだ経験から、

「リーグ戦で中央大、亜細亜大、東洋大などの強豪と鎬を削った後に駒を進めた選手権大会、神宮大会では、何度か経験を積むうちに、同じトーナメントで戦う高校野球と違い、大学野球は選手に任せることも戦法のひとつであることを学んだ」

とかつての指揮官の姿を振り返った。

前述の2つの日本一を決める大会に六大学で唯一出場経験のない東大には他の5校にはない大会が3つある。一つは毎年行われている京都大との定期戦である。これは東京大学運動会と京都大学体育会が主催する大会で、各部がそれぞれ行っていた定期戦を「双青（そうせい）戦」として統一し、各運動部の勝敗で総

合優勝を決めている。「双青」とは東大と京大の第1回目のボートレースで使うボートをくじ引きで決めた際に、東大が淡青（ライトブルー）、京都大が濃青（ダークブルー）に決まったことが由来だという。これはイギリスのケンブリッジ大とオックスフォード大とのボートレースに由来するもので、それぞれがライトブルーとダークブルーのユニフォームを着る。これがもとで東大、京大のスクールカラー（スポーツユニオンカラー）は、東大運動会が淡青、京大体育会が濃青を採用し「双青」となった。野球の双青戦は、最近では東大の12勝13敗で東西対決は互角だ。その他に旧帝国大学7校で行われる「七大戦」と東京地区国公立大学大会がある。

大学日本一と社会人野球日本一で日本一を決める「全日本アマチュア野球王座決定戦」が1991（平成3）年から始まった。六大学では法政が唯一出場し、7回（社会人の4勝3敗）で幕を閉じた。大学の代表は選手権大会優勝校、社会人は前年秋の日本選手権優勝チームで、開催時期、会場の問題もあり現在は行われていない。

◉本場、アメリカの大学野球

野球の本場、アメリカの大学野球環境は日本とはだいぶ異なる。決定的な違いは組織だ。日本では全日本大学野球連盟はあるものの、それぞれの連盟が主体となって大会（リーグ戦）が運営されている。六大学野球は東京六大学野球連盟の下で運営され、全日本大学野球連盟は大学選手権大会をはじめ全国レベルの大会の運営にあたる。

アメリカでは大学は全米にある5つの体育協会に所属し、その体育協会が野球だけでなくすべてのスポーツを組織し運営している。中でも代表的で有名な体育協会がＮＣＡＡ（全米大学体育協会・１２８１校・４年制）で、最大規模だ。その他に４年制のＮＡＩＡ（北米大学体育協会・２４１校・４年制）、２年制のＮＪＣＡＡ（全米短期大学体育協会・５２５校）、ＣＣＣＡＡ（カリフォルニア州体育協会・１０５校）、ＮＷＡＣ（ノースウェス

アメリカの大学野球

2019年現在

	4年制大学		2年制大学		
体育協会	NCAA	NAIA	NJCAA	CCCAA	NWAC
チーム数	D1・299 D2・274 D3・389	212	D1・171 D2・148 D3・88	89	29
エリア	全米	全米	西海岸を除く	カリフォルニア州	オレゴン州 ワシントン州
使用バット	金属	金属	金属	金属	木製

※数字はチーム数、Dはディビジョン

※使用バットの金属はBBCOR（低反発）

日本の大学野球

2023年11月現在

全日本大学野球連盟

各大学野球連盟（26連盟）
370チーム

使用バット：木製

日米の大学野球のシーズン

月	1月	2月	3月	4月	5月	6月	7月	8月	9月	10月	11月	12月
アメリカ	プレ	リーグ戦（約50試合）・プレーオフ				オフ・サマーリーグ（約40試合）			ロースター枠トライアウト			オフ
日本	オフ	キャンプ・オープン戦		春季リーグ戦		選手権・キャンプ・オープン戦			秋季リーグ戦		オープン戦	オフ

参考：GXA HP

トアスレチックカンファレンス・36校）があり、合計で２１００を超す大学が所属している（２０２３年）。アメリカでは、日本のように野球単体で組織（連盟）を作ることはなく、所属する体育協会のルールの下で練習や試合を行う。野球はＮＣＡＡの９６２チームを筆頭に全米で約１７００チームが所属している。全日本大学野球連盟に登録している大学は３７０校で２万８０００名強の選手が登録されている。アメリカは日本の５倍近い野球チームがあり、野球の本場を彷彿させられる。

野球シーズンも日米で異なる。アメリカでは日本の春秋のリーグ戦にあたるカンファレンスのリーグ戦（約50試合）とプレーオフは2月から6月で終わる。日本の春秋に行われるリーグ戦の約2倍の試合数を消化する。ここで野球シーズンは終了する。その後は選手の意思で育成を目的とするサマーリーグ（約40試合）に参加することができる。そして年末まで30名前後のロースター枠（出場選手登録枠）を選抜するトライアウトが行われ、翌年のリーグ戦に臨む。ロースター枠で振り落とされる選手がいるので、日本のように１００名、２００名の部員を抱える野球部体制はアメリカにはない。

日本の高校野球では、活躍した進学校のチームに対して「文武両道」がよく見出しになるが、大学野球界では「文武両道」は聞かれない。アメリカではどの大学も授業単位数と成績に最低基準が設けられ、基準を下回る学生はチームに所属することができないことも日米で異なる。アメリカの大学スポーツでは「文武両道」がシステムの中に組み入れられている。

さらに、発展の過程も異なる。日本の野球は大学野球から始まり、ファンの野球熱は大学野球に注がれ、プロ野球は遅れてスタートした。アメリカの大学野球は、プロ野球とともに始まり、当初は大学野球にはスポットが当たることがなかった。しかし、近年では人気が高まり、日本の大学野球事情とは一線を画している。

日本の選手権大会にあたる全米一を決める大会のカレッジ・ワールド・シリーズ（以下CWS）は、NCAAが主催の、アメリカではアマチュア野球の最高峰の大会となる。メジャーリーグと同様に大会名に「ワールド」を掲げている。その運営は大会ルールも含め日本と比べて複雑だ。まず、NCAAの3つのDivisionのうち、Division1の298の大学しか参加資格がない。Division1の31のカンファレンス（リーグ）の優勝チームと31を除いた残りの273チームの中からNCAAが推薦する33チームを決め、合計64チームが4チームずつの16地区に分けられ、東京オリンピックの野球競技で行われた敗者復活（ダブルイリミネーション）方式[注4]のトーナメントで16代表を決める。次に16チームで隣のチーム同士の勝ち点方式で2勝した8チームがCWSに進むことができる。この8チームを2つのブロックに分け、第1ラウンドは4チームのダブルイリミネーション方式で2代表チームを決めた後、ブロック優勝チームの2校が3試合の六大学野球の勝ち点での決戦方式で優勝を決める。優勝までに2敗できるわけだ。高校野球に代表されるように負ければ終わりという日本の単純トーナメント方式と、アメリカのダブルイリミネーション方式は野球も含めたスポーツをする側と観る側の日米の特性の違いも反映しているといえる。日本では1976（昭和51）年の大学選手権大会で敗者復活方式（ページシステム）を初めて採用し、準々決勝で敗れた東海大が決勝戦まで無敗の大阪商業大を破って優勝したが、この年限りで廃止となった。日本では敗者復活方式が根付くのは容易ではない。

日本の大学選手権大会は全国から27チーム（26連盟）が神宮球場に集まる。日本の国土の約26倍の広さのアメリカの大会は、アメリカの中心部にあるネブラスカ州オマハに空路で8チームが集まる。日本の神宮球場への切

CWS（全米大学野球選手権大会）が行われるチャールズ・シュワブ・フィールド・オマハ、オマハ・ネブラスカ州（2022年に「TDアメリトレード・パーク・オマハ」から名称変更）

符と比べ約3倍の競争率だが、NCAAを含めた全米の大学を含めると30倍の競争率となる。日本は「神宮を目指す」が、アメリカの大学野球は選手もファンも「Road to Omaha（オマハに行こう）」が合言葉だ。2週間の大会にオマハ市の人口に匹敵する40万人近い観客が集まるという。日本の大学選手権大会の観客は約6万人（2023年大会・1試合あたり2300人）、ファンの動員も比較にならない。2週間あまりで100万人に迫る観客を集める夏の甲子園大会は日米でも怪物のような大会だ。太平洋戦争終結の30年前に始まったが、終戦から18年後の1963（昭和38）年から大会半ばの終戦記念日の正午に試合を中断し、選手と観客が静寂の中でサイレンとともに黙祷を捧げている。玉音放送のあった8月15日に甲子園大会が行われていることは時代の因縁と思えてならない。

応援の仕方にも大きな違いがある。日本の野球は六大学野球をはじめ高校、社会人、プロも応援団による楽器を使った音の出る応援合戦が当たり前、アメリカでは音のない応援が普通だ。ビールを片手にハンバーガーを頬張りながら、恋人やファミリーで和気藹々（あいあい）と観る光景が日常だ。スポーツの本来の「楽しむ」光景はアメリカと日本では対照的だ。しかし、昨年のWBCでの日本の応援スタイルを欧米のメディアが絶賛しているのを見て、選手と応援が一体となる日本式の応援スタイルが認知されたのは嬉しい思いだ。その源は六大学野球にあると言っていい。

もう一つの日米の違いは、選手の使用するバットだ。日本は木製バット、アメリカのＮＣＡＡは金属バットを採用している。日本の高校生の使っている金属バットと異なる点がバットの反発係数の違いだ。[注5] アメリカでは反発係数を木製バット並みに抑えた金属バット（ＢＢＣＯＲ）を使用している。反発係数を木製バット並みに抑えると何が違うか。アメリカのメジャーリーグではドラフト会議で６００人（20巡目まで）を指名する。日本の72人（２０２３年・育成指名除く）の約8倍だ。アメリカの選手はプロの世界に入っても、違和感がなく木製の世界に入れるという。一方、日本では高校からプロに入った選手が木製に馴染めず苦労する姿を身近に感じる。木製バットに戻し、かつての高校野球へ戻れば、プロを目指す高校生にとってもプラスに作用する。高校、大学、社会人、プロと一貫して木製バットで打撃を磨き上げる原点に立ち返ればバットで悩むことはなくなる。高校時代にホームランを量産しても、プロで活躍できずに悩み、退団に追い込まれる選手を見るのは辛い。原因は金属バットにあると断言していい。

現在の高校生が使用している金属バットは、１９７４（昭和49）年に登場した。社会人野球が金属バット使用に踏み切った頃、大学野球界もその採用を巡って意見が分かれた時代があった。社会人野球と横並びになる流れが木のバットに踏み留まった。その当時の東大野球部長の三島良績（よしつぐ）（旧武蔵高－東京帝大・東京）が、金属バットは反発係数が増し危険だと警告している。三島は東京帝大工学部冶金学科卒の金属工学の学者だった。

横浜ベイスターズからメジャーリーグに進んだ筒香嘉智（つつごうよしとも）（横浜・神奈川）が２０２２年1月8日に開かれたオンラインイベント「野球の未来を語ろう」で、日本の高校野球で低反発バットを導入することを提言した。彼は「僕はプロに入った時は木製バットに慣れるのに非常に苦労した。重さや直径だけでなく、反発係数の規定を設ける方が大切だと思う。金属バットの弊害は日本は非常に大きいと感じている」と話した。ドジャース時代の同僚の主力打者から「なぜ日本の選手は甲子園ではボールがよく飛ぶのに、プロではパワーヒッターが少ないのか」と問われたという。バットの力で飛んでも、長打力の向上への努力につながらないと筒香は結論づけている。ようやく、日本高野連は２０２４（令和6）年春から新基準（日本版）の低反発金属バットの導入を決め、２０

23年は硬式の加盟校全校に新基準のバットを3本ずつ配った。金属バットの反発係数を木製並みに抑えても、スイートスポットも木製並みとなるのか定かでない。今春の選抜大会では柵越えはわずか2本、総得点数は変わらず戦法の変化が見られた。その後、バットの製造基準違反が見つかり金属バットの話題はまだ続きそうだ。

また、アメリカの大学野球ではロッド・デドー（ニューオーリンズ・ルイジアナ州）の存在が際立っている。六大学野球では明治の島岡吉郎の37年間の監督経歴が有名だ（219頁）。ロッド・デドーは南カリフォルニア大（USC）を率いて、45シーズンにわたりヘッドコーチ（監督）を務めた。CWSでは11回の全米制覇、5連覇は同大会で異彩を放っている。彼の功績は日米大学野球選手権大会の創設に加えて、野球をオリンピック競技に加えることに尽力したことで知られる。東京オリンピック（1964年）とロサンゼルスオリンピック（1984年）ではアメリカチームのヘッドコーチを務めた。しかし、野球はオリンピックでは傍流のスポーツだ。全世界をテレビに釘づけにするサッカーのワールドカップとは比較にならない。今年行われるパリ大会では競技にないが、4年後のロサンゼルス大会では復活するというアンバランスな状態が続いている。日本発祥の柔道が今やオリンピックでは花形の競技になっているのに比べて、アメリカ発の野球が宙ぶらりんの状態は寂しい。柔道は発祥地の日本が競技普及に努めた結果、世界共通の競技となった。野球がメジャーではない国が多い中で、普及させる努力が野球発祥の国アメリカに乏しかったのかと思ってしまう。アマチュアが国際大会の代表だった時代が懐かしい。プロが代表になってからは、アメリカがメジャーの第一線級を代表にしないなど運営のチグハグさが興味を削いでいる。野球リーグがある国は世界でも40カ国あまりでサッカーに比べ極めて少数だ。WBCも含めて国際大会に参加するのは30カ国前後が現状だ。プロの世界一はWBCで統一し、オリンピックはアマチュアの選手に戻した方がいいと考える野球関係者はプロ・アマ問わず多い。日本にはアメリカと違い、大学野球、高校野球に加えて歴史のある社会人野球というレベルの高い野球資産があり、これを活かさない手はない（457頁）。

CWSを主催するNCAAと日本のUNIVAS（一般社団法人大学スポーツ協会・Japan Association for

University Athletics and Sport）に触れておこう。ＮＣＡＡの開設は１９０５年、ＵＮＩＶＡＳは２０１９年で１世紀以上の歴史の開きがある。「安心・安全」「学業充実」「大学スポーツのビジネス化」を目指し日本版のＮＣＡＡを目指したＵＮＩＶＡＳへの加盟大学は、２０２４年4月時点では全国で８００近い大学のうち２２５大学で加盟率は30％に満たない。六大学では当初の早稲田、立教に加え、法政が近年加盟した。調査研究を目的とする全国大学体育連合加盟の２６９大学から見ても加盟率は低い。加盟スポーツ団体は32で「ＵＮＩＶＡＳ　ＣＵＰ」を主催しているが、サッカー、陸上をはじめ多くの競技が加盟していないのが気がかりだ。ＮＣＡＡは全体の9割を占めるバスケットボールの放映権収入を含めて年間で約１２００億円の収益があり、大学スポーツのビジネス化が進んでいる。ＵＮＩＶＡＳの事業規模は年間10億円強で、目的のスポーツのビジネス化の実現はまだまだ先のようだ。「学業優先」「課外授業」「シーズン制」「学生参加」など日米で大学スポーツを捉える根本的な違いをどう埋めるか、課題は多いとする専門家は多い。

◉日米の野球文化の違い

日本とアメリカでは野球環境において異なる点が数多い。まず、使用するボールだ。(注6)アメリカには軟式野球がない。握るボールは革のボール（硬球）一択だ。日本では日本が「発明」したゴムボールの軟球から始まる。硬球、軟球の他に準硬式、Ｋボールもある。中学校、高校、大学、社会人の競技硬式野球に各層の軟式の競技野球、草野球、同好会野球、そしてソフトボールが加わり、硬式、軟式、準硬式の３つの野球部がある大学も多い。縦軸の学童・中学・高校・大学・社会人に、横軸の硬式・準硬式・軟式・ソフトボールが絡む「日本野球」を形づくる。さらに最近では、女子野球の硬式、軟式チームと組織の設立が相次ぎ、日本のアマチュア野球のカテゴリーが一層複雑になっている。

日米のボールの差は 500 円硬貨 1 枚分（筆者撮影）

同じ硬式球（硬球）でも日米で差がある。公認野球規則のボールの規定（3・01）では、重さは5オンス（141・7グラム）から5オンス1／4（148・8グラム）、周囲は9インチ（22・9センチ）から9インチ1／4（23・5センチ）と定められている。アメリカでは重さ、周囲の規定の上限、日本は下限を採用し製造されている。ボールの重さで7・1グラム、直径で1・9ミリの差がある。ちょうど現在の500円硬貨の重さ（7・1グラム）と厚み（1・81ミリ）に相当する。また、ともに牛の革を使用しているがアメリカはかつて馬の革を使用し、アメリカの方がボールの表面がツルっとしていてすべりやすい。108個の縫い目は変わりないが、アメリカは縫い目の山が高く、日本は低いのが特徴的だ。これらの差が特にピッチャーに与える影響は大きい。縫い目は日米ともに108と決められているが、野球規則には明記されていない。

さらに、ストライクゾーンの違いや球場環境（天然芝・土・人工芝、天空・ドーム、ナイター設備）、応援スタイル（応援団、楽器、鳴り物、旗）の他にも日米の差は様々だ。

アメリカには軟式がないので、すべてが硬式の競技野球で、学童もシニアも競技連盟に所属し野球を楽しんでいる。また、日本の高校野球に象徴される選手枠を大きく超える補欠制度がない。ゲームに出られるチームに所属し、野球（ゲーム）を楽しむことが前提になっている。試合に出られない野球は存在しない。これも大きな違いだ。

試合形式の違いも大きい。日本野球の発展過程で大きな役割を果たした一高野球は武士道精神で相手を圧倒的に倒すことに終始した野球だった（40頁）。早慶対校戦の起源は早稲田の慶応への「果たし状」から始まった。大学の威信をかけた戦いと白熱した応援が始まり、それが中等学校（現高校）野球へ広まり、今日の隆盛極まる夏の選手権大会の「負けたら終わり」というトーナメント方式につながった。一方、アメリカは前項で触れたリーグ戦、敗者復活方式の大会が多く、選手も観客も試合を多く「楽しむ」というアメリカの国民性が試合形式に反映されている。どちらが正しいというものでもない。日本では「国民的行事」ともいわれた甲子園大会を頂点とする高校野球に象徴されるノックアウトトーナメント方式が代表的な方法となっている。しかし、今から108年前の夏の第2回大会（1916年・豊中球場）と翌年には敗者復活制（抽選制）が採用されている。2年目（鳴尾球場）では4校が敗者復活で次に進み、1回戦で敗れた愛知一中が優勝した。これが物議を醸し、この2大会で敗者復活制は姿を消した。「負けることを認めない」日本型の象徴だった。以来「優勝劣敗」方式が1世紀も続き、アマチュア野球界のマンモス大会となっている。100年の歴史を契機に変えていくことを考えてもいい。後述する。

また、アメリカには日本のように企業が丸抱えで運営する社会人野球がない。少数の地域クラブチームのリーグがあるくらいだ。昨年行われたWBCで指を骨折しながら優勝に貢献した西武ライオンズの源田壮亮（そうすけ）（大分商－愛知学院大－トヨタ自動車）に対し、アメリカの選手が「なぜ、ゲンダは〝TOYOTA〟出身なのか」と発したことがこれを物語っている。1949（昭和24）年に「日本社会人野球協会（現日本野球連盟）」が設立され、翌年から同協会、日本学生野球協会、全日本軟式野球連盟等が協力しアマチュア野球規則を制定し、「公認野球規則」へつながった。この頃から「アマチュア」が日本の野球界に頻繁に出始め、1

日米のプロ野球比較

アメリカ		
	チーム数	傘下リーグ
MLB（メジャーリーグ）	30	
ナショナルリーグ	15	東・中・西地区
アメリカンリーグ	15	東・中・西地区
MiLB（マイナーリーグ）	202	
AAA(Triple-A)	30	2
AA(Double-A)	30	3
A+(High-A)	30	3
A(Single-A)	30	3
R(ルーキーリーグ)	82	3
合計	**232**	**20**

※2023年現在

独立リーグ（7リーグ）	72	13

※2023年現在

日本		
	チーム数	傘下リーグ
NPB（日本野球機構）	12	
セントラルリーグ	6	1
パシフィックリーグ	6	1
2軍（ファーム）	〈12〉	
イースタンリーグ	〈7〉	1
ウエスタンリーグ	〈5〉	1
新規加盟（2024年度）		
イースタンリーグ	1	
ウエスタンリーグ	1	
合計	**14**	**4**

※2軍は独立組織ではないので〈 〉とした

独立リーグ（8リーグ）	32	8

※2023年現在

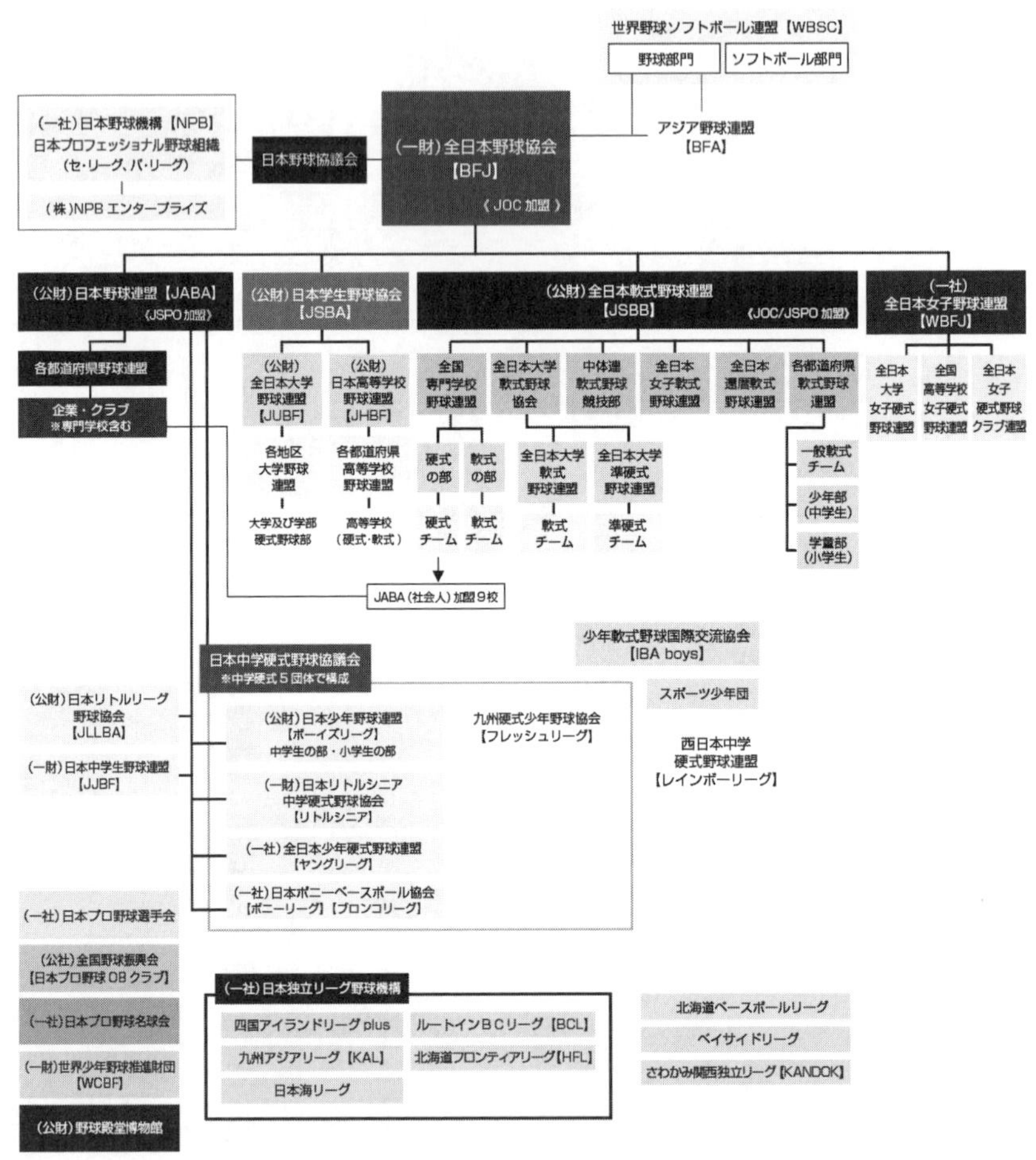

日本野球界の組織図（一般財団法人全日本野球協会ＨＰより）
2023 年 6 月現在

954年に「日本アマチュア野球協会」が設立され、「全日本アマチュア野球連盟」を経て、現在の「一般財団法人全日本野球協会（ＢＦＪ）」となった。この組織変更は野球界の改革ではなく主に世界大会代表を選出するための組織変更だった。それ以降、現在まで日本の野球界では「アマチュア」の冠が付けられ、日本の野球はプロとアマで区別されている。また、社会人野球を「ノンプロ」と呼び、プロ野球と一線を画したのもこの頃だろうか。アメリカでは大学を出て野球を真剣にやる選手は「プロ」以外にいないので、「ノンプロ」という語彙はアメリカには存在しない。

歴史を辿ると、学生野球に遅れて設立された職業（プロ）野球団に選手を養成する機関はなく、球団が増えた時代には支度金による選手の引き抜き等が横行し、大学や旧制中学校との軋轢が生じた。野球をして給金を得ることが世間から蔑視された時代もあり、世間の野球への反応は現在とはまったく異なった。アマチュア野球の一角を占めていた社会人野球界も同じ「社会人」の職業野球団から選手を引き抜かれ、こちらは同じ社会人同士の引き抜きであり、大学とは事情を異にした。日本の野球にとって不幸なことだった。

野球の裾野は軟式も含めれば日本の方が広いともいえる。しかし、アメリカに比べて野球のジャンルが多いため組織も多様、複雑になっている。日本の野球の組織図は別表のとおりで、表の右側の軟式野球はアメリカにはない。高校の軟式部門は右側の「軟式野球」にはなく、左側の日本学生野球協会下の日本高野連に入り、全日本女子野球連盟は日本野球連盟（旧社会人野球協会）から独立し、組織は一層複雑化している。また、小中学生の硬式野球リーグも乱立し、それぞれが大会を運営している。「連盟」というピラミッドが多数あり、それぞれが独立し、アマチュアだけを組織化して大きなピラミッドをつくることさえ難しい。そんな中で、長野県では地元の野球界を一本化した「長野県野球協会」が２０２１（令和３）年に誕生し、規模は小さいがプロの独立リーグの信濃グランセローズ、社会人２チーム、松本大学のプロ・アマの４チームが登場する県知事杯を冠した公式戦（トーナメント）を実現させている。協会設立に主導的な役割を果たした専務理事の小林善一（上田－日本体育

大・長野）は、

「少子化が進む上に野球少年の競技人口の減少が加速度的に進んでいる。プロ・アマが団結し、長野県野球の底辺の拡大と活性化につながればとの思いで創設した。これからが本番だ」

と抱負を語り、地方から野球界改革へ一石を投じた。高校野球の代表と中学生の硬式チーム代表との対戦、プロの2軍を招待して独立リーグや大学のチームとの試合、地方の野球少年に枠に囚（とら）われない夢を与えて欲しい。

日米のプロ野球の違いも大きい。別表の通り、アメリカはメジャーリーグに所属するチームが30チーム。その傘下のチームがマイナーリーグの３Ａからルーキーリーグまで２０２チームに及ぶ。アメリカのマイナーリーグはメジャーリーグと契約、提携関係にあり、原則的には独立している。日本の同一チーム（企業）内にあるファームの2軍、３軍とは運営が根本的に異なる。２３２チームと12チームと20倍近い開きがあり、まだまだ日本のプロ野球（ＮＰＢ）はメジャーリーグにはとても及ばない。これに10倍前後の差があると言われている選手の年俸の違いを加味するとその差はさらに広がる。これに対し、昨年のＷＢＣの盛り上がりを傍に、日本のプロ野球をメジャーリーグに取り込んでしまえば、日本では難しいプロ野球に関わる放映権収入などのコンテンツ事業統一も一気に解決し、選手の年俸も上がり、日本の野球ファンの応援ステージが一段階上がるという識者の大胆な提言もある。大谷のドジャーズと古巣のファイターズの対戦が公式戦で実現するだろうか。夢は広がる。

独立リーグもアメリカは歴史が古く、19世紀から存在しているという。現在は全米で7リーグ、73チームがあり、歴史の浅い日本は8リーグ、32チームで徐々に増加しているが、経営的には厳しいのが実情だ。

日本では再編されたオリックスバファローズが誕生した時に、「10球団1リーグ制」が叫ばれ、16球団制も提起されたがたち消えとなった。現在、新たに16球団構想が唱えられているが、ファーム（2軍、3軍）の独立と独立リーグとの連携も含めて、4球団の増加は日本の野球が一歩前に進む起爆剤になるような気がする。プロ野球が根付かないと言われた東北、北海道でパ・リーグの2球団は十分球団として機能し、地元ファンの支持も獲得した。日本の面積の40％を占める雪深い北海道と東北で、この2チームが野球を盛り上げているのは頼もしい。北関東、甲信越、中国、四国あたりで球団ができれば、地域経済活性化にも貢献でき、野球少年の増加につながる。夢は広がるはずだが。阻害要因となっているのは何なのか。ようやく今年から2軍リーグに2球団（くふうハヤテベンチャーズ静岡とオイシックス新潟アルビレックスＢＣ）の参入が決まった。2軍リーグに新たな球団が加わるのは実に65年ぶりのことだ。

野球に遅れて発展したサッカー界は大きなピラミッドを作った。ＪリーグをトップとしたＪＦＡ（日本サッカー協会）体制は画期的だった。ＪＦＡ当時のサッカーの日本リーグの試合は閑古鳥が鳴き、プロ野球の盛況とは正反対にあった。このことが、日本リーグ参加のチームを基にしたＪリーグ構想を生んだ。日本リーグがそれなりに盛況だったらＪリーグは生まれなかったかもしれない。全世界規模のワールドカップの存在も大きい。日本では多くの野球大会やリーグには大手新聞社が創設段階で関わっていることが、野球界とサッカー界と異なっている点だ。野球を反面教師としたといっていい。チーム名の呼称を巡って、企業名を冠した「読売ヴェルディ川崎」を認めない方針が貫かれ、現在の「東京ヴェルディ」となったことは象徴的だった。Ｊリーグの創始において、新聞社が主導していなかったことはサッカー界にとって幸いといえた。また、企業名から地域名を前面に出したリーグ方式は、Ｊ（サッカ

FIFA FIFA 国際サッカー連盟
IOC 国際オリンピック委員会
OCA アジアオリンピック評議会
FISU 国際大学スポーツ連合
AFC AFC アジアサッカー連盟
JSPO 日本スポーツ協会
JOC 日本オリンピック委員会
JUSB 日本ユニバーシアード委員会
EAFF 東アジアサッカー連盟
47都道府県体育協会等
JFA 日本サッカー協会（JFA）
日本プロサッカーリーグ
WE WEリーグ
JFL 日本フットボールリーグ
日本女子サッカーリーグ
日本フットサルリーグ
日本女子フットサルリーグ
各種サッカー連盟
9地域サッカー協会
9地域各種サッカー連盟
47都道府県サッカー協会
47都道府県各種サッカー連盟
加盟登録チーム

日本サッカー界の組織図
（公益法人日本サッカー協会ＨＰより）

ー）に続き、V（バレーボール、SVを新設）、B（バスケットボール）、T（卓球）、One（ラグビー）などの機構改革を推進し、プロ化や観客動員など多くの課題に取り組んでいる。

野球とサッカーの組織図を見て根本的に異なるのは、サッカーのプロ部門は協会の枠内にあり、野球はプロとアマとは別の枠にある点だ。日本の野球界でサッカーのようにプロとアマが一つの枠に入ることは容易でないだろう。「プロ・アマ・独立」「大学・社会人」「学童・中学・高校」「硬式・軟式・準硬式」「男子・女子」が複雑に入り組んでいる。見方によっては多様性に富んだ日本野球ともいえる。しかし、学童、中学生の野球離れが進み、野球人口が年を追うごとに減少している現状では、日本の野球界を改革するのにそんなに時間は残されていないような気がする。大学野球、社会人野球、プロ野球の選手供給源となる高校野球に危機が訪れようとしている。チームが組めない上に部員がゼロの「野球部」も出始めている。先のプロ球団の14球団構想が進み、球団名から企業名を取り、ファーム、独立リーグの整備を進め、大学生の卒業後の野球環境（クラブ野球やマスターズ野球等）の改編も行わなければ、中学生が野球ではなくJリーグに加えてBリーグやTリーグを目指し、相対的に野球への魅力が減り、野球の地盤沈下がさらに進むだろう（439頁）。野球の魅力にプロ・アマは関係ない。プロ、社会人、大学、高校が一体となって、受け皿づくりを行わなければならない。その点ではサッカーの方が小学生からプロまでの一貫性と夢がある。野球の複雑な組織図が気がかりだ。戦後GHQが明治維新以来続いた複雑な学校制度を瞬く間に単純化したことが思い起こされる（35頁）。

明治維新後に野球が日本に伝わってから150年あまり、「令和の野球維新」で日本の野球文化がアメリカ野球の上を行くことを夢見る。少子化が一層進み、野球少年の灯が消える前に……。

◉監督は100年で114名

六大学野球はこれまで別表の通り、114名（再就任を含まず）が監督に就いている。内訳は多い順に東大25名、慶応と早稲田が各19名、法政が18名（代理・途中交代含む）、明治が17名、立教が16名。東大の監督の在任年数（監督不在期間は除く）は平均3年で他校に比べ2年短い。東大の選手は4年間で2人の監督の指揮のもとでプレーしていることになる。それだけ交代が激しい。この在任期間を考えることは東大が勝つための一つの要素としていい。

六大学野球が始まる前も含めて、大学野球を経験していない監督は二人いた。一人は明治の創部時の初代監督、佐竹官二（大垣中－慶応・岐阜）だ。佐竹は慶応のボート部出身で、明治の学友会（体育会と文芸部を一緒にした組織）の職員で、野球部監督というより選手を「監督」するという立場だったようだ。しかし、明治の初代練習場の柏木グラウンドを立派な野球場にし、第1回のアメリカ遠征に帯同するなどマネージメントは一流だった。佐竹が監督に就いた時、初代野球部長は先述した内海弘蔵（旧一高－東京帝大・神奈川）だった。内海も帝大のボート部出身で、明治は慶帝のボート部コンビでスタートした。

もう一人、1952（昭和27）年に明治の監督に就任した島岡吉郎だ。中等学校（現高校）、大学で野球を経験していないことに加えて、応援団長を経て監督になった異色の経歴だ。その異色中の異色の島岡が六大学野球史上、在任期間が最長で、その年数は通算で5年間の総監督時代を含めて37年間に及び、リーグ戦優勝回数15回も最多だ。六大学野球の面白いところだ。77年間の生涯の半生を同一チームの監督業に費やした。並の志ではできない。転職をすることが当たり前の現代では前人未到の足跡だ。島岡については多くの書物でその人となりが著されているので割愛する。筆者も前著『なんとかせい！　島岡御大の置き手紙』（文藝春秋企画出版部・2020年）と『増補版　なんとかせい！　一事入魂　島岡御大の10の遺言』（鳥影社・2023年）で記させてい

六大学野球歴代監督（114名）と優勝歴（189シーズン）

※氏名左詰め＝春季・右詰め＝秋季/斜字は再就任/★の左詰めは春優勝・右詰めは秋優勝/2023年12月末現在

就任年（優勝）	早稲田（46回）	慶　応（40回）	明　治（43回）	法　政（46回）	立　教（13回）	東　大（0回）
1925（大14）	飛田忠順（水戸中） ★	三宅大輔○（慶応普通部）	岡田源三郎○（早稲田実）	稲垣重穂（神中）	不在	芦田公平（旧一高）
1926（大15）	市岡忠男（京都一商） ★	★腰本寿（慶応普通部）	〃	〃	〃	〃
1927（昭2）	〃	★ 〃	〃 ★	藤田信男（伊丹中）（代理）	〃	〃
1928（昭3）	〃	〃 ★	★ 〃	〃（代理）	〃	〃
1929（昭4）	〃 ★	★ 〃	〃	（朝井敬六・早稲田中）〃	野田健吉（郡山中）	〃（秋から不在）
1930（昭5）	〃	★ 〃	〃	藤田信男（伊丹中）	〃	不在
1931（昭6）	大下常吉（八戸中）	★ 〃	〃	〃	不在 ★	〃
1932（昭7）	〃	★ 〃	〃	〃 ★	〃	〃
1933（昭8）	〃	〃	〃	〃	★〃（1シーズン制）	〃
1934（昭9）	久保田禎（盛岡中）	〃	〃	★〃（1シーズン制）	〃	〃
1935（昭10）	不在 ★	不在	〃	★ 〃	〃	〃
1936（昭11）	〃 ★	森田勇（東山中）	★谷沢梅雄（明星商）	〃	〃	〃
1937（昭12）	田中勝雄（市岡中）	〃	★ 〃 ★	〃	〃	〃
1938（昭13）	〃	〃	★ 〃 ★	〃	〃	〃
1939（昭14）	★ 〃	〃 ★	〃	〃	〃	小宮一夫（旧山形高）
1940（昭15）	伊丹安廣（佐賀中）	〃	〃 ★	〃	〃	〃
1941（昭16）	〃 ★	〃	杉浦清○（中京商）	★藤田省三○（甲南中）	〃	〃
1942（昭17）	〃 ★	〃	★太田稔（広島中）	〃	〃	〃
1943（昭18）	リーグ解散					
1944（昭19）						
1945（昭20）						
1946（昭21）	相田暢一（小樽中） ★	★宇野光雄○（和歌山中）	八十川胖（広陵中）	〃	不在	佐藤剛彦（旧二高）
1947（昭22）	森茂雄○◎（松山商）	★上野精三（静岡中） ★	〃	〃	〃	津田収（旧五高）
1948（昭23）	★ 〃	〃	宮坂達雄（京華商）	〃 ★	〃	〃
1949（昭24）	★ 〃	阪井盛一（滝川中） ★	〃	〃	〃	〃
1950（昭25）	★ 〃 ★	〃	〃	長谷川晴雄（千葉商）	砂押邦信○（水戸商）	片桐勝司（旧水戸高）
1951（昭26）	★ 〃	〃 ★	*八十川胖*	〃	〃	〃
1952（昭27）	〃 ★	★ 〃	島岡吉郎（不詳）	〃	〃	神田順治（旧八高）
1953（昭28）	〃	〃	〃 ★	〃	★ 〃	〃
1954（昭29）	〃 ★	〃	★ 〃	〃	〃	竹田晃（東師付）
1955（昭30）	〃 ★	〃	★ 〃	〃	辻猛（嘉穂中）	*神田順治*
1956（昭31）	★ 〃	稲葉誠治◎（岡崎中） ★	〃	〃	〃	〃
1957（昭32）	〃	〃	〃	服部力（宇治山田商）	★ 〃 ★	〃
1958（昭33）	石井連蔵（水戸一）	〃	〃	〃	★ 〃 ★	渡辺融（武蔵丘）
1959（昭34）	★ 〃	〃	〃	〃	〃 ★	〃
1960（昭35）	〃 ★	前田祐吉（高知城東中）	〃	★ 〃	〃	〃
1961（昭36）	〃	〃	★ 松田竜太郎（明治）	田丸仁○◎（立正中） ★	芹沢利久（沼津東）	〃
1962（昭37）	〃	〃 ★	栗崎武久（水戸商）	★ 〃	〃	〃
1963（昭38）	〃	★ 〃	〃	〃 ★	〃	清水健太郎（旧一高）
1964（昭39）	★石井藤吉郎◎（水戸商）	〃 ★	〃	〃	〃	〃
1965（昭40）	〃 ★	〃	*島岡吉郎*	★松永怜一◎（八幡）	清水一郎（高千穂商）	〃
1966（昭41）	〃 ★	近藤良輔（慶応普通部）	〃	〃	★ 〃	坪井忠郎（旧学習院高）
1967（昭42）	〃	★ 〃	〃	〃 ★	〃	〃
1968（昭43）	〃 ★	榊原敏一（中京商）	〃	★ 〃	〃	〃
1969（昭44）	〃	〃	★ 〃	〃 ★	下川久男（北海中）	〃
1970（昭45）	〃	〃	〃	★ 〃 ★	〃	〃
1971（昭46）	〃	〃 ★	〃	★五明公男（法政二）	篠原一豊（防府中）	〃
1972（昭47）	〃	★大戸洋儀（一戸） ★	〃	〃	〃	岡村甫（土佐）
1973（昭48）	★ 〃	〃	〃 ★	〃	〃	〃

年						
1974(昭49)	★石山建一(静岡)	〃	〃	〃 ★	〃	岡田彬(戸山)
1975(昭50)	〃	〃	★ 〃 ★	〃	菊池完(松山東)	〃
1976(昭51)	〃	福島敦彦◎(報徳学園)	〃	★ 〃 ★	〃	小笠原文也(日比谷)
1977(昭52)	〃	〃	〃	★ 〃 ★	〃	〃
1978(昭53)	〃 ★	〃	★ 光沢毅(飯田長姫)	鴨田勝雄◎(新居浜東)	山本泰郎(角館)	*渡辺融*
1979(昭54)	★宮崎康之(小倉中)	〃	大渓弘文(平安) ★	〃	〃	大沼徹(仙台一)
1980(昭55)	〃	〃	*★島岡吉郎*	〃 ★	〃	〃
1981(昭56)	〃	〃	★ 〃	〃 ★	〃	平野裕一(戸山)
1982(昭57)	〃 ★	*前田祐吉*	〃	★ 〃	〃	〃
1983(昭58)	〃	〃	★ 〃	★ 〃 ★	〃	伊藤仁(東海)
1984(昭59)	〃	〃	〃 ★	★ 〃	〃	〃
1985(昭60)	飯田修(高松)	〃 ★	〃	★ 〃	横川賢次(熊谷)	中沢文哉(姫路西)
1986(昭61)	〃	〃	〃 ★	★ 〃	〃	〃
1987(昭62)	〃	★ 〃	〃	★竹内昭文(宇治山田商)	〃	河野敏章(日比谷)
1988(昭63)	*石井連蔵*	〃	〃	★ 〃 ★	〃	〃
1989(昭64)	〃	〃	別府隆彦(明治)	★ 〃	〃 ★	坂本二朗(岡山芳泉)
1990(平2)	★ 〃	〃	〃	山本泰(法政二)	〃 ★	〃
1991(平3)	〃	★ 〃 ★	〃	〃	〃	*平野裕一*
1992(平4)	〃	〃 ★	★ 〃	〃	〃	〃
1993(平5)	〃 ★	〃	★ 〃	〃	〃	〃
1994(平6)	〃	後藤寿彦(岐阜)	★ 〃	★山中正竹(佐伯鶴城)	〃	〃
1995(平7)	佐藤清(天理)	〃	〃 ★	★ 〃	〃	〃
1996(平8)	〃	〃	荒井信久◎(成東) ★	★ 〃	手島晴幸(多摩)	〃
1997(平9)	〃	★ 〃	〃	〃 ★	〃	三角裕(浦和)
1998(平10)	〃	〃	★ 〃	〃 ★	〃	〃
1999(平11)	★野村徹◎(北野)	〃	〃	〃	〃 ★	〃
2000(平12)	〃	★ 〃	〃	〃 ★	斎藤章児(立教)	〃
2001(平13)	〃	〃 ★	〃	★ 〃	〃	〃
2002(平14)	★ 〃 ★	鬼嶋一司(慶応)	斎藤茂樹(PL学園)	〃	〃	〃
2003(平15)	★ 〃 ★	〃	〃	金光興二(広島商)	〃	〃
2004(平16)	〃	〃 ★	★川口啓太(日体荏原)	〃	坂口雅久(立教)	〃
2005(平17)	★応武篤良◎(崇徳)	〃	〃	〃 ★	〃	*大沼徹*
2006(平18)	〃 ★	相場勤(桐生)	〃	★ 〃	〃	〃
2007(平19)	★ 〃 ★	〃	〃	〃	〃	中西正樹(東海大仰星)
2008(平20)	〃 ★	〃	★善波達也(桐蔭学園)	〃	〃	〃
2009(平21)	〃	〃	〃 ★	★ 〃	〃	〃
2010(平22)	〃 ★	★江藤省三△(中京商)	〃	〃	大塚淳人(岐阜)	御手洗健治(戸山)
2011(平23)	岡村猛(佐賀西)	★ 〃	〃 ★	〃	〃	〃
2012(平24)	★ 〃	〃	〃	〃 ★	〃	〃
2013(平25)	〃	〃	★ 〃 ★	神長英一(作新学院)	〃	浜田一志(土佐)
2014(平26)	〃	★竹内秀夫(松阪)	〃 ★	〃	溝口智成(湘南)	〃
2015(平27)	★高橋広(西条) ★	大久保秀昭(桐蔭学園)	〃	青木久典(三重)	〃	〃
2016(平28)	〃	〃	★ 〃 ★	〃	〃	〃
2017(平29)	〃	〃 ★	〃	〃	★ 〃	〃
2018(平30)	〃	★ 〃	〃	〃 ★	〃	〃
2019(平31)	小宮山悟△(芝工大柏)	〃 ★	★ 〃	〃	〃	〃
2020(令2)	〃 ★	堀井哲也(韮山)	田中武宏(舞子)	★ 〃	〃	井手峻△(新宿)
2021(令3)	〃	★ 〃 ★	〃	加藤重雄(鳥取西)	〃	〃
2022(令4)	〃	〃	★ 〃 ★	〃	〃	〃
2023(令5)	〃	〃 ★	★ 〃	〃	〃	〃
2024(令6)	〃	〃	〃	大島公一△(法政二)	木村泰雄(韮山)	大久保裕(湘南)
2025(令7)						

(注)◎は高校・大学・社会人の監督経験者、△はプロ野球出身者、○は監督後プロの監督経験者

ただいた。就任当時は応援団長上がりの監督に何ができるかと周りから揶揄されたが、総監督時代も含めて15回のリーグ優勝、7回の大学日本一、2度の日米大学野球選手権優勝の実績は立派というしかない。監督の交代時は野球部、OB会内部で問題が噴出するケースがあるが、島岡の場合は就任時のOBの反対以外は排斥運動などの大きな揉め事がなかった。それだけ、選手、OB、そして神宮のファンから慕われた証だ。

監督在任期間が10年を超えるのは、島岡（64シーズン・優勝14回・優勝率22％／以下同様）を含めて東大を除き11名いる。就任順に明治の岡田源三郎（早稲田実・東京）が11年（21・2・10％）、法政の藤田信男（伊丹中・大阪）が2期で代理期間を含めて13年半（25・4・16％）、早稲田の森茂雄（松山商・愛媛）が10年半（21・9・43％）、早稲田の石井連蔵（水戸一・茨城）が2期で13年（26・4・15％）、慶応の前田祐吉（高知城東中）が2期で18年（36・8・22％）、早稲田の石井藤吉郎（水戸商・茨城）が10年（20・5・25％）、立教の横川賢次（熊谷・埼玉）が11年（22・2・9％）、法政の金光興二（広島商）が10年（20・4・20％）、そして島岡の教え子である明治の善波達也（桐蔭学園・神奈川）が12年（24・9・38％）、立教の溝口智成（湘南・神奈川）が10年（20・1・5％）と続く。改めて島岡の37年間が別格ということがわかる。早稲田の森と明治の善波のシーズン優勝率が光る。

島岡は在任37年の間で、42名の監督と戦っている。早稲田6名、慶応7名、法政7名、立教9名、東大13名の監督を相手に「なんとかせい！」と選手に檄を飛ばしながら神宮のベンチで指揮を執った。その42名の監督の中で27名が選手と監督の両方で島岡と神宮球場でともに相見えている。選手と監督で島岡と戦った早稲田の石山建一（静岡）はかつての島岡を、

「私が早稲田の選手時代、明治の島岡監督は早慶に対してものすごい気迫で選手を鼓舞して向かって来るから、その気迫に負けてはいけない、と教育された。31歳で監督に就任した1974（昭和49）年、島岡監督率いる明治と優勝争いを演じ、2日間で10万人の大観衆を動員した。明治は速球派に強いので、私は左の軟投派の矢野暢

生（今治西・愛媛）を先発させ先勝し、2戦目は速球派の阿部政文（大館鳳鳴・秋田）を予想した島岡さんの裏をかき、アンダースローのリーグ戦未勝利の谷井潤一（八尾・富山）を起用して連勝。王手をかけ優勝につなげた。島岡監督は『谷井を先発させるところなど石山君は機を見るに敏というか冴えた監督だ』と敗戦の弁を語った。その後、私はプリンスホテルの監督になり、西武ライオンズ球場で明治とのオープン戦の際、島岡監督から高級ウイスキーをお土産にいただき、勿体なくていまだに封を切れずに飾ってある。島岡さんの闘志溢れる情熱に鍛えられた門下生の多くが、今日あるのは御大のおかげだ、と感謝の言葉を発する。六大学を代表する名物監督だった」

と懐かしく話した。

また、東大の平野裕一（戸山・東京）は東大の監督を2度務め、東大では三角裕（浦和・埼玉）とともに最も長い8年の監督経験者だ。選手時代と最初の監督就任時に島岡を相手に戦っている。平野は、

「リーグ戦で島岡監督の出すサインを盗めても、それに輪をかけて攻めてくる明大の選手の勢いに太刀打ちできなかった。早朝、深夜を問わずの熱血指導、試合での明大選手への激昂は、明大選手が自立するのを助けているようだった。島岡一家と名乗る選手たちは自ら考え、プレーする選手に育ち、猛攻、堅守のチームになっていったのだと思う」

と島岡を評した。

かつての神宮オールドファンは、神宮でゲームを観戦するとともに、「監督を観る」楽しみがあったという。戦後では、その双璧が明治の島岡吉郎と早稲田の石井藤吉郎だった。石井は水戸商から投手で早稲田に入学するも戦争に駆られてシベリアに渡り、捕虜と抑留後日本に帰り早稲田に復帰した。一方、石井より13歳年上の島岡は、長野県から上京し旧制中学を7校も渡り歩き、明治入学後は応援団長として明治時代から受け継がれてきた旧式の応援団スタイルを改革したという。最後に卒業した旧制中学は最後まで特定できず「不詳・長野」とした。

監督時代の早稲田・石井藤吉郎、
1965 年(写真提供: 朝日新聞社)

コーチボックスに立ち選手を鼓舞する
明治・島岡吉郎、1965年春の慶明戦
(写真提供: 朝日新聞社)

卒業後は証券会社に勤務し、海軍に入隊しマカオに渡り、終戦後はマカオから命からがら脱出し復員後、明治中（現在の明治高）監督に就いた。甲子園出場を3回果たした後に、大学の監督就任への志を貫き1952（昭和27）年に、六大学史上後にも先にもない、神宮で硬球を握っていない応援団出身の監督が誕生した。その頃、石井は大昭和製紙に進み選手で活躍後、同チームの監督を務め、さらに母校の水戸商を監督として甲子園に導いた。そして早稲田の監督に就いたのが1964（昭和39）年、素人監督の島岡が監督（総監督含む）になって13年目のことだ。石井と島岡は9年間、ともに早明の指揮を執ったが、玄人監督と素人監督の対決は六大学野球ファンを魅了したに違いない。素人監督といっても石井より監督業は12年先輩で石井が監督就任時、島岡はすでに4回のリーグ優勝を果たし、大学選手権も2度制覇していたので根っからの素人とはいえない。島岡と石井のチームづくり、サインの出し方、選手への叱咤激励、ユニフォームの着こなし、喜怒哀楽の表し方、おそらくすべてが好対照であった二人の所作を観たいファンが、試合とは別に神宮球場に赴いたと想像する。当時の学生ラグビーの監督では早明戦での早稲田の日比野弘（大泉・東京）と明治の北島忠治（有恒学舎中・新潟）が同じく好対照で、早明戦が秩父宮と国立競技場で沸いた。その早明戦も昨年、創設100周年を迎えた。

前出の元駒沢大監督の太田誠は、1971（昭和46）年に監督に就任した当時、島岡と石井との出会いがあった。太田は、

「駒沢のグラウンド（世田谷区祖師谷）から程近い明治の合宿所（東京・調布市）に監督就任の挨拶に行くと、威風堂々と葉巻を手にした島岡御大が、『出はどこだ』と聞くので、『静岡の浜松です』と答えると、『なんだ。俺のところ（信州飯田地方）の小便（しょんべん）が（天竜川に乗って）行き着くとこじゃねえか』と和ませた後に、『野球を通して選手に魂を植え付けたい。（曹洞宗の）傑物の坊さんに会わせてくれないか』と突然言われ驚いた。飛田穂洲翁の教えを汲む石井さんには、野球の戦略、戦術の他に、対話術、人心掌握術による大胆にして細心さの大事さを学び、島岡さんには魂の大切さを学んだ。曹洞宗開祖の道元が遺した〝我逢人（がほうじん）〟、人と接する縁が如何に大切か、私にとっては島岡さんと石井さんだった」

と、二人の監督に敬意を表した。「傑物の坊さん」とは、二・二六事件で逝った青年将校の合同慰霊祭を行い、合同墓碑を賢崇寺（けんそう）（東京・港区元麻布）に建立した住職の藤田俊訓（しゅんくん）（曹洞宗第四中－曹洞宗大・現駒沢大・佐賀）だった。藤田は駒沢大の学監（現在の副学長）を務め、北海道進出を推進し、付属高校の苫小牧高、岩見沢高（現在は閉校）は甲子園常連校となり、太田の教え子の香田誉士史（佐賀商－駒沢大／現駒沢大監督）が率いた苫小牧高の東北、北海道勢で初の全国制覇（2年連続）につながったことは記憶に新しい。『鎮魂「二・二六」』（もりたなるお著・講談社）の中に「藤田は官憲の目が光る中で、賢崇寺に集められた処刑され、自決した二十二士の将校の戒名を前にして、反乱者であろうとなんであろうと、仏に身分の差はないとし、位牌のすべてに院号[注7]を付け納めた」とある。太田によると「傑物の坊さん」に会わせて欲しいと島岡に言わしめた人物は、早稲田の監督、神宮外苑長を務めた伊丹安廣（佐賀中）だった。

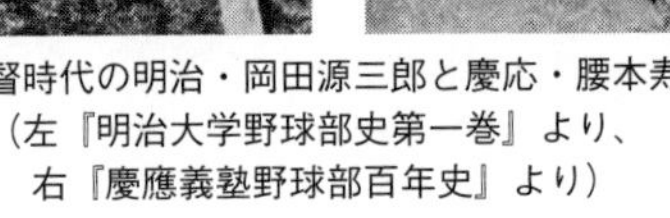

監督時代の明治・岡田源三郎と慶応・腰本寿
（左『明治大学野球部史第一巻』より、
右『慶應義塾野球部百年史』より）

双壁をなす名監督といえば、古くは、八十川ボーク事件で監督として渦中にあった明治の岡田源三郎と慶応の腰本寿（慶応普通部・東京）がいた。両氏は監督として島岡・石井と同じく9年間にわたり明慶で鎬を削り、岡田は稀代の奇襲戦法を操り早慶を苦しめたという。一方の腰本はハワイ生まれの日系二世で、慶応がハワイ遠征の際にスカウトされて旧制中学から慶応に学んだ。その戦いは「腰本戦法」と持て囃され、メジャーリーグ監督時代に勝つためには変貌自在な戦術で2700勝余りを稼いだジョン・マグロー（ニューヨーク州）にちなみ「和製マグロー」ともいわれた。先に記した「二大事件」にも登場した。岡田を「マグロー」と称する書物もある。六大学野球開始直後の満員の神宮球場がこの二人の監督で一層盛り上がったと想像する。当時の野球雑誌「野球界」で中国新聞記者の藤井猪勢治（修道中・広島）が腰本を「その鬼謀は縦横の機略となって真に端倪すべからざるものあり、（中略）ファンの毀誉褒貶は相半ばするまでに盛んに論議の種になった」と評している。この4名の他にも味わいのある監督の光景は数多くあったであろう。

平成も深まった頃、プロ野球出身の監督が続いた。第1号は2010（平成22）年に就任した慶応の江藤省三（中京商・愛知）。読売ジャイアンツ、中日ドラゴンズ、プロ・アマのコーチを経ての就任だった。二人目は千葉ロッテマリーンズ、横浜ベイスターズからメジャーリーグ（ニューヨークメッツ）を経験した小宮山悟（芝工大柏・千葉）、プロ在籍中に母校の早稲田の大学院でスポーツ科学分野の修士号を取得した異色の監督だ。師匠である石井藤吉郎、石井連蔵、その師匠の飛田穂洲（水戸中・茨城）の精神野球を汲んでいると自負する。奇しくも4人は常磐線沿線で明治、大正、昭和と連なった。最近では東大で二人目のプロ選手で中日ドラゴンズの外野手、コーチ、フロント勤務を経て就任した井手峻（いでたかし）（新宿・東京）。東大の低迷脱出へどう指揮を執るか注目された。そして、この春から近鉄バファローズ他で活躍した大島公一（法政二・神奈川）が助監督から監督に就任し法政の指揮を執った。明治、立教が今後プロ野球経験者を監督に起用するか注目されるが、プロ経験者は誕生させないという大学もあってもいいのではと、ふと思う。

逆に六大学野球の監督後にプロの監督になったケースも多い。1961（昭和36）年に就任した法政の田丸仁（立正中・東京）が法政の監督の後に東京オリオンズの監督になったのが最後だ。それ以前は、大洋ホエールズ監督の早稲田の森茂雄、近鉄パールス初代監督の法政の藤田省三（甲南中・兵庫）、中部日本監督の明治の杉浦清（中京商・愛知）がいる。さらに遡れば、六大学野球発足当時の慶応の三宅大輔（慶応普通部・東京）、明治の岡田源三郎がいる。三宅は現リーグ初のプロ野球球団の大日本東京野球倶楽部（現読売巨人軍）の初代監督、岡田は名古屋金鯱軍の初代監督に就いた。中でも異色なのは森茂雄だ。森は大阪タイガースの初代監督、イーグルスの監督の後に早稲田の監督になり、その後大洋ホエールズの監督、母校の松山商の実質的な監督で甲子園出場、社会人の東京倶楽部監督で都市対抗野球大会優勝、そして東大が唯一2位になった時には帝大の臨時コーチも務めている。監督になるために生まれてきたような野球人生の歩みだ。

早稲田の監督時代の森茂雄、1954年秋の早慶２回戦（写真提供：日刊スポーツ）

一方で、プロ野球リーグが1936（昭和11）年に開始されて以来、初めて六大学野球出身のプロ野球監督がゼロとなったのが2015（平成27）年だった。プロ野球開始の1年目は、全7球団の監督は六大学野球出身者で占められていた。

巨人の藤本定義（早稲田／松山商・愛媛）、大阪タイガースの森茂雄（早稲田）、阪急の三宅大輔（慶応）、名古屋の池田豊（早稲田／早稲田中・東京）、名古屋金鯱軍の岡田源三郎（明治）、大東京の小西得郎（明治／日本中・東京）、東京セネタースの横沢三郎（明治／荏原中・東京）の面々だ。プロ野球勃興の時に、六大学野球OBがプロ野球発展のためにひと肌脱いだ。2014（平成26）年に東北楽天イーグルスの明治OBの星野仙一（倉敷商・岡山）が退任するまで、79年間にわたり六大学野球出身者がプロ野球の監督に在籍していたことは改めて驚く。

また、17名が高校野球の監督を経験して六大学野球で監督に就いている。前出の島岡と石井の他には、古くは早稲田の3代目の監督の大下常吉（八戸中・青森）で、早稲田在学中から母校、八戸中の指導を行い、1926（大正15）年に青森県勢初めての甲子園出場を果たした。その後、早稲田の監督となり、終戦後に八戸へ戻り、再び母校（八戸高）を甲子園に導いた故郷を愛した監督だ。東大の監督空白9年間の後の2代目の監督の小宮一夫（早稲田実－旧山形高）は、出身県の掛川中（現掛川西・静岡）で7年間の監督後に、帝大の監督に就いている。早稲田実業で選手として甲子園に3回出場し、掛川中では監督・甲子園出場を経験している東大では珍しい監督歴だ。同じ東大の三角裕は、伊奈学園総合高（埼玉）の監督を11年務め、甲子園を経験して東大の監督になり、その後も駿台学園（東京）の監督に就いている。慶応の福島敦彦（報徳学園・兵庫）は母校の報徳学園の監督で選抜大会の優勝を経験し監督となり、法政では古くは藤田省三が日大三中の監督から、金光興二（広島商）が母校を2度選抜大会へ導き、監督に就任している。田丸仁、松永怜一（八幡・福岡）は付属高校の監督からの就任だ。その他に、早稲田の高橋広（西条・愛媛）、慶応の稲葉誠治（岡崎中・愛知）、明治の大渓弘文（平安・京都）、川口啓太（日体荏原・東京）、立教の菊池完（たもつ）（松山東・愛媛）、東大の中西正樹（東海大仰星・大阪）らが高校野球の監督経由で監督になっている。

六大学野球の監督の他に社会人野球、高校野球の監督に就いた監督も多い。中でも法政の松永怜一は法政一高、堀越学園高の監督後に法政では黄金時代を築き、社会人の住友金属を経て25年にわたって監督を務め、その後はロサンゼルス・オリンピックで監督として日本に金メダルをもたらした。アマチュア野球全般で松永の右に出る者はいないといわれる野球界屈指の指導者だった。松永は『法政野球部史』の中で、田淵幸一（法政一・東京）、山本浩司（浩二／廿日市・広島）、富田勝（興国・大阪）らを鍛えた時代を、

「私は練習時のグラウンドが殺気立つような雰囲気を好んだが、（中略）厳しい練習にも決して弱音を吐かず、『うまくなりたい』という無類の向上心でメキメキと頭角を現した（選手の）成長ぶりを見ながら、私は『鉄は熱いうちに打て』という言葉の意味を噛み締めた」

と記し、法政時代の練習の奥義を吐露している。『我が青春の法政大学野球部』（法友野球倶楽部編）の中で、教え子の山本は、

「松永監督に（投手から）野手への転向を命ぜられ野手転向を決意した時から、紙面では表現しがたい程の厳しい練習の毎日でした。時には〝松永監督に人情というものがあるのか？〟と思えた位、鍛えられた大学時代にいま私は感謝しています」

と回想し、同期の富田は当時を振り返り、

「松永先生はすべての事に完璧を求める方だったのですがノックも又完璧でした。今までの野球生活を通じてあんなに旨いノックを見た事も受けた事もありません。（お陰で）私は法政大学の歴史の中で一番練習した選手だと自負しております」

と、恩師の松永を讃えた。

松永のほかに高校、大学、社会人野球の3つのアマチュア野球の監督

法政の監督時代に黄金時代を築いた松永怜一（左から2人目）、1968年全日本大学野球選手権大会優勝、左から富田勝、松永、田淵幸一、山本浩司＝神宮球場（写真提供：産経新聞社）

を経験した監督は、早稲田の石井藤吉郎（大昭和製紙・水戸商）、野村徹（大昭和製紙・近大付／北野・大阪）、応武篤良（新日本製鉄君津・崇徳／崇徳・広島）、慶応の稲葉誠治（横浜・日本通運浦和・流通経済大・プリンスホテル）、福島敦彦（報徳学園・中山製鋼）、明治の荒井信久（神戸製鋼・千葉黎明／成東・千葉）、法政の鴨田勝雄（新居浜商・日本ＩＢＭ野洲（やす）／新居浜東・愛媛）の7名がいる。野球が好きというだけではこれだけ多様な監督業を務めることはできないだろう。野球に対する強い信念、選手に接する愛情溢れる信条、それに強固な体力がなければ務まらないはずだ。

兄弟で監督になっているのは法政の藤田信男と藤田省三だ。１９２７（昭和２）年から二人で22年間にわたり法政の監督を務め、法政の基礎を築いた。特に兄の信男は、法政予科から修士課程に進み、監督代理を務めた後、26歳の若さで監督に就任し、技術だけでなく法政の精神的な支柱を築き上げ「法政野球部の父」といわれる。また、六大学野球各チームが満州遠征をした時代の１９２９（昭和４）年に、前年まで選手だった立教の野田健吉（郡山中・奈良）は監督に就任したが、２年間の監督の後には満州へ渡り、満州倶楽部でプレーしている。満州での野球を経験した唯一の監督だ。

昭和初期には東都の監督になった六大学野球ＯＢは多い。明治の横沢三郎が専修大、大沢逸郎（大成中・東京）が日本大の初代監督、早稲田の根本行都（竜ヶ崎中・茨城）が中央大、大下常吉が日本大の監督に就き、その後は早稲田の島津雅男（早稲田実・東京）が学習院大を優勝に導き、伊丹安廣が成蹊大、慶応の山本英一郎（台北一中・台湾）が青山学院大の監督に就いた。昭和後期には東大の坪井忠郎（ただお）（旧学習院高・東京）が学習院大の監督になり、大下と坪井は六大学と東都で指揮を執った。

監督不在の時代は六大学大学野球発足前が多い。監督が不在でも主将は置いていて、主将が監督の役割を果たしていた。１００年の歴史の中で、監督不在があったのは戦争でリーグ戦が中断された3年間を除き5回ある。立教が開幕から4年間、さらにその後に16年間（戦争で中断した3年間を除く）不在が続いた。これは１９３０

年ごろから六大学野球で監督の権限をめぐって野球部内で選手と対立が起きたことが起因した。立教は１９２９（昭和４）年に監督制度を設けて、前年まで選手だった野田健吉が監督になった。しかし、就任2年足らずで排斥運動が起き、１９３１（昭和６）年から再び「合議制」の監督不在となった。１９５０（昭和25）年に監督不在では不都合が多いとして、砂押邦信（水戸商・茨城）がOB会から推されて監督になるまで16年間の監督不在が続いた。立教の合計20年間の監督不在期間では優勝が2回しかなかった。立教の監督不在が長く自主運営を行なったのは、自由に真理を求める建学の精神によるものだという評価もある。早稲田も１９３４（昭和９）年に就任した久保田禎（盛岡中・岩手）と選手との意見の食い違いが表面化し、翌年から2年間の監督不在となった。慶応が１９３５（昭和10）年に腰本寿の後任が決まらず1年間、東大が初代監督の芦田公平（不詳）の後任が決まらず9年の不在期間があった。明治と法政は監督不在期間がなく、立教の不在期間が長いのが目立つ。

高校野球は「監督で変わる」とよくいわれる。監督が変わればチームがガラリと変わり、良くも悪くもなる。大学野球も同じことがいえる。大学野球は社会人になる直前の教育課程の野球で、直後の進路も考えながらする点が高校野球と違う点だ。すべての選手を掌握し、社会に巣立つ前の学生生活、野球生活を送る環境づくりをしなければならない。それをマネージメント、サポートする役が監督だ。しかも、6校の伝統を受け継ぎながら、チームの特色も創り上げ、その上に勝つことを要求される。そして、選手とともに野球を楽しまなければならない。大変な仕事だ。１００年で１１４名の監督の役割は時代とともに変わってきた。次の１００年も１００名前後の監督が誕生するだろう。世情はこれまでの１００年とは比較にならない速さで変わっていく。その中で、対校戦形式の六大学野球のマネージメント側の主役として、6校で１０００名にも迫ろうとする選手と、どう向き合ってチームの特色を出しながら戦うかを観るのも楽しみだ。一方、選手の自立を求められる日本のスポーツ界の中で、監督は選手とどう調和してその目的を達成するのかも見ものだ。

◉神宮球場も100歳

六大学野球の舞台である神宮球場の正面玄関上とスコアボード裏の看板の表記は「明治神宮野球場」となっている。正面玄関を入った壁面には、同様の字体の竣工記念プレートがある（口絵Ⅷ）。「宮」は「宮」の旧字体で文化的には正しく、明治神宮創建時のおふだに使われて以来、明治神宮ではこの表記となっているという。その神宮球場が完成したのは六大学野球が始まった翌年の1926（大正15）年の秋。2年後には神宮外苑も含めて創建100年を迎える。当初は収容人員が2万9000人だったというから、いかに安部磯雄が造った早稲田の安部球場（創設時は戸塚球場・改装後は2万5000人収容）が当時では近代的な球場だったか推し測れる。そのシーズンの明法1回戦（10月25日）が六大学野球として最初の神宮球場の使用で、当日は満員の盛況だった。前年の秋に始まったリーグ戦は2シーズン余りを神宮球場以外で行い、以来戦争での中断と戦後のアメリカの管理下で接収されていた期間を除き、約1世紀にわたり六大学野球を支えてきた。当初の総建造費53万円のうち5万円を東京六大学野球連盟が寄付し、六大学野球のために建造された球場だった。神宮球場のゲートを潜る度にそのありがたみを実感する。1931（昭和6）年には、収容人数を2倍の5万8000人にする改修が行われ、この時も連盟が55万円を負担している。翌年には東都大学野球のリーグ戦が神宮球場で行われ、改装前は都市対抗野球大会も使用し（11年間）、近年では東京都の高校野球予選にも使われ「アマチュア野球の聖地」と呼ばれる球場となった。

しかし、建造から17年後に神宮球場にも戦禍が訪れた。大戦の足音が近づいた1943（昭和18）年に、六大学野球は文部省からリーグ解散を言い渡され、3年間のリーグ戦中断を余儀なくされた。その後、アメリカ軍に

明治神宮の神符
（筆者撮影）

よる空襲で破壊された上に、敗戦によって終戦直後から7年間にわたりアメリカ軍に接収された。GHQの専用球場となり「Stateside Park（ステイトサイドパーク）」と呼ばれたこの期間は、神宮球場にとっては屈辱の7年間といっていい。接収した上にGHQは内野に天然芝を敷き、照明塔も設置され、野球の本場の力によってアメリカナイズされた（191頁）。野球のメッカの一つの後楽園球場は、戦後に神宮と同じく接収命令が下されたが、こちらは6日で接収が解除されている。これはGHQに対する政治力なのか、野球発祥の国の占領軍にとって神宮球場の方が魅力的な球場だったのか、その原因の一つが戦争を先導した内閣（軍部）の体制にあったことは先に記した（38頁）。

敗戦後の翌年からリーグ戦は復活したが、神宮球場を本格的に使用することは叶わなかった。中断の途中でGHQから神宮球場を使用する許可が下りたものの、1年目の1946（昭和21）年から6年間は、後楽園、上井草、東大、戸塚（早稲田）、和泉（明治）などの球場を使用してリーグ戦を消化した（266頁〜）。接収期間中には、天皇杯の下賜、(注8)ダグラス・マッカーサー（ウェストポイント陸軍士官学校・アーカンソー州）の早慶戦への祝辞、昭和天皇の早慶戦天覧試合というトピックスもあった。『ベースボールと日本占領』（谷川建司著・京都大学学術出版会）の中で著者は、早慶戦へ寄せたマッカーサーのメッセージの中の、

「人間の人格を築く精神的価値のより大なる源泉は大学対抗運動競技部門以外には見出し得ない。（中略）一九〇三年、早慶両大学がその伝統的野球の定期戦試合を初めて行ったころ、私はウェスト・ポイントの米陸軍士官学校の野球チームの一員であった。それ以来、ずっと私はこの偉大な競技である野球の熱心な支援者となった。（中略）国家の再建に関係ある重大問題を日本の全国民が解決するに役立つ偉大な道徳の力を私は野球の中に見出す。（中略）早慶両大学の諸君に衷心より激励を贈る。願わくはよりよきチームに幸あらんことを」

を取り上げ、このマッカーサーのコメントを、「〝スポーツ（野球）を通じての民主化〟というGHQ／SCAP（最高司令官）の確固たる方針が存在したことの何よりの証左」としている。戦況が悪化する中で、人気が沸

騰していた野球を文部省（政府）が「敵性スポーツ」とし、敗戦後にその敵国のマッカーサーが野球復活へ一石を投じた。ＧＨＱの日本民主化政策が神宮球場、大学野球連盟再編、東京六大学野球にも影響を及ぼした。

また、戦後６年あまり日本を「統治」したマッカーサーは１９５１（昭和26）年４月19日のアメリカ議会で退任演説をしている。有名な「老兵は死なず、ただ消え去るのみ」の後に、日本をアメリカの意のままに治めた手腕を讃えられ、「日本ほど穏やかで秩序のある勤勉な国を知らない。また、日本ほど将来人類の進歩に貢献することが期待できる国もない」と結んだ。

サンフランシスコ講和条約が発効したのが１９５２（昭和27）年４月28日。その前月に神宮球場が返還され、その春のリーグ戦から神宮球場の使用が「完全復活」した。何か因縁を感じる。占領軍が敷き詰めた内野の芝を剝がし、照明塔も撤去し「原状回復」させての復活劇だった。明治神宮と六大学野球の意地がそうさせたのか、伝統を復活させるために行ったのか、容易に想像できる。筆者が生まれた頃、神宮球場は激動の渦の中にあった。

神宮球場の球場サイズが移ろう中で、立教の長嶋茂雄（佐倉一・千葉）のホームラン記録は神宮球場にとってエポックメイキングだった。長嶋が８号の新記録を打ち立てたのが４年生秋の１９５７（昭和32）年。それまでは、７号を慶応の宮武三郎（高松商・香川）が１９３０（昭和５）年、早稲田の呉明捷（ごめいしょう）（嘉義農林・台湾）が１９３６（昭和11）年に記録していた。８号更新まで27年もかかった。神宮球場が８号で熱狂した。これだけでも当時の神宮球場がいかに広かったか容易に想像できる。長嶋自身も７号から８号までに20試合も要し、しかも自身の最後の試合で達成させた難産の新記録だった。11月３日の文化の日だった。８号が生まれたこの年、早稲田実業の２年生の王貞治は、春の選抜大会に続き、夏の甲子園出場を目指した東京都予選で同じ神宮球場で躍動していた。２年後に長嶋と読売ジャイアンツで一緒になろうとは、この時誰が予想しただろう。その王貞治の日本人年間本塁打数を破る56号を２０２２（令和４）年のペナントレースで最終戦、最終打席で放った東京ヤクルトスワローズの村上宗隆（九州学院・熊本）もサイズは異なるが神宮球場が舞台だった。

1962（昭和37）年にプロ仕様のために折りたたみ式のラッキーゾーンが設置された。六大学野球ではそのラッキーゾーンを取り外して使用したが、長嶋の8号から8年後の1965（昭和40）年に固定された。それまでは六大学野球はプロよりも広いサイズで試合をしていたことになる。当時の六大学野球の意地とも取れる。この年の秋に慶応の広野功（徳島商）がラッキーゾーンのあるスタンドに長嶋と並ぶ8号を放った。それまでの両翼330フィート（約100・5メートル）が300フィート（約91・4メートル）に9・1メートル縮まった。畳1畳の長い縁が1820センチ（6尺・1間）、畳5枚分も短くなった。中堅（センター）までの386フィート（約117・7メートル）は変わらないものの左中間、右中間のライン寄りの膨らみは大きく縮まった。ホームランを記録する打者にとっては福を呼ぶ「9・1メートル」となった。ラッキーゾーンが固定されるまで8号を越える選手は出なかった。その年からホームランラッシュとなり、長嶋からしたら、まさに「ラッキーホームラン」だったかもしれない。その頃、長嶋は読売ジャイアンツの不動の4番打者で、神宮球場から4・5キロメートル離れた後楽園球場（現東京ドーム）で神宮時代と同じく日本人を野球の虜にしていた。さらに1967（昭和42）年の大改修でラッキーゾーンを撤廃して、両翼を91メートルに縮小、中堅を2メートル長い120メートルに改造した。両翼に近い左中間、右中間までの距離は短縮され、2008（平成20）年に両翼を97・5メートルに拡張し、現在に至っている。

公認野球規則（2・01）ではホームベースからマウンドのプレート、塁間の距離等は定められているが、両翼、中堅、左中間、右中間までの距離は、「フェン

１９６４年当時の神宮球場、
芝生席の前方は折りたたみ式ラッキーゾーン
（写真提供：産経新聞社）

2031年完成予定の新神宮球場を含む
神宮外苑の見取り図

１回目の東京オリンピック前年の神宮外苑全景、1963年
（写真提供：産経新聞社）

ス（中略）までの距離は２５０フィート（約76・１９９メートル）以上を必要とするが、両翼は３２０フィート（約97・５３４メートル）以上、中堅は４００フィート（約１２１・９１８メートル）以上あることが優先して望まれる」となっている。投手のマウンドのプレート板の大きさまで細かく規定しているのに、野球場の外野のサイズは規定があるものの「優先して望まれる」となり、球場によってサイズが異なるのは多くのスポーツの競技場規定の中でも珍しいといえる。メジャーリーグの球場の外野サイズもまちまちだ。サイズが異なるのを特徴としている感さえある。ベースボールを野球とした由縁かもしれない。六大学野球の本塁打記録は、ラッキーゾーンが固定された１９６５（昭和40）年を境にして、鉄道に準（なぞら）えれば、広期（軌）の長嶋茂雄までと狭期（軌）の広野功以降に分けた方がスポーツの記録として公平だ。

学生野球のメッカ、神宮球場に初めてプロ野球が「進出」したのが終戦まもない１９４５（昭和20）年の東西対抗戦（11月23日）だった。これはＧＨＱのプロ・アマを区別しない方針があり、アメリカ人の野球を「楽しむ」の表れだった。その後は、プロ野球の使用が繰り返され、１９６４（昭和39）年の東京オリンピックの年に国鉄スワローズ（現在の東京ヤクルトスワローズ）の専用球場となり現在に至っている。当時、国鉄スワローズの専用球場になった舞台裏で、六大学野球関係者がどう関わっていたか知りたくなる。

バックネット、ホームベースの移動、外野席の芝生の廃止、ナイター設備、フェンス、スコアボードの改修を重ねて、1982（昭和57）年に長年使用されてきた土のグラウンドに人工芝が敷き詰められた。さらに、スコアボードのリニューアル、より天然芝に近い人工芝への張り替えを行い、土と芝の香りがなくなった。この二つだけでも趣を異にする神宮球場となってしまう。外野と外野席の芝生が懐かしい。

その神宮球場を建て替える計画が進んでいる。本著執筆中の2022（令和4）年2月に東京都が神宮外苑の新たな開発計画を承認したことが報じられた。その1年後に神宮第2球場の解体が始まった。再開発計画をもとに予想される工程を記す。（参考・「神宮外苑地区まちづくり」ホームページ内2023年2月17日付資料他）

2022年2月　東京都が三井不動産、伊藤忠商事、明治神宮、日本スポーツ振興センターの4者から出された再開発計画案を承認
　樹木は892本を伐採、145本を移植→その後、追加調査による見直しの結果、伐採は743本に減少

2023年3月　神宮第2球場の解体開始

9月　樹木伐採の着手を翌年以降に延期、事業者側が東京都の環境影響評価審議会に見直し案を示すことを表明

2028年まで　**新秩父宮ラグビー場**・文化交流施設完成（地下1階・地上7階・高さ55メートル・日本スポーツ振興センター）屋根付き・人工芝・収容人数は2万5000人から1万4000人に縮小
　伊藤忠商事ビル完成（地下5階・地上38階・高さ190メートル・新神宮球場の真南）

2032年まで　秩父宮ラグビー場解体、**新神宮球場完成**（明治神宮）
　ホテル併設（地下1階・地上14階・高さ60メートル・三井不動産）

2035年まで　複合棟A（事務所・店舗）完成（地下2階・地上40階・高さ185メートル・三井不動産）

神宮球場解体、複合棟B完成（地下1階・地上18階・高さ80メートル・三井不動産）

文化交流施設・中央広場完成（三井不動産）

2036年まで　広場・テニス場（絵画館前広場）完成

再開発事業終了・総事業費約3490億円

神宮外苑は明治天皇崩御後に、明治天皇を記念する施設を、と国民からの寄付金を基にして造営が始まり、六大学野球が始まった翌年に工事が完了し明治神宮へ奉納された。今回の再開発はそれ以来の大工事となり、慣れ親しんできた100年の歴史を持つ「神宮の杜」の樹木が伐採され、商業施設の増設によって「外苑」の趣が薄まることは避けられない。神宮外苑が様変わりしてしまうことを危惧する人は多いが、開発計画が認可されたからには見守るしかない。今回の再開発には一世紀前に行われた市民の献資による明治神宮への「奉納」はないようだ。着工まではまだ時間がある。令和版の「献資」は考えられないだろうか。後で触れる。

『菊とバット』の著書で知られる作家でジャーナリストのロバート・ホワイティング（ハンボルト州立大－アメリカ空軍－上智大・ニュージャージー州）の神宮球場を守る署名活動に4万人に迫る署名が集まった。その主張の主旨には、①周りに超高層ビルが建ち、野球環境が悪化する、②第二球場や軟式グラウンドなどが廃止され、一般市民が野球から疎外される、③アーチ状の「回廊」など、球場の建築的価値が失われる、④神宮外苑のシンボルのイチョウ並木にダメージを与える、⑤膨大なCO_2と建築廃棄物が発生する、とあった。樹木の伐採のほかに第2球場廃止による高校野球への影響、高層ビルができることでビル風が試合に影響が出る等の化学的見地も盛られている。さらにラグビー関係者からも、自然を取り壊すことに加えて、新ラグビー場の観客収容数（現行2万5000人）が1万人も減り、人工芝のドーム型ラグビー場になる計画に異議が唱えられた。また、ビルができることにより神宮球場から観ることができる青空や夕陽、満月など美しい景色も消えてしまうという指摘もあった。神宮球場の真隣にある日本青年館ビル（地上16階）、新たな神宮球場の一塁側沿いに建て替えられる190メートルの新伊藤忠商事ビルに加えて、185メートル、80メートルの新たな商業ビルが建つことになれば納得がいく。「黄昏の神宮球場から……」がなくなってしまう。また、ボストン・レッドソックスの本拠地「フェンウェイ・パーク」、シカゴ・カブスの本拠地「リグレー・フィールド」が市民の反対運動で建て替えから改修に切り替えられ、伝統のスタジアムを守ったことも引き合いに出した。指摘された点を論破し、万人が納得する結果となって欲しい。

アーチ状の回廊に学生が溢れた時代、
1975年春の法明戦三塁側学生席入口付近

また、国会では2023年2月8日の衆院予算委員会で、立憲民主党の阿部知子（お茶の水大付－東大・東京）が都市計画のあり方をも含めて外苑を残す立場で質問をした。その後の外国特派員協会での緊急記者会見でも記者との質疑応答の中で「先人達が、明治天皇を敬い、とても先進的な市民の公共空間としての都市公園を描き、100年かけて育んできた都市の貴重な森を、一時の儲けの為に破壊して良いはずがありません。（中略）2012年、情報公開で得た資料の会談記録から、再開発は森（喜朗／金沢二水－早稲田・石川）元総理と都の副知事がリードする形でこの計画が進められ、そこに『明治神宮にはどのように話そうか』という記録がある。（中略）そもそも神宮外苑は市民の為のものだった。しかし今、一番の問題は、市民参加がない。（中略）密室で開き（中略）都市計画審議会で（中略）ゴーサインが出されてた」とあり、ここでも情報公開が十分ではなかったことが浮き彫りにされた。その後も、伐採される樹木は3メートル以下の低木を含めると3000本以上となることが判明し、反響を呼んだ。

同年4月には亡くなった作曲家の坂本龍一（新宿ー東京芸術大・東京）が再開発計画の申請を承認した東京都知事の小池百合子（甲南女子ーカイロ大・兵庫）らに宛てた「神宮外苑の再開発を見直すべき」という主旨の手紙の存在が報道され、反対運動への関心が一段階上がった。さらに再開発中止を呼びかける米国人のロッシェル・カップ（イェール大・ニューヨーク州）のオンライン署名には23万を超える署名が集まった。一方、再開発を擁護する側からは、元々人工的に造ったものを造り替えることに反対を唱えるのはおかしい、と反論が出た。

欧米では事業をやると決める前に環境アセスメントを通じて意見を聞くが、日本の場合は事業をやることが決まってから限られた形式で行われることが多い。早い段階でアセスメントを行なっていれば、違った展開になったと指摘する識者は多い。本丸の明治神宮内苑を維持するために神宮球場を含む外苑の改修による財政状況の改善が必要なこと、戦後ＧＨＱに接収された際に改修された西洋庭園を取り戻すことが明治神宮の本願ということをもっと主張すれば、再開発反対の声は弱まったことだろう。神宮外苑はもとより内苑は東京都民ばかりでなく日本人にとって財（たから）だ。

２０２３年4月28日付の新聞（全国版）に、反対運動を諌めるかのように事業主体の4者連名の全国通しの全面広告が掲載された。「神宮外苑地区まちづくりプロジェクト」として「神宮外苑を、未来につないでいく。」のキャッチフレーズが全国で踊った。緑地面積を25％から30％に増やすことを訴えた。しかし、掲載した新聞社に読者から抗議の問い合わせが寄せられた。東京オリンピックで建て替えた新国立競技場建設から連なっている事業構想であり、不祥事の連続だった新国立競技場の建て替えの二の舞にはならないと思うが。

ＩＴ全盛の時代。1世紀ぶりに更新されようとしている新たな外苑、神宮球場をバーチャルで確かな姿を擬似体験できる施設があってもいい。１００年前の外苑の緑も移植、苗木からスタートした。新たな外苑の緑が四半世紀ごとに成長し、１００年後には蘇ることをＩＴ技術が示してくれたらどうだろう。神宮ファンが再開発計画に納得して賛同し、次の100年の神宮球場に想いを寄せることがベストだ。

神宮第2球場の解体に手が付けられ再開発工事は始まった。六大学野球、プロ野球ファンあっての神宮球場だ。建て替えが行われるとしたら、天空のもとで新たな学生野球の聖地となるすり鉢型も活かしたボールパークになることを期待する。ここから先は個人的な願いだ。昨年、1年の半分が6メートルを超す降雪に覆われる北緯40度を越える北の大地、北海道で開閉式の天然芝のエスコンフィールドHOKKAIDO（北海道・北広島市）が誕生した。筆者は昨年7月に、高校野球の北海道の南北大会決勝戦で同スタジアムを体感した。高校野球では初の使用だった。天然芝に加えてスタンドに吹き抜ける冷涼な風を期待したが、空調が効いた屋根付きの高級な屋内練習場の風情で、汗とは無縁の夏の高校野球観戦は初めてだった。陽の光に反射する北の大地に張り巡らされた緑の芝を目のあたりにできなかったのは心残りだった。加えて居並ぶグルメブースが満席で、野球を観るよりスタジアムを楽しむ雰囲気が気になった。これも時代の流れかと思い、新たな神宮球場も同じ光景になるのかと、思いを巡らした。

夏の高校野球が行われたエスコンフィールドHOKKAIDO、2023年7月23日、北海道・北広島市（筆者撮影）

北の大地の北海道で可能なら、東京でできないことはない。神宮球場も天然芝に戻せないものか。神宮外苑の緑地を増やすというのであれば、建て替えを機に球場のグラウンドの緑も増やして欲しい。西の甲子園球場の芝の養生は格段に進んでいる。甲子園球場のグラウンド整備を担当する阪神園芸（株）は甲子園大会での雨天の整備では神技を見せ、芝の整備でも欠かせない存在だ。夏の甲子園では、ひと時代前のように外野の守備位置の芝は剝げていない。2週間の複数試

東西の野球場とラグビー場比較

	野球場		ラグビー場	
	東	西	東	西
通称	神宮	甲子園	秩父宮	花園
正式名称	明治神宮野球場	阪神甲子園球場	秩父宮ラグビー場	東大阪市花園ラグビー場
所在地	東京都新宿区	兵庫県西宮市	東京都港区	大阪府東大阪市
所有者	明治神宮	阪神電気鉄道	日本スポーツ振興センター	東大阪市
開場年	1926（大正15）年	1924（大正13）年	1947（昭和22）年	1929（昭和4）年
収容人数（現在）	30,969人	47,400人	24,871人	27,345人
（最高時）	58,000人	53,000人	30,490人	30,000人
（建て替え後）	→？		→15,547人	
形状（現状）	天空・人工芝	天空・天然芝	天空・天然芝	天空・天然芝
（建て替え後）	→天空・人工芝？		→屋根付き・人工芝	
主な大会	東京六大学野球 東都大学野球 大学野球選手権大会 明治神宮野球大会 高校野球東京都大会	高校野球選手権大会 選抜高校野球大会 甲子園ボウル	関東大学リーグ戦 大学選手権大会 LEAGUE ONE	高校全国大会 大学選手権大会 LEAGUE ONE
主要チーム	東京ヤクルトスワローズ	阪神タイガース	サンウルブス（2020年まで）	花園近鉄ライナーズ
改修年		2010（平成22）年		2018（平成30）年
建造予定	～2032年		～2027年	

合（多い日は4試合）の連日使用にも耐えている。神宮球場より2歳（開場）年上の甲子園球場は建て替えを諦めて改修で高校野球の聖地を維持した。さらに甲子園名物の「銀傘」屋根を両翼まで延長しアルプス席をグレードアップするという。高校生の応援の共鳴がさらに増幅され、改修によって甲子園球場の威厳はますます高まるだろう。楽しみだ。野球場は国民の文化的資産だ。自然が溢れることに越したことはない。メジャーリーグのスタジアムが教えてくれる。東の神宮と秩父宮、西の甲子園と花園、関東と関西では建て替えと伝統維持で二分された。東西の都の文化への意識への差かなと思い耽ってしまう。

人工芝化は天然芝のメンテナンス費用が嵩むことが大きな理由だ。入場料に仮に200円を「芝生維持料」として上乗せすれば、学生、プロ、社会人、高校の大会で、年間の試合が大凡400試合、仮に400万人の総観客動員として、年間でざっと8億円の増収入が見込まれる。六大学野球、スワローズファンにとって天然芝球場での観戦は

200円の価値は十分ある。

さらに欲が出る。神宮球場の隣の新国立競技場の建造はトラブル続きだった。ただ、いいことが一つあった。それは日本の木材をふんだんに使ったことだ。北海道の北都、旭川駅の壁面にはローマ字のネーム入りの木製プレートが1万本、バットの原材にもなるタモ材が嵌め込まれている。この方式を活かして、バット材で作った木製プレートに野球ファンのネームを刻印して一本2万円で「献資」として募集すれば、100万本のプレートで200億円が「奉納」される。内観はバット材で埋め尽くせば、プレーヤーもファンもわくわくする球場になることは間違いない。アマ、プロで使用し折れたバットを加工しプレート化してもいい。折れたバットは年間で相当な数になる。また、外苑で伐採される予定の樹木を加工してプレート化し「神宮外苑」を少しでも残す。連盟がクラウドファンディングで六大学野球ファンをはじめ野球ファンに寄付を募れば相当な資金が集まるだろう。しかし、再開発構想が発表されても、神宮ファンをわくわくさせる球場ビジョンはなかなか出てこなかったが、今年の3月にイメージが公式Xで初めて公開された。高級ホテルや商業施設の併設により歴史のある神宮球場がどう変わるのだろう。より詳しい新たな神宮球場の未来の姿を一刻も早く目にしたい神宮ファンは多かろう。

また、新たな神宮外苑構想では、神宮第2球場の設置はなくなった。高校野球の予選が行われる第2球場の代替球場はどこになるのか。前出のロバート・ホワイティングも指摘している。神宮球場の衣替えを契機に、270校を越すマンモス地区、東京都に高校野球用の球場があってもいい。甲子園球場が高校野球の西の聖地、東の高校野球の新たな聖地「江戸甲子園球場」だ。そこで春の選抜大会、大学の選手権大会、都市対抗野球大会、東都大学野球を行なってもいい。高校生は西の甲子園と東の「甲子園」を目指すことになる。新甲子園球場設置で高校生の野球離れを少しでも食い止め、野球少年の夢を創るのも大人の役目だ。高校生の大会が新球場で統一されれば神宮球場の使用頻度が減ることもメリットだ。当時の築地市場は隣の朝日新聞社から見下ろすと扇形で野球場に似ていた。東京都が東京メトロに高校野球のメッカ、神宮球場に次ぐアマチュア野球のメッカを造れないものか。「日本の台所」を誇った築地市場跡に食をテーマにした一大フードブースを併設し野球と食を楽しめる「蔦の絡まるグルメ甲子園」。食のイベントも年間にわたり開催すれば一般市民も楽しめ収益も上がる。夢だけは膨らむが、野球場主体のマルチスタジアムの建設が決まった。次の甲子（きのえね）（注9）の年は20年後の2044年になる。

さらに、神宮球場で特筆すべき決まりがある。リーグ戦開催中は球場の使用優先権が大学側（東京六大学、東都大学）にあることだ。六大学の優先権が土曜日から水曜日、東都が木、金と割り当てられている。筆者は現役時代に、このルールはあまり理解せずにプレーしていた。3回戦にもつれれば月曜日、雨天中止になれば火曜日、水曜日ぐらいの感覚で神宮に通っていた。東都には六大学野球が日、月、火曜日で終われば繰り上げて日程を組む慌ただしさがある。東都は神宮球場の使用効率を高めるために1日に3試合を消化するシステムにし、さらに2022（令和4年）から開幕カードを神宮球場から地方に移し、大分、福島、名古屋で開催し、ZOZOマリンスタジアム（千葉市）などを使用した。東都としてはリーグ戦の土日開催、東都リーグの地方での認知度アップと選手の授業出席日数の確保などを狙ったもので、リーグの盛り上げも試行したが、2024（令和6）年春は神宮球場開催に戻した。神宮球場も東都大学野球も新たな時代への模索が続く。

話は逸れるが、読売巨人軍にとって、ライバルの東京ヤクルトスワローズのホーム球場が東京ドームとは趣の変わったボールパークとして山手線（やまのて）内の中央部に造られることは許し難いだろう。東京都所有のかつて都知事の小池百合子が「築地は守る・豊洲は活かす」と謳った築地市場の跡地を読売巨人軍専用のスタジアムにする動きがあったが、立ち消えとなった。いずれ新神宮球場に対抗する読売の新スタジアム構想が出てくるだろう。2020（令和2）年に（株）東京ドームが三井不動産の完全子会社化になった後に、同社株式の20%が読売新聞社に譲渡された。次の動きを想起させる。と、本著の校正を進めていた昨年8月末に、東京都が募集している築地市場後の再開発事業者に複数の企業連合が参入するニュースが舞い込んだ。東京ドームの築地移転の再浮上か、とあり、同時に次は銀座・築地の景観を壊すのかとの声が上がった。再開発構想は5万人を収容できる野球やバスケットボール他のスポーツ施設（東京ドームの後継スタジアムとの報道あり）案とエンターテインメント施設案、ともに多目的な利用を謳った2案に絞られたが、４月に三井不動産・トヨタ不動産・読売新聞連合のマルチスタジアム案に決まった。２０３０年代前半の開場を目指すという。

野球場の話題をもう一つ。本著の原稿執筆中に先述したエスコンフィールドＨＯＫＫＡＩＤＯのホームベースからネット裏フェンスまでの距離が3メートル不足の規格外を問題視する騒動があった。日本の公認野球規則はアメリカのメジャーリーグの野球規則の翻訳を基にして編纂されている。日本では野球規則（２・10）で18・２８メートル（60フィート）以上が「必要」と規定されていて、12球団のすべてのホーム球場はこの基準を満たしている（神宮球場は19・６メートル）。日本ハムの前のホーム球場の札幌ドームが日米の球場の中では断トツで長い24・５メートルだったのは皮肉だった。本家のアメリカの規則は、「It is recommended……」で始まり、「推奨される」が原文であり、揉める要素はない。ここでも、野球を「楽しむ」違いが現れた。メジャーリーグの30球場でこの「推奨」を満たしている球場は2球場（ヤンキー・スタジアムとレンジャーズ・ボールパーク）しかない。読売ジャイアンツのかつてのホーム球場の後楽園の両翼は実測88メートルだったという。こちらの方が遥かに問題視すべきだった。日本ハムが3メートル不足を承知の上で、設計したとしたら賞賛に値する。札幌ドームより9メートルも近くで選手と接することができる。オープンから1年後の改修計画は、球団が野球振興のための基金をつくる方向で立ち消えになった。野球ファンにはよく理解できない日本的解決方法だった。昨年、盛り上がったＷＢＣの決勝ラウンドの会場となったローンデポ・パーク（マイアミ・マーリンズの本拠地）はエスコンフィールドより更に短い14・３メートルだった。日本では昨年末に規則改正が行われ「必要」から「推奨」に変更された。北の大地で「３メートル不足」を楽しもう。さらに、今年は六大学野球のオールスターゲームと日本ハムファイターズ2軍との交流戦が開催される。北の大地に全国の六大学野球ファンが集うことを願う。

野球場は選手の活躍の場であるとともに野球ファンにとって文化資産でもある。再開発に向けて工事が進められたので、神宮球場の建て替えを前提に記した。しかし、今年4月には建築家集団が建て替えに対し見直し声明を出した。日本の誇る施工技術を駆使し改修を行い「文化遺産」として残して欲しい強い願望も顔を覗かせる。2023（令和5）年5月25日付の日本経済新聞の「逆風順風」で同社記者の篠山正幸（東北大・岩手）が、「1926年開場の神宮球場は野球の博物館のようなものだ。（中略）神宮に残るのはこうした有形文化財だけではない。ユニホームの着こなしや、相手に配慮したつつましやかな振る舞い……。失われつつある野球文化を六大学野球は守り続けている。（中略）メジャーや、日本のプロ野球で失われつつあるものが神宮の杜に残る。野球版の世界遺産に推したい」

と記している。胸にストンと落ちた。

◉6校のグラウンドの移り変わり

各校のグラウンド（練習場）は選手にとって4年間の汗と苦労が染み込んだ思い出の場所だ（口絵参照）。神宮球場とは違う思いが凝縮されている。各校のグラウンドは100年で別表のように移り変わった。明治が柏木、駒沢、和泉、調布、府中と最も移動回数が多い。早稲田は戸塚、東伏見、慶応は三田、田園調布、新田、日吉（横浜市）、法政は新井薬師、神田橋、中野、木月（川崎市）、立教は築地、池袋、東長崎、新座（新座市）、東大は尾久、駒場、荒川（川口市）、本郷とそれぞれ移動している。6校は当初はすべて東京区部にグラウンドを構えたが、現在は東大だけが都内23区（文京区弥生）にグラウンドを構えている。

最も新しいグラウンドは2006（平成18）年に新装なった明治の府中グラウンドだ。明治は1910（明治43）年に都内の柏木（現在の中野区東中野）に土地を買収して造った。監督の佐竹官二の尽力で600人が収容できた、当時としては立派な野球場だった。明治の野球部の土台を作ったひとりだ。当時早稲田にいた山下重二（鹿児島中）と斉土（さいど）直矢（成城中・東京）は、早稲田の二軍にいて試合がないという理由で、新装なった柏木グラウンドの明治に転部してきたという。斉土は明治の主将となっている。早稲田の飛田穂洲も一時明治に転籍し早稲田に復学した。その跡地は現在の明大中野高となっている。その後、1916（大正5）年に駒沢村（現在の世田谷区三軒茶屋）に合宿所を併設した駒沢グラウンドに移転し、駒沢球場は六大学野球開始2年目までリーグ戦で使用した。1930（昭和5）年には和泉（東京・杉並区）に引っ越し、選手数が急激に増えた。当時の和泉グラウンドで練習したOBが、

「選手数が200名を超し、グラウンドではレギュラーと準レギュラーが練習し、控え選手が外野で球拾い、さらにその控えは球場沿いに走る井の頭線へ飛ぶボールを見張る〝球見（たまみ）〟をしていた。練習どころではなかった」

と、選手数が200名時代の思い出を語った。

それから1960（昭和35）に島岡吉郎が手塩にかけて造ったつつじヶ丘（東京・調布市）グラウンド、明和寮に移った。島岡没後にこのつつじヶ丘の土地を元手にして、野球部産みの親の内海弘蔵と、37年間にわたり監督・総監督を務めた島岡の名を冠した「内海・島岡ボールパーク」（東京・府中市）を完成させた。

最も設置の古いのが慶応の三田（東京・港区）にあった二つのグラウンドだ。慶応の正式な創部は1892（明治25）年の慶応義塾体育会創設と同時で、剣道、柔道、弓術、端艇、水泳、兵式操練に野球が加わった。それ以前の1888（明治21）年にアメリカ帰りの岩田伸太郎（不詳）がつくった「三田ベースボール倶楽

6校のグラウンドの変遷

	創部時のグラウンド	移転1回目	移転2回目	移転3回目	移転4回目
早稲田	**戸塚**（東京・新宿区）1902年（明治35）	25000人収容に改装 1925年（大正14）	**東伏見**（東京・西東京市）1988年（昭和63）		
慶応	**三田**（東京・港区）1892年（明治25）	**田園調布**（東京・大田区）1924年（大正13）	**新田**（東京・大田区）1926年（大正15）	**日吉**（横浜・港北区）1941年（昭和16）	
明治	**柏木**（東京・中野区）1910年（明治43）	**駒沢**（東京・世田谷区）1916年（大正5）	**和泉**（東京・世田谷区）1930年（昭和5）	**調布**（東京・調布市）1960年（昭和35）	**府中**（東京・府中市）2006年（平成18）
法政	**新井薬師**（東京・中野区）1915年（大正4）	**神田橋**（東京・千代田区）1917年（大正6）	**中野**（東京・中野区）1919年（大正8）	**木月**（川崎・中原区）1939年（昭和14）	
立教	**築地**（東京・中央区）1909年（明治42）	**池袋**（東京・豊島区）1918年（大正7）	**東長崎**（東京・豊島区）1925年（大正14）	**新座**（埼玉・新座市）1966年（昭和41）	
東大	他校のグラウンドを拝借 1919年（大正8）	**尾久**（東京・荒川区）1923年（大正12）	**駒場**（東京・渋谷区）1926年（昭和元）	**荒川**（埼玉・川口市）1935年（昭和10）	**本郷**（東京・文京区）1937年（昭和12）

※「グラウンド」「球場」は省略、各校の最後の移転時に人工芝化

明治 30 年頃の慶応の稲荷山グラウンド
（『慶應義塾野球部百年史』より）

部」が起源となる。慶応の敷地には慶応の応援歌にある「三田の山」（丘）と稲荷山の二つの「山」がある。その稲荷山の麓にグラウンドを造った。『慶応野球部史』に「稲荷山の下が塾のグラウンドで、これが非常に細長い菱形の妙な地形で、はじめ此処（ここ）でばかり（野球を）やっていたからベースボールのグラウンドは、こういう菱形のものだと思い込んでいた」という当時の選手の声が記されている。変形のグラウンドでは正式な試合ができないので、早慶対校戦の前に三田綱町に新たなグラウンドを造った。１９０３（明治36）年の早慶対校戦初戦の会場になった。慶応の「三田グラウンド」は稲荷山と綱町の歴史だ。稲荷山と三田綱町のグラウンドは、１９２４（大正13）年に田園調布球場（借用）に移るまで40年間近くも使われた。特に三田綱町のグラウンドは早慶対校戦はじめ日本の野球の歴史を創る上で重要な役割を果たしたといっていい。慶応だけでなく日本の野球の歴史が詰まったグラウンドだ。現在は慶応義塾中等部の体育の授業に使われている。それからグラウンド名が駅名（慶大グラウンド前・現千鳥町／東急電鉄・現東急池上線）となった新田球場（東京・大田区）を経て、現在の日吉（横浜市港北区）に落ち着いた。現在の日吉グラウンドは太平洋戦争の始まった１９４１（昭和16）年に移転し、現在では２００名近い選手が「エンジョイ・ベースボール（431頁）」のもとで練習に励んでいる。

早稲田のグラウンドの歴史は、１９０１（明治34）年の創部の翌年に戸塚町（東京・新宿区）に設置した戸塚球場に始まる。創部の4年前に早稲田の3代目の主将の押川清（郁文館中・東京）の兄の押川方存（まさあり）（筆名は春浪（しゅんろう）／明治学院中・愛媛）が東京専門学校（早稲田大の前身）時代に野球部を作ったが長続きせずグラウンドはなかったという。押川方存は先述した野球害毒論で野球界が騒然とした中で、野球擁護に論を張った読売新聞に反論記事を寄せ、演説会も開いた人物だ。これが早稲田の野球部の始まりという記述もある。戸塚球場設置には早稲田の野球部産みの親、初代野球部長、安部磯雄（向陽義塾・同志社英学校・福岡）の尽力があった。戸塚球場は六大学野球が始まった1925（大正14）年に大改修を行い、2万5000人が収容できるグラウンドに衣替えした。早慶対校戦をはじめリーグ戦にも数多く使用され、学徒出陣壮行早慶戦の会場にもなった。慶応の綱町グラウンドと並び日本の野球の歴史を形づくった日本を代表する野球場だった。1949（昭和24）年の安部磯雄の逝去後に、戸塚球場は「安部球場」、合宿所は「安部寮」に改称され、跡地には総合学術情報センターや新図書館が建てられた。1992（平成4）年に東伏見（東京・西東京市）に移っても、「安部磯雄記念球場」と改称され、その名を残している。バックネット裏には安部と飛田穂洲の胸像が並び、選手の練習を見守っている。胸像の台座には「質素之生活・高遠之理想」（安部）、「一球入魂」（飛田）が刻まれている。

安部球場（東京・西東京市）バックネット裏にある
安部磯雄（右）と飛田忠順の胸像（筆者撮影）

法政の現在のグラウンドは「法政の木月」として知られ、法政全盛時代の象徴といってもいい。創部当時は新井薬師（東京・中野区）のグラウンドで練習していたが、神田橋のグラウンド（借用）を経て中野に専用球場を造り本拠とした。後に法政の4大学リーグ参加を推した早稲田の飛田忠順や八幡恭助（神奈川一中）もコーチとして赴いた。選手の技術も向上し、4大学リーグ加盟へとつながった法政の基礎をつくったグラウンドだ。1939（昭和14）年に木月（川崎市中原区）に移るまで20年間使われた。木月に移転する際に中野球場のグラウンドキーパーが、先輩の血と汗が滲み込んだグラウンドの土をバケツ1杯運び、グラウンドに撒いたという逸話がある。戦後は3年間にわたり米軍に接収された。木月のグラウンドでは江川卓（作新学院・栃木）らの有力な選手が入部した頃は、大勢のファンが練習中の江川を観たさにグラウンドの周りに溢れるという、当時の大学野球では珍しい光景が見られた。

立教のグラウンドの歴史は築地（東京・中央区）から始まった。立教大学が築地にあった立教中学の敷地で再興された時にグラウンドが作られたのが最初だ。江戸幕府の末期に設置されたオランダをはじめ限られた外国との交易を許された築地居留地（現在の中央区明石町）をグラウンドとしたところから始まる。現在の聖路加病院あたりになる。グラウンドは荒れ果てた上に狭く、日比谷原頭（げんとう）（現在の日比谷公園あたり）で練習、試合もしていたという牧歌的な時代だ。1918（大正7）年の大学の移転とともに巣鴨村（現在の東京・豊島区）に移った。当時、武蔵野鉄道（現西武池袋線）と東上鉄道（現東武東上線）はあったが、グラウンド周辺は見渡す限り畑地だったという。4大学リーグへの立教の参加を推した早稲田の飛田忠順や慶応の主将の森秀雄（横浜商・神奈川）がコーチをしに訪れた。この二人は立教野球部の礎を築いた功労者として『立教野球部史』に記されている。1923（大正12）年の関東大震災で立教中学の校舎が倒壊し、野球部のグラウンドが立教中学の建設地に充てられ、野球部は同じ豊島区の東長崎に移転することになった。震災がなかったら、今でも「巣鴨の立教」として親しまれていたかもしれない。東長崎グラウンドの最初の試合では明治の湯浅禎夫（米子中・鳥取）に六大学野球初のノーヒットノーランを喫した。同グラウンドは、1966（昭和41）年に新座（埼玉県）に移転するまで41年間使われ、立教出身の多くの選手にとって忘れ難いグラウンドとなった。

現在では唯一、山手線内側にあるのが東大グラウンド（東京・文京区）だ。かつては早稲田の安部球場（東京・新宿区）が最も神宮球場に近かった。地下鉄で東大前、本郷三丁目から外苑前まで22分で行ける。東大の創部は1919（大正8）年だが、先述したように東大教養部の前身の一高野球部の歴史はカウントされていない。創部4年後の1923（大正12）年に尾久球場（東京ベースボール倶楽部運動場／東京・荒川区）を拝借して本拠にしたが、それ以前は一高や学習院のグラウンドを借りて練習をしていた。1926（大正15）年に駒場（東

6校のグラウンド・合宿所・ＯＢ会

※2024年４月現在

創部	正式名称・スクールカラー	グラウンド（名称・サイズ）	合宿所（寮）	ＯＢ会（名称・代表者）
早稲田 **WASEDA** １９０１年（明治34）	**早稲田大学野球部** エンジ・えび茶 （シカゴ大のエンジに由来）	**安部磯雄記念野球場**（西東京市） 左翼１１１メートル・右翼１０２メートル 中堅１２２メートル　人工芝（全面）	**安部寮** 30名	**稲門倶楽部** １９０９年創立 会長　望月博（中京）
慶応 **KEIO** １８９２年（明治25）	**慶應義塾体育会野球部** 紺（青）と赤 （青赤青の三色旗）	**日吉グラウンド**（横浜市港北区） 左翼97メートル・右翼98メートル・ 中堅１１７メートル　人工芝（外野のみ）	**第１合宿所** 30名、**下田学生寮、高関寮** 20名	**三田倶楽部** １９１１創立 会長　後藤寿彦（岐阜）
明治 **meiji** １９１０年（明治43）	**明治大学硬式野球部** 紫紺 （深紺の最上位を目指す）	**内海・島岡ボールパーク**（府中市） 両翼１００メートル・中堅１２５メートル 人工芝（全面）	**島岡寮** １２０名	**駿台倶楽部** １９２０年前後創立 会長　吉川芳登（島上）
法政 **HOSEI** １９１５年（大正4）	**法政大学野球部** オレンジとブルー （暁の太陽と青空）	**法政大学野球部グラウンド**（川崎市中原区） 両翼95メートル・中堅１２０メートル 人工芝（全面）	**第１合宿所** 60名、**第２合宿所**48名	**法友野球倶楽部** 会長　小早川毅彦（ＰＬ学園）
立教 **RIKKIO** １９０９年（明治42）	**立教大学野球部** 紫 （紫は王の色・清純の象徴）	**新座グラウンド**（新座市） 両翼１００メートル・中堅１２０メートル 人工芝（全面）	**智徳寮** 48名	**セントポールズ・ベースボールクラブ** 会長　村山修一（立教）
東大 **TOKYO** １９１９年（大正8）	**東京大学運動会硬式野球部** 淡青 （京大はクジ引きで濃青に）	**東大球場**（東京・文京区） 両翼85メートル・中堅１１０メートル 人工芝（全面）	**一誠寮** 35名	**一誠会** 会長　神津里季生（学芸大付）

京・目黒区）の農学部構内に造った駒場グラウンドに移った。一高が本郷から駒場に移転したので駒場グラウンドを一高が使用することになり、現在の本郷の農学部構内にあるグラウンドが完成するまでの2年間は、川口（埼玉県）の荒川河畔に造ったグラウンドで練習した。東大のグラウンドが埼玉県にあった時代があった。６００人の観客が収容できる本郷の東大球場は6校の中ではいち早く人工芝を敷設した。全面人工芝化の際は、近鉄バファローズが使用していた藤井寺球場（大阪・藤井寺市）の人工芝のお下がりを使用したと記憶している。２回目は神宮第2球場の人工芝のセカンドユースだったと思う。唯一の国立大の東大にとって予算の都合でそうなったのかと想像する。藤井寺球場は当時ホームランの出やすい球場で有名だったが、そこに敷かれた人工芝で間に合ったということは東大球場も狭いということになる。調べてみると、両翼は85メートル、中堅は１１０メートルで他の野球場と比べて極めて小ぶりのサイズだ。筆者は社会人クラブ野球時代に東大球場のレフトに詰まり気味でもスタンドインさせたことを思い出す。特に左中間の膨らみが少なく、バッターボックスからはレフトフェンスが間近に見え、マウンドでは高めの球は禁物と自分に言い聞かせて投げたことを思い出す。

　東大が守備力を強化し優勝に近づくには、常時広いサイズのグラウンドで守備練習をすることは重要な要素だ。外野の大幅な拡張、または広いグラウンドを求めて伝統の本郷を離れることも優勝への一つの決断だと思うが、敷地の関係上無理だという。かつて東大が使用していた駒場球場は両翼が１０２、１０１メートルあり本郷のグラウンドよりだいぶ広い。東大が駒場グラウンドを練習グラウンドとして使用し続けていたら、東大の守備力はよりレベルの高いものとなったと思う。明治の島岡吉郎が監督8年目に、和泉グラウンドから調布にグラウンドを移転した際に、立教の長嶋茂雄が8号ホームランを放った当時の広いサイズ（両翼１００メートル・中堅１１７・８メートル）より中堅までは１２５メートルと広く、方角も神宮とほぼ同じグラウンド設計をしたことを思い出した。しかし、東大球場は後の東大総長となるゴシック様式建築の大家で安田講堂の建築で知られる内田祥三（よしかず）（開成中ー旧一高ー東京帝大・東京）が建築を手掛け、登録有形文化財（２０１０年・文化庁）に指定されている（口絵Ⅶ）。優勝か、伝統か判断が難しいところだ。

東大以外の5校のグラウンドは東京区部から放射線状に移った。時計回りで慶応と法政が神奈川県（東急東横線）、明治と早稲田が東京多摩地区（京王線・西武新宿線）、立教が埼玉県（東武東上線）へ移動している。仮に東大が優勝を目指すために広いサイズのグラウンドを千葉県に求めたら1都3県を網羅することになる。東大は千葉市花見川区には東大総合運動場（ＪＲ総武線／戦前は東大検見川農場・敷地26万平方メートル）を所有している。東大はリーグ戦開幕の前に6校のグラウンドを巡り、各チームの練習やオープン戦を肌で感じてリーグ戦観戦に臨むのも面白い。

神宮球場の人工芝化に伴い、6校のすべてのグラウンドに人工芝が敷かれた。慶応のみが内野が土のグラウンドで他の5校は全面人工芝化されている。天然芝が懐かしい時代になってしまった。芝に生える雑草抜きがないばかりか、グラウンド整備が大幅に軽減され、慶応以外はトンボ、レーキがほとんど要らない。隔世の感だ。

グラウンドとともに夏、冬に行われた合宿を思い出す選手は多いだろう。中でも早稲田の軽井沢（長野）合宿は有名だった。冷涼な軽井沢で合宿ができることを筆者は現役当時に羨んだが、練習の内容が過酷なものだったことは数々の証言で明らかだ。その起源を辿れば、初代野球部長の安部磯雄の提唱で１９１８（大正７）年から始まった。安部は「涼しいところで厳しい練習、それが野球部全体の結束を生む」とし、秋のシーズンへ向けて技と精神を鍛錬する場だった。教育者の発想だ。早稲田１１３年の歴史で軽井沢合宿は40年間以上行われた。早稲田ＯＢにとって思い出の地には、今は高級マンションが建っている。早稲田はその後、１９３０（昭和５）年の夏から富士山を崇める河口湖河畔に夏のキャンプを張った。軽井沢、富士山といい羨ましい限りだ。そして、部員数が増えたことで、東伏見（現西東京市）に補助グラウンドを第2球場として造った。そのグラウンドが現在の早稲田の東伏見グラウンドへつながっていった。

明治では飯田の合宿が有名だった。筆者が現役の頃は、島岡吉郎生誕の地に隣接する飯田市に聳える風越山の山登りに精を出した。現在でも夏は御大の館（長野・高森町）のある高森町の協力を得て飯田合宿は続けられており、島岡家の墓掃除から始まり島岡を偲ぶ伝統が生きている。

立教は5大学リーグに加盟した1921（大正10）年夏に鉱山を経営していた立教OBの支援により歌志内赤平（北海道空知郡）で2ヵ月の合宿を行なったと『立教大学野球部史』にある。現在は鶴岡市（山形）での夏季キャンプが主流で、東日本大震災の被災地の陸前高田（岩手）でもキャンプを行っている（446頁）。

東大のキャンプは戦前には山中湖畔（山梨）の帝大施設寮で行い、戦後は三井鉱山砂川鉱業所（北海道）、新日鉄釜石（岩手）、新日鉄室蘭（北海道）、トヨタ自動車（愛知）などの企業とのタイアップで夏季合宿を行った。平成に入ってからも室蘭などで夏季の北海道キャンプが続いている。

各校のスプリングキャンプは、最近では沖縄、宮崎などでのキャンプが主流となり、2月と3月はプロ・アマが南国に集結する。

それぞれの野球部には寮（合宿所）が併設されていて、安部寮（早稲田）、高関寮（慶応）、島岡寮（明治）、智徳寮（立教）、一誠寮（東大）と寮の名称も歴史を刻んでいる。慶応の高関寮は当時の寮母の姓、明治は37年間にわたり寮で選手と起居をともにした島岡吉郎の姓を残している。部員の収容規模では明治の島岡寮の120名が群を抜いている（口絵Ⅳ）。

筆者が現役時代は春のリーグ戦終了後の6月と7月を中心に、全国からコーチの要請のあった高校野球部に1週間ほど出かける慣習があった。4年生と3年生が手分けをして、高校生に夏の大会前の補助的なアドバイスをした。同時に将来の選手の発掘の目的もあった。これは六大学野球が始まる前からあり、昭和後半まで続き、それぞれの高校（旧制中学）で6校の派遣系統校があったようだ。『慶応野球部史』には、1907（明治40）年に17校、1910（明治43）年に31校へ選手が各地の旧制中学に派遣された記録が掲載されている。野沢中（現野沢北・長野）、弘前中（現弘前・青森）、静岡中（現静岡）、前橋中（現前橋・群馬）などへの派遣があり、現在でも慶応のメンバーにこの出身校が見られ、100年以上の伝統が息づいていることが嬉しい。筆者の母校（上田・長野）には慶応から毎年コーチが派遣されていた。昭和初期に慶応の選手がグレーのユニフォームでコーチをしている写真が同校野球部史に残っている。これは1903（明治36）年の早慶対校戦初戦の慶応のスタメンに上田中出身が2名いたことが縁だった（65頁）。日本社会人野球協会（現日本野球連盟）の初代会長で主将の宮原清、早慶戦初の勝利投手の桜井弥一郎の両名だ。しかし、1952（昭和27）年に明治に島岡吉郎が監督に就任すると、信州で島岡少年に野球を教えた恩師の木村頌一（飯田中－国学院大・長野）が監督に就任した上田松尾高（現上田高）を支援するために、島岡は明治の主将クラスをコーチに送り込み、以来慶応系から明治系になった。このような人間関係で6校と高校（旧制中学）が結ばれていたケースは全国に数多くのケースが見られる。それが縁で6校の野球部へ進学したケースは各校の野球部史や本著のメンバー表から読み取ることができる。現在は選手の授業日数の確保の必要性などでコーチの派遣は行われていないようだ。

また、「早慶明法立東」と略称で呼び合っている各野球部の正式名称も微妙に異なる。早稲田大学野球部、慶應義塾体育会野球部、明治大学硬式野球部、法政大学野球部、立教大学野球部、東京大学運動会硬式野球部が正式な名称だそうだ。今更ながらに新鮮だ。

OB会の名称も稲門倶楽部（早稲田）、三田倶楽部（慶応）、駿台倶楽部（明治）、法友野球倶楽部（法政）、セントポールズ・ベースボールクラブ（立教）、一誠会（東大）と様々だ。それぞれのOB会は各校ごとに催され、脈々と歴史がつながれている。東京六大学応援団連盟が毎年開

地方中学への野球コーチ

暑中休暇を利用して各部員は地方中学へ、それぞれコーチに出かけた。

その割当は次の通り。

佐々木（修猷館、久留米中学、中津中学、徳山中学）

福田、日下、森（下妻中学、宇都宮中学、四日市商業、膳所中学、京都二中）

奈良崎、大橋（沼津中学、彦根中学、高岡中学）

黒沢、高橋（上田中学）

菅瀬、直木（新発田中学、長岡中学、小千谷中学、飯山中学）

亀山、松江、山形（野沢中学、前橋中学、諏訪中学、飯田中学、山梨師範）

肥後、三宅（下野中学、相馬中学、磐城中学、藤原中学）

神吉、後藤（大館中学、横手中学、荻内中学、弘前中学、秋田中学）

慶応の旧制中学へのコーチ派遣、1910年夏
（『慶応義塾野球部百年史』より）

催し、70回の開催の歴史を誇る「六旗の下に」という6校の現役応援団が集うイベントがある。一般の人も入場でき、神宮球場への郷愁を劇場で掻き立ててくれる。野球版のこのようなイベントがあってもいい。6校OB会が当番制で六大学野球ファンがかつて神宮でプレーした選手と懇談ができる「TOKYO BIG6 永遠に」と銘打ったイベントを神宮球場が一望できる日本青年館あたりで、定期的に開催したら、六大学野球人気再興策の一つとなるのでは。

◉戦後の絶頂期（昭和21年~昭和39年）の選手たち

大戦による3年間の中断から六大学野球の復活は早かった。1946（昭和21）年春からリーグ戦が復活し活気を取り戻し、世の中の発展とともに六大学野球も絶頂期を迎えた。1964（昭和39）年には復興、躍進の象徴となった1回目の東京オリンピックが開催された。シーズン優勝回数は早慶で6割を占め、立教の4連覇が光った。優勝に貢献した選手を中心にピックアップした

優勝回数（38シーズン）早稲田14回　慶応9回　立教6回　法政5回　明治4回　帝大・東大0回

▽投手

【早稲田】**岡本忠之**（扇町商）シーズン最多の10勝と7完封／**末吉俊信**（小倉中）早稲田で最多通算44勝のサイドスロー／**石井連藏**（水戸一）投手で首位打者の大車輪／**福嶋一雄**（小倉）末吉俊信と石井連藏とともに投手の主力／**木村保**（八尾）2度目の連覇のエース／**金沢宏**（岩国）59年春優勝の原動力で1試合最小投球数73球／**安藤元博**（坂出商）60年秋の早慶6連戦で5試合完投と通算35勝／**宮本洋二郎**（米子東）**江尻亮**（日立一）64年春の7季ぶりの優勝の両輪、宮本は交通事故の怪我を克服しエース、江尻は46回2／3の当時の無失点記録と春秋連続防御率1位で代打でも活躍

【慶応】**大島信雄**（岐阜商）戦後初の連覇の快速技巧派左腕／**平古場昭二**（浪華商）48年秋・51年秋優勝の快速左腕でノーヒットノーラン／**山本治**（明石）**河合貞雄**（西京）51年秋・52年春の連覇のエース、河合は53年秋の早慶戦2試合で18イニング1安打の快投／**藤田元司**（西条北）通算31勝の悲運のエース／**林薫**（神戸）**巽一**（四日市）56年秋優勝の2枚看板、林は長嶋茂雄の8号本塁打の相手投手／**清沢忠彦**（岐阜商）**角谷隆**（宇治山田）早慶6連戦の主力投手／**藤悟郎**（芦屋）62年秋優勝の主戦（323頁）／**渡辺泰輔**（慶応）**佐藤元彦**（熊本）64年秋優勝の両輪、渡辺はパームボールを駆使し史上初の完全試合

【明治】**杉下茂**（帝京商）豪球とフォークボールの元祖／**小川善治**（千葉商）**入谷正典**（関西甲種商）戦後の明治の主戦投手、入谷は通算32勝／**秋山登**（岡山東）**霞本公義**（南部）**穴沢健一**（成田）53年秋優勝と連覇の投手陣、秋山は通算33勝334奪三振で1試合最多奪三振22の下手投げ快速球投手、霞本は秋山に並ぶサイドスロー、穴沢は新人左腕／**池田英俊**（福岡）57年から59年のエース／**八木孝**（佐伯鶴城）**後藤晃吾**（掛川西）**石岡康三**（千葉一宮商）61年春優勝の投手陣

【法政】**間山孝至**（横浜商）戦後の初戦で延長13回を投げ勝利／**関根潤三**（日大三中）48年秋優勝の原動力で9完投9勝と通算41勝・打者でも通算98安打／**牧野宏**（成田）杉浦忠、長嶋茂雄と互角に渡り合う／**山崎正之**（法政一）**新山彰忠**（兵庫工）60年秋12年ぶりの優勝の両輪／**山崎武昭**（高知商）**龍隆行**（三池）62春と63年秋優勝の主戦／**里見忠志**（兵庫工）65年春優勝の主戦

【立教】**五井孝蔵**（角館）投手で4番／**小島訓一**（川崎）20年ぶりの優勝の原動力でシーズン82奪三振／**大沢貞義**（松江商）51年春のエースで首位打者／**杉浦忠**（挙母）**拝藤宣雄**（境）4連覇前半の両輪、杉浦はサイドスローで通算36勝とノーヒットノーラン／**森滝義巳**（兵庫）**五代友和**（玉龍）4連覇後半と59年秋優勝のアンダースローと左腕／**松本照夫**（栃木商）慶立戦で4連投

【帝大・東大】**山崎諭**（旧山形高）東大唯一の2位の原動力／**島村俊雄**（陸軍士官学校）49年東大躍進の原動力／**蒲池信二**

（旧成城高）明法立から勝ち星／**岡村甫**（土佐）**樋爪襄**（金沢大付）岡村は58年春に４勝で東大最多の通算17勝、樋爪は58年秋に岡村と２人で早稲田から初勝ち点／**新治伸治**（小石川）通算８勝で東大初のプロ入り

▽野手

【早稲田】**蔭山和夫**（内・市岡中）46年春から全試合に出場し当時74得点の名三塁手／**荒川宗一**（外・掛川中）投手に転向し３回の優勝に貢献／**石井藤吉郎**（内・水戸商）春秋連覇の主将・６シーズンで通算１１４安打と首位打者／**宮原実**（捕・岡山二中）**荒川博**（外・早稲田実）**岩本堯**（外・田辺）**沼沢康一郎**（外・函館中部）初の３連覇の主力、宮原は通算１０８安打の頭脳派捕手、沼沢・岩本・荒川は外野トリオ／**広岡達朗**（内・呉三津田）**小森光生**（内・松本市立）**島田雄三**（内・浪華商）**宮崎康之**（内・小倉）鉄壁の二三遊間トリオ、宮崎は52年秋優勝の主力／**森徹**（外・早大学院）通算６本塁打の怪力スラッガー／**近藤昭仁**（内・高松一）立教の５連覇を阻止し59年春優勝の名二塁手／**木次文夫**（内・松商学園）**野村徹**（捕・北野）**徳武定之**（内・早稲田実）60年秋優勝の主力、木次は通算７本塁打のタイ記録、野村は早慶６連戦に全試合捕手で出場、徳武は早慶６連戦の不動の４番／**小淵進**（内・早稲田実）**大塚弥寿男**（捕・浪商）**飯田修**（外・高松一）**石山建一**（内・静岡）64年春優勝の主力で小淵は首位打者

【慶応】**久保木清**（外・広島商）戦後初の連覇の主力で首位打者／**岩中英和**（外・和歌山中）**吉岡宏**（内・尼崎中）**山村泰弘**（内・神戸一中）47年春秋連覇の主力、49年秋優勝で打率上位３位を独占、山村は通算１０８安打でシーズン最多30安打と22試合連続安打、岩中は47年秋に10試合完投で９勝１敗と投手で４番も／**福沢弘行**（外・高津）**松本豊**（内・彦根中）52年春優勝の首位打者コンビ／**花井悠**（外・岐阜）**山下新造**（内・山城）**平出昌雄**（内・沼津東）**佐々木信也**（内・湘南）53年・54年の主力／**衆樹資宏**（外・湘南）**中田昌宏**（外・鳴尾）**日野美澄**（内・鳴門）56年秋優勝の主力、衆樹は戦後初の三冠王、中田は首位打者／**安藤統夫**（内・土浦一）通算１０７安打の名遊撃手／**榎本博明**（外・海南）**本郷良直**（外・立命館）**大橋勲**（捕・土佐）62年秋優勝の主力で春秋の首位打者、榎本は61年春に当時最高打率０・５１７で首位打者で翌秋に２度目／**西岡浩史**（内・芦屋）**石黒和弘**（内・中京商）63年春優勝の主力、西岡は

首位打者／**江藤省三**（内・中京商）**広野功**（内・徳島商）**井石礼司**（外・天王寺）64年秋優勝の主力、広野は65年秋に長嶋茂雄に並ぶ通算8本塁打

【明治】**中村茂**（外・桐生中）**常見昇**（内・同）戦後直後の首位打者／**永井馨**（外・下関商）**牧野茂**（内・愛知商）永井は1イニング3盗塁と1試合5盗塁の韋駄天、牧野は好守の名遊撃手／**佐々木重徳**（内・千葉一）**谷井昭三**（外・海南）**土井淳**（捕・岡山東）**沖山光利**（外・明治）**岩岡保宏**（内・高鍋）**黒木弘重**（内・同）**土屋弘光**（内・盈進）**近藤和彦**（外・平安）島岡吉郎監督初の優勝と連覇の主力、土井は強肩の頭脳派捕手／**佐々木勲**（捕・下関商）58年・59年の捕手で4番／**一枝修平**（内・上宮）**漆畑勝久**（内・清水東）**高畑鷹千代**（内・呉港）**辻佳紀**（捕・敦賀）**井上均**（外・日大二）61年春優勝の主力、一枝と漆畑は鉄壁の二遊間、高畑は首位打者

【法政】**田名網英二**（内・栃木商）**土屋五郎**（外・広島商）48年優勝の主力、土屋は首位打者／**日下隆**（外・鳴尾中）**鷲雅文**（外・洲本）**中野健一**（内・法政一）50年代の首位打者／**山本一義**（外・広島商）**室山皓之助**（外・倉敷工）**鈴木孝雄**（捕・中京商）60年春12年ぶり優勝の主力、室山は首位打者／**小川博**（内・法政二）**広瀬幸司**（捕・芦屋）**原田潤**（内・法政一）**宇野修司**（内・市川）61年秋優勝の主力／**高木喬**（内・三国丘）**松浦毅**（外・西条）62年春優勝の主力／**長池徳二**（外・撫養）**鎌田豊**（外・倉敷工）63年秋優勝の主力、長池は首位打者

【立教】**川崎信一**（外・小樽中）**青池清**（内・関西学院中）**藤田繁雄**（外・水戸商）戦後初期の首位打者／**山崎弘**（内・水戸商）**石原照夫**（内・成田中）**篠原一豊**（外・防府中）100安打トリオ、山崎と石原は通算106と101安打、篠原は闘志のリードオフマンで通算111安打と首位打者／**古田昌幸**（内・九州学院）**大沢昌芳**（啓二／外・神奈川商工）53年春優勝の主力、古田は強肩俊足の名二塁手／**矢頭高雄**（内・都留）4連覇前の春秋2位の主力／**本屋敷錦吾**（内・芦屋）**長嶋茂雄**（内・佐倉一）**高橋孝夫**（内・仙台二）**浅井精**（外・平安）4連覇前半の主力、本屋敷は長嶋と三遊間、長嶋は当時通算8本塁打の名三塁手で首位打者2回／**西崎若三**（外・時習館）**片岡宏雄**（捕・浪華商）4連覇の主力野手陣／**高林恒夫**（外・立教）4連覇後半の主軸で59年秋に首位打者／**沢本良一**（外・泉陽）**浜中祥和**（内・

若狭）59年秋優勝の主力

【帝大・東大】**山崎喜暉**（外・旧静岡高）**井波義二**（内・旧富山高）**塩田和夫**（捕・旧浦和高）**加賀山朝雄**（外・旧一高）**伊藤驍**（内・旧姫路高）**米谷半平**（内・旧四高）戦後復活試合から4シーズン最下位脱出の主力、山崎と井波は2位の主力、井波は第1戦から6シーズン全試合出場／**堺龍平**（内・旧富山高）53年春の東大で最高打率0・471の首位打者／**杉山守久**（外・日比谷）62年春秋ベストナイン受賞／**早川昌保**（捕・甲府一）69年春に東大の捕手で唯一のベストナイン受賞

（注1）**東都大学野球・首都大学野球**

東都大学野球／東都大学野球連盟。東京六大学野球開始前の1925（大正14）年春に国学院大、専修大、日本大、東京商科大（現一橋大）、東洋大、宗教大（現立正大）の6校で東京新大学野球連盟を結成し、10大学まで加盟数を増やしたが長続きしなかった。六大学野球へ加盟を申請する大学も現れたが、六大学野球開始6年後の1931（昭和6）年に前身の5大学野球連盟を日本大、国学院大、専修大、中央大、東京農業大の5校で設立。同リーグ発足の5年後の1936（昭和11）年に東京商科大が加盟して東都大学野球連盟と改称。加盟校を積極的に増やし、結成後に東京慈恵医科大、上智大、東京工業大、東洋大、東京文理大（現筑波大）が相次いで加盟し、東都の強豪となる駒沢大が加盟したのは結成12年後。その後も加盟校が増加し、1964（昭和39）年に7校が連盟を脱退し首都大学野球連盟を設立。東都は現在、22大学の所属で4部リーグの構成で、国立大学は一橋大と東京工業大。六大学野球と最も異なることは、東都は1部から4部までの入れ替え戦が毎シーズン（年2回）ある点だ。全日本大学野球選手権大会と明治神宮野球大会の優勝回数は、東京六大学27回と16回に対し、東都は26回と16回。ともに鎬を削り、準優勝を含めると、東京六大学68回、東都76回。「人気の六大学」と「実力の東都」が現れる。指名打者（DH）制では六大

学と方針を異にした（385頁）。過去の1部の優勝回数（10回以上）は専修大32、駒沢大と亜細亜大27、中央大25、日本大23、東洋大20、青山学院大14となり、加盟22校のうち10校がリーグ制覇をしていない。２０２２（令和４）年から連盟の愛称を「PREMIUM UNIVERSITIES 22（略称・プレユニ22）」とした。さらに、スポンサー制を導入し、２０２３年度はプレミアムパートナーに「株式会社エイジェック」、オフィシャルパートナーに11社がスポンサー企業として就いている。

首都大学野球／首都大学野球連盟。１９６４（昭和39）年に東都大学野球連盟から脱退した7校（成城大、日本体育大、東海大、東京教育大（現筑波大）、東京経済大、武蔵大、明治学院大）でスタートした。その後、加盟校を増やして現在は16校の構成で1部（6校）と2部（10校）の2部制で入れ替え戦がある。解体前の川崎球場を主に使用していたが、1部リーグは浦安市運動公園野球場、越谷市民球場、サーティーフォー相模原球場、日体大健志台球場、等々力球場、バッティングパレス相石スタジアムひらつか、大和スタジアムを使用。タイブレーク制を採用し、東都は平日の神宮球場を使用しているが、首都は平日のリーグ戦を行わない日程を採用。過去の優勝回数は1部リーグでは東海大が7割近くを占め、日本体育大を含めると2校で9割近くを占め、結果的に偏った勢力分布となっている。

（注２）**関西六大学野球**

関西の大学野球の連盟設立の歴史は複雑だ。まず、京都に五大学野球連盟が誕生し、続いて関西学生野球連盟（旧）ができ、関西四大学野球連盟が関西六大学野球連盟（旧）と変わり3大学リーグ体制となった。戦後、関西学生野球連盟（旧）が近畿大学野球連盟となり、京都は京都六大学野球連盟となり、新たに阪神大学野球連盟ができ、京都は京滋大学野球連盟と変わった。さらに近畿の3連盟を下部に置く関西大学野球連合が設立されたが、入れ替え戦制がうまく機能せず加盟校の脱退、加入の合従連衡を繰り返し、関西六大学野球連盟（新・6校）、関西学生野球連盟（新・6校）、近畿学生野球連盟（17校）、阪神大学野球連盟（18校）、京滋大学野球連盟（12校）に落ち着いた。東京六大学野球、東都大学野球に遅れまいとしたことと、それぞれの連盟と各大学の思惑が交錯した結果だった。伝統を断ち切り加盟大学の構成が繰り返され、リーグの統一の難しさを示した。

（注3）テーブル

野球の試合記録を記す「テーブルスコア・Table Score」の略。パターンはスポーツ新聞によって異なるが、3パターンあり、2チームの各打者の打撃の内容、投手の投球内容結果が記されている。テーブルスコアを採用しているのはスポーツ新聞が一般的だが、東京六大学野球については、テーブルスコアの数値部分を記した形式を一般紙も採用していたものの、近年はイニング別の得点スコアしか紙面に見当たらない。「テーブル」の謂れは文献を辿っても見当たらない。以下、推測。Tableには「机」「食卓」の他に「表」「表にする」という意味があり、スコアブックを「表」にしたので「テーブル・スコア」。アメリカでは守備や打撃ぶりを略記したものをbox scoreと言う。

スコアブックには慶応式と早稲田式がある。慶応式は明治末期に慶応のマネージャーや監督役を務めた直木松太郎（慶応普通部・東京）が考案し、枠がない方式でプロ野球は慶応式を採用している。枠が分かれている早稲田式は飛田穂洲（水戸中・茨城）が考案し、飛田が朝日新聞記者ということもありマスコミに広がった。日本の野球界ではほとんどが早稲田式を利用している。

（注4）敗者復活（ダブルイリミネーション）方式

勝者や順位を決めるトーナメント方式の一つ。敗者復活方式で全参加チームは2敗するまで優勝のチャンスがある。1度も負けていないチームは敗者復活で決勝に勝ち上がったチームと決勝戦を行い、負けた場合はプレーオフで優勝のチャンスがある方式が一般的。日本では高校野球に代表される勝ち残りトーナメント（ノックアウトトーナメント）方式の大会が多い。

（注5）反発係数

「振られたバットの速さ」から「バットの当たった直後の速さ」を引いた分子の値を「ピッチャーが投げたボールの速さ」から「振られたバットの速さ」を割った分母の値が反発係数。分母が小さいほど、あるいは分子が大きいほど反発係数が高くなる。反発係数が最高の１００とすると、白木のバットは30から50、金属バット（アルミ）では50から60となる。また、バットの当たる場所によって握りの部分の衝撃に違いがあり、金属の方が数センチ分の衝撃が少ない。衝撃が少ない分、金属の方が打ちやすい。（美津和タイガー野球博物館「バットの科学」より抜粋　２０２２年）

アメリカでは金属バットは反発係数を木製並みに抑えたＢＢＣＯＲ（Batted Ball Coefficient of Restitution）仕様の金属バットしか使用できない規定がある。日本の場合は、日本高野連が定めている「高校野球用具の使用制限」に「最大直径が67ミリ以上、重量は９００グラム以上」とあり、反発係数の明記はなく「ＳＧ基準に適合した製品」とあり、木製の反発係数を上回る仕様の金属バットを使用している。日本高野連が２０２４年４月春から導入する新たな金属バットの基準は、「バットの直径は最大64ミリ（従来比マイナス３ミリ）、打球部の肉厚は４ミリ（従来比プラス１ミリ）、重量は９００グラム（変更なし）で、反発係数の明記はないが、高野連の発表では、ＢＢＣＯＲの基準と同等、より反発性が抑制されているという。アメリカとは同一の基準とならないのが不思議だ。

（注６）ボール

日本の野球は使用するボールの種類で「硬式野球」「準硬式野球」「軟式野球」に分けられる。硬式球（硬球）はコルクやゴムの芯に糸を巻き付け、牛革で覆い縫い合わせて作る。準硬式球は革ではなくゴムで覆う。軟式球（軟球）はゴム製でＭ号（中学生以上）とＪ号（小学生以下）に分かれる。

硬球については、かつては複数社のボールを使用していたＮＰＢ（日本野球機構・プロ野球）では、ボールの性能（飛びやすさ、握りやさ）に若干の違いがあり、現在はミズノ社製に統一されている。メジャーリーグはスポルディング社製から現在はローリングス社製に統一されている。高校野球の甲子園大会もミズノ社に統一された。六大学野球は、筆者の現役時代のリーグ戦での連盟使用球は、美津濃（ミズノ）、ＩＳＯＮＯ（イソノ）、ＴＡＭＡＺＡＷＡ（玉澤）、Ｓｕｎ-ｕｐ（サンアップ）の４社と記憶している。現在はミズノ、ゼット、ＩＳＯＮＯ（イソノ）、ＳＳＫの４社のボールを使用球としている。使用球は加盟６校のうち３校以上がボールを使用していることが条件。選手（特に投手）にとって使用球は統一された方がいいという見方もあるが、六大学野球では伝統を維持している。

（注7）院号

仏教徒の証として与えられる戒名や法名の中で「院」の字が付くもの。戒名の中で最上位の尊称とされる。平安時代から鎌倉時代までは天皇、皇族、将軍家の戒名として使われていたが、中世には武士、民衆にも広まり、現在は在家信者にも使われている。かつては寺院に対する貢献度、社会的貢献度の高いものに授けていた。（日本大百科全書ほか参照）

（注8）天皇杯の下賜

日本のスポーツ競技で優勝した者に対して授与されるトロフィー（賜杯・口絵Ⅰ）。正式には天皇賜杯。下賜とは身分の高い人が身分の低い人に与えることを意味し、天皇陛下をはじめ皇室から国民に与えられる勲章、記念品などが下賜の対象。天皇杯と皇后杯があり、天皇杯が下賜されているスポーツ団体（大会）は25あり、最初の下賜は競馬であり銀製の花瓶が下賜され、現在のG賞レースの天皇賞が受け継ぐ。直近では２０１８（平成30）年に日本車いすテニス協会、日本車いすバスケットボール協会、日本パラスポーツ協会に下賜された。野球界では一般財団法人東京六大学野球連盟と公益財団法人全日本軟式野球連盟が対象となり、全日本クラスの大会が下賜の対象となっている中で、地域の団体に授与されているのは東京六大学野球連盟のみ。当時の六大学野球が日本の野球の基礎をつくり、日本人に与えた影響は大きく六大学野球に下賜された。最初に１９２６（大正15）年の神宮球場の完成奉納式の翌日に東京六大学野球連盟に摂政（昭和天皇）杯として下賜されたが、第二次世界大戦のため連盟と6校野球部が解散となり、摂政杯は宮内庁に返還された。終戦と同時に神宮球場がＧＨＱに接収され、１９４６（昭和21）年春のリーグ戦復活とともに、同年の秋のリーグ戦から新たに天皇杯の下賜があり、今日に至っている。リーグ戦優勝後の祝勝会では天皇杯にビールを注ぎ、回し飲みするのが恒例となっている大学もあり、これも伝統といえる。所管は宮内庁。

摂政杯（『六大学野球全集』より）

（注9）甲子

甲子は干支の一つ。十干の初めの甲と十二支の初めの子が合する年。変乱の多い年とされる。西暦を60で割って4が余る年が甲子の年となる。甲子園球場が建造された甲子の年の１９２４（大正13年）の次は１９８４（昭和59）年、その次は２０４４年が甲子の年となる。（コトバンクほか参照）

◉先発メンバー・勝敗表・個人タイトル〈Ⅲ　絶頂期〉

1946(昭和21)年 リーグ戦が復活 帝大が2位 極東国際軍事裁判が開廷 日本国憲法公布 国際連合が発足

早稲田	(当番校)		対法政 5.28(上井草)
1	遊	蔭山 和夫	市岡中(大阪)
2	三	鶴田 鉦二郎	岡崎中(愛知)
3	二	頴川 三隆	都立二中(東京)
4	投	岡本 忠之	扇町商(大阪)
5	左	片山 公三	市岡中(大阪)
6	右	山村 博敏	灘中(兵庫)
7	中	岡崎 宏太郎	足利工(栃木)
8	捕	谷山 正夫	豊橋商(静岡)
9	一	南里 光義	佐賀商(佐賀)
主将		岡本 忠之	扇町商(大阪)
マネージャー		相田 暢一	小樽中(北海道)
監督		相田 暢一	小樽中(北海道)
			対明治 9.15
7	捕	中村 次男	市岡中(大阪)

慶応			対立教 5.29(上井草)
1	左	矢野 鴻次	下関商(山口)
2	二	増山 桂一郎	敦賀商(福井)
3	遊	河内 卓司	広島一中(広島)
4	投	**別当 薫**	甲陽中(兵庫)
5	中	大島 信雄	岐阜商(岐阜)
6	捕	加藤 進	愛知一中(愛知)
7	右	久保木 清	広島商(広島)
8	一	菅瀬 栄三	神戸一中(兵庫)
9	三	高田 正司	高崎商(群馬)
主将		別当 薫	甲陽中(兵庫)
マネージャー		水野 次郎	慶応普通部(東京)
監督		宇野 光雄	和歌山中(和歌山)
			対立教 9.14
1	二	山県 将泰	広島商(広島)
7	捕	松尾 俊治	灘中(兵庫)
8	三	馬庭 欣之助	慶応普通部(東京)
9	左	本田 治	神戸一中(兵庫)
	投	**池田 善蔵**	尾道商(広島)

明治			対帝大 5.19(上井草)
1	二	**清水 喜一郎**	京王商(東京)
2	右	寺田 雷太	愛知商(愛知)
3	中	中村 茂	桐生中(群馬)
4	三	土屋 亨	松本商(長野)
5	遊	須本 憲一	徳島商(徳島)
6	左	大塚 正幸	大分商(大分)
7	投	小川 善治	千葉商(千葉)
8	捕	保泉 孝三	京王商(東京)
9	一	常見 昇	桐生中(群馬)
主将		中村 茂	桐生中(群馬)
マネージャー		田中 貞一	伊勢崎中(群馬)
監督		谷沢 梅雄	明星商(大阪)
			対早稲田 9.15
6	遊	宝山 省二	広島商(広島)
7	一	粕谷 由之	中京商(愛知)
8	捕	安藤 邦夫	愛知商(愛知)
主将		小川 義治	千葉商(千葉)
監督		八十川 胖	広陵中(広島)
	内	**松本 和雄**	愛知商(愛知)

法政			対早稲田 5.19(上井草)
1	二	小林 一男	日大三中(東京)
2	一	亀井 利春	海南中(和歌山)
3	中	**小前 博文**	甲陽中(兵庫)
4	左	明石 清達	滝川中(兵庫)
5	右	関根 潤三	日大三中(東京)
6	捕	山下 譲	日大三中(東京)
7	遊	長谷川 晴雄	千葉商(千葉)
8	三	田丸 仁	立正中(東京)
9	投	間山 孝至	横浜商(神奈川)
主将		小林 一男	日大三中(東京)
マネージャー		—	—
監督		藤田 省三	甲南中(兵庫)
			対慶応 9.21
3	三	土屋 雅敬	広島商(広島)
4	中	後藤 次男	熊本工(熊本)
5	左	服部 力	宇治山田商(京都)
9	右	渡辺 勲	法政中(東京)
8	一	松本 節太郎	鳥取一中(鳥取)
	投	**榎原 好**	三田中(兵庫)

立教			対慶応 5.19(上井草)
1	中	川崎 信一	小樽中(北海道)
2	右	江田 清	鹿沼農(栃木)
3	捕	岸本 睦次	浪華商(大阪)
4	三	木村 保久	一宮中(愛知)
5	投	藤本 哲男	別府商(大分)
6	一	砂押 邦信	水戸商(茨城)
7	左	須川 泰男	小樽中(北海道)
8	二	花岡 五美	宇治山田中(京都)
9	遊	山西 嘉夫	甲陽中(兵庫)
主将		川崎 信一	小樽中(北海道)
マネージャー		吉田 喜代太郎	安田学園中(東京)
監督		—	—
			対慶応 9.14

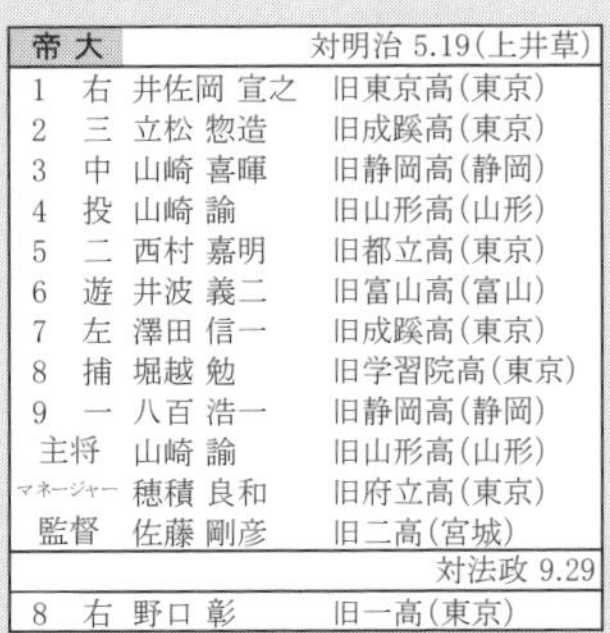

帝大			対明治 5.19(上井草)
1	右	井佐岡 宣之	旧東京高(東京)
2	三	立松 惣造	旧成蹊高(東京)
3	中	山崎 喜暉	旧静岡高(静岡)
4	投	山崎 諭	旧山形高(山形)
5	二	西村 嘉明	旧都立高(東京)
6	遊	井波 義二	旧富山高(富山)
7	左	澤田 信一	旧成蹊高(東京)
8	捕	堀越 勉	旧学習院高(東京)
9	一	八百 浩一	旧静岡高(静岡)
主将		山崎 諭	旧山形高(山形)
マネージャー		穂積 良和	旧府立高(東京)
監督		佐藤 剛彦	旧二高(宮城)
			対法政 9.29
8	右	野口 彰	旧一高(東京)

戦後最初のリーグ戦開会式、1946年5月19日、上井草球場

□六大学野球と神宮球場の動き

六大学野球が復活、1回戦総当たり制、帝明戦が第1戦(195頁)/**天皇杯が下賜**(264頁)/春季は上井草(9試合)、後楽園(6試合)を使用、秋季は平日午前中に神宮球場を使用

【春季】勝敗表 慶応が全勝優勝

順位	チーム	試合	勝	敗	分	得点	勝率
9	**慶大**	5	5	0	0	5	1.000
②	帝大	5	4	1	0	4	0.800
③	早大	5	2	3	0	2	0.400
③	明大	5	2	3	0	2	0.400
⑤	法大	5	1	4	0	1	0.200
⑤	立大	5	1	4	0	1	0.200

・1回戦制を採用
・慶応が5戦全勝で戦後初の優勝
・帝大が歴代最高位の2位、4連勝を記録

首位打者 川崎 信一 立 小樽中

【秋季】勝敗表 早稲田が得点(勝率)で優勝

順位	チーム	試合	勝	敗	分	得点	勝率
9	**早大**	11	10	1	0	10	0.909
②	慶大	11	7	4	0	7	0.636
③	明大	12	7	5	0	7	0.583
④	帝大	11	4	7	0	4	0.364
⑤	法大	11	3	8	0	3	0.273
⑥	立大	12	3	9	0	3	0.250

・3回戦制を採用 ・明治が9連敗を記録
・岡本(早)がシーズン最多勝利(10勝1敗)
・岡本(早)がシーズン最多完封勝利(7完封)

首位打者 中村 茂 明 桐生中

□野球界の動き

★高校/**全国中等学校野球連盟を結成**/朝日新聞と共催で西宮球場で開催/外地の3大会(朝鮮、満州、台湾)は消滅し代表校は19校/選抜大会は4年目の中止
★大学/東都、関西六大学が春季リーグ戦より復活/**日本学生野球協会を設立**(12月)
★社会人/都市対抗野球大会が復活/都市対抗野球で3位チームに黄獅子旗を授与
★プロ/セネタース(現北海道日本ハムファイターズ)が発足/ペナントレース再開

□国内外の動き

★国内/天皇の人間宣言/公職追放の開始/伊豆諸島の返還(本土復帰)/極東国際軍事裁判開廷/第一次吉田内閣成立/**日本国憲法公布**(施行は1947年5月)/昭和南海地震/農地改革(1950年まで)/労働組合法施行/樺太、シベリア引揚者第1船が函館、舞鶴に到着/文部省が「6334」学校制度を発表/物価統制令/日刊スポーツが創刊、その後スポーツ紙の発刊続く
★世界/インドシナ戦争(〜1954年)/国際連盟解散/第1回**国際連合**総会/**ソ連が千島列島・樺太の領有を布告**/イタリア共和国成立/**米がビキニ環礁で原爆実験**/フィリピンが米より独立

1947(昭和22)年　慶応が初の春秋連覇　野球統制令が廃止　甲子園大会再開　学校教育法施行　印パが分離独立

早稲田			対立教 4.23(後楽園)
1	遊	篠山 和夫	市岡中(大阪)
2	三	鶴田 鉦二郎	岡崎中(愛知)
3	左	片山 公三	市岡中(大阪)
4	投	岡本 忠之	扇町商(大阪)
5	右	山村 博敏	灘中(兵庫)
6	二	頴川 三隆	都立二中(東京)
7	捕	中村 次男	市岡中(大阪)
8	一	南里 光義	佐賀商(佐賀)
9	中	岡崎 宏太郎	足利工(栃木)
主将		岡本 忠之	扇町商(大阪)
マネージャー		相田 暢一	小樽中(北海道)
監督		相田 暢一	小樽中(北海道)
			対立教 9.16(後楽園)
1	右	野見山 博	嘉穂中(福岡)
2	捕	谷山 正夫	豊橋商(愛知)
5	中	山下 臣司	日大三中(東京)
6	投	荒川 宗一	掛川中(静岡)
7	一	前田 博正	市岡中(大阪)
8	左	松本 敏雄	和歌山中(和歌山)
9	二	本城 唯一	神戸二中(兵庫)
主将		片山 公三	市岡中(大阪)
マネージャー		松尾 禎三	灘中(兵庫)
監督		森 茂雄	松山商(愛媛)

慶応(当番校)			対法政 4.23(後楽園)
1	二	山県 将泰	広島商(広島)
2	遊	増山 桂一郎	敦賀商(福井)
3	左	久保木 清	広島商(広島)
4	捕	**加藤 進**	愛知一中(愛知)
5	中	岩中 英和	和歌山中(和歌山)
6	一	山村 泰弘	神戸一中(兵庫)
7	右	高橋 久雄	名教中(東京)
8	三	馬庭 欣之助	慶応普通部(東京)
9	投	**大島 信雄**	岐阜商(岐阜)
主将		大島 信雄	岐阜商(岐阜)
マネージャー		水野 次郎	慶応普通部(東京)
監督		上野 精三	静岡中(静岡)
			対法政 9.16(後楽園)
1	三	吉岡 宏	尼崎中(兵庫)
2	二	本田 治	神戸一中(兵庫)
7	中	徳丸 幸助	慶応商工(東京)
9	遊	高田 正司	高崎商(群馬)
主将		加藤 進	愛知一中(愛知)
マネージャー		柴野 昌	慶応普通部(東京)

明治			対帝大 4.30(後楽園)
1	二	**須本 憲一**	徳島商(徳島)
2	中	磯田 憲一	広島商(広島)
3	左	大塚 正幸	大分商(大分)
4	一	**杉下 茂**	帝京商(東京)
5	三	土屋 亨	松本商(長野)
6	右	常見 昇	桐生中(群馬)
7	投	**小川 善治**	千葉商(千葉)
8	捕	安藤 邦夫	愛知商(愛知)
9	遊	宝山 省二	広島商(広島)
主将		小川 善治	千葉商(千葉)
マネージャー		宮坂 眞一	松本商(長野)
監督		八十川 胖	広陵中(広島)
			対東大 9.23(後楽園)
7	一	粕谷 由之	中京商(愛知)
9	右	寺田 雷太	愛知商(愛知)
主将		**土屋 亨**	松本商(長野)
	投	**高野 裕良**	下関商(山口)

法政			対慶応 4.23(後楽園)
1	一	小林 一男	日大三中(東京)
2	遊	宍戸 善次郎	福島中(福島)
3	左	土屋 雅敬	広島商(広島)
4	中	**後藤 次男**	熊本工(熊本)
5	右	関根 潤三	日大三中(東京)
6	投	服部 力	宇治山田商(京都)
7	一	原 正	日大三中(東京)
8	捕	芳村 嵒夫	甲陽中(兵庫)
9	三	藤江 清	県神戸商(兵庫)
主将		後藤 次男	熊本工(熊本)
マネージャー		吉村 力	日大三中(東京)
監督		藤田 省三	甲南中(兵庫)
			対慶応 9.16(後楽園)
1	二	田名網 英二	栃木商(栃木)
7	右	山下	日大三中(東京)

立教			対早稲田 4.23(後楽園)
1	中	藤田 繁雄	水戸商(茨城)
2	遊	山崎 弘	水戸商(茨城)
3	三	**木村 保久**	一宮中(愛知)
4	右	砂押 邦信	水戸商(茨城)
5	投	五井 孝蔵	角館中(秋田)
6	一	江田 清	鹿沼農(栃木)
7	捕	佐藤 次男	灘中(兵庫)
8	二	山西 嘉夫	甲陽中(兵庫)
9	左	須川 泰男	小樽中(北海道)
主将		砂押 邦信	水戸商(茨城)
マネージャー		吉田 喜代太郎	安田学園中(東京)
監督		―	―
			対早稲田 9.16(後楽園)
1	三	下川 久男	北海中(北海道)
7	左	飯塚 尚	北海中(北海道)
8	一	青池 清	関西学院中(大阪)
主将		須川 泰男	小樽中(北海道)
マネージャー		田中 稔	浦和中(埼玉)

東大			対明治 4.30(後楽園)
1	中	山崎 喜暉	旧静岡高(静岡)
2	左	正森 啓一	旧成蹊高(東京)
3	右	野口 彰	旧一高(東京)
4	遊	井波 義二	旧富山高(富山)
5	二	西村 嘉明	旧都立高(東京)
6	三	立松 惣造	旧成蹊高(東京)
7	投	山崎 諭	旧山形高(山形)
8	捕	細谷 好甫	旧山口高(山口)
9	一	八百 浩一	旧静岡高(静岡)
主将		山崎 喜暉	旧静岡高(静岡)
マネージャー		長塚 隆二	旧静岡高(静岡)
マネージャー		宮本 正之	旧成蹊高(東京)
監督		佐藤 剛彦	旧二高(宮城)
			対明治 9.23(後楽園)
2	左	瀬川 昌治	旧学習院高(東京)
5	中	澤田 信一	旧成蹊高(東京)
6	三	伊藤 駁	旧姫路高(兵庫)
8	投	岩佐 守	旧静岡高(静岡)
監督		津田 収	旧五高(熊本)
主将		細谷 好甫	旧山口高(山口)

【春季】勝敗表　慶応が得点(勝率)で優勝

順位	チーム	試合	勝	敗	分	得点	勝率
10	**慶大**	10	8	2	0	8	0.800
②	早大	10	6	3	1	6.5	0.667
③	明大	10	6	3	1	6.5	0.667
④	帝大	10	4	6	0	4	0.400
⑤	立大	10	3	7	0	3	0.300
⑥	法大	10	2	8	0	2	0.200

・再び2回戦制を採用、引き分けは0.5勝

首位打者　久保木 清　慶　広島商

【秋季】勝敗表　慶応が得点(勝率)で有優勝

順位	チーム	試合	勝	敗	分	得点	勝率
11	**慶大**	10	9	1	0	9	0.900
②	法大	10	6	3	1	6.5	0.667
③	明大	10	6	4	0	6	0.600
④	立大	10	4	6	0	4	0.400
⑤	東大	10	2	7	1	2.5	0.222
⑥	早大	10	2	8	0	2	0.200

・2回戦制を採用　・慶応が春秋連覇

首位打者　土屋 五郎　法　広島商

□六大学野球と神宮球場の動き

春季は後楽園(28試合)、東大、和泉(各1試合)の各球場を使用/秋季は神宮(15試合)、後楽園(10試合)、戸塚(3試合)、東大(2試合)の各球場を使用/東大に応援団、**東京六大学応援団連盟設立**(390頁)/早慶戦切符配分方法を巡り**早慶戦ボイコット問題**に発展(春季)

□野球界の動き

★高校／全国中等学校野球連盟を**全国高等学校野球連盟**に改称/甲子園球場の接収一部解除/7年ぶりに同球場で開催/地方大会の参加校は1,000校を突破/小倉中が九州初の覇者に/選抜中等学校野球大会が復活/甲子園球場にラッキーゾーン

★大学／全国大学野球連盟(東京六大学、東都大学野球、関西六大学の3連盟)と全国新制大学連盟が発足/**全国大学野球王座決定戦**を開始(甲子園球場)/大阪三大学野球リーグが開始/東京六大学、東都大学、関西六大学の軟式リーグ(現在の準硬式野球)が開始

★社会人／都市対抗野球で大日本土木(岐阜市)が2連覇、久慈次郎(盛岡中-早稲田)を讃えて**久慈賞**(敢闘賞)を授与

★プロ／2例目のプロ野球リーグの国民野球連盟が発足　★大リーグ／ジャッキー・ロビンソンが初の黒人大リーグ選手となる

□国内外の動き

★国内／学校教育法制定(35頁)、地方自治法制定/**東京帝国大学が東京大学に改称**(第一高等学校と東京高等学校高等科等を吸収)/東京都区部が35区から22区に再編され特別区に/英国の駐留軍が引き揚げ決定

★世界／国際通貨基金(IMF)が業務開始/欧州経済復興計画(マーシャル・プラン)、同経済協力機構(CEEC)設立/GATTに23ヵ国調印

1948(昭和23)年　勝ち点制を採用　東京裁判が結審　帝銀事件　朝鮮が南北に分裂　第一次中東戦争

早稲田			対法政 4.18
1	二	島田 雄三	浪華商(大阪)
2	右	野見山 博	嘉穂中(福岡)
3	遊	蔭山 和夫	市岡中(大阪)
4	左	荒川 宗一	掛川中(静岡)
5	中	石井 藤吉郎	水戸商(茨城)
6	捕	山下 臣司	日大三中(東京)
7	一	磯野 良太	甲陽中(兵庫)
8	三	相沢 郁男	松本市中(長野)
9	投	末吉 俊信	小倉中(福岡)
主将		磯野 良太	甲陽中(兵庫)
マネージャー		松尾 禎三	灘中(兵庫)
監督		森 茂雄	松山商(愛媛)
			対東大 9.25
8	三	西本 宏	明治中(東京)
9	捕	谷山 正夫	豊橋商(愛知)
	内	**河野 昭修＊**	修猷館(福岡)

慶応			対立教 4.18
1	三	吉岡 宏	尼崎中(兵庫)
2	二	本田 治	神戸一中(兵庫)
3	左	久保木 清	広島商(広島)
4	一	山村 泰弘	神戸一中(兵庫)
5	右	高橋 久雄	名教中(東京)
6	中	徳丸 幸助	慶応商工(東京)
7	遊	関原 伸一郎	掛川中(静岡)
8	捕	村上 昌司郎	中野中(東京)
9	投	平古場 昭二	浪華商(大阪)
主将		久保木 清	広島商(広島)
マネージャー		辻 博通	慶応商工(東京)
監督		上野 精三	静岡中(静岡)
			対法政 9.27
3	投	岩中 英和	和歌山中(和歌山)
8	捕	**和中 道男**	和歌山中(和歌山)

明治	(当番校)		対立教 4.24
1	中	**磯田 憲一**	広島商(広島)
2	遊	国方 博	下関商(山口)
3	三	宝山 省二	広島商(広島)
4	左	**常見 昇＊**	桐生中(群馬)
5	一	山崎 克巳	広島商(広島)
6	投	入谷 正典	関西甲種商(大阪)
7	二	野村 輝夫	松山商(愛媛)
8	捕	安藤 邦夫	愛知商(愛知)
9	右	**寺田 雷太**	愛知商(愛知)
主将		磯田 憲一	広島商(広島)
マネージャー		宮坂 眞一	松本商(長野)
監督		宮坂 達雄	京華商(東京)
			対立教 9.25
マネージャー		那原 静也	麻布中(東京)

法政			対早稲田 4.18
1	遊	宍戸 善次郎	福島中(福島)
2	三	長谷川 晴雄	千葉商(千葉)
3	右	**土屋 雅敬**	広島商(広島)
4	投	関根 潤三	日大三中(東京)
5	中	山下 譲	日大三中(東京)
6	左	有川 辰男	日大三中(東京)
7	二	**田名網 英二**	栃木商(栃木)
8	捕	芳村 嵒夫	甲陽中(兵庫)
9	一	原 正	日大三中(東京)
主将		芳村 嵒夫	甲陽中(兵庫)
マネージャー		—	—
監督		藤田 省三	甲南中(兵庫)
			対慶応 9.27
8	中	野村 浩	八幡中(福岡)

立教			対慶応 4.18
1	二	山西 嘉夫	甲陽中(兵庫)
2	三	石原 照夫	成田中(千葉)
3	左	藤田 繁雄	水戸商(茨城)
4	中	五井 孝蔵	角館中(秋田)
5	遊	山崎 弘	水戸商(茨城)
6	一	青池 清	関西学院中(大阪)
7	投	藤江 重幸	関西学院中(大阪)
8	右	砂押 邦信	水戸商(茨城)
9	捕	佐藤 次男	灘中(兵庫)
主将		佐藤 次男	灘中(兵庫)
マネージャー		田中 稔	浦和中(埼玉)
監督		—	—
			対明治 9.25
9	中	篠原 一豊	防府中(山口)

東大			対慶応 4.24
1	二	後藤 完自	旧一高(東京)
2	捕	井波 義二	旧富山高(富山)
3	三	伊藤 驍	旧姫路高(兵庫)
4	右	加賀山 朝雄	旧一高(東京)
5	遊	佐藤 十二	旧新潟高(新潟)
6	投	岩佐 守	旧静岡高(静岡)
7	一	木川田 一郎	旧弘前高(青森)
8	左	藤井 八郎	旧富山高(富山)
9	中	瀬川 昌治	旧学習院高(東京)
主将		井波 義二	旧富山高(富山)
マネージャー		溝口 昇	旧学習院高(東京)
監督		津田 収	旧五高(熊本)
			対早稲田 9.25
2	左	後藤 忠行	旧一高(東京)
6	一	木暮 治	旧成蹊高(東京)
9	三	米谷 半平	旧四高(石川)
マネージャー		若月 文也	旧水戸高(茨城)

【春季】勝敗表　早稲田が優勝決定戦で優勝

順位	チーム	試合	勝	敗	分	勝点	勝率
10	**早大**	14	9	4	1	4	0.692
②	明大	13	8	5	0	4	0.615
③	法大	14	8	5	1	3	0.615
④	慶大	13	6	7	0	2	0.462
⑤	立大	15	7	8	0	2	0.467
⑥	東大	11	1	10	0	0	0.091

・勝ち点制の開始
(首位同勝ち点は勝率に関係なしで決定戦)
・石井(早)がシーズン5三塁打

首位打者	常見 昇	明	桐生中

【秋季】勝敗表　法政が完全優勝

順位	チーム	試合	勝	敗	分	勝点	勝率
6	**法大**	12	10	2	0	5	0.833
②	明大	12	8	4	0	3	0.667
③	早大	12	6	5	1	3	0.545
④	慶大	13	5	7	1	2	0.417
⑤	立大	12	4	8	0	2	0.333
⑥	東大	15	3	10	2	0	0.231

・平古場(慶)がノーヒットノーラン
(対東大・試合は0対0)
・井波(東)が6シーズン62試合全イニング出場

首位打者	青池 清	立	関西学院中

□六大学野球と神宮球場の動き

勝ち点制を採用/春季は神宮(24試合)、後楽園(10試合)、東大(3試合)、戸塚、和泉(各2試合)、秋季は神宮(33試合)、東大(4試合)、和泉(1試合)の球場を使用/前季の結果を受けて早慶戦のスケジュール問題が提起される/春の早慶2回戦に3万人が入場できず、警官出動で重軽傷者13名/大学王座決定戦で法政が優勝

□野球界の動き

★高校／全国高等学校野球大会と全国実業専門学校野球大会が終了/学制改革で**全国高等学校野球選手権大会**と**選抜高等学校野球大会**に改称/代表校は23校、公募で大会歌を刷新/小倉高の福嶋一雄(早稲田―八幡製鉄)投手が5試合完封し5校目の連覇/出身校名は旧制中学校名で実施/**一高対三高対校戦は一高の18勝19敗1分(38戦)で終了**(球審は後の東大野球部監督の坪井忠郎(旧学習院高)

★大学／東都大学野球連盟に駒沢大、立正大が加盟/大阪三大学野球リーグを近畿六大学野球連盟に改称/第2回全国大学王座決定戦(東京六大学・東都大学・関西六大学)が神宮球場で開催/**東都大学野球連盟が六大学野球連盟に「リーグ1本化、2部制」を提案したが却下される**(196頁)

★プロ／初のフランチャイズ制が暫定導入/横浜ゲーリック球場(現在の横浜スタジアム)でプロ野球初のナイターが行われる/国民野球連盟が解散

□国内外の動き

★国内／日米国際電話再開/東京裁判が結審(A級戦犯死刑7名ほか)/全日本体育協会が日本体育協会に改称/**学制改革**で旧制高等学校の最後の行事 (一高の終焉)

★世界／**朝鮮が朝鮮民主主義人民共和国と大韓民国に分割**/世界保健機関(WHO)設立/第一次中東戦争/世界人権宣言

1949（昭和24）年　マッカーサーが早慶戦にメッセージ　中華人民共和国が独立宣言　ドイツが東西分裂に

早稲田		対立教 4.29（上井草）	
1	遊	**蔭山 和夫**	市岡中（大阪）
2	左	松本 荒正	福岡工（福岡）
3	一	石井 藤吉郎	水戸商（茨城）
4	捕	宮原 実	岡山二中（岡山）
5	投	荒川 宗一	掛川中（静岡）
6	右	山本 二郎	佐伯中（大分）
7	二	島田 雄三	浪華商（大阪）
8	三	西本 宏	明治中（東京）
9	中	阿部 弘	都立二中（東京）
主将		陰山 和夫	市岡中（大阪）
マネージャー		松尾 禎三	灘中（兵庫）
監督		森 茂雄	松山商（愛媛）
		対東大 9.16（後楽園）	
2	右	荒川 博	早稲田実（東京）
8	二	宮崎 康之	小倉中（福岡）

慶応		対法政 5.7（上井草）	
1	三	吉岡 宏	尼崎中（兵庫）
2	二	神田 五郎	慶応商工（東京）
3	一	山村 泰弘	神戸一中（兵庫）
4	左	岩中 英和	和歌山中（和歌山）
5	右	高橋 久雄	名教中（東京）
6	中	徳丸 幸助	慶応商工（東京）
7	遊	関原 伸一郎	掛川中（静岡）
8	投	平古場 昭二	浪華商（大阪）
9	捕	瀬尾 博道	青山学院中（東京）
主将		高橋 久雄	名教中（東京）
マネージャー		辻 博通	慶応商工（東京）
監督		阪井 盛一	滝川中（兵庫）
		対明治 9.10（後楽園）	

明治		対立教 4.23（上井草）	
1	遊	国方 博	下関商（山口）
2	一	野村 輝夫	松山商（愛媛）
3	三	**宝山 省二**	広島商（広島）
4	左	**山崎 善平**	府十二中（東京）
5	右	山県 富人	広島商（広島）
6	中	永井 馨	下関商（山口）
7	投	入谷 正典	関西甲種商（大阪）
8	捕	安藤 邦夫	愛知商（愛知）
9	二	牧野 茂	愛知商（愛知）
主将		宝山 省二	広島商（広島）
マネージャー		岩田 和雄	甲府商（山梨）
監督		宮坂 達雄	京華商（東京）
		対慶応 9.10（後楽園）	
	投	**榊井 清一**	市岐阜商（岐阜）
	投	**加藤 一昭**	一宮中（愛知）
	投	**常見 忠＊**	桐生中（群馬）

法政	（当番校）	対東大 4.23（上井草）	
1	遊	鎌田 誠二	京都二商（京都）
2	二	田中 忠一	竜ヶ崎中（茨城）
3	三	長谷川 晴雄	千葉商（千葉）
4	投	**関根 潤三**	日大三中（東京）
5	中	野村 浩	八幡中（福岡）
6	右	北村 康之	日大一中（東京）
7	左	日下 隆	鳴尾中（兵庫）
8	捕	根本 陸夫	日大三中（東京）
9	一	原 正	日大三中（東京）
主将		関根 潤三	日大三中（東京）
マネージャー		坂東 義郎	新港中（兵庫）
監督		藤田 省三	甲南中（兵庫）
		対立教 9.16（後楽園）	
2	二	西尾 幸治	横浜商（神奈川）
3	遊	宍戸 善次郎	福島中（福島）
9	左	林 今朝雄	長野商（長野）
主将		長谷川 晴雄	千葉商（千葉）
主将		原 正	日大三中（東京）
マネージャー		玉本 廣	荏原中（東京）

立教		対明治 4.23（上井草）	
1	遊	石原 照夫	成田中（千葉）
2	左	藤田 繁雄	水戸商（茨城）
3	二	山崎 弘	水戸商（茨城）
4	投	**五井 孝蔵**	角館中（秋田）
5	一	青池 清	関西学院中（大阪）
6	右	大沢 貞義	松江商（島根）
7	捕	井上 茂	岩国中（山口）
8	三	下川 久男	北海中（北海道）
9	中	加藤 保	銚子商（千葉）
主将		五井 孝蔵	角館中（秋田）
マネージャー		時永 要	徳山中（山口）
監督		―	―
		対法政 9.16（後楽園）	
2	中	篠原 一豊	防府中（山口）
7	三	望月 信彰	甲陽中（兵庫）

東大		対法政 4.23（上井草）	
1	二	佐藤 十二	旧新潟高（新潟）
2	中	後藤 忠行	旧一高（東京）
3	遊	伊藤 驍	旧姫路高（兵庫）
4	一	木暮 治	旧成蹊高（東京）
5	右	加賀山 朝雄	旧一高（東京）
6	三	米谷 半平	旧四高（石川）
7	投	島村 俊雄	陸軍士官学校（東京）
8	捕	塩田 和夫	旧浦和高（埼玉）
9	左	藤井 八郎	旧富山高（富山）
主将		伊藤 驍	旧姫路高（兵庫）
マネージャー		芝 盛久	旧学習院高（東京）
監督		津田 収	旧五高（熊本）
		対早稲田 9.16（後楽園）	
7	投	後藤 完自	旧一高（東京）
8	左	谷岸 一雄	旧都立高（東京）

1946年からリーグ戦で使用された上井草球場、1950年春の早明戦

【春季】勝敗表　勝ち点で早稲田が優勝

順位	チーム	試合	勝	敗	分	勝点	勝率
11	**早大**	15	9	6	0	4	0.600
②	明大	13	8	5	0	3	0.615
③	立大	12	6	6	0	2	0.500
④	法大	15	6	8	1	2	0.429
⑤	慶大	13	5	7	1	2	0.417
⑤	東大	12	5	7	0	2	0.417

・勝率では明治が上回る
・加藤雄司（慶応普通部・慶）がノーヒットノーラン（対法政）
・早稲田の勝率（.600）は優勝勝率では最低

首位打者　藤田 繁雄　立　水戸商

【秋季】勝敗表

順位	チーム	試合	勝	敗	分	勝点	勝率
12	**慶大**	15	9	5	1	4	0.643
②	明大	13	7	5	1	3	0.583
③	早大	15	8	6	1	3	0.571
③	法大	17	8	6	3	3	0.571
⑤	東大	11	4	7	0	2	0.364
⑥	立大	13	3	10	0	0	0.231

・慶応が東大に勝ち点（1勝2敗）を奪われ優勝
・**山村（慶）がシーズン最多安打（30本）**
・**慶応がシーズン最多161安打、233塁打**
・関根（法）が通算41勝（30敗・歴代5位）
・**立東1回戦が最短試合時間（1時間12分）**
・**慶応が先発全員安打全員得点**（対法政）

首位打者　山村 泰弘　慶　神戸一中

□六大学野球と神宮球場の動き

春季、秋季ともに神宮球場（春7・秋25試合）、後楽園（春16・秋9試合）、上井草球場（春17・秋8試合）を併用／マッカーサー元帥が早慶両校に激励のメッセージ（6.13 早慶戦・233頁）／選抜チームがサンフランシスコ・シールズ（3A）と対戦（後楽園）／秋の早慶戦決勝戦が降雨中止で翌日再試合に／早稲田が初代野球部長・安部磯雄死去後、戸塚球場、合宿所を安部球場、安部寮に改称

□野球界の動き

★高校／甲子園の入場式の女子高校生による先導始まる／甲子園にラッキーゾーン新設／合計9本の本塁打新記録
★大学／日本学生野球憲章を制定／東都大学野球連盟に紅陵大（現拓殖大）が加盟／全国大学王座決定戦で慶応が同率優勝（西宮球場）
★社会人／日本社会人野球協会が創設、初代会長は宮原清（上田中-慶応）、同時にNBC（米国野球協会）に加盟
★プロ／**日本野球連盟がセントラル・リーグとパシフィック・リーグに分裂**し、**日本野球機構（NPB）が誕生**／毎日オリオンズ（現千葉ロッテマリーンズ、大洋ホエールズ（現横浜DeNAベイスターズ）、西鉄クリッパーズ（現埼玉西武ライオンズ）、近鉄パールズ、広島カープ（現広島東洋カープ）、国鉄スワローズ（現東京ヤクルトスワローズ）、西日本パイレーツが発足
★大リーグ／サンフランシスコ・シールズ（3A）がGHQの招聘で戦後初の米プロ野球チームとして来日（10勝1敗、1敗は対極東軍選抜チーム）

□国内外の動き

★国内／労働組合法制定／湯川秀樹が日本人で初のノーベル賞受賞
★世界／**北大西洋条約機構調印**/**中華人民共和国成立**、毛沢東が主席に、中華民国が台湾へ移転/**ドイツの東西分裂**が確定

1950(昭和25)年　早稲田が春秋連覇　神宮球場で全試合(秋)　警察予備隊　朝鮮戦争　中華人民共和国の承認へ

早稲田　対東大 4.15

1	二	島田 雄三	浪華商(大阪)
2	右	荒川 博	早稲田実(東京)
3	左	**荒川 宗一**	掛川中(静岡)
4	一	石井 藤吉郎	水戸商(茨城)
5	捕	宮原 実	岡山二中(岡山)
6	中	岩本 堯	田辺(和歌山)
7	遊	西本 宏	明治中(東京)
8	三	山田 俊雄	成田中(千葉)
9	投	**末吉 俊信**	小倉中(福岡)
主将		石井 藤吉郎	水戸商(茨城)
マネージャー		中川 圭造	千里山中(大阪)
監督		森 茂雄	松山商(愛媛)

対東大 9.12

6	一	山本 二郎	佐伯中(大分)
7	遊	広岡 達朗	呉三津田(広島)
8	三	小森 光生	松本市立(長野)
9	投	佐竹 治	扇町商(大阪)

慶応　対立教 4.8

1	二	松本 豊	彦根中(滋賀)
2	捕	瀬尾 博道	青山学院中(東京)
3	中	山村 泰弘	神戸一中(兵庫)
4	左	徳丸 幸助	慶応商工(東京)
5	一	種田 吉富	西京(京都)
6	遊	伊沢 清秀	米子東(鳥取)
7	三	村上 節雄	下関商(山口)
8	投	平古場 昭二	浪華商(大阪)
9	右	井生 元固	小倉(福岡)
主将		徳丸 幸助	慶応商工(東京)
マネージャー		辻 博通	慶応商工(東京)
監督		阪井 盛一	滝川中(兵庫)

対立教 9.21

2	左	篠原 修	慶応普通部(東京)
5	右	前田 祐吉	高知城東中(高知)
6	一	梅垣 和人	慶応商工(東京)
主将		山村 泰弘	神戸一中(兵庫)
マネージャー		浅沼 和寿	芦屋中(兵庫)

明治　対東大 4.8

1	中	永井 馨	下関商(山口)
2	左	宮崎 繁一	海草中(和歌山)
3	二	国方 博	下関商(山口)
4	投	入谷 正典	関西甲種商(大阪)
5	三	保泉 孝三	京王商(東京)
6	捕	原 勝彦	小倉中(福岡)
7	右	菅原 道祐	東葛飾中(千葉)
8	一	井上 安雄	海南中(和歌山)
9	遊	牧野 茂	愛知商(愛知)
主将		保泉 孝三	京王商(東京)
マネージャー		渡辺 光則	法政中(東京)
監督		宮坂 達雄	京華商(東京)

対法政 9.12

7	捕	安藤 邦夫	愛知商(愛知)
	投	**宮沢 澄也**	松本商(長野)

法政　対早稲田 4.15

1	三	吉田 勝隆	日大三中(東京)
2	遊	戸口 天従	奈良商工(奈良)
3	左	日下 隆	鳴尾中(兵庫)
4	右	北村 康之	日大一中(東京)
5	中	野村 浩	八幡中(福岡)
6	二	西尾 幸治	横浜商(神奈川)
7	一	原 正	日大三中(東京)
8	投	横井 峯良	津島中(愛知)
9	捕	**根本 陸夫**	日大三中(東京)
主将		北村 康之	日大一中(東京)
マネージャー		―	―
監督		長谷川 晴雄	千葉商(千葉)

対明治 9.12

9	二	佐藤	法政二中(神奈川)

立教　対慶応 4.8

1	遊	石原 照夫	成田中(千葉)
2	中	篠原 一豊	防府中(山口)
3	二	山崎 弘	水戸商(茨城)
4	右	青池 清	関西学院中(大阪)
5	三	望月 信彰	甲陽中(兵庫)
6	投	大沢 貞義	松江商(島根)
7	捕	井上 茂	岩国中(山口)
8	左	砂押 正男	茨城中(茨城)
9	一	降旗 喜八郎	松本市中(長野)
主将		青池 清	関西学院中(大阪)
マネージャー		清水 潤	松本工(長野)
監督		砂押 邦信	水戸商(茨城)

対慶応 9.21

2	二	中山 寛	沼津中(静岡)
5	一	竹之内 勇治	鹿児島二中(鹿児島)
	投	**浅田 肇**＊	北海(北海道)

東大(当番校)　対明治 4.8

1	遊	安藤 大和	旧八高(愛知)
2	左	野口 昭二	旧一高(東京)
3	右	岡部 進	旧学習院高(東京)
4	一	岩田 辰三	旧八高(愛知)
5	投	後藤 完自	旧一高(東京)
6	中	小出 経基	旧学習院高(東京)
7	三	堀田	旧成蹊高(東京)
8	二	久野 三郎	旧弘前高(青森)
9	捕	則武 忠雄	旧六高(岡山)
主将		後藤 完自	旧一高(東京)
マネージャー		栗原 恵一	旧水戸高(茨城)
監督		津田 収	旧五高(熊本)

対早稲田 9.12

2	二	竹田 晃	高等師範付(東京)
5	一	村田 実	旧浦和高(埼玉)
8	中	神戸 昭	大阪農専(大阪)
監督		片桐 勝司	旧水戸高(茨城)
マネージャー		小松 貢	旧水戸高(茨城)

【春季】勝敗表　早稲田が完全優勝

順位	チーム	試合	勝	敗	分	勝点	勝率
12	**早大**	12	10	2	0	5	0.833
②	明大	12	9	3	0	4	0.750
③	慶大	10	6	4	0	3	0.600
④	立大	11	5	6	0	2	0.455
⑤	法大	11	3	8	0	1	0.273
⑥	東大	10	0	10	0	0	0.000

・**山村(慶)が最多連続試合安打(22試合)**
・**前田(慶)が防御率0.00(3試合、21回)**
・永井(明)が1試合5盗塁(対法政)

首位打者　石井 藤吉郎　早　水戸商

【秋季】勝敗表　早稲田が完全優勝

順位	チーム	試合	勝	敗	分	勝点	勝率
13	**早大**	11	10	1	0	5	0.909
②	立大	12	8	4	0	3	0.667
③	明大	11	6	5	0	3	0.545
④	法大	12	5	7	0	2	0.417
⑤	慶大	11	4	7	0	2	0.364
⑥	東大	11	1	10	0	0	0.091

・早稲田が春秋連覇
・**山村(慶)が通算最多三塁打(14本)**
・山村(慶)が通算108安打
・石井(早)が通算114安打

首位打者　日下 隆　法　鳴尾中

□六大学野球と神宮球場の動き

春季が神宮球場(26試合)と上井草球場(7試合)を併用、秋季は全試合が神宮球場開催/早慶戦天覧試合(11.6)/戦後初の海外遠征として六大学選抜チームがハワイ遠征(16勝4敗1分)/大学王座決定戦で早稲田が優勝/東大教養部に野球部設立(本郷に吸収)

□野球界の動き

★高校/参加校が1,500校突破/四国同士の決勝(松山東が優勝、鳴門が準優勝)
★大学/全国野球連盟と日本社会人野球協会、全日本軟式野球連盟が協力し**日本アマチュア野球規則**を制定/東都大学野球連盟に学習院大が加盟/第4回全国大学王座決定戦で早稲田が優勝(神宮球場)/全国新制大学野球選手権大会を開始/**日本学生野球憲章**が改正
★社会人/都市対抗野球大会で予選で敗退チームから応援を受けて選手を補充する補強制度が始まる(現在は3名まで可能)
★プロ/**プロ野球の2リーグ制**(セントラルとパシフィック)が始まる/日本選手権シリーズ(現日本シリーズ)が始まる/第1回の覇者は毎日オリオンズ

□国内外の動き

★国内/マッカーサーが**警察予備隊**創設を要求
★世界/**朝鮮戦争**(～1953年)/各国が**中華人民共和国を承認**/**中国国民政府が台湾に移る**/インドネシア共和国が成立

1951(昭和26)年　春は武蔵野球場で　マッカーサーGHQ司令官が解任　サンフランシスコ講和・日米安保条約締結

早稲田		対東大 4.14(武蔵野)	
1	二	**島田 雄三**	浪華商(大阪)
2	右	荒川 博	早稲田実(東京)
3	一	山本 二郎	佐伯中(大分)
4	中	岩本 堯	田辺(和歌山)
5	捕	宮原 実	岡山二中(岡山)
6	遊	広岡 達朗	呉三津田(広島)
7	三	山田 俊雄	成田中(千葉)
8	投	福嶋 一雄	小倉(福岡)
9	左	蠣崎 万巳	京北中(東京)
主将		宮原 実	岡山二中(岡山)
マネージャー		青田 辰巳	成田中(千葉)
監督		森 茂雄	松山商(愛媛)
		対明治 9.16	
5	三	小森 光生	松本市立(長野)
9	左	沼沢 康一郎	函館中部(北海道)

慶応		対立教 4.14(武蔵野)	
1	三	宇田川 武志	天王寺中(大阪)
2	二	伊沢 清秀	米子東(鳥取)
3	遊	松本 豊	彦根中(滋賀)
4	捕	種田 吉富	西京(京都)
5	一	香野 康彦	小倉(福岡)
6	右	前田 祐吉	高知城東中(高知)
7	中	山川 修司	沼津東(静岡)
8	投	山本 治	明石(兵庫)
9	左	福沢 弘行	高津(大阪)
主将		平古場 昭二	浪華商(大阪)
マネージャー		浅沼 和寿	芦屋中(兵庫)
監督		阪井 盛一	滝川中(兵庫)
		対明治 9.23	
2	三	田中 徹雄	芦屋(兵庫)
4	右	花井 悠	岐阜(岐阜)
5	一	梅垣 和人	慶応商工(東京)
7	中	野村 利則	高松商(香川)

明治		対法政 4.21(武蔵野)	
1	中	永井 馨	下関商(山口)
2	二	国方 博	下関商(山口)
3	捕	原 勝彦	小倉中(福岡)
4	左	菅原 道祐	東葛飾中(千葉)
5	一	**井上 安雄**	海南(和歌山)
6	右	山崎 己四登	関西(岡山)
7	三	大林 弥一	享栄商(愛知)
8	投	**入谷 正典**	関西甲種商(大阪)
9	遊	**牧野 茂**	愛知商(愛知)
主将		国方 博	下関商(山口)
マネージャー		佐藤 光雄	深谷商(埼玉)
監督		八十川 胖	広陵中(広島)
		対早稲田 9.16	
3	三	渡辺 礼次郎	府中(広島)
6	右	山本 浩	熊谷(埼玉)
8	一	橋爪 一衛	明治(東京)
マネージャー		宮崎 統雄	明治中(東京)
	外	**栗木 孝幸**	市岐阜商(岐阜)
	外	**菅原 道裕**	東葛飾中(千葉)

法政		対明治 4.21(武蔵野)	
1	二	西尾 幸治	横浜商(神奈川)
2	右	長谷川 繁雄	竹原(広島)
3	左	**日下 隆**	鳴尾中(兵庫)
4	中	野村 浩	八幡中(福岡)
5	一	鈴木 輝利	高崎工(群馬)
6	三	吉田 勝隆	日大三中(東京)
7	遊	戸口 天従	奈良商工(奈良)
8	投	林 今朝雄	長野商(長野)
9	捕	広瀬 吉治	浪華商(大阪)
主将		野村 浩	八幡中(福岡)
マネージャー		窪田 明	戸畑中(福岡)
監督		長谷川 晴雄	千葉商(千葉)
		対東大 9.22	
1	三	松永 怜一	八幡(福岡)
2	遊	井本 恒雄	平安(京都)
6	捕	宇野 秀幸	松山東(愛媛)
8	投	渡辺 雅人	八幡(福岡)
マネージャー		和賀 延夫	秋田商(秋田)

立教(当番校)		対慶応 4.14(武蔵野)	
1	中	篠原 一豊	防府中(山口)
2	三	中山 寛	沼津中(静岡)
3	遊	**石原 照夫**	成田中(千葉)
4	二	山崎 弘	水戸商(茨城)
5	投	大沢 貞義	松江商(島根)
6	一	坂本 孝治	
7	捕	竹之内 勇治	鹿児島二中(鹿児島)
8	左	井上 茂	岩国中(山口)
9	右	霜古田 清	松本中(長野)
主将		山崎 弘	水戸商(茨城)
マネージャー		小野 秀夫	水戸商(茨城)
監督		砂押 邦信	水戸商(茨城)
		対東大 9.16	
6	右	重台 昭彦	小倉(福岡)
8	左	**山田 利昭＊**	市川工(千葉)
9	三	山田 一夫	瑞陵(愛知)

東大		対早稲田 4.14(武蔵野)	
1	左	野口 昭二	旧一高(東京)
2	中	石山 達郎	旧六高(岡山)
3	右	仁木島 明	旧一高(東京)
4	一	岡部 進	旧学習院高(東京)
5	遊	安藤 大和	旧八高(愛知)
6	三	村田 実	旧浦和高(埼玉)
7	捕	則武 忠雄	旧六高(岡山)
8	投	蒲池 信二	旧成城高(東京)
9	二	竹田 晃	高等師範付(東京)
主将		則武 忠雄	旧六高(岡山)
マネージャー		真田 幸一	旧学習院高(東京)
監督		片桐 勝司	旧水戸高(茨城)
		対立教 9.16	
5	中	神戸 昭	大阪農専(大阪)
7	捕	篠原 実	海軍兵学校(広島)
9	投	中村 勝	旧浦和高(埼玉)
主将		岡部 進	旧学習院高(東京)
マネージャー		三栄 恭一	旧八高(愛知)

【春季】勝敗表　早稲田が優勝決定戦で優勝

順位	チーム	試合	勝	敗	分	勝点	勝率
14	**早大**	11	8	2	1	4	0.800
②	慶大	11	8	3	0	4	0.727
③	立大	12	8	4	0	4	0.667
④	法大	12	5	7	0	2	0.417
⑤	明大	12	3	8	1	1	0.273
⑥	東大	12	2	10	0	0	0.167

- **早稲田が3連覇(初)**
- 早慶立で優勝決定戦(2勝の早稲田が優勝)
- 明治が井上・畑間でノーヒットノーラン(対東大)
- 大沢(立)がシーズン5三塁打

首位打者	大沢 貞義	立	松江商

【秋季】勝敗表　慶応が完全優勝

順位	チーム	試合	勝	敗	分	勝点	勝率
13	**慶大**	12	10	2	0	5	0.833
②	法大	13	7	6	0	3	0.538
③	明大	13	6	7	0	3	0.462
④	早大	13	7	6	0	2	0.538
⑤	立大	13	6	7	0	2	0.462
⑥	東大	12	2	10	0	0	0.167

- 末吉(早)が通算44勝(20敗・歴代3位)
- 入谷(明)が通算32勝(21敗)
- 宮原(早)が通算108安打・66打点
- 山崎(立)、石原(立)が通算106、101安打
- 小島(立)がノーヒットで敗戦(対法政)

首位打者	篠原 一豊	立	防府中

武蔵野グリーンパーク野球場(写真:武蔵野市)

□六大学野球と神宮球場の動き

春季は神宮球場の整備により武蔵野球場、上井草球場で開催/早慶戦に米最高司令官夫妻が来場/連盟がハワイ・レッドソックスを招聘/秋季は全試合が神宮球場で開催

□野球界の動き

★高校／甲子園球場のアルミニウムの屋根復活
★大学／全国大学野球連盟へ全国新制大学野球連盟を統合し全日本大学野球連盟が発足、選手権大会の開催決定/東都大学野球連盟が3部制に(青山学院大、芝浦工業大、成蹊大、武蔵工業大、明治学院大が加盟)/全国大学王座決定戦が5回で終了
★社会人／日本産業対抗野球大会がスタート、化学工業代表の鐘淵化学が初代王者
★プロ／プロ野球にコミッショナー制度が生まれる/西日本が西鉄に吸収され消滅/オールスターゲームが始まる

□国内外の動き

★国内／サンフランシスコ講和条約、**日米安全保障条約締結**/日本航空が設立/第1回紅白歌合戦
★世界／ダグラス・マッカーサーがGHQ司令官を解任される(224頁)/社会主義インターナショナルが結成

1952(昭和27)年　神宮球場が返還される　高校野球で背番号　慶応が大学選手権の初代王者　米が初の水爆実験

早稲田（当番校）			対立教 4.19
1	左	**沼沢 康一郎**	函館中部（北海道）
2	右	**荒川 博**	早稲田実（東京）
3	遊	広岡 達朗	呉三津田（広島）
4	中	**岩本 堯**	田辺（和歌山）
5	三	小森 光生	松本市立（長野）
6	一	枝村 勉	鎌倉学園（神奈川）
7	捕	川端 与市	桐生中（群馬）
8	投	福嶋 一雄	小倉（福岡）
9	二	宮崎 康之	小倉中（福岡）
主将		宮崎 康之	小倉中（福岡）
マネージャー		佐藤 千春	仙台二中（宮城）
監督		森 茂雄	松山商（愛媛）
			対東大 9.13
7	捕	荒井 敏	作新学院（栃木）
8	投	石井 連蔵	水戸一（茨城）

慶応			対立教 4.12
1	二	宇田川 武志	天王寺中（大阪）
2	左	多湖 隆司	北野（大阪）
3	遊	松本 豊	彦根中（滋賀）
4	右	花井 悠	岐阜（岐阜）
5	一	種田 吉富	西京（京都）
6	三	田中 徹雄	芦屋（兵庫）
7	中	福沢 弘行	高津（大阪）
8	捕	松原 正夫	米子東（鳥取）
9	投	河合 貞雄	西京（京都）
主将		松本 豊	彦根中（滋賀）
マネージャー		浅沼 和寿	芦屋中（兵庫）
監督		阪井 盛一	滝川中（兵庫）
			対法政 9.13
8	一	野村 利則	高松商（香川）

明治			対東大 4.19
1	一	橋爪 一衛	明治（東京）
2	二	吉田 和之	関西（岡山）
3	三	渡辺 礼次郎	府中（広島）
4	捕	**原 勝彦**	小倉中（福岡）
5	左	沖山 光利	明治（東京）
6	右	林 正治	布施（大阪）
7	遊	土居 国彦	松山商（愛媛）
8	投	**大崎 三男＊**	明治（東京）
9	中	井垣 五夫	城南（東京）
主将		三橋 全	青山学院（東京）
マネージャー		牛島 孚	明治（東京）
監督		島岡 吉郎	不詳（長野）
			対東大 9.21
1	右	岡本 和弘	済々黌（熊本）
2	二	岩崎 亘利	明治（東京）
9	遊	伏見 朔	明治（東京）

法政			対東大 4.12
1	三	吉田 勝隆	日大三中（東京）
2	二	松永 怜一	八幡（福岡）
3	遊	**戸口 天従**	奈良商工（奈良）
4	一	鈴木 輝利	高崎工（群馬）
5	中	鈴木 義之	水戸農（茨城）
6	捕	宇野 秀幸	松山東（愛媛）
7	左	軽部 信次	法政二（神奈川）
8	投	渡辺 雅人	八幡（福岡）
9	右	岩本 元治	呉港中（広島）
主将		横井 峯良	津島中（愛知）
マネージャー		堀越 恕夫	都立四中（東京）
監督		長谷川 晴雄	千葉商（千葉）
			対慶応 9.13
1	右	小池 正己	逗子開成（神奈川）
3	三	藤森 文人	平安（京都）
5	左	五木田 精一	安房（千葉）
6	一	本間 庄二	新潟（新潟）
7	中	小林 加寿男	城東工（大阪）
8	投	横井 峯良	津島中（愛知）
9	遊	井本 恒雄	平安（京都）
マネージャー		鈴木 一郎	東葛飾中（千葉）

立教			対慶応 4.12
1	中	篠原 一豊	防府中（山口）
2	三	山田 一夫	瑞陵（愛知）
3	右	重台 昭彦	小倉（福岡）
4	捕	井上 茂	岩国中（山口）
5	一	竹之内 勇治	鹿児島二中（鹿児島）
6	二	谷沢 晃	泉大津（大阪）
7	投	二階堂 正	仙台二（宮城）
8	左	霜古田 清	松本中（長野）
9	遊	境 靖朗	済々黌中（熊本）
主将		篠原 一豊	防府中（山口）
マネージャー		松村 吉郎	筑紫中（福岡）
監督		砂押 邦信	水戸商（茨城）
			対法政 9.21
2	二	古田 昌幸	九州学院（熊本）
3	捕	堀川 偉	泉大津（大阪）
4	一	加賀 三雄	角館（秋田）
6	投	小島 訓一	川崎（神奈川）
8	左	大沢 昌芳	神奈川商工（神奈川）
9	遊	伊藤 秀司	長良（岐阜）

東大			対法政 4.12
1	二	竹田 晃	高等師範付（東京）
2	三	脇村 春夫	湘南（神奈川）
3	右	仁木島 明	旧一高（東京）
4	一	齋藤 憲	浦和（埼玉）
5	中	神戸 昭	大阪農専（大阪）
6	左	大坪 裕	旧浦和高（埼玉）
7	捕	藤井 裕久	教育大付（東京）
8	遊	佐久間 俊治	西（東京）
9	投	蒲池 信二	旧成城高（東京）
主将		蒲池 信二	旧成城高（東京）
マネージャー		清水 泰俊	旧都立高（東京）
監督		神田 順治	旧八高（愛知）
			対早稲田 9.13
7	中	西山 新作	旧都立高（東京）
8	投	三笠 洋一	旧三高（京都）

第1回大学選手権大会の決勝戦

慶応			対関西大 8.24
1	二	宇田川 武志	天王寺中（大阪）
2	中	福沢 弘行	高津（大阪）
3	遊	松本 豊	彦根中（滋賀）
4	右	花井 悠	岐阜（岐阜）
5	一	多湖 隆司	北野（大阪）
6	三	田中 徹雄	芦屋（兵庫）
7	左	野村 利則	高松（香川）
8	左	松原 正夫	米子東（鳥取）
9	投	河合 貞雄	西京（京都）

【春季】勝敗表　慶応が勝率で優勝

順位	チーム	試合	勝	敗	分	勝点	勝率
14	**慶大**	11	8	3	0	4	0.727
②	立大	13	8	4	1	4	0.667
③	早大	13	7	4	2	3	0.636
④	明大	16	7	6	3	3	0.538
⑤	法大	12	3	9	0	1	0.250
⑥	東大	13	3	10	0	0	0.231

・同勝ち点の場合は勝率で決定へ規約変更

首位打者	松本 豊	慶	彦根中
首位打者	福沢 弘行	慶	高津

【選手権】**慶応が優勝**（初・対関西学院大）

【秋季】勝敗表　早稲田が完全優勝

順位	チーム	試合	勝	敗	分	勝点	勝率
15	**早大**	13	10	1	2	5	0.909
②	慶大	12	9	3	0	4	0.750
③	明大	12	6	5	1	3	0.545
④	法大	12	4	8	0	2	0.333
⑤	立大	14	5	8	1	1	0.385
⑥	東大	11	1	10	0	0	0.091

・篠原（立）が通算111安打

首位打者	渡辺 礼次郎	明	府中
首位打者	岩崎 亘利	明	明治

□六大学野球と神宮球場の動き

同勝ち点の場合は勝率で優勝決定に/春秋連続で首位打者が同率2名/**神宮球場が連合軍から明治神宮へ返還**される（3.31・232頁）

□野球界の動き

★高校／甲子園大会の組み合わせ方法が2回戦以降は回戦ごとに/**ユニフォームに背番号**を付ける/民間ラジオ放送開始/アメリカ施政下の沖縄県が東九州大会に参加

★大学／全日本大学野球連盟結成/**全日本大学野球選手権大会が始まる**、初代王者は慶応（198頁）/戦後初の日米大学野球試合

★社会人／都市対抗で全鐘紡（大阪市）が3連覇/フィリピン野球協会との交歓試合が開催され両国の友好親善に貢献

★プロ／フランチャイズ制が正式に導入

★大リーグ／MBLが女性選手との契約締結を禁止（1992年に解除、現在まで女性選手との契約は皆無）

□国内外の動き

★国内／主権回復/トカラ列島返還/国際通貨基金（IMF）に加盟/保安大学校（現防衛大学校）開校

★世界／欧州石炭鉄鋼共同体の発足/イギリスが初の原爆実験

1953(昭和28)年　神宮球場が完全復活　NHKがリーグ戦中継開始　秋の開幕戦に観衆5万人　奄美群島返還

早稲田　対立教 4.12

1	二	松岡 雅俊	高松一(香川)
2	中	中田 省三	本庄(埼玉)
3	遊	**広岡 達朗**	呉三津田(広島)
4	右	枝村 勉	鎌倉学園(神奈川)
5	三	**小森 光生**	松本市立(長野)
6	捕	荒井 敏	作新学院(栃木)
7	一	上春 三郎	高松一(香川)
8	投	石井 連蔵	水戸一(茨城)
9	左	高遠 伸一	早稲田実(東京)
主将		小森 光生	松本市立(長野)
マネージャー		八幡 良二	黒沢尻(岩手)
監督		森 茂雄	松山商(愛媛)
			対法政 9.6
7	中	松野 五男	新田(愛媛)

慶応（当番校）　対立教 4.18

1	左	福沢 弘行	高津(大阪)
2	一	多湖 隆司	北野(大阪)
3	中	山本 治	明石(兵庫)
4	右	花井 悠	岐阜(岐阜)
5	三	山下 新造	山城(京都)
6	二	平出 昌雄	沼津東(静岡)
7	捕	松原 正夫	米子東(鳥取)
8	投	河合 貞雄	西京(京都)
9	遊	佐々木 信也	湘南(神奈川)
主将		河合 貞雄	西京(京都)
マネージャー		熊谷 中宏	都立四(東京)
監督		阪井 盛一	滝川中(兵庫)
			対法政 9.12
2	二	有本 義明	芦屋(兵庫)
6	左	近藤 義生	鳴門(徳島)
7	捕	松本 悦雄	慶応(東京)
8	遊	日野 美澄	鳴門(徳島)

明治　対東大 4.12

1	左	沖山 光利	明治(東京)
2	二	岩崎 亘利	明治(東京)
3	遊	**渡辺 礼次郎**	府中(広島)
4	三	田中 督三	海南(和歌山)
5	捕	土井 淳	岡山東(岡山)
6	一	谷口 茂	田辺(和歌山)
7	中	林田 章三	鶴丸(鹿児島)
8	投	大崎 三男	明治(東京)
9	右	井垣 五夫	城南(福岡)
主将		岩崎 岩夫	明治(東京)
マネージャー		杉本 正太郎	明治(東京)
監督		島岡 吉郎	不詳(長野)
			対東大 9.12
5	一	福永 武司	岐阜商(岐阜)
8	投	秋山 登	岡山東(岡山)
	投	**田村 満＊**	富士(静岡)

法政　対東大 4.18

1	中	小池 正巳	逗子開成(神奈川)
2	三	井本 恒雄	平安(京都)
3	二	村山 貞夫	千葉商(千葉)
4	捕	宇野 秀幸	松山東(愛媛)
5	一	板橋 孝峻	三池(福岡)
6	遊	藤森 文人	平安(京都)
7	右	鷲 雅文	洲本(兵庫)
8	左	斎田 忠利	法政二(神奈川)
9	投	品田 栄太郎	帯広柏葉(北海道)
主将		松南 二郎	平安(京都)
マネージャー		武澤 輝雄	法政二(神奈川)
監督		長谷川 晴雄	千葉商(千葉)
			対早稲田 9.6
2	遊	中野 健一	法政一(東京)
5	一	大塚 恭平	神奈川商工(神奈川)
7	二	松永 怜一	八幡(福岡)
9	投	渡辺 雅人	八幡(福岡)

立教　対早稲田 4.12

1	右	重台 昭彦	小倉(福岡)
2	二	古田 昌幸	九州学院(熊本)
3	捕	堀川 偉	泉大津(大阪)
4	左	大沢 昌芳	神奈川商工(神奈川)
5	投	小島 訓一	川崎(神奈川)
6	中	福村 澄雄	小倉(福岡)
7	一	加賀 三雄	角館(秋田)
8	三	山田 一夫	瑞陵(愛知)
9	遊	伊藤 秀司	長良(岐阜)
主将		鈴木 幸治	水戸商(茨城)
マネージャー		大竹 作造	三島南(静岡)
監督		砂押 邦信	水戸商(茨城)
			対東大 9.6
8	投	鈴木 幸治	水戸商(茨城)

東大　対明治 4.12

1	左	大坪 裕	旧浦和高(埼玉)
2	遊	脇村 春夫	湘南(神奈川)
3	三	齋藤 憲	浦和(埼玉)
4	一	堺 龍平	旧富山高(富山)
5	右	木南 正	小石川(東京)
6	二	佐久間 俊治	西(東京)
7	投	中村 勝	旧浦和高(埼玉)
8	捕	稲村 顕二	唐津(佐賀)
9	中	荘原 治	堀川(京都)
主将		大坪 裕	旧浦和高(埼玉)
マネージャー		赤川 晃	旧山口高(山口)
監督		神田 順治	旧八高(愛知)
			対立教 9.6
6	一	水上 萬里夫	東大付(東京)
7	遊	千野 敬二	韮崎(静岡)
9	投	三笠 洋一	旧三高(京都)

【春季】勝敗表

順位	チーム	試合	勝	敗	分	勝点	勝率
3	**立大**	12	9	3	0	4	0.750
②	早大	12	7	5	0	3	0.583
②	慶大	12	7	5	0	3	0.583
④	明大	14	8	6	0	3	0.571
⑤	法大	13	4	9	0	1	0.308
⑥	東大	11	2	9	0	1	0.182

・福嶋一雄(小倉・早)が防御率0.00
・小島(立)がシーズン84奪三振

首位打者	堺 龍平	東	旧富山高
防御率1位	福嶋 一雄	早	小倉

【選手権】**立教が優勝**(初・対中央大)

【秋季】勝敗表　明治が勝率で優勝

順位	チーム	試合	勝	敗	分	勝点	勝率
10	**明大**	12	8	2	2	4	0.800
②	立大	13	8	3	2	4	0.727
③	早大	11	7	4	0	3	0.636
④	慶大	14	7	5	2	3	0.583
⑤	法大	12	2	8	2	1	0.200
⑥	東大	10	0	10	0	0	0.000

・霞本公義(南部・明)が防御率0.00
・河合(慶)がノーヒットワンラン勝利(対早稲田)

首位打者	鷲 雅文	法	洲本
防御率1位	霞本 公義	明	南部

□六大学野球と神宮球場の動き

NHKテレビが春季リーグ戦の開会式と開幕戦中継/秋の開幕戦(東大対立教、早稲田対法政)に観衆5万人/立教のユニフォームが縦縞に変更/法政の渡辺投手のボーク問題で1時間以上の中断/早稲田が単独で台湾遠征(12月)/神宮球場のスタンド改修、ゴルフ場が開場

□野球界の動き

★高校／NHKテレビが実況放送開始、ハワイの高校生選抜と親善野球交流始まりハワイチームが来日
★大学／日本学生野球協会が財団法人に/学生野球会館(新宿区信濃町)建設
★社会人／アジア野球連盟が発足/第1回アジア野球大会はフィリピンに敗れ準優勝
★プロ／テレビの野球実況放送が始まる/松竹が大洋に吸収され消滅しセ・リーグが6球団制

□国内外の動き

★国内／NHKテレビ放送開始/日本テレビ開局/奄美群島返還/国際電信電話会社設立
★世界／イラン・クーデター/エジプト共和国が成立/朝鮮戦争の休戦成立/米韓相互防衛条約調印

1954(昭和29)年　全員が新制高校卒　ベストナイン制定開始(秋)　自衛隊発足　第5福竜丸が米の水爆事件で被爆

早稲田　対法政 4.10

1	三	春木 秀高	桐生(群馬)
2	遊	本村 政治	明善(福岡)
3	投	石井 連蔵	水戸一(茨城)
4	右	**枝村 勉**	鎌倉学園(神奈川)
5	二	松岡 雅俊	高松一(香川)
6	中	橋本 順一	下関西(山口)
7	左	松野 五男	新田(愛媛)
8	捕	酒井 敏明	桑名(三重)
9	一	阿部 司右二	水沢(岩手)
主将		石井 連蔵	水戸一(茨城)
マネージャー		田中 孝一	湘南(神奈川)
監督		森 茂雄	松山商(愛媛)

対東大 9.18

2	中	元橋 一登	八尾(大阪)
6	三	北崎 健二	筑紫丘(福岡)
9	一	手塚 明人	松本市立(長野)

慶応　対法政 4.17

1	中	多湖 隆司	北野(大阪)
2	遊	榊原 敏一	中京商(愛知)
3	一	山下 新造	山城(京都)
4	左	衆樹 資宏	湘南(神奈川)
5	三	平出 昌雄	沼津東(静岡)
6	右	**花井 悠**	岐阜(岐阜)
7	二	佐々木 信也	湘南(神奈川)
8	捕	松原 正夫	米子東(鳥取)
9	投	藤田 元司	西条北(愛媛)
主将		山下 新造	山城(京都)
マネージャー		桜井 義英	慶応農(埼玉)
監督		阪井 盛一	滝川中(兵庫)

対法政 9.11

6	遊	日野 美澄	鳴門(徳島)
8	捕	永野 元玄	土佐(高知)

明治（当番校）　対東大 4.10

1	左	鈴木 竹次	掛川西(静岡)
2	二	岩崎 亘利	明治(東京)
3	三	**佐々木 重徳＊**	千葉第一(千葉)
4	捕	土井 淳	岡山東(岡山)
5	右	谷井 昭三	海南(和歌山)
6	一	谷口 茂	田辺(和歌山)
7	中	林田 章三	鶴丸(鹿児島)
8	投	秋山 登	岡山東(岡山)
9	遊	岩岡 保宏	高鍋(宮崎)
主将		岩崎 亘利	明治(東京)
マネージャー		杉本 正太郎	明治(東京)
監督		島岡 吉郎	不詳(長野)

対東大 9.11

1	左	沖山 光利	明治(東京)
2	二	小笠原 康二	久我山(東京)
5	一	篠崎 治郎	松山商(愛媛)
6	右	川崎 啓之助	新宮(和歌山)

法政　対早稲田 4.10

1	右	井上 英俊	八幡(福岡)
2	遊	中野 健一	法政一(東京)
3	捕	宇野 秀幸	松山東(愛媛)
4	中	斎田 忠利	法政二(神奈川)
5	投	渡辺 雅人	八幡(福岡)
6	一	板橋 孝峻	三池(福岡)
7	左	鷲 雅文	洲本(兵庫)
8	三	佐藤 保夫	千葉商(千葉)
9	二	小坂 佳隆	法政二(神奈川)
主将		宇野 秀幸	松山東(愛媛)
マネージャー		吉井 達夫	松山商(愛媛)
監督		長谷川 晴雄	千葉商(千葉)

対慶応 9・11

4	三	村山 貞夫	千葉商(千葉)
8	投	林 秀樹	横浜商(神奈川)

立教　対東大 4.17

1	二	古田 昌幸	九州学院(熊本)
2	遊	伊藤 秀司	長良(岐阜)
3	捕	堀川 偉	泉大津(大阪)
4	一	小島 訓一	川崎(神奈川)
5	三	山田 一夫	瑞陵(愛知)
6	右	重台 昭彦	小倉(福岡)
7	左	大沢 昌芳	神奈川商工(神奈川)
8	投	東 実	海南(和歌山)
9	中	福村 澄雄	小倉(福岡)
主将		菊池 寛	逗子開成(神奈川)
マネージャー		山崎 靖雄	海城(東京)
監督		砂押 邦信	水戸商(茨城)

対法政 9.18

2	右	**高野 价司＊**	桐生工(群馬)
7	中	竹島 本明	広(広島)
8	一	矢頭 高雄	都留(山梨)

東大　対明治 4.10

1	遊	脇村 春夫	湘南(神奈川)
2	左	小柳 俊一	小山台(東京)
3	中	齋藤 憲	浦和(埼玉)
4	捕	坂上 浩	浦和(埼玉)
5	一	菊井 達郎	旭丘(愛知)
6	右	石井 清	成田(千葉)
7	二	千野 敬二	韮崎(山梨)
8	三	南原 晃	武蔵(東京)
9	投	中村 勝	浦和(埼玉)
主将		脇村 春夫	湘南(神奈川)
マネージャー		長谷川 修	湘南(神奈川)
監督		竹田 晃	東京高師付中(東京)

対明治 9.11

1	左	荘原 治	堀川(京都)
2	遊	佐久間 俊治	西(東京)
4	一	海老坂 武	小山台(東京)
7	投	原田 靖男	湘南(神奈川)

【春季】勝敗表　明治が勝率で優勝

順位	チーム	試合	勝	敗	分	勝点	勝率
11	**明大**	13	9	3	1	4	0.750
②	慶大	12	8	4	0	4	0.667
③	早大	13	8	5	0	3	0.615
④	立大	14	7	6	1	3	0.538
⑤	法大	13	4	8	1	1	0.333
⑥	東大	11	0	10	1	0	0.000

・**秋山(明)が1試合最多奪三振**(22・対東大)
・秋山(明)がシーズン86奪三振
・藤田(慶)がノーヒットノーラン(対東大)
・**慶応がシーズン最多三塁打(15本)**

首位打者	日野 美澄	慶	鳴門
防御率1位	穴沢 健一	明	成田

【選手権】**明治が優勝**(初・対立命館大)

【秋季】勝敗表

順位	チーム	試合	勝	敗	分	勝点	勝率
16	**早大**	15	9	4	2	4	0.692
②	法大	16	8	5	3	3	0.615
③	慶大	13	7	5	1	3	0.583
④	立大	17	8	6	3	3	0.571
⑤	明大	12	5	7	0	2	0.417
⑥	東大	11	0	10	1	0	0.000

【秋季】ベストナイン／首位打者／防御率1位

投手	木村 保	早	八尾
捕手	土井 淳	明	岡山東
一塁手	石井 連蔵	早	水戸一
二塁手	小坂 佳隆	法	法政二
三塁手	平出 昌雄	慶	沼津東
遊撃手	伊藤 秀司	立	長良
外野手	大沢 昌芳	立	神奈川商工
	沖山 光利	明	明治
	斎藤 憲	東	浦和
首位打者	石井 連蔵	早	水戸一
防御率1位	根岸 照昌	法	法政二

□六大学野球と神宮球場の動き

出場選手全員が新制高校卒に/明治が初の大学選手権優勝(参加校は9校)/秋から**ベストナイン制定**(記者クラブ制定)始まる

□野球界の動き

★高校／甲子園球場全体の接収解除/唯一の不出場県の宮崎から高鍋が代表に、中京商で優勝旗紛失(後に発見)
★大学／**日本学生野球協会結成記念大会**が六大学選抜と東都、推薦校1校で12試合で開催(4月)/**第1回全日本アマチュア野球選手権**で八幡製鉄と明治が対戦(9月)
★社会人／国際試合開催へ日本学生野球協会と**日本アマチュア野球協会**を設立/第1回世界野球大会/都市対抗でトキコ(川崎市)の岡本教平(掛川西)ノーヒットノーラン
★プロ／高橋ユニオンズが発足/職業野球団に対して支出していた広告宣伝費等の取り扱いの特例税制優遇制度施行

□国内外の動き

★国内／**自衛隊発足**/第5福竜丸が米の水爆事件で被爆/初の集団就職列車/新警察法施行/昭和の大合併が進む
★世界／ジュネーブ会議でインドネシ休戦協定/アルジェリア戦争(～1962年)/ボーイング707型機が初飛行

1955(昭和30)年 明治が選手権大会2連覇 55年体制始まる(自由民主党、日本社会党) ベトナム戦争始まる

早稲田 対東大 4.17

1	三	北崎 健二	筑紫丘(福岡)
2	二	**松岡 雅俊**	高松一(香川)
3	中	元橋 一登	八尾(大阪)
4	一	中村 恭三	宇都宮(栃木)
5	右	大久保 俊増	早大学院(東京)
6	左	金川 幸二郎	呉三津田(広島)
7	遊	本村 政治	明善(福岡)
8	捕	石本 健二郎	芦屋(兵庫)
9	投	木村 保	八尾(大阪)
主将		遠藤 実	富士宮北(静岡)
マネージャー		田口 嘉興	伊万里(佐賀)
監督		森 茂雄	松山商(愛媛)
			対立教 9.10
1	左	宮崎 義郎	新田(愛媛)
3	右	森 徹	早大学院(東京)
5	捕	**酒井 敏明**	桑名(三重)

慶応 対東大 4.23

1	三	榊原 敏一	中京商(愛知)
2	中	長尾 勝弘	洲本(兵庫)
3	二	**佐々木 信也**	湘南(神奈川)
4	左	衆樹 資宏	湘南(神奈川)
5	一	日野 美澄	鳴門(徳島)
6	投	**藤田 元司**	西条北(愛媛)
7	捕	永野 元玄	土佐(高知)
8	右	中田 昌宏	鳴尾(兵庫)
9	遊	本多 秀男	秋田(秋田)
主将		佐々木 信也	湘南(神奈川)
マネージャー		八塩 量平	長岡(新潟)
監督		阪井 盛一	滝川中(兵庫)
			対東大 9.17
2	中	池西 広幸	西条北(愛媛)

明治 対法政 4.17

1	二	**土屋 弘光**	盈進商(広島)
2	三	日下部 嘉彦	平安(京都)
3	中	谷井 昭三	海南(和歌山)
4	左	**沖山 光利**	明治(東京)
5	一	近藤 和彦	平安(京都)
6	捕	**土井 淳**	岡山東(岡山)
7	遊	**岩岡 保宏**	高鍋(宮崎)
8	投	**秋山 登**	岡山東(岡山)
9	中	鈴木 茂利	早稲田実(東京)
主将		土井 淳	岡山東(岡山)
マネージャー		石井 克也	明治(東京)
監督		島岡 吉郎	不詳(長野)
			対東大 9.10
4	一	**黒木 弘重**	高鍋(宮崎)
7	中	水野 正雄	宇治山田商工(京都)
	投	**八名 信夫**＊	岡山東(岡山)

法政(当番校) 対明治 4.17

1	二	小坂 佳隆	法政二(神奈川)
2	遊	中野 健一	法政一(東京)
3	中	板橋 孝峻	三池(福岡)
4	右	斎田 忠利	法政二(神奈川)
5	一	中下 悟	浪華商(大阪)
6	左	鷲 雅文	洲本(兵庫)
7	三	佐藤 保夫	千葉商(千葉)
8	捕	藤森 文人	平安(京都)
9	投	根岸 照昌	法政二(神奈)
主将		板橋 孝峻	三池(福岡)
マネージャー		市野瀬 道夫	伏見(京都)
監督		長谷川 晴雄	千葉商(千葉)
			対立教 9.17
6	中	菅沼 正直	横浜翠嵐(神奈川)
8	捕	古川 啓三	倉敷工(岡山)
9	投	中川 正雄	大津東(滋賀)
	内	**長谷川 繁雄**	竹原(広島)

立教 対明治 4.23

1	二	古田 昌幸	九州学院(熊本)
2	遊	伊藤 秀司	長良(岐阜)
3	三	長嶋 茂雄	佐倉一(千葉)
4	一	矢頭 高雄	都留(山梨)
5	中	竹島 本明	広(広島)
6	左	**大沢 昌芳**	神奈川商工(神奈川)
7	捕	**保坂 幸永**	日川(山梨)
8	投	東 実	海南(和歌山)
9	右	福村 澄雄	小倉(福岡)
主将		伊藤 秀司	長良(岐阜)
マネージャー		関谷 幸生	水戸商(茨城)
監督		砂押 邦信	水戸商(茨城)
			対早稲田 9.10
2	遊	本屋敷 錦吾	芦屋(兵庫)
8	投	杉浦 忠	挙母(愛知)
監督		辻 猛	嘉穂中(福岡)

東大 対早稲田 4.17

1	三	千野 敬二	韮崎(山梨)
2	中	南原 晃	武蔵(東京)
3	遊	海老坂 武	小山台(東京)
4	捕	坂上 浩	浦和(埼玉)
5	左	小柳 俊一	小山台(東京)
6	一	日高 一雄	秋田(秋田)
7	右	鈴木 喬久	新宿(東京)
8	投	吉田 治雄	高崎(群馬)
9	二	金谷 信	鶴岡南(山形)
主将		千野 敬二	韮崎(山梨)
マネージャー		藤田 早苗	熊本(熊本)
監督		竹田 晃	東京高師付中(東京)
			対明治 9.10
1	一	鈴木 武春	希望ヶ丘(神奈川)
7	右	辻 弘夫	岡山朝日(岡山)
8	投	原田 靖男	湘南(神奈川)

【春季】勝敗表 明治が完全優勝

順位	チーム	試合	勝	敗	分	勝点	勝率
12	**明大**	11	10	1	0	5	0.909
②	早大	12	8	4	0	4	0.667
③	慶大	13	7	6	0	2	0.538
④	法大	11	5	6	0	2	0.455
⑤	立大	11	4	7	0	2	0.364
⑥	東大	10	0	10	0	0	0.000

・衆樹(慶)が三冠王(戦後初)
・東(立)がノーヒットノーラン(対東大)

【選手権】**明治が連続優勝**(2回目・対日本大)

【秋季】勝敗表 早稲田が完全優勝

順位	チーム	試合	勝	敗	分	勝点	勝率
17	**早大**	13	10	3	0	5	0.769
②	立大	11	9	2	0	4	0.818
③	慶大	11	7	4	0	3	0.636
④	明大	11	4	7	0	2	0.364
⑤	法大	13	4	9	0	1	0.308
⑥	東大	11	1	10	0	0	0.091

・勝率は立教が上回る
・秋山(明)が通算33勝(17敗・歴代11位)
・秋山(明)が通算334奪三振
・藤田(慶)が通算31勝(19敗)
・松岡(早)が逆転サヨナラ本塁打

【春季】ベストナイン/首位打者/防御率1位

投手	秋山 登	明	岡山東
捕手	土井 淳	明	岡山東
一塁手	近藤 和彦	明	平安
二塁手	松岡 雅俊	早	高松一
三塁手	千野 敬二	東	韮崎
遊撃手	岩岡 保宏	明	高鍋
外野手	沖山 光利	明	明治
	衆樹 資宏	慶	湘南
	森 徹	早	早大学院
首位打者	衆樹 資宏	慶	湘南
防御率1位	秋山 登	明	岡山東

【秋季】ベストナイン/首位打者/防御率1位

投手	木村 保	早	八尾
捕手	酒井 敏明	早	桑名
一塁手	中田 昌宏	慶	鳴尾
二塁手	佐々木 信也	慶	湘南
三塁手	長嶋 茂雄	立	佐倉一
遊撃手	中野 健一	法	法政一
外野手	森 徹	早	早大学院
	宮崎 義郎	早	新田
	大沢 昌芳	立	神奈川商工
首位打者	中野 健一	法	法政一
防御率1位	品田 栄太郎	法	帯広柏葉

□六大学野球と神宮球場の動き

明治が単独で台湾遠征(1月)/春季からNHK杯が授与/**明治が大学選手権2連覇**/アジア野球選手権で六大学選抜が優勝(10月)/砂押監督(立)の排斥運動起こる

□野球界の動き

★高校/選抜チームが初のハワイ遠征/選抜で東北地区から一関一が初代表
★大学/東京信濃町に学生野球会館を建設/日本学生野球協会結成記念大会が六大学OBで開催(3月)/アジアアマチュア野球選手権で大学生選抜チームが優勝(マニラ・12月)
★社会人/日本アマチュア野球選手権が鐘紡と明治で対戦(後楽園と神宮球場・8月)
★プロ/イースタン・リーグとウエスタン・リーグが結成/スタルヒン(トンボ)が300勝達成

□国内外の動き

★国内/日本民主党と自由党が合同し**自由民主党結成**/社会党の再結成(日本社会党)/**55年体制始まる**/イタイイタイ病発生
★世界/バンドン(アジア・アフリカ)会議/ワルシャワ条約締結、東西の軍事ブロック化

1956(昭和31)年　土日の早慶戦に5万人・有料入場者数86万人　日ソ共同宣言　国際連合に加盟　第2次中東戦争

早稲田			対東大 4.14
1	遊	宮崎 義郎	新田(愛媛)
2	二	中谷 俶己	向陽(和歌山)
3	三	北崎 健二	筑紫丘(福岡)
4	一	中村 恭三	宇都宮(栃木)
5	中	元橋 一登	八尾(大阪)
6	捕	石本 健二郎	芦屋(兵庫)
7	左	手塚 正尚	宇都宮(栃木)
8	右	大久保 俊増	早大学院(東京)
9	投	**木村 保**	八尾(大阪)
主将		石本 健二郎	芦屋(兵庫)
マネージャー		加川 隆哉	暁星(東京)
監督		森 茂雄	松山商(愛媛)
			対東大 9.8
4	右	森 徹	早大学院(東京)
5	中	斎藤 辰雄	気仙沼(宮城)
	投	**荒井 健**	高松一(香川)

慶応			対法政 4.14
1	二	本多 秀男	秋田(秋田)
2	三	榊原 敏一	中京商(愛知)
3	左	**衆樹 資宏**	湘南(神奈川)
4	一	**中田 昌宏**	鳴尾(兵庫)
5	遊	日野 美澄	鳴門(徳島)
6	中	池西 広幸	西条北(愛媛)
7	捕	永野 元玄	土佐(高知)
8	右	長尾 勝弘	洲本(兵庫)
9	投	林 薫	神戸(兵庫)
主将		衆樹 資宏	湘南(神奈川)
マネージャー		岩崎 勝利	慶応農(埼玉)
監督		稲葉 誠治	岡崎中(愛知)
			対明治 9.15
9	投	巽 一	四日市(三重)
マネージャー		天野 充雄	慶応(神奈川)

明治			対法政 4.21
1	三	日下部 嘉彦	平安(京都)
2	遊	高口 学	伝習館(福岡)
3	一	久米 孝一	高松商(香川)
4	左	近藤 和彦	平安(京都)
5	中	水野正雄	宇治山田商(京都)
6	右	**荻 孝雄**	久留米商(福岡)
7	二	篠崎 治郎	松山商(愛媛)
8	捕	佐々木 勲	下関商(山口)
9	投	杉本 和喜代	新宮(和歌山)
主将		杉本 和喜代	新宮(和歌山)
マネージャー		松尾 豊	明治(東京)
監督		島岡 吉郎	不詳(長野)
			対慶応 9.15
1	中	田島 元	平安(京都)
6	三	庵野 実	新宮(和歌山)
7	捕	長嶋 秀和	新宮(和歌山)
8	投	穴沢 健一	成田(千葉)

法政			対慶応 4.14
1	遊	佐藤 保夫	千葉商(千葉)
2	中	鷲 雅文	洲本(兵庫)
3	二	小坂 佳隆	法政二(神奈川)
4	右	**斎田 忠利**	法政二(神奈川)
5	左	白崎 靖二	泉陽(大阪)
6	三	広川 宜伸	松山商(愛媛)
7	一	牧野 宏	成田(千葉)
8	捕	古島 博	川崎工(神奈川)
9	投	岡崎 正明	兵庫工(兵庫)
主将		斎田 忠利	法政二(神奈川)
マネージャー		富田 満	名古屋(愛知)
監督		長谷川 晴雄	千葉商(千葉)
			対立教 9.8
2	一	吉岡 久満	観音(広島)
5	中	大浜 祐三	鳴尾(兵庫)
6	捕	**古川 啓三**	倉敷工(岡山)
7	左	西村 省次	静岡商(静岡)
9	遊	志貴 正視	洲本(兵庫)
マネージャー		市野瀬 道夫	伏見(京都)

立教			対東大 4.21
1	遊	本屋敷 錦吾	芦屋(兵庫)
2	二	具志 哲男	育英(兵庫)
3	一	**矢頭 高雄**	都留(山梨)
4	三	長嶋 茂雄	佐倉一(千葉)
5	中	竹島 本明	広(広島)
6	右	小俣 篤美	都留(山梨)
7	捕	片岡 宏雄	浪華商(大阪)
8	投	杉浦 忠	挙母(愛知)
9	左	内野 雅史	希望ヶ丘(神奈川)
主将		矢頭 高雄	都留(山梨)
マネージャー		吉野 準一	甲陽(兵庫)
監督		辻 猛	嘉穂中(福岡)
			対法政 9.8
3	左	浅井 精	平安(京都)
9	投	**東 実**	海南(和歌山)
	投	**堀本 律雄**	桃山学院(京都)

東大(当番校)			対早稲田 4.14
1	一	鈴木 武春	希望ヶ丘(神奈川)
2	中	南原 晃	武蔵(東京)
3	遊	海老坂 武	小山台(東京)
4	捕	日高 一雄	秋田(秋田)
5	右	辻 弘夫	岡山朝日(岡山)
6	投	吉田 治雄	高崎(群馬)
7	二	金谷 信	鶴岡南(山形)
8	三	坪田 宏	神戸(兵庫)
9	左	佐々木 敏夫	教育大付(東京)
主将		南原 晃	武蔵(東京)
マネージャー		田和 一浩	北園(東京)
監督		神田 順治	旧八高(愛知)
			対早稲田 9.8
5	一	渡辺 克己	旭丘(愛知)
6	左	矢部 正和	静岡(静岡)
7	右	井上 知行	戸山(東京)

【春季】勝敗表　早稲田が完全優勝で連覇

順位	チーム	試合	勝	敗	分	勝点	勝率
18	**早大**	14	10	3	1	5	0.769
②	立大	14	9	4	1	4	0.692
③	明大	15	8	5	2	3	0.615
④	慶大	13	5	6	2	2	0.455
⑤	法大	14	4	8	2	1	0.333
⑥	東大	10	0	10	0	0	0.000

・木村(早)が連続8奪三振(対東大)
・慶立1回戦は49,485人の大観衆
・土日の早慶戦の観衆は5万人を超える

【選手権】早稲田が準決勝で敗退(関西大)

【秋季】勝敗表　慶応が完全優勝

順位	チーム	試合	勝	敗	分	勝点	勝率
15	**慶大**	14	10	2	2	5	0.833
②	立大	15	9	5	1	4	0.643
③	早大	12	7	5	0	3	0.583
④	明大	13	4	8	1	2	0.333
⑤	法大	16	5	8	3	1	0.385
⑥	東大	14	3	10	1	0	0.231

・衆樹(慶)がシーズン5三塁打

□六大学野球と神宮球場の動き

極東軍慰問のためオハイオ州立大と対戦(立早・6月)/**有料入場者数が27日間(40試合)で86万人、1試合平均2万1000人**(455頁)

□野球界の動き

★高校/ヘリコプターで始球式球を投下/大会第1日と第3試合で初ナイター/全国高校軟式野球大会が始まる
★大学/日本学生野球協会結成記念大会が六大学のOBで開催(3月)
★社会人/都市対抗野球大会の育ての親・小野三千麿(神奈川師範―慶応)を讃え、大会を通じて活躍した選手に小野賞を授与

□国内外の動き

★国内/日ソ共同宣言発効/国際連合に加盟/水俣病公式確認/第1回有馬記念
★世界/第2次中東戦争(～1957年)/ハンガリー動乱/チベット動乱(～1959年)

【春季】ベストナイン/首位打者/防御率1位

投手	木村 保③	早	八尾
捕手	該当者なし		
一塁手	中田 昌宏	慶	鳴尾
二塁手	具志 哲男	立	育英
三塁手	長嶋 茂雄	立	佐倉一
遊撃手	本屋敷 錦吾	立	芦屋
外野手	森 徹	早	早大学院
	元橋 一登	早	八尾
	近藤 和彦	明	平安
首位打者	長嶋 茂雄	立	佐倉一
防御率1位	山口 欣二	早	北野

【秋季】ベストナイン/首位打者/防御率1位

投手	林 薫	慶	神戸
捕手	古川 啓三	法	倉敷工
一塁手	中田 昌宏③	慶	鳴尾
二塁手	具志 哲男	立	育英
三塁手	長嶋 茂雄	立	佐倉一
遊撃手	日野 美澄	慶	鳴門
外野手	衆樹 資宏	慶	湘南
	荻 孝雄	明	久留米商
	竹島 本明	立	広
首位打者	中田 昌宏	慶	鳴尾
防御率1位	林 薫	慶	神戸

1957(昭和32)年　立教が春秋連覇　早慶が初のともにBクラス　砂川事件　東京都の人口が世界一に

早稲田　対明治 4.13

1	中	斎藤 辰雄	気仙沼(宮城)
2	二	中谷 俶己	向陽(和歌山)
3	遊	宮崎 義郎	新田(愛媛)
4	右	**森 徹**	早大学院(東京)
5	左	手塚 正尚	宇都宮(栃木)
6	一	中村 恭三	宇都宮(栃木)
7	三	清水 長一郎	中京商(愛知)
8	捕	中山 菅雄	小倉(福岡)
9	投	**桜井 薫**	水戸一(茨城)
主将		宮崎 義郎	新田(愛媛)
マネージャー		草間 時四郎	湘南(神奈川)
監督		森 茂雄	松山商(愛媛)

対東大 9.21

1	中	所 正美	岐阜商(岐阜)
2	二	近藤 昭仁	高松一(香川)
7	三	浅利 金広	本荘(秋田)
8	捕	森山 恭臣	早大学院(東京)

慶応　対明治 4.20

1	左	長尾 勝弘	洲本(兵庫)
2	三	加藤 久忠	小倉(福岡)
3	二	本多 秀男	秋田(秋田)
4	一	永野 元玄	土佐(高知)
5	中	池西 広幸	西条(愛媛)
6	遊	藁科 敏一	沼津東(静岡)
7	右	赤木 健一	慶応(神奈川)
8	捕	黒松 俊一郎	慶応(神奈川)
9	投	巽 一	四日市(三重)
主将		黒松 俊一郎	慶応(神奈川)
マネージャー		天野 充雄	慶応(神奈川)
監督		稲葉 誠治	岡崎中(愛知)

対明治 9.21

9	投	林 薫	神戸(兵庫)

明治　対早稲田 4.13

1	中	田島 元	平安(京都)
2	遊	日下部 嘉彦	平安(京都)
3	左	**近藤 和彦**	平安(京都)
4	一	布施 勝久	日大三(東京)
5	三	庵野 実	新宮(和歌山)
6	二	唐沢 洋一	伊那北(長野)
7	右	浦井 正一	明治(東京)
8	捕	長嶋 秀和	新宮(和歌山)
9	投	池田 英俊	福岡(福岡)
主将		日下部 嘉彦	平安(京都)
マネージャー		吉田 秀男	明大中野(東京)
監督		島岡 吉郎	不詳(長野)

対法政 9.14

1	遊	山本 巌	明治(東京)
2	二	山地 克己	広陵(広島)
6	右	戸田 千里	関西(岡山)
7	捕	佐々木 勳	下関商(山口)
8	投	岩井 喜治	平安(京都)
	投	**岡田 忠弘**	栃木商(栃木) 準硬式

法政　対立教 4.13

1	遊	志貴 正視	洲本(兵庫)
2	左	西本 吉宏	兵庫工(兵庫)
3	右	山本 一義	広島商(広島)
4	中	大浜 祐三	鳴尾(兵庫)
5	三	原 滋	鶴見ヶ丘(大分)
6	一	島田 幸雄	兵庫工(兵庫)
7	二	吉岡 久満	観音(広島)
8	投	中下 悟	浪華商(大阪)
9	捕	水野 和俊	日大三(東京)
主将		大浜 祐三	鳴尾(兵庫)
マネージャー		竹内 鉄男	中京商(愛知)
監督		服部 力	宇治山田商(三重)

対明治 9.14

2	左	白崎 靖二	泉陽(大阪)
3	二	**小坂 佳隆**	法政二(神奈川)
9	投	牧野 宏	成田(千葉)

立教(当番校)　対法政 4.13

1	遊	**本屋敷 錦吾**	芦屋(兵庫)
2	二	高橋 孝夫	仙台二(宮城)
3	中	浅井 精	平安(京都)
4	三	**長嶋 茂雄**	佐倉一(千葉)
5	左	中島 章	水戸商(茨城)
6	捕	片岡 宏雄	浪華商(大阪)
7	右	小西 秀朗	秋田(秋田)
8	一	井上 数一	住友工(大阪)
9	投	**杉浦 忠**	挙母(愛知)
主将		本屋敷 錦吾	芦屋(兵庫)
マネージャー		河合 正彦	成章(愛知)
監督		辻 猛	嘉穂中(福岡)

対東大 9.14

3	中	西崎 若三	時習館(愛知)
	投	**拜藤 宣雄**	境(鳥取)

東大　対法政 4.20

1	三	金谷 信	鶴岡南(山形)
2	遊	海老坂 武	小山台(東京)
3	二	鈴木 武春	希望ヶ丘(神奈川)
4	右	渡辺 克己	旭丘(愛知)
5	捕	日高 一雄	秋田(秋田)
6	中	辻 弘夫	岡山朝日(岡山)
7	左	矢部 正和	静岡(静岡)
8	投	吉田 治雄	高崎(群馬)
9	一	原田 靖男	湘南(神奈川)
主将		原田 靖男	湘南(神奈川)
マネージャー		中野 無一	小山台(東京)
監督		神田 順治	旧八高(愛知)

対立教 9.14

6	左	佐々木 敏夫	教育大付(東京)
7	一	坪田 宏	神戸(兵庫)
8	遊	片桐 弘之	武蔵(東京)

【春季】勝敗表　立教が完全優勝

順位	チーム	試合	勝	敗	分	勝点	勝率
4	**立大**	12	10	1	1	5	0.909
②	慶大	12	9	3	0	4	0.750
③	法大	11	6	5	0	3	0.545
④	早大	11	5	6	0	2	0.455
⑤	東大	11	2	9	0	1	0.182
⑥	明大	13	2	10	1	0	0.167

・長嶋、西崎、杉浦(立)で1試合3本塁打
・早稲田が全員連続得点の新記録(対法政)
・早慶1回戦が延長17回のタイ記録

【選手権】**立教が優勝**(2回目・対専修大)

【秋季】勝敗表　立教が勝率で優勝で連覇

順位	チーム	試合	勝	敗	分	勝点	勝率
5	**立大**	11	9	2	0	4	0.818
②	明大	14	9	5	0	4	0.643
③	法大	12	7	5	0	3	0.583
④	早大	11	6	5	0	3	0.545
⑤	慶大	11	3	8	0	1	0.273
⑥	東大	11	1	10	0	0	0.091

・長嶋(立)が本塁打通算記録(8号)
・杉浦(立)がノーヒットノーラン(対早稲田)
・杉浦(立)が通算36勝(12敗)
・早慶が初のともにBクラス

【春季】ベストナイン/首位打者/防御率1位

投　手	杉浦 忠	立	挙母
捕　手	黒松 俊一郎	慶	慶応
一塁手	島田 幸雄	法	兵庫工
二塁手	高橋 孝夫	立	仙台二
三塁手	長嶋 茂雄	立	佐倉一
遊撃手	本屋敷 錦吾	立	芦屋
外野手	近藤 和彦③	明	平安
	西崎 若三	立	時習館
	長尾 勝弘	慶	洲本
首位打者	志貴 正視	法	洲本
防御率1位	拜藤 宣雄	立	堺

【秋季】ベストナイン/首位打者/防御率1位

投　手	杉浦 忠	立	挙母
捕　手	佐々木 勳	明	下関商
一塁手	赤池 彰敏	立	静岡
二塁手	高橋 孝夫	立	仙台二
三塁手	長嶋 茂雄⑤	立	佐倉一
遊撃手	本屋敷 錦吾③	立	芦屋
外野手	森 徹④	早	早大学院
	長尾 勝弘	慶	洲本
	西崎 若三	立	時習館
首位打者	長嶋 茂雄②	立	佐倉一
防御率1位	浮貝 文夫	明	明治

□六大学野球と神宮球場の動き

早稲田が単独で台湾遠征(12月)/神宮球場のスコアボード改修

□野球界の動き

★高校/雨中の開会式/勝利校の校歌吹奏と校旗掲揚が始まる
★大学/日本学生野球協会結成記念大会で慶応が優勝(4月)
★社会人/都市対抗野球大会で日鉄二瀬の村上峻介(人吉中・熊本)が初の完全試合/世界野球大会で日本チームが優勝
★プロ/高橋ユニオンズが大映に吸収され消滅/大映と毎日が合併し大毎オリオンズ

□国内外の動き

★国内/砂川事件/日本原子力研究所(東海村)で原子の火が灯る/東京都の人口がロンドンを抜き世界一に
★世界/ソ連ウラル地方で原子力事故/サリドマイドが西ドイツで発売(1961年に販売中止)/ソ連がスプートニク1号打ち上げ成功

1958(昭和33)年　立教が史上2度目の4連覇　沖縄代表の首里高が甲子園の土持ち帰れず　東京タワーが完成

早稲田（早稲田）　対東大 4.19

1	二	近藤 昭仁	高松一(香川)
2	左	木賀沢 靖二	早大学院(東京)
3	三	清水 長一郎	中京商(愛知)
4	右	徳武 定之	早稲田実(東京)
5	捕	中山 菅雄	小倉(福岡)
6	一	蕪木 正夫	早稲田実(東京)
7	中	所 正美	岐阜商(岐阜)
8	投	奥村 孝弘	岐阜(岐阜)
9	遊	鈴木 久弥	静岡(静岡)
主将		清水 長一郎	中京商(愛知)
マネージャー		中瀬 真	仙台二(宮城)
監督		石井 連蔵	水戸一(茨城)
			対法政 9.6
3	中	**近藤 晴彦**	静岡(静岡)
6	左	森山 恭臣	早大学院(東京)
7	一	**木次 文夫**	松商学園(長野)
8	遊	村瀬 栄治	岐阜商(岐阜)
9	投	西 寿	高松(香川)

慶応　対法政 4.12

1	中	藤森 博文	西条(愛媛)
2	二	近藤 良輔	慶応(神奈川)
3	一	高橋 捷郎	秋田(秋田)
4	右	浜部 常雄	岸和田(大阪)
5	左	**赤木 健一**	慶応(神奈川)
6	遊	吉田 敏	岸和田(大阪)
7	三	稲森 総一郎	鹿児島商(鹿児島)
8	捕	高橋 秀典	尼崎(兵庫)
9	投	**巽 一**	四日市(三重)
主将		巽 一	四日市(三重)
マネージャー		篠原 享	慶応(神奈川)
監督		稲葉 誠治	岡崎中(愛知)
			対東大 9.13
1	遊	安藤 統夫	土浦一(茨城)
3	中	渡海 昇二	芦屋(兵庫)
	投	**高橋 栄一郎**	新庄北(山形)

明治　対法政 4.19

1	中	田島 元	平安(京都)
2	二	山地 克己	広陵(広島)
3	三	庵野 実	新宮(和歌山)
4	捕	佐々木 勲	下関商(山口)
5	左	川添 雄弘	高知商(高知)
6	右	浦井 正一	明治(東京)
7	一	久米 孝一	高松商(香川)
8	投	池田 英俊	福岡(福岡)
9	遊	西村 博司	平安(京都)
主将		西村 博司	平安(京都)
マネージャー		木下 博介	小倉(福岡)
監督		島岡 吉郎	不詳(長野)
			対立教 9.6
7	遊	漆畑 勝久	清水東(静岡)
8	投	村上 俊次	呉宮原(広島)

法政　対慶応 4.12

1	中	西本 吉宏	兵庫工(兵庫)
2	遊	渡辺 秀夫	中京商(愛知)
3	一	**島田 幸雄**	兵庫工(兵庫)
4	右	山本 一義	広島商(広島)
5	左	白崎 靖二	泉陽(大阪)
6	二	吉岡 久満	観音(広島)
7	三	原 滋	鶴見ヶ丘(大分)
8	捕	矢野 隆	松山商(愛媛)
9	投	牧野 宏	成田(千葉)
主将		白崎 靖二	泉陽(大阪)
マネージャー		二宮 修司	洲本(兵庫)
監督		服部 力	宇治山田商(三重)
			対早稲田 9.6
6	捕	鈴木 孝雄	中京商(愛知)
7	三	広川 宜伸	松山商(愛媛)
8	中	大塚 武	千葉商(千葉)

立教　対東大 4.12

1	右	神野 利男	大宮(埼玉)
2	左	高林 恒夫	立教(東京)
3	中	西崎 若三	時習館(愛知)
4	三	杉本 公孝	岩国(山口)
5	捕	**片岡 宏雄**	浪華商(大阪)
6	一	**赤池 彰敏＊**	静岡(静岡)
7	二	枝松 道輝	岡山東(岡山)
8	遊	小林 勲	泉陽(大阪)
9	投	森滝 義巳	兵庫(兵庫)
主将		西崎 若三	時習館(愛知)
マネージャー		荒井 邦夫	嵯峨野(京都)
監督		辻 猛	嘉穂中(福岡)
			対明治 9.6
1	遊	浜中 祥和	若狭(福井)
5	一	伊東 昌昭	赤穂(兵庫)
6	二	酒井 直毅	高松(香川)
8	右	沢本 良一	泉陽(大阪)

東大　対立教 4.12

1	二	鈴木 武春	希望ヶ丘(神奈川)
2	中	佐々木 敏夫	教育大付(東京)
3	遊	片桐 弘之	武蔵(東京)
4	一	渡辺 克己	旭丘(愛知)
5	三	坪田 宏	神戸(兵庫)
6	右	辻 弘夫	岡山朝日(岡山)
7	捕	高橋 秀明	大分工(大分)
8	左	矢部 正和	静岡(静岡)
9	投	本多 忠利	湘南(神奈川)
主将		鈴木 武春	希望ヶ丘(神奈川)
マネージャー		中野 鉄也	長田(兵庫)
監督		渡辺 融	武蔵丘(東京)
			対慶応 9.13
7	右	笹川 賢一	新宿(東京)
9	投	樋爪 襄	金沢大付(石川)

【春季】勝敗表　立教が10戦全勝

順位	チーム	試合	勝	敗	分	勝点	勝率
6	**立大**	10	10	0	0	5	1.000
②	慶大	12	7	5	0	3	0.583
③	早大	12	6	6	0	3	0.500
④	法大	12	5	7	0	2	0.417
⑤	明大	13	4	9	0	1	0.308
⑥	東大	11	3	8	0	1	0.273

・**立教が10戦全勝**優勝(史上2回目)で3連覇
・**金沢宏(岩国・早)が1試合最小投球(73球・対法政)**

【選手権】**立教が連続優勝**(3回目・対中央大)

【秋季】勝敗表　立教が勝率で優勝

順位	チーム	試合	勝	敗	分	勝点	勝率
7	**立大**	14	9	4	1	4	0.692
②	法大	17	8	6	3	4	0.571
③	明大	13	7	5	1	3	0.583
④	慶大	18	6	8	4	2	0.429
⑤	早大	16	5	8	3	1	0.385
⑥	東大	16	5	9	2	1	0.357

・**立教が4連覇**(立教で初、史上2回目)
・立教が14連勝を記録

【春季】ベストナイン/首位打者/防御率1位

投手	巽 一	慶	四日市
捕手	片岡 宏雄	立	浪華商
一塁手	高橋 捷郎	慶	秋田
二塁手	山地 克己	明	広陵
三塁手	杉本 公孝	立	岩国
遊撃手	該当者なし		
外野手	赤木 健一	慶	慶応
	高林 恒夫	立	立教
	西崎 若三③	立	時習館
首位打者	赤木 健一	慶	慶応
防御率1位	五代 友和	立	玉龍

【秋季】ベストナイン/首位打者/防御率1位

投手	牧野 宏	法	成田
捕手	片岡 宏雄	立	浪華商
一塁手	高橋 捷郎	慶	秋田
二塁手	近藤 昭仁	早	高松一
三塁手	庵野 実	明	新宮
遊撃手	村瀬 栄治	早	岐阜商
外野手	川添 雄弘	明	高知商
	赤木 健一	慶	慶応
	徳武 定之	早	早稲田実
首位打者	川添 雄弘	明	高知商
防御率1位	村上 俊次	明	呉宮原

□六大学野球と神宮球場の動き

立教が史上2度目の4連覇/日本学生野球協会結成記念大会で立教が優勝(4月)/大学野球選手権で立教が連覇/早稲田が単独でブラジル遠征(6月)

□野球界の動き

★高校／40回記念大会で全都道府県から代表/**沖縄代表の首里は渡航証明書を持参して参加、甲子園の土を持ち帰れず**(133頁)/甲子園、西宮球場を併用/準々決勝で徳島商対魚津が延長18回引き分け
★大学／東都大学野球連盟に順天堂大、東京経済大、国士舘大、立正大が加盟
★社会人／都市対抗野球大会で丸善石油(松山市)の西五十六(大成・和歌山)が最多奪三振(21・延長15回)
★プロ／大映が毎日に吸収され消滅/セ・パ6球団12チーム体制が始まり今日に至る

□国内外の動き

★国内／1万円札発行/関門トンネル開通/売春防止法施行/全日空下田沖墜落事故/東京タワー完成/国民健康保険法改正
★世界／アメリカ初の人工衛星打ち上げ/アラブ連合共和国(エジプト、シリア)とアラブ連邦(イラク、ヨルダン)が建国

1959(昭和34)年 背番号制を採用 早稲田が選手権初優勝 野球体育博物館開館 伊勢湾台風 キューバ革命

早稲田			対明治 4.11
1	二	**近藤 昭仁**	高松一(香川)
2	中	前田 光雄	堀川(京都)
3	遊	村瀬 栄治	岐阜商(岐阜)
4	三	徳武 定之	早稲田実(東京)
5	一	木次 文夫	松商学園(長野)
6	左	伊田 保生	明星(大阪)
7	右	所 正美	岐阜商(岐阜)
8	捕	野村 徹	北野(大阪)
9	投	金沢 宏	岩国(山口)
主将		木次 文夫	松商学園(長野)
マネージャー		内山 雅博	防府(山口)
監督		石井 連蔵	水戸一(茨城)
			対明治 9.19
2	左	蕪木 正夫	早稲田実(東京)
6	中	石黒 行彦	仙台一(宮城)
7	右	亀田 健	新田(愛媛)

慶応(当番校)			対東大 4.18
1	左	渡海 昇二	芦屋(兵庫)
2	遊	安藤 統夫	土浦一(茨城)
3	中	藤森 博文	西条(愛媛)
4	一	高橋 捷郎	秋田(秋田)
5	捕	高橋 秀典	尼崎(兵庫)
6	二	吉田 敏	岸和田(大阪)
7	三	村橋 哲夫	岐阜(岐阜)
8	右	芦尾 芳司	滝川(兵庫)
9	投	清沢 忠彦	岐阜商(岐阜)
主将		高橋 捷郎	秋田(秋田)
マネージャー		・	慶応志木(埼玉)
監督		稲葉 誠治	岡崎中(愛知)
			対東大 9.19
3	右	小島 郁夫	岡崎(愛知)
7	捕	夏目 操	慶応(神奈川)
9	二	近藤 良輔	慶応(神奈川)

明治			対早稲田 4.11
1	中	岩井 喜治	平安(京都)
2	右	唐沢 洋一	伊那北(長野)
3	三	庵野 実	新宮(和歌山)
4	捕	**佐々木 勲**	下関商(山口)
5	左	川添 雄弘	高知商(高知)
6	二	松田 実	高崎商(群馬)
7	遊	漆畑 勝久	清水東(静岡)
8	一	久米 孝一	高松商(香川)
9	投	**池田 英俊**	福岡(福岡)
主将		佐々木 勲	下関商(山口)
マネージャー		篠田 敏	飯田長姫(長野)
監督		島岡 吉郎	不詳(長野)
			対法政 9.12
1	二	古海 正敏	小倉(福岡)
4	一	高畑 鷹千代	呉港(広島)
6	右	浦井 正一	明治(東京)
8	左	高橋 貞雄	浪華商(大阪)

法政			対明治 4.18
1	中	大塚 武	千葉商(千葉)
2	遊	渡辺 秀夫	中京商(愛知)
3	右	山本 一義	広島商(広島)
4	捕	鈴木 孝雄	中京商(愛知)
5	一	田中 和男	岐阜商(岐阜)
6	三	高塚 昌俱	玉島商(岡山)
7	左	大泉 長順	法政二(神奈川)
8	投	新山 彰忠	兵庫工(兵庫)
9	二	小林 重勝	日大三(東京)
主将		渡辺 秀夫	中京商(愛知)
マネージャー		岡田 希一	法政一(東京)
監督		服部 力	宇治山田商(三重)
			対明治 9.12
7	左	室山 皓之助	倉敷工(岡山)
9	投	山崎 正之	法政一(東京)
主将		**牧野 宏**	成田(千葉)

立教			対東大 4.11
1	遊	**浜中 祥和**	若狭(福井)
2	中	中山 守	福岡工(福岡)
3	右	**小西 秀朗**	秋田(秋田)
4	一	浦部 常喜	静岡(静岡)
5	左	**高林 恒夫**	立教(東京)
6	二	枝松 道輝	岡山東(岡山)
7	捕	**種茂 雅之**	静岡(静岡)
8	三	杉本 公孝	岩国(山口)
9	投	五代 友和	玉龍(鹿児島)
主将		沢本 良一	泉陽(大阪)
マネージャー		水谷 陸夫	市西宮(兵庫)
監督		辻 猛	嘉穂中(福岡)
			対東大 9.12
2	左	丸山 完二	西脇(兵庫)
9	投	**森滝 義巳**	兵庫(兵庫)
	投	**稲川 誠**	修猷館(福岡)
	投	**太田 紘一**＊	兵庫(兵庫)

東大			対立教 4.11
1	中	笹川 賢一	新宿(東京)
2	遊	片桐 弘之	武蔵(東京)
3	右	渡辺克巳	旭丘(愛知)
4	一	古館 康生	麻布(東京)
5	捕	高橋 秀明	大分工(大分)
6	投	横山 正夫	両国(東京)
7	三	酒井 勝之	麻布(東京)
8	二	五十嵐 弘至	浦和(埼玉)
9	投	岡村 甫	土佐(高知)
主将		渡辺克己	旭丘(愛知)
マネージャー		和光 俊彦	開成(東京)
監督		渡辺 融	武蔵丘(東京)
			対立教 9.12
2	二	伊能 譲	武蔵(東京)
5	左	飯島 悟郎	両国(東京)

【春季】勝敗表 早稲田が勝率で優勝

順位	チーム	試合	勝	敗	分	勝点	勝率
19	**早大**	13	9	3	1	4	0.750
②	立大	15	9	4	2	4	0.692
③	法大	15	8	5	2	3	0.615
④	慶大	17	7	7	3	3	0.500
⑤	明大	12	3	9	0	1	0.250
⑥	東大	12	2	10	0	0	0.167

・早慶戦後に東明3回戦、慶法4回戦

【秋季】勝敗表 立教が優勝決定戦で優勝

順位	チーム	試合	勝	敗	分	勝点	勝率
8	**立大**	11	8	3	0	4	0.727
②	早大	12	8	3	1	4	0.727
③	慶大	11	7	4	0	3	0.636
④	明大	12	6	5	1	3	0.545
⑤	法大	11	2	8	1	1	0.200
⑥	東大	13	2	10	1	0	0.167

・石川(立)がノーヒットワンラン勝利(対東大)

【選手権】**早稲田が優勝**(初・対関西学院大)
・初の決勝再試合

【春季】ベストナイン/首位打者/防御率1位

投手	金沢 宏	早	岩国
捕手	種茂 雅之	立	静岡
一塁手	高橋 捷郎③	慶	秋田
二塁手	近藤 昭仁	早	高松一
三塁手	徳武 定之	早	早稲田実
遊撃手	浜中 祥和	立	若狭
外野手	山本 一義	法	広島商
	高林 恒夫	立	立教
	渡海 昇二	慶	芦屋
首位打者	高畑 鷹千代	明	呉港
防御率1位	水津 正	法	萩

【秋季】ベストナイン/首位打者/防御率1位

投手	森滝 義巳	立	兵庫
捕手	佐々木 勲	明	下関商
一塁手	木次 文夫	早	松商学園
二塁手	古海 正敏	明	小倉
三塁手	徳武 定之	早	早稲田実
遊撃手	浜中 祥和	立	若狭
外野手	高林 恒夫③	立	立教
	石黒 行彦	早	仙台一
	小西 秀朗	立	秋田
首位打者	高林 恒夫	立	立教
防御率1位	石川 陽造	立	高松商

□六大学野球と神宮球場の動き

春季から**背番号制を採用**(389頁)/全米海兵隊選抜軍と各校が親善試合/安部磯雄(早)、橋戸信(早)、押川清(早)、久慈次郎(早)、小野三千麿(慶)が野球殿堂入り

□野球界の動き

★高校/地方大会の編成変えで長野、静岡、広島が単独出場/北海道が南北で代表校が29校に/選抜チームが米本土でも試合
★大学/学生野球協会結成記念大会で関西学院大が優勝(3月)/アジア野球選手権で学生社会人連合チームが優勝(6月)/全日本大学軟式野球大会(現準硬式大会)開始
★プロ/初の天覧試合(後楽園球場の読売ジャイアンツ対大阪タイガース/6.25)
★その他/野球体育博物館(現野球殿堂博物館)が開館

□国内外の動き

★国内/伊勢湾台風/メートル法実施/フジテレビ、テレビ朝日が開局/千鳥ヶ淵戦没者墓苑(510頁)竣工/在日朝鮮人の帰還開始
★世界/キューバでカストロ政権樹立/チベット蜂起/シンガポールが自治権確立/ソ連の月探査機が初めて月面に衝突

1960(昭和35)年　秋の早慶戦が6連戦に　明治が調布へ移転　新日米安保条約　アフリカの植民地から独立相次ぐ

早稲田			対東大 4.23
1	右	所 正美	岐阜商(岐阜)
2	中	住沢 幸治	日大二(東京)
3	二	村瀬 栄治	岐阜商(岐阜)
4	三	**徳武 定之**	早稲田実(東京)
5	捕	鈴木 悳夫	清水東(静岡)
6	一	奥村 孝弘	岐阜(岐阜)
7	左	石黒 行彦	仙台一(宮城)
8	遊	末次 義久	済々黌(熊本)
9	投	金沢 宏	岩国(山口)
主将		徳武 定之	早稲田実(東京)
マネージャー		黒須 陸男	浦和(埼玉)
監督		石井 連蔵	水戸一(茨城)
			対東大 9.24
1	左	伊田 保生	明星(大阪)
2	右	大井 道夫	宇都宮工(栃木)
7	一	村上 唯三郎	西条(愛媛)
9	投	安藤 元博	坂出商(香川)

慶応			対法政 4.16
1	遊	安藤 統夫	土浦一(茨城)
2	右	小島 郁夫	岡崎(愛知)
3	左	山田 忠司	慶応(神奈川)
4	中	**渡海 昇二**	芦屋(兵庫)
5	三	村橋 哲夫	岐阜(岐阜)
6	捕	田中 勝芳	沼津東(静岡)
7	一	村木 博	湘南(神奈川)
8	二	近藤 良輔	慶応(神奈川)
9	投	角谷 隆	宇治山田(三重)
主将		渡海 昇二	芦屋(兵庫)
マネージャー		田代 元則	慶応(神奈川)
監督		前田 祐吉	高知城東中(高知)
			対立教 9.19
6	捕	大橋 勲	土佐(高知)
7	三	田浦 正昭	熊本(熊本)
9	投	清沢 忠彦	岐阜商(岐阜)

明治	(当番校)		対法政 4.23
1	中	岩井 喜治	平安(京都)
2	左	井上 均	日大一(東京)
3	三	松田 満	宇和島南(愛媛)
4	一	高畑 鷹千代	呉港(広島)
5	右	高橋 貞雄	浪華商(大阪)
6	遊	漆畑 勝久	清水東(静岡)
7	二	矢倉 久介	徳島商(徳島)
8	捕	岡庭 秀出男	明治(東京)
9	投	光山 正男	成東(千葉)
主将		松田 満	宇和島南(愛媛)
マネージャー		多田 正三郎	明治(東京)
監督		島岡 吉郎	不詳(長野)
			対立教 9.24
1	左	奥田 英夫	平安(京都)
4	中	別部 捷夫	鳴門(徳島)
7	二	一枝 修平	上宮(大阪)
9	投	後藤 晃吾	掛川西(静岡)

法政			対慶応 4.16
1	中	大塚 武	千葉商(千葉)
2	左	室山 皓之助	倉敷工(岡山)
3	二	小川 博	法政二(神奈川)
4	右	**山本 一義**	広島商(広島)
5	一	田中 和男	岐阜商(岐阜)
6	捕	**鈴木 孝雄**	中京商(愛知)
7	三	原田 潤	法政一(東京)
8	投	新山 彰忠	兵庫工(兵庫)
9	遊	宇野 修司	市川(千葉)
主将		山本 一義	広島商(広島)
マネージャー		奥田 稔	城北(東京)
監督		服部 力	宇治山田商(三重)
			対東大 9.17
9	投	**山崎 正之**	法政一(東京)

立教			対東大 4.16
1	中	丸山 完二	西脇(兵庫)
2	二	青野 修三	西条(愛媛)
3	右	松川 豊重	京都(京都)
4	三	**杉本 公孝**	岩国(山口)
5	左	今西 良雄	徳山(山口)
6	捕	丹羽 修一	岐阜商(岐阜)
7	一	立石 朝晃	高松商(香川)
8	遊	神吉 泰男	浪商(大阪)
9	投	安井 勝	中京商(愛知)
主将		杉本 公孝	岩国(山口)
マネージャー		山崎 公一	郡山(奈良)
監督		辻 猛	嘉穂中(福岡)
			対慶応 9.19
1	中	加藤 賢次	熊谷(埼玉)
4	左	寺本 勇	芦屋(兵庫)
9	投	**石川 陽造＊**	高松商(香川)
	捕	**岡村 浩二＊**	高松商(香川)

東大			対立教 4.16
1	左	別所 弘基	豊中(大阪)
2	中	天野 昌紀	大泉(東京)
3	二	伊能 譲	武蔵(東京)
4	遊	片桐 弘之	武蔵(東京)
5	捕	高橋 秀明	大分工(大分)
6	右	佐藤 健	浦和(埼玉)
7	三	小林 孝之	明治学院(東京)
8	一	古館 康生	麻布(東京)
9	投	岡村 甫	土佐(高知)
主将		片桐 弘之	武蔵(東京)
マネージャー		斎藤 富士雄	上野(東京)
監督		渡辺 融	武蔵丘(東京)
			対法政 9.17
6	左	飯島 悟郎	両国(東京)
7	三	小池 敏之	熊谷(埼玉)
9	投	鈴木 基之	開成(東京)

【春季】勝敗表　法政が勝率で優勝

順位	チーム	試合	勝	敗	分	勝点	勝率
7	**法大**	12	9	3	0	4	0.750
②	早大	14	8	5	1	4	0.615
③	慶大	13	8	4	1	3	0.667
④	明大	12	4	7	1	2	0.364
⑤	立大	15	5	9	1	1	0.357
⑥	東大	12	3	9	0	1	0.250

・法政が最多三塁打(1イニング4・1試合5)

【選手権】**法政が優勝**(初・対同志社大)

【秋季】勝敗表　早稲田が優勝決定戦で優勝

順位	チーム	試合	勝	敗	分	勝点	勝率
20	**早大**	15	9	4	2	4	0.692
②	慶大	13	9	4	0	4	0.692
③	法大	12	7	4	1	3	0.636
④	立大	14	6	7	1	2	0.462
⑤	東大	13	3	8	2	1	0.273
⑥	明大	15	2	9	4	1	0.182

・早慶戦が6連戦(リーグ戦3＋優勝決定戦3)
・優勝決定戦(1勝2分)で早稲田が優勝
・安藤(早)が早慶6連戦で5試合49回を投げる
・岡村(東)が東大最多の17勝

【春季】ベストナイン/首位打者/防御率1位

投　手	山崎 正之	法	法政一
捕　手	鈴木 孝雄	法	中京商
一塁手	村木 博	慶	湘南
二塁手	村瀬 栄治	早	岐阜商
三塁手	徳武 定之	早	早稲田実
遊撃手	安藤 統夫	慶	土浦一
外野手	室山 皓之助	法	倉敷工
	山田 忠司	慶	慶応
	井上 均	明	日大一
首位打者	室山 皓之助	法	倉敷工
防御率1位	三浦 清	慶	秋田商

【秋季】ベストナイン/首位打者/防御率1位

投　手	安藤 元博	早	坂出商
捕　手	野村 徹	早	北野
一塁手	丸山 完二	立	西脇
二塁手	一枝 修平	明	上宮
三塁手	徳武 定之⑤	早	早稲田実
遊撃手	安藤 統夫	慶	土浦一
外野手	山本 一義	法	広島商
	渡海 昇二	慶	芦屋
	室山 皓之助	法	倉敷工
首位打者	丸山 完二	立	西脇
防御率1位	三浦 清②	慶	秋田商

□六大学野球と神宮球場の動き

明治が単独でハワイ遠征(6月)/明治がグラウンドをつつじヶ丘(調布市)へ移転/飛田忠順(早)、桜井弥一郎(慶)、河野安通志(早)が野球殿堂入り

□野球界の動き

★高校／鹿児島県が単独出場で代表校が30校に/ヘルメットの着用が義務化/選抜の決勝戦(高松商対米子東)で甲子園史上初の優勝決定サヨナラ本塁打で決着
★大学／日本学生野球協会結成記念大会で日本大が優勝(3月)

□国内外の動き

★国内／**新日米安全保障条約締結/安保闘争**/民主社会党結成/カラーテレビ放送開始/池田首相が所得倍増計画発表
★世界／アフリカの17ヵ国が独立/フランスが初の核実験/石油輸出国機構(OPEC)結成

1961(昭和36)年　神宮第2球場が完成　柳川事件起こる　人類初の有人宇宙飛行　ベルリンの壁出現

早稲田　対明治 4.16

1	左	伊田 保生	明星(大阪)
2	遊	末次 義久	済々黌(熊本)
3	中	石黒 行彦	仙台一(宮城)
4	捕	鈴木 悳夫	清水東(静岡)
5	三	岡田 紀明	高松商(香川)
6	右	住沢 幸治	日大二(東京)
7	一	村上 唯三郎	西条(愛媛)
8	二	角田 稔	水戸一(茨城)
9	投	**安藤 元博**	坂出商(香川)
主将		石黒 行彦	仙台一(宮城)
マネージャー		駒井 鉄治	関東学院(神奈川)
監督		石井 連蔵	水戸一(茨城)

対立教 9.17

6	二	石山 建一	静岡(静岡)
8	三	三原 啓治	松商学園(長野)
9	投	公文 博孝	土佐(高知)

慶応　対東大 4.16

1	遊	**安藤 統夫**	土浦一(茨城)
2	左	榎本 博明	海南(和歌山)
3	三	田浦 正昭	熊本(熊本)
4	捕	大橋 勲	土佐(高知)
5	一	福岡 啓助	土佐(高知)
6	二	北野 昭也	川越(埼玉)
7	右	中山 隆之	小倉(福岡)
8	中	島津 行高	仙台二(宮城)
9	投	丹羽 弘	北野(大阪)
主将		安藤 統夫	土浦一(茨城)
マネージャー		品川 宗弘	慶応志木(埼玉)
監督		前田 祐吉	高知城東中(高知)

対東大 9.23

7	左	本郷 良直	立命館(京都)

明治　対早稲田 4.16

1	左	井上 均	日大一(東京)
2	二	一枝 修平	上宮(大阪)
3	三	田口 兼三	桐生(群馬)
4	捕	辻 佳紀	敦賀(福井)
5	右	松本 雄作	福岡工(福岡)
6	一	高畑 鷹千代	呉港(広島)
7	遊	**漆畑 勝久**	清水東(静岡)
8	中	別部 捷夫	鳴門(徳島)
9	投	八木 孝	佐伯鶴城(大分)
主将		田口 兼三	桐生(群馬)
マネージャー		秋枝 大陸	日大一(東京)
監督		島岡 吉郎	不詳(長野)

対東大 9.17

3	右	小森 幹夫	高鍋(宮崎)
6	三	前田 義蔵	日大一(東京)
8	一	山崎 紀典	上田松尾(長野)
9	投	赤尾 俊男	成田(千葉)
監督		松田 竜太郎	明治(東京)
	捕	**岡野 義光＊**	土浦一(茨城)

法政(当番校)　対明治 4.22

1	遊	宇野 修司	市川(千葉)
2	一	**樋口 正蔵**	浪華商(大阪)
3	中	**室山 皓之助**	倉敷工(岡山)
4	二	**小川 博**	法政二(神奈川)
5	三	原田 潤	法政一(東京)
6	右	手島 征男	久留米商(福岡)
7	左	中田 純生	兵庫工(兵庫)
8	捕	広瀬 幸司	芦屋(兵庫)
9	投	**新山 彰忠**	兵庫工(兵庫)
主将		新山 彰忠	兵庫工(兵庫)
マネージャー		小木曽 貢	神戸(兵庫)
監督		田丸 仁	立正中(東京)

対立教 9.23

立教　対東大 4.22

1	中	柘植 章男	中京商(愛知)
2	遊	神吉 泰男	浪商(大阪)
3	右	松川 豊重	京都(京都)
4	左	**丸山 完二**	西脇(兵庫)
5	二	**青野 修三**	西条(愛媛)
6	三	篠田 勇	水戸商(茨城)
7	捕	岡本 凱孝	浪商(大阪)
8	一	東島 孝紀	寝屋川(大阪)
9	投	立石 朝晃	高松商(香川)
主将		丸山 完二	西脇(兵庫)
マネージャー		野田 勲	郡山(奈良)
監督		芹沢 利久	沼津東(静岡)

対早稲田 9.17

6	左	**寺本 勇**	芦屋(兵庫)
8	二	土井 正三	育英(兵庫)

東大　対慶応 4.16

1	左	別所 弘基	豊中(大阪)
2	遊	牧村 恢臣	西(東京)
3	中	天野 昌紀	大泉(東京)
4	二	伊能 譲	武蔵(東京)
5	右	杉山 守久	日比谷(東京)
6	捕	高橋 功次	大泉(東京)
7	一	岩崎 剛	松山北(愛媛)
8	三	五十嵐 和男	両国(東京)
9	投	滝川 一興	新宿(東京)
主将		伊能 譲	武蔵(東京)
マネージャー		鈴木 英之	麻布(東京)
監督		渡辺 融	武蔵丘(東京)

対明治 9.17

2	遊	玉木 武至	日比谷(東京)
4	一	佐藤 健	浦和(埼玉)
8	投	長田 仁雄	操山(岡山)

【春季】勝敗表　明治が完全優勝

順位	チーム	試合	勝	敗	分	勝点	勝率
13	**明大**	14	10	3	1	5	0.769
②	慶大	12	9	2	1	4	0.818
③	法大	12	7	5	0	3	0.583
④	早大	12	5	7	0	2	0.417
⑤	立大	12	4	8	0	1	0.333
⑥	東大	10	0	10	0	0	0.000

・勝率では明治が上回る　・3割打者が14人
・榎本(慶)が最高打率で首位打者(0.517)
・早稲田が1試合36塁打を記録(対東大)
・丸山(立)がシーズン5三塁打

【選手権】明治が準決勝で敗退(日本大)

【秋季】勝敗表　法政が完全優勝

順位	チーム	試合	勝	敗	分	勝点	勝率
8	**法大**	11	10	1	0	5	0.909
②	立大	12	8	4	0	4	0.667
③	慶大	12	7	5	0	3	0.583
④	早大	11	5	6	0	2	0.455
⑤	明大	12	3	9	0	1	0.250
⑥	東大	12	2	10	0	0	0.167

・安藤(早)が通算35勝(21敗・歴代9位)
・安藤(慶)が通算107安打
・**慶応が1試合最少投球(2投手・70球・**対立教**)**
・三浦(慶)が3回目の防御率第1位

【春季】ベストナイン/首位打者/防御率1位

投　手	後藤 晃吾	明	掛川西
捕　手	大橋 勲	慶	土佐
一塁手	福岡 啓助	慶	土佐
二塁手	青野 修三	立	西条
三塁手	篠田 勇	立	水戸商
遊撃手	漆畑 勝久	明	清水東
外野手	榎本 博明	慶	海南
	井上 均	明	日大一
	松川 豊重	立	京都
首位打者	榎本 博明	慶	海南
防御率1位	石川 陽造	立	高松商

【秋季】ベストナイン/首位打者/防御率1位

投　手	新山 彰忠	法	兵庫工
捕　手	広瀬 幸司	法	芦屋
一塁手	佐藤 健	東	浦和
二塁手	小川 博	法	法政二
三塁手	原田 潤	法	法政一
遊撃手	宇野 修司	法	市川
外野手	寺本 勇	立	芦屋
	室山 皓之助③	法	倉敷工
	榎本 博明	慶	海南
首位打者	小川 博	法	法政二
防御率1位	三浦 清③	慶	秋田商

□六大学野球と神宮球場の動き

慶応が単独でハワイ遠征(6月)/**神宮第2球場が完成**(4月)

□野球界の動き

★高校/銚子商の柴武利(東芝)が初のサヨナラ本塁打/法政二が3校目の夏春連覇
★大学/日本学生野球協会結成記念大会で近畿大が優勝(3月)/関西六大学野球連盟が解散し**関西大学野球連合発足**(12月)
★社会人/日本プロ野球機構と締結していた「選手の転出、加入に関する協約」が破棄され協約が無効に
★プロ/**柳川事件**(345頁)で社会人野球協会(現日本野球連盟)がプロ退団者の受け入れ拒否/東映が神宮球場と使用契約締結

□国内外の動き

★国内/NHKの連続テレビ小説が始まる/農業基本法公布/東京都が路上のゴミ箱撤去し定期回収制に/柏鵬時代の幕開け
★世界/ソ連のボストーク1号が人類初の有人宇宙飛行/ベルリン中心部にベルリンの壁が横断設置/韓国で軍事クーデター

1962(昭和37)年　ラッキーゾーン設置　キューバ危機、米ソの緊張　国産旅客機「YS11」　植民地からの独立相次ぐ

早稲田　対東大 4.21

1	左	西矢 晴雄	浪商(大阪)
2	遊	石山 建一	静岡(静岡)
3	二	岡田 紀明	高松商(香川)
4	捕	**鈴木 悳夫**	清水東(静岡)
5	中	春原 正道	屋代東(長野)
6	右	直江 輝昭	米子東(鳥取)
7	三	三原 啓治	松商学園(長野)
8	一	村上 唯三郎	西条(愛媛)
9	投	宮本 洋二郎	米子東(鳥取)
主将		鈴木 悳夫	清水東(静岡)
マネージャー		杉浦 康之	岡崎商(愛知)
監督		石井 連蔵	水戸一(茨城)

対東大 9.22

2	左	住沢 幸治	日大二(東京)
4	右	**江尻 亮**	日立一(茨城)
5	捕	大塚 弥寿男	浪商(大阪)
6	遊	末次 義久	済々黌(熊本)

慶応　対明治 4.14

1	中	榎本 博明	海南(和歌山)
2	二	北野 昭也	川越(埼玉)
3	三	田浦 正昭	熊本(熊本)
4	一	西岡 浩史	芦屋(兵庫)
5	捕	**大橋 勲**	土佐(高知)
6	左	本郷 良直	立命館(京都)
7	遊	石黒 和弘	中京商(愛知)
8	右	北川 公一	甲陽学院(兵庫)
9	投	林 邦彦	西脇(兵庫)
主将		田浦 正昭	熊本(熊本)
マネージャー		大渡 正名	慶応(神奈川)
監督		前田 祐吉	高知城東中(高知)

対明治 9.15

9	投	藤 悟郎	芦屋(兵庫)

明治　対慶応 4.14

1	右	宮沢 政信	明治(東京)
2	二	**一枝 修平**	上宮(大阪)
3	左	山田 茂利	清水東(静岡)
4	捕	**辻 佳紀**	敦賀(福井)
5	中	**別部 捷夫**	鳴門(徳島)
6	一	山崎 紀典	上田松尾(長野)
7	三	成島 和久	明治(東京)
8	遊	松岡 功祐	九州学院(熊本)
9	投	**八木 孝**	佐伯鶴城(大分)
主将		宮沢 政信	明治(東京)
マネージャー		正木 英雄	大田原(栃木)
監督		栗崎 武久	水戸商(茨城)

対慶応 9.15

1	遊	高須賀 俊彦	浪商(大阪)
3	一	倉島 今朝徳	上田松尾(長野)
5	中	三浦 和美	広陵(広島)
9	投	後藤 晃吾	掛川西(静岡)

法政　対東大 4.14

1	中	松浦 毅	西条(愛媛)
2	捕	広瀬 幸司	芦屋(兵庫)
3	左	堀内 嗣郎	済々黌(熊本)
4	一	**高木 喬**	三国丘(大阪)
5	右	五十住 靖男	岐阜商(岐阜)
6	三	松崎 亨	成田(千葉)
7	二	鈴木 正彦	芦屋(兵庫)
8	遊	西山 高征	三池(福岡)
9	投	山崎 武昭	高知商(高知)
主将		友歳 克彦	柳井(福岡)
マネージャー		谷 頼寿	洲本(兵庫)
監督		田丸 仁	立正中(東京)

対東大 9.15

2	二	北条 公孝	洲本(兵庫)
5	右	鎌田 豊	倉敷工(岡山)

立教　対明治 4.21

1	中	加藤 賢次	熊谷(埼玉)
2	二	**山口 富士雄＊**	高松商(香川)
3	右	松川 豊重	京都(京都)
4	捕	**岡本 凱孝**	浪商(大阪)
5	三	篠田 勇	水戸商(茨城)
6	一	戸田 甚五郎	倉敷商(岡山)
7	左	岡田 行正	高松商(香川)
8	遊	森本 潔	西条(愛媛)
9	投	松本 照夫	栃木(栃木)
主将		岡本 凱孝	浪商(大阪)
マネージャー		虫明 保治	岡山東商(岡山)
監督		芹沢 利久	沼津東(静岡)

対明治 9.22

8	遊	土井 正三	育英(兵庫)

東大（当番校）　対法政 4.14

1	遊	玉木 武至	日比谷(東京)
2	中	天野 昌紀	大泉(東京)
3	左	杉山 守久	日比谷(東京)
4	捕	佐藤 健	浦和(埼玉)
5	三	五十嵐 和男	両国(東京)
6	投	長田 仁雄	岡山操山(岡山)
7	一	岩本 荘太	戸山(東京)
8	右	牧村 恢臣	西(東京)
9	二	杉本 聰	教育大付(東京)
主将		佐藤 健	浦和(埼玉)
マネージャー		与謝野 馨	麻布(東京)
監督		渡辺 融	武蔵丘(東京)

対法政 9.15

6	左	遠藤 正武	山城(京都)

【春季】勝敗表　法政が優勝決定戦で優勝

順位	チーム	試合	勝	敗	分	勝点	勝率
9	**法大**	13	9	4	0	4	0.692
②	立大	16	9	4	3	4	0.692
③	慶大	14	8	5	1	4	0.615
④	早大	14	4	7	3	2	0.364
⑤	明大	16	6	9	1	1	0.400
⑥	東大	13	3	10	0	0	0.231

・2シーズン連続で同順位(史上初)

【秋季】勝敗表　慶応が勝率で優勝

順位	チーム	試合	勝	敗	分	勝点	勝率
16	**慶大**	13	9	3	1	4	0.750
②	明大	13	8	4	1	4	0.667
③	法大	16	9	5	2	4	0.643
④	立大	12	5	6	1	2	0.455
⑤	早大	16	5	8	3	1	0.385
⑥	東大	10	0	10	0	0	0.000

・2シーズン連続で上位3チームが勝点4

【選手権】**法政が優勝**(2回目・対駒沢大)

【春季】ベストナイン/首位打者/防御率1位

投　手	山崎 武昭	法	高知商
捕　手	広瀬 幸司	法	芦屋
一塁手	西岡 浩史	慶	芦屋
二塁手	岡田 紀明	早	高松商
三塁手	田浦 正昭	慶	熊本
遊撃手	森本 潔	立	西条
外野手	本郷 良直	慶	立命館
	松浦 毅	法	西条
	杉山 守久	東	日比谷
首位打者	本郷 良直	慶	立命館
防御率1位	藤 悟郎	慶	芦屋

【秋季】ベストナイン/首位打者/防御率1位

投　手	藤 悟郎	慶	芦屋
捕　手	大橋 勲	慶	土佐
一塁手	高木 喬	法	三国丘
二塁手	一枝 修平	明	上宮
三塁手	田浦 正昭	慶	熊本
	松崎 亨	法	成田
遊撃手	石黒 和弘	慶	中京商
外野手	榎本 博明③	慶	海南
	住沢 幸治	早	日大二
	杉山 守久	東	日比谷
首位打者	榎本 博明②	慶	海南
防御率1位	八木 孝	明	佐伯鶴城

□六大学野球と神宮球場の動き

法政、明治それぞれが単独でハワイ、韓国遠征(6月)/早稲田が単独台湾遠征(12月)/**折りたたみ式ラッキーゾーン設置**で、プロは両翼91.4m、取り外した六大学野球は両翼100mに、新たなナイター設備(6月・235頁)

□野球界の動き

★高校／作新学院が初の甲子園春夏連覇/選抜で初の延長18回再試合(準々決勝・作新学院対八幡商)

★大学／オリンピック道路建設のため学生野球会館が取り壊し/日本学生野球協会結成記念大会で芝浦工業大が優勝

★社会人／中日が日本生命の選手との契約を強行し、対抗措置としてプロ野球機構に対する5項目を決議

★プロ／東映フライヤーズ神宮球場を使用

□国内外の動き

★国内／全国総合開発計画策定/**東京都が世界初の人口1000万人都市に**/戦後初の国産旅客機YS-11

★世界／キューバ危機(海上封鎖、禁輸)/毛沢東が大躍進政策失敗を自己批判/植民地からの独立相次ぐ

1963(昭和38)年　沖縄・首里高が初勝利　甲子園で8.15正午の黙祷が始まる　企業チームの登録が最多(237)に

早稲田　対立教 4.13

1	左	新谷 忠司	市岡(大阪)
2	一	大井 道夫	宇都宮工(栃木)
3	三	岡田 紀明	高松商(香川)
4	中	直江 輝昭	米子東(鳥取)
5	捕	大塚 弥寿男	浪商(大阪)
6	遊	三原 啓治	松商学園(長野)
7	二	石山 建一	静岡(静岡)
8	右	村上 唯三郎	西条(愛媛)
9	投	宮本 洋二郎	米子東(鳥取)
主将		村上 唯三郎	西条(愛媛)
マネージャー		千田 栄紀	盛岡一(岩手)
監督		石井 連蔵	水戸一(茨城)

対明治 9.7

1	左	高橋 基	早稲田実(東京)
6	中	小淵 進	早稲田実(東京)
8	二	矢野 洋制	松山商(愛媛)
9	投	八木沢 荘六	作新学院(栃木)

慶応　対東大 4.13

1	左	本郷 良直	立命館(京都)
2	二	松方 正範	慶応(神奈川)
3	遊	**石黒 和弘**	中京商(愛知)
4	一	西岡 浩史	芦屋(兵庫)
5	中	浜村 巌	土佐(高知)
6	右	**北川 公一**	甲陽学院(兵庫)
7	三	森谷 忠一	沼津東(静岡)
8	捕	佐藤 政良	仙台二(宮城)
9	投	渡辺 泰輔	慶応(神奈川)
主将		西岡 浩史	芦屋(兵庫)
マネージャー		丸山 修司	慶応(神奈川)
監督		前田 祐吉	高知城東中(高知)

対東大 9.7

2	二	高木 利武	東海(愛知)

明治　対東大 4.20

1	二	平川 剛也	佐倉一(千葉)
2	遊	高須賀 俊彦	浪商(大阪)
3	右	市原 数男	徳島商(徳島)
4	三	**倉島 今朝徳**	上田松尾(長野)
5	一	堂上 武久	海南(和歌山)
6	左	清水 敬一	筑紫丘(福岡)
7	中	三浦 和美	広陵(広島)
8	捕	岡崎 正雄	明治(東京)
9	投	**石岡 康三**	一宮商(千葉)
主将		倉島 今朝徳	上田松尾(長野)
マネージャー		高森 啓介	早稲田実(東京)
監督		栗崎 武久	水戸商(茨城)

対早稲田 9.7

3	三	森谷 邦夫	深谷商(埼玉)
6	二	住友 平	浪商(大阪)
8	捕	榎本 拡	新宮(和歌山)

法政　対立教 4.20

1	二	北条 公孝	洲本(兵庫)
2	右	村田 憲一	泉大津(大阪)
3	中	松浦 毅	西条(愛媛)
4	捕	広瀬 幸司	芦屋(兵庫)
5	左	長池 徳二	撫養(徳島)
6	三	松丸 昌男	千葉商(千葉)
7	遊	西山 高征	三池(福岡)
8	一	伊藤 孔人	平安(京都)
9	投	**山崎 武昭**	高知商(高知)
主将		広瀬 幸司	芦屋(兵庫)
マネージャー		西田 昌雄	法政一(東京)
監督		田丸 仁	立正中(東京)

対東大 9.14

2	遊	畑 誠一	鳴尾(兵庫)
3	右	鎌田 豊	倉敷工(岡山)
8	二	金井 義彦	浪商(大阪)
	投	**龍 隆行**	三池(福岡)

立教(当番校)　対早稲田 4.13

1	遊	土井 正三	育英(兵庫)
2	右	山本 洋二	徳山(山口)
3	三	**篠田 勇**	水戸商(茨城)
4	二	**森本 潔＊**	西条(愛媛)
5	中	八木沼 陽一	北海(北海道)
6	一	浜口 隆男	松阪商(三重)
7	左	岡田 行正	高松商(香川)
8	捕	大塚 恭弘	静岡(静岡)
9	投	**松本 照夫＊**	栃木商(栃木)
主将		篠田 勇	水戸商(茨城)
マネージャー		内田 成人	修猷館(福岡)
監督		芹沢 利久	沼津東(静岡)

対明治 9.14

2	右	後 勝	寝屋川(大阪)
6	左	神谷 恒雄	掛川西(静岡)
7	二	池本 武彦	京都(京都)
8	捕	村上 公康	西条(愛媛)

東大　対慶応 4.13

1	二	杉本 聰	教育大付(東京)
2	左	川上 寛	豊中(大阪)
3	中	杉山 守久	日比谷(東京)
4	一	遠藤 正武	山城(京都)
5	右	権藤 満	明善(福岡)
6	捕	岡田 一雄	小山台(東京)
7	三	五十嵐 和男	両国(東京)
8	投	長田 仁雄	岡山操山(岡山)
9	遊	玉木 武至	日比谷(東京)
主将		杉山 守久	日比谷(東京)
マネージャー		上原 隆	小石川(東京)
監督		清水 健太郎	旧一高(東京)

対慶応 9.7

2	左	山田 寛	学習院(東京)
5	右	安部 信義	浜松北(静岡)
7	三	高橋 紘二郎	武蔵丘(東京)
9	投	新治 伸治	小石川(東京)

【春季】勝敗表　慶応が完全優勝

順位	チーム	試合	勝	敗	分	勝点	勝率
17	**慶大**	16	10	4	2	5	0.714
②	法大	16	9	5	2	4	0.643
③	立大	12	8	4	0	3	0.667
④	明大	15	6	6	3	2	0.500
⑤	早大	13	4	8	1	1	0.333
⑥	東大	12	0	10	2	0	0.000

・慶応の渡辺と法政の山崎がともに9勝

【選手権】**慶応が優勝**(2回目・対駒沢大)

【秋季】勝敗表　法政が優勝決定戦で優勝

順位	チーム	試合	勝	敗	分	勝点	勝率
10	**法大**	14	9	4	1	4	0.692
②	慶大	14	9	4	1	4	0.692
③	立大	15	8	5	2	4	0.615
④	明大	14	7	6	1	2	0.538
⑤	早大	11	3	8	0	1	0.273
⑥	東大	12	1	10	1	0	0.091

・法慶立が勝点4、法慶が同率首位
・石岡(明)が13試合に登板
・松本(立)が慶立戦に4日間連続完投
・渡辺(慶)・石岡・松本の投球回数が90超す

【春季】ベストナイン/首位打者/防御率1位

投　手	渡辺 泰輔	慶	慶応
捕　手	広瀬 幸司③	法	芦屋
一塁手	西岡 浩史	慶	芦屋
二塁手	住友 平	明	浪商
三塁手	森谷 忠一	慶	沼津東
遊撃手	石黒 和弘	慶	中京商
外野手	北川 公一	慶	甲陽学院
	鎌田 豊	法	倉敷工
	松浦 毅	法	西条
首位打者	三原 啓治	早	松商学園
防御率1位	山崎 武昭	法	高知商

【秋季】ベストナイン/首位打者/防御率1位

投　手	渡辺 泰輔	慶	慶応
捕　手	佐藤 政良	慶	仙台二
一塁手	西岡 浩史③	慶	芦屋
二塁手	池本 武彦	立	京都
三塁手	篠田 勇	立	水戸商
遊撃手	石黒 和弘③	慶	中京商
外野手	八木沼 陽一	立	北海
	井石 礼司	慶	天王寺
	鎌田 豊	法	倉敷工
首位打者	西岡 浩史	慶	芦屋
防御率1位	畠中 勝	立	飯塚商

□六大学野球と神宮球場の動き

早慶戦の球場使用を巡ってプロ側と問題起こる/神宮球場で初のオールスターゲーム

□野球界の動き

★高校／2回目の記念大会が阪神甲子園球場(この年に改称)と西宮球場の併用開催/地方大会の参加校2,000校突破/沖縄代表の首里高が初勝利/8月15日正午の黙祷開始/全国高等学校野球連盟が財団法人に

★大学／日本学生野球協会結成記念大会で慶応が優勝(対横浜市立大・3月)/関大の西川投手が在学中にプロと契約してアマチュア資格を喪失

★社会人／全国の企業チームの登録数が最多の237チーム

□国内外の動き

★国内／テレビアニメ第1号「鉄腕アトム」放映開始/合併した北九州市が全国で6番目の政令指定都市/新千円札発行

★世界／エリゼ条約(仏独協力条約)/米・英・ソが部分的核実験停止条約に調印/ケネディ大統領(米)が暗殺される

1964(昭和39)年　神宮球場のプロアマ使用　東京オリンピック開催　東都連盟から首都連盟離脱　中国が核実験

早稲田(当番校)			対明治 4.11
1	二	石山 建一	静岡(静岡)
2	遊	矢野 洋制	松山商(愛媛)
3	右	直江 輝昭	米子東(鳥取)
4	三	三原 啓治	松商学園(長野)
5	捕	大塚 弥寿男	浪商(大阪)
6	中	飯田 修	高松一(香川)
7	一	小淵 進	早稲田実(東京)
8	左	高橋 基	早稲田実(東京)
9	投	**宮本 洋二郎**	米子東(鳥取)
主将		三原 啓治	松商学園(長野)
マネージャー		奥田 裕一郎	明星(大阪)
監督		石井 藤吉郎	水戸商(茨城)
			対東大 9.5
8	左	萩原 陸洋	甲府一(山梨)

慶応			対東大 4.18
1	二	江藤 省三	中京商(愛知)
2	中	鈴木 義信	長生一(千葉)
3	右	**井石 礼司**	天王寺(大阪)
4	三	森谷 忠一	沼津東(静岡)
5	一	広野 功	徳島商(徳島)
6	左	大戸 洋儀	一戸(岩手)
7	遊	松方 正範	慶応(神奈川)
8	捕	佐藤 政良	仙台二(宮城)
9	投	**渡辺 泰輔**	慶応(神奈川)
主将		佐藤 政良	仙台二(宮城)
マネージャー		小松崎 高雄	慶応志木(埼玉)
監督		前田 祐吉	高知城東中(高知)
			対法政 9.5
8	捕	松本 惟秀	土佐(高知)
9	投	**佐藤 元彦**	熊本(熊本)

明治			対早稲田 4.11
1	中	市原 数男	徳島商(徳島)
2	左	円山 直樹	京王(東京)
3	二	住友 平	浪商(大阪)
4	右	清水 十三男	大垣商(岐阜)
5	一	堂上 武久	海南(和歌山)
6	三	**多田 勉**	徳島商(徳島)
7	一	岡崎 正雄	明治(東京)
8	投	松下 利夫	高松商(香川)
9	遊	**松岡 功祐**	九州学院(熊本)
主将		市原 数男	徳島商(徳島)
マネージャー		田中 確正	明治(東京)
監督		栗崎 武久	水戸商(茨城)
			対法政 9.12
1	中	高田 繁	浪商(大阪)
5	三	森谷 邦夫	深谷商(埼玉)
7	左	中山 正俊	海南(和歌山)
9	投	高橋 宏之	八王子工(東京)

法政			対東大 4.11
1	中	松浦 毅	西条(愛媛)
2	二	金井 義彦	浪商(大阪)
3	右	鎌田 豊	倉敷工(岡山)
4	左	長池 徳二	撫養(徳島)
5	遊	畑 誠一	鳴尾(兵庫)
6	一	原田 忠男	法政二(神奈川)
7	三	中村 四郎	帝京商(東京)
8	投	**木原 義隆**	海南(和歌山)
9	捕	奈良 正治	法政二(神奈川)
主将		松浦 毅	西条(愛媛)
マネージャー		武井 英俊	法政二(神奈川)
監督		田丸 仁	立正中(東京)
			対慶応 9.5
1	三	梶山 学	中京商(愛知)
5	一	秋元 国武	撫養(徳島)

立教			対明治 4.18
1	遊	**土井 正三**	育英(兵庫)
2	右	後 勝	寝屋川(大阪)
3	三	大塚 恭弘	静岡(静岡)
4	左	神谷 恒雄	掛川西(静岡)
5	一	下川 俊樹	新宮(和歌山)
6	中	谷木 恭平	北海(北海道)
7	捕	**村上 公康** *	西条(愛媛)
8	二	池谷 勝	沼津東(静岡)
9	投	石川 洵	西条(愛媛)
主将		土井 正三	育英(兵庫)
マネージャー		浜崎 隆吉	西宮(兵庫)
監督		芹沢 利久	沼津東(静岡)
			対東大 9.12
1	中	富永 重善	宮崎大宮(宮崎)
4	一	前田 周治	浪商(大阪)
6	二	池本 武彦	京都(京都)
7	捕	渡辺 尚	静岡(静岡)
9	投	若月 宏之	大社(島根)

東大			対法政 4.11
1	二	杉本 聰	教育大付(東京)
2	中	清水 幹裕	岡崎北(愛知)
3	左	川上 寛	豊中(大阪)
4	一	松林 正之	湘南(神奈川)
5	三	高橋 紘二郎	武蔵丘(東京)
6	捕	岡田 一雄	小山台(東京)
7	右	権藤 満	明善(福岡)
8	遊	片山 直久	土佐(高知)
9	投	**新治 伸治**	小石川(東京)
主将		広瀬 紀男	前橋(群馬)
マネージャー		平野 征	日比谷(東京)
監督		清水 健太郎	旧一高(東京)
			対早稲田 9.5
3	一	広瀬 紀男	前橋(群馬)

【春季】勝敗表　早稲田が勝率で優勝

順位	チーム	試合	勝	敗	分	勝点	勝率
21	**早大**	12	9	2	1	4	0.818
②	慶大	11	8	3	0	4	0.727
③	立大	12	7	5	0	3	0.583
④	明大	13	5	8	0	2	0.385
⑤	法大	11	4	7	0	2	0.364
⑥	東大	13	2	10	1	0	0.167

- **渡辺(慶)が初の完全試合**(対立教・82球)
- 江尻(早)が連続無失点記録(46回2/3)
- **江尻(早)が防御率0.00**
- 井石(慶)がシーズン5三塁打
- **明治が1イニング最多四死球(7四死球)**

【選手権】早稲田が準優勝(駒沢大)

【秋季】勝敗表

順位	チーム	試合	勝	敗	分	勝点	勝率
18	**慶大**	11	9	2	0	4	0.818
②	早大	12	7	5	0	3	0.583
③	明大	15	8	6	1	3	0.571
④	法大	13	7	6	0	3	0.538
⑤	立大	13	5	7	1	2	0.417
⑥	東大	10	0	10	0	0	0.000

【春季】ベストナイン/首位打者/防御率1位

投　手	渡辺 泰輔③	慶	慶応
捕　手	大塚 弥寿男	早	浪商
一塁手	小淵 進	早	早稲田実
二塁手	江藤 省三	慶	中京商
三塁手	三原 啓治	早	松商学園
遊撃手	土井 正三	立	育英
外野手	大戸 洋儀	慶	一戸
	井石 礼司	慶	天王寺
	長池 徳二	法	撫養
首位打者	小淵 進	早	早稲田実
防御率1位	江尻 亮	早	日立一

【秋季】ベストナイン/首位打者/防御率1位

投　手	佐藤 元彦	慶	熊本
捕　手	大塚 弥寿男	早	浪商
一塁手	広野 功	慶	徳島商
二塁手	江藤 省三	慶	中京商
三塁手	該当者なし		
遊撃手	松岡 功祐	明	九州学院
外野手	林田 真人	早	岡山東商
	長池 徳二	法	撫養
	高田 繁	明	浪商
首位打者	長池 徳二	法	撫養
防御率1位	江尻 亮②	早	日立一

□六大学野球と神宮球場の動き

東京五輪の影響で第6週から3週間リーグ戦中断/直江(早)がフェンスに激突し重体/井石(慶)がシーズン中に交渉するアマチュア憲章違反で退部/沖縄で戦後初の全早慶戦を開催(12月)/早稲田が単独で台湾遠征(12月)/宮原清(慶)が野球殿堂入り/**神宮球場のプロアマ併用使用開始**/神宮第2球場を改装(収容11,760人に・237頁)

□野球界の動き

★高校/全ての高校球児が戦後生まれに
★大学/**東都で分裂騒動**、7校が脱退し**首都大学野球連盟**を設立(261頁)/東都は1部から4部制に再編/六大学対東都との対抗戦(3月)/東京五輪のデモで神宮球場で大学選抜と社会人選抜が米学生選抜対戦
★社会人/東京五輪の公開競技で日本通運主体のチームがアメリカと対戦/社会人野球の産みの親・宮原清(上田中-慶応)の功績を讃え、優勝チームに宮原盾として授与
★プロ/**国鉄スワローズが神宮球場をフランチャイズに**
★大リーグ/村上雅則(法政二-南海)が日本人初のメジャーリーガーに

□国内外の動き

★国内/**アジア初の東京五輪開催**/第二水俣病発生/**東海道新幹線開業**/公明党結成
★海外/米IBM社が汎用計算機System/360発表/トンキン湾事件/中国が初の核実験

第4章　高度成長期から昭和末期へ〜成長期〜

1965（昭和40）年〜1988（昭和63）年

◉4連覇と連続優勝、5連覇はいつ？

六大学野球が始まってから100年で達成されていないのが、東大の優勝と5連続シーズン優勝、いわゆる5連覇だ。東大の優勝は後で触れる。6校の100年間の順位を別表にまとめた。白抜きが4連覇、3連覇、春秋連覇のシーズンにあたる。六大学野球が始まって14年目の秋、初めてのシーズン4連覇を明治が成し遂げた。六大学野球開始からの21シーズンまでの優勝回数は、慶応の7回を筆頭に早稲田5回、法政4回、明治3回、立教2回と続き、「秋春」の2シーズン連続は3回あったが、明治が初の春秋連覇を2年連続で達成し、一気に優勝回数を増やした。100年の歴史の中で4連覇は6回しかない。明治の後に、立教、法政、法政、法政、早稲田と続く。3連覇は6回の他に4回（早稲田2回、慶応・明治各1回）しかない。4連覇と3連覇の戦績内容を別表にまとめた。

明治の4連覇の主戦投手の
清水秀雄（右）と児玉利一（左）、
中央は捕手の桜井義継（明石中・兵庫）、
1937年（『明治大学野球部史第一巻』より）

初の明治の4連覇は、戦前の1937（昭和12）年春から始まった。それまでの投手起用法はいわゆる「先発完投型」が主流。明治は清水秀雄（米子中・鳥取）、児玉利一（大分商）の継投策で面白いように勝ち星を重ね、名将と謳われた監督の通称「谷カン」こと谷沢梅雄（明星商・大阪・182頁）のこの継投作戦が4シーズンにわたり功を奏したのは当時では新鮮だった。攻撃陣は、盗塁の名手の恒川道順（中京商・愛知）、村上重夫（同）、吉田正男（同）、杉浦清（同）、伊藤庄七（同）、加藤春雄（岐阜商）、ハワイ出身で主将の亀田重雄（レイレフア高ー

6校のシーズン別順位の歩み

※各年の上段は春季・下段は秋季、左から順位、白抜きは4連覇・3連覇・春秋連

※ゴシックは優勝校と東大以外の最下位、上位校の網掛けは優勝決定戦、1928年までは3位決定

年							
1925(大14)	–	–	–	–	–	–	
	早	明	慶	帝	立	法	
1926(大15)	慶	立	早	明	法	帝	
	早	慶	法	明	立	帝	
1927(昭2)	慶	明	法	帝	立	–	*早渡米
	明	慶	早	帝	法	立	
1928(昭3)	明	早	立	帝	法	–	*慶渡米
	慶	明	早	立	帝	法	
1929(昭4)	慶	早	立	法	帝	–	*明渡米
	早	慶	立	明	法	帝	
1930(昭5)	慶	明	早	法	帝	立	
	法	慶	早	帝	明	立	
1931(昭6)	慶	早	立	帝	明	–	*法渡米、明途中辞退
	立	早	明	慶	帝	法	
1932(昭7)	慶	法	帝	明	早	–	*立渡米、早途中辞退
	法	慶	早	明	帝	立	*慶応7年連続優勝
1933(昭8)	立	明	早	慶	法	帝	*1シーズン制(15試合制)
1934(昭9)	法	明	早	立	慶	帝	*1シーズン制(15試合制)
1935(昭10)	法	早	明	立	慶	帝	(10試合制)
	早	立	明	慶	法	帝	(10試合制)
1936(昭11)	明	立	法	慶	帝	–	*早渡米(8試合制)
	早	明	法	立	慶	帝	(10試合制)
1937(昭12)	明	早	慶	法	立	帝	(10試合制)
	明	早	立	法	慶	帝	(10試合制)
1938(昭13)	明	早	法	慶	立	帝	(10試合制)
	明	慶	早	法	立	帝	(10試合制)*明治4連覇
1939(昭14)	早	慶	立	明	帝	法	(10試合制)
	慶	早	明	法	立	帝	(10試合制・翌季も同)
1940(昭15)	慶	明	立	早	法	帝	*3校同率優勝預かり
	明	慶	早	法	帝	立	(5試合制)
1941(昭16)	法	明	早	慶	立	帝	(10試合制)
	早	慶	明	立	法	帝	(5試合制)
1942(昭17)	明	慶	早	法	立	帝	(10試合制)
	早	明	立	法	慶	帝	(5試合制)
1943(昭18)	太平洋戦争でリーグ解散						
1944(昭19)							
1945(昭20)							
1946(昭21)	慶	帝	早	明	立	法	(5試合制)
	早	慶	明	帝	法	立	
1947(昭22)	慶	早	明	帝	立	法	(10試合制)
	慶	法	明	立	東	早	(10試合制)
1948(昭23)	早	明	法	慶	立	東	
	法	明	早	慶	立	東	
1949(昭24)	早	明	立	法	慶	東	
	慶	明	早	法	東	立	
1950(昭25)	早	明	慶	立	法	東	【連盟25周年】
	早	立	明	法	慶	東	
1951(昭26)	早	慶	立	法	明	東	*早稲田3連覇
	慶	法	明	早	立	東	
1952(昭27)	慶	立	早	明	法	東	
	早	慶	明	法	立	東	*早稲田5年連続優勝
1953(昭28)	立	早	慶	明	法	東	
	明	立	早	慶	法	東	
1954(昭29)	明	慶	早	立	法	東	
	早	法	慶	立	明	東	
1955(昭30)	明	早	慶	法	立	東	
	早	立	慶	明	法	東	
1956(昭31)	早	立	明	慶	法	東	
	慶	立	早	明	法	東	*東大14季連続最下位
1957(昭32)	立	慶	法	早	東	明	
	立	明	法	早	慶	東	
1958(昭33)	立	慶	早	法	明	東	
	立	法	明	慶	早	東	*立教4連覇
1959(昭34)	早	立	法	慶	明	東	
	立	早	慶	明	法	東	
1960(昭35)	法	早	慶	明	立	東	
	早	慶	法	立	東	明	
1961(昭36)	明	慶	法	早	立	東	
	法	立	慶	早	明	東	
1962(昭37)	法	立	慶	早	明	東	
	慶	明	法	立	早	東	
1963(昭38)	慶	法	立	明	早	東	
	法	慶	立	明	早	東	*法政4年連続優勝
1964(昭39)	早	慶	立	明	法	東	
	慶	早	明	法	立	東	
1965(昭40)	法	明	早	慶	立	東	
	早	立	慶	明	法	東	*東大17季連続最下位
1966(昭41)	立	早	法	明	東	慶	
	早	法	立	明	慶	東	
1967(昭42)	慶	立	法	早	明	東	
	法	早	明	慶	立	東	
1968(昭43)	法	早	慶	明	立	東	
	早	法	明	慶	立	東	
1969(昭44)	明	早	法	慶	立	東	
	法	早	慶	明	東	立	
1970(昭45)	法	早	明	慶	立	東	
	法	明	慶	早	立	東	
1971(昭46)	法	慶	早	立	明	東	*法政4連覇①
	慶	法	立	早	明	東	*法政5年連続優勝
1972(昭47)	慶	法	明	立	早	東	
	慶	明	早	法	立	東	*慶応3連覇
1973(昭48)	早	明	法	慶	立	東	
	明	早	立	法	慶	東	
1974(昭49)	早	明	法	立	慶	東	
	法	早	慶	立	明	東	
1975(昭50)	明	法	慶	早	立	東	*東大11季連続最下位
	明	法	慶	早	東	立	【連盟50周年】
1976(昭51)	法	明	早	慶	立	東	
	法	早	慶	明	東	立	
1977(昭52)	法	明	早	東	立	慶	
	法	早	慶	明	東	立	*法政4連覇②
1978(昭53)	明	早	慶	法	立	東	
	早	慶	法	明	立	東	
1979(昭54)	早	法	慶	立	明	東	
	明	法	早	慶	立	東	
1980(昭55)	明	立	法	早	慶	東	
	法	立	明	早	慶	東	
1981(昭56)	明	法	早	東	立	慶	
	法	明	立	早	慶	東	*明治4年連続優勝
1982(昭57)	法	早	立	明	慶	東	
	早	法	明	慶	東	立	
1983(昭58)	明	法	慶	立	早	東	
	法	慶	明	早	東	立	
1984(昭59)	法	明	早	慶	東	立	
	明	法	慶	早	立	東	
1985(昭60)	法	早	慶	明	立	東	
	慶	法	明	早	東	立	
1986(昭61)	法	慶	明	早	立	東	
	明	法	慶	立	早	東	
1987(昭62)	慶	法	明	立	早	東	
	法	立	早	明	慶	東	
1988(昭63)	法	慶	明	早	立	東	
	法	慶	早	立	明	東	
1989(平元)	法	早	明	慶	立	東	*法政4連覇③
	立	明	早	慶	法	東	*法政10年連続優勝
1990(平2)	早	明	慶	法	立	東	
	立	法	慶	早	明	東	
1991(平3)	慶	明	法	早	立	東	
	慶	明	法	早	立	東	
1992(平4)	明	法	早	立	慶	東	
	慶	早	明	法	立	東	
1993(平5)	明	早	法	慶	立	東	
	早	明	法	慶	立	東	
1994(平6)	明	法	慶	早	立	東	*東大17季連続最下位
	法	明	早	慶	東	立	
1995(平7)	法	明	早	慶	東	立	
	明	法	慶	早	立	東	
1996(平8)	法	早	立	明	慶	東	
	明	法	早	慶	東	立	*明治5年連続優勝
1997(平9)	慶	明	法	早	立	東	
	法	慶	早	明	東	立	
1998(平10)	明	慶	立	法	早	東	
	法	明	慶	早	立	東	*法政5年連続優勝
1999(平11)	早	法	慶	明	立	東	
	立	法	早	明	慶	東	
2000(平12)	法	明	早	立	慶	東	【連盟75周年】
	慶	法	立	早	明	東	
2001(平13)	法	早	立	明	慶	東	
	慶	法	明	早	立	東	
2002(平14)	早	立	法	明	慶	東	
	早	明	立	法	慶	東	
2003(平15)	早	明	慶	法	立	東	
	早	明	慶	法	立	東	*早稲田4連覇
2004(平16)	明	慶	立	早	法	東	
	慶	法	早	明	立	東	
2005(平17)	早	慶	立	法	明	東	
	法	早	明	立	慶	東	
2006(平18)	法	早	慶	明	立	東	
	早	明	慶	法	立	東	
2007(平19)	早	明	慶	法	立	東	
	早	明	慶	法	立	東	*早稲田3連覇
2008(平20)	明	早	慶	立	法	東	
	早	慶	明	法	立	東	*早稲田4年連続優勝
2009(平21)	法	早	明	慶	立	東	
	明	慶	法	早	立	東	
2010(平22)	慶	早	明	立	法	東	
	早	慶	法	明	立	東	
2011(平23)	慶	立	法	明	早	東	
	明	早	立	法	慶	東	
2012(平24)	早	法	慶	明	立	東	
	法	早	慶	明	立	東	
2013(平25)	明	法	立	早	慶	東	
	明	立	早	慶	法	東	
2014(平26)	慶	早	明	立	法	東	
	明	早	立	慶	法	東	
2015(平27)	早	法	慶	明	立	東	
	早	明	慶	立	法	東	
2016(平28)	明	立	法	慶	早	東	
	明	慶	早	立	法	東	
2017(平29)	立	慶	法	早	明	東	
	慶	明	法	立	早	東	
2018(平30)	慶	立	明	早	法	東	
	法	早	慶	明	立	東	
2019(平31)	明	慶	早	立	法	東	
	慶	法	早	立	明	東	
2020(令2)	法	慶	早	立	明	東	(5試合制)
	早	慶	明	立	法	東	(10試合制)
2021(令3)	慶	立	明	法	早	東	(10試合制)
	慶	早	明	立	法	東	(10試合制)
2022(令4)	明	慶	立	法	早	東	
	明	早	慶	立	法	東	
2023(令5)	明	法	慶	早	立	東	*明治3連覇
	慶	明	早	法	立	東	*東大52季連続最下位
2024(令6)							
2025(令7)							【連盟100周年】

六大学野球シーズン4連覇の記録

①明治　1937（昭和12）年春～

	監督	試合	勝利	敗戦	分け	勝率	得点	打率	失策	投手（投球回数、防御率）
1937年春	谷沢 梅雄	10	9	1	0	0.900	9	0.236③	17③	清水（54回、1.84）、児玉（32回、1.69）
1937年秋	〃	10	8	1	1	0.889	8.5	0.263①	13①	清水（54回、0.83）、児玉（21回、2.14）
1938年春	〃	10	7	3	0	0.700	7	0.258②	18④	清水（52回、2.60）、児玉（26回、2.77）
1938年秋	〃	10	7	1	2	0.875	8	0.203③	13②	清水（69回、1.57）、児玉（24回、1.50）
4シーズン計		40	31	6	3	0.838	32.5	0.240		

②立教　1957（昭和32）年春～

	監督	試合	勝利	敗戦	分け	勝率	勝点	打率	失策	投手（投球回数、防御率）
1957年春	辻 猛	12	10	1	1	0.909	5	0.225③	12②	杉浦（78回2/3、0.46）、拝藤（25回、0.36）
1957年秋	〃	11	9	2	0	0.818	4	0.225①	4①	杉浦（70回2/3、0.68）、拝藤（26回1/3、0.68）
1958年春	〃	10	10	0	0	1.000	5	0.212④	10①	五代（40回、1.35）、森滝（55回2/3、0.76）
1958年秋	〃	14	9	4	1	0.692	4	0.212③	16③	五代（80回、0.56）、森滝（34回、1.06）
4シーズン計		47	38	7	2	0.844	18	0.219	42	

③法政　1969（昭和44）年秋～

	監督	試合	勝利	敗戦	分け	勝率	勝点	打率	失策	投手（投球回数、防御率）
1969年秋	松永 怜一	12	9	2	1	0.818	4	0.239④	9①	山中（73回、2.22）、横山（33回、1.36）
1970年春	〃	11	10	1	0	0.909	5	0.290①	10④	池田（37回、1.46）、横山（57回、2.53）
1970年秋	〃	12	10	2	0	0.833	5	0.273②	6①	横山（50回、1.80）、池田33回1/3、1.64）、山田
1971年春	五明 公男	12	9	3	0	0.750	4	0.261②	8①	横山（65回、1.80）、池田（32回2/3、1.64）
4シーズン計		47	38	8	1	0.826	18	0.265	33	

④法政　1976（昭和51）年春～

	監督	試合	勝利	敗戦	分け	勝率	勝点	打率	失策	投手（投球回数、防御率）
1976年春	〃	14	10	1	3	0.909	5	0.283①	8③	江川（80回1/3、0.56）、中林（41回、1.10）
1976年秋	〃	13	10	3	0	0.769	5	0.275①	9③	江川（85回1/3、0.74）、船木（23回、0.39）
1977年春	〃	13	10	3	0	0.769	5	0.270②	12②	江川（72回、0.50）
1977年秋	五明 公男	13	10	2	1	0.833	5	0.270①	6②	江川（81回、1.11）
4シーズン計		53	40	9	4	0.816	20	0.275	35	

⑤法政　1987（昭和62）年秋～

	監督	試合	勝利	敗戦	分け	勝率	勝点	打率	失策	投手（投球回数、防御率）
1987年秋	竹内 昭文	13	9	4	0	0.692	4	0.318①	11③	秋村（57回1/3、2.97）、葛西（30回2/3、3.23）
1988年春	〃	14	10	2	2	0.833	5	0.252②	8③	葛西（79回2/3、1.58）
1988年秋	〃	12	10	2	0	0.833	5	0.300①	7②	葛西（66回2/3、2.03）、芝（33回、2.45）
1989年春	〃	14	9	4	1	0.692	4	0.252⑤	9②	葛西（69回1/3、1.43）、萩原（35回1/3、2.29）
4シーズン計		53	38	12	3	0.760	18	0.279	35	

⑥早稲田　2002（平成14）年春～

	監督	試合	勝利	敗戦	分け	勝率	勝点	打率	失策	投手（投球回数、防御率）
2002年春	野村 徹	12	9	2	1	0.818	4	0.259②	8③	和田（64回1/3、0.56）
2002年秋	〃	11	9	2	0	0.818	4	0.316①	5①	和田（61回、0.74）
2003年春	〃	11	10	1	0	0.909	5	0.347①	7②	清水（45回、2.20）、越智（25回1/3、2.13）
2003年秋	〃	10	10	0	0	1.000	5	0.288①	7③	清水（34回、1.32）、越智（34回1.85）
4シーズン計		44	38	5	1	0.884	18	0.303	27	

※丸数字は6校での順位、打率は高い順位、失策は少ない順位、投手は防御率10位以内の投手

高輪中・東京）、俊足の二瓶敏（大邱商・朝鮮）らの強力布陣だった。中京商出身選手の活躍が光る（183頁）。しかし、谷沢の作戦の投手起用法の陰には、当時から打倒早慶を標榜し、谷沢が指揮した選手の底知れない猛練習の裏付けがあった。谷沢は4連覇の最後の試合に「今日は上級生を絶対に変えないぞ」と宣言して、優勝を前に主力をベンチに控えさせ上級生で最終試合に臨む親心を見せた。親心というより腹が太いといった方がいい。

谷沢は当時の野球雑誌「野球界」に、

六大学野球シーズン3連覇の記録

①早稲田　1950（昭和25）年春～

	監督	試合	勝利	敗戦	分け	勝率	勝点	打率	失策	投手（投球回数、防御率）
1950年春	森 茂雄	12	10	2	0	0.833	5	0.311①	24②	末吉（42回2/3、1.69）、佐竹（21回1/3、1.69）
1950年秋	〃	11	10	1	0	0.909	5	0.270②	18②	末吉（53回2/3、1.01）、佐竹（24回2/3、0.73）
1951年春	〃	11	8	2	1	0.800	4	0.243③	10①	末吉（80回2/3、2.01）、水野（18回、0.00）
3シーズン計		34	28	5	1	0.848	14	0.277	52	

②慶応　1971（昭和46）年秋～

	監督	試合	勝利	敗戦	分け	勝率	勝点	打率	失策	投手（投球回数、防御率）
1971年秋	榊原 敏一	11	9	2	0	0.818	4	0.293②	11③	萩野（49回、1.29）、工藤5（1回2/3、1.90）
1972年春	大戸 洋儀	11	8	3	0	0.727	4	0.308②	9①	萩野（72回2/3、0.86）
1972年秋	〃	13	9	4	0	0.692	4	0.230④	8①	萩野（88回、1.94）
3シーズン計		35	26	9	0	0.743	12	0.277	28	

③早稲田　2006（平成18）年秋～

	監督	試合	勝利	敗戦	分け	勝率	勝点	打率	失策	投手（投球回数、防御率）
2006年秋	応武 篤良	12	9	3	0	0.750	4	0.243③	8③	大谷（54回、1.33）宮本（26回1/3、0.82）
2007年春	〃	11	10	1	0	0.909	5	0.299①	5①	須田（30回、2.10）、斎藤佑（27回1/3、1.54）、松下
2007年秋	〃	14	9	4	1	0.692	4	0.278①	9②	斎藤佑（57回2/3、0.78）
3シーズン計		37	28	8	1	0.778	13	0.273	22	

④明治　2022（令和4）年春～

	監督	試合	勝利	敗戦	分け	勝率	勝点	打率	失策	投手（投球回数、防御率）
2022年春	田中 武宏	15	10	3	2	0.769	5	0.268②	6③	蒔田（61回1/3、1.90）、村田（45回、2.20）
2022年秋	〃	12	9	2	1	0.818	4	0.289②	3①	蒔田（27回1/3、4.61）、村田（24回、1.50）
2023年春	〃	12	10	1	1	0.909	5	0.318①	10④	村田（45、0.80）
3シーズン計		39	29	6	4	0.829	14	0.273	19	

※丸数字は6校での順位、打率は高い順位、失策は少ない順位、投手は防御率10位以内の投手

「上級生は下級生を率いてやる。下級生は上級生を先輩とたてる。（中略）そして自分と選手間の関係は平等無私、いささかの私情をはさんだ愛憎心をも捨てている。（中略）選手を使う場合も、私の目標は野球に対してどの程度の熱意を持っているか、また母校の野球というものに対してどの程度の熱情を抱いているかというのを、目やすにしているつもりである」

と、監督としての信条を発している。この他にも感銘を受ける言葉が随所にあり、谷沢から5代後の監督になった島岡吉郎（不詳・長野）が谷沢を心底信奉していたのが理解できる信条が溢れている。一読をお勧めする。谷沢は岡田源三郎体制の助監督から１９３６（昭和11）年に監督に就任したが、前年10月に設立された大阪タイガース（現阪神タイガース）の監督に内定していた。しかし、その岡田が名古屋金鯱軍の総監督に就いたので、その後を継いで明治の監督に就任した。谷沢が大阪タイガースの初代監督になっていたら、タイガースの命運も変わっていたという文献がある。明治の４連覇の流れも変わっていたかもしれない。また、この４連覇の起点となった１９３７（昭和12）年春の優勝後に明治の予科生中心のチームが満州・上海遠征を行っている最中に盧溝橋事件

立教の４連覇の原動力となった長嶋茂雄（左）と杉浦忠（右）、中央は恩師の砂押邦信、1957年（写真提供：産経新聞社）

（7月7日）が起きている。翌年の4連覇進行中には国家のすべての資源（人・物）を政府が統制運用できる国家総動員法が制定された。

立教が2回目の偉業を成し遂げたのは明治の4連覇から20年後の1958（昭和33）の秋だった（278頁）。戦争を挟み34シーズンぶりだった。監督は辻猛（嘉穂中・福岡）で、主力投手は前半の2シーズンは杉浦忠（挙母・愛知）、後半は五代友和（玉龍・鹿児島）、森滝義巳（兵庫）の2枚看板だった。野手も長嶋茂雄（佐倉一・千葉）、本屋敷錦吾（芦屋・兵庫）、高橋孝夫（仙台二・宮城）、西崎若三（時習館・愛知）、片岡宏雄（浪華商・大阪）らの卒業後、高林恒夫（立教・東京）、沢本良一（泉陽・大阪）、浜中祥和（若狭・福井）らへと移った。前半は杉浦の早稲田戦でのノーヒットノーラン、長嶋の六大学新記録となった通算8号本塁打、後半は六大学史上2度目の10戦全勝のトピックスもあった。スパルタで有名な砂押邦信（水戸商・茨城）と自由奔放にやらせた辻の「合作4連覇」ともいってもいい。当時の砂押が長嶋らに課した「石灰を塗ったボールで月明かりの下のノック」「練習終了後の特打ち500本」に象徴された東長崎での過酷な修行とも思える練習の模様を書物で目にした。砂押への監督排斥という内部騒動があったが、読むほどに砂押と辻がつないだ立教の4連覇が浮かび上がる。春秋連覇を成し遂げた年の11月に砂押の教え子のメンバーが日鉱日立野球部の監督を務めていた砂押を訪れ、水戸球場にて感謝のオープン戦を催した。砂押が教え子の長嶋、本屋敷らにノックを施し、水戸球場に大勢の野球ファンが押し寄せたという。練習着の本屋敷、長嶋、杉浦と収まった砂押の微笑ましい写真が残っている。黄金時代を築いたのが、早慶の前に明治と立教という

法政初の４連覇の原動力、法政・横山晴久（「野球年鑑」写真提供：東京六大学野球連盟）

4連覇に貢献した通算48勝の法政・山中正竹、写真は記録を更新した46勝目の東法戦、1969年10月５日（写真提供：共同通信社）

のも興味深い。各校の実力が迫ってきた証といえた。４連覇の翌年の秋は立教が優勝決定戦で制した。その春は勝ち点４で法政と並び、優勝目前で法政の山崎正之（法政一・東京）の快投に優勝を阻止され「幻の６連覇」となった。

３回目から５回目は法政が達成し、法政の黄金時代が続いた。１回目は監督・松永怜一（八幡・福岡）の１９６９（昭和44）年秋から（354頁）。通算48勝を達成した山中正竹（佐伯鶴城・大分）、横山晴久（小倉工・福岡）、池田信夫（平安・京都）の鉄壁な投手陣に、依田優一（堀越・東京）、森貞周治（松山北・愛媛）、藤村正美（雅美／三田学園・兵庫）、野口善男（ＰＬ学園・大阪）、長崎慶一（啓二／北陽・大阪）、中村裕二（柳川商・福岡）らの攻守に優った選手が加わった。４連覇後の秋は同じメンバーで５連覇に挑んだが、慶応と勝ち点４同士で並び勝率で敗れ、惜しくも２位に終わった。先述した立教に続き史上初の５連覇に最も近づいた４連覇だった。また、４連覇の中では監督が途中で交代した唯一のケースだった。

法政の２回目は１９７６（昭和51）年春から（360頁）。監督は１回目の４連覇の４シーズン目に松永から監督を禅譲されて就任した五明公男（法政二・神奈川）。江川卓（作新学院・栃木）、金光興二（広島商）、楠原基（同）、佃正樹（同）、植松精一（静岡）、島本啓次郎（箕島・和歌山）、袴田英利（静岡自動車工）らの甲子園組を含めた有望な選手が揃って法政に入学した。「花の49年組」といわれ、当時はしばらく法政の天下が続くという報道が定番だった。1年生の江川が本格的に投げ始めた1974（昭和49）年秋に優勝を果たした。江川が卒業するまで法政の7連覇は固いといわれたが、翌年は明治に春秋連覇を許した。結果的に明治の春秋連覇は、確実と謳われた法政の5連覇、6連覇、そして7連覇を阻止した形となった。この時の明治の監督、島岡吉郎が「打倒江川」に燃えた経緯は、拙著『なんとかせい！　島岡御大の置き手紙』（文藝春秋企画出版部）と『一事入魂　島岡御大の10の遺言』（鳥影社）で記した。その後、江川らが3年生、4年生時に4シーズンを完璧に勝ち抜いた。特に江川の存在は際立った。4シーズンで39試合に登板し、完投が29、完封が13、奪三振が262、勝ち星が28という4連覇への完璧な貢献だった。中林千年（松江商・島根）、鎗田英男（熊谷商・埼玉）の投球も光った。「花の49年組」を中心に、勝ち点5の完全優勝を4シーズン続けた完成版の4連覇だった。この4連覇の最後の試合となった明治との2回戦は、江川にとって4連覇と同時に先輩の山中正竹の持つ通算勝利数48勝と並ぶ記録がかかっていた。江川は登板せず同期の鎗田英男が勝利し4連覇が完成した。江川は『法政野球部史』の中で、

「五明（公男）監督から『明日、どうする？』と連投する意志があるかどうかを尋ねられた。わたしはやんわりと辞退した。口さがないマスコミは『江川、記録達成に興味なし』とか『胴上げ投手拒否』とか、興味本位で書き立てた。（中略・目先の記録達成以上に）大事にしたいものがあった。それはチームメイトとの『連帯感』だ。わたしの学年では（中略）きつい練習やシビアな競争で4年時には30人ほどが残っただけだった。（中略）練習で苦しんできた分、みんなに同じように優勝の感激を味わえるチャンスが与えられていいはずだった。（中略）最後のシーズンでの優勝で法政の仲間との連帯感という、なにものにも代え難い『1勝』以上のものを手に入れた」

と、48勝と並ぶ「1勝」を振り返った。記録だけでなくチームのあり様を示した大学野球の象徴的な光景だった。

法政の3回目は昭和から平成にわたる4連覇だった（470頁）。監督は竹内昭文（宇治山田商・三重）で、198

7（昭和62）年秋から始まった。エースの秋村謙宏（宇部商・山口）の活躍で優勝してからの4連覇だった。12の負け数、7割台の勝率が示す通り、6回の4連覇では最も勝率が低いのは、各校の実力が拮抗していた証だった。法政入学後にアンダースローに変え、4シーズンを投げ抜いた葛西稔（東北・宮城）と捕手の瀬戸輝信（福岡大大濠）の存在が大きかった。

そして平成も半ば、6度目を早稲田が2002（平成14）年春から記録した（484頁）。監督は伝説の早慶6連戦すべての試合でマスクを被った野村徹（北野・大阪）。前半は通算476奪三振記録を達成した和田毅（浜田・鳥取）、後半は清水大輔（柏陵・千葉）、越智大祐（新田・愛媛）の2枚看板が原動力で、田中浩康（尽誠学園・香川）、鳥谷敬（聖望学園・埼玉）、青木宣親（日向・宮崎）、比嘉寿光（沖縄尚学）、武内晋一（智弁和歌山）、由田慎太郎（桐蔭学園・神奈川）らの豪華打線が後押しした。

6度の4連覇の中で、4シーズンをすべて勝ち点5で制したのは法政の2回目だけだ。勝ち点20の「完全4連覇」だった。他の5回では4シーズンのうち2シーズンで勝ち点1を落としている。

次に3連覇。1回目は1950（昭和25）年春からの早稲田（270頁）。主力投手は小倉高（福岡）の先輩後輩コンビの末吉俊信、福嶋一雄だった。サイドスローの末吉は通算44勝（歴代3位）、83回の登板（歴代2位）、早慶戦であげた10勝は歴代最多の傑物投手だ。福嶋は甲子園に旧制小倉中、新制移行後の小倉高、小倉北高と3つの校名で出場し、2連覇を果たしての早稲田入りだった。旧制と新制が入り交じった時代を象徴していた。この時の3連覇は後に「幻の5連覇」と言われた。3連覇が始まった前年は春が優勝、秋が3位。その秋は早慶戦決勝戦で勝ち点を取れば勝ち点4で優勝が決まり、後に5連覇を達成できた。しかし、5回までのリードも降雨により優勝目前でノーゲーム（六大学野球は7回終了で試合成立）となり早稲田にとっては涙雨となった。翌日の再決勝戦には走者一掃の「太陽安打」が出て、連日の不運が重なり慶応に優勝をさらわれた。結果的に早稲田にとって悔しい5連覇逸機だった。この時の主力野手は蔭山和夫（市岡中・大阪）、石井藤吉郎（水戸商・茨城）、広岡達朗（呉三津田・広島）、小森光生（松本市立・長野）、荒川博（早稲田実・東京）、岩本堯（田辺・和歌山）、荒川宗一（掛川中・静岡）、宮原実（岡山二中）、沼沢康一郎（函館中部・北海道）らの錚々たるメンバーだった。

２回目は１９７１（昭和46）年秋からの慶応（355頁）。３シーズンとも２校が勝ち点４で並んだ接戦を制しての３連覇だった。このようなシーズンは観客を呼ぶ。前年の上岡誠二（土佐・高知）に続き、激投の萩野友康（土佐・高知）を中心に工藤真（豊橋東・愛知）、長谷部優（岸和田・大阪）の安定した投手陣に、後述する「多彩な人間模様・野手編」で記す強力打撃陣が嚙み合った。この３連覇は１９６９（昭和44）年秋からの法政の１回目の４連覇の後に続き、２校が７シーズンにわたり優勝を独占した。

３回目は２００６（平成18）年秋から早稲田が達成した（488頁）。投手陣の宮本賢（関西・岡山）、大谷智久（報徳学園・兵庫）、80年ぶりに１年生開幕勝利投手になった斎藤佑樹（早稲田実・東京）に、田中幸長（宇和島東・愛媛）、小野塚誠（早稲田実・東京）、上本博紀（広陵・広島）、松本啓二朗（千葉経済大付）らの攻撃陣だった。

４回目は２０２２（令和４）年春から明治が85年ぶりに成し遂げた（504頁）。蒔田稔（九州学院・熊本）、村田賢一（春日部共栄・埼玉）らの投手陣に、村松開人（静岡）、上田希由翔（愛産大三河・愛知）、宗山塁（広陵・広島）、飯森太慈（佼成学園・東京）らの攻撃陣が中心だったが、新たな戦力が続いた総合力の３連覇だった。３連覇を達成したシーズンは第６週で優勝を決めた。翌シーズンに明治にとって２度目の４連覇に挑んだが、４シーズン続けてチームの勢いを保つ難しさを見せつけられた。明治の４連覇を阻止する慶応の意地を感じたシーズンだった。

リーグ戦を制するには投手の２枚看板が不可欠だ。さらに信頼できる抑えの切り札があればベストだ。有力な先発投手が３人以上いても優勝できないケースがある。安定した２人の先発投手がいればいい。４連覇はこれを４シーズンで50試合前後続けなければならない。６度の４連覇では、明治のケースは２人の投手の４シーズン分業型、立教、早稲田のケースは２シーズンごとの入れ替え型、法政の３回は、ともに４シーズンにわたり一人の投手が中心に投げ抜いている。１回目の横山、２回目の江川、３回目の葛西の奮闘が４連覇の原動力だった。この投手力にバランスの取れた攻撃陣が加わる。毎年、選手が入れ替わる大学野球では、連続する選手の入れ替わりがうまく作用することも連覇の大きな要素となる。

選手の在籍4年間（戦後）、8シーズンで半分の4シーズンを優勝で飾ることはなかなかできるものではない。別表のとおり、5度の優勝を経験したのは入学年度別では12ケースを数え、6度の優勝はまだない。戦前は大学予科で2年、専門部で3年、最長5年間在籍できたので明治の4連覇組の児玉利一、江原徳治（浦和中・埼玉）、上林繁次郎（日大三中・東京）、亀田重雄（高輪中・東京）、矢野純一（下関商・山口）、伊藤庄七（中京商・愛知）らは5年で6度（「優勝預かり」の1940年春を入れると7度）の優勝を経験している（185頁）。また、慶応の1926（大正15）年と翌々年まで予科入学、専門部3年組も5年で5度の優勝を経験している。梶上初一（広島商）は予科3年、専門部3年コースなのか、名簿で見ると6年で毎年優勝を経験している珍しいケースもあった。

在籍4年（8シーズン）で5度優勝の入学年度組

大学	入学年度	卒業年度	摘　要
早稲田	1948年	昭和26年	3連覇絡み
早稲田	1949年	昭和27年	〃
立教	1956年	昭和34年	4連覇絡み
立教	1957年	昭和35年	〃
法政	1967年	昭和45年	3連覇絡み
法政	1968年	昭和46年	4連覇絡み
法政	1974年	昭和52年	〃
法政	1985年	昭和63年	3連覇絡み
法政	1986年	平成元年	4連覇絡み
早稲田	2002年	平成17年	〃
早稲田	2005年	平成20年	3連覇絡み
明治	2013年	平成28年	2回の2連覇絡み

（注）戦後以降

応援する側の学生にとって在学中に何回優勝を経験したかは、卒業してからも話題になる。応援の学生動員数が多い六大学野球の特色ともいえる。4年以上連続して優勝したケースが戦前を含めて9回ある（287頁）。圧巻は法政だ。1980（昭和55）年から10年連続で春秋どちらかで優勝している。また、1975年から1988年の14年間でうち9年間は法明が春秋の優勝を独占し、「法明2強時代」といわれた。締めは3回目の4連覇だった。その2年前に2回目の4連覇があり、法政の黄金時代が続いた。7年連続優勝は戦前に慶応が1回、5年連続は法政が2回、早稲田と明治が各1回、4年連続が早明法が各1回ある。学生の応援動員数が減っている昨今では、在学中に何回優勝したかを語る学生数が減っていることになる。一抹の寂しさを覚える。

また、春秋連覇は卒業生にとっては忘れ難いものとなる。六大学野球が始まって13年目に明治が達成して以来、これまでの春秋連覇は22回。明治が6回、早稲田と法政が各5回、慶応が4回、立教が2回記録している。

究極の完全優勝といえる「10戦全勝優勝」は100年で5回しかない。東大を除く5校が1回ずつ達成している。慶応（1928年秋・腰本寿監督）、立教（1958年春・辻猛監督）、法政（1982年春・鴨田勝雄監督）、明治（1996年秋・荒井信久監督）、早稲田（2003年秋・野村徹監督）の順だ。

4連覇は100年で6度のみ。次の100年では5連覇に遭遇してみたいものだ。対校戦の要素が強い六大学野球では、連続優勝を阻む他校の意気込みと、それを跳ね除けての連覇への執念溢れる試合は、観ている側にとっても興味をそそられる。しかし、4連覇を成し遂げた選手の体験談を総合すると、4連覇を目指す側より、4連覇を阻む側の方が意識をしている。先述した「江川・法政」の7連覇（最長）阻止へ淡々と闘志を燃やした明治の島岡魂、その直後に「完全4連覇」を達成した法政は圧巻だった。常に6校で戦う六大学野球のいいところだ。

◉多彩な人間模様・その1　同窓・同郷編

100年を迎える六大学野球には多彩な人間模様が展開されてきた。これまでにも多くを記してきたが、選手の高校（旧制中学）の同級、同窓や地域でのつながり、兄弟選手まで細かく追跡すれば至る所に人間模様、人と人の関わり合いが映し出される。筆者の力量ではそのすべてを網羅できないが、印象に残るものを記してみる。

まず同窓編。筆者が現役の頃、神宮で先発バッテリーのアナウンスを聞いて、いつも驚いていたことがあった。立教の横浜南高（神奈川）出身の中村憲史郎と馬場秋広のバッテリーだ（355頁）。立教戦がある週に神宮に着くと

連続イニング53回無失点と5試合連続完封の慶応・志村亮（『慶應義塾野球部百年史』より）

連投の立教・中村憲史郎、1973年（「野球年鑑」写真提供：東京六大学野球連盟）

常にふたりのアナウンスがあり、2回戦、3回戦も同じバッテリーで、「今日も投げるのか」と心の中で叫んだのを覚えている。ふたりのリーグ戦でのバッテリー実績は、1972（昭和47）年春から翌年秋の2年間4シーズンで、通算48試合をともに出場している。しかもそのほとんどがフル出場だ。中村は4シーズンで51試合すべてに登板し、443イニングを投げ抜いている。それでも優勝が難しいのが六大学野球だ。同年の「野球年鑑」の総評では「来る日も来る日も立大のマウンドを一人で守り抜き、（中略）『ご苦労さん』といたわりの言葉をかけてやりたい」と中村を讃えている。この二人は中学、高校、大学、社会人（日本石油・現ＥＮＥＯＳ／以下同様）を通じて12年間にわたりバッテリーを組んだ同窓長命バッテリーだ。

また、慶応には、通算31勝をあげてプロには進まなかった桐蔭学園高（神奈川）出身の志村亮と2年先輩の石井章夫のバッテリーがいた。1985（昭和60）年春から2年間4シーズンにわたり31試合でコンビを組んでいる。石井の卒業後、志村は4年の時に桐蔭学園高3年後輩の大久保秀昭とバッテリーを組んだ。その大久保は志村が卒業後に、同じ桐蔭学園高出身の小桧山雅仁とバッテリーを組み、ふたりはその後日本石油に進み、桐蔭学園高、慶応、日本石油と8年間バッテリーを組んでいる。横浜南高、立教、桐蔭学園高、慶応、日本石油とつながる縁だ（371頁〜）。

法政では江川卓らが卒業後の１９７８（昭和53）年から選手層の厚い中で、鳴門高出身の住友一哉と内田敏弘は同期で15試合バッテリーを組んだ。東大では、異色の同窓バッテリーがあった。１９８０（昭和55）年の夏、都立高で初めて甲子園出場（西東京代表）を果たした国立高コンビだ。リーグ戦で通算7勝をあげた市川武史と川端卓也は１９８５（昭和60）年は17試合で同窓バッテリーを組んだ。この年の東大のメンバーには2人の他に、金子力、布施英一を加えて国立高出身の4名が名を連ねた。甲子園の「国立旋風」を神宮でも再現させた（368頁）。当時のスポーツ新聞の見出しを「こくりつ」と読む人がいて、一躍「都立の国立」を有名にした。同じく東大では、２００４（平成16）年の春秋に高松高出身の松家卓弘と升岡大輔が13試合でバッテリーを組んでいる（485頁）。

戦時下には、明治に海草中（和歌山）出身の絶世の球速を誇った嶋清一と田中雅治のバッテリーがいた（187頁）。嶋は夏の甲子園大会で5試合全試合を完封、準決勝と決勝はノーヒットノーランという離れ技で全国制覇を遂げ、明治では当初はプロで活躍した藤本八竜（英雄／下関商・山口）の陰に隠れて活躍できなかった。主将になりこれからという時に兵役に取られた。そしてベトナム沖で無念の戦死を遂げた。24歳だった。戦争がなかったら大学、プロ野球でもその名を残す投手として活躍したはずだという当時の仲間の証言は数多い。嶋のように将来の活躍を戦争に奪われた選手は後を絶たなかった。戦争で野球を諦めざるを得なかった多くの野球仲間がいた。戦争が憎い。

島岡明治の初優勝に貢献した岡山東高（岡山）出身の秋山登と土井淳のふたりは、明治では１９５２（昭和27）年春から4年間にわたり63試合でバッテリーを組んだ。高校（岡山東）、大学（明治）、プロ（大洋ホエールズ）と通算19年にわたってバッテリーを組んだ異色の長寿バッテリーといえる（275頁）。この息の長さは島岡明治での猛練習と身体のケアの積み重ねが生んだものと想像する。

高校の同窓メンバーが先発メンバーに数多く名を連ねるのは、系列高校出身で占めるケースが多い。公立では数少ない。1976年（昭和51）年秋の東大のメンバーに湘南高（神奈川）同期出身の富田裕、松田治人、今井文英、西山明彦、野村雅道がいた。この年にこの5名はスタメンで出場している。戦後で先発メンバーのアナウンスで5名も同じ高校名が神宮にこだましたのは公立では湘南高だけだ（359頁）。戦前では1930（昭和5）年の水原茂らの慶応の高松商（香川）の5名がある（175頁）。

また、湘南高は1949（昭和24）年夏の神奈川大会で優勝候補の神奈川商工を破って神奈川大会を制した。神奈川商工には立教に進み、プロ野球で活躍した親分こと大沢昌芳（啓二）がいた。戦後4回目の夏の甲子園大会で、初出場で全国制覇を成し遂げ、高校野球界に一大旋風を巻き起こした。戦前は湘南高（当時は湘南中）には野球部がなく、創部4年目、新制高校での快挙だった。しかも1928（昭和3）年の松本商業（現松商学園高・長野）の全国優勝以来、東日本勢の優勝はなく、21年ぶりに深紅の優勝旗が名古屋を越えた。1954（昭和29）年春秋のリーグ戦の先発メンバーには、その時の湘南メンバーが5名いた（274頁）。東大には日本高野連の会長を務めた脇村春夫（遊撃手）、原田靖男（投手）、長谷川修（マネージャー）、慶応にはプロ野球で活躍した佐々木信也（二塁手）、早稲田には当時はエースだった田中孝一（マネージャー）。1年後輩のプロ野球で活躍した衆樹資宏（もろきすけひろ）も慶応のスタメンの一角を占めた。慶応の先発メンバーには湘南勢に囲まれて甲子園決勝で湘南高に敗れた岐阜高の花井悠（ゆう）もいた。そして、立教のスタメンには神奈川大会決勝で雌雄を決した神奈川商工の大沢昌芳も左翼手で名を連ねていた。湘南高は文武両道を甲子園、神宮球場でも存分に示している。夏の甲子園出場は1回、しかし戦後から現在まで神宮球場では多くの選手が出場している。神奈川県有数の進学校であり、高校野球、六大学野球の優等生のお手本といえる。

1995（平成7）年の先発メンバーには東大を除く5校に桐蔭学園高（神奈川）出身の8名が名を連ねている（476頁）。早稲田の森崎貴景（たかがげ）、慶応の高木大成（たいせい）、遠藤剛、高橋由伸、明治の関大輔、法政の副島孔太（こうた）、立教の横川義生、木下健之だ。桐蔭学園高は1971（昭和46）年夏に大塚喜代美（三協精機）を擁し、激戦の神奈川大会を制して甲子園に駒を進め、初出場での優勝だった。その後の桐蔭学園高は慶応に進むケースが多かった。この年、桐蔭学園高出身はこのメンバーを含めて6校に17名（慶応5、東大4、明治3、立教3、法政1、早稲田1）が在籍していた。桐蔭学園高の野球部創部は1966（昭和41）年と浅く、創部5年目で全国優勝を果たし、1974（昭和49）年に初めて小島和彦（慶応）と土屋恵三郎（法政）が神宮のスタメンに名を連ねた（357頁）。それ以来六大学野球へ多くの選手が進んでいる。

六大学の系列高校の甲子園経験者の同窓メンバーが主力でリーグ戦を制したケースがあった。1989（平成元）年の立教の優勝には、その4年前の立教高（埼玉）の6名の甲子園出場メンバーの平田国久、高林孝行、大河内成人、黒須陽一郎、山口高誉、田島弘良が先発メンバーにいた（470頁）。系列高校については第5章で触れる。

1928（昭和3）年のメンバー表に、日本の租借地時代の中等学校（現高校）でバッテリーを組んで六大学で同時出場した選手がいた。1926（大正15）年の中等学校野球大会で優勝した静岡中に準々決勝で敗れた大連商（満州・中国）で、投手の円城寺満が法政、捕手の桜井修が明治に進みスタメンで出場した。大連と甲子園の球友が神宮で相見えた（173頁）。

神宮球場に最も近い高校野球部は都立の青山高（渋谷区神宮前）。神宮球場と道路を一つ挟んだ50メートル先の校庭では野球部、サッカー部、ラグビー部が校庭で所狭しと練習している。神宮球場に最短の六大学野球進路コースが「青山高～東大コース」（文京区弥生）だ。1983（昭和58）年の東大の主将の辻克巳とマネージャーの畑山一哉が青山高コンビだった（366頁）。主将とチーフマネージャーが同窓のケースは100年で23組あり、リーグ戦を制したのは、1953（昭和28）年秋の明治（岩崎岩夫・杉本正太郎／明治・東京）、1954（昭和29）年春の明治（岩崎亘利・杉本正太郎／明治・東京）、1965（昭和40）年春の法政（鎌田豊・松本芳男／倉敷工・岡山）、1977（昭和52）年春秋の法政（金光興二・泉本秀樹／広島商）、1984（昭和59）春の法政（秦真司・栗橋秀樹／鳴門・徳島）、1989（平成元）年秋の立教（黒須陽一郎・松本正三／立教・埼玉）、2014（平成26）年春の慶応（佐藤旭・田中謙将／慶応・神奈川）、2018（平成30）年秋の法政（向山基生・前村卓伸／法政二・神奈川）の8回。また、主将とマネージャーがともに同窓のケースは、1975（昭和50）年の主将が上田高（長野）の東大・渋沢稔と明治・丸山清光、マネージャーが小倉高（福岡）の東大・古川博と明治・大塚登が1回ある（358頁）。また2015（平成21）年は6校のうち3校の主将が同窓の唯一のケース、日大三高出身の横尾俊建（慶応）、畔上翔（法政）、鈴木貴弘（立教）の3名だった（496頁）。

同郷では、1971（昭和46）年春と秋の2シーズンで17試合をこなした「北海道バッテリー」があった。立教の横山忠夫（網走南ヶ丘・北海道）と川崎茂（小樽潮陵・北海道）だ（354頁）。初バッテリーの試合では慶応を1対0で完封している。神宮球場に北の大地の「網走」と「小樽」が同時にアナウンスされた。北海道を愛する筆者としては堪らない。そして、六大学野球開幕の1925（大正14）年の立教では、永田庚二（北海中・北海道）、水谷喜久男（北海中・北海道）、市村要（秋田中）、齋藤達雄（函館中・北海道）、築地俊龍（秋田中）の東北・北海道勢の5名が先発メンバーに名を連ねた（170頁）。最南の沖縄の校名がスタメンで初めて神宮でアナウンスされたのは、1984（昭和59）年秋の法政の内間邦彦（興南・沖縄）で、翌年の秋には平田望（同）がコールされた（367頁）。終戦から39年、初めて首里高が甲子園出場を果たしてから26年、沖縄返還から12年後だった。

◉多彩な人間模様・その2　兄弟・親子編

兄弟で出場したケースは数多い。法政の藤田信男（伊丹中・兵庫）と省三（甲南中・兵庫）の兄弟は第3章「監督は100年で114名」で触れた。1930（昭和5）年には監督（兄）と主将（弟）で出場している（175頁）。もう一人、次兄の謙吉（和田姓／甲陽中・兵庫）が法政にいた。兄弟で法政の監督歴22年もすごいが、1

925（大正14）年秋の開幕シーズンとその年の春には、信男、謙吉、省三の3兄弟がスタメンで出場している（170頁）。3兄弟が生誕順にスタメンとなった試合もあった。「7番右翼藤田兄」「8番捕手藤田弟」で兄弟が連なって出場した記録がある。同シーズンでは、19年ぶりに復活した早慶戦初戦で、ショートを守り初打席に立った慶応の加藤喜作（広陵中・広島）、長兄の法政の豊司（広島中・広島）は同シーズンにスタメンで出場し（170頁）、次兄の富蔵（不詳）とともに加藤3兄弟は草創期の八幡製鉄（前日本製鉄八幡）野球部の基礎づくりに貢献した。豊司は法政の仲間と撫順（満州）に渡り満州の野球に加わった。喜作の長男の忠、次男の友康（ともに小倉・福岡）は慶応、法政に進みスタメンを張った。兄弟、親子で神宮球場で連なった。

同じ頃、早稲田では1926（大正15）年秋の早慶戦に高松中（香川）出身の水原義雄と義明の兄弟が一塁手と右翼手でスタメンを張った記録がある。弟の義明は1927（昭和2）年秋に首位打者となり、義明は卒業後に召集され中国上海近郊で戦死を遂げた（158頁）。

明治では松本商業（現松商学園・長野）出身の米沢潔と徹の兄弟は同時に明治に入り、多くの試合で兄弟出場し、1930（昭和5）年春の明慶3回戦は、「1番遊撃手米沢弟」「2番右翼手米沢兄」とスタメンで出場している。米沢兄弟は卒業後に日本生命に就職し、旧制中学（現高校）、大学、社会人とすべて同じチームに所属するという珍しい兄弟野球人生だった。米沢兄弟の父の武平（ぶへい）（高等師範・長野）は松本商業ではスポーツ校長として名物校長だった。初めのころは野球嫌いで有名で周囲が子息の潔と徹を同校野球部に引き入れたことで武平は野球狂に変身し、その後松本商業は戦後に松商学園高と変わり、「松商」ブランドで信州の野球王国を築くことになり、六大学野球でも多くの選手が活躍している。

1939（昭和14）年と翌年に明治の加藤兄弟がスタメンで出場している。兄の春雄、弟の三郎はともに岐阜商から明治に入り、二人とも4番を打ち、1940（昭和15）年秋には兄弟で3番、4番にラインアップされ、初の4連覇の黄金時代に中心打者を続けた最強の兄弟選手だ（185頁）。そして3番目の弟の政一が1942（昭和

17）年に同じく岐阜商から明治に入ったが、戦争でリーグ戦が中止になり、三郎は特攻隊で戦死した（159頁）。春雄はその後、近鉄パールス（旧大阪近鉄バファローズ）の監督となった。兄弟3人はともに岐阜商で甲子園に出場し、3人とも明治でプレーした珍しい例だ。戦争によって「3兄弟でリーグ戦出場」が叶わなかった末弟の政一は『明治野球部史』の中で、

「上の兄（春雄）は野球もうまかったが、勉強もできて、（中略）近鉄が出来るまでは一緒にプレーをすることもなかった（中略）二番目の兄（三郎）はいまのプロ野球にはいってもトップ・スターとして活躍できたと信じている。（中略）学徒出陣で兵隊にいく時、『どうせ兵隊にいくのなら……』と海軍の航空隊を志願、ついに特攻隊で戦死してしまった。思うぞんぶんに野球が出来ずに死んでしまったのは心残りだったろうと思う。私もそれだけが残念でならない」

４連覇に貢献した明治・加藤春雄（右）と三郎の兄弟
（『明治大学野球部史第一巻』より）

と、上二人の兄を振り返っている。政一は大学時代に叶わなかった出場を社会人野球の鐘紡、近鉄パールスで果たした。パールスには長兄の春雄がいた。

早慶にも山村3兄弟がいた。長兄の吉隆（神戸一中・兵庫）は戦前の慶応のエース、次兄の博敏（灘中・兵庫）は戦後の早稲田の外野手で、社会人野球の全鐘紡が全盛時代の選手だった。末弟の泰弘（神戸一中・兵庫）は慶応の内野手で、1949（昭和24）年秋の首位打者に輝き、シーズン最多安打（30本）と最多連続試合安打（22試合）の記録はいまだ破られていない。1942（昭和17）年は吉隆（慶応）、戦争で中断した3年間を挟んで、1946（昭和21）年は博敏（早稲田）、翌年は泰弘（慶応）と戦争を挟んで3年連続して兄弟がスタメンで出場し

た珍しいケースだ（267頁）。

最近では2020（令和2）年秋の慶明戦で兄弟出場があった。高松商出身の植田響介と理久都が代打と捕手で出場した。この二人は2015（平成27）年の神宮大会で高松商のメンバーで兄弟出場し、兄（響介）の慶応進学を追いかけて弟（理久都）が翌年に明治に入った。甲子園と神宮で兄弟同時に出場を果たした兄弟選手だった。

また、2021（令和3）年に慶応は春秋連覇と大学選手権大会で優勝し、さらに神宮大会を制すれば東京六大学では初のグランドスラムの達成だった。惜しくも中央学院大に決勝で敗れ、悲願達成にはならなかった。その時の主将が2017（平成29）年の選抜を制した福井章吾（大阪桐蔭・大阪）で、その兄を追って慶応に入部したのが3年下の妹のみなみ（北野・大阪）だった。みなみは北野高では野球部のマネージャーを経験し、野球で尊敬する兄を追って慶応ではアナリストとして活躍している。めずらしい兄妹の慶応コンビだ。

親子編。高校野球では監督と子息がともに同じチームで監督、選手としてベンチ入りするケースがよくある。六大学野球でもあった。立教の横川賢次（熊谷・埼玉）の監督最後の3年間（1993年〜1995年）に次男の横川義生（桐蔭学園・神奈川）がいた（474頁）。義生は桐蔭学園高では後に神宮で戦うことになる高木大成（慶応）、副島孔太（法政）、高橋由伸（慶応）らと2度の甲子園出場を果たし、父親が監督を務める立教へ進んだ。2年の秋にベストナインを獲得したが苦しいシーズンが続いた。3年のシーズン終了後にその年で退任予定の父親から主将に指名され、翌年に再びベストナインに輝いた。父親の胴上げは叶わなかったが、同じ縞のユニフォームを着て親子で神宮のベンチに入り、どんな気持ちで試合に臨んでいたのか。義生は29年前の心境を、

「縦じまのユニフォームは小学生の頃からの憧れで、父が当時ＴＶＫ（テレビ神奈川）の六大学野球中継の解説をしていたので、神宮球場へは時折一緒に行っていた。その後、父が監督になり2度のリーグ優勝。立教への憧れはさらに強くなった。神宮のベンチにともに入ったのは1年生秋のリーグ戦から。父からは同じレベルだったら他の選手を使う、明らかに秀でていれば起用すると言われ、自分も子供だから使われていると思われるのは嫌

だった。神宮のベンチ、グラウンドで監督と選手でいる時に会話した記憶はほとんどなかった。親子の縁を切るぐらいの覚悟を持って入部した。むしろ周囲の方が気を遣っていたと思う。本当は4年まで一緒にやりたかったが、主将に指名された時は嬉しかった。チームを強くしようという思いで一杯だった。他の親子では経験できない思いをさせてもらい、同僚やOBに感謝しかなかった」

と振り返った。

また、立教に高林親子がいた（278頁・470頁）。父の恒夫、子の孝行はともに立教中、立教高（父は東京・子は埼玉）から立教へ進んだ根っからの「立教親子」。ともに甲子園に出場し、立教でも恒夫（左翼手）は立教の4連覇の後半の連覇を含む3回、孝行（二塁手）は1989（平成元）年秋の優勝の原動力となった。卒業後も社会人野球（熊谷組・現熊球クラブと日本石油）でともに主力選手で優勝し、どこまでも同じ球歴を辿った。父がプロ入りしたことが唯一異なった。

さらに立教では長嶋茂雄（佐倉一・千葉）と長男の一茂（立教・埼玉）もともに縞のユニフォームで神宮のホットコーナーを守った（277頁・370頁）。1993（平成5）年の父親の2回目の読売巨人軍監督就任と同時に、一茂がヤクルトスワローズからジャイアンツにトレードされた。二人はアウェイのスワローズ戦では4年間で十試合前後、神宮球場の三塁側のベンチに入り親子で戦った。移籍3年目のオフに父親から戦力外通告を受けた。

遡ると、戦後再開されたリーグ戦で立教のトップバッターで出場し、戦後初の首位打者に輝いた川崎信一（小樽中・北海道）は、前掲の「同窓・同郷編」で記した立教の川崎茂（小樽潮陵・北海道）の父だ。茂は戦火を乗り越えて復員し、戦後に活躍した父の背中を見て立教に進んだ。小樽が生んだ同窓の立教親子だった（266頁・354頁）。

東大では片桐親子がいた。父の勝司（前橋中・群馬）は、1926（大正15）年の高校選手権大会準々決勝で静岡中を相手に、当時では史上最長の延長19回の熱戦に捕手で出場し、旧制水戸高を経て帝大に入学した（177頁）。片桐は帝大では一塁手、捕手で活躍し、戦後は東大の監督に就いた後には日本学生野球協会役員などを歴任し、辛口の東大野球人だった。その長男の弘之（武蔵・東京）は東大の遊撃手で4年間活躍し、1960（昭和35）年には主将も務めた（280頁）。

この時の静岡中の先発投手の上野精三はその後慶応に進み、片桐と慶帝戦で相見えることとなる（177頁）。当時の静岡中は明治の監督の岡田源三郎（早稲田実・東京）のコーチで力をつけ、この大会で初優勝を果たし両校の関係が深まり、ユニフォームのロゴが明治流のローマ字の筆記体（Se-ichu、その後Shizuokaへ）となった経緯がある。それ以来、同校選手は6校に隈なく進み活躍を続けている。上野は決勝で大連商（満州）相手に完投し優勝投手となっている。その相手の大連商のバッテリーは、前出の後に法政で活躍する円城寺満、捕手は明治に進んだ桜井修で、さらに大連商のベンチコーチは、六大学野球開幕戦の勝利投手で後述する湯浅禎夫（米子中・鳥取）だった。この大会にはこの5名の他に、卒業後に六大学野球に進んだ多くの選手が出場している。

また、帝大で1939（昭和14）年からスタメンを張り、主将を務めた飛田忠英（旧水戸高・茨城）は、「学生野球の父」、早稲田の飛田穂洲（水戸中・茨城）の子息だった。忠英は旧制九段中（東京）から父の故郷の旧制水戸高に進み、神宮では父と同じセカンドの土を踏んだ（66頁・186頁）。

梶原英夫（高松中－旧一高・香川）が帝大、杉田屋守（柳井中・山口）が早稲田、水谷則一（愛知商）、山下実（第一神港商・兵庫）が慶応、松木謙治郎（敦賀商・福井）、真野春美（東山中・京都）が明治、西垣徳雄（第一神港商・兵庫）、島秀之助（同）、倉信雄（同）が法政で活躍し、甲子園から神宮に連なる人間模様があった（175頁）。

2014（平成26）年の慶応のメンバー表に、「二・竹内惇（慶応・神奈川）」「監督・竹内秀夫（松坂・三重）」とある（495頁）。竹内親子だ。父の秀夫は1974（昭和49）年春から3年間投手で出場し、筆者も5試合で一緒に登板している。2014年に監督に就任したが、病気療養のためにやむなく指揮を執れなかった。子の惇はそのシーズンに打率リーグ2位の0・436を記録し、34回目の優勝に貢献した。しかし、父と同じユニフォームを着てベンチ入りし、父を胴上げすることは叶わなかった。

親子でベストナインに輝いたのは、前出の長嶋親子（ともに三塁手）と高林親子（外野手と二塁手）の「立教親子」に続いて「早慶親子」の宮尾親子がいる（475頁・503頁）。父の毅（鎌倉学園・神奈川）は1994（平成6）年春の早稲田の二塁手で、子の将（しょう）は2022（令和4）年秋の慶応の外野手で受賞している。ともにレギュラーを苦労して確保し4年の時の受賞だった。

絆の強い師弟関係も多い。東大が唯一の2位になったのは1946（昭和21）春だったことは先に述べた。原動力は山崎諭（さとる）（掛川中－旧山形高・静岡）の力投だった（266頁）。山崎は掛川中（現掛川西）時代に夏の甲子園大会に出場し、当時の監督で帝大出身の小宮一夫（早稲田実－旧山形高・東京）と同じく旧山形高へ進み、その後入学した帝大で監督を務めていた小宮と再会した。山崎は小宮の下で大活躍し、リーグ戦では投手と4番で東大唯一の2位に貢献し、東大で1試合最多12奪三振を記録した。山崎の記録を2016（平成28）年春に宮台康平（湘南・神奈川）が70年ぶりに更新した。山崎は企業へ就職後に東海大三高（現東海大諏訪・長野）の校長に転身し、同時に野球部監督も務め、1980（昭和55）年の選抜大会出場を果たした。掛川中、旧山形高、帝大と続くふたりの固い絆だった。

また、1956（昭和31）年の東大の中堅手で主将となった南原晃（武蔵・東京）の父親は東大の応援部の設立に主導的な役割を果たした当時の総長、南原繁（大川中－旧一高－東京帝大・香川）、応援部と野球部でつながる東大親子だった（391頁・276頁）。『東大野球部史』には先述の片桐親子をはじめ野球部に在籍した12組の親子が掲載されている。

夫婦、親子で六大学野球のマネージャーを務めた一家がいる。夫の上野義孝（橋本・和歌山）は1991（平成3）年の明治のチーフマネージャー、妻の葉月（旧姓中村・千歳丘－東洋短大）は六大学野球初の明治の女子マネージャー、長男の寛太（聖望学園・埼玉）は2018（平成30）年の立教のチーフマネージャーを務めた。卒業後も父は六大学野球連盟の事務局、妻は東京ヤクルトスワローズ球団に勤務し、子は社会人野球のパナソニ

六大学野球開幕当時の明治・湯浅禎夫
（『明治大学野球部史第一巻』より）

先輩の湯浅に迫った立教・野口裕美
（写真提供：産経新聞社）

ック（旧松下電器・大阪）のマネージャーとなり、六大学野球の縁でつながっている夫婦・親子だ。

◉多彩な人間模様・その3　投手編

100年を経てもいまだ破られていない投手部門の二つの記録がある。歴史的な六大学野球の第1戦（170頁）に登板し、六大学野球初の勝利投手となった既述の明治の湯浅禎夫（米子中・鳥取）だ。記録の一つは1シーズン109の奪三振記録、もうひとつは2度のノーヒットノーランだ。六大学野球最初のシーズンに12試合に登板して109の奪三振記録を達成した。この100年でこの記録に挑んだ投手は数多いが1世紀も維持されているのは驚きだ。この記録破りに最も神宮球場が沸いたのが2004（平成16）年春の明治の後輩、一場靖弘（桐生第一・群馬）で、107で惜しくも記録更新を逃した。大学選手権大会では完全試合を達成し、秋には2年前に更新された通算奪三振記録の再更新も期待されたがプロ球団との協定違反での退部は残念だった。法政の2回目の4連覇の原動力となった江川卓は1シーズンの最高記録は10試合で76、湯浅と同じ12試合のシーズンは73だ。いかに湯浅の

通算奪三振476個の早稲田・和田毅
（写真提供：共同通信社）

1試合奪三振22個の明治・秋山登、写真は1954年
（「野球年鑑」写真提供：東京六大学野球連盟）

記録が偉大かわかる。湯浅の14年後輩で明治の4連覇の主力投手の清水秀雄（米子中・鳥取）がいた。さらに立教の野口裕美（米子東・鳥取）を忘れてはならない。湯浅の58年下の高校（旧制中学）の後輩にあたる。野口は１９８０（昭和55）年春に湯浅に迫る96の奪三振を記録している。まさに米子東（米子中）に名投手ありだ。また、鳥取の隣県、島根県出身の早稲田の和田毅（浜田・島根）が２００２（平成14）年に通算奪三振４７６の大記録を打ち立てた（483頁）。和田はシーズン奪三振80個以上を3回記録し、今なお現役の第一線で投げ続けている平成・令和の怪物投手だ。山陰に奪三振投手ありと言い換えた方がいい。その山陰の南の中国山地を越えた岡山に１９５４（昭和29）年春に1試合奪三振22の記録を生んだ明治の秋山登（岡山東）がいた。こちらは70年間更新されていない。

ノーヒットノーランは１００年で完全試合（3名）を含めて24名の投手が達成している。一人で2回の達成は湯浅だけだ。湯浅は六大学野球開始の4試合目で達成し、そのシーズンに2回目を成し遂げている。フォークボールをはじめボールゾーンで勝負する「落ちるボール」のない時代だ。ストライクゾーンで勝負する時代の六大学野球開幕時の怪物だった。これでも優勝が難しいのが六大学野球だ。湯浅は「東京六大学」では最終学年の1シーズンしか投げていない。むしろ「5大学リーグ」を代表する投手だったといっていい。5大学リーグでは、6シーズン（1シーズンは渡米）で27試合に登板し200前後（1試合平均8個弱）の三振を奪っている。六大学野球が3年早く始まり、湯浅は帝大も含めた5校を相手にフルシーズンを投げていたら、この二つの記録ばかりでなく、いまだ破られない並外れた記録が作られていただろう。しかも、湯浅は明治へ入学前は米子中から大連実業（満州）で2年プレーし、明治卒業後は大連商

初の40勝投手の法政・若林忠志
（写真提供：毎日新聞社）

業（満州）のコーチで同チームを中等学校大会で準優勝に導き、大阪毎日新聞社に入社後は大阪毎日野球団（大毎）で投げ、新聞記者を経て毎日オリオンズの総監督兼投手で活躍した。ドラマティックな野球人生であり、その努力は想像を絶するものがあったに違いない。湯浅の前には、六大学野球開始前の4大学リーグで、1919（大正8）年に慶応の小野三千麿（神奈川師範）が法明を相手に2試合連続ノーヒットノーランを記録した。小野は三田倶楽部を経て、プロ野球初期のチームづくりに関わり、都市対抗野球大会の補強選手制度などに尽力し、同大会の「小野賞」で名を留めている（72頁）。

戦前の名投手では法政の若林忠志（ただし）（マッキンレー・ハイスクールｰ本牧中・神奈川）もいた。ハワイ・オアフ島生まれの日系二世で、六大学野球初の40勝（通算では4位・43勝）投手で、リーグ戦の登板回数は最多の87試合（179頁）。当時の早慶明の鼎立（ていりつ）時代を打ち破った原動力が若林だった。これだけではない。アメリカンフットボールチームの名門、法政（チーム名はORANGE・オレンジ）の創設者のひとりだ。先述した明治のマネージャー出身の松本瀧蔵（広陵中・広島）がアメリカンフットボールを日本に導入し、立教と明治にチームをつくり学生リーグを創設した。松本はアメリカンフットボールでも殿堂入りしている。野球とアメリカンフットボール

の二刀流の日系二世、アメリカ育ちの二人だった。

日本のプロ野球、メジャーリーグで大谷翔平（花巻東・岩手）の「二刀流」が話題になって久しい。大谷の「先発投手・一番打者」は、投手が9番、8番に固定され、DH制度では打席に入らない光景が定番になった現在では、異色の野球スタイルだった。昨年のWBCではその「二刀流」を世界に示した。次元が異なる新しい怪物の出現だった。日本の野球の黎明期は「投手で4番」を含めて「投打に活躍」はよくある光景だった。六大学野球100年の歴史で、主戦投手が首位打者を獲得した例が4回ある。1930（昭和5）年春の慶応で初の30勝投手の宮武三郎（高松商・香川／175頁）、1932（昭和7）年秋の立教の菊谷正一（徳山中・山口／177頁）、1951（昭和26）年春の立教の大沢貞義（松江商・島根／271頁）、1954（昭和29年）秋の早稲田の一塁手も兼ねた石井連蔵（水戸一・茨城／274頁）だ。4人に共通することは打順ではクリーンアップ(注1)を占め、投手での登板回数が多いことだ。宮武が65回（渡米が1シーズン）、菊谷が39回（1シーズン制と渡米が各1回）、大沢が60回、石井が49回と4年間投げ続けている。菊谷は1年と3年秋にも0・429、0・412という高打率を投手ながら記録している。1955（昭和30）年以降は投手がクリーンアップを占めることがなくなった（275頁）。投手の起用方法、野球スタイルが変わっていった証だ。

六大学野球の勃興期には、投手が4番、時には2番のオーダーになったりするケース、6番、7番になるのは当たり前の時代があった。法政の江川卓が1976（昭和51）年秋のリーグ戦で打撃部門の打率順位2位に入り、翌シーズンは打順6番、7番が定位置で5番となった試合もあり、代打でも起用され、最後のシーズンは5番、6番が定位置で、春秋の打撃成績では規定打席未満ながら連続打率トップになっている（360頁）。当時では珍しい光景だった。投手で通算打率3割（200打数以上）を超えているのは、先の宮武三郎と江川卓の2人で、投手専門出場では江川だけだ。また、投手部門のベストナイン受賞は江川の6回（4シーズン連続含む）が光る。江川に続く受賞4回以上は法政の横山晴久のみだ。

帝大・高橋一、法政と帝大のエース、
1930年秋、右は捕手の小林悟一（旧松山高）
（『六大学野球全集』より）

　戦後、六大学野球が復活した1946（昭和21）年秋に、一人で全試合に登板し10勝（1敗・7完封）を稼いだ驚異的な投手がいた。早稲田の主将の岡本忠之（扇町商・大阪）だ（266頁）。しかも岡本はシーズンを通して4番打者を張った。戦後2シーズン目とはいえ、パーフェクトな「二刀流」「投打の主役」だった。100年で岡本の右に出る投手はいない。また、1939（昭和14）年秋には、帝大の由谷敬吉（旧一高・東京）が全試合10戦完投し最下位を脱出した（184頁）。そのシーズンの法政は10戦全敗という法政史上最も不名誉な記録となった。そして、慶応には1947（昭和22）年春にセンターと投手で全試合（10試合）にフル出場し優勝を果たした後、秋には投手で全10試合を完投し9勝1敗で慶応に初の春秋連覇をもたらしたスーパーマン岩中英和（和歌山中）がいた（267頁）。

　2校のユニフォームを着てともにエースで出場した投手がいる。六大学野球が始まった1925（大正14）年秋の帝大の初戦は法政戦だった。その記念すべき第1戦に帝大相手に先発したのが法政のエースの高橋一（京城中・朝鮮）だった（170頁）。高橋は帝大のエース東武雄（旧一高・東京）に六大学野球第1号ホームランを浴び、試合は1対4で敗れた。法政の最初のシーズンは0勝10敗（1分け）で最下位に沈んだ。高橋は法政を1年で中退し、旧制五高（熊本）に入学、その後東京帝大に入学した。法政で帝大初戦に投げた6年後には帝大のエース、翌々年には主将として活躍している（177頁）。東大への仇を東大で返した。京城中（朝鮮）で甲子園出場、一高受験に失敗し法政でエース、旧制五高、全国高等専門学校野球大会で優勝、帝大のエース・主将、先輩理事と今ではお目にかかれない経歴の持ち主だ。現在の規則では複数の大学での登録は認められていないので、六大学野球史上、2校でリーグ戦に出場した唯一の選手になる。また、高橋の父、慶太郎（旧一高－東京帝大）は帝大在学中に『ベースボール術』（1896年）を著している。

2校で出場した例は、六大学野球の始まる前の4大学リーグ時代にあった。1917（大正6）年春に慶応の1番センターで出場した鍛治仁吉（慶応普通部・東京）は、翌年春には明治で同じく1番センターで出場した（71頁）。当時の明治に在籍していた小西得郎（日本中・東京）を頼って慶応から明治に転学した。鍛治の父親は「年号からいっても慶応の次は明治に入るのが順当だ」と転学を許し、明治は鍛治を慶明戦では出場させなかったと、『明治野球部史』にあった。なんとも微笑ましい時代だ。

リーグ戦の出場はないが、帝大創部時から帝大が六大学野球に加盟する間に大活躍したのが身長165センチながら左腕で速球とカーブで鳴らした内村祐之（ゆうし）（旧一高・東京）だ（71頁）。帝大入学2年目の1920（大正9）年に早稲田が招聘したシカゴ大を相手に、帝大先発の内村は敗れこそすれ13奪三振を奪い、その名をアメリカチームにも知らしめた。帝大入学前には一高時代が早慶時代に移っていた時期に早慶、三高、学習院を破り、再び一高の名を轟かせた。帝大入学以後の内村の活躍が東武雄（旧一高・東京）、清水健太郎（同）のバッテリーにつながり、帝大の六大学野球加盟が誕生した。内村の生誕が3年から5年遅れていたら、六大学野球開闢（かいびゃく）の時には、内村と東の両輪で他の5校と互角に渡り合っていたと思うと胸騒ぎがする。内村は読売巨人軍の9連覇の源となったドジャースのアル・キャンパニス（ニューヨーク大・ドデカネス諸島）が著した『ドジャースの戦法』（注2）を翻訳した。筆者も野球を始めた頃に買い求めた記憶がある。著者を知らずに手にしたが、その著者が東大の六大学野球加盟へのキーマンとは、改めて読み返してみたい。

投手成績の評価項目に防御率がある。六大学野球開幕当時の新聞を検索すると「打撃成績表」はシーズン終了後に掲載されているが、「防御率順位表」はない。1937（昭和12）年当時に現れたが、その後また姿を消

通算17勝を稼いだ東大・岡村甫、1958年の東立戦
（写真提供：日刊スポーツ）

し、1953（昭和28）年からは記録が残っている。その代わりに現在では見ないが「個人守備成績（失策数と比率）」を詳細に報じている（414頁）。投手の評価は勝利数が主な評価で、「先発完投」が当たり前の時代を反映したものと考える。防御率第1位にタイトル（読売新聞社制定）が与えられたのは、六大学野球が始まってから80年後の2005（平成17）年春からだった。タイトル制定前の41年前の1964（昭和39）年春から早稲田の投手陣が防御率第1位を6シーズン連続で占めた（284頁～）。江尻亮（日立一・茨城）、江尻、三輪田勝利（中京商・愛知）、八木沢荘六（作新学院・栃木）、八木沢、三輪田の早稲田トリオだった。防御率第1位を3度記録したのは、慶応の三浦清（1961年秋／秋田商）、法政の江川卓（1977年春）、西川佳明（1985年春／PL学園・大阪）、早稲田の和田毅（2002年秋）の4名。

昭和30年代前半は下手投げの投手の活躍が目立った。明治の秋山登、立教の杉浦忠と森滝義巳、法政の牧野宏（成田・千葉）、早稲田の安藤元博（坂出商・香川）。東大では岡村甫（はじめ）（土佐・高知）が1958（昭和33）年の2年生から3年間で稼いだ17勝（35敗）は東大でトップだ（280頁）。他校で投げていたら35敗のうち半数が勝ち星になり30勝、40勝していたかも、と想像を巡らしてしまう。明治の島岡吉郎が監督室でウイスキーグラスを片手に、

「帝大（東大）の岡村の先発を聞く度にイヤな予感がしたもんだよ。あの下手（したて）から繰り出す球で明治はやられちゃうんだよなあ。東大を抜きにしても素晴らしいピッチャーだった」

と、当時の岡村を評したことが懐かしい。「野球年鑑」で調べると、17勝（9完投）のうち7勝（他に立教4勝、早稲田3勝、慶応2勝、法政1勝）を明治が献上していた。島岡がボヤいたわけだ。甲子園では徹底した全

力疾走でファンの共感を呼ぶ土佐高には、全力投球の躍動感がスタンドにも伝わった萩野友康や上岡誠二（ともに慶応）がいた。2023年（令和5）年4月には東大で1シーズン3本塁打、監督も経験した土佐高OBの浜田一志が同校校長に就任した。先述した東大が唯一2位になった時の山崎諭と同じく監督を兼務し、甲子園は勿論、東大優勝への鍵を握る選手を送り込んで欲しい（307頁）。

◉多彩な人間模様・その4　野手編

六大学野球が始まって以来、リーグ戦の成績とともに首位打者の記録が残っている。当時から東京日日新聞（現毎日新聞）制定としてトロフィーが授与され、現在のベストナイン、最優秀防御率賞の制定は後年のことであり、当時唯一の個人タイトルだった。日本のプロ野球のシーズン最高打率は、阪神のランディ・バース（ロートン・オクラホマ州）が記録した0・389。オリックス・ブルーウェーブのイチロー（鈴木一朗／愛工大名電・愛知）の0・387、0・385が続く。打数の多いプロ野球と比較できないが、六大学野球はプロの2週間分（4カード・12試合）と捉えればいい。2週間分といっても、開幕から6週間から8週間の間、調子を維持することはプロでも難しい。これまで規定打席以上で打率5割を達成した打者は18名。全員が首位打者となっている。

最初に5割を記録したのは、1941（昭和16）年秋の法政の田川豊（20打数・呉港中・広島／186頁）、翌年の春に慶応の別当薫（40打数・甲陽中・兵庫／187頁）が続く。六大学野球が始まって2シーズン目の1926（大正15）年春に打率0・520の「幻の首位打者」があった。立教の齋藤達雄（函館中・北海道）が「記録」した（171頁）。齋藤は「父、危篤」の報で帰郷し、結果的に5試合の出場が叶わず、規定試合に1試合足りないという理由で、「幻の首位打者」が生まれた。齋藤は当時の経緯を、『立教野球部史』で、「対慶大二回戦の代走としての出場ですが、これは首位打者は打撃の賞だからということで認められませんでし

史上初の春秋連続首位打者の
法政・長崎慶一、1972年秋
（「野球年鑑」写真提供：東京六大学野球連盟）

た。厳密にいえば試合数不足というより打撃試合数不足だということだったわけです。残念なことをしました」と淡々と回想している。当時の首位打者の規定が曖昧だったことを彷彿させる。記録集には齋藤を首位打者と記載したものもあり、新たな首位打者の早稲田の伊丹安廣（佐賀中・佐賀）の打率が0・350だったこともあり、悔やまれる「1試合」不足だった。

1961（昭和36）年春に慶応の榎本博明（海南・和歌山）が達成した0・517の最高記録を、1987（昭和62）年春に早稲田の田宮実（春日丘・愛知）が更新し（0・519）、さらに2001（平成13）年秋に慶応の喜多隆志（智弁和歌山）が0・535で再更新した（482頁）。また、兄弟で首位打者に輝いた唯一のケースがある。江川から4打数4安打を記録した兄の豊田誠佑（1977年春）と弟の和泰（1980年春）だ。ともに日大三高（東京）から明治に進み、同じく外野手で優勝にも貢献し、兄の3年後に弟が受賞した（360頁・363頁）。2006（平成18）年春に法政の大引啓次（浪速・大阪）と立教の小野寺優（小山西・栃木）、2021（令和3）年春に明治の陶山勇軌（常総学院・茨城）と山田陸人（桐光学園・神奈川）が打率5割の同率首位打者に輝いた（487頁・502頁）。1952（昭和27）年春秋の慶応の松本豊（彦根中・滋賀）と福沢弘行（高津中・大阪）、明治の渡辺礼次郎（府中・広島）と岩崎亘利（明治・東京）以来の同率首位打者だった。

通算2回の首位打者獲得は12名。春秋連続の首位打者は1972（昭和47）年に法政の長崎慶一（年間0・456／北陽・大阪）が六大学野球開始以来47年目に初めて獲得し、1983（昭和58）年の明治の広沢克己（広澤克実／年間0・468／小山・栃木）、2000（平成12）年の法政の後藤武敏（年間0・425／横浜・神

ベストナイン連続７回受賞の明治・高田繁（右）と通算最多本塁打 22 本（当時）の法政・田淵幸一（左）、1967 年の法明戦（「野球年鑑」写真提供：東京六大学野球連盟）

奈川）が続く。首位打者争いではシーズン終盤の第7週、第8週で出場を控える選手が時々話題になる。プロの試合数と比べて試合数は10試合から15試合、しかも対校戦意識を重んじる六大学野球では、最後まで出場し、正々堂々と打席に向かって欲しい。また、首位打者の翌シーズンは打率1割台に沈んだり、防御率第1位が翌シーズンは規定投球回数にも満たないケースは多々ある。個人タイトルは年間通年制にすれば打席数と投球回数は倍になり、その価値は一段と増す。

通算本塁打では先述した立教の長嶋茂雄が8号で新記録を達成し、その8年後のラッキーゾーンが設置された１９６５（昭和40）年秋に慶応の広野功（徳島商）が長嶋の記録と並んだ。その3年後の１９６８（昭和43）年に法政の田淵幸一（法政一・東京）が瞬く間に22本を記録した。その後、谷沢健一（習志野・千葉）が18本、荒川尭（早稲田実・東京）が19本、岡田彰布（北陽・大阪）が20本、明治の広沢克己（広澤克実）が18本、立教の山口高誉（立教・埼玉）が19本と迫ったが、田淵の記録は29年間保持された。１９９７（平成9）年に慶応の高橋由伸（桐蔭学園・神奈川）が23本を放ち、後輩の岩見雅紀（比叡山・滋賀）が21本で迫ったが、高橋の記録は26年間維持されている（478頁）。神宮球場が長嶋の時代と同じサイズで維持されていたら、本塁打記録はどう推移したか検証しようがない。

東大を除いて各校には１００年で6度の4連覇を含む黄金時代と呼ば

通算最高打率、最高打点の早稲田・岡田彰布、写真はサイクルヒットを記録した試合終了後、1978年5月8日（写真提供：共同通信社）

通算62盗塁、1シーズン16盗塁の慶応・小林宏、1981年（「野球年鑑」写真提供：東京六大学野球連盟）

れる時期がある。原動力になった投手が存在する一方で、強力打線の存在がある。4連覇の時の打撃陣は、「4連覇と連続優勝」の項で紹介した。それ以外で強力打線を誇ったケースは数多い。

1971（昭和46）年秋の慶応初の3連覇の最初のシーズンは強力打線で記録ずくめだった（354頁）。初の毎回得点の22得点、1試合最多10二塁打、タイ記録の1試合最多26安打、7打席連続安打、1試合個人最多5得点、1試合個人最多6打点。さらに逆転勝ちが7回あった。観ている者には堪らないシーズンだったろう。野端啓夫（小倉・福岡）、松下勝実（清水東・静岡）、池田和雄（習志野・千葉）、福田崇（栃木）、吉沢敏雄（大宮工・埼玉）、木原弘人（慶応志木・埼玉）、山下大輔（清水東・静岡）らの強力打線だった。

平成以降では早稲田の4連覇の3シーズン目（2003年春）のチームシーズン打率0・347が光る。総得点は11試合で100点（1試合平均9・1点）、ともに連盟記録だ。打撃ベストテンには、由田慎太郎（1位・0・432）、武内晋一（3位・0・405）、青木宣親（4位・0・404）、比嘉寿光（7位・0・380）、田中浩康（8位・0・373）の5人が入った。「打棒ワセダ」を象徴するシーズンだった。鳥谷敬はシーズン最多19四死球を選んでいる（484頁）。

慶応の堀場秀孝（丸子実・長野／現丸子修学館）は入学した1975（昭和50）年春の開幕戦から卒業の秋まで、4年間の全試合（101試合）、全イニングに出場を果たした。しかも捕手一本での達成だった。通算125安打（歴代2位）を記録し、10打数連続安打と12打席連続出塁は連盟記録。筆者は堀場のデビュー戦に先発していて、4打数4安打を浴びたことを鮮明に記憶している（361頁）。

韋駄天（いだてん）（注3）で神宮を沸かせた選手も多い。戦後では明治の高田繁（浪商・大阪）、早稲田の松本匡史（報徳学園・兵庫）、慶応の小林宏（日大二・東京）が代表格だ。高田は1967（昭和42）年に通算48盗塁を記録し、松本の57盗塁（1976年）、小林の62盗塁（1981年）と続いた。高田は1年からレギュラー出場し、盗塁の他にも通算127安打、打率0・331、5本塁打、守備でも一貫して中堅手で外野の要を守り、戦後では最も走攻守のバランスの取れた選手だった（350頁）。7季連続ベストナイン受賞がそれを物語っている。また、同じ大阪出身で通算最高打率0・378、同最多81打点、三冠王（戦後4人目）、ベストナイン連続5季受賞の早稲田の岡田彰布（北陽・大阪）も高田と肩を並べる（362頁）。高田に続く6回のベストナイン受賞は、早稲田の谷沢健一（1969年）、法政の江川卓（1977年）、明治の高山俊（2015年／日大三・東京／496頁）の3名。

◉多彩な人間模様・その5　異色・特別編

異色な選手、傑物は戦前、戦後の激動期に多く、一つの章には収まらない。勃興期に起きたことで、現在ではルール上不可能なこともあった。まず、東都大学野球で活躍して六大学に進んだ選手がいた。1946（昭和21）年春に日本大で東都の首位打者になり、法政に入部した根本陸夫（茨城中－日大三中・東京）だ（269頁）。根本は日大三中で監督の藤田省三（甲南中－法政・兵庫）と出会う。日本大では田宮謙次郎（下館商・茨城）、法政では関根潤三（日大三中・東京）と往年のプロ野球で活躍した投手と東都、六大学でバッテリーを組んだ異色の捕手だ。プロ野球に進み引退後は、当時弱小球団の広島東洋カープや新生球団の西武ライオンズと福岡ダイエーホークス（現福岡ソフトバンクホークス）の監督、フロントで各球団の基礎をつくった。万年Bクラスだったカープやパ・リーグで躍動しているライオンズ、ホークスがプロ野球を盛り上げている源流は根本にあった。

東大に陸軍士官学校、海軍兵学校出身でスタメンを張った選手がいた。一人は学制改革で旧制中学と新制高校が入り交じった１９４９（昭和24）年に出場した陸軍士官学校出身の投手の島村俊雄（269頁）。東大は島村を擁して同年春は慶応から勝ち点（2勝1敗）を奪い、その慶応が勝ち点4で優勝した。東大に勝ち点を奪われて優勝したケースは、この年の慶応と１９７５（昭和50）年秋の明治（対東大0勝2敗）の2回だけだ。もうひとりは、島村の2年後に捕手で出場している海軍兵学校出身の篠原実がいた（271頁）。また、井波義二（旧富山高）は、旧制高岡中学、旧制富山高、帝大、予備士官学校（豊橋市・愛知）、復員、帝大（復学）という戦時特有の経歴で、１９４６（昭和21）年春から「6シーズン62試合全試合全イニングフル出場」の連続出場を記録した（268頁）。戦後のリーグ戦は帝明戦で開幕しているので、井波は開幕戦から主将で卒業の秋の最終戦まで旧制大学の3年間、交代なしでフル出場した。平成に入って２００１（平成13）年秋には明治の前田新悟（ＰＬ学園・大阪）が4年間全試合出場（１０２試合）を果たした。

異色なオーダーが明治にあった。スタメンのうち8名が商業高校出身という珍しいオーダーが、１９４７（昭和22）年春から6シーズン連続であり、5シーズンはマネージャーも監督も商業高校の出身だった（267頁）。先発メンバーのほぼ全員が「〇〇商業」とアナウンスされるのは、現在ではまずお目にかかれない。商業高校全盛時代を象徴するスタメンだった。また、東京都メンバーがスタメンを占めたオーダーが１９６１（昭和36）年春の東大のメンバーだった。９名のうち7名が東京都出身で、監督、マネージャーも東京都出身の東京仕立てのスタメンだった（281頁）。

新制大学移行後に、世情が「5年生」の選手を生んだことがあった。70年安保闘争で学生運動が激化した頃、東大の安田講堂攻防事件に象徴された東大紛争が泥沼化し、1969（昭和44）年度の入学試験（同年4月入学）が前代未聞の中止に追い込まれた。入学試験中止の影響で、翌年の東大の陣容は4年生6名、3年生7名、2年生0名、総勢13名の「非常事態」となり、連盟は特例で前年の4年生の岩間憲道（隅田川・東京）、渡辺隆郎（武蔵・東京）、野入裕司（下関西・山口）、石渡明（日比谷・東京）の4名を、紛争で卒業が6月になったことを受け、春に限り特別に出場することを認め、4名は5年目の春を楽しんだ（353頁）。

2000（平成12）年には、早稲田の野球部に3ヵ月在籍して東大に入り直した加治佐平（かじさ）（ラ・サール・鹿児島）の登録を巡って、その可否が連盟の理事会で協議された（481頁）。加治佐は東大受験に2度失敗し3回目の受験で念願を果たし3年間東大で投げ続けた。早稲田より東大の方が出場機会は増えるが、東大野球部には大学を再受験してまでも野球を続ける魅力が潜んでいるということだろう。

早稲田の伊達正男（市岡・大阪）は入学した1928（昭和3）年春に捕手で出場し、いきなり首位打者（打率0・467）に輝き、その後4年の春、エースの小川正太郎（和歌山中）が病気で離脱すると投手に転向し、早慶戦では3連投（2勝1敗）を成し遂げた（173頁）。二人目の入学早々の首位打者は伊達の64年後、1992（平成4）年春の早稲田の大森篤（天理・奈良）だった（473頁）。

大乱戦の「大記録」がある。1929（昭和4）年春の開幕戦の帝慶戦で起きた（174頁）。両軍の1回表裏の攻撃だけで43分を要し、慶応9点、帝大5点の乱戦の幕開けとなり、終わってみれば慶応29点、帝大15点、両軍合わせて44得点でラグビー並みの試合だった。しかも7回コールドゲームで終了した異例の試合展開だった。慶応の6番打者まで7打席まで回り、慶応は先発メンバー全員が得点を記録した。得点以外では両軍の安打数29、四死球数25、打者一巡回数4、失策数8の記録に残る大乱戦だった。しかも、この日は風速15メートル以上の風が神宮球場を襲い、凡フライが風に流されたヒットが相次いだという。風は強かったが雨天ではないのに7回コールドゲームになった理由の記述は見当たらない。当時の神宮球場は夜間照明がなかったので、2試合を消化するために大乱戦を止むなく打ち切ったと考えられる。帝大はこの後の早稲田1回戦では8回降雨によりシーズン2回目のコールドゲームで敗れ、翌2回戦では早稲田に22得点を献上した。この開幕戦の前には、六大学野球が始まって初めての入場式が2回の「君が代」の吹奏のもと厳かに行われ、ダブルヘッダー(1日2試合制)方式が初めて採用されたシーズンだった。『慶応野球部史』に「同じ料金で二つの試合が見られるというので、内外野とも溢れるように満員だった」とある。また、このシーズンに優勝した慶応は0・342というシーズン高打率に加え、最多の20連勝達成と話題の多いシーズンだった。

初の完全試合達成を達成した慶応・渡辺泰輔、
打者は神谷恒雄(掛川西・静岡)、球審は郷司裕(明治・東京)、
1964年春の立慶2回戦(写真提供:共同通信社)

ラグビー並みスコアの慶帝戦だったが、この時代はまだ秩父宮ラグビー場はなく、早明戦や早慶戦の学生ラグビーは、後に出陣学徒壮行会が行われる明治神宮外苑競技場(現国立競技場)等で行われていた。秩父宮ラグビー場(当初の名称は東京ラグビー場)の柿落(こけら)としは1947(昭和22)年11月。それ以降、神宮と秩父宮は隣同士で、学生野球と学生ラグビーのメッカとなり、今がある。4年後には新ラグビー場が建ち、その4年後には野球場とラグビー場の位置が逆転する(予定)。時代の移ろいを思わずにはいられないが、本当にそうなるのであろうか(237頁)。

完全試合達成が一転して零封され敗戦投手となる試合があった。初の完全試合は1964(昭和39)年春の慶応の渡辺泰輔（慶応・神奈川）が立教相手に1対0で初めて達成したことで知られる（284頁）。その2年前の秋に、同じく慶応の藤悟郎（芦屋・兵庫）が東大相手に8回までたった59球で打者24人を片づけ、六大学野球初の偉業は間違いなしと思われたが、9回裏に東大に内野安打2本で1点をもぎ取られサヨナラ負けで史上初の大偉業を逸した。対する東大の投手は2年後に東大野球部初のプロ野球選手となる新治伸治（小石川・東京）で、慶東の明暗が逆転し1対0の完封勝利だった。藤にとっては悔やまれる東大戦の9回裏だった（282頁）。

連続勝利は慶応が1927（昭和2）年秋の4連勝、翌年のアメリカ遠征（春季リーグ戦は辞退）と秋の史上初の10戦全勝での優勝を挟んで、翌々年の早稲田に負けるまで6連勝し20連勝を達成した（174頁）。95年前の記録が残っている。逆に連敗は東大の2010（平成22）年秋から2015（平成27）年春まで6年10シーズンにかけての94連敗（2引分け含む）が群を抜く。東大の2011年入部組は4年間で1勝も叶わず、六大学野球100年の歴史で唯一の「0勝同期」となった（492頁）。この他に、70連敗、50連敗、48連敗、32連敗と続く。6校の最多「連勝／連敗」数は、早稲田14／9、慶応20／8、明治15／9、法政16／6、立教14／12、東大4／94となっている。

東大でプロ野球選手第１号の新治伸治、
１９６４年春の東立戦
（写真提供：日刊スポーツ）

早慶戦を待たずに第7週で勝点5の完全優勝を決めるケースは多いが、他の5校が星の潰し合いをした結果、第6週に勝ち点4で優勝が決まってしまうケースがある。最近では2023（令和5）年春の明治がそうだった。1999（平成11）年春の早稲田は、第6週まで8連勝し勝ち点4で優勝を決めたが、最終週（第8週）で慶応に連敗した珍しいケースだった（480頁）。対校戦の面白いところだ。このシーズンは早稲田の「10試合無失策」という鉄壁の守りのシーズンだった。早稲田は前年春が5位、秋は東大に勝ち点を落とし4位と低迷し、監督の野村徹の

明治のマスコット・ボーイの「幸ちゃん」こと
真田幸一、左は二瓶敏、1937年
（『明治大学野球部史第一巻』より）

「東伏見のグラウンドを神宮だと思え」の檄の下、工夫したノックやシートバッティングの繰り返しで守備力を磨いた、と同年の「野球年鑑」の戦評にあった。

東大に「隠し球」の名二塁手がいた（281頁）。伊能譲（武蔵・東京）は、1961（昭和36）年までに通算で5回の隠し球の「記録」がある。セカンド塁上あたりで5名が伊能の隠し球の餌食になっている。公認野球規則には「隠し球」の定義はない。記録上は伊能のセカンドベースでの「刺殺」（注4）が記録された。アメリカでは「hidden ball trick」と言い、同じく野球規則にはない。

明治が史上初の4連覇を遂げた頃、明治のユニフォームを着たマスコット・ボーイの小学生の「幸（こう）ちゃん」がいた。「幸ちゃん」は、後に東大医学部に進み、野球部のマネージャーを務め、卒業後は東大産婦人科の医師として勤めながら六大学野球の審判員を9年半務めた真田幸一（旧学習院高・東京）だ（271頁）。『明治大学野球部史』に、「真田は父親の影響で熱狂的な明大ファンとなり、4連覇のメンバーで後の東海大の監督になる二瓶敏と児玉利一のファンで、明治の合宿所に遊びに行くようになった。この二人にユニフォームを作ってもらい、明治のユニフォームを着た『幸ちゃん』が神宮のベンチに座ったり、ネット裏でスコアをつけている姿はリーグ戦の名物だった」とある。おおらかさが漂う光景が眼に浮かぶ。この少年が東大のマネージャーとして東明戦でベンチに座り、明治戦で審判をしていたわけだから東明の深い縁の一つといえる。

ベストナイン編では、個人では先述の明治の高田繁の7回、7シーズン連続が圧巻だ（350頁）。チームで初めて7名が選出されたのが、1984（昭和59）年春の法政、このシーズンはあと2名が早稲田で、2校で独占した唯一のシーズンだった。首位打者と防御率1位も法早で分け合った（367頁）。この他の7名の選出は2003（平成15）年秋の早稲田の4連覇の4シーズン目、2007（平成19）年の早稲田の3連覇の3シーズン目の2回で、ともに首位打者、防御率1位、MVPを早稲田が独占した（484頁・488頁）。同じバッテリーでの受賞は1975（昭和50）年春からの法政の江川卓と袴田英利（自動車工・静岡）の4連覇に絡んだ4回受賞が群を抜く。2007（平成19）年春からの早稲田の斎藤佑樹（早稲田実・東京）と細山田武史（鹿児島城西）の3回が続く。高校同窓でのバッテリー受賞は、1955（昭和30）年春の秋山登と土井淳（岡山東）、1985（昭和60）年秋の志村亮と石井章夫（桐蔭学園・神奈川）、2020（令和2）年春の徳山壮磨と福井章吾（大阪桐蔭）の3回。

観衆の多さでは、多くの書物に語り継がれている1960（昭和35）年秋の早慶6連戦（280頁）。安藤元博の5試合で49回、4連投は有名だ。驚くのは観衆の数だ。6万5000人が4試合、6万人が2試合、38万人が神宮に押し寄せた。1カード（優勝決定戦3試合含む）での動員数は100年でトップだ。神宮球場が創設時の2万9000人の収容から2倍の5万8000人収容に改修した後で、外野の芝生席、立ち見が溢れるほど入場させたと想像できる。連日神宮に押し寄せた6万人の大観衆が轟かせた歓声を想像するだけでも鳥肌が立ってくる。

早慶6連戦で力投する
早稲田・安藤元博
（『慶応義塾野球部百年史』より）

このシーズンの早稲田は、第6週で明治と引き分けを含めて4連戦しているので、明慶相手に10連戦したことになる。敗れたが6連戦で4試合に登板した慶応の清沢忠彦（岐阜商）は、大観衆の中で戦った当時を、「早慶6連戦から64年、出場した仲間は少なくなった。早稲田は前々週に明治に勝ち点を奪われ、慶応が有利だったが、選手に有利、不利は関係なかった。『まず早稲田に勝つこと』、入学当時から先輩に言われ、『優勝の望みが消えたら、早稲田に勝つ目標に切り替える』が選手の心中だった。前年は早稲田に負け続け、3年生のこの秋は早稲田に連勝するチャンスが来たと思った。投手陣は皆3年生で若く、この年に就任した前田（祐吉・高知城東中）監督に認められたい、何としても先発投手になりたい一心で競い合って練習した。1週空いた早慶戦までの練習は調整するといった甘い練習ではなかった。これでもかと全力で投げ続けた。これが良かったのかどうか、わからない。とにかく早稲田に1点もやれないという強い気持ちで試合に臨んだが、早稲田の安藤ひとりに負けた。彼の根性、体力、その精神力に負けた。後年に前田監督にあの時どんな方針で戦ったのか聞きたかったが叶わなかった。6万人に及ぶ天に響き渡る怒涛の大歓声が今でも身体に染み込んでいる。学生の応援は生涯忘れようがない」

と、今でも通い続けている神宮球場ネット裏で語った。

また、最近では新型コロナウイルスの影響でリーグ戦が異例の形式となった。2020（令和2）年春から、1回戦総当たり制、2回戦総当たりポイント制（3シーズン）と続き、2021（令和3）年は慶応が連覇した。特に同年秋は、全30試合のうち10試合が引き分け（リーグ史上最多）で、優勝の慶応は4勝1敗5分という珍しい勝敗だった（502頁）。社会人野球で監督経験の豊富な堀井哲也（韮山・静岡）の特別ルールを活かした「負けない試合運び」が功を奏し、ヒーロー無きコロナ下の春秋連覇達成だった。慶応はその74年前の戦後2年目の1947（昭和22）年に同じく2回戦総当たり制で初の春秋連覇を果たしている。縁を感じる（267頁）。

100年の人間模様は調べるほどに溢れ出てくるが、紙幅の都合で筆を止める。

◉事件・その6 「空白の1日」事件

プロ野球とアマ野球の契約問題では、まだプロとアマの入団交渉の協約がなかった頃は、プロ側の六大学野球

の選手への青田買い的な引き抜き行為が横行し問題になった時期もあった。シーズン中のプロとの契約交渉問題や、卒業前にプロ入りする選手もあり、学業との両立を前提とする学生野球側としては許せない行為だった。プロ側との入団折衝の問題は社会人野球界でもあり、柳川事件(注5)を契機にプロとアマが断絶した時代もあった。大学、高校、社会人のアマチュア野球が先行して人気を博し、遅れてできたプロ野球が選手不足をアマ野球に求めた結果だった。メジャーリーグと比べ、選手養成のシステムが脆弱な時代で、日本の野球にとって不幸な歴史といっていい。

　また、法政が2回目の4連覇を果たした1年後に、江川卓のドラフト指名を巡って起きた「空白の１日」事件があった。この事件は六大学野球とは直接は関係ないが、多くの六大学野球の選手も対象となるドラフト制度のあり方を考えさせられた一方で、選択される本人が知らないところで大人が起こした悪知恵ともいえる、スポーツが持つ純粋さとはかけ離れた揉め事だった。新聞各紙がスポーツ面だけなく、1面、社会面で報じ、社説にまで取り上げ大論争となった。１９７８（昭和53）年11月23日付の朝日新聞の社説には「松本清張氏の推理小説『点と線』を思い出される。だれもが知っている野球協約や国鉄時間表のなかの、ごくわずかな空白をアリバイに利用した手口はまさに知能的だった」とあった。毎日新聞の解説欄では社説に並んで、早稲田ＯＢの毎日記者の六車護（高松一・香川）が記した「〃江川獲り王者の横暴〃フェアプレー無視の巨人、ドラフト守れ」が紙幅で群を抜いた。20万の読売読者が減ったという情報もあった。

通算１７完封と４７勝の法政・江川卓、写真は１９７５年
（「野球年鑑」写真提供：東京六大学野球連盟）

　１９７８（昭和53）年に起こった「空白の1日」事件は、法政ＯＢの江川にとって3回目のドラフト指名時に起きた。1回目の指名は高校卒業時の阪急ブレーブス。入団を拒否し慶応受験を経て法政に入部し、法政卒業時の2回目の指名はクラウンライター・

ライオンズ（福岡）だった。再度入団を拒否しアメリカ・ロサンゼルスにある南カリフォルニア大（ＵＳＣ）に練習生として渡米した。その間にクラウンライターは球団を身売りし、後継の西武ライオンズは本拠地を所沢市（埼玉）に移し江川の指名権を継続したが、江川の読売ジャイアンツ入りの意志が固く西武は交渉を断念した。3回目のドラフト指名をアメリカの地で受ける予定が、江川の後見人の元衆議院議長で作新学院理事長の船田中（なか）（旧一高‐東京帝大・栃木）の秘書から急遽東京へ呼び寄せられ、ドラフト会議の11月22日の前々日に「空白の1日」を利用した読売への入団が可能なことを告げられ承諾し、11月21日付けで巨人との契約を発表した。読売サイドとしては、野球協約を十分に研究し合法な入団と主張した。しかし、野球協約を巡り読売以外の11球団の反対で、江川の選手登録を認めないと発表し、逆に読売は球団社長が江川の地位保全のための仮処分申請を行うことを発表した。その後、江川にとって3回目のドラフト会議に読売は参加を拒否し、史上初の11球団によるドラフト会議となったが、そこで江川の交渉権を得たのは阪神だった。読売はこのドラフト会議は全球団が参加していないので無効だと主張し、泥沼の様相となった。その後、バンカー出身でコミッショナーの金子鋭（とし）（旧七高‐東京帝大・新潟）が、「阪神が江川と入団契約し、巨人にトレードする」という良識ある者には理解し難い「強い要望」を表明し、小林繁（由良育英・鳥取）との巨人・阪神間の交換トレードに進んだ。金子は第一線を退いてからも財界で活躍し、大の巨人ファンで政財界人によって組織された読売巨人軍の応援組織「無名会」を結成し、自ら会長を務めていた。「強い要望」はコミッショナーでなく、自認する巨人ファンの声ともいえた。野球協約では、新人選手の公式戦開幕前の移籍は禁止されていたが、このルールも踏み躙（にじ）った異常な解決方法だった。この一件は球界だけでなく政治家も巻き込み社会的にも大きな反響を呼んだ。冷静に考えれば、全球団が参加していないドラフト会議の結果をドラフト会議に参加していない球団が左右するという尋常ではない事態だった。

左に記した当時の野球協約の第１３８条、第１３１条、第１４１条の傍点の部分を参考にされたい。

第138条（交渉権の喪失と再選択）
球団が選択した選手と翌年の選択会議（筆者注：ドラフト会議のこと）開催日前々日までに選手契約を締結し支配下選手の公示をすることができなかった場合、球団はその選手に対する交渉権を喪失するとともに、以後の選択会議で再びその選手を指名することはできない。ただし、その選手が文書をもって再びその球団に選択されることを承諾する場合はこの限りでない。

第131条（新人選手の選択）
球団は日本の中学校、高等学校、大学に在学し、未だいずれの球団とも選手契約を締結していない選手（以下「新人選手」という）と、選手契約を締結するためには、選択会議で同選手に対する選手契約締結の交渉権を取得しなければならない。

第141条（契約可能選手）
球団は、選択会議終了後、いずれの球団にも選択されなかった新人選手と自由に選手契約を締結することができる。ただし、第135条（選択選手）の規定により選択することのできない選手とは選手契約を締結することができない。
（以下略）

3つの条文の傍点部分の解釈から読売、船田サイドは合法的な入団だとした。この野球協約の第131条は「日本の中学校、高等学校、大学に在学した経験のある者」と改正され適用は次回、つまり11月22日のドラフト会議からだった。前年のドラフトにより江川の交渉権を獲得したライオンズの交渉期限は11月20日まで。11月21日に関する表記は何もない。従ってどこと契約してもいいという理屈だった。まさに条文上の「空白の1日」だった。この「空白の1日」は交渉期間の閉鎖と次のドラフト会議に移行する「準備期間」として設けられた「1日」だった。その「1日」を利用し合法とし解釈しての決断だった。

日本にプロ野球組織が生まれて42年後の事件だった。後味の悪い結末となり、野球協約の不備とプロ野球の組織の曖昧さと脆弱さを浮き彫りにした一件だった。また、職業選択の自由まで話題にするマスコミもあり、江川の熱望する巨人入りを何とかしようとした大人、ビジネスの世界の知恵だったともいえるが、野球ファンを置き去りしたことは否めなかった。舞台裏の詳細は知るよしもないが、ひとりの江川ファンとして、高校の時のドラフトで阪急入りして、1年後に阪急入りする関西大出身の山口高志（市神港・兵庫）を凌駕する怪腕でパ・リーグを制覇し、日本シリーズで巨人打線を圧倒する投球を見てみたかった。さらに、3回目のドラフトで指名された阪神に入団し、作新学院時代に全国制覇できなかった甲子園球場で、縞のユニフォームで巨人を圧倒殲滅する江川を観たかったファンは多かったろう。縞のユニフォームを纏った江川の巨人打線を相手にした快「投」乱麻をみて溜飲を下げる阪神、全国の野球ファンは何百万人いたかしれない。想像するだけでも楽しい。江川ファンとして妄想は膨らむが、江川が阪急入りしていたら、筆者は法明戦で江川と投げ合うことはなかったと思うと複雑な気持ちにもなる。高校生、大学生、そして第131条でいう「在学した経験のある者」として3回のドラフト1位指名を受けたのは、後にも先にも江川卓だけだ。それだけ当時の野球界にとって江川卓の存在には輝くものがあった。3回目のドラフトでは本人にとっては予想外の展開になったが、テレビキャスターを卒業し70歳間近のスーパースター江川卓に、どんな舞台でもいいから生で野球の現場に復帰して欲しいと願うのは筆者だけだろうか。野球を観る楽しみが増える。

後に当時の新聞を読み返していると、読売ジャイアンツが入団契約をした11月21日付の朝日新聞夕刊1面に記者団のインタビューへのコメントが載っていた。江川は、

「きのうまでドラフトを待つ気持ちで帰ってきたところ、今朝起こされて知った。まだ実感はわかない。うれしいこともあるが、戸惑いも多く、正直いってびっくりしている」

と答え、社会面で監督の長嶋茂雄は、

「初耳です。ルール的にそんなことが出来るのですか。フロントから何も連絡がないので、コメントのしようがないし、昨日のスカウト会議でも、そんな話は出なかった。（中略）本当に巨人と契約したのかなあ……」

と答えている。フロント筋から知らせなかったこととする申し合わせがあったかもしれない。契約をした球団の監督が知らなかった、という野球協約の解釈とは別に常軌を逸した経緯だった。長嶋の隣に「巨人・正力オーナーの話」としてコメントが載っている。コメントの主の正力亨（慶応普通部・東京）は慶応ＯＢで１９３９（昭和14）年から3年にわたり慶応のマネージャーを務め、１９６４（昭和39）年から巨人の球団オーナーとなっていた。これも縁といえる。ＮＨＫのニュースでもトップで扱われた慶応受験から4年半後のことだった。

もし「空白の1日」を画策したフロント筋が長嶋に事前に相談していたら、事態はどう動いたか。また、「空白の1日」を発見し、それを利用すべく最初に進言したのはだれか。噂はいろいろあったが、半世紀近くが過ぎた今、真相を知りたいものだ。

◉東大の優勝はいつ？

5連覇とともに遭遇してみたいことがある。東大の優勝だ。六大学野球設立時の帝大時代にテスト参加を経て加盟してから今日まで、唯一優勝を果たせないでいるのが東大だ。これは偶然か必然か。連盟設立１００年を迎えようとしている今、次の世紀の課題の一つが東大の優勝だ。『東大野球部史』の中に、医学部教授で初代野球部長の長与又郎（旧一高・東京）が東京帝大の連盟加入にあたって部員に対し、「どんなに苦しくても自ら連盟を脱退することがないように」、そして「必ず一度は優勝するように」と訓示したとある。最初の訓示は守られているが、二つ目の訓示は１００年を経ても達成していない。同じ6校で毎年戦っている中で、東大が一度も優勝がなく、後述する１８９シーズンでAクラスが2回しかないことは奇跡的だ。野球部の寮「一誠寮」は球場の

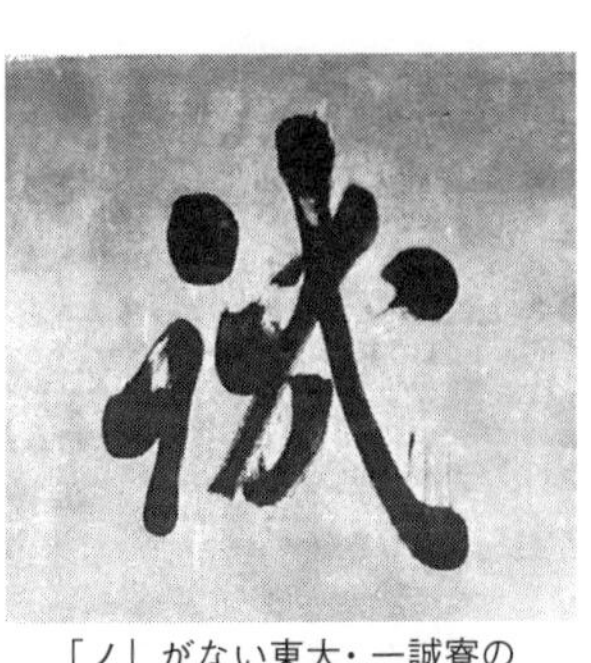
「ノ」がない東大・一誠寮の額縁の「誠」（筆者撮影）

ある東大農学部構内から少し離れたところにある。改築した一誠寮の入り口に掲げられている額縁の「一誠寮」（口絵Ⅶ参照）は１９３７（昭和12）年の一誠寮新築の際に、奇しくも初代野球部長の長与又郎が東大総長の時の揮毫だという。「誠」の「成」に「ノ（手繦）」の一画がない。これは長与又郎が「優勝した時にノを入れよ」とした東京帝大野球部に課したものだった。いまだ「ノ」の加筆は行われていない。「ノ」が入った「一誠寮」の額縁が変更された暁には新聞は１面で報じ、ＮＨＫのニュースでもトップで報道され、テレビ朝日の「報道ステーション」では東大ＯＢのキャスター大越健介（新潟）が顔を崩して報ずることだろう。その時は大いに六大学野球の新時代の到来を喜びたい。

しかし、東大の低迷は長い。他の5校には「黄金時代」と呼ばれる年代が存在する。東大の「黄金時代」は１９３０（昭和５）年春から連続6シーズン（5位、4位、4位、5位、3位、5位）、最下位を脱した3年間と言われるが、Ａクラスは1回だけだ。六大学野球が始まって以来１８９シーズン（２０２３年秋季まで）で、東大が0勝（5校対戦、1試合・2試合制、引き分けを含む）のシーズンは、戦前は7回、戦後は61回ある。平成に入ってからは70シーズンで35回が「ゼロ勝シーズン」で半数が勝ち星のないシーズンだ。

１９５４（昭和29）年度の「野球年鑑」の秋季リーグ戦総評で、立教ＯＢで朝日新聞記者の好村三郎（灘・兵庫）が、

「とにかく東大は善戦で終ることなく勝利意欲に燃えてリーグ戦と取り組んでもらいたい。（中略）東大の試合を常に第一試合に持って行ったらどうだろうか。東大が先取すればともかく前半で五点の差でもつけば多くの人々は席を立つ。第一試合であれば第二試合をたのしむ人も多かろうし、（中略）常に第一試合をすることは東大にとって決してマイナスとは思わないのだが」

と、全敗に終わった東大にとっては耳の痛い総評をして、東大の奮起を促している。

また、帝大ＯＢで規則委員を長年にわたり務めた鈴木美嶺（旧八高・愛知）は、『六大学野球部物語』で、「(昭和)二十五年春から(中略)長い間東大が最下位をつづけたというのも、学制の改革と全く無縁であったとはいえないような気がする。中学五年から高校三年、東大というコースを通った旧制時代は最高八年、少なくとも三年、野球に親しんできた選手が集まってきた。新制度切りかえ直後はまだ経験者が大学にはいったが次第に経験者の方が少なくなってきた。加えて最近の入学難である。旧制度では中学から高校へ進学するときに入試の難関さえ突破すれば後は大学入学は約束されたようなものであった。野球に熱中できる二年間があった」と述べ、先述した１９４９（昭和24）に実施された学制改革前は、旧制中学から高等学校への入試という難関を突破すれば帝国大学への入学が約束され、野球に集中できた時代があったことを裏付けている(30頁)。

６校の１００年間の順位表(287頁)からＡクラス（１位から3位）とＢクラス（4位から6位）に分けて趨勢を別表にまとめた。前半の50年（１９７４年まで）は早稲田のＡクラス確保が8割に迫り、早稲田の実力が飛び抜けていたのがわかる。後半の49年間は早慶明法の実力が拮抗し、明治のＡクラスが7割を超えた。東大と立教のＢクラス率が高いことが顕著だ。特に東大は１８９シーズンでＡクラス入りは2回で、後半の48年間にＡクラス入りはない。後半の98シーズンのうち86回が最下位で、52シーズン連続最下位（２０２３年秋現在）を記録し低迷を続けている。最後のＡクラスは戦後2年目なので、東大のＡクラス入りは「戦後の総決算」といえる。

リーグは異なる西の京都大は、関西地区の所属リーグの変遷(261頁)があった中で、旧関西六大学時代にリーグ戦で2度の優勝を果たし、その後は3位と2位が各1回ある。次の１００年の六大学野球の興隆は東大の優勝がキーの一つだ。「東大で野球がやりたい」から「東大で優勝したい」と志を一段階上げた高校球児が増えれば異次元の六大学野球の展開が期待できる。高校生にとって東大の入試は難関中の難関だ。他の5校と比較して野球環境を最も異なるものにしている要因だ。なんとか東大の入学試験にひと工夫できないものかと思ってしまう。

東大入試に挑戦する「東大で優勝したい」高校球児が増え、東大入試で振り落とされた時は、方向転換して他の5校を受験して野球部に進む。東大受験ではじかれた受験生が「打倒東大」で神宮で躍動するのも面白い。

6校の中で唯一の国立大学であり、優勝へのハードルが高いことは100年の歴史で優勝を成し得ず、Aクラス入りさえも遠く及ばなかったことが証明している。ここで100年の六大学野球の記録を東大側から見てみよう。完全試合（3回）、ノーヒットノーラン（22回）、一走者完封試合（12回）が100年で計37回、東大を相手に達成した記録が19回、5割を超す。奪三振記録では1試合17奪三振以上の記録が12回あり、7回が東大を相手にしたものだ。また、1試合最多得点、1イニング最多得点の記録も東大を相手にした試合が7割近い。そのほかの記録も東大相手に達成した記録は数多い。東大は他校の記録づくりに貢献しているが、見方を変えれば東大が5校と肩を並べていたら記録は半減したともいえる。東都大学野球の記録と比べる時、六大学野球の記録の評価は割り引かなければならないが、東都は入れ替え戦があるので六大学との記録の比較はあまり話題にならない。記録達成の相手

6校の優勝・最下位回数

	優勝	優勝率	6位	最下位率	(注)
早稲田	46	24.5%	3	1.6%	渡米2・辞退1
慶応	40	21.3%	5	2.6%	渡米1
明治	43	22.9%	3	1.6%	渡米1・辞退1
法政	46	24.5%	7	3.7%	渡米1
立教	13	6.9%	21	11.1%	渡米1
東大	0	0.0%	155	82.0%	

※対象は188シーズン（1940年春は除く）
※5校で対戦のシーズンは5位が最下位扱い
※同率最下位は双方を最下位でカウント

6校のA・Bクラス率

【前半】（91シーズン・1925年～1974年）

	Aクラス	Bクラス	Aクラス率	Bクラス率
早稲田	72	19	79.1%	20.9%
慶応	60	31	65.9%	34.1%
明治	55	36	60.4%	39.6%
法政	45	46	49.5%	50.5%
立教	39	52	42.9%	57.1%
東大	2	89	2.2%	97.8%

【後半】（98シーズン・1975年～2023年）

	Aクラス	Bクラス	Aクラス率	Bクラス率
早稲田	64	34	65.3%	34.7%
慶応	66	32	67.3%	32.7%
明治	70	28	71.4%	28.6%
法政	68	30	69.4%	30.6%
立教	26	72	26.5%	73.5%
東大	0	98	0.0%	100.0%

【通算】（189シーズン）

	Aクラス	Bクラス	Aクラス率	Bクラス率
早稲田	136	53	72.0%	28.0%
慶応	126	63	66.7%	33.3%
明治	125	64	66.1%	33.9%
法政	113	76	59.8%	40.2%
立教	65	124	34.4%	65.6%
東大	2	187	1.1%	98.9%

※2位、3位、4位が同率は同カードの勝敗で調整
※白抜きは最上位と最下位

が6校で平均化された時に、東大はほぼ互角に5校と渡り合っているともいえる。また、ベストナインのバッテリー部門での東大の受賞は１９６９（昭和44）年秋に早川昌保（甲府一・山梨）が捕手で受賞したのが唯一だ。投手部門の受賞はまだない。バッテリー部門の受賞が出現することも東大が上位で戦っていることの証となる。

東大が優勝するための環境変革。企業改革でも１００年続いた企業を変えることは難しい。１００年続いた企業には必ずいいものがある。しかし、時代に乗り遅れないために新しいものを創り企業を変えて発展させるにはイノベーション、新機軸が必要だ。東大にとってイノベーションとは何か。

東大の優勝については本著の中でも随所で触れた。東大野球を取り巻く環境（競争条件）を5大学並みにすることだ。その中で最も困難なのが入学試験の環境だ。しかし、東大も部員１００名を抱える時代になったことは六大学野球１００年の歴史で特筆すべきことだ。不可能という文字が薄れてくる。神宮球場も建造から97年が経ち、建て替えに向かって大きく変わろうとしている今、東大の優勝は六大学野球の次の１００年への挑戦といえる。

大きく分けて選手のスカウティング、練習内容の革命の二つに尽きる。それなくして実現はありえない。スカウティングについては5校と同様にならないのは当然だ。学業優先が他校よりも勝る東大は全員が揃って練習ができる時間が少なく、個人練習を強化するしかない。これは国立大学野球部の練習を見学するとすぐに理解できる。授業が終わる順に選手が五月雨で集まってくる。しかし、かつてのように部員が20名、30名の時代ではなくなった。甲子園常連校並みの選手数を抱えている。組織練習も十分に可能だ。5校のようなスカウティングができなくても入学対策と選手養成は視点を変えれば可能だ。

例えば、東大で高度な野球をするために、高校野球を経験しない東大を目指す高校生がいてもいい。目標は甲子園ではなく神宮での優勝だ。中学校ではレベルの高い硬式野球を徹底的にやり、15歳までは硬式野球漬けとなるのが第1段階。第2段階の高校では野球は中断し、東大合格に向けた受験勉強と基礎体力づくりに専念する。第3段階の東大の1年目（1年生・２０２３年度は26名、２０２４年度は17名）は徹底した強豪チーム（社会人チーム・甲子園常連高校含む）とのオープン戦で幅広い経験を積む。東大内に選手養成の「ファーム」をつくるイメージだ。外部招聘のファームのコーチがいてもいい。1年間徹底して鍛えれば、他の5校の新人に劣らぬ逸材が産まれよう。そして、第4段階の2年目でレギュラーを目指し、残りの3年間、6シーズンでAクラス入り、優勝を果たす。優勝するための東大野球部の「球団化」だ。39年にわたり六大学野球の審判員を務めた東大OBで弁護士の清水幹裕（岡崎北・愛知）は『東大野球部史』の中で、

「審判をしてみて、東大の唯一の弱点は経験のない事だと思い知らされた。普通の高校生の投球や打球を普通の声援の中で経験したに過ぎない者と、ハイレベルの高校生のそれを息詰まる熱気と緊張感の中で体験した者との差は大きい。こうしたあたり前の事を実感として分かっていたら、現役時代に更なる工夫があったのではないか」

とマスク越しに見た東大の弱点を振り返った。その「経験」を1年生時に凝縮して体得することは2年生以降のレベルアップにつながる。

試合を有利に進める要素（安打・盗塁・犠打）と試合を壊す要素（与四死球・失策・三振）を、最近の4年間の実績をポイント化し簡単な表にまとめてみた。東大の各要素と総合ポイントは明らかに他校と比較し大きな開きがある。この差は東大の勝敗に直結している。しかし、最近の東大で注目すべき実績があった。2021（令和3）年の盗塁数は春24個、秋19個で他校を圧倒し、翌シーズン通しての総盗塁数は、明治の20個（平均1・3個）に次ぐ17個（平均1・4個）で、3シーズン連続して1試合あたりの盗塁数でトップを維持したことで、東大の足が光った。プロ出身の井手峻（新宿・東京）を監督に迎えてから分析チームを強化した成果と選手の走る意欲が実を結んだ。「走る」ことは打撃や守備の技術とは別物であることを証明した。他校に比べて6割程度の安打数をカバーした格好になった。それでも年間2勝に終わった。原因は失策と与四死球の多さだ。失策が他校の1シーズン1桁であるのに対し、東大は春15、秋16と他校の3倍、人工芝での守備では多過ぎる。さらに他校の2倍を超える四死球を与えている。盗塁数の優位は失策数と与四死球数で完全に帳消しとなった。総安打数が

6校のA(安打+盗塁+犠打)・B(与四死球+失策+三振)の推移【全試合累計】

2020年

	【春季】全校5試合							【秋季】全校10試合						
	A			B			総合	A			B			総合
	安打	盗塁	犠打	四死球	失策	三振	A-B	安打	盗塁	犠打	四死球	失策	三振	A-B
早稲田	50	9	5	7	6	40	11	78	17	17	22	4	87	−1
慶応	46	5	10	14	5	38	4	79	8	18	32	3	88	−18
明治	43	7	10	18	4	43	−5	88	13	24	40	2	70	13
法政	40	5	13	23	2	43	−10	63	11	14	37	12	86	−47
立教	38	4	4	15	5	51	−25	71	6	14	41	8	84	−42
東大	29	0	6	15	8	48	−36	54	8	11	64	9	117	−117

2021年

	【春季】全校10試合							【秋季】全校10試合						
	A			B			総合	A			B			総合
	安打	盗塁	犠打	四死球	失策	三振	A-B	安打	盗塁	犠打	四死球	失策	三振	A-B
早稲田	68	14	14	30	7	78	−19	93	11	9	34	3	71	5
慶応	86	7	15	28	3	74	3	87	10	17	36	3	61	14
明治	115	18	19	30	6	44	72	102	13	21	34	4	69	29
法政	75	17	11	30	8	61	4	72	6	15	36	4	68	−15
立教	95	13	9	31	8	68	10	86	5	17	44	7	67	−10
東大	56	24	9	58	15	94	−78	58	19	4	85	16	104	−124

2022年

	【春季】早13慶13明15法13立12東12							【秋季】早10慶14明12法12立12東12						
	A			B			総合	A			B			総合
	安打	盗塁	犠打	四死球	失策	三振	A-B	安打	盗塁	犠打	四死球	失策	三振	A-B
早稲田	96	5	26	49	17	83	−22	92	2	21	30	7	53	25
慶応	123	7	31	72	10	77	2	143	17	23	35	6	96	46
明治	139	20	34	51	6	96	40	112	23	31	32	3	55	76
法政	104	11	22	61	5	83	−12	74	8	20	62	5	90	−55
立教	98	13	17	52	5	70	1	76	8	13	43	7	75	−28
東大	57	17	10	91	23	86	−116	64	18	7	65	15	99	−90

2023年

	【春季】早13慶15明12法14立13東11							【秋季】早12慶14明13法14立10東11						
	A			B			総合	A			B			総合
	安打	盗塁	犠打	四死球	失策	三振	A-B	安打	盗塁	犠打	四死球	失策	三振	A-B
早稲田	110	12	28	57	3	71	19	96	10	19	37	5	57	26
慶応	125	2	15	53	17	95	−23	144	12	22	36	6	93	43
明治	130	15	30	31	10	54	80	100	6	29	37	7	59	32
法政	122	7	35	52	6	90	16	113	22	15	61	10	94	−15
立教	92	3	18	39	7	83	−16	84	3	11	35	8	66	−11
東大	58	12	11	40	12	84	−55	71	11	9	43	16	91	−59

※四死球は与四死球/網掛けは要素の最低値/A・Bの太枠は東大がトップの要素/2022年・2023年の【春季】【秋季】の右は試合数

6校のA(安打+盗塁+犠打)・B(与四死球+失策+三振)の比較【1試合平均】

2020年

	【春季】優勝・**法政**/2位・慶応							【秋季】優勝・**早稲田**/2位・慶応						
	A			B			総合	A			B			総合
要素	安打	盗塁	犠打	四死球	失策	三振	A-B	安打	盗塁	犠打	四死球	失策	三振	A-B
早稲田	10.0	1.8	1.0	1.4	1.2	8.0	2.2	7.8	1.7	1.7	2.2	0.4	8.7	−0.1
慶応	9.2	1.0	2.0	2.8	1.0	7.6	0.8	7.9	0.8	1.8	3.2	0.3	8.8	−1.8
明治	8.6	1.4	2.0	3.6	0.8	8.6	−1.0	8.8	1.3	2.4	4.0	0.2	7.0	1.3
法政	8.0	1.0	2.6	4.6	0.4	8.6	−2.0	6.3	1.1	1.4	3.7	1.2	8.6	−4.7
立教	7.6	0.8	0.8	3.0	1.0	10.2	−5.0	7.1	0.6	1.4	4.1	0.8	8.4	−4.2
東大	5.8	0.0	1.2	3.0	1.6	9.6	−7.2	5.4	0.8	1.1	6.4	0.9	11.7	−11.7

2021年

	【春季】優勝・**慶応**/2位・立教							【秋季】優勝・**慶応**/2位・早稲田						
	A			B			総合	A			B			総合
要素	安打	盗塁	犠打	四死球	失策	三振	A-B	安打	盗塁	犠打	四死球	失策	三振	A-B
早稲田	6.8	1.4	1.4	3.0	0.7	7.8	−1.9	9.3	1.1	0.9	3.4	0.3	7.1	0.5
慶応	8.6	0.7	1.5	2.8	0.3	7.4	0.3	8.7	1.0	1.7	3.6	0.3	6.1	1.4
明治	12	1.8	1.9	3.0	0.6	4.4	7.2	10.2	1.3	2.1	3.4	0.4	6.9	2.9
法政	7.5	1.7	1.1	3.0	0.8	6.1	0.4	7.2	0.6	1.5	3.6	0.4	6.8	−1.5
立教	9.5	1.3	0.9	3.1	0.8	6.8	1.0	8.6	0.5	1.7	4.4	0.7	6.7	−1.0
東大	5.6	2.4	0.9	5.8	1.5	9.4	−7.8	5.8	1.9	0.4	8.5	1.6	10.4	−12.4

2022年

	【春季】優勝・**明治**/2位・立教							【秋季】優勝・**明治**/2位・慶応						
	A			B			総合	A			B			総合
要素	安打	盗塁	犠打	四死球	失策	三振	A-B	安打	盗塁	犠打	四死球	失策	三振	A-B
早稲田	7.4	0.4	2.0	3.8	1.3	6.4	−1.7	9.2	0.2	2.1	3.0	0.7	5.3	2.5
慶応	9.5	0.5	2.4	5.5	0.8	5.9	0.2	10.2	1.2	1.6	2.5	0.4	6.9	3.3
明治	9.3	1.3	2.3	3.4	0.4	6.4	2.7	9.3	1.9	2.6	2.7	0.3	4.6	6.3
法政	8.0	0.8	1.7	4.7	0.4	6.4	−0.9	6.2	0.7	1.7	5.2	0.4	7.5	−4.6
立教	8.2	1.1	1.4	4.3	0.4	5.8	0.1	6.3	0.7	1.1	3.6	0.6	6.3	−2.3
東大	4.8	1.4	0.8	7.6	1.9	7.2	−9.7	5.3	1.5	0.6	5.4	1.3	8.3	−7.5

2023年

	【春季】優勝・**明治**/2位・法政							【秋季】優勝・**慶応**/2位・明治						
	A			B			総合	A			B			総合
要素	安打	盗塁	犠打	四死球	失策	三振	A-B	安打	盗塁	犠打	四死球	失策	三振	A-B
早稲田	8.5	0.9	2.2	4.4	0.2	5.5	1.5	8.0	0.8	1.6	3.1	0.4	4.8	2.2
慶応	8.3	0.1	1.0	3.5	1.1	6.3	−1.5	10.3	0.9	1.6	2.6	0.4	6.6	3.1
明治	10.8	1.3	2.5	2.6	0.8	4.5	6.7	7.7	0.5	2.2	2.8	0.5	4.5	2.5
法政	8.7	0.5	2.5	3.7	0.4	6.4	1.1	8.1	1.6	1.1	4.4	0.7	6.7	−1.1
立教	7.1	0.2	1.4	3.0	0.5	6.4	−1.2	8.4	0.3	1.1	3.5	0.8	6.6	−1.1
東大	5.3	1.1	1.0	3.6	1.1	7.6	−5.0	6.5	1.0	0.8	3.9	1.5	8.3	−5.4

※四死球は与四死球/網掛けは要素の最低値/白抜きは総合評価の最高値と最低値/A・Bの太枠は東大がトップの要素

他校の6割で、失策と与四死球で相手を有利にしたら勝ち目はまず生まれない。仮に、失策と与四死球が他校並みだったら、この盗塁数が戦況を変えた試合があっただろう。明治の島岡吉郎が、

「エラーとフォアボールは自滅行為だ。試合を壊す。これが多くして優勝なんぞできるわけがない」

と口を酸っぱくして選手に言っていたことを思い出す。昨年、2回目の日本シリーズを制した阪神タイガース(日本一最多は読売ジャイアンツの22回)がリーグ成績で四死球、与四死球、犠打・犠飛、盗塁で他チームを圧倒したことは東大の上位進出と無縁ではない気がした。失策と与四死球は相手チームの実力に左右されないので、徹底した反復練習によって他校並みに自力で減らすことは簡単だ。しかし、簡単を克服することが難しいのが野球だ。

筆者は東大相手に2連敗で勝ち点を落とした経験がある。東大の優勝を語ることは烏滸がましいといわれるのを承知で記した。東大が優勝を果たすことで六大学野球がガラリと変わることを一東大ファンとして心から願っている。東大の躍進(健闘ではない)は神宮球場にファンが戻る新たな要素の一つになる。東大が他の5校を打ちのめす試合を観て、溜飲を下げて神宮球場を後にする六大学野球ファンの光景を想像すると楽しい。次の１００年の楽しみだ。楽しみというより、１００年続いた六大学野球の次の世紀に課せられた大きな課題だ。高校野球では野球環境が劣る野球部が少数の野球部員で甲子園出場を果たし優勝までしている例はある。高校生にできて大学生にできないキーワードは「徹底」の二文字のような気がする。高校野球の優勝には必ず徹底した何かがある。それが実力以上の力を生み、勢い(チームの結束力)が加わり勝利を導く。

「東大優勝」。多くの六大学野球ファンの念願だ。入れ替え戦がないリーグで、6校で東大が唯一優勝を果たせなかったことと、六大学野球が誕生した時に、当時の帝大をテストさせてまで加盟させたことは因縁を感じる。そして、早慶戦が慣例で最終週に行われてきたことと、東大のテールエンドが続いてきたことは強い関連性があると推論した。東大がAクラス入りを他校並みに果たした時、その先の優勝に手が掛かった時が、リーグ戦の日程が原則通りに組まれる転機になる。東大が開幕第1戦で戦わなかったシーズンは１９９８(平成10)年春まで

遡る。何と26年前だ。開幕戦での「定位置」が続いている。東大が第1週に登場しなかったのは1958（昭和33）年秋だ。このシーズンは9週で行われているので編成上の結果だろう。最終週は早慶戦が慣例となっているが、開幕戦は慣例ではない。現在の日程編成の慣例では、Aクラスに入らないと第1週が空き週にならないようだ。実力だ。東大が開幕戦に出場しないシーズンが続くだけでも六大学野球が変わる。東大が第2世紀のリーグ戦の日程編成のカギを握っている。優勝への道のりは長いだろうが、まずAクラス入りを立教と肩を並べるだけでも6校の対戦地図はガラリと変わる。東大の躍進に心を躍らせて神宮詣でが増えることを新たな神宮球場の完成までに体感したい。

また、東大にはOB会とは別に、東大OB以外でも入会できる「東大を優勝させよう会」（通称・東優会）があり、すでに50年の歴史がある。会則に「東大の優勝をもって解散する」とあったので、次の世紀の早い時期に解散となることを祈るばかりだ。唯一の公立校、しかも日本の最高学府、負け続ける東大に多くの熱烈なファンが集うことも六大学野球の大きな特色だ。それを「六大学野球ロマン」と呼ぶ人さえいる。

蛇足になるが、東大のユニフォームの胸のマーク（ロゴ）は100年で大きな変更が12回、帽子のマークは11回変わっている。他の5校のロゴは伝統を維持している。帝大時代はTIU、TEIDAI、LBが続き、新制大学以降はLB、TOKYO UNIV、TODAIと変わり、1960（昭和35）年からTOKYOのロゴで7回変わり、創部100年で現在のロゴになった（口絵Ⅷ）。「先述した一誠寮の額に「ノ」を入れる志の如く、1946（昭和21）年以来のAクラスを果たすまで創部100年のロゴでいて欲しい。一方で、野球コラムニストの綱島理友（りとも）（桜町－日本大・神奈川）は「（東大のユニフォームは）伝統という拘束にとらわれることなく、自由に時代のモードに合わせてモデルチェンジする（中略）その時代のモードと共にある」と『東大野球部史』に寄稿している。これも伝統と捉えよう。

帝大の六大学野球加盟を推した早稲田OBの飛田穂洲が朝日新聞記者時代に1959（昭和34）年度の「野球

年鑑」の秋季リーグ戦総評で、東大について記している。

「今秋の東大は順位にかかわらず、リーグ戦における一種の花形であったといって差しつかえあるまい。（中略）従来の東大選手のやり方には近代流の軽妙、曲芸野球をまねようとする風がみられ、それが守備に大穴をあけ、折角好調に進められている試合を一瞬にぶちこわしてしまう場合が度々あった。（中略）他校選手の技風にひきずられて拙速式野球に憂き身をやつしていたきらいがあろう。（中略）ところがこの春ごろからの東大は、守るにも打つにも、確実第一主義の野球に変った観があった。（中略）この野球を軌道に乗せることによって、東大の野球は力強いものとなるであろう（原文ママ）ことは疑いないと思う。東大の成績が上がることは万人等しく望むところ、学閥、家門をタテに東大の野球はこれでいいんだ、弱くていいんだなど、弱者自らが野球の勝負を軽蔑しない限り、東大の低位をことごとく非難するものはそうたくさんはないであろう。（中略・六大学野球へ加盟）以来三十余年間、弱い、強いにかかわらず、東大は約束を厳守して六大学リーグの一角に存在して戦い抜いて来た。ただ東大は一度も優勝しなかっただけ。（中略）しかし東大がこの上強くなればリーグ戦は全体的に活気づくし、好試合が続々神宮球場に盛られてリーグの評価を高めることになる」

65年前のこの穂洲流の筆がすべての東大、六大学野球ファンの気持ちを代弁している。六大学野球が第2世紀を迎えるまであと3シーズンある。奇跡が起こることを偏（ひとえ）に願う。

◉高度成長期（昭和40年～昭和63年）の選手たち

1965（昭和40）年から神宮球場にラッキーゾーンが新設され、同年春は1シーズン25本の本塁打が乱舞し、神宮球場も新時代を迎えた。東京オリンピック後も高度経済成長は続き、安定成長期を経てバブル景気に向かっていった。六大学野球も戦後から続いた観客動員の活況を保っていたが、法明時代、江川卓の出現、斎藤佑樹などの活躍で一旦動員数は増えたものの、徐々に減少の流れとなっていった。法政と明治がシーズン優勝の7割を占め「法明時代」の活字が目立った。4連覇を3回達成した法政の優勝回数が群を抜いた。優勝のシーズンに絡んだ選手を中心にピックアップした。

優勝回数（48シーズン）法政22回　明治12回　早稲田7回　慶応6回　立教1回　東大0回

▽投手

【早稲田】**八木沢荘六**（作新学院）**三輪田勝利**（中京商）**高橋直樹**（津久見）65年秋・66年秋優勝の主戦、八木沢は56イニング最多連続無四死球／**小坂敏彦**（高松商）**小川邦和**（尾道商）**安田猛**（小倉）68年秋優勝の原動力、小坂は66年春1試合17奪三振／**大木勝年**（成東）70年秋最多9連続奪三振／**大橋功男**（静岡）**矢野暢生**（今治西）73年春9季ぶりの優勝の両輪／**阿部政文**（大館鳳鳴）74年春優勝のエース／**北口勝久**（天理）**向田佳元**（前橋工）**三谷志郎**（今治西）78年秋・79年春連覇の投手陣／**木暮洋**（前橋）82秋優勝のエース

【慶応】**藤原真**（西脇）67年春優勝のエースで13試合11完投し投球回数121回8勝の大車輪／**上岡誠二**（土佐）法政連覇時の慶応のエース／**工藤真**（豊橋東）**萩野友康**（土佐）**長谷部優**（岸和田）慶応初の3連覇の原動力／**志村亮**（桐蔭学園）通算31勝で最多連続完封勝利5と最多連続53イニング無失点／**鈴木哲**（福島）志村亮と2枚看板で85年秋優勝に貢献

【明治】**星野仙一**（倉敷商）強打法政封じを再三／**古屋英雄**（甲府商）**今井恒夫**（明治）69年春優勝のサイドスローと左腕／**上田芳央**（浪商）**井上明**（松山商）73年秋優勝のエースと救援の切り札／**丸山清光**（上田）**名取和彦**（甲府商）75年明治戦後初の春秋連覇の両輪／**高橋三千丈**（静岡商）**鹿取義隆**（高知商）江川法政後78年春優勝のオーバースローとサイドスロー／**武藤哲裕**（中京）**松本吉啓**（桜美林）**森岡真一**（桜井）79年秋・80年春連覇の投手陣／**竹田光訓**（日大一）83年春優勝のエース／**武田一浩**（明大中野）**平塚克洋**（春日部共栄）86年春の両輪で10勝のうち7試合が完封

【法政】**山中正竹**（佐伯鶴城）通算最多48勝の左腕／**横山晴久**（小倉工）**池田信夫**（平安）初の4連覇の右腕と左腕、横山はノーヒットノーラン／**江川卓**（作新学院）**中林千年**（松江商）**鎗田英男**（熊谷商）76年・77年連覇の投手陣、江川は歴代2位の通算47勝と通算最多17完封勝利／**住友一哉**（鳴門）**二保茂則**（小倉南）79年春秋2位の両輪／**和田護**（日大藤沢）**田中富生**（南宇和）81年秋・82年春連覇の両輪、和田は通算30勝／**西川佳明**（PL学園）84年春・85年春優勝のエースで最多16連勝と通算30勝／**秋村謙宏**（宇部商）**葛西稔**（東北）法政の3回目の4連覇の原動力

【立教】**横山忠夫**（網走南ヶ丘）孤軍奮闘でノーヒットノーラン／**中村憲史郎**（横浜南）47年から48年は全51試合登板／**野口裕美**（米子東）当時戦後最多のシーズン96奪三振と通算317奪三振

【東大】**井手峻**（新宿）新治伸治に続きプロ入り／**橘谷健**（西）**門松武**（湘南）部員21名で奮闘、橘谷は都市対抗野球で久慈賞／**西山明彦**（湘南）**大山雄司**（学芸大付）**大越健介**（新潟）**市川武史**（国立）それぞれ通算8勝、10勝、8勝、7勝

▽野手

【早稲田】**林田真人**（外・岡山東商）**西田暢**（内・早稲田実）66年秋優勝の主力／**谷沢健一**（外・習志野）**荒川尭**（内・早稲田実）**小田義人**（内・静岡）**阿野鉱二**（捕・明星）**千藤三樹男**（外・岐阜商）68年秋優勝の主力、谷沢は通算18本塁打で通算111安打と6シーズン連続打率3割、荒川は3打数連続と通算19本塁打／**中村勝広**（内・成東）**金子勝美**（内・大宮）**望月博**（内・中京商）**高橋幸男**（外・前橋工）70年・71年の主力、金子と望月は首位打者／**楠城徹**（捕・小倉）**鍛治舍巧**（外・岐阜商）**鈴木治彦**（内・大宮）**小橋英明**（内・岡山東商）**前川善裕**（外・東葛飾）**西村一貴**（内・平安）**吉沢俊幸**（外・日大三）**松本匡史**（内・報徳学園）73年春・74年春優勝の野手陣、吉沢は12本塁打の俊足外野手、松本は高田繁の通算盗塁数を更新／**佐藤清**（内・天理）通算14本塁打と1試合最多17塁打の大型左打者／**岡田彰布**（内・北陽）**金森栄治**（捕・PL学園）**中屋恵久男**（内・早稲田実）**島貫省一**（外・福島商）**有賀佳弘**（捕・早稲田実）78年秋・79年春連覇の主力、岡田は通算117安打で通算最高打率0・379と通算最多81打点／**石井浩郎**（内・秋田）通算15本塁打／**広岡資生**（内・姫路東）**山岡靖**（外・早稲田実）**荒木健二**（内・早稲田実）82年秋優

勝の主力で3人で1イニング3本塁打

【慶応】**宇賀山徹**（内・慶応）**島村聖**（外・土佐）67年春優勝の主力、宇賀山は首位打者／**野端啓夫**（外・小倉）**松下勝実**（内・清水東）**木原弘人**（捕・慶応志木）**吉沢敏雄**（内・大宮工）**山下大輔**（内・清水東）**池田和雄**（外・習志野）慶応初の3連覇の主力、山下は首位打者と通算102安打、松下は通算123安打と2度の首位打者／**後藤寿彦**（内・岐阜）戦後3人目の三冠王／**堀場秀孝**（捕・丸子実）通算125安打（歴代2位）で最多10打数連続安打と最多12打席連続出塁・1年の開幕戦から4年秋まで全試合全イニング出場／**青島健太**（内・春日部）シーズン最多22打点とシーズン6本塁打／**小林宏**（外・日大二）最多盗塁記録（シーズン16・通算62）と通算101安打／**上田和明**（内・八幡浜）早慶戦で3試合連続本塁打／**相場勤**（外・桐生）**石井章夫**（捕・桐蔭学園）**仲沢伸一**（内・同）**奈良暢泰**（内・春日部）85年秋優勝の主力、相場は史上初の3打席連続本塁打／**猿田和三**（内・秋田）**大森剛**（内・高松商）**加藤豊**（内・前橋）**加藤健**（外・柏陽）昭和最後の優勝の主力、大森は1年から出場し通算111安打17本塁打でシーズン6本塁打と三冠王・サヨナラ満塁本塁打

【明治】**高田繁**（外・浪商）当時通算127安打と通算盗塁数48の記録とベストナイン最多選出7回／**小野寺重之**（外・気仙沼）**広沢渉**（内・徳島商）**倉田晃**（内・博多工）**辻哲也**（外・浪商）**古川義弘**（捕・明治）8年ぶりの69年春優勝の主力、倉田は首位打者／**樋野和寿**（内・松山商）**高尾康平**（外・早稲田実）**鈴木雅道**（内・竜ヶ崎一）**今久留主邦明**（捕・博多工）73年秋優勝の主力／**斎藤茂樹**（内・PL学園）**八木勝彦**（外・大宮）斎藤は73年秋優勝の二塁手で首位打者と1シーズン12盗塁、八木は投手から転向し首位打者／**関弘巳**（外・中京商）**小林千春**（外・明治）**伊藤裕啓**（内・日大一）**安岡直記**（内・高知商）**川口啓太**（内・日体荏原）**岩崎毅**（内・大濠）75年明治で戦後初の春秋連覇の野手陣／**豊田誠佑**（外・日大三）**百村茂樹**（外・天理）78年春優勝の主軸、豊田は前年に江川卓から4打数4安打で首位打者、百村は3試合連続本塁打とサイクルヒット／**平田勝男**（内・長崎海星）**栗山和行**（外・箕島）**堀添弘和**（外・我孫子）**大久保盛義**（内・川越工）**豊田和泰**（外・日大三）79年秋・80年春連覇の主力、平田は出場全シーズン

打率3割マーク、栗山は首位打者、豊田は兄弟で首位打者／**石井雅博**（外・箕島）81年春優勝のリードオフマン／**広沢克己**（広澤克実／内・小山）**福王昭仁**（内・日大三）84年秋優勝の主力、広沢は2人目の春秋連続首位打者で4試合連続と通算18本塁打／**戸塚俊美**（内・明大中野）**坂口裕之**（外・高鍋）**高橋智尚**（外・松山商）86年秋優勝の主力

【法政】**鶴岡泰**（外・法政二）67年秋優勝の主力／**田淵幸一**（捕・法政一）**山本浩司**（浩二／外・廿日市）**富田勝**（内・興国）**佐藤治夫**（内・芦屋）**苑田邦夫**（外・三池工）67年秋・68年春連覇の主力、田淵は当時通算22本塁打記録、苑田は1試合最多6安打／**依田優一**（外・堀越）**野口善男**（内・PL学園）**藤村正美**（雅美／内・三田学園）**中村裕二**（捕・柳川商）**森貞周治**（内・松山北）**高岡茂夫**（内・北陽）69年秋以降4連覇の主力／**長崎慶一**（啓二／外・北陽）**伊達泰司**（外・御所工）**山本功児**（内・三田学園）法政の強力打撃陣、長崎は初の春秋連続首位打者／**新井鐘律**（外・PL学園）**岩井靖久**（内・津久見）**高代延博**（内・智弁学園）法政4連覇序盤の主力、高代は首位打者／**金光興二**（内・広島商）**楠原基**（外・同）**袴田英利**（捕・静岡自動車工）**植松精一**（外・静岡）**島本啓次郎**（外・箕島）76年・77年4連覇の主力、金光は通算１０８安打／**中葉伸二郎**（内・智弁学園）**西田真二**（外・PL学園）**木戸克彦**（捕・同）**小早川毅彦**（内・同）**武藤一邦**（外・秋田商）**銚子利夫**（内・市銚子）**伊吹淳一**（外・高知）**秦真司**（捕・鳴門）**島田茂**（内・同）80年から84年の主力、小早川は2年生で三冠王と通算16本塁打１１４安打、中葉と銚子は首位打者／**中根仁**（外・東北）**大島公一**（内・法政二）87年秋からの3回目の4連覇の主力、中根は首位打者と史上初の走者追い越し本塁打

【立教】**槌田誠**（捕・倉敷工）**谷木恭平**（外・北海）**小川亨**（外・宮崎商）**溜池敏隆**（外・興国）**野々山輝秋**（内・東邦）**秋山重雄**（内・倉敷工）66年春13シーズンぶりの優勝の野手陣、ともに首位打者／**坂口雅久**（内・立教）**村山修一**（外・立教）立教低迷期にベストナイン複数回受賞、村山は本塁打12の大型左打者／**長嶋一茂**（内・立教）**福嶋敦志**（外・同）**矢作公一**（内・同）立教高出身メンバー、矢作は17本塁打の巨漢スラッガー、長嶋と矢作はシーズン4本塁打、福嶋は首位打者

【東大】**平尾俊彦**（内・新潟）2試合連続本塁打／**遠藤昭夫**（内・国立）シーズン18安打で首位打者／**大久保裕**（内・湘南）

下嶋忍（外・国立）81年春の東大4位の主力、下嶋は通算6本塁打／**草刈伸之**（外・浦和）**朝木秀樹**（捕・千種）下嶋と草刈の通算6本塁打は東大で最多、朝木は東大で初の満塁本塁打とサイクル本塁打／**立迫浩一**（内・浦和）東大6人目の首位打者／**浜田一志**（外・土佐）シーズン3本塁打

（注1）クリーンアップ（和製英語）

野球の打順で3番・4番・5番打者を指す。Clean Up は本来「掃除する」という意味で、日本では「塁上のランナーをホームに還す」打順をクリーンアップと呼ぶ。クリーンアップトリオという言い方もある。アメリカでは Cleanup Hitter と言い、4番打者のみを指し、3番・4番・5番は the heart of the order と表す。

（注2）ドジャースの戦法

1954（昭和29）年にメジャーリーグのブルックリン・ドジャースの教育係を担当していたアル・キャンパニスが著した野球に関する技術書。日本語に訳したのはキリスト教思想家の内村鑑三（札幌農学校－アマースト大・東京）を父に持つ東京帝大野球部出身でプロ野球コミッショナーを務めた内村祐之。ベースボール・マガジン社刊。通常は「ドジャース戦法」と呼ばれ、機動力、小技、守備力を重視する。内容は「守備編」「攻撃編」「指揮編」ほか全16章で構成され、ロサンゼルス・ドジャースのチームバイブルとなり、この戦法を取り入れたドジャース出身の指導者が全米に広まった。日本では読売巨人軍監督の川上哲治（熊本工）がドジャース戦法を研究した明治ＯＢの牧野茂（愛知商）を参謀としてプロ野球史上で金字塔となる9連覇を達成したことで知られる。

（注3）韋駄天

仏教の守護神。仏舎利を盗んだ捷疾鬼（しょうしつき）を韋駄天が追いかけて取り返したという説話から、足の速い神とされ、また足の速い人のたとえとされる。（参考・日本百科大辞典他）

（注4）刺殺

公認野球規則の「9・00野球に関する規則」で、打者あるいは走者をアウトにした野手に与えられることを刺殺（put out）と規定している。（1）野手が、フェアまたはファウルのインフライの打球を捕らえて打者をアウトにした場合、（2）野手が、打球または送球を受けて塁に触球し、打者または走者をアウトにした場合、（3）野手が、正規に占有した塁を離れている走者に触球してアウトにした場合、その野手に刺殺を記録する、の3つが規定されている。隠し球は（3）に該当する。また、投手の牽制球で走者をアウトにした場合、進行方向の塁でアウトにした場合は「盗塁死」、帰塁した場合は「走塁死」となる。「補殺」は（1）の場合、アウトにした野手へ送球した野手に与えられる。その他に、「触球（tag out）」は走者の身体、または塁にボールを所持した野手が触れる行為を言う。日本では「タッチアウト」。（参考・『公認野球規則2023年度版』他）

（注5）柳川事件

1960年当時、プロ野球が社会人選手へのスカウト活動は日本産業対抗野球大会（社会人野球日本選手権大会へ継承）が終了する10月31日までは行わない協定があった。事件の起こった前年に、社会人側がプロ野球退団者は退団1年後でなければ社会人チームに登録できない（1チーム3名まで）ことを新たにプロ側に通告したが、プロ側が拒否し協定を破棄したため無協定状態になり「空白」が生まれた。その直後、1961（昭和36）年4月に中日ドラゴンズが日本生命の柳川福三（中京商－中京大・愛知）選手との契約を発表したことから、社会人側がプロ野球との関係を拒絶した。断絶は30年余り続き、1990年代後半にようやくプロ野球退団者が条件付きで社会人チーム入りができるようになった。

◉先発メンバー・勝敗表・個人タイトル〈Ⅳ　成長期〉

1965(昭和40)年　ラッキーゾーン設置で本塁打ラッシュ　ドラフト会議始まる　米が北爆開始　中国で文化大革命

早稲田				対立教 4.10
1	遊	矢野 洋制	松山商(愛媛)	
2	二	西田 暢	早稲田実(東京)	
3	左	林田 真人	岡山東商(岡山)	
4	一	小淵 進	早稲田実(東京)	
5	中	飯田 修	高松一(香川)	
6	捕	**大塚 弥寿男**	浪商(大阪)	
7	右	萩原 陸洋	甲府一(山梨)	
8	三	小西 良之助	天理(奈良)	
9	投	八木沢 荘六	作新学院(栃木)	
主将		大塚 弥寿男	浪商(大阪)	
マネージャー		木下 富弘	早稲田(東京)	
監督		石井 藤吉郎	水戸商(茨城)	
				対立教 9.11
9	投	三輪田 勝利	中京商(愛知)	

慶応 (当番校)				対東大 4.10
1	遊	大滝 隆太	慶応(神奈川)	
2	右	鈴木 義信	長生一(千葉)	
3	二	**江藤 省三**	中京商(愛知)	
4	一	**広野 功**	徳島商(徳島)	
5	中	土屋 徹	沼津東(静岡)	
6	左	遠藤 好彦	中京商(愛知)	
7	三	南山 雅文	豊田西(愛知)	
8	捕	伴野 貢三郎	青山学院(東京)	
9	投	遠藤 凱孝	慶応(神奈川)	
主将		江藤 省三	中京商(愛知)	
マネージャー		坂口 常博	桐蔭(和歌山)	
監督		前田 祐吉	高知城東中(高知)	
				対東大 9.18
2	右	品川 雅貴	慶応志木(埼玉)	
6	左	大橋 正	新潟商(新潟)	
7	三	杉山 敏隆	県千葉(千葉)	
8	捕	古瀬 光平	希望ヶ丘(神奈川)	
9	投	藤原 真	西脇(兵庫)	

明治				対東大 4.17
1	右	東本 芳徳	弘前(青森)	
2	左	西松 征雄	岐阜商(岐阜)	
3	中	高田 繁	浪商(大阪)	
4	一	米沢 武	高松商(香川)	
5	二	**住友 平**	浪商(大阪)	
6	捕	中山 正俊	海南(和歌山)	
7	三	森谷 邦夫	深谷(埼玉)	
8	遊	森村 晃一	桐生(群馬)	
9	投	高橋 宏之	八王子工(東京)	
主将		米沢 武	高松商(香川)	
マネージャー		西川 軍二	報徳学園(兵庫)	
監督		島岡 吉郎	不詳(長野)	
				対立教 9.18
3	二	直井 繁治	明治(東京)	
8	右	笠原 弘之	岡谷南(長野)	

法政				対立教 4.17
1	二	大塚 勝秋	久留米商(福岡)	
2	遊	阪本 健	海南(和歌山)	
3	中	**鎌田 豊**	倉敷工(岡山)	
4	左	**長池 徳二**	撫養(徳島)	
5	三	梶山 学	中京商(愛知)	
6	一	伊藤 孔人	平安(京都)	
7	右	富樫 珪右	広陵(広島)	
8	捕	山本 正一郎	千葉商(千葉)	
9	投	里見 忠志	兵庫工(兵庫)	
主将		鎌田 豊	倉敷工(岡山)	
マネージャー		松本 芳男	倉敷工(岡山)	
監督		松永 怜一	八幡(福岡)	
				対東大 9.11
7	一	原田 忠男	法政二(東京)	
8	捕	田淵 幸一	法政一(東京)	

立教				対早稲田 4.10
1	右	富永 重善	宮崎大宮(宮崎)	
2	遊	池谷 勝	沼津東(静岡)	
3	左	新谷 憲三	星林(和歌山)	
4	一	前田 周治	浪商(大阪)	
5	三	溜池 敏隆	興国(大阪)	
6	中	谷木 恭平	北海(北海道)	
7	捕	槌田 誠	倉敷工(岡山)	
8	二	高橋 勝利	成田(千葉)	
9	投	石川 洵	西条(愛媛)	
主将		池谷 勝	沼津東(静岡)	
マネージャー		堀口 忠夫	春日丘(大阪)	
監督		清水 一郎	高千穂商(宮崎)	
				対早稲田 9.11
6	左	神谷 恒雄	掛川西(静岡)	
7	右	後 勝	寝屋川(大阪)	
9	投	若月 宏之	大社(島根)	

東大				対慶応 4.10
1	中	清水 幹裕	岡崎北(愛知)	
2	左	川上 寛	豊中(大阪)	
3	遊	高橋 紘二郎	武蔵丘(東京)	
4	捕	松林 正之	湘南(神奈川)	
5	一	高木 剛	旭丘(愛知)	
6	二	片山 直久	土佐(高知)	
7	投	井手 峻	新宿(東京)	
8	右	金田 守司	旭丘(愛知)	
9	三	中野 忠夫	甲陽学院(兵庫)	
主将		川上 寛	豊中(大阪)	
マネージャー		古谷野 征雄	開成(東京)	
監督		清水 健太郎	旧一高(東京)	
				対法政 9.11
7	右	坂井 竜彦	岩見沢東(北海道)	

【春季】勝敗表　法政が勝率で優勝

順位	チーム	試合	勝	敗	分	勝点	勝率
11	**法大**	11	8	3	0	4	0.727
②	明大	12	8	4	0	4	0.667
③	早大	13	8	5	0	3	0.615
④	慶大	11	4	7	0	2	0.364
⑤	立大	12	4	8	0	1	0.333
⑥	東大	11	3	8	0	1	0.273

・江藤(慶)が逆転サヨナラ本塁打
・**早立2回戦で1シーズン最多併殺(9)**
・シーズン本塁打25本(新)

【選手権】法政が初戦で敗退(専修大)

【秋季】勝敗表　早稲田が完全優勝

順位	チーム	試合	勝	敗	分	勝点	勝率
22	**早大**	11	10	1	0	5	0.909
②	立大	11	7	4	0	3	0.636
③	慶大	11	6	5	0	3	0.545
④	明大	12	6	6	0	3	0.500
⑤	法大	13	5	8	0	1	0.385
⑥	東大	10	0	10	0	0	0.000

・広野(慶)がシーズン4本塁打
・広野(慶)が通算最タイのの8本塁打
・谷木(立)が試合開始第1球本塁打(史上初)
・東大が63イニング無得点

【春季】ベストナイン/首位打者/防御率1位

投　手	里見 忠志	法	兵庫工
捕　手	槌田 誠	立	倉敷工
一塁手	米沢 武	明	高松商
二塁手	江藤 省三	慶	中京商
三塁手	梶山 学	法	中京商
遊撃手	森村 晃一	明	桐生
外野手	高田 繁	明	浪商
	林田 真人	早	早稲田実
	長池 徳二③	法	撫養
首位打者	高田 繁	明	浪商
防御率1位	三輪田 勝利	早	中京商

【秋季】ベストナイン/首位打者/防御率1位

投　手	八木沢 荘六	早	作新学院
捕　手	大塚 弥寿男③	早	浪商
一塁手	広野 功	慶	徳島商
二塁手	江藤 省三④	慶	中京商
三塁手	森谷 邦夫	明	深谷
遊撃手	西田 暢	早	早稲田実
外野手	高田 繁	明	浪商
	林田 真人③	早	早稲田実
	谷木 恭平	立	北海
首位打者	谷木 恭平	立	北海
防御率1位	八木沢 荘六	早	作新学院

□六大学野球と神宮球場の動き

飛田穂洲(59頁)が死去し初の学生野球葬/春季から**ラッキーゾーンが固定**され、プロ、六大学野球ともに両翼300フィート(91.44m)となり本塁打ラッシュ(234頁)

□野球界の動き

★高校／走者に対してもヘルメットを義務化/NHKがカラーでテレビ中継開始/三池工が初の工業高校優勝

★大学／アジア野球大会選考大会で東京六大学野球・東都・関西連合・九州六大学が争い東京六大学選抜チームが優勝/アジア野球大会で東京六大学選抜チームが優勝(マニラ・12月)

★プロ／国鉄スワローズがサンケイスワローズに/プロ野球新人選択会議(**ドラフト会議**)が始まる(11月)

★大リーグ／アメリカ・ヒューストンに初の屋根付き球場(アストロドーム)が完成

□国内外の動き

★国内／日韓基本条約締結/ベ平連結成/朝永振一郎がノーベル賞受賞/大手新聞社が日曜日の夕刊発行を休止

★世界／アメリカが**北ベトナム爆撃**開始/第二次印パ戦争/中国で**文化大革命**が始まる

1966(昭和41)年　立教が新座市へ移転　総人口が1億人突破　三里塚闘争始まる　大学への推薦入学制度を採用

早稲田			対東大 4.16
1	遊	**西田 暢**	早稲田実(東京)
2	二	片柳 栄一	宇都宮工(栃木)
3	左	木下 美智雄	明星(大阪)
4	中	林田 真人	岡山東商(岡山)
5	右	吉田 治夫	盛岡一(岩手)
6	一	武田 祐治	桐蔭(和歌山)
7	三	小西 良之助	天理(奈良)
8	捕	長倉 春生	静岡(静岡)
9	投	**八木沢 荘六**	作新学院(栃木)
主将		八木沢 荘六	作新学院(栃木)
マネージャー		斎藤 勝朗	本荘(秋田)
監督		石井 藤吉郎	水戸商(茨城)
			対東大 9.18
	投	**高橋 直樹**	津久見(大分)

慶応			対法政 4.16
1	遊	須々木 敦弘	慶応(神奈川)
2	二	大滝 隆太	慶応(神奈川)
3	左	吉原 裕	桐蔭(和歌山)
4	一	宇賀山 徹	慶応(神奈川)
5	捕	河合 重則	四日市(三重)
6	三	池田 孝	習志野(千葉)
7	中	島田 征四郎	三国丘(大阪)
8	右	内藤 隆夫	慶応(神奈川)
9	投	藤原 真	西脇(兵庫)
主将		吉原 裕	桐蔭(和歌山)
マネージャー		山田 開八郎	慶応志木(埼玉)
監督		近藤 良輔	慶応(神奈川)
			対明治 9.10
5	一	杉山 敏隆	県千葉(千葉)
6	遊	鈴木 義信	長生一(千葉)
7	三	橋本 博元	下関西(山口)

明治 (当番校)			対法政 4.23
1	左	中川 昭信	熊本工(熊本)
2	中	高田 繁	浪商(大阪)
3	二	直井 繁治	明治(東京)
4	捕	中山 正俊	海南(和歌山)
5	三	森村 晃一	桐生(群馬)
6	一	金森 健二	高岡商(富山)
7	右	片原 史人	南部(和歌山)
8	遊	吉川 芳登	島上(大阪)
9	投	小林 伸行	鎌倉学園(神奈川)
主将		森村 晃一	桐生(群馬)
マネージャー		前田 昌彦	明治(東京)
監督		島岡 吉郎	不詳(長野)
			対慶応 9.10
9	投	星野 仙一	倉敷商(岡山)

法政			対慶応 4.16
1	二	大塚 勝秋	久留米商(福岡)
2	遊	阪本 健	海南(和歌山)
3	三	近藤 徹	岡崎北(愛知)
4	捕	田淵 幸一	法政一(東京)
5	右	遠藤 勝男	甲府工(山梨)
6	左	鶴岡 泰	法政二(神奈川)
7	中	高橋 弘	滝川(兵庫)
8	一	秋元 国武	撫養(徳島)
9	投	里見 忠志	兵庫工(兵庫)
主将		大塚 勝秋	久留米商(福岡)
マネージャー		馬場 良吉	芦屋(兵庫)
監督		松永 怜一	八幡(福岡)
			対明治 9.18
2	二	**中村 之保**	北海(北海道)
9	投	山中 正竹	佐伯鶴城(大分)
マネージャー		高橋 勝明	法政二(神奈川)

立教			対東大 4.23
1	中	谷木 恭平	北海(北海道)
2	二	三宅 正勝	倉敷工(岡山)
3	右	小川 亨	宮崎商(宮崎)
4	捕	**槌田 誠**	倉敷工(岡山)
5	一	松田 勇	御所工(奈良)
6	左	**溜池 敏隆**	興国(大阪)
7	遊	阿天坊 俊明	銚子商(千葉)
8	三	野々山 輝秋	東邦(愛知)
9	投	薄葉 健一	大宮(埼玉)
主将		佐々木 忠夫	宮古(岩手)
マネージャー		岡本 髙幸	日大一(東京)
監督		清水 一郎	高千穂商(宮崎)
			対東大 9.10
1	二	秋山 重雄	倉敷工(岡山)
8	捕	伊藤 護	滝(愛知)
9	投	若月 宏之	大社(島根)

東大			対早稲田 4.16
1	捕	片山 直久	土佐(高知)
2	左	藤田 勝	日比谷(東京)
3	二	鈴木 東剛	沼津東(静岡)
4	一	高木 剛	旭丘(愛知)
5	右	坂井 竜彦	岩見沢東(北海道)
6	投	**井手 峻**	新宿(東京)
7	中	金田 守司	旭丘(愛知)
8	三	保科 正裕	日比谷(東京)
9	遊	中野 忠夫	甲陽学院(兵庫)
主将		片山 直久	土佐(高知)
マネージャー		妻鹿 徹	高松(香川)
監督		坪井 忠郎	旧学習院高(東京)
			対立教 9.10
2	二	川田 晃	武蔵(東京)
5	左	河島 毅	日比谷(東京)
9	三	小笠原 文也	日比谷(東京)

【春季】勝敗表　立教が勝率で優勝

順位	チーム	試合	勝	敗	分	勝点	勝率
9	**立大**	13	9	2	2	4	0.818
②	早大	14	8	3	3	4	0.727
③	法大	11	6	4	1	3	0.600
④	明大	13	6	5	2	3	0.545
⑤	東大	12	2	9	1	1	0.182
⑥	慶大	13	2	10	1	0	0.167

・**八木沢(早)が最多連続イニング無四球**(56)
・槌田(立)が三冠王(戦後2人目)
・小坂敏彦(早・高松商)が1試合17奪三振(対東大)
・慶応が初の最下位

【選手権】立教が初戦で敗退(日本大)

【秋季】勝敗表　早稲田が完全優勝

順位	チーム	試合	勝	敗	分	勝点	勝率
23	**早大**	13	10	2	1	5	0.833
②	法大	13	8	5	0	3	0.615
③	立大	12	6	6	0	3	0.500
④	明大	14	6	7	1	2	0.462
④	慶大	13	6	7	0	2	0.462
⑥	東大	11	1	10	0	0	0.091

・星野(明)がノーヒットノーラン(対立教)
・田淵(法)が本塁打8号タイ

【春季】ベストナイン/首位打者/防御率1位

守備	氏名	大学	出身校
投手	八木沢 荘六	早	作新学院
捕手	槌田 誠	立	倉敷工
一塁手	金森 健二	明	高岡商
二塁手	秋山 重雄	立	倉敷工
三塁手	野々山 輝秋	立	東邦
遊撃手	吉川 芳登	明	島上
外野手	木下 美智雄	早	明星
	高田 繁	明	浪商
	片原 史人	明	南部
首位打者	槌田 誠	立	倉敷工
防御率1位	八木沢 荘六②	早	作新学院

【秋季】ベストナイン/首位打者/防御率1位

守備	氏名	大学	出身校
投手	三輪田 勝利	早	中京商
捕手	長倉 春生	早	静岡
一塁手	秋元 国武	法	撫養
二塁手	中村 之保	法	北海
三塁手	近藤 徹	法	岡崎北
遊撃手	西田 暢	早	早稲田実
外野手	小川 亨	立	宮崎商
	高田 繁	明	浪商
	吉田 治夫	早	盛岡一
首位打者	秋元 国武	法	撫養
防御率1位	三輪田 勝行②	早	中京商

□六大学野球と神宮球場の動き

立教が新座市(埼玉)へ移転/神宮球場がスタンド・グラウンドを改修

□野球界の動き

★高校/中京商が2校目の春夏連続優勝
★大学/学生側が日本アマチュア野球協会から脱退
★社会人/社会人野球ベストナイン賞制定
★プロ/佐々木吉郎(大洋)が完全試合

□国内外の動き

★国内/全日空羽田沖墜落事故/**総人口が1億人突破**/大学への推薦入学制度採用を決定/三里塚闘争始まる/袴田事件
★世界/米で初の炉心溶融事故/ソ連の無人月探査機が初の月面着陸/アメリカ会計学会がASOBATを発表

1967(昭和42)年　高田繁(明)が最多ベストナイン　都知事に革新の美濃部亮吉　欧州共同体(EC)が6ヵ国で成立

早稲田　対東大 4.15

1	遊	荒川 尭	早稲田実(東京)
2	二	秋吉 一平	小倉(福岡)
3	右	谷沢 健一	習志野(千葉)
4	中	林田 真人	岡山東商(岡山)
5	捕	長倉 春生	静岡(静岡)
6	左	千藤 三樹男	岐阜商(岐阜)
7	一	小田 義人	静岡(静岡)
8	三	蓑輪 努	桐生(群馬)
9	投	**三輪田 勝利**	中京商(愛知)
主将		林田 真人	岡山東商(岡山)
マネージャー		日高 為朝	玉龍(鹿児島)
監督		石井 藤吉郎	水戸商(茨城)
			対明治 9.9
7	左	木下 美智雄	明星(大阪)

慶応　対明治 4.15

1	中	大滝 隆太	慶応(神奈川)
2	左	島村 聖	土佐(高知)
3	遊	鈴木 善彦	県千葉(千葉)
4	一	宇賀山 徹	慶応(神奈川)
5	二	米沢 善四郎	土佐(高知)
6	三	宮倉 幸史	慶応志木(埼玉)
7	右	成田 憲明	秋田(秋田)
8	捕	寺尾 郁夫	土佐(高知)
9	投	**藤原 真**	西脇(兵庫)
主将		大滝 隆太	慶応(神奈川)
マネージャー		福永 勝彦	長浜北(滋賀)
監督		前田 祐吉	高知城東中(高知)
			対東大 9.9
3	二	池田 孝	習志野(千葉)

明治　対慶応 4.15

1	中	**高田 繁**	浪商(大阪)
2	三	倉田 晃	博多工(福岡)
3	二	楠田 整秀	忠海(広島)
4	左	小野寺 重之	気仙沼(宮城)
5	右	片原 史人	南部(和歌山)
6	一	大野 三郎	浪商(大阪)
7	捕	堀尾 勝彦	浪商(大阪)
8	投	田中 杲	秋田商(秋田)
9	遊	木本 登	木古内(北海道)
主将		高田 繁	浪商(大阪)
マネージャー		豊田 洋	明治(東京)
監督		島岡 吉郎	不詳(長野)
			対早稲田 9.9
7	三	山東 孝好	明星(大阪)
8	投	星野 仙一	倉敷商(岡山)
9	捕	古川 義弘	明治(東京)

法政(当番校)　対東大 4.22

1	三	富田 勝	興国(大阪)
2	二	岡本 道雄	高知(高知)
3	左	鶴岡 泰	法政二(神奈川)
4	捕	田淵 幸一	法政一(東京)
5	一	秋元 国武	撫養(徳島)
6	右	山本 浩司	廿日市(広島)
7	遊	阪本 健	海南(和歌山)
8	中	苑田 邦夫	三池工(福岡)
9	投	山中 正竹	佐伯鶴城(大分)
主将		鶴岡 泰	法政二(神奈川)
マネージャー		礒 亘男	法政一(東京)
監督		松永 怜一	八幡(福岡)
			対明治 9.16
8	二	佐藤 治夫	芦屋(兵庫)

立教　対明治 4.22

1	左	**服部 敏和＊**	静岡(静岡)
2	遊	佐川 由行	徳島商(徳島)
3	中	**谷木 恭平**	北海(北海道)
4	右	**小川 亨**	宮崎商(宮崎)
5	三	野々山 輝秋	東邦(愛知)
6	二	秋山 重雄	倉敷工(岡山)
7	一	土井 国昭	葺合(兵庫)
8	捕	田中 貢	千葉商(千葉)
9	投	久保 敬祐	浪商(大阪)
主将		小川 亨	宮崎商(宮崎)
マネージャー		今西 修平	小倉(福岡)
監督		清水 一郎	高千穂商(宮崎)
			対東大 9.16
2	遊	石川 正雄	作新学院(栃木)
9	投	土井池 憲治	土庄(香川)

東大　対早稲田 4.15

1	中	藤田 勝	沼津東(静岡)
2	二	川田 晃	武蔵(東京)
3	遊	鈴木 東剛	沼津東(静岡)
4	左	河島 毅	日比谷(東京)
5	一	坂井 竜彦	岩見沢東(北海道)
6	三	小笠原 文也	日比谷(東京)
7	右	小松 正行	両国(東京)
8	投	柳町 憲一	教育大付(東京)
9	捕	白川 義郎	一橋(東京)
主将		鈴木 東剛	沼津東(静岡)
マネージャー		藤原 正孝	修道(広島)
監督		坪井 忠郎	旧学習院高(東京)
			対慶応 9.9
1	中	後藤 孝臣	明和(愛知)
8	捕	稲村 隆二	開成(東京)
9	投	橘谷 健	西(東京)

【春季】勝敗表　慶応が勝率で優勝

順位	チーム	試合	勝	敗	分	勝点	勝率
19	**慶大**	15	9	4	2	4	0.692
②	立大	14	8	5	1	4	0.615
③	法大	16	8	6	2	3	0.571
④	早大	13	6	6	1	2	0.500
⑤	明大	12	6	6	0	2	0.500
⑥	東大	10	0	10	0	0	0.000

・早稲田が1試合最多6、シーズン11本塁打
・荒川(早)が3打数連続・1試合3本塁打
・早立2回戦で1試合最多本塁打(8)
・藤原(慶)がシーズン最多投球回数(121回)
・慶法3回戦が最長時間(延長戦・4時間48分)

【選手権】慶応が準優勝(中央大)

【秋季】勝敗表　法政が完全優勝

順位	チーム	試合	勝	敗	分	勝点	勝率
12	**法大**	14	10	2	2	5	0.833
②	早大	12	9	2	1	4	0.818
③	明大	15	7	6	2	3	0.538
④	慶大	12	5	6	1	2	0.455
⑤	立大	10	2	8	0	1	0.200
⑥	東大	11	1	10	0	0	0.091

・高田(明)が通算48盗塁(新)
・高田(明)が通算127安打(新・歴代2位)
・高田(明)がベストナイン最多連続選出(7回)

□六大学野球と神宮球場の動き

慶応・早稲田が単独で台湾遠征(1月)・韓国遠征(6月)/腰本寿(慶)が野球殿堂入り/**ラッキーゾーンを廃止**し、元の**両翼**100mを**91m**、**中堅**を118mから**120m**に改造(235頁)

□野球界の動き

★高校/佐伯達夫(市岡中－早稲田)が日本高等学校野球連盟会長に就任
★社会人/日本アマチュア協会を解消し、日本学生野球協会と日本アマチュア野球国際委員会を発足/アジア野球選手権で日本(社会人、大学生)が優勝(日本・8月)
★プロ/阪急が創立32年目で初優勝

【春季】ベストナイン/首位打者/防御率1位

投手	藤原 真	慶	西脇
捕手	田淵 幸一	法	法政一
一塁手	宇賀山 徹	慶	慶応
二塁手	秋山 重雄	立	倉敷工
三塁手	宮倉 幸史	慶	慶応志木
遊撃手	荒川 尭	早	早稲田実
外野手	谷沢 健一	早	習志野
	大滝 隆太	慶	慶応
	高田 繁	明	浪商
首位打者	谷沢 健一	早	習志野
防御率1位	藤原 真	慶	西脇

【秋季】ベストナイン/首位打者/防御率1位

投手	山中 正竹	法	佐伯鶴城
捕手	田淵 幸一	法	法政一
一塁手	宇賀山 徹	慶	慶応
二塁手	佐藤 治夫	法	芦屋
三塁手	蓑輪 努	早	桐生
遊撃手	阪本 健	法	海南
外野手	高田 繁⑦	明	浪商
	谷沢 健一	早	習志野
	島村 聖	慶	土佐
首位打者	宇賀山 徹	慶	慶応
防御率1位	小林 郁夫	法	法政一

□国内外の動き

★国内/公害対策基本法制定/高見山が大相撲初の外国人関取に/東京都知事に美濃部亮吉、革新知事の先駆け/八郎潟干拓地へ入植
★世界/第三次中東戦争/欧州共同体(EC)が6ヵ国で成立/東南アジア諸国連合(ASEAN)結成/ビアフラ戦争/中国が初の水爆実験

1968(昭和43)年　田淵(法)が通算22本塁打新記録　小笠原諸島返還　ワルシャワ条約機構軍がチェコへ侵入

早稲田			対東大 4.20
1	遊	荒川 尭	早稲田実(東京)
2	右	千藤 三樹男	岐阜商(岐阜)
3	中	谷沢 健一	習志野(千葉)
4	一	小田 義人	静岡(静岡)
5	左	長倉 春生	静岡(静岡)
6	三	蓑輪 努	桐生(群馬)
7	二	秋吉 一平	小倉(福岡)
8	捕	阿野 鉱二	明星(大阪)
9	投	**小川 邦和**	尾道商(広島)
主将		長倉 春生	静岡(静岡)
マネージャー		宮嶋 和男	岐阜商(岐阜)
監督		石井 藤吉郎	水戸商(茨城)
			対東大 9.15
2	二	井石 裕也	浪速(大阪)

慶応			対立教 4.13
1	中	島村 聖	土佐(高知)
2	左	三好 茂夫	長浜北(滋賀)
3	三	宮倉 幸史	慶応志木(埼玉)
4	一	松本 寿孝	桐蔭(和歌山)
5	右	成田 憲明	秋田(秋田)
6	二	池田 孝	習志野(千葉)
7	捕	寺尾 郁夫	土佐(高知)
8	遊	田中 春記	慶応(神奈川)
9	投	上岡 誠二	土佐(高知)
主将		島村 聖	土佐(高知)
マネージャー		松本 浩	一橋(東京)
監督		榊原 敏一	中京商(愛知)
			対立教 9.7
2	左	池田 和雄	習志野(千葉)
3	一	松下 勝実	清水東(静岡)
6	遊	鈴木 善彦	県千葉(千葉)

明治			対立教 4.20
1	左	辻 哲也	浪商(大阪)
2	三	広沢 渉	徳島商(徳島)
3	遊	寺坂 好明	海南(和歌山)
4	捕	岡芹 充英	熊谷商工(埼玉)
5	一	斎藤 実喜雄	北海(北海道)
6	右	仙石 雅樹	桜美林(東京)
7	中	渡辺 次夫	古川工(宮城)
8	投	**星野 仙一**	倉敷商(岡山)
9	二	外山 隆司	西条(愛媛)
主将		星野 仙一	倉敷商(岡山)
マネージャー		千葉 洋一	弘前(青森)
監督		島岡 吉郎	不詳(長野)
			対立教 9.15
2	二	倉田 晃	博多工(福岡)
4	左	小野寺 重之	気仙沼(宮城)
5	一	鈴木 一比古	伊那北(長野)
7	三	金田 政幸	大鉄(大阪)
9	捕	古川 義弘	明治(東京)
	投	**池島 和彦**	島上(大阪)

法政			対東大 4.13
1	遊	山田 克己	中京商(愛知)
2	二	佐藤 治夫	芦屋(兵庫)
3	三	**富田 勝**	興国(大阪)
4	捕	**田淵 幸一**	法政一(東京)
5	中	**山本 浩司**	廿日市(広島)
6	右	苑田 邦夫	三池工(福岡)
7	一	桑原 秀範	広島商(広島)
8	投	山中 正竹	佐伯鶴城(大分)
9	左	堀井 和人	明星(大阪)
主将		田淵 幸一	法政一(東京)
マネージャー		池田 周弘	玉島商(岡山)
監督		松永 怜一	八幡(福岡)
			対東大 9.7
8	一	菅野 祥明	三田(東京)

立教			対法政 4.13
1	左	佐川 由行	徳島商(徳島)
2	遊	三宅 正勝	倉敷工(岡山)
3	三	野々山 輝秋	東邦(愛知)
4	二	**秋山 重雄**	倉敷工(岡山)
5	一	阿天坊 俊明	銚子商(千葉)
6	右	栗田 良三	海南(和歌山)
7	捕	田中 貢	千葉商(千葉)
8	投	土井池 憲治	土庄(香川)
9	中	石川 正雄	作新学院(栃木)
主将		野々山 輝秋	東邦(愛知)
マネージャー		原 一雄	塚原天竜(長野)
監督		清水 一郎	高千穂商(宮崎)
			対慶応 9.7
4	右	望月 充	静岡(静岡)
6	左	西里 秀文	清水東(静岡)

東大(当番校)			対法政 4.13
1	左	早川 昌保	甲府一(山梨)
2	遊	小林 茂雄	武蔵(東京)
3	三	小笠原 文也	日比谷(東京)
4	捕	稲村 隆二	開成(東京)
5	右	増田 次郎	小山台(東京)
6	一	大石 侊弘	湘南(神奈川)
7	中	竹内 聡	両国(東京)
8	二	大石 長造	県尼崎(兵庫)
9	投	橘谷 健	西(東京)
主将		小笠原 文也	日比谷(東京)
マネージャー		白井 透	上田(長野)
監督		坪井 忠郎	旧学習院高(東京)
			対法政 9.7
2	中	後藤 孝臣	明和(愛知)

【春季】勝敗表　法政が勝率で優勝

順位	チーム	試合	勝	敗	分	勝点	勝率
13	**法大**	11	9	2	0	4	0.818
②	早大	12	8	4	0	4	0.667
③	慶大	12	7	5	0	3	0.583
④	明大	12	5	7	0	2	0.417
⑤	立大	11	3	8	0	1	0.273
⑥	東大	10	2	8	0	1	0.200

- **法政が1試合最多塁打(50・対東大)**
- **法政が1試合最多安打(26・対東大)**
- **法政が先発全員安打全員得点(対立教)**
- **田淵(法)が本塁打1試合3本、シーズン6本**
- **苑田(法)が1試合最多安打(6本)** 7打数連続
- 法政が16連勝　・法政がシーズン打率0.346

【選手権】**法政が優勝**(3回目・対駒沢大)

【秋季】勝敗表　早稲田が完全優勝

順位	チーム	試合	勝	敗	分	勝点	勝率
24	**早大**	13	10	3	0	5	0.769
②	法大	11	9	2	0	4	0.818
③	明大	12	6	6	0	3	0.500
④	慶大	13	6	7	0	2	0.462
⑤	立大	13	5	8	0	1	0.385
⑥	東大	10	0	10	0	0	0.000

- 勝率は法政が上回る　・山中(法)が14連勝
- 早稲田がシーズン15本塁打の新記録
- **早稲田が史上初の全員打点**(対東大)
- 田淵(法)が通算22本塁打記録・76打点
- シーズン44本塁打(リーグ新)
- **橘谷(東)が1試合最多被本塁打(5本)**
- **東大がシーズン最少得点(2得点)**

【春季】ベストナイン/首位打者/防御率1位

投手	上岡 誠二	慶	土佐
捕手	田淵 幸一③	法	法政一
一塁手	桑原 秀範	法	広島商
二塁手	佐藤 治夫	法	芦屋
三塁手	富田 勝	法	興国
遊撃手	荒川 尭	早	早稲田実
外野手	谷沢 健一	早	習志野
	山本 浩司	法	廿日市
	苑田 邦夫	法	三池工
首位打者	倉田 晃	明	博多工
防御率1位	池島 和彦	明	島上

【秋季】ベストナイン/首位打者/防御率1位

投手	小坂 敏彦	早	高松商
捕手	阿野 鉱二	早	明星
一塁手	小田 義人	早	静岡
二塁手	佐藤 治夫	法	芦屋
三塁手	富田 勝	法	興国
遊撃手	荒川 尭	早	早稲田実
外野手	谷沢 健一	早	習志野
	山本 浩司	法	廿日市
	小野寺 重之	明	気仙沼
特別賞	田淵 幸一	法	法政一
首位打者	阿野 鉱二	早	明星
防御率1位	小坂 敏彦	早	高松商

□六大学野球と神宮球場の動き

早稲田が単独で韓国遠征(6月)/明治維新100年記念大会で六大学選抜は決勝で首都大学選抜に敗れる(11月)/明治神宮より明治神宮杯が贈られる

□野球界の動き

★高校/50回の記念大会で48代表、全ての試合を甲子園で開催(以後記念大会は甲子園球場で開催)/開会式に皇太子ご夫妻が出席/大会記録映画「青春」を市川崑監督で製作/大阪西区に中沢記念野球会館が落成
★大学/日本学生野球協会の表彰制度実施/明治維新100年記念神宮大会は首都大学選抜が優勝(11月)
★その他/明治維新100年記念明治神宮野球大会が神宮球場、同第2球場で高校、大学、社会人の各部で開催(11月)

□国内外の動き

★国内/東名高速道路開業/小笠原諸島返還/3億円事件/郵便番号制度開始/初の心臓移植手術/川端康成がノーベル賞受賞
★世界/キング牧師暗殺(米)/5月革命(仏)/ワルシャワ条約機構軍がチェコスロバキアに侵攻(プラハの春の終焉)

1969(昭和44)年　神宮球場フェンスに広告板　東大安田講堂事件　佐藤栄作首相が訪米、3年後の沖縄返還合意

早稲田			対東大 4.12
1	遊	**荒川 尭**	早稲田実(東京)
2	三	金子 勝美	大宮(埼玉)
3	中	**谷沢 健一**	習志野(千葉)
4	一	**小田 義人**	静岡(静岡)
5	右	**千藤 三樹男**	岐阜商(岐阜)
6	捕	**阿野 鉱二**	明星(大阪)
7	二	井石 裕也	浪速(大阪)
8	左	戸塚 能之	掛川西(静岡)
9	投	**小坂 敏彦**	高松商(香川)
主将		谷沢 健一	習志野(千葉)
マネージャー		西村 憲司	小倉(福岡)
監督		石井 藤吉郎	水戸商(茨城)
			対東大 9.13
8	右	篠原 元	甲府商(山梨)
9	投	久保 陽二	高松一(香川)
	投	**安田 猛**	小倉(福岡)

慶応			対立教 4.12
1	左	伊藤 俊昭	浅野(神奈川)
2	遊	田中 春記	慶応(神奈川)
3	一	松下 勝実	清水東(静岡)
4	右	成田 憲明	秋田(秋田)
5	三	山下 隆士	松山東(愛媛)
6	中	野端 啓夫	小倉(福岡)
7	二	落合 俊介	慶応(神奈川)
8	捕	城戸 敏雄	武生(福井)
9	投	上岡 誠二	土佐(慶応)
主将		成田 憲明	秋田(秋田)
マネージャー		前神 幸夫	今治西(愛媛)
監督		榊原 敏一	中京商(愛知)
			対立教 9.6

明治			対立教 4.19
1	三	広沢 渉	徳島商(徳島)
2	二	**倉田 晃**	博多工(福岡)
3	捕	古川 義弘	明治(東京)
4	左	小野寺 重之	気仙沼(宮城)
5	一	大野 三郎	浪商(大阪)
6	右	久保 善久	PL学園(大阪)
7	中	辻 哲也	浪商(大阪)
8	遊	橋本 公雄	キリスト学園(茨城)
9	投	今井 恒夫	明治(東京)
主将		小野寺 重之	気仙沼(宮城)
マネージャー		江連 光明	明治(東京)
監督		島岡 吉郎	不詳(長野)
			対東大 9.6
9	投	古屋 英雄	甲府商(山梨)

法政			対東大 4.19
1	三	野口 善男	PL学園(大阪)
2	遊	山田 克己	中京商(愛知)
3	二	佐藤 治夫	芦屋(兵庫)
4	右	**堀井 和人**	明星(大阪)
5	左	依田 優一	堀越(東京)
6	中	苑田 邦夫	三池工(福岡)
7	一	菅野 祥明	三田学園(兵庫)
8	投	山中 正竹	佐伯鶴城(大分)
9	捕	**黒田 正宏**	姫路南(兵庫)
主将		佐藤 治夫	芦屋(兵庫)
マネージャー		赤穂 恵一	明星(大阪)
監督		松永 怜一	八幡(福岡)
			対立教 9.13
4	中	長崎 慶一	北陽(大阪)
5	捕	中村 裕二	柳川商(福岡)
	投	**樫出 三郎**	東京農大二(群馬)
	投	**江本 孟紀**	高知商(高知)

立教 (当番校)			対慶応 4.12
1	遊	阿天坊 俊明	銚子商(千葉)
2	二	佐川 由行	徳島商(徳島)
3	三	細川 正光	丸亀商(香川)
4	左	望月 充	静岡(静岡)
5	右	小畑 勉	小倉(福岡)
6	中	京田 憲治	玉龍(鹿児島)
7	一	久保 一昭	韮山(静岡)
8	捕	板東 充宣	浅野(神奈川)
9	投	遠藤 裕孝	清水東(静岡)
主将		中沢 春雄	下妻一(茨城)
マネージャー		佐藤 裕昭	高崎(群馬)
監督		下川 久男	北海中(北海道)
			対慶応 9.6
3	三	**中沢 春雄**	下妻一(茨城)
5	捕	田中 貢	千葉商(千葉)
7	一	西里 秀文	清水東(静岡)

東大			対早稲田 4.12
1	遊	小林 茂雄	武蔵(東京)
2	中	後藤 孝臣	明和(愛知)
3	捕	早川 昌保	甲府一(山梨)
4	一	渡辺 隆郎	武蔵(東京)
5	三	佐藤 郁夫	西(東京)
6	投	門松 武	湘南(神奈川)
7	左	松井 博史	北野(大阪)
8	右	野入 裕司	下関西(山口)
9	二	橋本 正幸	灘(兵庫)
主将		小林 茂雄	武蔵(東京)
マネージャー		村上 新一	熊本(熊本)
監督		坪井 忠郎	旧学習院高(東京)
			対明治 9.6
7	投	石渡 明	日比谷(東京)
8	三	厚 和博	六甲(兵庫)

【春季】勝敗表　明治が完全優勝

順位	チーム	試合	勝	敗	分	勝点	勝率
14	**明大**	13	10	2	1	5	0.833
②	早大	12	9	3	0	4	0.750
③	法大	12	7	5	0	3	0.583
④	慶大	12	6	6	0	2	0.500
⑤	立大	11	2	8	1	1	0.200
⑥	東大	10	0	10	0	0	0.000

・荒川(早)が試合開始第1球本塁打(2人目)
・早稲田が早慶戦100勝目(86敗6分)

【選手権】明治が準々決勝で敗退(東海大)

【秋季】勝敗表　法政が勝率で優勝

順位	チーム	試合	勝	敗	分	勝点	勝率
14	**法大**	12	9	2	1	4	0.818
②	早大	13	9	3	1	4	0.750
③	慶大	12	6	6	0	3	0.500
④	明大	12	5	7	0	2	0.417
⑤	東大	12	4	8	0	1	0.333
⑥	立大	11	2	9	0	1	0.182

・山中(法政)が通算最多勝利(48勝)
・谷沢(早)が最多連続打率3割(6シーズン)
・谷沢(早)、荒川(早)が通算18・19本塁打
・谷沢(早)が通算111安打・63打点
・立教が20年ぶりの最下位
・早川(東)が捕手でベストナイン(東大で唯一)

【春季】ベストナイン/首位打者/防御率1位

投手	古屋 英雄	明	甲府商
捕手	古川 義弘	明	明治
一塁手	松下 勝実	慶	清水東
二塁手	佐藤 治夫④	法	芦屋
三塁手	広沢 渉	明	徳島商
遊撃手	山田 克己	法	中京商
外野手	谷沢 健一	早	習志野
	辻 哲也	明	浪商
	依田 優一	法	堀越
首位打者	山田 克己	法	中京商
防御率1位	久保 陽二	早	高松一

【秋季】ベストナイン/首位打者/防御率1位

投手	山中 正竹	法	佐伯鶴城
捕手	早川 昌保	東	甲府一
一塁手	松下 勝実	慶	清水東
二塁手	井石 裕也	早	浪速
三塁手	広沢 渉	明	徳島商
遊撃手	荒川 尭④	早	早稲田実
外野手	谷沢 健一⑥	早	習志野
	辻 哲也	明	浪商
	小野寺 重之	明	気仙沼
首位打者	松下 勝実	慶	清水東
防御率1位	安田 猛	早	小倉

□六大学野球と神宮球場の動き

東大紛争で1年生部員がゼロ(321頁)/前シーズンの1位、2位の対戦を第6週に/法政が単独で韓国遠征(6月)/慶應義塾創立100年で全早慶戦/島田善介(福田子之助・慶)が野球殿堂入り/**神宮球場のフェンスに広告板**

□野球界の動き

★高校/参加校が2,500校を突破/松山商対三沢の決勝戦が延長18回引き分け再試合/選抜チームがブラジル、ペルー、米遠征
★大学/海外遠征が許可制となる/アジア野球選手権で大学選抜チームが金メダル(台北・11月)
★社会人/「プロ野球対策委員会」を設置し、プロ野球との協議を再開
★プロ/金田正一(享栄商−国鉄−巨人)が通算400勝を達成
★大リーグ/ア・リーグ、ナ・リーグともに12チームに増え、東西各6チームの体制となる

□国内外の動き

★国内/東大安田講堂事件/映画「男はつらいよ」公開/テレビアニメ「サザエさん」放送開始/佐藤栄作首相訪米、日米共同声明、3年後の沖縄返還合意
★世界/ソ連のソユーズ同士が初の有人宇宙ドッキング/米のアポロ11号が人類初の月面着陸/北アイルランド問題

1970(昭和45)年 東大紛争で特別措置 明治神宮大会始まる 核兵器不拡散条約発効 大阪万博開催

早稲田(当番校)			対立教 4.19
1	一	勝部 敬一	米子東(鳥取)
2	右	米田 俊次	報徳学園(兵庫)
3	三	金子 勝美	大宮(埼玉)
4	中	高橋 幸男	前橋工(群馬)
5	二	中村 勝広	成東(千葉)
6	捕	小野 一茂	新居浜東(愛媛)
7	遊	田中 伸樹	広陵(広島)
8	左	広田 義典	土佐(高知)
9	投	久保 陽二	高松一(香川)
主将		勝部 敬一	米子東(鳥取)
マネージャー		久行 啓道	下松(山口)
監督		石井 藤吉郎	水戸商(茨城)
			対東大 9.20
7	左	鍛治舎 巧	岐阜商(岐阜)
8	捕	長尾 正紀	岩国(山口)
	投	**大木 勝年**	成東(千葉)

慶応			対東大 4.12
1	右	伊藤 俊昭	浅野(神奈川)
2	中	池田 和雄	習志野(千葉)
3	左	野端 啓夫	小倉(福岡)
4	一	松下 勝実	清水東(静岡)
5	三	山下 隆士	松山東(愛媛)
6	二	吉沢 敏雄	大宮工(埼玉)
7	捕	桜井 和夫	桜台(愛知)
8	投	長谷川 裕展	慶応(神奈川)
9	遊	増山 治一郎	慶応志木(埼玉)
主将		上岡 誠二	土佐(慶応)
マネージャー		山中 雅義	慶応(神奈川)
監督		榊原 敏一	中京商(愛知)
			対立教 9.12
7	二	山本 光介	慶応(神奈川)
8	投	長谷部 優	岸和田(大阪)

明治			対東大 4.19
1	中	高田 勇	浪商(大阪)
2	右	月原 真司	大鉄(大阪)
3	左	**辻 哲也**	浪商(大阪)
4	一	鈴木 一比古	伊那北(長野)
5	捕	白石 善俊	浪商(大阪)
6	遊	山東 孝好	明星(大阪)
7	三	和泉 正広	倉敷商(岡山)
8	投	大段 明	広(広島)
9	二	大和田 進一	気仙沼(宮城)
主将		辻 哲也	浪商(大阪)
マネージャー		日高 章吉	東筑(福岡)
監督		島岡 吉郎	不詳(長野)
			対立教 9.20
2	右	石川 秀隆	修徳(東京)
5	遊	樋野 和寿	松山商(愛媛)
8	捕	大森 光生	松山商(愛媛)
9	投	今井 恒夫	明治(東京)

法政			対立教 4.12
1	二	**野口 善男**	PL学園(大阪)
2	遊	森貞 周治	松山北(愛媛)
3	中	長崎 慶一	北陽(大阪)
4	左	依田 優一	堀越(東京)
5	右	鈴木 士郎	佐伯鶴城(大分)
6	捕	中村 裕二	柳川商(福岡)
7	一	安田 広輝	報徳学園(兵庫)
8	三	藤村 正美	三田学園(兵庫)
9	投	横山 晴久	小倉工(福岡)
主将		野口 善男	PL学園(大阪)
マネージャー		加茂 真樹	洲本(兵庫)
監督		松永 怜一	八幡(福岡)
			対東大 9.12
6	一	山本 功児	三田学園(兵庫)
7	右	渡辺 幸三	中京商(愛知)
9	投	池田 信夫	平安(京都)

立教			対法政 4.12
1	遊	門川 純	小倉(福岡)
2	二	細川 正光	丸亀商(香川)
3	中	伊地知 貞敏	玉龍(鹿児島)
4	左	**望月 充**	静岡(静岡)
5	右	秀間 裕	竜ヶ崎一(茨城)
6	一	寺岡 正人	宮崎商(宮崎)
7	捕	八田 武明	小倉(福岡)
8	三	堀内 幸夫	立教(埼玉)
9	投	荒木 清志	桜ヶ丘(神奈川県)
主将		細川 正光	丸亀商(香川)
マネージャー		浜田 邦夫	韮山(静岡)
監督		下川 久男	北海中(北海道)
			対慶応 9.12
5	捕	板東 充宜	浅野(神奈川)
9	三	五十嵐 健二	小倉(福岡)

東大			対慶応 4.12
1	二	橋本 正幸	灘(兵庫)
2	右	岩間 憲道	隅田川(東京)
3	捕	佐藤 郁夫	西(東京)
4	左	松井 博史	北野(大阪)
5	一	石渡 明	日比谷(東京)
6	投	門松 武	湘南(神奈川)
7	遊	厚 和博	六甲(兵庫)
8	三	国本 裕	新宿(東京)
9	中	野入 裕司	下関西(山口)
主将		佐藤 郁夫	西(東京)
マネージャー		須田 健人	麻布(東京)
監督		坪井 忠郎	旧学習院高(東京)
			対法政 9.12
7	遊	大沼 徹	仙台一(宮城)
8	右	本庄 誠	灘(兵庫)
9	中	福田 隆治	太田(群馬)

【春季】勝敗表 法政が完全優勝

順位	チーム	試合	勝	敗	分	勝点	勝率
15	**法大**	11	10	1	0	5	0.909
②	早大	13	8	4	1	4	0.667
③	明大	12	6	5	1	3	0.545
④	慶大	13	6	6	1	2	0.500
⑤	立大	12	3	8	1	1	0.273
⑥	東大	11	1	10	0	0	0.091

・慶応が工藤・長谷部でノーヒットノーラン(対東大・外野飛球ゼロ)
・立教が1試合10盗塁(新・対東大)

【選手権】法政が準決勝で敗退(中京大)

【秋季】勝敗表 法政が完全優勝

順位	チーム	試合	勝	敗	分	勝点	勝率
16	**法大**	12	10	2	0	5	0.833
②	明大	14	9	5	0	4	0.643
③	慶大	14	8	5	1	3	0.615
④	早大	12	5	6	1	2	0.455
⑤	立大	12	4	8	0	1	0.333
⑥	東大	10	0	10	0	0	0.000

・**法政が春秋連覇と3連覇**(ともに初)
・**大木(早)が最多連続奪三振(9三振**・対東大)
・**和泉(明)が最多連続打数安打(10打数)**
・横山(立)がノーヒットノーラン(対東大)

【神宮】法政が初戦で敗退(東海大)

【春季】ベストナイン/首位打者/防御率1位

投手	横山 晴久	法	小倉工
捕手	中村 裕二	法	柳川商
一塁手	鈴木 一比古	明	伊那北
二塁手	野口 善男	法	PL学園
三塁手	金子 勝美	早	大宮
遊撃手	田中 伸樹	早	広陵
外野手	伊藤 俊昭	慶	浅野
	依田 優一	法	堀越
	高橋 幸男	早	前橋工
首位打者	金子 勝美	早	大宮
防御率1位	大木 勝年	早	成東

【秋季】ベストナイン/首位打者/防御率1位

投手	横山 晴久	法	小倉工
捕手	白石 善俊	明	浪商
一塁手	鈴木 一比古	明	伊那北
二塁手	野口 善男	法	PL学園
三塁手	和泉 正広	明	倉敷商
遊撃手	森貞 周治	法	松山北
外野手	長崎 慶一	法	北陽
	辻 哲也③	明	浪商
	月原 真司	明	大鉄
首位打者	野村 隆	立	立教
防御率1位	山田 伸剛	法	佐賀北

□六大学野球と神宮球場の動き

前年の入試中止で東大が部員13名(4年生6名・3年生7名)となり、留年生4名の春季出場を認める特例措置(321頁)/中馬庚(帝)が野球殿堂入り/**立教が体育会推薦入学制度廃止**(377頁)/観客動員を狙い第1試合の開始時間を13時30分に/早稲田が単独で台湾遠征(12月)/外野金網をラバーフェンスに

□野球界の動き

★大学/日本学生野球協会と協力し第1回**明治神宮野球大会**を開催(明治神宮鎮座50年記念・201頁)
★社会人/プロ野球機構とプロとの交渉期間に関する内規を制定

□国内外の動き

★国内/三島由紀夫が自死(三島事件)/大阪で万国博覧会/よど号ハイジャック事件
★世界/核兵器不拡散条約発効/カンボジアでクーデター/ペルー北部で大地震(7万人死亡)

1971(昭和46)年　法政が4連覇　マクドナルド1号店　中国が国連参加　ニクソン・ショック　韓国・タイで国情不安

早稲田　対東大 4.18

1	右	米田 俊次	報徳学園(兵庫)
2	遊	田中 伸樹	広陵(広島)
3	捕	楠城 徹	小倉(福岡)
4	二	**中村 勝広**	成東(千葉)
5	中	高橋 幸男	前橋工(群馬)
6	三	**金子 勝美**	大宮(埼玉)
7	左	鍛治舎 巧	岐阜商(岐阜)
8	一	望月 博	中京商(愛知)
9	投	小田 雄一	出雲(島根)
主将		中村 勝広	成東(千葉)
マネージャー		初瀬 伸二	水戸一(茨城)
監督		石井 藤吉郎	水戸商(茨城)
対明治 9.13			
8	三	弥永 道夫	小倉(福岡)
9	投	大橋 功男	静岡(静岡)

慶応(当番校)　対立教 4.10

1	右	臼井 喜久男	飯塚商(福岡)
2	二	山本 光介	慶応(神奈川)
3	左	野端 啓夫	小倉(福岡)
4	一	松下 勝実	清水東(静岡)
5	遊	山下 大輔	清水東(静岡)
6	中	池田 和雄	習志野(千葉)
7	三	吉沢 敏雄	大宮工(埼玉)
8	捕	小川 博	岸和田(大阪)
9	投	工藤 真	豊橋東(愛知)
主将		松下 勝実	清水東(静岡)
マネージャー		水谷 和則	慶応(神奈川)
監督		榊原 敏一	中京商(愛知)
対東大 9.18			
2	二	佐々木 省三	浜田(島根)
5	投	萩野 友康	土佐(高知)
7	右	福田 崇	栃木(栃木)
9	捕	木原 弘人	慶応志木(埼玉)

明治　対立教 4.18

1	左	月原 真司	大鉄(大阪)
2	右	石川 秀隆	修徳(東京)
3	遊	樋野 和寿	松山商(愛媛)
4	捕	白石 善俊	浪商(大阪)
5	中	金野 満	気仙沼(宮城)
6	一	守川 明徳	熊本二(熊本)
7	二	伴内 正敏	札幌光星(北海道)
8	三	岡本 良一	倉敷工(岡山)
9	投	松下 寛二	松商学園(長野)
主将		白石 善俊	浪商学園(大阪)
マネージャー		岡田 晴紀	明治(東京)
監督		島岡 吉郎	不詳(長野)
対早稲田 9.13			
2	二	佐藤 広美	岐阜商(岐阜)

法政　対東大 4.10

1	三	藤村 正美	三田学園(兵庫)
2	左	依田 優一	堀越(東京)
3	捕	中村 裕二	柳川商(福岡)
4	中	長崎 慶一	北陽(大阪)
5	二	高岡 茂夫	北陽(大阪)
6	遊	森貞 周治	松山北(愛媛)
7	一	山本 功児	三田学園(兵庫)
8	右	鈴木 士郎	佐伯鶴城(大分)
9	投	**横山 晴久**	小倉工(福岡)
主将		藤村 正美	三田学園(兵庫)
マネージャー		細内 俊雄	日大三(東京)
監督		五明 公男	法政二(神奈川)
対東大 9.13			
6	中	渡辺 幸三	中京商(愛知)
7	右	安田 広輝	報徳学園(兵庫)
	投	**古賀 正明**	日大三(東京)

立教　対慶応 4.10

1	遊	五十嵐 健二	小倉(福岡)
2	中	新井 俊忠	立教(埼玉)
3	三	石井 賢吾	滝川(兵庫)
4	一	手島 晴幸	多摩(神奈川)
5	捕	川崎 茂	小樽潮陵(北海道)
6	右	秀間 裕	竜ヶ崎一(茨城)
7	左	堀江 隆樹	八代第一(熊本)
8	二	坂口 雅久	立教(埼玉)
9	投	**横山 忠夫**	網走南ヶ丘(北海道)
主将		五十嵐 健二	小倉(福岡)
マネージャー		小林 芳夫	立教(埼玉)
監督		篠原 一豊	防府中(山口)
対明治 9.18			
2	二	森本 茂樹	別府鶴見ヶ丘(大分)

東大　対法政 4.10

1	中	福田 隆治	大田(島根)
2	二	大沼 徹	仙台一(宮城)
3	三	厚 和博	六甲(兵庫)
4	捕	国本 裕	新宿(東京)
5	左	石村 達雄	広島大付(広島)
6	一	国分 秀昭	浦和(埼玉)
7	右	土井 研児	時習館(愛知)
8	遊	高橋 淑夫	小山台(東京)
9	投	岩城 正和	戸山(東京)
主将		国本 裕	新宿(東京)
マネージャー		岡田 正樹	高松(香川)
監督		坪井 忠郎	旧学習院高(東京)
対法政 9.13			
2	右	喜多村 隆志	浦和(埼玉)
9	投	御手洗 健治	戸山(東京)

【春季】勝敗表　法政が勝率で優勝

順位	チーム	試合	勝	敗	分	勝点	勝率
17	**法大**	12	9	3	0	4	0.750
②	慶大	13	8	5	0	4	0.615
③	早大	12	7	5	0	3	0.583
④	立大	14	8	6	0	3	0.571
⑤	明大	13	5	8	0	1	0.385
⑥	東大	10	0	10	0	0	0.000

・**法政が4連覇**(法政で初、史上3回目)
・池田(慶)が逆転サヨナラ本塁打
(池田のサヨナラ本塁打はシーズン2本目)
・松下(慶)がシーズン5三塁打

【選手権】法政が準優勝(亜細亜大)
・最多延長回数20(法政対関西大)

【秋季】勝敗表　慶応が勝率で優勝

順位	チーム	試合	勝	敗	分	勝点	勝率
20	**慶大**	11	9	2	0	4	0.818
②	法大	13	8	5	0	4	0.615
③	立大	11	7	4	0	3	0.636
④	早大	11	5	6	0	2	0.455
⑤	明大	13	5	8	0	2	0.385
⑥	東大	11	1	10	0	0	0.091

・**慶応が毎回得点(22)・1試合最多安打(26)**
1試合最多二塁打(10)・7打席連続安打(対東大)
(318頁)・松下(慶)が通算123安打(歴代4位)
・依田(法)が試合開始第1球本塁打(3人目)

【神宮】慶応が準々決勝で敗退(日本大)

□六大学野球と神宮球場の動き
第1試合開始が午後2時、第2試合が午後4時半に変更(この年のみ)/**法政が初の4連覇**(291頁)

□野球界の動き
★高校／桐蔭学園が初出場初優勝、2年連続で神奈川県勢が制覇/高校野球の体協加盟問題が起こる
★大学／**選手権大会で最多延長20回**(法政対関西大・199頁)
★社会人／アジア野球選手権で日本(社会人)が2位(韓国・9月)

□国内外の動き
★国内／マクドナルド日本第1号店/蒸気機関車を廃止方向へ/全日空機雫石衝突事故
★世界／中華人民共和国の国連参加、国民政府の追放/ニクソン・ショック/タイで戒厳令/韓国で国家非常事態宣言/スミソニアン体制

【春季】ベストナイン/首位打者/防御率1位

投　手	横山 晴久	法	小倉工
捕　手	中村 裕二	法	柳川商
一塁手	望月 博	早	中京商
二塁手	高岡 茂夫	法	北陽
三塁手	藤村 正美	法	三田学園
遊撃手	五十嵐 健二	立	小倉
外野手	依田 優一	法	堀越
	高橋 幸男	早	前橋工
	池田 和雄	慶	習志野
首位打者	望月 博	早	中京商
防御率1位	池田 信夫	法	平安

【秋季】ベストナイン/首位打者/防御率1位

投　手	横山 晴久④	法	小倉工
捕　手	木原 弘人	慶	慶応志木
一塁手	松下 勝実③	慶	清水東
二塁手	中村 勝広	早	成東
三塁手	藤村 正美	法	三田学園
遊撃手	山下 大輔	慶	清水東
外野手	堀江 隆樹	立	八代第一
	依田 優一④	法	堀越
	池田 和雄	慶	習志野
首位打者	松下 勝実②	慶	清水東
防御率1位	萩野 友康	慶	土佐

1972(昭和47)年　慶応が春秋連覇と初の3連覇　沖縄が日本復帰　日本赤軍乱射事件　ウォーターゲート事件

早稲田			対明治 4.10
1	左	山本 重行	早稲田実(東京)
2	遊	清水 長寿	早稲田実(東京)
3	右	鍛治舎 巧	岐阜商(岐阜)
4	捕	楠城 徹	小倉(福岡)
5	一	鈴木 治彦	大宮(埼玉)
6	中	明松 光夫	報徳学園(兵庫)
7	三	田浦 法宏	小倉(福岡)
8	二	中本 尚	岩国(山口)
9	投	大橋 功男	静岡(静岡)
主将		丸山 朗	興国(大阪)
マネージャー		小橋 英明	桃山学院(大阪)
監督		石井 藤吉郎	水戸商(茨城)
			対立教 9.9
2	二	西村 一貴	平安(京都)
4	中	前川 善裕	東葛飾(千葉)
8	三	川口 和夫	成東(千葉)

慶応			対東大 4.10
1	右	臼井 喜久男	飯塚商(福岡)
2	二	佐々木 省三	浜田(島根)
3	遊	山下 大輔	清水東(静岡)
4	一	中島 潤一	浦和(埼玉)
5	中	池田 和雄	習志野(千葉)
6	左	福田 崇	栃木(栃木)
7	捕	木原 弘人	慶応志木(埼玉)
8	投	萩野 友康	土佐(高知)
9	三	吉沢 敏雄	大宮工(埼玉)
主将		萩野 友康	土佐(高知)
マネージャー		池田 利美	慶応(神奈川)
監督		大戸 洋儀	一戸(岩手)
			対東大 9.9
7	一	按田 義明	滝川(兵庫)
9	投	長谷部 優	岸和田(大阪)

明治(当番校)			対早稲田 4.10
1	左	新名 隆	桜塚(大阪)
2	中	南 政志	大濠(福岡)
3	二	佐藤 広美	岐阜商(岐阜)
4	一	**加藤 安雄**	倉敷商(岡山)
5	遊	樋野 和寿	松山商(愛媛)
6	三	岡本 良一	倉敷工(岡山)
7	右	高尾 康平	早稲田実(東京)
8	投	井上 明	松山商(愛媛)
9	捕	大森 光生	松山商(愛媛)
主将		宮脇 茂	塚原天竜(長野)
マネージャー		柴田 幸嗣	東筑(福岡)
監督		島岡 吉郎	不詳(長野)
			対立教 9.17
6	三	武田 稔	西条(愛媛)
7	中	奥藤 鉄身	北宇和(愛媛)
8	投	内藤 誉	池田(徳島)

法政			対東大 4.17
1	右	**伊達 泰司**	御所工(奈良)
2	左	新井 鐘律	PL学園(大阪)
3	中	**長崎 慶一**	北陽(大阪)
4	三	佐々木 幸治	広島商(広島)
5	一	山本 功児	三田学園(兵庫)
6	捕	竹内 昭文	宇治山田商(三重)
7	二	井出 実	大宮工(埼玉)
8	投	池田 信夫	平安(京都)
9	遊	西村 章	伊野商(高知)
主将		長崎 慶一	北陽(大阪)
マネージャー		斉藤 忠	法政一(東京)
監督		五明 公男	法政二(神奈川)
			対東大 9.17
7	捕	小原 寛明	高知商(高知)
9	遊	岩井 靖久	津久見(大分)
	投	**上林 成行**	国府(愛知)

立教			対明治 4.17
1	三	森本 茂樹	鶴見ヶ丘(大分)
2	二	坂口 雅久	立教(埼玉)
3	中	堀江 隆樹	八代第一(熊本)
4	一	手島 晴幸	多摩(神奈川)
5	遊	石井 賢吾	滝川(兵庫)
6	左	村山 修一	立教(埼玉)
7	捕	馬場 秋広	横浜南(神奈川)
8	投	中村 憲史郎	横浜南(神奈川)
9	右	持田 幹雄	熊谷(埼玉)
主将		森本 茂樹	鶴見ヶ丘(大分)
マネージャー		丹羽 功次	滝(愛知)
監督		篠原 一豊	防府中(山口)
			対早稲田 9.9

東大			対慶応 4.10
1	右	坂谷内 実	金沢大付(石川)
2	左	土井 研児	時習館(愛知)
3	中	喜多村 隆志	浦和(埼玉)
4	一	国分 秀昭	浦和(埼玉)
5	捕	大沼 徹	仙台一(宮城)
6	二	高橋 淑夫	小山台(東京)
7	三	田村 祥	立川(東京)
8	遊	塩沢 隆司	両国(東京)
9	投	早川 聞多	京都教大付(東京)
主将		国分 秀昭	浦和(埼玉)
マネージャー		中川 徹	豊島(東京)
監督		岡村 甫	土佐(高知)
			対慶応 9.9
3	三	相川 陽史	安房(千葉)
7	投	御手洗 健治	戸山(東京)
9	捕	渋沢 稔	上田(長野)

【春季】勝敗表　慶応が勝率で優勝

順位	チーム	試合	勝	敗	分	勝点	勝率
21	**慶大**	11	8	3	0	4	0.727
②	法大	12	8	4	0	4	0.667
③	明大	12	7	5	0	3	0.583
④	立大	13	7	6	0	2	0.538
⑤	早大	12	5	7	0	2	0.417
⑥	東大	10	0	10	0	0	0.000

- **法政がシーズン最多二塁打(38本)**
- 東大が1試合10失策(戦後新)
- 法政がシーズン打率0.327

【選手権】慶応が準優勝(関西大)
- 慶応が最多連続安打(7打席)

【秋季】勝敗表　慶応が勝率で優勝

順位	チーム	試合	勝	敗	分	勝点	勝率
22	**慶大**	13	9	4	0	4	0.692
②	明大	13	8	5	0	4	0.615
③	早大	13	8	5	0	3	0.615
④	法大	11	6	5	0	3	0.545
⑤	立大	14	6	8	0	1	0.429
⑥	東大	10	0	10	0	0	0.000

- 慶応が春秋連覇(2回目)、**初の3連覇**
- 中村(立)がシーズン9被本塁打タイ
- **長崎(法)が2季連続の首位打者**(史上初)

【神宮】法政が準優勝(関西大)
- 山口(関西大)が慶応戦でノーヒットノーラン
- 早慶明法の4校が出場

【春季】ベストナイン/首位打者/防御率1位

投手	萩野 友康	慶	土佐
捕手	木原 弘人	慶	慶応志木
一塁手	山本 功児	法	三田学園
二塁手	坂口 雅久	立	立教
三塁手	吉沢 敏雄	慶	大宮工
遊撃手	山下 大輔	慶	清水東
外野手	長崎 慶一	法	北陽
	池田 和雄③	慶	習志野
	伊達 泰司	法	御所工
首位打者	長崎 慶一	法	北陽
防御率1位	萩野 友康②	慶	土佐

【秋季】ベストナイン/首位打者/防御率1位

投手	萩野 友康	慶	土佐
捕手	小原 寛明	法	高知商
一塁手	鈴木 治彦	早	大宮
二塁手	坂口 雅久	立	立教
三塁手	佐々木 幸治	法	広島商
遊撃手	山下 大輔	慶	清水東
外野手	長崎 慶一③	法	北陽
	伊達 泰司	法	御所工
	前川 善裕	早	東葛飾
首位打者	長崎 慶一②	法	北陽
防御率1位	佐藤 守	早	本荘

□六大学野球と神宮球場の動き

大学野球選手権に出場した早稲田の東門明(武相)が送球を受け死亡、早稲田の背番号9番が永久欠番に/**法政の4連覇と慶応の3連覇が続く**/神宮大会に早慶明法の4校が出場/東大入試中止で最上級生が3年生

□野球界の動き

★高校／津久見が九州勢として初優勝/耳付きヘルメットの着用義務化/史上初の同名校対決(三重・海星対長崎・海星)
★大学／関西大が大学野球選手権、神宮大会決勝で慶応、法政を破り、**初のグランドスラム(4冠)達成**(202頁)/第1回日米大学野球選手権で日本が5勝2敗(日本・7月)、東門明選手の背番号13が日本代表の永久欠番に
★社会人／プロ野球との問題(交渉期間、ドラフト外獲得の廃止、指名除外期間の制定、技術指導の促進)に関する声明文を発表

□国内外の動き

★国内／札幌冬季オリンピック/あさま山荘事件/**沖縄返還**/日米共同声明調印/千日デパートで火災/北陸トンネル火災事故
★世界／米中共同声明/国民政府、日本と断交/米軍が北爆再開/日本赤軍乱射事件(テルアビブ)/ウォーターゲート事件発覚

1973(昭和48)年　プロOBのアマ指導解禁　巨人軍V9　ア・リーグでDH制採用　第1次オイルショック　変動相場制へ

早稲田　対立教 4.7

1	二	西村 一貴	平安(京都)
2	左	山本 重行	早稲田実(東京)
3	右	鍛治舎 巧	岐阜商(岐阜)
4	中	前川 善裕	東葛飾(千葉)
5	一	**鈴木 治彦**	大宮(埼玉)
6	捕	**楠城 徹**	小倉(福岡)
7	遊	中本 尚	岩国(山口)
8	三	西川 敦仁	高松商(香川)
9	投	大橋 功男	静岡(静岡)
主将		楠城 徹	小倉(福岡)
マネージャー		大渕 浩一	早稲田実(東京)
監督		石井 藤吉郎	水戸商(茨城)

対東大 9.8

7	三	清水 長寿	早稲田実(東京)
9	投	矢野 暢生	今治西(愛媛)

慶応　対東大 4.7

1	右	宇山 秀明	大泉(東京)
2	中	臼井 喜久男	飯塚商(福岡)
3	遊	**山下 大輔**	清水東(静岡)
4	左	福田 崇	栃木(栃木)
5	一	望月 敏	甲府一(山梨)
6	三	川田 俊夫	土佐(高知)
7	捕	木原 弘人	慶応志木(埼玉)
8	二	石川 光哉	静岡(静岡)
9	投	沼野 隆一	丸亀(香川)
主将		山下 大輔	清水東(静岡)
マネージャー		伊丹 庸之	時習館(愛知)
監督		大戸 洋儀	一戸(岩手)

対立教 9.8

9	投	小笠原 敬二	盛岡一(岩手)

明治　対東大 4.14

1	左	新名 隆	桜塚(大阪)
2	二	佐藤 広美	岐阜商(岐阜)
3	右	八木 勝彦	大宮(埼玉)
4	遊	樋野 和寿	松山商(愛媛)
5	一	鈴木 雅道	竜ヶ崎一(茨城)
6	中	南 政志	大濠(福岡)
7	三	岡本 良一	倉敷工(岡山)
8	捕	今久留主 邦明	博多工(福岡)
9	投	上田 芳央	浪商(大阪)
主将		鈴木 雅道	竜ヶ崎一(茨城)
マネージャー		榊原 光一	明治(東京)
監督		島岡 吉郎	不詳(長野)

対東大 9.15

2	二	斎藤 茂樹	PL学園(大阪)
3	右	高尾 康平	早稲田実(東京)
主将		井上 明	松山商(愛媛)

法政(当番校)　対立教 4.14

1	中	新井 鐘律	PL学園(大阪)
2	中	楠本 昭男	浪商(大阪)
3	二	井出 実	大宮工(埼玉)
4	一	**山本 功児**	三田学園(兵庫)
5	三	佐々木 幸治	広島商(広島)
6	遊	岩井 靖久	津久見(大分)
7	右	**佐々木 正行**	初芝(大阪)
8	捕	高浦 美佐緒	千葉商(千葉)
9	投	前村 泰正	育英(兵庫)
主将		山本 功児	三田学園(兵庫)
マネージャー		岩崎 和裕	深谷商(埼玉)
監督		五明 公男	法政二(神奈川)

対立教 9.15

3	捕	中西 清治	三田学園(兵庫)
6	中	庄子 茂	東北(宮城)
8	二	大須賀 康浩	浪商(大阪)

立教　対早稲田 4.7

1	二	坂口 雅久	立教(埼玉)
2	右	村山 修一	立教(埼玉)
3	中	堀江 隆樹	八代第一(熊本)
4	捕	馬場 秋広	横浜南(神奈川)
5	左	平山 芳樹	玉龍(鹿児島)
6	一	藤原 通宏	尼崎(兵庫)
7	三	井出 俊一	野沢北(長野)
8	遊	斉藤 方誉	立教(埼玉)
9	投	中村 憲史郎	横浜南(神奈川)
主将		馬場 秋広	横浜南(神奈川)
マネージャー		遠藤 元二	屋代(長野)
監督		篠原 一豊	防府中(山口)

対慶応 9.8

8	遊	池口 良明	松本深志(長野)

東大　対慶応 4.7

1	中	喜多村 隆志	浦和(埼玉)
2	右	平尾 俊彦	新潟(新潟)
3	一	国分 秀昭	浦和(埼玉)
4	左	塙 厚夫	青山(東京)
5	遊	塩沢 隆司	両国(東京)
6	二	高橋 淑夫	小山台(東京)
7	三	田村 祥	立川(東京)
8	投	早川 聞多	京都教大付(東京)
9	捕	大沼 徹	仙台一(宮城)
主将		土井 研児	時習館(愛知)
マネージャー		大野 明	小石川(東京)
監督		岡村 甫	土佐(高知)

対早稲田 9.8

2	三	相川 陽史	安房(千葉)
6	二	河野 敏章	日比谷(東京)
7	捕	渋沢 稔	上田(長野)
9	左	土井 研児	時習館(愛知)

【春季】勝敗表　早稲田が完全優勝

順位	チーム	試合	勝	敗	分	勝点	勝率
25	**早大**	11	10	1	0	5	0.909
②	明大	13	7	6	0	3	0.538
③	法大	14	7	7	0	2	0.500
④	慶大	11	5	6	0	2	0.455
⑤	立大	11	4	7	0	2	0.364
⑥	東大	12	3	9	0	1	0.250

・山下(慶)が3試合連続本塁打

【選手権】早稲田が準決勝で敗退(中央大)

【春季】ベストナイン/首位打者/防御率1位

投　手	矢野 暢生	早	今治西
捕　手	楠城 徹	早	小倉
一塁手	山本 功児	法	三田学園
二塁手	西村 一貴	早	平安
三塁手	相川 陽史	東	安房
遊撃手	山下 大輔④	慶	清水東
外野手	鍛治舎 巧	早	岐阜商
	村山 修一	立	立教
	高尾 康平	明	早稲田実
首位打者	山下 大輔	慶	清水東
防御率1位	矢野 暢生	早	今治西

【秋季】勝敗表　明治が完全優勝

順位	チーム	試合	勝	敗	分	勝点	勝率
15	**明大**	11	10	1	0	5	0.909
②	早大	12	6	6	0	3	0.500
③	立大	13	6	7	0	2	0.462
④	法大	12	5	7	0	2	0.417
④	慶大	12	5	7	0	2	0.417
⑥	東大	12	4	8	0	1	0.333

・中村(立)が4年間で443回を投げる(297頁)
・山下(慶)が通算102安打
・鍛治舎(早)が通算60打点

【神宮】明治が準決勝で敗退(駒沢大)

【秋季】ベストナイン/首位打者/防御率1位

投　手	上田 芳央	明	浪商
捕　手	今久留主 邦明	明	博多工
一塁手	鈴木 雅道	明	竜ヶ崎一
二塁手	斎藤 茂樹	明	PL学園
三塁手	佐々木 幸治	法	広島商
遊撃手	樋野 和寿	明	松山商
外野手	宇山 秀明	慶	大泉
	鍛治舎 巧	早	岐阜商
	前川 善裕	早	東葛飾
首位打者	斎藤 茂樹	明	PL学園
防御率1位	阿部 政文	早	大館鳳鳴

□六大学野球と神宮球場の動き

内海弘蔵(帝・明)が野球殿堂入り

□野球界の動き

★高校/4回目の記念大会で48代表(沖縄県は前年に返還)/決勝の観衆は5万8000人の新記録/選抜で日大山形の出場、勝利で出場空白県、未勝利県が消える

★大学/日米大学野球選手権で日本が2勝5敗(米国・6月)/プロ野球退団者OBに限りコーチ承認(第1号は明治OBの児玉利一)

★社会人/プロ野球退団者による技術指導を条件付きで認める/アジア野球選手権で日本(社会人)が優勝(フィリピン・4月)

★プロ/パ・リーグ2シーズン制に(1982年まで)/**巨人が9年連続日本シリーズ優勝**/プロ野球再編問題、日拓ホームフライヤーズとロッテオリオンズの合併計画露呈(後に破談)/プロ野球100年記念展覧会を開催(9月)

★大リーグ/**ア・リーグが指名打者(DH)制**を採用(385頁)

□国内外の動き

★国内/オイルショック/**変動相場制移行**(1ドル308円から277円でスタート)/江崎玲於奈がノーベル賞受賞/大洋デパート火災

★世界/第4次中東戦争/オイルショック/ベトナム和平協定、米軍の最後の兵士が撤退/日本赤軍がドバイで日航機をハイジャック

1974(昭和49)年　甲子園に金属バット登場　黒獅子旗が北海道へ　投手のセーブ記録採用　セブンイレブン1号店

早稲田			対東大 4.20
1	中	吉沢 俊幸	日大三(東京)
2	二	西村 一貴	平安(京都)
3	一	小橋 英明	岡山東商(岡山)
4	左	前川 善裕	東葛飾(千葉)
5	三	松本 匡史	報徳学園(兵庫)
6	右	三浦 直登	東邦(愛知)
7	遊	八木 茂	興国(大阪)
8	捕	斎藤 邦男	早稲田実(東京)
9	投	阿部 政文	大館鳳鳴(秋田)
主将		小橋 英明	岡山東商(岡山)
マネージャー		大渕 浩一	早稲田実(東京)
監督		石井 藤吉郎	水戸商(茨城)
			対東大 9.7
6	三	川口 和夫	成東(千葉)
9	投	矢野 暢生	今治西(愛媛)

慶応			対法政 4.13
1	遊	後藤 寿彦	岐阜(岐阜)
2	中	小島 和彦	桐蔭学園(神奈川)
3	三	川田 俊夫	土佐(高知)
4	一	中島 潤一	浦和(埼玉)
5	右	斎藤 達哉	清水東(静岡)
6	二	石川 光哉	静岡(静岡)
7	左	平野 仁	桐蔭(和歌山)
8	捕	星野 兼興	桐朋(東京)
9	投	竹花 弘二	軽米(岩手)
主将		中島 潤一	浦和(埼玉)
マネージャー		柴山 真人	慶応(神奈川)
監督		大戸 洋儀	一戸(岩手)
			対立教 9.7
8	左	中林 秀延	桐蔭(和歌山)

明治			対東大 4.13
1	二	斎藤 茂樹	PL学園(大阪)
2	左	奥田 剛央	平安(京都)
3	中	関 弘巳	中京商(愛知)
4	一	平林 辰郎	岐阜商(岐阜)
5	捕	伊藤 裕啓	日大一(東京)
6	三	武田 稔	西条(愛媛)
7	右	小林 千春	明治(東京)
8	投	堀 勝典	岐阜商(岐阜)
9	遊	白石 淳久	松山商(愛媛)
主将		井尾 寿彦	大分舞鶴(大分)
マネージャー		土屋 静治	伊東(静岡)
監督		島岡 吉郎	不詳(長野)
			対東大 9.14
5	右	八木 勝彦	大宮(埼玉)
8	捕	井尾 寿彦	大分舞鶴(大分)
9	投	**名取 和彦**	甲府商(山梨)

法政			対慶応 4.13
1	中	**新井 鐘律**	PL学園(大阪)
2	遊	岩井 靖久	津久見(大分)
3	右	楠原 基	広島商(広島)
4	一	土屋 恵三郎	桐蔭学園(神奈川)
5	捕	中西 清治	三田学園(兵庫)
6	三	道吉 啓夫	富山商(富山)
7	二	大須賀 康浩	浪商(大阪)
8	左	横川 恒雄	伊野商(高知)
9	投	中沢 一彦	高知商(高知)
主将		渡辺 秀一	洲本(兵庫)
マネージャー		長谷川 隆之	堀越(東京)
監督		五明 公男	法政二(神奈川)
			対立教 9.14
2	二	金光 興二	広島商(広島)
4	左	島本 啓次郎	箕島(和歌山)
8	捕	**高浦 美佐緒**	千葉商(千葉)
9	投	江川 卓	作新学院(栃木)

立教			対法政 4.20
1	三	池口 良明	松本深志(長野)
2	右	岩谷 茂範	立教(埼玉)
3	捕	藤原 通宏	尼崎(兵庫)
4	中	村山 修一	立教(埼玉)
5	左	平山 芳樹	玉龍(鹿児島)
6	一	沼田 昌之	立教(埼玉)
7	遊	先崎 史雄	磐城(福島)
8	二	松田 慶紀	立教(埼玉)
9	投	長嶺 健一	立教(埼玉)
主将		村山 修一	立教(埼玉)
マネージャー		遠藤 元二	屋代(長野)
監督		篠原 一豊	防府中(山口)
			対慶応 9.7
9	投	鈴木 亮	広尾(東京)

東大(当番校)			対明治 4.13
1	遊	魚住 弘人	富士(東京)
2	捕	渋沢 稔	上田(長野)
3	二	河野 敏章	日比谷(東京)
4	一	平尾 俊彦	新潟(新潟)
5	三	遠藤 昭夫	国立(東京)
6	中	春日井 昌生	戸山(東京)
7	投	山本 隆樹	木更津(千葉)
8	右	高橋 春樹	戸山(東京)
9	左	富田 裕	湘南(神奈川)
主将		河野 敏章	日比谷(東京)
マネージャー		網谷 育夫	長崎北(長崎)
監督		岡田 彬	戸山(東京)
			対早稲田 9.7
8	遊	松田 治人	湘南(神奈川)

【春季】勝敗表　早稲田が完全優勝

順位	チーム	試合	勝	敗	分	勝点	勝率
26	**早大**	14	10	1	3	5	0.909
②	明大	11	6	5	0	3	0.545
③	法大	13	6	6	1	3	0.500
④	立大	12	6	6	9	2	0.500
⑤	慶大	11	4	6	1	2	0.400
⑥	東大	13	2	10	1	0	0.167

・松本(早)がシーズン15盗塁タイ
・**法政が1試合最多6本塁打**(対東大)
・**法政が4イニング連続本塁打**(岩井・道吉・土屋・楠松)
・遠藤(東)が首位打者(東大で5人目)

【選手権】**早稲田が優勝**(2回目・対駒沢大)

【秋季】勝敗表　法政が完全優勝

順位	チーム	試合	勝	敗	分	勝点	勝率
18	**法大**	12	10	2	0	5	0.833
②	早大	11	8	3	0	4	0.727
③	慶大	12	6	6	0	2	0.500
④	立大	13	6	7	0	2	0.462
⑤	明大	11	4	7	0	2	0.364
⑥	東大	11	1	10	0	0	0.091

【神宮】法政が準優勝(中央大)

【春季】ベストナイン/首位打者/防御率1位

投　手	矢野 暢生	早	今治西
捕　手	中西 清治	法	三田学園
一塁手	平林 辰郎	明	岐阜商
二塁手	西村 一貴	早	平安
三塁手	遠藤 昭夫	東	国立
遊撃手	八木 茂	早	興国
外野手	吉沢 俊幸	早	日大三
	新井 鐘律	法	PL学園
	村山 修一	立	立教
首位打者	遠藤 昭夫	東	国立
防御率1位	矢野 暢生②	早	今治西

【秋季】ベストナイン/首位打者/防御率1位

投　手	江川 卓	法	作新学院
捕　手	高浦 美佐緒	法	千葉商
一塁手	小橋 英明	早	岡山東商
二塁手	金光 興二	法	広島商
三塁手	道吉 啓夫	法	富山商
遊撃手	先崎 史雄	立	磐城
外野手	八木 勝彦	明	大宮
	前川 善裕③	早	東葛飾
	村山 修一③	立	立教
首位打者	八木 勝彦	明	大宮
防御率1位	江川 卓	法	作新学院

□六大学野球と神宮球場の動き

法政のユニフォームが現在のクリーム色に/**江川ブーム到来**/江川・金光(法)の新人ベストナイン受賞は1964年の高田繁(明)以来/**TVK(テレビ神奈川)が中継開始(秋)**

□野球界の動き

★高校/**金属バットが初登場**(209頁)/東京都代表が東西2代表に
★大学/全日本大学野球選手権が札幌・円山球場で開催(6月)/日米大学野球選手権で日本が3勝4敗(日本・6月)
★社会人/日本産業対抗野球大会を発展的に解消し、社会人野球日本選手権大会を開催、初代王者は三協精機/都市対抗野球大会の優勝旗「黒獅子旗」が大昭和製紙北海道(白老町)の優勝で初めて北海道に渡る
★プロ/投手のセーブ記録の採用
★大リーグ/ハンク・アーロンがベーブ・ルースの通算本塁記録を破る(715本)

□国内外の動き

★国内/佐藤栄作がノーベル賞受賞/セブンイレブン日本第1号店開店/東京湾でタンカーと貨物船が衝突炎上
★世界/ウォーターゲート事件でニクソン大統領辞任/ソウルで朴大統領狙撃事件/日本赤軍がフランス大使館を占拠(ハーグ)

1975(昭和50)年　連盟結成50周年　明治が春秋連覇　高校野球、打高投低　パ・リーグがDH制　ベトナム戦争終結

早稲田　対東大 4.19

1	中	川口 和夫	成東(千葉)
2	二	西村 一貴	平安(京都)
3	左	吉沢 俊幸	日大三(東京)
4	三	松本 匡史	報徳学園(兵庫)
5	一	佐藤 清	天理(奈良)
6	遊	八木 茂	興国(大阪)
7	捕	山倉 和博	東邦(愛知)
8	右	鈴木 茂樹	早稲田実(東京)
9	投	阿部 政文	大館鳳鳴(秋田)
主将		川口 和夫	成東(千葉)
マネージャー		加藤 育男	桐朋(東京)
監督		石山 建一	静岡(静岡)

対東大 9.13

2	二	岡村 猛	佐賀西(佐賀)
7	右	西本 靖彦	報徳学園(兵庫)
9	投	谷井 潤一	八尾(富山)
	投	**香川 正人**	坂出高(香川)

慶応　対明治 4.12

1	遊	後藤 寿彦	岐阜(岐阜)
2	中	小島 和彦	桐蔭学園(神奈川)
3	三	土居 靖典	高松一(香川)
4	右	斎藤 達哉	清水東(静岡)
5	左	佐藤 倫正	土佐(高知)
6	二	北森 哲治	滝川(兵庫)
7	一	小松 博	桐蔭(和歌山)
8	捕	堀場 秀孝	丸子実(長野)
9	投	卯田 浩史	船橋(千葉)
主将		後藤 寿彦	岐阜(岐阜)
マネージャー		西村 清	慶応(神奈川)
監督		大戸 洋儀	一戸(岩手)

対立教 9.6

7	一	平野 仁	桐蔭(和歌山)
8	三	永嶋 滋之	静岡(静岡)
9	投	竹内 秀夫	松阪(三重)
主将		平野 仁	桐蔭(和歌山)

明治　対慶応 4.12

1	中	関 弘巳	中京商(愛知)
2	三	川口 啓太	日体荏原(東京)
3	左	小林 千春	明治(東京)
4	一	伊藤 裕啓	日大一(東京)
5	右	羽田 国雄	吉田(山梨)
6	捕	佐藤 俊則	小倉商(福岡)
7	遊	吉原 隆	日大一(東京)
8	投	丸山 清光	上田(長野)
9	二	岩崎 毅	大濠(福岡)
主将		丸山 清光	上田(長野)
マネージャー		大塚 登	小倉(福岡)
監督		島岡 吉郎	不詳(長野)

対東大 9.6

6	二	安岡 直記	高知商(高知)
7	捕	荒井 信久	成東(千葉)
8	投	坂本 修	弘前(青森)

法政　対東大 4.12

1	中	植松 精一	静岡(静岡)
2	二	金光 興二	広島商(広島)
3	左	楠原 基	広島商(広島)
4	一	土屋 恵三郎	桐蔭学園(神奈川)
5	遊	**岩井 靖久**	津久見(大分)
6	三	**中西 清治**	三田学園(兵庫)
7	右	島本 啓次郎	箕島(和歌山)
8	投	江川 卓	作新学院(栃木)
9	捕	木原 ウイリー	別府大付(大分)
主将		岩井 靖久	津久見(大分)
マネージャー		金丸 正明	市川(山梨)
監督		五明 公男	法政二(神奈川)

対立教 9.13

1	左	庄子 茂	東北(宮城)
8	捕	袴田 英利	静岡自動車工(静岡)

立教（当番校）　対明治 4.19

1	右	岩谷 茂範	立教(埼玉)
2	二	斉藤 方誉	立教(埼玉)
3	一	蒲谷 良充	富岡(群馬)
4	左	平山 芳樹	玉龍(鹿児島)
5	中	猪熊 弘毅	延岡(宮崎)
6	遊	先崎 史雄	磐城(福島)
7	三	宇地原 佳則	尼崎(兵庫)
8	捕	長沢 伸明	立教(埼玉)
9	投	鈴木 亮	広尾(東京)
主将		平山 芳樹	玉龍(鹿児島)
マネージャー		高市 篤	松山北(愛媛)
監督		菊池 完	松山東(愛媛)

対慶応 9.6

2	二	松田 慶紀	立教(埼玉)
6	右	沼田 昌之	立教(埼玉)
9	投	高野 孝之	長岡(新潟)

東大　対法政 4.12

1	一	渋沢 稔	上田(長野)
2	右	富田 裕	湘南(神奈川)
3	遊	伊藤 仁	東海(愛知)
4	左	平尾 俊彦	新潟(新潟)
5	三	遠藤 昭夫	国立(東京)
6	中	春日井 昌生	戸山(東京)
7	捕	高橋 春樹	戸山(東京)
8	二	山梨 一郎	教育大付(東京)
9	投	松田 治人	湘南(神奈川)
主将		渋沢 稔	上田(長野)
マネージャー		古川 博士	小倉(福岡)
監督		岡田 彬	戸山(東京)

対明治 9.6

7	中	平野 裕一	戸山(東京)
8	遊	今井 文英	湘南(神奈川)
9	投	西山 明彦	湘南(神奈川)

【春季】勝敗表　明治が完全優勝

順位	チーム	試合	勝	敗	分	勝点	勝率
16	**明大**	13	10	3	0	5	0.769
②	法大	14	9	5	0	4	0.643
③	慶大	14	7	7	0	3	0.500
③	早大	14	7	7	0	2	0.500
⑤	立大	14	6	8	0	1	0.429
⑥	東大	11	1	10	0	0	0.091

・法政が1試合11盗塁のタイ記録(対東大)
・松本(早)が早慶戦史上初の満塁本塁打
・後藤(慶)が三冠王(戦後3人目)

【秋季】勝敗表

順位	チーム	試合	勝	敗	分	勝点	勝率
17	**明大**	11	8	3	0	4	0.727
②	法大	12	7	5	0	3	0.583
②	慶大	12	7	5	0	3	0.583
②	早大	13	7	5	1	3	0.583
⑤	東大	11	3	8	0	1	0.273
⑥	立大	13	3	9	1	1	0.250

・明治が春秋連覇(明治で戦後初)
・東大が10年ぶりの開幕2連勝(対明治)
・明治が東大に勝ち点を奪われ優勝(2連敗)
・吉沢(早)が試合開始第1球本塁打(4人目)
・**早慶3回戦が最長延長試合(18回)**

【選手権】明治が準決勝で敗退(駒沢大)
・明治が1イニング最多本塁打(3本)

【神宮】**明治が優勝**(初・対駒沢大)

【春季】ベストナイン/首位打者/防御率1位

投手	江川 卓	法	作新学院
捕手	袴田 英利	法	静岡自動車工
一塁手	佐藤 清	早	天理
二塁手	安岡 直記	明	高知商
三塁手	川口 啓太	明	日体荏原
遊撃手	後藤 寿彦	慶	岐阜
外野手	楠原 基	法	広島商
	羽田 国雄	明	富士吉田
	川口 和夫	早	成東
首位打者	後藤 寿彦	慶	岐阜
防御率1位	鎗田 英利	法	熊谷商

【秋季】ベストナイン/首位打者/防御率1位

投手	丸山 清光	明	上田
捕手	山倉 和博	早	東邦
一塁手	伊藤 裕啓	明	日大一
二塁手	伊藤 仁	東	東海
三塁手	高代 延博	法	智弁学園
遊撃手	岩井 靖久	法	津久見
外野手	関 弘巳	明	中京商
	小林 千春	明	明治
	小島 和彦	慶	桐蔭学園
首位打者	高代 延博	法	智弁学園
防御率1位	丸山 清光	明	上田

※全員が初選出・昭和29年秋制定以来

□六大学野球と神宮球場の動き

明治が春秋連覇、六大学初の神宮大会制覇/連盟結成50周年記念としてプロ野球六大学OBの紅白試合を開催、早慶戦のスケジュール問題が提起される(11月)/早稲田と慶応が帯同して台湾遠征(12月)

□野球界の動き

★高校／**打撃の記録ラッシュで打高投低**が顕著に
★大学／日米大学野球選手権で日本が2勝5敗(米国・6月)、アジア野球選手権で日本が2位(韓国・6月)/中国棒球協会の招きで愛知工業大が遠征(8月)
★社会人／初のホームラン競争/都市対抗野球大会の開会式に2万人の大観衆
★プロ／パ・リーグが指名打者(DH)制採用

□国内外の動き

★国内／大分県中部地震/日本初のゲーム機テレビテニス発売/ローソン日本第1号店/田部井淳子が女性初のエベレスト登頂/沖縄海洋博覧会
★世界／マイクロソフト設立/サイゴン陥落、ベトナム戦争が終結/ソ連のソユーズと米のアポロが軌道上でドッキング

1976(昭和51)年　法政が春秋連覇　選手権で敗者復活方式　神宮球場が50周年　ロッキード事件　天安門事件

早稲田(当番校)　対立教 4.17

1	三	**吉沢 俊幸**	日大三(東京)
2	中	鈴木 茂樹	早稲田実(東京)
3	二	**松本 匡史**	報徳学園(兵庫)
4	一	佐藤 清	天理(奈良)
5	遊	**八木 茂**	興国(大阪)
6	左	白鳥 重治	静岡(静岡)
7	右	三浦 直澄	東邦(愛知)
8	捕	山倉 和博	東邦(愛知)
9	投	道方 康友	箕面自由学園(大阪)
主将		八木 茂	興国(大阪)
マネージャー		松村 隆夫	桐生(群馬)
監督		石山 建一	静岡(静岡)

対立教 9.12

2	二	岡村 猛	佐賀西(佐賀)
7	左	岡田 彰布	北陽(大阪)
8	遊	中屋 恵久男	早稲田実(東京)

慶応　対東大 4.10

1	中	小島 和彦	桐蔭学園(神奈川)
2	左	佐藤 倫正	土佐(高知)
3	三	永嶋 滋之	静岡(静岡)
4	右	斎藤 達哉	清水東(静岡)
5	一	小松 博	桐蔭(和歌山)
6	捕	堀場 秀孝	丸子実(長野)
7	二	土居 靖典	高松一(香川)
8	投	林 亮一	丸亀(香川)
9	遊	北森 哲治	滝川(兵庫)
主将		佐藤 倫正	土佐(高知)
マネージャー		福田 修也	慶応(神奈川)
監督		福島 敦彦	報徳学園(兵庫)

対東大 9.18

7	右	池田 紘紀	松山東(愛媛)

明治　対立教 4.10

1	中	横井 勲	中京(愛知)
2	三	川口 啓太	日体荏原(東京)
3	一	丸茂 恒幸	丸子実(長野)
4	右	羽田 国雄	吉田(山梨)
5	左	片山 直人	徳島商(徳島)
6	二	安岡 直記	高知商(高知)
7	捕	佐藤 俊則	小倉商(福岡)
8	投	高橋 三千丈	静岡商(静岡)
9	遊	岩崎 毅	大濠(福岡)
主将		安岡 直記	高知商(高知)
マネージャー		小笠原 義治	東筑(福島)
監督		島岡 吉郎	不詳(長野)

対立教 9.18

3	左	三井 茂樹	市岐阜商(岐阜)
7	捕	浜田 正二	明大中野(東京)

法政　対東大 4.17

1	遊	**高代 延博**	智弁学園(奈良)
2	二	金光 興二	広島商(広島)
3	左	楠原 基	広島商(広島)
4	右	島本 啓次郎	箕島(和歌山)
5	一	徳永 利美	柳川商(福岡)
6	三	木村 富士夫	今治西(愛媛)
7	中	庄子 茂	東北(宮城)
8	捕	袴田 英利	静岡自動車工(静岡)
9	投	江川 卓	作新学院(栃木)
主将		高代 延博	智弁学園(奈良)
マネージャー		渡辺 公夫	今治西(愛媛)
監督		五明 公男	法政二(神奈川)

対東大 9.12

2	中	植松 精一	静岡(静岡)

立教　対明治 4.10

1	中	中谷 和彦	立教(埼玉)
2	遊	先崎 史雄	磐城(福島)
3	三	宇地原 佳則	尼崎(兵庫)
4	右	若尾 佳生	磐城(福島)
5	左	猪熊 弘毅	延岡(宮崎)
6	捕	市川 雅己	静岡(静岡)
7	一	池崎 純一	富山中部(富山)
8	二	小川 信吉	立教(埼玉)
9	投	高野 孝之	長岡(新潟)
主将		先崎 史雄	磐城(福島)
マネージャー		秋元 義雄	北多摩(東京)
監督		菊池 完	松山東(愛媛)

対早稲田 9.12

5	捕	長谷川 法彦	堀越(東京)
8	右	植木 雄一	石神井(東京)
9	投	村田 利明	川崎(神奈川)

東大　対慶応 4.10

1	左	鈴木 秀雄	浦和(埼玉)
2	中	平野 裕一	戸山(東京)
3	一	野村 雅道	湘南(神奈川)
4	二	伊藤 仁	東海(愛知)
5	右	富田 裕	湘南(神奈川)
6	捕	高橋 春樹	戸山(東京)
7	三	松田 治人	湘南(神奈川)
8	投	中沢 文哉	姫路西(兵庫)
9	遊	今井 文英	湘南(神奈川)
主将		高橋 春樹	戸山(東京)
マネージャー		戸島 和夫	下関西(山口)
監督		小笠原 文也	日比谷(東京)

対法政 9.12

9	投	西山 明彦	湘南(神奈川)

【春季】勝敗表　法政が完全優勝

順位	チーム	試合	勝	敗	分	勝点	勝率
19	**法大**	14	10	1	3	5	0.909
②	明大	11	8	2	1	4	0.800
③	早大	14	6	4	4	3	0.600
④	慶大	12	5	6	1	2	0.455
⑤	立大	10	2	8	0	1	0.200
⑥	東大	11	0	10	1	0	0.000

・早稲田が1試合12盗塁(新・対立教)
・松本(早)が通算盗塁記録(秋に57個)

【選手権】法政が敗者復活戦で敗退(東海大)

【秋季】勝敗表　法政が完全優勝

順位	チーム	試合	勝	敗	分	勝点	勝率
20	**法大**	13	10	3	0	5	0.769
②	早大	13	9	4	0	4	0.692
③	慶大	13	8	5	0	3	0.615
④	明大	14	6	7	1	2	0.462
⑤	東大	10	2	8	0	1	0.200
⑥	立大	13	2	10	1	0	0.167

・法政が春秋連覇(2回目)
・法政が1イニング7連続安打タイ
・佐藤(早)が1試合最多塁打17(対慶応)
・佐藤(早)が1試合3本塁打(対慶応)

【神宮】**法政が優勝**(初・早稲田が準優勝)

【春季】ベストナイン/首位打者/防御率1位

投　手	江川 卓	法	作新学院
捕　手	袴田 英利	法	静岡自動車工
一塁手	丸茂 恒幸	明	丸子実
二塁手	金光 興二	法	広島商
三塁手	宇地原 佳則	立	尼崎
遊撃手	高代 延博	法	智弁学園
外野手	中谷 和彦	立	立教
	横井 勲	明	中京
	島本 啓次郎	法	箕島
首位打者	中谷 和彦	立	立教
防御率1位	江川 卓②	法	作新学院

【秋季】ベストナイン/首位打者/防御率1位

投　手	江川 卓	法	作新学院
捕　手	袴田 英利	法	静岡自動車工
一塁手	丸茂 恒幸	明	丸子実
二塁手	金光 興二	法	広島商
三塁手	木村 富士夫	法	今治西
遊撃手	高代 延博③	法	智弁学園
外野手	横井 勲	明	中京
	小島 和彦	慶	桐蔭学園
	植松 精一	法	静岡
首位打者	横井 勲	明	中京
防御率1位	船木 千代美	法	秋田市立

□六大学野球と神宮球場の動き

神宮球場竣工50周年記念で東都との対抗戦開催(11.3)、六大学と東都のプロ選手OB戦(11.13)/小泉信三(慶)が野球殿堂入り

□野球界の動き

★高校/初出場の桜美林が大正5年の慶応普通部以来の東京代表の優勝
★大学/**大学選手権大会が敗者復活方式**採用(準々決勝敗退の東海大が決勝まで無敗の大阪商業大を破る・207頁)/日米大学野球選手権で日本が2勝5敗(日本・6月)/明治神宮大会で法政・早稲田で決勝戦(11月)
★社会人/第1回世界アマチュア野球選手権で日本(社会人)が3位(コロンビア・12月)/全日本クラブ対抗野球大会が神宮球場でスタート、初代王者は全浦和野球団

□国内外の動き

★国内//植村直己が北極圏犬ぞり横断を達成
★世界/ロッキード事件/アップルコンピュータ設立/パンナムが羽田ニューヨーク間を直行便/第一次天安門事件/南北ベトナム統一

1977(昭和52)年　法政が史上4回目(法政で2度目)の4連覇　江川(法)が通算47勝　北朝鮮による拉致事件

早稲田			対立教 4.16
1	中	永関 勲	天理(奈良)
2	二	岡村 猛	佐賀西(佐賀)
3	捕	**山倉 和博**	東邦(愛知)
4	一	佐藤 清	天理(奈良)
5	三	三枝 淳介	PL学園(大阪)
6	遊	中屋 恵久男	早稲田実(東京)
7	右	須長 三郎	川越工(埼玉)
8	左	白鳥 重治	静岡(静岡)
9	投	道方 康友	箕面自由学園(大阪)
主将		山倉 和博	東邦(愛知)
マネージャー		林 清一	早稲田実(東京)
監督		石山 建一	静岡(静岡)
			対東大 9.11
2	右	西本 靖彦	報徳学園(兵庫)
5	三	岡田 彰布	北陽(大阪)

慶応(当番校)			対東大 4.10
1	左	平出 利之	沼津東(静岡)
2	中	青山 泰之	報徳学園(兵庫)
3	二	土居 靖典	高松一(香川)
4	捕	堀場 秀孝	丸子実(長野)
5	一	小松 博	桐蔭(和歌山)
6	右	池田 紘紀	松山東(愛媛)
7	三	永嶋 滋之	静岡(静岡)
8	遊	清水 健五	慶応(神奈川)
9	投	中島 典夫	報徳学園(兵庫)
主将		永嶋 滋之	静岡(静岡)
マネージャー		長本 誠	慶応志木(埼玉)
監督		福島 敦彦	報徳学園(兵庫)
			対立教 9.17
2	右	横山 拓司	浦和(埼玉)
3	中	玉川 寿	土佐(高知)

明治			対東大 4.16
1	中	三宅 康博	岐阜商(岐阜)
2	左	豊田 誠佑	日大三(東京)
3	二	飯田 邦夫	明治(東京)
4	一	柿木 孝哉	宮崎商(宮崎)
5	右	百村 茂樹	天理(奈良)
6	三	吉原 隆	日大一(東京)
7	捕	森泉 弘	明治(東京)
8	投	権 寧敏	明大中野(東京)
9	遊	渋谷 渉	報徳学園(兵庫)
主将		吉原 隆	日大一(東京)
マネージャー		武内 敬	伊那北(長野)
監督		島岡 吉郎	不詳(長野)
			対東大 9.17
4	一	片山 直人	徳島商(徳島)
8	遊	重吉 英男	東筑(福岡)
9	投	**鹿取 義隆**	高知商(高知)

法政			対立教 4.10
1	二	金光 興二	広島商(広島)
2	中	**植松 精一**	静岡(静岡)
3	一	徳永 利美	柳川商(福岡)
4	左	楠原 基	広島商(広島)
5	捕	**袴田 英利**	静岡自動車工(静岡)
6	右	**島本 啓次郎**	箕島(和歌山)
7	投	**江川 卓**	作新学院(栃木)
8	遊	谷 真一	広島商(広島)
9	三	吉川 志郎	国学院久我山(東京)
主将		金光 興二	広島商(広島)
マネージャー		泉本 秀樹	広島商(広島)
監督		五明 公男	法政二(神奈川)
			対立教 9.11
8	三	前嶋 純二	平安(京都)
	投	**池田 茂***	郡山工(福島)

立教			対法政 4.10
1	中	岡安 静夫	大宮(埼玉)
2	左	植木 雄一	石神井(東京)
3	捕	長谷川 法彦	堀越(東京)
4	遊	宇地原 佳則	尼崎(兵庫)
5	三	吉井 郁雄	富岡(群馬)
6	右	若尾 佳生	磐城(福島)
7	一	平間 正治	松本県ヶ丘(長野)
8	投	木村 吉則	八戸(青森)
9	二	丸山 久男	立教(埼玉)
主将		宇地原 佳則	尼崎(兵庫)
マネージャー		奥山 房男	向丘(東京)
監督		菊池 完	松山東(愛媛)
			対法政 9.11
7	中	山崎 良夫	大和(神奈川)

東大			対慶応 4.10
1	遊	今井 文英	湘南(神奈川)
2	中	平野 裕一	戸山(東京)
3	二	伊藤 仁	東海(愛知)
4	三	野村 雅道	湘南(神奈川)
5	左	中沢 文哉	姫路西(兵庫)
6	一	古久保 英嗣	大阪教大付(大阪)
7	投	西山 明彦	湘南(神奈川)
8	捕	藪亀 邦恭	旭丘(愛知)
9	右	長尾 隆治	武蔵(東京)
主将		伊藤 仁	東海(愛知)
マネージャー		神津 里季生	学芸大付(東京)
監督		小笠原 文也	日比谷(東京)
			対早稲田 9.11
7	右	伊藤 亮介	時習館(愛知)

【春季】勝敗表　法政が完全優勝

順位	チーム	試合	勝	敗	分	勝点	勝率
21	**法大**	13	10	3	0	5	0.769
②	明大	14	9	4	1	4	0.692
③	早大	12	8	4	0	3	0.667
④	東大	10	4	6	0	2	0.400
⑤	立大	11	2	9	0	1	0.182
⑥	慶大	12	3	8	1	0	0.273

・岡田(早)が3試合連続本塁打
・江川(法)がシーズン5完封のタイ記録
・豊田(明)が7打席連続安打
・慶応が2度目の最下位
・東大が4連勝(4回目・過去最高)

【選手権】法政が準々決勝で敗退(駒沢大)

【秋季】勝敗表　法政が完全優勝

順位	チーム	試合	勝	敗	分	勝点	勝率
22	**法大**	13	10	2	1	5	0.833
②	早大	12	9	3	0	4	0.750
③	慶大	12	7	4	1	3	0.636
④	明大	12	4	8	0	1	0.333
⑤	東大	10	2	8	0	1	0.200
⑥	立大	11	2	9	0	1	0.182

・島本(法)が2本目の満塁本塁打
・金光(法)が通算108安打
・西山(東)が3試合連続完封
・**江川(法)が通算17完封**・443奪三振(2位)
・江川(法)が通算47勝(12敗・歴代2位)

【神宮】**法政が連続優勝**(2回目・対東海大)
・江川(法)が1試合最多奪三振(17)

【春季】ベストナイン/首位打者/防御率1位

投手	江川 卓	法	作新学院
捕手	袴田 英利④	法	静岡自動車工
一塁手	佐藤 清	早	天理
二塁手	金光 興二	法	広島商
三塁手	吉原 隆	明	日大一
遊撃手	中屋 恵久男	早	早稲田実
外野手	豊田 誠佑	明	日大三
	植松 精一	法	静岡
	三宅 康博	明	岐阜商
首位打者	豊田 誠佑	明	日大三
防御率1位	江川 卓③	法	作新学院

【秋季】ベストナイン/首位打者/防御率1位

投手	江川 卓⑥	法	作新学院
捕手	山倉 和博	早	東邦
一塁手	徳永 利美	法	柳川商
二塁手	金光 興二⑤	法	広島商
三塁手	岡田 彰布	早	北陽
遊撃手	中屋 恵久男	早	早稲田実
外野手	中沢 文哉	東	姫路西
	玉川 寿	慶	土佐
	西本 靖彦	早	報徳学園
首位打者	清水 健五	慶	慶応
防御率1位	中島 典夫	慶	報徳学園

□六大学野球と神宮球場の動き

法政が春秋連覇で史上4回目の4連覇(法政は2度目・291頁)/森茂雄(早)が野球殿堂入り

□野球界の動き

★高校/25年ぶりに地元兵庫勢の東洋大姫路が優勝/大会史上初めての決勝サヨナラ本塁打
★大学/日米大学野球選手権で日本が2勝5敗(米国・7月)/明治神宮野球大会で法政が2連覇
★社会人/国際野球連盟(IBAF)に加盟
★プロ/ハンク・アーロンの記録を破る**王貞治が通算756本塁打**を達成/ロッテオリオンズの神奈川県移転と川崎球場使用決まる
★大リーグ/ア・リーグがさらに2チーム増え14チームに

□国内外の動き

★国内/新潟市で**横田めぐみさん拉致**される/領海法制定、領海を海岸より12海里までに/日本初の静止気象衛星ひまわり打ち上げ
★世界/欧州共同体が200海里漁業水域宣言/カナリア諸島でジャンボ機同士の衝突事故

1978(昭和53)年　「空白の1日」事件　神宮球場が5万5千人収容へ　日中平和友好条約締結　第1回国連軍縮会議

早稲田			対立教 4.15
1	右	西本 靖彦	報徳学園(兵庫)
2	左	成島 広男	早稲田実(東京)
3	遊	中屋 恵久男	早稲田実(東京)
4	三	岡田 彰布	北陽(大阪)
5	一	須長 三郎	川越工(埼玉)
6	中	佐々木 雅次	大谷(京都)
7	捕	**金森 栄治**	PL学園(大阪)
8	二	亀山 和明	平安(京都)
9	投	北口 勝久	天理(奈良)
主将		中屋 恵久男	早稲田実(東京)
マネージャー		阿部 公一	今治西(愛媛)
監督		石山 建一	静岡(静岡)
			対東大 9.17
6	中	永関 勲	天理(奈良)
8	二	宇佐美 秀文	今治西(愛媛)

慶応			対東大 4.8
1	中	蔵元 修一	丸亀(香川)
2	左	横山 拓司	浦和(埼玉)
3	一	渡辺 太門	慶応(神奈川)
4	捕	**堀場 秀孝**	丸子実(長野)
5	右	門馬 弘幸	戸山(東京)
6	二	清水 健五	慶応(神奈川)
7	三	青島 健太	春日部(埼玉)
8	遊	浦名 恒平	篠山鳳鳴(兵庫)
9	投	小綿 重雄	盛岡三(岩手)
主将		堀場 秀孝	丸子実(長野)
マネージャー		後藤 忠之	東教大付(東京)
監督		福島 敦彦	報徳学園(兵庫)
			対立教 9.9
5	左	玉川 寿	土佐(高知)
9	投	中島 典夫	報徳学園(兵庫)

明治 (当番校)			対東大 4.15
1	中	志村 昌則	甲府工(山梨)
2	二	吉田 敏道	韮山(静岡)
3	一	柿木 孝哉	宮崎商(宮崎)
4	左	**豊田 誠佑**	日大三(東京)
5	右	百村 茂樹	天理(奈良)
6	三	水野 雄三	高知商(高知)
7	捕	西部 淳一	高岡商(富山)
8	投	**高橋 三千丈**	静岡商(静岡)
9	遊	渋谷 渉	報徳学園(兵庫)
主将		高橋 三千丈	静岡商(静岡)
マネージャー		建部 正人	加古川東(兵庫)
監督		島岡 吉郎	不詳(長野)
			対東大 9.9
監督		光沢 毅	飯田長姫(長野)

法政			対立教 4.8
1	遊	前嶋 純二	平安(京都)
2	左	海東 淳	日大三(東京)
3	二	居郷 肇	倉敷工(岡山)
4	右	武藤 一邦	秋田商(秋田)
5	捕	内田 敏弘	鳴門(徳島)
6	一	内川 一寛	鶴崎工(大分)
7	三	片岡 定治	大鉄(大阪)
8	投	二保 茂則	小倉南(福岡)
9	中	高橋 幸一	東北(宮城)
主将		居郷 肇	倉敷工(岡山)
マネージャー		泉本 秀樹	広島商(広島)
監督		鴨田 勝雄	新居浜東(愛媛)
			対立教 9.17
8	左	黒石 厚	PL学園(大阪)
9	投	加藤 重雄	鳥取西(鳥取)

立教			対法政 4.8
1	中	山崎 良夫	大和(神奈川)
2	右	児島 正治	広島商(広島)
3	一	長谷川 法彦	堀越(東京)
4	左	若尾 佳生	磐城(福島)
5	三	渡辺 朋之	茅ヶ崎北陵(神奈川)
6	捕	橘 靖雄	立教(埼玉)
7	遊	林 寿郎	盛岡一(岩手)
8	投	安蒜 一則	立教(埼玉)
9	二	木崎 泰裕	立教(埼玉)
主将		橘 靖雄	立教(埼玉)
マネージャー		荻野 裕朗	立教(埼玉)
監督		山本 泰郎	角館(秋田)
			対慶応 9.9
2	右	宇野 誠一	立教(埼玉)
4	三	吉井 郁雄	富岡(群馬)
5	一	金子 俊博	小倉(福岡)
7	二	近藤 修	立教(埼玉)

東大			対慶応 4.8
1	捕	薮亀 邦恭	旭丘(愛知)
2	中	古田 維	早大学院(東京)
3	一	古久保 英嗣	大阪教大付(大阪)
4	三	野村 雅道	湘南(神奈川)
5	右	増山 剛	学芸大付(東京)
6	二	中野 裕三郎	修猷館(福岡)
7	左	後藤 直之	教育大付駒場(東京)
8	投	福山 純一郎	ラ・サール(鹿児島)
9	遊	倉下 明	立川(東京)
主将		野村 雅道	湘南(神奈川)
マネージャー		柏崎 弘治	栄光学園(神奈川)
監督		渡辺 融	武蔵丘(東京)
			対明治 9.9
5	左	中野 伸之	高岡(富山)
6	三	斉藤 雄介	学芸大付(東京)
8	投	速水 隆	栄光学園(神奈川)

【春季】勝敗表　明治が完全優勝

順位	チーム	試合	勝	敗	分	勝点	勝率
18	**明大**	13	10	2	1	5	0.833
②	早大	12	7	4	1	3	0.636
③	慶大	13	8	5	0	3	0.615
④	法大	14	7	5	2	3	0.583
⑤	立大	10	2	8	0	1	0.200
⑥	東大	10	0	10	0	0	0.000

・居郷(法)サイクル安打(初)
・**堀場(慶)が10打数連続安打**
・**堀場(慶)が12打席連続出塁**
・岡田(早)と百村(明)がサイクル安打(2・3人目)
・西本(早)がシーズン16四死球

【選手権】**明治が優勝**(3回目・対専修大)

【秋季】勝敗表　早稲田が完全優勝

順位	チーム	試合	勝	敗	分	勝点	勝率
27	**早大**	11	10	1	0	5	0.909
②	慶大	11	8	3	0	4	0.727
③	法大	13	8	5	0	3	0.615
④	明大	12	5	7	0	2	0.417
⑤	立大	11	3	8	0	1	0.273
⑥	東大	10	0	10	0	0	0.000

・百村(明)が3試合連続本塁打
・**早稲田が1試合最多盗塁**(13盗塁・対東大)
・岡田(早)が三冠王(戦後4人目)
・堀場(慶)が通算125安打(歴代3位)

【神宮】早稲田が準決勝で敗退(同志社大)

【春季】ベストナイン/首位打者/防御率1位

投手	高橋 三千丈	明	静岡商
捕手	金森 栄治	早	PL学園
一塁手	内川 一寛	法	鶴崎工
二塁手	居郷 肇	法	倉敷工
三塁手	岡田 彰布	早	北陽
遊撃手	中屋 恵久男	早	早稲田実
外野手	志村 昌則	明	甲府工
	豊田 誠佑	明	日大三
	西本 靖彦	早	報徳学園
首位打者	金森 栄治	早	PL学園
防御率1位	高橋 三千丈	明	静岡商

【秋季】ベストナイン/首位打者/防御率1位

投手	北口 勝久	早	天理
捕手	堀場 秀孝	慶	丸子実
一塁手	須長 三郎	早	川越工
二塁手	居郷 肇	法	倉敷工
三塁手	岡田 彰布	早	北陽
遊撃手	中屋 恵久男④	早	早稲田実
外野手	佐々木 雅次	早	大谷
	永関 勲	早	天理
	百村 茂樹	明	天理
首位打者	岡田 彰布	早	北陽
防御率1位	北口 勝久	早	天理

□六大学野球と神宮球場の動き

早稲田が単独でアメリカ遠征(2月)/明治が移民70周年記念でブラジル遠征(7月)/伊丹安廣(早)、岡田源三郎(明)が野球殿堂入り/**神宮球場が5万5000人収容に**外野席改修

□野球界の動き

★高校/60回記念大会に49代表(東京と北海道は2校)/初戦が東西対決の組み合せ(2006年まで)/選抜で前橋の松本稔(筑波大)が春夏初の完全試合/出場登録選手数が15名に/地方大会の紫紺の優勝旗が全て深紅に/参加校が3,000校を突破
★大学/日米大学野球選手権で日本が4勝3敗(日本・7月)
★社会人/都市対抗の予選地区割りが16に/クラブ対抗野球大会で全浦和野球団が3連覇/都市対抗で東京ガス(東京都)の松沼博久(取手二ー東洋大)が最多17三振
★プロ/西武グループの国土計画がクラウンライター・ライオンズ買収、本拠地は福岡市から所沢市へ/**「空白の1日」事件**(326頁)

□国内外の動き

★国内/成田国際空港開港/日中平和友好条約締結/東芝が世界初のワードプロセッサ発表/日本テレビが世界初の音声多重放送
★世界/ソ連が大韓航空機を撃墜/第1回国連軍縮特別総会

1979(昭和54)年 100シーズン迎える 対中国ODA始まる 第2次オイルショック ソ連がアフガニスタンに侵攻

早稲田			対東大 4.7
1	中	菊地 秀一	東山(京都)
2	遊	鈴木 久	日大三島(静岡)
3	右	**島貫 省一**	福島商(福島)
4	三	**岡田 彰布**	北陽(大阪)
5	捕	**有賀 佳弘**	早稲田実(東京)
6	左	長野 敏之	豊岡(埼玉)
7	一	福本 勝幸	鎌倉学園(神奈川)
8	投	向田 佳元	前橋工(群馬)
9	二	宇佐美 秀文	今治西(愛媛)
主将		岡田 彰布	北陽(大阪)
マネージャー		松岡 徹朗	桐蔭学園(神奈川)
監督		宮崎 康之	小倉中(福岡)
			対東大 9.8
7	左	坪内 一次	興国(大阪)
8	投	三谷 志郎	今治西(愛媛)

慶応			対立教 4.7
1	左	佐久間 勝弘	富岡(群馬)
2	遊	浦名 恒平	篠山鳳鳴(兵庫)
3	一	玉川 寿	土佐(高知)
4	三	青島 健太	春日部(埼玉)
5	右	千賀 儀雄	中京(岐阜)
6	捕	中村 哲	土佐(高知)
7	二	井本 裕之	市岡(大阪)
8	中	小林 宏	日大二(東京)
9	投	鈴木 宏通	松山東(愛媛)
主将		中村 哲	土佐(高知)
マネージャー		深澤 晶久	慶応(神奈川)
監督		福島 敦彦	報徳学園(兵庫)
			対明治 9.8

明治			対立教 4.14
1	二	柿木 孝哉	宮崎商(宮崎)
2	遊	平田 勝男	長崎海星(長崎)
3	一	西 弘顕	高知商(高知)
4	右	百村 茂樹	天理(奈良)
5	中	栗山 和行	箕島(和歌山)
6	左	堀添 弘和	我孫子(千葉)
7	捕	中村 千春	弘前(青森)
8	投	日川 雅夫	徳島商(徳島)
9	三	森 正隆	高知商(高知)
主将		柿木 孝哉	宮崎商(宮崎)
マネージャー		棚橋 誠一郎	烏山(栃木)
監督		大渓 弘文	平安(京都)
			対慶応 9.8
3	一	平山 一雄	柳川商(福岡)
6	捕	松本 伸彦	掛川西(静岡)
7	中	原田 勝弘	大阪明星(大阪)
8	三	大久保 盛義	川越工(埼玉)

法政(当番校)			対東大 4.14
1	中	黒石 厚	PL学園(大阪)
2	遊	**谷 真一**	広島商(広島)
3	捕	内田 敏弘	鳴門(徳島)
4	右	武藤 一邦	秋田商(秋田)
5	一	住吉 慶一	広島商(広島)
6	三	片岡 定治	大鉄(大阪)
7	左	海東 淳	日大三(東京)
8	二	**福原 峰夫**	修徳(東京)
9	投	**住友 一哉**	鳴門(徳島)
主将		内田 敏弘	鳴門(徳島)
マネージャー		堀田 和司	洲本(兵庫)
監督		鴨田 勝雄	新居浜東(愛媛)
			対東大 9.15
6	一	田辺 浩昭	法政二(神奈川)
8	左	手嶋 浩	報徳学園(兵庫)
9	投	二保 茂則	小倉南(福岡)

立教			対慶応 4.7
1	左	渡辺 朋之	茅ヶ崎北陵(神奈川)
2	中	宇野 誠一	立教(埼玉)
3	遊	林 寿郎	盛岡一(岩手)
4	三	吉井 郁雄	富岡(群馬)
5	二	近藤 修	立教(埼玉)
6	右	幡野 啓幸	横浜商(神奈川)
7	一	金子 俊博	小倉(福岡)
8	捕	津田 晃	芦屋(兵庫)
9	投	安蒜 一則	立教(埼玉)
主将		吉井 郁雄	富岡(群馬)
マネージャー		荻野 裕朗	立教(埼玉)
監督		山本 泰郎	角館(秋田)
			対明治 9.15
1	三	大塚 淳人	岐阜(岐阜)
2	中	児島 正治	広島商(広島)

東大			対早稲田 4.7
1	三	中野 裕三郎	修猷館(福岡)
2	二	相賀 英夫	玉野(岡山)
3	中	中野 伸之	高岡(富山)
4	一	榊田 雅和	横手(秋田)
5	左	大石 武志	小出(新潟)
6	右	下嶋 忍	国立(東京)
7	捕	増山 剛	学芸大付(東京)
8	遊	大久保 裕	湘南(神奈川)
9	投	得田 儀生	多摩(神奈川)
主将		中野 裕三郎	修猷館(福岡)
マネージャー		柏崎 弘治	栄光学園(神奈川)
監督		渡辺 融	武蔵丘(東京)
			対早稲田 9.8
1	中	福山 純一郎	ラ・サール(鹿児島)
6	三	斉藤 雄介	学芸大付(東京)
8	投	速水 隆	栄光学園(神奈川)

【春季】勝敗表 早稲田が完全優勝

順位	チーム	試合	勝	敗	分	勝点	勝率
28	**早大**	13	10	2	1	5	0.833
②	法大	13	9	4	0	4	0.692
③	慶大	13	6	6	1	2	0.500
④	立大	12	5	6	1	2	0.455
⑤	明大	12	5	7	0	2	0.417
⑥	東大	11	0	10	1	0	0.000

・岡田(早)がシーズン20打点のタイ記録

【秋季】勝敗表 明治が勝率で優勝

順位	チーム	試合	勝	敗	分	勝点	勝率
19	**明大**	11	8	3	0	4	0.727
②	法大	13	8	4	1	4	0.667
③	早大	13	7	5	1	3	0.583
③	慶大	12	7	5	0	3	0.583
⑤	立大	13	4	8	1	1	0.333
⑥	東大	12	1	10	1	0	0.091

・青島(慶)がシーズン最多打点(22打点)
・青島(慶)がシーズン6本塁打
・岡田(早)が通算最高打率(0.379)、通算本塁打20本、通算最多打点81と通算安打117

【選手権】早稲田が準優勝(中央大)

【神宮】**明治が優勝**(2回目・対名城大)
・明治が1試合最多安打(23)
・松井智幸(明)が1試合最多安打(5)

【春季】ベストナイン/首位打者/防御率1位

投手	三谷 志郎	早	今治西
捕手	有賀 佳弘	早	早稲田実
一塁手	玉川 寿	慶	土佐
二塁手	井本 裕之	慶	市岡
三塁手	岡田 彰布	早	北陽
遊撃手	谷 真一	法	広島商
外野手	小林 宏	慶	日大二
	島貫 省一	早	福島商
	海東 淳	法	日大三
首位打者	有賀 佳弘	早	早稲田実
防御率1位	二保 茂則	法	小倉南

【秋季】ベストナイン/首位打者/防御率1位

投手	住友 一哉	法	鳴門
捕手	松本 伸彦	明	掛川西
一塁手	福本 勝幸	早	鎌倉学園
二塁手	柿木 孝哉	明	宮崎商
三塁手	岡田 彰布⑤	早	北陽
遊撃手	平田 勝男	明	長崎海星
外野手	武藤 一邦	法	秋田商
	堀添 弘和	明	我孫子
	海東 淳	法	日大三
首位打者	武藤 一邦	法	秋田商
防御率1位	住友 一哉	法	鳴門

□六大学野球と神宮球場の動き

法政が単独でアメリカ遠征(2月)/六大学野球100シーズンを記念して国鉄記念乗車券と記念絵はがきが発売(4月)/谷口五郎(早)、平沼亮三(慶)が野球殿堂入り

□野球界の動き

★高校/正式に現行の49校代表となる/箕島が公立校で初めて春秋連覇/滋賀県代表の比叡山の勝利で未勝利県が消える
★大学/全日本大学野球連盟が財団法人となる/日米大学野球選手権で日本が3勝4敗(日本・6月)
★社会人/第50回の都市対抗野球大会から**金属バットの使用を解禁**(2002年に木製に戻す)

□国内外の動き

★国内/大学共通第1次学力試験導入/対中国ODA開始(～2018年で新規採択終了)/第2次オイルショック/ソニーがウォークマンを発売
★世界/米スリーマイル島原子力発電所事故/イラン革命/ソ連がアフガニスタンに侵攻(～1989年)/米中国交が正式に成立/中越戦争

1980(昭和55)年　明治が秋春連覇　モスクワオリンピックを西側諸国がボイコット　イラン・イラク戦争

早稲田			対立教 4.12
1	遊	富永 武雄	渋川(群馬)
2	中	清水 隆一	早稲田実(東京)
3	捕	応武 篤良	崇徳(東京)
4	一	黒田 光弘	小山(栃木)
5	左	佐藤 功	東海大相模(神奈川)
6	三	片桐 幸宏	桜美林(東京)
7	右	川井 孝幸	会津(福島)
8	二	山本 智	早稲田実(東京)
9	投	仁村 薫	川越商(埼玉)
主将		山岡 長英	秋田(秋田)
マネージャー		中谷 俊一	石山(滋賀)
監督		宮崎 康之	小倉中(福岡)
			対東大 9.20
3	捕	山岡 長英	秋田(秋田)
4	一	村本 信二	東筑(福岡)
6	右	目時 信行	日立一(茨城)

慶応			対東大 4.19
1	中	小林 宏	日大二(東京)
2	遊	井本 裕之	市岡(大阪)
3	捕	前嶋 哲雄	銚子商(千葉)
4	三	**青島 健太**	春日部(埼玉)
5	一	玉川 寿	土佐(高知)
6	右	千賀 儀雄	中京(岐阜)
7	左	大川 忠弘	加納(岐阜)
8	二	栗原 邦夫	慶応(神奈川)
9	投	辰濃 哲郎	佼成学園(東京)
主将		青島 健太	春日部(埼玉)
マネージャー		真田 幸光	東教大付(東京)
監督		福島 敦彦	報徳学園(兵庫)
			対法政 9.13
8	遊	臼井 健二	慶応(神奈川)

明治			対東大 4.12
1	左	堀添 弘和	我孫子(千葉)
2	遊	平田 勝男	長崎海星(長崎)
3	三	大久保 盛義	川越工(埼玉)
4	中	栗山 和行	箕島(和歌山)
5	捕	松井 智幸	作新学院(栃木)
6	一	西 弘顕	高知商(高知)
7	二	鈴木 慎一郎	長崎海星(長崎)
8	投	松本 吉啓	桜美林(東京)
9	中	豊田 和泰	日大三(東京)
主将		金野 健	盛岡一(岩手)
マネージャー		広沢 保雄	徳島商(徳島)
監督		島岡 吉郎	不詳(長野)
			対東大 9.13
3	一	平山 一雄	柳川商(福岡)

法政			対立教 4.19
1	遊	米田 保伸	智弁学園(奈良)
2	中	池田 孝秀	鳴門(徳島)
3	右	**武藤 一邦**	秋田商(秋田)
4	一	小早川 毅彦	PL学園(大阪)
5	三	片岡 定治	大鉄(大阪)
6	左	黒石 厚	PL学園(大阪)
7	捕	木戸 克彦	PL学園(大阪)
8	投	川端 順	鳴門(徳島)
9	二	中田 光一	桜美林(東京)
主将		片岡 定治	大鉄(大阪)
マネージャー		内川 大泉	大分舞鶴(大分)
監督		鴨田 勝雄	新居浜東(愛媛)
			対慶応 9.13
1	二	大麻 裕一	新居浜商(愛媛)
3	左	西田 真二	PL学園(大阪)
7	遊	中葉 伸二郎	智弁学園(奈良)
8	投	和田 護	日大藤沢(神奈川)

立教			対早稲田 4.12
1	左	鈴木 光一	秋田(秋田)
2	中	荻原 淳	立教(埼玉)
3	三	林 寿郎	盛岡一(岩手)
4	右	幡野 啓幸	横浜商(神奈川)
5	遊	中野 宏勝	多摩(神奈川)
6	一	中村 昭二	我孫子(千葉)
7	捕	杉山 章裕	横浜南(神奈川)
8	投	野口 裕美	米子東(鳥取)
9	二	丸谷 栄治	広島商(広島)
主将		林 寿郎	盛岡一(岩手)
マネージャー		小野 太一	立教(埼玉)
監督		山本 泰郎	角館(秋田)
			対法政 9.20
1	二	大塚 淳人	岐阜(岐阜)
7	左	千葉 進	一関一(岩手)

東大 (当番校)			対明治 4.12
1	三	安達 雅彦	灘(兵庫)
2	中	石井 清	県千葉(千葉)
3	遊	大久保 裕	湘南(神奈川)
4	一	榊田 雅和	横手(秋田)
5	右	下嶋 忍	国立(東京)
6	左	中野 伸之	高岡(富山)
7	二	相賀 英夫	玉野(岡山)
8	捕	高橋 宏一	教育大駒場(東京)
9	投	国友 充範	虎姫(滋賀)
主将		安達 雅彦	灘(兵庫)
マネージャー		丹下 健	県千葉(千葉)
監督		大沼 徹	仙台一(宮城)
			対明治 9.13
1	三	中村 栄一	桐朋(東京)
7	捕	坂本 二朗	岡山芳泉(岡山)
8	投	水原 義孝	教大付駒場(東京)

【春季】勝敗表　明治が完全優勝

順位	チーム	試合	勝	敗	分	勝点	勝率
20	**明大**	13	10	2	1	5	0.833
②	立大	13	7	6	0	3	0.538
③	法大	13	7	6	0	2	0.538
④	早大	12	5	7	0	2	0.417
④	慶大	12	5	7	0	2	0.417
⑥	東大	11	2	8	1	1	0.200

- **明法2回戦が最長時間(9回・3時間53分)**
- 法政が1試合16四死球
- 野口(立)がシーズン96奪三振
- **明法2回戦で1試合最多安打(36)**

【選手権】**明治が優勝**(4回目・対駒沢大)

【秋季】勝敗表　法政が勝率で優勝

順位	チーム	試合	勝	敗	分	勝点	勝率
23	**法大**	13	9	4	0	4	0.692
②	立大	13	8	4	1	4	0.667
③	明大	13	7	5	1	3	0.583
④	早大	14	7	6	1	3	0.538
⑤	慶大	14	5	8	1	1	0.385
⑥	東大	13	1	10	2	0	0.091

- 林(立)がシーズン2本のサヨナラ本塁打
- 中葉(法)が犠飛で2打点を記録
- 法政が大学創立100年の年に優勝

【神宮】法政が準決勝で敗退(日本体育大)

【春季】ベストナイン/首位打者/防御率1位

投手	野口 裕美	立	米子東
捕手	松井 智幸	明	作新学院
一塁手	小早川 毅彦	法	PL学園
二塁手	大麻 裕一	法	新居浜商
三塁手	大久保 盛義	明	川越工
遊撃手	平田 勝男	明	長崎海星
外野手	豊田 和泰	明	日大三
	栗山 和行	明	箕島
	西田 真二	法	PL学園
首位打者	豊田 和泰	明	日大三
防御率1位	武藤 哲裕	明	中京

【秋季】ベストナイン/首位打者/防御率1位

投手	和田 護	法	日大藤沢
捕手	木戸 克彦	法	PL学園
一塁手	玉川 寿③	慶	土佐
二塁手	大麻 裕一	法	新居浜商
三塁手	林 寿郎	立	盛岡一
遊撃手	中葉 伸二郎	法	智弁学園
外野手	小林 宏	慶	日大二
	西田 真二	法	PL学園
	武藤 一邦	法	秋田商
首位打者	中葉 伸二郎	法	智弁学園
防御率1位	深井 隆	立	農大二

□六大学野球と神宮球場の動き

明治が単独でアメリカ遠征(3月)/明治が大学100周年で春季優勝と大学選手権優勝/神宮球場が電光スコアボードの導入・ファウルグラウンドに人工芝施設

□野球界の動き

★大学/日米大学野球選手権で日本が1勝6敗(米国・6月)
★社会人/世界アマチュア野球選手権大会が日本で開催、キューバが優勝し日本は2位(日本・8月)
★プロ/日本プロ野球選手会が労働組合として認可

□国内外の動き

★国内/モスクワオリンピックをボイコット/日本の自動車生産台数が世界一に
★世界/ポーランドで自主管理労組「連帯」結成/**モスクワオリンピックを西側諸国がボイコット**/イラン・イラク戦争(〜1988年)

1981(昭和56)年　東大が早慶から勝ち点　ギリシャがEUC加盟　毛沢東の妻江青に死刑判決　IBMがDOS搭載のPC

早稲田			対東大 4.18
1	右	実島 範朗	国学院久我山(東京)
2	二	山本 智	早稲田実(東京)
3	中	清水 隆一	早稲田実(東京)
4	捕	佐藤 雄樹	早稲田(東京)
5	一	井上 勇人	早稲田実(東京)
6	左	渡辺 和夫	早稲田実(東京)
7	三	荒木 健二	早稲田実(東京)
8	遊	広岡 資生	姫路東(兵庫)
9	投	**仁村 薫**	川越商(埼玉)
主将		清水 隆一	早稲田実(東京)
マネージャー		三本 進一	長岡(新潟)
監督		宮崎 康之	小倉中(福岡)
			対東大 9.13
1	遊	荒井 俊一	済々黌(熊本)
3	一	山岡 靖	早稲田実(東京)
8	捕	栗嶋 務	早稲田実(東京)
9	三	安部 嘉弘	小倉(福岡)

慶応			対明治 4.11
1	中	小林 宏	日大二(東京)
2	右	西岡 信也	大手前(大阪)
3	左	福島 範仁	慶応(神奈川)
4	捕	小林 弘知	長岡(新潟)
5	三	礒部 壽夫	浦和(埼玉)
6	二	山根 徹	小松川(東京)
7	一	島村 恭	慶応(神奈川)
8	投	村木 昌彦	時習館(愛知)
9	遊	上田 和明	八幡浜(愛媛)
主将		小林 宏	日大二(東京)
マネージャー		久保 圭一	慶応(神奈川)
監督		福島 敦彦	報徳学園(兵庫)
			対立教 9.19
1	左	高祖 淳三	慶応志木(埼玉)
6	右	瀧口 斉	松山東(愛媛)
7	一	佐藤 浩	中津北(大分)
9	捕	寺尾 勇一	野沢北(長野)

明治			対慶応 4.11
1	中	石井 雅博	箕島(和歌山)
2	遊	**平田 勝男**	長崎海星(長崎)
3	三	大久保 盛義	川越工(埼玉)
4	中	栗山 和行	箕島(和歌山)
5	捕	松井 智幸	作新学院(栃木)
6	一	西 弘顕	高知商(高知)
7	左	矢田 恭裕	三重海星(三重)
8	投	森岡 真一	桜井(富山)
9	二	土肥 誠	明治(東京)
主将		平田 勝男	長崎海星(長崎)
マネージャー		野田 誠	諫早(長崎)
監督		島岡 吉郎	不詳(長野)
			対立教 9.13

法政			対東大 4.11
1	遊	中葉 伸二郎	智弁学園(奈良)
2	三	米田 保伸	智弁学園(奈良)
3	左	西田 真二	PL学園(大阪)
4	一	小早川 毅彦	PL学園(大阪)
5	右	手嶋 浩	報徳学園(兵庫)
6	中	池田 孝秀	鳴門(徳島)
7	捕	木戸 克彦	PL学園(大阪)
8	投	**川端 順**	鳴門(徳島)
9	二	中田 光一	桜美林(東京)
主将		米田 保伸	智弁学園(奈良)
マネージャー		石井 藤二郎	茨城(茨城)
監督		鴨田 勝雄	新居浜東(愛媛)
			対東大 9.19
6	右	田辺 浩昭	法政二(神奈川)
8	投	和田 護	日大藤沢(神奈川)
	投	**池田 親興**	高鍋(宮崎)

立教	(当番校)		対明治 4.18
1	二	大塚 淳人	岐阜(岐阜)
2	中	荻原 淳	立教(埼玉)
3	左	千葉 進	一関一(岩手)
4	遊	中野 宏勝	多摩(神奈川)
5	右	宮嵜 志朗	東大和(東京)
6	三	篠田 雅浩	立教(埼玉)
7	一	水野 修	佼成学園(東京)
8	捕	菅野 敦史	横浜商(神奈川)
9	投	野口 裕美	米子東(鳥取)
主将		中野 宏勝	多摩(神奈川)
マネージャー		小野 太一	立教(埼玉)
監督		山本 泰郎	角館(秋田)
			対明治 9.13
1	右	梅木 大豪	立教(埼玉)
5	一	加藤 哲也	一関二(岩手)
8	捕	井上 啓	今治西(愛媛)

東大			対法政 4.11
1	中	石井 清	県千葉(千葉)
2	二	相賀 英夫	玉野(岡山)
3	三	前田 卓郎	大教大付(大阪)
4	右	下嶋 忍	国立(東京)
5	左	中野 伸之	高岡(富山)
6	一	篠原 一郎	松山東(愛媛)
7	捕	坂本 二朗	岡山芳泉(岡山)
8	遊	猪飼 俊哉	筑波大駒場(東京)
9	投	水原 義孝	教育大駒場(東京)
主将		大久保 裕	湘南(神奈川)
マネージャー		岩西 徹	三国丘(大阪)
監督		平野 裕一	戸山(東京)
			対早稲田 9.13
2	一	小田口 陽二	鶴丸(鹿児島)
6	遊	大久保 裕	湘南(神奈川)
8	投	大山 雄司	学芸大付(東京)

【春季】勝敗表　明治が勝率で優勝

順位	チーム	試合	勝	敗	分	勝点	勝率
21	**明大**	13	9	2	2	4	0.818
②	法大	15	9	4	2	4	0.692
③	早大	13	6	5	2	3	0.545
④	東大	14	6	7	1	2	0.462
⑤	立大	13	4	8	1	2	0.333
⑥	慶大	12	2	10	0	0	0.167

・東大が早稲田に初の連続完封勝利
・東大が初の早慶両校から勝ち点
・大山(東)が東以来のシーズン最多5勝
・明治が大学創立100年の年に優勝

【選手権】**明治が連続優勝**(5回目・対近畿大)

【秋季】勝敗表　法政が勝率で優勝

順位	チーム	試合	勝	敗	分	勝点	勝率
24	**法大**	14	9	2	0	4	0.818
②	明大	14	9	3	2	4	0.750
③	立大	14	7	6	1	3	0.538
④	早大	13	5	8	0	2	0.385
⑤	慶大	15	4	9	2	1	0.308
⑥	東大	13	3	9	1	0	0.250

・小早川(法)が三冠王(戦後5人目)
・**小林(慶)が最多盗塁(通算62・シーズン16)**
・小林(慶)が通算101安打

【神宮】**法政が優勝**(2回目・対専修大)

【春季】ベストナイン/首位打者/防御率1位

投手	森岡 真一	明	桜井
捕手	木戸 克彦	法	PL学園
一塁手	小早川 毅彦	法	PL学園
二塁手	相賀 英夫	東	玉野
三塁手	大久保 盛義	明	川越工
遊撃手	平田 勝男	明	長崎海星
外野手	栗山 和行	明	箕島
	西田 真二③	法	PL学園
	小林 宏	慶	日大二
首位打者	栗山 和行	明	箕島
防御率1位	森岡 真一	明	桜井

【秋季】ベストナイン/首位打者/防御率1位

投手	和田 護	法	日大藤沢
捕手	木戸 克彦	法	PL学園
一塁手	小早川 毅彦	法	PL学園
二塁手	土肥 誠	明	明治
三塁手	米田 保伸	法	智弁学園
遊撃手	平田 勝男④	明	長崎海星
外野手	小林 宏④	慶	日大二
	石井 雅博	明	箕島
	池田 孝秀	法	鳴門
首位打者	小早川 毅彦	法	PL学園
防御率1位	木暮 洋	早	桐生

□六大学野球と神宮球場の動き

全日本大学野球選手権で明治が2度目の2連覇/チェコスロバキア杯が優勝校に授与される/小川正太郎(早)、佐伯達夫(早)が野球殿堂入り/神宮球場がフェンス改修

□野球界の動き

★高校／日本高校野球連盟会長に牧野直隆(慶應商工-慶応)が就任
★大学／日米大学野球選手権で日本が4勝3敗(日本・6月)／全日本大学選抜北海道大会で同志社大が優勝(8月)
★社会人／日本代表選手を育成する目的で新人研修会が始まる
★大リーグ／選手がオールスター戦直前までストライキ

□国内外の動き

★国内／福井謙一がノーベル賞受賞
★世界／ギリシャがEUCに加盟/毛沢東の妻江青に死刑判決/IBMがDOS搭載のPCを発売/エジプト・サダト大統領暗殺

1982(昭和57)年　神宮球場に人工芝が敷かれる　日本航空350便墜落事故　イスラエルがレバノン侵攻開始

早稲田（当番校）　対東大 4.17

1	中	阿久根 謙司	早稲田実(東京)
2	二	安部 嘉弘	小倉(福岡)
3	右	八染 茂男	桐生(群馬)
4	左	山岡 靖	早稲田実(東京)
5	一	木村 恒	天理(奈良)
6	遊	広岡 資生	姫路東(兵庫)
7	三	荒木 健二	早稲田実(東京)
8	捕	泉 正雄	前橋工(群馬)
9	投	木暮 洋	桐生(群馬)
主将		安部 嘉弘	小倉(福岡)
マネージャー		大富 省三	高鍋(宮崎)
監督		宮崎 康之	小倉中(福岡)
対東大 9.18			
5	左	湯川 素哉	宇治(京都)
6	三	山川 明俊	高松商(香川)
7	右	鈴木 康生	静岡(静岡)

慶応　対立教 4.10

1	右	瀧口 斉	松山東(愛媛)
2	左	高祖 淳三	慶応志木(埼玉)
3	遊	上田 和明	八幡浜(愛媛)
4	三	礒部 壽夫	浦和(埼玉)
5	一	芝田 俊之	丸子実(長野)
6	中	佐藤 浩	中津北(大分)
7	二	仲沢 伸一	桐蔭学園(神奈川)
8	捕	寺尾 勇一	野沢北(長野)
9	投	萩田 繁	一関一(岩手)
主将		寺尾 勇一	野沢北(長野)
マネージャー		木村 尚行	慶応志木(埼玉)
監督		前田 祐吉	高知城東中(高知)
対明治 9.13			
1	二	茂木 広至	栃木(栃木)
2	中	三木 章芳	土佐(高知)
9	投	志村 浩	岡崎(愛知)

明治　対立教 4.17

1	中	田中 武宏	舞子(兵庫)
2	三	石塚 正信	日大一(東京)
3	右	**石井 雅博**	箕島(和歌山)
4	一	広沢 克己	小山(栃木)
5	二	藤田 高夫	作新学院(栃木)
6	捕	阿部 正弘	堀越(東京)
7	左	中山 秀敏	高松商(香川)
8	投	小島 義則	海城(東京)
9	遊	森田 洋生	高知商(高知)
主将		阿部 正弘	堀越(東京)
マネージャー		津賀 正晶	攻玉社(東京)
監督		島岡 吉郎	不詳(長野)
対慶応 9.13			
7	捕	善波 達也	桐蔭学園(神奈川)
8	投	赤堀 俊文	田辺(和歌山)
	内	**沖 泰司**	松山商(愛媛)

法政　対東大 4.10

1	中	伊吹 淳一	高知(高知)
2	二	山中 茂直	中京(岐阜)
3	左	**西田 真二**	PL学園(大阪)
4	捕	**木戸 克彦**	PL学園(大阪)
5	一	小早川 毅彦	PL学園(大阪)
6	三	銚子 利夫	市銚子(千葉)
7	右	手嶋 浩	報徳学園(兵庫)
8	投	和田 護	日大藤沢(神奈川)
9	遊	神長 英一	作新学院(栃木)
主将		木戸 克彦	PL学園(大阪)
マネージャー		井戸川 寿義	双葉(福島)
監督		鴨田 勝雄	新居浜東(愛媛)
対東大 9.13			
2	中	田辺 浩昭	法政二(神奈川)
9	投	**田中 富生**	南宇和(愛媛)

立教　対慶応 4.10

1	二	大塚 淳人	岐阜(岐阜)
2	中	荻原 淳	立教(埼玉)
3	遊	篠田 雅浩	立教(埼玉)
4	一	加藤 哲也	一関二(岩手)
5	左	鈴木 光一	秋田(秋田)
6	右	梅木 大豪	立教(埼玉)
7	三	佐々木 雅文	秋田(秋田)
8	捕	菅野 敦史	横浜商(神奈川)
9	投	**野口 裕美**	米子東(鳥取)
主将		大塚 淳人	岐阜(岐阜)
マネージャー		堤 久尚	丸亀(香川)
監督		山本 泰郎	角館(秋田)
対明治 9.18			
6	左	宮嵜 志朗	東大和(東京)
9	三	三雲 薫	富士(静岡)

東大　対法政 4.10

1	左	三角 裕	浦和(埼玉)
2	捕	坂本 二朗	岡山芳泉(岡山)
3	中	小田口 陽二	鶴丸(鹿児島)
4	二	八重樫 永規	盛岡一(岩手)
5	三	前田 卓郎	大教大付(大阪)
6	投	大越 健介	新潟(新潟)
7	一	辻 克巳	青山(東京)
8	右	八神 正典	旭丘(愛知)
9	遊	立迫 浩一	浦和(埼玉)
主将		前田 卓郎	大教大付(大阪)
マネージャー		畑山 一哉	青山(東京)
監督		平野 裕一	戸山(東京)
対法政 9.13			
1	一	朝木 秀樹	千種(愛知)
8	投	大小田 隆	戸山(東京)

【春季】勝敗表　法政が10戦全勝

順位	チーム	試合	勝	敗	分	勝点	勝率
25	**法大**	10	10	0	0	5	1.000
②	早大	11	8	3	0	4	0.727
③	立大	12	6	6	0	3	0.500
④	明大	11	5	6	0	2	0.455
⑤	慶大	13	4	9	0	1	0.308
⑥	東大	11	1	10	0	0	0.091

・**法政が10戦全勝**(初・史上3回目)

【秋季】勝敗表　早稲田が完全優勝

順位	チーム	試合	勝	敗	分	勝点	勝率
29	**早大**	13	10	3	0	5	0.769
②	法大	14	8	4	2	4	0.667
③	明大	13	7	5	1	3	0.583
④	慶大	14	6	8	0	2	0.429
⑤	東大	11	3	8	0	1	0.273
⑥	立大	15	4	10	1	0	0.286

・早稲田が大学創立100年の年に優勝
・加藤(立)が逆転サヨナラ本塁打
・**早稲田が1イニング3本塁打**(広岡、山岡、荒木)
・野口(立)が通算317奪三振

【選手権】**法政が優勝**(4回目・対東洋大)
・法政が1試合最多本塁打(4)

【神宮】早稲田が準決勝で敗退(東海大)

【春季】ベストナイン／首位打者／防御率1位

投　手	田中 富生	法	南宇和
捕　手	木戸 克彦	法	PL学園
一塁手	広沢 克己	明	小山
二塁手	八重樫 永規	東	盛岡一
三塁手	銚子 利夫	法	市銚子
遊撃手	神長 英一	法	作新学院
外野手	西田 真二	法	PL学園
	荻原 淳	立	立教
	石井 雅博	明	箕島
首位打者	銚子 利夫	法	市銚子
防御率1位	田中 富生	法	南宇和

【秋季】ベストナイン／首位打者／防御率1位

投　手	田中 富生	法	南宇和
捕　手	木戸 克彦⑤	法	PL学園
一塁手	仲沢 伸一	慶	桐蔭学園
二塁手	安部 嘉弘	早	小倉
三塁手	山川 明俊	早	高松商
遊撃手	広岡 資生	早	姫路東
外野手	西田 真二	法	PL学園
	手嶋 浩	法	報徳学園
	石井 雅博③	明	箕島
首位打者	広岡 資生	早	姫路東
防御率1位	岩下 雅人	早	早稲田実

□六大学野球と神宮球場の動き

法政と早稲田が単独ハワイ遠征(2月・12月)/法政が単独で台湾遠征/外岡茂十郎(早)が野球殿堂入り/**神宮球場に透水性人工芝**導入、ラバーフェンスがグリーンからブルー、塁ベースを黒土からアンツーカーに

□野球界の動き

★高校／池田(徳島)が猛打で優勝/金属バット向きの**上半身強化トレーニングがブーム**に/選抜でPL学園(大阪)が2校目の春連覇
★大学／**関西大学野球連合が解散・再編騒動**、4リーグを5リーグに(261頁)/日米大学野球選手権で日本が2勝5敗(米国・6月)
★社会人／都市対抗野球大会で日本社会人野球協会の4代目会長・本田弘敏を讃え、本田メダルを優勝・準優勝チームに授与
★大リーグ／カル・リプケンが2,632連続試合出場の世界記録

□国内外の動き

★国内／東北・上越新幹線開通/ホテルニュージャパン火災/日本航空350便墜落事故/ソニーが世界初のCDプレーヤー発売
★世界／フォークランド紛争/韓国プロ野球が開始/イスラエルがレバノン侵攻開始/フィリップスが世界初のCDを製造

1983(昭和58)年 東大が初の3連勝 浦安市に東京ディズニーランド開園 ソ連が大韓航空機を撃墜

早稲田			対立教 4.9
1	三	熊切 誠	湘南(神奈川)
2	中	阿久根 謙司	早稲田実(東京)
3	遊	山川 明俊	高松商(香川)
4	左	湯川 素哉	宇治(京都)
5	一	小島 啓民	諫早(長崎)
6	右	鈴木 康生	静岡(静岡)
7	二	今村 雄二	習志野(千葉)
8	捕	佐藤 孝治	早稲田実(東京)
9	投	小暮 洋	桐生(群馬)
主将		阿久根 謙司	早稲田実(東京)
マネージャー		小室 吏	水戸一(茨城)
監督		宮崎 康之	小倉中(福岡)
			対東大 9.17
3	右	永尾 秀司	東筑(福岡)
5	二	鉄見 浩次	小倉(福岡)
6	三	村山 秀一	金沢泉丘(石川)
7	一	木村 恒	天理(奈良)

慶応(当番校)			対東大 4.9
1	遊	上田 和明	八幡浜(愛媛)
2	中	三木 章芳	土佐(高知)
3	右	橋本 守世	福島(福島)
4	三	仲沢 伸一	桐蔭学園(神奈川)
5	一	林 茂智	立川(東京)
6	左	芝田 俊之	丸子実(長野)
7	二	港 真尚	丸亀(香川)
8	捕	斎藤 頼太郎	秋田(秋田)
9	投	永田 博幸	湘南(神奈川)
主将		水野 英利	刈谷(愛知)
マネージャー		奈須 英雄	慶応(神奈川)
監督		前田 祐吉	高知城東中(高知)
			対立教 9.10
3	右	佐藤 浩	中津北(大分)
6	左	堀井 哲也	韮山(静岡)
9	投	志村 浩	岡崎(愛知)

明治			対東大 4.16
1	中	田中 武宏	舞子(兵庫)
2	二	森田 洋生	高知商(高知)
3	右	山中 哲夫	宇都宮商(栃木)
4	三	荒武 龍治	本庄(埼玉)
5	一	広沢 克己	小山(栃木)
6	左	篠原 功	日大三(東京)
7	遊	菅原 隆浩	黒沢尻工(青森)
8	投	赤堀 俊文	田辺(和歌山)
9	捕	善波 達也	桐蔭学園(神奈川)
主将		森田 洋生	高知商(高知)
マネージャー		塚本 洋	高岡第一(富山)
監督		島岡 吉郎	不詳(長野)
			対東大 9.10
マネージャー		飯塚 正行	横浜平沼(神奈川)

法政			対立教 4.16
1	中	伊吹 淳一	高知(高知)
2	二	若井 基安	PL学園(大阪)
3	三	**銚子 利夫**	市銚子(千葉)
4	右	**小早川 毅彦**	PL学園(大阪)
5	捕	秦 真司	鳴門(徳島)
6	一	山崎 正之	磐城(福島)
7	左	右京 哲	三重海星(三重)
8	投	和田 護	日大藤沢(神奈川)
9	遊	飯田 孝雄	桐蔭学園(神奈川)
主将		銚子 利夫	市銚子(千葉)
マネージャー		森脇 稔	鳴門(徳島)
監督		鴨田 勝雄	新居浜東(愛媛)
			対立教 9.17
2	左	津江本 隆	広島商(広島)
8	遊	山越 吉洋	平安(京都)

立教			対早稲田 4.9
1	三	佐々木 雅文	秋田(秋田)
2	二	鈴木 良啓	浜松西(静岡)
3	一	細谷 孝志	旭丘(愛知)
4	右	鈴木 光一	秋田(秋田)
5	遊	早瀬 友章	旭丘(愛知)
6	捕	広瀬 寛	岐阜(岐阜)
7	左	森田 徹	立教(埼玉)
8	投	窪田 雅也	甲府西(山梨)
9	中	木村 泰雄	韮山(静岡)
主将		佐々木 雅文	秋田(秋田)
マネージャー		内藤 雅之	立教(埼玉)
監督		山本 泰郎	角館(秋田)
			対慶応 9.10
1	二	三雲 薫	富士(静岡)
3	右	福嶋 敦志	立教(埼玉)
5	一	畠山 秀二	広島基町(広島)
6	左	田中 久幸	岐阜(岐阜)
9	遊	斎藤 敏夫	松戸東(千葉)

東大			対慶応 4.9
1	遊	立迫 浩一	浦和(埼玉)
2	二	市川 武史	国立(東京)
3	捕	朝木 秀樹	千種(愛知)
4	左	八重樫 永規	盛岡一(岩手)
5	三	川幡 卓也	国立(東京)
6	一	辻 克巳	青山(東京)
7	中	池田 東一郎	開成(東京)
8	右	八神 正典	旭丘(愛知)
9	投	大越 健介	新潟(新潟)
主将		辻 克巳	青山(東京)
マネージャー		畑山 一哉	青山(東京)
監督		伊藤 仁	東海(愛知)
			対明治 9.10
9	左	浜田 一志	土佐(高知)

【春季】勝敗表 明治が完全優勝

順位	チーム	試合	勝	敗	分	勝点	勝率
22	**明大**	12	10	2	0	5	0.833
②	法大	12	9	2	1	4	0.818
③	慶大	14	7	6	1	3	0.538
④	立大	14	4	8	2	1	0.333
⑤	早大	13	4	9	0	1	0.308
⑥	東大	13	2	9	2	1	0.182

・広沢(明)が4試合連続・シーズン6本塁打

【秋季】勝敗表 法政が完全優勝

順位	チーム	試合	勝	敗	分	勝点	勝率
26	**法大**	12	10	2	0	5	0.833
②	慶大	13	8	5	0	3	0.615
③	明大	11	6	5	0	3	0.545
④	早大	12	6	6	0	2	0.500
⑤	東大	11	3	8	0	1	0.273
⑥	立大	11	2	9	0	1	0.182

・**広沢(明)が2季連続の首位打者**(2人目)
・和田(法)が通算30勝(14敗)
・小早川(法)が通算114安打・72打点・16本塁打
・**明治が1イニング最多二塁打(5本)**
・広沢(明)と山崎(法)が年間10本塁打
・明治が打者7連続安打 ・山崎(法)が1試合7打点

【選手権】明治が準々決勝で敗退(駒沢大)

【神宮】法政が準決勝で敗退(東海大)

【春季】ベストナイン/首位打者/防御率1位

投手	竹田 光訓	明	日大一
捕手	秦 真司	法	鳴門
一塁手	広沢 克己	明	小山
二塁手	森田 洋生	明	高知商
三塁手	銚子 利夫	法	市銚子
遊撃手	山川 明俊	早	高松商
外野手	小早川 毅彦	法	PL学園
	阿久根 謙司	早	早稲田実
	篠原 功	明	日大三
首位打者	広沢 克己	明	小山
防御率1位	柏木 典之	明	吉田

【秋季】ベストナイン/首位打者/防御率1位

投手	西川 佳明	法	PL学園
捕手	斎藤 頼太郎	慶	秋田
一塁手	広沢 克己③	明	小山
二塁手	飯田 孝雄	法	桐蔭学園
三塁手	銚子 利夫③	法	市銚子
遊撃手	上田 和明	慶	八幡浜
外野手	小早川 毅彦⑤	法	PL学園
	阿久根 謙司	早	早稲田実
	伊吹 淳一	法	高知
首位打者	広沢 克己②	明	小山
防御率1位	西川 佳明	法	PL学園

□六大学野球と神宮球場の動き

慶応が単独でアメリカ遠征(2月)/早稲田と法政がそれぞれ単独で台湾遠征(12月)/内村祐之(東)が野球殿堂入り/神宮球場のマウンド・ブルペンをアンツーカーに

□野球界の動き

★高校/65回記念大会事業として「白球の森」づくり計画/PL学園が2度目の優勝で45回、50回、60回に続き大阪代表が優勝/選抜で出場校が32校に増える/池田(徳島)が4校目の夏春連覇

★大学/明治神宮野球大会で東海大が2連覇/札幌で全日本大学選抜野球大会を開催/日米大学野球選手権で日本が4勝3敗(日本・6月)

★プロ/福本豊(大鉄・大阪)がルー・ブロックの記録を破る通算939盗塁を達成

□国内外の動き

★国内/任天堂がファミリーコンピュータ発売/浦安市に東京ディズニーランド開園/日本海中部地震で秋田県を中心に被害

★世界/インターネットが誕生/西ドイツで「緑の党」が進出/ベイルートの米大使館でテロ/ソ連が大韓航空機を撃墜、269名が死亡

1984(昭和59)年　法政がベストナインに7名(春)　平均寿命が男女とも世界一に　インドのガンジー首相が暗殺

早稲田			対東大 4.14
1	左	守屋 公雄	掛川西(静岡)
2	二	鉄見 浩次	小倉(福岡)
3	右	鈴木 康生	静岡(静岡)
4	中	湯川 素哉	宇治(京都)
5	一	石井 浩郎	秋田(秋田)
6	遊	山川 明俊	高松商(香川))
7	捕	西岡 良展	田辺(和歌山)
8	投	足立 修	松商学園(長野)
9	三	黒柳 知至	早稲田実(東京)
主将		鈴木 康生	静岡(静岡)
マネージャー		山本 浩	豊島(東京)
監督		宮崎 康之	小倉中(福岡)
			対東大 9.8
6	捕	佐藤 孝治	早稲田実(東京)
7	一	木村 恒	天理(奈良)
9	投	芳賀 誠	早稲田実(東京)

慶応			対立教 4.21
1	中	三木 章芳	土佐(高知)
2	捕	斎藤 頼太郎	秋田(秋田)
3	遊	**上田 和明**	八幡浜(愛媛)
4	一	仲沢 伸一	桐蔭学園(神奈川)
5	左	林 茂智	立川(東京)
6	右	橋本 守世	福島(福島)
7	三	石井 章夫	桐蔭学園(神奈川)
8	二	相場 勤	桐生(群馬)
9	投	萩田 繁	一関一(岩手)
主将		斎藤 頼太郎	秋田(秋田)
マネージャー		南 浩一	慶応(東京)
監督		前田 祐吉	高知城東中(高知)
			対立教 9.15
8	二	遠藤 靖	桐蔭学園(神奈川)

明治 (当番校)			対東大 4.21
1	中	金敷 雅彦	小山(栃木)
2	二	福王 昭仁	日大三(東京)
3	遊	菅原 隆浩	黒沢尻工(青森)
4	一	**広沢 克己**	小山(栃木)
5	右	檜山 勝雄	水戸商(茨城)
6	左	篠原 功	日大三(東京)
7	捕	善波 達也	桐蔭学園(神奈川)
8	投	**竹田 光訓**	日大一(東京)
9	三	遠藤 正義	双葉(福島)
主将		善波 達也	桐蔭学園(神奈川)
マネージャー		関根 洋一	市川(千葉)
監督		島岡 吉郎	不詳(長野)
			対東大 9.15
2	三	戸塚 俊美	明大中野(東京)
7	捕	松本 広正	PL学園(大阪)
8	投	菅原 良一郎	千厩(岩手)
9	中	大森 卓二	高松商(香川)
マネージャー		卯木 敏也	明治(東京)

法政			対立教 4.14
1	中	山本 貴	横浜(神奈川)
2	二	若井 基安	PL学園(大阪)
3	右	伊吹 淳一	高知(高知)
4	捕	**秦 真司**	鳴門(徳島)
5	一	**島田 茂**	鳴門(徳島)
6	遊	**山越 吉洋**	平安(京都)
7	左	川崎 泰介	広島商(広島)
8	三	高原 広秀	報徳学園(兵庫)
9	投	西川 佳明	PL学園(大阪)
主将		秦 真司	鳴門(徳島)
マネージャー		栗橋 秀樹	鳴門(徳島)
監督		鴨田 勝雄	新居浜東(愛媛)
			対立教 9.8
7	三	畠山 弘彰	桐蔭学園(神奈川)
9	二	内間 邦彦	興南(沖縄)

立教			対法政 4.14
1	中	三輪 正和	日向学院(宮崎)
2	遊	斎藤 敏夫	松戸東(千葉)
3	右	福嶋 敦志	立教(埼玉)
4	一	細谷 孝志	旭丘(愛知)
5	左	田中 久幸	岐阜(岐阜)
6	捕	三雲 薫	富士(静岡)
7	三	長嶋 一茂	立教(埼玉)
8	投	窪田 雅也	甲府西(山梨)
9	二	谷合 克也	京華(東京)
主将		三雲 薫	富士(静岡)
マネージャー		日向 健喜	希望ヶ丘(神奈川)
監督		山本 泰郎	角館(秋田)
			対法政 9.8
9	中	木村 泰雄	韮山(静岡)

東大			対早稲田 4.14
1	右	浜田 一志	土佐(高知)
2	遊	立迫 浩一	浦和(埼玉)
3	中	八重樫 永規	盛岡一(岩手)
4	捕	朝木 秀樹	千種(愛知)
5	左	草刈 伸之	浦和(埼玉)
6	一	桜井 誠	灘(兵庫)
7	二	佐藤 幹基	東海(愛知)
8	三	川島 謙治	武蔵(東京)
9	投	市川 武史	国立(東京)
主将		八重樫 永規	盛岡一(岩手)
マネージャー		朝岡 崇史	静岡聖光学院(静岡)
監督		伊藤 仁	東海(愛知)
			対早稲田 9.8
3	一	八神 正典	旭丘(愛知)
7	三	真鍋 良彦	灘(兵庫)
8	投	大越 健介	新潟(新潟)
9	二	布施 英一	国立(東京)

【春季】勝敗表　法政が完全優勝

順位	チーム	試合	勝	敗	分	勝点	勝率
27	**法大**	12	10	1	1	5	0.909
②	明大	12	8	4	0	4	0.667
③	早大	14	6	8	0	2	0.429
④	慶大	13	5	7	1	2	0.417
⑤	東大	12	4	8	0	1	0.333
⑥	立大	11	3	8	0	1	0.273

・西川(法)が最多連続勝利(16連勝)
・島田(法)がサイクル安打(4人目)
・法政がベストナイン最多選出(7名)
・ベストナンを2校が初の独占(法、早)

【選手権】**法政が優勝**(5回目・対亜細亜大)

【秋季】勝敗表　明治が勝率で優勝

順位	チーム	試合	勝	敗	分	勝点	勝率
23	**明大**	11	9	2	0	4	0.818
②	法大	11	8	3	0	4	0.727
③	慶大	11	6	5	0	3	0.545
④	早大	12	5	7	0	2	0.417
⑤	立大	12	4	8	0	1	0.333
⑥	東大	11	2	9	0	1	0.182

・伊吹(法)が逆転サヨナラ本塁打
・広沢(明)が通算18本塁打
・立迫(東)が東大で6人目の首位打者

【神宮】明治が初戦で敗退(駒沢大)

【春季】ベストナイン/首位打者/防御率1位

投手	西川 佳明	法	PL学園
捕手	秦 真司	法	鳴門
一塁手	島田 茂	法	鳴門
二塁手	若井 基安	法	PL学園
三塁手	山岸 敦	法	東北
遊撃手	山越 吉洋	法	平安
外野手	湯川 素哉	早	宇治
	鈴木 康生	早	静岡
	伊吹 淳一	法	高知
首位打者	湯川 素哉	早	宇治
防御率1位	西川 佳明②	法	PL学園

【秋季】ベストナイン/首位打者/防御率1位

投手	竹田 光訓	明	日大一
捕手	善波 達也	明	桐蔭学園
一塁手	島田 茂	法	鳴門
二塁手	福王 昭仁	法	日大三
三塁手	戸塚 俊美	明	明大中野
遊撃手	立迫 浩一	東	浦和
外野手	篠原 功	明	日大三
	三木 章芳	慶	土佐
	伊吹 淳一③	法	高知
首位打者	立迫 浩一	東	浦和
防御率1位	猪俣 隆	法	堀越学園

□六大学野球と神宮球場の動き

早稲田が単独でハワイ遠征(3月)/東西対抗を開催(明治、法政、関西学院大、関西大、近畿大が参加・11月)/桐原真二(慶)が野球殿堂入り

□野球界の動き

★高校/取手二が茨城県勢として初優勝/大会参加校が3,700校を超す/元プロ野球選手の高校教諭勤続10年の特別措置
★大学/日本学生野球協会史刊行/日米大学野球選手権で日本1勝6敗(米国・7月)/**日本学生野球協会の体協加盟を見送り**
★社会人/ロサンゼルスオリンピックの公開野球競技で日本チーム(社会人、学生)が金メダルを獲得

□国内外の動き

★国内/グリコ・森永事件/平均寿命が男女とも世界一に/日産自動車が英に工場進出/トヨタ自動車が製造業で初の5兆円企業
★世界/米アップルコンピュータがマッキントッシュを発売/インドのインディラ・ガンジー首相が暗殺される

1985(昭和60)年　法政と慶応が全勝優勝　NTTグループ発足　G5がプラザ合意声明　航空機事故が相次ぐ

早稲田			対東大 4.21
1	左	守屋 公雄	掛川西(静岡)
2	二	佐藤 公宏	PL学園(大阪)
3	遊	山川 明俊	高松商(香川))
4	中	湯川 素哉	宇治(京都)
5	三	石井 浩郎	秋田(秋田)
6	右	住吉 秀実	早稲田実(東京)
7	一	小島 啓民	諫早(長崎)
8	捕	中村 充範	彦根東(滋賀)
9	投	足立 修	松商学園(長野)
主将		山川 明俊	高松商(香川))
マネージャー		藤田 和徳	君津(千葉)
監督		飯田 修	高松一(香川)
			対東大 9.21
2	二	黒柳 知至	早稲田実(東京)
9	投	芳賀 誠	早稲田実(東京)
	投	**石田 文樹＊**	取手二(茨城)

慶応			対立教 4.13
1	右	橋本 良祐	姫路西(兵庫)
2	左	沼野 誠	藤枝東(静岡)
3	中	相場 勤	桐生(群馬)
4	三	仲沢 伸一	桐蔭学園(神奈川)
5	遊	奈良 暢泰	春日部(埼玉)
6	捕	石井 章夫	桐蔭学園(神奈川)
7	一	芳賀 映明	豊橋南(愛知)
8	二	遠藤 靖	桐蔭学園(神奈川)
9	投	鈴木 哲	福島(福島)
主将		遠藤 靖	桐蔭学園(神奈川)
マネージャー		佐藤 達樹	慶応(東京)
監督		前田 祐吉	高知城東中(高知)
			対立教 9.14
6	一	荒川 俊裕	浦和(埼玉)

明治			対東大 4.13
1	遊	佐伯 勲	明大中野(東京)
2	右	坂口 裕之	高鍋(宮崎)
3	二	**福王 昭仁**	日大三(東京)
4	捕	猪狩 正弘	双葉(福島)
5	一	安岡 靖晃	高知商(高知)
6	三	戸塚 俊美	明大中野(東京)
7	左	漆畑 誠	静岡(静岡)
8	投	高橋 武司	長野商(長野)
9	中	大森 卓二	高松商(香川)
主将		福王 昭仁	日大三(東京)
マネージャー		福島 豊	筑紫(福岡)
監督		島岡 吉郎	不詳(長野)
			対立教 9.21
1	遊	関口 勝己	小山(栃木)
7	左	高橋 智尚	松山商(愛媛)
8	投	鈴木 浩実	日大三(東京)

法政(当番校)			対立教 4.21
1	中	山本 貴	横浜(神奈川)
2	遊	内間 邦彦	興南(沖縄)
3	二	**若井 基安**	PL学園(大阪)
4	左	西山 竜二	双葉(福島)
5	捕	高田 誠	法政二(神奈川)
6	右	松浦 孝之	法政二(神奈川)
7	一	松井 達徳	学法石川(福島)
8	三	山岸 敦	東北(宮城)
9	投	**西川 佳明**	PL学園(大阪)
主将		若井 基安	PL学園(大阪)
マネージャー		西本 勝彦	北陽(大阪)
監督		鴨田 勝雄	新居浜東(愛媛)
			対東大 9.14
2	遊	平田 望	興南(沖縄)
5	右	横山 靖史	高鍋(宮崎)

立教			対慶応 4.13
1	遊	鍔田 清樹	千種(愛知)
2	二	鈴木 良啓	浜松西(静岡)
3	右	福嶋 敦志	立教(埼玉)
4	三	長嶋 一茂	立教(埼玉)
5	左	花井 浩之	清水東(静岡)
6	中	三輪 正和	日向学院(宮崎)
7	一	河村 誠一	立教(埼玉)
8	捕	原 太郎	立教(埼玉)
9	投	高柴 弟	立教(埼玉)
主将		鈴木 良啓	浜松西(静岡)
マネージャー		渡辺 美信	立教(埼玉)
監督		横川 賢次	熊谷(埼玉)
			対慶応 9.14
5	一	野口 正弘	下館一(茨城)
7	捕	木村 泰昌	立教(埼玉)
9	中	山田 一男	立教(埼玉)

東大			対明治 4.13
1	中	金子 力	国立(東京)
2	二	布施 英一	国立(東京)
3	右	福士 憲一	青森(青森)
4	左	草刈 伸之	浦和(埼玉)
5	一	桜井 誠	灘(兵庫)
6	捕	川幡 卓也	国立(東京)
7	遊	石竹 康信	修道(広島)
8	投	市川 武史	国立(東京)
9	三	笠間 仁志	高岡(富山)
主将		草刈 伸之	浦和(埼玉)
マネージャー		田中 敦仁	灘(兵庫)
監督		中沢 文哉	姫路西(兵庫)
			対法政 9.14
3	右	浜田 一志	土佐(高知)

【春季】勝敗表　法政が完全優勝

順位	チーム	試合	勝	敗	分	勝点	勝率
28	**法大**	12	10	0	2	5	1.000
②	早大	12	8	3	1	4	0.727
③	慶大	12	6	5	1	3	0.545
④	明大	15	6	7	2	2	0.462
⑤	立大	14	3	9	2	1	0.250
⑥	東大	13	1	10	2	0	0.091

- **法政が10勝(2分け)全勝優勝**
- **相場(慶)が3打席連続本塁打**
- 志村(慶)が史上2人目の初登板初完封
- **早稲田が1イニング最多四死球(7四死球)**

【選手権】**法政が連続優勝**(6回目・対東洋大)

【秋季】勝敗表　慶応が完全優勝

順位	チーム	試合	勝	敗	分	勝点	勝率
23	**慶大**	11	10	0	1	5	1.000
②	法大	12	8	4	0	4	0.667
③	明大	12	7	5	0	3	0.583
④	早大	14	6	7	1	2	0.462
⑤	東大	13	3	9	1	1	0.250
⑥	立大	12	1	10	1	0	0.091

- **慶応が10勝(1分け)全勝優勝**
- 西川(法)が通算30勝(5敗)
- 仲沢(慶)が通算61打点

【神宮】**慶応が優勝**(初・対愛知工業大)
- 相場(慶)が大会最多打点(9)

【春季】ベストナイン/首位打者/防御率1位

投手	西川 佳明③	法	PL学園
捕手	猪狩 正弘	明	双葉
一塁手	安岡 靖晃	明	高知商
二塁手	若井 基安	法	PL学園
三塁手	石井 浩郎	早	秋田
遊撃手	奈良 暢泰	慶	春日部
外野手	相場 勤	慶	桐生
	西山 竜二	法	双葉
	福嶋 敦志	立	立教
首位打者	福嶋 敦志	立	立教
防御率1位	西川 佳明③	法	PL学園

【秋季】ベストナイン/首位打者/防御率1位

投手	志村 亮	慶	桐蔭学園
捕手	石井 章夫	慶	桐蔭学園
一塁手	芳賀 映明	慶	豊橋南
二塁手	福王 昭仁	法	日大三
三塁手	仲沢 伸一	慶	桐蔭学園
遊撃手	奈良 暢泰	慶	春日部
外野手	相場 勤	慶	桐生
	坂口 裕之	明	高鍋
	住吉 秀実	早	早稲田実
首位打者	福王 昭仁	法	日大三
防御率1位	志村 亮	慶	桐蔭学園

□六大学野球と神宮球場の動き

法政が単独でハワイ遠征(2月)/立教が単独で、早稲田と慶応が帯同して台湾遠征(3月・11月)/立教がブレザーへ変更/東西対抗戦を開催(慶応、法政、立命館大、近畿大、同志社大、関西学院大が参加・11月)/田中勝雄(早)が野球殿堂入り/照明灯改修

□野球界の動き

★高校/PL学園が優勝、大阪勢が通算100勝に/日米韓三国親善野球大会を初開催
★大学/大学選手権で法政が2連覇/日米大学野球選手権で日本4勝3敗(日本・6月)
★社会人/野球競技の振興を図る目的で日本社会人野球協会から**日本野球連盟**に改称/中国棒球協会から技術指導の要請
★プロ/パ・リーグが投手予告先発導入(当初は日曜日のみ)/阪神タイガースが21年ぶりにリーグ優勝/**プロ野球選手会が労組認定**

□国内外の動き

★国内/NTTグループ発足/日本航空123便墜落事故/スーパーマリオブラザーズブレイク/つくば'85博覧会/豊田商事事件
★世界/G5がプラザ合意声明(翌日ドル暴落、円高不況へ)/マイクロソフトがWindows 1.0を初めて発売/航空機事故が相次ぐ

1986(昭和61)年 東大が通算1,000敗喫す バブル景気の始まり チェルノブイリ原子力発電所事故

早稲田 対東大 4.12

1	遊	佐藤 公宏	PL学園(大阪)
2	二	黒柳 知至	早稲田実(東京)
3	中	加藤 正樹	PL学園(大阪)
4	一	**石井 浩郎**	秋田(秋田)
5	右	鳩貝 順一	国学院久我山(東京)
6	三	佐々木 孝一	小倉(福岡)
7	捕	相田 武徳	早稲田実(東京)
8	左	萩原 武	桜丘(神奈川)
9	投	石原 一智	早稲田実(東京)
主将		鳩貝 順一	国学院久我山(東京)
マネージャー		佐野 元彦	明石西(兵庫)
監督		飯田 修	高松一(香川)
対立教 9.13			
6	左	河本 栄樹	滝川(兵庫)
9	投	竹之内 崇	小倉(福岡)

慶応 対立教 4.12

1	中	加藤 健	柏陽(神奈川)
2	右	沼野 誠	藤枝東(静岡)
3	三	相場 勤	桐生(群馬)
4	一	芳賀 映明	豊橋南(愛知)
5	捕	石井 章夫	桐蔭学園(神奈川)
6	左	荒川 俊裕	浦和(埼玉)
7	遊	布施 努	早稲田実(東京)
8	二	加藤 豊	前橋(群馬)
9	投	志村 亮	桐蔭学園(神奈川)
主将		石井 章夫	桐蔭学園(神奈川)
マネージャー		松崎 和哉	慶応(東京)
監督		前田 祐吉	高知城東中(高知)
対東大 9.20			
6	三	猿田 和三	秋田(秋田)
7	遊	森山 健一	土佐(高知)
8	右	御子柴 一彦	伊那北(長野)

明治 対東大 4.21

1	遊	山内 康信	宮崎大宮(宮崎)
2	三	佐伯 勲	明大中野(東京)
3	右	坂口 裕之	高鍋(宮崎)
4	一	安岡 靖晃	高知商(高知)
5	捕	佐藤 元信	智弁和歌山(和歌山)
6	中	高橋 智尚	松山商(愛媛)
7	二	中井 良治	海南(和歌山)
8	投	林 賢志	飯田(長野)
9	左	漆畑 誠	静岡(静岡)
主将		戸塚 俊美	明大中野(東京)
マネージャー		岩井 俊樹	金光学園(岡山)
監督		島岡 吉郎	不詳(長野)
対立教 9.20			
1	遊	関口 勝己	小山(栃木)
2	三	戸塚 俊美	明大中野(東京)
7	右	植田 龍志	国学院久我山(東京)
8	投	武田 一浩	明大中野(東京)
9	中	八沢 一裕	旭川東(北海道)

法政 対立教 4.21

1	中	高木 慎一	銚子商(千葉)
2	二	平田 望	興南(沖縄)
3	三	山岸 敦	東北(宮城)
4	左	**金子 誠一**	東北(宮城)
5	捕	**高田 誠**	法政二(神奈川)
6	一	松井 達徳	学法石川(福島)
7	右	横山 靖史	高鍋(宮崎)
8	遊	中村 仁	法政二(神奈川)
9	投	**猪俣 隆**	堀越学園(東京)
主将		高田 誠	法政二(神奈川)
マネージャー		川本 伸司	法政一(神奈川)
監督		鴨田 勝雄	新居浜東(愛媛)
対東大 9.13			
1	中	山本 貴	横浜(神奈川)
	投	**石井 丈裕**	早稲田実(東京)

立教 対慶応 4.12

1	中	山田 一男	立教(埼玉)
2	二	山下 賢一	崇徳(東京)
3	右	野口 正弘	下館一(茨城)
4	三	長嶋 一茂	立教(埼玉)
5	一	矢作 公一	立教(埼玉)
6	遊	増田 邦弘	熊谷(埼玉)
7	左	桑原 和彦	前橋(群馬)
8	捕	木村 泰昌	立教(埼玉)
9	投	高柴 弟	立教(埼玉)
主将		桑原 和彦	前橋(群馬)
マネージャー		高木 卓也	宝塚東(兵庫)
監督		横川 賢次	熊谷(埼玉)
対早稲田 9.13			
1	二	高林 孝行	立教(埼玉)
3	中	黒須 陽一郎	立教(埼玉)
6	右	堀 利成	立教(埼玉)

東大(当番校) 対早稲田 4.12

1	遊	石竹 康信	修道(広島)
2	中	金子 力	国立(東京)
3	左	尾本 和彦	麻布(東京)
4	右	浜田 一志	土佐(高知)
5	捕	真鍋 良彦	灘(兵庫)
6	一	岩本 一乗	学芸大付(東京)
7	三	笠間 仁志	高岡(富山)
8	二	布施 英一	国立(東京)
9	投	森田 雅裕	灘(兵庫)
主将		浜田 一志	土佐(高知)
マネージャー		渡辺 久	開成(東京)
監督		中沢 文哉	姫路西(兵庫)
対法政 9.13			
1	左	松岡 義則	麻布(東京)
9	投	堀本 勝敬	高松(香川)

【春季】勝敗表 法政が勝率で優勝

順位	チーム	試合	勝	敗	分	勝点	勝率
29	**法大**	14	9	4	1	4	0.692
②	慶大	14	9	5	0	4	0.643
③	明大	14	8	5	1	3	0.615
④	早大	10	6	5	0	3	0.545
⑤	立大	13	5	8	0	1	0.385
⑥	東大	10	0	10	0	0	0.000

・加藤健(慶)と戸塚(明)がサイクル安打(5・6人目)
・中根(法)が初の本塁打走者追い越し
・佐藤(早)が試合開始第1球本塁打(5人目)
・東大が史上初の通算1,000敗

【選手権】法政が準決勝で敗退(東洋大)

【秋季】勝敗表 明治が完全優勝

順位	チーム	試合	勝	敗	分	勝点	勝率
24	**明大**	13	10	2	1	5	0.833
②	法大	14	8	5	1	3	0.615
③	慶大	10	6	4	0	3	0.600
④	立大	13	6	7	0	2	0.462
⑤	早大	12	5	7	0	2	0.417
⑥	東大	10	0	10	0	0	0.000

・武田(明)が1試合17奪三振(対立教)

【神宮】明治が初戦で敗退(愛知工業大)

【春季】ベストナイン/首位打者/防御率1位

投手	石井 丈裕	法	早稲田実
捕手	石井 章夫	慶	桐蔭学園
一塁手	安岡 靖晃	明	高知商
二塁手	加藤 豊	慶	前橋
三塁手	山岸 敦	法	東北
遊撃手	佐藤 公宏	早	PL学園
外野手	加藤 健	慶	柏陽
	鳩貝 順一	早	国学院久我山
	加藤 正樹	早	PL学園
首位打者	加藤 健	慶	柏陽
防御率1位	石井 丈裕	法	早稲田実

【秋季】ベストナイン/首位打者/防御率1位

投手	武田 一浩	明	明大中野
捕手	佐藤 元信	明	智弁和歌山
一塁手	松井 達徳	法	学法石川
二塁手	平田 望	法	興南
三塁手	猿田 和三	慶	秋田
遊撃手	佐藤 公宏	早	PL学園
外野手	山本 貴	法	横浜
	黒須 陽一郎	立	立教
	沼野 誠	慶	藤枝東
首位打者	猿田 和三	慶	秋田
防御率1位	武田 一浩	明	明大中野

□六大学野球と神宮球場の動き

早稲田が単独でハワイ遠征(3月)/明治と法政が帯同で台湾遠征(11月)/東大が通算1,000敗喫す

□野球界の動き

★高校/天理が奈良県勢として初優勝
★大学/日米大学野球選手権で日本が1勝5敗(米国・7月)
★プロ/衣笠祥雄(広島カープ・平安)2,000試合出場

□国内外の動き

★国内/急激な円高による不況・バブル景気の始まり
★世界/スペインとポルトガルがECに加盟/フィリピンのマルコス大統領が国外脱出/チェルノブイリ原子力発電所事故

1987(昭和62)年　早稲田の安部球場移転で全早慶戦　日本野球連盟が体協加盟　JRグループ発足　ルーブル合意

早稲田			対東大 4.18
1	右	長雄 賢治	向陽(和歌山)
2	二	黒木 省一郎	高鍋(宮崎)
3	中	**加藤 正樹**	PL学園(大阪)
4	一	江上 光治	池田(徳島)
5	捕	河本 栄樹	滝川(兵庫)
6	三	佐々木 孝一	小倉(福岡)
7	左	大久保 宏紀	松本深志(長野)
8	投	石原 一智	早稲田実(東京)
9	遊	丸山 元	福岡大大濠(福岡)
主将		江上 光治	池田(徳島)
マネージャー		菊地 良仁	静岡(静岡)
監督		飯田 修	高松一(香川)
			対立教 9.12
1	遊	水口 栄二	松山商(愛媛)
2	二	田宮 実	春日丘(大阪)
5	三	齋藤 慎太郎	秀明(埼玉)
6	右	中川 亨	早稲田実(東京)
9	左	池田 幸弘	帝京(東京)

慶応			対立教 4.11
1	二	加藤 豊	前橋(群馬)
2	右	桜井 啓太郎	門司(福岡)
3	中	加藤 健	柏陽(神奈川)
4	一	大森 剛	高松商(香川)
5	三	猿田 和三	秋田(秋田)
6	左	荒川 俊裕	浦和(埼玉)
7	遊	森山 健一	土佐(高知)
8	捕	荻原 滋	桐蔭学園(神奈川)
9	投	**鈴木 哲**	福島(福島)
主将		猿田 和三	秋田(秋田)
マネージャー		高橋 清信	会津(福島)
監督		前田 祐吉	高知城東中(高知)
			対東大 9.12
7	三	堤 辰佳	済々黌(熊本)
9	投	志村 亮	桐蔭学園(神奈川)

明治			対東大 4.11
1	遊	関口 勝己	小山(栃木)
2	右	坂口 裕之	高鍋(宮崎)
3	中	高橋 智尚	松山商(愛媛)
4	捕	佐藤 元信	智弁和歌山(和歌山)
5	一	小林 司	静清工(静岡)
6	投	**武田 一浩**	明大中野(東京)
7	左	田中 元	日高(和歌山)
8	二	田辺 昭広	関東一(東京)
9	三	佐伯 勲	明大中野(東京)
主将		坂口 裕之	高鍋(宮崎)
マネージャー		久保 芳久	長崎海星(長崎)
監督		島岡 吉郎	不詳(長野)
			対立教 9.19
2	左	漆畑 誠	静岡(静岡)
5	一	飯島 泰臣	松商学園(学園)
6	三	奥村 剛	熊本工(熊本)
7	捕	松尾 和徳	国学院久我山(東京)
	投	**平塚 克洋**	春日部共栄(埼玉)

法政			対立教 4.18
1	中	横山 靖史	高鍋(宮崎)
2	二	旗手 浩二	PL学園(大阪)
3	左	宮間 豊智	岩倉(東京)
4	一	**松井 達徳**	学法石川(福島)
5	捕	**鈴木 俊雄**	中京(愛知)
6	右	中根 仁	東北(宮城)
7	三	増本 拓夫	高知(高知)
8	遊	畠山 弘彰	桐蔭学園(神奈川)
9	投	**秋村 謙宏**	宇部商(山口)
主将		横山 靖史	高鍋(宮崎)
マネージャー		矢羽田 善朗	久留米商(福岡)
監督		竹内 昭文	宇治山田商(三重)
			対東大 9.19
2	二	平田 望	興南(沖縄)

立教(当番校)			対慶応 4.11
1	二	高林 孝行	立教(埼玉)
2	右	大塚 洋志	立教(埼玉)
3	中	黒須 陽一郎	立教(埼玉)
4	三	**長嶋 一茂**	立教(埼玉)
5	一	矢作 公一	立教(埼玉)
6	左	野口 正弘	下館一(茨城)
7	遊	山中 亨	立教(埼玉)
8	捕	金賀 孝	磐城(福島)
9	投	高柴 弟	立教(埼玉)
主将		長嶋 一茂	立教(埼玉)
マネージャー		岩辺 康平	久留米商(福岡)
監督		横川 賢次	熊谷(埼玉)
			対早稲田 9.12
2	右	山田 一男	立教(埼玉)
6	左	山口 高誉	立教(埼玉)
9	投	飯坂 匡弘	富士(静岡)

東大			対明治 4.11
1	捕	伊藤 豊	春日部(埼玉)
2	遊	石竹 康信	修道(広島)
3	三	笠間 仁志	高岡(富山)
4	右	松岡 義則	麻布(東京)
5	一	岩本 一乗	学芸大付(東京)
6	左	長谷部 修	菊里(愛知)
7	中	中野 英樹	千種(愛知)
8	投	森田 雅裕	灘(兵庫)
9	二	斉藤 直人	湘南(神奈川)
主将		伊藤 豊	春日部(埼玉)
マネージャー		岡村 賢一	徳山(山口)
監督		河野 敏章	日比谷(東京)
			対慶応 9.12
1	左	上山 健二	灘(兵庫)
7	三	石井 慎一	県千葉(千葉)
8	投	大沢 暢也	愛光(愛媛)

【春季】勝敗表　慶応が完全優勝

順位	チーム	試合	勝	敗	分	勝点	勝率
24	**慶大**	13	10	2	1	5	0.833
②	法大	12	8	4	0	4	0.667
③	明大	14	6	6	2	2	0.500
④	立大	14	6	7	1	2	0.462
⑤	早大	11	5	6	0	2	0.455
⑥	東大	10	0	10	0	0	0.000

・河本(早)が逆転サヨナラ本塁打
・田宮(早)が26年ぶりの最高打率(0.519)

【秋季】勝敗表　法政が勝率で優勝

順位	チーム	試合	勝	敗	分	勝点	勝率
30	**法大**	13	9	4	0	4	0.692
②	立大	13	8	4	1	4	0.667
③	早大	12	7	4	1	3	0.636
④	明大	13	7	6	0	3	0.538
⑤	慶大	14	5	9	0	1	0.357
⑥	東大	11	1	10	0	0	0.091

・飯坂(立)がシーズン最多被本塁打(13本)
・立教がシーズン最多被本塁打(17本)
・シーズン最多本塁打(リーグ・57)
・リーグ3度目の同率首位打者
・山口(立)がシーズン6本塁打

【選手権】**慶応が優勝**(3回目・対東北福祉大)

【神宮】法政が準優勝(筑波大)

【春季】ベストナイン/首位打者/防御率1位

投　手	志村 亮	慶	桐蔭学園
捕　手	金賀 孝	立	磐城
一塁手	大森 剛	慶	高松商
二塁手	加藤 豊	慶	前橋
三塁手	長嶋 一茂	立	立教
遊撃手	猿田 和三	慶	秋田
外野手	加藤 健	慶	柏陽
	高橋 智尚	明	松山商
	中根 仁	法	東北
首位打者	田宮 実	早	春日丘
防御率1位	志村 亮②	慶	桐蔭学園

【秋季】ベストナイン/首位打者/防御率1位

投　手	秋村 謙宏	法	宇部商
捕　手	鈴木 俊雄	法	中京
一塁手	矢作 公一	立	立教
二塁手	佐伯 勲	明	明大中野
三塁手	長嶋 一茂	立	立教
遊撃手	畠山 弘彰	法	桐蔭学園
外野手	高橋 智尚	明	松山商
	中根 仁	法	東北
	山口 高誉	立	立教
首位打者	中根 仁	法	東北
首位打者	高橋 智尚	明	松山商
防御率1位	小宮山 悟	早	芝工大柏

□六大学野球と神宮球場の動き

無料対策(内外野席同伴小学生・外野席の婦人・小中学生団体)/昭和天皇の不例で応援自粛/ハバロフスク体育大が東明戦観戦(4.11)/慶応がハワイUSオープン大会で優勝(8月)/安部球場移転で全早慶戦/山下実(慶)、藤田信男(法)が野球殿堂入り

□野球界の動き

★高校/PL学園が4校目の春秋連覇/選抜で初の延長18回引き分け再試合
★大学/日米大学野球選手権で日本が1勝3敗(米国・6月)/全国大学女子軟式野球連盟(現全日本大学女子野球連盟)の結成
★社会人/日本野球連盟が日本体育協会加盟/全日本クラブ選手権で全足利クラブが3連覇5回目の優勝/ソウル五輪アジア予選で日本(社会人・学生)が2位(日本・8月)
★プロ/衣笠祥雄がルー・ゲーリックの記録を破る2,131試合連続出場を達成

□国内外の動き

★国内/JRグループ発足/比叡山宗教サミット/利根川進がノーベル賞受賞
★世界/世界の人口が50億人を突破/ルーブル合意/ブラックマンデーで世界同時株安/大韓航空機爆破事件/航空機事故続く

1988(昭和63)年　法政が3連覇　東京ドーム完成　リクルート事件　ゴルバチョフ政権のペレストロイカ始まる

早稲田（当番校）　対明治 4.9

1	遊	水口 栄二	松山商(愛媛)
2	二	黒木 省一郎	高鍋(宮崎)
3	右	今野 一夫	大船渡(岩手)
4	捕	相田 武徳	早稲田実(東京)
5	一	芦川 敦彦	旭川北(北海道)
6	左	阿部 一晴	国学院久我山(東京)
7	中	池田 幸弘	帝京(東京)
8	三	上杉 健	松本深志(長野)
9	投	小宮山 悟	芝工大柏(千葉)
主将		黒木 省一郎	高鍋(宮崎)
マネージャー		新井 岳彦	早稲田実(東京)
監督		石井 連蔵	水戸一(茨城)
対立教 9.10			
3	三	齋藤 慎太郎	秀明(埼玉)
7	左	戸田 佳克	境(鳥取)
9	二	猪俣 良輔	国東(大分)
マネージャー		石川 晴久	鳥取西(鳥取)

慶応　対東大 4.16

1	中	御子柴 一彦	伊那北(長野)
2	二	桜井 啓太郎	門司(福岡)
3	左	高芝 秀長	宇治山田(三重)
4	一	大森 剛	高松商(香川)
5	三	堤 辰佳	済々黌(熊本)
6	右	大石 康生	追手前(高知)
7	遊	森山 健一	土佐(高知)
8	捕	大久保 秀昭	桐蔭学園(神奈川)
9	投	志村 亮	桐蔭学園(神奈川)
主将		堤 辰佳	済々黌(熊本)
マネージャー		下房地 隆	慶応志木(埼玉)
監督		前田 祐吉	高知城東中(高知)
対東大 9.17			
2	左	福地 修	港北(神奈川)
4	一	橋口 博一	三国丘(大阪)

明治　対早稲田 4.9

1	中	青柳 信	甲府商(山梨)
2	二	大平 幸治	天理(奈良)
3	三	三輪 隆	関東一(東京)
4	右	敷島 太一	大分雄城台(大分)
5	一	飯島 泰臣	松商学園(長野)
6	遊	奥村 剛	熊本工(熊本)
7	捕	根来 真光	鎌倉(神奈川)
8	投	舟山 恭史	明大中野(東京)
9	左	下境 茂	桜美林(東京)
主将		飯島 泰臣	松商学園(長野)
マネージャー		小原 輝生	明治(東京)
監督		島岡 吉郎	不詳(長野)
対立教 9.17			
1	右	西島 義之	平安(京都)
2	二	田辺 昭広	関東一(東京)
6	捕	佐野 一志	日大三(東京)

法政　対東大 4.9

1	遊	山下 修一	関東学園(東京)
2	二	大島 公一	法政二(神奈川)
3	中	竹内 久生	東京農大二(東京)
4	右	**中根 仁**	東北(宮城)
5	一	横井 隆幸	愛工大名電(愛知)
6	左	宮間 豊智	岩倉(東京)
7	三	大橋 二郎	大阪産大付(大阪)
8	捕	瀬戸 輝信	福岡大大濠(福岡)
9	投	芝 光夫	高鍋(宮崎)
主将		中根 仁	東北(宮城)
マネージャー		立川 正憲	広島商(広島)
監督		竹内 昭文	宇治山田商(三重)
対東大 9.10			
4	一	金城 博明	興南(沖縄)
8	投	葛西 稔	東北(宮城)
9	遊	田中 浩介	神港学園(兵庫)

立教　対明治 4.16

1	二	高林 孝行	立教(埼玉)
2	中	山田 一男	立教(埼玉)
3	三	黒須 陽一郎	立教(埼玉)
4	一	**矢作 公一**	立教(埼玉)
5	左	山口 高誉	立教(埼玉)
6	遊	大河内 成人	立教(埼玉)
7	捕	金賀 孝	磐城(福島)
8	右	荒木 一豊	立教(埼玉)
9	投	平田 国久	立教(埼玉)
主将		矢作 公一	立教(埼玉)
マネージャー		大塚 要	立教(埼玉)
監督		横川 賢次	熊谷(埼玉)
対早稲田 9.10			
6	遊	溝口 智成	湘南(神奈川)
7	中	畠山 剛	盛岡一(岩手)
マネージャー		松本 正三	立教(埼玉)

東大　対法政 4.9

1	二	斉藤 直人	湘南(神奈川)
2	遊	柏木 隆茂	栄光学園(神奈川)
3	中	米谷 宏行	戸山(東京)
4	一	水谷 泰	麻布(東京)
5	右	石井 慎一	県千葉(千葉)
6	三	小林 実	筑波大付(東京)
7	捕	高野 賢一	灘(兵庫)
8	投	大瀧 雅寛	金沢大付(石川)
9	左	太田 晶宏	宮崎西(宮崎)
主将		水谷 泰	麻布(東京)
マネージャー		木虎 雅人	高松(香川)
監督		河野 敏章	日比谷(東京)
対法政 9.10			
3	右	斎藤 正雄	柏陽(神奈川)
4	左	藤沢 章雄	土佐(高知)
5	一	町永 智丈	横浜翠嵐(神奈川)
6	二	清谷 英広	東海(愛知)

【春季】勝敗表　法政が完全優勝

順位	チーム	試合	勝	敗	分	勝点	勝率
31	**法大**	14	10	2	2	5	0.833
②	慶大	10	8	2	0	4	0.800
③	早大	11	5	6	0	2	0.455
③	明大	13	5	6	2	2	0.455
⑤	立大	10	4	6	0	2	0.400
⑥	東大	10	0	10	0	0	0.000

・法明戦が5回戦に突入(10度目)
・慶応が1イニング11点をあげる(戦後タイ)
・大森(慶)がシーズン6本塁打
・大森(慶)が三冠王(戦後6人目)

【選手権】法政が準決勝で敗退(近畿大)
・葛西(法)がノーヒットノーラン

【秋季】勝敗表　法政が完全優勝

順位	チーム	試合	勝	敗	分	勝点	勝率
32	**法大**	12	10	2	0	5	0.833
②	慶大	12	9	3	0	4	0.750
③	早大	13	8	5	0	3	0.615
④	立大	12	5	7	0	2	0.417
⑤	明大	11	3	8	0	1	0.273
⑥	東大	10	0	10	0	0	0.000

・志村(慶)が最多連続完封勝利(5試合)
・志村(慶)が最多連続イニング無失点(53回)
・志村(慶)が通算31勝(17敗)
・矢作(立)が通算17本塁打

【神宮】昭和天皇病状悪化により中止

【春季】ベストナイン/首位打者/防御率1位

投　手	葛西 稔	法	東北
捕　手	瀬戸 輝信	法	福岡大大濠
一塁手	大森 剛	慶	高松商
二塁手	大島 公一	法	法政二
三塁手	大橋 二郎	法	大阪産大付
遊撃手	森山 健一	慶	土佐
外野手	山口 高誉	立	立教
	福地 修	慶	港北
	宮間 豊智	法	岩倉
首位打者	大森 剛	慶	高松商
防御率1位	市島 徹	早	鎌倉

【秋季】ベストナイン/首位打者/防御率1位

投　手	志村 亮③	慶	桐蔭学園
捕　手	瀬戸 輝信	法	福岡大大濠
一塁手	矢作 公一	立	立教
二塁手	大島 公一	法	法政二
三塁手	齋藤 慎太郎	早	秀明
	田中 善則	法	法政一
遊撃手	水口 栄二	早	松山商
外野手	宮間 豊智	法	岩倉
	中根 仁③	法	東北
	大森 剛③	慶	高松商
首位打者	宮間 豊智	法	岩倉
防御率1位	高橋 一太郎	立	越谷北

□六大学野球と神宮球場の動き

慶応が単独でブラジル遠征(7月)/選抜チームがハワイUSオープン野球大会で5位(8月)/早慶が台湾帯同遠征(12月)/芥田武夫(早)が野球殿堂入り/人工芝張り替え

□野球界の動き

★高校/70回記念大会で広島商6度目の優勝、中京商に並ぶ/始球式は皇太子徳仁親王(当時)/日米韓親善野球とブラジル遠征

★大学/日米大学野球選手権で日本が3勝2敗(日本・6月)/明治神宮野球大会が天皇の病状悪化に伴い中止(大会回数は19回のまま生かす)

★社会人/都市対抗野球大会が新装なった東京ドームで開催/ソウル五輪で公開競技の野球で日本(社会人・学生)は銀メダル

★プロ/屋根付き球場**東京ドームが完成**/ダイエーが南海ホークス買収、福岡へ移転/阪急ブレーブスがオリックス・ブレーブスに

□国内外の動き

★国内/リクルート事件/青函トンネル、瀬戸大橋が開業

★世界/ゴルバチョフ政権のペレストロイカ始まる/アフガニスタンからのソ連軍撤退開始/航空機事故が依然続く

第5章　平成から令和へ～新時代・安定期～

1989（平成元）年～2025（令和7）年

◉出身校、進む「私高公低」

六大学野球は100年の歴史の中で選手の出身高校の傾向が著しく変わった。別表から選手の出身校の構成（公立・私立）の移り変わりを、四半世紀ごとにリーグ初戦のスタメン（54名）から見てみる。六大学野球創設時から旧制中学と新制高校が入り交じっていた1950（昭和25）年を経て2000年の平成前半までは、公立高校（以下公立）出身選手が50%台をキープしていた。それ以降は私立高校（以下私立）出身者の比率が高くなり、平成が進むにつれて「私高公低」が顕著になり、2024（令和6）年春には公立は7%まで落ち込んだ。東大を除いた直近の3年間のスタメンは私立出身が5校全体で90%に迫る。2024年春は東大を除くと、公立出身は5校でスタメンに3名のみで、早稲田、明治、法政のスタメンには公立がなくなった（505頁）。

2024（令和6）年春の東大を除く5校のスタメンの選手の出身校は私立が29校、公立が3校で、私立29校のうち直前の4年間に甲子園に出場した高校は19校（66%）、選手は31名（74%）。公立を含めて全体では甲子園組（全国大会出場）が7割を超え、優位になるスポーツ推薦制の効果が数字に表れている。公立も3校のうち1校は甲子園出場校だ。半世紀前の1975（昭和50）年の先発メンバーの出身校は公立21校、私立は23校で、直前の3年間に甲子園に出場した高校は公立9校、私立も9校で、甲子園出場組の比率は低い。六大学野球はこの半世紀で、「甲子園に出場した私立出身選手のリーグ戦」の傾向が強くなったと言っていい。100年で大きく変わった点だ。これには高校野球への取り組みが様変わりしたことや、推薦入学はじめ受験制度の変化など、後述する変化を続ける高校野球の様々な要因が絡んでいる。

6校のスタメン(54名)に占める公立・私立出身者の割合の推移

	公立	比率	私立	比率	※
1925(大正14)年秋	31名	63%	23名	37%	56%
1950(昭和25)年秋	33名	61%	21名	39%	56%
1975(昭和50)年秋	31名	57%	23名	43%	48%
2000(平成12)年秋	20名	58%	34名	42%	29%
2024(令和6)年春	8名	**15%**	46名	**85%**	**7%**

(注)スタメンはリーグ戦初戦、※は東大を除く5校の公立率

夏の甲子園出場校の公立・私立の割合の推移

	公立	比率	私立	比率	参加校
1925(大正14)年	15校	83%	3校	17%	18校
1950(昭和25)年	20校	87%	3校	13%	23校
1975(昭和50)年	23校	61%	15校	39%	48校
2000(平成12)年	20校	41%	29校	59%	49校
2023(令和5)年	9校	**18%**	40校	**82%**	49校

別表の通り高校野球の甲子園出場校に占める公立・私立の推移は六大学野球のスタメンの割合よりさらに顕著だ。２０２３（令和５）年夏の公立の甲子園出場校は１００回の記念大会（２０１８年）以来の一桁（９校）となり、史上初めての公立がベスト16に残れなかった象徴的な大会となった。私立から六大学野球に進む選手が増え、私立の甲子園常連校出身のメンバーの比率の高さが平成に入って顕著だ。公立が１世紀で４分の１に減った。東大を除く５校すべての先発メンバーに日大三高出身８名が名を連ねている試合もあった（495頁）。高校側としてもスポーツ推薦制度や指定校推薦枠等を最大限に使い、六大学入学を果たせば高校のＰＲ効果も狙える。

甲子園出場を果たせなかった優秀な選手は全国で公立、私立を問わず毎年相当な数になる。その多くが神宮でのプレーを果たせないのは残念だ。それらの逸材が六大学野球へ進むチャンスをつくり誘導するのも６校の知恵だ。かつては高校生の夏休みを利用し、８月末にセレクションを実施していた。公立、私立を問わず多様な出身高校のアナウンスを神宮球場で聴きたい六大学野球ファンは多い。観客を呼ぶ一つの鍵になる。

一般入試の他に六大学野球へ挑戦するスポーツ入学試験は東大を除く５校にある。入試要項全体は時代とともに大きく変わ

六大学系列高校の硬式野球部（16校）

地区	早稲田系	慶応系	明治系	法政系	立教系
東東京	早稲田	—	明治中野	—	立教池袋
西東京	早大学院 早稲田実業	—	明治 明治八王子 （明治世田谷）	法政	—
神奈川	—	慶応 慶応湘南藤沢	—	法政第二	—
埼玉	早大本庄学院	慶応志木	—	—	立教新座
大阪	早稲田摂陵	—	—	—	—
佐賀	早稲田佐賀	—	—	—	—

※早稲田摂陵は2025年度から早稲田大阪に校名変更

※明治世田谷は2026年度から

り、筆者の大学受験時代の半世紀前とは比較にならない複雑さだ。少子化が進む中で受験者数を確保したい大学の姿勢の表れだ。現在のスポーツ入試制度をわかる範囲で列挙する。早稲田はスポーツ科学部のアスリート選抜入試、スポーツ自己推薦入試、明治は高校の学校長と野球部長の推薦によるスポーツ推薦特別入試、法政はスポーツ推薦特別入試による所属学部の中のＳＳＩ（スポーツ・サイエンス・インスティテュート）コースとスポーツ健康学部の自己推薦入試がある。立教は後述する。慶応にはスポーツ入試制度はないが、ＳＦＣ（湘南藤沢キャンパス）のＡＯ入試の出願案内に「ＳＦＣのＡＯ入試は多面的能力の総合評価による入学者選考です（中略）学業ならびに学業以外の諸成果を、筆記試験によらず書類選考と面接によって多面的、総合的に評価し入学者を選考するものです」とあり、戦績上位の有力な選手に門戸を開いている。スポーツ関連の学部は、早稲田のスポーツ科学部、法政のスポーツ健康学部、立教のスポーツウエルネス学部があり、早稲田と法政にはオリンピックなどの世界レベルを目指すトップアスリート選抜入試がある。この他に指定校推薦入試で入部を果たす選手も多い。系列高校については後述する。２０２３（令和５）年度のスポーツ入試、ＡＯ入試、指定校推薦入試を通じて5校の野球部に入部したと思われる80名を超す選手の9割近くが甲子園を経験した私立高出身だ。選手も試合を観る人も野球を楽しむことができれば、野球に公立も私立も関係ない。しかし、次のステージで野球を続けたい高校生の入試環境に改善の余地があれば、それを是正してやるのが大人の役目だ。

◉系列高校16校に野球部

1988（昭和63）年春の立明1回戦の立教のスタメンは9名のうち8名が立教高（埼玉／現立教新座高）出身だった（371頁）。長い歴史の中で異色のオーダーだ。8名の選手に加え、主将、チーフマネージャーも同校出身で、監督の横川賢次（熊谷・埼玉）を加えた完璧な「立教高&埼玉オーダー」だった。また、2012（平成24）年秋と2014（平成26）年春の慶応の初戦の先発メンバーは付属高校7名で占められ、主将、マネージャーもともに慶応高だった（493頁・495頁）。

その年の立教の登録メンバーは総勢75名。そのうち立教高出身が23名で3割を占める。その背景には、入部する選手の大学側の入試制度事情が絡んでいた。1970（昭和45）年に立教の体育会推薦入学制度が全廃された。その余波で入部選手が減り、結果として付属高校出身選手の比率が増えた。立教は学生数、学部数では他の5校と比べて少ない。学部学生数は立教1万9400人に対して早稲田3万8600人、明治3万2200人、慶応2万8700人、法政2万7900人。学部数は立教10学部に対して、早稲田13、明治と慶応10、法政15。国立の東大は立教より約5000人少ない1万4000人で10学部15研究科。東大は大学院生が学部とほぼ同数なのが他校と異なる。立教は1994（平成6）年に自由選抜入試制度、2008（平成20）年からアスリート選抜入試制度を新設することで、選手数の増加につなげ、2015（平成27）年には部員数が200名を超えた。

六大学の系列高校は、東大を除いた5校で別表のとおり。硬式野球部がある系列高校の16校は、早稲田が6校、慶応、明治が各3校、法政、立教がそれぞれ2校となっている。系列高校から六大学野球部への入部する割合は6校によって傾向が異なり、2024（令和6）年春の系列高校出身選手は別表のとおり。系列高校出身の部員の総登録数に占める割合は、早稲田44％、慶応41％、法政21％、立教19％、明治17％で、5校全体では系列校出身が30％を占める。早稲田と慶応の系列校の比率が高く、ともに系列校出身が全部員の4割強を占め、明治の比

系列高校出身の部員数と比率

大学	系列高校	部員
早稲田	早稲田高等学院	14
161	早稲田本庄高等学院	12
44.1%	早稲田実業	30
	早稲田	1
	早稲田摂陵	4
	早稲田佐賀	10
	合計	71
慶応	慶応義塾	52
199	慶応志木	11
40.7%	慶応湘南藤沢	13
	慶応ニューヨーク学院	2
	慶応女子	3
	合計	81
明治	明治	6
130	明治中野	9
16.9%	明治八王子	7
	(明治世田谷)	0
	合計	22
法政	法政	7
133	法政第二	21
21.1%	合計	28
立教	立教池袋	8
139	立教新座	18
18.7%	合計	26
762 29.9%	総合計	228

東大　6校合計 870
108　※数字は2024年春登録数

六大学の系列高校（24校）

大学	系列高校
早稲田(7)	**早稲田高等学院**（付属校）
	早稲田本庄高等学院（付属校）
	早稲田実業（系属校）
	早稲田（系属校）
	早稲田摂陵（系属校）
	早稲田佐賀（系属校）
	早稲田渋谷シンガポール校（系属校）
慶応(5)	**慶応**（一貫校）
	慶応志木（一貫校）
	慶応湘南藤沢（一貫校）
	慶応女子（一貫校）
	慶応ニューヨーク学院（一貫校）
明治(4)	**明治**（付属校）
	明治中野（付属校）
	明治八王子（付属校）
	（明治世田谷・付属校）
法政(3)	**法政**（付属校）
	法政第二（付属校）
	法政国際（付属校）
立教(5)	**立教池袋**（付属校）
	立教新座（付属校）
	立教女学院（提携校）
	立教英国学院（系属校）
	香蘭女子（関係校）

※**ゴシック**は硬式野球部
※早稲田摂陵は2025年度から早稲田大阪へ校名変更
※明治世田谷は2026年度から付属校へ

率が低い傾向にある。

甲子園出場では特に歴史のあるのは早稲田実業と慶応高（発足当時は慶応普通部と慶応商工）だ。中等学校野球大会創始の時代から両校は甲子園代表校に名を連ねている。早稲田実業は第1回の中等学校大会、慶応（普通部と商工）は第2回大会から出場を果たし、第24回大会で日大三中（現日大三高）が甲子園出場を果たすまで第1回大会から23年連続で、早稲田実業と慶応普通部、慶応商工のいずれかが東京都代表に名を連ねている。同じ2校（慶応普通部と慶応商工は後に統合）が23年間も甲子園出場を続けた都府県は東京都以外にない。両校に集う選手数、野球環境、そして甲子園出場を果たすという他校を寄せ付けない強い意志が両校に際立ってあったと思われる。

早稲田系は東京都にある早稲田実業、早大学院高、早稲田高に加え、地方に学校開設を展開している。1982（昭和57）年に、北陸新幹線の駅名にもつながった早稲田本庄高（埼玉、駅名は「本庄早稲田」・住所は早稲田の杜1丁目）を付属高校としたのを皮切りに、２００９（平成21）年に早稲田摂陵高（２０２５年度から早稲田大阪高へ校名変更）、翌年に早稲田創設者の大隈重信の生誕地の佐賀に早稲田佐賀高を系属高校として創設、いずれも野球部を設置し早稲田にも数多く入部している。早稲田佐賀高は創部８年目で甲子園出場を果たし、いずれ本庄高、摂陵高も含めて「早早戦」が甲子園で観られるだろう。

慶応系は慶応高、慶応志木高に加え、藤沢市（神奈川）に慶応湘南藤沢高を設置している。当初は旧制中学の慶応普通部と慶応商工が東京都にあったが、学制改革で１９４８（昭和23）年に第一高（慶応）と第二高（慶応商工）となり、翌年に統合し慶応高となり横浜市に移転した。慶応志木高は同校の50年史によると、当初は慶応農業高でスタートした（274頁）。慶応大学が農学部を新設することを前提として埼玉に慶応農業高が誕生した。しかし、財政の逼迫で農学部構想が頓挫し廃校論が出たが、農業高校の教育を惜しむ時の塾長はじめ関係者の努力で普通科の志木高として存続が決まり、当初は「農芸」の科目があり、「収穫祭」は76回の歴史があり現在も続いている。慶応に農学部が設置されていたら東大、明治とともに農学部所属の野球部員がいたわけだ。

また、１９９４（平成６）年には慶応ニューヨーク学院高出身選手の登録もあり、近年では２００８（平成20）年あたりから付属高校出身の選手の出場メンバーが増え始めた。２０１３（平成25）年に慶応の選手登録数が２００名に達した。そのうち慶応系付属高校が４割を超す83名。内訳は慶応高58名、慶応志木高９名、慶応湘南藤沢高７名、慶応ＮＹ学院高７名、マネージャー登録で慶応女子高２名。他にも湘南白百合高、駒沢学園女子高、東京女学館高、華陵高の校名もあり、神宮のオールドファンから見ると隔世の感がある。１００年の時の流れを実感する。慶応系の選手の中には目指すは甲子園ではなく、目標を神宮、早慶戦に置いている選手が多いのではと想像する。

しかし、２０２３（令和５）年夏の甲子園大会では慶応高が慶応普通部（慶応高の前身）以来１０７年ぶりの優勝に輝き、「甲子園に慶応あり」を示し、塾歌が甲子園にこだました。神宮とは一味違う迫力のある『若き

『若き血』『ダッシュKEIO』が轟いたアルプススタンド、２０２３年夏の高校野球準決勝「慶応対土浦日大」、２０２３年8月21日、阪神甲子園球場（筆者撮影）

血』と『ダッシュＫＥＩＯ』が甲子園のアルプススタンドに轟き、慶応ＯＢを歓喜させた。決勝戦での慶応高応援スタンドの両隣の内野席と外野席の大人の応援マナー問題が指摘されたが、筆者が甲子園（準決勝）で実際に目の当たりにした慶応高の応援に批判される余地はなかった。画一的な高校野球の応援が続く中で、神宮スタイルの応援があることを野球ファンに示したことは意義があった。４万人を超える観衆の中では、マウンドにいて三塁手の声さえ学生の声援でかき消されてしまう。応援が日本の野球に欠かせない中で、相手の応援を味方にする余裕と平常心を普段の練習と試合で培い試合に臨むことも必要だ。また、１９１６（大正５）年の第2回大会に優勝した「慶応普通部」は慶応普通部と慶応商工の合併チームで、優勝メンバーの監督の腰本寿、主将でエースの山口昇は現役の慶応の選手で、その年の3大学リーグ戦に出場している。甲子園大会の2年目は、まだ出場資格が曖昧な時代で、普通部の選手が大学部（専門学校）の試合に出場していた（69頁）。

明治出身の筆者は、存命中に体験したいことがある。甲子園球場のアルプス席で明治大学（高校）校歌、「白雲なびく……」を声高らかに歌うことだ。明治高は御大こと島岡吉郎（不詳・長野）が明治高監督時代に初めて甲子園出場を果たした。明治には明治高の他に、明治中野高、明治八王子高があり甲子園出場はまだ果たしていない。また、２０２６年から世田谷区（東京）にある吉田茂（日本中－正則中－学習院高等科－東京帝大・東京）元首相も学んだ日本学園高（旧日本中）が明治世田谷高として明治の付属高校になることが決まっている。野球部もあり明治勢にとってはプラスワンとなる。

法政系の法政高（東京）は法政一高時代に春夏各2回の甲子園出場を果たし、特に法政二高（神奈川）は春夏

11回の甲子園出場で2回の全国制覇を果たした。法政女子高（神奈川）が男女共学の法政国際高になったが、野球部を設置する計画はないようだ。

立教系の立教池袋高は２０００（平成12）年創設の比較的新しい付属高校だ。新座市（埼玉）にある立教新座高が元々の立教高で１９６０（昭和35）年に池袋から埼玉に移転し、後に校名が立教新座となった。立教高の時代に東京代表で春1回、埼玉代表として夏1回の甲子園出場を果たしている。

少子化が進む日本では、今後の学校運営は厳しさが増すのは間違いない。私学も学校運営の厳しさに対して、学校の特色を出しながら生徒数を確保することに策を凝らしている。系列高校を有効に増やすことは、生徒数の確保につながる一つの手段で、これからも増える可能性を秘めている。それが進めば、系列校出身の選手がさらに増えることになる。加えて系列高校が甲子園出場を意識してチーム強化（選手のスカウト他）を図り六大学へ進めば、六大学野球のスタメンの装いが変わっていくだろう。

系列高校の甲子園出場は早稲田実業が圧倒的に多く、その出場回数は第1回中等学校大会から数えて春夏50回（通算66勝）に及ぶ。次に多いのが慶応高（慶応普通部・慶応商工を含む）の30回（同25勝）で、法政二高が11回（同19勝）、明治高が7回（同10勝）、法政一高が4回（同3勝）、立教高（現立教新座高）が2回（同1勝）と続く。全国優勝は早稲田実業、法政二高と慶応高（慶応普通部と慶応高）がそれぞれ2回ある。

甲子園での系列高校同士の対戦は意外に少ない。「早法戦」（早稲田実業対法政二高）が2回あるのみだ。ともに法政二高が勝利し、１９５７（昭和32）年夏は準優勝、１９６０（昭和35）年夏は全国優勝を果たした。甲子園アベック出場は法政一高（東京）と法政二高（神奈川）が2度（１９６１年夏・１９８４年春）同時出場しているが「法法戦」はなかった。

甲子園へ駒を進める地区大会決勝で系列高校が対戦したケースは、「慶法戦」「早明戦」「慶明戦」の３つのパターンがある。「慶法戦」は慶応高と法政二高が春夏秋の神奈川県大会で6回対決し、慶応高が4勝2敗している。中でも１９５９（昭和34）年と翌年は2年連続の決勝対決でともに法政二高が制し、１９６０年は夏の甲子園覇者となった。この時の両校のエースは、法政二高は読売ジャイアンツの外野手で活躍した柴田勲、対する慶応高は六大学野球史上初の完全試合を達成した渡辺泰輔だった。また、法政二高はこの大会の前後を合わせて夏の神奈川大会で5年連続優勝を成し遂げ甲子園出場を果たしている。まさに「神奈川に法政二高あり」だった。「早明戦」は１９５０（昭和25）年夏の決勝で島岡吉郎率いる明治高が早稲田実業を破り夏の甲子園初出場を果たした。島岡はこの年の選抜大会と翌年の同大会を含めて3季連続で明治高を甲子園に導いた。島岡はこの甲子園出場をステップにして、１９５２（昭和27）年の大学の監督就任へつないでいく。

さらに、１９５８（昭和33）年夏の東京都大会決勝で早稲田実業と明治高の対戦があった。早稲田実業は後の世界のホームラン王の王貞治を擁し、5季連続甲子園出場にあと1試合と迫った。これに立ちはだかったのが明治高だった。試合は1対1で延長戦に入り、延長12回表に早稲田実業が4点を奪い、5季連続甲子園出場間違いなしの形勢だったが、その裏に明治高が5点を奪い返して3回目の夏の甲子園出場を果たした。ともに都大会7戦目の試合で、甲子園にたどり着くまでには長い道のりの時代だった。神宮球場は六大学野球に負けず劣らず沸いたことだろう。明治高に敗れた早稲田実の王貞治が甲子園に向かう明治高を東京駅で見送った話は有名だ。その後の王の野球人生を通して滲み出る人間の力を象徴している。今でも王の立ち振る舞いに優しさを感じるのは筆者だけではないだろう。人間の持つ力だ。

島岡が後に明治の監督になり、筆者の現役時代には本人から3度の甲子園出場の自慢話を一度も聞かなかった。不思議なことだった。明治高は１９５０年代を中心に春夏合わせて7回の甲子園出場を果たしたが、１９６６年以降は出場が半世紀以上途絶えている。甲子園での「白雲なびく……」を待ち焦がれる。

「慶明戦」では慶応高が東京にあった１９４８（昭和23）年夏に、島岡吉郎率いる新制高校移行後の明治高は初の東京代表を争い、決勝戦で慶応高が勝利している。翌年に慶応一高（普通部）、慶応二高（商工）が統合されて慶応高として横浜に移転した。この時の経緯は筆者の前著『なんとかせい！　一事入魂　島岡御大の10の遺言』（鳥影社・2023年）に記した。その2年後に明治高は早稲田実業と決勝で対戦し「慶明戦」の屈辱を「早明戦」で晴らしたことは先述した。この頃から島岡に「打倒早慶」が宿っていたに違いない。

「早早戦」「慶慶戦」「明明戦」はまだ地区大会の決勝ではない。2010（平成22）年夏の西東京大会準決勝で早稲田実業と早大学院の早稲田対決があり早稲田ファンを喜ばせ、早稲田実業が勝利した。早稲田は付属・系属高が増え、野球部の強化も図っているので、甲子園での「早早戦」が地区大会より先に実現するかもしれない。

長い高校野球の歴史で甲子園での「早慶戦」はまだない。早稲田実業は第1回中等学校優勝野球大会に出場し、慶応高（慶応普通部）は第2回大会に出場を果たしており、高校野球では名門中の名門だ。慶応高（慶応普通部と慶応商工が合併）が横浜市に移転する前はともに東京都代表なので甲子園での対戦はなかった。横浜移転後は、2校は1956（昭和31）年夏と、2009（平成21）年春にともに甲子園に出場したが早慶の対戦は叶わなかった。「早慶戦」が甲子園で実現したら、アルプススタンドの両校の応援合戦は注目の的となろう。昨年甲子園で話題となった慶応の応援に加えて早稲田系の応援が加われば新たな話題となるに違いない。地区大会の系列高校同士の対戦可能なケースを別表にまとめてみた。系列高校

高校野球地区大会で可能性のある六大学対戦

早慶戦	（埼　玉）早大本庄×慶応志木
早明戦	（東東京）早稲田×明治中野 （西東京）早大学院×明治 早大学院×明治八王子 早稲田実業×明治 早稲田実業×明治八王子 （早大学院×明治世田谷） （早稲田実業×明治世田谷）
早法戦	（西東京）早大学院×法政 早稲田実業×法政
早立戦	（東東京）早稲田×立教池袋 （埼　玉）早大本庄×立教新座
慶明戦	なし
慶法戦	（神奈川）慶応×法政第二 慶応湘南藤沢×法政第二
慶立戦	（埼　玉）慶応志木×立教新座
明法戦	（西東京）明治×法政 明治八王子×法政 （明治世田谷×法政）
明立戦	（東東京）明治中野×立教池袋
法立戦	なし

兄弟校対戦

早早戦	（西東京）早大学院×早稲田実業
慶慶戦	（神奈川）慶応×慶応湘南藤沢
明明戦	（西東京）明治×中野八王子 （明治×明治世田谷） （明治八王子×明治世田谷）

同士の戦いは六大学野球関係者の人間模様も入り混じり、さらに振り返ってみるのも面白い。

系列高校から六大学野球に進む選手は、各章の末尾にあるメンバー表でもわかるように数多い。甲子園を制覇して、六大学野球でもリーグ優勝を果たし、大学日本一の座を勝ち取ったケースは２００６（平成18）年の早稲田実業のメンバーだ。早稲田実業は第1回中等学校大会から数えて88回目の大会での悲願達成だった。このことを初めて知る人は多かった。歴史は重い。その後甲子園出場メンバー18名の中の9名に加えエースの斎藤佑樹の同期2名が早稲田に入部した。リーグ戦で優勝を果たした上に、２０１０（平成22）年の神宮大会には、斎藤、後藤貴司、山田敏貴、佐藤泰、川西啓介、佐々木孝樹が出場し、東海大を下し初優勝した。甲子園、神宮球場で日本一を制した系列高校出身の平成ゴールデンメンバーだった（491頁）。

系列大学に進む選手が多い中で、他の六大学野球部に進むケースもある。早稲田実業から他の系列大学に進んだケースが最も多い。明治の3代目の監督の岡田源三郎は早稲田実業から中央大を経て明治に進んだ。しかも、島岡吉郎が明治中（現明治高）の監督就任時は、島岡の依頼で実質的な監督（肩書きはコーチ）に就いている。早稲田実業は１９０１（明治34）年の創立で、早稲田の前身の東京専門学校が早稲田大学に呼称変更したのがその翌年。早稲田実業は「早稲田」の呼称では本家の1年先輩となる。創立から62年後の１９６３（昭和38）年に早稲田の系属高校となった。系属高校になる前の62年間に早稲田実業は夏の甲子園に18回、系属高校になってからは10回の出場、早稲田実業の甲子園出場は系列高校でない時代の方が多い。このことが早稲田以外の野球部へ進んだ大きな理由だろう。

5校の系列高校から東大野球部に進み、スタメンに名を連ねたのは、早大学院高の古田維、明治高の田村孝廣、早大本庄の出田興史、早稲田高の堀井博夫らがいる程度だ。古田は１９７８（昭和53）年にはフルシーズンで中堅手として出場し（361頁）、出田は14試合に登板した。明治中出身の西本宏が１９４８（昭和23）年から2年間にわたり早稲田のサードでスタメン出場している（268頁）。早慶間では早稲田系から慶応のスタメンに登場したのは、

100年で1986（昭和61）年春の布施努（早稲田実・東京）があるのみだ（369頁）。先述した1919（大正8）年の鍛治仁吉は異色だ（313頁）。いずれ系列高校から東大野球部に入部する選手が現れ、東大の先発メンバーに5校の系列高校出身のメンバーが名を連ねる時代が来たら、東大のスタメンの趣が変わる。

系列高校の監督から大学野球部の監督に進んだ監督も多い。前述の明治の島岡吉郎は野球経験のない中で明治中（その後明治高）、明治の監督を長年務めた異色のケースだ。法政の黄金時代を築いた松永怜一（八幡・福岡）は、法政の監督に就く10年前に法政一高の監督を務め、法政一高を春夏の甲子園に導いている。松永の前任の田丸仁（立正中・東京）が法政二高の監督から大学の監督になり、明治には明治高の監督から島岡吉郎の助監督を務め監督に転進した大渓弘文（平安・京都）がいた。

◉指名打者（DH）制の選択

野球の打順（オーダー）の方式は、通常の打順の他に「指名打者（DH・Designated Hitter）制度」がある。野球のルールではもともとは存在していなかった。今から半世紀遡った1973（昭和48）年にメジャーリーグで採用された。当時、アメリカン・リーグの人気が低迷し、観客動員数が大きく落ち込み、その対応策として採用されたのがこの制度だった。『六大学野球全集』によると、アメリカン・リーグが初めてDH制度を採用した年の44年前（1839年）に、ナショナル・リーグの総裁のハイドラーが「10人制野球」を二大リーグ連合会議に提案したとある。今から200年近くも前にアメリカではDH制度が正式な議題に上がっていたことになる。公認野球規則の5・11(注1)で運用ルールが細かく定められている。

結構ボリュームのある規則だ。DH制度を経験していない野球人にとっては何とも面倒臭いルールに映ってしまう。簡単にまとめると、DH制度が導入されているリーグでは必ずしも指名打者制度を使わなくてもいい。試合の途中から選手を指名打者にすることはルール上できないが、最初にDH制度を使わないと宣言すれば、9名で試合を進めることができる。逆に、途中でDHを解除して、選手を守備につかせることもルール上許されている。DH制度が導入されているリーグではDH制度を利用した方が試合を有利に進めることができるため、DH制度を使わないチームは皆無だ。そして、大谷翔平（花巻東・岩手）の「二刀流」の出現によってメジャーリーグでは2022年から投手が打順に入り、その後降板してもDHとして残れるルール改正が行われた。野球を「楽しむ」ことをメジャーリーグは優先したといっていい。「さすが、メジャーリーグ」と叫ぶしかない。この「大谷ルール」は翌年から日本でも採用された。大谷は新制度の1年目で規定投球回数と規定打席数の両方をクリアするという離れ技を演じた。分業方式の野球が当たり前になった今、野球の原点の「投げる」「打つ」「守る」「走る」を一人でできることを世界の野球少年に示した。アウェイでも「SHOHEI! Come to ……」が連呼された、こんな光景は初めてだった。その大谷の活躍の舞台は今年から同じロサンゼルスのドジャースタジアムに移った。昨年からメジャーリーグではベース（キャンバス）が大きくなった。15インチ（約38・1セン）四方から18インチ（約45・7セン）四方になり、この変更で本塁から一塁、本塁から三塁の距離は3インチ（約7・6セン）減少し、一塁から二塁、二塁から三塁の距離は4・5インチ（約11・4セン）減少した。二刀流から野手一本に絞られ全力疾走を魅せる大谷の盗塁、内野安打がさらに増えるか、ホームランとともに楽しみが増えそうだ。ベースの大きさの変更は日本では見送られている。

日米のプロ野球では、セントラル・リーグとナショナル・リーグが通常制度で、パシフィック・リーグとアメリカン・リーグがDH制度を採用している。六大学野球は従来の規定通りの方式を100年にわたって続けている。一方、東都大学野球は、1994（平成6）年からDH制度を採用している。ナ・リーグ、セ・リーグ、六大学野球が通常制度で、ア・リーグ、パ・リーグ、東都大学野球がDH制を採用し、二分してきた。DH制度は野球のゲームマネージメントばかりでなく野球観を変える制度だ。日米のプロ野球、大学の2大リーグで採用が

連盟・大会別のDH制採用状況　※括弧内は使用バット

リーグ・大会	DH制採用	従来制度採用
プロ野球　（1軍）	パシフィック・リーグ（木製）	セントラル・リーグ（木製）
（ファーム）	主催チームの判断（木製）	
社会人野球	すべての大会（木製）	×
大学野球　（リーグ戦）	右記を除くすべての連盟（木製）	東京六大学、関西学生野球（木製）
（全国大会）	大学野球選手権大会（木製）	明治神宮野球大会（木製）
大学準硬式野球	リーグによって選択（金属・選択可）	
高校野球（国内大会）	×	すべての大会（金属）
（国際大会）	すべての大会（木製）	×
中学生硬式野球	すべてのリーグ（金属）	×
軟式野球	連盟主催のすべての大会（金属）	少年・学童部はDH制を検討
ソフトボール	すべての大会（金属）	×
アメリカ野球　（プロ）	アメリカンリーグ、ナショナルリーグ（木製）	×
（大学）	NCAA・NAIA・NJCAA・CCCAA・NWAC	×

※アメリカの大学の金属バットはBBCOR基準（低反発）、NWACは木製バット
※（金属）は「金属も使用可能」、（木製）は「木製のみ使用可能」

分かれたのは偶然といえ面白い。

アマチュア野球ではDH制度を採用していないリーグ、大会を数える方が早い。社会人野球はすべての大会でDH制度を採用している。一方で、大学では東京六大学と関西学生野球連盟、神宮大会だけが採用していない。高校野球は国際大会を除いてすべての大会（全国大会、地方大会）で通常制度を堅持し、DH制度から最も遠い位置にいる。高校野球がDH制度を採用した場合、力のある投手と打者を数多く揃えることができる高校がさらに有利になるので採用に踏み切れないことも考えられる。日本野球の勃興の祖である六大学野球と高校野球がともに「伝統」を維持している。しかし、国際大会ではプロ・アマ通じてほとんどがDH制度を採用し、野球界全体ではDH制度採用の流れであり、セ・リーグでDH制度採用の提案がされたが却下されている。

六大学野球でDH制度の採用についての議論は聞いたことはない。かつての新人戦にあたるフレッシュトーナメントも通常制度だったが、タイブレーク制度に加え、2018（平成30）年からDH制度を採用した。6校が100名を超す部員体制となり、少しでも多くの選手に出場機会を与えることが目的であろう。DH制度は野球を運営する側では議論されるが、観る側で真剣に議論されたことは聞かない。観る側にとって試合が盛り上がればどちらでもいい。「第

2の大谷」が野球界に現れるか、そちらの方に興味が湧く。

ＤＨ制度を記していて、柔道の道着のカラー（青）化を思い出した。日本のお家芸の柔道がオリンピック競技に正式に採用されたのが、１９６４（昭和39）年の東京オリンピックだった。元々道着は白一色であり、その後柔道が欧州中心に世界に広まり、世界柔道連盟でカラー化が議論された。反対意見が強かったが、議論を重ねた上でカラー化が決定された。この決定の席上では本家の日本が反対意見を弁ずる機会は封じられたという。何とも武道精神に反した決定だった。特に柔道が普及したフランスをはじめ欧州柔道連盟傘下の国の賛成意見が強く、審判が判定しやすいことと、同じカラーのユニフォームで戦う競技は極めて少ないことがカラー化の理由だった。白と白で戦う柔道は何とも崇高なスポーツに映るが、この繊細さは欧州人には理解できないとするしかない。しかし、カラー道着が定着した現在では違和感が年々薄れてきたのは仕方がない。カラー化の議論の中で賛成派が圧倒的に多かった欧州の中でドイツが反対し、アメリカも反対だったというのが意外だった。最初の東京オリンピックの柔道参加国は27ヵ国で、３年前に行われた2回目の東京大会は女子の種目が加わったこともあり、１２８ヵ国の参加があり半世紀を経て１００ヵ国も増えたことになる。本家の日本が柔道の普及活動を積極展開し、柔道が世界的な人気スポーツとなった。野球とソフトボールがオリンピックの通常競技から除外されているのとは対照的だ。日本柔道の努力が実を結んだ結果なのでカラー化も仕方ないと思う反面、欧州連盟の決定に至る仕業は武道精神に反すると繰り返したくなる。日本では柔道日本一を決める男女の全日本柔道選手権大会は白の道着で統一している。家元の講道館が主催する大会なので納得する。道着のカラー化は明治神宮が主催する神宮大会が採用していない野球のＤＨ制度と比べてしまう。

柔道に話は逸れたが、本著を執筆中の２０２２（令和４）年から、ナショナル・リーグがＤＨ制度採用に踏み切った。アメリカン・リーグがＤＨ制度を採用してから51年後のことだった。リーグの中には賛否両方の意見があったが、アメリカ野球界の流れに沿った形となった。今後は日本のセ・リーグ、六大学野球がＤＨ制度を採用するかに焦点が移るが、セ・リーグがＤＨ制度採用に踏み切ったら、六大学野球、関西学生野球、神宮大会、高校野球の現状維持派がどう対応するか。興味が募る。アメリカがすべてのリーグでＤＨ制を採用した今、日本で「伝統」を守ることは意義深いことと感慨に耽ってしまう。

また、野球界では先導役を果たしてきた六大学野球が背番号の採用について踏み止まった時代があった。日本では１９３１（昭和６）年に行われたプロ野球の日米野球から背番号が採用された。その後、高校野球（１９５２年、他に１９３１年の選抜大会に背番号が採用された記述あり）、東都大学野球（１９５６年）と続いたが、六大学野球は背番号採用を見送り続けた。伝統を守ることに加え、背番号によって選手が商品化されるという当時の世相を映す意見があった。六大学野球が背番号を採用したのは１９５９（昭和34）年。プロ野球界での採用から四半世紀が過ぎていた。早稲田の場合、背番号採用時の正捕手の野村徹（北野・大阪）が「６」、エースの安藤元博（坂出商・香川）が「11」を付けて以来、右のエースが「11」、正捕手が「６」、一桁の番号が内野手、10番台は投手、20番台が外野手という慣習が今も引き継がれている。明治は当時の監督の島岡吉郎が高校野球の監督から転身したことに因むのか、高校野球と同様に守備位置の順番で背番号を付けることが続いている。背番号も６校でそれぞれの伝統を受け継いでいる。

◉応援と六大学野球

応援団長から明治の監督になった島岡吉郎が「帝大（東大）のいない六大学野球は気の抜けたビールのようなものだ」とよく口にしていた。島岡が「応援団のない六大学野球は……」と言ったとは聞かないが、六大学野球に欠かせないのが６校の応援だ。春秋のリーグ戦はグラウンドの選手の躍動と母校愛溢れる学生応援がセットで成立する。１９２５（大正14）年に誕生した六大学野球は、すでに応援が花盛りの中でスタートした。応援が始

六大学野球戦後復活時の応援、
写真のリーダーは明治の応援団長の八巻恭介、
昭和 21 年の後楽園球場での早明戦
（写真提供：明治大学応援団ＯＢ会）

まったのは六大学野球スタートから遡ること約四半世紀前だ。最初は応援を指揮する人が扇子を手に拍手を求めた応援だったが、みるみるうちに過激な応援のスタイルに変わっていったという。それだけ人々にとって野球が魅力的なものだったのだろう。応援団という呼び方でなく、応援隊、野次隊といっていた。野球を観て楽しむというより、相手を倒すことが至上命令の応援で、野球の発祥地のアメリカの応援とは趣がまったく異なる。１９０３（明治36）年に行われた最初の早慶対校戦は、早稲田に9年先んじて創部された慶応に対して、時の早稲田の主将、橋戸信（青山学院中・東京）が差し出した「果たし状」から始まったというから、応援が過激になったのも不思議ではない。早慶対校戦は3年目の秋から現在の勝ち点制の起源といえる3回戦制となった。1勝1敗の五分となり双方の応援隊のヒートアップは止まず、さらに応援の人数で揉め、双方の熱狂が沸点に達し、試合は中止に追い込まれた。早慶対校戦は9試合行った後に19年間も中断した。運命の「勝ち点制」だった。

六大学野球が始まってから22年後の１９４７（昭和22）年に東京六大学応援団連盟が結成された。戦後、リーグ戦が再開された翌年だった。六大学野球が始まる前から応援の過熱によって多くの事件が発生し、社会問題になることもザラだった。それを考えると6校での連盟結成が野球より22年も遅れたことは意外だ。

六大学野球が始まって以来、帝大には応援団組織がなく、５大学で応援団連盟を結成し運営していた。『明治大学応援団１００年史』（明治大学応援団・同ＯＢ会編）によると、戦後の六大学野球復活と同時に、その帝大に応援団設立を呼びかけたのが明治の団長の八巻恭介（中央商・山梨）だった。写真は六大学野球が復活した1

946（昭和21）年春の後楽園球場での早明戦の一塁側応援団席の八巻の姿だ。八巻が時の帝大総長の南原繁（大川中－旧一高－東京帝大・香川）に応援団設立の陳情に行くと、南原は、

「エールを送られても、エールを返さないことは礼に失する」

と応え、帝大に応援部ができる運びとなった。粋な「エール交換」だった。明治は帝大に2週間ほどの応援指導に出かけ、帝大応援部が設立され、野球と並び応援団も6校体制となった。

そして、その後設立された連盟の産みの親が、その南原繁だった。野球では連盟参加は帝大がしんがりだったが、帝大に応援部ができ応援団の連盟設立では帝大がリードした。帝大というより南原個人の力が大きかった。南原は応援部ができた戦後2年目の東大五月祭で、

「敗戦のどん底に再び美しい五月祭を迎えた。祖国再建の重責をになうわが学生諸君に二つのことを要望する。第一は大学は最高の学問の府であり真理探究の使命をもっているが高い知性とともに芸術の香り高い大学にしてもらいたい。プラトンもかの理想国家論の中で芸術と体育に重要な意義を認めている。（中略）第二は健全なスポーツを盛んにすることである。（中略・本学にとって）初めて生れた応援部にその推進力としての役割を期待する」（『應援団　六旗の下に』東京六大学応援団連盟ＯＢ会編）

と格式高い挨拶をし、応援団連盟結成式では、

「祖国は敗れ、大学は荒廃した。今わが国に欠乏しているのは（中略）理性と道徳である。国家を再建し、大学を復興させるには（中略）精神のルネッサンスが必要であり、そのためには、健全なるスポーツを全学生の中に盛んにすることが肝要である。応援団は（中略）新しい使命を持っている。（中略・これまでは）硬派の集まりみたいにしか思われていなかった。（中略）新しい時代になったことでもあり、ここで紳士として、各大学のリーダーシップをとるべきである」（『東京大學應援部五十年史』東京大学運動会応援部赤門鉄声会編）

と、訓示している。もし、南原が帝大に応援部をつくらなかったら、東大が「校歌なし、校章なし、応援団な

し」の体制が続いていたかもしれない。東大に応援部ができたことは、六大学野球を語る上で重要な出来事だったといえる。南原は首相の吉田茂の単独講和論に対し全面講和論を主張、自衛権と最小軍備の必要性を説いた。

応援団に付きもののブラスバンドが登場したのは、連盟が結成された2年後に明治が設立し各校が後を追い、1952（昭和27）年の東大の設置で6校が揃った。それまでは音の出るものは和太鼓か、大太鼓だけだったのであろうか。1960年代にバトントワラーズが出現し応援が華やかになったが、ブラスバンド、バトンのない時代の応援は今よりシンプルで、リーダー部が目立ち主役だった。応援団員の身振り手振りだけで1万人を遥かに超えた学生を統制の取れた規律のある姿をつくるのは芸術ともいえた。『應援団　六旗の下に』の中で、当時の早稲田大学総長の西原春夫（成蹊中－早稲田・東京）は、

「早稲田の応援部は、創設当時には『君たちは二万、三万の学生の前に立つわけだから、常に模範的な学生でなくてはならない』という不文律があり、成績も素行も厳しくチェックされ、不適格者はすべて振るい落とされたという。そして、運動部員に負けないぐらいハードなトレーニングを行って体力強化を図った（中略）歴史と伝統をふまえ、テクニックプラス体力、強靱な精神力を受け継いだ応援部が、スポーツの応援だけでなく、入学式、卒業式などいろいろな大学行事に参加してくれ、雰囲気を盛り上げくれていることを私はうれしく思い、また誇りに思っている」

と、賛辞を送っている。

さらに立教総長の高橋健人（たけひと）（不詳・群馬）は、同誌で「応援団はスポーツ振興の推進力」として、

「東京六大学が日本における学生スポーツ界で指導的役割を果たして来たことは周知の事実であります。（中略）戦後の荒廃した学園に明るさを取り戻し、スポーツを通しての学生交流という役目を担ったのが応援団でした。（中略）アメリカ中の大学がフットボールの試合に熱狂します。その試合にもすばらしいバンドと美しいチアガールたちが登場して試合を一層楽しいものにしてくれます。（中略・しかし）日本の大学の応援団を比較した場合、

試合に熱狂する学生は、応援団を媒介として、選手とともに試合に参加しているのです。リーダー部が中心である応援団は日本の大学だけにみられる特別な学生運動であり、それぞれの大学におけるスポーツ振興の推進力という意味を持つのです」

と寄稿している。リーグ戦復活へ向けて敗戦直後から6校が力を合わせ、翌年の春にはリーグ戦を復活させたように、応援団も連盟設立を機に敗戦からの復活へ6校が立ち上がった。

応援団の名称も各校で異なる（括弧内は代表名称）。早稲田大学応援部（代表委員主将）、慶應義塾大学應援指導部（代表）、明治大学応援団（団長）、法政大学応援団（団長）、立教大学体育会応援団（団長）、東京大学運動会応援部（主将）とさまざまだ。ストレートに「応援団」「団長」としているのは明治と法政だ。応援団連盟結成36年を記念して発行された『應援団　六旗の下に』に連盟結成の経緯が詳しく記されている。

各校の応援団の組織は連盟ができてから近代化が進み、現在は各校で名称は異なるが、「リーダー部」「吹奏楽部」「チアリーディング部」の3部構成が主流のようだ。幹部の名称も、筆者の時代は「団長」「副団長」「リーダー長」「旗手長」「新人監督」「総務」「渉外」の名称だったが、応援団内部の改革が進むにつれて役職の名称も変わってきている。平成に入ると女性部員の比率が増し、女性幹部も多くなった。2024（令和6）年の立教の応援団幹部の名簿をみると、幹部12名は全員女子で構成され、応援団の運営は女性が中心となっている。これは筆者以前の諸兄からすると想像もできないことだ。各校の応援団が時代とともに変わったことは、従来の応援団からバトン、チアが中心となり、不祥事も重なったことも起因しているという。2024（令和6）年春の各校の応援団（部）体制は、早稲田127名、慶応87名、明治115名、法政80名、立教62名、東大66名で野球部並みの規模を誇る。

神宮球場での校歌のエール交換は花形だ。1回と試合終了後のエール交換時には、旗手長が自校の校旗を掲げる決まりとなっている。試合開始前と7回のエールの交換は先攻の3塁側（早慶戦は固定）から、試合終了後は勝利した側から始める。7回の自校エールは慶応が応援歌の『若き血』、東大が運動会歌の『大空に』にしていることが異なる。他校は1試合で校歌を3回、慶応と東大は2回となっている。「慶応大学応援指導部75年通史」によると、新しい塾歌（校歌）を早慶戦だけのエール交換に使ったことで明治、法政から抗議があり、塾歌をエール交換に使うようになったが、7回のエールを『若き血』にしているのはそれまでのしきたりの名残だという。

その花形のエール交換のリーダーは男と学ランが定番、専売特許だったが、近年いよいよ女性が登場し、初の女性応援団長が誕生した。２０１７（平成29）年度の明治の応援団長に就任した新宅杏子（しんたくきょうこ）（日比谷・東京）だ。前年までは応援団の吹奏楽部でフルートを担当していた。明治の応援団は、吹奏楽部、チアリーディング部、応援指導班の3部門で構成され、当時は

校歌を振る六大学初の女性応援団長の明治・新宅杏子、神宮球場、2017年（写真提供：新宅杏子氏）

所属の団員１００名。演奏活動をしながらその頂点に立った。神宮で初の女性選手の明治のジョディ・ハーラーの出場から22年後のことだった。神宮球場での新宅の勇姿は、男とは違った黒のパンツスーツを身につけた、なかなか品のある迫力だった。新宅は就任当時、学内報のインタビューに、

「（応援団に入るきっかけは）応援団が（中略）開催している六大学野球の応援ツアーがきっかけです。（中略）フルートの経験があったので、これならできるかもしれないと思って入部しました。（中略）フルートも上達し、活動を楽しめるようになりました」

「（団長としては）『時代に先駆けた応援団になる』が目標です。（中略）これまで行ってきた慣習がたくさんあります。（中略）変えていくのか、それとも残していくかということを団員全員で話し合っていきたいです」

と吹奏楽部員から団長に就任した抱負を語っている。そして、２０２１（令和３）年に刊行された『明治大学

応援団100年史』の中で、

「ここ数年の明治大学応援団は7割程度が女性です。ですから女性が団長という役職に就くということは、何も特別なことではなかったはずです。（中略）応援団特有の文化や伝統があることは素晴らしいことです。（中略・しかし）応援団の『常識』を当たり前のこととして捉えてほしくないのです。『常識』は時に選択肢の幅を狭め、問題点や可能性に気付くことを妨げます。伝統には理由があります。その意味を考え、守り、（中略）頑張る誰かを心をこめて応援する団体であり続ければ、どのような形であっても応援団が存在する意義は失われないと信じています」

と後輩にエールを送っている。

女性団員が初めて校歌を振ったのは2005（平成17）年の法政の副団長の田中千春（不詳）だった。2014（平成26）年には早稲田の木暮美季（早大本庄・埼玉）が応援部の副将で初のリーダー長となり、その時の団長は同じ早大本庄高吹奏楽部出身の仁熊（にくま）佑太だった。続いて慶応の菊池彩美（あやみ）（慶応女子・東京）が応援指導部代表、リーダーとなった。女子の学ラン姿のリードを神宮でお目にかかれるようになるとは思わなかった。2022（令和4）年には明治の中藤（なかとう）有里（八王子東・東京）、東大の杉田南実（みなみ）（松本秀峰中等教育・長野）、慶応の小竹栞（国際・東京）の3名が応援団（応援部・応援指導部）のトップに就いた。東大の杉田、明治の中山実優（川越女子・埼玉）の学ランを纏ったリーダーぶりは日を追うごとに板についた。さらに翌年には慶応の畑山美咲（相模原・神奈川）、明治の竹内さくら（富士見・東京）が代表、団長で続き、今年は明治の前田知咲（ちさき）（各務原西・岐阜）と立教の望月蒼生（あおい）（愛知淑徳）が団長に就いた。女子のトップは応援団では普通の時代となった。

応援スタイルは100年で随分変わった。神宮球場の外でも、早慶戦終了後に行われる優勝チームの応援団が仕切る自校への優勝パレード（提灯行列）も様変わりした。筆者の母校明治の優勝パレードはかつて絵画館前から九段の坂を経由して駿河台まで延々と続いた。学生は一升瓶を片手にほろ酔いでパレードに付き添い、ビール

戦後初の明治の優勝で提灯行列後に大学本館に集まった１万人の学生、1953 年 10 月 26 日（写真：駿台スポーツ新聞・現明大スポーツ新聞）

かけや校歌のリフレインが続き、終点の本校の駿河台ではパレードの盛り上がりが沸点に達した。大学、選手、学生が一つになって優勝を祝った光景が蘇る。１９７５（昭和50）年秋の明治の優勝パレードには後日談があった。早慶戦３回戦が六大学野球史上最長の延長18回となり、絵画館広場に集まった明治の学生は延長18回の煽りですでにでき上がり、おまけに、延長戦に痺れを切らした監督の島岡吉郎が「早慶の延長戦に付き合うのは勘弁してくれ。優勝パレードは中止だ」と言い放ち、応援団を慌てさせた一幕があった。今では駿河台下からリバティタワーまで約20分のパレードに変わり、隔世の感だ。パレード後は、高田馬場（早稲田）、三田（慶応）、お茶の水（明治）、神楽坂（法政）、池袋（立教）の繁華街へ繰り出す定番の光景が懐かしい世代が減っていくのは寂しい。本郷（東京・文京区）へのパレードはいつになるのだろう。

そして、最近のコロナウイルスは６校の応援団も悩ませた。２０２０（令和２）年春のリーグ戦は中止の選択肢がある中で開幕を８月10日に延期し、１試合の総当たり制となった。初の「夏」のリーグ戦となった。しかし、野球とセットの応援活動は叶わなかった。秋のリーグ戦は翌月の９月19日に迫り、応援団は悲嘆に暮れる暇もなく応援復活に向けて動いた。そこで考えついたのが、感染対策第一の下での「外野席」「部員の固定」「マスク着用」だった。連盟と協議の末、実施が決まった。六大学野球史上初めての「外野席」だったが、リーダー部、チアリーディング部、吹奏楽部が一体となった応援スタイルを１シーズンで復活させた。感染が日本中に広がり、あらゆるスポーツの応援がなくなった中で、六大学野球が初めて応援を復活させた。その後、東都大学野球も同じ応援スタイルを始めた。応援の伝統を守りたい、現役時代に神宮球場で応援スタンドに立ちたい、この気持ちが学生を動かした。神宮球場は応援団にとっても選手と同じ晴れの舞台だ。6校の応援団をまとめたのが、当時の応援団連盟委員長の早稲田の応援部代表委員主将の宮川隼（はやと）（稲毛・千葉）だった。その年はＮＨＫの朝ドラ『エール』が放映され早稲田の応援部が注目を浴びた。2試合総当たり制のそのシーズンは宮川の思いがチームに乗り移ったのか、早稲田が7戦0敗（3分）で優勝を果たした。宮川は卒業時に早稲田スポーツ（早稲田スポーツ新聞会）のインタビューで、「3年間苦労してきて、ようやくって時だったのに。（コロナ禍で）終わっちゃったな」と一時は考えたが、連盟委員長として六大学の最低限の応援を確保しようと思い、それは達成できた。応援部とは「色んな人が、それぞれの答えを見つけるもので、正解はない」。「その力があるからこそ、応援部は今まで続いてきただろうし、これからも何年でも続くと思う」。応援部とは「人と人をつなぐ存在。自分が応援部で一番学び得たことも、人の大切さだった」。この4年間に未練はない、と答えている。

最近では早慶戦でも2万人台の動員に止まっている。往年の六大学野球ファンからすると信じられない光景だろう。早慶戦に限らず3万、4万の大観衆の応援によって身体が震える感覚を今の選手は体感していない。応援団がさらに活気づくには学生応援の動員がすべてだ。学生で溢れる学生応援席の復活は応援団だけでなく、六大学野球ファン全員が待ち望んでいる。試合とともに学生応援席を観る楽しみが六大学野球の最大の特徴だといっていい。学生応援席が満席になり、第2内野席が学生応援に使われるだけでリーグ戦の景色はガラリと変わる。かつては外野の芝生席まで学生で埋

コロナ禍で応援団が外野席へ移動、秋の東明戦、2020年11月1日（筆者撮影）

まり、優勝が決まる瞬間に新聞紙を千切った紙吹雪が舞い、無数の紙テープがグラウンドに放物線を描いた。懐かしい。

◉校歌・応援歌は神宮の華

各校の校歌と応援歌は応援のシンボルだ（522頁）。慶応は校歌を塾歌と呼び、校歌のない東大は応援歌を充てている。3万人、4万人の観衆の中で聴く校歌は、すり鉢状の神宮球場の中では共鳴し、大観衆の中のマウンドでは身体が震えるような、なんとも言えない感覚が身体に染みついている。学生応援の力は偉大だ。

改めて各校の校歌の歌詞を詠んでみると、自然に旋律がついてくる。「都の西北……」「見よ風に……」「白雲なびく……」「若きわれら……」「芙蓉の高嶺……」「ただ一つ……」とくれば自然に6校の歌詞が湧いてくる。神宮球場で学生応援に合わせて校歌を小声で口ずさみながら観戦している高齢のファンをよく見かける。神宮のスタンドの微笑ましい光景だ。

各校の校歌、応援歌の謂れ（いわ）については各校各様でそれぞれ特色が出ている。校歌の制定は明治、大正、昭和と時代を綴る。古くは早稲田の１９０７（明治40）年、続いて明治の１９２０（大正９）年、立教の１９２５（大正14）年、法政の１９３０（昭和５）年と続く。慶応の１９４１（昭和16）年が比較的新しい。これは、早稲田より以前の１９０４（明治37）年に作った最初の塾歌を作り直したことによる（525頁）。その理由は１９２５（大正14）年の六大学野球開闢のシーズンで19年ぶりに復活した早慶戦で早稲田に連続して大敗を喫し、その際に塾歌を刷新しようとする声が上がり、公募をしたが採用する作品がなく１９４１（昭和16）年まで延びてしまったという。さらに、最初の塾歌ができた年は、日清戦争が終わり日露戦争に勝利した年で、その時代を映した歌詞の内容が時代に合わなくなったことも変えた理由だという記述もある。応援歌『若き血』は１９２７（昭和２）

年にできたが、それまでの応援歌の軍歌型スタイルを打ち破ることが狙いだったという。前身の応援歌『天は晴れたり』は、早慶対校戦第1戦の慶応のエースで早慶戦最初の勝利投手の桜井弥一郎（上田中・長野）の作詞だったことは第1章「ベースボールから『野球』へ」で記した。『慶応野球部史』に『若き血』の作詞・作曲を依頼された堀内敬三（東京高師付中－ミシガン大－マサチューセッツ工科大院・東京）が、慶應義塾大学新聞増刊号に寄稿した『若き血』作成の裏話がある。抜粋する。

「作曲としてはアメリカの学校で練習課題の作曲を幾つかやったくらい（中略）日本の応援歌は唱歌臭くてちっとも元気が無い。私はアメリカの応援歌のような活動的な物を作ろうと思った。（中略・早稲田の）『都の西北』の譜をにらみながら、それを歌い負かすフシを考えた。――『都の西北』は音域が九度だから（中略）こっちは音域を狭く（六度に）しよう。（中略）長い歌詞はいらない。一番だけでいい。（中略）あちらは四拍子、こっちは二拍子、（中略）七五調と字割りが違うものだから斬新な感じがしたのだろう。北原白秋（伝習館中－早稲田・熊本）先生からあとでほめられて恐縮した」

東大の7回の自校のエールに使われる運動会歌の「大空と……」は1932（昭和7）年、試合前後のエール交換に使われる応援歌の「ただ一つ……」は1947（昭和22）年の制作。「ただ一つ……」が最も新しい「校歌」といえる。日本に唯一の大学が東京大学だった時代が長かったことは前に記したが、その東大に校歌、校章がないのが意外だ。校章も校旗にある銀杏を代用としている。「帝大」「東大」だけでブランド、シンボルになると思い耽ってしまう。そして東大の学生歌、応援歌の作詞・作曲は運動会歌の「大空と……」を除いてすべて学生、OB、教職員からの公募作品というのも東大らしい。その「大空と……」は、北原白秋、山田耕筰（関西学院中－東京音楽学校・東京）の両巨匠の作だ。歌詞1番にある「栄光の学府」は、1932（昭和7）年の制定時の「帝國の学府」から書き換えられている。

そして、東大の前身の一部である一高（旧制第一高等学校）の日本三大寮歌の一つとされる『嗚呼玉杯に花うけて』（明治34年）がある。一高は東大野球部の現在のグラウンドがある東大農学部キャンパスにあった。歌詞の中に「向ケ岡（丘）にそそり立つ」とあるのは、本郷（東京・文京区）の丘陵（向丘）に校舎（寮）が建っていたことを表している。一高卒業生が全員帝大入学ではなく、また東大は一高時代を野球部の歴史にカウントしていないが、『東大野球部史』の歌集の中に第一高等学校寮歌として最後にしっかりと収録され、東大応援部は原曲より若干速いテンポの「嗚呼玉杯……」を神宮で披露している。

神宮を沸かせた早稲田・小川正太郎と慶応・宮武三郎の両投手、1930年（写真提供：毎日新聞社）

　早稲田の「都の西北……」は大学創立25年を契機に制定された。学生からの公募で制定の予定が応募作品に採用できる作品がなく、東京専門学校（早稲田）出身で同窓の島村抱月（東京商・島根）に師事した詩人の相馬御風（高田中－早稲田・新潟）に作詞を依頼し、早稲田の講師だった雅楽家・俳優の東儀鉄笛（不詳・京都）が曲を付けた。

　応援歌『紺碧の空』は当時の早慶戦での連敗が制作のきっかけだった。制定前年の１９３０（昭和5）年に早稲田は早慶戦で4連敗を喫している。当時の早稲田の応援団から古関裕而（福島商）へ応援歌制作の強い要請があり古関が応じた。その翌年の春の早慶戦から『紺碧の空』がデビューしている。早稲田の小川正太郎（和歌山中）、慶応の宮武三郎（高松商・香川）らから、早稲田の三原修（脩／高松・香川）、慶応の水原茂（高松商・香川）らへと早慶人気が続き、神宮球場が沸騰していた時代だ。その人気の渦の中で『紺碧の空』が神宮にこだまし、『若き血』に後塵を拝していた早稲田にとって強い味方が現れた。２０２０（令和2）年前半のＮＨＫの朝の連続ドラマ『エール』で『紺碧の空』が一躍脚光を浴びたのは記憶に新しい。塾歌も『紺碧の空』も早慶戦での連敗や大敗を契機に作られている。敗れた悔しい思いから相手を倒したい当時の学生の一途な気持ちが巨匠達を動かした。

明治の「白雲なびく……」は1920（大正9）年の制定。前身の明治法律学校創設以来40年も校歌がない時代が続き、早慶に後れをとっていたことが制定のきっかけとなった。当時の学生3名が制定に関わった。1952（昭和27）年に応援団出身の島岡吉郎の監督就任とともに野球部長に就いた武田孟（平安中・広島）が学生の頃、級友の牛尾哲造（忠海中・広島）、越智七五三吉（小樽商・北海道）とともに校歌の実現に向かって動き始めた。作詞は詩人の与謝野鉄幹（不詳・京都）と児玉花外（同志社予備校－札幌農学校－東京専門学校・京都）に依頼したが児玉に託した。曲は東京音楽学校声楽科卒の山田耕筰に依頼したが、詩が国語体なので山田は花外の了解を得て、早稲田出身の西條八十（早稲田中・東京）を紹介し、八十が改作したものに山田が加筆修正し、今日の「白雲なびく……」の歌詞が誕生した。山田の友人の早稲田、慶応で学んだ詩人の三木露風（瀧野中・兵庫）の助言を得たという文献もある。山田は曲が完成し明治大学に出向き、納めた新曲を学生が歌うのを聴き、その唸り声ともいえる歌唱に驚き、自ら指揮棒を取り学生に指導し修正を行ったという。作曲家である山田が歌詞の修正、歌唱指導をするという熱意が名歌「白雲なびく……」を生んだ。また、武田、牛尾、越智の3人の学生による校歌づくりへの熱情が山田を動かした。武田は後に明治の野球部長、商学部教授、そして総長という立場で自ら創設に関わった校歌を歌うことになる。

応援歌の「光輝みつ……」で始まる『紫紺の歌』は数ある明治の応援歌の中で唯一、戦前にできた応援歌だ。作曲は明治が生んだ音楽家、マンドリンクラブの創設者で明治OBの古賀政男（京城善隣商・福岡）だ。その他にも応援歌はあるが、中でもリーグ戦で5回裏終了後のグラウンド整備中に流れる学生歌の『都に匂う花の雲』は、戦いを忘れさせてくれるメロディーで心地よかった。

法政の「若きわれら……」は、1930（昭和5）年にできた。学内に「都の西北……」「白雲なびく……」に負けないものを作ろうという機運が高まり、当時の文学部の講師だった詩人の佐藤春夫（新宮中－慶応・和歌山）に作詞を依頼した。曲はNHK交響楽団の基となった新交響楽団をつくった指揮者の近衛秀麿（旧学習院高－東京帝国大・東京）が担当した。校歌のできた秋のシーズンに法政は念願の初優勝を果たし、新校歌の制定が絶大な効果をもたらした。

応援歌の『若き日の誇り』は、法政応援団が自ら作詞した『チャンス法政』（昭和40年）とともに応援団自慢の曲だ。『チャンス法政』は法政の攻撃の時にエンドレスで演奏されるので、早く後続を断たないと更に得点を許してしまうような気分が誘発され、単純なメロディーだが相手にとっては嫌な応援歌だった。『チャンス法政』と並ぶ、早稲田の『コンバットマーチ』（昭和48年）、慶応の『ダッシュＫＥＩＯ』（昭和41年）はいずれも相手も乗せられてしまうリズムとメロディーで厄介な応援歌、マーチだった。東大の『鉄腕アトム』も聴いていて清々しくなり、戦いを忘れそうだった。

立教の「芙蓉の高嶺……」は、歌詞の最後の「自由の学府」が、聴いていると心に効いた。これは六大学野球が始まる前年の1924（大正13）年に校歌が完成すると、学長の杉浦貞二郎（さだじろう）（立教学校－ペンシルバニア大・福井）自らが末尾に書き加えたという。そして翌年の開幕戦から神宮に「芙蓉の高嶺……自由の学府」がこだました。戦時中は「自由の学府」の字句が軍部の方針と異なるとして歌唱が禁止されるという一幕もあった。6校の校歌の中では、神宮で聴いていて崇高な気持ちにさせてくれる校歌で聴き入ってしまった。

応援歌は『行け立教健児』の末尾の「立教！　セントポール！　おおわが母校」がいつまでも耳に残っている。そして6校の校歌、応援歌の中では唯一の英語の『St. Paul's will shine tonight』（第二応援歌）があった。元は立教のバスケットボール部の部歌だったが、その後大学の応援歌として歌われるようになった。筆者は選手当時、どうして夜に輝くのか、昼に輝かないと意味がないのではと、マウンド上で意味不明な解釈をしていた。唯一の英語の歌詞なので、何か別の心地よさを感じる応援歌だった。

各校の校歌、応援歌を記していると、当時のそれぞれの当事者が学校の威信を高めるために腐心した様子が窺える。独自性を出してよりいい曲を作ろうとした中で、作詞、作曲を依頼する過程でも様々なつながりがあることもわかる。明治から依頼されて校歌を作曲した山田耕作は自ら作った数多い校歌の中で「白雲なびく……」が処女作だったという。その後、東大の運動会歌『大空と』、慶応の応援歌『幻の門』、『王者ぞわれら』を作曲している。山田が推薦し音楽業界で頭角を現した古関裕而は、山田が「白雲なびく……」を完成させた11年後に打倒慶応を果たすために早稲田の応援部から依頼された応援歌『紺碧の空』を作曲した。古関は早稲田の応援歌『ひかる青雲』、『永遠なるみどり』、『早慶讃歌～花の早慶戦』、『勝利の讃歌』も作曲し、慶応の『我ぞ覇者』の作曲も手掛けている。6校の校歌、応援歌の作詞、作曲を手掛けたメンバーは、先述した以外では、早稲田出身の佐伯孝夫（宇都宮中－早稲田第二高等学院・東京）、慶応出身の堀口大學（長岡中・東京）、藤浦洸（興譲館中・長崎）、作曲では東京音楽学校（現東京芸術大）出身の芥川也寸志（東京高師付中・東京）、吉田正（日立工専・茨城）らの当時名を馳せた多くの音楽家が参画している。古関は早稲田の『紺碧の空』、夏の高校野球でお馴染みの『栄冠は君に輝く』（1948年）、『阪神タイガースの歌（六甲おろし）』（1936年）、『巨人軍の歌（闘魂込めて）』（1963年）をはじめ、多くの校歌、応援歌の楽曲を手掛け、野球界に貢献した功績を讃えられ、2023（令和5）年に野球殿堂入りした。音楽家では初の野球殿堂入りとなった。

古関裕而のレリーフ
（公益財団法人野球殿堂博物館所蔵）

最近では校歌を歌えない学生が増えているという声をよく聞く。寂しい限りだ。神宮球場に応援に出かける学生が減っていることも起因しているのか。かつては入学した年の春のリーグ戦で校歌を歌う洗礼を受けるのが当たり前の光景だった。学生応援の動員の多少で六大学野球の姿が変わってしまう。六大学野球にはリーグ戦中の大学の授業の休講措置もある。慶応大学のホームページには、「早慶戦の行われる日は、授業は第1時限のみ行い、第2時限以降は応援のため休講とします」とある。慶応大の事務局（慶早戦支援委員会）に問い合わせるとすべての学部が対象ではないが、この休講措置は歴史があるという。対する早稲田にはない。早慶戦での慶応の学生動員は大学側の方針も寄与している。慶応の早慶戦の応援を課外授業と捉えた。これも伝統だ。早慶対校戦は早稲田の慶応への果たし状で始まった経緯から、その早稲田には応援でも負けられないという気風が慶応に宿っているのかと思いを巡らした。東大も含めて4校がリーグ戦で応援動員をする試合を第7週の土曜日とするなど、対戦カードを決めて慶応と同じ措置を取れば、学生動員数が増え、校歌を覚えないわけにはいかない。

◉審判員・公式記録員・規則委員

六大学野球100年の歴史で、外国人の審判員の「プレーボール」でリーグ戦の試合が始まったことがある。『六大学野球全集』によれば、1928（昭和3）年秋の慶明戦2試合に球審として登場したメジャーリーグのナショナル・リーグに所属していたクイグレーだ。クイグレーはこのシーズンの3位決定戦（この年で終了）も含めて3試合でマスクを被った。明慶戦には、来日中だったその年にフィラデルフィア・アスレチックスを引退したメジャーリーガーのタイ・カッブ（ジョージア州）も神宮球場を訪れた。

野球には審判員は欠かせない。監督が不在でも選手と審判員がいれば野球は成立する。六大学野球でも連盟創立前は監督不在が通例で、創立後も帝大や立教などに監督不在期間があり、学生が審判員を兼ねていた。筆者が初めて手に汗しながら学生野球の試合をテレビを食い入るように観たのは、1969（昭和44）年夏の高校野球

球審を務める明治・郷司裕、1969年8月19日
夏の甲子園大会決勝戦再試合（三沢高対松山商）
（写真提供：スポーツニッポン新聞社）

リーグ戦の球審を務めるメジャーリーグ
所属のクイグレー、１９２８年秋慶明
１回戦（『六大学野球全集』より）

の決勝戦だった。三沢高（青森）と松山商（愛媛）の延長18回の壮絶な決勝戦だった。しかも再試合。近鉄バファローズに入団した太田幸司（三沢・青森）と明治へ進んだ井上明（松山商・愛媛）の相譲らない36イニングだった。その試合の球審を務めていたのが明治の審判員の郷司裕（ひろし）（明治・東京）だった。郷司は１９６６（昭和41）年から１９８３（昭和58）年の長きにわたり春夏の決勝戦の球審を通算27回（決勝戦の再試合を含む）務め、春夏11試合（他に10試合連続）、夏だけで11試合連続で甲子園の決勝戦の球審を務めた異例のキャリアの持ち主だ。前述の三沢対松山商の再試合でもマスクを被っている。郷司は明治高時代に当時の監督の島岡吉郎から審判を勧められ、大学を卒業した翌年からリーグ戦の審判員を始め、六大学野球では審判員として29年間のキャリアだった。１９６７（昭和42）年春の早法戦では頭部に死球を受けた田淵幸一（法政一・東京）に当時では野球規則にない臨時代走を認めたこともあり、六大学野球初の完全試合でも球審を務めた（322頁）。筆者は現役時代にアンダースローに切り替えた頃、郷司が球審を務めたオープン戦に投げた後で、「君はサイドスローだから特にアウトコース低めのコントロールが命だ。自分も（球審として）そのコースの正確性

高校野球甲子園大会決勝戦で球審を務めた審判員②

	選抜大会(春)				選手権大会(夏)			
	審判員	出身大学	出身高校	連盟	審判員	出身大学	出身高校	連盟
1992(平4)年	**永野元玄**	**慶応**	土佐(高知)		**布施勝久**	**明治**	日大三(東京)	○
1993(平5)年	〃	〃	〃		**永野元玄**	**慶応**	土佐(高知)	
1994(平6)年	**田中美一**	**立教**	希望ヶ丘(神奈川)	○	木嶋一黄	関西大	関大一(大阪)	
1995(平7)年	**清水幹裕**	**東大**	岡崎北(愛知)	○	**田中美一**	**立教**	希望ヶ丘(神奈川)	○
1996(平8)年	木嶋一黄	関西大	関大一(大阪)	–	〃	〃	〃	○
1997(平9)年	**清水幹裕**	**東大**	岡崎北(愛知)	○	木嶋一黄	関西大	関大一(大阪)	–
1998(平10)年	**岡本良一**	**明治**	倉敷工(徳島)		**岡本良一**	**明治**	倉敷工(徳島)	
1999(平11)年	桂等	関西大	関大一(大阪)	–	木嶋一黄	関西大	関大一(大阪)	–
2000(平12)年	**岡本良一**	**明治**	倉敷工(徳島)		〃	〃	〃	–
2001(平13)年	**中本尚**	**早稲田**	岩国(山口)	○	桂等	関西大	関大一(大阪)	–
2002(平14)年	杉中豊	関西学院大	今宮高(大阪)	–	**岡本良一**	**明治**	倉敷工(徳島)	
2003(平15)年	桂等	関西大	関大一(大阪)	–	桂等	関西大	関大一(大阪)	–
2004(平16)年	赤井淳二	近畿大	新宮(和歌山)	–	**岡本良一**	**明治**	倉敷工(徳島)	
2005(平17)年	桂等	関西大	関大一(大阪)	–	赤井淳二	近畿大	新宮(和歌山)	–
2006(平18)年	赤井淳二	近畿大	新宮(和歌山)	–	〃	〃	〃	–
2007(平19)年	桂等	関西大	関大一(大阪)	–	桂等	関西大	関大一(大阪)	–
2008(平20)年	赤井淳二	近畿大	新宮(和歌山)	–	赤井淳二	近畿大	新宮(和歌山)	–
2009(平21)年	長谷川次郎	大阪体育大	浪商(大阪)	–	日野高	–	都島工(大阪)	–
2010(平22)年	若林浩	–	都島工(大阪)	–	古川泰史	同志社大	郡山(奈良)	–
2011(平23)年	日野高	–	都島工(大阪)	–	長谷川次郎	大阪体育大	浪商(大阪)	–
2012(平24)年	橘公政	中京大	芦屋(兵庫)	–	若林浩	–	都島工(大阪)	–
2013(平25)年	窪田哲之	関西大	関大一(大阪)	–	窪田哲之	関西大	関大一(大阪)	–
2014(平26)年	橘公政	中京大	芦屋(兵庫)	–	古川泰史	同志社大	郡山(奈良)	–
2015(平27)年	若林浩	–	都島工(大阪)	–	〃	〃	〃	–
2016(平28)年	田中豊久	大阪経済大学	花園(大阪)	–	〃	〃	〃	–
2017(平29)年	**戸塚俊美**	**明治**	明大中野(東京)	○	野口敏行	–	大阪貿易学院(大阪)	–
2018(平30)年	宅間寛	立命館大	広島商(広島)	–	堅田外司昭	–	星稜(石川)	–
2019(平31)年	田中豊久	大阪経済大	花園(大阪)	–	宅間寛	立命館大	広島商(広島)	–
2020(令2)年	中止				中止			
2021(令3)年	田中豊久	大阪経済大	花園(大阪)	–	田中豊久	大阪経済大	花園(大阪)	–
2022(令4)年	美野正則	–	明石(兵庫)	–	尾崎泰輔	関西大	関大一(大阪)	–
2023(令5)年	大槻康彦	–	綾部(京都)	–	**山口智久**	**明治**	大宮南(埼玉)	○
2024(令6)年	西貝雅裕	日本体育大	仙台(宮城)	–				

※ゴシック・網掛けは東京六大学野球出身/「連盟」は東京六大学野球連盟に審判員登録/1958年以降を記載

を高めるのは同じだ。頑張れ」と郷司本人から激励を受けたことがある。温厚な人柄と笑顔は今でも記憶に残っている。宴席で日本酒が進むにつれて、笑顔がさらに弾け、野球を熱く語る郷司の人間としての魅力に惹かれた。ひとり際立った27回の甲子園決勝戦の球審を務めたことは、郷司の溢れる人間味によるものかと後年に思い至った。春夏の甲子園大会の決勝戦でマスクを被った審判員を別表にまとめてみた。

戦後では郷司に続いて、六大学野球出身で、かつ甲子園決勝戦で球審を務めた回数の多い審判員は、慶応の永野元玄（もとはる）（土佐・高知）の14回、同じく慶応の山本英一郎（台北一中・台湾）が10回、明治の布施勝久（日大三・東京）が7回、岡本良一（倉敷工・岡山）が5回で続く。東大の清水幹裕（岡崎北・愛知）が2度務めている。六大学野球のリーグ戦の審

高校野球甲子園大会決勝戦で球審を務めた審判員①

	選抜大会(春)				選手権大会(夏)			
	審判員	出身大学	出身高校	連盟	審判員	出身大学	出身高校	連盟
1958(昭33)年	山本英一郎	慶応	台北一中(台湾)	○	大槻			
1959(昭34)年	大槻				相田暢一	早稲田	小樽中(北海道)	○
1960(昭35)年	山本英一郎	慶応	台北一中(台湾)	○	山本英一郎	慶応	台北一中(台湾)	○
1961(昭36)年	〃	〃	〃	○	〃	〃	〃	○
1962(昭37)年	〃	〃	〃	○	〃	〃	〃	○
1963(昭38)年	〃	〃	〃	○	米谷道雄	早稲田	市岡(大阪)	
1964(昭39)年	〃	〃	〃	○	山本英一郎	慶応	台北一中(台湾)	○
1965(昭40)年	米谷道雄	早稲田	市岡(大阪)		米谷道雄	早稲田	市岡(大阪)	
1966(昭41)年	郷司裕	明治	明治(東京)	○	郷司裕	明治	明治(東京)	○
1967(昭42)年	〃	〃	〃	○	〃	〃	〃	○
1968(昭43)年	〃	〃	〃	○	〃	〃	〃	○
1969(昭44)年	〃	〃	〃	○	〃(決勝再試合)	〃	〃	○
1970(昭45)年	〃	〃	〃	○	〃	〃	〃	○
1971(昭46)年	永野元玄	慶応	土佐(高知)		〃	〃	〃	○
1972(昭47)年	郷司裕	明治	明治(東京)	○	〃	〃	〃	○
1973(昭48)年	〃	〃	〃	○	〃	〃	〃	○
1974(昭49)年	〃	〃	〃		〃	〃	〃	○
1975(昭50)年	〃	〃	〃	○	〃	〃	〃	○
1976(昭51)年	〃	〃	〃	○	永野元玄	慶応	土佐(高知)	
1977(昭52)年	郷司裕	明治	明治(東京)	○	郷司裕	明治	明治(東京)	○
1978(昭53)年	永野元玄	慶応	土佐(高知)		山川修司	慶応	沼津東(静岡)	○
1979(昭54)年	郷司裕	明治	明治(東京)	○	郷司裕	明治	明治(東京)	○
1980(昭55)年	元橋一登	早稲田	八尾(大阪)		永野元玄	慶応	土佐(高知)	
1981(昭56)年	郷司裕	明治	明治(東京)	○	元橋一登	早稲田	八尾(大阪)	
1982(昭57)年	永野元玄	慶応	土佐(高知)		永野元玄	慶応	土佐(高知)	
1983(昭58)年	西大立目永	早稲田	早大学院(東京)	○	郷司裕	明治	明治(東京)	○
1984(昭59)年	永野元玄	慶応	土佐(高知)		布施勝久	明治	日大三(東京)	○
1985(昭60)年	中西明	−	今宮工科(大阪)	−	西大立目永	早稲田	早大学院(東京)	○
1986(昭61)年	布施勝久	明治	日大三(東京)	○	中西明	−	今宮工科(大阪)	−
1987(昭62)年	田中美一	立教	希望ヶ丘(神奈川)	○	布施勝久	明治	日大三(東京)	○
1988(昭63)年	永野元玄	慶応	土佐(高知)		〃	〃	〃	○
1989(昭64)年	布施勝久	明治	日大三(東京)	○	本郷良直	慶応	立命館(京都)	−
1990(平2)年	〃	〃	〃	○	三宅享次	関西大	布施(大阪)	−
1991(平3)年	永野元玄	慶応	土佐(高知)		永野元玄	慶応	土佐(高知)	

判員は各校からそれぞれ３名から４名の審判員が登録されている（453頁）。１９５８（昭和33）年から１９９８（平成10）年まで41年間にわたり、春夏のどちらかの決勝戦で東京六大学野球出身の球審がマスクを被った。塁審も含めて六大学野球出身の審判員は１００年の歴史を持つ春夏の甲子園大会の運営に大きな貢献をしてきた。慶応高が１０７年ぶりの優勝を果たした２０２３（令和５）年の夏の甲子園大会の決勝戦では、明治の山口智久（大宮南・埼玉）が２０１７（平成29）年選抜大会の（同じく明治の）戸塚俊美（明大中野・東京）以来６年ぶりに六大学野球の審判員が球審を務めた。夏の大会では２００４（平成16）年の明治の岡本良一以来19年ぶりだった。

　甲子園大会で甲子園のスコアボードの審判員のネームを見ると六大学野球の出身の審判員であるかはすぐ確認でき

「奇跡のバックホーム」でアウトのコールをする田中美一、夏の甲子園大会決勝（松山商対熊本工）1996年8月21日（写真提供：毎日新聞社）

た。同じ審判員でも神宮球場と甲子園球場では動きが違うと感じたのは筆者だけだろうか。ジャッジをする相手は、大学生と高校生で異なるが、選手とともに甲子園という晴れの舞台を盛り上げようとする役目がグラウンドでの動きから見て取れた。甲子園で決勝の審判は、①人間性、②球審としての能力、③阪神甲子園球場に慣れている、の3条件を満たす審判員が選ばれているという記述も目にした。２０００年以降は甲子園球場に近い関西出身の球審が目立っている。

六大学野球で39年、甲子園で20年にわたり審判員を経験し、甲子園の決勝戦で球審を2度務めた前出の清水幹裕は、『東大野球部史』で、

「雀の涙ほどの日当なのに多くの休日を野球に費やして家族に負担をかけた上に、上手にやって当たり前、失敗すれば罵声を浴びるという、およそ割に合わなそうに見える役割であるが、大好きな野球を選手の息遣いをきき、選手の汗を浴びながら特等席で見られる醍醐味は、やった者にしか分からない冥利である」

と審判員生活を回想している。そして取材では、

「六大学野球の選手はたくさんの感動をくれた。4年間頑張って最後にベンチ入りし少し震えながら打席に入った選手もいた。決勝戦で敗れ優勝を逃したのに『おめでとう』と爽やかに相手を祝福した選手もいた。心に密かな誇りを持った。これからもこうしたことを与えてくれるリーグであって欲しい」

と話し、これからの六大学野球にも期待を寄せた。

六大学野球の審判員は甲子園大会だけでなく、都市対抗野球大会をはじめ社会人野球大会や国際試合の審判員も数多く務めている。中でも立教ＯＢの田中美一（よしかず）（希望ヶ丘・神奈川）は、英語とスペイン語を独学で習得し、１９９５（平成７）年に国際野球連盟のアンパイア・オブ・ザ・イヤー（最優秀審判）をプロ・アマ通じて日本人で初めて受賞した。アトランタオリンピックではソウル、バルセロナオリンピックで審判員に選出された明治ＯＢの布施勝久に次いで選ばれた。筆者もリーグ戦で何度も球審として接したが、寡黙ながらコールに信念を感じさせた審判員だった。田中は１９９６（平成８）年の夏の甲子園大会決勝で球審を務め、松山商業（愛媛）と熊本工業の延長10回裏にサヨナラ負けのピンチを乗り切った「奇跡のバックホーム」で、捕手の落球の有無を確認後、右腕を突き上げて「アウト」のコールをしたシーンは語り継がれている。また、今年4月に高校の全国審判講習会（甲子園球場）に初めて女性審判員が参加した。女性審判員が甲子園に登場するのも近いかもしれない。

また、審判員活動を通して日本だけでなく世界規模で野球の発展を下支えしている六大学野球出身の審判員もいる。法政ＯＢの小山克仁（かつひと）（法政二・神奈川）だ。小山は法政に進み、2年で学生コーチに転身し、卒業後は役所勤務の傍でリーグ戦の審判員を26年間務めた。現在はアジア野球連盟の審判長の肩書きを持つ一方で、六大学野球リーグ戦ではネット裏で選手ではなく、審判員の動きを詳細にチェックし専用シートに記入し、審判団の反省会を主導している。また、アジアの野球普及に審判活動を通じて貢献している。アジアではスリランカをはじめ、アフリカのタンザニア選手の沖縄遠征に帯同するなど、活動の場は世界で13ヵ国に及ぶ。２０２２（令和４）年にはタンザニアの選手を沖縄に招聘し、国際交流とともに野球の普及に努めている。審判員の教育を通して青少年の野球技術の向上に地道に取り組んでいる。小山は、

「日本の野球人口の減少が心配だ。内外の審判活動を通じて少しでも野球に興味を深める青少年を育てたい」

そして、

「オリンピックの開催地で変わってしまう野球の競技指定を、開催国を増やし、野球後進国のレベルアップを図

ることで、野球を常時開催にする環境を作りたい」

と話す。晴れやかな神宮球場、甲子園球場の舞台とは違う地道な舞台で野球に対する情熱を注いでいる。


また、審判員と並んで六大学野球では各校から1名の公式記録員の登録がある（453頁）。六大学野球を支える陰の力だ。専任の公式記録員制度のあるアマチュア野球団体（連盟）は六大学野球だけだ。学生のマネージャーが兼務している連盟が多い。当時は新聞記者が多かった。２０１０（平成22）年まで41年間にわたり六大学野球の記録に携わった立教の保科健一郎（不詳）が退任にあたり、同年度の「野球年鑑」で記録員の経験を回想している。保科は１９７０（昭和45）年に前任の朝日新聞の好村三郎（灘中・兵庫）から依頼があり野球部の在籍経験のない記録員として就任した。当時の他校の記録員は、早稲田がプロで最初の三冠王に輝いた読売新聞記者の中島治康（松本商・長野）、慶応の捕手として活躍した毎日新聞記者の松尾俊治（灘中・兵庫）、明治は長崎西高で甲子園の土を踏み、剣道部を経て共同通信記者になった森芳健（長崎西）、法政が東鉄の監督[注2]を経て六大学野球の審判員を長く務めた成田理助（長野中）、東大は内野手で活躍し審判員も務め毎日新聞記者でアマチュア野球規則の制定に奔走した鈴木美嶺（旧八高・愛知）という錚々たるメンバーで「ＨＥＦｃ」（Hit/Error/Fielder's Choice）[注3]をジャッジしていた。唯一野球を経験してない保科は、春秋の六大学野球、東都大学野球、春夏の甲子園、都市対抗などの社会人野球ではスコアブックを手に取材をするのが常で、1年通してアマチュア野球の取材漬けだった。保科は「野球年鑑」の中で、

「当時の新聞各社の担当記者は各々テーブルスコア（262頁）をつけており、（中略）公式記録員の仕事は『安打』『失策』『野選』[注4]の判定をするだけ。現在のように試合後、公式記録をコピーして各社に配布する必要がなかったわけです。（中略）六大学野球取材も随分様変わりして来ました。共同、時事の通信社二社を除いて各社の記者はテーブルスコアなどを付けず、ヒーロー、雑感に重きを置くようになって来ています」

と記した。２００６（平成18）年5月20日付の朝日新聞の「ひと」欄で、

「スコアは2千試合以上つけている。（中略）安打かエラーか。常に瞬時の判断を求められ、（中略）『エラーをつければ、そりゃ、気分は悪い。寝付けない夜もあった』／記録は一つのミスも許されない。いつでも百点満点が要求される。だから、記録員泣かせは、無安打が続く時だ。89年秋、慶大の若松幸司（丸亀・香川／筆者注・若松は2年後の神宮大会でもノーヒットノーランを記録）投手が東大戦で無安打無得点試合を達成した。『あのときは緊張したね』／立教大学時代は応援団長だった。東京新聞に入社後、運動部記者となり、長嶋茂雄や立大の４連覇も取材した。（中略）『長嶋は大学の２級下でね。あれで六大学野球にとりつかれた』」

と、紹介されている。また、保科は「野球年鑑」で、

「神宮球場の記者席はグラウンドより低く、このためセンターラインが見難くく（原文ママ）特に二塁々上のプレーが見えないことです。プロ野球では早くからこのことに気づいて2階のブースに移りました。（中略）六大学でもと思うのですが、常時複数の人を配置する必要があって現在の体制ではちょっと無理のようです」

とも述べている。新聞の報道スタイルも変わってきたが、取材の裏で選手、観衆にはわからない裏方の思いを吐露している。

公式記録員とは別に２０１３（平成25）年まで各校に1名の規則委員がいた。野球規則の精通者だ。野球規則は毎年発行される「公認野球規則」（日本プロフェッショナル野球組織・全日本野球協会編）で1冊に纏（まと）められているが、日々野球をしている選手は意外に読んでいない。前出の東大ＯＢの清水幹裕は『東大野球部史』で、

「野球規則は知っているようで正確には知っていない事が多い。私も審判になってからルールの奥深さを知った（中略）現役の審判に現実に起きたプレーに関するルールのテストをすると、５割程度の正解率だ。『野球規則』の通読をお勧めする。（規則の）文章を読んで具体的場面が思い浮かべば本物だ」

と、野球規則の理解への心得を寄稿している。野球規則に関しては東大ＯＢに一日の長があった。ベースボールプロフェッサーの称号がつけられた神田順治（旧八高・愛知）、「野球規則の鬼」といわれた前出の鈴木美嶺、

試合中も野球規則をユニフォームのポケットに携行していた東大の監督時代の坪井忠郎（旧学習院高・東京）らが傑出していた。

◉報道と六大学野球

六大学野球を新聞がどう報道してきたか。１９２５（大正14）年秋のリーグ戦から四半世紀ごとに朝日新聞紙面からピックアップし、リーグ戦の報道実績を追ってみた。１９２５（大正14）年9月20日に駒沢グラウンドで行われた秋のリーグ戦、明立戦が記念すべき第1戦だった。翌日の朝日新聞は「大学リーグ戦　明治立教に大勝す　7對1で」とベタ記事で淡々と報じている。新聞が4ページの時代で、六大学野球の記念すべき初戦にしてはおとなしい扱いだった。翌月の10月19日に行われた19年ぶりに復活した早慶1回戦は第3面のほとんどを割き、「二十年待たれた晴れの決戦に　11A對0で慶軍無殘の零敗　早軍の意氣天を衝き　慶軍遂に一點も入れず」と報じている。紙面に明治の現役選手3名が審判として名前が大活字で記されている。のちに明治の監督になる岡田源三郎（早稲田実・東京）、１００年間破られていない1シーズン奪三振記録を持つ湯浅禎夫（米子中・鳥取）、後にプロ野球の審判員となり「俺がルールブックだ」と名台詞を吐いた二出川延明（第一神港商・兵庫）の3名だ。当時はリーグ戦に出場している選手が審判員を務めるという、現在ではお目にかかれない試合運営だった。早慶明の3校の選手で固めた記念すべき早慶戦は、11年間にわたり早慶戦の復活を唱え続けた明治の野球部長の内海弘蔵（旧一高ー東京帝大・神奈川）が誰より感無量でなかったかと想像する。紙面にある「早慶戦復活、新製公認使用球アメリカンリーグボール・早慶選手愛用のオイルテンパーグラーブの記念貸出し、舶來バット入荷」の記事中広告が面白い。多くの選手が野球用具でお世話になっているＴＡＭＡＺＡＷＡ、当時の「玉澤バット商会」の広告だ。

六大学野球開始第１戦（1925年９月 21 日付朝日新聞）

大學リーグ戦
明治立教に大勝す
七對一で

二十年待たれた晴の決戦に
11A對0で慶軍無殘の零敗
きのふ第一回戦に早軍見事大勝す

興味はけふの二回戦
慶軍如何に盛返すか

早軍の意氣天を衝き
慶軍遂に一點も入れず

第一回戦經過

七八回また六點
大勢いよく決す

打撃力の不振から
慶軍この大敗を招く

合評

家庭雜誌
十一月
家庭
育兒號

本山荻舟著
近世劍客傳

ベナン

復活した早慶戦（1925 年 10 月 20 日付朝日新聞）

六大學野球戰 打擊成績表

	試合數	打擊數	得點	安打	壘打數	二壘打	三壘打	本壘打	打點	犠牲打	盗壘	三振	四死球	比率
早稲田	11	357	59	87	115	12	8	0	50	19	28	63	37	.244
明治	14	438	50	87	116	9	7	2	43	16	57	53	51	.193
慶應	12	367	37	62	88	16	5	0	29	9	32	92	50	.169
立教	12	360	26	57	80	10	4	1	22	15	21	81	47	.164
法政	11	340	17	55	70	11	2	0	14	8	22	70	44	.162
東京帝大	14	429	26	62	84	6	5	2	18	13	29	108	60	.145

個人打擊率

八回以上の出場者

七回以下の出場者

（附記）十打數以下の者は比率省略

打擊成績表
（1925 年 11 月 28 日付朝日新聞）

最終戦の帝早戦
（1925 年 11 月 28 日付朝日新聞）

野球リーグ戰終る
七對一早大東大に再勝

今期リーグ戰の最終試合たる早大對東大野球第二回戰は廿七日午後二時十分より尾久球場に擧行前日の敗戰に奮起した東大はライン・アップを一新し早大に内海せんとし早大も投手に藤本を立て之に對抗す審判は水谷(球)原(壘)兩氏早大先攻に開始

東	0	0	0	0	0	0	0	0	1	1
早	0	3	0	0	1	0	0	1	2	7

▲第一回 早大山崎、瀬木、水谷等よく打てども右翼一壘左翼手の正面を衝いて退き▽東大内田[illegible]撃率のたを[illegible]すクリーン・ヒットに出でたが清水バンドを失敗投殺さるし東の三振後二盗を[illegible]んだが改野一飛

▲第二回 早大一死後河合遊撃失に生き水原の死球に続いて安田左翼越に二壘打して河合を迎し藤本三振したが町谷一壘の[illegible]を投じ三壘打を放ち三點を舉ぐ山崎の中飛に了る▽東大梅田以下凡退

▲第三回 早大瀬木四球、水谷頭部に死球を受け井口の犠打に進壘したが河合スリーナッシングの次の好球を二壘に上げ水原は投手に[illegible]やむ（水谷負傷のため戸田中堅を守る）▽東大山本左飛後河野遊撃をうけば崩れ町谷失策してこれを生かしたが内田三振、清水捕邪飛

▲第四回 早大安田三振藤本二飛町谷三振、東の投球鋭くさわる▽東大東、改野、藤本に封じられて三振した後梅田の遊撃失、大洞の遊撃右をぬく安打で走者を出したが神永の三邪は三壘に梅田を封殺する

▲第五回 早大山崎投手を強襲して東の一壘悪投に二塁を得、瀬木も遊撃前に安打して出て瀬木二盗する、戸田が捕手の後一壘手瀬木を二壘に刺さんとして悪球するすきに山崎本壘に生き井口の投手に

▽東大清水一二壘間に安打したが投手のけん制球に倒され東投手改野二飛

▲第七回 早大瀬木右翼飛球失に二壘を奪ひチヤンスであつたが後續なく三壘に殘る▽東大一死後大洞三壘手の頭上を抜く安打を放つたが神永の三飛で敗退

▲第八回 早大水原中堅越に三壘打を放ち一死後藤本の中堅犠飛に還る▽東大二死後内田遊撃失に生きたが投手のけん制球にかゝる

▲第九回 早大山崎二壘強襲してその失に生き瀬木の犠打と戸田の三邪失に三進井口の四球を抜く安打に二者生還、計七點を算す▽東大清水の遊撃後東三遊間トンネルに生き改野の三飛に初めて三壘に進み勇敢なるホーム・スチールに一點を擧げ七對一で東大敗る時に三時五十五分

六大學リーグ戰成績
【下】

守備成績

	試合數	刺殺數	補殺數	失策數	比率
慶應	11	294	154	19	.959
早稲田	12	327	175	30	.9436
明治	14	370	181	33	.9434
立教	13	345	178	45	.923
法政	12	314	147	40	.920
帝大	10	249	132	46	.892

個人守備成績

【投手】

【捕手】

【一壘手】

【二壘手】

【三壘手】

【遊擊手】

【外野手】

開幕当初の守備成績表
（1926 年 6 月 7 日付朝日新聞）

スポーツ

秋のリーグ戦12日開幕

早を追う慶、明

新人の活躍に期待

予想（上）

ダーク・ホース法、立

秋の六大学リーグ予想

リーグ戦予想・上〔右〕、下〔左〕（1950年9月6日・8日付朝日新聞）

秋の六大学リーグ戦開く

早、東に先勝

永井、殊勲の本盗

プロ野球

早、慶に二連勝

六大学 両陛下も御観戦

六大学リーグ総評

投手の養成が必要

早稲田、漸く貫録を示す

飛田穂洲

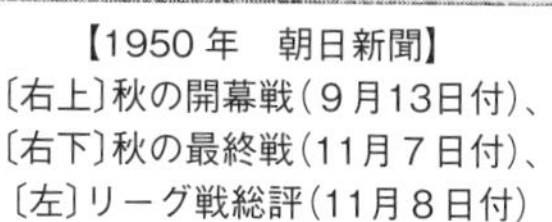

【1950年　朝日新聞】
〔右上〕秋の開幕戦（9月13日付）、
〔右下〕秋の最終戦（11月7日付）、
〔左〕リーグ戦総評（11月8日付）

東京六大学野球

史上初の熱闘18回

慶大・後藤がサヨナラ打

首位打者は法大の高代

大優勝旗を手にした丸山主将を先頭に行進する明大ナイン＝神宮

きわ立つ四年生の活躍

明大春秋連覇を支えたもの

殿さま気分〟の他校と対照的

秋の東京六大学野球　あす開幕

法大、投打に強み

総合力で連勝ねらう　明大

「打倒江川」へ新打線　早大

東京六大学野球秋のリーグ戦は六日、神宮球場で開幕する。明大が春に続いて連続優勝するか、あるいは法大、早大が、明大にストップをかけるか。それに慶大も力をつけているので、この四校による優勝争いが見もの。立大はAクラス入りをねらい、東大は十一シーズン連続最下位から抜け出そうと張り切っている。

東大、逆転で開幕飾る

実を結んだ猛ノック

東大の自信、明大をのむ

春の王者明大下す

7回、丸山に3連続長打

慶大が先勝

【1975 年　朝日新聞】
〔右上〕リーグ戦展望（９月５日付）、
〔右下〕秋の開幕戦（９月７日付）、
〔左〕秋の最終戦（10 月 29 日付）

【2000年　朝日新聞】
〔右〕リーグ戦予告記事（９月９日付）、
〔中央〕秋の開幕戦（９月10日付）、
〔左〕秋の最終戦（11月１日付）

法大打線は健在
きょうから秋季リーグ

■東京六大学野球

東京六大学野球秋季リーグは九日、開幕する。優勝争いは一九九一年の慶大以来九年ぶりの春秋連覇を狙う法大を中心に展開しそうだ。

今春、チーム打率3割1分6厘、12本塁打を記録した法大の強力打線は健在だ。主将の広瀬がシドニー五輪に出場するため前半は不在となるが、阿部、後藤、清水昭、日橋らがいてどこからでも長打が出る。

春の優勝を逃した明大は、春6勝の池田に続く、安定した先発投手が出てくれば優勝も夢でないだろう。早大、立大、慶大は投手力が充実。投手陣の層の厚さがリーグ一の慶大は打線が援護したい。

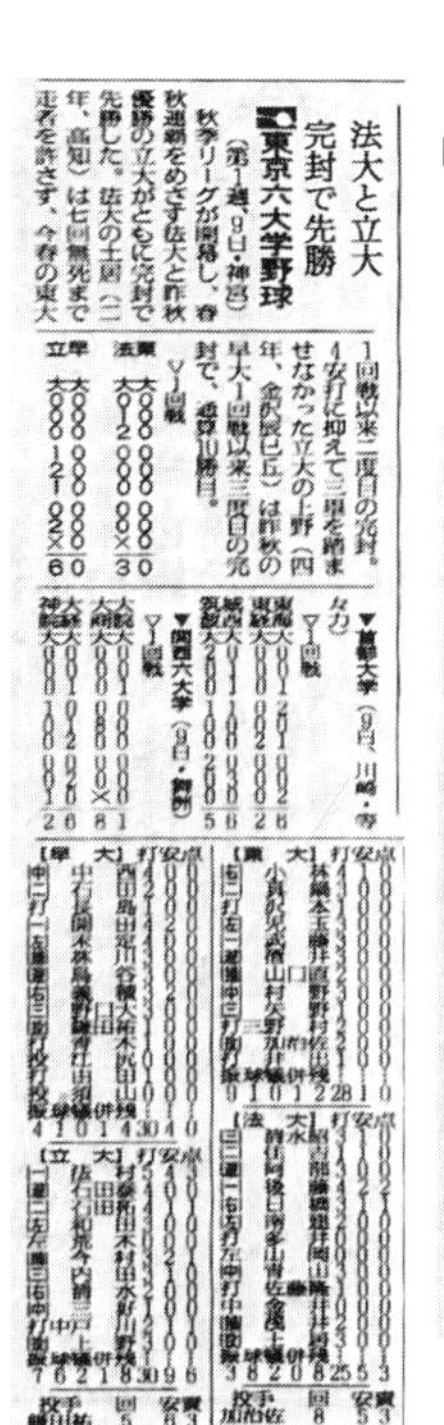

法大と立大
完封で先勝

■東京六大学野球

（第1週、9日・神宮）秋季リーグが開幕し、春秋連覇をめざす法大と昨秋優勝の立大がともに完封で先勝した。法大の土居（三年、高知）は七回無死まで走者を許さず、今春の東大1回戦以来二度目の完封。4安打に抑えて三塁を踏ませなかった立大の上野（四年、金沢辰巳丘）は昨秋の早大1回戦以来三度目の完封で、通算11勝目。

慶大、7季ぶり優勝
「早慶決戦」制し29度目

3連続延長戦で選手変身

六大学野球開始のシーズンは早稲田が制し、優勝を決めた帝早2回戦（尾久）はこのシーズンの最終戦だった。最初のシーズンは帝大がリーグ戦のトリをつとめた。翌日の報道は「野球リーグ戦終る　七對一早大東大に再勝」と報じ、シーズンの打撃成績表も含めて紙面の半分以上を割いている。

当時の試合の翌日の紙面構成は「リード」「イニングスコア」「テーブル」「戦評」の構成で、テーブルには「打数」から「過失」まで10項目の個人データの記録が載っている。隔世の感だ。また、リーグ戦前には「リーグ戦日程」「春（秋）の展望」、リーグ戦終了後には「総評」が載り、勝敗表と投手成績他の記録を掲載していた。このような報道手法がしばらく続いた。(注5) 打撃成績は掲載しているが、投手の防御率の成績表はない。１９３５（昭和10）年に初めて防御率の成績表が載ったが2年で消えた。(注5) 規定投球回数の記載は見当たらない。当時

野球 東京六大学 9日

▽1回戦（明大1勝）

東大	000	000	000	0
明大	002	000	01×	3

【東】敗松岡、三田村―和田【明】勝村田、千葉、石原―小島河 本直井1号②（松岡）

▽1回戦（慶大1勝）

立大	000	001	100	2
慶大	201	000	00×	3

【立】敗池田、野口、塩野目―戸丸【慶】勝外丸、竹内―宮崎 本宮崎1号①（池田） 西川晋1号①（外丸）

慶応4季ぶりV

野球 東京六大学 30日

秋季リーグ戦最終週第3日は神宮で3回戦があり、慶大が早大を5―3で破り、4季ぶり40度目の優勝を決めた。全日程を終え、慶大の栗林泰三（4年、桐蔭学園）が打率4割7厘、3本塁打、16打点で戦後17人目の三冠王となった。慶大は15日開幕の明治神宮大会に出場する。

優勝しマウンドに集まる慶大の選手たち

▽3回戦（慶大2勝1敗）

慶大	002	000	300	5
早大	000	001	200	3

【慶】勝外丸、森下―宮崎【早】敗加藤、前田浩、沢村、香西、鹿田、安藤正、伊藤樹―印出 本広瀬2号②（加藤） 本間3号①（沢村）

▽最終成績 ①慶大 10勝3敗1分（勝ち点5） ②明大 9勝4敗（4） ③早大 8勝4敗（3） ④法大 6勝7敗1分（2） ⑤立大 2勝8敗（1） ⑥東大 1勝10敗（0）

▼ベストナイン 投手 外丸東真（慶）11票㊀▽捕手 宮崎恭輔（慶）満票㊁▽一塁手 浦和博（法）7票㊀▽二塁手 堀内祐我（明）4票②、松下歩叶（法）同票㊀▽三塁手 上田希由翔（明）10票③▽遊撃手 熊田任洋（早）10票③▽外野手 栗林泰三（慶）満票②、吉納翼（早）[illegible]②、[illegible]（東）5票㊀（満票は12票、上田は一塁手でも1回受賞）

「先取点奪う」意識が浸透

優勝のかかった一戦で、慶大は理想的な試合運びを見せた。

両校無得点の三回無死一塁、主将の広瀬（4年、慶応）が初球の甘い直球を強振。左翼への特大2ランとした。先取点で勢いにのると、七回にも本間（3年、慶応）のソロ本塁打などで3点を追加。最後まで早大に主導権を渡さなかった。

慶大打線はリーグトップの打率2割9分8厘を誇る。広瀬はミーティングのたびにこう繰り返してきた。「先攻でも後攻でも、試合をリードしよう」。先取点を奪いにいく意識がチームに浸透し、今季は10勝のうち8試合で先取点を奪った。

対戦した5大学すべてから勝ち点を奪っての完全優勝だ。今夏の全国選手権を制した慶応高に続く栄冠に、同校出身の広瀬は「高校生に刺激をもらった。僕たちはまだ日本一じゃないので、もう一度頑張っていきたい」。（大宮慎次朗）

【2023年　朝日新聞】
〔右〕秋の開幕戦（9月10日付）
〔左〕秋の最終戦（10月31日付）

は投手の防御率という判断基準への評価は低かったと思われる。アメリカのナショナル・リーグには1876（明治9）年から防御率の記録が残っている。

戦後の1950（昭和25）年秋の新聞は建てページが4ページでスポーツ（運動）面がない時代だった割には六大学野球の扱いが大きかった。「日程」「展望」「総評」記載の流れは変わっていない。展望は「上・下」で2日間にわたっている。「リード」「イニングスコア」「テーブル」「戦評」の紙面構成も変わっていないが、テーブルの個人成績のデータは「打数」「安打」のみになった。リーグ戦の「勝敗表」「打撃ベストテン表」の掲載もあった。プロ野球の記事はイニングスコアだけで、そのイニングスコアも六大学野球の方が活字が大きい。

1975（昭和50）年秋はスポーツ面があり、テーブルの個人データが「打数」「安打」「打点」となった他は変わっていない。まだ紙幅に占める比率は高い。

2000（平成12）年は「展望」は開幕前日の予告記事に縮小され、「戦評」「総評」がなくなり、ベタ記事扱いとなり大きく情報量が減った。辛うじて六大学野球の「テーブル」は残った。さらに2023（令和5）年秋は「テーブル」がなくなりイニングスコアのみとなった。「打撃ベストテン表」も記事スタイルになり、データの扱いも東都他の大学リーグと同等の扱いとなった。開幕戦と最終日の紙面にベタでまとめが載る程

【2023年　読売新聞】
秋の最終戦（10月31日付）

慶大40度目V

広瀬 初球一振り先制弾

六大学野球・30日

慶大が早大を破って2勝1敗とし、4季ぶり40度目の優勝を決めた。全5カードで勝ち点を挙げる「完全優勝」を果たした。慶大は11月の明治神宮大会に出場する。慶大は三回、主将の広瀬（4年・慶応）が先制2ランを放ち、七回には本間（3年・慶応）のソロなどで3点を追加。継投で早大の反撃をかわした。

全日程が終了し、明大が2位。早大は3位に終わった。最優秀防御率投手賞（読売新聞社制定）は明大の蒔田（4年・九州学院）が0・68で初受賞。慶大の栗林泰三（4年・桐蔭学園）が打率4割7厘、3本塁打、16打点で、昨年秋の萩尾匡也（慶大＝現巨人）以来、戦後17人目の三冠王に輝いた。

優勝を決め、喜ぶ慶大の選手たち＝後藤嘉信撮影

東京六大学秋季リーグ勝敗表

（全日程終了）	慶大	明大	早大	法大	立大	東大	試合数	勝ち数	勝ち点	勝率
慶大	＼	2	2	2 1	2	2	14	10	5	.769
明大	1	＼	2	2	2	2	13	9	4	.692
早大	1	1	＼	2	2	2	12	8	3	.667
法大	1 1	1	0	＼	2	2	14	6	2	.462
立大	0	0	0	0	＼	2	10	2	1	.200
東大	0	0	0	1	0	＼	11	1	0	.091
負け数	3	4	4	7	8	10	（小数字は引き分け）			

慶大	0	0	2	0	0	0	3	0	0	―	5
早大	0	0	0	0	0	1	2	0	0	―	3

勝 外丸（6勝） 敗 加藤（2勝2敗）

【慶大】		打	安	点
中	吉川	4	0	0
三	本間	2	2	1
二	広瀬	5	2	2
右	栗林	2	0	0
捕	宮崎	4	1	0
左	斎藤来	5	4	1
遊	水鳥	5	1	1
一	上田	3	0	0
[illegible]	斎藤快	2	0	0
投	外丸	4	2	0
投	森下	0	0	0

振 5 球 6 犠 2 併 1 残 12　36 12 5

【早大】		打	安	点
中	尾瀬	3	2	1
二	山県	2	0	0
打一	島川	1	1	0
遊	熊田	4	2	0
捕	印出	4	0	1
右	吉納	4	0	0
左	中村将	2	0	0
打	梅村	1	0	0
投	斎藤正	0	0	0
打	栗田	1	0	0
投	伊藤樹	0	0	0
三二	小沢	4	1	0
一三	田村	4	2	1
捕	加藤	1	0	0
打	前田浩	1	0	0
投	沢村	0	0	0
投	香西	0	0	0
投	鹿田	0	0	0
打	森田朝	2	1	0

振 6 球 0 犠 2 併 1 残 6　34 9 3

本 広瀬、本間　三 斎藤来　二 小沢、水鳥、尾瀬、上田　飛

	回	安	責
外丸	6 2/3	9	3
森下	2 1/3	0	0
加藤	5	6	2
前田浩	1	0	0
沢村	1/3	3	3
香西	1/3	2	0
鹿田	1/3	0	0
斎藤正	1	0	0
伊藤樹	1	1	0

3回無死1塁、先制2ランを放つ慶大・広瀬

厳しい内角攻めなど各校から徹底マークされて苦しんでいた慶大の主砲、広瀬が、大一番で存在感を発揮した。0―0の三回、甘く入った初球の真っすぐを完璧にとらえて左翼席に放り込み、「（失投を）一発で仕留めることができた」。

これがリーグ戦通算20本目。23本で1位の高橋由伸（慶大、元巨人）ら4人しかいなかった大台に到達した。先週のドラフト会議でソフトバンクから3位指名を受けた強打者は、「試合の流れを（一振りで）変えられるのが本塁打。それを武器にできている」と、胸を張った。

シーズンを通して打線の軸となったのは4番栗林泰。勝負強さとパワーを兼ね備えた打撃で三冠王に輝いた。1年浪人して慶大に入った苦労人は「芯に当たれば飛ぶと分かったので、脱力を意識して飛躍した。2人に引っ張られ、チーム打率はリーグ1位の2割9分8厘。強打が光った。

この夏の高校野球は、慶応（神奈川）が全国を制した。明るく伸び伸びとしたチームカラーは大学も同じ。広瀬主将は「慶応高に刺激をもらった。彼らは日本一で僕らはまだリーグ優勝。明治神宮大会で日本一を目指す」と宣言した。

（塩見要次郎）

◇…東京六大学ベストナイン…◇

投手	外丸	東真（慶大）	11票	初
捕手	宮崎	恭輔（慶大）	満票	初
一塁手	浦	和博（法大）	7票	初
二塁手	堀内	祐我（明大）	4票	②
〃	松下	歩叶（法大）	4票	初
三塁手	上田希	由翔（明大）	10票	④
遊撃手	熊田	任洋（早大）	10票	②
外野手	栗林	泰三（慶大）	満票	②
〃	吉納	翼（早大）	満票	初
〃	酒井	捷（東大）	5票	初

（丸数字は受賞回数。満票は12票。上田は一塁手の1度を含む）

度となった。

六大学野球の新聞報道を朝日新聞で振り返った。六大学野球のリーグ戦の記録が他の大学リーグと同じスタイルになったと記したが、読売は六大学野球のテーブルを紙面に残している。各大学リーグを公平に報道する朝日と伝統を残している読売を比べて、大学野球への思い入れを読売に感ずる。

長年にわたり朝日新聞記者として野球の取材をし、新聞のスポーツ面づくりを経験したスポーツライターの山田雄一（諏訪清陵－早稲田・長野）は、六大学野球の新聞報道の移り変わりについて、

「野球の試合結果を新聞紙面で報道する際、判断を迫られる一つが『個人テーブル』掲載の有無だ。東京六大学については長年、必須のデータとされ、すべての出場選手名が一覧できたが、ほとんどの一般紙で割愛されてしまった。21世紀に入ってスポーツの多様化が格段に進み、紙幅の事情で大会

やリーグ戦ごとに掲載基準を見直した結果だった。実は1990年代に入る前後から六大学野球の紙面扱いを抑制すべし、との議論は運動部内で繰り返され、『個人テーブル』が標的とされた。そのたびに、『これは生命線』と主張したのだが、新聞づくりの一線を離れたあと紙面から消え、新聞の限界を思い知る一例となった。ネットなど今風の手段の活用で、『個人テーブル』への注目が再燃してほしいと願っている」

とスポーツの多様化の中で野球だけが特別の時代ではなくなった一面を語った。

六大学野球の入場者数が毎試合2万人前後の動員で、優勝が絡むカードに観衆が3万人前後の試合が多くなれば、一般紙にテーブルが復活する日が来るかもしれない。それには、学生の動員の復活がキーになる。

ラジオ、テレビの中継も随分変わった。六大学野球のラジオ中継（NHK）が始まったのが1927（昭和2）年10月15日の早明2回戦。NHKのテレビ中継は1953（昭和28）年から始まり、4月12日の開会式と開幕戦の立早戦を中継した。これが日本初のテレビでのスポーツ中継だった。1950（昭和25）年秋は六大学野球のNHKのラジオ中継は16回あり、シーズン中盤には「六大学リーグを語る」という番組も組まれた。六大学野球をラジオで聴くことを楽しみにしていた多くの六大学野球ファンがいた。1975（昭和50）年秋はラジオ中継が12回、テレビ中継は6回あり、早慶戦4試合はラジオとテレビのダブル中継の時代だった。早慶戦は早慶の優勝に拘らずラジオとテレビの同時中継が続いた。法政に江川卓（作新学院・栃木）が入部した1974（昭和49）年からはNHKの中継に加えてテレビ神奈川（TVK）が全試合を放送し、中継を延長することもあった。この頃がテレビ中継のピークだった。

その後は人気の低下とともに中継が激減し、1997（平成9）年春は早慶戦の中継がなくなり、2000（平成12）年には、ラジオ、テレビともに放送実績はなくなった。慶応の高橋由伸（桐蔭学園・神奈川）、早稲田の斎藤佑樹（早稲田実・東京）で人気が盛り上がった時には一時的に中継回数が増えたがスポット的な中継だった。NHKが中継の回数を絞った頃から東京MXTV、BS、CSが中継したが継続的な中継にはならなかった。

2006（平成18）年からインターネット中継が始まり、現在ではスポーツマーケティングラボラトリーが「BIG6．TV」として全試合をネット中継している。高校野球では「バーチャル高校野球」もあり甲子園も神宮もスマホでも観られる時代になった。

日本の野球大会はすべて新聞社が始めた歴史がある。中等学校野球（現高校野球）は夏の朝日、遅れて春の毎日、プロ野球は読売、都市対抗は毎日が創始者だ。少年の硬式野球、学童野球にも地方紙も含めて新聞社の主催が目白押しだ。先述した日本が中国大陸に進出し満州地区で興した日本野球にも朝日、毎日は競うように優勝旗の寄贈を行なった。裏には新聞部数の拡大という営業目的があった。確実に部数は増え続けた。新聞社が野球の大会に寄与してきたことは間違いない。しかし、今や野球は新聞部数の拡大には無縁の時代となった。プロ野球も読売ジャイアンツの新聞購読数への効果はなくなり、かつて全盛を誇ったテレビ地上波のレギュラー中継も見る影がない。

六大学野球は新聞社の色のない運営で、主だった野球大会では珍しい存在だ。連盟表彰はリーグ戦の優勝のみで、打撃成績、投手成績は公式記録として残るだけでリーグとしての表彰はない。首位打者は毎日「制定」、遅れて最優秀防御率は読売「制定」となっている。ベストナインの選出もリーグ選出ではなく、担当記者による記者クラブの選出、表彰となっている。最近では2003（平成15）年春のリーグ戦から連盟ホームページで一般のファンによるMVP（最優秀選手）投票を行なっている。「学生野球の父」、飛田穂洲（水戸中・茨城）が今いたらこのMVPの表彰をどう評するか興味を抱く。また、2010（平成22）年に連盟結成85周年記念として朝日新聞社が優勝旗を寄贈した。2004（平成16）年には新聞社の関与が薄かった全日本大学野球選手権大会を読売が共催し、その前には朝日が育てた日米大学野球選手権大会が読売に移った。新聞社が競って野球へ関与した時代の名残がまだ残っている。

高校野球は六大学野球とは異なり新聞社が絡む。夏の選手権、春の選抜、春秋の地区大会に、朝日、毎日、地域によっては地方紙が主催で張り付く。運営スタイルが同じ春と夏の大会を別々の新聞社が運営する時代ではない、という報道関係者もいる。新聞社の経営はかつての勢いがなく、長年育ててきたスポーツ大会からの撤退も見られる。大会の収益が新聞社には反映されない運営方式で、販売部数の減少が著しい現在は、高校野球に大きな投資ができないのが実情だ。報道スタイルでは、スポーツが多様化した現在は、敗者を讃える記事スタイルで複数面を割いて報道することを読者が望んでいるとは思えない。これからは、甲子園大会に関わる報道より、選手の自立に一役買う企画、報道を一層期待したい。「教育の一環」「整然と……」から高校野球を「楽しみ」ながら「自立」を促し、100年続いた高校野球を次の新しいステージに導いて欲しい。最近の朝日新聞のスポーツ面の「高校野球それぞれのカタチ」、「高校野球、アップデートしていますか?」などの企画はそれを意識したものと捉えた。ベースボールが日本に伝わって150年、東京朝日新聞が113年前に発した「野球と其害毒」を「野球と其の将来」として、日本野球への発想を変えた辛口も含めて長期的視点に立った提言を期待したい。野球大会を興した新聞社も発想の転換を求められる時代となった。

◉女子部員の進出とアナリスト

『六大学野球全集』に「米国女子野球団来朝」として、「米国女子野球団なるもの、七月中旬来朝、二十三日の対日大戦を皮切りに各地に転戦したが、実力なく十一戦一勝九敗一引分の惨状で興行としては全然失敗に終わった」とある。六大学野球が始まる2ヵ月前のことだ。女子プロ野球チームのフィラデルフィア・ボビーズが船で海を渡り、東京、大阪、京都、神戸と転戦した。日本の大学チーム等を相手に対戦し、日本大が6対0（尾久球場）、立命館大が8対7（岡崎公園運動場）で勝利した記録がある。松竹キネマの女優チームと対戦したとの記述もあるが、6校の野球部史には対戦の跡は見当たらない。

日本野球の女子の歴史は、『女學生たちのプレーボール』（竹内通夫著・あるむ）に詳しく記されている。大正時代に東海地方の高等女学校で行われた皮製の「キッツンボール」の大会や大阪地域で「軟式野球」が行われた記録があるが、連綿として行われた形跡はないとされている。盛んになった女子野球に対し「野球は女子に不適切、不妊の恐れあり」というお達しが出たり、各地で中止に追いやられた歴史が残っている。教育学者で金城学院大の女子野球部の創設者の竹内通夫（愛知学芸大・愛知）は、女子野球が日本で普及しなかった原因は、先述した明治時代以来の学校制度による「男女別学」「良妻賢母」による教育思潮があったと記している。高校女子の硬式球大会が開かれたのは、大正末期の「迫害」から70年後の１９９７（平成９）年からだった。

六大学野球での女子の出現はどうか。まず選手編。１９９５（平成７）年秋に、六大学史上初の女子選手の出場があった。明東2回戦（9月19日）のことだ。明治のマウンドに上がったのはジョディ・ハーラー（ペンシルバニア州）。野球の本場、アメリカのペンシルバニア州シッペンスバーグ州立大から明治大学短期大学経済学科に入学し、六大学野球連盟登録に漕ぎ着けた。明治で2年間、男子選手と一緒に練習に励んだ。六大学と東都の連盟は１９９４（平成６）年の理事会で女子選手の登録を認めた。背景には観客動員の低迷があった。１００キロそこそこの球速で、東大の11人の選手を相手に1回２／３、50球を投げた。５四死球を与え、坂越隆徳（米子商・鳥取）へ引き継いだ。受けたキャッチャーは野村克也（峰山・京都）の子息の野村克則（堀越・東京）、東大の投手は松岡輝恭（八王子東・東京）だった。１回限りの登板だったが、彼女の野球に対する向上心と起用した当時の監督の別府隆彦（明治中・東京）に拍手を送るしかない。当時のマネージャーだった萩

女性初の選手、明治・ジョディ・ハーラー、1995年9月19日対東大戦
（写真提供：共同通信社）

原竜太（小倉・福岡）は当時の様子を、

「ジョディは日本の大学野球に興味を持っていて、日本で野球をする決意を固めて来日し、練習熱心だった。明治は対東大戦に19年間負けなしだったので、ジョディの登板を知った選手から『東大に失礼になるのでは』という声も出たが、無事にジョディが投げ、連勝も維持できたのでほっとした」

と当時を回想した。同じく女子の選手登録を認めた東都ではこれまで女子選手の出場は聞かない。

二人目の女子選手の出場は、東大の竹本恵（新潟）だ。１９９９（平成11）年東大に入学し、２００１（平成13）年春の開幕戦の対慶応1回戦（4月14日）に2番手の投手で登板。明治のジョディ・ハーラーに次ぐ2人目で、日本人女性として初めての神宮球場のマウンドに上がった。2打者に投げて降板し、通算4試合に登板し、投球回数2回2／3が実績として残った。

竹本は最後の試合で、明治では女性投手2人目となる小林千紘（神村学園・鹿児島）と東明2回戦（5月28日）でともに先発している。小林は打者13人に対し3回を投げ無失点に抑えた。2回には投手小林と打者竹本の女性対決もあった。10対0のワンサイドゲームだったので、小林があと2回投げていたら女性投手の最初で唯一の勝利投手となった。一方、東大にとっては女性投手に抑えられるという屈辱を味わった試合だった。小林を先発で起用した当時の監督の荒井信久（成東・千葉）は、

「当時の東大の三角裕（浦和・埼玉）監督とあうんの呼吸で両選手の起用が決まった。小林は男子選手に負けまいと相当な練習量をこなしたのは確かだ」

と男子選手に交じって真剣に練習した小林を懐かしんだ。3回で小林を交代させたことは、荒井のバランス感覚からきたものと捉えた。

慶応には２０１２（平成24）年に入学した川崎彩乃（駒沢学園女子・東京）がいた。リーグ戦出場は叶わなかったが、日吉のグラウンドで男子に交じって懸命に練習に励んだ。出場した3名の後は女子選手の出場はない。リ

ーグ戦の第一線としては通用しなかったことは、3選手の実績と監督の起用法から見て明らかだ。しかし、この3名に共通することは、幼少の頃から野球をする環境があり野球に常に接することができ、入部後は男子選手と同じ練習メニューを黙々とこなしたことだ。そして、何より野球が大好きなことだった。

六大学野球では女子選手の登録、出場が認められたが、高校野球では大会参加資格規定で「男子生徒」と規定されていて、女子は選手としてベンチに入れない。六大学野球のジェンダーが一歩進んだ格好だったが、観客動員対策だったことは否めない。2021（令和3）年に第25回全国高等学校女子硬式野球選手権大会の決勝戦が、神戸弘陵（兵庫）対高知中央のカードで選手権大会の開催中に初めて甲子園球場で行われた。野球のレベルは男子に劣るものの、この3名の六大学野球出身の女子選手は新興の女子高校野球に影響を及ぼしたことは間違いない。3名はともに投手であり、野手の出場はない。140キロを超す球速にはまだ女子では対応が難しいということと捉えていい。しかし、硬式を経験した母親が公園で子供のキャッチボールの相手をする光景が見られるのは嬉しい光景だ。

六大学野球では日本の大学野球で初めての女子選手の出場を実現させた。常時スタメンを張れる女子選手が出る日がくることを期待したいが、女子選手の出現が話題にならない時代になるには現実は厳しい。女子ソフトボールのエネルギッシュな動きを観ていると、硬式野球でもいずれ男子に見劣りしない女子選手が現れる気がするが。と、思っている矢先、本著執筆中の2022（令和4）年春に、明治に硬式女子野球チームが部員20名で同好会（公認サークル）としてスタートし、将来の体育会加入を目指しているという。いよいよ六大学に本格的に女子の進出が始まった。女子チーム率いる藤崎匠生（しょう）（高知中央高）は、消防士として働く傍ら高知中央高女子野球チームのコーチを務め、明治へ入学し学生で監督を担った。「消防士」と聞いて、ベースボール発祥の頃、ニューヨークで消防団にベースボールを取り入れたアレクサンダー・カートライトを思い起こした（23頁）。グラウンドや選手の確保など課題が多いようだが期待したい。

次にマネージャー編。マネージャーの役割は野球部運営にとって重要だ。主務、渉外という呼び方もあるが、六大学野球の「野球年鑑」ではマネージャーで統一している。六大学野球100年の中では、歴史の節目でマネージャーの働きが野球部を助け、六大学野球を救ったこともあった。明治の松本瀧蔵（広陵中・広島）と早稲田の相田暢一（小樽中・北海道）は、功績を讃えられ野球殿堂入りしていることは先述した。各校の野球部史にはマネージャーが果たした数多くの事柄が記されている。

そして、六大学野球にも女子のマネージャーの活動がみられるようになり、明治が他大学から女子マネージャーを公募し採用したのが先駆けで、立教が1991（平成3）年に当時の監督の横川賢次（熊谷・埼玉）の方針で、竹村和佳子（東京学芸大付）が初の野球部員からの女子マネージャーとして採用された。

女子マネージャーの連盟登録が初めて認められた1994（平成6）年の「野球年鑑」には、慶応の宮園貴子（神大付・神奈川）、明治の粂（くめ）知代子（筑紫・福岡）、吉田静枝（磐城女子・福島）、小山内真紀（神大付・神奈川）、法政の吉岡久美子（島原・熊本）の5名が女子マネージャーとして記載されている。それ以降、各校の女子マネージャーの登録が増え、今日に至っている。しかし、早稲田には登録が認められてから27年にわたり女子マネージャーの採用がなかった。2021（令和3）年秋に、藤田南（開智・埼玉）がマネージャーとして初めて認められ登録され、6校に女子マネージャーが揃った。2024（令和6）年春は6校で女子マネの登録数は42名で、男子マネの34名を大きく上回った。男子と女子を区別するのは時代錯誤となった。

六大学野球に女子マネージャーが初めて登録されてから24年後の2018（平成30）年に初の女性チーフマネージャーが誕生した。慶応の小林由佳（慶応女子・東京）だ。前年のリーグ戦終了後の幹部会議でその役を推された。同期のマネージャーが退部して、マネージャーとして一人残ったのが小林だった。1年下の男子マネージャーを起用する選択肢もあったが、監督の大久保秀昭（桐蔭学園・神奈川）の強い推薦と決断で「六大学史上初」が誕生した。小林は当時のチーフマネージャー就任について、

「歴史ある六大学野球連盟で〝史上初〟と伝えられたときは、野球経験者ではない私がその重役を担ってもいいのかという不安やプレッシャーの方が大きかったことを覚えている。主務の仕事の幅は広く、部全体のスケジュール管理、試合日程の調整、OB会や大学との連携、SNS広報・取材対応など多岐にわたった。それまでは男子と女子マネージャーの中では仕事にも垣根があり、主務になってから初めて知る業務も多かった。しかし、就任したからには垣根をなくしてチーム全体が強くなれるように自分なりに考えて行動するようになった。私のチームへの貢献は微力だったが、27年ぶりの秋春連覇、選手権大会ベスト4という何十年かかっても得られない経験は今でも貴重な財産になった。大久保監督や林（卓史／岩国・山口）助監督はじめ、支えてくれた同期にはいつまでも感謝したい。そして、ライバル校に女性主務が誕生した時は、やってきたことが間違っていなかったことと、新しい道を創ることができたことを改めて実感した」

と振り返った。

そして、2022（令和4）年には、法政に宮本ことみ（法政・神奈川）と立教の大河原すみれ（湘南白百合学園・神奈川）が同時にチーフマネージャーに就任した。4月16日の立法1回戦は両マネージャーがスコアブックを手にともにベンチ入りした。両軍のベンチのスコアラーが女子というのも史上初だった。大学野球のマネージャーの世界には確実にジェンダーの波が押し寄せた。ふたりは女性マネージャーが特別扱いをされることに違和感を持ちながらマネージャー業務をこなす中で、自分の置かれている立場を確立していったという。特にコロナ禍でこれまでに経験したことのない「コロナ対策」という大事な役割がマネージャーに課せられた。時の監督の青木久典（三重）、加藤重雄（鳥取西）、溝口智成（湘南・神奈川）の女子マネージャーに対する理解も大きかった。2024年には明治の岸上さくら（立命館慶祥・北海道）と立教の遠山夏澄（かすみ）（駒場・東京）が続いた。

野球人口が減っているのは全国共通で特に学童野球、中学野球の選手の減少が著しく、これからの日本の野球の発展にとって懸念材料となっている。女子マネの増加が表向きの登録数の減少を抑えているようだ。高校野球の女子マネの歴史は大学より遡る。１９９６（平成８）年に甲子園でのベンチ入りが認められた。女子マネの主な役割は記録係と野球部内の雑務が中心だが、これからは地区の上位校の偵察、資料収集の役割もあってもいい。２０２２年４月19日付の朝日新聞スポーツ面の特集に、白陵高（兵庫）、膳所高（滋賀）のパソコン、映像を駆使した自校、相手校のデータ分析と活用事例が載った。ここでも女子マネの役割が大きくなっている。

　現在の甲子園出場校の顔ぶれを見ると、２０２３（令和５）年夏の大会では、49代表のうち公立は９校、今春の選抜大会は21世紀枠を除くと30代表のうち公立は３校のみだ。整った環境で甲子園に駒を進める私立が圧倒的に多く、その私立を倒して公立が甲子園出場を果たすには、強豪の弱点をつく対策が不可欠だ。それには強豪校のデータ収集、データ分析をし、的を絞った徹底した練習が環境の格差を克服する手段の一つだろう。データ収集の役割を女子マネが担当し、戦力の一端としたら女子マネの存在感が増す。また一歩進んだ高校野球の女子マネが出現するに違いない。その女子マネが六大学野球に進めばマネージャーの資質がさらに上がる。

　六大学野球では東大がプロ出身の井手峻（新宿・東京）監督就任後、情報分析が一層進みアナリスト班ができた。配球、盗塁、打球、投球（相手）フォームの４分野があり、同野球部のホームページでは東大の学生に対しアナリストの募集を行っている。２０２１（令和３）年は、春秋とも東大がリーグ最多の盗塁数を記録し、年間で43盗塁、２位の明治の31盗塁を圧倒した。秋は86％という高い成功率を残した。走る意欲に加えて投手のセットポジションのフォーム等の分析の成果だという。新聞の見出しにはならなかったが画期的なことだった。２０２２年卒業の齋藤周（あまね）（桜修館中等教育・東京）は、分析分野の中の打球速度、打球角度が担当だったという。そして、卒業後は自身で起業し、プロの福岡ソフトバンクホークスのデータ分析担当として採用され、東大時代の分析力をプロ野球で活かしている。学生コーチ、マネージャー、アナリスト（分析係）、スカウト等と役割分担をして、女子マネージャーを含めてマネージメント部門を強化すると一歩進んだ野球部の運営になる。２０２４（令和６）年春には、６校で学生コーチが56名、マネージャーが76名、アナリストが32名、トレーナーが９名の総勢173名のスタッフが登録されている。慶応の総勢53名が特筆され、部員以外のスタッフも強化され、野球部の組織化が進んでいる。これも100年で大きく変わった点だ。

野球の本場、アメリカ野球のジェンダーはもっと進んでいる。2022（令和4）年にメジャーリーグに女性監督が誕生した。ニューヨーク・ヤンキース傘下のクラスAタンパ・ターポンズ（フロリダ州）の監督に指名されたレイチェル・バルコベック（オマハ・ネブラスカ州）で、ルーキーリーグのGCLヤンキースの打撃コーチからの転身というから本格的だ。アメリカの多様性を尊重する価値観がプロ野球にも表れている。

社会学者の関めぐみ（大阪府立大）が、2021（令和3）年8月19日付の朝日新聞のオピニオン欄「運動部とジェンダー」の中で「変革へ女子マネの潜在力」として、

「女子が運動部に参入するようになったのは1960年からです。（中略）『男子を支える』役割に徹する『女子マネ』に、役割分業の意識が介在してきたことは否定できません。（中略・『女子マネ』の研究から見えてきたのは）マネージャーを『女子マネ』ではなくコーチに並ぶ『スタッフ』と考え、男子（だけ）ではなく部活動を支える仕事として主体的に取り組むことの潜在力でした。（中略）『支える仕事』を通じて、マネージャーが成長し活躍できる部活動であって欲しい」

と、今後の女子マネのあり方について応援歌を発している。

六大学野球は野球人口が減る中で、6校で900名を超える大学生が集う。1校あたり150名に及ぶ大世帯だ。母校のネームの付いたユニフォームを着る25名に加えて、控え選手、学生コーチ、アナリスト、トレーナー、マネージャー、寮長寮母の役割分担で野球部は成り立っている。ユニフォーム組が勝敗と記録の歴史をつなぐが、野球部を運営しているのは部員の8割以上を占める控え選手とスタッフだ。150名に及ぶ部隊は大企業の一つの部署に匹敵する。スタッフ部門の部員が全体の2割に迫る。人の存在は組織を広げる。人材を活かさない手はない。学生応援の復活が六大学野球の大きな課題だ。応援団と連携して自校の学生を神宮球場に呼び込む方策を

考える応援動員担当や部員の就職対策担当があってもいい。女子部員の役割は男子部員をサポートする時代から、男子部員とともに野球部を新しい領域へリードする時代に入った。女子も含め新たなチーム運営を6校が競う時代となったともいえる。面白い。大いに競って欲しい。

◉二極化が進む高校野球

大学野球を考えるには、大学野球部の選手の供給源となる高校野球に触れないわけにはいかない。そして、学生スポーツ選手、ことに高校の選手に自立が求められる時代となった。規律を守り統一行動を取ることはスポーツ団体の運営、競技をする上では重要だ。一方、規律を求められ枠にはめられたスポーツの世界から、いろんな分野で脱皮を図ることが模索されている。学生アスリートに加えて、人間の幅を広げることが求められる。その裏では、いまだ運動部内の暴力行為が度々報道される。指導者から選手への暴力行為や選手間の体罰は今もなお発生し、学童野球にも見られる。２０２３（令和５）年に日本学生野球協会が処分を下し発表した不祥事は1年間で高校が78件、大学が7件確認でき、今年は4月までで40件の報告があり高校の不祥事で占められている。悪質なケースも報道される。報道には現れない多くの事例があることは想像され、開いた口が塞がらない。その点で日本の高校野球は１００年の歴史を誇るが、スポーツとしてまだ自立への途上にある。途上というより病んでいる大人がまだいる。大人が病めば選手も病む。プロ野球を経由した指導者の暴力行為もあり、観客を楽しませる野球を経験した割には、野球を楽しむという原点を理解できない指導者がいる。六大学野球でも２０２３（令和５）年春のリーグ戦中に、立教の4年生の「遊び」と称する暴力行為や喫煙の強要が明らかとなり、驚きと残念さが交錯した。戦前の教育制度では体罰は厳しく禁止されていた。戦後、帝国日本軍の体罰の悪習が教育現場に及び、いまだに野球界に潜んでいるといっていい。スポーツ界の組織の中では統制力が強いといわれる日本高野連の下でも不祥事の件数は減らない。高校野球１００年の制度疲労と捉えたらどうだろう。規則より組織、体制に問題があると指摘する関係者は多い。日本の野球ファンを熱狂させてきた「負けたら終わり（負けられない）」のトーナメント制が、後を絶たない暴力事件に遠因していると指摘する識者は多い。「負けられない」のは選手でなくて指導者ということだ。加えて父母会の内部告発、ネットでの誹謗中傷やハラスメントが加わる。さらにヘイトとフェイクだ。これに対応するには選手が自立する力を大人がサポートし、野球を「楽しむ」いい循環を作り、学童、中学、高校、大学と10年以上も続く野球生活で日本版の「楽しむ」を考え貫くことだ。

その点、慶応の「エンジョイ・ベースボール」は、脈々と慶応の野球に取り組む姿勢となっており学ぶべきものがある。最初に「エンジョイ・ベースボール」を文字にしたのは、慶応の8代目の監督の前田祐吉（高知城東中）だ。前田が監督就任して2期目の頃に記した野球ノートに、当時の前田の方針がメモされている。「0（ゼロ）ベースで」と冒頭にあり、「①野球史観、②坊主頭は決して高校生らしくない、③グラウンドでのお辞儀は虚礼である、④何故大声を出し続けるのか、⑤Enjoy Baseball」とある。野球史観の中に、「Sport National Pass time」のメモがあり、アメリカの「楽しむ・国民的娯楽＝野球」と符合し、我が意を得た。「Enjoy

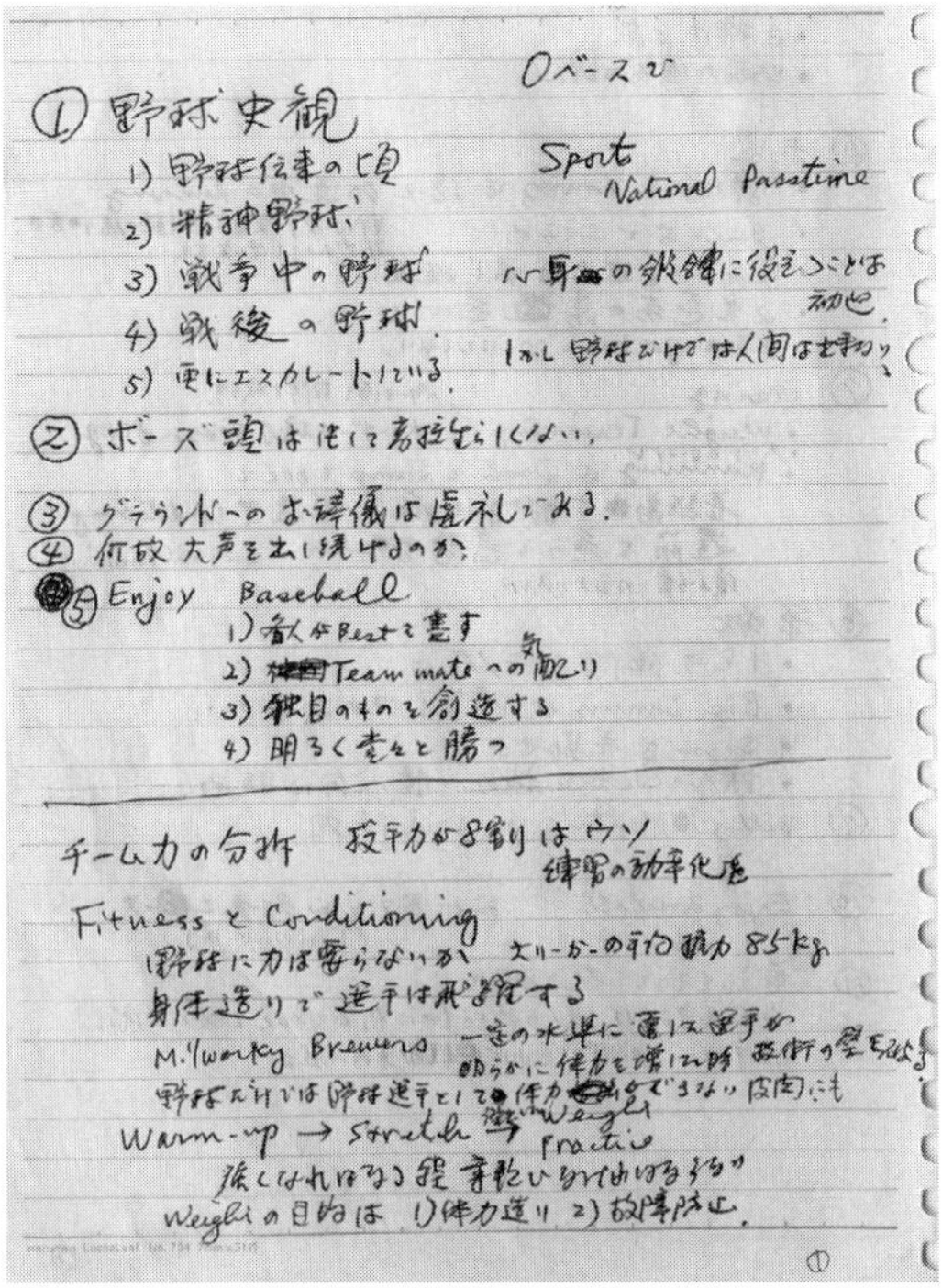

慶応監督時代の前田祐吉のメモ
（画像提供：慶應義塾福澤研究センター）

Baseball」には「各人がベストを尽くす」「Teammateへの気配り」「独自のものを創造する」「明るく堂々と勝つ」とあり、現在の慶応や慶応高校に受け継がれている。これからの高校野球、大学野球を考えるにあたって、今から約40年前の貴重な前田のメモだ。慶応義塾福澤研究センター准教授の都倉武之（慶応－慶応・東京）は、自ら編集した『慶應野球と近代日本』の中で、

「前田以前、最も多面的に『慶應の野球』を語ったのは野球部初代監督（中略）三宅大輔（慶応普通部・東京であろう。（三宅が）戦前の著書『True Base Ball』（１９３０年刊）において、野球は精神鍛錬ではなく『やりたいからやる』ものと明言したことに端的に現れる、日本的野球観への抵抗は、戦後、より明確に語られた。（中略）日本野球がアメリカにならうべき最も重要なことは『野球に対する考え方』であるといい、日本人は『勝負にあまりに力を入れ過ぎ』で『コセコセ』している（とした）」

と記し、三宅が記した「必要なことは『ベースボール・ゲームをエンヂョイする』とゆう気持ちであります、これは日本人が是非アメリカにならって、まねをして貰うことが望ましいと思います。（中略）日本の野球とゆうものが、もっと楽しい愉快なものに必ずなるであろうと私は考えて居ります」が直接的には前田に影響を与えたと考えて間違いないだろうとし、慶応の黄金時代を築いた腰本寿（慶応普通部・東京）も著書『私の野球』で同様のことを書いていると記している。前田が体系化したエンジョイ・ベースボールは、三宅、腰本時代から慶応に息づき1世紀に及んでいる。そして、野球道、一球入魂の「精神野球」とは画した慶応流の野球を「エンジョイ・ベースボール」とした。現在の監督の堀井哲也（韮山・静岡）は『慶應野球と近代日本』のインタビューで、エンジョイ・ベースボールをどう捉えているかを問われ、

「社会人野球で、仕事として負けられない野球をやってきたんで、どうもエンジョイ・ベースボールという言葉の響き、ちょっと違うんですよね。楽しむとか、Let's enjoyとか、アメリカ人のいう意味はわかる（中略）ただその言葉が独り歩きしてないかというのがあるので、僕は勝手に、『エンジョイ野球道』って言ってます（中略）

慶應の野球部には、色々な意味の自由度はありますね。それはやはり学生なんで、失敗していい、トライ&エラーでいいんですよ。（中略）管理か自由放任か、全体か個人か（中略）はっきり線が引けないところを伝えていく」と答え、学生からの発想も学びながらエンジョイ・ベースボールを継承している。2023年秋の完全優勝では「エンジョイ野球道」を十二分に示した。

早稲田の飛田穂洲の「一球入魂」、慶応の前田祐吉の「Enjoy Baseball」、明治の島岡吉郎の「人間力野球」は、時代の移り変わりとともに、選手の自立も考え、次の100年へつながっていくだろう。

プロ野球の世界でも、数年前に北海道日本ハムファイターズの甲子園常連校出身の中田翔（大阪桐蔭）のチーム内選手への暴力事件があった。事件の経緯がはっきりしないうちに読売巨人軍に移籍し、一軍登録し試合に出たことに世間は驚いた。もっと驚いたことは、大阪出身（高校）の彼が北海道のファイターズファンに育てられたのにも拘らず、北海道のファンに対してお詫びの肉声がなかったことだった。一片の球団のお詫び通達でおしまいにしてしまった。それを咎めない北海道の人々は心も広い。アスリートとして自立を果たしていない典型的な例だった。球団やリーグの方針かどうかは定かではない。彼に自立の精神が宿っていたら、自分で起こした不祥事について自らの肉声でお詫びをしてケジメをつけただろう。少年野球から高校野球、プロ野球に進んだ中で自立の訓練がされていないといっていい。残念なことだ。この件で彼の輝かしい野球で積み重ねた研鑽が一気に吹き飛んでしまった。この事件の他にも暴行、暴言は数多くあったようだ。よく不祥事の後に、当事者の「これから結果を出すしかない」というコメントを聞くが甘すぎる。高校からプロへ進むも、もう34歳になる。中田を甘やかした日本ハムに原因の一端があるが、受け入れた読売巨人軍も同様だった。中田と同僚の兵庫出身の坂本勇人（光星学院・青森）の不祥事もあり、こちらも本人の肉声はなかった。釈明を球団責任者が当事者に誘導できないことに組織の退化を感じる。政治もスポーツも同じでは困る。プロ野球産みの親、元読売新聞社社長の正力松太郎（高岡中－旧四高－東京帝大・富山）が遺した「巨人軍は常に紳士たれ」は死語と化した。三十路を越えても人生は先が長い。野球では一流でも社会人としては疑問符が付くいい例だ。人間として自立した姿を見せて欲しい。それが人間の成長だ。それを見て嬉しいと思う野球ファンは多いはずだ。

六大学野球と同じく100年の歴史を持つ高校野球も変わっていくだろう。いや、変わらなくてはならない。前身の中等学校野球の時代から日本の野球を牽引してきたのが高校野球だ。しかし、学童野球からプロ野球の中で最も変わることが望まれるのが高校野球だ。裾野が広い高校野球は変革すべきことが多様にある。高校野球が変われば日本の野球が変わる。

先述した私立・公立という格差の他にも高校野球に二極化の波が押し寄せている。部員ゼロの高校がある一方で、3年間補欠で終わる部員100名規模の高校も多いことはその象徴だ。野球人口の減少が高校野球、大学野球へ影響が及ぶことは言を俟たない。人口減少も野球人口の減少の一因だ。しかし、現在の高校野球のあり方に原因があると見た方が改革は進む。日本のスポーツ界の中で高校野球は特別な扱いで、数あるスポーツの中の高校野球ではなく、高校野球という独立したスポーツだという人もいる。新鮮ながら穿った言い方だ。新聞報道の紙幅、NHKの全試合中継だけでも異例だ。日本高野連は高体連（全国高等学校体育連盟）に加盟していない独立した組織だ。この体制がこれまでの高校野球の繁栄を築いた一つの要素なのは否めない。一方で、規則に則った整然とした野球、トーナメントによる優勝主義という日本人の気質に合ったシステムが、多様化が進む現代の高校生を遠ざけていると捉えたら、高校野球を変える転機になる。本著の冒頭で「Sport＝スポート＝楽しむ」という本来の野球（スポーツ）の原点を記した。この点から高校野球を見てみる。「厳しい」「整然」「負けたら終わり」というシステムは、「楽しむ」とは対峙している。逆転の発想をすれば展望が開けてくる。「甲子園に出たい」、しかし「負けたら終わり」、だから「強豪校の私立へ」、だが、選手数が多くて「試合に出られない」、二極化の基となるこの構図を崩すのは意外に簡単かもしれない。

トーナメント方式からリーグ戦方式に移行し、公式試合数を増やせばゲームを「楽しむ」回数が増え、トーナメントでは出場できなかった選手も出場回数が増える。現在の高校野球の監督は週末、休日の練習試合を組むことに相当な作業を割かれる。この週末の練習試合を公式戦の「リーグ戦方式」に変えればいい。こう提案すると、球場や審判の確保ができない、雨天中止で日程作業が煩雑になるなど、すぐに「整然」派から反論が出る。公式戦が多くなれば、試合から学んで練習内容も濃くなるだろう。「負けたら終わり」から「負けても次がある」に変わる。教育的見地からもいい。もともと日本の野球は原っぱでも試合をし、審判も学生が行い「楽しんで」いた。「負けたら終わり」も「甲子園を目指す」も一気に薄まるだろう。目標は「甲子園に出る」ではなく、人生一度しかない高校生活で「たくさん楽しむ」になれば、高校野球への関心は今までと違った深まりを見せ、「うちの子はレギュラーでないから試合に出られない」とした親は、週末は「うちの子が出ている」試合の応援に駆けつける。アメリカの高校野球、大学野球はナイター（ナイトゲーム）が多い。暑さも凌げるし、家族も応援に行ける。照明に映えた緑の芝生が一層野球を優雅にしてくれる。「楽しむ」ではアメリカは一歩も二歩も先を行っている。先を行っているというより当たり前の日常の光景となっている。「高校球児」といっても家族の一員だ。その家族が出場している試合に家族が応援する機会は多い方がいいに決まっている。今生（こんじょう）の高校野球生活、選手も家族もとにかく楽しもう。

105回を迎えた全国高等学校野球選手権大会の開会式、
阪神甲子園球場、2023年8月6日（筆者撮影）

　夏の地方大会（２０２３年度）は、大会規模でみると鳥取大会（22校）と神奈川大会（１７０校）では8倍近い較差がある中で1校を決める予選会だ。甲子園に至るまでの総試合数は鳥取が21試合、神奈川は１６９試合、甲子園にたどり着く試合数（最大）は鳥取が4試合、神奈川が8試合で2倍の較差だ。代表校を決める方式は全国一斉に「整然」と実施する必要はない。実施したい、実施できる県、地区から始めればいい。地区代表を決める方法は高校生も参加させ地区高野連にすべて任せ、47通りの代表選出方法があってもいい。多様性を重んじる時代だ。１９１５（大正４）年に始まった同大会の主催者の大阪朝日新聞の社告には「参加校の資格は其の地方の代表せる各府県連合大会に於ける優勝校たる事」とあり、優勝校選出方法は主催、後援も含めて各地区に任せていた。大会が始まってから31年後に、全国中等学校野球連盟（現日本高野連）が結成され、主催する新聞社との共催になった。

具体的に考えてみる。鳥取の場合、リーグ戦にすると22チームの総当たり方式で総試合総数は２３１試合になり、８週16日間（土日）で１日あたり14試合前後を消化すれば実現する。球場は５つあれば消化できる。広い県でも、例えば筆者の出身県の長野大会は、北信、中信、東信、南信と４地区に分かれているので、４地区ごとにリーグ戦を行い、４地区代表（各地区２校から４校）による決勝トーナメントで代表校を決めれば盛り上がる。鳥取の場合、「１試合で終わった無念の夏」が「21試合を楽しめた夏」に一変する。親も21倍楽しめる。高校野球がアメリカ野球に戻る。

夏の地区大会をリーグ戦（プラス決勝トーナメント制）にすれば、春の地区大会は必要ないという高校野球関係者は多い。春の地区大会を重要視していない証だ。春から余裕を持ってリーグ戦日程が組めるという。３月と４月は県外チームとの対戦を含めてオープン戦で技術を向上させ、５月から７月にかけて夏の予選「サマーリーグ」と「決勝トーナメント」を展開する。月曜日から金曜日は休養日も設け、週末の公式戦に向けた練習内容が濃くなり、六大学野球のリーグ戦と同じスタイルになる。現在の高校野球はトーナメントの大会が年間３回あり、３試合で１年が終わるチームも多い。３年間、膨大な練習時間を費やして年間３試合で終わってしまうのは、毎日弁当を作りユニフォームを洗濯する親にとっても虚しい。教育的観点からも、「楽しむ」観点からも考え直す時期にきている。予選をリーグ戦に変えれば、公式戦の試合回数は全チームが均等に増え、グラウンドではなく応援スタンドで声を嗄らす部員１００名を抱える高校の選手は、公式戦に常時出場できる高校へ分散するだろう。

試合に出て技術を上達させながら強豪校を倒す方がメガフォンを手にスタンドにいるより夢が広がる。多様性が広がる時代に、アメリカ野球風土の舞台を創るのも大人の役目だと思う。「一様に楽しむ」がすべてだ。

高野連が高体連に加盟すべしとは言わない。しかし、連盟の発想が変わらなければ高校野球は変わらない。不祥事も減らない。高野連の改革は待ったなしという高校野球関係者は多い。「主役は選手」を挨拶、ポスターのキャッチフレーズだけでなく、「高校生が運営し、高校生が楽しむ」高校野球を大人と高校生が同居した運営を実現しなければ高校野球の将来は危うい。これには高野連と同様に教育委員会の発想の転換も求められる。

六大学野球の理事会にはかつては各校のマネージャーが常任理事として参加し意見した時代もあり、当番校制で毎年のリーグ戦を学生中心で運営している。これは1925（大正14）年に六大学野球を立ち上げた時の理事会に遡る。理事会メンバーに早稲田の宮崎吉裕（豊国中・福岡）、慶応の山岡鎌太郎（慶応普通部・東京）、明治の谷沢梅雄（明星商・大阪）、法政の沼崎一夫（竜ヶ崎中・茨城）、立教の永田庚二（北海中・北海道）、帝大の山本久繁（旧一高・東京）の各校主将が理事として参加し、リーグ運営に参画したのが起源となっている（170頁）。現在の理事は、部長、先輩理事、監督が理事となり、主将とマネージャーはリーグ戦運営役員となっている。都道府県の高野連や本部の日本高野連の運営役員に高校生の代表が入ることはなく、ここから変えて行ったらどうか。先に記した八十川ボーク事件後の会議では、大人が思惑を引きずる発言をする中で、最もまともな意見を述べたのは帝大主将の学生、広岡知男（旧五高・熊本）だった。大人と高校生の一体感が生まれれば高校野球が変わっていく。多様性を重んじる時代、自立のないところに発展はない。

先述した私学の台頭傾向が強まり、高校野球離れがさらに進むことに危惧を覚える。ビジネスの世界では長寿の企業でも100年の制度疲労を問うことは多々ある。優秀な企業は制度疲労を先取りし改革を行う。100年続く高校野球も同様だ。選抜大会は選手権大会と異なり、トーナメントだけの成績のみならず、その他の選考要素も加えて代表校を「選抜」している。現行の「21世紀枠」はその象徴といえる。2022（令和4）年の東海地区の代表校選考で話題になった問題からは、21世紀枠とともに選抜方式の限界を感じた。21世紀枠は２００１年から24年間で延べ66校が選抜されている。私立は２０１３（平成25）年の土佐高（高知）１校のみであとはすべて公立校だ。甲子園に行けない私立の中で該当する私立があると思うが選抜されていない。私学の台頭が進む中で、公立を「21世紀枠」として出場させ辻褄を合わせる大人の知恵と映ってしまう。基準を明確に示さない選考手法は高校野球ファンから遠ざかる。高校野球の人気は選手、ファンあってのものだ。

選抜大会も２０２８年には１００回を数える。先述した公立と私立の野球環境の格差もますます広がる。「格差の野球」をこのまま続ければ高校野球離れが一段と進む。思い切った改革を「選抜」することも必要だ。夏と春秋の大会運営の違いはあっていい。春と秋は高校野球を「楽しむ」要素が強いイベントにしたらいい。選抜大会の「参考資料」となる秋季大会は公立と私立（例えば部員数、過去の戦績等で分ける）に分けたトーナメント（県単位）を行い、その上位校で公立と私立に分けたトーナメント（地域大会）を行い、枠内で公立と私立の代表校を選抜する方式があってもいいという野球関係者はいる。そうすれば出場校の約半数は公立となる。21世紀枠も不要となる。「秋の大会は一つの参考資料であって本大会の予選ではない」という解りにくい選考基準は不要になる。高校野球ファンから問われた、選考基準を開示しない問題もなくなる。また、秋季の地域大会はベスト4で終了し、４校の戦績内容をポイント化し、敗れた高校生選手に選考投票（記名式で１人１票・投票理由記入）を行い選考基準にポイント加算して代表校を決めるのも面白い。グラウンドで直に対戦している選手の目の方が選考基準になるかもしれない。大人が関わるしがらみも少なくなる。大人が選び、大人が運営する高校野球から高校生自らが参加し運営する方式に変え「楽しむ」ことが、高校生のアスリートとしての自立につながる。また、公立の選抜大会への出場校が増えれば、「全国大会出場」となり大学入試の推薦資格が得られ、六大学野球はじめ大学野球へ進む公立の選手は確実に増える。六大学野球の出身校の地図も当然変わっていく。これも高校野球の二極化を解消することにつながる。

選手数、選手獲得手段、予算、練習時間等で公立と私学の差は歴然だ。高校野球は教育の一環といわれる中で、環境格差がある中で行われているスポーツともいえる。格差の象徴である私立の特待生制度はその是非が問われ、2007（平成19）年の西武ライオンズによる「裏金問題」に端を発して、学生野球憲章に抵触した特待生制度が明らかになったが、思い切った是正はできなかった。一方で、公立の野球への様々な規制が格差を生み、地域や学校の独自性を求める声も多い。偏差値の高い大学への合格数を優先する高校側の姿勢が強すぎ、運動部やクラブ活動を抑制しているという声も聞かれる。多様性、自立を重んじる時代に「偏差値」は要らない。最近では茨城県の教育委員会が部活動の制限を発表し、教育現場を混乱させた。「平日2時間、休日4時間、土日のどちらかを休日」という練習時間規制だった。これは公立に対する規制で私立は規制を受けない。「学校ファースト」で3年間に限られた部活動の自由を奪うものだった。二極化はますます広がる。

大人が望む「整然」とした野球から、高校生が「楽しむ」野球へ高校野球が少しずつ変わりつつあるが、まだまだ実現は先のようだ。選抜大会は公立だけが出場する大会にしてもいいという高校野球関係者がいる一方で、選手の特待生制度や野球施設等が整った野球エリートが集まった私立だけのトーナメントを行えばという指導者までいる。そこまで二極化が進んでいる証だ。夏の甲子園の選手権大会は、100年続いているトーナメント方式で県大会をリーグ戦（決勝トーナメント）で勝ち抜いた代表校が盛り上がり、選抜大会は高校野球ファンがより「楽しめる」方法で選抜された代表校の大会となれば、「春は選抜から」のとおり、毎年選抜から始まる日本の野球はさらに盛り上がりを見せるだろう。先に記した海外の高校生チームを招待しても面白い。

しかし、高校野球の選手登録数は年々減少している。日本高野連の発表では、2023（令和5）年の高校硬式野球の登録数は、部員が12万8357名で9年連続の減少、加盟校は3818校でともにピークより4200０人、435チームも減少している。この10年間で高校野球人口は25％も減った。この背景の一つには中学生の競技人口の減少がある。中体連（日本中学校体育連盟）の資料によると、2022（令和4）年では軟式野球は

2024年4月現在のLiga Agresivaの参加地域と参加校（Liga Agresiva ホームページ）

バスケットボール、サッカーに続いて卓球に抜かれて4番目となり、先述したJ（サッカー）、B（バスケットボール）、T（卓球）への乗り換えが急激に進み、中学生では野球は人気スポーツの座から滑り落ちた。一方で、中学生の硬式野球人口は増えている現実がある。高校野球エリート校の選手獲得の草刈場になっているという声も聞く。こちらも二極化の一因となっている。

高校野球の改革が叫ばれる中で、高校野球のリーグ戦の「Ｌｉｇａ Ａｇｒｅｓｉｖａ（リーガ・アグレシーバ）」（以下Ｌｉｇａ）が注目されている。Ｌｉｇａはスペイン語で「リーグ」「仲間」を意味し、Ａｇｒｅｓｉｖａには「ミスを恐れないで積極的にプレーして欲しい」、そして高校野球を「本気で変えたい」という意味が込められていると思う。甲子園、神宮でプレーした大阪出身の立教ＯＢの阪長友仁（さかながともひと）（新潟明訓・483頁）が海外の野球チームでコーチ、監督を経験した後に行き着いたのがＬｉｇａだった。野球を「楽しみながら上達する」原点がリーグ戦にあることを海外での指導者経験から得た。指導者である大人の責任を痛感し、指導者をつなぐ野球セミナーも行っている。阪長は2015年に大阪でＬｉｇａをスタートさせ、「低反発金属バット、木製バット」「投球回数、登板間隔、変化球の制限を設け、ストレート中心で勝負する野球」「ベンチ入り全選手の全員出場」「スポーツマンシップの学び」等を掲げ、「野球をすることの価値を最大化する」を目指し、選手の心身の成長を促すことを目的とした。２０２２（令和４）年は、リーグ戦実施地域は18地域（19県）で１３４校（連合チーム含む）が参加した。２０２４年4月現在で北海道から沖縄まで34都道府県の１７５校に広がり、さらに10地域で参加校調整中となっている。リーグ戦方式の効用が確実に現れていて、今後参加校が増えることによって、Ｌｉｇａが高校野球の姿を変えるかもしれない。阪長に意気投合し、Ｌｉｇａを推進している長野吉田高の監督の松田一典（辰野－日本体育大・長野）は、

「少しずつＬｉｇａの取り組みが理解されている。リーグ戦を通じて選手も親も指導者も楽しめる高校野球を目指したい」

と話し、そこには高野連と対峙する姿はない。先述した春の地区大会を夏の甲子園大会の予選リーグに変え、高野連とＬｉｇａでタイアップすれば、多くの高校野球ファンからの賛同が得られる。しかし、「優勝劣敗」方式に慣れ親しんだ関係者の意識を変えることは難しい。高校野球のＬｉｇａではなく、Ｌｉｇａという高校生の野球となれば発想は変わる。リーグ戦のＬｉｇａで育った多くの選手に六大学野球に進んで欲しい。しかし、Ｌｉｇａに参加している野球エリート校は2軍（Ｂチーム）の選手の出場機会にしている、Ｌｉｇａが肥大化すれば新たな高校野球の二極化を生むなどの声を聞く。日本の高校野球は難しい。

オリンピックでの金メダル獲得が国威発揚だと公言する国や、組織的なドーピングを犯してもそれを認めない国がある現代スポーツの世界で、甲子園に出ること、優勝することが使命のような高校野球になって欲しくない。戦後の荒廃から復興を果たし、60年前に開催された東京オリンピックには居丈高（いたけだか）な「国威発揚」の文字はなかった。半世紀以上も前のことだが、日本人として誇れることだ。そして、昨年行われたＷＢＣでは、東北で野球を始め、北海道で二刀流が花開き、アメリカではメジャーリーガーたちをその二刀流で驚かせ、東京ドームとマイアミではいつも笑顔を絶やさず野球を楽しむ、高校野球を卒業して10年の大谷翔平が躍動した。「楽しむ」を存分に世界の野球ファンに見せてくれた。学童や高校生にも鮮烈な印象を与えた。今年は中断するが来年の二刀流リバイバルに心を寄せる。

毎年8月に行われる甲子園大会は日本の野球ファンが育てた日本人が誇れる野球イベントだ。開会式に居合わせて感動を覚えない人は少ないだろう。この開会式に「参加」するために毎年8月に関西に足を運ぶ人も多い。野球人だけでなく、多くの人々の心を清らかにしてくれるオープニングセレモニーだ。六大学野球も到底及ばない。未来永劫続いて欲しい。しかし、この開会式に至るまでには様々な課題も多いことは様々記した。最後の頂点になるこの大会が時代の変化とともに輝き続けるために、選手をはじめ高校野球に関わる人々すべての意識改革が求められる。高校野球が変わることで大学野球も学童・中学野球も変わっていく。いい相関関係で次の時代の日本野球が活気を帯びる事を期待したい。高校野球100年の重さはいろいろと考えさせてくれる。

◉スポーツの多様化と大学野球

スポーツが多様化する中で、野球だけが持て囃される時代ではなくなって久しい。神宮球場に足を運ぶ六大学野球ファンが減る傾向が続いている。これもスポーツの多様化が影響しているという。しかし、入場者数が減ったとはいえ、全国の大学リーグの中では集客力がトップであることに変わりはない。6校の体育会（大学によって呼称は異なる）に所属するスポーツ団体がこの半世紀で大幅には増えていない。別掲のグラフのとおり、各校の部員登録人数（マネージャーを含む）は、凹凸はあるものの決して減ってはいない。女子マネージャーやアナリストの増加要素があるが、選手数は増加傾向にある。

大学野球の人気が沸騰し、1950年代から1960年代にかけて東大を除く5校の部員登録人数が増えた。「野球年鑑」に掲載された登録人数は、1959（昭和34）年の明治の282名を筆頭に、1962（昭和37）

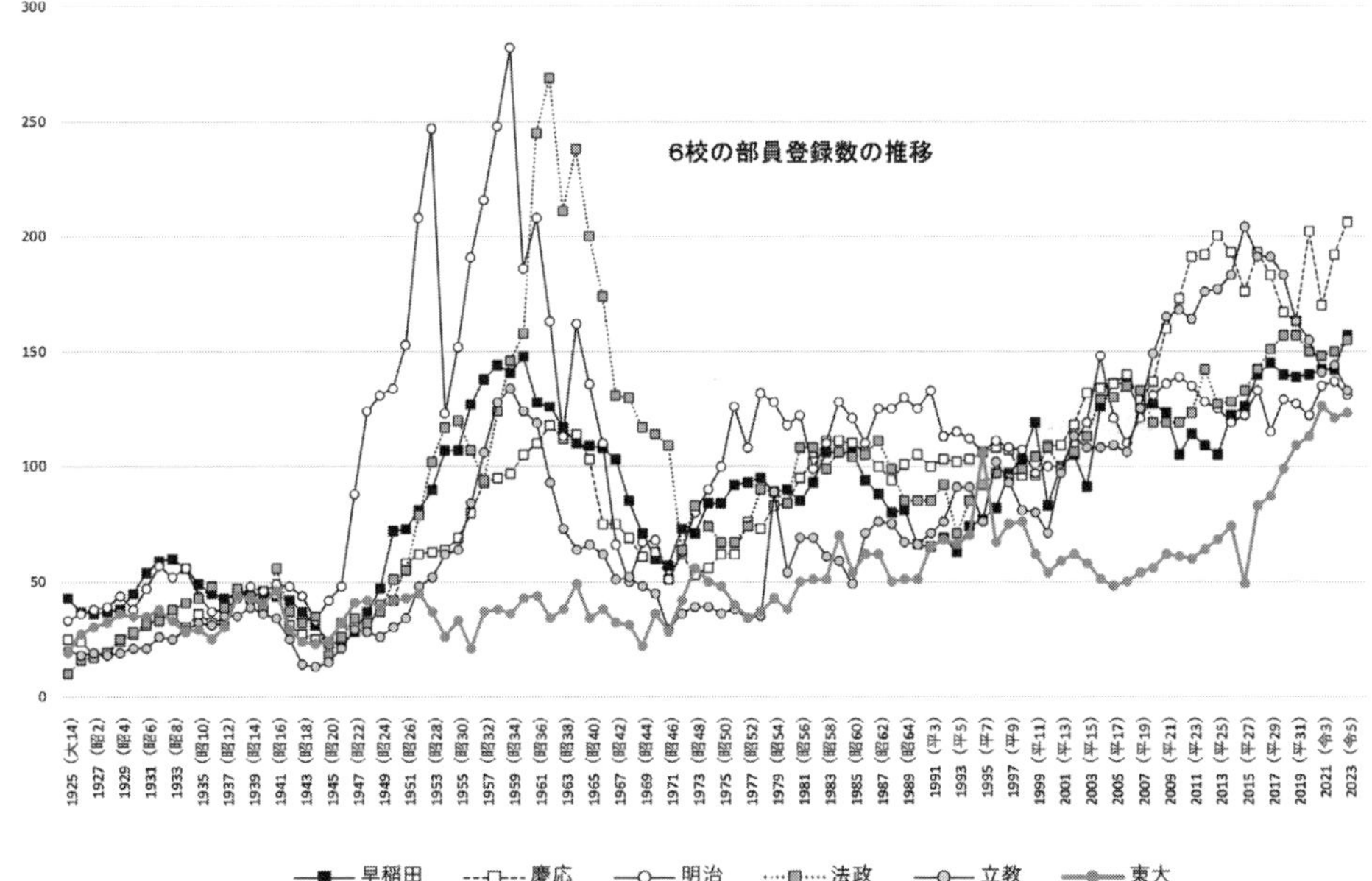

（注）1953年以前は各校野球部史他、1954年以降は野球年鑑より集計

年の法政の269名、早稲田、慶応、立教も100名を超えている。高校球児も増加の傾向が続き、スポーツの多様化はまだ先で、野球への競技人口が集中した。その後、登録人数は落ち着き、東大は20名、30名台が続き、入学試験の影響もあって立教は30名台が続いた。平成に入り、2000年代中盤から登録人数が増え始め、慶応、立教が200名を超え、東大も2019(平成31)年に100名に達した。2023年秋の6校の登録人数は初めて900名を越し、登録人数は空前の活況を呈している(2024年春は870名)。全国の大学野球の登録人数(2023年5月現在)は2万8252人、16年前より8000人以上増加している。この40年間で100チームも増え、1チーム当たりの登録人数も増加している。大学野球の供給源の高校球児は減り、大学野球の選手は逆に増えている。このアンバランスな現状をどう捉えるか。これは男子の大学進学率(学部)がこの半世紀で30%台から60%近くまで伸び、大学数も学生数も倍増したことが大きい。そして少子化が進む中で、大学経営に運動部の学生獲得が欠かせない大学も多いことも起因している。

200名近い部員数の中でユニフォーム組の25名は数倍の競争率になる。それでも六大学で野球をすることが選手にとって魅力なのか。就職環境が厳しい中での就職対策なのか。思いは交錯する。いずれにしても、六大学で野球をする選手が増えていることは喜ばしい。その中で、2023(令和5)年の選手権大会で六大学野球代表の明治を抑え優勝した青山学院大(東都大学野球連盟)の部員登録人数が48名だったことは異彩を放っていた。

少子化、高校球児の減少、スポーツの多様化の中で、大学野球がどう変わっていくのか。昨年の大学野球選手権大会は27チームが参加し、26試合で観衆は約6万人、1試合あたり2000人だった。先述した「オマハへ行こう」が合言葉で40万人近い観衆が集う全米大学野球選手権大会と比べると日本一を決める大会にしては寂しい。現在の六大学野球リーグ戦の観衆は学生を含めて1試合あたり7000人前後、甲子園大会のように学生と出場校の地元の応援が加わらなければ盛り上がりは難しい。学生応援に加え、後述する野球部の地元との交流強化は必須だ。

アメリカの野球は試合に出場することが前提になっていることは先述した。日本の大学の野球部員が100名を超す中で、試合に出る回数を増やすには春秋の新人戦（フレッシュトーナメント）だけでは追いつかないという。高校野球の項で記した「Ｌｉｇａ Ａｇｒｅｓｉｖａ」の大学野球版があってもいい。連盟の垣根を越え、東京地区で新人（2軍・Ｂチーム）のリーグ戦（グラウンドの近いチームでリーグ構成）を行い選手強化に充てる。Ｂチームが行なっているオープン戦を準公式リーグ戦とすれば、選手の試合出場機会は増える。東都や首都ほかのチームとの試合も観ることができる。限られた年数（大学4年、高校3年）でより多くの試合に出場することによって野球を「楽しみ」、応援する側も1軍（Ａチーム）へ這い上がる選手を観ることは楽しみだ。

そして、先述した学生アスリートとして自立スタイルを養うにはどうしたらいいか。アスリートであるとともに大学生が何を考え、何を発信するか。4年間で学業と野球に加えて何を学んだか。野球、学業のほかに社会貢献を目的とした活動があげられる。大学のスポーツ部で様々な取り組みが始まっている。身近なことから始めるケースが多い。運動部のある地域との連携したボランティア活動も数多い。

小中学校のクラブ活動やスポーツ少年団の指導補佐の活動は多くの大学スポーツで実践されている。２０２０東京オリンピック・パラリンピックで運営ボランティアに参加した大学運動部も多い。関西学院大では「競技スポーツ局」を創設し、従来から「課外活動」としてきた運動部活動を「正課外教育」として位置づけた。これによりクラブ活動を通じて教養、キャリア形成、ボランティア活動、地域貢献へのプログラム開発につなげるという。特に地域貢献をする活動に取り組むことによって地域に愛される運動部の実現を目指している。

6校の野球部も様々な活動に取り組んでいる。慶応は次世代育成大学野球サマーリーグを三条市（新潟）と共催し、1年生、2年生主体の大学チームと交流戦を行い、地域の子供との交流や野球教室を開催している。また、２０１８（平成30）年から、特定非営利活動法人の Being ALIVE Japan TEAMMATES と提携し、長期療養を必要としている子供を野球部の仲間として招き入れ、療養への補助活動を行っている。

立教は２００６（平成18）年から、立教大学のボランティアサークルと協力し、グラウンドのある新座市（埼玉）の「障害者地域活動センターふらっと」の障害者との六大学野球観戦ツアーを実践している。また、2022（令和4）年9月10付朝日新聞夕刊で地道な野球教室の開催が紹介された。東日本大地震の被災地の陸前高田市（岩手県）からの要請で、震災の翌年から小中学生を対象にした野球教室の開催を夏季キャンプの中で続けている。震災の時は小学4年生だった蒲生潤（高田・岩手）は中学生の時に「ＲＩＫＫＩＯ」と出会い、縞のユニフォームに憧れて2019（平成31）年に立教に入部した。被災地で「互いに学ぶ」立教の縁が広がった。蒲生の2年前には、小学6年生の時に被災した同高校出身の伊藤智也と千田雄大が立教に進み、野球教室に参加している。立教と陸前高田市との絆は今年で12年になる。

早稲田も社会貢献活動の一環として東北の震災以来、選手を東北の高校に派遣して野球指導を中心にボランティア活動を続けている。活動を始めてから3年間の活動録をマネージャーをはじめ部員の力で、『東北に届け！野球のチカラ』として1冊の本にまとめた。コロナ禍で活動は途絶えたが再開する予定だという。また、最近では2022（令和4）年に早稲田のＯＢ会が東伏見のグラウンドを子供たちに開放し、野球ではなく「鬼ごっこ」を企画し、現役部員がサポートした。野球離れが進む現在、逆に野球から離れ、都会で外遊びが減っている現実に向き合い、子供たちを屋外で「自由に」、「楽しませ」、大人（選手）と触れ合う機会をつくった。そして、連盟は昨年12月に6校のグラウンドを「野球部のグラウンドを子どもたちの遊び場へ」として小学生とその家族に解放した。子どもの運動や遊びの環境の厳しさを少しでも緩和させ、野球と触れ合うことが狙いだ。

明治はグラウンドが調布（東京）にあった時代に、調布市と相互友好協定を締結し、中学生を対象とした野球教室や大会を開催した。グラウンドが府中市に移転した後は、2006（平成18）年から明治大学が府中市と相互協定を結び「府中市連携講座」を展開している。野球部もその一環で野球教室等のボランティア活動を行っている。調布市、隣接の府中市とは野球部のグラウンドの縁でつながっている。

法政は女子学童も含めた野球教室をグラウンドのある川崎市中原区はじめ各地で行っている。中原区との結びつきは強い。東大は本郷（東京・文京区）にある東大グラウンドで「東大球場スポーツデー」として子供と東大野球部員との交流を図っていたが、コロナの感染対策で現在は休止している。6校の様々な取り組みが進んでいる。自らの意識を持って行うことが自立精神を養うには重要だ。取り組みを自ら考え、自ら実践することがアスリートとしての自立につながる。

ベースボールが日本に伝わってから152年。アメリカ発祥の球技が、日本で大きく羽ばたいた歴史の中で大学野球、高校野球（中等学校野球）の果たした役割は極めて大きい。明治、大正、昭和、平成、令和と時代の流れを経て野球は発展を続けた。甲子園球場、神宮球場で遭遇するワクワク感をさらに多くの人に体感してもらうには、本著でも記したとおり多くの課題を乗り越えなければならない。その役割を六大学野球が担って欲しいと願う。高校野球、その先の大学野球が様々な場面で変わっていくことが楽しみだ。

◉六大学野球応援歌

六大学野球の歴史が1世紀を刻み、次の100年へ寄せる思いは六大学野球関係者だけでなく、六大学以外の野球関係者、六大学野球を愛する人たちにも熱いものがある。

前出の元駒沢大監督の太田誠（浜松西・静岡）は、東都でリーグ優勝22回、大学選手権と神宮大会で幾度も対戦した六大学に対して、

「六大学野球に遅れて始まった東都は常に六大学に勝つことを目標にしてきた。駒沢大に入部した1955（昭和30）年に受講した早稲田の飛田穂洲の『スポーツと人間道』の講義は印象深かった。翌年の春季キャンプでは同じ早稲田の中島治康、佐藤茂美（ともに松本商・長野）から受けた指導も思い出だ。監督に就任した1971（昭和46）年には、最初の試合相手をつつじヶ丘（調布市）の明大と決め、島岡御大に願い出ると、御大は無理

第４回日米大学野球選手権大会壮行試合での
監督の太田誠（右）と総監督の島岡吉郎、
1975 年６月、長野県営松本球場

な日程の中で組み入れてくれた。忘れもしない3月25日だった。島岡御大がベンチで自ら先頭に立ち、怒涛の波が押し寄せてくるような采配は、野球を通り越した魂を感じた。試合は明大にねじ伏せられ、その後も明大と対戦を繰り返す中で、オープン戦でも覇気を前面に出す島岡采配に魅せられ、駒沢も力をつけていった。島岡精神はその後の自分の心の中に宿り続けている。近年の世の中、大きな忘れ物をしている気がしてならない。六大学と東都はリーグは異なるが、ともに学生野球、日本の野球の発展に貢献してきた。これからもお互いの切磋琢磨が続くだろう。しかし、時代も変わった。伝統を守ることも大事だが、変えていくエネルギーも必要だ。日本の野球界を改革、リードする有為な人材が両リーグから出て欲しい」

と語り、両リーグにエールを送った。

北海道大野球部出身でパ・リーグの審判員29年、ＮＰＢ（日本野球機構）の審判指導員8年のキャリアを持つ山崎夏生（なつお）（高田・新潟）は、アンパイヤ生活を終えた現在、講演活動とともに六大学野球にも強い関心を持ち神宮通いを続けている。山崎は、

「高校時代から神宮での六大学野球は最高峰の舞台だと強い憧れを持っていた。そこを目指し受験するも野球力以前の学力不足により、コールドスコアのような落第。北大でも補欠の身だったので、仮に受かっても神宮ではベンチ入りも叶わなかっただろう。だから今でも六大学は永遠の憧れだ。プロでは審判員として出場はできたが、

一度はマウンドに、打席に立ってみたかった。今、プロ・アマを問わず、全国の野球場を飛び回っているが、神宮の六大学野球は特別な感慨に浸り観戦している。今後も六大学自体の伝統と文化、ブランド力は守り続けてもらいたいが、時代に合わせたアップデートも必要と思う。例えば、DH制の採用や週末の4校2試合制にこだわらない試合形式も面白いと思う」

と六大学野球への思いを語った。

先述した「東大を優勝させよう会」の元副会長で、長年にわたり東大をはじめ六大学野球を愛して応援してきたパイプオルガン奏者で動物愛護活動家の大橋かおる（東京音楽大付－東京音楽大・静岡）は、

「赤門旋風を巻き起こした頃は、東大以外はスーパースターが多く、六大学特集の『ベースボール』の他にも報知グラフの『神宮の星』も発刊され、六大学野球は華やかで大人気だった。昭和の名物監督の島岡御大の観戦も楽しみだった。明大が堅実なプレーをする中で、東大が少ないチャンスから得点すると、ベンチから島岡御大が顔を真っ赤にして激怒して出てくる。ゲームの流れは東大に傾き、さらに島岡御大のボルテージが上がり、観客も盛り上がった。法政に江川が入ると神宮球場はさらに沸騰して、試合のチケットが売り切れてダフ屋まで登場した。懐かしさが込み上げてくる。平成に入るとミーハー女性ファンがハンカチ王子の姿に魅せられ、オバさんファンの心も摑み、その熱い声援で自分も熱くなってくるのが心地よかった。いつの日かまた、熱狂した六大学野球に巡り会いたい」

と六大学野球を心から愛する思いを語った。

六大学野球取材記者では最古参の田中茂光（しげみつ）（九段中－慶応中退・北海道）は、75年にわたって取材を続け、今年95歳になる。報知新聞に入社した翌年の1949（昭和24）年に同紙がスポーツ新聞に切り替わり、その年の年末に起こったプロ野球の2リーグ分裂騒動に遭遇している。戦後からの六大学野球、プロ野球の生き字引だ。六大学野球とプロ野球を掛け持ちで取材した時代を懐かしく話した。田中は、

「1世紀に及ぶ六大学野球の歴史の中で、明治の秋山（登）、土井（淳／ともに岡山東）のバッテリー、立教の長嶋（茂雄／佐倉一・千葉）、杉浦（忠／挙母・愛知）が活躍した時代が六大学野球最高の時代だったと思う。当時の六大学野球は今とは違った華やかさがあった。スーパースターが各校に何人もいて、昭和後期の江川人気、平成の斎藤フィーバーとは異なる沸騰が神宮球場を揺るがした。取材する記者も、朝日には飛田穂洲（早稲田）、好村三郎（立教）、毎日には小川正太郎（早稲田）、鈴木美嶺（東大）、松尾俊治（慶応）、神宮で活躍した錚々たるOBが揃っていた。早慶戦だけではなく早明戦、慶明戦でも満員札止めがあり、神宮球場に入れない観客が入り口の鉄の扉を押し合い、今にも扉が歪むような光景を覚えている。立教が黄金時代を迎え、そして、法政の黄金時代が続き、5校の輝きが増していった。当時の東大も優勝こそできなかったが、試合の内容は充実していた。スポーツ紙も一般紙も六大学野球に紙幅を割き、新聞紙面にも華やかさがあった。今では六大学野球の試合に記者が不在の日もあり隔世の感がある。これからの六大学野球がかつてと同じ輝きを取り戻すことは難しいだろう。選手を取り巻く野球環境、大学スポーツのあり方、スポーツの多様化など、様々な要因が絡んでいる。しかし、100年続いた六大学野球には、人々が取り憑かれる何かがある。時代は変わっても、その何かを探し求めながら次の100年を彩る選手たちに期待したい」

と、六大学野球への思いを語った。

広くスポーツを取材し、執筆活動の他にもテレビ、ラジオで活躍しているスポーツライターの生島淳（気仙沼－早稲田・宮城）は六大学野球について、

「私が六大学野球を溺愛し始めたのは、次兄が法政に通っていた昭和50年代だった。六大学野球こそ、東北出身の私にとって『東京』そのものだった。各校のスター、法政の江川（卓／作新学院・栃木）、早稲田の松本（匡史／報徳学園・兵庫）、慶応の堀場（秀孝／丸子実・長野）、立教の先崎（史雄／磐城・福島）、東大の御手洗（健治／戸山・東京）、明治の丸山（清光／上田・長野）にいたるまで、みんなが大学の顔だった。小遣いで買っ

ていたのは『神宮の星』だった。自分にとっては六大学野球が早大進学への強烈な動機で、この仕事を選んだきっかけにもなった。残念ながら、令和の時代に入って社会的影響力は低下し、日本の社会、受験システム、そしてコロナ禍による大学生活の変化から逃れることはできない時勢となり、昨年、早大に入学した次男を早慶戦に連れて行くのもひと苦労の時代となった。しかし、アメリカのカレッジスポーツを見ると、まだ可能性はあると感じる。アメリカの大学経営陣はスポーツを重要な経営資源と捉えている。それに比べて六大学の経営者のスポーツの価値に対する意識は見劣りする。どれだけ恩恵を受けてきたのか、それを自覚して欲しい。100年続いた六大学野球の価値を改めて社会に浸透させなければ、もったいないと思う」

と、時代の移り変わりと六大学野球への期待を語った。

早稲田スポーツ新聞編集長から文藝春秋社で総合スポーツ雑誌「Sports Graphic Number」編集長などを歴任した斎藤禎（ただし）（小石川－早稲田・東京）は、

「小学三年の時だった。シベリア抑留からの帰還が遅く、どことなく馴染むことの少なかった父が突然、『今度の日曜日、早慶戦に行こう』と言った。父は早稲田の夜間部に学士入学していたが、クラスでの抽選を勝ち抜き、外野学生席券を引き当てたのだという。当時芝生だった応援席は、学生たちが打ち振る稲穂を模した短冊で黄色一色だった。グラウンドでは、広岡（達朗／呉三津田・広島）や岩本（堯／田辺・和歌山）選手らが躍動していた。以来、70余年、神宮球場に通い続けている。時たま、コンクリート製の狭い階段を転げ落ちる同年輩の男女を見受けるが、上空を野鳥が舞い、古色蒼然としたアーチ型回廊に抱かれた神宮球

神宮球場のアーチ型回廊（筆者撮影）

場は、立派な文化遺産だと思うのだが、数年後には本当に消え去ってしまうのだろうか」

と、六大学野球へ触れるきっかけと建て替えで揺れる神宮球場への郷愁を語った。

立場は異なるが、六大学野球と神宮球場への想いが滲んでいる。

◉歴史を継ぐ連盟

本著を執筆中の2022（令和4）年春に、東京六大学野球100周年を機に100年の記録を収録し過去の記録を順次掲載する発表があり、連盟のホームページに「BIG6 Score book　東京六大学野球公式記録室」がアップされた。どのような記録掲載サイトになるか楽しみだ。連盟が発行している「野球年鑑」や東京六大学野球ホームページから東京六大学野球連盟の最近の取り組みを拾ってみる。

「野球年鑑」は1937（昭和12）年から早稲田OBの飛田穂洲（水戸中・茨城）と太田茂（筆名は四州・高松中－和仏法律学校・現法政・香川）の記者コンビによって発行されたが、太田の死去もあり2年で発行が途絶えた。終戦後、1952（昭和27）年に飛田が主導して、リーグ戦が再開されてからの7年分をまとめて

1937年発行の「野球年鑑」と現在の「野球年鑑」の表紙

東京六大学野球連盟リーグ戦役員（2024年度）

理事長・**日野愛郎**（早稲田）　事務局長・**内藤雅之**（立教）

	早稲田	慶応	明治	法政	東大	立教
部長	日野 愛郎 （早稲田）	加藤 貴昭 （野沢北）	山本 雄一郎 （広島学院）	金光 興二 （広島商）	鈴木 匡 （学芸大付）	山口 和範 （佐賀西）
先輩理事	岡村 猛 （佐賀西）	奈須 英雄 （慶応）	津賀 正晶 （攻玉社）	内川 大泉 （大分舞鶴）	西山 明彦 （湘南）	堀内 幸男 （立教）
監督	小宮山 悟 （芝浦工大柏）	堀井 哲也 （韮山）	田中 武宏 （舞子）	大島 公一 （法政二）	大久保 裕 （湘南）	木村 泰雄 （韮山）
主将	印出 太一 （中京大中京）	本間 颯太朗 （慶応）	宗山 塁 （広陵）	吉安 遼哉 （大阪桐蔭）	藤田 峻也 （岡山大安寺中等）	田中 祥都 （仙台育英）
チーフマネージャー	中原 由信 （早稲田実）	宮田 健太郎 （慶応）	岸上 さくら （立命館慶祥）	黒坂 夏希 （法政）	岩瀬 笑太 （開成）	遠山 夏澄 （駒場）
審判員	佐伯 謙司郎 （早稲田実）	鈴木 隆行 （浜松北）	山口 智久 （大宮南）	萩原 俊幸 （日大藤沢）	青木 秀憲 （太田）	松本 知一 （立教）
	水沼 大輔 （早大本庄）	榊原 啓資 （半田）	上野 達也 （甲府東）	浅田 祐太朗 （法政二）	溝内 健介 （開成）	深沢 俊一 （横浜市桜丘）
	安 秀明 （水戸商）	杉山 由泰 （慶応）	川村 勇斗 （高知西）	御手洗 悠 （佐伯鶴城）	前田 則政 （淳心学園）	田澤 央義 （仙台一）
	松永 謙一郎 （早稲田実）		内海 朗 （明大中野）		瀧口 耕介 （開成）	竹内 健太朗 （立教新座）
公式記録員	相澤 佳則 （江戸川学園取手）	奥村 昭雄 （慶応）	落合 紳哉 （掛川西）	鈴木 則久 （法政二）	篠原 一郎 （松山東）	河村 誠一 （立教）
審判技術顧問	中本 尚 （岩国）	相場 勤 （桐生）	布施 勝久 （日大三）	小山 克仁 （法政二）	清水 幹裕 （岡崎北）	桑原 和彦 （前橋）
	林 清一 （早稲田実）		吉川 芳登 （島上）			
副部長				神谷 健司		細田 雅洋
助監督	金森 栄治 （PL学園）	中根 慎一郎 （中京大中京）	戸塚 俊美 （明大中野）	髙村 祐 （宇都宮南）	石井 清 （県千葉）	
コーチ						清永 健二 （熊本学園大付）

※当番校順、2024年4月現在、「東京六大学野球連盟HP」

発行した。戦争で中断した3年間を含めた7年間を除き1937年から80年以上も発行が続いているロングランだ。「野球年鑑」のタイトルには「東京六大学野球」の文字はない。歴史がある証左だ。大学野球を中心に盛んになった日本の野球を初めて六大学野球として、連盟設立、リーグ戦方式の体系化を成した自負とも取れる。日本人の野球への関心が高かった大学野球隆盛の時代から、スポーツが多様化しメディア環境も激変した現在に至るまでの六大学野球の歴史が読み取れる。神宮球場への観客の動員数がかつての勢いを回復できない現状をどう打開して取り組んで行くか、試行錯誤の取り組みも記載されている。

様々な取り組みの主役が連盟役員だ。連盟のリーグ戦運営役員（2024年度）は別表のとおり、部長（大学教員）、先輩理事（野球部のOB）、監督、主将、チーフマネージャー、審判員技術顧問（各校の審判員経験者）、公式記録員（各校の野球記録に精通したＯＢ）、審判員（各校３名から４名の資格を持った審判員）等で構成されている。当番校制（167頁）で運営され、当番校の野球部長が輪番で理事長となる。慶応の加藤貴昭（野沢北・長野）、法政の金光興二（広島商）、と東大の鈴木匠（学芸大付・東京）は野球部ＯＢの部長だ。

　事務局が名取ビル（東京・渋谷区）９階にあり、事務局長と事務局員が常駐している。現在の事務局長は立教ＯＢの内藤雅之（立教・埼玉）で、長年にわたって事務局長を務めた早稲田ＯＢの長船騏郎（天理中・奈良）の後を引き継ぎ、連盟の事務を取り仕切っている。名取ビルには日本学生野球協会、全日本大学野球連盟、東京都高等学校野球連盟も同じフロアに同居して、学生野球の事務方のメッカといえる。40年間にわたり連盟の事務局で六大学野球の運営にあたっている内藤は、

「連盟結成１００年を迎えるにあたり、様々な記念企画を開催し次の１００年へつなげたい。これからの六大学野球は学生応援の復活に尽きると思う。学生応援席に学生が溢れ各校の校歌が球場に響き渡ることが復活の第一歩だ。世情も野球を取り巻く環境も１００年で大きく変わったが、六大学野球の運営は発足当時のスタイルが維持されている。大学側とも連携を密にして、各校の学生とともに学生応援の増員を目指し、六大学野球を支えてもらっている多くのファンに応えたい」

　と学生応援の重要性を強調した。来たる連盟創立１００周年で予定される記念行事（予定）は、東京六大学野球発祥の地記念碑の建立、東京六大学野球公式記録室（デジタルミュージアム）の開設、レジェンド始球式、１００年周年ロゴ・ワッペンの作成、東京六大学野球歴史展の開催（野球殿堂博物館）、１００周年記念試合と式典など目白押しだ。

　２０１０（平成22）年度の「野球年鑑」に当時の慶応の前部長の前島信（不詳）が、

「（理事に）就任して初めて知ったことのひとつは、東京六大学連盟の『常任理事会』が各校のマネージャーによる会であることでした。あくまで連盟の主役は各校の学生であり、私たちはそれをサポートする形で参加して

いるということでした」

　と記しているように、毎年入れ替わる学生が主体となって運営されている。そこに各校のＯＢ、専門分野の代表がサポートしながら参画して１００年の歴史が刻まれている。１００年前に創られた形を維持しながら、激動の時代を乗り越えてそれを守り続けたことは、６校の知恵の結晶といえる。

　別表は神宮球場が早慶戦で盛り上がり、立教の長嶋茂雄（佐倉一・千葉）らの活躍で各校の実力が拮抗していた１９５６（昭和31）年春と、67年後の２０２３（令和５）年の春のリーグ戦の観客動員数。１９５６年の「野

六大学野球観客動員数の比較

1956(昭和31)年春季リーグ戦

			カード	動員数	カード	動員数
第1週	4/14	土	東大 1-12 早大	19,722	慶大 0-0 法大	19,772
	4/15	日	法大 3-8 慶大	24,776	早大 3-0 東大	24,776
	4/16	月	慶大 8-5 法大	7,872		
第2週	4/21	土	明大 1-3 法大	13,776	立大 4-1 東大	13,776
	4/22	日	東大 7-8 立大	16,260	法大 0-1 明大	16,260
	4/23	月	明大 2-1 法大	6,329		
第3週	4/28	土	早大 6-1 立大	21,835	明大 2-2 慶大	21,835
	4/29	日	慶大 1-3 明大	53,195	立大 4-1 早大	53,195
	4/30	月	早大 2-1 立大	36,054	明大 4-0 慶大	36,054
第4週	5/5	土	早大 3-2 法大	18,337	慶大 10-1 東大	18,337
	5/7	月	東大 1-4 慶大	6,722	法大 2-6 早大	6,722
第5週	5/12	土	立大 1-1 法大	7,729	明大 5-1 東大	7,729
	5/13	日	東大 1-5 明大	9,748		
	5/22	火	法大 5-3 立大	21,655		
	5/23	水	立大 6-0 法大	26,127		
	5/30	水	法大 1-6 立大	278		
第6週	5/20	日	明大 0-1 早大	49,485	立大 4-0 慶大	49,485
	5/21	月	慶大 0-5 立大	29,263	早大 1-1 明大	29,263
	5/22	火	明大 3-2 早大	21655		
	5/23	水	早大 6-0 明大	26,127		
第7週	5/26	土	立大 3-2 明大	5,596	東大 0-6 法大	5,596
	5/27	日	法大 6-0 東大	1,902		
	5/28	月	明大 6-4 立大	2,987		
	5/29	火	立大 5-0 明大	5,065		
第8週	6/4	月	早大 3-0 慶大	50,177		
	6/5	火	慶大 4-2 早大	50,079		
	6/6	水	早大 9-0 慶応	30,810		

※「野球年鑑」より　　40試合　　総動員数　866,361

1試合平均　21,659

2023(令和5)年春季リーグ戦

			カード	動員数	カード	動員数
第1週	4/8	土	東大 2- 3 明大	8,000	法大 10-0 慶大	7,000
	4/9	日	慶大 3-2 法大	10,000	明大 6-3 東大	9,000
	4/10	月	法大 4-1 慶大	2,000		
第2週	4/16	日	法大 1-1 立大	7,000	東大 1-9 早大	7,000
	4/17	月	早大 14-1 東大	2,000	立大 1-2 法大	2,000
	4/18	火	法大 4-3 立大	1,500		
第3週	4/22	土	慶大 0-0 明大	10,000	立大 2-8 早大	8,000
	4/23	日	早大 11-3 立大	11,000	明大 5-1 慶大	12,000
	4/24	月	慶大 5-4 明大	1,500		
	4/25	火	明大 5-2 慶大	1,500		
第4週	4/29	土	法大 4-5 明大	15,000	慶大 11-3 東大	10,000
	5/1	月	東大 0-3 慶大	3,000	明大 3-0 法大	3,000
第5週	5/6	土	早大 3-1 法大	14,000	立大 6-6 東大	13,000
	5/8	日	東大 0-2 立大	1,000	法大 9-6 早大	1,500
	5/9	月	早大 0-0 法大	1,500	立大 4-2 東大	1,300
	5/10	火	法大 4-2早大	2,000		
第6週	5/13	土	明大 15-4 早大	11,000	慶大 3-3 立大	5,000
	5/14	日	立大 3-6 慶大	8,000	早大 3-6 明大	12,000
	5/16	月	慶大 7-2 立大	1,500		
第7週	5/20	土	立大 0-1 明大	8,000	法大 11-0 東大	7,000
	5/21	日	東大 0-2 法大	8,000	明大 11-3 立大	8,000
第8週	5/27	土	慶大 3-5 早大	26,000		
	5/28	日	早大 1-15 慶大	23,000		
	5/30	火	慶大 1-0 早大	6,000		

※「東京六大学野球連盟HP」より　　39試合　　総動員数　288,300

1試合平均　7,392

オールスターゲームが行われた小倉クラッチ・スタジアム、桐生市・群馬、2023年8月26日（筆者撮影）

球年鑑」には唯一「有料入場者数」が記されている。86万人（1試合平均22000人）と28万人（同7300人・連盟ホームページ）で3倍の総入場者があることが見て取れ、当時の神宮球場の沸騰ぶりが想像できる。慶明戦と立早戦は早慶戦を上回る5万3000人で埋まり、平日でも2万人以上の観衆が詰めかけている。連盟事務局長の内藤雅之が指摘する学生の応援も含めて観客数をどう復活させるかも連盟をはじめ六大学野球全体の大きな課題だ。

関東地区以外の人々にも六大学野球に触れてもらう企画として、1996（平成8）年から行われた岐阜トーナメントの他に、2014（平成26）年からオールスターゲームが各地で開催されている。昨年の「球都」を宣言した桐生市（群馬）での開催に続き、今年は北海道のエスコンフィールドHOKKAIDO、六大学野球100周年の来年は「学生野球の父」、早稲田の飛田穂洲生誕の地、水戸市（茨城）で行われる予定だ。盛り上がりを大いに期待したい。2011（平成23）年からは神宮球場で合同野球教室も開かれた。また、ファンサービスとしてファウルボールをピンバッジと交換してプレゼントしたり、ペアシートなどの特別席を設けたり、様々な企画を行なってきた。しかし、画期的に観客動員数を増やすことは難しいのが実情だ。連盟の地道な活動を周辺の我々が支えるしかない。

半世紀前は多くの大学生が社会人野球の企業チームに進んだ。別表の通り、現在、日本野球連盟に登録されている企業チームは99で、専門学校9チームと自衛隊が含まれているので実質は89チームといえる。企業チームはピーク時の1／3まで落ち込んだ。企業チームで野球を続けたい選手にとって競争率はかつてより極めて高い。卒業後は第一線での野球を諦めざるを得ない選手が多いといえる。そのため一般企業への就職を目指す新4年生に対し「東京六大学野球／業界・企業自主研究会」を開催し就職支援も行っている。今年は休部していた日産自

社会人野球企業チームの登録変遷 (参考:日本社会人野球協会会報、日本野球連盟HP他)

企業チーム数＋クラブチーム数

地区	1978年(昭和53)年 企業チーム=179　クラブチーム=131	2024(令和6)年　2024年4月現在 企業チーム=99(専門学校9・自衛隊1)　クラブチーム=248
北海道地区	札鉄、北海道拓殖銀行、電電北海道、札幌トヨペット、日産サニー札幌、**新日本製鉄室蘭**、王子製紙苫小牧、大昭和製紙、旭川鉄道管理局、航空自衛稚内　10+3	航空自衛隊千歳、北海道ガス、**日本製鉄室蘭シャークス**　3+16
東北地区	ヨークベニマル、**仙台鉄道管理局**、電電東北、新日本製鉄釜石、小野田セメント、**盛岡鉄道管理局**、**岩手トヨタ**、岩手銀行、谷村新興製作所、岩手経済連、アイワ、東京製綱、**山形相互銀行**、東北肥料、**秋田鉄道管理局**、**TDK**、秋田相互銀行、秋田銀行、三菱製紙八戸工場　19+58	**JR盛岡**、**トヨタ自動車東日本**、**JR東日本東北**、日本製紙石巻、七十七銀行、**JR秋田**、**TDK**、マルハン北日本カンパニー (きらやか銀行)　8+58
北信越地区	電電信越、三協精機、**新潟鉄道管理局**、電電富山、北陸銀行、電電北陸、西川物産　7+16	FedEx、バイタルネット、**JR新潟**、伏木海陸運送、ロキテクノ富山、IMF BANDITS 富山　6+14
関東地区	熊谷組、**東京ガス**、**東鉄**、**電電東京**、**明治生命**、**鷺宮製作所**、高島屋東京支店、日立化成、リッカー、日本IBM、朝日生命、チャイルド、オール北斗、東京信用金庫、東芝府中、林建設、向山建設、**東芝**、いすゞ自動車、日本鋼管、**日本石油カルテックス**、日産自動車、横浜高島屋、**三菱重工横浜**、三菱自動車川崎、キャタピラー三菱、相模原市役所、横浜市消防局、横浜日野自動車、日産サニー神奈川、**千葉鉄道管理局**、**川崎製鉄千葉**、電電関東、三井造船千葉、**新日本製鉄千葉**、**日本通運**、**本田技研**、エーザイ、**水戸鉄道管理局**、**日立製作所**、日本鉱業日立、北茨城市役所、東日本薬品、住友金属鹿島、高崎鉄道管理局、**富士重工業**　、他2チーム　49+30	日本製鉄鹿島、**日立製作所**、**JR水戸**、茨城トヨペット、茨城日産、エイジェック、**SUBARU**、**日本通運**、オールフロンティア、SUNホールディングスEAST、テイ・エス テック、**JFE東日本**、**日本製鉄かずさマジック**、**JR千葉**、**鷺宮製作所**、**JR東日本**、**東京ガス**、**明治安田生命**、**NTT東日本**、セガサミー、JPアセット証券、**Honda**、**ENEOS**、**東芝**、**三菱重工 East**、(いすゞ自動車、日産自動車、深谷組)　＊日産自動車が2025年に復帰予定　25+76
東海地区	大昭和製紙、河合楽器、**日本楽器**、関東自動車工業、**名古屋鉄道管理局**、**東邦ガス**、電電東海、**トヨタ自動車**、**三菱名古屋**、**王子製紙春日井**、東海理化、日通名古屋、名古屋日産、**新日本製鉄名古屋**、丹羽鉦電気、愛知トヨタ、**本田技研鈴鹿**、サンジルシ醸造、**西濃運輸**　19+12	**ヤマハ**、**王子**、**JR東海**、東海理化、**東邦ガス**、**トヨタ自動車**、**三菱自動車岡崎**、**日本製鉄東海REX**、ジェイプロジェクト、**西濃運輸**、日本プロスポーツ専門学校、**Honda鈴鹿** (河合楽器)　12+15
近畿地区	**日本生命**、**電電近畿**、大阪高島屋、**松下電器**、新日本製鉄堺、旭化成大阪、全三和銀行、デュプロ、日立造船堺、住友銀行、川崎重工、**三菱重工神戸**、川崎製鉄、**新日本製鉄広畑**、神戸製鋼、鐘淵化学、石川島播磨重工、小西酒造、阿部企業、東レ、ユニチカ、辻和、**日本新薬**、高島屋京都、大丸、京都市役所、三菱自動車京都、京都信用金庫、第一紙行、山田静、スワロン、丸勝、住友金属、丸善石油下津　34+6	ルネス紅葉スポーツ柔整専門学校、カナフレックス、島津製作所、**日本新薬**、ニチダイ、**NTT西日本**、大阪ガス、**パナソニック**、**日本生命**、履正社スポーツ専門学校、ミキハウス、**日本製鉄瀬戸内**、**三菱重工West**、アスミビルダーズ、ＳＵＮホールディングWEST、サムティ　16+37
中国地区	**三菱自動車水島**、三井造船玉野、川崎製鉄水島、**広島鉄道管理局**、三菱重工三原、東洋工業、三菱重工広島、電電中国、広島マツダ、**日本鋼管福山**、**常石鉄工**、山本鋼材、協和発酵防府、東洋紡、**新日本製鉄光**、田辺製薬　16+2	シティライト岡山、**三菱自動車倉敷オーシャンズ**、**ツネイシブルーパイレーツ**、伯和ビクトリーズ、**JFE西日本**、MSH医療専門学校、**JR西日本**、**日鉄ステンレス**　8+10
四国地区	阿波銀行、**国鉄四国**、大倉工業、**四国銀行**、伊豫銀行、愛媛相互銀行、電電四国、丸善石油　8+3	**JR四国**、アークバリア、**四国銀行**　3+3
九州地区	新日本製鉄八幡、**門司鉄道管理局**、電電九州、九州産業交通、日立造船有明、熊本鉄道管理局、鹿児島鉄道管理局、三菱重工長崎、大分鉄道管理局、日鉱佐賀関、新日本製鐵、オール那覇、**新日本製鐵大分**、他4チーム　17+1	KMGホールディングス、**JR九州**、沖データコンピュータ教育学院、西部ガス、福岡医健・スポーツ専門学校、日産自動車九州、九州総合スポーツカレッジ、**日本製鉄九州大分**、SUN ホールディングス九州、Honda熊本、九州工科自動車専門学校、鮮ど市場、大福ロジスティクス、宮崎梅田学園、宮崎福祉医療カレッジ、新海屋、沖縄電力、エナジック　18+19

ゴシックは2024年にも登録されている企業チーム　48チーム
(企業合併等で名称変更したチームを含む)

2024年の下線は企業チーム扱いの登録チーム
(　　)は活動休止チーム

動車九州が活動を再開したほかに新たに3チームが活動を始め、来年は日産自動車（横浜市）が復活する朗報もある。これまでに参入が少ないＩＴ企業をはじめ、内部留保を抱えた企業が社会人企業チームへ参入する起爆剤になればと願う。都市対抗野球の盛り上がりは日本の野球資産の一つだ。

様々な取り組みをしている連盟の活動に、２００２（平成14）年から行われている野球のバットの原材になるアオダモの植樹事業がある。これは連盟が「アオダモ資源育成の会[注6]（ＮＰＯ）」の活動に協力する一環事業で、広く一般の野球ファンにアオダモの存在を知ってもらうための事業だ。木製バットが起源の野球が金属バットに変わったのが１９７４（昭和49）年の高校野球での金属バット使用解禁だった。１００年以上続いている高校野球（旧中等学校野球）の質を金属バットが変えてしまった。中学生以下の野球も金属バットが常用された。社会人野球、一部の大学野球連盟も一時は金属バットを使用していた。木製バットを当初から維持しているのは、プロ野球と六大学野球をはじめとする大学野球だ。プロ野球より先に野球発展の先駆をなした六大学野球が木製バットの原材であるアオダモの植樹を支援することは大きな意義がある。

高校生以下は大学、プロに行くまで一部の練習以外は木製バットを手にしない。学童野球でバットに触れて以来、バットは金属だと思っている。野球の原点は木製バットだということを野球規則のコピーを見せて、まず教えたらいい。野球規則の3・02ａにある「バットは1本の木で作られるべきである」に目を通して理解した上で、金属バットを使用したら選手のバットに対する別の意識が生まれる。また、試合の勝敗に拘泥せず、木製バットで3年間通す高校チームがあってもいい。甲子園に行くことだけが目的ではなく、野球の原点である木製バットで野球をする、変わり種の野球部が出てきてもいい。先述した「Ｌｉｇａ Ａｇｒｅｓｉｖａ」ではすでに実施している。優秀な選手をスカウトし施設の整った環境のチームに打ちのめされてもいいじゃないか。甲子園に行けるのは数十校から１００校に1校だ。野球の原点の木製バットで3年間通して練習、試合に挑むことが本質を見極める大きな財産になるだろう。それも教育といえる。そう決めた高校には高校野球連盟が「教材」として木製バットの助成をしたらいい。甲子園に出場することとは別の貴重な教育的価値が生まれる。高校野球200年構想の中に加えて欲しい。これも多様性だ。逆にプロで成功するために木製バットで堂々と勝負し実績を残す「サムライ球児」が多く出てきて欲しい。しかし、そこまで踏み切れる選手、指導者は出てこないだろう。「負けたら終わり」が決断できないネックになっている。今年から導入された「飛ばない金属バット」が契機になり、木のバットを楽しむ選手が数多く甲子園に現れたら一気に高校野球を変えてくれる。これまで出てこなかったことが不思議だ。ドラフトで高校生を指名するスカウト側も、選手の打撃の技量の見極めがより正確になる。

アオダモ資源育成の会（NPO）のホームページのトップには、

「北海道の天然林に育つアオダモは世界一のバット材です。バット材となるには70年以上の年数がかかります。アオダモを育てる運動は100年後を考えています。バット材を野球界に長期安定供給できる体制をつくります。アオダモ資源育成の会は資源保護と自然環境保全に貢献します」

とある。主な活動である北海道でのアオダモの植林活動を通じて、自然環境の保全を目的とし、さらに植林を通じて学生への啓蒙活動を目的としている。100年の計でアオダモの育成、バット材の確保をする息の長い活動といえる。植林活動には北海道の高校野球部員、野球少年達も植林に参加し、2022（令和4）年までに2万8000本あまりの植林を行っている。

かつてはトネリコ材が多く使われていたが、資源枯渇によりアオダモが主流になった。アオダモだけでは供給量に満たない。海外産のメイプル、ホワイトアッシュに加えて、バーチ（カバ）材、ビーチ（ブナ）材、シデ材のバットも使用されている。かねてから日本のアオダモがバット材として最高の評価があるという。松井秀喜（星稜・石川）、イチロー（愛工大名電・愛知）もメジャーリーグでは日本製のアオダモ材を愛用して、アメリカの緑の天然芝のスタジアムで躍動した。

そのアオダモの資源確保の活動を地道に行なっているアオダモ資源育成の会へ、多くの野球ファンが賛同して惜しまない協力をすることが日本野球の存続につながると信じる。さらに北海道に植生するダケカンバの木をバット化して、北海道大野球部をはじめ試験的に使用した後に、公式戦での使用が認められている。タモ材やメイプル材と反発性能、振動特性ともに適合するデータも出ている。

高校野球も１００年の年輪を刻み、次の１００年の中で植林活動を通じて育ったアオダモで作ったバットを高校球児が使用したら日本の野球が原点に戻り嬉しい限りだ。植林したアオダモのバットは植林した高校生、少年の孫、ひ孫が使うことになる壮大な計画といえる。

六大学野球の中断は、太平洋戦争での3年間しかない。同じく、１００年の歴史を誇る高校野球（当時は中等学校野球）は、１９１８（大正7）年に富山で端を発し全国に広がった米騒動によって大会が中止に追いやられている。その年も4大学リーグは開催に至った。５大学リーグ時代の１９２３（大正12）年9月1日の関東大震災で東京は焼け野原と化したが、2ヵ月後の11月1日に法立戦で開幕に漕ぎ着けている。記憶に新しい新型コロナウイルス禍の中で開催を巡って紆余曲折があり、２０２０（令和2）年は高校野球の選手権大会と選抜大会、そして東都大学野球も中止に追い込まれた。全国のスポーツイベントが軒並み中止に追い込まれ、六大学野球も開催中止が危惧された。最後までリーグ戦の開催を諦めず、8月10日に１９４６（昭和21）年春以来の「1試合総当たり制」（史上5回目）で開幕に漕ぎ着けた。史上初の真夏の開催となった。しかも、「応援団なし」「観客は上限３０００人に制限」「検温入場」も史上初、全国唯一の春の大学リーグ戦の開催だった。9日間の短い「春」は、法政と慶応が同率（4勝1敗）で並び、史上初の直接対決の勝敗で法政の優勝が決まった。32日後に迫った秋のシーズンは、応援団の定位置を外野席に移動して復活させた。六大学野球とは切っても切れない間柄の応援団がコロナ禍でも応援活動を維持したことには六大学野球の伝統が息づいていた。リーグ戦が開催できたことは連盟関係者の工夫と決断の賜物だ。歴史をつないだ。１００年の歴史で大戦下の3年間の中断による唯一の空白は重い。この空白の裏にあった様々な人間ドラマの一端を記したが、調べるほどに戦争が齎（もたら）した新たな人間模様が湧き出てくる。戦争が若い人の生涯を変えてしまう、亡くしてしまう。次の100年、二度とあってはならない。

新型コロナウイルス禍で2020（令和2）年の真夏に春季リーグが開催されてからもう4年も経つ。月日の経つのは早い。巻末に六大学野球が始まった1925（大正14）年に在籍していた6校のメンバーを記した。現在の6校のメンバーと比較して、出身校を確認するだけでも100年の移り変わりが湧き出てくる。

六大学野球の200年目は2124年となる。その時に六大学野球をはじめ日本の野球がどう変わり、新装後の神宮球場はじめ神宮外苑がどう変わっているか。地球温暖化がさらに進んで高校野球の夏の開催が危ぶまれ、8月の開催のために甲子園球場の屋根付きドームが検討されたり（2024年夏の大会から午前・夕方の2部制を導入）、少子化による野球人口減少がさらに進み、高校野球の連合チームが組めないほどチームが減少し、プロ野球では球団数が増えているのだろうか。この100年の数倍もの速さで世の中が変わり、100年後は予想もつかないことが起きるだろう。懸念することは多いが心は躍る。しかし、六大学野球の運営は100年の歴史では開闢から大きく変わっていない。激動の明治、大正、昭和を乗り越え、平成、令和とつながれた六大学野球。世相の移り変わりとともに六大学野球がどう盛り上がっていくか。楽しみだ。息がある限り見守りたい。

◉新時代・安定期（平成元年〜令和5年）の選手たち

昭和の終わりから始まったバブル経済は長続きせず、平成に入り瞬く間に崩壊した。「平成不況」を経て「低成長期」「安定期」に入り、高度成長を謳歌した時代は遠くなり、低成長を引きずったまま令和を迎えた。六大学野球も「神宮離れ」が徐々に進み、高校野球の変貌とともに新しい時代に突入した。早稲田の4連覇と3連覇、明治の2度の春秋連覇と3連覇が光った。シーズン優勝回数は明早慶法で拮抗した。優勝したシーズンを中心に新時代の選手をピックアップした。

優勝回数(70シーズン) 明治19回　早稲田17回　慶応16回　法政14回　立教4回　東大0回

▽投手

【早稲田】**市島徹**(鎌倉) **大越基**(仙台育英) 90年春優勝の原動力/**織田淳哉**(日向) 93年秋優勝の投打に大車輪・通算33勝396奪三振と投手で最多通算9本塁打/**三澤興一**(帝京) 織田に続き通算31勝402奪三振(史上3位)/**藤井秀悟**(今治西) **鎌田祐哉**(秋田経法大付) 99年春優勝の両輪/**和田毅**(浜田) 4連覇02年のエースで通算最多476奪三振・1シーズン95奪三振と1試合18奪三振/**清水大輔**(柏陵) **越智大祐**(新田) 4連覇03年の2本柱、清水は入学以来17連勝/**宮本賢**(関西) 05年春優勝と3連覇の原動力/**斎藤佑樹**(早稲田実) 06年秋以降3連覇の原動力で通算31勝323奪三振と08年秋優勝でシーズン7勝/**福井優也**(済美) **大石達也**(福岡大大濠) 斎藤佑樹に加えて10年秋優勝の3本柱/**吉永健太朗**(日大三) 12年春優勝のルーキー/**大竹耕太郎**(済々黌) 15年春秋優勝の左腕/**早川隆久**(木更津総合) 20年秋優勝のエースで1試合17奪三振

【慶応】**小桧山雅仁**(桐蔭学園) **若松幸司**(丸亀) 91年春秋連覇の両輪、若松はノーヒットノーラン/**松本治**(太田) **井深有**(韮山) 92年秋優勝の主戦、井深は通算26勝の左腕/**林卓史**(岩国) **松尾洋和**(長崎北陽台) 97年春優勝の両輪/**山本省吾**(星稜) **長田秀一郎**(鎌倉学園) 00年秋・01秋優勝の両輪、山本は通算307奪三振、長田は1試合21奪三振と最多9連続奪三振/**加藤幹典**(川和) **合田瑛典**(土佐) 04年秋優勝の両輪、加藤は通算30勝371奪三振/**竹内大助**(中京大中京) **福谷浩司**(横須賀) 10年春・11年春優勝のエースとリリーフ、竹内はノーヒットノーラン/**加藤拓也**(慶応) **加嶋宏毅**(慶応志木) 14年春優勝の両輪、加藤は通算309奪三振、加嶋と加藤はノーヒットノーラン/**髙橋佑樹**(川越東) 18年春秋の主戦/**増居翔太**(彦根東) **森田晃介**(慶応) 21年春秋連覇の両輪/**外丸東眞**(前橋育英) 23年秋優勝の原動力

【明治】**佐々木善丈**(京都西) 92年春優勝の主戦/**大淀尚之**(松江東) 93年春・94年春優勝の左腕/**川上憲伸**(徳島商) **小笠原孝**(市立船橋) 95年秋・96年秋優勝の主戦、小笠原は1試合18奪三振/**巴田誠**(国東) **木塚敦志**(浦和学院) 98年

春優勝の主戦と救援の切り札・木塚は翌年ノーヒットノーラン／**一場靖弘**（桐生第一）04年春優勝のエースでシーズン8勝と奪三振１０７と防御率1位で3冠を達成し通算３７９奪三振・選手権で完全試合／**岩田慎司**（東邦）**野村祐輔**（広陵）08年春優勝の1年生コンビ、早稲田の4連覇を阻止、野村は11年秋優勝で6勝と通算30勝３５８奪三振／**山﨑福也**（日大三）13年春秋連覇の原動力／**上原健太**（広陵）山﨑・柳と14年秋優勝の主戦／**柳裕也**（横浜）16年連覇のエースで通算３３８奪三振／**森下暢仁**（大分商）19年春優勝のエースで9回で18奪三振（延長10回で20）／**村田賢一**（春日部共栄）**蒔田稔**（九州学院）22年春以降の3連覇の両輪

【法政】**髙村祐**（宇都宮南）**萩原康**（桐蔭学園）90年・91年の両輪／**真木将樹**（東筑紫学園）96年春・97年秋優勝の左腕／**矢野英司**（横浜）98年秋優勝の右腕／**土居龍太郎**（高知）00年春・01年春優勝の主戦／**下敷領悠太**（上宮）05年秋優勝の主戦／**平野貴志**（桐蔭学園）06年春優勝のエース／**二神一人**（高知）**加賀美希昇**（桐蔭学園）09年春優勝の両輪／**三嶋一輝**（福岡工）12年秋優勝のエース／**三浦銀二**（福岡大大濠）18年秋・20年春優勝の主戦

【立教】**田波正之**（栃木）**平田国久**（立教）**髙橋一太郎**（越谷北）89年秋・90年秋優勝の主戦／**川村丈夫**（厚木）通算３１７奪三振／**上野裕平**（金沢辰巳丘）**多田野数人**（八千代松陰）99年秋優勝の両輪、多田野は通算３３４奪三振／**澤田圭佑**（大阪桐蔭）14年秋5カードすべて1回戦先勝／**上重聡**（ＰＬ学園）史上2人目の完全試合／**田中誠也**（大阪桐蔭）17年春優勝のエース

【東大】**遠藤良平**（筑波大付）通算8勝の左腕／**松家卓弘**（高松）平成の高速投手

▽野手

【早稲田】**上杉健**（捕・松本深志）**水口栄二**（内・松山商）90年春優勝の主力、上杉は首位打者／**仁志敏久**（内・常総学院）93年秋優勝の主力でシーズン6本塁打と前年秋の早慶戦でサヨナラ満塁弾／**矢口健一**（外・木更津）1試合最多8打点と1シーズン6本塁打／**米村洋志**（内・秋田経法大付）**亀井隆之**（外・大分上野丘）**梅沢健**（内・前橋工）**林川大希**（捕・鹿児島実）99年春優勝の主力、梅沢は首位打者／**比嘉寿光**（内・沖縄尚学）**鳥谷敬**（内・聖望学園）**青木宣**

親（外・日向）**由田慎太郎**（外・桐蔭学園）**田中浩康**（内・尽誠学園）**武内晋一**（内・智弁和歌山）02年春以降４連覇の主力、青木と由田は首位打者、鳥谷は通算１１５安打71打点と三冠王、田中は通算１０２安打、武内は通算73打点／**細山田武史**（捕・鹿児島城西）**田中幸長**（外・宇和島東）**上本博紀**（内・広陵）**松本啓二朗**（外・千葉経大付）**前田将希**（外・早稲田実）**本田将章**（内・智弁和歌山）06年秋以降３連覇の主力、細山田と松本は首位打者、田中は首位打者と三冠王、上本と松本は通算１００安打／**土生翔平**（外・広陵）**山田敏貴**（外・早稲田実）**宇高幸治**（内・今治西）10年秋優勝の主力／**杉山翔大**（内・東総工）**小野田俊介**（外・早稲田実）12年優勝の主力で杉山は首位打者と三冠王／**茂木栄五郎**（内・桐蔭学園）**丸子達也**（内・広陵）**重信慎之介**（外・早稲田実）**道端俊輔**（捕・智弁和歌山）**河原右京**（内・大阪桐蔭）**石井一成**（内・作新学院）15年春秋連覇の主力、丸子と重信は首位打者／**丸山壮史**（内・広陵）**蛭間拓哉**（外・浦和学院）20年秋優勝の主力

【慶応】 **大久保秀昭**（捕・桐蔭学園）**印出順彦**（内・土浦日大）**宇佐美尊之**（内・桐蔭学園）91年春秋連覇・92年秋優勝の主力、大久保は小桧山雅仁とバッテリーで連覇／**高木大成**（捕・桐蔭学園）外野手から捕手へ転向し通算１０３安打27二塁打／**丸山泰令**（外・松山）シーズン６本塁打で首位打者と三冠王／**高橋由伸**（外・桐蔭学園）**後藤健雄**（内・湘南）97年春優勝の主力、高橋は三冠王で通算最多23本塁打と通算１１９安打／**喜多隆志**（外・智弁和歌山）**三木仁**（内・上宮）**湊川誠隆**（内・東邦）00年秋・01年秋優勝の主力、喜多は通算１１４安打と歴代最高打率０・５３５の首位打者／**中村太郎**（外・大宮）04年秋優勝の主力で首位打者／**小野寺和也**（内・前橋）09年秋に２回目の首位打者／**伊藤隼太**（外・中京大中京）10年春・11年春優勝の主力で11年春は打率０・４０５と４本塁打17打点／**竹内惇**（内・慶応）**谷田成吾**（外・慶応）14年春優勝の主力／**岩見雅紀**（外・比叡山）**清水翔太**（内・桐蔭学園）**河合大樹**（外・関西学院）17年秋・18年春優勝の主力、岩見の本塁打記録（最多５試合連続・最多年間12本・最多シーズン７本・通算21本）清水は首位打者／**郡司裕也**（捕・仙台育英）**柳町達**（内・慶応）**小原和樹**（内・盛岡三）**下山悠介**（内・慶応）19年秋優勝の主力、郡司は三冠王、柳町は通算１１３安打／**福井章吾**（捕・大阪桐蔭）**朝日晴人**（内・彦根東）21年春優勝の主力／**廣**

瀬隆太（内・慶応）**栗林泰三**（外・桐蔭学園）23年秋優勝の主力、廣瀬は通算20本塁打、栗林は三冠王

【明治】**三輪隆**（捕・関東一）平成初期の守備の要／**柳沢裕一**（捕・松商学園）**鳥越裕介**（内・臼杵）92年春・93年春優勝の主力／**中村豊**（外・上宮）93春・94年春・95年秋優勝の主力で打率0・500の首位打者・通算116安打と1シーズン6本塁打／**筒井壮**（内・上宮）**菊池幸喜**（内・習志野）**野村克則**（捕・堀越）94年春優勝の主力、筒井は首位打者／**野上修**（内・水戸商）**守谷武士**（内・国士舘）95年秋優勝の主力／**鷲北剛**（捕・PL学園）**檀渕聡**（外・春日部共栄）**水谷完**（内・東邦）96年秋優勝の主力、鷲北は首位打者／**辻竜太郎**（外・松商学園）**的場直樹**（捕・上宮）**砂塚陽介**（内・東海大浦安）98年春優勝の主力／**前田新悟**（内・PL学園）98年春以降全102試合に出場の遊撃手／**西谷尚徳**（内・鷲宮）**宇津野純一**（外・大府）04年春優勝の主力／**中嶋啓喜**（外・桐蔭学園）11年秋優勝の主力で16打点／**岡大海**（内・倉敷商）**髙山俊**（外・日大三）**坂本誠志郎**（捕・履正社）**糸原健斗**（内・開星）13年春秋連覇の主力、髙山は通算最多131安打で14年秋優勝も主力、坂本は不動の捕手／**牛島将太**（捕・門司学園）**吉田大成**（内・佼成学園）**佐野恵太**（内・広陵）**渡辺佳明**（内・横浜）**川口貴都**（外・国学院久我山）**逢澤峻介**（外・関西）16年春秋連覇の野手陣／**添田真海**（内・作新学院）**喜多真吾**（内・広陵）**丸山和郁**（外・前橋育英）19年春優勝の主力、添田はリードオフマンで首位打者／**山田陸人**（内・桐光学園）**陶山勇軌**（外・常総学院）21年春の打率5割の同率首位打者／**村松開人**（内・静岡）**蓑尾海斗**（捕・日南学園）22年春秋連覇の主力／**上田希由翔**（内・愛産大三河）**宗山塁**（内・広陵）**飯森太慈**（外・佼成学園）22年春以降の3連覇の主力、宗山と飯森は首位打者

【法政】**諸積兼司**（外・学法石川）91年の主力で首位打者／**鈴木秀範**（内・拓大紅陵）92年春にシーズン最多10二塁打／**和田広幸**（捕・北陽）94年優勝の主力／**副島孔太**（内・桐蔭学園）**伊藤大輔**（外・福岡大大濠）95年春・96年春優勝の主力／**阿部真宏**（内・横浜）98年秋優勝の主力で首位打者／**廣瀬純**（外・佐伯鶴城）**後藤武敏**（内・横浜）**日橋広和**（外・法政二）00年春の主力、廣瀬は前年三冠王、後藤は3人目の春秋首位打者、廣瀬と後藤で初の2年連続三冠王／**浅井良**（捕・桐蔭学園）01年春優勝の主力／**田中彰**（内・創価）04年秋1シーズン最多7本塁打と通算102安打／

大引啓次（内・浪速）**西川明**（外・三重）**須藤宗之**（外・武相）05年秋・06年春連覇の主力、大引は通算121安打と2度の首位打者／**松本雅俊**（内・関西）09年優勝の主力／**多木裕史**（内・坂出）12年秋優勝の主力で通算106安打／**大城戸匠理**（外・藤井学園寒川）**河合完治**（内・中京大中京）13年春の勝率1位勝ち点2位の主力、大城戸は首位打者／**向山基生**（外・法政二）**小林満平**（外・中京大中京）**中山翔太**（内・履正社）**中村浩人**（捕・多良木）**相馬優人**（内・健大高崎）／**永廣知紀**（外・大阪桐蔭）**宮崎秀太**（外・天理）**中村迅**（内・常総学院）18年秋優勝の主力

【立教】**高林孝行**（内・立教）**田島弘良**（内・同）**大河内成人**（内・同）**黒須陽一郎**（外・同）**山口高誉**（外・同）**溝口智成**（内・湘南）89年秋・90年秋優勝の主力、山口はシーズン本塁打6本で通算19本塁打と最多満塁本塁打3、高林は通算101安打／**石田拓郎**（内・PL学園）**今村泰宏**（内・盛岡大付）99年秋優勝の主力／**岡崎啓介**（内・PL学園）11年の主力で首位打者／**笠松悠哉**（内・大阪桐蔭）**寺山寛人**（外・神戸国際大付）**飯迫恵士**（内・同）**藤野隼大**（捕・川越東）17年春優勝の主力

【東大】**間宮敦**（外・横浜翠嵐）95年春の東大最後の首位打者／**濤岡賢**（外・県千葉）**児玉光史**（内・上田）通算本塁打4本と5本

（注1）公認野球規則の5・11

公認野球規則5・11「指名打者」を記す。末尾の（b）が新たに加わったいわゆる「大谷ルール」。

（a）1．先発投手または救援投手が打つ番のときに他の人が代わって打っても、その投球を継続できることを条件に、これらの投手に代わって打つ打者を指名することが許される。2．試合開始前に交換された打順表に記載された指名打者は、相手チームの先発投手に対して、少なくとも1度は、打撃を完了しなければ交代できない。ただし、その先発投手が交代したときは、その必要なはい。3．チームは必ずしも投手に代わる指名打者を指名しなくてもよいが、試合前に指名しなかったときは、その試合で指名打者を使うことはできない。4．指名打者に代えて代打者を使

ってもよい。指名打者に代わった打者は以後指名打者となる。退いた指名打者は再び試合に出場できない。5．指名打者が守備についてもよいが、自分の番のところで打撃を続けなければならない。したがって、投手は退いた守備者の打撃順を受け継ぐことになる。ただし、2人以上の交代が行われたときは、監督が打撃順を指名しなければならない。6．指名打者に代わって代走者が出場することができるが、その走者が以後指名打者の役割を受け継ぐ。指名打者が代走者になることはできない。7．指名打者は、打順表の中でその番が固定されており、多様な交代によって指名打者の打撃の順番を変えることは許されない。8．投手が一度他の守備位置についた場合、それ以後指名打者の役割は消滅する。9．代打者が試合に出場してそのまま投手となった場合、それ以後指名打者の役割は消滅する。10．投手が指名打者に代わって打撃するかまたは走者になった場合、それ以後指名打者の役割は消滅する。試合に出場し試合に出場している投手は、指名打者に代わってだけ打撃または走者になることができる。11．監督が打順表に10人のプレーヤーを記載したが、指名打者が特定されておらず、試合開始後に相手チームの監督がその誤りを球審に指摘した場合は、(A) チームが守備についた後では、投手は守備につかなかったプレーヤーの打撃順に入る。(B) チームがまだ守備についていないときには、投手はそのチームの監督が指定した打撃順に入る。12．指名打者が守備位置についた場合、それ以後指名打者の役割は消滅する。13．指名打者に代わって出場させようとするプレーヤーは、指名打者の番がくるまで届け出る必要はない。14．他の守備位置についていたプレーヤーが投手になれば、それ以後指名打者の役割は消滅する。15．指名打者は、ブルペンで捕手を務める以外は、ブルペンに座ることはできない。(b)．チームは投手に代わる打者を指名する義務はない。しかしながら、先発投手自身が打つ場合には、別々の2人として考えることができる。(中略) 投手を退いたとしても、指名打者として出場し続けることはできるが、再び投手として出場することはできない。(後略)(『公認野球規則2023年度版』)

(注2) 東鉄
　現在の社会人野球企業チームのＪＲ東日本野球部の前身。歴史は大正時代の鉄道省に遡る。鉄道省時代の１９２０

（大正9）年に創部された「東京鉄道局」野球部の略。日本国有鉄道（国鉄）、国鉄スワローズが設立された時に「東京鉄道管理局」と改称し、千葉鉄道管理局、水戸鉄道管理局が独立し野球部も創設された。1987（昭和62）年の国鉄民営化策（JR）で東北ブロックを分離して、現在の「JR東日本野球部」となった。現在、旧国鉄の野球部はプロの国鉄スワローズは東京ヤクルトスワローズに衣替えし、社会人野球の企業チームはJR東日本の他にJR西日本、JR盛岡、JR東日本東北、JR水戸、JR秋田、JR新潟、JR千葉、JR東海、JR四国、JR九州で、JR北海道は近年の経営難によりクラブチームとなった。チームの再編はあったものの激減している社会人野球企業チームの中では、旧国鉄グループは野球部が維持されている方だ。この半世紀余りの社会人野球チームの変遷は457頁を参照。

（注3）「HEFc」

野球場のスコアボードにあるランプがつく表示。公式記録員が「H＝Hit・ヒット（安打）」「E＝Error・エラー（失策）」「Fc＝Fielder's Choice・フィルダースチョイス（野選）」を判断して表示する。スコアボードには「BSO」（ボール、ストライク、アウトの順）もあるが、こちらは球審のボールコールとアウトカウントを球場の係員が表示する。「BSO」は日本では「SBO」の表示が長年使われてきたが、国際基準に合わせるため、高校野球が1997（平成9）年、プロ野球、大学野球、社会人野球が2010（平成22）年から「BSO」のコールに変更した。

（注4）野選

野球規則の「野手選択」の略。英語では「Fielder's Choice」。野手が走者のある時に一塁に投げればアウトにできるのに他の塁へ送球し、打者、走者ともにアウトにできないこと。野手の失策（エラー）と捉えていい。（参考・『公認野球規則2023年度版』他）

（注5）防御率、規定投球回数

防御率／投手の自責点（投手の責任で失った失点数、野手の失策等が原因の失点は除く）の1試合（9イニング）相当の数値。投手が1試合（9イニング）で何点を失ったかを示す。「自責点×9÷投球回数」で算出し通常小数点第

2位まで記し、数値が少ないほど上位の成績となる。「(自責点×9×3)÷(投球回数×3)」の数式もある。(参考・『公認野球規則2023年度版』他)

規定投球回数／投手が防御率のタイトルを獲得するために必要な投球回数。野球規則9・22に規定されている。規定投球回数は幾度も改定されているが、プロ野球では、1軍が「試合数×1」、2軍が「試合数×0・8」が規定となり、六大学野球では「試合数×2」を採用している。DH制を採用しているパ・リーグと投手が打者となるセ・リーグの近年(2022年~2018年)の平均防御率は、セが3・36、3・61、3・83、3・90、4・10に対して、パが3・16、3・48、3・87、3・91、3・91で、DH制を採用しているパの方が低い傾向にある。打者の規定打席数は六大学野球、プロ野球ともに「チームの試合数×3・1」、大学リーグによって異なる。(参考・『公認野球規則2023年度版』他)

(注6) アオダモ資源育成の会

特定非営利活動法人(NPO)アオダモ資源育成の会。2000(平成12)年からアオダモの植林活動を北海道6地区で行なっている。2022(令和4)年までに2万8670本の植林を行った。事務所は東京六大学野球事務局のある名取ビル(東京・渋谷区)の他に札幌市と大阪にある。協力団体は林野庁、北海道大学、北海道庁の公的機関をはじめ、日本野球機構、セ・パの野球連盟、日本学生野球協会、日本高等学校野球連盟ほか日本の野球の各連盟が参画している。(参考・特定非営利活動法人アオダモ資源育成の会HP他)

◉先発メンバー・勝敗表・個人タイトル〈V 新時代・安定期〉

1989(平成元)年 法政が3回目の4連覇 消費税導入(3%) ベルリンの壁崩壊 天安門事件 冷戦終結へ

早稲田			対明治 4.9
1	中	戸田 佳克	境(鳥取)
2	二	鈴木 浩文	関東一(東京)
3	遊	水口 栄二	松山商(愛媛)
4	三	齋藤 慎太郎	秀明(埼玉)
5	捕	上杉 健	松本深志(長野)
6	一	芦川 敦彦	旭川北(北海道)
7	左	川原 潤一	常総学院(茨城)
8	投	**小宮山 悟**	芝工大柏(千葉)
9	中	中沢 範行	桐光学園(神奈川)
主将		小宮山 悟	芝工大柏(千葉)
マネージャー		石川 晴久	鳥取西(鳥取)
監督		石井 連蔵	水戸一(茨城)
			対東大 9.16
7	左	今岡 紳一郎	大阪明星(大阪)
9	二	成清 敬介	早稲田実(東京)

慶応(当番校)			対東大 4.15
1	左	安永 真市	浦和(埼玉)
2	二	桜井 啓太郎	門司(福岡)
3	中	大石 康生	追手前(高知)
4	一	**大森 剛**	高松商(香川)
5	右	大久保 秀昭	桐蔭学園(神奈川)
6	捕	橋口 博一	三国丘(大阪)
7	三	宗安 正宣	宮崎大宮(宮崎)
8	遊	森山 健一	土佐(高知)
9	投	大原 勝義	門司(福岡)
主将		森山 健一	土佐(高知)
マネージャー		葉 慶太	慶応(神奈川)
監督		前田 祐吉	高知城東中(高知)
			対立教 9.9
3	三	赤池 行平	長野(長野)
9	投	**小桧山 雅仁**	桐蔭学園(神奈川)

明治			対早稲田 4.9
1	中	青柳 信	甲府商(山梨)
2	右	西島 義之	平安(京都)
3	二	田辺 昭広	関東一(東京)
4	一	佐野 一志	日大三(東京)
5	捕	三輪 隆	関東一(東京)
6	左	田原 伸吾	此花学院(大阪)
7	三	高須 清之	桐蔭学園(神奈川)
8	遊	黒木 研二	高鍋(宮崎)
9	投	**舟山 恭史**	明大中野(東京)
主将		**今久留主 成幸**	PL学園(大阪)
マネージャー		稲田 秀一	桐蔭(和歌山)
監督		別府 隆彦	明治(東京)
			対立教 9.16
3	遊	奥村 剛	熊本工(熊本)
5	左	鈴木 文雄	二松学舎大付(東京)
9	投	**東瀬 耕太郎**	九州学院(熊本)
マネージャー		大下 佳紀	広島工(広島)

法政			対東大 4.8
1	遊	田中 浩介	神港学園(兵庫)
2	二	**大島 公一**	法政二(神奈川)
3	中	竹内 久生	東京農大二(東京)
4	一	金城 博明	興南(沖縄)
5	三	大橋 二郎	大阪産大付(大阪)
6	右	内田 正行	岩倉(東京)
7	左	田中 善則	法政一(東京)
8	捕	瀬戸 輝信	福岡大大濠(福岡)
9	投	**葛西 稔**	東北(宮城)
主将		大島 公一	法政二(神奈川)
マネージャー		稲垣 智康	土浦日大(茨城)
監督		竹内 昭文	宇治山田商(三重)
			対東大 9.9
2	中	本田 智久	横浜(神奈川)

立教			対明治 4.15
1	二	高林 孝行	立教(埼玉)
2	遊	田島 弘良	立教(埼玉)
3	三	大河内 成人	立教(埼玉)
4	中	黒須 陽一郎	立教(埼玉)
5	左	山口 高誉	立教(埼玉)
6	一	溝口 智成	湘南(神奈川)
7	右	畠山 剛	盛岡一(岩手)
8	捕	金賀 孝	磐城(福島)
9	投	平田 国久	立教(埼玉)
主将		黒須 陽一郎	立教(埼玉)
マネージャー		松本 正三	立教(埼玉)
監督		横川 賢次	熊谷(埼玉)
			対慶応 9.9

東大			対法政 4.8
1	中	太田 晶宏	宮崎西(宮崎)
2	右	谷口	
3	遊	斉藤 直人	湘南(神奈川)
4	二	藤沢 章雄	土佐(高知)
5	一	石井 慎一	県千葉(千葉)
6	三	小林 実	筑波大付(東京)
7	左	山崎 翼	桐蔭学園(神奈川)
8	捕	町永 智丈	横浜翠嵐(神奈川)
9	投	大瀧 雅寛	金沢大付(石川)
主将		町永 智丈	横浜翠嵐(神奈川)
マネージャー		佐藤 誉	札幌北(北海道)
監督		坂本 二朗	岡山芳泉(岡山)
			対法政 9.9
2	二	木越 誠	学習院(東京)
5	一	中山 英夫	開成(東京)

【春季】勝敗表 法政が勝率で優勝

順位	チーム	試合	勝	敗	分	勝点	勝率
33	**法大**	14	9	4	1	4	0.692
②	早大	13	8	5	0	4	0.615
③	明大	13	7	5	1	3	0.583
④	慶大	14	7	6	1	2	0.538
⑤	立大	14	6	7	1	2	0.462
⑥	東大	10	0	10	0	0	0.000

- **法政が4連覇**(法政で3度目、史上5回目)
- 大森(慶)がサヨナラ満塁本塁打(3人目)

【秋季】勝敗表 立教が完全優勝

順位	チーム	試合	勝	敗	分	勝点	勝率
10	**立大**	12	10	1	1	5	0.909
②	明大	12	7	5	0	3	0.583
③	早大	12	6	5	1	3	0.545
④	慶大	15	7	7	1	2	0.500
⑤	法大	13	5	7	1	2	0.417
⑥	東大	10	0	10	0	0	0.000

- 岡本(慶)が代打満塁本塁打(初)
- 若松幸司(丸亀・慶)がノーヒットノーラン(対東大)
- 大森(慶)が通算111安打・78打点(歴代2位)
- 大森が通算17本塁打
- 高林(立)が101安打・黒須(立)が通算65打点
- 東大が65イニング無得点

【選手権】法政が準決勝で敗退(近畿大)

【神宮】立教が準優勝(近畿大)

【春季】ベストナイン/首位打者/防御率1位

投手	葛西 稔	法	東北
捕手	三輪 隆	明	関東一
一塁手	高芝 秀長	慶	宇治山田
二塁手	大島 公一③	法	法政二
三塁手	成清 敬介	早	早稲田実
遊撃手	水口 栄二	早	松山商
外野手	黒須 陽一郎	立	立教
	田中 善則	法	法政一
	山口 高誉	立	立教
首位打者	高芝 秀長	慶	宇治山田
防御率1位	大沢 明	早	熊谷西

【秋季】ベストナイン/首位打者/防御率1位

投手	平田 国久	立	立教
捕手	今久留主 成幸	明	PL学園
一塁手	溝口 智成	立	湘南
二塁手	高林 孝行	立	立教
三塁手	大石 康生	慶	追手前
遊撃手	田島 弘良	立	立教
外野手	田中 善則③	法	法政一
	鈴木 文雄	明	二松学舎大付
	黒須 陽一郎③	立	立教
首位打者	鈴木 文雄	明	二松学舎大付
防御率1位	田波 正之	立	栃木

□六大学野球と神宮球場の動き

慶応、早稲田が単独でアメリカ・台湾遠征(2月・12月)/伊達正男(早)が野球殿堂入り/スピードガン設置、両翼ポールを白に

□野球界の動き

★高校/帝京が5試合を1失点で優勝し15年ぶりに東京勢が優勝/仙台育英が東北勢4度目の決勝進出/2度目の同名校対決(三重・海星対長崎・海星)

★大学/全日本大学野球選手権で**近畿大が2連覇**、明治神宮大会も制し**グランドスラム**(4冠)達成(202頁)/日米大学野球選手権で日本が2勝4敗(米国・6月)

★社会人/**指名打者制(DH)を採用**

★大リーグ/ピート・ローズが監督在任中の野球賭博で永久追放に/ノーラン・ライアンが5,000奪三振

□国内外の動き

★国内/昭和天皇崩御/皇太子明仁親王が天皇即位/**平成に改元**/消費税導入(3%)/ゲームボーイ発売

★世界/天安門事件/ハンガリー、ブルガリアが社会主義体制を放棄/ベルリンの壁崩壊/冷戦終結/米軍がパナマ侵攻

1990(平成2)年　東大が連続65回無得点　夏の高校野球4,000校突破　イラク軍がクウェート侵攻　ドイツ再統一

早稲田　対法政 4.14

打順	守備	氏名	出身校
1	遊	**水口 栄二**	松山商(愛媛)
2	右	小林 裕明	静岡(静岡)
3	捕	上杉 健	松本深志(長野)
4	三	齋藤 慎太郎	秀明(埼玉)
5	中	中沢 範行	桐光学園(神奈川)
6	一	川原 潤一	常総学院(茨城)
7	左	今岡 紳一郎	大阪明星(大阪)
8	投	市島 徹	鎌倉(神奈川)
9	二	鈴木 浩文	関東一(東京)
主将		水口 栄二	松山商(愛媛)
マネージャー		土方 良成	早稲田(東京)
監督		石井 連藏	水戸一(茨城)
対東大 9.8			
	内	**山田 和幸**＊	那賀(和歌山)

慶応　対東大 4.22

打順	守備	氏名	出身校
1	二	上條 晃義	慶応志木(埼玉)
2	左	河合 彰紀	岐阜(岐阜)
3	捕	大久保 秀昭	桐蔭学園(神奈川)
4	一	橋口 博一	三国丘(大阪)
5	右	宇佐美 尊之	桐蔭学園(神奈川)
6	三	宗安 正宣	宮崎大宮(宮崎)
7	中	高橋 季之	高岡(富山)
8	遊	玄葉 幸栄	安積(福島)
9	投	若松 幸司	丸亀(香川)
主将		橋口 博一	三国丘(大阪)
マネージャー		石崎 栄司	春日部(埼玉)
監督		前田 祐吉	高知城東中(高知)
対立教 9.8			
1	中	古葉 隆明	広島城北(広島)
2	遊	印出 順彦	土浦日大(茨城)
6	二	赤池 行平	長野(長野)
8	捕	伊藤 竜一	桐蔭学園(神奈川)

明治(当番校)　対法政 4.22

打順	守備	氏名	出身校
1	一	大平 幸治	天理(奈良)
2	遊	黒木 研二	高鍋(宮崎)
3	中	青柳 信	甲府商(山梨)
4	捕	三輪 隆	関東一(東京)
5	三	菊池 壮光	明大中野(東京)
6	右	佐々木 賢二	八千代松陰(千葉)
7	左	大野 義光	松山商(愛媛)
8	二	田中 敏弘	九州学院(熊本)
9	投	上田 俊治	県広島工(広島)
主将		黒木 研二	高鍋(宮崎)
マネージャー		大嶋 一生	大府(愛知)
監督		別府 隆彦	明治(東京)
対東大 9.15			
5	左	三井 健悟	県広島工(広島)
7	二	宮田 仁志	玉龍(鹿児島)
8	捕	浜田 健吾	鹿児島商(鹿児島)

法政　対早稲田 4.14

打順	守備	氏名	出身校
1	中	山下 修一	関東学園(群馬)
2	遊	吉松 孝司	鳥栖(佐賀)
3	捕	**瀬戸 輝信**	福岡大大濠(福岡)
4	左	青木 計一郎	愛媛三島(愛媛)
5	一	秋元 正	法政二(神奈川)
6	右	村島 康文	報徳学園(兵庫)
7	三	鈴木 秀範	拓大紅陵(千葉)
8	二	和嶋 利博	南陽工(山口)
9	投	大野 直	県岐阜商(岐阜)
主将		瀬戸 輝信	福岡大大濠(福岡)
マネージャー		大館 正明	関東一(東京)
監督		山本 泰	法政二(神奈川)
対立教 9.15			
2	左	諸積 兼司	学法石川(福島)
3	遊	田中 浩介	神港学園(兵庫)
7	二	安西 成人	法政二(神奈川)
8	右	植田 義弘	倉敷工(岡山)
9	投	萩原 康	桐蔭学園(神奈川)

立教　対東大 4.14

打順	守備	氏名	出身校
1	遊	田島 弘良	立教(埼玉)
2	二	太田 敦	東筑(福岡)
3	三	溝口 智成	湘南(神奈川)
4	左	山口 高誉	立教(埼玉)
5	捕	内田 正信	前橋(群馬)
6	一	大友 良浩	厚木(神奈川)
7	右	岡林 和彦	追手前(高知)
8	中	岡田 寛史	立教(埼玉)
9	投	髙橋 一太郎	越谷北(埼玉)
主将		溝口 智成	湘南(神奈川)
マネージャー		横井 主税	立教(埼玉)
監督		横川 賢次	熊谷(埼玉)
対慶応 9.8			
2	二	佐敷 太郎	東筑(福岡)
6	右	松永 敏博	東筑(福岡)
8	左	古内 義明	磐城(福島)

東大　対立教 4.14

打順	守備	氏名	出身校
1	遊	柏木 隆茂	栄光学園(神奈川)
2	二	浅妻 敬	新潟(新潟)
3	左	青野 滋	県千葉(千葉)
4	右	藤沢 章雄	土佐(高知)
5	一	是永 聡	岡山大安寺(岡山)
6	三	小林 実	筑波大付(東京)
7	中	金沢 孝満	開成(東京)
8	捕	高野 賢一	灘(兵庫)
9	投	船山 修	武蔵(東京)
主将		小林 実	筑波大付(東京)
マネージャー		五月女 肇志	長崎北陽台(長崎)
監督		坂本 二朗	岡山芳泉(岡山)
対早稲田 9.8			
5	中	中山 英夫	開成(東京)
8	二	肥田 雅和	桐蔭学園(神奈川)
9	投	**小林 至**	多摩(神奈川)

【春季】勝敗表　早稲田が完全優勝

順位	チーム	試合	勝	敗	分	勝点	勝率
30	**早大**	14	10	4	0	5	0.714
②	明大	11	7	4	0	3	0.636
③	慶大	13	8	5	0	3	0.615
④	法大	12	7	5	0	3	0.583
⑤	立大	12	4	8	0	1	0.333
⑥	東大	10	0	10	0	0	0.000

・東大が最多連続イニング無得点(65)
・古葉(慶)が試合開始第1球本塁打(6人目)

【選手権】早稲田が準々決勝で敗退(亜細亜大)

【秋季】勝敗表　立教が優勝決定戦で優勝

順位	チーム	試合	勝	敗	分	勝点	勝率
11	**立大**	13	8	2	3	4	0.800
②	法大	10	8	2	0	4	0.800
③	慶大	14	8	3	3	4	0.727
④	早大	12	5	7	0	2	0.417
⑤	明大	11	3	8	0	1	0.273
⑥	東大	10	0	10	0	0	0.000

・山口(立)が最多満塁本塁打(3本)
・山口(立)が通算19本塁打・65打点
・立慶戦で3試合引き分け(28年ぶり2度目)

【神宮】立教が準優勝(同志社大)
・田島(立)が大会最多安打(9)

【春季】ベストナイン/首位打者/防御率1位

守備	氏名	大学	出身校
投手	市島 徹	早	鎌倉
捕手	上杉 健	早	松本深志
一塁手	橋口 博一	慶	三国丘
二塁手	赤池 行平	慶	長野
三塁手	齋藤 慎太郎	早	秀明
遊撃手	水口 栄二	早	松山商
	田島 弘良	立	立教
外野手	宇佐美 尊之	慶	桐蔭学園
	青柳 信	明	甲府商
	小林 裕明	早	静岡
首位打者	上杉 健	早	松本深志
防御率1位	高村 祐	法	宇都宮南

【秋季】ベストナイン/首位打者/防御率1位

守備	氏名	大学	出身校
投手	萩原 康	法	桐蔭学園
捕手	瀬戸 輝信③	法	福岡大大濠
一塁手	溝口 智成	立	湘南
二塁手	佐敷 太郎	立	東筑
三塁手	和嶋 利博	法	南陽工
遊撃手	水口 栄二④	早	松山商
外野手	山口 高誉④	立	立教
	青野 滋	東	県千葉
	山下 修一	法	関東学園
首位打者	山口 高誉	立	立教
防御率1位	若松 幸司	慶	丸亀

□六大学野球と神宮球場の動き

早稲田が単独でアメリカ遠征(2月)/立教が単独で台湾遠征(2月)/(株)日本ケーブルビジョンによる衛星中継で全試合中継開始/選抜チームがハワイ遠征(8月)

□野球界の動き

★高校/**参加校が4,000校を突破**、沖縄県勢が32年目で初の決勝進出(沖縄水産)、総入場者数が90万人超す

★大学/日米大学野球選手権で日本が4勝1敗(日本・6月)

★社会人/文部省が財団法人日本野球連盟として認可/日本アマチュア野球国際委員会を日本アマチュア野球連盟に改称/社会人野球選手権大会の会場が大阪球場からグリーンスタジアム神戸へ移行

□国内外の動き

★国内/大学入試センター試験導入/スーパーファミコン発売

★世界/イラク軍がクウェート侵攻/ルワンダ紛争(〜1994年)/ソ連と韓国が国交樹立/ドイツ再統一/チリ民政移管

1991（平成3）年　慶応が春秋連覇　バブル経済崩壊　湾岸戦争始まる　ソビエト連邦崩壊、ロシア連邦に

早稲田　対東大 4.20

1	右	兵東 吏	時習館（愛知）
2	中	横田 和丈	帝京（東京）
3	捕	大井 剛	帝京（東京）
4	左	川原 潤一	常総学院（茨城）
5	遊	仁志 敏久	常総学院（茨城）
6	二	鈴木 浩文	関東一（東京）
7	一	加藤 圭克	沼津東（静岡）
8	投	渡辺 功児	桐蔭学園（神奈川）
9	三	伊藤 裕之	早稲田実（東京）
主将		川原 潤一	常総学院（茨城）
マネージャー		佐藤 邦彦	韮山（静岡）
監督		石井 連藏	水戸一（茨城）
			対立教 9.15
2	左	浪岡 靖之	桐光学園（神奈川）
8	投	織田 淳哉	日向（宮崎）
9	中	金城 宏治	滝川（兵庫）

慶応　対明治 4.13

1	左	古葉 隆明	広島城北（広島）
2	遊	印出 順彦	土浦日大（茨城）
3	二	赤池 行平	長野（長野）
4	一	宇佐美 尊之	桐蔭学園（神奈川）
5	捕	**大久保 秀昭**	桐蔭学園（神奈川）
6	三	髙橋 季之	高岡（富山）
7	左	河合 彰紀	岐阜（岐阜）
8	投	中山 博識	追手前（高知）
9	中	島藤 力	佐野（栃木）
主将		大久保 秀昭	桐蔭学園（神奈川）
マネージャー		吉田 剛	千種（愛知）
監督		前田 祐吉	高知城東中（高知）
			対東大 9.15
2	三	山田 将史	桐蔭学園（神奈川）
6	右	奥山 丈	熊本（熊本）
7	左	早野 聡	湘南（神奈川）
8	投	若松 幸司	丸亀（香川）

明治　対慶応 4.13

1	左	田中 孝明	八幡商（福岡）
2	二	大平 幸治	天理（奈良）
3	中	古沢 淳	九州学院（熊本）
4	捕	**三輪 隆**	関東一（東京）
5	一	大井 憲治	智弁和歌山（和歌山）
6	三	田中 敏弘	九州学院（熊本）
7	遊	鳥越 裕介	臼杵（大分）
8	右	三井 健悟	県広島工（広島）
9	投	窪田 衡史	上田（長野）
主将		三輪 隆	関東一（東京）
マネージャー		上野 義孝	橋本（和歌山）
監督		別府 隆彦	明治（東京）
			対東大 9.21
4	三	野中 憲二	長崎海星（長崎）
6	左	花岡 秀崇	県広島工（広島）
7	右	林 定雄	丸亀（香川）
8	捕	東本 博孝	県岐阜商（岐阜）

法政（当番校）　対明治 4.20

1	遊	吉松 孝司	鳥栖（佐賀）
2	二	和嶋 利博	南陽工（山口）
3	中	**諸積 兼司**	学法石川（福島）
4	左	村島 康文	報徳学園（兵庫）
5	一	若林 寛	佐伯鶴城（大分）
6	右	井上 裕敬	法政二（神奈川）
7	三	鈴木 秀範	拓大紅陵（千葉）
8	投	萩原 康	桐蔭学園（神奈川）
9	捕	貝塚 茂夫	日大一（東京）
主将		吉松 孝司	鳥栖（佐賀）
マネージャー		小田桐 和重	群馬中央（群馬）
監督		山本 泰	法政二（神奈川）
			対立教 9.21
3	一	稲葉 篤紀	中京（愛知）
5	左	後藤 真二	天理（奈良）
7	三	萩谷 之隆	土浦日大（茨城）
	投	**髙村 祐**	宇都宮南（栃木）

立教　対東大 4.13

1	遊	田代 則雄	東海大浦安（千葉）
2	二	佐敷 太郎	東筑（福岡）
3	右	山田 修大	国学院（東京）
4	一	大友 良浩	厚木（神奈川）
5	三	太田 敦	東筑（福岡）
6	中	岡林 和彦	追手前（高知）
7	左	菅原 勇一郎	立教（埼玉）
8	捕	清水 健次	三重海星（三重）
9	投	髙橋 一太郎	越谷北（埼玉）
主将		太田 敦	東筑（福岡）
マネージャー		髙橋 賢二	若松（千葉）
監督		横川 賢次	熊谷（埼玉）
			対早稲田 9.15
5	遊	池田 進一	日大三（東京）
6	左	宮尾 聡	鎌倉学園（神奈川）
7	中	安西 淳太	立教（埼玉）

東大　対立教 4.13

1	中	古川 進	学芸大付（東京）
2	二	肥田 雅和	桐蔭学園（神奈川）
3	三	是永 聡	岡山大安寺（岡山）
4	右	藤沢 章雄	土佐（高知）
5	一	斎藤 正雄	柏陽（神奈川）
6	遊	礒根 秀和	修道（広島）
7	捕	土屋 雄一郎	県千葉（千葉）
8	左	杉野 章生	大教大天王寺（大阪）
9	投	船山 修	武蔵（東京）
主将		藤沢 章雄	土佐（高知）
マネージャー		五月女 肇志	長崎北陽台（長崎）
監督		平野 裕一	戸山（東京）
			対慶応 9.15
1	中	濤岡 賢	県千葉（千葉）
2	捕	吉江 豊	開成（東京）
5	三	片山 英治	横浜翠嵐（神奈川）
7	投	今西 信隆	洛星（京都）
8	二	石田 和之	菊里（愛知）
9	遊	鈴木 久雄	東邦大付東邦（千葉）

【春季】勝敗表　慶応が勝率で優勝

順位	チーム	試合	勝	敗	分	勝点	勝率
25	**慶大**	12	9	3	0	4	0.750
②	明大	12	8	4	0	4	0.667
③	法大	14	8	5	1	3	0.615
④	早大	13	6	7	0	2	0.462
⑤	立大	14	5	8	1	2	0.385
⑥	東大	11	1	10	0	0	0.091

・織田（早）が1年春の開幕戦初登板初勝利
・**法政が毎回得点**（対東大・17点・20年ぶり）
・**法政が最多連続イニング得点（11イニング）**
・山田（立）が史上初の代打逆転サヨナラ本塁打

【選手権】慶応が初戦で敗退（東北福祉大）

【秋季】勝敗表　慶応が完全優勝

順位	チーム	試合	勝	敗	分	勝点	勝率
26	**慶大**	11	10	1	0	5	0.909
②	明大	14	8	5	1	3	0.615
③	法大	10	6	4	0	3	0.600
④	早大	12	6	5	1	3	0.545
⑤	立大	12	3	9	0	1	0.250
⑥	東大	11	1	10	0	0	0.091

・慶応が春秋連覇（3回目）
・2シーズン連続で同順位（史上2度目）
・**明治が1試合最多盗塁（13盗塁・対東大）**

【神宮】慶応が準決勝で敗退（愛知学院大）
・若松（慶）がノーヒットノーラン（対広島経済大）

【春季】ベストナイン/首位打者/防御率1位

投手	小桧山 雅仁	慶	桐蔭学園
捕手	三輪 隆	明	関東一
一塁手	宇佐美 尊之	慶	桐蔭学園
二塁手	大平 幸治	明	天理
三塁手	鈴木 秀範	法	拓大紅陵
遊撃手	印出 順彦	慶	土浦日大
外野手	諸積 兼司	法	学法石川
	兵東 吏	早	時習館
	井上 裕敬	法	法政二
首位打者	諸積 兼司	法	学法石川
防御率1位	萩原 康	法	桐蔭学園

【秋季】ベストナイン/首位打者/防御率1位

投手	小桧山 雅仁	慶	桐蔭学園
捕手	三輪 隆③	明	関東一
一塁手	宇佐美 尊之	慶	桐蔭学園
二塁手	鈴木 浩文	早	関東一
三塁手	山田 将史	慶	桐蔭学園
遊撃手	仁志 敏久	早	常総学院
外野手	諸積 兼司	法	学法石川
	兵東 吏	早	時習館
	古沢 淳	明	九州学院
首位打者	鈴木 浩文	早	関東一
防御率1位	小桧山 雅仁	慶	桐蔭学園

□六大学野球と神宮球場の動き

選抜チームがハワイ遠征/慶応が単独でオーストラリア遠征（12月）/島岡吉郎（明）が野球殿堂入り/両翼ポールを白から黄色に

□野球界の動き

★国内／大阪桐蔭が14校目の初出場初優勝、沖縄水産は2年連続決勝戦進出
★大学／日米大学野球選手権で日本が3勝2敗（日本・6月）
★社会人／日本少年野球連盟（ボーイズリーグ）、日本リトルリーグ野球協会、日本リトルシニア野球協会が日本野球連盟へ加盟/全日本アマチュア野球王座決定戦で社会人野球日本選手権を制した日本石油が大学選手権優勝の東北福祉大を破り初優勝

□国内外の動き

★国内／バブル崩壊/雲仙普賢岳が噴火
★世界／湾岸戦争/ゴルバチョフ・ソ連大統領が辞任、ソビエト連邦崩壊、ロシア連邦に

1992(平成4)年　初のナイター開催　東大が新人戦で決勝進出　PKO協力法成立　ボスニア・ヘルツェゴビナ紛争

早稲田　対立教 4.11

1	遊	仁志 敏久	常総学院(茨城)
2	中	横田 和丈	帝京(東京)
3	捕	伊藤 裕之	早稲田実(東京)
4	二	**鈴木 浩文**	関東一(東京)
5	一	加藤 圭克	沼津東(静岡)
6	右	浪岡 靖之	桐光学園(神奈川)
7	左	佐藤 康	浦和北(埼玉)
8	投	渡辺 功児	桐蔭学園(神奈川)
9	三	大渕 隆	十日町(新潟)
主将		鈴木 浩文	関東一(東京)
マネージャー		三浦 修嗣	広(広島)
監督		石井 連蔵	水戸一(茨城)
			対立教 9.12
7	右	大森 篤	天理(奈良)
8	投	織田 淳哉	日向(宮崎)
	投	**大越 基＊**	仙台育英(宮城)

慶応　対東大 4.11

1	左	古葉 隆明	広島城北(広島)
2	三	山田 将史	桐蔭学園(神奈川)
3	遊	印出 順彦	土浦日大(茨城)
4	一	宇佐美 尊之	桐蔭学園(神奈川)
5	二	赤池 行平	長野(長野)
6	中	島藤 力	佐野(栃木)
7	右	奥山 丈	熊本(熊本)
8	捕	伊藤 竜一	桐蔭学園(神奈川)
9	投	井深 有	韮山(静岡)
主将		印出 順彦	土浦日大(茨城)
マネージャー		宍戸 一樹	船橋西(千葉)
監督		前田 祐吉	高知城東中(高知)
			対東大 9.19
5	左	高木 大成	桐蔭学園(神奈川)
7	右	河合 彰紀	岐阜(岐阜)

明治　対東大 4.18

1	左	田中 孝明	八幡商(福岡)
2	二	内藤 秀之	上宮(大阪)
3	中	**古沢 淳**	九州学院(熊本)
4	一	山田 康弘	郡山(福島)
5	遊	鳥越 裕介	臼杵(大分)
6	右	林 定雄	丸亀(香川)
7	捕	柳沢 裕一	松商学園(長野)
8	三	原田 哲	横浜(神奈川)
9	投	窪田 衡史	上田(長野)
主将		古沢 淳	九州学院(熊本)
マネージャー		中山 正吾	明大中野(東京)
監督		別府 隆彦	明治(東京)
			対東大 9.12
8	三	鈴木 尚紀	帝京(東京)
9	投	佐々木 善丈	京都西(京都)

法政　対立教 4.18

1	二	笠尾 幸広	米子商(鳥取)
2	中	五十子 貴治	伊勢工(三重)
3	左	後藤 真二	天理(奈良)
4	一	鈴木 秀範	拓大紅陵(千葉)
5	右	井上 裕敬	法政二(神奈川)
6	三	萩谷 之隆	土浦日大(茨城)
7	捕	和田 広幸	北陽(大阪)
8	遊	青木 康弘	富山商(富山)
9	投	小田 弘昭	福岡大大濠(福岡)
主将		小田 弘昭	福岡大大濠(福岡)
マネージャー		三木 孝良	愛媛三島(愛媛)
監督		山本 泰	法政二(神奈川)
			対立教 9.19
1	中	田中 徹也	京都西(京都)
3	左	稲葉 篤紀	中京(愛知)
5	右	奥村 幸司	三重(三重)
6	遊	菊池 徹	福岡大大濠(福岡)
7	三	藤巻 亮次	甲府工(山梨)

立教　対早稲田 4.11

1	左	荒木 真央	立教(埼玉)
2	二	中武 宏之	宮崎南(宮崎)
3	一	水野 宏道	浜松北(静岡)
4	三	池田 進一	日大三(東京)
5	右	蔭山 雅文	白鴎(東京)
6	遊	篠田 孝之	豊多摩(東京)
7	捕	伊藤 清春	江戸川(東京)
8	投	河村 裕泰	土佐(高知)
9	中	西田 博貴	立教(埼玉)
主将		荒木 真央	立教(埼玉)
マネージャー		上田 浩太郎	攻玉社(東京)
監督		横川 賢次	熊谷(埼玉)
			対早稲田 9.12
1	二	田代 則雄	東海大浦安(千葉)
4	中	広池 浩司	立教(埼玉)
5	一	岡野 陽一	城西大川越(埼玉)
8	捕	澤辺 大輔	東筑(福岡)
9	投	川村 丈夫	厚木(神奈川)

東大(当番校)　対慶応 4.11

1	遊	浅妻 敬	新潟(新潟)
2	二	石田 和之	菊里(愛知)
3	右	古川 進	学芸大付(東京)
4	三	片山 英治	横浜翠嵐(神奈川)
5	一	礒根 秀和	修道(広島)
6	捕	北村 英也	金沢泉丘(石川)
7	中	肥田 雅和	桐蔭学園(神奈川)
8	左	伊東 徹二	麻布(東京)
9	投	草野 泰和	桐蔭学園(神奈川)
主将		今西 信隆	洛星(京都)
マネージャー		福原 純正	東大寺学園(奈良)
監督		平野 裕一	戸山(東京)
			対明治 9.12
1	中	濤岡 賢	県千葉(千葉)
3	左	杉野 章生	大教大天王寺(大阪)
6	捕	土屋 雄一郎	県千葉(千葉)

【春季】勝敗表

順位	チーム	試合	勝	敗	分	勝点	勝率
25	**明大**	12	9	3	0	4	0.750
②	法大	13	8	5	0	3	0.615
③	早大	12	7	5	0	3	0.583
④	立大	13	7	6	0	3	0.538
⑤	慶大	10	4	6	0	2	0.400
⑥	東大	10	0	10	0	0	0.000

- **笠尾(法)が1試合最多盗塁(6盗塁)**
- **柳沢(明)が1試合3本塁打**
- 大森(早)が1年春に首位打者(64年ぶり)
- **鈴木(法)がシーズン最多二塁打(10本)**
- **法政が1試合最多二塁打(10本)**

【選手権】明治が準々決勝で敗退(駒沢大)

【秋季】勝敗表　慶応が完全優勝

順位	チーム	試合	勝	敗	分	勝点	勝率
27	**慶大**	13	10	3	0	5	0.769
②	早大	13	8	5	0	3	0.615
③	明大	12	7	5	0	3	0.583
④	法大	14	7	7	0	2	0.500
⑤	立大	13	5	8	0	2	0.385
⑥	東大	11	1	10	0	0	0.091

- 鳥越(明)が史上初の開幕先頭打者本塁打

【神宮】**慶応が優勝**(2回目・対東海大)

【春季】ベストナイン/首位打者/防御率1位

投　手	佐々木 善丈	明	京都西
捕　手	柳沢 裕一	明	松商学園
一塁手	鈴木 秀範	法	拓大紅陵
二塁手	笠尾 幸広	法	米子商
三塁手	萩谷 之隆	法	土浦日大
遊撃手	印出 順彦	慶	土浦日大
外野手	大森 篤	早	天理
	古沢 淳	明	九州学院
	田中 孝明	明	八幡商
首位打者	大森 篤	早	天理
防御率1位	佐々木 善丈	明	京都西

【秋季】ベストナイン/首位打者/防御率1位

投　手	松本 治	慶	太田
捕　手	和田 広幸	法	北陽
一塁手	宇佐美 尊之④	慶	桐蔭学園
二塁手	田代 則雄	立	東海大浦安
三塁手	大渕 隆	早	十日町
遊撃手	印出 順彦③	慶	土浦日大
外野手	林 定雄	明	丸亀
	古葉 隆明	慶	広島城北
	横田 和丈	早	帝京
首位打者	田代 則雄	立	東海大浦安
防御率1位	松本 治	慶	太田

□六大学野球と神宮球場の動き

慶応・明治が単独でアメリカ遠征(2月)、ハワイ遠征(3月)/慶応が単独で台湾遠征(12月)/日本シリーズ開催のためシリーズ終了後にナイターで開催(10.17,18,25,26日)/東大が秋季新人戦で10年ぶりの決勝進出

□野球界の動き

★高校/西日本短大付が初優勝し福岡勢が27年ぶりの優勝、森尾は6試合を完投し1失点/明徳義塾が松井秀喜(星稜)に5打席連続敬遠/**甲子園のラッキーゾーン撤去**

★大学/全日本大学軟式野球連盟が全日本学生軟式野球連盟と合併統合し、準硬式と軟式の部を傘下に/日米大学野球選手権で日本が1勝4敗(米国・6月)/アマチュア野球王座決定戦で東芝が駒沢大を破る

★社会人/バルセロナオリンピックから**野球が正式競技**、日本が銅メダル/社会人野球日本選手権で優勝した住友金属がIBA会長杯で初めて南アフリカの大会に出場

□国内外の動き

★国内/**PKO協力法**(自衛隊の海外派遣本格化)/市川一家4人殺人事件/飯塚事件

★世界/ボスニア・ヘルツェゴビナ紛争(〜1995年)/中国と韓国が国交樹立

1993(平成5)年　秋季リーグが34年ぶりに9週制　非自民連立政権の誕生　ヨーロッパで欧州連合(EU)が発足

早稲田			対立教 4.10
1	三	半田 貴志	秋田経法大付(秋田)
2	二	椎名 貴史	足利(栃木)
3	左	浪岡 靖之	桐光学園(神奈川)
4	遊	**仁志 敏久**	常総学院(茨城)
5	右	大森 篤	天理(奈良)
6	一	中村 壽博	西日本短大付(福岡)
7	捕	荒井 修光	我孫子(千葉)
8	投	織田 淳哉	日向(宮崎)
9	中	篠原 正道	広陵(広島)
主将		仁志 敏久	常総学院(茨城)
マネージャー		鈴木 圭司	佐倉(千葉)
監督		石井 連藏	水戸一(茨城)
			対東大 9.18
2	二	江谷 康憲	市岡(大阪)
7	中	平野 茂	早稲田実(東京)

慶応			対東大 4.10
1	遊	山田 将史	桐蔭学園(神奈川)
2	二	鈴木 宏宗	浜松北(静岡)
3	右	高木 大成	桐蔭学園(神奈川)
4	一	飯端 貴志	三国丘(大阪)
5	三	大川 広誉	光陵(神奈川)
6	左	橘 久仁	田辺(和歌山)
7	中	中村 大輔	富士(静岡)
8	捕	伊藤 竜一	桐蔭学園(神奈川)
9	投	西田 知之	緑ヶ丘(神奈川)
主将		山田 将史	桐蔭学園(神奈川)
マネージャー		本久 貴啓	土佐(高知)
監督		前田 祐吉	高知城東中(高知)
			対立教 9.18
7	中	丸山 泰令	松山(埼玉)

明治			対東大 4.17
1	中	田中 孝明	八幡商(福岡)
2	二	内藤 秀之	上宮(大阪)
3	捕	**柳沢 裕一**	松商学園(長野)
4	三	原田 哲	横浜(神奈川)
5	遊	**鳥越 裕介**	臼杵(大分)
6	右	中村 豊	上宮(大阪)
7	一	野村 克則	堀越(東京)
8	左	花岡 秀崇	県広島工(広島)
9	投	大淀 尚之	松江東(島根)
主将		田中 孝明	八幡商(福岡)
マネージャー		佐藤 友信	明大中野八王子(東京)
監督		別府 隆彦	明治(東京)
			対立教 9.11
8	左	櫃渕 聡	春日部共栄(埼玉)

法政			対立教 4.17
1	二	深谷 篤	愛工大名電(愛知)
2	三	藤巻 亮次	甲府工(山梨)
3	遊	菊池 徹	福岡大大濠(福岡)
4	一	稲葉 篤紀	中京(愛知)
5	右	井上 裕敬	法政二(神奈川)
6	左	田中 徹也	京都西(京都)
7	中	奥村 幸司	三重(三重)
8	捕	和田 広幸	北陽(大阪)
9	投	大崎 満雄	広島商(広島)
主将		菊池 徹	福岡大大濠(福岡)
マネージャー		照川 寛樹	法政一(東京)
監督		山本 泰	法政二(神奈川)
			対東大 9.11
5	三	萩谷 之隆	土浦日大(茨城)
7	左	江崎 亘	鳥栖(佐賀)

立教 (当番校)			対早稲田 4.10
1	二	田代 則雄	東海大浦安(千葉)
2	右	広池 浩司	立教(埼玉)
3	三	池田 進一	日大三(東京)
4	中	山田 修大	国学院(東京)
5	一	岡野 陽一	城西大川越(埼玉)
6	遊	菊山 浩介	津(三重)
7	左	斎藤 明成	立教(埼玉)
8	捕	澤辺 大輔	東筑(福岡)
9	投	川村 丈夫	厚木(神奈川)
主将		田代 則雄	東海大浦安(千葉)
マネージャー		藤原 孝也	厚木(神奈川)
監督		横川 賢次	熊谷(埼玉)
			対明治 9.11
2	二	横川 義生	桐蔭学園(神奈川)
7	左	角田 賢哉	玉名(熊本)

東大			対慶応 4.10
1	中	濤岡 賢	県千葉(千葉)
2	右	肥田 雅和	桐蔭学園(神奈川)
3	捕	北村 英也	金沢泉丘(石川)
4	三	片山 英治	横浜翠嵐(神奈川)
5	左	古川 進	学芸大付(東京)
6	一	間宮 敦	横浜翠嵐(神奈川)
7	投	黒川 和哉	津(三重)
8	二	石田 和之	菊里(愛知)
9	遊	森原 征司	広島学院(広島)
主将		肥田 雅和	桐蔭学園(神奈川)
マネージャー		東海林 和志	山形東(山形)
監督		平野 裕一	戸山(東京)
			対法政 9.11
2	左	別所 竜輔	横浜翠嵐(神奈川)
5	一	梅崎 智毅	学芸大付(東京)
8	投	高橋 崇展	北野(大阪)
9	遊	安部 憲明	静岡(静岡)

【春季】勝敗表　明治が完全優勝

順位	チーム	試合	勝	敗	分	勝点	勝率
26	**明大**	13	10	1	2	5	0.909
②	早大	13	9	3	1	4	0.750
③	法大	14	7	4	3	3	0.636
④	慶大	12	4	7	1	2	0.364
⑤	立大	15	3	9	3	1	0.250
⑥	東大	13	1	10	2	0	0.091

・仁志(早)がサヨナラ満塁本塁打(4人目)
・仁志(早)がシーズン6本塁打

【秋季】勝敗表　早稲田が勝率で優勝

順位	チーム	試合	勝	敗	分	勝点	勝率
31	**早大**	13	8	3	2	4	0.727
②	明大	13	8	4	1	4	0.667
③	法大	14	8	6	0	3	0.571
④	慶大	14	6	7	1	2	0.462
⑤	立大	13	5	8	0	1	0.385
⑥	東大	11	2	9	0	1	0.182

・東大が連続最下位記録を更新(16季連続)

【選手権】明治が準決勝で敗退(青山学院大)

【神宮】早稲田が準優勝(駒沢大)

【春季】ベストナイン/首位打者/防御率1位

投手	滝口 正嗣	早	安積
捕手	柳沢 裕一	明	松商学園
一塁手	飯端 貴志	慶	三国丘
二塁手	石田 和之	東	菊里
三塁手	原田 哲	明	横浜
遊撃手	仁志 敏久	早	常総学院
外野手	中村 豊	明	上宮
	浪岡 靖之	早	桐光学園
	花岡 秀崇	明	県広島工
首位打者	中村 豊	明	上宮
防御率1位	滝口 正嗣	早	安積

【秋季】ベストナイン/首位打者/防御率1位

投手	織田 淳哉	早	日向
捕手	柳沢 裕一③	明	松商学園
一塁手	野村 克則	明	堀越
二塁手	田代 則雄	立	東海大浦安
三塁手	半田 貴志	早	秋田経法大付
遊撃手	仁志 敏久③	早	常総学院
外野手	高木 大成	慶	桐蔭学園
	山下 圭	慶	日比谷
	江崎 亘	法	鳥栖
首位打者	山下 圭	慶	日比谷
	野村 克則	明	堀越
防御率1位	西原 丈太郎	慶	慶応

□六大学野球と神宮球場の動き

選抜チームがハワイ遠征(8月)/秋季リーグが**34年ぶりに9週制**(前季1、2位の明早戦が単独カード・100頁)/内野人工芝張り替え

□野球界の動き

★高校／75回記念大会で育英が30犠打・45四死球の新記録で優勝/投手の肩・ひじ検診スタート/全日本チームが欧州初遠征

★大学／全日本大学軟式野球連盟の軟式の部の大半が離反し、全日本学生軟式野球連盟(2代目)を設立

★社会人／甲賀総合科学専門学校(滋賀)が専門学校チームとして初めて連盟登録となる/**企業チームとクラブチームの登録数が逆転**/全日本アマチュア野球王座決定戦で住友金属が優勝(11月)

★プロ／**逆指名制度、フリーエージェント(FA)制**が導入される/福岡ドームが完成

★大リーグ／ナ・リーグが14チームに増える

□国内外の動き

★国内／**非自民連立政権の誕生**/北海道南西沖地震/Jリーグ開幕/トウカイテイオーの復活

★世界／欧州連合(EU)が発足/ロシアでエリツィン大統領と議会派勢力が対立

1994(平成6)年　女子マネージャーの登録・ベンチ入りを承認　大リーグ3地区制に　パレスチナ自治政府設立

早稲田(当番校)			対東大 4.9
1	捕	荒井 修光	我孫子(千葉)
2	遊	椎名 貴史	足利(栃木)
3	右	大森 篤	天理(奈良)
4	三	半田 貴志	秋田経法大付(秋田)
5	一	松本 武仁	早稲田実(東京)
6	左	金城 宏治	滝川(兵庫)
7	二	峯岡 格	天理(奈良)
8	投	**織田 淳哉**	日向(宮崎)
9	中	平野 茂	早稲田実(東京)
主将		織田 淳哉	日向(宮崎)
マネージャー		日永 勝裕	桐生(群馬)
監督		石井 連藏	水戸一(茨城)
			対東大 9.17
1	二	宮尾 毅	鎌倉学園(神奈川)
5	一	中村 壽博	西日本短大付(福岡)
7	右	井上 仁	早稲田実(東京)

慶応			対立教 4.9
1	中	中村 大輔	富士(静岡)
2	二	石橋 勇太	浦和(埼玉)
3	捕	高木 大成	桐蔭学園(神奈川)
4	左	丸山 泰令	松山(埼玉)
5	三	高橋 由伸	桐蔭学園(神奈川)
6	一	平林 悟	東海大浦安(千葉)
7	遊	大川 広誉	光陵(神奈川)
8	右	遠藤 剛	桐蔭学園(神奈川)
9	投	井深 有	韮山(静岡)
主将		飯端 貴志	三国丘(大阪)
マネージャー		勝山 文晴	慶応(神奈川)
監督		後藤 寿彦	岐阜(岐阜)
			対立教 9.10
2	遊	根岸 弘	慶応(神奈川)
6	一	飯端 貴志	三国丘(大阪)

明治			対東大 4.16
1	中	橿渕 聡	春日部共栄(埼玉)
2	左	萩原 哲也	明大中野(東京)
3	右	中村 豊	上宮(大阪)
4	捕	野村 克則	堀越(東京)
5	一	井手 規生	和歌山那賀(和歌山)
6	遊	橋本 毎弘	高知商(高知)
7	三	筒井 壮	上宮(大阪)
8	二	菊池 幸喜	習志野(千葉)
9	投	大淀 尚之	松江東(島根)
主将		橋本 毎弘	高知商(高知)
マネージャー		萩原 竜太	小倉(福岡)
監督		別府 隆彦	明治(東京)
			対東大 9.10
6	左	中西 克弥	大分舞鶴(大分)
7	二	遠藤 誠	春日部共栄(埼玉)
8	捕	松本 洋介	新田(愛媛)

法政			対立教 4.16
1	中	江崎 亘	鳥栖(佐賀)
2	遊	平馬 淳	横浜(神奈川)
3	三	萩谷 之隆	土浦日大(茨城)
4	一	**稲葉 篤紀**	中京(愛知)
5	右	奥村 幸司	三重(三重)
6	左	副島 孔太	桐蔭学園(神奈川)
7	二	藤巻 亮次	甲府工(山梨)
8	捕	和田 広幸	北陽(大阪)
9	投	浜田 充洋	鹿児島商工(鹿児島)
主将		和田 広幸	北陽(大阪)
マネージャー		江上 英樹	法政二(神奈川)
監督		山中 正竹	佐伯鶴城(大分)
			対立教 9.17
2	二	藤澤 英雄	大分東(大分)
9	投	真木 将樹	東筑紫学園(福岡)

立教			対慶応 4.9
1	中	小林 徹	日大藤沢(神奈川)
2	二	横川 義生	桐蔭学園(神奈川)
3	三	岡野 陽一	城西大川越(埼玉)
4	右	広池 浩司	立教(埼玉)
5	遊	菊山 浩介	津(三重)
6	一	大塚 淳司	日大藤沢(神奈川)
7	左	高妻 寛樹	宮崎大宮(宮崎)
8	捕	倉林 秀樹	希望ヶ丘(神奈川)
9	投	**川村 丈夫**	厚木(神奈川)
主将		倉林 秀樹	希望ヶ丘(神奈川)
マネージャー		末田 和	立教(埼玉)
監督		横川 賢次	熊谷(埼玉)
			対慶応 9.10
1	中	戸賀瀬 直紀	秋田(秋田)
8	捕	池田 隆博	立教(埼玉)

東大			対早稲田 4.9
1	右	小原 千尚	県千葉(千葉)
2	左	別所 竜輔	横浜翠嵐(神奈川)
3	捕	北村 英也	金沢泉丘(石川)
4	三	片山 英治	横浜翠嵐(神奈川)
5	中	濤岡 賢	県千葉(千葉)
6	二	石田 和之	菊里(愛知)
7	一	間宮 敦	横浜翠嵐(神奈川)
8	遊	森原 征司	広島学院(広島)
9	投	高橋 崇展	北野(大阪)
主将		濤岡 賢	県千葉(千葉)
マネージャー		青木 秀憲	太田(群馬)
監督		平野 裕一	戸山(東京)
			対明治 9.10

【春季】勝敗表

順位	チーム	試合	勝	敗	分	勝点	勝率
27	**明大**	13	8	4	1	4	0.667
②	法大	13	8	5	0	3	0.615
③	慶大	13	7	5	1	3	0.583
④	早大	13	7	6	0	3	0.538
⑤	立大	15	4	9	2	1	0.308
⑤	東大	13	4	9	0	1	0.308

・**織田(早)が投手最多本塁打(9本)**
・東大が17季ぶりの5位(同率)

【秋季】勝敗表　法政が勝率で優勝

順位	チーム	試合	勝	敗	分	勝点	勝率
34	**法大**	13	9	3	1	4	0.750
②	明大	13	8	4	1	4	0.667
③	早大	14	8	6	0	3	0.571
③	慶大	14	8	6	0	3	0.571
⑤	東大	13	4	9	0	1	0.308
⑥	立大	13	1	10	2	0	0.091

・丸山(慶)が三冠王(戦後7人目)
・伊藤(法)が代打満塁本塁打(史上2人目)
・**高妻(立)が1試合3本塁打**
・丸山(慶)がシーズン6、年間11本塁打
・織田(早)が通算33勝(26敗・歴代11位)
・織田が通算396奪三振(歴代4位)
・川村(立)が通算317奪三振

【選手権】明治が初戦で敗退(駒沢大)

【神宮】法政が初戦で敗退(東亜大)

【春季】ベストナイン/首位打者/防御率1位

投　手	井深 有	慶	韮山
	織田 淳哉	早	日向
捕　手	高木 大成	慶	桐蔭学園
一塁手	稲葉 篤紀	法	中京
二塁手	宮尾 毅	早	鎌倉学園
三塁手	筒井 壮	明	上宮
遊撃手	椎名 貴史	早	足利
外野手	中村 豊	明	上宮
	丸山 泰令	慶	松山
	江崎 亘	法	鳥栖
首位打者	筒井 壮	明	上宮
防御率1位	三澤 興一	早	帝京

【秋季】ベストナイン/首位打者/防御率1位

投　手	真木 将樹	法	東筑紫学園
捕　手	和田 広幸	法	北陽
一塁手	井手 規生	明	和歌山那賀
二塁手	横川 義生	立	桐蔭学園
三塁手	半田 貴志	早	秋田経法大付
遊撃手	橋本 毎弘	明	高知商
外野手	丸山 泰令	慶	松山
	中村 豊	明	上宮
	高橋 由伸	慶	桐蔭学園
首位打者	丸山 泰令	慶	松山
防御率1位	徳丸 哲史	明	臼杵

□六大学野球と神宮球場の動き

早稲田が単独アメリカ遠征(2月)/**女子マネージャーの登録**、ベンチ入りを承認(425頁)/春季早慶2回戦で天覧試合/広岡知男(東)が野球殿堂入り

□野球界の動き

★高校／決勝は初の九州勢の対決で佐賀商が佐賀県勢で初優勝/樟南と柳ケ浦とベスト4に九州勢/登録選手数が16名に
★大学／**東都大学リーグがDH制**を採用(385頁)/東都大学も女子マネージャーの登録・ベンチ入りを承認/日米大学野球選手権で日本が3勝2敗(日本・7月)/アマチュア王座決定戦で駒沢大が日本通運を破り王座(11月)
★プロ／パ・リーグ予告先発を全試合導入
★大リーグ／ア・リーグとナ・リーグが東・中・西の3地区制に/232日間に及ぶ史上最大のストライキ、ワールドシリーズが中止

□国内外の動き

★国内／Play Station発売/大江健三郎がノーベル賞受賞
★世界／パレスチナで自治政府/ルワンダで80万人以上の虐殺/北朝鮮の金日成死去

1995(平成7)年　女性初の選手(明)出場　阪神・淡路大震災　地下鉄サリン事件　世界貿易機関(WTO)発足

早稲田			対東大 4.8
1	中	平野 茂	早稲田実(東京)
2	遊	田中 成明	三本松(香川)
3	捕	**荒井 修光**	我孫子(千葉)
4	三	中村 壽博	西日本短大付(福岡)
5	右	大森 篤	天理(奈良)
6	一	杉本 武則	早稲田実(東京)
7	左	篠原 正道	広陵(広島)
8	投	三澤 興一	帝京(東京)
9	二	峯岡 格	天理(奈良)
主将		大森 篤	天理(奈良)
マネージャー		高田 謙	早稲田実(東京)
監督		佐藤 清	天理(奈良)
			対東大 9.9
5	一	矢口 健一	木更津(千葉)
9	左	森崎 貴景	桐蔭学園(神奈川)

慶応(当番校)			対立教 4.15
1	中	根岸 弘	慶応(神奈川)
2	左	遠藤 剛	桐蔭学園(神奈川)
3	捕	**高木 大成**	桐蔭学園(神奈川)
4	右	高橋 由伸	桐蔭学園(神奈川)
5	一	平林 悟	東海大浦安(千葉)
6	二	石橋 勇太	浦和(埼玉)
7	遊	後藤 健雄	湘南(神奈川)
8	三	久玉 欣人	栃木(栃木)
9	投	林 卓史	岩国(山口)
主将		高木 大成	桐蔭学園(神奈川)
マネージャー		川口 幸一郎	慶応(神奈川)
監督		後藤 寿彦	岐阜(岐阜)
			対立教 9.18
3	捕	加藤 貴昭	野沢北(長野)
8	遊	大谷 隆一	日大鶴ヶ丘(東京)
9	投	岩井 大五郎	熊本(熊本)

明治			対東大 4.15
1	遊	関 大輔	桐蔭学園(神奈川)
2	二	守谷 武士	国士舘(東京)
3	中	**中村 豊**	上宮(大阪)
4	一	御秡如 一馬	玉名(熊本)
5	三	筒井 壮	上宮(大阪)
6	捕	**野村 克則**	堀越(東京)
7	右	橿渕 聡	春日部共栄(埼玉)
8	左	中西 克弥	大分舞鶴(大分)
9	投	徳丸 哲史	臼杵(大分)
主将		守谷 武士	国士舘(東京)
マネージャー		萩原 竜太	小倉(福岡)
監督		別府 隆彦	明治(東京)
			対東大 9.18
1	二	遠藤 誠	春日部共栄(埼玉)
2	遊	野上 修	水戸商(茨城)
3	左	辻 竜太郎	松商学園(長野)
8	一	水谷 完	東邦(愛知)
9	投	川上 憲伸	徳島商(徳島)

法政			対立教 4.8
1	中	江崎 亘	鳥栖(佐賀)
2	二	鈴木 章仁	横浜(神奈川)
3	右	奥村 幸司	三重(三重)
4	一	副島 孔太	桐蔭学園(神奈川)
5	遊	平馬 淳	横浜(神奈川)
6	左	伊藤 大輔	福岡大大濠(福岡)
7	三	藤澤 英雄	大分東(大分)
8	捕	辻田 敬蔵	浪速(大阪)
9	投	浜田 充洋	鹿児島商工(鹿児島)
主将		江崎 亘	鳥栖(佐賀)
マネージャー		岡本 朋祐	法政二(神奈川)
監督		山中 正竹	佐伯鶴城(大分)
			対立教 9.9
8	捕	畑 寛史	北海(北海道)

立教			対法政 4.8
1	遊	横川 義生	桐蔭学園(神奈川)
2	三	戸賀瀬 直紀	秋田(秋田)
3	中	**広池 浩司**	立教(埼玉)
4	左	高妻 寛樹	宮崎大宮(宮崎)
5	一	大塚 淳司	日大藤沢(神奈川)
6	右	小林 徹	日大藤沢(神奈川)
7	二	田中 輝明	聖望学園(埼玉)
8	捕	岸本 英之	土佐(高知)
9	投	木下 健之	桐蔭学園(神奈川)
主将		広池 浩司	立教(埼玉)
マネージャー		市川 忍	旭丘(愛知)
監督		横川 賢次	熊谷(埼玉)
			対法政 9.9
1	遊	早川 大輔	県船橋(千葉)
2	二	村上 雅文	浜松北(静岡)
4	一	長島 大輔	宇都宮(栃木)
6	左	赤尾 秀幸	星林(和歌山)
8	捕	猪鼻 高志	国学院久我山(東京)

東大			対早稲田 4.8
1	右	小原 千尚	県千葉(千葉)
2	左	別所 竜輔	横浜翠嵐(神奈川)
3	中	間宮 敦	横浜翠嵐(神奈川)
4	捕	濵田 睦將	竜ヶ崎一(茨城)
5	一	沢田 英敬	仙台二(宮城)
6	三	森原 征司	広島学院(広島)
7	遊	佐藤 隆史	浦和(埼玉)
8	投	高橋 崇展	北野(大阪)
9	二	芦原 聡	洛星(京都)
主将		間宮 敦	横浜翠嵐(神奈川)
マネージャー		若林 浩司	栄光学園(神奈川)
監督		平野 裕一	戸山(東京)
			対早稲田 9.9
7	二	丸山 剛志	宮崎大宮(宮崎)

【春季】勝敗表　法政が勝率で優勝

順位	チーム	試合	勝	敗	分	勝点	勝率
35	**法大**	12	9	3	0	4	0.750
②	明大	11	8	3	0	4	0.727
③	早大	14	9	4	1	4	0.692
④	慶大	13	6	6	1	2	0.500
⑤	東大	11	2	9	0	1	0.182
⑥	立大	11	1	10	0	0	0.091

・法明早が勝点4で並び勝率で順位決定
・三澤(早)が1試合17奪三振(対立教)
・間宮(東)が首位打者(東大で7人目)
・矢口(早)が1試合最多打点(8打点・対東大)

【選手権】**法政が優勝**(7回目・対東北福祉大)
・法政が大会最多得点(37)・最多打点(35)

【秋季】勝敗表　明治が完全優勝

順位	チーム	試合	勝	敗	分	勝点	勝率
28	**明大**	12	10	2	0	5	0.833
②	法大	11	8	3	0	4	0.727
③	慶大	13	7	6	0	3	0.538
④	早大	12	6	6	0	2	0.500
⑤	立大	12	3	8	1	1	0.273
⑥	東大	12	1	10	1	0	0.091

・中村(明)と高木(慶)が通算116・103安打
・佐治竜太郎(武蔵・東)が1試合最多暴投(5)
・高橋(東)が通算最多被本塁打(36本)
・中村(明)がシーズン6本塁打、通算63打点

【神宮】**明治が優勝**(3回目・対青山学院大)

【春季】ベストナイン/首位打者/防御率1位

投手	三澤 興一	早	帝京
捕手	高木 大成③	慶	桐蔭学園
一塁手	矢口 健一	早	木更津
二塁手	石橋 勇太	慶	浦和
三塁手	中村 壽博	早	西日本短大付
遊撃手	野上 修	明	水戸商
外野手	間宮 敦	東	横浜翠嵐
	伊藤 大輔	法	福岡大大濠
	中村 豊	明	上宮
首位打者	間宮 敦	東	横浜翠嵐
防御率1位	川上 憲伸	明	徳島商

【秋季】ベストナイン/首位打者/防御率1位

投手	川上 憲伸	明	徳島商
捕手	荒井 修光	早	我孫子
一塁手	副島 孔太	法	桐蔭学園
二塁手	守谷 武士	明	国士舘
三塁手	中村 壽博	早	西日本短大付
遊撃手	野上 修	明	水戸商
外野手	中村 豊⑤	明	上宮
	大森 篤	早	天理
	奥村 幸司	法	三重
首位打者	中村 壽博	早	西日本短大付
防御率1位	矢野 英司	法	横浜

□六大学野球と神宮球場の動き

慶応単独でアメリカ遠征(2月)/明治と慶応が単独でハワイ遠征(3月・8月)/**初の女性選手・ジョディ・ハーラー(明)が登板**(423頁)/連盟結成70周年の記念樹を植樹(9月)、現役選抜とプロOB選抜が記念試合(11.14)/明治が単独で台湾遠征(12月)/石井藤吉郎(早)が野球殿堂入り/スコアボード改修と外野に金網フェンス設置

□野球界の動き

★高校/阪神淡路大震災後の中で戦後50年目の大会/3回戦までの抽選方式/両耳のヘルメット着用を義務化/アイシングやクールダウンの指導開始/選抜で会期を11日に延長して実施(以後11日間の会期となる)
★大学/日米大学野球選手権で日本が2勝5敗(米国・6月)/アマチュア王座決定戦で三菱自動車川崎が法政を破る(11月)/明治神宮外苑創建70周年を記念し東京六大学と東都の選抜チームが試合(11月)
★大リーグ/**野茂英雄**(成城工・ロサンゼルス・ドジャース)が**ナ・リーグの新人王に輝く**

□国内外の動き

★国内/阪神・淡路大震災/地下鉄サリン事件/オウム真理教事件終結/**Windows95発売**
★世界/WTO発足/オーストリア、フィンランド、スウェーデンがEUに加盟/フランスがムルロア環礁で核実験

1996(平成8)年　明治が神宮大会を2連覇　大学野球界初の球速表示を開始　台湾で李登輝が総統に

早稲田			対東大 4.21
1	遊	松瀬 大	宇和島東(愛媛)
2	二	峯岡 格	天理(奈良)
3	中	篠原 正道	広陵(広島)
4	三	中村 壽博	西日本短大付(福岡)
5	左	矢口 健一	木更津(千葉)
6	右	伊崎 大悟	済々黌(熊本)
7	一	杉本 武則	早稲田実(東京)
8	捕	西牧 幸成	早稲田実(東京)
9	投	**三澤 興一**	帝京(東京)
主将		中村 壽博	西日本短大付(福岡)
マネージャー		渡辺 正宏	清水東(静岡)
監督		佐藤 清	天理(奈良)
			対東大 9.21
1	中	羽野 一之	国士舘(東京)
6	左	加老戸 寿雄	大阪明星(大阪)

慶応			対立教 4.13
1	中	根岸 弘	慶応(神奈川)
2	遊	北川 英治	岐阜(岐阜)
3	捕	加藤 貴昭	野沢北(長野)
4	右	高橋 由伸	桐蔭学園(神奈川)
5	三	高柳 博文	前橋(群馬)
6	二	渡辺 靖宏	慶応(神奈川)
7	一	木下 博之	熊本(熊本)
8	左	山口 和之	慶応志木(埼玉)
9	投	松下 登	日大三(東京)
主将		加藤 貴昭	野沢北(長野)
マネージャー		深山 淳也	慶応(神奈川)
監督		後藤 寿彦	岐阜(岐阜)
			対明治 9.15
2	左	仁木 基裕	富岡西(群馬)
6	一	佐藤 貴大	桐朋(東京)
7	遊	山口 太輔	時習館(愛知)
8	二	北野 雅也	畝傍(奈良)
9	投	林 卓史	岩国(山口)

明治（当番校）			対東大 4.13
1	一	高松 竜馬	高鍋(宮崎)
2	二	関 大輔	桐蔭学園(神奈川)
3	右	辻 竜太郎	松商学園(長野)
4	中	**櫃渕 聡**	春日部共栄(埼玉)
5	三	**筒井 壮**	上宮(大阪)
6	左	水谷 完	東邦(愛知)
7	遊	野上 修	水戸商(茨城)
8	捕	鷲北 剛	PL学園(大阪)
9	投	川上 憲伸	徳島商(徳島)
主将		櫃渕 聡	春日部共栄(埼玉)
マネージャー		山本 滋久	足利(栃木)
監督		荒井 信久	成東(千葉)
			対慶応 9.15
6	一	山口 浩司	長生(千葉)

法政			対立教 4.21
1	中	開田 博勝	柳川(福岡)
2	二	鈴木 章仁	横浜(神奈川)
3	左	伊藤 大輔	福岡大大濠(福岡)
4	一	**副島 孔太**	桐蔭学園(神奈川)
5	右	小林 貴明	横浜商(神奈川)
6	三	三島 裕	米子西(鳥取)
7	遊	平馬 淳	横浜(神奈川)
8	捕	畑 寛史	北海(北海道)
9	投	真木 将樹	東筑紫学園(福岡)
主将		鈴木 章仁	横浜(神奈川)
マネージャー		岡本 朋祐	法政二(神奈川)
監督		山中 正竹	佐伯鶴城(大分)
			対東大 9.15
6	中	**松田 匡司**	星林(和歌山)
8	捕	久保田 大輔	法政二(神奈川)

立教			対慶応 4.13
1	中	早川 大輔	県船橋(千葉)
2	二	横川 義生	桐蔭学園(神奈川)
3	左	小林 徹	日大藤沢(神奈川)
4	一	長島 大輔	宇都宮(栃木)
5	遊	小林 久人	栃木(栃木)
6	右	赤尾 秀幸	星林(和歌山)
7	捕	岸本 英之	土佐(高知)
8	三	出井 良和	PL学園(大阪)
9	投	渡辺 慎一	越ヶ谷(埼玉)
主将		横川 義生	桐蔭学園(神奈川)
マネージャー		荒江 健	立教(埼玉)
監督		手島 晴幸	多摩(神奈川)
			対明治 9.21
9	投	水谷 潤	桐蔭学園(神奈川)

東大			対明治 4.13
1	中	小原 千尚	県千葉(千葉)
2	二	丸山 剛志	宮崎大宮(宮崎)
3	遊	佐藤 隆史	浦和(埼玉)
4	捕	濱田 睦將	竜ヶ崎一(茨城)
5	右	村田 正洋	県千葉(千葉)
6	三	済木 俊行	県千葉(千葉)
7	一	萩原 利幸	灘(兵庫)
8	投	氏家 修	仙台二(宮城)
9	左	多田 克行	高志(福井)
主将		小原 千尚	県千葉(千葉)
マネージャー		新庄 昭仁	京都共栄(京都)
監督		平野 裕一	戸山(東京)
			対法政 9.15
2	三	須貝 謙司	湘南(神奈川)
4	右	仲戸川 武人	湘南(神奈川)
6	左	大山 快之	灘(兵庫)
7	捕	中西 正樹	東海大仰星(大阪)
9	遊	仲井 良平	奈良学園(奈良)

【春季】勝敗表　法政が勝率で優勝

順位	チーム	試合	勝	敗	分	勝点	勝率
36	**法大**	11	9	2	0	4	0.818
②	早大	13	9	4	0	4	0.692
③	立大	13	7	6	0	3	0.538
④	明大	13	6	7	0	2	0.462
⑤	慶大	12	5	7	0	2	0.417
⑥	東大	10	0	10	0	0	0.000

・高橋(慶)が三冠王(戦後8人目)
・三澤(早)がシーズン82奪三振

【選手権】法政が準決勝で敗退(青山学院大)

【秋季】勝敗表　明治が10戦全勝

順位	チーム	試合	勝	敗	分	勝点	勝率
29	**明大**	10	10	0	0	5	1.000
②	法大	11	7	4	0	3	0.636
③	早大	12	6	6	0	3	0.500
③	慶大	12	6	6	0	3	0.500
⑤	東大	11	3	8	0	1	0.273
⑥	立大	12	2	10	0	0	0.167

・**明治が10戦全勝**(初・史上4回目)
・三澤(早)が通算31勝(16敗)
・三澤(早)が通算402奪三振(歴代3位)

【神宮】**明治が連続優勝**(4回目・対東北福祉大)
・筒井(明)が大会最多本塁打(3)

【春季】ベストナイン/首位打者/防御率1位

投手	三澤 興一	早	帝京
捕手	西牧 幸成	早	早稲田実
一塁手	木下 博之	慶	熊本
二塁手	横川 義生	立	桐蔭学園
三塁手	三島 裕	法	米子西
遊撃手	野上 修③	明	水戸商
外野手	高橋 由伸	慶	桐蔭学園
	井上 仁	早	早稲田実
	赤尾 秀幸	立	星林
首位打者	高橋 由伸	慶	桐蔭学園
防御率1位	伊達 昌司	法	法政二

【秋季】ベストナイン/首位打者/防御率1位

投手	川上 憲伸	明	徳島商
捕手	鷲北 剛	明	PL学園
一塁手	副島 孔太	法	桐蔭学園
二塁手	峯岡 格	早	天理
三塁手	筒井 壮	明	上宮
遊撃手	該当者なし		
外野手	櫃渕 聡	明	春日部共栄
	水谷 完	明	東邦
	松田 匡司	法	星林
首位打者	鷲北 剛	明	PL学園
防御率1位	川上 憲伸②	明	徳島商

□六大学野球と神宮球場の動き

大学野球界初の球速表示開始/明治が東大とロシア遠征(6月)/岐阜トーナメントを開催(11月)/神宮大会で明治が2連覇/神宮創建70周年記念で六大学選抜と東都選抜が奉納試合(11月)/明治が単独で台湾遠征(12月)/牧野直隆(慶)が野球殿堂入り

★高校／松山商と熊本工の古豪対決で松山商が5度目の優勝、大正・昭和・平成を連続優勝(408頁)/**全国の参加校が戦後初めて減少**/**記録員(女子含む)のベンチ入り可能に**

★大学／日米大学野球選手権で日本が5戦全敗(米国・6月)/全日本アマチュア野球王座決定戦で青山学院大が住友金属を破り優勝(11月)

★社会人／アトランタオリンピックで日本チームが銀メダルを獲得する/プロ野球チームとの試合を条件付きで認める

□国内外の動き

★国内／Yahoo!Japanサービスを開始/任天堂がNINTENDO64発売

★世界／中華民国で初の総統選挙、李登輝(136頁)が総統となり台湾本土化が本格的に

1997(平成9)年　秋の立明4回戦で乱闘事件　トヨタがハイブリッドカー　香港がイギリスから中国に返還

早稲田		対東大 4.12	
1	二	前迫 篤男	早稲田実(東京)
2	遊	米村 洋志	秋田経法大付(秋田)
3	中	佐藤 直人	金足農(秋田)
4	左	矢口 健一	木更津(千葉)
5	右	井上 仁	早稲田実(東京)
6	一	杉本 武則	早稲田実(東京)
7	捕	西牧 幸成	早稲田実(東京)
8	三	安田 智則	前橋(群馬)
9	投	本家 穣太郎	帝京(東京)
主将		矢口 健一	木更津(千葉)
マネージャー		相澤 佳則	江戸川学園取手(茨城)
監督		佐藤 清	天理(奈良)
			対立教 9.13
2	二	寺嶋 秀貴	日大藤沢(神奈川)
3	左	加老戸 寿雄	大阪明星(大阪)
6	遊	松瀬 大	宇和島東(愛媛)
9	投	藤井 秀悟	今治西(愛媛)

慶応		対立教 4.19	
1	中	根岸 弘	慶応(神奈川)
2	二	片岡 信人	土佐(高知)
3	右	**高橋 由伸**	桐蔭学園(神奈川)
4	一	木下 博之	熊本(熊本)
5	三	山上 真吾	岡山城東(岡山)
6	遊	後藤 健雄	湘南(神奈川)
7	左	若松 大祐	浦和市立(埼玉)
8	捕	高安 健至	三鷹(東京)
9	投	林 卓史	岩国(山口)
主将		高橋 由伸	桐蔭学園(神奈川)
マネージャー		井田 貴久	慶応(神奈川)
監督		後藤 寿彦	岐阜(岐阜)
			対東大 9.13
6	左	佐藤 友亮	慶応(神奈川)
7	遊	山口 太輔	時習館(愛知)
9	投	松尾 洋和	長崎北陽台(長崎)

明治		対立教 4.12	
1	右	水谷 完	東邦(愛知)
2	二	遠藤 誠	春日部共栄(埼玉)
3	中	高松 竜馬	高鍋(宮崎)
4	左	辻 竜太郎	松商学園(長野)
5	三	上野 昭二	近畿大付(大阪)
6	一	山口 浩司	長生(千葉)
7	遊	中村 剛啓	春日部共栄(埼玉)
8	捕	的場 直樹	上宮(大阪)
9	投	**川上 憲伸**	徳島商(徳島)
主将		川上 憲伸	徳島商(徳島)
マネージャー		近藤 裕樹	明治(東京)
監督		荒井 信久	成東(千葉)
			対東大 9.20
1	二	白川 直哉	拓大紅陵(千葉)
6	捕	宮内 崇志	松山商(愛媛)
9	投	**小笠原 孝**	市立船橋(千葉)
マネージャー		宮崎 章光	桐光学園(神奈川)

法政(当番校)		対東大 4.19	
1	中	西澤 祐介	桐蔭学園(神奈川)
2	二	斉藤 真一	北海(北海道)
3	三	三島 裕	米子西(鳥取)
4	一	根本 健志	常総学院(茨城)
5	左	伊藤 大輔	福岡大大濠(福岡)
6	遊	平馬 淳	横浜(神奈川)
7	右	下柳田 一行	上宮(大阪)
8	捕	久保田 大輔	法政二(神奈川)
9	投	**真木 将樹**	東筑紫学園(福岡)
主将		伊藤 大輔	福岡大大濠(福岡)
マネージャー		金築 俊彰	大社(島根)
監督		山中 正竹	佐伯鶴城(大分)
			対立教 9.20
1	二	**宮崎 一彰**	明徳義塾(高知)
4	一	良知 純平	創価(東京)
7	右	石野 豊	桐蔭学園(神奈川)
	投	**伊達 昌司**	法政二(神奈川)

立教		対明治 4.12	
1	中	**早川 大輔**	県船橋(千葉)
2	二	岡野 泰崇	緑岡(茨城)
3	左	出井 良和	PL学園(大阪)
4	一	長島 大輔	宇都宮(栃木)
5	三	小林 徹	日大藤沢(神奈川)
6	右	赤尾 秀幸	星林(和歌山)
7	遊	関本 恭史	盛岡大付(岩手)
8	捕	坂本 輝彦	甲府西(山梨)
9	投	中田 豪	札幌南(北海道)
主将		早川 大輔	県船橋(千葉)
マネージャー		渡辺 公晴	長岡(新潟)
監督		手島 晴幸	多摩(神奈川)
			対早稲田 9.13
4	遊	国領 尚之	国学院久我山(東京)
7	一	高石 亮介	長崎海星(長崎)

東大		対早稲田 4.12	
1	二	丸山 剛志	宮崎大宮(宮崎)
2	遊	佐藤 隆史	浦和(埼玉)
3	左	伊藤 清太郎	山形東(山形)
4	右	濱田 睦將	竜ヶ崎一(茨城)
5	一	村田 正洋	県千葉(千葉)
6	三	済木 俊行	県千葉(千葉)
7	捕	中西 正樹	東海大仰星(大阪)
8	投	林 理史	西(東京)
9	中	多田 克行	高志(福井)
主将		丸山 剛志	宮崎大宮(宮崎)
マネージャー		三木 克弘	桐蔭学園(神奈川)
監督		三角 裕	浦和(埼玉)
			対慶応 9.13
6	三	関 康一	開成(東京)
8	投	遠藤 良平	筑波大付(東京)

【春季】勝敗表　慶応が勝率で優勝

順位	チーム	試合	勝	敗	分	勝点	勝率
28	**慶大**	12	9	3	0	4	0.750
②	明大	14	9	5	0	4	0.643
③	法大	12	7	5	0	3	0.583
④	早大	12	6	6	0	2	0.500
⑤	立大	12	3	9	0	1	0.250
⑥	東大	10	2	8	0	1	0.200

・杉本(早)が3打数連続・1試合3本塁打
・小笠原(明)が1試合18奪三振(対東大)
・法政が1試合4三塁打(2回目)
・川上(明)がシーズン84奪三振

【選手権】慶応が準決勝で敗退(近畿大)

【秋季】勝敗表　法政が完全優勝

順位	チーム	試合	勝	敗	分	勝点	勝率
37	**法大**	12	10	2	0	5	0.833
②	慶大	13	8	5	0	3	0.615
③	早大	13	7	5	1	3	0.583
④	明大	14	7	6	1	3	0.538
⑤	東大	12	2	9	1	1	0.182
⑥	立大	14	3	10	1	0	0.231

・高橋(慶)が最多通算本塁打(23本)
・高橋(慶)が通算119安打(歴代6位)・62打点
・川上(明)が通算311奪三振
・矢口(早)がシーズン6本、通算17本塁打

【神宮】法政が準優勝(近畿大)
・矢野(法)が1試合最多奪三振(18)

【春季】ベストナイン/首位打者/防御率1位

投手	川上 憲伸③	明	徳島商
捕手	高安 健至	慶	三鷹
一塁手	木下 博之	慶	熊本
二塁手	白川 直哉	明	拓大紅陵
三塁手	三島 裕	法	米子西
遊撃手	後藤 健雄	慶	湘南
外野手	高橋 由伸	慶	桐蔭学園
	水谷 完	明	東邦
	井上 仁	早	早稲田実
首位打者	三島 裕	法	米子西
防御率1位	松尾 洋和	慶	長崎北陽台

【秋季】ベストナイン/首位打者/防御率1位

投手	藤井 秀悟	早	今治西
捕手	久保田 大輔	法	法政二
一塁手	矢口 健一	早	木更津
二塁手	宮崎 一彰	法	明徳義塾
三塁手	山口 太輔	慶	時習館
遊撃手	後藤 健雄	慶	湘南
外野手	伊藤 大輔	法	福岡大大濠
	高橋 由伸④	慶	桐蔭学園
	高松 竜馬	明	高鍋
首位打者	高松 竜馬	明	高鍋
防御率1位	山本 省吾	慶	星稜

□六大学野球と神宮球場の動き

春の早慶2回戦に4万6000人の観衆/岐阜トーナメントを開催(8月)/秋の立明4回戦で乱闘事件、選手、監督の謹慎と部長、総監督の辞任/山本英一郎(慶)が野球殿堂入り

□野球界の動き

★高校／智弁和歌山が打率0.406の大会新で優勝/開・閉会式の先導・司会を高校生が担当/選抜チームがブラジル遠征/選抜で日高中津分校が初出場/**BSO方式でボールコール**/元プロ選手の勤続年数2年に緩和

★大学／**近畿大がグランドスラム**達成、アマチュア野球王座決定戦で優勝し5冠(202頁)、同大会は終了/日米大学野球選手権で日本が4勝1敗(日本・6月)/元プロ野球選手の大学出身者に限る特別コーチ制度

★社会人／日本選手権が大阪ドームで/プロ野球退団者の選手登録を条件付きで認可/アジア野球選手権で日本が2位(台湾)

★プロ／ナゴヤドームと大阪ドームが完成/10選手が脱税で起訴される

★大リーグ／ア・リーグとナ・リーグ交流試合

□国内外の動き

★国内／消費税5%へ/トヨタが世界初の量産ハイブリッド車プリウスを発表

★世界／香港が中国に返還/アジア通貨危機/タイガー・ウッズが黒人初、最年少マスターズ制覇

1998(平成10)年　クラブチーム登録数が200を超す　長野冬季オリンピック開催　北朝鮮がミサイルのテポドンを発射

早稲田　対東大 4.11

1	左	中西 良太	三田学園(兵庫)
2	二	寺嶋 秀貴	日大藤沢(神奈川)
3	中	佐藤 直人	金足農(秋田)
4	一	梅沢 健	前橋工(群馬)
5	遊	松瀬 大	宇和島東(愛媛)
6	右	義積 司	滝川二(兵庫)
7	捕	西牧 幸成	早稲田実(東京)
8	三	米村 洋志	秋田経法大付(秋田)
9	投	鎌田 祐哉	秋田経法大付(秋田)
主将		松瀬 大	宇和島東(愛媛)
マネージャー		武智 貴信	土佐(高知)
監督		佐藤 清	天理(奈良)

対法政 9.12

2	三	野口 順平	早稲田実(東京)
5	中	坂名 信行	早稲田実(東京)
7	一	藤田 智志	早稲田実(東京)

慶応　対立教 4.18

1	一	佐藤 仁紀	浅野(神奈川)
2	二	山上 真吾	岡山城東(岡山)
3	右	喜多 隆志	智弁和歌山(和歌山)
4	遊	山口 太輔	時習館(愛知)
5	左	前田 直樹	釜石南(岩手)
6	三	三木 仁	上宮(大阪)
7	中	森田 健士	慶応(神奈川)
8	捕	高安 健至	三鷹(東京)
9	投	山本 省吾	星稜(石川)
主将		高安 健至	三鷹(東京)
マネージャー		濱田 大介	土佐(高知)
監督		後藤 寿彦	岐阜(岐阜)

対東大 9.19

1	中	佐藤 友亮	慶応(神奈川)
5	左	若松 大祐	浦和市立(埼玉)
7	三	吉田 翼	慶応(神奈川)
マネージャー		馬場 俊輔	慶応(東京)

明治　対東大 4.18

1	二	砂塚 陽介	東海大浦安(千葉)
2	右	横山 和	桐蔭学園(神奈川)
3	三	山口 浩司	長生(千葉)
4	中	**辻 竜太郎**	松商学園(長野)
5	一	岩本 裕治	山梨学院大付(山梨)
6	遊	前田 新悟	PL学園(大阪)
7	捕	的場 直樹	上宮(大阪)
8	左	高橋 建郎	創価(東京)
9	投	巴田 誠	国東(大分)
主将		辻 竜太郎	松商学園(長野)
マネージャー		宮崎 章光	桐光学園(神奈川)
監督		荒井 信久	成東(千葉)

対東大 9.12

7	右	松本 堅二	水戸商(茨城)
9	投	木塚 敦志	浦和学院(埼玉)

法政　対立教 4.11

1	左	栗脇 康信	鹿児島実(鹿児島)
2	二	斉藤 真一	北海(北海道)
3	中	小坂 将商	智弁学園(奈良)
4	三	阿部 真宏	横浜(神奈川)
5	一	良知 純平	創価(東京)
6	右	横山 誠	高知(高知)
7	遊	**福本 誠**	法政二(神奈川)
8	捕	石岡 靖章	東北(宮城)
9	投	**矢野 英司**	横浜(神奈川)
主将		伊藤 幹	広島商(広島)
マネージャー		金築 俊彰	大社(島根)
監督		山中 正竹	佐伯鶴城(大分)

対早稲田 9.12

2	二	佐野 比呂人	三重(三重)
3	中	西澤 祐介	桐蔭学園(神奈川)
5	一	多井 清人	上宮(大阪)
6	右	伊勢 泰孝	法政二(神奈川)
8	捕	伊藤 幹	広島商(広島)
	投	**福山 龍太郎**	東筑(福岡)

立教　対法政 4.11

1	左	高石 亮介	長崎海星(長崎)
2	遊	石田 泰隆	東筑(福岡)
3	右	赤尾 秀幸	星林(和歌山)
4	中	出井 良和	PL学園(大阪)
5	三	国領 尚之	国学院久我山(東京)
6	一	古賀 雅敬	海老名(神奈川)
7	二	木村 昌広	立教(埼玉)
8	捕	坂本 輝彦	甲府西(山梨)
9	投	中田 豪	札幌南(北海道)
主将		赤尾 秀幸	星林(和歌山)
マネージャー		安田 晋之介	市川(千葉)
監督		手島 晴幸	多摩(神奈川)

対法政 9.19

東大(当番校)　対早稲田 4.11

1	中	多田 克行	高志(福井)
2	二	村野 智浩	武蔵(東京)
3	左	済木 俊行	県千葉(千葉)
4	三	萩原 利幸	灘(兵庫)
5	右	仲戸川 武人	湘南(神奈川)
6	捕	横山 知司	開成(東京)
7	一	濱島 達史	海城(東京)
8	遊	酒井 利幸	松本深志(長野)
9	投	遠藤 良平	筑波大付(東京)
主将		萩原 利幸	灘(福岡)
マネージャー		溝内 健介	開成(東京)
監督		三角 裕	浦和(埼玉)

対明治 9.12

2	二	山口 直也	津山(岡山)
3	遊	須貝 謙司	湘南(神奈川)
9	捕	丹羽 大二	一宮(愛知)

【春季】順位表　明治が完全優勝

順位	チーム	試合	勝	敗	分	勝点	勝率
30	**明大**	12	10	2	0	5	0.833
②	慶大	13	8	5	0	3	0.615
②	立大	14	8	5	1	3	0.615
④	法大	12	7	5	0	3	0.583
⑤	早大	11	2	9	0	1	0.182
⑥	東大	12	1	10	1	0	0.091

・根鈴(法)が代打逆転サヨナラ本塁打(2人目)
・早稲田が9連敗を記録
・東大が1イニング最多四死球(7四死球)

【選手権】明治が初戦で敗退(近畿大)

【秋季】順位表　法政が勝率で優勝

順位	チーム	試合	勝	敗	分	勝点	勝率
38	**法大**	12	9	3	0	4	0.750
②	明大	12	8	3	1	4	0.727
③	慶大	13	7	5	1	3	0.583
④	早大	15	7	8	0	2	0.467
⑤	立大	11	3	8	0	1	0.273
⑥	東大	11	2	9	0	1	0.182

・福山(法)がノーヒットノーラン(対立教)

【神宮】法政が準決勝で敗退(亜細亜大)

【春季】ベストナイン/首位打者/防御率1位

投　手	矢島 崇	立	立教
捕　手	的場 直樹	明	上宮
一塁手	佐藤 友亮	慶	慶応
二塁手	砂塚 陽介	明	東海大浦安
三塁手	山口 浩司	明	長生
遊撃手	須貝 謙司	東	湘南
	福本 誠	法	法政二
外野手	辻 竜太郎	明	松商学園
	赤尾 秀幸	立	星林
	西澤 祐介	法	桐蔭学園
首位打者	佐藤 友亮	慶	慶応
防御率1位	平井 渉	慶	韮山

【秋季】ベストナイン/首位打者/防御率1位

投　手	矢野 英司	法	横浜
捕　手	伊藤 幹	法	広島商
一塁手	多井 清人	法	上宮
二塁手	砂塚 陽介	明	東海大浦安
三塁手	阿部 真宏	法	横浜
遊撃手	山口 太輔	慶	時習館
外野手	佐藤 友亮	慶	慶応
	喜多 隆志	慶	智弁和歌山
	辻 竜太郎	明	松商学園
首位打者	阿部 真宏	法	横浜
防御率1位	中村 泰広	慶	郡山

□六大学野球と神宮球場の動き

明治と法政が単独でアメリカ遠征(2月)/早稲田と慶応が帯同してブラジル遠征(8月)/岐阜トーナメントを開催(8月)

□野球界の動き

★高校／80回記念大会で6府県が2校代表で最多の55代表校/横浜が5校目の春夏連覇で松坂大輔が決勝でノーヒットノーラン/選抜で最多32校が参加/応援団コンクール開始/全国高等学校女子硬式野球連盟が発足
★大学／大学野球選手権で近畿大が2度目の2連覇/日米大学野球選手権で日本が1勝3敗(米国・7月)
★社会人／**クラブチーム登録数200突破**/世界野球選手権で日本が5位(イタリア・7月)/アジア競技大会で日本が銀(タイ・12月)
★プロ／西武球場が西武ドームに改称
★大リーグ／大リーグのア・リーグが16チームに増え**両リーグで30チーム**となる(216頁)/マグワイアが70本の本塁打記録を更新

□国内外の動き

★国内／長野冬季オリンピック開催/和歌山毒物カレー事件/明石海峡大橋開通/あやしいわーるど閉鎖
★世界／印パ核実験/インドネシアのスハルト政権崩壊/北朝鮮がミサイルのテポドンを発射/Windows98を発売

1999(平成11)年　自公連立政権発足　マカオがポルトガルから中国へ返還　NATO軍がユーゴスラビアを爆撃

早稲田　対東大 4.17

1	左	亀井 隆之	大分上野丘(大分)
2	二	寺嶋 秀貴	日大藤沢(神奈川)
3	一	永江 公貴	諫早(長崎)
4	三	梅沢 健	前橋工(群馬)
5	中	中西 良太	三田学園(兵庫)
6	右	佐藤 直人	金足農(秋田)
7	捕	林川 大希	鹿児島実(鹿児島)
8	投	**藤井 秀悟**	今治西(愛媛)
9	遊	米村 洋志	秋田経法大付(秋田)
主将		梅沢 健	前橋工(群馬)
マネージャー		鈴木 健司	韮山(静岡)
監督		野村 徹	北野(大阪)

対東大 9.11

5	左	開田 成幸	柳川(福岡)

慶応　対立教 4.10

1	中	佐藤 友亮	慶応(神奈川)
2	二	山上 真吾	岡山城東(岡山)
3	右	喜多 隆志	智弁和歌山(和歌山)
4	遊	山口 太輔	時習館(愛知)
5	一	山田 健之	韮山(静岡)
6	左	松平 和也	慶応(神奈川)
7	捕	小河 義英	仙台二(宮城)
8	三	吉田 翼	慶応(神奈川)
9	投	**中村 泰広**	郡山(奈良)
主将		山口 太輔	時習館(愛知)
マネージャー		池川 剛司	土佐(高知)
監督		後藤 寿彦	岐阜(岐阜)

対立教 9.11

6	三	三木 仁	上宮(大阪)
8	捕	栗林 聡一	報徳学園(兵庫)
9	投	山本 省吾	星稜(石川)

明治　対立教 4.17

1	中	高橋 建郎	創価(東京)
2	二	野田 謙信	熊本工(熊本)
3	一	岩本 裕治	山梨学院大付(山梨)
4	捕	**的場 直樹**	上宮(大阪)
5	左	佐川 竜朗	PL学園(大阪)
6	遊	前田 新悟	PL学園(大阪)
7	右	庄田 隆弘	智弁学園(奈良)
8	三	深堀 祐輔	松山商(愛媛)
9	投	**木塚 敦志**	浦和学院(埼玉)
主将		的場 直樹	上宮(大阪)
マネージャー		大西 祥介	赤穂(兵庫)
監督		荒井 信久	成東(千葉)

対立教 9.18

1	中	松本 裕佑	長崎日大(長崎)
2	三	和田 貴範	拓大紅陵(千葉)
4	一	脇島 一由	創価(東京)
7	捕	松本 堅二	水戸商(茨城)

法政　対東大 4.10

1	中	西澤 祐介	桐蔭学園(神奈川)
2	二	佐野 比呂人	三重(三重)
3	一	多井 清人	上宮(大阪)
4	遊	阿部 真宏	横浜(神奈川)
5	三	清水 昭秀	智弁和歌山(和歌山)
6	左	廣瀬 純	佐伯鶴城(大分)
7	右	小坂 将商	智弁学園(奈良)
8	捕	浅井 良	桐蔭学園(神奈川)
9	投	前嶋 広和	二松学舎大付沼南(千葉)
主将		小坂 将商	智弁学園(奈良)
マネージャー		小山田 茂	磐城(福島)
監督		山中 正竹	佐伯鶴城(大分)

対東大 9.18

3	一	**田中 聡**	尽誠学園(高知)
4	遊	**佐藤 隆彦**	桐蔭学園(神奈川)
7	左	横山 誠	高知(高知)
8	捕	大西 正隆	高知追手前(高知)
9	投	**安藤 優也**	大分雄城台(大分)

立教(当番校)　対慶応 4.10

1	二	石田 拓郎	PL学園(大阪)
2	中	三好 大介	聖望学園(埼玉)
3	右	出井 良和	PL学園(大阪)
4	三	国領 尚之	国学院久我山(東京)
5	一	今村 泰宏	盛岡大付(岩手)
6	左	高石 亮介	長崎海星(長崎)
7	捕	坂本 輝彦	甲府西(山梨)
8	投	矢島 崇	立教(埼玉)
9	遊	石田 泰隆	東筑(福岡)
主将		高石 亮介	長崎海星(長崎)
マネージャー		中尾 裕希	鈴蘭台(兵庫)
監督		手島 晴幸	多摩(神奈川)

対慶応 9.11

1	三	川平 伸也	富岡西(群馬)
2	遊	渡辺 克郎	東福岡(福岡)
5	一	松倉 良介	諏訪清陵(長野)
6	左	野口 将三	木更津(千葉)
7	右	清水 智寛	長岡(新潟)
8	投	上野 裕平	金沢辰巳丘(石川)

東大　対法政 4.10

1	遊	須貝 謙司	湘南(神奈川)
2	中	山口 直也	津山(岡山)
3	一	児玉 光史	上田(長野)
4	右	仲戸川 武人	湘南(神奈川)
5	三	酒井 利幸	松本深志(長野)
6	左	永井 一聡	麻布(東京)
7	捕	丹羽 大二	一宮(愛知)
8	投	**遠藤 良平**	筑波大付(東京)
9	二	野村 佳史	栄光学園(神奈川)
主将		丹羽 大二	一宮(愛知)
マネージャー		國東 俊朗	筑波大付(東京)
監督		三角 裕	浦和(埼玉)

対早稲田 9.11

6	二	真鍋 邦大	高松(香川)
8	左	増山 洋平	西舞鶴(京都)

【春季】勝敗表　早稲田が勝率で優勝

順位	チーム	試合	勝	敗	分	勝点	勝率
32	**早大**	10	8	2	0	4	0.800
②	法大	12	8	4	0	4	0.667
③	慶大	10	6	4	0	3	0.600
④	明大	12	7	5	0	3	0.583
⑤	立大	10	2	8	0	1	0.200
⑥	東大	12	2	10	0	0	0.167

・法政が戦後最多の1試合25得点
・廣瀬(法)が三冠王(戦後9人目)
・東大の対明治の連敗が92でストップ

【選手権】早稲田が準優勝(青山学院大)

【秋季】勝敗表　立教が勝率で優勝

順位	チーム	試合	勝	敗	分	勝点	勝率
12	**立大**	12	9	3	0	4	0.750
②	法大	12	8	4	0	4	0.667
③	早大	12	7	4	1	3	0.636
④	明大	10	6	4	0	3	0.600
⑤	慶大	12	3	8	1	1	0.273
⑥	東大	10	0	10	0	0	0.000

・木塚(明)がノーヒットノーラン(対東大)

【神宮】立教が準決勝で敗退(九州共立大)

【春季】ベストナイン/首位打者/防御率1位

投　手	鎌田 祐哉	早	秋田経法大付
捕　手	林川 大希	早	鹿児島実
一塁手	該当者なし		
二塁手	佐野 比呂人	法	三重
三塁手	梅沢 健	早	前橋工
遊撃手	米村 洋志	早	秋田経法大付
外野手	廣瀬 純	法	佐伯鶴城
	亀井 隆之	早	大分上野丘
	小坂 将商	法	智弁学園
首位打者	廣瀬 純	法	佐伯鶴城
防御率1位	安藤 優也	法	大分雄城台

※全員が初選出・2回目

【秋季】ベストナイン/首位打者/防御率1位

投　手	上野 裕平	立	金沢辰巳丘
捕　手	的場 直樹	明	上宮
一塁手	開田 成幸	早	柳川
二塁手	石田 拓郎	立	PL学園
三塁手	梅沢 健	早	前橋工
遊撃手	山口 太輔③	慶	時習館
外野手	亀井 隆之	早	大分上野丘
	小坂 将商	法	智弁学園
	岩本 裕治	明	山梨学院大付
首位打者	梅沢 健	早	前橋工
防御率1位	鎌田 祐哉	早	秋田経法大付

□六大学野球と神宮球場の動き

選抜チームが韓国の招待を受け遠征(7月)/岐阜トーナメント大会を開催(8月)/東大の他大学所属経験の選手登録申請を却下(321頁)/秋季から東京メトロポリタンテレビジョン(MXテレビ)の放映が中止

□野球界の動き

★高校／桐生第一が群馬県勢で初優勝/選抜チームをアメリカ東部に初めて派遣/選抜で沖縄尚学が沖縄勢として初優勝

★大学／日米大学野球選手権で日本が5戦全勝(日本・6月)

★社会人／アジア野球選手権で日本が準優勝しシドニー五輪の出場権を獲得

★プロ／柳川事件以降中止されていた社会人野球協会のプロ退団者の受け入れを再開/西武ドームが完成

□国内外の動き

★国内／東海村JCO臨界事故/自公連立政権発足/栃木リンチ殺人事件/2ちゃんねる開設

★世界／コソボ紛争にNATO軍が介入しユーゴスラビアを空爆/欧州単一通貨ユーロ登場/マカオがポルトガルから中国へ返還

2000(平成12)年　上重(立)が史上2人目の完全試合　連盟がHP公開　高橋尚子が女子マラソンで初の金メダル

早稲田(当番校)　対明治 4.8

1	中	中西 良太	三田学園(兵庫)
2	一	由田 慎太郎	桐蔭学園(神奈川)
3	右	開田 成幸	柳川(福岡)
4	左	新井 将史	早大本庄(埼玉)
5	二	鳥谷 敬	聖望学園(埼玉)
6	捕	林川 大希	鹿児島実(鹿児島)
7	三	野口 大輔	高志(福井)
8	遊	比嘉 寿光	沖縄尚学(沖縄)
9	投	**鎌田 祐哉**	秋田経法大付(秋田)
主将		中西 良太	三田学園(兵庫)
マネージャー		森下 政師	香川中央(香川)
監督		野村 徹	北野(大阪)
			対立教 9.9
2	二	石田 裕一	弘前(青森)
4	左	末定 英紀	高陽東(広島)
7	右	義積 司	滝川二(兵庫)

慶応　対東大 4.16

1	中	**佐藤 友亮**	慶応(神奈川)
2	二	山上 真吾	岡山城東(岡山)
3	右	**喜多 隆志**	智弁和歌山(和歌山)
4	三	三木 仁	上宮(大阪)
5	一	山田 健之	韮山(静岡)
6	左	吉田 翼	慶応(神奈川)
7	遊	星野 奏真	東筑(福岡)
8	捕	小河 義英	仙台二(宮城)
9	投	**山本 省吾**	星稜(石川)
主将		山上 真吾	岡山城東(岡山)
マネージャー		宮地 大輔	慶応(神奈川)
監督		後藤 寿彦	岐阜(岐阜)
			対東大 9.16
5	左	藤野 匡哉	太田(群馬)
8	遊	冠者 伸行	可児(岐阜)

明治　対早稲田 4.8

1	左	奥井 正憲	平安(京都)
2	二	野田 謙信	熊本工(熊本)
3	右	佐川 竜朗	PL学園(大阪)
4	中	金子 博哉	神港学園神港(兵庫)
5	三	和田 貴範	拓大紅陵(千葉)
6	捕	高倉 拓真	長崎南山(長崎)
7	一	小松 祐輔	竜ヶ崎一(茨城)
8	遊	前田 新悟	PL学園(大阪)
9	投	池田 宏之	明大中野(東京)
主将		佐川 竜朗	PL学園(大阪)
マネージャー		片岡 哲人	竜ヶ崎一(茨城)
監督		荒井 信久	成東(千葉)
			対立教 9.16
7	右	岩元 信明	創価(東京)
8	捕	末弘 憲司	創価(東京)
マネージャー		山口 剛	池田学園池田(鹿児島)

法政　対明治 4.16

1	一	多井 清人	上宮(大阪)
2	二	澤村 幸明	熊本工(熊本)
3	遊	**阿部 真宏**	横浜(神奈川)
4	三	後藤 武敏	横浜(神奈川)
5	右	日橋 広和	法政二(神奈川)
6	捕	**浅井 良**	桐蔭学園(神奈川)
7	左	土子 貴裕	常総学院(茨城)
8	中	南 建三	PL学園(大阪)
9	投	亀川 裕之	広島商(広島)
主将		**廣瀬 純**	佐伯鶴城(大分)
マネージャー		大塚 健児	樹徳(群馬)
監督		山中 正竹	佐伯鶴城(大分)
			対東大 9.9
1	三	清水 昭秀	智弁和歌山(和歌山)
2	二	住吉 友貴	天理(奈良)
7	中	青山 修	横浜商(神奈川)
9	投	土居 龍太郎	高知(高知)
	内	**北川 利之**	大阪桐蔭(大阪)

立教　対東大 4.8

1	中	三好 大介	聖望学園(埼玉)
2	遊	渡辺 克郎	東福岡(福岡)
3	二	石田 拓郎	PL学園(大阪)
4	捕	今村 泰宏	盛岡大付(岩手)
5	三	和田 隼人	智弁学園(奈良)
6	右	清水 智寛	長岡(新潟)
7	左	荒木 拓人	日大藤沢(神奈川)
8	一	松倉 良介	諏訪清陵(長野)
9	投	多田野 数人	八千代松陰(千葉)
主将		石田 拓郎	PL学園(大阪)
マネージャー		山岸 武	立教(埼玉)
監督		斎藤 章児	立教(埼玉)
			対早稲田 9.9
1	一	法村 直樹	桐蔭学園(神奈川)
2	遊	石田 泰隆	東筑(福岡)
6	三	内田 勝治	東筑(福岡)
9	投	**上野 裕平**	金沢辰巳丘(石川)

東大　対立教 4.8

1	三	野村 佳史	栄光学園(神奈川)
2	遊	真鍋 邦大	高松(香川)
3	一	武藤 壮平	光陵(神奈川)
4	左	児玉 光史	上田(長野)
5	右	小林 達貴	海城(東京)
6	中	増山 洋平	西舞鶴(京都)
7	二	酒井 利幸	松本深志(長野)
8	投	浅岡 知俊	柏陽(神奈川)
9	捕	池田 大輔	熊本(熊本)
主将		酒井 利幸	松本深志(長野)
マネージャー		中村 雅貴	駒場東邦(東京)
監督		三角 裕	浦和(埼玉)
			対法政 9.9
6	捕	山口 直也	津山(岡山)
7	中	村野 智浩	武蔵(東京)
8	三	矢野 雅裕	栄光学園(神奈川)
9	投	加治佐 平	ラ・サール(鹿児島)
マネージャー		八島 健一郎	駒場東邦(東京)

【春季】勝敗表　法政が勝率で優勝

順位	チーム	試合	勝	敗	分	勝点	勝率
39	**法大**	12	8	4	0	4	0.667
②	明大	15	9	5	1	4	0.643
③	早大	13	7	6	0	3	0.538
④	立大	13	6	6	1	2	0.500
④	慶大	12	6	6	0	2	0.500
⑥	東大	11	1	10	0	0	0.091

・山本(慶)が1試合18奪三振(対東大)
・後藤(法)が三冠王(戦後10人目)
・和田(早)がシーズン88奪三振

【選手権】法政が準々決勝で敗退(亜細亜大)

【春季】ベストナイン/首位打者/防御率1位

投　手	土居 龍太郎	法	高知
捕　手	林川 大希	早	鹿児島実
一塁手	後藤 武敏	法	横浜
二塁手	野田 謙信	明	熊本工
三塁手	清水 昭秀	法	智弁和歌山
遊撃手	阿部 真宏	法	横浜
外野手	廣瀬 純	法	佐伯鶴城
	喜多 隆志	慶	智弁和歌山
	日橋 広和	法	法政二
	末定 英紀	早	高陽東
首位打者	後藤 武敏	法	横浜
防御率1位	長田 秀一郎	慶	鎌倉学園

【秋季】勝敗表

順位	チーム	試合	勝	敗	分	勝点	勝率
29	**慶大**	15	9	5	1	4	0.643
②	法大	13	8	5	0	3	0.615
②	立大	13	8	5	0	3	0.615
④	早大	13	7	6	0	3	0.538
⑤	明大	14	6	7	1	2	0.462
⑥	東大	10	0	10	0	0	0.000

・第5週終了時、5校が勝ち点2
・**上重(立)が完全試合**(対東大・史上2人目)
・**後藤(法)が2季連続の首位打者**(3人目)
・山本(慶)が通算307奪三振

【神宮】**慶応が優勝**(3回目・対東海大)

【秋季】ベストナイン/首位打者/防御率1位

投　手	土居 龍太郎	法	高知
捕　手	小河 義英	慶	仙台二
	今村 泰宏	立	盛岡大付
一塁手	後藤 武敏	法	横浜
二塁手	小林 正典	早	上田
三塁手	三木 仁	慶	上宮
遊撃手	前田 新悟	明	PL学園
外野手	日橋 広和	法	法政二
	喜多 隆志	慶	智弁和歌山
	義積 司	早	滝川二
特別賞	上重 聡	立	PL学園
首位打者	後藤 武敏②	法	横浜
防御率1位	土居 龍太郎	法	高知

□六大学野球と神宮球場の動き

慶応と明治が単独でアメリカ遠征(2月)/慶応が単独で台湾遠征/連盟の公式ホームページ公開(大学野球連盟で初めて)

□野球界の動き

★高校／智弁和歌山がチーム打率4割を越す初の3桁安打数で優勝/延長戦の規定を15回引き分け再試合制に/光星学院が三沢以来の青森県勢ベスト4/8日目の入場者数が8万3000人/女子硬式選抜大会始まる

★大学／日米大学野球選手権で日本が2勝3敗(米国・6月)

★社会人／シドニーオリンピックで日本チーム(社会人11名・プロ8名・大学生5名)が4位/都市対抗野球大会でドーピング検査導入/沖縄電力(浦添市)が沖縄県チームとして28年ぶりに都市対抗野球大会に出場/NPO法人「札幌ホーネッツ」が連盟に加盟

□国内外の動き

★国内／世田谷一家殺人事件/白川英樹がノーベル賞受賞/高橋尚子が女子マラソンで初の金メダル(シドニー五輪)/Play Station2発売

★世界／コンピュータの2000年問題無事越年/平壌で南北首脳会談/九州・沖縄サミット

2001(平成13)年　早稲田が創部100年　中央省庁再編　アメリカ同時多発テロ　米などがアフガニスタンを空爆

早稲田		対明治 4.14	
1	二	田中 浩康	尽誠学園(高知)
2	右	由田 慎太郎	桐蔭学園(神奈川)
3	一	末定 英紀	高陽東(広島)
4	遊	鳥谷 敬	聖望学園(埼玉)
5	左	佐藤 正毅	前橋工(群馬)
6	三	比嘉 寿光	沖縄尚学(沖縄)
7	中	比留間 拓也	早稲田実(東京)
8	捕	阿部 慎史	早稲田実(東京)
9	投	和田 毅	浜田(島根)
主将		末定 英紀	高陽東(広島)
マネージャー		中村 広毅	屋代(長野)
監督		野村 徹	北野(大阪)
		対東大 9.15	
5	左	伊藤 貴樹	秋田(秋田)
	投	**江尻 慎太郎**	仙台二(宮城)
	捕	**東 辰弥**	天理(奈良)

慶応(当番校)		対東大 4.14	
1	遊	北原 諭	郡山(奈良)
2	二	**湊川 誠隆**	東邦(愛知)
3	右	喜多 隆志	智弁和歌山(和歌山)
4	三	**三木 仁**	上宮(大阪)
5	中	池辺 啓二	智弁和歌山(和歌山)
6	捕	栗林 聡一	報徳学園(兵庫)
7	一	早川 友啓	慶応(神奈川)
8	左	寺田 記央	豊田西(愛知)
9	投	長田 秀一郎	鎌倉学園(神奈川)
主将		三木 仁	上宮(大阪)
マネージャー		佐藤 祐樹	慶応(神奈川)
監督		後藤 寿彦	岐阜(岐阜)
		対明治 9.8	
2	遊	杉吉 勇輝	丸亀(香川)
5	左	松本 渉	修猷館(福岡)

明治		対早稲田 4.14	
1	左	奥井 正憲	平安(京都)
2	二	深堀 祐輔	松山商(愛媛)
3	右	岩元 信明	創価(東京)
4	遊	**前田 新悟**	PL学園(大阪)
5	一	呉本 成徳	松商学園(長野)
6	中	金子 博哉	神港学園神港(兵庫)
7	三	西谷 尚徳	鷲宮(埼玉)
8	捕	岡田 宏	宮崎第一(宮崎)
9	投	池田 宏之	明大中野(東京)
主将		前田 新悟	PL学園(大阪)
マネージャー		豊島 篤	由利工(秋田)
監督		荒井 信久	成東(千葉)
		対慶応 9.8	
5	一	**庄田 隆弘**	智弁学園(奈良)
8	捕	高倉 拓真	長崎南山(長崎)

法政		対東大 4.21	
1	中	河野 友軌	狭山清陵(埼玉)
2	二	澤村 幸明	熊本工(熊本)
3	左	多井 清人	上宮(大阪)
4	三	後藤 武敏	横浜(神奈川)
5	捕	浅井 良	桐蔭学園(神奈川)
6	遊	清水 昭秀	智弁和歌山(和歌山)
7	一	金井 淳一郎	中京大中京(愛知)
8	右	田中 公浩	大分舞鶴(大分)
9	投	土居 龍太郎	高知(高知)
主将		田中 公浩	大分舞鶴(大分)
マネージャー		大塚 健児	樹徳(群馬)
監督		山中 正竹	佐伯鶴城(大分)
		対東大 9.8	
1	左	普久原 淳一	桐蔭学園(神奈川)
7	一	佐々木 勇喜	智弁和歌山(和歌山)
9	投	松本 祥平	桐蔭学園(神奈川)

立教		対明治 4.21	
1	遊	渡辺 克郎	東福岡(福岡)
2	中	荒木 拓人	日大藤沢(神奈川)
3	捕	今村 泰宏	盛岡大付(岩手)
4	三	和田 隼人	智弁学園(奈良)
5	一	松倉 良介	諏訪清陵(長野)
6	二	内田 勝治	東筑(福岡)
7	左	徳田 乾	如水館(広島)
8	右	杉野 健	立教(埼玉)
9	投	多田野 数人	八千代松陰(千葉)
主将		今村 泰宏	盛岡大付(岩手)
マネージャー		柏木 太一	大和(神奈川)
監督		斎藤 章児	立教(埼玉)
		対明治 9.15	
6	右	土屋 功	大和(神奈川)
7	三	多幡 雄一	星稜(石川)
8	二	岩村 高志	国学院久我山(東京)

東大		対慶応 4.14	
1	右	澤本 純一	修猷館(福岡)
2	二	真鍋 邦大	高松(香川)
3	左	入山 聡	開成(東京)
4	三	児玉 光史	上田(長野)
5	一	小林 達貴	海城(東京)
6	中	細川 泰寛	高松(香川)
7	遊	越智 啓一朗	浅野(神奈川)
8	投	浅岡 知俊	柏陽(神奈川)
9	捕	長嶋 亮	県千葉(千葉)
主将		井出 庸生	武蔵(東京)
マネージャー		竹谷 理志	米子東(鳥取)
監督		三角 裕	浦和(埼玉)
		対法政 9.8	
2	右	野村 佳史	栄光学園(神奈川)
6	捕	河原 一有	武蔵(東京)
8	遊	矢野 雅裕	栄光学園(神奈川)
9	投	児矢野 雄介	宇都宮(栃木)
マネージャー		松田 秀明	筑波大付(東京)

【春季】勝敗表　法政が勝率で優勝

順位	チーム	試合	勝	敗	分	勝点	勝率
40	**法大**	13	9	4	0	4	0.692
②	早大	12	8	4	0	4	0.667
③	立大	12	8	4	0	3	0.667
④	明大	12	7	5	0	3	0.583
⑤	慶大	11	3	8	0	1	0.273
⑥	東大	10	0	10	0	0	0.000

・和田(早)がシーズン80奪三振
・鳥谷(早)が三冠王(戦後11人目)
・一場(明)が新人初登板初勝利と完封勝利
・早稲田が通算1,000勝(初)

【選手権】法政が準決勝で敗退(東海大)

【秋季】勝敗表　慶応が勝率で優勝

順位	チーム	試合	勝	敗	分	勝点	勝率
30	**慶大**	11	9	2	0	4	0.818
②	法大	13	8	4	1	4	0.667
③	明大	15	7	6	2	3	0.538
③	早大	14	7	6	1	2	0.538
⑤	立大	14	5	9	0	1	0.357
⑥	東大	11	1	10	0	0	0.091

・喜多(慶)が通算114安打
・**喜多(慶)がシーズン最高打率(0.535)**
・前田(明)が全試合(102試合)出場を達成
・松本(法)が1試合18奪三振(慶応相手に敗戦)
・寺田(慶)が代打逆転サヨナラ本塁打(3人目)

【神宮】慶応が初戦で敗退(駒沢大)

【春季】ベストナイン/首位打者/防御率1位

投　手	多田野 数人	立	八千代松陰
捕　手	浅井 良	法	桐蔭学園
一塁手	松倉 良介	立	諏訪清陵
二塁手	西谷 尚徳	明	鷲宮
三塁手	和田 隼人	立	智弁学園
	後藤 武敏③	法	横浜
遊撃手	鳥谷 敬	早	聖望学園
外野手	河野 友軌	法	狭山清陵
	多井 清人	法	上宮
	伊藤 貴樹	早	秋田
首位打者	鳥谷 敬	早	聖望学園
防御率1位	多田野 数人	立	八千代松陰

【秋季】ベストナイン/首位打者/防御率1位

投　手	長田 秀一郎	慶	鎌倉学園
捕　手	浅井 良	法	桐蔭学園
一塁手	早川 友啓	慶	慶応
二塁手	湊川 誠隆	慶	東邦
三塁手	三木 仁	慶	上宮
遊撃手	越智 啓一朗	東	浅野
外野手	喜多 隆志④	慶	智弁和歌山
	岩元 信明	明	創価
	多幡 雄一	立	星稜
首位打者	喜多 隆志	慶	智弁和歌山
防御率1位	和田 毅	早	浜田

□六大学野球と神宮球場の動き

早稲田が創部100年/法政が単独で米国遠征(3月)/**史上初の女性投手対決**(424頁)/春季の**観客動員数が平均1万人を超す**(1998年春以来)/六大学選抜と韓国大学選抜が対戦/武田孟(明)が野球殿堂入り

□野球界の動き

★高校/日大三がチーム打率0.427の大会新で桜美林以来の西東京代表優勝/近江は滋賀県勢初の決勝進出/選手宣誓は抽選制/21世紀枠の出場開始/東洋大姫路対花咲徳栄戦は初の引き分け再試合延長戦
★大学/日米大学野球選手権で日本が3勝2敗(日本・6月)/東都が連盟創立70年周年
★社会人/ユニフォームへの宣伝広告を条件付きで認可/日本K-Ball少年野球連盟(現KB野球連盟)が連盟に加盟
★プロ/札幌ドームが完成/ワールド杯で日本(プロ14名・大学生5名・社会人4名・高校生1名)が4位(台湾・11月)
★大リーグ/**イチロー(シアトル・マリナーズ)がア・リーグの新人王・MVPに輝く**

□国内外の動き

★国内/中央省庁再編/池田小事件/野依良治がノーベル賞受賞/歌舞伎町ビル火災
★世界/同時多発テロ/連合国がターリバーン政権のアフガニスタン空爆/iPod発売

2002(平成14)年　早稲田が春秋連覇　FIFAワールドカップ日韓大会　初の日朝首脳会談　ユーロが統一通貨

早稲田　対立教 4.13

1	二	田中 浩康	尽誠学園(高知)
2	中	青木 宣親	日向(宮崎)
3	遊	鳥谷 敬	聖望学園(埼玉)
4	三	比嘉 寿光	沖縄尚学(沖縄)
5	左	伊藤 貴樹	秋田(秋田)
6	一	武内 晋一	智弁和歌山(和歌山)
7	捕	島原 壮太郎	桐蔭学園(神奈川)
8	右	由田 慎太郎	桐蔭学園(神奈川)
9	投	**和田 毅**	浜田(島根)
主将		越智 良平	宇和島東(愛媛)
マネージャー		荒井 尚文	館林(群馬)
監督		野村 徹	北野(大阪)

対東大 9.14

慶 応　対東大 4.13

1	遊	北原 諭	郡山(奈良)
2	二	湊川 誠隆	東邦(愛知)
3	左	池辺 啓二	智弁和歌山(和歌山)
4	三	早川 友啓	慶応(神奈川)
5	中	角屋 孝志	山口(山口)
6	一	田中 大貴	小野(兵庫)
7	右	吉田 宏	桐蔭学園(神奈川)
8	捕	寺田 記央	豊田西(愛知)
9	投	清見 賢司	慶応志木(埼玉)
主将		北原 諭	郡山(奈良)
マネージャー		郷緒 厚志	成城(東京)
監督		鬼嶋 一司	慶応(神奈川)

対明治 9.14

2	中	松田 芳久	済々黌(熊本)
5	三	堤野 健太郎	智弁和歌山(和歌山)
8	右	和崎 正二	東筑(福岡)
9	投	**長田 秀一郎**	鎌倉学園(神奈川)

明 治(当番校)　対立教 4.20

1	中	丸山 義人	川越東(埼玉)
2	二	西谷 尚徳	鷲宮(埼玉)
3	一	呉本 成徳	松商学園(長野)
4	右	原島 正光	日大三(東京)
5	三	和田 貴範	拓大紅陵(千葉)
6	左	倉持 典幸	水戸商(茨城)
7	捕	岡田 宏	宮崎第一(宮崎)
8	遊	田中 啓嗣	日大三(東京)
9	投	一場 靖弘	桐生第一(群馬)
主将		宮澤 健太郎	岡谷南(長野)
マネージャー		坂田 晃一	桐光学園(神奈川)
監督		斎藤 茂樹	PL学園(大阪)

対慶応 9.14

2	遊	平原 美仁	高鍋(宮崎)
6	左	宮澤 健太郎	岡谷南(長野)
9	捕	小林 真也	浦和学院(埼玉)

法 政　対東大 4.20

1	二	松本 勉	横浜(神奈川)
2	遊	澤村 幸明	熊本工(熊本)
3	捕	**河野 友軌**	狭山清陵(埼玉)
4	三	**後藤 武敏**	横浜(神奈川)
5	一	人見 剛	東北(宮城)
6	右	伊藤 義之	福岡大大濠(福岡)
7	中	長崎 清一	広島商(広島)
8	左	佐藤 崇典	九州学院(熊本)
9	投	**土居 龍太郎**	高知(高知)
主将		後藤 武敏	横浜(神奈川)
マネージャー		大谷 聡	法政二(神奈川)
監督		山中 正竹	佐伯鶴城(大分)

対明治 9.21

2	左	佐々木 勇喜	智弁和歌山(和歌山)
5	一	藤田 啓至	大成(愛知)
6	遊	田中 彰	創価(東京)
7	捕	新里 賢	浪速(大阪)
8	右	宮本 勇介	法政二(神奈川)

立 教　対早稲田 4.13

1	中	阪長 友仁	新潟明訓(新潟)
2	二	渡辺 克郎	東福岡(福岡)
3	右	荒木 拓人	日大藤沢(神奈川)
4	三	和田 隼人	智弁学園(奈良)
5	左	多幡 雄一	星稜(石川)
6	一	松倉 良介	諏訪清陵(長野)
7	捕	徳田 乾	如水館(広島)
8	遊	岩村 高志	国学院久我山
9	投	**多田野 数人**	八千代松陰(千葉)
主将		上重 聡	PL学園(大阪)
マネージャー		小林 光寿	立教(埼玉)
監督		斎藤 章児	立教(埼玉)

対東大 9.21

6	右	清水 智寛	長岡(新潟)
7	左	福井 健太	徳島城東(徳島)

東 大　対慶応 4.13

1	左	藤熊 浩平	東大寺学園(奈良)
2	遊	越智 啓一朗	浅野(神奈川)
3	右	澤本 純一	修猷館(福岡)
4	三	入山 聡	開成(東京)
5	中	細川 泰寛	高松(香川)
6	一	太田 鉄也	長野(長野)
7	二	杉岡 泰	木更津(千葉)
8	捕	松尾 志郎	筑波大付(東京)
9	投	松家 卓弘	高松(香川)
主将		長嶋 亮	県千葉(千葉)
マネージャー		竹谷 理志	米子東(鳥取)
監督		三角 裕	浦和(埼玉)

対早稲田 9.14

1	左	小林 達貴	海城(東京)
5	捕	河原 一有	武蔵(東京)
6	投	浅岡 知俊	柏陽(神奈川)
9	遊	北野 和彦	熊本(熊本)

【春季】勝敗表

順位	チーム	試合	勝	敗	分	勝点	勝率
33	**早大**	12	9	2	1	4	0.818
②	立大	13	7	5	1	3	0.583
③	法大	12	6	5	1	3	0.545
③	明大	11	6	5	0	3	0.545
⑤	慶大	12	5	6	1	2	0.455
⑥	東大	10	0	10	0	0	0.000

・長田(慶)が1試合21奪三振(対東大・歴代2位)
・和田(早)が奪三振1試合18・シーズン95
・**青木(早)が1試合最多得点(6得点)**
・松倉(立)が逆転サヨナラ本塁打
・**早稲田が1試合最多三塁打(5本)**
・福井(立)が試合開始第1球本塁打(7人目)

【選手権】早稲田が準優勝(亜細亜大)

【秋季】勝敗表

順位	チーム	試合	勝	敗	分	勝点	勝率
34	**早大**	11	9	2	0	4	0.818
②	明大	12	7	4	1	3	0.636
③	立大	12	7	5	0	3	0.583
④	法大	12	6	5	1	3	0.545
⑤	慶大	10	2	8	0	1	0.200
⑥	東大	11	2	9	0	1	0.182

・**早稲田が春秋連覇**(2回目)
・**和田(早)が通算最多奪三振(476個)**
・多田野(立)が通算334奪三振
・**長田(慶)が最多連続奪三振(9三振**・対東大)
・東大が4年ぶりの勝ち点(立教4回戦)

【神宮】早稲田が準決勝で敗退(亜細亜大)

【春季】ベストナイン／首位打者／防御率1位

投　手	和田 毅	早	浜田
捕　手	島原 壮太郎	早	桐蔭学園
一塁手	呉本 成徳	明	松商学園
二塁手	湊川 誠隆	慶	東邦
三塁手	和田 貴範	明	拓大紅陵
遊撃手	鳥谷 敬	早	聖望学園
外野手	青木 宣親	早	日向
	多幡 雄一	立	星稜
	宮澤 健太郎	明	岡谷南
首位打者	宮澤 健太郎	明	岡谷南
防御率1位	和田 毅②	早	浜田

【秋季】ベストナイン／首位打者／防御率1位

投　手	和田 毅	早	浜田
捕　手	坂本 康朋	早	敦賀気比
一塁手	松倉 良介	立	諏訪清陵
二塁手	澤村 幸明	法	熊本工
三塁手	入山 聡	東	開成
遊撃手	鳥谷 敬	早	聖望学園
外野手	多幡 雄一③	立	星稜
	青木 宣親	早	日向
	伊藤 貴樹	早	秋田
首位打者	青木 宣親	早	日向
防御率1位	和田 毅③	早	浜田

□六大学野球と神宮球場の動き

神宮球場周辺に6本のアオダモを植樹(5月・458頁)／生原昭宏(早)が野球殿堂入り

□野球界の動き

★高校／四国代表4校がベスト8入りで明徳義塾が初優勝

★大学／日米大学野球選手権で日本が2勝3敗(米国・6月)／世界大学野球選手権大会が始まり日本が銅メダル(イタリア・8月)／亜細亜大がグランドスラム(4冠)達成(11月)

★社会人／プロ野球に関わる特例事項を刷新／全ての社会人野球大会の名称に「JABA」を盛り込む／金属製バットの使用を原則禁止し木製バットに戻す／広島カープ(ファーム)が初めて社会人野球公式大会に出場

★プロ／インターコンチネンタル杯で日本(プロ16名・社会人4名・大学生4名)が準々決勝で敗退(キューバ・11月)

□国内外の動き

★国内／FIFAワールド杯日韓大会／初の日朝首脳会談、拉致被害者5名が日本へ帰国／小柴昌俊、田中耕一がノーベル賞受賞

★世界／EU域内12ヵ国の通貨をユーロに統一／バリ島爆弾テロ事件、モスクワ劇場占拠などのテロが相次ぐ

2003(平成15)年　早稲田が初の4連覇　イラク戦争(～2004年)　重症急性呼吸器症候群(SARS)が世界的に流行

早稲田			対東大 4.12
1	二	田中 浩康	尽誠学園(高知)
2	中	**青木 宣親**	日向(宮崎)
3	遊	**鳥谷 敬**	聖望学園(埼玉)
4	三	**比嘉 寿光**	沖縄尚学(沖縄)
5	一	武内 晋一	智弁和歌山(和歌山)
6	左	小山 健介	高陽東(広島)
7	右	**由田 慎太郎**	桐蔭学園(神奈川)
8	捕	坂本 康朋	敦賀気比(福井)
9	投	越智 大祐	新田(愛媛)
主将		比嘉 寿光	沖縄尚学(沖縄)
マネージャー		松尾 英孝	長崎北陽台(長崎)
監督		野村 徹	北野(大阪)
			対東大 9.13
6	左	米田 文彦	早稲田実(東京)
8	右	成田 晋也	筑紫丘(福岡)

慶応			対法政 4.12
1	中	松田 芳久	済々黌(熊本)
2	三	杉吉 勇輝	丸亀(香川)
3	右	池辺 啓二	智弁和歌山(和歌山)
4	一	早川 友啓	慶応(神奈川)
5	左	中村 太郎	大宮(埼玉)
6	三	結城 秀作	済々黌(熊本)
7	遊	堤野 健太郎	智弁和歌山(和歌山)
8	捕	安藤 明	慶応湘南藤沢(神奈川)
9	投	清見 賢司	慶応志木(埼玉)
主将		田中 雄太	桐蔭学園(神奈川)
マネージャー		川名 正憲	慶応(神奈川)
監督		鬼嶋 一司	慶応(神奈川)
			対立教 9.13

明治			対東大 4.19
1	二	渡邊 祐史	日南学園(宮崎)
2	遊	田中 啓嗣	日大三(東京)
3	中	倉持 典幸	水戸商(茨城)
4	三	**呉本 成徳**	松商学園(長野)
5	左	田中 啓之	PL学園(大阪)
6	右	原島 正光	日大三(東京)
7	一	山口 晃弘	三重海星(三重)
8	捕	小林 真也	浦和学院(埼玉)
9	投	一場 靖弘	桐生第一(群馬)
主将		呉本 成徳	松商学園(長野)
マネージャー		坂田 晃一	桐光学園(神奈川)
監督		斎藤 茂樹	PL学園(大阪)
			対東大 9.20
3	二	西谷 尚徳	鷲宮(埼玉)
7	一	齋藤 達則	日大三(東京)
9	投	**岡本 篤志**	三重海星(三重)
	投	**牛田 成樹**	徳島商(徳島)
	投	**佐藤 賢**	羽黒(山形)

法政(当番校)			対慶応 4.12
1	左	佐藤 崇典	九州学院(熊本)
2	二	山下 裕二	日大三(東京)
3	一	藤田 啓至	大成(愛知)
4	捕	**新里 賢**	浪速(大阪)
5	右	村上 純平	桐蔭学園(神奈川)
6	遊	田中 彰	創価(東京)
7	中	須藤 宗之	武相(神奈川)
8	投	下敷領 悠太	上宮(大阪)
9	三	大引 啓次	浪速(大阪)
主将		新里 賢	浪速(大阪)
マネージャー		亀澤 哲	清水東(静岡)
監督		金光 興二	広島商(広島)
			対立教 9.22
1	中	普久原 淳一	桐蔭学園(神奈川)
4	一	今村 泰隆	西日本短大付(福岡)
7	三	西川 明	三重(三重)
8	投	松本 祥平	桐蔭学園(神奈川)

立教			対法政 4.19
1	二	多幡 雄一	星稜(石川)
2	中	阪長 友仁	新潟明訓(新潟)
3	右	高橋 佑輔	新潟明訓(新潟)
4	左	出口 敏之	保谷(東京)
5	一	比嘉 太一	首里(沖縄)
6	三	友永 大地	松商学園(長野)
7	捕	鈴木 宏一朗	愛工大名電(愛知)
8	投	小林 太志	富岡(群馬)
9	遊	岩村 高志	国学院久我山
主将		阪長 友仁	新潟明訓(新潟)
マネージャー		鈴木 淳史	大宮(埼玉)
監督		斎藤 章児	立教(埼玉)
			対慶応 9.13
2	遊	荒井 陽介	彦根東(滋賀)
3	右	藤森 慶	立教新座(埼玉)
7	左	福井 健太	徳島城東(徳島)
8	捕	横山 侑亮	国学院久我山(東京)
9	投	大川 晋弘	船橋東(千葉)
マネージャー		谷山 広和	池田学園池田(鹿児島)

東大			対早稲田 4.12
1	遊	越智 啓一朗	浅野(神奈川)
2	一	太田 鉄也	長野(長野)
3	中	細川 泰寛	高松(香川)
4	捕	河原 一有	武蔵(東京)
5	二	杉岡 泰	木更津(千葉)
6	三	北野 和彦	熊本(熊本)
7	左	藤熊 浩平	東大寺学園(奈良)
8	右	松尾 志郎	筑波大付(東京)
9	投	山下 敦之	広島学院(広島)
主将		河原 一有	武蔵(東京)
マネージャー		上原 裕紀	開成(東京)
監督		三角 裕	浦和(埼玉)
			対早稲田 9.13
7	一	木曽 耕一	長岡(新潟)
9	投	松家 卓弘	高松(香川)

【春季】勝敗表　早稲田が完全優勝

順位	チーム	試合	勝	敗	分	勝点	勝率
35	**早大**	11	10	1	0	5	0.909
②	明大	12	9	3	0	4	0.750
③	慶大	11	7	4	0	3	0.636
④	法大	11	4	7	0	2	0.364
⑤	立大	11	3	8	0	1	0.273
⑥	東大	10	0	10	0	0	0.000

- **早稲田がシーズン最高打率(0.347)**
- **早稲田がシーズン最多得点(100得点)**
- 鳥谷(早)が通算115安打・71打点
- 鳥谷(早)がシーズン19四死球

【選手権】早稲田が準々決勝で敗退(日本文理大)

【秋季】勝敗表　早稲田が10戦全勝

順位	チーム	試合	勝	敗	分	勝点	勝率
36	**早大**	10	10	0	0	5	1.000
②	明大	11	8	2	1	4	0.800
③	慶大	13	6	6	1	3	0.500
④	法大	11	5	6	0	2	0.455
⑤	立大	10	2	8	0	1	0.200
⑥	東大	11	1	10	0	0	0.091

- **早稲田が10戦全勝**(史上5回目)で**4連覇**
- **早稲田がベストナイン最多選出(7名)**
- 一場(明)が大学最速の154キロを記録
- 明治が2校目の通算1,000勝・立教が12連敗

【神宮】早稲田が準決勝で敗退(東亜大)

【春季】ベストナイン/首位打者/防御率1位

投手	清水 大輔	早	柏陵
捕手	高橋 泰文	立	八千代松陰
一塁手	武内 晋一	早	智弁和歌山
二塁手	杉岡 泰	東	木更津
三塁手	比嘉 寿光	早	沖縄尚学
遊撃手	鳥谷 敬	早	聖望学園
外野手	由田 慎太郎	早	桐蔭学園
	青木 宣親③	早	日向
	中村 太郎	慶	大宮
首位打者	由田 慎太郎	早	桐蔭学園
防御率1位	一場 靖弘	明	桐生第一
MVP	鳥谷 敬	早	聖望学園

【秋季】ベストナイン/首位打者/防御率1位

投手	清水 大輔	早	柏陵
捕手	坂本 康朋	早	敦賀気比
一塁手	早川 友啓	慶	慶応
二塁手	田中 浩康	早	尽誠学園
三塁手	比嘉 寿光	早	沖縄尚学
遊撃手	鳥谷 敬⑤	早	聖望学園
外野手	米田 文彦	早	早稲田実
	由田 慎太郎	早	桐蔭学園
	島内 鉄平	明	高知追手前
首位打者	鳥谷 敬②	早	聖望学園
防御率1位	清水 大輔	早	柏陵
MVP	鳥谷 敬	早	聖望学園

□六大学野球と神宮球場の動き

明治の斎藤茂樹監督が脳腫瘍で死去(10月)/早慶戦100周年記念行事/MVP表彰開始

□野球界の動き

★高校／常総学院と東北との東日本対決でまたも優勝旗が白河の関を越えず/ベンチ入りの登録選手数を18名に

★大学／日米大学野球選手権で日本が0勝5敗(米国・7月)

★社会人／延長回でのタイブレーク制を1死満塁から攻撃をするルールを制定/ユニフォームの袖に所属企業ロゴの貼付を認可/**企業チームの登録数が全国で100を割る**(89チーム・456頁)/ワールド杯で日本(全員社会人)が3位(キューバ・10月)

★プロ／阪神、18年ぶりリーグ優勝/アジア野球選手権兼アテネ五輪アジア予選で日本(初の全員プロ)が3戦全勝(札幌・10月)

★プロ/**松井秀喜が大リーグで活躍**、ワールドシリーズで日本人初の4番

□国内外の動き

★国内／自衛隊イラク派遣決定/2大政党化進む/りそな・足利銀行に公的資金

★世界／イラク戦争(～2004年)/重症急性呼吸器症候群(SARS)が世界的に流行/イラク北部で日本人外交官2名が銃撃される

2004(平成16)年　真紅の優勝旗が北海道へ渡る　イチローがシーズン263安打　自衛隊がイラクに派遣

早稲田　対東大 4.10

1	二	**田中 浩康**	尽誠学園(高知)
2	中	本田 将章	智弁和歌山(和歌山)
3	一	武内 晋一	智弁和歌山(和歌山)
4	左	米田 文彦	早稲田実(東京)
5	捕	島原 壮太郎	桐蔭学園(神奈川)
6	三	山田 悠斗	日本文理(大分)
7	右	福本 直	高知(高知)
8	遊	猪坂 彰宏	小野(兵庫)
9	投	**越智 大祐**	新田(愛媛)
主将		田中 浩康	尽誠学園(高知)
マネージャー		松尾 英孝	長崎北陽台(長崎)
監督		野村 徹	北野(大阪)

対法政 9.11

1	中	梁井 一志	早稲田実(東京)
2	二	山口 裕起	済々黌(熊本)
5	捕	山岡 剛	日大(神奈川)
7	三	秋山 典克	早稲田実(東京)

慶応　対立教 4.10

1	中	池辺 啓二	智弁和歌山(和歌山)
2	二	杉吉 勇輝	丸亀(香川)
3	捕	岡崎 祥昊	智弁和歌山(和歌山)
4	一	早川 友啓	慶応(神奈川)
5	右	中村 太郎	大宮(埼玉)
6	三	仁科 隆三	岡山城東(岡山)
7	左	金森 宏徳	国学院久我山(東京)
8	遊	堤野 健太郎	智弁和歌山(和歌山)
9	投	小林 康一	豊田西(愛知)
主将		中村 太郎	大宮(埼玉)
マネージャー		角南 亨	慶応(神奈川)
監督		鬼嶋 一司	慶応(神奈川)

対東大 9.18

3	左	塩谷 高明	修猷館(福岡)
7	三	結城 秀作	済々黌(熊本)
9	投	合田 瑛典	土佐(高知)

明治　対東大 4.17

1	右	宇津野 純一	大府(愛知)
2	遊	田中 啓嗣	日大三(東京)
3	二	**西谷 尚徳**	鷺宮(埼玉)
4	捕	大森 悠太	桜美林(東京)
5	左	菅谷 剛男	長生(千葉)
6	中	原島 正光	日大三(東京)
7	一	齋藤 達則	日大三(東京)
8	三	幸内 正平	日大三(東京)
9	投	**一場 靖弘**	桐生第一(群馬)
主将		西谷 尚徳	鷺宮(埼玉)
マネージャー		落合 圭輔	国学院栃木(栃木)
監督		川口 啓太	日体荏原(東京)

対東大 9.11

7	二	清水 慎吾	PL学園(大阪)
8	捕	柴田 卓視	創価(東京)
9	投	丹野 裕太	仙台一(宮城)

法政　対立教 4.17

1	中	**普久原 淳一**	桐蔭学園(神奈川)
2	右	秋本 竜平	宇部商(山口)
3	遊	大引 啓次	浪速(大阪)
4	一	藤田 啓至	大成(愛知)
5	左	金丸 勝太郎	横浜隼人(横浜)
6	三	**田中 彰**	創価(東京)
7	二	西川 明	三重(三重)
8	捕	植野 悠高	土佐(高知)
9	投	**下敷領 悠太**	上宮(大阪)
主将		植野 悠高	土佐(高知)
マネージャー		丹保 慶太	高岡商(富山)
監督		金光 興二	広島商(広島)

対早稲田 9.11

2	二	山下 裕二	日大三(東京)
4	一	松浦 健介	横浜(神奈川)
7	右	村上 純平	桐蔭学園(神奈川)
9	投	福山 雄	高知(高知)
	投	**加藤 光教**	秋田経法大付(秋田)

立教　対慶応 4.10

1	左	加藤 裕之	国学院久我山(東京)
2	遊	沢里 優	日野台(東京)
3	二	多幡 雄一	星稜(石川)
4	一	比嘉 太一	首里(沖縄)
5	三	友永 大地	松商学園(長野)
6	右	藤森 慶	立教新座(埼玉)
7	中	高橋 佑輔	新潟明訓(新潟)
8	捕	高橋 泰文	八千代松陰(千葉)
9	投	小林 太志	富岡(群馬)
主将		多幡 雄一	星稜(石川)
マネージャー		鈴木 淳史	大宮(埼玉)
監督		坂口 雅久	立教(埼玉)

対法政 9.18

6	右	鈴木 宏一朗	愛工大名電(愛知)
7	三	長嶋 洋之	横浜(神奈川)
8	遊	有留 大喜	鹿児島甲南(鹿児島)

東大(当番校)　対早稲田 4.10

1	遊	北野 和彦	熊本(熊本)
2	中	太田 鉄也	長野(長野)
3	二	杉岡 泰	木更津(千葉)
4	一	木曽 耕一	長岡(新潟)
5	右	前原 大志	開成(東京)
6	三	有馬 聡一	ラ・サール(鹿児島)
7	左	荻田 圭	富山中部(富山)
8	投	**松家 卓弘**	高松(香川)
9	捕	升岡 大輔	高松(香川)
主将		杉岡 泰	木更津(千葉)
マネージャー		土井田 尚	修道(広島)
監督		三角 裕	浦和(埼玉)

対明治 9.11

4	右	藤熊 浩平	東大寺学園(奈良)

【春季】勝敗表　明治が完全優勝

順位	チーム	試合	勝	敗	分	勝点	勝率
①	**明大**	14	10	4	0	5	0.714
②	慶大	13	8	5	0	3	0.615
③	立大	15	8	6	1	3	0.571
④	早大	14	6	7	1	2	0.462
⑤	法大	13	5	8	0	2	0.385
⑥	東大	13	3	10	0	0	0.231

・日野泰彰(日向・立)がノーヒットノーラン(対早稲田)
・一場(明)が1試合17(敗戦)、シーズン107奪三振
・田中(法)が4試合連続本塁打・早稲田が14連勝
・立教が1イニング最多安打(10本)
・立教が1イニング最多得点(13点)
【選手権】明治が準決勝で敗退(東北福祉大)
・一場(明)が完全試合(対広島経済大)

【秋季】勝敗表　慶応が勝率で優勝

順位	チーム	試合	勝	敗	分	勝点	勝率
①	**慶大**	13	9	3	1	4	0.750
②	法大	12	8	3	1	4	0.727
③	早大	11	7	4	0	3	0.636
④	明大	12	5	7	0	2	0.417
⑤	立大	14	4	8	2	2	0.333
⑥	東大	12	2	10	0	0	0.167

・法政がシーズン最多本塁打(20本)
・田中(法)がシーズン最多本塁打(7本)
・田中(早)が通算102安打
・多幡(立)がシーズン最多の21四死球
・一場(明)が通算379奪三振(歴代5位)
【神宮】慶応が準優勝(東亜大)

【春季】ベストナイン/首位打者/防御率1位

投　手	一場 靖弘	明	桐生第一
捕　手	高橋 泰文	立	八千代松陰
一塁手	比嘉 太一	立	首里
二塁手	西谷 尚徳	明	鷺宮
三塁手	幸内 正平	明	日大三
遊撃手	大引 啓次	法	浪速
外野手	宇津野 純一	明	大府
	菅谷 剛男	明	長生
	池辺 啓二	慶	智弁和歌山
首位打者	大引 啓次	法	浪速
防御率1位	一場 靖弘②	明	桐生第一
MVP	一場 靖弘	明	桐生第一

【秋季】ベストナイン/首位打者/防御率1位

投　手	加藤 幹典	慶	川和
捕　手	岡崎 祥昊	慶	智弁和歌山
一塁手	早川 友啓③	慶	慶応
二塁手	西谷 尚徳③	明	鷺宮
三塁手	田中 彰	法	創価
遊撃手	大引 啓次	法	浪速
外野手	中村 太郎	慶	大宮
	宇津野 純一	明	大府
	太田 鉄也	東	長野
首位打者	中村 太郎	慶	大宮
防御率1位	加藤 幹典	慶	川和
MVP	加藤 幹典	慶	川和

□六大学野球と神宮球場の動き

法政が通算1,000勝達成/一場(明)がプロ野球団との協定違反で退部(秋)

□野球界の動き

★高校／**駒大苫小牧が北海道勢として初優勝**/優勝旗が白河の関と津軽海峡を越える/春優勝の済美が準優勝/選抜で準々決勝の1日4試合を2日2試合に変更/決勝戦が雨天により初のナイターに

★大学／日米大学野球選手権で日本が5戦全勝(日本・7月)/明治神宮野球大会で東亜大が2連覇/世界大学野球選手権で日本が銀メダル(台湾・7月)

★社会人／日本女子野球協会が連盟に加盟/クラブ選手権も木製バットに/アテネオリンピックで日本チームが銅メダルを獲得

★プロ／大阪近鉄バッファローズとオリックスブルーウェーブの合併/プロ球団統合問題で紛糾し選手会が初のストライキを敢行

★大リーグ／**イチロー(シアトル・マリナーズ)**が**シーズン263安打**、ジョージ・シスラーの記録を破る

□国内外の動き

★国内／**イラクへ自衛隊を派遣**/ニンテンドーDS発売/PlayStation Portable発売

★世界／マドリード列車爆破テロ事件/スマトラ島沖地震で津波発生

2005(平成17)年　連盟創立80周年、アオダモの記念植樹　高校野球暴力事件相次ぐ　ロンドン同時爆破事件

早稲田			対立教 4.9
1	右	前田 将希	早稲田実(東京)
2	二	上本 博紀	広陵(広島)
3	一	**武内 晋一**	智弁和歌山(和歌山)
4	左	田中 幸長	宇和島東(愛媛)
5	三	北崎 寛和	福岡工大城東(福岡)
6	遊	清水 勝仁	専大北上(岩手)
7	中	梁井 一志	早稲田実(東京)
8	捕	山岡 剛	日大(神奈川)
9	投	大谷 智久	報徳学園(兵庫)
主将		武内 晋一	智弁和歌山(和歌山)
マネージャー		宮田 隼吾	早稲田実(東京)
監督		應武 篤良	崇徳(広島)
			対東大 9.10
7	三	鴛海 大輔	東福岡(福岡)
8	投	宮本 賢	関西(岡山)
9	遊	竹内 仁史	早大学院(東京)

慶応			対東大 4.9
1	二	松橋 克史	竜ヶ崎一(茨城)
2	遊	宮田 泰成	東北(宮城)
3	中	金森 宏徳	国学院久我山(東京)
4	捕	岡崎 祥昊	智弁和歌山(和歌山)
5	一	大伴 啓太	岩国(山口)
6	右	青池 悠五	静岡(静岡)
7	左	石垣 正智	沖縄尚学(沖縄)
8	三	森本 紘平	智弁和歌山(和歌山)
9	投	合田 瑛典	土佐(高知)
主将		杉山 淳	土浦一(茨城)
マネージャー		鈴木 滋	慶応(神奈川)
監督		鬼嶋 一司	慶応(神奈川)
			対明治 9.10
1	三	渡辺 康平	秋田南(秋田)
5	左	佐藤 翔	秋田(秋田)
8	二	猪又 昴	慶応(神奈川)
9	投	守口 知幸	日比谷(東京)

明治			対立教 4.16
1	右	宇津野 純一	大府(愛知)
2	中	原島 正光	日大三(東京)
3	遊	今浪 隆博	平安(京都)
4	一	齋藤 達則	日大三(東京)
5	左	菅谷 剛男	長生(千葉)
6	二	清水 慎吾	PL学園(大阪)
7	捕	大森 悠太	桜美林(東京)
8	投	清代 渉平	日大三(東京)
9	三	下山 寛典	開星(島根)
主将		齋藤 達則	日大三(東京)
マネージャー		落合 圭輔	国学院栃木(栃木)
監督		川口 啓太	日体荏原(東京)
			対慶応 9.10
7	遊	渡部 和博	倉敷工(岡山)

法政			対東大 4.16
1	左	金丸 勝太郎	横浜隼人(横浜)
2	右	西川 明	三重(三重)
3	遊	大引 啓次	浪速(大阪)
4	一	松浦 健介	横浜(神奈川)
5	二	犬童 伸幸	れいめい(鹿児島)
6	三	今村 泰隆	西日本短大付(福岡)
7	捕	御手洗 悠	佐伯鶴城(大分)
8	投	福山 雄	高知(高知)
9	中	井上 晴夫	育英(兵庫)
主将		松浦 健介	横浜(神奈川)
マネージャー		丹保 慶太	高岡商(富山)
監督		金光 興二	広島商(広島)
			対明治 9.17
2	中	須藤 宗之	武相(神奈川)
5	一	大澤 裕介	作新学院(栃木)
6	二	西村 圭史	鳥栖(佐賀)

立教(当番校)			対早稲田 4.9
1	右	藤森 慶	立教新座(埼玉)
2	二	福島 雅人	日大豊山(東京)
3	捕	高橋 泰文	八千代松陰(千葉)
4	左	大西 啓太	観音寺一(香川)
5	中	高橋 佑輔	新潟明訓(新潟)
6	遊	川上 博	立教新座(埼玉)
7	一	嶋田 俊次	仙台育英(宮城)
8	三	荒井 陽介	彦根東(滋賀)
9	投	**小林 太志**	富岡(群馬)
主将		高橋 泰文	八千代松陰(千葉)
マネージャー		小岩 哲也	一関一(岩手)
監督		坂口 雅久	立教(埼玉)
			対東大 9.17
2	右	根津 英実	前橋(群馬)
3	三	田島 勇輝	立教新座(埼玉)
9	投	大川 晋弘	船橋東(千葉)

東大			対慶応 4.9
1	右	前原 大志	開成(東京)
2	二	中富 大輔	学芸大付(東京)
3	遊	北野 和彦	熊本(熊本)
4	中	荻田 圭	富山中部(富山)
5	三	升岡 大輔	高松(香川)
6	一	前田 健次	丸亀(香川)
7	左	黒江 卓郎	筑波大駒場(東京)
8	捕	渡邉 秀宏	筑波大駒場(東京)
9	投	松岡 勇佑	東大寺学園(奈良)
主将		北野 和彦	熊本(熊本)
マネージャー		細谷 敦史	水戸一(茨城)
監督		大沼 徹	仙台一(宮城)
			対早稲田 9.10
1	一	森山 慧	大田(島根)
7	二	淺野 健	旭丘(愛知)

【春季】勝敗表　早稲田が完全優勝

順位	チーム	試合	勝	敗	分	勝点	勝率
37	**早大**	15	10	4	1	5	0.714
②	慶大	13	9	4	0	4	0.692
③	立大	13	7	5	1	3	0.583
④	法大	15	6	7	2	2	0.462
⑤	明大	15	5	8	2	1	0.385
⑥	東大	11	1	10	0	0	0.091

・27年ぶりの勝ち点4同士の早慶決戦
・慶応が通算1,000勝(4校目)
・法政が1イニング3本塁打(松浦健・金丸・西川)

【選手権】早稲田が準々決勝で敗退(青山学院大学)

【秋季】勝敗表　法政が完全優勝

順位	チーム	試合	勝	敗	分	勝点	勝率
41	**法大**	12	10	2	0	5	0.833
②	早大	13	9	4	0	4	0.692
③	明大	13	7	6	0	2	0.538
④	立大	12	5	7	0	2	0.417
⑤	慶大	11	4	7	0	2	0.364
⑥	東大	11	1	10	0	0	0.091

・上本(早)が1試合最多の6四死球を選ぶ
・武内(早)が通算102安打・73打点

【神宮】法政が準決勝で敗退(九州産業大)

【春季】ベストナイン/首位打者/防御率1位

投手	宮本 賢	早	関西
捕手	岡崎 祥昊	慶	智弁和歌山
一塁手	齋藤 達則	明	日大三
二塁手	上本 博紀	早	広陵
三塁手	下山 寛典	明	開星
遊撃手	該当者なし		
外野手	渡辺 康平	慶	秋田南
	金森 宏徳	慶	国学院久我山
	前田 将希	早	早稲田実
首位打者	齋藤 達則	明	日大三
防御率1位	宮本 賢	早	関西
MVP	宮本 賢	早	関西

【秋季】ベストナイン/首位打者/防御率1位

投手	下敷領 悠太	法	上宮
捕手	山岡 剛	早	日大
一塁手	武内 晋一	早	智弁和歌山
二塁手	上本 博紀	早	広陵
三塁手	西川 明	法	三重
遊撃手	大引 啓次	法	浪速
外野手	金丸 勝太郎	法	横浜隼人
	宇津野 純一③	明	大府
	須藤 宗之	法	武相
首位打者	武内 晋一	早	智弁和歌山
防御率1位	越智 大祐	早	新田
MVP	下敷領 悠太	法	上宮

□六大学野球と神宮球場の動き

連盟創立80周年を記念して、神宮球場三塁側敷地にアオダモの記念植樹、ファウルボール、ホームランボールをファンサービス

□野球界の動き

★高校／駒大苫小牧が7校目の2連覇/チーム打率0.448は大会記録/**明徳義塾が暴力事件で出場辞退**、強豪校で暴力事件相次ぐ(430頁)/選抜で天候による大会0日目を設定/21世紀枠出場の高松が72年ぶりの出場

★大学／日米大学野球選手権で日本が3勝1敗(日本・7月)

★社会人／都市対抗とクラブ選手権の優勝チームに社会人野球日本選手権大会の出場権を与える/アジア野球選手権で日本(社会人19名・大学生1名)が優勝(宮崎・5月)/ワールド杯で日本(社会人21名、大学生1名)が5位(オランダ・9月)

★プロ／**セ・パ交流試合**が始まる/アジアシリーズで日本(千葉ロッテ)が初優勝/独立リーグの四国アイランドリーグ発足

□国内外の動き

★国内／道路関係4公団が分割民営化/京都議定書発効/JR福知山線脱線事故/愛・地球博が開催(愛知)

★世界／ロンドン同時爆破事件/ハリケーン・カトリーナがアメリカ南東部を襲う/パキスタンでマグニチュード7.6の地震

2006(平成18)年　明治神宮創建80周年　夏の甲子園決勝が再試合、1大会60本塁打　イスラエルがレバノン侵攻

早稲田(当番校)				対東大 4.15
1	二	上本 博紀	広陵(広島)	
2	中	前田 将希	早稲田実(東京)	
3	一	大西 玲治	観音寺一(香川)	
4	三	北崎 寛和	福岡工大城東(福岡)	
5	遊	生島 大輔	大阪桐蔭(大阪)	
6	左	田中 幸長	宇和島東(愛媛)	
7	右	松本 啓二朗	千葉経大付(千葉)	
8	投	**宮本 賢**	関西(岡山)	
9	捕	笹沢 学	帝京(東京)	
主将		宮本 賢	関西(岡山)	
マネージャー		前橋 優太	早稲田実(東京)	
監督		應武 篤良	崇徳(広島)	
				対東大 9.16
5	三	小野塚 誠	早稲田実(東京)	
6	一	泉 尚徳	国士舘(東京)	
7	捕	細山田 武史	鹿児島城西(鹿児島)	
8	遊	本田 将章	智弁和歌山(和歌山)	
9	投	**大谷 智久**	報徳学園(兵庫)	
	投	**山本 一徳**	安来(島根)	

慶応				対立教 4.8
1	左	渡辺 康平	秋田南(秋田)	
2	三	松橋 克史	竜ヶ崎一(茨城)	
3	中	金森 宏徳	国学院久我山(東京)	
4	捕	岡崎 祥昊	智弁和歌山(和歌山)	
5	一	大伴 啓太	岩国(山口)	
6	遊	宮田 泰成	東北(宮城)	
7	右	仁科 隆三	岡山城東(岡山)	
8	投	加藤 幹典	川和(神奈川)	
9	二	瀧口 智洋	宇部(山口)	
主将		金森 宏徳	国学院久我山(東京)	
マネージャー		清水 大輔	韮山(静岡)	
監督		相場 勤	桐生(群馬)	
				対立教 9.9
4	左	佐藤 翔	秋田(秋田)	
8	三	二宮 英太郎	土佐(高知)	

明治				対立教 4.15
1	中	大久保 寛之	浦和学院(埼玉)	
2	右	田沼 俊秀	太田市商(群馬)	
3	三	清水 慎吾	PL学園(大阪)	
4	一	行田 篤史	遊学館(石川)	
5	二	**今浪 隆博**	平安(京都)	
6	左	松下 享平	報徳学園(兵庫)	
7	捕	中野 大地	拓大紅陵(千葉)	
8	投	清代 渉平	日大三(東京)	
9	遊	小林 雄斗	新田(愛媛)	
主将		松下 享平	報徳学園(兵庫)	
マネージャー		竹内 雅人	鎌倉学園(神奈川)	
監督		川口 啓太	日体荏原(東京)	
				対立教 9.16
4	三	佐々木 大輔	日大三(東京)	
6	右	小道 順平	二松学舎大付(東京)	
7	捕	田島 一憲	聖望学園(埼玉)	
8	投	久米 勇紀	桐生第一(群馬)	

法政				対東大 4.8
1	遊	**大引 啓次**	浪速(大阪)	
2	二	松原 史典	明徳義塾(高知)	
3	三	**西川 明**	三重(三重)	
4	左	金丸 勝太郎	横浜隼人(横浜)	
5	一	谷中 昭仁	PL学園(大阪)	
6	中	須藤 宗之	武相(神奈川)	
7	右	和泉 将太	横浜(神奈川)	
8	捕	渡辺 哲郎	中京大中京(愛知)	
9	投	平野 貴志	桐蔭学園(神奈川)	
主将		大引 啓次	浪速(大阪)	
マネージャー		貞清 敦史	法政一(東京)	
監督		金光 興二	広島商(広島)	
				対東大 9.9
2	右	秋本 竜平	宇部商(山口)	
6	一	大澤 裕介	作新学院(栃木)	
7	三	佐藤 康平	修徳(東京)	

立教				対慶応 4.8
1	中	五十嵐 大典	新潟明訓(新潟)	
2	二	中山 怜大	日大三(東京)	
3	右	渡辺 直貴	富士(静岡)	
4	左	大西 啓太	観音寺一(香川)	
5	遊	鈴木 雄太	PL学園(大阪)	
6	三	小山田 佑樹	盛岡大付(岩手)	
7	一	田島 勇輝	立教新座(埼玉)	
8	捕	小笹 拓	星稜(石川)	
9	投	本田 裕貴	埼玉栄(埼玉)	
主将		小野寺 優	小山西(栃木)	
マネージャー		大石 剛正	立教池袋(東京)	
監督		坂口 雅久	立教(埼玉)	
				対慶応 9.9
1	中	重松 翔吾	松山東(愛媛)	
2	二	中條 一紀	狛江(東京)	
5	一	小野寺 優	小山西(栃木)	
7	遊	藤森 智矢	諏訪清陵(長野)	
8	捕	伊藤 健一	東筑(福岡)	

東大				対法政 4.8
1	二	森山 慧	大田(島根)	
2	右	山口 雅彦	久留米大付(福岡)	
3	三	升岡 大輔	高松(香川)	
4	中	荻田 圭	富山中部(富山)	
5	左	富田 俊輔	開成(東京)	
6	捕	山田 聡	札幌南(北海道)	
7	一	井尻 哲也	土浦一(茨城)	
8	投	重信 拓哉	鶴丸(鹿児島)	
9	遊	淺野 健	旭丘(愛知)	
主将		升岡 大輔	高松(香川)	
マネージャー		小谷 亮太	八鹿(兵庫)	
監督		大沼 徹	仙台一(宮城)	
				対法政 9.9
2	遊	森本 哲朗	広島学院(広島)	
8	左	黒江 卓郎	筑波大駒場(東京)	

【春季】勝敗表　法政が勝率で優勝

順位	チーム	試合	勝	敗	分	勝点	勝率
42	**法大**	12	9	2	1	4	0.818
②	早大	13	9	4	0	4	0.692
③	慶大	13	7	5	1	3	0.583
④	明大	13	7	6	0	3	0.538
⑤	立大	11	3	8	0	1	0.273
⑥	東大	10	0	10	0	0	0.000

・大引(法)と小野寺(立)が打率5割の同率首位打者

【秋季】勝敗表

順位	チーム	試合	勝	敗	分	勝点	勝率
38	**早大**	12	9	3	0	4	0.750
②	明大	11	7	4	0	3	0.636
③	慶大	12	7	5	0	3	0.583
④	法大	12	6	6	0	3	0.500
⑤	立大	11	5	6	0	2	0.455
⑥	東大	10	0	10	0	0	0.000

・大引(法)が通算121安打(歴代5位)

【選手権】法政が準々決勝で敗退(大阪体育大)

【神宮】早稲田が準優勝(亜細亜大)

【春季】ベストナイン/首位打者/防御率1位

投　手	平野 貴志	法	桐蔭学園
捕　手	渡辺 哲郎	法	中京大中京
一塁手	小野寺 優	立	小山西
二塁手	瀧口 智洋	慶	宇部
三塁手	西川 明	法	三重
遊撃手	大引 啓次	法	浪速
外野手	松本 啓二朗	早	千葉経大付
	前田 将希	早	早稲田実
	田中 幸長	早	宇和島東
首位打者	大引 啓次②	法	浪速
	小野寺 優	立	小山西
防御率1位	大谷 智久	早	報徳学園
MVP	大引 啓次	法	浪速

【秋季】ベストナイン/首位打者/防御率1位

投　手	宮本 賢	早	関西
捕　手	岡崎 祥昊③	慶	智弁和歌山
一塁手	泉 尚徳	早	国士舘
二塁手	田沼 俊秀	明	太田市商
三塁手	佐々木 大輔	明	日大三
遊撃手	大引 啓次⑤	法	浪速
外野手	佐藤 翔	慶	秋田
	田中 幸長	早	宇和島東
	前田 将希③	早	早稲田実
首位打者	岡崎 祥昊	慶	智弁和歌山
防御率1位	水田 裕	明	愛知啓成
MVP	宮本 賢	早	関西

□六大学野球と神宮球場の動き

早稲田と慶応が単独でアメリカ遠征(2月)/インターネット動画配信で全試合視聴可能に/明治神宮外苑創建80年記念で選抜チームと東京ヤクルトスワローズが対戦(11.4)

□野球界の動き

★高校／**37年ぶりの決勝再試合**を早稲田実が制した/駒大苫小牧は史上2校目の3連覇の夢叶わず/**1大会60本塁打**は大会新

★大学／日米大学野球選手権で日本が1勝3敗1分(米国・7月)/世界大学野球選手権で日本が4位(キューバ・8月)

★社会人／日本がBAFインターコンチネンタル杯(社会人19名・大学生5名)で4位(台湾・11月)、アジア競技大会(社会人17名・大学生5名)で4位(カタール・11月)

★プロ／**ワールド・ベースボール・クラシック(WBC)で日本チームが優勝**(監督・王貞治)

□国内外の動き

★国内／ライブドア事件/堀江メール問題/ニコニコ動画サービス開始/ニンテンドーWii、PlayStation3発売

★世界／イスラエルがレバノン侵攻/北朝鮮が初の核実験/サダム・フセイン元イラク大統領死刑執行

2007（平成19）年　早稲田が3連覇　郵政民営化により日本郵政グループが発足　サブプライムローン問題が深刻化

早稲田			対東大 4.14
1	二	上本 博紀	広陵（広島）
2	中	小島 宏輝	愛工大名電（愛知）
3	右	松本 啓二朗	千葉経大付（千葉）
4	左	田中 幸長	宇和島東（愛媛）
5	三	小野塚 誠	早稲田実（東京）
6	一	原 寛信	桐蔭学園（神奈川）
7	捕	細山田 武史	鹿児島城西（鹿児島）
8	遊	本田 将章	智弁和歌山（和歌山）
9	投	斎藤 佑樹	早稲田実（東京）
主将		田中 幸長	宇和島東（愛媛）
マネージャー		三浦 純	早稲田実（東京）
監督		應武 篤良	崇徳（広島）
			対東大 9.8
8	中	川畑 依啓	桑名（三重）
	投	**尾藤 竜一＊**	岐阜城北（岐阜）

慶応（当番校）			対立教 4.14
1	二	漆畑 哲也	慶応（神奈川）
2	遊	宮田 泰成	東北（宮城）
3	三	松尾 卓征	鳥栖（佐賀）
4	左	佐藤 翔	秋田（秋田）
5	一	大伴 啓太	岩国（山口）
6	中	青池 悠五	静岡（静岡）
7	右	難波 恭平	岡山城東（岡山）
8	捕	坂本 直寛	岡山城東（岡山）
9	投	**加藤 幹典**	川和（神奈川）
主将		宮田 泰成	東北（宮城）
マネージャー		久保田 一星	慶応湘南藤沢（神奈川）
監督		相場 勤	桐生（群馬）
			対立教 9.8
3	三	梶本 大輔	西条（愛媛）
4	右	今福 哲也	甲府一（山梨）
6	二	松橋 克史	竜ヶ崎一（茨城）

明 治			対東大 4.21
1	遊	渡部 和博	倉敷工（岡山）
2	中	小林 雄斗	新田（愛媛）
3	三	佐々木 大輔	日大三（東京）
4	一	行田 篤史	遊学館（石川）
5	左	小道 順平	二松学舎大付（東京）
6	二	藤田 真弘	広陵（広島）
7	右	齊藤 陽太	桐蔭学園（神奈川）
8	捕	田島 一憲	聖望学園（埼玉）
9	投	水田 裕	愛知啓成（愛知）
主将		藤田 真弘	広陵（広島）
マネージャー		竹内 雅人	鎌倉学園（神奈川）
監督		川口 啓太	日体荏原（東京）
			対東大 9.15
6	左	福本 真史	花咲徳栄（埼玉）
7	遊	千田 隆之	日大三（東京）
8	捕	梅田 大喜	明徳義塾（高知）
9	投	**久米 勇紀**	桐生第一（群馬）
	投	**古川 祐樹**	春日部共栄（埼玉）

法 政			対立教 4.21
1	三	和泉 将太	横浜（神奈川）
2	二	沼田 勇気	松江南（島根）
3	右	亀谷 信吾	中京大中京（愛知）
4	一	大澤 裕介	作新学院（栃木）
5	左	嶋田 好高	智弁和歌山（和歌山）
6	遊	佐藤 康平	修徳（東京）
7	中	喜多 薫	伝習館（福岡）
8	捕	渡辺 哲郎	中京大中京（愛知）
9	投	小松 剛	室戸（高知）
主将		大澤 裕介	作新学院（栃木）
マネージャー		小林 輝	法政二（神奈川）
監督		金光 興二	広島商（広島）
			対立教 9.15
2	二	伊藤 暢啓	中京大中京（愛知）
3	右	佐藤 弦輝	中京（岐阜）
7	三	田川 輝彦	広島商（広島）
8	捕	石川 修平	小山西（栃木）
9	投	平野 貴志	桐蔭学園（神奈川）
マネージャー		武田 光司	法政二（神奈川）

立 教			対慶応 4.14
1	遊	鈴木 雄太	PL学園（大阪）
2	二	中山 怜大	日大三（東京）
3	一	田島 勇輝	立教新座（埼玉）
4	左	五藤 崇史	岐阜（岐阜）
5	右	末藤 一樹	東邦（愛知）
6	三	小山田 佑樹	盛岡大付（岩手）
7	中	三好 孝尚	日大豊山（東京）
8	捕	東 邦顕	八千代松陰（千葉）
9	投	桑鶴 康弘	光星学院（青森）
主将		鈴木 雄太	PL学園（大阪）
マネージャー		宮川 源史	多摩（神奈川）
監督		坂口 雅久	立教（埼玉）
			対慶応 9.8
2	二	五十嵐 大典	新潟明訓（新潟）
5	右	岡部 知弘	長野（長野）
8	三	渡辺 倫也	日大三（東京）
9	投	松村 裕二	聖望学園（埼玉）

東 大			対早稲田 4.14
1	一	井尻 哲也	土浦一（茨城）
2	遊	森本 哲朗	広島学院（広島）
3	右	岩間 勇貴	西条（愛媛）
4	捕	山田 聡	札幌南（北海道）
5	二	高橋 雄康	米沢興譲館（山形）
6	左	前代 武瑠	開成（東京）
7	三	大坪 誉博	芝（東京）
8	中	黒岩 耕平	須坂（長野）
9	投	楠井 一騰	松江北（島根）
主将		山田 聡	札幌南（北海道）
マネージャー		小谷 亮太	八鹿（兵庫）
監督		中西 正樹	東海大仰星（大阪）
			対早稲田 9.8
3	左	揚場 遼	開成（東京）
5	右	古垣 弘人	開成（東京）
6	遊	濱田 昌平	茨木（大阪）

【春季】勝敗表　早稲田が完全優勝

順位	チーム	試合	勝	敗	分	勝点	勝率
39	**早大**	11	10	1	0	5	0.909
②	明大	10	8	2	0	4	0.800
③	慶大	11	7	4	0	3	0.636
④	法大	11	4	6	1	2	0.400
⑤	立大	10	2	8	0	1	0.200
⑥	東大	11	0	10	1	0	0.000

・斎藤（早）が1年生開幕戦勝利投手（80年ぶり）
・大澤（法）が3打席連続本塁打

【秋季】勝敗表　早稲田が勝率で優勝

順位	チーム	試合	勝	敗	分	勝点	勝率
40	**早大**	14	9	4	1	4	0.692
②	明大	14	8	4	2	4	0.667
③	慶大	14	7	5	2	3	0.583
④	法大	13	6	6	1	2	0.500
⑤	立大	12	5	7	0	2	0.417
⑥	東大	11	1	10	0	0	0.091

・早稲田が春秋連覇（3回目）で3連覇
・田中（早）が三冠王（戦後12人目）・通算66打点
・加藤（慶）が通算30勝（17敗）・371奪三振
・早稲田がベストナイン最多選出（7名）

【選手権】**早稲田が優勝**（3回目・対東海大）

【神宮】早稲田が準優勝（東洋大）

【春季】ベストナイン／首位打者／防御率1位

投　手	斎藤 佑樹	早	早稲田実
捕　手	細山田 武史	早	鹿児島城西
一塁手	大澤 裕介	法	作新学院
二塁手	上本 博紀	早	広陵
三塁手	和泉 将太	法	横浜
遊撃手	本田 将章	早	智弁和歌山
外野手	田中 幸長	早	宇和島東
	松本 啓二朗	早	千葉経大付
	佐藤 翔	慶	秋田
首位打者	細山田 武史	早	鹿児島城西
防御率1位	松下 建太	早	明徳義塾
MVP	斎藤 佑樹	早	早稲田実

【秋季】ベストナイン／首位打者／防御率1位

投　手	斎藤 佑樹	早	早稲田実
捕　手	細山田 武史	早	鹿児島城西
	東 邦顕	立	八千代松陰
一塁手	田島 勇輝	立	立教新座
二塁手	上本 博紀	早	広陵
三塁手	小野塚 誠	早	早稲田実
遊撃手	本田 将章	早	智弁和歌山
外野手	田中 幸長④	早	宇和島東
	松本 啓二朗	早	千葉経大付
	青池 悠五	慶	静岡
首位打者	田中 幸長	早	宇和島東
防御率1位	斎藤 佑樹	早	早稲田実
MVP	斎藤 佑樹	早	早稲田実

□六大学野球の動きと神宮球場の動き

立教が単独でアメリカ遠征（2月）／リーグ戦チケットの一部をチケットぴあに販売委託／松永怜一（法）が野球殿堂入り／**斎藤佑樹（早）フィーバー**、春の早慶1回戦に6,000人の行列／中国の大学選抜と交流戦（11月）

□野球界の動き

★高校／佐賀北が11年ぶりの公立高優勝／春優勝の常葉大菊川は準決勝敗退／選抜でダートサークルラインを高校で初めて採用
★大学／日米大学選手権で日本が3勝2敗で米国開催で初優勝（米国・7月）
★社会人／日本選手権対象JABA大会を各地に1大会、計9大会を制定し、社会人野球日本選手権の出場権を与えた／全日本少年硬式野球連盟が連盟に加盟
★プロ／セ・リーグでプレーオフ制度導入／**クライマックスシリーズ**開始／北信越ベースボール・チャレンジ・リーグ発足／北京五輪テストマッチで日本（プロ18名・大学生3名）が3位（北京・8月）／北京五輪アジア予選兼アジア選手権で日本（プロ23名・大学生1名）が優勝（北京・11月）／西武ライオンズの裏金問題

□国内外の動き

★国内／日本郵政グループ発足／第三世代携帯のGPS搭載／人口がピーク（1．27億人）
★世界／サブプライムローン、世界市場の混乱／ブルガリア、ルーマニアがEU加盟

2008(平成20)年 斎藤フィーバーで満員 リーマン・ショックで世界金融恐慌に チベット騒乱で中国当局が武力鎮圧

早稲田			対東大 4.12
1	二	**上本 博紀**	広陵(広島)
2	遊	松永 弘樹	広陵(広島)
3	右	**松本 啓二朗**	千葉経大付(千葉)
4	一	原 寛信	桐蔭学園(神奈川)
5	捕	**細山田 武史**	鹿児島城西(鹿児島)
6	左	泉 尚徳	国士舘(東京)
7	三	宇高 幸治	今治西(愛媛)
8	中	小島 宏輝	愛工大名電(愛知)
9	投	**須田 幸太**	土浦湖北(茨城)
主将		上本 博紀	広陵(広島)
マネージャー		渡邉 快平	早大学院(東京)
監督		應武 篤良	崇徳(広島)
			対東大 9.20
5	左	山田 敏貴	早稲田実(東京)
9	投	斎藤 佑樹	早稲田実(東京)

慶応			対立教 4.12
1	右	山口 尚記	慶応(神奈川)
2	遊	渕上 仁	慶応(神奈川)
3	中	青山 寛史	関西学院(大阪)
4	三	梶本 大輔	西条(愛媛)
5	左	今福 哲也	甲府一(山梨)
6	二	漆畑 哲也	慶応(神奈川)
7	一	小野寺 和也	前橋(群馬)
8	捕	坂本 直寛	岡山城東(岡山)
9	投	中林 伸陽	慶応(神奈川)
主将		相澤 宏輔	熊本(熊本)
マネージャー		角田 宗信	多摩(神奈川)
監督		相場 勤	桐生(群馬)
			対法政 9.13
5	中	小川 哲志	長崎東(長崎)

明治(当番校)			対東大 4.19
1	中	小林 雄斗	新田(愛媛)
2	二	佐藤 政仁	青森山田(青森)
3	遊	荒木 郁也	日大三(東京)
4	左	小道 順平	二松学舎大付(東京)
5	三	梅田 大喜	明徳義塾(高知)
6	右	池田 樹哉	愛工大名電(愛知)
7	一	千田 隆之	日大三(東京)
8	捕	中野 大地	拓大紅陵(千葉)
9	投	**岩田 慎司**	東邦(愛知)
主将		佐藤 政仁	青森山田(青森)
マネージャー		杉浦 悠司	明治(東京)
監督		善波 達也	桐蔭学園(神奈川)
			対東大 9.13
4	一	佐々木 大輔	日大三(東京)
7	捕	田島 一憲	聖望学園(埼玉)
9	左	小林 卓麿	豊田西(愛知)
	投	**江柄子 裕樹**	つくば秀英(茨城)

法政			対立教 4.19
1	中	喜多 薫	伝習館(福岡)
2	二	松原 史典	明徳義塾(高知)
3	遊	和泉 将太	横浜(神奈川)
4	三	佐々木 陽	作新学院(栃木)
5	一	伊藤 暢啓	中京大中京(愛知)
6	左	岩島 誠	春日丘(大阪)
7	左	亀谷 信吾	中京大中京(愛知)
8	捕	石川 修平	小山西(栃木)
9	投	**小松 剛**	室戸(高知)
主将		伊藤 暢啓	中京大中京(愛知)
マネージャー		関 和哉	宇都宮(栃木)
監督		金光 興二	広島商(広島)
			対慶応 9.13
3	中	松本 哲郎	桐光学園(神奈川)
5	左	加治屋 祐大	育英(兵庫)
6	右	立石 冬馬	作新学院(栃木)
8	遊	長谷川 裕介	常葉大菊川(静岡)
9	投	**二神 一人**	高知(高知)

立教			対慶応 4.12
1	二	中山 怜大	日大三(東京)
2	遊	渡辺 倫也	日大三(東京)
3	左	田中 宗一郎	佐賀西(佐賀)
4	一	二場 鉄平	東福岡(福岡)
5	右	末藤 一樹	東邦(愛知)
6	三	大林 賢哉	大垣日大(岐阜)
7	捕	小笹 拓	星稜(石川)
8	投	戸村 健次	立教新座(埼玉)
9	中	五十嵐 大典	新潟明訓(新潟)
主将		二場 鉄平	東福岡(福岡)
マネージャー		茂野 征博	長岡(新潟)
監督		坂口 雅久	立教(埼玉)
			対法政 9.20
7	二	岡崎 啓介	PL学園(大阪)
8	捕	前田 雄気	米子西(鳥取)
9	投	仁平 昌人	日大鶴ヶ丘(東京)

東大			対早稲田 4.12
1	中	岩間 勇貴	西条(愛媛)
2	右	古垣 弘人	開成(東京)
3	左	前代 武瑠	開成(東京)
4	捕	大坪 誉博	芝(東京)
5	一	松山 裕幸	麻布(東京)
6	二	高橋 雄康	米沢興譲館(山形)
7	遊	濱田 昌平	茨木(大阪)
8	三	堀口 泰幹	高崎(群馬)
9	投	鈴木 優一	西尾(愛知)
主将		井尻 哲也	土浦一(茨城)
マネージャー		工藤 悟	弘前(青森)
監督		中西 正樹	東海大仰星(大阪)
			対明治 9.13
1	中	鬼原 崇	栄光学園(神奈川)
4	一	笠井 和	武蔵(東京)
6	三	岩崎 脩平	海城(東京)

【春季】勝敗表 明治が完全優勝

順位	チーム	試合	勝	敗	分	勝点	勝率
32	**明大**	15	10	2	3	5	0.833
②	早大	12	9	3	0	4	0.750
③	慶大	13	7	5	1	3	0.583
④	立大	13	6	6	1	2	0.500
⑤	法大	11	2	8	1	1	0.200
⑥	東大	10	0	10	0	0	0.000

・東大が4試合連続2桁失点
・早稲田が東大2回戦で28得点(史上2番目)
・**泉(早)が1試合最多得点(6得点)**
・荒木(明)が逆転サヨナラ本塁打

【選手権】明治が準決勝で敗退(東洋大)

【春季】ベストナイン/首位打者/防御率1位

投 手	岩田 慎司	明	東邦
捕 手	細山田 武史	早	鹿児島城西
一塁手	小野寺 和也	慶	前橋
二塁手	上本 博紀⑤	早	広陵
三塁手	宇高 幸治	早	今治西
遊撃手	荒木 郁也	明	日大三
外野手	小道 順平	明	二松学舎大付
	池田 樹哉	明	愛工大名電
	松本 啓二朗	早	千葉経大付
首位打者	小野寺 和也	慶	前橋
防御率1位	須田 幸太	早	土浦湖北
MVP	岩田 慎司	明	東邦

【秋季】勝敗表 早稲田が完全優勝

順位	チーム	試合	勝	敗	分	勝点	勝率
41	**早大**	14	10	2	2	5	0.833
②	慶大	12	7	5	0	3	0.583
③	明大	12	6	5	1	3	0.545
④	法大	15	7	6	2	3	0.538
⑤	立大	12	4	8	0	1	0.333
⑥	東大	13	2	10	1	0	0.167

・上本(早)が通算109安打
・松本(早)が通算105安打
・**野村(明)が防御率0.00**

【神宮】早稲田が準決勝で敗退(東洋大)

【秋季】ベストナイン/首位打者/防御率1位

投 手	斎藤 佑樹③	早	早稲田実
捕 手	細山田 武史④	早	鹿児島城西
一塁手	原 寛信	早	桐蔭学園
二塁手	湯本 達司	慶	野沢北
三塁手	宇高 幸治	早	今治西
遊撃手	漆畑 哲也	慶	慶応
外野手	松本 啓二朗⑤	早	千葉経大付
	山口 尚記	慶	慶応
	亀谷 信吾	法	中京大中京
首位打者	松本 啓二朗	早	千葉経大付
防御率1位	野村 祐輔	明	広陵
MVP	斎藤 佑樹	早	早稲田実

□六大学野球と神宮球場の動き

早稲田が単独で台湾遠征(3月)/アオダモの記念植樹/春の開幕戦が斎藤フィーバーで満員、地上波で中継/早稲田と慶応がブラジル遠征(8月)/神宮球場の人工芝が第2球場へ、第2球場の人工芝が東大球場へ

□野球界の動き

★高校/90回記念大会で55代表校/大阪桐蔭が決勝戦最多21安打で優勝/打高投低が進み大会中安打数は最多の1,079本
★大学/明治神宮野球大会で東洋大が2連覇/世界大学野球選手権大会で日本チームが銀メダル(チェコ・7月)
★社会人/審判講習会にアジア地区の野球発展途上国の審判員を研修生として受け入れる/急増するクラブチームの振興対策としてクラブリーグ構築5ヵ年計画を策定
★プロ/北京オリンピックで日本チーム(全員プロ)が4位に終わる(8月)

□国内外の動き

★国内/リーマン・ショック/iPhoneの発売開始/秋葉原通り魔事件/小林誠、益川敏英、南部陽一郎、下村脩がノーベル賞受賞
★世界/チベット騒乱で中国当局が武力鎮圧/リーマン・ショックで世界金融恐慌に/米が北朝鮮のテロ支援国家指定を解除

2009(平成21)年 5位までが勝率5割以上(秋) 民社国連立政権の誕生 バラク・オバマが初の黒人アメリカ大統領

早稲田			対東大 4.11
1	二	松永 弘樹	広陵(広島)
2	中	小島 宏輝	愛工大名電(愛知)
3	右	山田 敏貴	早稲田実(東京)
4	一	原 寛信	桐蔭学園(神奈川)
5	三	宇高 幸治	今治西(愛媛)
6	捕	杉山 翔大	東総工(千葉)
7	左	山川 陽祐	中京(岐阜)
8	遊	後藤 貴司	早稲田実(東京)
9	投	斎藤 佑樹	早稲田実(東京)
主将		山川 陽祐	中京(岐阜)
マネージャー		白石 明之	早稲田実(東京)
監督		應武 篤良	嵩徳(広島)
			対東大 9.19
3	右	土生 翔平	広陵(広島)
	投	**松下 建太**	明徳義塾(香川)

慶応			対立教 4.11
1	三	漆畑 哲也	慶応(神奈川)
2	左	竹内 一真	慶応(神奈川)
3	二	湯本 達司	野沢北(長野)
4	中	青山 寛史	関西学院(大阪)
5	一	小野寺 和也	前橋(群馬)
6	右	山口 尚記	慶応(神奈川)
7	遊	渕上 仁	慶応(神奈川)
8	捕	高橋 玄	慶応(神奈川)
9	投	中林 伸陽	慶応(神奈川)
主将		漆畑 哲也	慶応(神奈川)
マネージャー		小關 亮太	慶応(神奈川)
監督		相場 勤	桐生(群馬)
			対立教 9.12
4	中	伊藤 隼太	中京大中京(愛知)
7	左	山本 良祐	岡崎(愛知)
8	捕	長﨑 正弥	高志(福井)

明治			対東大 4.18
1	中	荒木 郁也	日大三(東京)
2	二	遠山 裕太	松商学園(長野)
3	一	謝敷 正吾	大阪桐蔭(大阪)
4	右	小道 順平	二松学舎大付(東京)
5	三	阿部 寿樹	一関一(岩手)
6	捕	安田 亮太	PL学園(大阪)
7	左	多田 隼仁	日大三(東京)
8	遊	上本 崇司	広陵(広島)
9	投	野村 祐輔	広陵(広島)
主将		遠山 裕太	松商学園(長野)
マネージャー		安井 達也	京都成章(京都)
監督		善波 達也	桐蔭学園(神奈川)
			対立教 9.19
5	三	千田 隆之	日大三(東京)
7	中	小林 卓麿	豊田西(愛知)
8	捕	川辺 健司	日大藤沢(神奈川)

法政(当番校)			対立教 4.18
1	三	和泉 将太	横浜(神奈川)
2	右	喜多 薫	伝習館(福岡)
3	中	亀谷 信吾	中京大中京(愛知)
4	二	松本 雅俊	関西(岡山)
5	左	加治屋 祐大	育英(兵庫)
6	一	佐々木 陽	作新学院(栃木)
7	捕	石川 修平	小山西(栃木)
8	遊	多木 裕史	坂出(香川)
9	投	加賀美 希昇	桐蔭学園(神奈川)
主将		石川 修平	小山西(栃木)
マネージャー		関 隼人	法政二(神奈川)
監督		金光 興二	広島商(広島)
			対東大 9.12
5	中	今井 諒	履正社(大阪)
7	右	松本 哲郎	桐光学園(神奈川)
8	二	大八木 誠也	平安(京都)
	投	**武内 久士**	城東(徳島)

立教			対慶応 4.11
1	左	田中 宗一郎	佐賀西(佐賀)
2	二	中山 怜大	日大三(東京)
3	中	五十嵐 大典	新潟明訓(新潟)
4	一	藤田 公士朗	金沢桜丘(石川)
5	三	岡崎 啓介	PL学園(大阪)
6	右	末藤 一樹	東邦(愛知)
7	遊	渡辺 倫也	日大三(東京)
8	捕	前田 雄気	米子西(鳥取)
9	投	**戸村 健次**	立教新座(埼玉)
主将		中山 怜大	日大三(東京)
マネージャー		重松 祐一郎	国分(千葉)
監督		坂口 雅久	立教(埼玉)
			対慶応 9.12
6	一	手島 俊章	桐光学園(神奈川)
7	遊	浅田 麗太	星稜(石川)

東大			対早稲田 4.11
1	遊	濱田 昌平	茨木(大阪)
2	二	高橋 雄康	米沢興譲館(山形)
3	一	笠井 和	武蔵(東京)
4	右	内海 翔太	土浦一(茨城)
5	左	古垣 弘人	開成(東京)
6	三	岩﨑 脩平	海城(東京)
7	投	鈴木 優一	西尾(愛知)
8	中	鬼原 崇	栄光学園(神奈川)
9	捕	田中 淳	武生(福井)
主将		高橋 雄康	米沢興譲館(山形)
マネージャー		津金 貴康	野沢北(長野)
監督		中西 正樹	東海大仰星(大阪)
			対法政 9.12
4	右	堀口 泰幹	高崎(群馬)
5	一	小島 大信	浅野(神奈川)
9	投	前田 善博	栄光学園(神奈川)

【春季】勝敗表 法政が完全優勝

順位	チーム	試合	勝	敗	分	勝点	勝率
43	**法大**	12	10	1	1	5	0.909
②	早大	13	8	4	1	4	0.667
③	明大	11	7	4	0	3	0.636
④	慶大	11	4	7	0	2	0.364
⑤	立大	13	5	8	0	1	0.385
⑥	東大	10	0	10	0	0	0.000

・大林(立)が代打逆転サヨナラ本塁打(4人目)
・荒木(明)がサヨナラランニング本塁打

【秋季】勝敗表 勝ち点で明治が優勝

順位	チーム	試合	勝	敗	分	勝点	勝率
33	**明大**	13	8	5	0	4	0.615
②	慶大	12	8	4	0	3	0.667
③	法大	13	7	5	1	3	0.583
④	早大	12	6	5	1	3	0.545
⑤	立大	14	7	7	0	2	0.500
⑥	東大	10	0	10	0	0	0.000

・勝率は慶応が上回る
・5位までが勝率5割以上の混戦
・三嶋(法)がリーグ最速155キロをマーク

【選手権】**法政が優勝**(8回目・対富士大)

【神宮】明治が準決勝で敗退(立正大)

【春季】ベストナイン/首位打者/防御率1位

投手	二神 一人	法	高知
捕手	石川 修平	法	小山西
一塁手	謝敷 正吾	明	大阪桐蔭
二塁手	松本 雅俊	法	関西
三塁手	漆畑 哲也	慶	慶応
遊撃手	多木 裕史	法	坂出
外野手	亀谷 信吾	法	中京大中京
	山田 敏貴	早	早稲田実
	小島 宏輝	早	愛工大名電
首位打者	松本 雅俊	法	関西
防御率1位	二神 一人	法	高知
MVP	二神 一人	法	高知

【秋季】ベストナイン/首位打者/防御率1位

投手	大石 達也	早	福岡大大濠
捕手	長﨑 正弥	慶	高志
一塁手	小野寺 和也	慶	前橋
二塁手	荒木 郁也	明	日大三
三塁手	和泉 将太	法	横浜
遊撃手	松永 弘樹	早	広陵
外野手	土生 翔平	早	広陵
	山本 良祐	慶	岡崎
	五十嵐 大典	立	新潟明訓
首位打者	小野寺 和也②	慶	前橋
防御率1位	西嶋 一記	明	横浜
MVP	斎藤 佑樹	早	早稲田実

□六大学野球と神宮球場の動き

慶応が単独でアメリカ遠征(2月)/選抜チームがハワイ遠征で3勝2敗(8月)

□野球界の動き

★高校/中京大中京が43年ぶり7度目の栄冠/ベースコーチにヘルメットの義務化
★大学/大学野球とプロ野球の交流戦U-26 NPB選抜対大学日本代表を開催/東都が6校登場で1日3試合制採用/日米大学野球選手権で日本チームが3勝2敗(日本・7月)
★社会人/都市対抗野球大会を皇太子殿下が観戦/社会人野球制度改革の概要を発表/BFAアジア野球選手権で日本チーム(社会人13名・大学生9名)が4連覇
★プロ/**第2回WBCで日本チームが連覇**(監督・原辰徳)/関西独立リーグが発足/セ・パ誕生60周年記念U26-NPB選抜対大学日本代表戦が東京ドームで開会(11月)
★大リーグ/**松井秀喜(ニューヨーク・ヤンキース)がワールドシリーズMVPに輝く/イチローが9年連続200安打**

□国内外の動き

★国内/**民主圧勝、政権交代**/裁判員裁判が始まる/世界同時不況/GDPが35年ぶり2桁減/行政刷新会議で事業仕分けを公開
★世界/オバマが初の黒人米大統領/新型インフルエンザの世界的流行/GM、クライスラーの破綻/新疆ウイグル自治区で大暴動

2010(平成22)年　早稲田が神宮大会初優勝　オールスターゲーム始まる　夏の甲子園で沖縄代表が初優勝

早稲田			対立教 4.10
1	二	渡邊 侑也	聖光学院(神奈川)
2	遊	松永 弘樹	広陵(広島)
3	右	土生 翔平	広陵(広島)
4	左	山田 敏貴	早稲田実(東京)
5	捕	杉山 翔大	東総工(千葉)
6	一	宇高 幸治	今治西(愛媛)
7	三	松本 歩己	千葉経大付(千葉)
8	中	佐々木 孝樹	早稲田実(東京)
9	投	**斎藤 佑樹**	早稲田実(東京)
主将		斎藤 佑樹	早稲田実(東京)
マネージャー		福満 遼	川越東(埼玉)
監督		應武 篤良	崇徳(広島)
			対法政 9.11
2	中	川西 啓介	早稲田実(東京)
8	捕	市丸 大介	佐賀北(佐賀)
	投	**大石 達也**	福岡大大濠(福岡)
	投	**福井 優也**	済美(愛媛)

慶応			対東大 4.17
1	左	山口 尚記	慶応(神奈川)
2	二	湯本 達司	野沢北(長野)
3	遊	渕上 仁	慶応(神奈川)
4	右	伊藤 隼太	中京大中京(愛知)
5	一	松尾 卓征	鳥栖(佐賀)
6	三	伊場 竜太	慶応(神奈川)
7	中	青山 寛史	関西学院(大阪)
8	捕	長﨑 正弥	高志(福井)
9	投	竹内 大助	中京大中京(愛知)
主将		湯本 達司	野沢北(長野)
マネージャー		石井 新	鎌倉学園(神奈川)
監督		江藤 省三	中京商(愛知)
			対東大 9.11
5	一	高尾 康浩	慶応(神奈川)

明治			対東大 4.10
1	遊	**荒木 郁也**	日大三(東京)
2	左	山口 将司	春日部共栄(埼玉)
3	右	矢島 賢人	桐生第一(群馬)
4	一	謝敷 正吾	大阪桐蔭(大阪)
5	捕	山内 佑規	桐蔭学園(神奈川)
6	中	中村 将貴	関西(岡山)
7	三	阿部 寿樹	一関一(岩手)
8	二	上本 崇司	広陵(広島)
9	投	野村 祐輔	広陵(広島)
主将		山内 佑規	桐蔭学園(神奈川)
マネージャー		遠藤 慎也	攻玉社(東京)
監督		善波 達也	桐蔭学園(神奈川)
			対東大 9.18
1	三	川嶋 克弥	日南学園(宮崎)
6	一	西 翔	東邦(愛知)
8	捕	川辺 健司	日大藤沢(神奈川)

法政			対立教 4.17
1	右	建部 賢登	桐光学園(神奈川)
2	左	中尾 孝	報徳学園(兵庫)
3	遊	多木 裕史	坂出(香川)
4	一	佐々木 陽	作新学院(栃木)
5	中	松本 哲郎	桐光学園(神奈川)
6	二	大八木 誠也	平安(京都)
7	捕	廣本 拓也	浪速(大阪)
8	投	**加賀美 希昇**	桐蔭学園(神奈川)
9	三	難波 真史	中京大中京(愛知)
主将		大八木 誠也	平安(京都)
マネージャー		日隈 祐介	広島商(広島)
監督		金光 興二	広島商(広島)
			対早稲田 9.11
3	三	河合 完治	中京大中京(愛知)
5	捕	土井 翔平	智弁学園(奈良)
7	中	今村 恒太	金沢桜丘(石川)
	投	**山本 翔也**	福井工大福井(福井)

立教			対早稲田 4.10
1	遊	松本 幸一郎	横浜(神奈川)
2	三	熊谷 太樹	東福岡(福岡)
3	中	田中 宗一郎	佐賀西(佐賀)
4	二	岡崎 啓介	PL学園(大阪)
5	一	大林 賢哉	大垣日大(岐阜)
6	左	小林 大亮	福岡工大城東(福岡)
7	右	北田 亮佑	島原(長崎)
8	捕	前田 雄気	米子西(鳥取)
9	投	岡部 賢也	立教新座(埼玉)
主将		田中 宗一郎	佐賀西(佐賀)
マネージャー		高浪 智洋	成蹊(東京)
監督		大塚 淳人	岐阜(岐阜)
			対法政 9.18
2	右	西藤 勇人	丸子修学館(長野)
5	三	前田 隆一	常葉大菊川(静岡)
6	左	長谷川 直史	八千代松陰(千葉)
	投	**菊沢竜佑**	秋田(秋田)

東大 (当番校)			明治 4.10
1	一	舘 洋平	富山中部(富山)
2	遊	岩﨑 脩平	海城(東京)
3	二	内海 翔太	土浦一(茨城)
4	中	鬼原 崇	栄光学園(神奈川)
5	捕	田中 淳	武生(福井)
6	右	堀口 泰幹	高崎(群馬)
7	左	久岡 佳樹	攻玉社(東京)
8	三	山越 徹	土浦一(茨城)
9	投	前田 善博	栄光学園(神奈川)
主将		前田 善博	栄光学園(神奈川)
マネージャー		治 正人	長田(兵庫)
監督		御手洗 健治	戸山(東京)
			対慶応 9.11
6	左	髙山 久成	宮崎西(宮崎)

【春季】勝敗表

順位	チーム	試合	勝	敗	分	勝点	勝率
32	**慶大**	13	9	4	0	4	0.692
②	早大	11	7	4	0	3	0.636
③	明大	10	6	4	0	3	0.600
④	立大	11	6	5	0	3	0.545
⑤	法大	11	5	6	0	2	0.455
⑥	東大	10	0	10	0	0	0.000

・竹内(慶)がノーヒットノーラン(対東大)
・明治が16四死球

【選手権】慶応が準決勝で敗退(東洋大)

【秋季】勝敗表　早稲田が優勝決定戦で優勝

順位	チーム	試合	勝	敗	分	勝点	勝率
42	**早大**	12	8	4	0	4	0.667
②	慶大	14	8	4	2	4	0.667
③	法大	13	8	4	1	3	0.667
④	明大	13	7	6	0	3	0.538
⑤	立大	15	4	8	3	1	0.333
⑥	東大	11	1	10	0	0	0.091

・早慶の優勝決定戦は50年ぶり
・勝率は早慶法が同率
・**慶立戦が5回戦に突入**(史上12度目)
・斎藤(早)が通算31勝(15敗)・323奪三振

【神宮】**早稲田が優勝**(初・対東海大)

【春季】ベストナイン/首位打者/防御率1位

投　手	竹内 大助	慶	中京大中京
捕　手	長﨑 正弥	慶	高志
一塁手	佐々木 陽	法	作新学院
二塁手	渡邊 侑也	早	聖光学院
三塁手	松尾 卓征	慶	鳥栖
遊撃手	松本 幸一郎	立	横浜
外野手	伊藤 隼太	慶	中京大中京
	田中 宗一郎	立	佐賀西
	矢島 賢人	明	桐生第一
首位打者	渡邊 侑也	早	聖光学院
防御率1位	三嶋 一輝	法	福岡工
MVP	斎藤 佑樹	早	早稲田実

【秋季】ベストナイン/首位打者/防御率1位

投　手	福谷 浩司	慶	横須賀
捕　手	長﨑 正弥③	慶	高志
一塁手	西 翔	明	東邦
二塁手	宇高 幸治③	早	今治西
三塁手	河合 完治	法	中京大中京
遊撃手	渕上 仁	慶	慶応
外野手	土生 翔平	早	広陵
	伊藤 隼太	慶	中京大中京
	山田 敏貴	早	早稲田実
首位打者	土生 翔平	早	広陵
防御率1位	野村 祐輔②	明	広陵
MVP	斎藤 佑樹	早	早稲田実

□六大学野球と神宮球場の動き

明治、立教、早稲田が単独で米遠征(2月)/朝日新聞社が優勝旗寄贈/春は早慶3連戦に観衆10万人/ハワイアイランドリーグ選抜チーム招待/初のオールスターゲーム開催(松山・8月)/秋は50年ぶりの早慶優勝決定戦

□野球界の動き

★高校/興南が沖縄県勢初の優勝で6校目の春夏連続優勝も果たす/選抜と選手権大会を朝日新聞社と毎日新聞社が後援に
★大学/日本学生野球憲章の全面改正が行われる(4月)/世界大学野球選手権で日本チームが銅メダル(日本・7月)
★社会人/日本選手権対象JABA大会を11とし、全大会をリーグ戦・トーナメント方式に統一/年間成績による個人表彰を制定/日本ポニーベースボール協会が連盟加盟/アジア競技大会で日本チーム(社会人23名・大学生1名)が銅メダル(広州・11月)
★プロ/公式戦で本塁打の判定にビデオ判定を導入/IBAFインターコンチネンタル杯で日本チームが5位(台湾・10月)

□国内外の動き

★国内/尖閣沖で中国船衝突/大阪地検で証拠改ざん/鈴木章、根岸英一がノーベル賞受賞/「はやぶさ」が帰還/日本航空経営破綻
★世界/欧州ソブリン危機、ギリシャ財政危機/チリ大地震/北朝鮮が韓国・延坪島砲撃

2011(平成23)年　東日本大震災、福島第一原発事故　神宮球場で募金活動　ビン・ラディンが殺害される

早稲田			対東大 4.9
1	中	佐々木 孝樹	早稲田実(東京)
2	遊	佐野 直音	早大本庄(埼玉)
3	左	地引 雄貴	木更津総合(千葉)
4	右	**土生 翔平**	広陵(広島)
5	三	杉山 翔大	東総工(千葉)
6	二	渡邊 侑也	聖光学院(神奈川)
7	一	江塚 諭	掛川西(静岡)
8	捕	市丸 大介	佐賀北(佐賀)
9	投	大野 健介	静岡商(静岡)
主将		土生 翔平	広陵(広島)
マネージャー		松岡 修三	青森南(青森)
監督		岡村 猛	佐賀西(佐賀)
			対明治 9.10
1	左	川西 啓介	早稲田実(東京)
5	一	髙橋 直樹	水戸一(茨城)
8	投	有原 航平	広陵(広島)
	投	**塚田 晃平**	早稲田実(東京)

慶応			対立教 4.10
1	中	辰巳 智大	郡山(奈良)
2	二	金田 将賢	土佐(高知)
3	三	山﨑 錬	慶応(神奈川)
4	右	**伊藤 隼太**	中京大中京(愛知)
5	捕	伊場 竜太	慶応(神奈川)
6	左	宮本 真己	慶応(神奈川)
7	一	鈴木 裕司	慶応(神奈川)
8	遊	福富 裕	慶応(神奈川)
9	投	竹内 大助	中京大中京(愛知)
主将		伊藤 隼太	中京大中京(愛知)
マネージャー		永家 伸洋	慶応志木(埼玉)
監督		江藤 省三	中京商(愛知)
			対東大 9.10
7	捕	阿加多 直樹	慶応(神奈川)

明治			対立教 4.17
1	二	上本 崇司	広陵(広島)
2	三	小林 要介	日大三(東京)
3	右	**島内 宏明**	星稜(石川)
4	一	竹田 育央	報徳学園(兵庫)
5	中	中村 将貴	関西(岡山)
6	遊	**阿部 寿樹**	一関一(岩手)
7	捕	川辺 健司	日大藤沢(神奈川)
8	左	田中 勇次	鳴門工(徳島)
9	投	**野村 祐輔**	広陵(広島)
主将		竹田 育央	報徳学園(兵庫)
マネージャー		大森 貴之	明治(東京)
監督		善波 達也	桐蔭学園(神奈川)
			対早稲田 9.10
6	右	中嶋 啓喜	桐蔭学園(神奈川)
	投	**柴田 章吾**	愛工大名電(愛知)

法政			対東大 4.16
1	右	建部 賢登	桐光学園(神奈川)
2	二	難波 真史	中京大中京(愛知)
3	遊	長谷川 裕介	常葉大菊川(静岡)
4	一	多木 裕史	坂出(香川)
5	左	土井 翔平	智弁学園(奈良)
6	三	伊藤 諒介	神港学園(兵庫)
7	捕	原田 直輝	宇部商(山口)
8	中	今村 恒太	金沢桜丘(石川)
9	投	三嶋 一輝	福岡工(福岡)
主将		難波 真史	中京大中京(愛知)
マネージャー		古田 大樹	浜松西(静岡)
監督		金光 興二	広島商(広島)
			対明治 9.17
2	左	高木 悠貴	高知(高知)
7	二	河合 完治	中京大中京(愛知)
9	投	**三上 朋也**	県岐阜商(岐阜)

立教 (当番校)			対慶応 4.10
1	中	西藤 勇人	丸子修学館(長野)
2	一	平原 庸多	帝京(東京)
3	遊	松本 幸一郎	横浜(神奈川)
4	二	岡崎 啓介	PL学園(大阪)
5	右	那賀 裕司	大阪桐蔭(大阪)
6	左	長谷川 直史	八千代松陰(千葉)
7	三	前田 隆一	常葉大菊川(静岡)
8	捕	平本 龍太郎	報徳学園(兵庫)
9	投	小室 正人	日野(東京)
主将		岡崎 啓介	PL学園(大阪)
マネージャー		藤本 修平	県岐阜商(岐阜)
監督		大塚 淳人	岐阜(岐阜)
			対東大 9.17
6	左	加藤 祥平	東農大二(群馬)
7	捕	山田 祐輔	東邦(愛知)
8	一	岡部 通織	帝京(東京)

東大			対早稲田 4.9
1	遊	岩﨑 脩平	海城(東京)
2	二	内海 翔太	土浦一(茨城)
3	三	成瀬 隆彦	学芸大付(東京)
4	中	髙山 久成	宮崎西(宮崎)
5	捕	田中 淳	武生(福井)
6	右	永井 兼	東海(愛知)
7	左	山下 慎一郎	栄光学園(神奈川)
8	投	鈴木 翔太	時習館(愛知)
9	一	舘 洋平	富山中部(富山)
主将		岩﨑 脩平	海城(東京)
マネージャー		琴賀岡 健太	高知学芸(高知)
監督		御手洗 健治	戸山(東京)
			対慶応 9.10
9	中	山越 徹	土浦一(茨城)

【春季】勝敗表　慶応が完全優勝

順位	チーム	試合	勝	敗	分	勝点	勝率
33	**慶大**	13	10	2	1	5	0.833
②	立大	14	9	4	1	4	0.692
③	法大	13	6	6	1	3	0.500
④	明大	14	7	6	1	2	0.538
⑤	早大	13	4	8	1	1	0.333
⑥	東大	11	0	10	1	0	0.000

【秋季】勝敗表　明治が完全優勝

順位	チーム	試合	勝	敗	分	勝点	勝率
34	**明大**	13	10	3	0	5	0.769
②	早大	12	8	4	0	3	0.667
③	立大	11	6	5	0	3	0.545
④	法大	13	7	6	0	3	0.538
⑤	慶大	13	5	8	0	1	0.385
⑥	東大	10	0	10	0	0	0.000

・野村(明)が通算30勝(12敗)・358奪三振
・早稲田が1試合最多安打(26安打・対東大)
・早稲田が先発全員安打全員得点(対東大)
・明治が島岡吉郎生誕100年の年に優勝

【選手権】慶応が準優勝(東洋大)

【神宮】**明治が優勝**(5回目・対愛知学院大)

【春季】ベストナイン/首位打者/防御率1位

投手	小室 正人	立	日野
捕手	原田 直輝	法	宇部商
一塁手	竹田 育央	明	報徳学園
二塁手	岡崎 啓介	立	PL学園
三塁手	山﨑 錬	慶	慶応
遊撃手	松本 幸一郎	立	横浜
外野手	伊藤 隼太③	慶	中京大中京
	那賀 裕司	立	大阪桐蔭
	島内 宏明	明	星稜
首位打者	那賀 裕司	立	大阪桐蔭
防御率1位	福谷 浩司	慶	横須賀
MVP	伊藤 隼太	慶	中京大中京

【秋季】ベストナイン/首位打者/防御率1位

投手	野村 祐輔	明	広陵
捕手	川辺 健司	明	日大藤沢
一塁手	伊場 竜太	慶	慶応
二塁手	岡崎 啓介	立	PL学園
三塁手	杉山 翔大	早	東総工
遊撃手	多木 裕史	法	坂出
外野手	中嶋 啓喜	明	桐蔭学園
	島内 宏明	明	星稜
	加藤 祥平	立	東農大二
首位打者	岡崎 啓介	立	PL学園
防御率1位	大野 健介	早	静岡商
MVP	野村 祐輔	明	広陵

□六大学野球と神宮球場の動き

明治と早稲田が単独で韓国遠征(2月)/「がんばろう！日本」をヘルメットに/球場での募金活動他で450万円余りの義援金を送る/学生応援席と外野席の招待、無料化拡大/初の合同少年少女野球教室を神宮で開催(8.28)/明治が単独で台湾遠征(11月)

□野球界の動き

★高校／日大三が全試合2桁安打で2度目の優勝/節電対策で初の午前中決勝/甲子園のスアコボードの「SBO」表示が「BSO」に
★大学／選手権大会で東洋大2連覇/日米大学野球選手権で日本が1勝3敗1分(米国)
★社会人／7団体の中学硬式野球協議会が連盟傘下に/震災の影響で3大会が中止/都市対抗野球が開催を10月に変更、初の大阪開催/同大会でJR東日本東北(仙台市)の森内壽春(八戸工大第一ー青森大)投手が54年ぶり2人目の完全試合/IBFAW杯で日本チームが予選敗退、同大会が終了しWBCを世界一決定戦に(パナマ・8月)
★プロ／公式試合球を12球団で統一/大学チームとの練習試合が3月と8月に限り解禁

□国内外の動き

★国内／東日本大震災起(3.11)/福島第一原発事故/アナログテレビ停波/女子サッカーW杯優勝/大相撲で八百長発覚/円高進む
★世界／北朝鮮の金総書記死去/欧州危機/アラブの春/ビン・ラディン容疑者を殺害

2012(平成24)年　東日本大震災復興支援試合開催　尖閣諸島国有化　北朝鮮の飛翔体発射が相次ぐ

早稲田(当番校)			対東大 4.21
1	中	佐々木 孝樹	早稲田実(東京)
2	左	白澤 俊輔	神村学園(鹿児島)
3	二	中村 奨吾	天理(奈良)
4	一	**杉山 翔大**	東総工(千葉)
5	捕	地引 雄貴	木更津総合(千葉)
6	三	茂木 栄五郎	桐蔭学園(神奈川)
7	右	小野田 俊介	早稲田実(東京)
8	投	髙梨 雄平	川越東(埼玉)
9	遊	東條 航	桐光学園(神奈川)
主将		佐々木 孝樹	早稲田実(東京)
マネージャー		深田 賢一	川越東(埼玉)
監督		岡村 猛	佐賀西(佐賀)
			対東大 9.8
6	左	髙橋 直樹	水戸一(茨城)
7	中	吉澤 翔吾	日大三(東京)
投	投	有原 航平	広陵(広島)

慶応			対法政 4.15
1	中	辰巳 智大	郡山(奈良)
2	遊	福富 裕	慶応(神奈川)
3	三	山﨑 錬	慶応(神奈川)
4	右	藤本 知輝	慶応(神奈川)
5	左	影山 史貴	鎌倉学園(神奈川)
6	一	鈴木 裕司	慶応(神奈川)
7	二	齊藤 雄太	慶応(神奈川)
8	捕	黒須 啓史	宇都宮(栃木)
9	投	竹内 大助	中京大中京(愛知)
主将		山﨑 錬	慶応(神奈川)
マネージャー		土田 祥平	慶応(神奈川)
監督		江藤 省三	中京商(愛知)
			対立教 9.8
1	中	佐藤 旭	慶応(神奈川)
5	三	横尾 俊建	日大三(東京)
6	捕	阿加多 直樹	慶応(神奈川)
7	左	谷田 成吾	慶応(神奈川)
8	一	植田 忠尚	慶応(神奈川)
	投	**福谷 浩司**	横須賀(愛知)

明治			対東大 4.15
1	遊	**上本 崇司**	広陵(広島)
2	左	川嶋 克弥	日南学園(宮崎)
3	三	**石川 駿**	北大津(滋賀)
4	中	中嶋 啓喜	桐蔭学園(神奈川)
5	右	小室 和弘	昌平(埼玉)
6	投	山﨑 福也	日大三(東京)
7	一	竹内 啓人	日大三(東京)
8	捕	石畑 桂佑	広陵(広島)
9	二	福田 周平	広陵(広島)
主将		田中 勇次	鳴門工(徳島)
マネージャー		大森 貴之	明治(東京)
監督		善波 達也	桐蔭学園(神奈川)
			対立教 9.15
1	遊	宮内 和也	習志野(千葉)
3	右	髙山 俊	日大三(東京)
7	投	岡 大海	倉敷商(岡山)
9	捕	坂本 誠志郎	履正社(大阪)

法政			対慶応 4.15
1	中	伊藤 慎悟	常葉大菊川(静岡)
2	右	建部 賢登	桐光学園(神奈川)
3	遊	多木 裕史	坂出(香川)
4	左	岩澤 寿和	安房(千葉)
5	三	西浦 直亨	天理(奈良)
6	二	高木 悠貴	高知(高知)
7	捕	土井 翔平	智弁学園(奈良)
8	一	大城戸 匠理	藤井学園寒川(香川)
9	投	**三嶋 一輝**	福岡工(福岡)
主将		建部 賢登	桐光学園(神奈川)
マネージャー		横山 徹	桜美林(東京)
監督		金光 興二	広島商(広島)
			対東大 9.15
5	中	畔上 翔	日大三(東京)
7	捕	木下 拓哉	高知(高知)

立教			対法政 4.21
1	中	平原 庸多	帝京(東京)
2	三	小尾 拓大	大垣日大(岐阜)
3	遊	松本 幸一郎	横浜(神奈川)
4	一	前田 隆一	常葉大菊川(静岡)
5	左	加藤 祥平	東農大二(群馬)
6	捕	山田 祐輔	東邦(愛知)
7	右	岡部 通織	帝京(東京)
8	二	我如古 盛次	興南(沖縄)
9	投	小室 正人	日野(東京)
主将		松本 幸一郎	横浜(神奈川)
マネージャー		氏家 大樹	福島(福島)
監督		大塚 淳人	岐阜(岐阜)
			対慶応 9.8
1	中	西藤 勇人	丸子修学館(長野)
2	遊	大城 滉二	興南(沖縄)
6	一	大塚 拓	長崎西(長崎)

東大			対明治 4.15
1	三	笠原 琢志	甲陽学院(兵庫)
2	中	西木 拓己	灘(兵庫)
3	右	永井 兼	東海(愛知)
4	左	舘 洋平	富山中部(富山)
5	一	山本 幸宏	半田(愛知)
6	二	成瀬 隆彦	学芸大付(東京)
7	投	香取 潤一	筑波大駒場(東京)
8	捕	飯嶋 洋平	日比谷(東京)
9	遊	中杉 康仁	筑波大駒場(東京)
主将		永井 兼	東海(愛知)
マネージャー		吉津 周平	海城(東京)
監督		御手洗 健治	戸山(東京)
			対早稲田 9.8
7	二	飯田 裕太	刈谷(愛知)
9	捕	岩瀬 和至	麻布(東京)

【春季】勝敗表

順位	チーム	試合	勝	敗	分	勝点	勝率
43	**早大**	13	9	3	1	4	0.750
②	法大	13	7	4	2	3	0.636
③	慶大	12	6	5	1	3	0.545
④	明大	15	7	6	2	3	0.538
⑤	立大	11	5	6	0	2	0.455
⑥	東大	10	0	10	0	0	0.000

・小室(明)がサイクル安打(7人目・26年ぶり)

【選手権】**早稲田が優勝**(4回目・対亜細亜大)

【秋季】勝敗表　法政が勝率で優勝

順位	チーム	試合	勝	敗	分	勝点	勝率
44	**法大**	11	9	2	0	4	0.818
②	早大	12	9	3	0	4	0.750
③	慶大	13	6	5	2	3	0.545
④	明大	14	7	6	1	3	0.538
⑤	立大	11	3	8	0	1	0.273
⑥	東大	11	0	10	1	0	0.000

・杉山(早)が三冠王(戦後13人目)
・多木(法)が通算106安打

【神宮】法政が準優勝(桐蔭横浜大)
・三嶋(法)が1試合16奪三振

【春季】ベストナイン/首位打者/防御率1位

投手	吉永 健太朗	早	日大三
捕手	地引 雄貴	早	木更津総合
一塁手	杉山 翔大	早	東総工
二塁手	福田 周平	明	広陵
三塁手	茂木 栄五郎	早	桐蔭学園
遊撃手	福富 裕	慶	慶応
外野手	小室 和弘	明	昌平
	髙山 俊	明	日大三
	小野田 俊介	早	早稲田実
首位打者	阿加多 直樹	慶	慶応
防御率1位	吉永 健太朗	早	日大三
MVP	吉永 健太朗	早	日大三

【秋季】ベストナイン/首位打者/防御率1位

投手	三嶋 一輝	法	福岡工
捕手	木下 拓哉	法	高知
一塁手	杉山 翔大③	早	東総工
二塁手	中村 奨吾	早	天理
三塁手	多木 裕史③	法	坂出
遊撃手	大城 滉二	立	興南
外野手	加藤 祥平	立	東農大二
	佐藤 旭	慶	慶応
	建部 賢登	法	桐光学園
	髙橋 直樹	早	水戸一
首位打者	杉山 翔大	早	東総工
防御率1位	三嶋 一輝②	法	福岡工
MVP	三嶋 一輝	法	福岡工

□六大学野球と神宮球場の動き

東日本復興支援試合を東北地区3連盟と選抜チームで開催(仙台・8月)/合同少年少女野球教室を神宮で開催(8.28)/長船騏郎(早)が野球殿堂入り/ペアシート席を新設

□野球界の動き

★高校/史上初の春夏同一校決勝対決で大阪桐蔭が7校目の春夏連続で光星学院を下す/選抜で地球環境(長野)が通信制の高校初の甲子園出場/1試合22奪三振、大会56本塁打、1時間16分の試合時間の記録

★大学/世界大学野球選手権大会が参加国不足(4カ国)のため中止

★社会人/JX-ENEOS(横浜市)は都市対抗、日本選手権を制覇(2チーム目)/BFAアジア野球選手権で日本チーム(社会人21名・大学生3名)が大会5連覇(台湾・11月)

□国内外の動き

★国内/衆院選で自民圧勝、政権奪還/尖閣諸島国有化で中国と関係悪化/景気後退局面に/山中伸弥がノーベル賞受賞/WiiU発売

★世界/中国トップに習近平/北朝鮮の飛翔体発射相次ぐ/仏で社会党出身のオランド大統領が誕生/欧州の債務危機続く

2013(平成25)年　連盟が一般社団法人へ　明治が春秋連覇　高梨(早)が史上3人目の完全試合　円安・株高が進む

早稲田　対東大 4.20

1	中	大野 大樹	早稲田実(東京)
2	遊	東條 航	桐光学園(神奈川)
3	三	河原 右京	大阪桐蔭(大阪)
4	二	中村 奨吾	天理(奈良)
5	右	小野田 俊介	早稲田実(東京)
6	一	茂木 栄五郎	桐蔭学園(神奈川)
7	捕	道端 俊輔	智弁和歌山(和歌山)
8	投	有原 航平	広陵(広島)
9	左	重信 慎之介	早稲田実(東京)
主将		東條 航	桐光学園(神奈川)
マネージャー		福田 貞茂	四條畷(大阪)
監督		岡村 猛	佐賀西(佐賀)

対東大 9.21

2	左	白澤 俊輔	神村学園(鹿児島)
5	一	武藤 風行	金沢泉丘(石川)
6	三	石井 一成	作新学院(栃木)
8	捕	土屋 遼太	早稲田実(東京)
9	投	吉永 健太朗	日大三(東京)
	投	**横山 貴明**	聖光学院(福島)

慶応(当番校)　対立教 4.13

1	左	佐藤 旭	慶応(神奈川)
2	二	堀野 真	掛川西(静岡)
3	右	谷田 成吾	慶応(神奈川)
4	三	横尾 俊建	日大三(東京)
5	中	藤本 知輝	慶応(神奈川)
6	一	松本 大希	桐光学園(神奈川)
7	遊	山本 泰寛	慶応(神奈川)
8	捕	手銭 大	大社(島根)
9	投	**白村 明弘**	慶応(神奈川)
主将		堀野 真	掛川西(静岡)
マネージャー		永島 龍太	甲府一(山梨)
監督		江藤 省三	中京商(愛知)

対立教 9.14

明治　対立教 4.20

1	遊	福田 周平	広陵(広島)
2	二	宮内 和也	習志野(千葉)
3	右	髙山 俊	日大三(東京)
4	一	**岡 大海**	倉敷商(岡山)
5	左	菅野 剛士	東海大相模(神奈川)
6	中	中嶋 啓喜	桐蔭学園(神奈川)
7	三	糸原 健斗	開星(島根)
8	投	山﨑 福也	日大三(東京)
9	捕	坂本 誠志郎	履正社(大阪)
主将		中嶋 啓喜	桐蔭学園(神奈川)
マネージャー		大場 翔太	市静岡(静岡)
監督		善波 達也	桐蔭学園(神奈川)

対東大 9.14

2	右	長嶺 修平	宮崎工(宮崎)
9	二	大塚 健太朗	花咲徳栄(埼玉)
	投	**関谷 亮太**	日大三(東京)

法政　対東大 4.13

1	左	大城戸 匠理	藤井学園寒川(香川)
2	三	皆川 普	西武台千葉(千葉)
3	二	河合 完治	中京大中京(愛知)
4	捕	**木下 拓哉**	高知(高知)
5	一	髙木 智大	福岡大大濠(福岡)
6	遊	**西浦 直亨**	天理(奈良)
7	中	鈴木 翔	法政二(神奈川)
8	右	的場 健仁	法政二(神奈川)
9	投	船本 一樹	桐蔭学園(神奈川)
主将		河合 完治	中京大中京(愛知)
マネージャー		浅田 祐太朗	法政二(神奈川)
監督		神長 英一	作新学院(栃木)

対立教 9.21

5	右	蔵桝 孝宏	広陵(広島)
7	中	松田 渉吾	三重(三重)
8	左	齊藤 秀之	北海学園札幌(北海道)

立教　対慶応 4.13

1	遊	大城 滉二	興南(沖縄)
2	二	安田 航	桐蔭学園(神奈川)
3	左	岡部 通織	帝京(東京)
4	一	寺田 陽光	神戸国際大付(兵庫)
5	右	平原 庸多	帝京(東京)
6	三	小尾 拓大	大垣日大(岐阜)
7	中	二場 慎平	田川(福岡)
8	捕	平本 龍太郎	報徳学園(兵庫)
9	投	**齋藤 俊介**	成田(千葉)
主将		平原 庸多	帝京(東京)
マネージャー		河村 拓	立教新座(埼玉)
監督		大塚 淳人	岐阜(岐阜)

対慶応 9.14

6	左	大塚 拓	長崎西(長崎)
7	一	我如古 盛次	興南(沖縄)
9	投	澤田 圭佑	大阪桐蔭(大阪)

東大　対法政 4.13

1	中	西木 拓己	灘(兵庫)
2	二	飯田 裕太	刈谷(愛知)
3	一	黒沢 俊哉	渋谷幕張(千葉)
4	右	有井 祐人	新田青雲中等教育(愛媛)
5	捕	笠原 琢志	甲陽学院(兵庫)
6	三	下嶋 浩平	仙台二(宮城)
7	遊	中杉 康仁	筑波大駒場(東京)
8	左	阿加多 優樹	学芸大付(東京)
9	投	白砂 謙介	修道(広島)
主将		黒沢 俊哉	渋谷幕張(千葉)
マネージャー		田中 秀明	半田(愛知)
監督		浜田 一志	土佐(高知)

対明治 9.14

3	捕	飯嶋 洋平	日比谷(東京)
4	一	長藤 祥悟	山形東(山形)
8	投	辰亥 由崇	高松(香川)

【春季】勝敗表　明治が完全優勝

順位	チーム	試合	勝	敗	分	勝点	勝率
35	**明大**	16	10	4	2	5	0.714
②	法大	12	9	2	1	4	0.818
③	立大	12	7	5	0	3	0.583
④	早大	12	5	6	1	2	0.455
⑤	慶大	12	4	8	0	1	0.333
⑥	東大	10	0	10	0	0	0.000

・明治が勝ち点で優勝、勝率は法政
・高梨雄平(川越東・早)が完全試合
(対東大・史上3人目)

【選手権】明治が準決勝で敗退(上武大)

【秋季】勝敗表

順位	チーム	試合	勝	敗	分	勝点	勝率
36	**明大**	12	9	3	0	4	0.750
②	立大	13	8	5	0	3	0.615
③	早大	13	7	5	1	3	0.583
④	慶大	13	6	6	1	3	0.500
⑤	法大	13	5	6	2	2	0.455
⑥	東大	10	0	10	0	0	0.000

・加嶋宏毅(慶応志木・慶)がノーヒットノーラン
(対東大)

【神宮】明治が準優勝(亜細亜大)

【春季】ベストナイン/首位打者/防御率1位

投　手	山﨑 福也	明	日大三
捕　手	坂本 誠志郎	明	履正社
一塁手	岡 大海	明	倉敷商
二塁手	河合 完治	法	中京大中京
三塁手	糸原 健斗	明	開星
遊撃手	西浦 直亨	法	天理
外野手	大城戸 匠理	法	藤井学園寒川
	小野田 俊介	早	早稲田実
	菅野 剛士	明	東海大相模
首位打者	大城戸 匠理	法	藤井学園寒川
防御率1位	齋藤 俊介	立	成田
MVP	山﨑 福也	明	日大三

【秋季】ベストナイン/首位打者/防御率1位

投　手	山﨑 福也	明	日大三
捕　手	坂本 誠志郎	明	履正社
一塁手	松本 大希	慶	桐光学園
二塁手	中村 奨吾	早	天理
三塁手	糸原 健斗	明	開星
遊撃手	福田 周平	明	広陵
外野手	岡部 通織	立	帝京
	髙山 俊	明	日大三
	佐藤 拓也	立	浦和学院
首位打者	岡部 通織	立	帝京
防御率1位	有原 航平	早	広陵
MVP	糸原 健斗	明	海星

□六大学野球と神宮球場の動き

連盟が一般社団法人で登録/明治が単独でアメリカ遠征/東大、早稲田が単独で韓国遠征(7月、8月)/合同少年少女野球教室を神宮で開催(8.29)/オールスターゲームを開催(静岡・8月)/福嶋一雄(早)が野球殿堂入り

□野球界の動き

★高校/前橋育英が初優勝/準々決勝前に休養日を設定/花巻東と日大山形の東北勢がベスト4/20試合が1点差

★大学/日米大学野球選手権で日本が3勝2敗(日本・7月)

★社会人/オリンピック野球競技復活を目指し、世界野球ソフトボール連盟(WBSC)を設立/連盟が財団法人から公益財団法人へ/都市対抗野球大会でJX-ENEOSが2連覇

★プロ/バレンティン(東京ヤクルトスワローズ)が日本プロ野球シーズン60本塁打新記録/田中将大(駒大苫小牧―楽天イーグルス)が28連勝(開幕から24連勝)を達成し新記録

□国内外の動き

★国内/アベノミクス始動、円安・株高進む/特定秘密保護法が成立/参院選で自民圧勝、ねじれ解消/福島第1原発汚染水深刻

★世界/中国が尖閣上空に防空識別圏/北朝鮮の金体制独裁強化/イラン核合意/シリア化学兵器使用/中国でPM2.5の汚染深刻

2014（平成26）年　消費税改定（8%）　エボラ出血熱が西アフリカで大流行　クリミア危機・ウクライナ東部紛争

早稲田　対法政 4.12

1	二	**中村 奨吾**	天理（奈良）
2	左	重信 慎之介	早稲田実（東京）
3	中	中澤 彰太	静岡（静岡）
4	一	武藤 風行	金沢泉丘（石川）
5	三	茂木 栄五郎	桐蔭学園（神奈川）
6	右	吉澤 翔吾	日大三（東京）
7	遊	石井 一成	作新学院（栃木）
8	捕	土屋 遼太	早稲田実（東京）
9	投	**有原 航平**	広陵（広島）
主将		中村 奨吾	天理（奈良）
マネージャー		阿部 佳弥	新庄北（山形）
監督		岡村 猛	佐賀西（佐賀）
			対法政 9.13
3	右	小野田 俊介	早稲田実（東京）
7	遊	河原 右京	大阪桐蔭（大阪）
9	投	大竹 耕太郎	済々黌（熊本）
	投	**高梨 雄平**	川越東（埼玉）

慶応　対東大 4.19

1	左	佐藤 旭	慶応（神奈川）
2	遊	山本 泰寛	慶応（神奈川）
3	右	谷田 成吾	慶応（神奈川）
4	三	横尾 俊建	日大三（東京）
5	中	藤本 知輝	慶応（神奈川）
6	二	竹内 惇	慶応（神奈川）
7	一	齋藤 大輝	慶応（神奈川）
8	捕	小笠原 知弘	智弁和歌山（和歌山）
9	投	加嶋 宏毅	慶応志木（埼玉）
主将		佐藤 旭	慶応（神奈川）
マネージャー		田中 謙将	慶応（神奈川）
監督		竹内 秀夫	松阪（三重）
			対東大 9.13
9	投	加藤 拓也	慶応（神奈川）

明治（当番校）　対東大 4.12

1	遊	竹村 春樹	浦和学院（埼玉）
2	中	髙山 俊	日大三（東京）
3	右	萩原 英之	九州学院（熊本）
4	左	菅野 剛士	東海大相模（神奈川）
5	一	眞榮平 大輝	興南（沖縄）
6	三	植田 弘樹	関西（岡山）
7	捕	坂本 誠志郎	履正社（大阪）
8	投	**山﨑 福也**	日大三（東京）
9	二	宮内 和也	習志野（千葉）
主将		髙橋 隼之介	日本文理（新潟）
マネージャー		大塚 啓史	明治（東京）
監督		善波 達也	桐蔭学園（神奈川）
			対東大 9.20
1	遊	**福田 周平**	広陵（広島）
2	右	小倉 貴大	関西（岡山）
4	二	**糸原 健斗**	開星（島根）
5	一	石井 元	履正社（大阪）
8	投	柳 裕也	横浜（神奈川）
9	左	加勢 一心	札幌第一（北海道）

法政　対早稲田 4.12

1	中	田中 彪	愛工大名電（愛知）
2	二	細川 雅生	福井工大福井（福井）
3	一	金子 凌也	日大三（東京）
4	三	伊藤 諒介	神港学園（兵庫）
5	右	山下 新	済美（愛媛）
6	左	畔上 翔	日大三（東京）
7	遊	水谷 友生也	大阪桐蔭（大阪）
8	捕	中園 洋輔	いなべ総合学園（三重）
9	投	**石田 健大**	広島工（広島）
主将		安慶名 舜	興南（沖縄）
マネージャー		田﨑 修平	筑紫（福岡）
監督		神長 英一	作新学院（栃木）
			対早稲田 9.13
1	二	若林 晃弘	桐蔭学園（神奈川）
2	三	皆川 普	西武台千葉（千葉）
3	遊	佐藤 竜一郎	作新学院（栃木）
5	右	蔵桝 孝宏	広陵（広島）
7	左	安慶名 舜	興南（沖縄）
8	捕	安本 英正	広島商（広島）

立教　対法政 4.19

1	右	佐藤 拓也	浦和学院（埼玉）
2	二	安田 航	桐蔭学園（神奈川）
3	遊	大城 滉二	興南（沖縄）
4	中	岡部 通織	帝京（東京）
5	左	平岩 拓路	日大三（東京）
6	三	我如古 盛次	興南（沖縄）
7	一	寺田 陽光	神戸国際大付（兵庫）
8	捕	鈴木 貴弘	日大三（東京）
9	投	澤田 圭佑	大阪桐蔭（大阪）
主将		我如古 盛次	興南（沖縄）
マネージャー		青木 拓磨	船橋東（千葉）
監督		溝口 智成	湘南（神奈川）
			対法政 9.20
2	二	酒井田 照人	県岐阜商（岐阜）
7	左	田中 和基	西南学院（福岡）

東大　対明治 4.12

1	遊	中杉 康仁	筑波大駒場（東京）
2	三	山本 克志	聖光学院（神奈川）
3	一	長藤 祥悟	山形東（山形）
4	捕	笠原 琢志	甲陽学院（兵庫）
5	中	初馬 眞人	桐朋（東京）
6	右	阿加多 優樹	学芸大付（東京）
7	左	下嶋 浩平	仙台二（宮城）
8	投	辰亥 由崇	高松（香川）
9	二	飯田 裕太	刈谷（愛知）
主将		有井 祐人	新田青雲中等教育（愛媛）
マネージャー		籔 博貴	西大和学園（奈良）
監督		浜田 一志	土佐（高知）
			対慶応 9.13
2	捕	喜入 友浩	修猷館（福岡）
4	右	有井 祐人	新田青雲中等教育（愛媛）
6	左	澤田 勇太	岐阜（岐阜）
7	三	山田 大成	桐朋（東京）
8	投	白砂 謙介	修道（広島）

【春季】勝敗表　慶応が勝率で優勝

順位	チーム	試合	勝	敗	分	勝点	勝率
34	**慶大**	12	9	2	1	4	0.818
②	早大	12	8	4	0	4	0.667
③	明大	14	7	6	1	3	0.538
④	立大	13	6	7	0	2	0.462
⑤	法大	11	5	6	0	2	0.455
⑥	東大	10	0	10	0	0	0.000

・東大が連敗ワースト記録を塗り替え74連敗

【秋季】勝敗表　明治が勝率で優勝

順位	チーム	試合	勝	敗	分	勝点	勝率
37	**明大**	14	9	4	1	4	0.692
②	早大	12	8	4	0	4	0.667
②	立大	13	8	4	1	3	0.667
④	慶大	12	7	5	0	3	0.583
⑤	法大	11	3	8	0	1	0.273
⑥	東大	10	0	10	0	0	0.000

・明治の髙山が初の3年生で100安打を達成

【選手権】慶応が初戦で敗退（東海大）

【神宮】明治が準優勝（駒沢大）

【春季】ベストナイン／首位打者／防御率1位

投手	有原 航平	早	広陵
捕手	土屋 遼太	早	早稲田実
一塁手	武藤 風行	早	金沢泉丘
二塁手	竹内 惇	慶	慶応
三塁手	植田 弘樹	明	関西
遊撃手	佐藤 竜一郎	法	作新学院
外野手	佐藤 拓也	立	浦和学院
	谷田 成吾	慶	慶応
	髙山 俊	明	日大三
首位打者	武藤 風行	早	金沢泉丘
防御率1位	加藤 拓也	慶	慶応
MVP	竹内 惇	慶	慶応

【秋季】ベストナイン／首位打者／防御率1位

投手	澤田 圭佑	立	大阪桐蔭
捕手	土屋 遼太	早	早稲田実
一塁手	石井 元	明	履正社
二塁手	中村 奨吾③	早	天理
三塁手	横尾 俊建	慶	日大三
遊撃手	大城 滉二	立	興南
外野手	髙山 俊	明	日大三
	小野田 俊介③	早	早稲田実
	重信 慎之介	早	早稲田実
首位打者	茂木 栄五郎	早	桐蔭学園
防御率1位	上原 建太	明	広陵
MVP	澤田 圭佑	立	大阪桐蔭

□六大学野球と神宮球場の動き

早稲田が単独でアメリカ遠征（2月）／オールスターゲームを開催（魚沼・8月）／合同少年少女野球教室を神宮で開催（8.28）／相田暢一（早）が野球殿堂入り／耐震補強工事1期

□野球界の動き

★高校／大阪桐蔭が4度目の優勝／台風の影響で開会式が2日間順延／ベスト16に東北勢4校、北信越4校が進出
★大学／ハーレムベースボールウィークで日本代表チームが銀メダル（オランダ・7月）
★社会人／両陛下が都市対抗野球を観戦
★プロ／NPB80周年ベストナイン（投:別所毅彦、捕:野村克也、一:王貞治、二:千葉茂・高木守道、三:長嶋茂雄、遊:吉田義男、外:張本勲・山内一弘・山本浩二・福本豊）／第1回IBAF21UW杯で日本代表（プロ16名・社会人3名・大学生5名）が銀メダル（台湾・11月）

□国内外の動き

★国内／集団的自衛権を容認／衆院選で与党圧勝／消費税改定（8%）／御嶽山噴火／赤﨑勇、天野浩、中村修二がノーベル賞受賞
★世界／クリミア危機・ウクライナ東部紛争／イスラム過激派組織ISILがシリア・イラクで勢力拡大／エボラ出血熱が西アフリカで大流行

2015（平成27）年　早稲田が春秋連覇　連盟結成90周年　新国立競技場建設でトラブル続発　ISILによるテロ多発

早稲田			対東大 4.18
1	右	**重信 慎之介**	早稲田実（東京）
2	遊	真鍋 健太	早稲田実（東京）
3	二	河原 右京	大阪桐蔭（大阪）
4	一	丸子 達也	広陵（広島）
5	三	石井 一成	作新学院（栃木）
6	捕	道端 俊輔	智弁和歌山（和歌山）
7	中	中澤 彰太	静岡（静岡）
8	左	寺本 雅弘	早稲田（東京）
9	投	竹内 諒	松阪（三重）
主将		河原 右京	大阪桐蔭（大阪）
マネージャー		岩間 貴弘	東京都市大付（東京）
監督		岡村 猛	佐賀西（佐賀）
			対東大 9.12
3	三	**茂木 栄五郎**	桐蔭学園（神奈川）
8	左	川原 孝太	掛川西（静岡）
9	投	吉野 和也	日本文理（新潟）

慶応			対法政 4.11
1	遊	**山本 泰寛**	慶応（神奈川）
2	中	梅野 魁士	福岡大大濠（福岡）
3	右	谷田 成吾	慶応（神奈川）
4	三	**横尾 俊建**	日大三（東京）
5	左	齋藤 大輝	慶応（神奈川）
6	一	沓掛 祥和	慶応（神奈川）
7	二	北村 祐樹	丸亀（香川）
8	捕	須藤 隆成	創志学園（岡山）
9	投	加藤 拓也	慶応（神奈川）
主将		横尾 俊建	日大三（東京）
マネージャー		善波 優太	慶応（神奈川）
監督		大久保 秀昭	桐蔭学園（神奈川）
			対立教 9.12
5	左	山口 翔大	桐光学園（神奈川）
7	捕	小笠原 知弘	智弁和歌山（和歌山）
9	投	三宮 舜	慶応（神奈川）

明治			対東大 4.11
1	三	渡辺 佳明	横浜（神奈川）
2	遊	宮内 和也	習志野（千葉）
3	中	**髙山 俊**	日大三（東京）
4	右	**菅野 剛士**	東海大相模（神奈川）
5	一	石井 元	履正社（大阪）
6	左	上西 達也	明大中野八王子（東京）
7	捕	牛島 将太	門司学園（福岡）
8	投	柳 裕也	横浜（神奈川）
9	二	大塚 健太朗	花咲徳栄（埼玉）
主将		坂本 誠志郎	履正社（大阪）
マネージャー		岸上 翔平	明治（東京）
監督		善波 達也	桐蔭学園（神奈川）
			対立教 9.19
3	二	竹村 春樹	浦和学院（埼玉）
5	一	佐野 恵太	広陵（広島）
6	捕	**坂本 誠志郎**	履正社（大阪）
7	遊	**吉田 大成**	佼成学園（東京）
9	左	小倉 貴大	関西（岡山）
	投	**上原 健太**	広陵（広島）

法政（当番校）			対慶応 4.11
1	三	原田 寛樹	春日部共栄（埼玉）
2	中	清水 雄二	中京大中京（愛知）
3	遊	佐藤 竜一郎	作新学院（栃木）
4	右	畔上 翔	日大三（東京）
5	一	柴田 圭輝	東邦（愛知）
6	左	蔵桝 孝宏	広陵（広島）
7	二	**若林 晃弘**	桐蔭学園（神奈川）
8	捕	中村 浩人	多良木（熊本）
9	投	**森田 駿哉**	富山商（富山）
主将		畔上 翔	日大三（東京）
マネージャー		今村 健太郎	法政二（東京）
監督		神長 英一	作新学院（栃木）
			対東大 9.19
1	中	田中 彪	愛工大名電（愛知）
4	三	金子 凌也	日大三（東京）
9	投	熊谷 拓也	平塚学園（神奈川）

立教			対法政 4.18
1	遊	**大城 滉二**	興南（沖縄）
2	左	二角 勇大	広島新庄（広島）
3	中	佐藤 拓也	浦和学院（埼玉）
4	一	寺田 陽光	神戸国際付（兵庫）
5	右	田中 和基	西南学院（福岡）
6	二	酒井田 照人	県岐阜商（岐阜）
7	三	笠松 悠哉	大阪桐蔭（大阪）
8	捕	鈴木 貴弘	日大三（東京）
9	投	澤田 圭佑	大阪桐蔭（大阪）
主将		鈴木 貴弘	日大三（東京）
マネージャー		本田 智徳	高畠（山形）
監督		溝口 智成	湘南（神奈川）
			対慶応 9.12
6	左	山根 佑太	浦和学院（埼玉）
7	右	豊村 哲司	東農大二（群馬）
8	捕	**松本 直樹**	丸亀（香川）

東大			対明治 4.11
1	捕	喜入 友浩	修猷館（福岡）
2	二	飯田 裕太	刈谷（愛知）
3	三	長藤 祥悟	山形東（山形）
4	左	楠田 創	桐朋（東京）
5	一	山本 克志	聖光学院（神奈川）
6	遊	山田 大成	桐朋（東京）
7	右	阿加多 優樹	学芸大付（東京）
8	投	山本 俊	西春（愛知）
9	中	田中 朗士	熊本（熊本）
主将		飯田 裕太	刈谷（愛知）
マネージャー		坂東 秀憲	栄東（埼玉）
監督		浜田 一志	土佐（高知）
			対早稲田 9.12
8	投	宮台 康平	湘南（神奈川）

【春季】勝敗表　早稲田が完全優勝

順位	チーム	試合	勝	敗	分	勝点	勝率
44	**早大**	12	10	1	1	5	0.909
②	法大	12	8	4	0	4	0.667
③	慶大	11	6	5	0	3	0.545
④	明大	12	6	6	0	2	0.500
⑤	立大	12	3	8	1	1	0.273
⑥	東大	11	1	10	0	0	0.091

・東大が最多連敗（94試合・平成22年秋から10シーズン・331頁）

【選手権】**早稲田が優勝**（5回目・対流通経済大）
・早稲田が1試合最多安打（20）
・茂木（早）が大会最多得点（10）

【秋季】勝敗表　早稲田が勝率で優勝

順位	チーム	試合	勝	敗	分	勝点	勝率
45	**早大**	10	8	2	0	4	0.800
②	明大	13	9	4	0	4	0.692
③	慶大	13	7	6	0	3	0.538
④	立大	13	6	7	0	2	0.462
⑤	法大	14	6	8	0	2	0.429
⑥	東大	11	1	10	0	0	0.091

・高山（明）が通算最多安打（131本）
・菅野（明）が通算最多二塁打（28本）
・横尾（慶）が4試合連続本塁打、通算64打点
・大城（立）が通算112安打
・慶応が初の3者連続本塁打（横尾・谷田・山口）
・谷田（慶）が逆転サヨナラ本塁打・通算60打点

【神宮】早稲田が準優勝（亜細亜大）

【春季】ベストナイン／首位打者／防御率1位

投手	大竹 耕太郎	早	済々黌
捕手	道端 俊輔	早	智弁和歌山
一塁手	丸子 達也	早	広陵
二塁手	河原 右京	早	大阪桐蔭
三塁手	茂木 栄五郎	早	桐蔭学園
遊撃手	石井 一成	早	作新学院
外野手	菅野 剛士	明	東海大相模
	髙山 俊	明	日大三
	梅野 魁士	慶	福岡大大濠
首位打者	丸子 達也	早	広陵
防御率1位	大竹 耕太郎	早	済々黌
MVP	大竹 耕太郎	早	済々黌

【秋季】ベストナイン／首位打者／防御率1位

投手	柳 裕也	明	横浜
捕手	道端 俊輔	早	智弁和歌山
一塁手	佐野 恵太	明	広陵
二塁手	若林 晃弘	法	桐蔭学園
三塁手	横尾 俊建	慶	日大三
遊撃手	山本 泰寛	慶	慶応
外野手	重信 慎之介	早	早稲田実
	髙山 俊⑥	明	日大三
	畔上 翔	法	日大三
首位打者	重信 慎之介	早	早稲田実
防御率1位	加藤 拓也②	慶	慶応
MVP	宮台 康平	東	湘南

□六大学野球と神宮球場の動き

連盟結成90周年で選手・審判員がワッペンを付ける／記念樹の「ゆずり葉」の木を植樹（9.13）／記念祝賀会が1,500名を集めグランドプリンスホテル新高輪で開催（12.6）／少年少女野球教室を神宮で開催（8.27）／オールスターゲームを徳島と高知で（8月）／ピッチクロック制を導入（12秒・20秒）／耐震補強工事

□野球界の動き

★高校／100回記念大会でシンボルマーク／始球式は早稲田実OBの王貞治（プロ野球OBは初）／東海大相模が45年ぶり2度目の優勝／選抜で21世紀枠の松山東82年ぶりの出場／敦賀気比が北陸勢で初優勝／同校松本哲幣（同志社大）が史上初の2打席連続本塁打／東海大四が北海以来52年ぶりに決勝へ
★大学／ユニバーシアード競技大会で日本代表が金メダルを獲得（韓国・7月）
★プロ／谷繁元信（西武ライオンズ・江の川）が最多出場試合記録3,021を達成、野村克也の記録を破る／秋山翔吾（西武ライオンズ・横浜創学館-八戸大）がマートンの記録を破りシーズン216安打を達成／読売巨人軍の3選手が野球賭博に関与し失格処分

□国内外の動き

★国内／**安全保障関連法案成立**／辺野古移設が着工／新国立競技場建設でトラブル続発
★世界／パリ同時多発テロ／ISIL支持者によるテロ多発／アメリカ全州で同性結婚合法化

2016(平成28)年　明大が春秋連覇と6回目の神宮大会優勝　バラク・オバマの広島訪問　イギリスのEU離脱決定

早稲田			対東大 4.9
1	左	八木 健太郎	早稲田実(東京)
2	二	真鍋 健太	早稲田実(東京)
3	中	中澤 彰太	静岡(静岡)
4	遊	**石井 一成**	作新学院(栃木)
5	一	立花 玲央	千葉英和(千葉)
6	捕	吉見 健太郎	早稲田実(東京)
7	右	三倉 進	東邦(愛知)
8	三	木田 大貴	成章(愛知)
9	投	**大竹 耕太郎**	済々黌(熊本)
主将		石井 一成	作新学院(栃木)
マネージャー		安藤 之長	安積黎明(福島)
監督		高橋 広	西条(愛媛)
			対法政 9.10
2	二	富田 直希	早稲田実(東京)
9	投	竹内 諒	松阪(三重)

慶応			対法政 4.9
1	二	倉田 直幸	浜松西(静岡)
2	遊	照屋 塁	沖縄尚学(沖縄)
3	三	沓掛 祥和	慶応(神奈川)
4	右	山口 翔大	桐光学園(神奈川)
5	左	岩見 雅紀	比叡山(滋賀)
6	一	山本 瑛大	South Torrance(米)
7	中	柳町 達	慶応(神奈川)
8	捕	須藤 隆成	創志学園(岡山)
9	投	**加藤 拓也**	慶応(神奈川)
主将		重田 清一	佐賀西(佐賀)
マネージャー		山木 優佑	慶応(神奈川)
監督		大久保 秀昭	桐蔭学園(神奈川)
			対東大 9.17
2	右	河合 大樹	関西学院(大阪)
6	捕	郡司 裕也	仙台育英(宮城)

明治			対東大 4.16
1	三	渡辺 佳明	横浜(神奈川)
2	左	加勢 一心	札幌第一(北海道)
3	右	逢澤 崚介	関西(岡山)
4	捕	牛島 将太	門司学園(福岡)
5	一	富岡 優太	日大三(東京)
6	二	竹村 春樹	浦和学院(埼玉)
7	遊	吉田 大成	佼成学園(東京)
8	投	**柳 裕也**	横浜(神奈川)
9	中	坂田 純一	倉敷商(岡山)
主将		柳 裕也	横浜(神奈川)
マネージャー		日吉 達也	静岡(静岡)
監督		善波 達也	桐蔭学園(神奈川)
			対東大9.10
2	二	河野 祐斗	鳴門(徳島)
3	右	萩原 英之	九州学院(熊本)
4	一	**佐野 恵太**	広陵(広島)
7	左	川口 貴都	国学院久我山(東京)
	投	**星 知弥**	宇都宮工(栃木)

法政			対慶応 4.9
1	中	大西 千洋	阪南大(大阪)
2	遊	水谷 友生也	大阪桐蔭(大阪)
3	三	川口 凌	横浜(神奈川)
4	一	柴田 圭輝	東邦(愛知)
5	二	福田 光輝	大阪桐蔭(大阪)
6	左	原田 寛樹	春日部共栄(埼玉)
7	右	小林 満平	中京大中京(愛知)
8	捕	中村 浩人	多良木(熊本)
9	投	熊谷 拓也	平塚学園(神奈川)
主将		森川 大樹	桐蔭学園(神奈川)
マネージャー		高野 峻一郎	長岡(新潟)
監督		青木 久典	三重(三重)
			対早稲田 9.10
2	右	清水 雄二	中京大中京(愛知)
6	捕	森川 大樹	桐蔭学園(神奈川)
7	左	中山 翔太	履正社(大阪)
8	遊	大崎 拓也	智弁学園(奈良)
9	投	菅野 秀哉	小高工(福島)

立教			対法政 4.16
1	中	佐藤 拓也	浦和学院(埼玉)
2	遊	熊谷 敬宥	仙台育英(宮城)
3	左	佐藤 竜彦	国学院久我山(東京)
4	三	笠松 悠哉	大阪桐蔭(大阪)
5	右	**田中 和基**	西南学院(福岡)
6	一	飯迫 恵士	神戸国際大付(兵庫)
7	捕	髙田 涼太	浦和学院(埼玉)
8	投	**澤田 圭佑**	大阪桐蔭(大阪)
9	二	高橋 信吾	長野日大(長野)
主将		澤田 圭佑	大阪桐蔭(大阪)
マネージャー		湊谷 智将	川越東(埼玉)
監督		溝口 智成	湘南(神奈川)
			対法政 9.17
7	投	**田村 伊知郎**	報徳学園(兵庫)
8	捕	上野 敦大	長崎日大(長崎)

東大		(当番校)	対早稲田 4.9
1	中	宇佐美 舜也	桐朋(東京)
2	三	山本 克志	聖光学院(神奈川)
3	遊	山田 大成	桐朋(東京)
4	一	田口 耕蔵	西大和学園(奈良)
5	左	平野 拓海	明石高専(兵庫)
6	捕	喜入 友浩	修猷館(福岡)
7	右	田中 朗士	熊本(熊本)
8	投	宮台 康平	湘南(神奈川)
9	二	水島 拓郎	洛星(京都)
主将		山本 克志	聖光学院(神奈川)
マネージャー		中川 弘毅	海城(東京)
監督		浜田 一志	土佐(高知)
			対明治 9.10
1	中	下雅意 拓哉	甲陽学院(兵庫)
5	左	楠田 創	桐朋(東京)
8	右	山本 修	岡崎(愛知)
9	投	有坂 望	城北(東京)

【春季】勝敗表　明治が完全優勝

順位	チーム	試合	勝	敗	分	勝点	勝率
38	明大	16	10	5	1	5	0.667
②	立大	13	8	5	0	3	0.615
③	法大	14	7	7	0	3	0.500
③	慶大	13	6	6	1	2	0.500
⑤	早大	13	6	7	0	2	0.462
⑥	東大	13	3	10	0	0	0.231

・明治が全カードに2勝1敗
・明治が1イニング最多二塁打(5本)
・東大が24シーズンぶりに3勝(勝ち点なし)
・柳(明)が奪三振シーズン87・通算338

【選手権】明治が初戦で敗退(中京学院大)

【春季】ベストナイン/首位打者/防御率1位

投　手	柳 裕也	明	横浜
捕　手	牛島 将太	明	門司学園
一塁手	佐野 恵太	明	広陵
二塁手	桐生 祥汰	東	西
三塁手	金子 凌也	法	日大三
遊撃手	吉田 大成	明	佼成学園
外野手	佐藤 竜彦	立	国学院久我山
	柳町 達	慶	慶応
	逢澤 崚介	明	関西
	小林 満平	法	中京大中京
首位打者	金子 凌也	法	日大三
防御率1位	柳 裕也	明	横浜
MVP	柳 裕也	明	横浜

【秋季】勝敗表　明治が勝率で優勝

順位	チーム	試合	勝	敗	分	勝点	勝率
39	明大	11	9	2	0	4	0.818
②	慶大	12	8	4	0	4	0.667
③	早大	14	8	6	0	3	0.571
④	立大	12	6	6	0	3	0.500
⑤	法大	12	4	8	0	1	0.333
⑥	東大	11	1	10	0	0	0.091

・加藤(慶)が通算309奪三振
・加藤(慶)がノーヒットノーラン(24人目・対東大)
・佐藤(立)が通算102安打

【神宮】**明治が優勝**(6回目・対桜美林大)

【秋季】ベストナイン/首位打者/防御率1位

投　手	柳 裕也③	明	横浜
捕　手	牛島 将太	明	門司学園
一塁手	山本 瑛大	慶	South Torrance
二塁手	高橋 信吾	立	長野日大
三塁手	渡辺 佳明	明	横浜
遊撃手	吉田 大成	明	佼成学園
外野手	川口 貴都	明	国学院久我山
	佐藤 竜彦	立	国学院久我山
	萩原 英之	明	九州学院
首位打者	山本 瑛大	慶	South Torrance
防御率1位	小島 和哉	早	浦和学院
MVP	柳 裕也	明	横浜

□六大学野球と神宮球場の動き

慶応と明治が単独でアメリカ遠征(2月・3月)/東大と早稲田が単独で韓国遠征(7月)/オールスターゲーム開催(新潟・7月)/明治神宮外苑創建90周年記念で選抜チームが東京ヤクルトスワローズと対戦(11.5)/松本瀧蔵(明・197頁)、山中正竹(法)が野球殿堂入り/合同少年少女野球教室を開催(8.24)

□野球界の動き

★高校/作新学院が54年ぶりの優勝/北海は88年ぶりのベスト4で初の決勝進出/バックネット裏に小中学生を招待(選抜も)
★大学/日米大学野球選手権は日本が3勝2敗(日本・7月)/ハーレムベースボールウィークで選抜チーム準優勝(オランダ・7月)
★プロ/コリジョンルール採用、ビデオ判定の運用範囲拡大(本塁のクロスプレー)
★大リーグ/**イチロー(シアトル・マリナーズ)が日米通算4,257安打**を達成、ピート・ローズの記録を破る

□国内外の動き

★国内/熊本地震/バラク・オバマの広島訪問/相模原障害者施設殺傷事件/大隅良典がノーベル賞受賞/PlayStation4発売
★世界/イギリスでEU離脱是非を問う国民投票が実施され離脱が決定

2017(平成29)年　立教が35シーズンぶりの優勝　早稲田が70年ぶりの最下位　ドナルド・トランプ大統領が誕生

早稲田　対法政 4.8

打順	守備	氏名	出身校
1	右	八木 健太郎	早稲田実(東京)
2	二	宇都口 滉	滝川(兵庫)
3	一	佐藤 晋甫	瀬戸内(広島)
4	左	加藤 雅樹	早稲田実(東京)
5	三	織原 葵	早稲田実(東京)
6	中	長谷川 寛	仙台育英(宮城)
7	捕	岸本 朋也	関大北陽(大阪)
8	遊	檜村 篤史	木更津総合(千葉)
9	投	小島 和哉	浦和学院(埼玉)
主将		佐藤 晋甫	瀬戸内(広島)
マネージャー		江原 直哉	早大本庄(埼玉)
監督		髙橋 広	西条(愛媛)

対明治 9.9

打順	守備	氏名	出身校
3	一	福岡 高輝	川越東(埼玉)
5	中	三倉 進	東邦(愛知)

慶応　対東大 4.15

打順	守備	氏名	出身校
1	右	天野 康大	智弁和歌山(和歌山)
2	三	瀬尾 翼	早稲田佐賀(佐賀)
3	中	柳町 達	慶応(神奈川)
4	左	**岩見 雅紀**	比叡山(滋賀)
5	捕	郡司 裕也	仙台育英(宮城)
6	一	清水 翔太	桐蔭学園(神奈川)
7	二	倉田 直幸	浜松西(静岡)
8	遊	照屋 塁	沖縄尚学(沖縄)
9	投	関根 智輝	城東(東京)
主将		照屋 塁	沖縄尚学(沖縄)
マネージャー		棒田 航平	慶応志木(埼玉)
監督		大久保 秀昭	桐蔭学園(神奈川)

対東大 9.16

打順	守備	氏名	出身校
1	右	中村 健人	中京大中京(愛知)
9	投	髙橋 佑樹	川越東(埼玉)

明治　対東大 4.8

打順	守備	氏名	出身校
1	遊	竹村 春樹	浦和学院(埼玉)
2	三	中野 速人	桐光学園(神奈川)
3	二	河野 祐斗	鳴門(徳島)
4	中	逢澤 峻介	関西(岡山)
5	右	越智 達矢	丹原(愛媛)
6	左	山本 恵汰	愛工大名電(愛知)
7	一	奥村 大貴	明大中野八王子(東京)
8	捕	氷見 泰介	豊川(愛知)
9	投	**齊藤 大将**	桐蔭学園(神奈川)
主将		中野 速人	桐光学園(神奈川)
マネージャー		関谷 駿介	仙台二(宮城)
監督		善波 達也	桐蔭学園(神奈川)

対早稲田 9.9

打順	守備	氏名	出身校
3	三	渡辺 佳明	横浜(神奈川)
6	一	吉田 有輝	履正社(大阪)
7	左	村上 貴哉	松山東(愛媛)
8	捕	橋本 大征	佼成学園(東京)

法政　対早稲田 4.8

打順	守備	氏名	出身校
1	中	大西 千洋	阪南大(大阪)
2	左	斎藤 卓拓	大宮西(埼玉)
3	三	小林 満平	中京大中京(愛知)
4	一	中山 翔太	履正社(大阪)
5	右	宇草 孔基	常総学院(茨城)
6	遊	大崎 拓也	智弁学園(奈良)
7	捕	鎌倉 航	日本文理(新潟)
8	二	川口 凌	横浜(神奈川)
9	投	熊谷 拓也	平塚学園(神奈川)
主将		森 龍馬	日大三(東京)
マネージャー		渡辺 悠大	法政二(神奈川)
監督		青木 久典	三重(三重)

対明治 9.16

打順	守備	氏名	出身校
1	右	向山 基生	法政二(神奈川)
2	遊	相馬 優人	健大高崎(群馬)
3	左	毛利 元哉	愛工大名電(愛知)
5	三	福田 光輝	大阪桐蔭(大阪)
7	中	舩曳 海	天理(奈良)
8	捕	中村 浩人	多良木(熊本)
9	投	菅野 秀哉	小高工(福島)

立教(当番校)　対法政 4.15

打順	守備	氏名	出身校
1	中	寺山 寛人	神戸国際大付(兵庫)
2	遊	**熊谷 敬宥**	仙台育英(宮城)
3	右	松﨑 健造	横浜(神奈川)
4	三	笠松 悠哉	大阪桐蔭(大阪)
5	一	飯迫 恵士	神戸国際大付(兵庫)
6	二	峯本 匠	大阪桐蔭(大阪)
7	左	山根 佑太	浦和学院(埼玉)
8	捕	藤野 隼大	川越東(埼玉)
9	投	田中 誠也	大阪桐蔭(大阪)
主将		熊谷 敬宥	仙台育英(宮城)
マネージャー		井上 浩太	福岡大大濠(福岡)
監督		溝口 智成	湘南(神奈川)

対東大 9.9

打順	守備	氏名	出身校
1	右	髙取 克宏	日大二(東京)
6	一	大東 孝輔	長良(岐阜)

東大　対明治 4.8

打順	守備	氏名	出身校
1	中	宇佐美 舜也	桐朋(東京)
2	三	竹中 良太	修道(広島)
3	遊	山田 大成	桐朋(東京)
4	一	田口 耕蔵	西大和学園(奈良)
5	左	楠田 創	桐朋(東京)
6	捕	森田 穣	学芸大付(東京)
7	投	**宮台 康平**	湘南(神奈川)
8	右	杉本 幹太	金沢泉丘(石川)
9	二	水島 拓郎	洛星(京都)
主将		山田 大成	桐朋(東京)
マネージャー		黒田 陸離	西大和学園(奈良)
監督		浜田 一志	土佐(高知)

対立教 9.9

打順	守備	氏名	出身校
2	遊	新堀 千隼	麻布(東京)
5	三	岩田 昂之	国立(東京)
8	捕	三鍋 秀悟	川和(神奈川)
9	投	濱﨑 貴介	鶴丸(鹿児島)

【春季】勝敗表　立教が勝率で優勝

順位	チーム	試合	勝	敗	分	勝点	勝率
13	**立大**	15	9	4	2	4	0.692
②	慶大	14	8	4	2	4	0.667
③	法大	12	6	4	2	3	0.600
④	早大	12	6	6	0	2	0.500
⑤	明大	11	5	6	0	2	0.455
⑥	東大	10	0	10	0	0	0.000

・立教の優勝は35シーズンぶり
・慶応が1試合最多満塁本塁打(2本)

【秋季】勝敗表　慶応が勝率で優勝

順位	チーム	試合	勝	敗	分	勝点	勝率
35	**慶大**	13	9	3	1	4	0.750
②	明大	11	8	3	0	4	0.727
③	法大	14	6	6	2	3	0.500
④	立大	12	5	6	1	2	0.455
⑤	早大	11	3	8	0	1	0.273
⑤	東大	11	3	8	0	1	0.273

・早東が同率最下位(早稲田は70年ぶり)
・岩見(慶)がシーズン最多本塁打(7本)
・岩見(慶)が年間最多本塁打(12本)・通算21
・岩見(慶)が連続試合本塁打(5試合)

【選手権】**立教が優勝**(4回目・対国際武道大)

【神宮】慶応が初戦で敗退(日本体育大)

【春季】ベストナイン/首位打者/防御率1位

守備	氏名	大学	出身校
投手	田中 誠也	立	大阪桐蔭
捕手	郡司 裕也	慶	仙台育英
一塁手	清水 翔太	慶	桐蔭学園
二塁手	倉田 直幸	慶	浜松西
三塁手	笠松 悠哉	立	大阪桐蔭
遊撃手	相馬 優人	法	健大高崎
外野手	加藤 雅樹	早	早稲田実
	岩見 雅紀	慶	比叡山
	山根 佑太	立	浦和学院
	※全員が初選出・3回目		
首位打者	加藤 雅樹	早	早稲田実
防御率1位	菅野 秀哉	法	小高工
MVP	笠松 悠哉	立	大阪桐蔭

【秋季】ベストナイン/首位打者/防御率1位

守備	氏名	大学	出身校
投手	齊藤 大将	明	桐蔭学園
捕手	藤野 隼大	立	川越東
一塁手	清水 翔太	慶	桐蔭学園
二塁手	宇都口 滉	早	滝川
三塁手	渡辺 佳明	明	横浜
遊撃手	竹村 春樹	明	浦和学院
外野手	岩見 雅紀	慶	比叡山
	楠田 創	東	桐朋
	逢澤 峻介	明	関西
首位打者	清水 翔太	慶	桐蔭学園
防御率1位	佐藤 宏樹	慶	大館鳳鳴
MVP	清水 翔太	慶	桐蔭学園

□六大学野球と神宮球場の動き

春季新人戦が6校総当たりのフレッシュリーグに/早稲田が単独で台湾遠征(2月)/オールスターゲーム開催(宮崎・8月)/郷司裕(明・404頁)、鈴木美嶺(東)が野球殿堂入り/BIG6.TVでリーグ戦全試合をネット中継/合同少年少女野球教室を神宮で開催(8.23)

□野球界の動き

★高校/花咲徳栄が埼玉県勢初の優勝/大会通算最多68本塁打/広陵の中村が清原の記録を破る大会6本塁打/選抜で2試合連続の延長15回引き分け再試合/大阪対決の決勝は履正社が大阪桐蔭を破る

★大学/日米大学野球選手権は日本が2勝3敗(米国・7月)/ユニバーシアード競技大会で日本代表チームが連続優勝(8月)

★社会人/台湾開催のアジアウインターベースボールにJABA選抜が初参加/都市対抗野球で日本通運(さいたま市)の阿部良亮(浦和学院―東洋大)がノーヒットノーラン

★プロ/第4回ワールド・ベースボール・クラシック(WBC)で日本チームはベスト4で終わる/併殺崩しを規制するルールを追加

□国内外の動き

★国内/ニンテンドースイッチ発売

★世界/米ポピュリズム拡大/ドナルド・トランプ大統領誕生/ミャンマーでロヒンギャ迫害

2018(平成30)年　女性初のチーフマネージャー　全国の大学野球部員数が2万9000名超す　北海道胆振東部地震

早稲田(当番校)　対立教 4.14

1	左	池田 賢将	高岡南(富山)
2	二	丸山 壮史	広陵(広島)
3	一	吉澤 一翔	大阪桐蔭(大阪)
4	右	加藤 雅樹	早稲田実(東京)
5	三	福岡 高輝	川越東(埼玉)
6	中	山田 淳平	早稲田実(東京)
7	遊	檜村 篤史	木更津総合(千葉)
8	捕	中林 健吾	三重(三重)
9	投	**小島 和哉**	浦和学院(埼玉)
主将		小島 和哉	浦和学院(埼玉)
マネージャー		高橋 朋玄	磐城(福島)
監督		高橋 広	西条(愛媛)
対法政 9.8			
2	二	西岡 寿祥	早稲田実(東京)
3	左	瀧澤 虎太朗	山梨学院(山梨)
5	捕	岸本 朋也	関大北陽(大阪)
6	中	小太刀 緒飛	日本文理(新潟)

慶応　対東大 4.14

1	左	河合 大樹	関西学院(大阪)
2	二	田中 凌馬	長崎東(長崎)
3	中	柳町 達	慶応(神奈川)
4	捕	郡司 裕也	仙台育英(宮城)
5	一	嶋田 翔	樹徳(群馬)
6	三	内田 蓮	三重(三重)
7	右	中村 健人	中京大中京(愛知)
8	遊	瀬戸西 純	慶応(神奈川)
9	投	髙橋 亮吾	慶応湘南藤沢(神奈川)
主将		河合 大樹	関西学院(大阪)
マネージャー		小林 由佳	慶応女子(東京)
監督		大久保 秀昭	桐蔭学園(神奈川)
対東大 9.8			
2	左	正木 智也	慶応(神奈川)
6	二	小原 和樹	盛岡三(岩手)

明治　対東大 4.21

1	二	吉田 有輝	履正社(大阪)
2	左	佐野 悠太	広陵(広島)
3	遊	**渡辺 佳明**	横浜(神奈川)
4	中	逢澤 峻介	関西(岡山)
5	右	越智 達矢	丹原(愛媛)
6	三	森下 智之	米子東(鳥取)
7	一	平塚 大賀	春日部共栄(埼玉)
8	捕	氷見 泰介	豊川(愛知)
9	投	森下 暢仁	大分商(大分)
主将		吉田 有輝	履正社(大阪)
マネージャー		森岡 祐満	明治(東京)
監督		善波 達也	桐蔭学園(神奈川)
対法政 9.16			
6	一	高瀬 雄大	長崎西(長崎)
9	捕	西野 真也	浦和学院(埼玉)

法政　対立教 4.21

1	中	向山 基生	法政二(神奈川)
2	遊	川口 凌	横浜(神奈川)
3	右	小林 満平	中京大中京(愛知)
4	左	**中山 翔太**	履正社(大阪)
5	三	吉岡 郁哉	智弁学園(奈良)
6	二	相馬 優人	健大高崎(群馬)
7	一	安本 竜二	静岡(静岡)
8	捕	中村 浩人	多良木(熊本)
9	投	菅野 秀哉	小高工(福島)
主将		向山 基生	法政二(神奈川)
マネージャー		前村 卓伸	法政二(神奈川)
監督		青木 久典	三重(三重)
対早稲田 9.8			
1	左	宇草 孔基	常総学院(茨城)
2	三	福田 光輝	大阪桐蔭(大阪)
5	右	毛利 元哉	愛工大名電(愛知)
9	投	三浦 銀二	福岡大大濠(福岡)

立教　対早稲田 4.14

1	右	荒井 智也	佼成学園(東京)
2	中	寺山 寛人	神戸国際大付(兵庫)
3	二	江藤 勇治	東海大菅生(東京)
4	左	三井 健右	大阪桐蔭(大阪)
5	一	飯迫 恵士	神戸国際大付(兵庫)
6	捕	藤野 隼大	川越東(埼玉)
7	三	吉田 純也	中央中等教育(群馬)
8	投	田中 誠也	大阪桐蔭(大阪)
9	遊	宮 慎太朗	市船橋(千葉)
主将		松﨑 健造	横浜(神奈川)
マネージャー		上野 寛太	聖望学園(埼玉)
監督		溝口 智成	湘南(神奈川)
対東大 9.16			
1	中	種田 真大	大垣日大(岐阜)
2	右	松﨑 健造	横浜(神奈川)
5	二	峯本 匠	大阪桐蔭(大阪)
7	三	伊藤 智也	高田(岩手)
8	遊	笠井 皓介	桐蔭学園(神奈川)

東大　対慶応 4.14

1	中	辻居 新平	栄光学園(神奈川)
2	右	宇佐美 舜也	桐朋(東京)
3	捕	三鍋 秀悟	川和(神奈川)
4	左	岡 俊希	小倉(福岡)
5	二	岩田 昂之	国立(東京)
6	一	廣納 敬太	茨木(大阪)
7	遊	新堀 千隼	麻布(東京)
8	三	山下 朋大	東海(愛知)
9	投	宮本 直輝	土浦一(茨城)
主将		宇佐美 舜也	桐朋(東京)
マネージャー		中川 駿	学芸大付(東京)
監督		浜田 一志	土佐(高知)
対慶応 9.8			
1	遊	笠原 健吾	湘南(神奈川)
6	一	青山 海	広島学院(広島)
8	投	小林 大雅	横浜翠嵐(神奈川)

【春季】勝敗表

順位	チーム	試合	勝	敗	分	勝点	勝率
36	**慶大**	13	9	4	0	4	0.692
②	立大	13	8	4	1	3	0.667
③	明大	13	7	6	0	3	0.538
③	早大	13	7	6	0	3	0.538
⑤	法大	12	5	6	1	2	0.455
⑥	東大	10	0	10	0	0	0.000

・慶応の投手がシーズンで延べ10名が登板
・中山(法)がサイクル安打(8人目)

【選手権】慶応が準決勝で敗退(東北福祉大)

【秋季】勝敗表　法政が勝率で優勝

順位	チーム	試合	勝	敗	分	勝点	勝率
45	**法大**	13	9	3	1	4	0.750
②	早大	14	9	4	1	4	0.692
③	慶大	14	9	5	0	4	0.643
④	明大	14	5	6	3	2	0.455
⑤	立大	12	4	8	0	1	0.333
⑥	東大	11	0	10	1	0	0.000

・法政が優勝回数で早稲田と並ぶ(45)

【神宮】法政が初戦で敗退(立正大)

【春季】ベストナイン/首位打者/防御率1位

投　手	田中 誠也	立	大阪桐蔭
捕　手	郡司 裕也	慶	仙台育英
一塁手	中山 翔太	法	履正社
二塁手	吉田 有輝	明	履正社
三塁手	森下 智之	明	米子東
遊撃手	渡辺 佳明	明	横浜
外野手	河合 大樹	慶	関西学院
	越智 達矢	明	丹原
	向山 基生	法	法政二
首位打者	中村 浩人	法	多良木
防御率1位	田中 誠也	立	大阪桐蔭
MVP	郡司 裕也	慶	仙台育英

【秋季】ベストナイン/首位打者/防御率1位

投　手	髙橋 佑樹	慶	川越東
捕　手	岸本 朋也	早	関大北陽
一塁手	中山 翔太	法	履正社
二塁手	相馬 優人	法	健大高崎
三塁手	内田 蓮	慶	三重
遊撃手	渡辺 佳明④	明	横浜
外野手	中村 健人	慶	中京大中京
	小林 満平	法	中京大中京
	向山 基生	法	法政二
首位打者	渡辺 佳明	明	横浜
防御率1位	小島 和哉②	早	浦和学院
MVP	髙橋 佑樹	慶	川越東

□六大学野球と神宮球場の動き

初の女性チーフマネージャー(慶応・小林由佳・426頁)/明治と早稲田が単独米遠征(3月)・ブラジル遠征(7月)/FISU世界大学野球選手権で選抜チームが全勝優勝(台湾・7月)/オールスターゲーム開催(高知・8月)/BIG6 HAPPY MOTHER'S DAYを開催(5.13)/合同少年少女野球教室を神宮で開催(8.31)

□野球界の動き

★高校/100回目の大会に皇太子ご夫妻が出席/史上最多56代表が出場/大阪桐蔭が史上初2度目の春夏連覇/準優勝の金足農業は秋田中以来の決勝進出/開会式入場行進終了後に給水タイム/**延長13回からのタイブレーク制**導入/外野席有料化とネット裏席の前売り指定席化/**入場者数が100万人突破**/選抜で大阪桐蔭が3校目の春夏連覇
★大学/大学野球連盟の登録部員人数が2万9000名を超す(31連盟・381チーム・443頁)/日米大学野球選手権は日本が2勝3敗(米国)/ハーレムベースボールウィーク(オランダ・7月)で日本代表が優勝
★プロ/ビデオ判定にリクエスト制度を導入
★その他/第8回女子野球ワールドカップで日本チームが6連覇を達成

□国内外の動き

★国内/西日本豪雨/北海道胆振東部地震
★世界/史上初の米朝首脳会談/南北首脳会談(韓国・北朝鮮)/米中貿易摩擦が激化

2019(平成31)年　明治が6回目の選手権優勝　東大が創部100年、部員100名超す　東日本台風で被害　令和へ

早稲田			対東大 4.20
1	左	瀧澤 虎太朗	山梨学院(山梨)
2	二	金子 銀佑	早稲田実(東京)
3	三	福岡 高輝	川越東(埼玉)
4	右	加藤 雅樹	早稲田実(東京)
5	遊	檜村 篤史	木更津総合(千葉)
6	一	中川 卓也	大阪桐蔭(大阪)
7	捕	小藤 翼	日大三(東京)
8	中	山田 淳平	早稲田実(東京)
9	投	早川 隆久	木更津総合(千葉)
主将		加藤 雅樹	早稲田実(東京)
マネージャー		飯島 匠太郎	市川(千葉)
監督		小宮山 悟	芝工大柏(千葉)
			対法政 9.14
6	中	蛭間 拓哉	浦和学院(埼玉)

慶応(当番校)			対立教 4.13
1	三	**柳町 達**	慶応(神奈川)
2	中	渡部 遼人	桐光学園(神奈川)
3	右	**中村 健人**	中京大中京(愛知)
4	捕	**郡司 裕也**	仙台育英(宮城)
5	左	正木 智也	慶応(神奈川)
6	一	嶋田 翔	樹徳(群馬)
7	二	小原 和樹	盛岡三(岩手)
8	遊	瀬戸西 純	慶応(神奈川)
9	投	髙橋 佑樹	川越東(埼玉)
主将		郡司 裕也	仙台育英(宮城)
マネージャー		鈴村 知弘	豊田西(愛知)
監督		大久保 秀昭	桐蔭学園(神奈川)
			対東大 9.21
2	三	下山 悠介	慶応(神奈川)
	投	**津留崎 大成**	慶応(神奈川)

明治			対立教 4.20
1	遊	添田 真海	作新学院(栃木)
2	中	丸山 和郁	前橋育英(群馬)
3	右	内山 竣	静岡(静岡)
4	三	北本 一樹	二松学舎大付(東京)
5	一	喜多 真吾	広陵(広島)
6	左	和田 慎吾	常総学院(茨城)
7	投	**森下 暢仁**	大分商(大分)
8	捕	篠原 翔太	報徳学園(兵庫)
9	二	清水 頌太	春日部共栄(埼玉)
主将		森下 暢仁	大分商(大分)
マネージャー		太田 空	明大中野(東京)
監督		善波 達也	桐蔭学園(神奈川)
			対東大 9.14
2	中	市岡 奏馬	龍谷大平安(京都)
8	二	鈴木 貴士	佐久長聖(長野)
9	捕	西野 真也	浦和学院(埼玉)
	投	**伊勢 大夢**	九州学院(熊本)

法政			対東大 4.13
1	中	舩曳 海	天理(奈良)
2	右	**宇草 孔基**	常総学院(茨城)
3	遊	**福田 光輝**	大阪桐蔭(大阪)
4	一	伊藤 寛士	中京大中京(愛知)
5	左	毛利 元哉	愛工大名電(愛知)
6	三	安本 竜二	静岡(静岡)
7	二	相馬 優人	健大高崎(群馬)
8	捕	渡邉 雄太	いなべ総合学園(三重)
9	投	三浦 銀二	福岡大大濠(福岡)
主将		福田 光輝	大阪桐蔭(大阪)
マネージャー		長谷川 健介	池田(徳島)
監督		金光 興二	広島商(広島)
			対早稲田 9.14
2	左	杉村 泰嘉	広島新庄(広島)
6	三	佐藤 勇基	中京大中京(愛知)
9	投	**高田 孝一**	平塚学園(神奈川)
監督		青木 久典	三重(三重)

立教			対慶応 4.13
1	中	太田 英毅	智弁学園(奈良)
2	二	宮 慎太朗	市船橋(千葉)
3	三	柴田 颯	札幌第一(北海道)
4	右	中嶋 瞭	佼成学園(東京)
5	一	東 怜央	福岡大大濠(福岡)
6	左	三井 健右	大阪桐蔭(大阪)
7	捕	藤野 隼大	川越東(埼玉)
8	遊	笠井 皓介	桐蔭学園(神奈川)
9	投	田中 誠也	大阪桐蔭(大阪)
主将		藤野 隼大	川越東(埼玉)
マネージャー		本郷 佑弥	相模原(神奈川)
監督		溝口 智成	湘南(神奈川)
			対法政 9.21
1	左	宮﨑 仁斗	大阪桐蔭(大阪)
2	三	冨永 魁	桐蔭学園(神奈川)
4	一	山田 健太	大阪桐蔭(大阪)
5	二	江藤 勇治	東海大菅生(東京)
6	中	金川 大祐	立教新座(埼玉)

東大			対法政 4.13
1	右	梅山 遼太	四日市(三重)
2	遊	笠原 健吾	湘南(神奈川)
3	中	辻居 新平	栄光学園(神奈川)
4	左	岡 俊希	小倉(福岡)
5	一	武隈 光希	鶴丸(鹿児島)
6	捕	大音 周平	湘南(神奈川)
7	三	山下 朋大	東海(愛知)
8	投	宮本 直輝	土浦一(茨城)
9	二	早川 怜志	菊里(愛知)
主将		辻居 新平	栄光学園(神奈川)
マネージャー		柳田 海	湘南(神奈川)
監督		浜田 一志	土佐(高知)
			対明治 9.14
2	遊	新堀 千隼	麻布(東京)
4	一	青山 海	広島学院(広島)
6	三	石元 悠一	桐朋(東京)
8	投	小林 大雅	横浜翠嵐(神奈川)
9	捕	松岡 泰希	東京都市大付(東京)

【春季】勝敗表　明治が完全優勝

順位	チーム	試合	勝	敗	分	勝点	勝率
40	**明大**	12	10	1	1	5	0.909
②	慶大	12	8	4	0	4	0.667
③	早大	13	7	6	0	3	0.538
④	立大	12	6	6	0	2	0.500
⑤	法大	13	4	8	1	1	0.333
⑥	東大	10	0	10	0	0	0.000

・柳町(慶)が通算100安打
・森下(明)が9回で18奪三振(延長10回で20・対東大)
・安本(法)がシーズン6、5試合連続本塁打
・慶応が1試合最多四死球(17・対東大)

【選手権】**明治が優勝**(6回目・対仏教大)

【秋季】勝敗表　慶応が勝率で優勝

順位	チーム	試合	勝	敗	分	勝点	勝率
37	**慶大**	11	9	2	0	4	0.818
②	法大	10	8	2	0	4	0.800
③	早大	13	7	6	0	3	0.538
④	立大	13	6	6	1	3	0.500
⑤	明大	13	4	8	1	1	0.333
⑥	東大	10	0	10	0	0	0.000

・郡司(慶)が三冠王(戦後14人目)

【神宮】**慶応が優勝**(4回目・対関西大)

【春季】ベストナイン/首位打者/防御率1位

投　手	森下 暢仁	明	大分商
捕　手	小藤 翼	早	日大三
一塁手	喜多 真吾	明	広陵
二塁手	添田 真海	明	作新学院
三塁手	安本 竜二	法	静岡
遊撃手	檜村 篤史	早	木更津総合
外野手	加藤 雅樹	早	早稲田実
	瀧澤 虎太朗	早	山梨学院
	宇草 孔基	法	常総学院
首位打者	添田 真海	明	作新学院
防御率1位	田中 誠也②	立	大阪桐蔭
MVP	森下 暢仁	明	大分商

【秋季】ベストナイン/首位打者/防御率1位

投　手	森田 晃介	慶	慶応
捕　手	郡司 裕也③	慶	仙台育英
一塁手	山田 健太	立	大阪桐蔭
二塁手	小原 和樹	慶	盛岡三
三塁手	下山 悠介	慶	慶応
遊撃手	添田 真海	明	作新学院
外野手	毛利 元哉	法	愛工大名電
	田口 喜将	早	早稲田実
	正木 智也	慶	慶応
首位打者	郡司 裕也	慶	仙台育英
防御率1位	朝山 広憲	法	作新学院
MVP	田中 誠也	立	大阪桐蔭

□六大学野球と神宮球場の動き

春季に平成から令和へ/明治が猪マークとストッキングを30年ぶり復活/東大が創部100年目でユニフォーム一新/早稲田の監督にメジャーリーグ経験者の小宮山悟が就任/オールスターゲームを富山で開催(8.24)/慶応と東大がアメリカ遠征/BIG6 HAPPY MOTHER'S DAYを開催(5.12)/合同少年少女野球教室を神宮で開催(8.26)/脇村春夫(東)が野球殿堂入り/早稲田が韓国遠征

□野球界の動き

★高校/休養日が1日追加になり大会期間が16日に
★大学/東都がタイブレーク制採用/日米大学野球選手権は日本が3勝2敗(日本・6月)
★社会人/JABA創立70周年・第90回都市対抗野球大会を記念して社会人野球の歌「我が街の誇り」を発表
★プロ/WBSCプレミア12で日本チーム初優勝(監督・稲葉篤紀・中京大中京-法政)

□国内外の動き

★国内/明仁(天皇陛下)が徳仁(親王殿下)に生前譲位/令和に改元/消費税一部改定/東日本台風/吉野彰がノーベル賞受賞
★世界/香港で学生らが大規模デモ/世界各国で第5世代移動通信システム(5G)がサービス開始

2020(令和2)年　新型コロナウイルスの影響で開催規模縮小　春の開幕が8月10日に　特例でタイブレーク採用

早稲田　対明治 8.10

1	二	金子 銀佑	早稲田実(東京)
2	三	中川 卓也	大阪桐蔭(大阪)
3	左	瀧澤 虎太朗	山梨学院(山梨)
4	捕	岩本 久重	大阪桐蔭(大阪)
5	右	蛭間 拓哉	浦和学院(埼玉)
6	一	吉澤 一翔	大阪桐蔭(大阪)
7	中	鈴木 萌斗	作新学院(栃木)
8	投	**早川 隆久**	木更津総合(千葉)
9	遊	熊田 任洋	東邦(愛知)
主将		早川 隆久	木更津総合(千葉)
マネージャー		豊嶋 健太郎	南山(愛知)
監督		小宮山 悟	芝工大柏(千葉)

対明治 9.19

5	一	丸山 壮史	広陵(広島)
6	右	野村 健太	山梨学院(山梨)

慶応　対東大 8.10

1	三	下山 悠介	慶応(神奈川)
2	遊	瀬戸西 純	慶応(神奈川)
3	右	若林 将平	履正社(大阪)
4	中	正木 智也	慶応(神奈川)
5	左	橋本 典之	出雲(島根)
6	二	宮尾 将	慶応(神奈川)
7	一	嶋田 翔	樹徳(群馬)
8	捕	福井 章吾	大阪桐蔭(大阪)
9	投	関根 智輝	城東(東京)
主将		瀬戸西 純	慶応(神奈川)
マネージャー		福田 拓也	慶応(神奈川)
監督		堀井 哲也	韮山(静岡)

対東大 9.26

2	右	渡部 遼人	桐光学園(神奈川)
3	一	廣瀬 隆太	慶応(神奈川)
9	投	**木澤 尚文**	慶応(神奈川)

明治(当番校)　対早稲田 8.10

1	二	村松 開人	静岡(静岡)
2	左	陶山 勇軌	常総学院(茨城)
3	中	丸山 和郁	前橋育英(群馬)
4	三	公家 響	横浜(神奈川)
5	一	清水 風馬	常総学院(茨城)
6	捕	篠原 翔太	報徳学園(兵庫)
7	右	西川 黎	履正社(大阪)
8	遊	西山 虎太郎	履正社(大阪)
9	投	竹田 祐	履正社(大阪)
主将		公家 響	横浜(神奈川)
マネージャー		太田 空	明大中野(東京)
監督		田中 武宏	舞子(兵庫)

対早稲田 9.19

1	二	藤江 康太	千葉黎明(千葉)
7	右	斉藤 勇人	常総学院(茨城)
8	投	**入江 大生**	作新学院(栃木)

法政　対東大 8.11

1	右	片瀬 優治	法政二(神奈川)
2	中	永廣 知紀	大阪桐蔭(大阪)
3	三	中村 迅	常総学院(茨城)
4	左	村田 雄大	横浜(神奈川)
5	遊	佐藤 勇基	中京大中京(愛知)
6	一	羽根 龍二	日大鶴ヶ丘(東京)
7	二	齊藤 大輝	横浜(神奈川)
8	捕	大柿 廉太郎	健大高崎(群馬)
9	投	**鈴木 昭汰**	常総学院(茨城)
主将		中村 迅	常総学院(茨城)
マネージャー		福島 駿樹	法政二(神奈川)
監督		青木 久典	三重(三重)

対東大 9.19

1	右	杉村 泰嘉	広島新庄(広島)
	投	**石川 達也**	横浜(神奈川)

立教　対明治 8.11

1	遊	宮 慎太朗	市船橋(千葉)
2	中	太田 英毅	智弁学園(奈良)
3	左	三井 健右	大阪桐蔭(大阪)
4	二	山田 健太	大阪桐蔭(大阪)
5	右	柴田 颯	札幌第一(北海道)
6	一	東 怜央	福岡大大濠(福岡)
7	三	冨永 魁	桐蔭学園(神奈川)
8	捕	竹葉 章人	龍谷大平安(京都)
9	投	**中川 颯**	桐光学園(神奈川)
主将		宮 慎太朗	市船橋(千葉)
マネージャー		髙橋 嶺一	立教池袋(東京)
監督		溝口 智成	湘南(神奈川)

対明治 9.26

東大　対慶応 8.10

1	二	笠原 健吾	湘南(神奈川)
2	遊	早川 怜志	菊里(愛知)
3	三	石元 悠一	桐朋(東京)
4	中	岡 俊希	小倉(福岡)
5	左	武隈 光希	鶴丸(鹿児島)
6	捕	大音 周平	湘南(神奈川)
7	右	安田 拓光	三鷹中等教育(東京)
8	一	井上 慶秀	県長野(長野)
9	投	井澤 駿介	札幌南(北海道)
主将		笠原 健吾	湘南(神奈川)
マネージャー		玉村 直也	渋谷幕張(千葉)
監督		井手 峻	新宿(東京)

対法政 9.19

7	中	宮﨑 湧	開成(東京)
9	右	梅山 遼太	四日市(三重)

【春季】勝敗表　法政が直接対決勝利で優勝

順位	チーム	試合	勝	敗	分	ー	勝率
46	**法大**	5	4	1	0	ー	0.800
②	慶大	5	4	1	0	ー	0.800
③	早大	5	3	2	0	ー	0.600
③	立大	5	3	2	0	ー	0.600
⑤	明大	5	1	4	0	ー	0.200
⑥	東大	5	0	5	0	ー	0.000

・1回戦総当たり制(史上5回目)
・早慶戦が第6日に開催
・**徳山(早)が防御率0.00**
・タイブレークが3試合

【選手権】感染症の影響で中止

【秋季】勝敗表　早稲田が勝率10割で優勝

順位	チーム	試合	勝	敗	分	P	勝率
46	**早大**	10	7	0	3	8.5	1.000
②	慶大	10	6	2	2	7	0.750
③	明大	10	6	2	2	7	0.750
④	立大	10	3	5	2	4	0.375
⑤	法大	10	2	6	2	3	0.250
⑥	東大	10	0	9	1	0.5	0.000

・各校10試合ポイント制(1勝1P、引き分け0.5P)
・早稲田が勝率10割8.5ポイントでで優勝
・早川(早)が1試合17奪三振(対明治)
・早慶戦はコロナ対策で全席指定

【神宮】感染症の影響で中止

【春季】ベストナイン/首位打者/防御率1位

投　手	徳山 壮磨	早	大阪桐蔭
捕　手	福井 章吾	慶	大阪桐蔭
一塁手	清水 風馬	明	常総学院
二塁手	金子 銀佑	早	早稲田実
三塁手	中村 迅	法	常総学院
遊撃手	瀬戸西 純	慶	慶応
外野手	永廣 知紀	法	大阪桐蔭
	新美 貫太	慶	慶応
	宮﨑 秀太	法	天理

(全員が初選出・4回目)

首位打者	永廣 知紀	法	大阪桐蔭
防御率1位	徳山 壮磨	早	大阪桐蔭
MVP	新美 貫太	慶	慶応

【秋季】ベストナイン/首位打者/防御率1位

投　手	早川 隆久	早	木更津総合
捕　手	福井 章吾	慶	大阪桐蔭
一塁手	廣瀬 隆太	慶	慶応
二塁手	山田 健太	立	大阪桐蔭
三塁手	下山 悠介	慶	慶応
遊撃手	西山 虎太郎	明	履正社
外野手	正木 智也	慶	慶応
	野村 健太	早	山梨学院
	三井 健右	立	大阪桐蔭
首位打者	竹葉 章人	立	龍谷大平安
防御率1位	早川 隆久	早	木更津総合
MVP	早川 隆久	早	木更津総合

□六大学野球と神宮球場の動き

新型コロナウイルス感染症対策で春季リーグ戦の規模縮小、開幕が8月10日に延長(460頁)/74年ぶりの1回戦総当たり制/秋は10試合・ポイント制で実施(8週間)、開幕は8月10日/入場制限(3,000人から1万2000人)/応援団席が外野に(秋)/慶応が単独でアメリカ遠征/東大の監督にプロ経験者の井手峻が就任/前田祐吉(慶)、石井連蔵(早)が野球殿堂入り/神宮球場の照明施設がLED化

□野球界の動き

★高校／**コロナ禍で中止**/選抜中止を受け甲子園交流大会を開催(32校16試合)
★大学／東都大学野球春季リーグが新型コロナウイルス感染症の影響で中止/全日本大学野球選手権大会、明治神宮野球大会がコロナウイルス感染症の影響で中止
★プロ／コロナ禍で開幕を6/16まで延期、当初無観客で7/10から人数制限で有観客/試合数は142から120へ削減、クライマックスシリーズはセは中止、パは2球団で実施

□国内外の動き

★国内／**COVID-19が蔓延**/東京オリンピックがコロナ禍で1年延期を決定/小惑星探査機「はやぶさ2」が帰還、本体は次の探査へ
★世界／米バイデンが大統領選当選/新型コロナウイルス(SARS -CoV-2)世界的に大流行/イギリスがEUを離脱/香港「国安法」施行

2021(令和3)年　慶応が春秋連覇(10試合ポイント制)　コロナの感染・影響が続く　東京オリパラが無観客で開催

※網掛けは公立高校出身の選手

早稲田			対東大 4.10
1	中	鈴木 萌斗	作新学院(栃木)
2	三	中川 卓也	大阪桐蔭(大阪)
3	右	蛭間 拓哉	浦和学院(埼玉)
4	捕	岩本 久重	大阪桐蔭(大阪)
5	二	丸山 壮史	広陵(広島)
6	左	野村 健太	山梨学院(山梨)
7	遊	熊田 任洋	東邦(愛知)
8	一	生沼 弥真人	早稲田実(東京)
9	投	**徳山 壮磨**	大阪桐蔭(大阪)
主将		丸山 壮史	広陵(広島)
マネージャー		鈴木 隆太	早稲田佐賀(佐賀)
監督		小宮山 悟	芝工大柏(千葉)
			対立教 9.19
6	左	福本 翔	早稲田実(東京)
9	投	**西垣 雅矢**	報徳学園(兵庫)

慶応			対法政 4.10
1	三	廣瀬 隆太	慶応(神奈川)
2	中	**渡部 遼人**	桐光学園(神奈川)
3	右	橋本 典之	出雲(島根)
4	一	**正木 智也**	慶応(神奈川)
5	遊	下山 悠介	慶応(神奈川)
6	二	朝日 晴人	彦根東(滋賀)
7	左	萩尾 匡也	文徳(熊本)
8	捕	福井 章吾	大阪桐蔭(大阪)
9	投	森田 晃介	慶応(神奈川)
主将		福井 章吾	大阪桐蔭(大阪)
マネージャー		湯川 適	慶応藤沢湘南(神奈川)
監督		堀井 哲也	韮山(静岡)
			対東大 9.19
6	左	若林 将平	履正社(大阪)
7	二	古川 智也	広島新庄(広島)

明治			対東大 4.17
1	右	陶山 勇軌	常総学院(茨城)
2	遊	村松 開人	静岡(静岡)
3	中	**丸山 和郁**	前橋育英(群馬)
4	左	上田 希由翔	愛産大三河(愛知)
5	捕	植田 理久都	高松商(香川)
6	一	篠原 翔太	報徳学園(兵庫)
7	三	山田 陸人	桐光学園(神奈川)
8	二	小泉 徹平	聖光学院(神奈川)
9	投	竹田 祐	履正社(大阪)
主将		丸山 和郁	前橋育英(群馬)
マネージャー		鈴木 一真	明大中野八王子(東京)
監督		田中 武宏	舞子(兵庫)
			対慶応 9.25
5	左	杉崎 成	東海大菅生(東京)
6	遊	宗山 塁	広陵(広島)
8	捕	蓑尾 海斗	日南学園(宮崎)

法政 (当番校)			対慶応 4.10
1	遊	海﨑 雄太	埼玉栄(埼玉)
2	中	**岡田 悠希**	龍谷大平安(京都)
3	二	齊藤 大輝	横浜(神奈川)
4	右	小池 智也	八戸学院光星(青森)
5	一	後藤 克基	滋賀学園(滋賀)
6	左	諸橋 駿	中京大中京(愛知)
7	三	中原 輝也	尽誠学園(高知)
8	捕	舟生 大地	日大山形(山形)
9	投	**三浦 銀二**	福岡大大濠(福岡)
主将		三浦 銀二	福岡大大濠(福岡)
マネージャー		小泉 翔矢	法政二(神奈川)
監督		加藤 重雄	鳥取西(鳥取)
			対立教 10.9
1	右	西村 友哉	中京大中京(愛知)
2	左	宮﨑 秀太	天理(奈良)
5	一	浦 和博	鳴門(徳島)
6	三	今泉 颯太	中京大中京(愛知)
7	捕	村上 喬一朗	東福岡(福岡)
	投	**山下 輝**	木更津総合(千葉)

立教			対法政 4.17
1	中	道原 慧	駒大苫小牧(北海道)
2	遊	井上 剛	佐久長聖(長野)
3	右	太田 英毅	智弁学園(奈良)
4	二	山田 健太	大阪桐蔭(大阪)
5	一	東 怜央	福岡大大濠(福岡)
6	左	宮﨑 仁斗	大阪桐蔭(大阪)
7	三	佐藤 元	福岡大大濠(福岡)
8	捕	黒岩 陽介	静岡(静岡)
9	投	池田 陽佑	智弁和歌山(和歌山)
主将		太田 英毅	智弁学園(奈良)
マネージャー		竹間 心	立教新座(埼玉)
監督		溝口 智成	湘南(神奈川)
			対早稲田 9.19
2	三	田中 祥都	仙台育英(宮城)
3	左	吉岡 広貴	広陵(広島)

東大			対早稲田 4.10
1	右	阿久津 怜生	宇都宮(栃木)
2	遊	中井 徹哉	土浦一(茨城)
3	三	大音 周平	湘南(神奈川)
4	一	井上 慶秀	県長野(長野)
5	二	水越 健太	明和(愛知)
6	中	宮﨑 湧	開成(東京)
7	左	安田 拓光	三鷹中等教育(東京)
8	捕	松岡 泰希	東京都市大付(東京)
9	投	井澤 駿介	札幌南(北海道)
主将		大音 周平	湘南(神奈川)
マネージャー		吉田 洸	栄光学園(神奈川)
監督		井手 峻	新宿(東京)
			対慶応 9.19
9	遊	辻村 和樹	県千葉(千葉)

【春季】勝敗表　慶応がポイントで優勝

順位	チーム	試合	勝	敗	分	P	勝率
38	**慶大**	10	8	2	0	8	0.800
②	立大	10	6	3	1	6.5	0.667
③	明大	10	6	4	0	6	0.600
④	法大	10	4	5	1	4.5	0.444
⑤	早大	10	3	6	1	3.5	0.333
⑥	東大	10	1	8	1	1.5	0.111

・各校10試合ポイント制(1勝1P、引き分け0.5P)
・三浦(法)がノーヒットワンラン勝利(62年ぶり・対慶応)
・**明治が毎回得点**(30年ぶり3回目・対東大)
・陶山と山田(明)が打率5割の同率首位打者
・東大の連敗64でストップ

【選手権】**慶応が優勝**(4回目・対福井工業大)

【秋季】勝敗表　慶応がポイントで春秋連覇

順位	チーム	試合	勝	敗	分	P	勝率
39	**慶大**	10	4	1	5	6.5	0.800
②	早大	10	5	2	3	6.5	0.714
③	明大	10	4	2	4	6	0.667
④	立大	10	5	4	1	5.5	0.556
⑤	法大	10	1	3	6	4	0.250
⑥	東大	10	1	8	1	1.5	0.111

・引き分けが10試合(初)、法政は6引き分け
・今井(早)が三冠王(戦後15人目)
・**早稲田が最多連続打者安打(8本)**
・**早稲田が2試合連続先発全員安打全員得点**
・**明治が先発全員安打全員得点**(対東大)

【神宮】慶応が準優勝(中央学院大)

□六大学野球と神宮球場の動き

春秋ともに10試合・ポイント制実施(8週間)/春は史上初の無観客開催(12試合)/秋は9月19日の開幕、法政がコロナ感染で第4週から出場の特別措置

□野球界の動き

★高校/決勝戦もタイブレーク制に/休養日が追加され大会期間が17日間に/女子硬式野球選権大会決勝戦を甲子園球場で開催
★大学/東海大野球部で大麻使用発覚
★プロ/新型コロナウイルスの感染拡大により全試合延長戦なし/東京オリンピックでサムライジャパンが金メダル獲得
★大リーグ/**大谷翔平(エンゼルス・花巻東)がMVPはじめ多数のタイトルを獲得**

□国内外の動き

★国内/大学入学共通テスト導入/東京オリンピック・パラリンピック開催/コロナワクチン接種開始/阿蘇山噴火/京王線刺傷事件
★世界/アメリカ軍がアフガニスタンから撤退/新型コロナウイルスによる感染者が世界累計2億人突破、死者数は500万人突破

【春季】ベストナイン/首位打者/防御率1位

投手	増居 翔太	慶	彦根東
捕手	福井 章吾③	慶	大阪桐蔭
一塁手	東 怜央	立	福岡大大濠
二塁手	齊藤 大輝	法	横浜
	村松 開人	明	静岡
三塁手	山田 陸人	明	桐光学園
遊撃手	朝日 晴人	慶	彦根東
外野手	陶山 勇軌	明	常総学院
	丸山 和郁	明	前橋育英
	鈴木 萌斗	早	作新学院
	蛭間 拓哉	早	浦和学院
首位打者	陶山 勇軌	明	常総学院
	山田 睦人	明	桐光学園
防御率1位	森田 晃介	慶	慶応
MVP	正木 智也	慶	慶応

【秋季】ベストナイン/首位打者/防御率1位

投手	西垣 雅矢	早	報徳学園
捕手	蓑尾 海斗	明	日南学園
一塁手	今井 脩斗	早	早大本庄
二塁手	齊藤 大輝	法	横浜
三塁手	中川 卓也	早	大阪桐蔭
遊撃手	宗山 塁	明	広陵
外野手	福本 翔	早	早稲田実
	渡部 遼人	慶	桐光学園
	丸山 和郁	明	前橋育英
首位打者	今井 脩斗	早	早大本庄
防御率1位	山下 輝	法	木更津総合
MVP	今井 脩斗	早	早大本庄

2022(令和4)年　勝ち点制が復活　明治が春秋連覇　神宮外苑再開発認可・反対運動　ロシアがウクライナへ侵攻

※網掛けは公立高校出身の選手

早稲田　対法政 4.9

1	遊	熊田 任洋	東邦(愛知)
2	二	中川 卓也	大阪桐蔭(大阪)
3	三	中村 将希	鳥栖(佐賀)
4	中	**蛭間 拓哉**	浦和学院(埼玉)
5	一	生沼 弥真人	早稲田実(東京)
6	右	吉納 翼	東邦(愛知)
7	左	野村 健太	山梨学院(山梨)
8	投	齋藤 正貴	佐倉(千葉)
9	捕	印出 太一	中京大中京(愛知)
	主将	中川 卓也	大阪桐蔭(大阪)
	マネージャー	菊池 聡太	東筑(福岡)
	監督	小宮山 悟	芝工大柏(千葉)
			対法政 9.10
8	投	加藤 孝太郎	下妻一(茨城)
9	遊	山縣 秀	早大学院(東京)

慶応　対東大 4.9

1	中	**萩尾 匡也**	文徳(熊本)
2	左	宮尾 将	慶応(神奈川)
3	二	廣瀬 隆太	慶応(神奈川)
4	三	下山 悠介	慶応(神奈川)
5	右	山本 晃大	浦和学院(埼玉)
6	一	古川 智也	広島新庄(広島)
7	遊	朝日 晴人	彦根東(滋賀)
8	捕	善波 力	慶応(神奈川)
9	投	**橋本 達弥**	長田(兵庫)
	主将	下山 悠介	慶応(神奈川)
	マネージャー	服部 昂祐	都市大付(東京)
	監督	堀井 哲也	韮山(静岡)
			9.17 対東大
8	捕	宮崎 恭輔	国学院久我山(東京)
9	投	外丸 東眞	前橋育英(群馬)

明治　対東大 4.16

1	中	直井 宏路	桐光学園(神奈川)
2	二	上田 希由翔	愛産大三河(愛知)
3	遊	宗山 塁	広陵(広島)
4	三	山田 陸人	桐光学園(神奈川)
5	捕	蓑尾 海斗	日南学園(宮崎)
6	右	瀬 千皓	天理(奈良)
7	一	西山 虎太郎	履正社(大阪)
8	左	日置 航	日大三(東京)
9	投	蒔田 稔	九州学院(熊本)
	主将	村松 開人	静岡(静岡)
	マネージャー	鈴木 一真	明大中野八王子(東京)
	監督	田中 武宏	舞子(兵庫)
			対東大 9.10
1	左	飯森 太慈	佼成学園(東京)
2	二	**村松 開人**	静岡(静岡)
9	投	村田 賢一	春日部共栄(埼玉)

法政　対早稲田 4.9

1	中	宮﨑 秀太	天理(奈良)
2	左	西村 友哉	中京大中京(愛知)
3	二	齊藤 大輝	横浜(神奈川)
4	一	浦 和博	鳴門(徳島)
5	遊	今泉 颯太	中京大中京(愛知)
6	右	野尻 幸輝	木更津総合(千葉)
7	捕	**村上 喬一朗**	東福岡(福岡)
8	三	高原 侑希	福井工大福井(福井)
9	投	篠木 健太郎	木更津総合(千葉)
	主将	齋藤 大輝	横浜(神奈川)
	マネージャー	宮本 ことみ	法政(東京)
	監督	加藤 重雄	鳥取西(鳥取)
			対早稲田 9.10
3	左	中津 大和	小松大谷(石川)
6	一	松田 憲之朗	龍谷大平安(京都)
7	捕	大柿 廉太郎	健大高崎(群馬)
8	三	海﨑 雄太	埼玉栄(埼玉)
9	投	尾﨑 完太	滋賀学園(滋賀)
	捕	**是澤 涼輔**	健大高崎(群馬)

立教　対法政 4.16

1	中	道原 慧	駒大苫小牧(北海道)
2	左	宮﨑 仁斗	大阪桐蔭(大阪)
3	三	西川 晋太郎	智弁和歌山(和歌山)
4	二	山田 健太	大阪桐蔭(大阪)
5	一	柴田 颯	札幌第一(北海道)
6	捕	黒岩 陽介	静岡(静岡)
7	右	吉岡 広貴	広陵(広島)
8	投	**荘司 康誠**	新潟明訓(新潟)
9	遊	井上 剛	佐久長聖(長野)
	主将	山田 健太	大阪桐蔭(大阪)
	マネージャー	大河原 すみれ	湘南白百合学園(神奈川)
	監督	溝口 智成	湘南(神奈川)
			9.17 対法政

東大(当番校)　対慶応 4.9

1	右	阿久津 怜生	宇都宮(栃木)
2	遊	中井 徹哉	土浦一(茨城)
3	左	宮﨑 湧	開成(東京)
4	一	梅林 浩大	静岡(静岡)
5	捕	松岡 泰希	東京都市大付(東京)
6	中	別府 洸太朗	東筑(福岡)
7	二	清永 浩司	佼成学園(東京)
8	投	井澤 駿介	札幌南(北海道)
9	三	伊藤 和人	城北(東京)
	主将	松岡 泰希	東京都市大付(東京)
	マネージャー	田中 平祐	ラ・サール(鹿児島)
	監督	井手 峻	新宿(東京)
			対明治 9.10
1	左	大井 温登	小松(石川)
6	三	藤田 峻也	岡山大安寺中等(岡山)
8	二	林 遼平	甲陽学院(兵庫)

【春季】勝敗表　明治が完全優勝

順位	チーム	試合	勝	敗	分	勝点	勝率
41	**明大**	15	10	3	2	5	0.769
②	慶応	13	8	4	1	3	0.667
③	立教	12	6	4	2	3	0.600
④	法政	13	7	5	1	3	0.583
⑤	早大	13	3	8	2	1	0.273
⑥	東大	12	0	10	2	0	0.000

・萩尾(慶)が先頭打者、サヨナラ本塁打(1試合)

【選手権】明治が準決勝で敗退(亜細亜大)

【秋季】勝敗表　明治が勝率で優勝

順位	チーム	試合	勝	敗	分	勝点	勝率
42	**明大**	12	9	2	1	4	0.818
②	早大	10	8	2	0	4	0.800
③	慶大	14	8	5	1	4	0.615
④	立大	12	4	7	1	2	0.364
⑤	法大	12	4	8	0	1	0.333
⑥	東大	12	1	10	1	0	0.091

・萩尾(慶)が三冠王(戦後16人目)

・**慶応が毎回得点**(対東大・4回目)

【神宮】**明治が優勝**(7回目・対国学院大)

【春季】ベストナイン/首位打者/防御率1位

投　手	蒔田 稔	明	九州学院
捕　手	蓑尾 海斗	明	日南学園
一塁手	上田 希由翔	明	愛産大三河
二塁手	廣瀬 隆太	慶	慶応
三塁手	山田 陸人	明	桐光学園
遊撃手	宗山 塁	明	広陵
外野手	萩尾 匡也	慶	文徳
	宮﨑 秀太	法	天理
	山本 晃大	慶	浦和学院
首位打者	宗山 塁	明	広陵
防御率1位	橋本 達弥	慶	長田
MVP	宗山 塁	明	広陵

【秋季】ベストナイン/首位打者/防御率1位

投　手	増居 翔太	慶	彦根東
捕　手	印出 太一	早	中京大中京
一塁手	廣瀬 隆太③	慶	慶応
二塁手	村松 開人	明	静岡
三塁手	上田 希由翔	明	愛産大三河
遊撃手	宗山 塁③	明	広陵
外野手	萩尾 匡也	慶	文徳
	山本 晃大	慶	浦和学院
	宮尾 将	慶	慶応
首位打者	萩尾 匡也	慶	文徳
防御率1位	加藤 孝太郎	早	下妻一
MVP	宗山 塁	明	広陵

□六大学野球と神宮球場の動き

勝ち点制が復活/第7週から応援団席が内野に戻る(春)/明治が春秋連覇/明治が神宮大会で優勝(最多7回)/**神宮外苑再開発案を東京都が認可、再開発反対運動**起こる(237頁)

□野球界の動き

★高校/継続試合方式を導入/仙台育英が東北勢で初優勝/金属バットの基準の変更を決定(完全実施は2024年～・209頁)

★大学/**東都大学野球(1部)の春季開幕カードを大分で開催**(秋は開幕から福島・横浜で開催・244頁)

★プロ/**村上宗隆**(東京ヤクルトスワローズ・九州学院)がアジア人最多の**年間56本塁打**記録、**最年少の三冠王**など打撃部門で活躍/2軍新球団公募(最大2球団)決定

★大リーグ/大谷翔平(エンゼルス)が開幕戦で先発・1番打者/大谷が2年連続オールスター出場

□国内外の動き

★国内/コロナ感染続く/東京五輪の贈収賄事件で逮捕者相次ぐ(509頁)

★世界/冬季北京五輪が無観客開催/**ロシアがウクライナへ侵攻**(2月)/原油価格急騰/習近平が3期目/世界でコロナ感染者6億人

2023(令和5)年　明治が85年ぶりの3連覇　部員総数が900名超える　コロナ規制5類へ　ロシア、ウクライナ侵攻続く

※網掛けは公立高校出身の選手

早稲田			対東大 4.16
1	中	尾瀬 雄大	帝京(東京)
2	左	中村 将希	鳥栖(佐賀)
3	遊	熊田 任洋	東邦(愛知)
4	捕	印出 太一	中京大中京(愛知)
5	右	吉納 翼	東邦(愛知)
6	一	野村 健太	山梨学院(山梨)
7	三	小澤 周平	健大高崎(群馬)
8	二	山縣 秀	早大学院(東京)
9	投	加藤 孝太郎	下妻一(茨城)
主将		森田 朝陽	高岡商(富山)
マネージャー		緑川 悠希	早大学院(東京)
監督		小宮山 悟	芝工大柏(千葉)
			対東大 9.16
6	一	島川 叶夢	済々黌(熊本)
マネージャー		柴垣 敬太朗	三国丘(大阪)

慶応			対法政 4.8
1	左	橋本 駿	巣鴨(東京)
2	右	栗林 泰三	桐蔭学園(神奈川)
3	二	本間 颯太朗	慶応(神奈川)
4	三	**廣瀬 隆太**	慶応(神奈川)
5	捕	宮崎 恭輔	国学院久我山(東京)
6	中	吉川 海斗	慶応(神奈川)
7	一	清原 正吾	慶応(神奈川)
8	遊	斎藤 快太	前橋(群馬)
9	投	外丸 東眞	前橋育英(群馬)
主将		廣瀬 隆太	慶応(神奈川)
マネージャー		藤井 快	札幌旭丘(北海道)
監督		堀井 哲也	韮山(静岡)
			対立教 9.9
3	左	齋藤 來音	静岡(静岡)
6	中	水鳥 遥貴	慶応(神奈川)

明治			対東大 4.8
1	中	直井 宏路	桐光学園(神奈川)
2	左	飯森 太慈	佼成学園(東京)
3	遊	宗山 塁	広陵(広島)
4	三	**上田 希由翔**	愛産大三河(愛知)
5	一	加藤 巧也	大阪桐蔭(大阪)
6	二	堀内 祐我	愛工大名電(愛知)
7	右	瀬 千皓	天理(奈良)
8	捕	小島 大河	東海大相模(神奈川)
9	投	**村田 賢一**	春日部共栄(埼玉)
主将		上田 希由翔	愛産大三河(愛知)
マネージャー		森 裕規	滝川(兵庫)
監督		田中 武宏	舞子(兵庫)
			対東大 9.9
6	右	斉藤 勇人	常総学院(茨城)
	投	**石原 勇輝**	広陵(広島)

法政			対慶応 4.8
1	三	武川 廉	滋賀学園(滋賀)
2	左	鈴木 大照	明徳義塾(高知)
3	遊	今泉 颯太	中京大中京(愛知)
4	一	内海 貴斗	横浜(神奈川)
5	二	高原 侑希	福井工大福井(福井)
6	中	中津 大和	小松大谷(石川)
7	右	浦 和博	鳴門(徳島)
8	捕	吉安 遼哉	大阪桐蔭(大阪)
9	投	尾﨑 完太	滋賀学園(滋賀)
主将		今泉 颯太	中京大中京(愛知)
マネージャー		上田 龍弘	城北(熊本)
監督		加藤 重雄	鳥取西(鳥取)
			対立教 9.16
7	左	西村 友哉	中京大中京(愛知)
9	投	篠木 健太郎	木更津総合(千葉)

立教(当番校)			対法政 4.16
1	三	齋藤 大智	東北(宮城)
2	一	菅谷 真之介	市船橋(千葉)
3	二	西川 晋太郎	智弁和歌山(和歌山)
4	捕	戸丸 秦吾	健大高崎(群馬)
5	中	安藤 碧	明石商(兵庫)
6	左	北田 峻都	報徳学園(兵庫)
7	右	山形 球道	興南(沖縄)
8	遊	岩本 悠佑真	報徳学園(兵庫)
9	投	池田 陽佑	智弁和歌山(和歌山)
主将		西川 晋太郎	智弁和歌山(和歌山)
マネージャー		玉井 一騎	都昭和(東京)
監督		溝口 智成	湘南(神奈川)
			対慶応 9.9
2	中	桑垣 秀野	中京大中京(愛知)
4	右	鈴木 唯斗	東邦(愛知)
5	左	西川 侑志	神戸国際大付(兵庫)
6	三	柴田 恭佑	東明館(佐賀)

東大			対明治 4.8
1	右	酒井 捷	仙台二(宮城)
2	左	矢追 駿介	土浦一(茨城)
3	中	別府 洸太朗	東筑(福岡)
4	一	梅林 浩大	静岡(静岡)
5	捕	和田 泰晟	海城(東京)
6	三	藤田 峻也	岡山大安寺中等(岡山)
7	遊	青貝 尚柾	攻玉社(東京)
8	二	山口 真之介	小山台(東京)
9	投	鈴木 健	仙台一(宮城)
主将		梅林 浩大	静岡(静岡)
マネージャー		石井 悠人	灘(兵庫)
監督		井手 峻	新宿(東京)
			対明治 9.9
5	一	大井 温登	小松(石川)
9	投	松岡 由機	駒場東邦(東京)

【春季】順位表　明治が完全優勝

順位	チーム	試合	勝	敗	分	勝点	勝率
43	**明大**	12	10	1	1	5	0.909
②	法大	14	8	4	2	4	0.667
③	慶大	15	8	5	2	3	0.615
④	早大	13	6	6	1	2	0.500
⑤	立大	13	2	8	3	1	0.200
⑥	東大	11	0	10	1	0	0.000

・明治が85年ぶりの3連覇
・早慶戦で最大得点差(慶15対早1)

【選手権】明治が準優勝(青山学院大)

【秋季】順位表　慶応が完全優勝

順位	チーム	試合	勝	敗	分	勝点	勝率
40	**慶大**	14	10	3	1	5	0.769
②	明大	13	9	4	0	4	0.692
③	早大	12	8	4	0	3	0.667
④	法大	14	6	7	1	2	0.462
⑤	立大	10	2	8	0	1	0.200
⑥	東大	11	1	10	0	0	0.091

・廣瀬(慶)が通算20本塁打(歴代4位タイ)
・上田(明)が通算74打点(歴代4位)
・栗林が三冠王(戦後17人目)
・**東大が最多連続最下位(52シーズン・331頁)**

【神宮】**慶応が優勝**(5回目・対青山学院大)

【春季】ベストナイン/首位打者/防御率1位

投手	村田 賢一	明	春日部共栄
捕手	小島 大河	明	東海大相模
一塁手	内海 貴斗	法	横浜
二塁手	堀内 祐我	明	愛工大名電
三塁手	上田 希由翔	明	愛産大三河
遊撃手	熊田 任洋	早	東邦
外野手	飯森 太慈	明	佼成学園
	尾瀬 雄大	早	帝京
	栗林 泰三	慶	桐蔭学園
首位打者	飯森 太慈	明	佼成学園
防御率1位	篠木 健太郎	法	木更津総合
MVP	村田 賢一	明	春日部共栄

【秋季】ベストナイン/首位打者/防御率1位

投手	外丸 東眞	慶	前橋育英
捕手	宮崎 恭輔	慶	国学院久我山
一塁手	浦 和博	法	鳴門
二塁手	堀内 祐我	明	愛工大名電
	松下 歩叶	法	桐蔭学園
三塁手	上田 希由翔④	明	愛産大三河
遊撃手	熊田 任洋	早	東邦
外野手	栗林 泰三	慶	桐蔭学園
	吉納 翼	早	東邦
	酒井 捷	東	仙台二
首位打者	栗林 泰三	慶	桐蔭学園
防御率1位	蒔田 稔	明	九州学院
MVP	外丸 東眞	慶	前橋育英

□六大学野球と神宮球場の動き

早稲田が単独で米遠征/**明治が85年ぶりの3連覇**/6校の**部員登録数が900名**を超える(443頁)/立教が不祥事で4年生が出場辞退(秋の第4週)/オールスターゲームを桐生(群馬)で開催/**神宮第2球場の解体始まる**

□野球界の動き

★高校/選抜は95回記念大会で36校が出場/105回記念大会の代表校は49校、**公立高代表は一桁の9校、史上初のベスト16に公立高がゼロ**(375頁)/5回終了後に10分間のクーリングタイム導入/慶応高が107年ぶりに全国制覇(379頁)

★大学/東都大学野球(1部)は愛知・ナゴヤ球場で開幕、第3週はZOZOマリンスタジアム(千葉)で開催(春)、秋は松山市(愛媛)で開幕/日米大学野球選手権で日本3勝2敗、米国開催優勝は2回目(アメリカ・7月)

★プロ/**エスコンフィールドHOKKAIDO(北広島市)が開場**(241頁)/**WBC(ワールド・ベースボール・クラシック)で日本3回目の優勝**

★大リーグ/大谷翔平が初の本塁打王と2回目のMVP

★その他/作曲家の古関裕而が野球殿堂入り(403頁)

□国内外の動き

★国内/関東大震災から100年/こども家庭庁/広島でG7サミット(154頁)/インボイス制度/最高気温ラッシュ/自民党の裏金問題

★世界/ロシア・ウクライナの和平進まず

2024(令和6)年　六大学野球が100年目に　高校野球が低反発バット採用　甲子園球場が100歳　能登半島地震

※網掛けは公立高校出身の選手

早稲田(当番校)		対立教 4.13
1 中	尾瀬 雄大	帝京(東京)
2 遊	山縣 秀	早大学院(東京)
3 右	吉納 翼	東邦(愛知)
4 捕	印出 太一	中京大中京(愛知)
5 一	前田 健伸	大阪桐蔭(大阪)
6 二	中村 敢晴	筑陽学園(福岡)
7 三	梅村 大和	早稲田実(東京)
8 左	石郷岡 大成	早稲田実(東京)
9 投	伊藤 樹	仙台育英(宮城)
主将	印出 太一	中京大中京(愛知)
マネージャー	中原 由信	早稲田実(東京)
監督	小宮山 悟	芝工大柏(千葉)

慶応		対東大 4.13
1 遊	水鳥 遥貴	慶応(神奈川)
2 左	村岡 龍	慶応(神奈川)
3 三	本間 颯太朗	慶応(神奈川)
4 一	清原 正吾	慶応(神奈川)
5 中	横地 広太	慶応(神奈川)
6 二	斎藤 快太	前橋(群馬)
7 右	常松 広太郎	慶応湘南藤沢(神奈川)
8 捕	森村 輝	小山台(東京)
9 投	外丸 東眞	前橋育英(群馬)
主将	本間 颯太朗	慶応(神奈川)
マネージャー	宮田 健太郎	慶応(神奈川)
監督	堀井 哲也	韮山(静岡)

明治		対東大 4.20
1 中	直井 宏路	桐光学園(神奈川)
2 二	木本 圭一	桐蔭学園」(神奈川)
3 遊	宗山 塁	広陵(広島)
4 右	横山 陽樹	作新学院(栃木)
5 一	加藤 巧也	大阪桐蔭(大阪)
6 捕	小島 大河	東海大相模(神奈川)
7 左	瀬 千皓	天理(奈良)
8 三	友納 周哉	福岡大大濠(福岡)
9 投	藤江 星河	大阪桐蔭(大阪)
主将	宗山 塁	広陵(広島)
マネージャー	岸上 さくら	立命館慶祥(北海道)
監督	田中 武宏	舞子(兵庫)

法政		対立教 4.20
1 中	西村 友哉	中京大中京(愛知)
2 右	姫木 陸斗	日大藤沢(神奈川9
3 遊	中津 大和	小松大谷(石川)
4 二	武川 廉	滋賀学園(滋賀)
5 捕	吉安 遼哉	大阪桐蔭(大阪)
6 三	松下 歩叶	桐蔭学園「神奈川)
7 一	田所 宗大	いなべ総合(三重)
8 左	鈴木 大照	明徳義塾(高知)
9 投	篠木 健太郎	木更津総合(千葉)
主将	吉安 遼哉	大阪桐蔭(大阪)
マネージャー	黒坂 夏希	法政(東京)
監督	大島 公一	法政二(神奈川)

立教		対早稲田 4.13
1 二	田中 祥都	仙台育英(宮城)
2 三	齋藤 大智	東北(宮城)
3 遊	柴田 恭佑	東明館(佐賀)
4 一	丸山 一喜	大阪桐蔭(大阪)
5 左	鈴木 唯斗	東邦(愛知)
6 右	菅谷 真之介	市船橋(千葉)
7 中	桑垣 秀野	中京大中京(愛知)
8 捕	戸丸 秦吾	健大高崎(群馬)
9 投	小畠 一心	智弁学園(奈良)
主将	田中 祥都	仙台育英(宮城)
マネージャー	遠山 夏澄	駒場(東京)
監督	木村 泰雄	韮山(静岡)

東大		対慶応 4.13
1 中	榎本 吉伸	渋谷幕張(千葉)
2 左	中山 太陽	宇都宮(栃木)
3 二	山口 真之介	小山台(東京)
4 三	内田 開智	開成(東京)
5 右	鈴木 太陽	国立(東京)
6 一	西前 颯真	彦根東(滋賀)
7 捕	府川 涼太郎	西大和学園(奈良)
8 遊	青貝 尚柾	攻玉社(東京)
9 投	平田 康二郎	西(東京)
主将	藤田 峻也	岡山大安寺中等(岡山)
マネージャー	岩瀬 笑太	開成(東京)
監督	大久保 裕	湘南(神奈川)

□六大学野球と神宮球場の動き(6月以降予定)

六大学野球が100年目を迎える/明治がリーグ戦でグレーのユニフォームを着用(1980年以来)/オールスターゲームと日本ハムファイターズ2軍との交流戦をエスコンフィールドHOKKAIDO(北広島市・北海道)で開催(8月・9月)/立教が大学創立(立教学校)150周年

□野球界の動き(6月以降予定)

★高校/選抜の21世紀枠が2校に減(3月)/選抜から**低反発の金属バットを採用、柵越えが2本**(3月・209頁)/製造基準違反の金属バットを回収(4月)/不祥事の処分件数が40件を数える(1月から4月まで・430頁)/暑さ対策で午前・夕方の2部制を採用(8月)
★大学/大学日本代表がプラハベースボールウイーク(チェコ)とハーレムベースボールウイーク(オランダ)に参加
★社会人/日産自動車九州野球部が活動再開
★プロ/**2軍に2チーム(くふうハヤテベンチャーズ静岡とオイシックス新潟アルビレックスBC)が新規参入**/プレミア12を日本ほかで開催(11月)
★大リーグ/大谷翔平の二刀流が右肘手術で1年間中断/ソウル(韓国)で開幕シリーズを開催、4月にメキシコシリーズ、6月にロンドンシリーズを開催し世界市場開拓へ
★その他/**甲子園球場が開場100年**を迎える(77頁)/2028年の**ロサンゼルス・オリンピックで野球・ソフトボールが復活**決定

□国内外の動き(6月以降予定)

★国内/**能登半島地震**で大災害(1.1)/箱根大学駅伝が100回目(1.2)/日本銀行券デザイン刷新(7.3)/21世紀生まれの大学卒業者誕生(3月)/北陸新幹線(金沢〜敦賀間延伸)開業(3.16)/築地市場跡地の多目的スタジアム(野球他)建設が決まる(4月)
★世界/パリオリンピックが開催(野球・ソフトボールの種目なし・7月)

2025(令和7)年　六大学野球が満100年、次世紀へ　高校野球が110周年　昭和100年　太平洋戦争終結から80年

□六大学野球と神宮球場の動き(予定)(当番校は慶応)

六大学野球が満100年、次世紀へ/**連盟創立100周年記念行事**(記念碑の建立、記念ロゴ・ワッペン、歴史展、記念試合、記念式典、記念ロゴ・ワッペン、歴史展、記念試合、記念式典等)/オールスターゲームを飛田穂洲生誕の地の水戸市で開催/法政が創部110周年/**神宮球場が開場99年を迎える**

□野球界の動き(予定)

★高校/**高校野球が110周年**
★大学/
★社会人/**日産自動車野球部(本社)が活動再開**
★プロ/
★大リーグ/開幕シリーズを東京で開催(2019年以来)、パリ・ロンドン・メキシコでも開催

□国内外の動き(予定)

★国内/**太平洋戦争終結から80年**/大阪で万博が開催/住民基本台帳カードが無効に/NHKラジオ第2放送が廃止/**昭和100年**問題
★世界/欧州とアフリカを結ぶジブラルタルトンネル開通

エピローグ

筆の素人にとって3冊目の上梓となった。1冊目は大学時代の恩師の島岡吉郎を『なんとかせい！　島岡御大の置き手紙』（文藝春秋企画出版部・2020年）と題して著した。2冊目はその増補版で『なんとかせい！一事入魂　島岡御大の10の遺言』（鳥影社・2023年）とした。3冊目も東京六大学野球を題材にするとは夢にも描かなかった。六大学野球が始まってまもなく100年、六大学野球に関わった人にスポットを当てて記したが、改めて人と人との縦横のつながりが果てしなく広いことに驚かされた。人間関係の広がりの大きさや深さに筆者の力量では力不足であることを痛感させられた。人のつながりをさらに取材して記したら本著の2倍、3倍ものボリュームになるだろう。100年の歴史の重みを噛み締めた。

本著の執筆に取り掛かったのは、招致から開催まで様々な問題が湧き上がり、コロナ禍で1年延期された「東京オリンピック2020」が終わり、その東京で史上初の2回目となるパラリンピックが開催されようとしていた2021（令和3）年8月だった。1964（昭和39）年10月、筆者は信州の小学校5年生の時に最初の東京オリンピックを新調なったカラーテレビで目にし、スポーツの発する人間の力をテレビで食い入るように観た。スポーツがこれほど人間に感動を与えてくれるのかと体感したことが蘇る。

最初の東京オリンピックの主会場の国立競技場（東京・新宿区）は、2回目のオリンピックの開催にあたり、そのレガシーを遺（のこ）そうと訴える声が掻き消された中で取り壊され、同じ場所に新たな競技場が建造された。競技場建設にまつわるトラブル、エンブレムの盗用問題、ＪＯＣ・ＩＯＣ幹部の金銭疑惑、組織委員会会長の差別発言による辞任、開閉会式の企画責任者の辞任など、トラブルが続いた。「参加することに意義がある」と謳われた時代のスポーツの純粋さは遠のき、昨今の商業オリンピックの限界を感じたのは筆者だけではないだろう。政治家や五輪イベントをリードする人たちが発する「アスリートファースト」が虚しく響いた。加えてコロナ禍で開催延期、無観客での開催など、トラブルはまだ続いた。トラブルに関わった人達が、誤りを犯しても素直に謝らない姿はスポーツマンシップからはほど遠い光景だった。それなりの立場を築いた人達ばかりだった。不正が蔓延した緊張感のない政治が、スポーツの世界へ乗り移ったようだった。政治の世界では「謝らない」「まともに答えない」、政治家としてよりまず人として目に余る、見ている方が恥ずかしい光景がテレビに映し出された。せめてスポーツの世界はすっきりありたいものだが、そうはならない日本になってしまったことを思い知らされた。政治やスポーツ以外でも、企業では頻発する製品の検査データの書き換え不正、不祥事の隠蔽工作、国立大学では国からの研究調査費の不正利用、私学での私欲を肥やした大型脱税など、挙げればキリがない。大企業、教育機関がなしたことだ。政治の世界も含めて何とも心が荒んだ。潔さを忘れた日本人が政治にもスポーツにも溢れてはこの先が思いやられる。

筆を進めるうちに北京冬季オリンピック大会が開催された。この大会もオミクロン株の世界的な蔓延の中で観客を制限して行われた。「ゼロコロナ」を唱える中国が、国威発揚をあからさまにし、「政治的ボイコット」なるワードも生まれ、政治も巻き込んだ興醒めの大会となった。フィギュアスケートでは国ぐるみのロシア選手のすっきりしないドーピング問題もあり、政治と同じような光景が映し出され、スポーツの持つ本来の意義は薄れてしまった。そして、習近平（清華大・北京市）に開会式に招待されたロシアのプーチン大統領は笑顔で応えながら、パラリンピックの閉幕の前に、隣国のウクライナへ能面のような顔で「特別軍事作戦」と称して侵攻を始め、多くの一般市民がロシア軍の攻撃で犠牲になった。五輪憲章も「平和の祭典」もあったものではなかった。明らかな戦争であり、ウクライナの民間人への攻撃が続いた。国連の常任理事国が侵略を自己正当化して隣国へ軍事介入するという、信じ難い事態が現下に起きた。こんな偽善に満ちた独裁者が21世紀に存在したのか。ロシアには帝政ロシア時代の「魔物」が潜んでいたと思わざるを得なかった。ウクライナへの民間人殺戮を知りながら、平穏を装うモスクワのロシア人の笑顔をテレビで見る度に無力感が増幅された。第二次世界大戦の戦勝国が常任理事国として居座り、そのロシアが戦争を仕掛けても制御できない安全保障理事会を司る国連は無力さを露呈した。ロシアの攻撃は侵攻開始から2年を過ぎても止む気配がない。アメリカをはじめ欧米諸国は武器をウクライナへ供与するだけで、そこにはロシア、中国も含めて対話による解決はなかった。

そして、さらに原稿を進めていると、東京オリンピックの最終報告が発表された。頻発したトラブルの反省を脇に置き、主催者が主催者に賛辞を送る興醒めの内容だった。さらにオリンピックが話題にのぼらなくなった頃、元五輪組織委員会理事が広告代理店や公式ユニフォームのスポンサーから多額の現金を受け取ったという、収賄容疑による検察の逮捕劇まで見せられた。かつて首相も務めた元大会組織委員長が「病気見舞い」として同筋から200万円もの現金を受領していたことも報道され、釈明もなく開いた口が塞がらなかった。最後までスポーツとはかけ離れた組織委員会と大手広告代理店によるカネまみれのオリンピックの光景を見せつけられた。純粋にスポーツの感動を与えてくれた60年前の東京オリンピックの栄光を汚すものとなった。オリンピックを東京に招致した人たちは何を考え、この汚れた不祥事をどう思っているのだろう。JOC（日本オリンピック委員会）会長の山下泰裕（東海大相模－東海大・熊本）はじめアスリートを代表する関係者が、皆一様に口を噤（つぐ）んでいる姿は寂しい。先述したスポーツ選手が自立できない問題とつながっている気がする。オリンピックの当事者の一連の振る舞いには、先の大戦における内閣、軍部と最近の政府の振る舞いをダブらせてしまう。軍部と内閣の上層部が皇国の名の下に決断した無謀な戦争突入、次々と起こる悲惨な敗北の事実の隠蔽工作、そして、最近の内閣の国会での事実に向き合わない言い逃れ答弁、意味をなさない黒塗りの国会資料の提出、等々。共通するのは国民不在の光景だ。もうオリンピックは日本には要らない。

戦後79年を経た今、現代の中学校、高校の社会科と日本史の教科書を覗くと、「敗戦」の見出しがある教科書がある中で、「戦争の終結」「終戦にともない」などの表現で「敗戦」の文字がない教科書もある。すべての教科書の目次は「古代、中世、近世、近代、現代」の順に並んでいる。歴史の授業では激動の明治、大正、昭和初期の日本、世界の動き、敗戦の経緯をまず学ぶことだ。多くの戦争書物、戦争当事者の証言から、戦争主導者の犯した過ち、軍部の退廃の事実、真実を伝えなかった国家及び報道機関のことなど、多くの事実が明らかになっている。真実は何か、なぜそうなったのかを生徒、学生が自ら学び、時の日本が戦争をする器ではなかったことを知ることだ。筆者の出身県である長野県の高校に問い合わせると、複数の教育委員会が歴史の授業を近代史から始めていて、すでにその傾向はあるようだ。教科書に載っている事実の裏にある大戦前後を詳しく学ぶことは自立心を養うために極めて有意義だ。生徒、教師、学校の姿勢によって社会科教育が変わり、その先の思考回路も変わる。先進国の中では飛び抜けて低い日本の国政選挙の投票率は、近代史の教育が関係している気がしてならない。明治維新から1世紀半、「明治は遠くなりにけり」から「昭和は遠くなりにけり」の時代だ。目次が「近代」の歴史から始まる教科書があってもいい。

日本が中国、朝鮮半島へ侵攻し、アメリカに戦争を仕掛けた歴史は事実であり重い。真珠湾攻撃は時のアメリカ政府が原子爆弾を使用するために日本を戦争に誘導したという書物まで出まわり、戦後79年も経た今でも真相は闇の中だ。隣国の韓国には国立墓地である国立ソウル顕忠院と戦争記念館（非営利法人・ソウル市）がある。筆者も何度か訪れた。アメリカには国立のアーリントン墓地をはじめ147ヵ所の国立墓地がある。日本には東京に宗教法人の靖国神社と国立の千鳥ヶ淵戦没者墓苑がある。戦犯とされた軍人や軍属も祀られている靖国に参拝すれば、名前の特定できない戦没者、戦争で命を落とした一般市民の霊には参拝できない。千鳥ヶ淵に行っても、名前を特定された戦没者には参拝できない。A級戦犯も祀られている宗教法人・靖国神社への国務大臣の参拝行為が憲法違反に問われ、戦後79年を経た今でも、韓国や中国から非難の声が発せられる。8月のありふれた光景だ。千鳥ヶ淵を有効に活用すべきという流れが消えたり、新たな国立の追悼施設設置議論が中途半端に終わったり、いまだに国民、外国人が平穏に追悼できる施設がない。そこにも戦後を清算できない日本がある。靖国を参拝した政治家はテレビのインタビューで、「国のために命を落とした尊い御霊(みたま)に哀悼の意を表すことは崇高なことだ」と判を押したように答えるのが常だ。「敗戦と80年前の政治の先達が犯した取り返しのつかない過ちを靖国に祀られている戦没者に向かい詫びた。そして、憲法9条を守り抜くこと、恒久の不戦を誓った」と言える政治家はいない。日本が侵略した韓国、中国をはじめ多くのアジアの国の慰霊施設を政治家が訪問したことも聞かない。外国からの訪問者に「先の戦争で亡くなった人々を追悼したい」と問われたら、政治家はどこを勧めるのだろう。全国の小中高生が修学旅行で東京を訪れた際に、不戦の誓いを共有できる国立の戦没者慰霊平和祈念施設は必要だ。47の県庁所在地にも全国共通の追悼施設があってもいい。しかし、全国各地に建立された1万6000基の戦没者の慰霊碑や慰霊塔でさえ様々な理由で撤去が相次いでいるという。アメリカから買い上げる400発のトマホーク（一発で3億円5億円、とも言われる）の何発分かで十分に賄える。アメリカ、中国、韓国をはじめ各国のトップが訪日の際に表敬追悼できることは平和の象徴だ。

また、学徒出陣で特攻に散った学生、卒業生の遺品が納められている「知覧特攻平和会館」(注1)が鹿児島にある。筆者の故郷の信州・上田市には戦争で散った画学生の遺作や遺品を収めた先述した「無言館」(注1)がある。知覧には特攻によって逝った野球選手が使用したバットなどの遺品も展示されている。体験していない戦争を心に刻む拠り所を探るには格好の場所だ。政治家も靖国神社への参拝より、知覧特攻平和会館、無言館、そしていまだに戦後が終わっていない沖縄に頻繁に足を運んだ方が、時の政府（軍部）が無謀な選択をした先の大戦を繰り返さない非戦の政治心を養うことができる。
　ロシアのウクライナ侵攻を横目に、憲法改正、軍備増強、防衛費倍増、果ては核共有まで、根拠を積み上げる議論を国会でしないままに、歴史を顧みない軽き勇ましき発言が、戦争を知らない政権関係筋から飛び出す有様だ。この様相を筆者は80年前の冷静さを欠いた内閣（軍部）の勝算のない無謀な決断につなげてしまう。先の大戦では加害者でもあり被害者でもある戦争被爆国の日本、アジアで唯一のＧ７構成国の日本、そしてロシアと中国と海で接する日本が、アメリカや欧州各国が発信しない非戦、非核、軍縮を主張、断言することが先で、その上で軍備の是非を国会で堂々と議論すべきだ。アメリカに流される自立できない日本の政治がいまだに目の前にある。国会で議論もせず国民に説明がないままに何十兆円もの防衛という名の軍事予算を嵩上げする危うき政治手法が罷り通っている。原爆を落とされた広島県選出の首相が誕生し、前任首相の為したことの軌道修正を期待したが期待はずれに終わった。すべての政治家は、日本は「戦争はしない」「核はいらない」「９条は守る」とまず、声を揃えて言い切ることだ。

　ロシアのウクライナへの残忍な攻撃、北朝鮮のミサイル発射のリアルをテレビで観ている一方で、北京のオリパラ、大谷翔平の二刀流、六大学野球のネット中継を観ている自分がいた。平和はありがたい。しかし、本著執筆中に起こったロシアのウクライナへの侵攻は本著の下版まで終結を見ることが叶わなかった。また、昨年10月に始まったパレスチナのガザ地区を支配するハマスとイスラエルとの戦争も解決に向かう気配は見られず、死者は３万人を超え、無抵抗の一般市民への攻撃が続いていた。執筆中に「平和の祭典」と謳うオリンピックとその真逆にある戦争が同時進行している現実に、世界に危ういことが迫っていることをパソコンに向かいながら実感した。そんな中で、１００年を経ても六大学野球が健在なのは嬉しい。６校の選手の躍動も頼もしい。大学スポーツは４年間に限定されたスポーツ活動を通じて人間を創るのにはとうってつけの環境だ。リーグ戦で勝利するだけでなく、野球を通じて会得することは多い。この経験を活かさない手はない。6校の交流は卒業後も様々な形で続いている。グラウンドでの練習、リーグ戦だけではなく、大学生アスリートとして野球とともに社会に貢献する時代に入っている。首都東京に集う6校が伝統の上に個性を発揮し、野球に加えて新たな特色を出すことで、１００年の歴史に新たなページを加えることはさらに人を育てる。6校が次の１００年に向かって、これまでの１００年とは別の次元の切磋琢磨を重ね、日本の社会に影響を及ぼす存在となって欲しい。野球で大切なのは技術だけではない、勝つことだけではない。自分を育て、他人にいい影響を与えることができる素晴らしいツールだ。戦争もない、食糧、物資の不足もない恵まれた時代に、過去の歴史と照らし合わせて、本当に恵まれているのか、選手もファンも意識しながら六大学野球を考えることがあってもいい。そして、アメリカだけでなく、

知覧特攻平和会館、南九州市・鹿児島
（筆者撮影）

無言館、上田市・長野
（筆者撮影）

戦争で先達が過大な負担を強いた隣国の中国、韓国、台湾、アジア諸国と友好交流を、野球という「会話」を介して六大学野球がさらに一歩進めて欲しい。戦争の足音が迫る激動期でも海外との交流を深めた早稲田の安部磯雄の精神を生かすことは6校が連携する際の共通項だと思う。

六大学野球が始まって満100年になる来年が奇しくも「昭和100年」「終戦80年」に当たる。清算できない「昭和」「戦後」が山のようにある。明治、大正、昭和を乗り越え平成から令和に移り、世の中も野球も大きく変わった。驚異的な復興から先進国の仲間入りをし、経済発展を謳歌した時代は終わり、今や先進国とはいえない日本の姿がある。最近では「100年後の2120年には日本の人口は3000万人台となり、大都市で栄えるのは東京と福岡だけになる」(森知也・京都大学経済研究所教授他)というシミュレーションが注目された。100年後の日本の人口は野球がアメリカから伝わる前の江戸時代に戻るという。また、人口減により半世紀以降に日本自治体の4割が消滅するという報告もあった。心の整理をしながら次の100年へ世代を超えてアクシヨンを起こさなければならない。本書を執筆中に幾度も6校の野球部史を捲(めく)っていて思ったことがある。激動の明治、大正、昭和をくぐり抜け、平成、令和とつながった六大学野球。今そこに関わっている戦争の経験のない者にとって、野球とは何か、六大学野球とは何かを考えるにあたり、各校の歴史は貴重だ。スマホに向かう時間を少しでも削って、6校の部史を詳読することは決して無駄ではないと思う。戦火の中でも野球がしたい、野球への純粋な思い、これらが各校の部史や「野球年鑑」の行間に溢れている。

日本の野球を牽引してきたのが六大学野球だったことは随所で記した。しかし、今の野球界には本文の中でも記したように陰りも見える。野球をダサいものとし野球から離れる若者が増えているという記述を目にするのは寂しい。これを救っているのが、六大学野球とは無縁のアメリカで躍動したイチロー(鈴木一朗/愛工大名電・愛知)、松井秀喜(星稜・石川)、大谷翔平(花巻東・岩手)らのメジャーリーガー達だ。彼らには野球を再びメジャーにしようというエネルギーを感じた。甲子園の延長線上にあるのが六大学野球では物足りないと感じている人は多い。六大学野球は国が主導した戦争、学校制度の変更、政府（文部省）の圧力があっても、それを乗り越えた自由の気概があった。その魅力に人々が取り憑かれた。もう一度、学生野球で日本人を熱狂させる役割を六大学野球に期待したい。

六大学野球100年目の2024年春のリーグ戦は、4月13日の慶東1回戦で幕を開け、来年の春のリーグ戦で満100歳を迎える。そして秋からは次の世紀に向かって新たな球音が神宮の杜に響く。世の中がどう変わろうと、六大学野球が新たな歴史を刻み、神宮球場に足を運ぶ人々が増えることを願って止まない。

東京六大学野球よ、永遠に。

本著には執筆開始から下版まで2年6ヶ月をかけた。資料の事実確認が膨大で多くの時間を要した。取材にあたり六大学野球関係者はじめ多くの方に貴重なご意見をいただいた。また、本著を上梓するにあたり、編集、出版に至るまで株式会社鳥影社の北澤晋一郎氏には数多くのご助言をいただき、また同社の宮下茉李南氏にはメンバー表他の作成にご尽力をいただき刊行に至ったことを申し添える。ここに改めて感謝申し上げる。

なお、本著のメンバー表の中で最後まで特定できなかった箇所について、情報がありましたらご連絡いただければ幸いです。（連絡先：napa.sonoma.cl@gmail.com 丸山清光）

丸山龍光（清光）

2024年5月

（注1）「無言館」「知覧特攻平和会館」

無言館／長野県上田市にある太平洋戦争で亡くなった画学生130名余りの遺品を展示した美術館。画学生の描いた絵画、使用していた美術道具、父母に宛てた手紙等が展示されている。館名の由来のとおり、遺品の前では無言になり、遺品からは無言の思いが伝わってくる。美術館ではなく追悼施設と言う人もいる。正式な名称は「一般財団法人　戦没画学生慰霊美術館　無言館」。1997（平成9）年に開館。館主は窪島誠一郎。長野県上田市古安曽山王山3462。電話0268（37）1650。（参考・無言館パンフレット他）

知覧特攻平和会館／鹿児島県南九州市（旧知覧町）にある、太平洋戦末期に行われた特攻で戦死した1036名の20歳前後の陸軍特別攻撃隊員の遺影、遺品、記録等の資料を展示した平和祈念施設。特攻が行われた知覧飛行場跡地に「知覧特攻遺品館」として建設されたが、1987（昭和62）年に手狭になった遺品館にかわる施設として知覧特攻平和会館が開館。六大学野球関係者の遺品はないが、小諸商（長野）から朝日軍（横浜DeNAベイスターズの前身）に進み退団し、学徒動員で応召され沖縄の洋上で突入戦死した渡辺静の「いざ征かん、雨も風を乗越えて、吾れ沖縄の球と砕けん」「野球生活八年間、わが心鍛へくれにし野球かな、日本野球団朝日軍　渡辺静」の辞世の句が遺作として残され、朝日軍時代に使用していたバットも展示されている。年間に40万人前後の来館者がある。運営の南九州市は知覧茶でも有名。鹿児島県南九州市知覧町郡17881。電話0993（83）2525。（参考・知覧特攻平和会館パンフレット他）

また、錦江湾を挟んで大隅半島には、旧海軍航空隊員の遺品を展示した防衛省が運営している海上自衛隊鹿屋航空基地史料館（鹿屋市西原）があり、佐賀商から名古屋軍（現中日ドラゴンズ）に進み、日本大夜間部に在籍し学徒動員で応召され特攻で戦死した石丸進一の資料が展示されている。鹿児島県鹿屋市西原3－11－2。電話0994（42）0233（参考：海上自衛隊鹿屋航空基地史料館パンフレット他）

◉東京六大学野球開幕当時（１９２５年）の選手

（注）網掛けは戦没者

早稲田大学　監督・飛田忠順（水戸中・茨城）　主将・宮崎吉裕　マネージャー・鈴木茂宗

【北海道】町谷長市（小樽中）

【東北】矢田英五郎（弘前中・青森）田中清三郎（八戸中・青森）村井清八（盛岡中・岩手）三浦富次郎（大館中・秋田）斎藤仁郎（横手中・秋田）黒木正己（相馬中・福島）鈴木捷夫（山形中）今井雄四郎（米沢中・山形）

【関東】根本行都（竜ヶ崎中・茨城）鈴木茂宗（水戸中・茨城）角谷荘一（宇都宮中・栃木）中津川忠（大田原中・栃木）安芸祝（麻布中・東京）大橋松雄（高師付中・東京）柳田末男（早稲田実・東京）水上義信（同）瀬木嘉一郎（横浜商・神奈川）多勢正一郎（神奈川一中）田辺四郎（同）

【中部・北陸】小林忠則（甲府中・山梨）望月虎男（松本商・長野）水野栄次郎（同）西村成敏（同）小島六郎（長岡工・新潟）大嶋政之助（新潟商）源川栄二（新潟中）高田増三（魚津中・富山）河合君次（岐阜中）

【近畿】人見忍（京都商）竹内愛一（京都一商）松本慶次郎（市岡中・大阪）陣内恒雄（同）氷室武夫（姫路中・兵庫）戸田廉吉（和歌山中）井口新次郎（同）

【中国・四国】山崎武彦（鳥取一中）西村満寿雄（同）水原義雄（高松中・香川）水原義明（同）藤本定義（松山商・愛媛）森茂雄（同）

【九州・沖縄】宮崎吉裕（豊国中・福岡）井上正夫（小倉中・福岡）安田俊信（同）平島精吾（同）山本實（佐伯中・大分）緑川郁三（唐津中・佐賀）伊丹安廣（佐賀中）藤崎茂太（同）梅野準一（東山学院中・長崎）

【海外】横道一郎（釜山商・朝鮮）原口清松（大連工・満州）児玉政雄（旅順中・満州）

（出身校不詳）立石

＊『早稲田大学野球部百年史』1921（大正14）年選手名簿と新年度選手及び1921（大正10）年入学まで掲載

慶応大学　監督・三宅大輔（慶応普通部・東京）　主将・山岡鎌太郎　マネージャー・山下重夫

【北海道】

【東北】伊藤勝三（秋田中）佐藤（同）

【関東】大川竹三（慶応普通部・東京）高木正一（同）本郷基幸（同）田島五郎（同）中島忠彦（同）皆川昇太郎（同）千野四郎（同）山岡鎌太郎（慶応商工・東京）土肥次郎（青山学院中・東京）長尾雄（成蹊中・東京）

【中部・北陸】三村忠親（松本中・長野）藤田太郎（飯田中・長野）

【近畿】長浜俊三（京都二中）原田安次郎（京都一商）岬洋一（天王寺中・大阪）永井武雄（第一神港商・兵庫）三谷八郎（同）浜崎真二（神戸商・兵庫）物集謙太郎（神戸一中・兵庫）岡田貴一（甲陽中・兵庫）玉川計延（海草中・和歌山）

【中国・四国】山下重夫（米子中・鳥取）橋本清（岡山一中）楠見幸信（同）浜井武雄（広島商）加藤喜作（広陵中・広島）津田規矩郎（山口中）村川克己（高松商・香川）野村栄一（同）青木修平（丸亀中・香川）西川東平（同）

【九州・沖縄】

（出身校不詳）二階堂　佐々春政　対馬好文　辻岡利夫　長谷川潤　木田要蔵　辰馬力

＊『慶応義塾野球部百年史』1925（大正14）年在籍名簿及び1930（昭和5）年度卒業まで掲載

明治大学　監督・岡田源三郎（早稲田実・東京）　主将・谷沢梅雄　マネージャー・菊地博

【北海道】菊地博（小樽中）

【東北】鈴森次男（一関中・岩手）山形勝郎（同）村井一郎（仙台中・宮城）

【関東】天知俊一（下野中・栃木）中川金三（同）荒井久三郎（宇都宮商・栃木）館正直（同）花安俊二（富岡中・群馬）岩沢誠（茂原中・千葉）大谷誠一（熊谷中・埼玉）横沢三郎（荏原中・東京）山根輝彦（高輪中・東京）黒田正征（成城中・東京）

【中部・北陸】手塚寿恵雄（松本商・長野）林好雄（同）小林達郎（同）熊谷玄（松本中・長野）片瀬忠雄（長野師範）小林義明（上田中・長野）白鳥六雄（静岡中）後藤秀迪（愛知工）熊沢信吉（金沢一中・石川）

【近畿】安田義信（立命館中・京都）安井重松（桃山中・京都）長谷川信義（京都二中）鶴田源吉（明星商・大阪）梅田三次郎（同）谷沢梅雄（同）直田宏（中外商・大阪）金子栄一（北野中・大阪）二出川延明（第一神港商・兵庫）中川秀吉（育英商・兵庫）永澤武雄（郡山中・奈良）松井治（同）

【中国・四国】湯浅禎夫（米子中・鳥取）山田可吉（岡山中）松本瀧藏（広陵中・広島）銭村辰巳（同）中村峰雄（徳山中・山口）

【九州・沖縄】久礼春夫（豊国中・福岡）加賀四郎（同）中村勇作（九州学院・熊本）佐藤与一（同）

【海外】高橋誠（青島中・中国）

＊『明治大学野球部史第一巻』１９２５（大正14）年選手名簿及び１９２１（大正10）年入学まで掲載

法政大学　監督・稲垣重穂（神中・神奈川）　主将・沼崎一夫　マネージャー・不在

【北海道】

【東北】岩渕徳四郎（一関中・岩手）

【関東】沼崎一夫（竜ヶ崎中・茨城）坂井森之助（土浦中・茨城）林辰男（明治学院中・東京）萩原兼顕（芝中・東京）手塚栄一（成城中・東京）村田静男（関東学院中・神奈川）

【中部・北陸】松本徳勝（飯山中・長野）俣野勇（長野中）

【近畿】堀場平八郎（立命館中・京都）岡田保（伊丹中・大阪）藤田信男（同）和田謙吉（甲陽中・兵庫）藤田省三（甲南中・兵庫）
【中国・四国】佐藤金吾（岡山二中）岩田武雄（広島商）加藤豊司（広島中）秋田収蔵（呉中・広島）森岡雅善（三豊中・香川）
【九州・沖縄】曽木武臣（豊国中・福岡）吉富民夫（佐賀中）
【海外】高橋一（京城中・朝鮮）
（出身校不詳）山崎正大
＊『法政野球部90年史』1930（昭和5）年度卒業まで掲載

立教大学　監督・不在　主将・永田庚二　マネージャー・川島秀一
【北海道】森一（札幌二中）水谷喜久男（北海中）永田庚二（同）齋藤達雄（函館中）
【東北】築地俊龍（秋田中）渡辺正守（同）市村要（同）
【関東】菊地兼三（大田原中・栃木）南條尚夫（前橋中・群馬）山田辰雄（同）片田宜道（立教中・東京）早速益夫（成城中・東京）中村哲夫（同）荒井和男（早稲田中・東京）広瀬勝義（目白中・東京）
【中部・北陸】
【近畿】大仲幸三（同志社中・京都）野田健吉（郡山中・奈良）原友次（姫路中・兵庫）鈴木政治郎（同）
【中国・四国】正田彦三（広陵中・広島）山田義隆（同）
【九州・沖縄】
（出身校不詳）前田信義　柱田順一　銀田義美　東條茂太郎　藤田正　長谷川健三　安田善一郎　大島仲夫　川島秀一
＊『立教大学野球部史』1925（大正14）年メンバー及び1930（昭和5）年度卒業まで掲載

東京帝国大学　監督・芦田光平（旧一高・東京）　主将・山本久繁　マネージャー・石田久市
【北海道】
【東北】矢田昌四郎（旧弘前高・青森）小原辰三（旧二高・宮城）十文字信雄（旧山形高）
【関東】改野五郎（旧水戸高・茨城）塩沢信濃（同）山本久繁（旧一高・東京）高根正二（同）武内徹太郎（同）上村正名（同）佐柳信一（同）石田久市（同）高木進（同）清水健太郎（同）河野達一（同）内田豊（同）斉藤弘義（同）東武雄（同）松浦政次郎（同）三浦元（同）服部彰雄（同）渡辺耐三（同）
【中部・北陸】神永三四郎（旧松本高・長野）大洞恒夫（旧四高・石川）
【近畿】名出昇三（旧三高・京都）土井賢一（同）遠藤洋吉（同）
【中国・四国】小笠原道生（旧六高・岡山）梅田誠二（同）岡本港（同）武内征平（旧山口高）
【九州・沖縄】三嶋東作（旧福岡高）野田政之（旧五高・熊本）山本武彦（同）筒井竹雄（同）鈴田正武（同）
＊『東京大学野球部１００年史』１９２５（大正14）年メンバー及び１９３０（昭和５）年卒業まで掲載

東京六大学野球開幕当時（１９２５年）の選手

◉6校の校歌・応援歌

早稲田大学校歌

作詞　相馬御風
作曲　東儀鉄笛
（明治40年）

一、都の西北　早稲田の森に
聳(そび)ゆる甍は　われらが母校
われらが日ごろの　抱負を知るや
進取の精神　学の独立
現世を忘れぬ　久遠(くおん)の理想
かがやく　われらが　行手(ゆくて)を見よや
わせだ　わせだ　わせだ　わせだ
わせだ　わせだ　わせだ

二、東西古今の文化のうしほ
一つに渦巻く　大島国(だいとうこく)の
大なる使命を　担ひて立てる
われらが行手は　窮(きわま)り知らず

出典：各大学ＨＰ・応援団ＨＰ

応援歌『紺碧の空』（第六応援歌）

作詞　住治男
作曲　古関裕而
（昭和６年）

一、紺碧の空　仰ぐ日輪
光輝あまねき　伝統のもと
すぐりし精鋭　闘志は燃えて
理想の王座を占むる者　われ等
早稲田　早稲田
覇者　覇者　早稲田

二、青春の時　望む栄光
威力敵無き　精華の誇
見よこの陣頭　歓喜あふれて
理想の王座を占むる者　われ等
早稲田　早稲田
覇者　覇者　早稲田

やがても久遠の　理想の影は
あまねく天下に　輝き布(し)かん
わせだ　わせだ　わせだ　わせだ
わせだ　わせだ　わせだ

三、あれ見よかしこの　常磐(ときわ)の森は
心のふるさと　われらが母校
集り散じて　人は変れど
仰ぐ同じき　理想の光
いざ声そろへて　空もとどろに
我らが母校の　名をばたたへん
わせだ　わせだ　わせだ　わせだ
わせだ　わせだ　わせだ

早稲田大学応援部 HP
校歌・応援歌紹介
http://www.w-ouen.com/songs/

慶応義塾塾歌

作詞　富田正文
作曲　信時潔
（昭和16年）

一、見よ
風に鳴るわが旗を
新潮（にいじお）寄するあかつきの
嵐の中にはためきて
文化の護（まも）りたからかに
貫き樹（た）てし誇りあり
樹てんかな　この旗を
強く雄々（おお）しく樹てんかな
あゝわが義塾
慶應　慶應　慶應

二、往（ゆ）け
涯（かぎり）なきこの道を
究めていよ〳〵遠くとも
わが手に執（と）れる炬火（かがりび）は

応援歌『若き血』

作詞　堀内敬三
作曲　堀内敬三
（昭和2年）

若き血に燃ゆる者
光輝みてる我等
希望の明星仰ぎて此処に
勝利に進む我が力
常に新し
見よ精鋭の集う処
烈日の意気高らかに
遮る雲なきを
慶應　慶應
陸の王者　慶應

応援歌『天は晴れたり』

作詞　桜井弥一郎
作曲　不祥
編曲　草川信
（明治39年）

一、天は晴れやり気は澄みぬ
自尊の旗風吹きなびく
城南健児の血は迸（ほとばし）り
玆（ここ）に立たる野球団

二、勝利を告ぐる鬨の声
天下の粋ぞと仰がれて
三田山頂の秋月高く
輝く選手のそのいさを
ラ　慶應　ラ　慶應
慶應　慶應　慶應

叡智の光明らかに
ゆくて正しく照らすなり
往かんかな　この道を
遠く遥(はる)けく往かんかな
あゝわが義塾
慶應　慶應　慶應

三、起(た)て
日はめぐる丘の上
春秋ふかめ揺(ゆる)ぎなき
学びの城を承(う)け嗣(つ)ぎて
執る筆かざすわが額(ぬか)の
徽章(しるし)の誉(ほまれ)世に布(し)かん
生きんかな　この丘に
高く新たに生きんかな
あゝわが義塾
慶應　慶應　慶應

慶応義塾塾歌

（明治37年）

作詞　角田謹一郎
作曲　金須嘉之進

一、天にあふるる文明の　潮東瀛に寄する時
血雨腥風雲くらく　國民の夢迷ふ世に
平和の光まばゆしと　呼ぶや眞理の朝ぼらけ
新日本の建設に　人材植ゑし人や誰(たれ)

二、使命ぞ重き育英の　勲業(くんぎょう)千古に水永く
山より高き徳風を　偉人の蹟に仰ぎ見る
心の花もうるはしき　宇内(うだい)子弟の春一家
獨立自尊の根を固く　進取確守の果(み)を結べ

三、修身処世の道しるき　慶應義塾の實學は
兩大陸の文明を　渾一(ひとつ)に綜(す)べし名教ぞ
形勝天賦の國にして　起てよ吾友榮譽(ほまれ)ある
獨立自尊の旗風に　広く四海を靡(なび)かせん

慶應義塾大学HP　塾歌・カレッジソング
https://www.keio.ac.jp/ja/about/learn-more/college-songs/

明治大学校歌

作詞　児玉花外
作曲　山田耕作
（大正9年）

一、白雲なびく駿河台
眉秀でたる若人が
撞くや時代の暁の鐘
文化の潮みちびきて
遂げし維新の栄になふ
明治その名ぞ吾等が母校
明治その名ぞ吾等が母校

二、権利自由の揺籃の
歴史は古く今もなほ
強き光に輝けり
独立自治の旗翳(かげ)し
高き理想の道を行く
我等が健児の意気をば知るや
我等が健児の意気をば知るや

応援歌『紫紺の歌』

作詞　明治大学応援団
作曲　古賀政男
（戦前）

一、光輝みつわれ等が
母校明治の名をおいて
若き血に勇める
猛き精鋭今ここに
起(た)てり土を蹴りて
闘志はもゆる神技の精華
無敵の明治明治明治
輝く栄冠戴く我等
オ明治明治われらが明治

二、高らかにわれ等が
振う紫紺の旗風に
雲は散り煌(きら)めく
若き日射(ひざし)は微笑みぬ
見よや眉上げて

三、霊峰不二を仰ぎつつ
刻苦研鑽（こっくけんさん）他念なき
我等に燃ゆる希望あり
いでや東亜の一角に
時代の夢を破るべく
正義の鐘を打ちて鳴らさむ
正義の鐘を打ちて鳴らさむ

勝利に進む誉の使命
無敵の明治明治明治
輝く栄冠戴く我等
オ明治明治われらが明治

三、天を衝（つ）くわれ等が
意気は真紅の火ともえて
向うとこ敵なく
すでに陣頭正正と
敵をうちとりて
制覇を果す歓喜の絵巻
無敵の明治明治明治
輝く栄冠戴く我等
オ明治明治われらが明治

明治大学応援団
校歌・応援歌
http://www.isc.meiji.ac.jp/~meijiouendan/song.html

明治大学付属　明治高等学校・明治中学校
校歌・応援歌等紹介
https://www.meiji.ac.jp/ko_chu/about/songs.html

法政大学校歌

作詞　佐藤春夫
作曲　近衛秀麿

（昭和5年）

一、若きわれらが命のかぎり
ここに捧げて（ああ）愛する母校
見はるかす窓（の）富士が嶺の雪
蛍集めむ門の外濠（そとぼり）
よき師よき友つどひ結べり
法政　おお　わが母校
法政　おお　わが母校

二、若きわれらが命のかぎり
ここに捧げて（ああ）愛する母校
われひと共にみとめたらずや
新取の気象質実の風
青年日本の代表者
法政　おお　わが母校
法政　おお　わが母校

応援歌『若き日の誇り』

作詞　法政大学応援団
作曲　岡本雅雄

（不詳）

一、法政　法政　法政
燃ゆる陽の生命こそ
沸（わく）る我等が血潮
今ぞ競技の試練
制覇を誓いて鍛えし腕
見よこの振興の気概
恐れぞなき力持て
征（ゆ）け闘え破れ堅塁を
我らが勝利の凱歌
おお高らかに叫ばん
若き日の誇りぞ
法政　法政　法政

法政大学野球部 HP
校歌・応援歌
https://hosei-baseball.jp/team/schoolsong.html

hoseiPR（法政大学公式 YouTube チャンネル）

応援歌動画
https://youtu.be/AzPdd-qngS0

校歌動画
https://youtu.be/iYf7wyvKP4A

立教大学校歌『栄光の立教』

作詞　諸星寅一　補作詞　杉浦貞二郎
作曲　島崎赤太郎

（大正14年）

一、芙蓉の高嶺を雲井に望み
紫匂える武蔵野原に
いかしくそばだつ我等が母校
見よ見よ立教　自由の学府

二、愛の魂正義の心
朝(あした)に夕べに鍛えつ練りつ
邦家(ほうか)に捧ぐる我等が母校
見よ見よ立教　自由の学府

三、星経(ふ)る幾年(いくとせ)伝統うけつ
東西文化の粋美をこらし
栄光輝く我等が母校
見よ見よ立教　自由の学府

応援歌『行け立教健児』

作詞　小藤武門
作曲　土橋啓二

（昭和3年）

一、見よや十字の旗かざす
立教健児の精鋭が
武蔵野原をいでゆけば
若き心の血は燃えて
われらの行く手に　敵ぞなし
立教！　セントポール　おおわが母校

二、愛と正義の心燃えて
いざゆけわれらの強者(つわもの)よ
勝利の力　われにあり
ああ立教の旗の下
猛き血潮の　尽きるまで
立教！　セントポール　おおわが母校

三、ああわれ勝てりおお覇者ぞ
聞け立教の勝ち歌を

第二応援歌「St.Paul's will shine tonight」

1. St. Paul's will shine tonight,
St. Paul's will shine.
St. Paul's will shine tonight.
St. Paul's will shine.
St. Paul's will shine tonight.
St. Paul's will shine. When the sun goes down
and the moon comes up.
St. Paul's will shine.

2. St. Paul's will shine tonight.
St. Paul's will shine.
Will shine in beauty bright.
All down the line.
Won't we look neat tonight,
Dressed up so fine. When the sun goes down
and the moon comes up.
St. Paul's will shine.

見よ紫の旗風に
セントポールの鐘の音は
われらの勝利を　告ぐるなり
立教！　セントポール　おおわが母校

立教大学体育会応援団 OB・OG 会
校歌・応援歌紹介
https://rikkyo-ouendan-obog.net/gallery/

東京大学運動会歌『大空と』

作詞　北原白秋
作曲　山田耕筰
（昭和7年）

一、大空と澄みわたる淡青（たんせい）
厳（げん）たり我が旗高く開かん
仰げよ梢を銀杏のこの道
蘊奥（うんのう）の窮理（きゅうり）応じて更に
人格の陶冶（とうや）ここに薫る
栄光の学府
巍巍（ぎぎ）たり赤門我が赤門
高く開かん

二、大空と新しき淡青
冴えたり我が旗風（はたかぜ）と光らん
楽しめ季節を思慮あれこの道
文明の證（あかし）自由と常に
甚深（じんしん）の調和ここに明（あか）る
精神の学府

応援歌『ただ一つ』

作詞　大森幸男
作曲　山口琢磨
（昭和22年）

一、ただ一つ　旗かげ高し
いまかがやける
深空（みそら）の光
天寵（てんちょう）を負える子ら
友よ　友　ここなる丘に
東大の旗立てり
伝統の旗　東大の光
たたえ　たたえん
たたえ　たたえん

二、ただ一つ　歌声高し
いまなりわたる
疾風（はやて）の力
双眼の澄める子ら
友よ　友　ここなる杜に

三、満ちたり赤門我が赤門
風と光らん
大空と揺り動く淡青
生きたり我が旗雲と興らん
羽ばたけ搏力（はくりょく）どよめよこの道
青春の笑い爆（はじ）けてすでに
健腕の誇りここに躍る
堂々の学府
鏗（こう）たり赤門我が赤門
雲と興らん

東大の歌湧けり
伝統の歌　東大の力
たたえ　たたえん
たたえ　たたえん

第一高等学校寮歌『嗚呼玉杯に花受けて』

作詞　矢野勘治
作曲　楠正一

一、嗚呼玉杯に花うけて　緑酒（りょくしゅ）に月の影やどし
治安の夢に耽りたる　栄華の巷低く見て
向ヶ丘にそゝりたつ　五寮の健児意気高し

東京大学運動会応援部　応援歌紹介　https://www.todai-ouen.com/activity/song.html

参考・引用文献

『半世紀を迎えた栄光の神宮球場』明治神宮外苑編　１９７７年
『早稲田大学野球部史』飛田忠順編　明善社　１９２５年
『早稲田大学野球部百年史・上巻』飛田忠順編　１９５０年
『早稲田大学野球部百年史・下巻』早稲田大学野球部・稲門倶楽部編　２００２年
『慶應義塾野球部百年史・上巻』慶應義塾野球部史編集委員会編　１９６０年
『慶應義塾野球部百年史・下巻』慶應義塾野球部史編集委員会編　１９８９年
『明治大学野球部史第一巻』駿台倶楽部明治大学野球部史編集委員会編　１９７４年
『明治大学野球部創部１００年史』駿台倶楽部編　２０１０年
『法政大学野球部百年史』法政大学野球部・法友野球倶楽部編　２０１５年
『法政大学野球部90年史』法政大学野球部・法友野球倶楽部編　２００５年
『創部八十周年記念　我が青春の法政大学野球部』法友野球倶楽部編　１９９５年
『立教大学野球部史』立教大学野球部史編纂委員会編　１９８１年
『東京大学野球部１００年史・上下』東京大学野球部一誠会編　２０２０年
『東京大学野球部史』一誠会編　１９７５年
『稲門倶楽部百年』稲門倶楽部百周年記念実行委員会編　２００９年
『東都大学野球連盟史』東都大学野球連盟編纂委員会編　２００１年
『應援団　六旗の下に　東京六大学応援団連盟36年の歩み』東京六大学応援団連盟ＯＢ会編　１９８４年
『明治大学応援団１００年史』明治大学応援団　明治大学応援団ＯＢ会編　２０２１年

『東京大學應援部五十年史』東京大学運動会応援部赤門鉄声会編　１９９７年
『六大学野球全集・全三巻』庄野義信編著　改造社　１９３１年
『六大学野球部物語』　恒文社　１９７５年
『スポーツ人国記』弓館小鰐著　ポプラ書房　１９３４年
『早慶戦全記録』堤哲編著　啓文社書房　２０１９年
『沢村栄治　裏切られたエース』太田俊明著　文春新書　２０２１年
『紀元二六〇〇年の満州リーグ　帝国日本とプロ野球』坂本邦夫著　岩波書店　２０２０年
『帝国日本と朝鮮野球　憧憬とナショナリズムの隘路』小野容照著　中央公論新社　２０１７年
『昭和史１９２６―１９４５』半藤一利著　平凡社　２０２１年
『太平洋戦争の収支決算報告　戦費・損失・賠償から見た太平洋戦争』青山誠　彩図社　２０２０年
『プロ野球の誕生　迫りくる戦時体制と職業野球』中西満貴典著　彩流社　２０２０年
『プロ野球「経営」全史　球団オーナー55社の興亡』中川右介著　日本実業出版社　２０２１年
『ベースボールと日本占領』谷川建司著　京都大学学術出版会　２０２１年
『日本軍兵士――アジア・太平洋戦争の現実』吉田裕著　中公新書　２０１７年
『女學生たちのプレーボール　戦前期わが国女子野球小史』竹内通夫著　あるむ　２０２１年
『鎮魂「二・二六」』もりたなるお著　講談社　１９９４年
『上田中学上田高校野球部々史　其の一』上田高校野球部後援会編　１９８０年
『公認野球規則』日本プロフェッショナル野球組織／全日本野球協会編　２０２３年
『慶應義塾史展示館２０２２年春季企画展図録「慶應野球と近代日本」』都倉武之・横山寛編　福澤諭吉記念慶應義塾史展示館　２０２２年

『三高野球部史』第三高等学校野球部神陵倶楽部編　1992年
『学習院野球部百年史』学習院野球部百年史編集委員会編　1995年
「野球年鑑」各年度版　東京六大学野球連盟
「ベースボール・マガジン　東京六大学野球特集号」各年季版　ベースボール・マガジン社
『一高対三高野球戦史』服部喜久雄編　1954年
「東京六大学野球連盟結成90周年シリーズ」各大学版　ベースボール・マガジン社
「明治後期における『一高野球』像の再検討」中村哲也著　一橋大学スポーツ研究　2009年
「近代日本の中高等学校教育と学生野球の自治」中村哲也著　一橋大学大学院社会学研究科博士論文　2009年
「野球と塾生　慶應義塾野球部とエンジョイベースボール」都倉武之研究会編
「満州スポーツ史話」京都大学文学部研究紀要　高嶋航著
「『部活動』の起源と発展に関する教育史的研究」慶應義塾大学文学部教育学専攻山本研究会編
「中国野球の現状と発展に関する研究」陳博偉　早稲田大学大学院スポーツ科学研究科　2019年
「戦時期日本における『体力向上』の祭典」小澤考人
「明治神宮国民体育大会報告書・第10回」厚生省編
『八幡製鉄所野球部野球部史』日本製鉄株式会社八幡製鐵所野球部編　1937年
「東京六大学野球オフィシャルガイドブック」各シーズン版　東京六大学野球連盟・マスターズスポーツマネジメント
「朝日新聞縮刷版」
「毎日新聞縮刷版」
「読売新聞縮刷版」
「一般財団法人　東京六大学野球連盟」https://www.big6.gr.jp/

「早稲田大学野球部」 http://www.wasedabbc.org/
「慶應義塾体育会野球部」 https://baseball.sfc.keio.ac.jp/
「慶應義塾大学応援指導部75年通史」 http://k-o-m.jp/history/
「明治大学野球部」 http://meiji-bbc.net/
「法政大学野球部」 https://hosei-baseball.jp/
「立教大学野球部」 http://rikkio-bbc.com/
「東京大学野球部」 https://tokyo-bbc.net/
「明治学院大学硬式野球部」 https://www.mgubbc.com/
「公益財団法人　全日本大学野球連盟」 https://www.jubf.net/
「公益財団法人　日本野球連盟」 https://www.jaba.or.jp/
「公益財団法人　日本高等学校野球連盟」 https://www.jhbf.or.jp/
「一般財団法人　東都大学野球連盟」 http://www.tohto-bbl.com/
「一般財団法人　首都大学野球連盟」 http://tmubl.jp/
「一般財団法人　全日本野球協会」 https://baseballjapan.org/jpn/
「Liga Agresiva」 https://liga-agresiva.amebaownd.com/
「公益財団法人　日本サッカー協会」 https://www.jfa.jp/
「株式会社GXA」 https://gxa.co.jp/
「公益財団法人　野球殿堂博物館」 https://baseball-museum.or.jp/
「明治神宮野球場」 http://www.jingu-stadium.com/
「神宮外苑地区まちづくり」 https://www.jingugaienmachidukuri.jp/

「阪神甲子園球場」https://www.hanshin.co.jp/koshien/
「世界史の窓」https://www.y-history.net/
「文部科学省」https://www.mext.go.jp/
「City of Vancouver Archives」https://vancouver.ca/your-government/city-of-vancouver-archives.aspx/

＊版権には注意しましたが、お気づきの点などございましたらお知らせください。

〈著者紹介〉

丸山清光（まるやま きよみつ）

1953（昭和28）年、長野県生まれ。1972（昭和47）年、上田高校卒業後、明治大学商学部入学、在学中は硬式野球部所属、島岡吉郎監督の下で東京六大学リーグ優勝３回、明治神宮野球大会優勝。朝日新聞社、関連企業を経て、現在は合同会社北海道信州グッドラボ代表、松戸市在住。

著書
「なんとかせい！ 島岡御大の置き手紙」（文藝春秋企画出版部 2020年）
「増補版 なんとかせい！ 一事入魂 島岡御大の10の遺言」（鳥影社 2023年）

座右の銘は「情熱に勝るものなし、日々鍛錬」
連絡先　napa.sonoma.cl@gmail.com

〈口絵デザイン〉

上田ワードプロセス企画

〈本文中歌詞〉

JASRAC　出　2310100-402

東京六大学野球人国記
激動の明治、大正、昭和を
乗り越え１世紀

2024年2月26日初版第1刷発行
2024年5月15日初版第2刷発行
著　者　丸山 清光
発行者　百瀬 精一
発行所　鳥影社 (www.choeisha.com)
〒160-0023 東京都新宿区西新宿3-5-12トーカン新宿7F
電話 03-5948-6470, FAX 0120-586-771
〒392-0012 長野県諏訪市四賀229-1(本社・編集室)
電話 0266-53-2903, FAX 0266-58-6771
印刷・製本　モリモト印刷

ISBN978-4-86782-065-0　C0075